明治大学東洋史資料叢刊 13

新編 唐代墓誌所在総合目録

氣賀澤 保規 編

目　次

前言 ………………………………… ii

凡例 ………………………………… viii

墓誌目録 ……………………………… 1

墓誌名索引 …………………………479

明治大学東アジア石刻文物研究所

前　言

氣賀澤保規

一　はじめに　中國石刻資料との出會い

　唐代史やその前後の時代を研究對象にするものにとって、墓誌は缺かすことのできない一次史料である。今日、こうした認識はほぼどの研究者にも共有され、最初から墓誌や石刻を使って研究することに誰も違和感を覺えない。しかしこの認識は近代以來、一貫して定着していたものかというと、じつは必ずしもそうではないように思われる。

　私事になるが、私が本格的に隋唐史の研究を志した 1970 年代初頭、このような石の記錄を取り上げるのはまだ少數派に屬した。正統な研究はまず正史や『資治通鑑』などの編纂史書を標點も訓點もない白文で讀みこなし、歷史世界に正面から向き合うことであると求められた。したがって當時は、「石刻資料（史料）」という名のジャンルは定着しておらず、あるのは「金石學」の名で王昶『金石萃編』や陸增祥『八瓊室金石補正』などを編纂史書として扱うことであった。圖版（拓本）に解說を付したものに趙萬里編の『漢魏南北朝墓誌集釋』（科學出版社、1956 年）があったが、そもそも拓本をどう讀み込み史料として扱ったらよいか、それに精通し指導してくれる人も周りにはいなかった。

　當時、京都大學人文科學研究所東方部の歷史地理研究室には、內藤湖南や桑原隲藏ら先人が戰前に蒐集した歷代金石拓本がすべて袋と帙に收めて保存され、一點一點カードを繰って調べ、實物にあたることができた。これほどの態勢が整っていたのはおそらく日本では他になかっただろう。隋代史から府兵制の研究に踏み出そうとしていた私はしばしばそこを訪れ、拓本を調べさせてもらい、時に主任の日比野丈夫教授から資料の蒐集や整理にまつわる話を聞くことがあったが、その間それら資料を利用する研究者の姿を見かけていない。因みに、その膨大な資料は、後に「京都大學人文科學研究所所藏石刻拓本資料」として他に先驅けてインターネット上に公開され、自由に檢索利用に供され、かつて私がした苦勞は何であったかと思わされるが、これは 1990 年代以降の石刻資料への關心の高まりと、早くより系統的に整理されてきた實績があって實現した仕事となるだろう。

二、文革後から始まる中國（大陸）・臺灣の石刻資料集の刊行

　ともあれこのように、狹い個人的な印象ではあるが、1970 年代には石刻資料を正面から扱う氣運はまだ高まっていなかったと感じている。しかし中國では文化大革命が終息し、世情が落ち着き、學術研究が本格的に動き始める 1980 年代に入ると、樣相が大きく變わり始めた。歷史學界は政治に振り回された過去の研究のあり方を深刻に反省し、原典・原史料の重視とそれに基づく實證的研究に本格的に乘り出す。またフランスのアナール學派の影響を受け、時代を生きた人間や生活の姿に視線を向ける。加えて『文物』や『考古』『考古學報』などの學術誌を通じて、新たな考古資料の發見が續々と紹介され、具體的研究への關心を搔き立てる。これまでの空理空論的な人民史觀はいつしか後方に追いやられることになった。

　そうした狀況の中で、石刻研究をめぐって大きな二つの仕事（成果）が、80 年代半ばの時期を

同じくして、われわれの前に置かれた。一つは『千唐誌齋藏誌』上下2冊（河南省文物研究所・河南省洛陽地區文管處編。文物出版社、1984年）、もう一つは毛漢光撰『唐代墓誌銘彙編附考』（臺灣・中央研究院歷史語言研究所）である。前者は民國年間に張鈁によって開かれた千唐誌齋に收藏された墓誌の拓本資料集であり、後者は臺灣の中央研究院傅斯年圖書館に所藏される唐代墓誌一點一點を、標點・注釋を付した釋文と併せて刊行した資料集で、1994年刊の第18冊までつづく大變な仕事となった。

　この二つの成果のうち、『千唐誌齋藏誌』は民國年間に主に洛陽邙山一帶から出た墓誌の資料集で、收載された全1360點のうち唐代墓誌が1209點を數える。これら初めて見る膨大で多樣な實物資料は、唐代史を研究するものを驚かし、また關心を搔き立てずにはおかなかった。若手であったわれわれは、集まればよくその墓誌中の記述や新情報を話題にし、時間を忘れた。墓誌など石刻資料への關心の高まりは、この兩資料集が公刊されて以降のこととなるだろう。

　ちょうどその時期、私は日本學術振興會（日本政府）派遣の研究者として、1年間中國で研究する機會が與えられ、そのうち1986年の前半（2月－7月）、西安の陝西師範大學の黃永年教授のもとに身を置いた。そしてしばしば城南の大學の宿舍から自轉車を驅って西安碑林（博物館）に通い、館内の碑刻を見て回る一方、黃先生の大學院の授業も聽講させていただいた。その時期、黃先生が擔當されたのが幸運にも「碑刻學」の講義で、私は初めて碑刻研究の奥行と間口の廣さを知ることになった。

　先生は講義にあたって「碑刻學」と題したプリント版の小冊子を用意し、テキスト代わりに利用していたが、それは入門書としてよくできていた。そこで了解を得て日本語に翻譯し、先輩の杉村邦彥氏が主宰する『書論』に三回に分け、補注をつけて掲載いただいた（『書論』25・27・29。なお原文「碑刻學」は後に黃永年著『黃永年談藝錄』中華書局、2014年、に所載）。そして後日、翻譯三回分を一冊にまとめ、『碑刻學』の名で唐代史研究會の關係者などに配布した。おそらくこれによって、日本でも啓發を受けた方も多くいたと思う。

　黃教授はその講義に先立ち、文字を刻んだ石の學問の表し方をめぐって、既存の「金石學」や「石刻學」、「石刻文字學」や「碑誌學」などではそれぞれ一長一短があって意を盡くさない、「碑刻學」と表現するのが適當だと定置した。このことは當時、まだこの石の學問の定義が確定していなかったことを表すものに他ならないが、私個人としては、「碑刻學」では碑（碑文）に偏った印象を與え、市民權が得にくいと考えた。石に刻まれた文字を中心とする學問を廣く表現するには、やはり「石刻」が適當とみて、「石刻資料（史料）」の言葉を用いてきた[i]。石刻の語は早くに『石刻題跋索引』にも使われている。私のような考え方が後押しになったかどうかは別にして、今日、「石刻」が石關係史料と研究を包括する用語として定着していると認めてよいのではないか。このことは石刻研究が市民權を確立したことを物語っている。

三、1980年代後期から90年代における中國の石刻資料集

　1980年代半ばの千唐誌齋と臺灣中央研究院の仕事をきっかけに、以後堰を切ったかのごとく大型の墓誌石刻資料集の出版が續くことになる。まず現中國國家圖書館にあたる北京圖書館の『北京圖書館藏中國歷代石刻拓本彙(匯)編』全100冊（北京圖書館金石組編。中州古籍出版社、1989～1991年）が刊行され、『隋唐五代墓誌彙(匯)編』（同總編輯委員會編。天津古籍出版社、1991年

〜1992 年）全 30 冊がそれに續く。それに加えて周紹良氏所藏の拓本を錄文の形で整理した『唐代墓誌彙編』上下 2 冊（周紹良主編・趙超副主編。上海古籍出版社、1992 年）が出て、墓誌内容を容易に理解できる道筋がつけられた。

　これらの初期の一連の大型墓誌企畫に共通するのは、戰前の民國年閒以來各機關で集積されてきた拓本資料であったことであり、解放後であっても文化大革命以前に發見されたものにほぼ限られる。そして、これら長い歳月を背景にした大型企畫がほぼ出盡くしたのを待って、1990 年代に入ると、新中國成立以後、とくに文革以降に出土した墓誌を紹介する企畫に進むことになる。その最初に來る『洛陽出土歷代墓誌輯繩』1 冊（洛陽市文物工作隊編。中國社會科學出版社、1991 年）は、前揭の『千唐誌齋藏誌』を補う解放後出土の洛陽墓誌である。さらに洛陽地區の新出墓誌では、『洛陽新獲墓誌』1 冊（李獻奇・郭引強編著。文物出版社、1996 年）が出され、洛陽地區の墓誌の多さを印象づけた。

　他方、新出墓誌資料集の仕事として忘れてはならないのは、中國文物研究所が地方省市の文物機關と協力して進めた『新中國出土墓誌』（文物出版社）のシリーズであり、第一卷が『新中國出土墓誌・河南〔壹〕』上下 2 冊（中國文物研究所・河南文物研究所編。1994 年）となる。このシリーズの特徴は、毎卷原則として上下 2 冊からなり、上冊が圖版（拓本）で下冊が釋文・注釋と索引という形を取ることである。この形式は前述の臺灣中央研究院の『唐代墓誌銘彙編附考』に繋がり、大陸においてはその後に次々と編纂される同樣の資料集の嚆矢となる業績であった。2015 年末現在でそのシリーズは第十二卷まで進んでいる[ii]。

　ところで 90 年代に入ると、こうした大型の企畫を支えた北京や洛陽や西安といった主要地點のものでない、地方の省レベルから市縣レベルで所藏する碑刻を紹介する企畫が出始める。初期の省レベルの例を擧げれば、『河北金石輯錄』（石永士・王素芳・裴淑蘭著。河北人民出版社、1993 年）、『河東出土墓誌錄』（陳繼瑜等編。山西人民出版社、1994 年）、『山東石刻藝術精萃』全 5 卷（山東省石刻藝術博物館編。浙江文藝出版社、1996 年）、『山西碑碣』（山西省考古研究所編、山西人民出版社、1997 年）といった類である。さらに下の行政單位のもでは、西安の三秦出版社が進める企畫が初期のものとなる。『咸陽碑石』1 冊（（張鴻傑主編。1990 年）、『昭陵碑石』1 冊（張沛編著。1993 年）、『安康碑石』1 冊（張沛編著。1991 年）などがそれである。以後、地方出版の墓誌資料企畫は目白押し狀態で今日に至っており、それらを全て把握することは難しいが、同時にレベル的に問題を含むものが多いことも指摘しておきたい。

四、2000 年代以降の中國石刻資料集　日々增大する墓誌とその課題

　こうして 1990 年代になって墓誌に關係する資料集が續々と世に送り出されることになった。當初私は、こうした傾向はいずれ落ち着くはずと豫想していたが、一向に收まる氣配はなく、それどころか逆に年々數が增え始める。その背景には、中國の改革開放經濟の進展による墳墓の發掘があり、また墓誌（原石）や拓本が高値で賣買される風潮に目を付けた盜掘の廣まりがあった。

　知られているように、かつての盜掘の目當ては陶磁器や陶俑・錢幣などの副葬品類にあったが、近年は狀況が一變し、墓誌石がその第一になったとも聞く。この風潮に刺激されて、各地の博物館や文物機關の倉庫や路傍に放置され埃を被っていた石刻に目が向けられ、新たな發見物の系列に加わる。さらに出土した墓誌拓本を蒐集し、一書にまとめて刊行すれば、手っ取り早く業績や

名聲あるいは收入に繋がることもわかってきた。中國は廣く、そこに金錢が絡み、社會的ステイタスにも影響するのであれば、墓誌の資料集の刊行が停滯しないのは當然のことであった。私の當初の豫想は誤っていたと正直に告白しなければならない。

以來2000年代に入っても、墓誌・石刻に關わる資料集の刊行は速度を緩めることなく續いているが、その途中で、これら膨大な石刻資料を系統的に把握し、文字（錄文）に起こし訓點を付した一纏まりの資料集が編集されたことを特記しておかなければならない。我々は唐代研究に當たって、淸代に編まれた『全唐文』（『欽定全唐文』1000卷）に大きな恩惠を受けているが、その一纏まりの資料集とは、この『全唐文』を繼承しかつ補完する業績となる。具體的には、すでに名を擧げた『唐代墓誌彙編』やつづく『唐代墓誌彙編續集』（周紹良・趙超主編、上海古籍出版社、2001年）を先驅けとし、主體は『全唐文新編』全22冊・1000卷（同編輯委員會編。吉林文史出版社、1999年〜2001年）、『全唐文補遺』全9冊（輯）（陝西省古籍整理辦公室編。三秦出版社、1994年〜2007年）、『全唐文補遺・千唐誌齋新藏專輯』1冊（同陝西省古籍整理辦公室編。2006年）、『全唐文補編』全3冊（上中下）（陳尚君輯校。中華書局。2005年）などの成果となる。

周知のように、新出文字資料はまず文字（活字）に起こし、標點（訓點）を付し、理解が共有されるところまで持ち上げて、初めて史料として役割を果たすことになる。ただしその過程で、墓誌の場合でいうと異體字・別字や俗字、不鮮明な文字などの問題に惱まされる。ここに内容を讀み込んで標點を加えることはさらに難しく、よく閒違いを犯すことになる。上記『全唐文』を繼ぐ資料集はその困難な領域に踏み出した業績であり、辛抱強い勞苦を評價する。しかし一旦それらが出來上がってみると、錄文だけでは不安で、原載の拓本と考察も見て確認したくなり、拓本と錄文の兩方が揃うことの便利さを實感する。

そうしたこともあるのだろうか、2000年代になって刊行される質の高い資料集は、ほぼ決まって拓本・錄文兩方を備えたものとなる。そのなかの代表的な成果といえば、『大唐西市博物館藏墓誌（上・中・下）』（胡戟・榮新江主編、北京大學出版社、2012年）の名がまず擧がるだろう。大唐西市博物館とは唐長安城の西市遺跡の上に建てられた民間博物館で、企業による潤澤な資金をバックに、そこに主に洛陽・河南方面から買い集められた膨大な墓誌石刻資料が右の資料集を構成する。この整理に當たっては、榮新江北京大學教授を中心とする北京方面の多くの研究者が協力し、ある種の共同研究の成果として世に出た。東西文明の接點を表わす貴重な歷史遺産の西市が消え、代わりにこの分厚い一書が殘されたといってよいだろうか。

この『大唐西市博物館藏墓誌』に類する大型の仕事には、時期を前後して『西安碑林博物館新藏墓誌彙編』（趙力光主編、線裝書局、2007年）や『西安碑林博物館新藏墓誌續編』（趙力光主編、陝西師範大學出版社、2014年）など、西安碑林という石刻の收集と保存の專門機關による高い質を保った勞作がある。ただしここにも他省の山西長治方面から出土した墓誌が相當數含まれる。なお他に『長安新出墓誌』（西安市長安博物館編、文物出版社、2011年）、『長安碑刻』（陝西省古籍整理辦公室編・呉敏霞主編、陝西人民出版社、2014年）は、同様に拓本と錄文を備えた當地新出のまとまった資料集となる。

ここにわかるように、近年の重量感のある資料集は、西安地區の機關が自らの所藏する原石の拓本を主體にして行った成果が注目される。その背後にはきちんとした專門家の關與があり、それを支える機關などの基盤や體制が整っていることも評價できる。ではこれに對して、もう一方

の「墳墓の地」の中心たる洛陽の場合はどうか。洛陽地區に關わる墓誌刊行物は、點數的に西安側と遜色はないが、質量感となると見劣りするのが拭えない。その中で『洛陽流散唐代墓誌彙編』（毛陽光・余扶危主編、國家圖書館出版社、2013年）は、洛陽周邊に出土し民間に流出した墓誌を調査し、拓本と錄文で共通の土俵に載せた勞作であり、ここから盜掘などによる墓誌流出という現狀への問題提起を看取できる。洛陽・河南墓誌の收集と整理という點では、拓本を買い集めて多くの拓本資料集（錄文や考察はない）を出し續ける趙君平氏の一連の仕事があり、また『洛陽新獲七朝墓誌』（齊運通編、中華書局、2012年）、『洛陽出土鴛鴦墓誌輯錄』（郭茂育・趙水森等編著、國家圖書館出版社、2012年）などもある。墓誌の中心地でありながら、成果において西安にややひけを取る現狀をどうみるか。私はそこに、研究機關としての中核の不在、相互に研究交流する基盤と氣風の不十分さ、全體をリードする人材面の課題などを感じている。

五、『唐代墓誌所在總合目錄』の背景——終わりに代えて

　以上のように1990年代以降、洛陽と西安を中心に、その他全國各地の機關や個人の所藏する墓誌（原石および拓本）にもとづく資料集あるいは報告集が刊行されてきた。それらに收載されたものは、すべて自前の所藏墓誌だけで構成されていない以上、重複がでるのは至極當然であり、むしろ多樣な場所で取り上げられ、樣々な錄文（釋文）や考察がなされることに意味がある。ある墓誌に異なる角度からアプローチがあることで、それとその周邊の理解が深まるからである。

　しかし、となると各資料集で取り上げられた墓誌の所載狀況と相互の重複關係が、全面的かつ系統的に明らかにされる必要が出てくる。早くより墓誌資料の有用性を意識していた私は、結局その仕事は自分でするしかないと自覺し、カードに手書きでまとめ始めた。1990年代の初頭のころからである。そしてこのカードが相當分にたまったのをうけて、1冊の目錄にしようと考え、自身のワープロ（パソコンではない）に打ち込み、最後は家人の協力も得てまとめあげた。

　ただしこれを世に出すことには大變なためらいがあった。はたしてどこまで有用性があるか、自身の關心だけの狹い仕事ではないかと迷ったあげく、最後にまず自費出版で研究者の反應をみることを決斷した。そのさい汲古書院に販賣面で協力いただけないかと、今は亡き坂本健彦社長に會社に出向いてお願いした。私はその折、相當緊張していたと思うが、氏はこの計畫にむしろ前向きな姿勢を示し、協力を快諾くださった。以來汲古に支援いただく關係は現在まで變わることなくつづいている。

　こうして最初の『唐代墓誌所在總合目錄』（1997年）は、明治大學東洋史資料叢刊1として刊行された。刊行後、研究者たちから一定の評價とともに、人名索引も必要だとの指摘を受けた。これに意を強くして私は、次からは科研費などの外部資金の支援を得て、データの集積に努め、墓誌名索引もつけ、『新版唐代墓誌所在總合目錄』（2004年）、『新版唐代墓誌所在總合目錄（增訂版）』（2009年）と二度にわたってバージョンを新しくして刊行してきた。途中、事業の繼續と研究發信の據點となる明治大學東アジア石刻文物研究所を發足させ、大學院のゼミ生諸君に可能な限り關與してもらった。もちろん彼らの研究に資する意味も込めてである。この「目錄」に關わる仕事は、正直なところ大變な勞力と困難がともなう。資料集などの情報の收集と入手（購入）、收載墓誌の讀み取りとデータ入力、原載墓誌の誤りや問題點への對處、入力後も絶えざる點檢、人名索引の作成、最後の校正段階での全面的見直しなど。私は周圍で協力してくれた多く

の若手研究者諸君には心から感謝している。

　そして最後に來るのが、今回刊行する第4版『新編唐代墓誌所在總合目録』となる。私は2014年3月に明治大學を定年退職したが、幸いその後も科研費による支援があり、明治大學で研究を繼續する場が與えられた。そこで對象とする資料集を2015年末の刊行分までにと區切り、可能な限り對象を廣げて墓誌データを取り込むことにし、この機會に日本主要機關の所藏墓誌をまとめた「日本目録」欄を新設した。あわせて臺灣『國立中央圖書館墓誌拓片目録』（1972年）の整理に取り組んだが、課題が多く入力を斷念した。代わりに『北京大學圖書館藏歷代墓誌拓片目録（上下）』（北京大學圖書館金石組編、2013年）のデータを全面的に取り入れた。

　この結果、收載した資料は1萬2千點を越える膨大な量になり、從來の配列枠で收まらなくなったため、配列をかなり入れ替え、資料番號も新たに通し番號でふり直した。文字は利用の便を考えて9ポイントにし、紙型も從來のB5版からA4版に大型化した。以上のように全面的見直しを行い、また今後の研究の起點になることを願って、書名に「新編」を冠した次第である。本書の編纂には、速水大氏を中心に、兼平雅子、竹内洋介の兩氏を加えた3名の若手研究者の獻身的な協力があった。記して感謝申し上げたい。

　終わりにあたって參考までに4回分の目録における墓誌收載の狀況を集計しておきたい。

版（刊行年）	目録名	收載墓誌點數（＝誌＋蓋＊）	增加數
1（1997年）	唐代墓誌所在總合目録	5826點（5482點＋蓋344點）	
2（2004年）	新版 唐代墓誌所在總合目録	6828點（6459點＋蓋369點）	1002點
3（2009年）	新版 唐代墓誌所在總合目録（增訂版）	8747點（8285點＋蓋462點）	1919點
4（2017年）	新編 唐代墓誌所在總合目録（2015年迄）	12523點（12043點＋蓋480點）	3776點

＊蓋：墓誌の誌石が不明で、墓誌蓋のみが存在するもの（對象誌石が不明な蓋も含む）

　集計表から一目で分かるように、墓誌の總數（資料集から把握されたもの）は毎回確實に增加し、最初の版と比べると、20年間で倍以上という驚くべき數値が突きつけられた。このことは私たちに、多くの新たな研究材料・貴重な史料が追加されたことを教えてくれるが、同時にこれは死者を包み込んだ地下の世界を暴いてきた結果でもあることをきちんと押さえておく必要がある。そのためにも墓誌一つ一つを大切にし、謙虛に向き合わなければならないと肝に銘じている。

　墓誌の情報はこれからも様々な形で出されるはずである。私ども明治大学東アジア石刻文物研究所はささやかな研究單位であるが、今後も可能な限りそれらを追いかけ、情報發信と研究活動に努める所存である。大方のご支援とご協力を切にお願い申し上げます。

---

[i] 拙稿「中国新出石刻関係資料目録（1）―解放後より文革前まで―」（『書論』18、1982年8月）、同「中国新出石刻関係資料目録（2）―1972年より1982年まで―」（『書論』20、1983年8月）、同「中国新出石刻関係資料目録（6）―1989年より1990年まで―」（『明治大学人文科学研究所紀要』41冊、1997年3月）などで「石刻」と表記した。

[ii] 拙稿「近代中国の石刻研究の礎を築いた人々――『新中国出土墓誌』刊行20周年に寄せて」（『東アジア石刻研究』7、2017年3月）參照。

凡　例

I 『新編　唐代墓誌所在總合目録』は、唐代(618〜907)およびその期間中の中國において作成された墓誌(銘)を、2015年末までに刊行された中國墓誌資料集など關係圖書から取り出し、年號別、年代順に分類配列して、その所在を明らかにしたものである。

II 本目録が對象とする資料集類は、2009年刊『新版　唐代墓誌所在總合目録(増訂版)』以後のものとなるが、それ以前で漏れていたものがあれば随時追加している。

III 本目録における各墓誌の所在は、左右両頁の同列の中に表示した。そのため右頁の最初の欄にも左頁の同じ番號(通番)を付して、同列関係が分かるように配慮した。なお各墓誌の番號(通番)は本目録で新たに付したもので、以前の「新版唐代墓誌所在總合目録(増訂版)」の番號とは對應しない。

IV 年號欄の配列は、原則として墓誌が墓中に埋納された日付(年月日)による。不明の場合は死亡日(卒日)など他の手掛かりを用いた。なお墓誌の不鮮明さや記述の不明確さなどにより、日付の判斷が諸書間で異なる場合は、圖版や釋文にあたり直して當方で最終判斷をした。

V 卷末の墓誌名索引は墓主名を筆畫順で示し、各畫數の冒頭にその畫數に含まれる墓主の頭文字を一括表示した。また配列は部首を基準にしている。

VI 文字は原則として舊字體(繁體字)を用いた。ただしパソコン機器内藏の文字の制約などから、字體が舊字體で統一はできていないところもある。

VII 目録最後尾に提示した墓誌蓋では、できるかぎり諸書の重複具合を押さえたが、確定の難しいところが多く、なお不十分さを殘していることをご諒解願いたい。

VIII 本墓誌で利用した資料集は多數かつ多岐にわたるため、各墓誌は、資料集の墓誌分量、地域性の近さ、機關の共通性などの條件を考慮し、また「地方」と「日本墓誌」の枠を新設して、A〜Lまでの12組に配分した。12組に分屬された資料集名と略稱は、下記の「收載資料集・報告集分屬一覽表」を参照願いたい。

付記 ：「一覽表」では各組の全體名稱を太字で示した上で、その後に個別名を列擧する。ただし單獨名稱だけの組(A・B・D・F・H)は個別名が同時にその組の名稱となる。
なお参考までに各資料集から本目録が收載した唐代墓誌の數値も「唐誌」欄に計上しておいた。
「略號」欄の後ろに付した（ ）内の表記は、各資料集における收録先の表示である。番號は資料番號を、頁は所載頁を表している。
「書名」欄の中の書名(資料集名)に付された＊印は、過去に採録濟みを表す。それ以外が今回新規に採録の書名となる。

收載資料集・報告集分屬一覽表

区分	略號	書名	撰者等	出版社	発行年月	唐誌
A	題跋（頁＋位置）	石刻題跋索引＊	楊殿珣編	商務印書館	1940年第一版	1232
B	北圖（番號）	北京圖書館藏中國歷代石刻拓本彙編＊	北京圖書館金石組編	中州古籍出版社	1989〜1991年	3148
C	附考・新中国					2957〔2986〕
C1	（册＋頁）	唐代墓誌銘彙編附考（1〜18）＊	毛漢光撰	臺灣・中央研究院歷史語言研究所	1984年〜1994年	1800
C2	河南壹（＋番號）	新中国出土墓誌・河南〔壹〕（上下）＊	中國文物研究所・河南文物研究所編	文物出版社	1994年	82
C3	陝西壹（＋番號）	新中国出土墓誌・陝西〔壹〕（上下）＊	中國文物研究所・陝西省古籍整理辦公室編	文物出版社	2000年11月	119
C4	河南貳（＋番號）	新中国出土墓誌・河南〔貳〕（上下）＊	中國文物研究所・河南文物考古研究所編	文物出版社	2002年12月	51
C5	重慶（＋番號）	新中国出土墓誌・重慶	中國文物研究所・重慶市博物館編	文物出版社	2002年3月	3
C6	陝西貳（＋番號）	新中国出土墓誌・陝西〔貳〕（上下）＊	中國文物研究所・陝西省古籍整理辦公室編	文物出版社	2003年10月	315
C7	北京壹（＋番號）	新中国出土墓誌・北京〔壹〕（上下）＊	中國文物研究所・北京石刻藝術館編	文物出版社	2003年12月	42

区分	略號	書名	撰者等	出版社	發行年月	唐誌
C8	河北壹(＋番號)	新中国出土墓誌・河北〔壹〕（上下）＊	中國文物研究所・河北省文物研究所編	文物出版社	2004年12月	104
C9	江蘇壹(＋番號)	新中国出土墓誌・江蘇〔壹〕・常熟（上下）＊	中國文物研究所・常熟博物館編	文物出版社	2006年11月	28
C10	河南參(＋番號)	新中国出土墓誌・河南〔參〕・千唐誌齋〔壹〕（上下）＊	中國文物研究所・千唐誌齋博物館編	文物出版社	2008年1月	333
C11	上海(＋番號) 天津(＋番號)	新中国出土墓誌 上海・天津卷（上下）	中國文化遺產研究院・上海博物館・天津文化遺產保護中心編	文物出版社	2009年6月	8
C12	江蘇貳(＋番號)	新中国出土墓誌・江蘇〔貳〕・南京（上下）	故宮博物院・南京市博物館編	文物出版社	2014年12月	6
C13	陝西參(＋番號)	新中国出土墓誌・陝西〔參〕（上下）	故宮博物院・陝西省古籍整理辦公室編	文物出版社	2015年12月	95
D	隋唐五代（卷＋冊＋頁）	隋唐五代墓誌彙編（全３０冊）＊	同總編輯委員會編	天津古籍出版社	1991～1992年	4877
E	千唐河南					4448 〔6127〕
	千唐(＋頁)	千唐誌齋藏誌（上下）＊	河南省文物研究所・河南省洛陽地區文管處編	文物出版社	1984年1月	1209
E2	輯繩(＋番號)	洛陽出土歷代墓誌輯繩＊	洛陽市文物工作隊編	中国社会科学出版社	1991年6月	644
E3-1	新獲(＋番號)	洛陽新獲墓誌	李獻奇・郭引強編著	文物出版社	1996年10月	107
E3-2	新獲續(＋番號)	洛陽新獲墓誌續編	洛陽市第二文物工作隊・喬棟・李獻奇・史家珍編著	科学出版社	2008年3月	257
E4	邙洛(＋番號)	邙洛碑誌三百種＊	趙君平編	中華書局	2004年7月	332
E5	新出(＋頁)	洛陽新出土墓志釋錄＊	楊作龍・趙水森主編	北京圖書館出版社	2004年10月	32
E6	河洛(＋番號)	河洛墓刻拾零（上下）＊	趙君平・趙文成編	北京圖書館出版社	2007年7月	422
E7	新唐(＋頁)	新出唐墓誌百種	趙文成・趙君平選編	西泠印社出版	2010年8月	144
E8	民族(＋頁)	洛陽出土少數民族墓誌彙編	李永強・余扶危主編	河南美術出版	2011年7月	294
E9	洛絲(＋頁)	洛陽出土絲綢之路文物	洛陽市文物管理局編	河南美術出版	2011年7月	69
E10-1	秦晉(＋番號)	秦晉豫新出墓誌蒐佚（1～4）	趙君平・趙文成編	国家圖書館出版社	2012年1月	746
E10-2	秦續(＋番號)	秦晉豫新出墓誌蒐佚續集（1～5）	趙文成・趙君平編	国家圖書館出版社	2015年7月	772
E11	龍門(＋頁)	龍門区系石刻文粹	張乃翥輯	国家圖書館出版社	2011年10月	335
E12	七朝(＋番號)	洛陽新獲七朝墓誌	齊運通編	中華書局	2012年3月	309
E13	洛鴛鴦(＋番號)	洛陽出土鴛鴦墓誌輯錄	郭茂育・趙水森等編著	国家圖書館出版社	2012年10月	137
E14	流散(＋番號)	洛陽流散唐代墓誌彙編（上下）	毛陽光・余扶危主編	国家圖書館出版社	2013年12月	318
F	北大(＋番號)	北京大学圖書館藏歷代墓誌拓片目録（上下）	北京大學圖書館金石組・胡海帆・湯燕・陶誠編	上海古籍出版社	2013年12月	6007
G	墓誌彙編					5103 〔5144〕
G1	元號(＋番號)	唐代墓誌彙編（上下）＊	周紹良主編・趙超副主	上海古籍出版	1992年	3588
G2	續元號(＋番號)	唐代墓誌彙編續集＊	周紹良・趙超主編	上海古籍出版	2001年	1556
H	新編(冊＋頁)	全唐文新編＊	同編輯委員會編	吉林文史出版社	1999年～2001年	5673
I	補遺・補編					6071 〔6394〕
I1	(冊＋頁)	全唐文補遺（1～9、千唐）	陝西省古籍整理辦公室	三秦出版社	1994年～2007年	5956
I2	上中下(＋頁)	全唐文補編（上中下）＊	陳尚君輯校	中華書局	2005年9月	438
J	地方					1997 〔2496〕
J1	西南(＋頁)	中国西南地区歷代石刻彙編		天津古籍出版	1988年	3
J2	咸陽(＋番號)	咸陽碑石＊	張鴻傑主編	三秦出版社	1990年	20

区分	略號	書名	撰者等	出版社	発行年月	唐誌
J3	河北(＋頁) 目録(＋頁)	河北金石輯録＊	石永士・王素芳・裴淑蘭著	河北人民出版社	1993年3月	15
J4	河東(＋番號)	河東出土墓誌録＊	陳繼瑜・傅仁傑・呉鈞・李漢英編、李百勤	山西人民出版社	1994年4月	11
J5	山東(＋番號)	山東石刻藝術精萃＊	山東省石刻藝術博物館	浙江文藝出版	1996年8月	15
J6	碑碣(＋頁)	山西碑碣＊	山西省考古研究所編	山西人民出版	1997年2月	11
J7	西北(＋卷・頁)	中國西北地區歷代石刻彙編(全10冊)＊	趙平編	天津古籍出版社	2000年8月	566
J8	晋中(＋頁)	晋中碑刻選粹	張晋平編著	山西古籍出版	2001年6月	14
J9	武威(＋頁)	武威金石録＊	王其英主編	蘭州大学出版	2001年8月	19
J10	杏園(＋番號)	偃師杏園唐墓＊	中國社會科學院考古研究所編著	科學出版社	2001年10月	46
J11	邯鄲(＋頁)	邯鄲碑刻＊	呉光田・李強編	天津人民出版	2002年6月	2
J12	宣化(＋番號)	宣化出土古代墓誌録	劉海文編著	遠方出版社	2002年6月	3
J13	金郷(＋頁)	唐金郷縣主墓＊	西安市文物保護考古研究所・王自力・孫福喜	文物出版社	2002年11月	2
J14	濟南(＋頁)	濟南歷代墓誌銘＊	韓明祥編著	黄河出版社	2002年12月	11
J15	碑誌(＋頁)	遼寧碑誌＊	王晶辰主編	遼寧人民出版	2002年12月	8
J16	保定(＋番號)	保定出土墓誌選注＊	侯璐主編	河北美術出版	2003年4月	15
J17	新安(＋頁)	新安散存石刻輯釋	政協新安縣委員会文史資料委員會編	政協新安県委員会	2003年4月	2
J18	吐魯番(＋番號)	吐魯番出土磚誌集注(上下)	侯燦・呉美琳著	巴蜀書社	2003年	177
J19	濮陽(＋番號)	濮陽碑刻墓誌＊	王義印編著	中州古籍出版	2003年5月	11
J20	鞏義(＋頁)	鞏義芝田晉唐墓葬＊	鄭州市文物考古研究所編著	科學出版社	2003年5月	1
J21	咸刻(＋番號)	咸陽碑刻(上下)＊	王友懷主編、李慧・曹發展注考	三秦出版社	2003年7月	40
J22	榆林(＋頁)	榆林碑石＊	康蘭英主編	三秦出版社	2003年10月	55
J23	沁州(＋頁)	沁州碑銘集	梁曉光主編	沁県書法協会	2003年10月	7
J24	石景山(＋頁)	北京市石景山區歷代碑誌選＊	中共石景山區委宣傳部等編	北京燕山出版社	2003年12月	3
J25	精粹(＋番號)	北京文物精粹大系・石刻卷＊	北京文物精粹大系委會・北京市文物局編	北京出版社	2004年1月	6
J26	孟州(＋頁)	孟州文物	梁永照著	孟州市政協文史資料研究委	2004年1月	12
J27	山陽(＋頁)	山陽石刻藝術＊	郭建設・索全星著	河南美術出版	2004年9月	2
J28	景州(＋頁)	景州金石	鄧文華編著	中國文史出版	2004年9月	38
J29	高平(＋頁)	高平金石志	高平金石志編委員會	中華書局	2004年10月	6
J30	安陽(＋頁)	安陽県古碑刻集萃	鄧葉君・李長生・孫景風主編	安陽県老干部局	2004年10月	4
J31	戶縣(＋頁)	戶縣碑刻＊	呉敏霞主編、劉兆鶴・呉敏霞編著	三秦出版社	2005年1月	8
J32	涿州(＋頁)	涿州貞石録＊	楊衛・黄涿生編	北京燕山出版	2005年10月	2
J33	涿文(＋頁)	涿州文物志	涿州市旅游文物局編、楊衛東等編著	北京燕山出版社	2005年10月	2
J34	四川(＋頁)	四川文物志（上冊石刻碑誌卷）	四川省文物管理局編	四川出版集団・巴蜀書社	2005年11月	10
J35	臨汾(＋頁)	臨汾歷代碑文選＊	王汝雕・牛文山編著	延邊大學出版	2005年12月	2
J36	精華(＋番號)	陝西碑石精華＊	余華青・張延皓主編	三秦出版社	2006年6月	114
J37	衢州(＋頁)	衢州墓誌碑刻集録＊	衢州市博物館編	浙江人民美術出版社	2006年6月	3
J38	吐文(＋頁)	吐魯番文物精粹	李蕭主編	上海辞書出版	2006年6月	5
J39	房山(＋頁)	房山墓誌	陳亜洲著	北京市房山区文物管理所	2006年7月	10
J40	長治(＋頁)	長治金石萃編(上下)＊	常福江主編	山西電子音像出版社	2006年8月	29
J41	天書(＋頁)	天書地字 大伾文化2＊	浚縣文物旅游局編	文物出版社	2006年11月	5
J42	臨潼(＋頁)	臨潼碑石＊	趙康民・李小萍編著	三秦出版社	2006年12月	3
J43	渭城(＋頁)	渭城文物志	咸陽市渭城區文物管理委員会・張徳臣編著	三秦出版社	2007年1月	28
J44	寧夏(＋頁)	寧夏歷代碑刻集	銀川美術館編著	寧夏人民出版	2007年6月	8
J45	滄州(＋番號)	滄州出土墓誌	滄州市文物局編	科學出版社	2007年8月	14
J46	淮安(＋頁)	淮安楚州金石録	淮安市楚州區歷史文化研究会・淮安市楚州區文化局編	江蘇農墾機関印刷廠有限公司	2007年12月	3
J47	響堂(＋番號)	響堂山石窟碑刻題記總録＊	張林堂主編	外文出版社	2007年	3
J48	河間(＋頁)	河間金石遺録＊	田國福主編	河北教育出版	2008年1月	35
J49	洪洞(＋頁)	洪洞金石録	李國富・王汝雕・張宝年主編	山西出版集團	2008年1月	5
J50	衡水(＋頁)	衡水出土墓誌	衡水市文物局編	河北美術出版	2010年2月	13

区分	略號	書名	撰者等	出版社	発行年月	唐誌
J51	固原（＋番號）	固原歷代碑刻選編	寧夏固原博物館編	寧夏人民出版社	2010年4月	8
J52	蘭州（＋頁）	蘭州碑林藏甘肅古代碑刻拓本菁華	李龍文主編	甘肅人民美術出版社	2010年5月	8
J53	南歷（＋番號）	南京歷代碑刻集成	南京市文化広電新聞出版局（文物局）編著	上海書画出版社	2011年1月	2
J54	濟寧（＋頁）	濟寧歷代墓誌銘	李恒法・解華英編著	齊魯書社	2011年2月	4
J55	長新（＋頁）	長安新出墓誌	西安市長安博物館編	文物出版社	2011年5月	145
J56	廈門（＋頁）	廈門墓誌銘彙粹	何丙仲・呉鶴立編	廈門大学出版	2011年6月	3
J57	鄴城（＋頁）	鄴城碑石	霍玉辰・王福生主編	中国文史出版	2011年9月	7
J58	安豊（＋番號）	文化安豊	賈振林編著	大象出版社	2011年11月	22
J59	滿城（＋頁）	滿城歷代碑（石）刻輯錄	范福生主編	河北教育出版	2011年12月	1
J60	寧波（＋頁）	寧波歷代碑碣墓誌彙編（唐・五代・宋・元巻）	章國慶編著	上海古籍出版社	2012年3月	35
J61	江揚（＋番號）	江蘇揚州唐五代墓志簡介	呉煒・田桂棠編	私家版	2012年3月	73
J62	大同（＋頁）	大同新出唐遼金元志石新解	殷憲著	山西出版伝媒集団・三晋出	2012年6月	40
J63	朝陽（＋頁）	朝陽隋唐墓葬発現与研究	遼寧省文物考古研究所・奈良文化財研究所	科学出版社	2012年6月	7
J64	山東分類（＋頁）	山東石刻分類全集（巻5歷代墓誌）	山東石刻分類全集編集委員會	青島出版社・山東文化音像出版社	2013年4月	74
J65	富平（＋頁）	富平碑刻	劉蘭芳・劉秉陽編著	三秦出版社	2013年5月	5
J66	景県（＋頁）	歷史的星空—景県古代墓誌釈読	鄧文華著	中央文献出版社	2013年8月	66
J67	任城（＋頁）	文化任城：漢魏唐刻石精粋（上下）	濟寧市任城石刻博物館編	三秦出版社	2013年9月	15
J68	衛輝（＋番號）	衛輝歷代碑刻	安喜萍著	中州古籍出版	2013年10月	8
J69	邯鄲碑（＋番號）	邯鄲地區隋唐五代碑刻校錄—〈隋唐五代碑刻校釋・邯鄲巻〉簡本—	任乃宏著	中国文聯出版社	2014年8月	67
J70	長碑（＋録文頁（圖版）	長安碑刻	呉敏霞主編	陝西人民出版社	2014年9月	275
J71	廣東（＋頁）	廣東金石圖志	伍慶禄・陳鴻鈞著	綫裝書局	2015年3月	3
J72	安陽選（＋番號）	安陽墓誌選編	安陽市文物考古研究所・安陽博物館編著	科学出版社	2015年12月	64
J73	大全（＋巻名＋頁）	三晉石刻大全※		山西出版集団	2010年1月～	137
K	博物館・その他					2820 〔3334〕
K1	唐宋（＋番號）	唐宋墓誌：遠東學院藏拓片圖録＊	饒宗頤編	香港・中文大學出版社	1981年	368
K2	曲石（＋番號）	曲石精廬藏唐墓誌＊	李希泌編	齊魯書社	1986年	94
K3	昭陵（＋番號）	昭陵碑石＊	張沛編著	三秦出版社	1993年	48
K4	鴛鴦（＋番號）	鴛鴦七誌齋藏石＊	趙力光編	三秦出版社	1995年12月	34
K5	碑林（冊＋頁）	西安碑林全集＊	高峡主編	廣東経済出版社・深圳海天出版社	1999年	415
K6	遼寧博（＋番號）	遼寧省博物館藏墓誌精粹＊	王綿厚・王海萍主編	中教出版	2000年1月	14
K7	薛儆（＋頁）	唐代薛儆墓發掘報告＊	山西省考古研究所編著	科學出版社	2000年9月	2
K8	南京（＋番號）	南京博物院藏『唐代墓誌』＊	袁道俊編著	上海人民美術出版社	2003年	99
K9	北文（＋番號）	北京市文物研究所藏墓誌拓片＊	北京市文物研究所編	北京燕山出版社	2003年11月	42
K10	撒馬（＋番號）	從撒馬爾干到長安—粟特人在中國的文化遺産	榮新江・張志清主編	北京圖書館出版社	2004年4月	32
K11	新城（＋頁）	唐新城長公主墓發掘報告＊	陝西省考古研究所・陝西歷史博物館・禮泉縣昭陵博物館編著	科學出版社	2004年4月	1
K12	裴氏（＋頁）	裴氏碑志集	裴王旗編著、裴壽山審校	東方文化芸術出版社	2004年12月	108
K13	唐末（＋頁）	唐末至宋初墓誌目録　附録：録文	譚凱（Nicolas Tackett）編集	私家版（上海、非売品）	2005年8月	16
K14	旅順（＋頁）	旅順博物館藏西域文書研究	郭富純・王振芬著	万巻出版公司	2007年9月	2
K15	碑林新（＋番號）	西安碑林博物館新藏墓誌彙編（上中下）＊	西安碑林博物館編、趙力光主編	線裝書局	2007年10月	345
K16	慶雅堂（＋頁）	慶雅堂金石藏集	劉波・耿晨編	私家版	2007年識語	65
K17	安國（＋頁）	唐安国相王孺人壁画墓発掘報告	洛陽市第二文物工作隊編	河南美術出版社	2008年5月	1
K18	磚刻（＋番號）	中国古代磚刻銘文集（上下）	胡海帆・湯燕編著	文物出版社	2008年8月	85

区分	略號	書名	撰者等	出版社	発行年月	唐誌
K19	柏克萊(＋番號)	柏克萊加州大学東亜圖書館藏碑帖（上下）	柏克萊加州大学東亜圖書館編	上海古籍出版社	2008年12月	2
K20	故宮(＋番號) 故宮高昌(＋番號)	故宮博物院藏歴代墓誌匯編	郭玉海・方斌主編	紫禁城出版社	2010年7月	213
K21	汾陽(＋頁)	汾陽市博物館藏墓誌選編	王仲璋主編	山西出版伝媒集団・三晋出	2010年8月	47
K22	施碑選(＋頁)	施蟄存北窗碑帖選萃	潘思源編	上海古籍出版	2012年6月	87
K23	嗣號王(＋頁)	唐嗣號王李邕墓発掘報告	陝西省考古研究院編著	科学出版社	2012年8月	2
K24	西市(＋番號)	大唐西市博物館藏墓誌（上中下）	胡戟・榮新江主編	北京大学出版社	2012年9月	457
K25	錢寛(＋頁)	晩唐錢寛夫婦墓	浙江省文物考古研究所・浙江省博物館・杭州市文物考古研究所・臨安市文物館編著	文物出版社	2012年9月	2
K26	蘇州(＋番號)	蘇州博物館藏歴代碑誌	蘇州博物館編	文物出版社	2012年9月	8
K27	北大新拓(＋番號)	北京大学圖書館新藏金石拓本菁華（1996-2012）	北京大学圖書館藏金石組・胡海帆・湯燕編	北京大学出版社	2012年12月	70
K28	北石(＋頁)	北京石刻藝術博物館館藏墓誌拓片精選	北京石刻藝術博物館編	北京燕山出版社	2012年12月	8
K29	薛氏(＋頁)	河東望族万栄薛氏	謝振中著	山西出版傳媒集団・三晋出	2013年4月	59
K30	西交博(＋頁)	西安交通大学博物館藏品集錦	李家駿主編	陝西人民美術出版社	2013年5月	26
K31	越窯(＋頁)	越窯瓷墓誌	厲祖浩編著	上海古籍出版	2013年10月	51
K32	施唐(＋頁)	施蟄存北窗唐誌選萃	潘思源編	上海古籍出版	2014年4月	255
K33	碑林續(＋番號)	西安碑林博物館新藏墓誌續編	趙力光主編	陝西師範大学出版社	2014年7月	207
K34	新見(＋番號)	新見隋唐墓誌集釋	王連龍著	遼海出版社	2015年5月	37
K35	河博(＋番號)	琬琰流芳―河南博物院藏碑志集粹	譚淑琴主編	中州古籍出版社	2015年9月	32
L	日本目録					1012〔1498〕
L1	人(＋番號)	京都大学人文科学研究所所蔵石刻拓本資料	http://kanji.zinbun.kyoto-u.ac.jp/db-machine/imgsrv/takuhon/index.html		不明	734
L2	東(＋番號)	東洋文庫所蔵中国石刻拓本目録	財団法人東洋文庫	財団法人東洋文庫	2002年7月	338
L3	明大(＋頁)	明大寄託新收の中国北朝・唐代の墓誌石刻資料集	氣賀澤保規編	明治大学東アジア石刻文物研究所	2010年3月	8
L4	明洛(＋番號)	明治大学東アジア石刻文物研究所所蔵中国洛陽出土唐代墓誌史料彙編	氣賀澤保規・梶山智史編	明治大学東アジア石刻文物研究所	2015年	117
L5	淑徳(＋番號)	淑徳大学 書学文化センター蔵 中国石刻拓本目録	書学文化センター	淑徳大学	2016年度版	301

※三晋石刻大全(劉澤民総主編・李玉明執行総主編)2009〜2015年刊行分：洪洞・靈石・堯都・鹽湖・靈丘・孟縣・左權・寧武・高平・壽陽・沁源・曲沃・杏華嶺區・侯馬・安澤・古交・陽城・沁水・長治・孝義・古縣・澤州・尖草坪區・左雲・屯留・和順・城區(晉城市城區)・炎帝碑林・浮山・黎城・楡次・平魯・平順・武郷・長子・渾源・柳林・陵川・蒲縣・万柏林・廣靈・石樓・迎澤・大同・郷寧・大寧・霍州・南郊・絳縣・懐仁・壺關・襄垣・永和の各行政區域

墓　誌　目　録

武德（義和・安樂・永隆・開明・五鳳・重光・延壽）

番號	墓誌名	年號	A 題跋	B北圖	C 附考 新中國	D隋唐五代	E千唐・河南
1	王遵妻史氏墓誌	義和5(618)5月	—	—	—	—	—
2	劉和墓誌	安樂1(618)9月	—	—	—	北京1-27	—
3	李撿墓誌	武德1(618)11月	—	—	—	—	—
4	李制及妻梁季華墓誌	武德1(618)11月	—	—	—	—	—
5	梁明達墓誌	永隆2(618)11or12月	—	—	陝西參-11	—	—
6	莫麗芳墓誌	武德1(618)12月	—	—	—	—	—
7	顏宏墓誌	武德2(618)2月	—	—	—	—	—
8	李密墓誌	武德2(619)2月	164左上	—	1-3 河南壹-109	河南18	秦晉97
9	那盧君妻元買得墓誌	開明1(619)5月	164左上	10-189	1-1	北京1-28	民族131
10	劉開妻孟淑容墓誌	開明1(619)5月	—	—	—	—	新獲續20 邙洛48
11	蘇玉華墓誌	武德2(619)5月	164左上	—	1-2	—	—
12	蔡澤及妻張氏墓誌	武德2(619)8月	—	—	—	—	—
13	朱益及妻張氏墓誌	五鳳2(619)10月	—	—	—	—	—
14	于君妻韋耶書墓誌	武德3(620)2月	—	—	—	陝西3-15	—
15	氾法濟墓表	重光1(620)2月	—	—	—	新疆105	—
16	張武嵩墓表	重光1(620)2月	—	—	—	新疆106	—
17	張阿質兒墓表	重光1(620)2月	—	—	—	新疆108	—
18	張鼻兒墓表	重光1(620)2月	—	—	—	新疆107	—
19	嚴道亮墓記	重光1(620)3月	—	—	—	新疆109	—
20	張仲慶墓誌	重光1(620)3月	—	—	—	新疆110	—
21	麴舉墓誌	開明2(620)5月	—	—	1-4	—	—
22	韋匡伯墓誌	開明2(620)7月	164左中	—	1-5	洛陽1-180	—
23	黃葉和尚墓誌	武德3(620)9月	164左上	10-190	—	—	—
24	王仲及妻淳于氏磚誌	開明2(620)9月	164左中	—	1-6	洛陽1-181	民族342
25	竇韓墓誌	武德3(620)11月	—	—	—	—	秦續183
26	劉保歡墓表	重光1(620)11月	—	—	—	新疆111	—
27	張弘震墓表	重光2(621)5月	—	—	—	新疆112	—
28	張權墓誌	武德4(621)10月	—	—	—	—	—
29	竇幹墓誌	武德4(621)11月	—	—	—	—	—
30	張保守墓表	重光2(621)12月	—	—	—	新疆113	—
31	竇抗墓誌	武德5(622)3月	164左中	—	—	—	—
32	范法子墓誌	重光3(622)6月	—	—	—	—	—
33	韋惠墓誌	武德5(622)11月	—	—	—	—	秦續184
34	錢強墓誌	武德5(622)12月	—	—	—	—	秦續185
35	李君妻張氏墓誌	武德5(622)12月	—	—	—	—	—
36	麴慶瑜墓誌	重光3(622)□月	—	—	—	—	—
37	盧道助墓誌	武德6(623)2月	—	—	—	—	輯繩69
38	崔君妻庫狄眞相墓誌	武德6(623)6月	—	11-3	1-7	洛陽2-1	輯繩70 民族241
39	傅僧郎墓表	重光4(623)7月	—	—	—	新疆114	—
40	邱君妻嚴氏墓誌	武德7(624)5月	—	—	—	—	新獲續21 邙洛49
41	郭敬墓誌	武德7(624)7月	—	—	陝西貳-13	陝西1-6	—
42	萬進墓誌	武德7(624)12月	—	—	—	—	—
43	王伯瑜妻唐氏墓表	延壽2(625)1月	—	—	—	新疆115	—
44	蘇永安墓誌	武德8(625)2月	—	—	陝西貳-14	陝西1-7	—
45	李鳳墓冊文刻石五種	武德ほか	—	—	—	—	—
46	趙君銘記	武德8(625)3月	—	—	—	—	—
47	宇文述墓誌	武德8(625)10月	—	—	—	—	秦續186
48	侯莫陳穎墓誌	武德8(625)10月	164左中	—	—	—	—
49	□敬客墓誌	武德8(625)11月	—	—	—	—	—
50	裴眺墓誌	武德8(625)11月	—	—	—	—	—
51	盧文構妻李月相墓誌	武德8(625)12月	—	11-4	1-8	北大1-24	—
52	劉亮墓誌	武德8(625)12月	164左下	—	—	—	—
53	崔長先墓誌	武德9(626)2月	—	11-6	1-9	洛陽2-2	輯繩71
54	趙意墓誌	武德9(626)4月	—	—	—	陝西3-16	—
55	高世達女高惠通墓誌	武德9(626)4月	—	—	—	陝西3-17	—

武德（義和・安樂・永隆・開明・五鳳・重光・延壽）

番號	F 北大	G 墓誌彙編	H 新編	I 補遺補編	J 地方	K 博物館・その他	L 日本目錄
1	－	義和001	20-13735	7-495	吐魯番152	故宮高昌074	－
2	－	－	－	－	西北1-145 武威22	－	－
3	－	－	－	－	－	碑林續016	－
4	－	－	20-13728	5-96	長碑(354)	－	－
5	－	－	－	8-252	榆林21	－	－
6	－	－	－	－	－	西市28	－
7	－	－	－	－	－	西市29	－
8	01033	續武德001	3-1604 3-1606	8-253	天書502	河博21	－
9	－	開明001	20-13733	5-97	西北1-146	－	淑356
10	－	－	－	7-238	－	－	－
11	－	武德001	3-1659	－	濟寧26 任城33	－	－
12	－	－	20-13729	6-232	朝陽196	－	－
13	－	－	－	－	邯鄲40	－	－
14	－	續武德002	20-13729	3-307	西北1-148 精華33 長新32 長碑18(335)	－	－
15	－	續重光002	20-13736	7-496	吐魯番155	－	－
16	－	續重光001	20-13736	7-496	吐魯番154	－	－
17	－	續重光004	20-13736	7-496	西北1-150 吐魯番157	磚刻1100	－
18	－	續重光003	20-13736	7-496	西北1-149 吐魯番156	磚刻1099	－
19	－	續重光005	20-13736	7-496	吐魯番158	－	－
20	－	續重光006	20-13736	7-239	西北1-151 吐魯番159	磚刻1101	－
21	－	開明002	20-13734	6-233	邯鄲碑附	－	－
22	－	開明003	20-13734	6-234	－	故宮038(蓋のみ)	東733 淑357
23	－	武德002	3-1750	－	－	－	－
24	－	開明004	20-13735	6-234	－	磚刻1139	－
25	－	－	－	－	－	－	－
26	－	重光001	20-13736	－	吐魯番160	故宮高昌075	－
27	－	續重光007	20-13736	7-496	吐魯番161	－	－
28	－	－	－	－	－	慶雅堂8 西市30	－
29	01034	－	－	－	－	－	－
30	－	重光002	20-13736	7-496	西北1-152 吐魯番162	故宮高昌076	－
31	－	－	－	－	－	－	－
32	－	重光003	20-13737	7-497	吐魯番164	故宮高昌077	－
33	01035	－	－	－	－	碑林續017	－
34	－	－	－	－	－	－	－
35	－	－	－	－	－	－	淑358
36	－	重光004	20-13737	7-239	吐魯番163	故宮高昌078	－
37	－	－	－	7-240	－	－	－
38	01036	武德003	20-13730	4-289	－	唐宋1	人0001
39	－	續重光008	20-13737	7-497	吐魯番165	－	－
40	－	－	－	8-254	－	－	－
41	－	－	20-13730	3-308	西北1-153	碑林73-1858	－
42	01037	－	－	－	－	－	－
43	－	續延壽001	－	7-497	吐魯番166	－	－
44	－	－	20-13730	3-308	西北1-154	碑林73-1864	－
45	－	－	－	－	－	碑林75-2161	－
46	－	－	－	下-1818	－	－	－
47	－	－	－	－	－	－	－
48	－	－	－	－	－	－	－
49	01038	－	－	－	－	－	－
50	01039	－	－	－	－	－	－
51	01040	武德004	20-13731	6-235	－	－	淑359
52	－	－	－	－	－	－	－
53	01041	武德005	20-13731	6-235	－	唐宋2	人0002
54	－	續武德004	20-13732	－	西北1-155	－	－
55	－	續武德005	20-13733	3-309	西北1-156 景州107 精華35 景縣197	－	－

武德・貞觀（延壽・永隆）

番號	墓誌名	年號	A 題跋	B北圖	C 附考 新中国	D隋唐五代	E千唐・河南
56	范宗遬墓表	延壽3(626)8月	—	—	—	—	—
57	□君墓表	延壽3(626)12月	—	—	—	—	—
58	哥舒季通葬馬銘	武德間(618～626)	—	—	—	—	—
59	封嗣道及妻李氏墓誌	武德10(627)3月	—	—	河北壹-50	—	—
60	張靜藏墓誌	貞觀1(627)1月	—	—	—	—	—
61	僖恭墓誌	永隆11(627)2月	—	—	陝西參-12	—	—
62	關道愛墓誌	貞觀1(627)2月	164左下	11-8	1-10	洛陽2-3	千唐7
63	崔志及妻趙氏墓誌	貞觀1(627)2月	164左下	11-9	1-11	洛陽2-4	—
64	張氏墓表	延壽4(627)5月	—	—	—	—	—
65	劉粲墓誌	貞觀1(627)7月	164左下	11-10	1-12	洛陽2-5	—
66	□□墓表	延壽4(627)10月	—	—	—	—	—
67	程鍾墓誌	貞觀1(627)10月	—	11-11	1-13	洛陽2-6	千唐8
68	□君墓銘	貞觀1(627)	164左下	—	—	—	—
69	李建成墓誌	貞觀2(628)1月	—	—	—	—	秦續187
70	秦愛墓誌	貞觀2(628)1月	—	—	—	—	—
71	李藥王墓誌	貞觀2(628)1月	—	—	—	—	—
72	李敷墓誌	貞觀2(628)1月	—	—	—	—	—
73	王保謙墓表	延壽5(628)2月	—	—	—	—	—
74	李亮(鄭孝王)墓誌	貞觀2(628)7月	164左下	—	—	—	—
75	王伯瑜墓表	延壽5(628)9月	—	—	—	新疆116	—
76	楊敏墓誌	貞觀2(628)10月	—	11-13	1-14	洛陽2-7	輯繩72
77	段君妻張女羨墓誌	貞觀2(628)11月	164右上	11-14	1-15	洛陽2-8	—
78	屈突通墓誌	貞觀2(628)11月	—	11-15	1-16	洛陽2-9	千唐9 民族265
79	潘伽及妻楊氏墓誌	貞觀2(628)11月	—	—	河南參-9	—	—
80	胡永及妻張氏墓誌	貞觀2(628)11月	—	11-16	1-18	陝西1-8	—
81	郭通及妻王氏墓誌	貞觀2(628)11月	—	11-17	1-17	洛陽2-10	輯繩73
82	靈琛塔銘	貞觀3(629)4月	—	11-19	—	北大1-25	—
83	譚伍墓誌	貞觀3(629)6月	164右上	11-20	1-19	洛陽2-11	輯繩74
84	屈突通妻□氏墓誌	貞觀3(629)7月	—	11-21	1-20	洛陽2-12	千唐10
85	胡質墓誌	貞觀4(630)1月	—	11-25	1-21	洛陽2-13	千唐11
86	李彥墓誌	貞觀4(630)2月	—	11-26	1-22	洛陽2-14	輯繩75
87	趙悅子妻馬氏墓表	延壽7(630)7月	—	—	—	新疆117	—
88	張娥子墓誌	貞觀4(630)8月	—	11-27	—	洛陽2-15	—
89	□伯仁及妻宋氏墓誌	貞觀4(630)8月	—	—	—	—	—
90	張謙祐墓表	延壽7(630)10月	—	—	—	—	—
91	毛祐及妻張氏墓誌	貞觀4(630)11月	—	11-28	1-23	北大1-26	—
92	李徹墓誌	貞觀4(630)11月	—	11-29	1-24	洛陽2-16	千唐12
93	吳景達妻劉氏墓誌	貞觀4(630)11月	164右上	11-30	1-25	洛陽2-17	—
94	韋孝謇墓誌	貞觀4(630)11月	—	—	—	—	秦續188
95	長孫氏墓誌	貞觀4(630)12月卒	—	—	—	—	秦晉98
96	寶慶墓誌	貞觀4(630)	164右上	—	—	—	—
97	曹君妻蘇氏墓表	延壽8(631)1月	—	—	—	新疆118	—
98	宮人何氏墓誌	貞觀5(631)1月	—	—	陝西貳-15	—	—
99	□諒墓誌	貞觀5(631)1月	—	—	—	洛陽2-18	輯繩76
100	宮人丁氏墓誌	貞觀5(631)1月	—	—	陝西貳-16	—	—
101	李立言墓誌	貞觀5(631)2月	—	—	陝西貳-17	—	—
102	曹慶珍墓誌	貞觀5(631)2月	—	—	—	—	—
103	□褌墓誌	貞觀5(631)2月	—	11-32	1-26	洛陽2-19	千唐13
104	宮人麻氏墓誌	貞觀5(631)3月	—	—	陝西貳-18	—	—
105	房夷吾墓誌	貞觀5(631)3月	—	—	—	—	—
106	房守仁墓誌	貞觀5(631)3月	—	—	—	—	—
107	房彥詡及妻盧氏墓誌	貞觀5(631)3月	—	—	—	—	—
108	劉節墓誌	貞觀5(631)7月	164右中	11-34	1-27	洛陽2-20	輯繩77

番號	F北大	G墓誌彙編	H 新編	I補遺補編	J 地方	K 博物館・その他	L 日本目録
56	—	續延壽002	20-13737	—	吐魯番167	—	—
57	—	續延壽003	20-13737	—	吐魯番168	—	—
58	—	武德006	4-2308		—	—	—
59	—	—	—	—	景州100 衡水40	—	—
60	01042			—		—	—
61	—			8-255	榆林22		—
62	01043	貞觀001	20-13740	1-470			—
63	01044	貞觀002	20-13741	4-290			—
64	—	延壽001	20-13737	7-497	吐魯番169	故宮高昌079	—
65	01045	貞觀003	20-13741	4-290	—		—
66	—	延壽002	20-13737	7-497	吐魯番170	故宮高昌080	—
67	01046	貞觀004	20-13742	1-471			—
68							
69							
70				—	濟南22 分類66		—
71	—			—		慶雅堂9 西市32	—
72	—			—		慶雅堂10 西市31	—
73	—	續延壽004	20-13737	—	吐魯番171		—
74	—						—
75	—	續延壽005	20-13737	7-497	西北1-158 吐魯番172	—	—
76	01047	貞觀005	20-13742	3-310			—
77	01048	貞觀006	20-13743	4-291	—		人0004 東736
78	01050	貞觀007	20-13744	1-471	—		—
79	01049	—	—	千唐-1			—
80	01051	貞觀008	20-13745	3-310	—	鴛鴦280 碑林73-1871 施唐1	—
81	01052	貞觀009	20-13746	4-292	—	唐宋3	人0005 東737 淑360
82	—	貞觀010	22-15557	—			—
83	01053	貞觀011	20-13747	4-292		唐宋4	人0007 東738
84	01054	貞觀012	20-13747	1-472			—
85	01055	貞觀013	20-13747	1-472			—
86	01056	貞觀014	20-13748	3-311			—
87	—	延壽003	20-13738	7-497	吐魯番173	故宮高昌081	—
88	—	續貞觀001	20-13748	3-312 下-1818	—	—	—
89	—	—	—	—		碑林新016	—
90	—	—	—	—	吐魯番174	—	—
91	01057	貞觀015	20-13749	3-312	西北1-159 武威25	施唐2	—
92	01058	貞觀016	20-13749				—
93	01059	貞觀017	20-13749	7-240	—	磚刻1140	—
94	—	—	—	—			—
95	01060						
96	—	—	—	—			—
97	—	延壽004	20-13738	7-497	吐魯番175	故宮高昌082	—
98	—	貞觀018	20-13750	3-313	—	碑林73-1902 碑林新017	—
99	—	續貞觀002	20-13750	5-98	—	碑林73-1879	—
100	—	續貞觀003	20-13750	3-313	—	碑林73-1879	—
101	—	續貞觀004	20-13751	6-236	景州109 景縣200 長碑19(356)	碑林73-1886 碑林新018	—
102	—	—	—	—	武威24	—	—
103	01061	貞觀019	20-13751	1-473	—		—
104	—	貞觀020	20-13752	1-474	—	碑林73-1895 碑林新019	—
105	—	—	—	7-241	山東36 濟南29 分類68		—
106	—	貞觀021	20-13752	7-242	—		—
107	—	—	—	7-240	山東35 濟南26 分類67		—
108	01062	貞觀022	20-13752	4-293	—	唐宋5	人0014 東741

貞觀（延壽）

番號	墓誌名	年號	A 題跋	B北圖	C 附考 新中国	D隋唐五代	E千唐・河南
109	郭雲墓誌	貞觀5(631)10月	164右中	—	1-28	—	—
110	段世弘墓誌	貞觀5(631)10月	—	11-35	—	北大1-27	—
111	唐耀謙墓表	延壽8(631)10月	—	—	—	新疆119	—
112	楊玄獎墓誌	貞觀5(631)10月	—	—	—	—	秦晉99
113	趙路墓誌	貞觀5(631)10月	—	11-36	—	北京1-30	—
114	元軌墓誌	貞觀5(631)10月	—	—	—	—	—
115	李壽(神通)墓誌	貞觀5(631)12月	—	—	1-29 陝西貳-19	陝西1-9	—
116	史伯悅墓誌	延壽8(631)12月	—	—	—	—	—
117	陳辯墓誌	貞觀(632)1月	—	—	—	—	—
118	郭倫妻楊寶墓誌	貞觀6(632)2月	—	11-38	1-30	洛陽2-21	輯繩78
119	麴延紹墓表	延壽9(632)3月	—	—	—	新疆120	—
120	趙悅子墓表	延壽9(632)4月	—	—	—	新疆121	—
121	張□(伯?)玉墓表	延壽9(632)5月	—	—	—	—	—
122	張君墓誌	延壽9(632)5月	—	—	—	—	—
123	王子慎妻常氏墓誌	貞觀6(632)5月	—	—	—	—	—
124	張(戚)纂妻趙氏墓表	貞觀6(632)5月	164右中	11-40	—	北京1-31	—
125	胡儼墓誌	貞觀6(632)9月	—	11-42	1-31	洛陽2-22	千唐14
126	姜謩及妻趙氏墓誌	貞觀6(632)10月	164右中	—	1-32	—	—
127	麴悅子墓表	延壽9(632)10月	—	—	—	—	—
128	張濬墓誌	貞觀6(632)11月	—	11-43	1-33	洛陽2-23	千唐15
129	曹武宣墓表	延壽9(632)11月	—	—	—	—	—
130	李元亨墓誌	貞觀6(632)12月	—	—	—	—	秦續189
131	趙充賢墓表	延壽9(632)□月	—	—	—	—	—
132	殘墓表	延壽9(632)	—	—	—	—	—
133	張叡及妻楊氏墓誌	貞觀7(633)2月	—	11-45	1-34	陝西1-10	—
134	張伯及妻王氏墓誌	貞觀7(633)2月	—	11-44	1-35	洛陽2-24	千唐16
135	張瓘及妻李氏墓誌	貞觀7(633)2月	—	—	—	—	新獲續22 河洛55
136	任阿慶墓表	延壽10(633)2月	—	—	—	—	—
137	樂陟墓誌	貞觀7(633)4月	—	11-46	—	洛陽2-25	新獲續23 邙洛51
138	孟公行墓誌	貞觀7(633)4月	—	—	—	—	輯繩79
139	唐君妻曹令姝墓誌	貞觀7(633)4月	—	—	—	—	秦續190
140	賈容兒墓表	延壽10(633)6月	—	—	—	新疆122	—
141	賈通墓誌	貞觀7(633)6月	164右中	11-47	1-36	洛陽2-26	—
142	張明墓誌	貞觀7(633)7月	164右中	11-48	1-37	洛陽2-27	輯繩80
143	王士隆墓誌	貞觀7(633)10月	—	11-49	1-38	洛陽2-28	輯繩81
144	韓遠墓誌	貞觀7(633)10月	164右下	11-50	1-39	洛陽2-29	輯繩82
145	楊業洛墓誌	貞觀7(633)11月	—	—	—	—	輯繩83
146	盧野客葬誌	貞觀7(633)□月	—	—	—	北大1-28	—
147	任法悅墓表	延壽11(634)1月	—	—	—	新疆123	—
148	郭提墓誌	貞觀8(634)1月	—	11-51	—	洛陽2-30	輯繩84
149	解深墓誌	貞觀8(634)1月	164右下	11-52	1-40	洛陽2-31	輯繩85
150	李譽及妻劉氏墓誌	貞觀8(634)1月	—	—	—	—	秦續191
151	張岳墓誌	貞觀8(634)3月	—	11-53	1-41	洛陽2-32	輯繩86
152	邢辯墓誌	貞觀8(634)3月	—	11-54	1-42	洛陽2-33	輯繩87
153	侯慶伯墓表	延壽11(634)5月	—	—	—	新疆125	—
154	韓仁師墓記	貞觀8(634)5月	164右下	11-55	天津-2	洛陽2-34	—
155	太安宮嬪楊氏墓誌	貞觀8(634)8月	—	—	—	—	秦續192 七朝65
156	李繼叔墓誌	貞觀8(634)8月	—	11-56	1-43	洛陽2-35	千唐17
157	柳君妻田氏墓誌	貞觀8(634)8月	—	11-57	1-44	洛陽2-36	千唐18 新出213
158	唐阿朋墓表	延壽11(634)9月	—	—	—	新疆126	—
159	韋圓照墓誌	貞觀8(634)10月	—	—	—	—	—
160	衛恪及妻席氏墓誌	貞觀8(634)10月	—	—	—	—	邙洛52
161	周孝敏墓誌	貞觀8(634)11月	—	11-59	1-45	洛陽2-37	—

貞觀（延壽）

番號	F北大	G墓誌彙編	H 新編	I補遺補編	J 地方	K 博物館・その他	L 日本目録
109	—	貞觀023	3-1878	—	—	—	—
110	01063	續貞觀005	20-13753	7-242 下-1818	西北1-161	—	—
111	—	延壽005	20-13738	7-498	吐魯番176	故宮高昌083	—
112	01064	—	—	—	—	—	—
113	—	續貞觀006	20-13753	3-313 下-1818	—	—	—
114	—	—	—	—	長新34 長碑20(357)	—	—
115	—	貞觀024	20-13753	1-474	西北1-162 精華36	碑林73-1905	—
116	—	延壽006	20-13738	7-498	吐魯番177	故宮高昌084	—
117	01065	—	—	—	—	—	—
118	01066	貞觀025	20-13755	3-314	—	—	—
119	—	延壽007	20-13738	7-498	吐魯番178	故宮高昌085	—
120	—	延壽008	20-13738	7-498	吐魯番179	故宮高昌086	—
121	—	—	—	—	吐魯番180	—	—
122	—	—	—	—	吐文115	—	—
123	—	—	—	—	—	西交博30	—
124	01067	貞觀026	20-13755	—	—	—	—
125	01068	貞觀027	20-13755	1-475	—	—	—
126	—	貞觀028	20-13755	7-242	—	—	—
127	—	延壽010	20-13738	7-498	吐魯番182	故宮高昌088	—
128	01069	貞觀029	20-13756	1-476	—	—	—
129	—	延壽011	20-13739	7-498	吐魯番183	故宮高昌089	—
130	—	—	—	—	—	—	—
131	—	延壽009	20-13738	7-498	吐魯番181	故宮高昌087	—
132	—	—	—	—	吐魯番184	—	—
133	01071	貞觀030	20-13757	3-314	—	鴛鴦281 施碑選196	—
134	01070	貞觀031	20-13758	1-476	—	—	—
135	—	—	—	8-255	—	—	—
136	—	延壽012	20-13739	7-499	吐魯番185	故宮高昌090	—
137	—	貞觀033	20-13759	3-315	—	—	—
138	—	續貞觀007	20-13759	5-89	—	—	—
139	01072	—	—	—	—	碑林續018	—
140	—	續延壽006	20-13739	7-499	吐魯番186	—	—
141	—	貞觀034	20-13760	4-293	—	—	—
142	01074	貞觀035	20-13761	4-294	—	唐宋6	人0019 東745 淑361
143	01075	續貞觀008	20-13761	3-315 下-1819	—	—	—
144	01076	貞觀036	20-13762	4-294	—	唐宋7 施唐3	人0020 東746
145	—	續貞觀009	20-13762	5-90	—	—	—
146	01077	貞觀032	20-13758	7-499	—	磚刻1141	—
147	—	延壽013	20-13739	7-243	西北1-164 吐魯番187	故宮高昌091	—
148	01078	貞觀037	20-13763	3-316	—	河博22	—
149	01079	貞觀038	20-13763	4-295	—	—	—
150	—	—	—	—	—	—	—
151	01080	貞觀039	20-13764	4-295	—	唐宋8	人0021
152	01081	貞觀040	20-13764	3-317	河間209	唐宋9	人0022
153	—	延壽014	20-13739	7-499	吐魯番189	旅順245	—
154	—	貞觀041	20-13765	7-243	—	磚刻1142	—
155	—	—	—	—	—	—	—
156	01082	貞觀042	20-13765	1-477	—	—	—
157	01083	貞觀043	20-13765	1-477 9-427	—	—	—
158	—	延壽015	20-13739	7-244	吐魯番190	故宮高昌092	—
159	—	—	—	下-2415	—	—	—
160	—	—	—	—	—	—	—
161	01084	貞觀044	20-13766	1-478	—	曲石1 南京1	—

貞觀（延壽）

番號	墓誌名	年號	A 題跋	B北圖	C 附考 新中国	D隋唐五代	E千唐・河南
162	徐彪及妻釁氏墓誌	貞觀8(634)11月	—	—	—	—	輯繩88
163	馬少敏妻張妃墓誌	貞觀8(634)11月	—	11-60	1-46	洛陽2-38	
164	孫隆墓誌	貞觀8(634)11月	164右下	11-61	1-47	洛陽2-39	
165	宋叔墓誌	貞觀8(634)12月	—	—	—	—	秦晉100 七朝66
166	李晃墓誌	貞觀8(634)12月	—	—	—	—	
167	氾延壽墓表	延壽11(634)	—	—	—	新疆124	—
168	王成墓誌	貞觀8(634)					
169	慕容氏墓誌	貞觀9(635)2月	—	11-64	—	洛陽2-40	輯繩89 民族368
170	張善哲墓誌	延壽12(635)閏5月	—	—	—	新疆127	
171	耿□墓誌	貞觀9(635)8月	—	—	1-48		
172	張秀墓誌	貞觀9(635)8月	—	—	—	北京3-180	—
173	長孫家慶墓誌	貞觀9(635)	—	11-65	1-49	洛陽2-41	千唐19 民族182
174	王闍桂墓表	延壽13(636)2月	—	—	—	新疆128	
175	張敦墓誌	貞觀10(636)2月					
176	張顯祐妻墓表	延壽13(636)3月	—	—	—	新疆129	
177	彭師德墓誌	貞觀10(636)4月	—	—	—	—	輯繩90 新獲續24 邙洛53 七朝67
178	王安墓誌	貞觀10(636)5月	—	—	1-50	洛陽2-42	千唐20
179	魏巖墓誌	貞觀10(636)7月	—	—	—	洛陽2-43	—
180	陳叔達妻王女節墓誌	貞觀10(636)8月					
181	溫彥博墓誌	貞觀10or11(636or637)10月	165左上	11-75	1-57	北京1-32	
182	蔣合(喜?)墓誌	貞觀10(636)10月	—	—	—	—	輯繩91
183	王玉兒墓誌	貞觀10(636)11月	—	11-66	1-51	洛陽2-44	輯繩92
184	崔仲方及妻李氏盧氏墓誌	貞觀10(636)11月					
185	宋行墓誌	貞觀10(636)11月	—	—	—	洛陽2-45	輯繩93
186	李氏(汝南公主)墓誌	貞觀10(636)11月	164右下	11-67	1-52	北大1-29	—
187	柳則墓誌	貞觀10(636)11月	—	—	—	—	秦續193
188	宮惠墓誌	貞觀10(614)11月	—	—	—	—	流散001
189	□□羅妻太景墓表	延壽13(636)12月					
190	王護墓誌	貞觀11(637)2月	165左中	11-68	1-53	洛陽2-46	輯繩94
191	侯君妻竇娘子墓誌	貞觀11(637)2月	—	—	陝西壹-35	陝西3-18	
192	張師兒及妻王氏墓表	延壽14(637)5月	—	—	—	新疆104	
193	唐憧海妻王氏墓表	延壽14(637)5月					
194	陳君妻劉孃孃墓誌	貞觀11(637)7月	—	11-69	1-54	洛陽2-47	千唐21
195	白坎奴墓誌	延壽14(637)8月					
196	羅君副墓誌	貞觀11(637)8月	165左中	11-70	1-55	洛陽2-48	
197	梁璡墓誌	貞觀11(637)8月	165左上	—	—	—	
198	長孫仁及妻陸氏墓誌	貞觀11(637)10月	—	11-72	1-56	洛陽2-49	千唐22 民族183
199	徐薈墓誌	貞觀11(637)10月	—	—	—	江蘇10	—
200	蕭玄徹墓誌	貞觀11(637)12月	—	—	—	—	
201	張擧墓誌	貞觀11(637)	—	11-76	1-58	洛陽2-50	千唐23
202	趙隆墓誌	貞觀12(638)1月	—	—	—	陝西3-19	—
203	段孝爽(段儼)妻獨孤氏墓誌	貞觀12(638)2月	—	—	—	—	—
204	唐遜妻柳婆歸墓誌	貞觀12(638)閏2月	165左中	11-77	1-59	洛陽2-51	輯繩95
205	橋岳珍墓誌	貞觀12(638)4月					
206	僧堞塔記	貞觀12(638)4月	—	11-78	—	北京1-33	
207	潘基墓誌	貞觀12(638)9月	—	11-79	1-60	洛陽2-52	輯繩96
208	夏相兒墓表	延壽15(638)10月					
209	氾延海妻張歡臺墓表	延壽15(638)10月	—	—	—	新疆130	
210	張銀子及妻高壹量墓表	延壽15(638)11月					
211	李同仁墓誌	貞觀12(638)11月	—	—	—	—	邙洛54
212	蘇□相墓誌	延壽15(638)11月卒	—	—	—	—	—
213	楊保救妻張氏墓表	延壽16(639)2月卒	—	—	—	—	—

貞觀（延壽）

番號	F 北大	G 墓誌彙編	H 新編	I 補遺補編	J 地方	K 博物館・その他	L 日本目錄
162	－	續貞觀010	20-13767	5-91	－	－	－
163	01085	貞觀045	20-13767	3-317	－	鴛鴦282 碑林73-1927	－
164	－	貞觀046	20-13768	4-295			
165	01086	－					
166	－		20-13768	3-318 下-2415	－	－	－
167	－	續延壽007	20-13739	7-243	吐魯番188		
168	－					碑林73-1921	
169	－	貞觀047	20-13769	4-296			
170	－	續延壽008	20-13739	7-499	西北1-166 吐魯番191		
171	－	貞觀048	20-13770	7-244			
172	－	續貞觀011	20-13770	4-296	碑誌99	遼寧博49	
173	01087	貞觀049	20-13770	1-479			
174	－	延壽016	20-13739	7-244	西北1-169 吐魯番192	故宮高昌093	
175	－	－	－	9-427	－		
176	－		20-13727	7-499	吐魯番193		
177	－	續貞觀012	20-13771	5-92 8-256			
178	01088	貞觀050	20-13772	1-480	－		
179	－	續貞觀013	20-13772	5-98			
180	－					碑林續019	
181	01098	貞觀052	3-1659	－	西北1-171	－	
182	－	貞觀051 續貞觀014	20-13773	5-93	－		
183	01089	貞觀053	20-13773	3-319	－		
184				8-257			
185	－	續貞觀015	20-13774	5-99			
186	01091	貞觀054	3-1578	上-37	－		淑361
187	01092						
188	01090						
189	－	延壽017	20-13740	7-499	吐魯番194	故宮高昌094	
190	01093	貞觀056	20-13775	4-297		唐宋10	人0025 東750
191	－	續貞觀017	20-13775	3-319	咸刻16 精華37	－	淑366
192	－	－	20-13727	7-496 7-499	西北1-147 吐魯番153		
193	－	續延壽009	20-13740	－	吐魯番195		
194	01094	貞觀057	20-13776	1-480	－		
195			－	－	吐文112		
196	01095	貞觀058	20-13777	4-297	－		淑363
197							
198	01097	貞觀059	20-13779	1-480	－		
199	01096	續貞觀018	20-13778	4-298	山東37 濟寧27 分類69		淑364 淑365
200	01099	－		－	長新36 長碑21(357)		
201	01100	貞觀060	20-13780	－			
202	－	續貞觀019	20-13780	3-320	精華38 長新38 長碑22(358)	－	－
203	－	－	－	下-2155	渭城233	－	－
204	01101	貞觀061	20-13781	4-299		唐宋11	人0030 東751
205	01102	－	－	千唐-1	－		
206	－	貞觀062	20-13781				人0031
207	01103	貞觀063	20-13781	3-320			
208	－	續延壽010	20-13740	－	吐魯番196		
209	－	續延壽011	20-13740	7-500	吐魯番197		
210	－	續延壽012	20-13740		吐魯番198		
211	01104	－					
212	－	延壽018	20-13740	7-244	吐魯番199	故宮高昌095	
213	－	續延壽013	20-13740		吐魯番200		

貞觀（延壽）

番號	墓誌名	年號	A 題跋	B北圖	C 附考 新中国	D隋唐五代	E千唐・河南
214	蕭瑤墓誌	貞觀13(639)2月	165左中	11-81	1-61	洛陽2-53	—
215	順禪師塔銘	貞觀13(639)2月	—	11-82	—	北京1-34	—
216	李茂妻王洪墓誌	貞觀13(639)2月	—	—	—	—	—
217	賈永究墓記	延壽16(639)3月	—	—	—	—	—
218	張文緒墓誌	貞觀13(639)4月	—	—	—	—	—
219	蕭琮妻蔡氏墓誌	貞觀13(639)5月	—	11-83	—	洛陽2-54	輯繩97
220	段元哲墓誌	貞觀13(639)5月	—	—	1-62	陝西3-20	—
221	楊公謨墓誌	貞觀13(639)8月	—	—	—	—	—
222	張騷墓銘	貞觀13(639)11月	—	11-84	1-63	洛陽2-55	千唐24
223	張君妻秦詳兒墓誌	貞觀14(640)1月	165左中	11-85	1-64	洛陽2-56	輯繩98
224	于盧呵及妻李氏墓誌	貞觀14(640)1月	—	—	—	—	秦續194
225	韋長詮及妻張氏吳氏墓誌	貞觀14(640)1月	—	—	—	—	—
226	鄧通及妻任氏墓誌	貞觀14(640)1月	—	—	—	—	—
227	醫人墓表	延壽17(640)3月	164右上	—	—	—	—
228	楊溫(字恭仁)墓誌	貞觀14(640)3月	—	—	陝西壹-36	陝西1-11	—
229	陸士季墓誌	貞觀14(640)閏4月	—	—	—	—	—
230	李軌妻長孫念兒墓誌	貞觀14(640)5月	—	—	—	—	秦晉102
231	楊士漢墓誌	貞觀14(640)7月	—	11-87	1-65	洛陽2-57	輯繩99
232	王宣墓誌	貞觀14(640)10月	—	—	—	—	—
233	魏君妻雷氏墓誌	貞觀14(640)11月	165左中	11-88	1-66	洛陽2-58	輯繩100 民族351
234	元膺及妻徐氏墓誌	貞觀14(640)11月	—	—	—	—	秦續195
235	孟保同墓誌	貞觀14(640)11月	—	11-89	1-67	洛陽2-59	輯繩101 河洛56 新唐2
236	楊君妻鄭氏墓誌	貞觀14(640)11月	—	—	河南參-10	—	—
237	潘孝長及妻李氏墓誌	貞觀14(640)11月	—	11-91	1-69	洛陽2-60	輯繩102
238	潘孝基及妻范氏墓誌	貞觀14(640)11月	—	11-92	1-68	洛陽2-61	輯繩103
239	康業相墓誌	貞觀14(640)11月	—	—	—	—	—
240	張子慶墓表	貞觀14(640)11月	—	—	—	—	—
241	陳感意之柩	貞觀14(640)12月	—	—	—	—	—
242	李世民(太宗)尚服宗道墓誌	貞觀14(640)	165左中	—	—	—	—
243	令狐法奴妻趙氏墓記	高昌間	—	—	—	—	—
244	宋仁墓記	高昌間	—	—	—	—	—
245	首口墓記	高昌間	—	—	—	—	—
246	張救子墓記	高昌間	—	—	—	—	—
247	張賢壽墓記	高昌間	—	—	—	—	—
248	張曙子墓表	高昌間	—	—	—	—	—
249	趙陳妻墓記	高昌間	—	—	—	—	—
250	令狐氏墓記	高昌間	—	—	—	—	—
251	丘師及妻閣氏墓誌	貞觀15(641)年2月	—	—	—	—	秦晉103 七朝68
252	任阿悅妻劉氏墓表	貞觀15(641)2月	—	—	—	新疆133	—
253	王靈仙墓誌	貞觀15(641)3月	—	—	—	陝西3-21	—
254	慧靜塔銘	貞觀15(641)4月卒	—	11-93	—	北京1-35	—
255	若干志定墓誌	貞觀15(641)4月	—	—	—	—	—
256	賈仕通墓誌	貞觀15(641)5月	—	11-94	1-70	洛陽2-62	千唐25
257	薄氏墓誌	貞觀15(641)5月	165左下	11-95	1-71	洛陽2-63	民族391
258	崔忠墓誌	貞觀15(641)7月	—	—	河南參-11	—	—
259	梁凝達墓誌	貞觀15(641)9月	—	11-97	1-72	洛陽2-64	新唐4
260	侯君妻劉氏墓誌	貞觀15(641)10月	—	11-98	1-73	洛陽2-65	—
261	劉遠墓誌	貞觀15(641)10月	—	—	—	—	秦續196
262	杜大督妻劉氏墓誌	貞觀15(641)10月	—	—	—	—	—
263	李道素墓誌	貞觀15(641)11月	165左下	11-99	1-74	洛陽2-66	輯繩104
264	王師忠及妻魏氏墓誌	貞觀15(641)11月	—	—	—	—	邙洛55 新唐6
265	杜榮墓誌	貞觀15(641)12月	165左下	11-103	1-75	洛陽2-67	輯繩105
266	李英及妻周氏墓誌	貞觀15(641)					

貞觀（延壽）

番號	F北大	G墓誌彙編	H 新編	I補遺補編	J 地方	K 博物館・その他	L 日本目録
214	01105	貞觀064	20-13782	7-244		―	―
215	―	貞觀065	20-13782	―		―	人0034
216	01106	―	―	―	長新40 長碑23(358)	―	―
217	―	續貞觀022	20-13786	―	吐魯番201		―
218						碑林續020	
219	―	續貞觀020 續貞觀071	20-13782 20-13868	7-500 下-1819	―	磚刻1144	
220	―	貞觀066	20-13782	1-481	西北1-173	碑林73-1935	
221	01107	―	―	千唐-2		―	―
222	01108	貞觀067	20-13783	1-482		―	―
223	01109	貞觀068	20-13784	4-300	―	唐宋12	人0043 東754
224	―						
225	01110						
226	―			―	長新42 長碑25(361)	―	―
227					吐魯番202	―	
228	―	續貞觀021	20-13784	1-482 下-2155	西北1-174	昭陵3	淑367 淑368
229	―				―	西市33	―
230	―						
231	01111	貞觀069	20-13786	3-321			
232						碑林新020	
233	01112	貞觀070	20-13786	4-301		唐宋13	人0040
234	01115						
235	01113	貞觀071	20-13787	4-301	―	唐宋14	人0041 東755
236	01114	―	―	千唐-3	―	―	―
237	01117	貞觀072	20-13787	3-322			
238	01116	貞觀073	20-13788	3-322			
239	―	―	―	―	吐文146		
240	―	續貞觀023	20-13786	―	吐魯番211	―	
241	―	續貞觀024	20-13789	―			
242	―						
243	―	―	―	―	吐魯番205	―	
244	―	―	―	―	吐魯番209	―	
245	―	―	―	―	吐魯番210	―	
246	―	―	―	―	吐魯番204	―	
247	―	―	―	―	吐魯番208	―	
248	―	―	―	―	吐魯番203	―	
249	―	―	―	―	吐魯番207	―	
250	―	―	―	―	吐魯番206	―	
251	01118	―	―	―		北大新拓96(136)	
252	―	貞觀074	20-13789	7-500	吐魯番212	故宮高昌096	
253	―	續貞觀025	20-13789	3-323	西北1-177		
254	―	貞觀075	20-13789	3-305 下-2411	―	―	人0044
255	―	―	―	―	―	碑林續021	―
256	01119	貞觀076	20-13790	1-484	―	―	―
257	01120	貞觀077	20-13790	4-301	―	施唐4-5	人0047 東757 東758
258	01121	―	―	千唐-4			
259	01122	貞觀078	20-13791	3-324		唐宋15	人0049
260	01123	貞觀079	20-13791	4-302	河間211	唐宋16	人0050 東759
261	01124				―	―	―
262	01125						
263	01126	貞觀080	20-13792	3-324		故宮039	
264	―						
265	01127	貞觀081	20-13792	4-303	―	唐宋17	人0054 東760
266	―	―	―	―	―	施碑選197	人0352

貞觀

番號	墓誌名	年號	A 題跋	B北圖	C 附考 新中国	D隋唐五代	E千唐・河南
267	夏□兒墓表	貞觀16(642)1月	—	—	—	—	—
268	王才粲妻劉氏墓誌	貞觀16(642)2月	—	11-104	1-76	洛陽2-68	千唐26
269	□□妻麴氏墓表	貞觀16(642)2月	—	—	—	—	—
270	獨孤開遠墓誌	貞觀16(642)3月	—	11-105	陝西貳-20	陝西1-12	—
271	張難陁墓表	貞觀16(642)3月	—	—	—	新疆134	—
272	張隆悅妻麴文姿墓表	貞觀16(642)4月	—	—	—	新疆135	—
273	大智□律師灰身塔	貞觀16(642)4月	—	—	—	—	—
274	嚴懷保妻左氏墓表	貞觀16(642)4月	—	—	—	—	—
275	李安墓誌	貞觀16(642)5月	—	—	—	—	—
276	曹氏墓表	貞觀16(642)6月	—	—	—	—	—
277	鄭孝昂墓誌	貞觀16(642)6月	—	—	—	—	秦續197
278	劉粲墓誌	貞觀16(642)6月	—	11-106	1-77	洛陽2-69	輯繩106
279	毘沙妻楊玉姿墓誌	貞觀16(642)7月	165左下	11-107	1-78	洛陽2-70	—
280	劉照璧及妻呂氏墓誌	貞觀16(642)7月	—	—	—	—	—
281	張行密墓誌	貞觀16(642)9月	—	11-108	1-79	江蘇11	—
282	張孝緒墓誌	貞觀16(642)9月	—	—	—	江蘇12	—
283	大智迴論師塔記	貞觀16(642)10月	—	—	—	—	—
284	劉政及妻董氏墓誌	貞觀16(642)11月	165左下	11-109	1-80	洛陽2-71	輯繩107
285	盧君妻馮氏墓誌	貞觀16(642)11月	—	11-110	1-81	洛陽2-72	千唐27
286	李紹墓誌	貞觀16(642)12月	—	—	陝西貳-22	—	—
287	李方元妻長樂縣君墓誌	貞觀16(642)12月	—	—	陝西貳-21	陝西1-13	—
288	張善哲妻麴氏墓表	貞觀16(642)12月	—	—	—	新疆136	—
289	張謙祐妻嚴氏墓表	貞觀16(642)	—	—	—	新疆144	—
290	韓君妻綦母氏墓誌	貞觀17(643)1月	—	—	—	—	—
291	鄧弘業墓誌	貞觀17(643)1月	—	—	—	—	—
292	史善應墓誌	貞觀17(643)2月	—	—	—	—	—
293	秦養祖妻陶氏墓誌	貞觀17(643)4月	—	—	—	—	—
294	李義方墓誌	貞觀17(643)5月	—	—	—	—	秦晉104 七朝69
295	長孫沖妻李麗質(長樂公主)墓誌	貞觀17(643)9月	—	—	陝西壹-37	陝西3-22	—
296	杜憨墓誌	貞觀17(643)9月	—	—	—	—	秦續198
297	長孫迥墓誌	貞觀17(643)9月	165左下	—	—	—	—
298	蔡須達墓誌	貞觀17(643)9月	—	—	—	—	—
299	丘英起墓誌	貞觀17(643)10月	—	—	—	—	秦晉105 七朝70
300	張才信妻劉氏墓誌	貞觀17(643)10月	—	—	—	—	輯繩108
301	程峻及妻袁氏墓誌	貞觀17(643)10月	—	—	—	—	—
302	張(李?)仲賓及妻劉氏墓誌	貞觀17(643)10月	—	11-113	—	陝西1-14 洛陽2-73	—
303	李元昌墓誌	貞觀17(643)10月	—	—	—	—	—
304	楊君妻乙弗氏墓誌	貞觀17(643)10月	—	—	—	—	秦續199
305	姚孝寬墓誌	貞觀17(643)10月	165右上	11-114	1-82	洛陽2-74	輯繩109 民族298
306	晁大明墓誌	貞觀17(643)10月	—	—	—	—	—
307	王賓墓誌	貞觀17(643)11月	—	11-115	1-83	洛陽2-75	千唐28
308	馬志道墓誌	貞觀17(643)12月	—	11-116	1-84	洛陽2-76	千唐29
309	眭厚墓誌	貞觀17(643)	—	—	—	—	—
310	韋慶嗣墓誌	貞觀18(644)1月	—	—	—	—	—
311	王仁則墓誌	貞觀18(644)2月	—	11-118	1-86	洛陽2-77	千唐30
312	王懷文及妻能氏墓誌	貞觀18(644)2月	—	11-119	1-85	洛陽2-78	輯繩110
313	王德備墓誌	貞觀18(644)2月	—	—	—	—	輯繩111
314	劉娘子墓誌	貞觀18(644)2月	—	—	陝西壹-38	陝西1-15	—
315	楊居士塔銘	貞觀18(644)2月	—	11-120	—	北京1-36	—
316	馮信墓誌	貞觀18(644)2月	165右上	11-121	1-87	洛陽2-79	輯繩112
317	虞信墓誌	貞觀18(644)2月	—	—	—	—	—
318	李明妻梁氏磚銘	貞觀18(644)2月	—	—	—	—	河洛57
319	王建墓誌	貞觀18(644)3月	—	—	—	—	—

貞觀

番號	F北大	G墓誌彙編	H 新編	I補遺補編	J 地方	K 博物館・その他	L 日本目錄
267	—	續貞觀026	20-13793	—	吐魯番213	—	—
268	01128	貞觀082	20-13793	1-484	—	—	—
269	—	續貞觀027	20-13796	—	吐魯番214	—	—
270	—	—	20-13794	3-325　下-1820	西北1-178	碑林73-1935	—
271	—	續貞觀028	20-13796	7-500	吐魯番215	—	—
272	—	續貞觀031	20-13796	7-500	吐魯番218	磚刻1145	—
273	—	續貞觀030	—	—	—	—	—
274	—	續貞觀029	20-13796	—	吐魯番217	—	—
275	—	—	20-13796	7-244	—	—	—
276	—	續貞觀032	20-13798	—	吐魯番219	—	—
277	01129	—	—	—	—	—	—
278	01130	貞觀083	20-13798	3-315	—	唐宋18	人0055　東764
279	01131	貞觀084	20-13798	4-303	—	—	—
280	—	—	—	—	—	碑林續022	—
281	—	貞觀085	20-13799	4-304	江揚1	—	—
282	—	貞觀086	20-13799	6-237　7-246	—	—	—
283	—	貞觀087	20-13799	—	—	—	人0057
284	01132	貞觀088	20-13799	4-304	河間212	唐宋19	人0059　東765
285	01133	貞觀089	20-13800	1-485	—	—	—
286	—	續貞觀033	20-13800	6-237	—	碑林73-1949	—
287	—	—	20-13801	3-327	—	碑林73-1958	—
288	—	續貞觀034	20-13801	7-500	吐魯番220	—	—
289	—	—	—	7-500	吐魯番216	—	—
290	—	續貞觀035	20-13801	—	—	—	—
291	01134	—	—	—	—	—	—
292	01135	—	—	—	—	—	—
293	—	—	—	—	長新44　長碑(361)	—	—
294	01136	—	—	—	—	—	—
295	—	續貞觀036	20-13802	1-485　下-2157	西北1-180	昭陵7	—
296	01137	—	—	—	—	—	—
297	—	—	—	—	—	—	—
298	—	—	20-13808	6-239	—	—	—
299	01138	—	—	—	—	—	—
300	—	續貞觀037	20-13803	7-246	—	—	—
301	—	—	—	下-2416	—	—	—
302	01139	貞觀090	20-13803	3-328	—	鴛鴦283　碑林73-1964	—
303	—	—	—	—	長新46　長碑26(362)	—	—
304	01140	—	—	—	—	—	—
305	01141	貞觀091	20-13804	4-305	—	唐宋20	人0061　東765
306	—	—	—	—	武威28	—	—
307	01142	貞觀092	20-13804	1-486	—	—	—
308	01143	貞觀093	20-13805	1-487	—	—	—
309	—	—	—	7-246	—	—	—
310	—	—	—	—	長新48　長碑27(362)	—	—
311	01144	貞觀094	20-13806	2-85	—	—	—
312	01145	貞觀095	20-13808	3-329	—	—	—
313	—	續貞觀038	20-13805	5-93	—	—	—
314	—	續貞觀039	20-13807	2-84　下-2158	西北1-182	昭陵9　碑林195-939	—
315	—	—	—	下-1917	—	—	—
316	—	貞觀096	20-13809	—	—	唐宋21	—
317	01146	—	—	3-330	—	—	人0062
318	—	—	—	—	—	—	—
319	01147	—	—	—	—	—	—

貞觀

番號	墓誌名	年號	A 題跋	B 北圖	C 附考 新中国	D 隋唐五代	E 千唐・河南
320	大智律師塔記(智瓊造)	貞觀18(644)4月	−	11-122	−	北京1-37	−
321	大智律師塔記(智炬造)	貞觀18(644)4月	−	11-123			
322	王伏興妻呂氏墓銘	貞觀18(644)7月	−	−	陝西參-13		
323	霍恭墓誌	貞觀18(644)7月	−	11-124	1-88	洛陽2-80	
324	姚暢及妻陳氏墓誌	貞觀18(644)8月	−	−	−	洛陽2-81	民族298
325	朱摸及妻劉氏墓誌	貞觀18(644)9月	−	−	河南參-12		
326	王通及妻趙氏墓誌	貞觀18(644)10月	−	11-125	1-89	洛陽2-82	千唐31
327	張鍾葵及妻鄭氏墓誌	貞觀18(644)10月	165右上	11-151	1-90	洛陽2-83	
328	衡琳墓誌	貞觀18(644)10月					
329	唐神護墓表	貞觀18(644)10月	−	−	−	新疆137	
330	唐神護墓記	貞觀18(644)10月					
331	孟買及妻張氏墓誌	貞觀18(644)8月	−	−	−		秦續200
332	法師崔氏塔記	貞觀18(644)11月	−	11-126			
333	李君妻楊十戒墓誌	貞觀19(645)1月	−	−	−	陝西3-23	
334	大申優婆夷塔記	貞觀19(645)2月	−	11-127	−	北大1-30	
335	王約及妻梁氏墓誌	貞觀19(645)2月	−	−	−	−	秦晉106 七朝71
336	李伽墓誌	貞觀19(645)2月					
337	張君寬墓誌	貞觀19(645)3月	−	−	−	洛陽2-84	−
338	張君妻楊氏墓誌	貞觀19(645)5月	−	11-129	1-91	洛陽2-85	千唐32
339	明雅墓誌	貞觀19(645)6月	−	11-131	1-92	洛陽2-86	輯繩114
340	霍漢墓誌	貞觀19(645)6月	165右上	11-132	1-93	洛陽2-87	輯繩113
341	大雲法師塔銘	貞觀19(645)6月	−	11-130	−	北京1-38	−
342	董君妻任氏墓誌	貞觀19(645)7月	165右上	11-133	1-94	洛陽2-88	輯繩115
343	何相墓誌	貞觀19(645)9月	−	11-134	1-95	洛陽2-89	輯繩116
344	張毅墓誌	貞觀19(645)9月	−	−	河南參-13	−	−
345	王君愕墓誌	貞觀19(645)10月	−	−	陝西壹-39	陝西1-16	−
346	張綱及妻梁氏墓誌	貞觀19(645)10月	−	11-135	1-96	洛陽2-90	千唐33
347	趙欣墓誌	貞觀19(645)10月					
348	張海伯墓表	貞觀19(645)11月					
349	□業墓誌	貞觀19(645)11月	−	−	−	洛陽2-91	
350	謝統師及妻姬氏墓誌	貞觀19(645)11月					
351	楊華墓誌	貞觀19(645)12月	−	11-136	1-98	洛陽2-92	輯繩117
352	劉德墓誌	貞觀19(645)12月	−	11-137	1-97	洛陽2-93	輯繩118
353	智□律法師塔銘	貞觀1□(〜645)4月					
354	宋君妻班氏墓誌	貞觀20(646)2月	−	11-139	1-99	洛陽2-94	
355	姚文墓誌	貞觀20(646)2月					
356	呂道仁妻王凝華墓誌	貞觀20(646)3月	−	−	陝西貳-23	−	
357	慧□法師塔銘	貞觀20(646)3月					
358	靜感塔記	貞觀20(646)3月卒	−	11-140	−	北大1-31	
359	左法墓誌	貞觀20(646)3月					
360	汜文墓誌	貞觀20(646)閏3月					
361	海雲塔記	貞觀20(646)4月	−	11-141	−	北京1-39	
362	劉相墓誌	貞觀20(646)4月	−	−	−	陝西3-24	
363	楊德墓誌	貞觀20(646)4月	−	11-142	1-100	洛陽2-95	輯繩119
364	崇政鄉君妻齊氏墓誌	貞觀20(646)5月					
365	張君妻齊氏墓誌	貞觀20(646)5月	165右中	11-143	2-101	洛陽2-96	輯繩120
366	尹貞墓誌	貞觀20(646)5月	165右上 166左下	11-144	2-102	北大1-32 洛陽2-97	
367	成伯熹墓銘	貞觀20(646)5月					
368	李護墓誌	貞觀20(646)6月	165右中	11-145	2-103	洛陽2-98	
369	魏文德墓誌	貞觀20(646)6月	−	11-146	2-104	洛陽2-99	千唐34
370	張延衡妻麴氏墓表	貞觀20(646)6月	−	−	−	新疆138	
371	宋徹及妻李氏墓誌	貞觀20(646)7月	−	−	−	−	秦續201 流散002
372	楊士達墓誌	貞觀20(646)7月	−	11-147	2-105	洛陽2-100	千唐35

貞觀

番號	F北大	G墓誌彙編	H 新編	I補遺補編	J 地方	K 博物館・その他	L 日本目錄
320	—	貞觀097	22-15562 20-13809	—	—	—	人0066
321	—	貞觀098	20-13809	—	—	—	人0068
322	—	貞觀099	20-13810	3-330	—	—	—
323	01148	貞觀100	20-13810	4-305	—	唐宋22	人0069 東770
324	01149	貞觀101	20-13811	6-239	—	—	—
325	01150	—	—	千唐-5	—	—	—
326	01151	貞觀103	20-13812	2-86	—	—	—
327	01152	貞觀102	20-13811	4-306	—	—	人0072 東777
328	01153	—	—	—	長新50 長碑(363)	—	—
329	—	貞觀104	20-13813	7-500	吐魯番221	磚刻1102 故宮高昌097	—
330	—	—	—	—	吐魯番222	故宮高昌119	—
331	—						
332	—	貞觀105	20-13813	3-305	—	—	人0070
333	—	續貞觀040	20-13813	3-331	精華39	—	—
334	—	貞觀106	20-13814	7-500	—	—	—
335	01154	—	—	—	晋中11	西市34	—
336	01156						
337	—		20-13814	5-100	—	—	—
338	01156	貞觀107	20-13815	2-86	—	—	—
339	01157	貞觀108	20-13815	4-307	—	—	—
340	01158	貞觀109	20-13816	4-307	—	—	人0073 東771
341	—	—	—	—	—	—	人0076
342	01159	貞觀110	20-13816	4-308	—	—	—
343	01160	貞觀111	20-13816	3-331	—	—	—
344	01161	—	—	千唐-5	—	—	—
345	—	續貞觀041	20-13818	2-84 下-2158	西北1-183	昭陵10	淑369 淑370
346	01162	貞觀112	20-13817	2-87	—	—	—
347	—						
348	—	續貞觀042	20-13820	—	吐魯番223	—	—
349	—	—	20-13819	5-101	—	—	—
350	—	—	—	—	—	碑林續023	—
351	—	貞觀113	20-13819	3-332	—	—	—
352	01163	貞觀114	20-13820	3-333	—	—	—
353	—	—	20-13796	—	—	—	—
354	01164	貞觀115	20-13820	4-308	—	施碑選199-200	人0082 東772
355	—	—	—	—	—	慶雅堂11 西市35	—
356	—	續貞觀043	20-13821	3-333	—	碑林73-1970 碑林新021	—
357	—	續貞觀049	20-13833	—	—	—	人0064
358	—	貞觀116	20-13821	下-1918	—	—	人0083
359	01165	貞觀117	20-13822	7-247	—	—	—
360	—	—	—	—	長新52 長碑28(363)	—	—
361	—	—	20-13822	—	—	—	人0086
362	—	續貞觀044	20-13822	3-334	—	—	—
363	01166	貞觀119	20-13823	3-334	—	唐宋23	人0088
364	—	—	—	—	—	施碑選198	—
365	01167	貞觀120	20-13824	6-240	—	唐宋24	人0089 東773 東774
366	01168	貞觀121	20-13824	下-2417	西北1-184	施唐6-7	—
367	—	—	—	—	吐魯番224	—	—
368	01169	貞觀122	20-13825	4-309	—	唐宋26 施唐8	人0092 東775 東776 淑371
369	01170	貞觀123	20-13825	2-88	—	—	—
370	—	續貞觀045	20-13826	7-501	吐魯番225	—	—
371	01171						
372	01172	貞觀124	20-13826	—	—	—	—

貞觀

番號	墓誌名	年號	A 題跋	B北圖	C 附考 新中国	D隋唐五代	E千唐・河南
373	明敳律師塔記	貞觀20(646)7月	－	11-148	－	北京1-41	－
374	懷濬墓誌	貞觀20(646)8月卒	－	－	－	－	－
375	余當墓誌	貞觀20(646)8月	－	11-149	－	洛陽2-101	千唐36
376	謝文墓誌	貞觀20(646)9月	－	－	－	－	秦晉107
377	張(韓)忠墓誌	貞觀20(646)9月	－	11-150	2-106	洛陽2-102	千唐37
378	董收墓誌	貞觀20(646)10月	－	－	－	－	秦晉108 七朝72
379	蕭汾及妻袁氏墓誌	貞觀20(646)10月	－	－	－	－	新獲續25 河洛58 新唐8
380	傅叔及妻梁氏墓誌	貞觀20(646)10月	165右上	11-152	2-107	洛陽2-103	－
381	王君妻馬氏墓誌	貞觀20(646)10月	－	11-153	2-108	洛陽2-104	千唐38
382	孫伯悦塔記	貞觀20(646)10月	－	11-154	－	北京1-42	－
383	張延衡墓表	貞觀20(646)10月	－	－	－	新疆139	－
384	范相墓誌	貞觀20(646)10月	－	11-155	2-109	洛陽2-105	千唐39
385	辛儉墓誌	貞觀20(646)11月	－	－	－	－	秦續203
386	段師及妻和氏墓誌	貞觀20(646)11月	－	11-156	2-110	洛陽2-106	輯繩121
387	殷秦州及妻蕭氏墓誌	貞觀20(646)11月	－	－	－	－	秦續202
388	元虔蓋墓誌	貞觀20(646)11月	－	－	－	－	－
389	胡演墓誌	貞觀20(646)11月	－	－	－	－	－
390	韋懷德墓誌	貞觀20(646)11月	－	－	－	－	－
391	張毅墓誌	貞觀20(646)11月	－	－	－	－	秦續204
392	張素及妻李氏墓誌	貞觀20(646)11月	－	－	－	－	－
393	馮恕及妻元氏墓誌	貞觀20(646)11月	－	－	－	－	秦續205
394	閻休墓誌	貞觀20(646)11月	－	－	－	－	河洛59 龍門441
395	薛賾墓誌	貞觀20(646)12月	－	－	陝西壹-40	陝西1-17	－
396	王才及妻張氏墓誌	貞觀20(646)12月	－	11-157	2-111	洛陽2-107	輯繩122
397	李桀及妻楊氏墓誌	貞觀20(646)12月	－	11-158	2-112	洛陽2-108	輯繩123
398	趙王內人張氏墓誌	貞觀21(647)1月	－	－	－	－	－
399	唐君妻辛英彊墓表	貞觀21(647)1月	－	－	－	－	－
400	權萬春墓誌	貞觀21(647)2月	－	－	－	－	－
401	□擧墓誌	貞觀21(647)2月	－	11-159	2-113	洛陽2-109	輯繩124
402	譚氏墓誌	貞觀21(647)3月	－	－	－	－	－
403	元質墓誌	貞觀21(647)4月	165右中	－	2-114	河南19 北大2-39	民族132
404	賈德墓誌	貞觀21(647)4月	－	－	－	－	河洛60
405	李思摩墓誌	貞觀21(647)4月	－	－	－	－	－
406	韋幾原墓誌	貞觀21(647)5月	－	－	陝西參-14	－	－
407	萬德墓誌	貞觀21(647)6月	－	11-160	2-115	洛陽2-110	－
408	殷元嗣墓誌	貞觀21(647)6月	165右中	－	－	－	－
409	修行禪師塔記	貞觀21(647)7月	－	11-161	－	北京1-43	－
410	崔忠妻李氏墓誌	貞觀21(647)7月	－	－	－	－	－
411	李思摩妻延陀氏墓誌	貞觀21(647)8月	－	－	－	－	－
412	孔長寧及妻翟氏墓誌	貞觀21(647)8月	165右中	11-162	2-116	洛陽2-111	輯繩125
413	康婆墓誌	貞觀21(647)9月	－	－	－	－	輯繩126 民族326 洛絲91
414	唐武悦墓表	貞觀21(647)9月	－	－	－	新疆140	－
415	樂善文墓誌	貞觀21(647)10月	－	11-163	2-117	洛陽2-112	千唐40
416	徐君妻劉氏墓誌	貞觀21(647)10月	－	11-164	2-118	洛陽2-113	千唐41
417	向英墓誌	貞觀21(647)11月	－	11-165	2-119	洛陽2-114	千唐42
418	程陏墓誌	貞觀21(647)11月	－	11-166	－	山西7	－
419	范義欣墓誌	貞觀21(647)12月	－	－	－	－	－
420	楊達墓誌	貞觀21(647)12月	－	11-167	2-120	洛陽2-115	千唐43
421	王治墓誌	貞觀21(647)	－	－	－	－	－

貞觀

番號	F北大	G墓誌彙編	H 新編	I補遺補編	J 地方	K 博物館・その他	L 日本目録
373	—	續貞觀046 續貞觀072 殘誌045	20-13826 20-13868 22-15554	—	—	—	—
374	—	—	—	7-248	—	—	—
375	01173	貞觀125	20-13826	2-89	—	—	—
376	01174	—	—	—	—	—	—
377	01175	貞觀126	20-13827	2-89	—	—	—
378	01176	—	—	—	—	—	明洛5
379	—	—	—	8-259	—	—	—
380	01177	貞觀127	20-13827	4-309	—	唐宋25	人0081 東778
381	01178	貞觀129	20-13828	2-90	—	—	—
382	—	貞觀128	20-13828	—	—	—	人0094
383	—	續貞觀047	20-13829	7-248	吐魯番226	—	—
384	01179	貞觀130	20-13829	2-90	—	—	—
385	—	—	—	—	—	—	—
386	01180	貞觀131	20-13829	3-335	—	唐宋27	人0096 東779
387	—	—	—	—	—	—	—
388	—	—	—	7-248	—	—	—
389	—	—	—	—	—	慶雅堂12 西市36	—
390	—	—	—	—	—	西市37	—
391	01183	—	—	—	—	碑林續025	—
392	01181	—	—	—	—	碑林續024	—
393	01182	—	—	—	—	碑林續026	—
394	01184	—	—	—	—	—	—
395	—	續貞觀048	20-13832	2-90 下-2159	西北1-185	昭陵11 碑林195-945	淑372 淑373
396	01185	貞觀132	20-13830	3-336	—	—	—
397	01186	貞觀133	20-13831	3-337	—	—	—
398	—	—	—	—	長新54 長碑28(363)	—	—
399	—	貞觀134	20-13833	7-249	吐魯番227	故宮高昌098	—
400	—	—	—	—	長新56 長碑30(364)	—	—
401	01187	貞觀135	20-13833	3-337	—	—	—
402	—	—	—	—	渭城234	—	—
403	01188	貞觀136	20-13833	6-240	—	—	淑374
404	01189	—	—	—	—	西市38	明洛6
405	—	續貞觀050	20-13835	3-338 下-2160	—	昭陵12 碑林195-950	—
406	—	續貞觀051	20-13836	3-338 下-2161	長新58 長碑31(365)	—	—
407	01190	貞觀137	20-13836	4-310	—	唐宋28	人0102 東782
408	—	—	—	—	—	—	—
409	—	續貞觀052	20-13837	—	—	—	—
410	01191	—	—	—	—	—	—
411	—	續貞觀053	20-13837	3-339 下-2161	—	昭陵13	—
412	01192	貞觀138	20-13837	4-310	—	唐宋29	人0103
413	—	貞觀139	20-13838	6-240	—	—	—
414	—	續貞觀054	20-13839	7-501	吐魯番228	—	—
415	01193	貞觀140	20-13839	2-92	—	—	—
416	01194	貞觀141	20-13840	2-93	—	—	—
417	01195	貞觀142	20-13840	2-93	—	—	—
418	—	續長安025	20-13807	6-241 下-1824	—	—	—
419	01196	—	—	—	—	—	—
420	01197	貞觀143	20-13840	2-93	—	—	—
421	—	—	—	—	—	碑林新022	—

貞觀

番號	墓誌名	年號	A 題跋	B北圖	C 附考 新中国	D隋唐五代	E千唐・河南
422	善行塔銘	貞觀22(648)1月	—	—	—	—	—
423	鄧相及妻□澄墓誌	貞觀22(648)1月	—	—	—	—	秦續206
424	張秀墓誌	貞觀22(648)1月	—	11-168	2-121	洛陽2-116	千唐44
425	那延塔銘	貞觀22(648)2月	—	—	—	—	—
426	張育及妻趙氏墓誌	貞觀22(648)2月	—	11-169	2-122	洛陽2-117	—
427	侯仁愷及妻張氏墓誌	貞觀22(648)3月	—	—	—	—	秦晉109 流散003
428	趙昭墓誌	貞觀22(648)3月	—	11-170	2-123	洛陽2-118	—
429	張優婆姨塔銘	貞觀22(648)3月	—	—	—	—	—
430	段儼妻李氏(文安縣主)墓誌	貞觀22(648)3月	165右下	11-171	2-124	北大1-33	—
431	尹客仁母張氏磚墓記	貞觀22(648)3月	—	—	陝西貳-補8	—	—
432	范優婆姨塔銘	貞觀22(648)4月	—	—	—	—	—
433	圓藏塔銘	貞觀22(648)4月	—	—	—	—	—
434	張行滿墓誌	貞觀22(648)4月	165右中	11-172	2-125	洛陽2-119	輯繩127
435	王歡岳墓表	貞觀22(648)5月	—	—	—	新疆141	—
436	丘蘊墓誌	貞觀22(648)6月	165右中	11-173	2-126	洛陽2-120	輯繩128
437	范雅及妻宋氏墓誌	貞觀22(648)7月卒	—	11-174	2-127	洛陽2-121	輯繩131
438	張子慶妻□氏墓表	貞觀22(648)7月	—	—	—	—	—
439	智海塔銘	貞觀22(648)7月	—	—	—	—	—
440	張通及妻薄氏墓誌	貞觀22(648)7月	165右下	11-175	2-128	洛陽2-122	—
441	寶誕墓誌	貞觀22(648)8月	—	—	陝西壹-41	陝西3-25	—
442	毛盛墓誌	貞觀22(648)9月	—	11-176	2-129	洛陽2-123	輯繩129
443	梁基墓誌	貞觀22(648)9月	—	11-177	2-130	洛陽2-124	千唐45
444	崔登及妻胡氏墓誌	貞觀22(648)10月	—	—	河南參-14	—	—
445	王明(朋)顯墓表	貞觀22(648)11月	—	—	—	新疆142	—
446	趙昉及妻翟氏墓誌	貞觀22(648)11月	—	11-178	2-131	洛陽2-125	—
447	霍寬及妻魏氏墓誌	貞觀22(648)11月	—	11-179	2-132	洛陽2-126	輯繩130
448	李氏(長廣長公主)墓誌	貞觀22(648)11月	165右下	—	—	—	—
449	辛衡卿及妻盧氏墓誌	貞觀22(648)12月	—	11-180	2-133	洛陽2-127	千唐47
450	胡寶墓誌	貞觀22(648)12月	—	11-181	2-134	洛陽2-128	千唐48
451	任道墓誌	貞觀22(648)閏12月	—	11-182	2-135	洛陽2-129	千唐46
452	宋榮墓誌	貞觀22(648)閏12月	—	11-183	2-136	洛陽2-130	千唐49
453	賈昂墓誌	貞觀23(649)1月	—	11-185	2-137	洛陽2-131	—
454	王仲卿墓誌	貞觀23(649)2月	—	—	—	—	秦續207
455	司馬叡墓誌	貞觀23(649)2月	—	—	—	陝西3-26	—
456	崔震墓誌	貞觀23(649)2月	—	—	河北壹-51	河北20	—
457	楊敏墓誌	貞觀23(649)2月	—	—	—	陝西3-27 陝西3-28	—
458	趙榮墓誌	貞觀23(649)2月	—	11-186	2-138	洛陽2-132	—
459	趙君妻魏氏墓誌	貞觀23(649)3月	—	11-187	2-139	洛陽2-133	千唐51
460	關英墓誌	貞觀23(649)3月	166左上	11-188	2-140	洛陽2-134	輯繩132
461	王弘敏墓誌	貞觀23(649)3月	—	—	—	—	秦晉110
462	阿史那摸末及妻李氏墓誌	貞觀23(649)3月	—	—	—	陝西3-29	—
463	楊昭墓誌	貞觀23(649)3月	166左中	11-189	2-141	洛陽2-135	—
464	薛朗及妻王玉墓誌	貞觀23(649)3月	—	11-190	2-142	洛陽2-136	千唐50
465	李襲譽墓誌	貞觀23(649)3月	166左上	—	—	—	—
466	張雲墓誌	貞觀23(649)4月	—	11-191	2-143	洛陽2-137	千唐52
467	禹藝墓誌	貞觀23(649)4月	—	11-192	2-144	洛陽2-138	輯繩133
468	劉君妻楊成其墓誌	貞觀23(649)6月	—	11-193	2-145	洛陽2-139	輯繩134
469	彭君妻楊氏墓誌	貞觀23(649)6月	—	—	—	洛陽2-140	—
470	□僧及妻董氏墓誌	貞觀23(649)7月	—	—	—	—	—
471	李良墓誌	貞觀23(649)7月	166左中	11-194	2-146	洛陽2-141	輯繩135
472	楊全墓誌	貞觀23(649)7月	—	—	—	洛陽2-142	千唐53

貞觀

番號	F北大	G墓誌彙編	H 新編	I補遺補編	J 地方	K 博物館・その他	L 日本目錄
422	—	續貞觀055	20-13841 22-15558	—	—	—	人0125
423	01198	—	—	—	—	—	—
424	01199	貞觀144	20-13841	2-93	—	—	—
425	—	續貞觀056	20-13841 20-13841	—	—	—	—
426	01200	貞觀145	20-13841	4-311	—	唐宋30	人0105 東785
427	—	—	—	—	—	—	—
428	01201	貞觀146	20-13842	2-94	—	曲石2 南京2	—
429	—	—	22-15558	—	—	—	人0098
430	01203	貞觀147	20-13842	—	西北1-186	碑林195-955	人0106 淑375
431	—	續貞觀065	20-13843	2-94	—	—	—
432	—	續貞觀070	20-13868 22-15558	—	—	—	—
433	—	續貞觀057	20-13843 20-15558	—	—	—	人0109
434	01204	貞觀148	20-13843	4-312	—	—	人0110 東786
435	—	續貞觀058	20-13844	7-501	吐魯番229	—	—
436	01205	貞觀149	20-13844	4-312	—	唐宋31	人0112 東787
437	01207	貞觀150	20-13845	3-340	—	—	—
438	—	續貞觀059	20-13845	—	吐魯番230	—	—
439	—	續貞觀060	20-13845 22-15558	—	—	—	人0113
440	01208	貞觀151	20-13845	4-313	—	施碑選201	人0115 東788 東789
441	—	續貞觀061	20-13846	2-94 下-2162	咸陽10 西北1-187 渭城235	碑林195-960	—
442	01209	貞觀152	20-13847	3-341	—	—	—
443	01210	貞觀153	20-13848	2-96	—	—	—
444	01211	—	—	千唐-6	—	—	—
445	—	貞觀154	20-13849	7-249	吐魯番231	故宮高昌099	—
446	01212	貞觀155	20-13849	3-341	—	—	—
447	01213	貞觀156	20-13849	3-342	—	—	—
448	—	—	—	—	—	—	—
449	01215	貞觀157	20-13850	2-97	—	—	—
450	01214	貞觀158	20-13851	2-98	—	—	—
451	01216	貞觀159	20-13851	2-97	—	—	—
452	01217	貞觀160	20-13852	2-99	—	—	—
453	01218	貞觀161	20-13852	3-343	—	—	—
454	01219	—	—	—	—	—	—
455	—	續貞觀063	20-13853	2-101	西北1-189	—	—
456	—	續貞觀062	20-13853	4-313	滄州15 河間214	—	—
457	—	續貞觀064	20-13854	3-343 下-1822	西北1-190	—	—
458	01220	貞觀162	20-13855	3-344	—	—	—
459	01221	貞觀163	20-13855	2-99	—	—	—
460	01222	貞觀164	20-13856	4-314	—	—	人0121 東793
461	01202	—	—	—	—	西市39	—
462	—	續貞觀066	20-13857	3-345	西北1-192 精華40	—	—
463	01223	貞觀165	20-13856	4-315	—	唐宋32	人0122 東794
464	01224	貞觀166	20-13857	2-99	—	薛氏217	—
465	—	—	—	—	—	—	—
466	01225	貞觀167	20-13858	2-100	—	—	—
467	—	貞觀168	20-13859	3-345	—	—	—
468	01226	貞觀169	20-13859	4-315	—	唐宋33	東795
469	—	—	20-13863	5-101	—	—	—
470	01206	—	—	千唐-6	—	—	—
471	01227	貞觀170	20-13860	4-316	—	唐宋34 施碑選202	人0123 東796
472	—	貞觀171	20-13860	2-102	—	—	—

貞觀・永徽

番號	墓誌名	年號	A 題跋	B北圖	C 附考 新中國	D隋唐五代	E千唐・河南
473	劉文墓誌	貞觀23(649)8月	—	11-195	2-147	洛陽2-143	輯繩136
474	張舒墓誌	貞觀23(649)8月	—	11-196	2-148	洛陽2-144	千唐54
475	燕明及妻元氏墓誌	貞觀23(649)8月	—	11-197	2-149	洛陽2-145	輯繩137
476	王文隨妻趙氏墓誌	貞觀23(649)9月	—	11-198	2-150	洛陽2-146	輯繩138 河洛61
477	姚秀(字善才)墓誌	貞觀23(649)9月	—	11-199	2-151	洛陽2-147	輯繩139
478	樊方墓誌	貞觀23(649)9月	—	—	—	—	—
479	王客卿及妻裴氏墓誌	貞觀23(649)10月					
480	賀拔亮墓誌	貞觀23(649)10月					
481	盧赤松及妻蕭氏墓誌	貞觀23(649)10月					邙洛56 新唐10
482	曩君墓誌	貞觀23(649)10月					
483	周仲隱墓誌	貞觀23(649)10月	—	11-200	2-152	洛陽2-148	輯繩140
484	侯雲及妻呂氏墓誌	貞觀23(649)11月	—	11-201	—	洛陽2-149	—
485	張鳳墓誌	貞觀23(649)11月					
486	尚登寶磚誌	貞觀23(649)11月卒					
487	董柱及妻任氏墓誌	貞觀23(649)11月	166左中	11-202	2-153	洛陽2-150	
488	吳朗墓誌	貞觀23(649)12月	—	11-203	—	洛陽2-151	
489	孟恭墓誌	貞觀23(649)12月	—	—	—	—	新獲續26 河洛62 新唐12
490	斛斯達墓誌	貞觀23(649)12月	166左下	—	2-154	—	民族323
491	李君絢墓誌	貞觀23(649)12月	—	11-204	2-155	洛陽2-152	—
492	李絢墓誌	貞觀23(649)12月	—	—	—	—	—
493	唐晏墓誌	貞觀23(649)12月	—	—	—	—	秦晉111 七朝73
494	陳張慧湛墓誌	貞觀23(649)	166左中	—	—	—	—
495	楊敏墓誌	貞觀23(649)	—	—	—	陝西3-30	—
496	孟隆武墓表	貞觀24(650)2月				新疆143	
497	徐純及妻王氏墓誌	貞觀□年11月	164右上	—	2-156	江蘇9 北大1-34	
498	康阿達墓誌	貞觀間(627〜649)	—	—	—	—	—
499	曹因墓誌	貞觀間(627〜649)	—	—	—	—	—
500	溫翁念墓誌	貞觀23年(649)以降	—	—	—	—	—
501	武希玄墓誌	永徽1(650)1月		—	2-157	北大1-35	—
502	賈達墓誌	永徽1(650)1月		—	—	—	秦晉112
503	蕭儉塔記	永徽1(650)2月					
504	崔幹墓誌	永徽1(650)2月					
505	金行舉墓誌	永徽1(650)3月	—	12-2	2-158	洛陽3-1	輯繩141 民族262
506	祁讓墓誌	永徽1(650)4月	—	12-3	2-159	洛陽3-2	千唐55
507	劉世通妻王氏磚墓誌	永徽1(650)4月		—	陝西貳-24		
508	樂達墓誌	永徽1(650)4月	—	12-5	2-160	洛陽3-3	千唐56
509	竺讓妻段氏墓誌	永徽1(650)5月	—	12-6	2-161	洛陽3-4	千唐57
510	氾朋祐墓表	永徽1(650)5月	—	—	—	新疆145	—
511	優婆寒孫客子灰身塔	永徽1(650)6月					
512	張鳳憐墓誌	永徽1(650)6月	—	12-8	2-162	洛陽3-5	千唐58
513	沈叔安妻陳淨玲墓誌	永徽1(650)7月					
514	曹諒及妻安氏墓誌	永徽1(650)7月		—	—	北大1-36	民族319 洛絲129
515	張寶墓誌	永徽1(650)8月	—	12-10	2-163	洛陽3-6	千唐59
516	毛文通墓誌	永徽1(650)10月	—	12-12	2-165	洛陽3-7	千唐60
517	呂買墓誌	永徽1(650)10月	166左下	12-13	2-164	洛陽3-8	—
518	張濟女雅兒墓誌	永徽1(650)10月	166左下	—	—	—	—
519	張藥及妻李氏墓誌	永徽1(650)11月	166左下	12-14	2-166	洛陽3-9	輯繩142
520	于哲墓誌	永徽1(650)11月					
521	宋傑妻左淑姬墓誌	永徽1(650)12月					龍門440 秦晉101
522	珍法師塔銘	永徽1(650)12月					
523	劉初及妻寇氏墓誌	永徽2(651)1月	—	—	—	洛陽3-10	千唐61

貞觀・永徽

番號	F北大	G墓誌彙編	H 新編	I補遺補編	J 地方	K 博物館・その他	L 日本目録
473	01228	續貞觀067	20-13861	3-346 下-1823	―	―	―
474	01229	貞觀172	20-13861	2-102	―	―	―
475	01230	續貞觀068	20-13862	3-346 下-1823	―	―	―
476	01231	貞觀173	20-13863	4-316	―	唐宋35 施唐10	人0124 東797
477	01232	貞觀174	20-13863	4-317	―	―	―
478	―	―	―	9-428	咸刻17	―	―
479	―	―	―	―	―	西市41	―
480	―	―	―	―	―	西市40	―
481	―	―	―	―	―	―	―
482	―	―	―	―	―	西市42	―
483	01233	貞觀175	20-13864	3-347	―	―	―
484	―	貞觀176	20-13865	3-348	―	―	―
485	―	―	―	―	大全・曲沃5	―	―
486	―	―	―	7-249	邯鄲碑039	―	―
487	01234	貞觀177	20-13865	4-317	―	―	―
488	―	―	20-13866	3-349 下-1824	―	―	―
489	―	―	―	8-260	―	―	―
490	―	貞觀178	20-13866	6-241	―	―	―
491	01235	貞觀179	20-13867	―	―	―	―
492	―	―	―	―	―	施碑選203	―
493	01236	―	―	―	―	西市43	―
494	―	―	―	―	―	―	―
495	―	續貞觀069	20-13862	3-344 下-1822	西北1-193	―	―
496	―	貞觀180	20-13687	7-249	吐魯番232	故宮高昌100	―
497	01237	貞觀055 續貞觀016	20-13774	6-242	―	―	―
498	―	貞觀182	20-13868	7-250	武威62	―	―
499	―	貞觀181	―	―	―	―	―
500	―	―	―	―	晋中3	―	―
501	01238	永徽001	20-13869	3-349	西北1-195	碑林73-1976	―
502	―	―	―	―	―	―	―
503	―	―	22-15563	―	―	―	―
504	01239	―	―	―	―	―	―
505	01240	永徽002	20-13869	5-102	―	―	―
506	01241	永徽003	20-13870	2-103	―	―	―
507	―	續永徽001	20-13870	2-103	―	―	―
508	01242	永徽004	20-13871	2-104	―	―	―
509	01243	永徽005	20-13871	2-104	―	―	―
510	―	永徽006	20-13872	7-501	吐魯番233	故宮高昌101	―
511	―	續永徽002	20-13872	―	―	―	―
512	01244	永徽007	20-13872	2-105	―	―	―
513	01245	―	―	―	―	―	―
514	01246	永徽008	―	4-318	―	―	―
515	01247	永徽009	20-13873	2-105	―	―	―
516	01248	永徽011	20-13874	2-106	―	―	―
517	―	永徽010	20-13874	6-243	―	―	―
518	―	―	―	―	―	―	―
519	01249	永徽012	20-13875	4-318	―	唐宋36 碑林續027	人0136 東804
520	―	―	―	―	―	―	―
521	01250	―	―	―	―	―	―
522	―	永徽013	20-13875 22-15563	―	―	―	人0137
523	―	永徽014	20-13876	2-106	―	―	―

永徽

番號	墓誌名	年號	A 題跋	B北圖	C 附考 新中国	D隋唐五代	E千唐・河南
524	支茂墓誌	永徽2(651)1月	—	—	陝西參-15	—	—
525	湯君妻傷大妃墓誌	永徽2(651)1月	166左下	12-19	2-167	北大1-37	—
526	牛通墓誌	永徽2(651)1月	—	—	—	洛陽3-11	輯繩143
527	潘卿墓誌	永徽2(651)1月	—	12-20	2-168	洛陽3-12	輯繩144
528	宋才墓誌	永徽2(651)2月	—	—	—	—	—
529	王順孫墓誌	永徽2(651)2月	—	12-21	2-169	洛陽3-13	千唐62
530	許士端墓誌	永徽2(651)2月	—	12-22	2-186	洛陽3-14	千唐73
531	支彥墓誌	永徽2(651)2月	—	12-23	—	洛陽3-15	民族162 洛絲146
532	杜相墓表	永徽2(651)2月	—	—	—	—	—
533	張立德及妻竇氏長孫氏墓誌	永徽2(651)2月	—	—	—	—	秦續208
534	韓才及妻□氏墓誌	永徽2(651)2月	—	12-24	2-170	洛陽3-16	—
535	高昱墓誌	永徽2(651)2月	—	—	—	—	—
536	裴會眞墓誌	永徽2(651)2月	—	—	—	—	秦續209
537	蘇師墓誌	永徽2(651)3月	—	—	—	洛陽3-17	—
538	王道仁墓誌	永徽2(651)3月	—	—	—	洛陽3-18	輯繩145
539	道雲墓誌	永徽2(651)4月	—	—	—	北京1-44	—
540	仇道妻袁氏墓誌	永徽2(651)4月	—	12-26	2-171	洛陽3-19	千唐63
541	牛秀(字進達)墓誌	永徽2(651)4月	—	—	陝西壹-42	陝西1-18	—
542	郝榮及妻張氏墓誌	永徽2(651)4月	—	12-27	2-172	洛陽3-20	—
543	李敬墓誌	永徽2(651)6月	—	12-30	2-173	洛陽3-21	千唐64
544	阿史那婆羅門墓誌	永徽2(651)6月	—	—	—	—	—
545	單信墓誌	永徽2(651)6月	—	12-31	2-174	洛陽3-22	千唐65
546	宋敦墓誌	永徽2(651)6月	—	—	—	—	—
547	蕭勝墓誌	永徽2(651)8月	166右上	12-32	2-175	北大1-38	—
548	長孫君妻段簡璧墓誌	永徽2(651)8月	—	—	陝西壹-43	陝西1-19	—
549	姜崇業墓誌	永徽2(651)8月	—	—	—	—	—
550	張騷及妻賈氏墓誌	永徽2(651)8月	—	—	—	—	新獲續27
551	賀拔亮妻張氏墓誌	永徽2(651)8月	—	—	—	—	—
552	張義及妻車氏墓誌	永徽2(651)8月	—	12-33	2-176	洛陽3-23	千唐66
553	孫遷及妻王氏墓誌	永徽2(651)9月	—	12-34	2-177	洛陽3-24	—
554	楊藝及張氏墓誌	永徽2(651)9月	166右中	12-35	2-178	洛陽3-25	—
555	和姬墓誌	永徽2(651)9月	—	—	—	洛陽3-26	千唐67 民族259
556	隨清娛墓誌	永徽2(651)9月	166右上	—	—	江蘇13	—
557	達奚瑤善墓誌	永徽2(651)閏9月	—	—	—	—	秦續211
558	賈貞墓誌	永徽2(651)閏9月	—	—	—	洛陽3-27	—
559	楊基墓誌	永徽2(651)閏9月	—	12-37	2-179	洛陽3-29	千唐69
560	楊仁方墓誌	永徽2(651)閏9月	—	12-36	2-180	洛陽3-28	千唐68
561	李謇墓誌	永徽2(651)10月卒	—	12-38	2-181	河南20 洛陽3-30	千唐70
562	明君妻唐阿深墓誌	永徽2(651)10月	—	12-39	2-182	洛陽3-31	千唐71
563	李福謙墓誌	永徽2(651)10月	—	—	—	—	秦晉113
564	大比丘尼塔銘	永徽2(651)10月	—	—	—	—	—
565	趙君妻姚潔墓誌	永徽2(651)10月	—	—	—	—	民族299
566	宋舉及妻裴氏鐘氏墓誌	永徽2(651)11月	—	—	2-183	—	—
567	田仕及妻張妃墓誌	永徽2(651)12月	—	—	—	—	新獲續28 邙洛57 新唐14
568	楊君妻馬壽墓誌	永徽2(651)12月	—	12-41	2-184	洛陽3-32	千唐72
569	馬忠墓誌	永徽2(651)12月	—	12-42	2-185	洛陽3-33	輯繩146
570	楊旻墓誌	永徽2(651)12月	166右中	—	—	—	—
571	楊威墓誌	永徽2(651)閏9月	—	—	—	—	秦續210
572	趙才墓誌	永徽3(652)1月	—	—	2-187	—	輯繩147
573	郭長生及妻許氏墓誌	永徽3(652)1月	—	—	—	—	—
574	張君妻成公氏墓誌	永徽3(652)1月	—	12-43	2-188	洛陽3-34	輯繩148
575	牛君妻申好墓誌	永徽3(652)2月	—	12-44	2-189	洛陽3-36	千唐74
576	楊佰隴墓誌	永徽3(652)2月	—	12-46	2-190	洛陽3-37	千唐75

永徽

番號	F北大	G墓誌彙編	H 新編	I補遺補編	J 地方	K 博物館・その他	L 日本目録
524	—	永徽016	20-13876	3-350	精華43	—	—
525	01252	永徽015	20-13876	—	—	施唐11	—
526	—	續永徽003	20-13877	5-102	—	—	—
527	01253	永徽018	20-13877	4-319	—	故宮040	人0145 東811 東812
528	01254	—	—	—	—	—	—
529	01255	永徽018	20-13878	2-107	—	—	—
530	01256	永徽019	20-13879	2-116	—	—	—
531	—	永徽020	20-13879	7-250	—	—	—
532	—	續永徽004	20-13881	—	吐魯番234	—	—
533	01257	—	—	—	—	碑林續028	—
534	01258	永徽021	20-13882	7-251	—	—	—
535	—	—	—	—	—	慶雅堂13 西市44	—
536	01259	—	—	—	—	—	—
537	—	續永徽005	20-13881	5-103	—	—	—
538	—	續永徽006	20-13881	5-103	—	—	—
539	—	永徽022	20-13882 22-15563	—	—	—	人0146
540	01260	永徽023	20-13882	2-110	—	—	—
541	—	續永徽007	20-13883	2-108 下-2164	西北1-198	昭陵20	淑376 淑377
542	01261	永徽024	20-13884	7-252	—	唐宋37	人0148
543	01262	永徽025	20-13885	2-110	—	—	—
544	—	—	—	—	—	碑林新023	—
545	01263	永徽026	20-13885	2-111	—	—	—
546	01264	—	—	—	長新60 長碑33(367)	—	—
547	01265	永徽028	20-13888	—	西北1-200 長碑(367)	—	人0150
548	—	續永徽008	20-13886	2-111 下-1825	—	昭陵21	淑378 淑379
549	—	—	—	—	—	西市45	—
550	—	—	—	8-261	—	—	—
551	—	—	—	—	—	西市46	—
552	01266	永徽027	20-13886	2-112	—	—	—
553	01267	永徽029	20-13888	7-252	—	唐宋38	人0151
554	01268	永徽030	20-13889	4-320	—	遼寧博48	東813 淑380
555	—	永徽031	20-13890	2-113	—	—	—
556	—	—	3-1703	—	—	—	淑381
557	—	—	—	—	—	碑林續029	—
558	—	續永徽009	20-13889	5-104	—	—	—
559	01271	永徽033	20-13891	2-114	—	—	—
560	01270	永徽032	20-13891	2-114	—	—	—
561	01272	永徽036	20-13894	2-115	—	—	—
562	01273	永徽034	20-13892	2-115	—	—	—
563	—	—	—	—	—	—	—
564	—	續永徽010	20-13893	—	—	—	人0153
565	—	永徽035	20-13892	4-320	—	故宮041	—
566	—	續永徽011	20-13893	—	—	—	—
567	—	—	—	8-261	—	—	—
568	01274	永徽037	20-13894	—	—	—	—
569	01275	永徽038	20-13895	5-104	—	—	—
570	—	—	—	—	—	—	—
571	01269	—	—	—	—	—	—
572	—	永徽039	20-13895	5-93	—	—	—
573	—	續永徽012	20-13896	下-1826	武威28	—	—
574	01276	永徽040	20-13896	5-105	—	—	—
575	01277	永徽041	20-13897	2-117	—	—	—
576	01278	永徽042	20-13897	2-117	—	—	—

永徽

番號	墓誌名	年號	A 題跋	B北圖	C 附考 新中国	D隋唐五代	E千唐・河南
577	管君妻袁貞墓誌	永徽3(652)2月	—				新獲續29 河洛63
578	吳孝墓誌	永徽3(652)3月	—	12-48	2-191	洛陽3-38	千唐76
579	郭君妻張氏墓誌	永徽3(652)3月	—	12-49		洛陽3-39	—
580	陳君妻楊氏墓誌	永徽3(652)3月		12-50	2-192	洛陽3-40	輯繩149
581	陳密公妻達奚淑墓誌	永徽3(652)3月					
582	嚴君妻鄭金墓誌	永徽3(652)4月		12-52	2-193	洛陽3-41	輯繩150
583	楊和墓誌	永徽3(652)4月		—		—	—
584	徐伽仁及妻劉氏墓誌	永徽3(652)5月					秦續212 流散004
585	李清墓誌	永徽3(652)6月	—	12-55	2-194	洛陽3-35	千唐77
586	皇甫德相墓誌	永徽3(652)6月	166右中	12-56	2-195	洛陽3-42	輯繩151
587	王宏墓誌	永徽3(652)7月卒	—	12-57	2-196	洛陽3-43	千唐78
588	秦進儀墓誌	永徽3(652)8月	166右下	12-58	2-197	洛陽3-44	輯繩152
589	張萬善墓誌	永徽3(652)8月	—	12-59	2-198	洛陽3-45	千唐79
590	□育墓誌	永徽3(652)8月		—		—	—
591	劉意墓誌	永徽3(652)8月		12-60		北京1-45	—
592	竺君妻蓋氏墓誌	永徽3(652)9月		12-62	2-199	洛陽3-46	千唐80 民族341
593	王歡悦墓表	永徽3(652)9月				新疆146	—
594	劉君妻郝氏墓誌	永徽3(652)9月	—	—	陝西貳-25	—	—
595	王則墓誌	永徽3(652)10月	166右中	12-63	2-200	洛陽3-47	
596	董僧利及妻王氏墓誌	永徽3(652)10月	—				
597	鄭滿墓誌	永徽3(652)10月	—	12-64	3-201	洛陽3-48	輯繩154
598	張賢墓誌	永徽3(652)10月					秦晉114
599	趙安及妻王氏墓誌	永徽3(652)10月	166右下	12-65	3-202	洛陽3-49	
600	顏瓊墓誌	永徽3(652)10月	—	12-66	3-203	洛陽3-50	千唐81
601	侯莫陳毅及妻蕭氏墓誌	永徽3(652)10月		—		—	民族279
602	宮宦(官)司設墓誌	永徽3(652)10月		12-67	3-207	洛陽3-51	千唐84
603	楊君妻孫氏墓誌	永徽3(652)10月		12-68	3-206	洛陽3-52	千唐82
604	楊守澹妻獨孤法王墓誌	永徽3(652)10月					
605	楊清墓誌	永徽3(652)10月		12-69	3-204	洛陽3-53	千唐83
606	魏德墓誌	永徽3(652)10月		12-70	3-205	洛陽3-54	輯繩153
607	韓師墓誌	永徽3(652)11月卒	—	—		洛陽15-15	—
608	段會墓誌	永徽3(652)11月		12-71	3-208	洛陽3-55	
609	楊續墓誌	永徽3(652)11月					秦續213
610	劉建及妻馮氏墓誌	永徽3(652)11月					邙洛58
611	郭君妻師暉墓誌	永徽3(652)11月					
612	斛斯君妻索相兒墓誌	永徽3(652)11月	166右下	12-72	3-209	洛陽3-56	
613	張欽墓誌	永徽3(652)12月		—		北大1-39	
614	王士才墓誌	永徽3(652)12月					
615	閻志雄墓誌	永徽3(652)12月	—	12-73	3-210	洛陽3-57	輯繩155
616	冉仁才墓誌	永徽3(652)					
617	趙寵墓誌	永徽3(652)			3-211		
618	程寶安墓誌	永徽4(653)1月	—	12-75	3-212	洛陽3-58	龍門45
619	張洛墓誌	永徽4(653)1月	166右下	12-77	3-213	洛陽3-59	輯繩156
620	張元峻墓誌	永徽4(653)2月	—	—	—	新疆147	
621	劉普曜及妻乙弗氏墓誌	永徽4(653)2月	—	12-78	3-214	洛陽3-60	輯繩157
622	劉裕墓誌	永徽4(653)2月	—	12-79	3-215	洛陽3-61	輯繩158
623	蕭鑑墓誌	永徽4(653)2月		—		—	秦續214
624	梁有意墓誌	永徽4(653)2月	166右下	12-80	3-216	洛陽3-62	
625	閻懿墓誌	永徽4(653)2月					秦續215
626	王協墓誌	永徽4(653)3月	—	12-81	3-217	洛陽3-63	千唐85
627	宋文成墓誌	永徽4(653)3月	—				龍門442
628	顏人墓誌	永徽4(653)3月	166右下	12-82	3-218	洛陽3-64	輯繩159
629	張逸墓誌	永徽4(653)3月	—	12-83	3-219	洛陽3-65	
630	韓子墓誌	永徽4(653)4月	—	12-84	3-220	洛陽3-66	輯繩160
631	趙爽墓誌	永徽4(653)4月	—	12-86	3-221	洛陽3-67	千唐86

永徽

番號	F北大	G墓誌彙編	H 新編	I補遺補編	J 地方	K 博物館・その他	L 日本目録
577	—	—	—	8-262			
578	01279	永徽043	20-13898	2-118	—	—	—
579	—	續永徽013	20-13898	5-105 下-1826	—	—	—
580	01280	永徽044 續永徽014	20-13899	5-106	—	—	—
581	—	—	—	—		碑林續030	—
582	01281	永徽046	20-13900	5-106	—	—	—
583	—	—	—	—	朝陽189		
584	—						
585	01282	永徽045	20-13899	2-118	—	—	—
586	01283	永徽047	20-13900	4-321	—	—	—
587	01284	永徽048	20-13901	2-119	—	—	—
588	01285	永徽049	20-13901	5-107	—	—	—
589	01286	永徽050	20-13902	2-119	—	—	—
590	01287						
591	—	永徽051	20-13902	4-322	—	—	—
592	01288	永徽052	20-13903	2-120	—	—	—
593	—	續永徽015	20-13903	7-253	吐魯番235	—	—
594	—	續永徽016	20-13903	6-243	—	磚刻1147	—
595	01289	永徽053	20-13904	4-322	—	—	—
596	—	續永徽017	20-13904	6-244 下-1827	—	—	—
597	01290	永徽054	20-13905	6-244	—	—	—
598	01291			—			
599	01292	永徽055	20-13906	4-323	—	—	人0159 東819
600	01293	永徽056	20-13906	2-120	—	—	—
601	01294	—	—	千唐-7	—	—	—
602	01296	永徽060	20-13908	2-122	—	—	—
603	01297	永徽059	20-13908	2-121	—	—	—
604	—	—	—	—	—	碑林續031	—
605	01295	永徽057	20-13907	2-121	—	—	—
606	01298	永徽058	20-13907	5-108	—	唐宋39	人0160
607	—	—	—	7-254	—	—	—
608	—	永徽061	20-13909	5-108	—	—	人0161
609	01299	—	—	—	—	北大新拓98(140)	—
610	—	永徽062	20-13910	4-323	—	—	—
611	—	—	—	—	—	西市47	—
612	01300	永徽063	20-13910	4-324	—	—	人0366
613	01301	永徽064	20-13911	4-325	—	—	—
614	01302	—	—	千唐-8	—	—	—
615	01303	永徽065	20-13911	3-351	—	—	—
616	—	—	—	下-1828	—	—	—
617	—	續永徽018	20-13905	下-1827	—	—	—
618	01304	永徽066	20-13912	4-325	—	—	—
619	01305	永徽067	20-13912	4-325	—	唐宋40	人0166
620	—	續永徽023	20-13927	7-253	吐魯番238	—	—
621	01306	永徽068	20-13913	4-326	河間216	—	—
622	01307	永徽069	20-13913	4-327	—	唐宋41 施碑選204	人0168 東826
623	01308	—	—	—	—	新見18	—
624	—	永徽070	20-13914	3-351	—	—	—
625	—						
626	01309	永徽071	20-13914	2-122	—	—	—
627	—	—	—	—	—	—	—
628	01310	永徽072	20-13915	4-327	—	—	—
629	01311	永徽073	20-13915	4-328	—	唐宋42	人0170 東827
630	01312	永徽074	20-13916	3-352	—	—	—
631	01313	永徽075	20-13916	2-123	—	—	—

永徽

番號	墓誌名	年號	A 題跋	B北圖	C 附考 新中国	D隋唐五代	E千唐・河南
632	李恪墓誌	永徽4(653)4月					
633	安延及妻劉氏墓誌	永徽4(653)4月	166右下	12-87	3-222	洛陽3-68	民族215 洛絲115
634	孔弘及妻郝氏墓誌	永徽4(653)5月	—	—	—	洛陽3-69	輯繩161
635	李智墓誌	永徽4(653)5月	167左上	12-88	3-223	洛陽3-70	輯繩162
636	邢仙妃墓誌	永徽4(653)5月	—	12-89	3-224	洛陽3-71	輯繩163
637	姚思忠墓誌	永徽4(653)5月	—	12-90	3-225	洛陽3-72	千唐87 民族300
638	蘇興墓誌	永徽4(653)6月	—	—	陝西貳-26	陝西1-20	
639	甘朗墓誌	永徽4(653)6月	—	12-91	—	洛陽3-73	輯繩164
640	楊逸墓誌	永徽4(653)6月	—	12-93	3-226	洛陽3-74	輯繩165
641	四品亡宮墓誌	永徽4(653)7月	—	—	—	—	秦續216
642	朱師墓誌	永徽4(653)7月	—	12-94	3-227	洛陽3-75	輯繩166
643	李仁雅墓誌	永徽4(653)7月					
644	公孫達墓誌	永徽4(653)7月	—	12-95	3-228	洛陽3-76	千唐88
645	周藻墓誌	永徽4(653)7月	167左上	12-96	3-229	洛陽3-77	輯繩167
646	劉攬及妻□氏墓誌	永徽4(653)8月	—	12-97	3-230	洛陽3-78	輯繩168
647	史君妻田氏墓誌	永徽4(653)8月	167左上	12-100	3-231	洛陽3-79	
648	曹氏墓誌	永徽4(653)8月	167左上	12-101	3-232	洛陽3-80	民族319 洛絲130
649	何盛墓誌	永徽4(653)8月	—	—	3-233	—	輯繩169 民族239 洛絲141
650	劉君妻楊氏墓誌	永徽4(653)8月	—	—	—	—	秦晉115
651	楊氏墓誌	永徽4(653)9月	—	12-103	3-234	洛陽3-81	千唐89
652	燕君妻姜氏墓誌	永徽4(653)9月	—	12-104	3-235	洛陽3-82	輯繩171
653	韓素墓誌	永徽4(653)9月	—	—	—	—	輯繩170
654	張皎墓誌	永徽4(653)9月	—	12-105	3-236	洛陽3-83	千唐90
655	楊吳生及妻張氏墓誌	永徽4(653)10月	—	12-109	3-237	洛陽3-84	—
656	楊奉墓誌	永徽4(653)11月	—	—	—	—	河洛64
657	楊君妻張伯墓誌	永徽4(653)11月	—	12-110	3-238	洛陽3-85	千唐91
658	趙松柏墓誌	永徽4(653)11月	—	—	—	新疆148	
659	牛文宗及妻李氏墓誌	永徽4(653)11月					
660	張團兒墓誌	永徽4(653)12月	—	—	—	新疆149	
661	段會及妻呂氏墓誌	永徽4(653)12月	167左上	12-112	3-239	洛陽3-86	輯繩172
662	趙香兒墓誌	永徽4(653)12月	—	—	—	—	秦晉116 七朝74
663	阿史那忠妻李氏墓誌蓋	永徽4(653)	—	—	陝西壹-44	陝西3-36	
664	慧登塔記	永徽5(654)1月	—	12-114	—	北京1-46	—
665	袁神墓誌	永徽5(654)1月					
666	李琰墓誌	永徽5(654)1月					
667	浩廉墓誌	永徽5(654)1月					
668	張守道墓誌	永徽5(654)1月	—	—	—	洛陽3-87	
669	韓邏墓誌	永徽5(654)2月	—	12-115	—	洛陽3-88	千唐92
670	趙嘉及妻郭氏墓誌	永徽5(654)2月	—	12-116	3-240	洛陽3-89	輯繩173
671	王恭及妻陳氏墓誌	永徽5(654)2月	—	—	陝西壹-45	陝西3-37	
672	王素墓誌	永徽5(654)2月	—	12-117	3-241	洛陽3-90	輯繩174
673	劉皆墓誌	永徽5(654)2月	—	12-118	—	北大1-40	—
674	韓君妻趙摩墓誌	永徽5(654)3月	—	12-119	3-242	洛陽3-91	千唐93
675	王才墓誌	永徽5(654)3月	167左上	12-120	3-243	洛陽3-92	輯繩175
676	華歆墓誌	永徽5(654)3月	—	12-121	3-244	洛陽3-93	千唐94
677	李信墓誌	永徽5(654)3月	—	12-122	3-245	洛陽3-94	
678	李安墓誌	永徽5(654)4月					
679	史伯悅妻麴氏墓表	永徽5(654)4月					
680	顏相墓誌	永徽5(654)4月	167左上	12-124	3-246	洛陽3-95	輯繩176
681	祖君妻張隴墓誌	永徽5(654)5月	—	12-125	3-247	洛陽3-96	千唐95
682	李君及妻劉氏墓誌	永徽5(654)5月	—	12-126	3-248	洛陽3-97	千唐96
683	蓋贊妻孫光墓誌	永徽5(654)5月	—	12-128	3-249	洛陽3-98	千唐97
684	海德禪師塔銘	永徽5(654)5月	—	—	—	—	—

永徽

番號	F北大	G墓誌彙編	H 新編	I補遺補編	J 地方	K 博物館・その他	L 日本目録
632	—	—		長新62 長碑34（368）	—	—
633	01314	永徽076	20-13917	4-328		撒馬29	—
634	—	續永徽019	20-13917	5-109		—	—
635	01315	永徽077	20-13917	4-328		唐宋43	人0174 東828
636	01317	永徽078	20-13918	4-329			
637	01316	永徽079	20-13918	2-123			—
638			20-13919	3-353		碑林74-1985	
639	01318	永徽080	20-13919	3-352			
640	01319	永徽081	20-13920	4-329		故宮042	人0175 東829 東830
641	01322		—			碑林續032	—
642	01320	永徽082	20-13920	4-330			
643	01321		—	千唐-9			
644	01323	永徽083	20-13920	2-124			
645	01324	永徽084	20-13921	4-330		唐宋44	人0176 東831
646	01325	永徽085	20-13922	4-331			
647	01326	永徽086	20-13922	4-331		施碑選205	人0178 東832
648	—	永徽087	20-13922	4-332			
649	—	永徽088	20-13923	4-332			
650	01327		—				
651	01328	永徽089	20-13923	2-124			
652	01329	永徽090	20-13924	4-333			
653	—	續永徽020	20-13924	6-245			
654	01330	永徽091	20-13925	2-124			
655	01331	永徽092	20-13925	4-333		—	人0180
656	01332						
657	01333	永徽093	20-13925	2-125			
658	—	續永徽021	20-13926	7-253	吐魯番236		
659	—		—			西市48	
660	—	續永徽022	20-13926	7-253	吐魯番237		
661	01334	永徽094	20-13927	4-334	—	唐宋45 施唐12-13	人0181 東833
662	01335		—				
663							
664	—	永徽095	20-13928 22-15563	—	—	—	—
665	—			8-263			
666	01336		—				
667	—		—	9-429			
668	—	續永徽024	20-13928	7-253	—		
669	01337	永徽096	20-13928	2-125	—		
670	01338	永徽097	20-13929	4-335	—	唐宋46	人0190 東849
671	—	續永徽025	20-13930	3-354	西北1-204 咸刻19 渭城237	—	
672	01339	永徽100	20-13931	4-335	—	—	人0192 東850 東851 東852
673	01340	永徽099	20-13931	4-334	西北1-205	碑刻1148	
674	01341	永徽101	20-13932	2-126	—	—	
675	01343	永徽102	20-13933	4-336		唐宋47	人0195
676	01342	永徽098	20-13931	2-127	—		
677	01344	永徽103	20-13933	4-337		唐宋48	人0196
678	—		—		大全・襄垣10		
679	—	永徽104	20-13934	7-501	吐魯番239	故宮高昌102	
680	01345	永徽105	20-13934	4-338			
681	01346	永徽106	20-13934	2-127			
682	01347	永徽107	20-13935	2-128			
683	01348	永徽108	20-13936	2-128			
684	—	續永徽026	20-13935 22-15558			—	人0197

永徽

番號	墓誌名	年號	A 題跋	B北圖	C 附考 新中国	D隋唐五代	E千唐・河南
685	苻肅墓誌	永徽5(654)閏5月	167左中	12-130	3-250	洛陽3-99	民族248
686	明行法師塔銘	永徽5(654)7月	—	—	—	—	—
687	成遠及妻吳氏墓誌	永徽5(654)7月	167左中	—	3-252	—	—
688	魚君妻鄧大娘墓誌	永徽5(654)7月	—	—	—	—	秦續217
689	席泰墓誌	永徽5(654)7月	—	—	3-253	—	—
690	蘭輔墓誌	永徽5(654)7月	—	—	—	—	—
691	席綸及妻趙氏墓誌	永徽5(654)8月	—	—	—	—	秦晉117
692	李智員墓誌	永徽5(654)8月	—	—	陝西貳-27	—	—
693	姬推墓誌	永徽5(654)8月	167左中	12-132	3-254	洛陽3-100	輯繩177
694	張琛墓誌	永徽5(654)8月	—	12-133	3-255	洛陽3-101	輯繩178
695	杜節及妻李氏墓誌	永徽5(654)8月	—	—	—	—	—
696	江彪墓誌	永徽5(654)9月	—	—	—	—	秦續218
697	楊貴及妻武氏墓誌	永徽5(654)9月	167左中	12-134	3-256	洛陽3-102	輯繩180
698	［郭］?剛墓誌	永徽5(654)9月卒	—	—	—	—	秦晉120 七朝75
699	韓懷墓誌	永徽5(654)10月	—	12-135	3-257	洛陽3-103	輯繩179
700	魏成仁銘	永徽5(654)10月	—	—	陝西參-16	—	—
701	董君妻令狐氏墓表	永徽5(654)10月	—	—	—	北京1-47	—
702	韓通墓誌	永徽5(654)10月	167左中	12-136	3-258	洛陽3-104	—
703	杜懷讓墓誌	永徽5(654)11月	—	—	—	—	秦晉118
704	程亮墓誌	永徽5(654)11月	—	—	河南參-15	—	—
705	荀暄墓誌	永徽5(654)11月	—	—	—	—	秦晉119 流散005
706	金魏及妻王氏墓誌	永徽5(654)11月	—	12-138	3-259	洛陽3-105	輯繩181 民族262
707	安萬通墓誌	永徽5(654)12月	—	—	陝西貳-補9	—	—
708	馮庭墓誌	永徽5(654)12月	—	—	—	—	—
709	李果及妻任氏墓誌	永徽5(654)12月	—	12-139	—	洛陽3-106	輯繩182
710	李玄濟墓誌	永徽5(654)12月	—	—	—	—	—
711	段玄宗墓誌	永徽5(654)12月	—	—	河南參-16	—	—
712	李君政妻陽長先墓誌	永徽5(654)	—	—	—	陝西3-38	—
713	高士明妻王淨墓誌	永徽6(655)1月	—	—	—	洛陽3-107	—
714	李強墓誌	永徽6(655)1月	167左中	12-142	3-260	洛陽3-108	—
715	馬敏及妻高氏墓誌	永徽6(655)1月	—	—	—	洛陽3-109	—
716	清信佛子王塔銘	永徽6(655)1月	—	—	—	—	—
717	韓相國墓誌	永徽6(655)2月	—	—	—	—	秦續219
718	張君妻效姬墓誌	永徽6(655)2月	—	12-143	3-261	洛陽3-110	千唐98
719	大信塔銘	永徽6(655)2月	—	—	—	—	—
720	王君愕妻張廉穆墓誌	永徽6(655)2月	—	—	陝西壹-46	陝西1-21	—
721	王寬及妻常氏墓誌	永徽6(655)2月	167左中	12-144	3-251	洛陽3-111	—
722	沈士公墓誌	永徽6(655)2月	—	12-145	3-262	洛陽3-112	千唐99
723	靳起墓誌	永徽6(655)2月	—	—	—	—	—
724	宋懷熹墓誌	永徽6(655)2月卒	—	—	—	—	—
725	房基墓誌	永徽6(655)2月	167左下	12-146	3-263	洛陽3-114	—
726	高岡墓誌	永徽6(655)2月	—	—	—	洛陽3-113	輯繩183
727	龍潤及妻何氏墓誌	永徽6(655)2月	—	—	—	山西8	—
728	元勇墓誌	永徽6(655)2月	—	12-147	3-264	洛陽3-115	千唐100 民族132
729	高儉塋兆記	永徽6(655)2月	—	—	—	—	—
730	盧萬春墓誌	永徽6(655)3月	—	12-148	3-265	洛陽3-116	—
731	王緒及妻杜氏墓誌	永徽6(655)3月	—	—	—	—	河洛65 龍門444 七朝76
732	趙仲子墓誌	永徽6(655)3月	—	12-151	3-266	洛陽3-118	輯繩184
733	呂君妻張須摩墓誌	永徽6(655)3月	167左下	12-152	3-267	北大1-41	—
734	王孝瑜及妻孫氏墓誌	永徽6(655)4月	—	12-153	3-268	洛陽3-119	千唐101
735	張才墓誌	永徽6(655)4月	—	12-154	3-269	洛陽3-120	千唐102
736	陳君妻王氏墓誌	永徽6(655)4月	—	12-155	3-270	洛陽3-121	輯繩185
737	桓彥墓誌	永徽6(655)5月	—	12-156	3-271	洛陽3-122	輯繩186 民族304
738	李表墓誌	永徽6(655)5月卒	—	12-157	3-272	洛陽3-123	千唐103

永徽

番號	F北大	G墓誌彙編	H 新編	I補遺補編	J 地方	K 博物館・その他	L 日本目録
685	－	永徽109	20-13937	4-338	－	－	－
686	－	續永徽027	20-13938 22-15558	－	－	－	－
687	－	永徽110	20-13937	7-254	－	－	－
688	－	－	－	－	－	－	－
689	－	永徽111	20-13938	4-339	－	南京3	－
690	－	－	20-13939	6-245	咸刻20 渭城238	－	－
691	01349					西市49	
692			20-13940	6-246	－	碑林74-1992	
693	01350	永徽112	20-13939	4-340	－	－	人0200 東853
694	01351	永徽113	20-13940	4-340	－	－	－
695	－	－	－	－	大同197	－	－
696	01352						
697	01353	永徽114	20-13940	4-341	－	唐宋50	人0201 東854
698	01354					西市50	
699	01355	永徽115	20-13941	4-341	－	唐宋49	人0202
700	－		20-13942	6-247			
701	－	續永徽028	20-13942	2-129	吐魯番240	－	－
702	－	永徽116	20-13942	4-342	－	施唐14	－
703	－	－	－	－	－	西市51	－
704	01356	－	－	千唐-10			
705	01357						
706	01358	永徽117	20-13943	4-342	－	－	－
707	－	－	20-13943	2-129			
708	01359						
709	01360	永徽118	20-13944	4-343			
710	－	－	－	－	長碑(369)	碑林補-18 碑林新024	－
711	01361	－	－	千唐-10			
712	－	續永徽048	20-13928	3-354			
713	－	續永徽029	20-13944	5-110			
714	01362	永徽119	20-13945	4-343			
715	－	續永徽030	20-13945	5-110			
716	－	續永徽031	20-13946				
717	01363						
718	01364	永徽120	20-13946	2-130			
719	－	續永徽032	20-13946 22-15558	－	－	－	－
720	－	續永徽033	20-13946	2-131 下-2165	西北2-1	昭陵24	淑383 淑384
721	01366	永徽121	20-13947	6-247	－	唐宋55 施唐15	人0199 東864
722	01365	永徽122	20-13948	2-132			
723	01367	－					
724	－	續永徽047	20-13948		吐魯番241	－	－
725	01368	永徽123	20-13949	6-247			淑382
726	－	續永徽034	20-13950	5-111?	景州124 景縣216		
727	－	續永徽035	20-13950	5-111			
728	01369	永徽124	20-13951	2-132			
729	－	－	－	－	－	昭陵25	人0206
730	01370	永徽125	20-13951	4-344	－	唐宋51	人0207
731	01371	－	－	－	－	－	－
732	01372	永徽126	20-13952	4-345	新安25		
733	01373	永徽127	20-13953	6-248	西北2-3	故宮043	人0209 淑385
734	01374	永徽128	20-13953	2-133			
735	01375	永徽129	20-13954	2-1			
736	01376	永徽130	20-13955	6-249	－		
737	01378	永徽131	20-13955	6-249	－	故宮044	人0211 東865 東866
738	01379	永徽132	20-13956	2-134			

永徽・顯慶

番號	墓誌名	年號	A 題跋	B北圖	C 附考 新中国	D隋唐五代	E千唐・河南
739	大善法師塔銘	永徽6(655)5月	－	－	－	－	－
740	權開善墓誌	永徽6(655)5月	－	12-158	3-273	洛陽3-124	千唐104
741	趙勣墓誌	永徽6(655)5月	－	－	－	洛陽3-125	
742	黃羅漢墓誌	永徽6(655)7月	167左下	12-160	3-274	洛陽3-126	輯繩187
743	索謙墓誌	永徽6(655)7月	－	－	－	陝西3-39	－
744	□□法師塔銘	永徽6(655)7月	－	－	－	－	－
745	路基妻解氏墓誌	永徽6(655)7月	－	12-161	3-275	洛陽3-127	千唐105
746	李楷墓誌	永徽6(655)7月	－	－	－	－	
747	姚義墓誌	永徽6(655)8月	－	12-162	－	洛陽3-128	
748	王瑗達及妻韓氏墓誌	永徽6(655)9月	－	12-163	3-276	洛陽3-129	千唐106
749	崔湛墓誌	永徽6(655)9月	－	－	－	－	河洛66 七朝77
750	仵澄墓誌	永徽6(655)10月	－	－	－	－	新獲續30 河洛67
751	崔泰及妻李氏墓誌	永徽6(655)10月	－	12-164	3-277	洛陽3-130	輯繩188
752	曹怡墓誌	永徽6(655)10月	－	－	－	－	
753	張敘墓誌	永徽6(655)10月	－	－	－	－	
754	王禮及妻張氏墓誌	永徽6(655)10月	－	12-165	3-278	洛陽3-131	輯繩189
755	王君及妻楊摩耶墓誌	永徽6(655)10月	－	12-166	3-280	洛陽3-132	
756	皇甫松齡墓誌	永徽6(655)10月	－	－	－	洛陽3-134	輯繩190
757	皇甫滔墓誌	永徽6(655)10月	－	－	－	洛陽3-133	
758	常鴻及妻宗氏墓誌	永徽6(655)10月	－	－	－	－	
759	韓遷及妻吳氏墓誌	永徽6(655)10月	－	12-167	3-279	洛陽3-135	千唐107
760	孫則墓誌	永徽6(655)10月	－	－	－	－	
761	王褎墓誌	永徽6(655)10月	－	－	－	－	秦續220
762	王惠及妻鄭氏墓誌	永徽6(655)10月	167左下	12-168	3-281	洛陽3-136	輯繩191
763	趙簡及妻魏氏墓誌	永徽6(655)10月	－	－	－	－	秦晉121 流散006
764	趙瓊墓誌	永徽6(655)10月	－	－	－	－	
765	周翼墓誌	永徽6(655)10月	－	－	－	－	秦續221
766	夏侯絢墓誌	永徽6(655)10月	－	－	陝西壹-47	陝西3-40	－
767	劉君墓誌	永徽6(655)10月	－	－	河南參-17	－	－
768	魯簡墓誌	永徽6(655)10月	－	－	－	－	－
769	畢正義墓誌	永徽6(655)11月卒	－	－	陝西貳-28	－	－
770	張義墓誌	永徽6(655)11月	－	12-169	3-282	洛陽3-137	千唐108
771	楊玉墓誌	永徽6(655)11月	－	－	－	山西9	
772	□留寶墓誌	永徽6(655)11月	－	－	－	－	
773	□留墓誌	永徽6(655)11月	－	－	－	－	
774	王能及妻牛氏靳氏墓誌	永徽6(655)11月	－	－	－	－	
775	王君妻姬氏墓誌	永徽6(655)11月	－	－	－	陝西3-41	
776	浩寬墓誌	永徽6(655)11月	－	－	－	－	
777	蕭晟墓誌	永徽6(655)11月	－	－	－	－	秦晉122
778	靳師墓誌	永徽6(655)11月	－	－	－	－	秦續222
779	王宗妻郭氏墓誌	永徽6(655)12月	－	12-170	3-283	洛陽3-138	千唐109
780	徐漢墓誌	永徽6(655)12月	－	12-171	3-285	洛陽3-139	輯繩192
781	楊康妻劉妙姜墓誌	永徽6(655)12月	－	12-172	3-284	洛陽3-140	
782	徐君通墓誌	永徽6(655)12月	167左下	12-173	3-286	洛陽3-141	
783	李揚及妻劉氏墓誌	永徽6(655)12月	－	－	－	－	
784	索仁墓誌	永徽6(655)12月	－	－	－	洛陽3-117	
785	高儼仁墓誌	永徽6(655)12月	－	12-174	3-287	洛陽3-142	輯繩193
786	陽士通墓表	永徽6(655)12月	－	－	－	新疆150	
787	張龍相墓記	永徽6(655)	－	－	－	－	
788	暴徹墓誌	永徽8(657)10月	－	－	－	－	
789	大德禪師塔記	永徽□年2月	－	－	－	－	
790	張羊墓誌	顯慶1(656)2月	－	13-1	3-288	洛陽3-143	千唐110
791	杜楚客墓誌	顯慶1(656)2月	－	－	－	－	秦續223
792	張文墓誌	顯慶1(656)2月	－	－	－	－	秦晉123

永徽・顯慶

番號	F北大	G墓誌彙編	H 新編	I 補遺補編	J 地方	K 博物館・その他	L 日本目錄
739	—	續永徽037	20-13956 22-15558	—	—	—	—
740	01380	永徽133	20-13956				
741	01381	永徽134	20-13957	5-112	—	施碑選206	—
742	01382	永徽135	20-13957	6-250	—	唐宋52	人0214
743	—	續永徽038	20-13958	3-355	西北2-4	—	—
744	—	續永徽039	20-13958				
745	01383	永徽136	20-13959	2-134			
746	—					碑林續033	—
747	—	永徽137	20-13959	4-345			
748	01384	永徽138	20-13959	2-135			
749	01385						
750	—						
751	01386	永徽139	20-13960	4-346			
752						汾陽1(2)	
753				—	大全・長子6		
754	01388	永徽140	20-13961	2-135	河間218	曲石3 南京4	—
755	01390	續永徽040	20-13962	4-347 下-1828			
756	—	續永徽041	20-13962	5-114			
757	—	續永徽042	20-13963	5-113			
758	—					西市52	
759	01389	永徽141	20-13964	2-136			
760	—	—	—	—	朝陽15		
761	—						
762	01391	永徽142	20-13964	6-250			
763	01393						
764	01392						
765	01397						
766	01394	續永徽043	20-13965	3-355	西北2-5		
767	01395		—	千唐-11			
768	01396						
769	—	—	20-13966	6-251	—	碑林74-1998	
770	01398	永徽143	20-13967	2-136	—		
771	—	續永徽044	20-13967	5-115	長治102		
772	—	—	—	—	大全・襄垣12		
773	01399						
774	—					碑林新025	
775	—	續永徽045	20-13968	3-357	西北2-6 長碑(370)		
776	—	—		9-429	長治104 大全・長治11		
777	01400						
778	—						
779	01401	永徽144	20-13968	2-137			
780	01402	永徽146	20-13969	4-347			
781	01403	永徽145	20-13968	4-348	—	唐宋53	人0216
782	01404	永徽147	20-13969	6-252			
783	—	—	—	—	晉中7	—	
784	—	續永徽036	20-13971	5-115	—		
785	01405	永徽148	20-13970	6-252	景縣219	唐宋54	人0215
786	—	續永徽046	20-13971	7-501	吐魯番242	—	—
787	—				吐魯番243		
788	01406						
789	—	—	22-15563				
790	01407	顯慶001	20-13971	2-137	—	—	—
791	01408	—	—	—	—	北大新拓99(142) 碑林續041 新見19	
792	01409					—	

- 31 -

顯慶

番號	墓誌名	年號	A 題跋	B北圖	C 附考 新中国	D隋唐五代	E千唐・河南
793	景謙墓誌	顯慶1(656)2月	―	―	―	―	―
794	劉秀墓誌	顯慶1(656)2月	―	―	―	―	―
795	長孫澤墓誌	顯慶1(656)2月	―	―	3-289	―	―
796	柳君妻蕭媡媄墓誌	顯慶1(656)2月	―	13-3	3-290	洛陽3-144	千唐111
797	申屠□墓誌	顯慶1(656)3月	―	―	―	―	―
798	楊岳及妻韋氏墓誌	顯慶1(656)3月	―	―	―	―	―
799	王君妻陰客墓誌	顯慶1(656)3月	―	13-4	5-438	洛陽3-145	千唐167
800	范弘亮墓誌	顯慶1(656)3月	―	―	―	―	秦晉124
801	程善通墓誌	顯慶1(656)4月	―	―	―	―	新獲13
802	任相住墓誌	顯慶1(656)4月	―	―	―	新疆151	―
803	任相住墓表	顯慶1(656)4月	―	―	―	―	―
804	高善安墓誌	顯慶1(656)5月	―	―	―	洛陽3-147	輯繩194
805	張弘秀墓誌	顯慶1(656)5月	―	13-8	3-292	洛陽3-148	千唐113
806	范重明墓誌	顯慶1(656)5月卒	―	13-7	3-291	洛陽3-146	千唐112
807	趙通墓誌	顯慶1(656)6月	―	13-9	3-293	洛陽3-149	―
808	韓智門墓誌	顯慶1(656)6月	167右上	13-10	3-294	洛陽3-150	輯繩195
809	賈統墓誌	顯慶1(656)6月	167左下	13-11	3-295	洛陽3-151	―
810	李君妻孟秤墓誌	顯慶1(656)6月	―	13-12	3-296	洛陽3-152	輯繩196
811	張行仁墓誌	顯慶1(656)7月	―	―	河南參-18	―	―
812	五品宮人墓誌	顯慶1(656)7月	―	―	―	―	秦續224
813	張肅墓誌	顯慶1(656)7月	―	13-13	3-297	洛陽3-153	千唐114
814	田玉墓誌	顯慶1(656)8月	―	―	―	洛陽3-155	輯繩197
815	李君妻孟相墓誌	顯慶1(656)8月	―	―	河南參-19	―	―
816	韓玄墓誌	顯慶1(656)8月	―	13-14	3-298	洛陽3-154	―
817	霍辯墓誌	顯慶1(656)8月	―	―	―	洛陽3-156	―
818	李君妻呂華墓誌	顯慶1(656)8月	―	13-16	3-299	洛陽3-157	千唐115
819	趙高墓誌	顯慶1(656)8月	―	―	―	―	―
820	車詵墓誌	顯慶1(656)9月	―	13-17	3-300	洛陽3-158	千唐116
821	王謙及妻素和氏墓誌	顯慶1(656)9月	―	―	―	―	―
822	張君妻□差墓誌	顯慶1(656)9月	―	―	4-301	洛陽3-159	千唐117
823	郭君妻張氏墓誌	顯慶1(656)9月	167右上	13-19	4-302	洛陽3-160	―
824	趙肅墓誌	顯慶1(656)10月	167右上	13-20	4-303	洛陽3-161	―
825	趙周及張氏墓誌	顯慶1(656)10月	―	―	―	―	―
826	李胤墓誌	顯慶1(656)10月	―	―	―	―	秦晉125
827	韋尼子墓誌	顯慶1(656)10月	―	―	陝西壹-48	陝西1-22	―
828	張君妻可那氏墓誌	顯慶1(656)10月	167右中	13-21	4-304	洛陽3-162	民族187
829	程雄及妻皇甫氏墓誌	顯慶1(656)10月	―	13-22	4-305	洛陽3-163	千唐118
830	王通墓誌	顯慶1(656)10月	―	―	河南參-20	―	―
831	王師感墓誌	顯慶1(656)11月	―	13-23	4-306	洛陽3-164	輯繩198
832	姜絪墓誌	顯慶1(656)11月	―	―	―	―	新獲續31 邙洛59 龍門445
833	張盛墓誌	顯慶1(656)11月	―	13-24	4-307	洛陽3-165	千唐119
834	□盛墓誌	顯慶1(656)11月	―	―	―	―	―
835	唐儉墓誌	顯慶1(656)11月	―	―	陝西壹-49	陝西3-42	
836	席伎墓誌	顯慶1(656)11月	―	―	―	―	―
837	樂文義墓誌	顯慶1(656)11月	167右中	―	4-308	北大1-42	―
838	張金剛墓誌	顯慶1(656)12月	―	13-25	4-310	洛陽3-166	千唐120
839	張君妻呂氏墓誌	顯慶1(656)12月	―	―	―	洛陽3-167	輯繩199
840	程隝墓誌	顯慶1(656)12月	167右上	13-26	4-309	洛陽3-168	輯繩200
841	王卿及妻任氏墓誌	顯慶1(656)12月	―	13-27	4-311	洛陽3-169	千唐121
842	成徵墓誌	顯慶1(656)12月	167右上	―	4-312	北大1-43	―
843	□郎墓誌	顯慶1(656)12月	―	―	―	―	―
844	曹敬業妻呂氏墓誌	顯慶1(656)	167右上	―	―	―	―
845	程舜墓誌	顯慶2(657)1月	―	―	―	―	―
846	□隆惡墓誌	顯慶2(657)1月	―	―	―	―	―

顯慶

番號	F北大	G墓誌彙編	H 新編	I補遺補編	J 地方	K 博物館・その他	L 日本目録
793	01410	—	—	—	—	—	—
794	01411	—	—	千唐-11	—	—	—
795	—	續顯慶001	20-13972	7-255 下-1829	—	—	—
796	01412	顯慶002	20-13971	2-137	—	—	—
797	01413	—	—	—	—	—	—
798	—	—	—	—	—	西市53	—
799	01414	顯慶003	20-13973	2-171	—	—	—
800	—	—	—	—	—	—	—
801	—	—	20-13974	6-253	—	—	—
802	—	顯慶004	20-13973	7-256	吐魯番244	故宮高昌103	—
803	—	顯慶005	20-13974	—	吐魯番245	故宮高昌104	—
804	—	續顯慶002	20-13975	5-116	景州128 景縣225	—	—
805	01416	顯慶007	20-13975	2-139	—	—	—
806	01415	顯慶006	20-13974	2-138	—	—	—
807	01417	顯慶008	20-13976	6-254	—	唐宋56	人0221
808	01418	顯慶009	20-13976	6-254	—	—	—
809	01419	顯慶010	20-13977	6-255	—	—	—
810	01420	顯慶011	20-13977	3-357	—	—	—
811	01422	—	—	千唐-12	—	—	—
812	01421	—	—	—	—	碑林續034	—
813	01423	顯慶012	20-13978	2-139	—	—	—
814	—	續顯慶003	20-13978	5-116	—	—	—
815	01425	—	—	千唐-13	—	—	—
816	01424	顯慶013	20-13979	3-358	—	唐宋57	人0223
817	—	續顯慶004	20-13980	5-117	—	—	—
818	01426	顯慶014	20-13980	2-140	—	—	—
819	—	—	—	7-256	長新64 長碑35(371)	—	—
820	01427	顯慶015	20-13981	2-141	—	—	—
821	—	—	—	7-257	—	—	—
822	—	顯慶016	20-13981	2-141	—	—	—
823	—	顯慶017	20-13981	6-255	—	—	—
824	01428	顯慶018	20-13982	5-117	—	—	—
825	—	—	—	—	—	碑林新026	—
826	—	—	—	—	—	—	—
827	—	續顯慶005	20-13983	2-141 下-2166	西北2-8	昭陵27	—
828	—	顯慶019	20-13983	4-348	—	—	—
829	01429	顯慶020	20-13983	2-142	—	—	—
830	01430	—	—	千唐-13	—	—	—
831	01432	顯慶021	4-2310	2-142	—	曲石4 南京5	—
832	01433	—	—	8-264	—	—	—
833	01431	顯慶022	20-13984	2-143	—	—	—
834	01434	—	—	—	—	—	—
835	—	續顯慶006	3-1753	1-27 下-2082	西北2-7	昭陵28	淑386 淑387
836	—	—	—	7-257 下-1829	安陽選21	—	—
837	01435	顯慶023	20-13985	6-256	—	—	—
838	01436	顯慶024	20-13985	2-144	—	—	—
839	—	續顯慶007	20-13986	5-118	—	—	—
840	01437	顯慶025	20-13986	6-256	—	唐宋58 施唐16	人0225 東871
841	01438	顯慶026	20-13986	2-144	—	—	—
842	01439	顯慶027	20-13987	7-258	—	施唐17	—
843	01440	—	—	—	—	—	—
844	—	—	—	—	—	—	—
845	—	—	—	—	長碑(371)	—	—
846	—	顯慶028	20-13987	—	吐魯番246	故宮高昌105	—

顯慶

番號	墓誌名	年號	A 題跋	B北圖	C 附考 新中国	D隋唐五代	E千唐・河南
847	張伽墓誌	顯慶2(657)閏1月	—	13-30	4-315	洛陽3-172	輯繩201
848	張才墓誌	顯慶2(657)閏1月	—	13-29	4-314	洛陽3-171	千唐122
849	房高墓誌	顯慶2(657)閏1月	168左上	—	4-316	—	民族263
850	趙順墓誌	顯慶2(657)2月	—	—	—	—	秦續225
851	□忠墓誌	顯慶2(657)2月	—	—	—	—	—
852	宋慧了法師銘	顯慶2(657)2月	—	—	—	—	—
853	王君妻張惠墓誌	顯慶2(657)2月	—	13-31	4-318	洛陽3-173	千唐123
854	杜文貢墓誌	顯慶2(657)2月	—	13-32	4-317	洛陽3-174	千唐124
855	馮仁剛塔記	顯慶2(657)2月	—	13-33	—	北京1-48	—
856	亡宮五品墓誌	顯慶2(657)2月	—	—	陝西壹-50	陝西1-23	—
857	元則墓誌	顯慶2(657)3月	—	13-34	4-319	洛陽3-175	輯繩202 民族133
858	康子相墓誌	顯慶2(657)3月	—	—	—	—	七朝78
859	段秀墓誌	顯慶2(657)3月	167右中	13-35	4-320	洛陽3-176	輯繩203 新唐16
860	李收墓誌	顯慶2(657)4月	—	—	—	—	—
861	潘寶墓誌	顯慶2(657)4月	—	—	—	—	—
862	袁業及妻常氏墓誌	顯慶2(657)4月	—	—	—	—	—
863	吳素墓誌	顯慶2(657)4月	—	13-36	4-321	洛陽3-177	千唐125
864	張相墓誌	顯慶2(657)4月	—	13-37	4-322	洛陽3-178	—
865	楊操墓誌	顯慶2(657)4月	—	—	—	洛陽3-179	—
866	范阿伯墓表	顯慶2(657)5月	—	—	—	—	—
867	王立及妻成氏墓誌	顯慶2(657)6月	167右下	13-38	4-323	洛陽3-180	—
868	張武哲墓誌	顯慶2(657)6月	—	13-39	4-324	洛陽3-181	輯繩204
869	慧澄塔記	顯慶2(657)7月	—	13-40	—	北京1-49	—
870	陶普慈墓誌	顯慶2(657)7月	—	—	—	—	—
871	緱綱墓誌	顯慶2(657)7月	167右下	13-41	4-325	洛陽3-182	輯繩205 民族348
872	杜詢妻崔素墓誌	顯慶2(657)7月	167右下	13-42	4-326	北京1-50	—
873	張氏墓誌	顯慶2(657)8月	—	13-43	4-327	洛陽3-183	輯繩206
874	常德妻柳氏墓誌	顯慶2(657)8月	—	13-44	4-329	洛陽3-184	千唐126
875	路君妻霍氏墓誌	顯慶2(657)8月	—	13-45	4-328	洛陽3-185	千唐127
876	王玄墓誌	顯慶2(657)9月	168左上	13-47	4-331	洛陽3-186	—
877	梁君妻孔玉墓誌	顯慶2(657)9月	—	13-48	4-330	洛陽3-187	—
878	張貴墓誌	顯慶2(657)9月	—	13-49	4-332	洛陽3-188	千唐128
879	朱孝墓誌	顯慶2(657)10月	—	—	河南參-21	—	—
880	張伽及妻王氏墓誌	顯慶2(657)10月	—	13-51	4-333	洛陽3-189	—
881	郝世義墓誌	顯慶2(657)10月	—	—	—	—	秦晉126 七朝79
882	韓政及妻張氏墓誌	顯慶2(657)10月	—	13-52	4-334	洛陽3-190	千唐129
883	李信墓誌	顯慶2(657)11月	168左上	13-54	4-335	洛陽3-191	—
884	秦能及妻王氏墓誌	顯慶2(657)11月	—	—	—	—	—
885	趙瓚墓誌	顯慶2(657)11月	—	—	—	—	—
886	王君妻李總持墓誌	顯慶2(657)11月	—	13-55	4-337	洛陽3-192	千唐130
887	張士貴墓誌	顯慶2(657)11月	—	—	4-336 陝西壹-51	陝西1-25	—
888	張士貴妻岐氏墓誌蓋	顯慶2(657)11月	—	—	陝西壹-52	陝西3-43	—
889	尚登寶及妻李氏墓誌	顯慶2(657)11月	—	—	4-339	河北21	—
890	姚忠節及妻劉氏墓誌	顯慶2(657)11月	168左上	13-56	4-338	洛陽3-193	民族300
891	楊感墓誌	顯慶2(657)11月	—	—	河南參-22	—	—
892	□擧墓誌	顯慶2(657)11月	—	—	—	—	—
893	李楚墓誌	顯慶2(657)11月	—	—	—	—	—
894	支懷墓誌	顯慶2(657)12月	—	—	—	—	民族163 洛絲147
895	安靜墓誌	顯慶2(657)12月	—	13-58	4-340	洛陽3-194	民族216 洛絲116
896	趙令則墓誌	顯慶2(657)12月	—	13-59	4-341	洛陽3-195	輯繩207
897	秦得及妻李氏墓誌	顯慶2(657)12月	—	—	—	—	—
898	王段墓誌	顯慶3(658)1月	167左中	13-28	4-313	洛陽3-170	輯繩208
899	張優婆夷塔記	顯慶3(658)1月	—	13-60	—	北京1-51	—

顯慶

番號	F北大	G墓誌彙編	H 新編	I補遺補編	J 地方	K 博物館・その他	L 日本目録
847	01443	顯慶030	20-13988	3-358	－	－	－
848	01442	顯慶029	20-13988	2-145	－	－	－
849	－	顯慶031	20-13989	7-258	－	－	－
850	01445	－	－	－	－	－	－
851	01444	－	－	－	－	－	－
852	－	－	22-15558	－	－	－	－
853	01446	顯慶033	20-13990	2-146	－	－	－
854	01447	顯慶032	20-13989	2-146	－	－	－
855	－	續顯慶010	22-15563	－	－	－	人0227
856	－	續顯慶009	20-13989	5-448 下-2167	西北2-9	昭陵29	－
857	01448	顯慶034	20-13991	6-257	－	唐宋60 施唐18	人0230 東879
858	－	－	－	－	－	－	－
859	01449	顯慶035	－	6-257	－	唐宋61 施唐19	人0231 東880
860	01450	－	－	－	－	－	－
861	－	－	－	－	－	西市54	－
862	01451	－	－	千唐-14	－	－	－
863	01452	顯慶036	20-13991	1-39	－	－	－
864	01453	顯慶037	20-13992	3-359	－	唐宋62	人0232
865	－	續顯慶011	20-13993	5-118	－	－	－
866	－	續顯慶012	20-13993	－	吐魯番247	－	－
867	01454	顯慶039	20-13993	6-258	－	唐宋63 施唐20	人0233 東881
868	01455	顯慶040 續顯慶013	20-13994	3-359	－	－	－
869	－	顯慶041	20-13994	－	－	－	－
870	－	－	－	－	－	西市55	－
871	01456	顯慶042	20-13994	6-259	－	唐宋64 施唐21	人0235 東882
872	01457	顯慶043	20-13995	3-360	西北2-10	故宮045	人0236 東883 淑388
873	01458	顯慶045	20-13995	6-259	－	－	－
874	01459	顯慶047	20-13996	2-147	－	－	－
875	01460	顯慶046	20-13996	2-147	－	－	－
876	01461	顯慶049	20-13997	6-260	－	－	－
877	01462	顯慶048	20-13997	3-360	－	唐宋65	人0237
878	01463	顯慶050	20-13998	2-147	－	－	－
879	01464	－	－	千唐-14	－	－	－
880	01465	顯慶051	20-13998	3-361	－	－	－
881	01467	－	－	－	－	－	－
882	01466	顯慶052	20-13999	2-148	－	－	－
883	01468	顯慶053	20-13999	6-260	－	－	人0238 淑389
884	01471	－	－	－	－	－	－
885	－	－	－	－	－	碑林續035	－
886	01469	顯慶055	20-14000	2-148	－	－	－
887	01470	顯慶056	3-1789	1-40	西北2-11 精華45	昭陵30 碑林195-965 北大新拓100(144)	淑390 淑391
888	－	－	－	－	－	昭陵31	－
889	－	顯慶057	20-14001	4-349	河北260	－	－
890	01472	顯慶054	20-14000	6-261	－	唐宋66 施唐22	人0239 東884
891	01473	－	－	千唐-15	－	－	－
892	01474	－	－	－	－	－	－
893	－	－	－	9-430	－	－	－
894	－	顯慶058	20-14001	7-259	－	－	人0240
895	01475	顯慶059	20-14002	2-149	－	曲石5 南京6 撒馬30	淑392
896	－	顯慶060	20-14002	4-349	－	－	－
897	－	－	－	－	大全・平順5	－	－
898	01441	顯慶062 續顯慶008	20-14004	6-257	－	唐宋59	人0246 東878
899	－	顯慶061	20-14003 22-15559	－	－	－	－

顯慶

番號	墓誌名	年號	A 題跋	B北圖	C 附考 新中国	D隋唐五代	E千唐・河南
900	支隆及妻高氏墓誌	顯慶3(658)1月	—	—	河北壹-52	河北22	—
901	辛謙及妻元氏墓誌	顯慶3(658)1月	—	—	—	—	—
902	唐河上妻元萬子墓誌	顯慶3(658)1月	—	—	陝西壹-53	陝西1-27	—
903	高達及妻安氏墓誌	顯慶3(658)1月	—	13-62	4-343	洛陽3-196	千唐131
904	常月上墓誌	顯慶3(658)1月	—	—	—	—	秦續226
905	曹君妻慕容麗墓誌	顯慶3(658)1月	168左中	13-64	4-342	洛陽3-198	輯繩210 民族369
906	郭君妻丁貴娘墓誌	顯慶3(658)1月	—	13-63	4-344	洛陽3-197	輯繩209
907	□遷墓誌	顯慶3(658)2月	—	—	—	—	—
908	妙信塔記	顯慶3(658)2月	—	—	—	—	—
909	妙德塔記	顯慶3(658)2月	—	13-66	—	北京1-52	—
910	僧愁塔記	顯慶3(658)2月	—	13-67	—	北京1-53	—
911	陳領墓誌	顯慶3(658)2月卒	—	—	—	山西10	—
912	尹奴子墓誌	顯慶3(658)2月	—	—	—	—	新獲續32 河洛68
913	海禪師方墳記	顯慶3(658)2月	167右中	13-68	陝西貳-29	陝西1-28	—
914	執失奉節墓誌	顯慶3(658)2月	—	—	陝西貳-30	陝西1-29	—
915	董智奭墓誌	顯慶3(658)2月	168左中	—	—	—	—
916	孫如墓誌	顯慶3(658)3月	—	—	—	—	—
917	孫德潤墓誌	顯慶3(658)3月	—	—	—	—	秦續227
918	宋君妻王氏墓誌	顯慶3(658)3月	—	13-69	4-345	洛陽3-199	千唐132
919	万俟君妻獨孤大惠墓誌	顯慶3(658)3月	—	—	—	—	秦續228
920	乞伏士幹墓誌	顯慶3(658)3月	168左中	—	—	—	—
921	正信塔記	顯慶3(658)4月	—	13-72	—	北京1-54	—
922	呂小師塔記	顯慶3(658)4月	—	13-73	—	北京1-55	—
923	周紹業墓誌	顯慶3(658)4月	—	13-74	4-346	洛陽3-200	千唐133
924	徐德墓誌	顯慶3(658)4月	—	13-76	4-347	洛陽3-201	千唐134
925	王法墓誌	顯慶3(658)4月	—	13-77	4-348	洛陽3-202	—
926	馮政墓誌	顯慶3(658)4月	—	—	—	—	—
927	蘇君妻郭希有墓誌	顯慶3(658)5月	—	—	—	—	秦續229
928	亡尼明遠墓誌	顯慶3(658)5月	—	—	陝西壹-54	陝西3-44	—
929	封深及妻某氏墓誌	顯慶3(658)5月	—	—	—	洛陽3-204	—
930	李諒及妻閻氏墓誌	顯慶3(658)5月	—	—	—	—	—
931	胡信墓誌	顯慶3(658)5月	—	—	—	洛陽15-23	輯繩211
932	張君妻王媛墓誌	顯慶3(658)5月	—	13-79	4-349	洛陽3-205	—
933	祕伏生墓誌	顯慶3(658)6月	—	—	—	—	秦續230
934	成師墓誌	顯慶3(658)6月	—	—	河南參-23	—	輯繩212
935	許叔靜墓誌	顯慶3(658)7月	—	—	—	洛陽3-206	輯繩213
936	劉辟惡及妻達奚氏墓誌	顯慶3(658)7月	—	—	—	—	秦晉127
937	劉珪墓誌	顯慶3(658)8月	—	13-81	4-351	洛陽3-207	輯繩214
938	韓承墓誌	顯慶3(658)8月	—	13-82	4-350	洛陽3-208	千唐135
939	張恆貴墓誌	顯慶3(658)9月	—	—	4-352	洛陽3-209	千唐136
940	馬壽墓誌	顯慶3(658)9月	168左中	13-83	4-353	北大1-44	—
941	爨君妻張端墓誌	顯慶3(658)9月	168左中	13-85	4-355	洛陽3-211	—
942	杜沖墓誌	顯慶3(658)9月	—	—	—	—	秦續231
943	姚才及妻孔妹墓誌	顯慶3(658)9月	—	13-86	4-356	洛陽3-212	輯繩215
944	王公(字孝寬)磚塔銘	顯慶3(658)10月	168左下	13-87	—	北京1-56	—
945	朱延度墓誌	顯慶3(658)10月	—	—	—	—	秦晉128 七朝80 洛駕鴛4-1
946	楊道綱墓誌	顯慶3(658)10月	168右中	13-88	4-357	洛陽3-213	—
947	王氏墓誌	顯慶3(658)10月	—	13-89	4-358	洛陽3-214	千唐137
948	徐德墓誌	顯慶3(658)10月	—	—	—	—	—
949	張議及妻徐氏墓誌	顯慶3(658)10月	—	—	—	—	輯繩216
950	暴賢墓誌	顯慶3(658)10月	—	13-90	4-359	山西11	—

顯慶

番號	F北大	G墓誌彙編	H 新編	I補遺補編	J 地方	K 博物館・その他	L 日本目錄
900	—	續顯慶015	20-14003	4-350	鄴城34 邯鄲碑040		—
901	—	—	—	—	—	碑林新027	—
902	—	續顯慶016	20-14004	2-150 下-2167	西北2-13	昭陵32	淑393 淑394
903	01476	顯慶063	20-14004	2-150	景州134 景縣232		—
904	—						
905	01478	顯慶064	20-14005	6-261	—	唐宋67 施唐23	人0247 東890
906	01477	顯慶065	20-14005	3-362			—
907	01479	—					—
908	—	續顯慶017	20-14006 22-15563	—	—	—	人0249
909	—	顯慶066	20-14006				人0250
910	—	顯慶067	20-14006				人0252
911	—	續顯慶018	20-14006	6-262			
912	—	—	—	8-265			
913	01480	顯慶068	20-14006	3-362	西北2-14 長碑(372)	碑林74-2005	—
914			20-14006	3-362	西北2-15 長碑38(375)	碑林74-2007	
915	—						
916	01481						
917	—						
918	01482	顯慶069	20-14007	2-151			
919	01483					北大新拓101(146) 碑林續036	
920	—						
921	—	續顯慶019	20-14006 22-15563	—	—	—	人0256
922	—	顯慶072	20-14009				人0258
923	01484	顯慶070	20-14008	2-151			
924	01485	顯慶071	20-14009	2-152			
925	01486	顯慶073	20-14009	6-258	—	唐宋68	人0262
926	—	—	—	—		碑林新028	
927	—						
928	—	續顯慶021	20-14010	2-152 下-2167	咸陽13	—	—
929	—	續顯慶020	20-14009	5-119			
930	—	—	—	—	長碑(372)		
931	—	續顯慶014	20-14010	6-262	—		
932	01488	顯慶074	20-14011	3-364		唐宋69	人0263
933	01489	—					
934	01490	續顯慶022	20-14011	6-263 千唐-16			
935	—	續顯慶023	20-14012	5-119			
936	—					西市57	
937	01492	顯慶076	20-14013	3-364			
938	01491	顯慶075	20-14013	2-152			
939	—	顯慶077	20-14014	2-153			
940	01493	顯慶078	20-14014	6-263	西北2-17		人0266 東891 淑395
941	01495	顯慶080	20-14015	6-264	—	唐宋70 施唐25	人0264 東892
942	01496					碑林續037	
943	01497	續顯慶024	20-14015	3-364 下-1830	—	—	—
944		顯慶081	—	—		碑林195-970	人0268
945	01498					西市58	
946	01499	顯慶082	20-14016	6-264	—	施唐24	人0271
947	01500	顯慶083	20-14017	2-154			
948	—			—		西市59	
949	—	續顯慶025	20-14016	6-265			
950	—	顯慶084	20-14017	6-265	—	施碑選207	

顯慶

番號	墓誌名	年號	A 題跋	B北圖	C 附考 新中国	D隋唐五代	E千唐・河南
951	□(解?)忠及妻王氏墓誌	顯慶3(658)10月	－	－	－	－	－
952	劉□墓誌	顯慶3(658)10月卒	－	－	－	－	－
953	李知本墓誌	顯慶3(658)11月	－	－	－	－	－
954	段文政及妻邊氏墓誌	顯慶3(658)11月	－	－	－	陝西3-45	－
955	閻幹墓誌	顯慶3(658)11月	－	－	河南參-24	－	－
956	蕭令懲墓誌	顯慶3(658)11月	－	－	－	洛陽3-215	輯繩217
957	李立言妻長孫弄珪墓誌	顯慶3(658)11月	－	－	－	陝西3-46	－
958	宋義及妻趙氏墓誌	顯慶3(658)11月	－	13-91	4-360	洛陽3-216	輯繩218
959	柳雄亮及妻費氏墓誌	顯慶3(658)11月	－	－	－	－	秦續232
960	元君墓誌	顯慶3(658)11月	－	－	－	陝西3-47	－
961	魏倫墓誌	顯慶3(658)11月	－	－	－	陝西3-48	－
962	王舉及妻張氏及王祿墓誌	顯慶3(658)11月	－	－	－	－	－
963	潘君妻張氏墓誌	顯慶3(658)11月	－	13-92	4-361	洛陽3-217	輯繩219
964	杜延基妻薛瑤華墓誌	顯慶3(658)12月	168右上	13-93	4-362	北京1-57	－
965	慧雲塔記	顯慶3(658)12月	－	13-94	－	北京1-58	－
966	李元祥(江王)母楊氏墓誌	顯慶3(658)12月	－	－	－	－	新唐18 秦晉129
967	張善和墓誌	顯慶3(658)12月	－	－	－	－	－
968	薛忠墓誌	顯慶3(658)12月	－	－	－	洛陽3-218	－
969	閻慎墓誌	顯慶3(658)12月	－	－	－	－	－
970	霍萬墓誌	顯慶3(658)12月	168右中	13-95	4-363	洛陽3-219	輯繩220
971	史道洛及妻康氏墓誌	顯慶3(658)12月	－	－	－	－	－
972	史索嚴墓誌	顯慶3(658)12月	－	－	－	－	－
973	辛裦墓誌	顯慶3(658)12月	168右上	－	－	－	－
974	馮君妻許氏墓誌	顯慶3(658)12月	－	－	－	－	－
975	徐君墓誌	顯慶3(658)	－	－	－	－	－
976	劉仁會墓誌	顯慶3(658)	168右中	－	－	－	－
977	王信墓誌	顯慶4(659)1月	－	－	－	洛陽4-1	輯繩221
978	郭敬及妻公孫氏墓誌	顯慶4(659)1月	－	－	－	－	秦晉130
979	張達妻李氏墓誌	顯慶4(659)2月	168右中	13-96	4-364	洛陽4-2	－
980	彭善行墓誌	顯慶4(659)2月	－	－	－	－	龍門446
981	王珎墓誌	顯慶4(659)2月	－	－	－	－	－
982	成朗墓誌	顯慶4(659)2月	－	13-97	4-365	洛陽4-3	千唐138
983	劉伏寶妻張氏墓誌	顯慶4(659)3月	－	－	－	陝西3-49	－
984	成願壽及妻李氏墓誌	顯慶4(659)3月	－	13-98	4-366	洛陽4-4	輯繩222
985	楊士墓誌	顯慶4(659)3月	169左中	13-99	4-367	洛陽4-5	－
986	張安都墓誌	顯慶4(659)4月	168右中	13-100	4-368	洛陽4-6	輯繩223
987	劉寬墓誌	顯慶4(659)4月	－	－	－	洛陽4-8	－
988	李兒及妻鄒氏墓誌	顯慶4(659)4月	－	13-103	4-372	洛陽4-7	－
989	尉遲敬德(融)墓誌	顯慶4(659)4月	－	－	4-370 陝西壹-55	陝西3-50	－
990	尉遲敬德妻蘇斌墓誌	顯慶4(659)4月	－	－	4-369 陝西壹-56	陝西1-30	－
991	郭肆才墓誌	顯慶4(659)4月	－	－	－	－	秦晉131
992	智守塔記	顯慶4(659)4月	－	13-105	－	北京1-59	－
993	董君妻戴滿墓誌	顯慶4(659)4月	－	13-106	4-371	北大1-45	－
994	戴滿墓誌	顯慶4(659)4月	－	－	－	－	－
995	管惟墓誌	顯慶4(659)4月	－	－	－	－	河洛69 龍門49
996	張弘墓誌	顯慶4(659)5月	－	13-108	4-373	洛陽4-9	千唐139
997	季君妻王摩墓誌	顯慶4(659)5月	168右中	13-109	4-374	洛陽4-10	－
998	李政墓誌	顯慶4(659)7月	－	－	陝西貳-補10	－	－
999	支懷墓誌	顯慶4(659)7月	169左中	13-112	4-375	洛陽4-11	民族164
1000	王約墓誌	顯慶4(659)7月	－	13-124	4-376	洛陽4-13	輯繩224

顯慶

番號	F北大	G墓誌彙編	H 新編	I補遺補編	J 地方	K 博物館・その他	L 日本目錄
951	01501	—	—	—	任城103	—	—
952	01502	—	—	—		—	—
953	—	—	—	8-266		碑林新029	—
954	—	續顯慶027	20-14018	3-365	西北2-18		
955	01503	—	—	千唐-16	—		
956	—	續顯慶026		5-120			
957	01504	續顯慶028	20-14019	3-365	西北2-19 景州116 長新66 景縣206 長碑36(373)		
958	01506	顯慶085	20-14019	3-366			
959	01505					北大新拓102(147) 碑林續038	
960	—	續顯慶030	20-14021	3-367	西北2-21		
961	—	續顯慶029	20-14020	3-367	西北2-20 精華46 長碑37(374)		
962	—	—	—	—	—	西市56	—
963	01507	顯慶086	20-14020	4-351 7-259			
964	01508	顯慶087	20-14021	—	西北2-22	薛氏222 施唐26-27	人0275
965	—	顯慶088	20-14022	—			
966	—	—	—	—			
967	—	續顯慶031	20-14021	—	吐魯番248		
968	—	顯慶089	20-14022	5-121			
969	—	—	—	—	大同201		
970	01509	顯慶090	20-14022	6-266	—	唐宋71 施唐28	人0274 東893
971	—	—	—	—	寧夏21 固原12	—	—
972	—	—	—	—	寧夏18 固原11	撒馬20	
973	—						
974	—	—	—	7-263			
975	—	—	—	—	—	西交博37	
976	—						
977	—	續顯慶032	20-14023	5-121 6-267			
978	—	—	—	—	—	西市60	
979	01510	顯慶091	20-14023	6-267			
980	—	—	—	—			
981	01511						
982	01512	顯慶092	20-14024	2-154	—	—	—
983	—	續顯慶033	20-14024	3-368			
984	01513	顯慶094	20-14025	6-268			
985	01514	顯慶093	20-14024	6-268		施唐29	人0282
986	01515	顯慶095	20-14026	6-269		唐宋72	人0283 東898
987	—	續顯慶034	20-14025	5-122			
988	01518	顯慶097	20-14027	3-368			
989	01516	顯慶100	20-14028	2-154	西北2-25 精華49	昭陵36 碑林195-972 北大新拓103(148)	淑396 淑397
990	01517	顯慶096	20-14026	2-157	西北2-26 精華48	昭陵38 碑林195-978 北大新拓104(150)	淑398 淑399
991	01520	—	—	—			
992	—	顯慶098	20-14028	—			
993	01519	顯慶099	20-14028	3-368	西北2-23		
994	—	—	—	—		西交博39	
995	01521						
996	01522	顯慶101	20-14031	2-158			
997	01523	顯慶102	20-14031	6-269			
998	—	續顯慶035	20-14031	6-269			
999	01525	顯慶103	20-14032	6-270		唐宋73 施唐30	人0293 東899
1000	01524	顯慶111 續顯慶036	20-14037	3-369			

顯慶

番號	墓誌名	年號	A 題跋	B北圖	C 附考 新中国	D隋唐五代	E千唐・河南
1001	張公直妻楊大娘墓誌	顯慶4(659)7月	―	13-113	4-377	洛陽4-12	輯繩226
1002	田通及妻韓氏墓誌	顯慶4(659)7月	169左中	13-114	4-378	陝西3-51 洛陽4-14	輯繩225
1003	張君妻莨氏墓誌	顯慶4(659)7月	―	13-116	4-379	洛陽4-15	千唐140
1004	張義墓誌	顯慶4(659)7月	―	13-117	4-380	洛陽4-16	千唐141
1005	陶梭興墓誌	顯慶4(659)7月	―	―	陝西貳-31	―	―
1006	史陁墓誌	顯慶4(659)8月	―	13-121	4-381	洛陽4-17	千唐142 民族188 洛絲132
1007	豆盧遜墓誌	顯慶4(659)8月	168右下	13-122	4-382	北京1-60	―
1008	郭君妻楊媛墓誌	顯慶4(659)8月	―	13-123	4-383	洛陽4-18	輯繩227
1009	田泰墓誌	顯慶4(659)9月	―	―	―	―	―
1010	衞胡王及妻王氏墓誌	顯慶4(659)9月	―	―	―	―	秦續233
1011	董明及妻郝氏墓誌	顯慶4(659)10月	169左上	13-127	4-384	洛陽4-19	輯繩228
1012	范信墓誌	顯慶4(659)10月	169左上	13-129	4-385	洛陽4-20	輯繩229
1013	皇甫弘敬墓誌	顯慶4(659)10月	169左上	13-130	4-386	北大1-46	―
1014	王孝倫妻裴順昭墓誌	顯慶4(659)10月	―	―	―	―	―
1015	王隆妻趙氏墓誌	顯慶4(659)閏10月	―	―	―	―	―
1016	徐君妻路氏墓誌	顯慶4(659)閏10月	169左中	―	4-387	江蘇14	輯繩230 民族352
1017	韋君妻李瑤(成德縣主)墓誌	顯慶4(659)閏10月	―	―	―	―	新唐20 秦晉132
1018	安度墓誌	顯慶4(659)11月	―	13-131	4-388	洛陽4-21	千唐143 民族217 洛絲117
1019	李三墓誌	顯慶4(659)11月	―	13-132	4-389	洛陽4-22	―
1020	鄭君妻王妃子墓誌	顯慶4(659)11月	―	―	―	―	―
1021	陳君妻韋寶寶墓誌	顯慶4(659)11月	―	―	―	―	邙洛60
1022	李整墓誌	顯慶4(659)12月	―	―	陝西貳-補11	―	―
1023	李景及妻河氏墓誌	顯慶4(659)12月	―	―	―	―	―
1024	趙君妻張英墓誌	顯慶4(659)12月	―	13-133	4-390	洛陽4-23	―
1025	程平遼祖母李氏墓誌	顯慶4(659)12月	―	―	―	―	―
1026	韓君妻段金墓誌	顯慶4(659)12月	―	13-134	4-391	洛陽4-24	千唐145
1027	靳稽及妻劉氏墓誌	顯慶4(659)	―	―	―	―	―
1028	孟普墓誌	顯慶5(660)1月	―	13-137	4-392	洛陽4-25	千唐146
1029	李君妻姚香墓誌	顯慶5(660)1月	―	―	―	―	河洛70
1030	張振墓誌	顯慶5(660)1月	―	13-138	4-393	洛陽4-26	千唐147
1031	□君妻辛氏墓誌	顯慶5(660)1月	―	―	―	―	―
1032	史參及妻梁氏墓誌	顯慶5(660)1月	―	―	―	―	秦續235
1033	郭君妻陳昭墓誌	顯慶5(660)1月	―	―	―	―	秦續234 流散007
1034	牛藝及妻衞氏墓誌	顯慶5(660)1月	―	―	―	―	―
1035	王行墓誌	顯慶5(660)2月	―	―	―	洛陽4-27	輯繩231
1036	梁興都及妻王氏墓誌	顯慶5(660)2月	―	―	―	―	―
1037	王進墓誌	顯慶5(660)2月	―	13-139	4-395	洛陽4-28	千唐148
1038	賈元叡墓誌	顯慶5(660)2月	―	13-140	4-396	洛陽4-29	―
1039	翟惠隱墓誌	顯慶5(660)2月	―	13-141	4-394	洛陽4-30	輯繩232 民族389
1040	修行塔銘	顯慶5(660)2月	―	―	―	―	―
1041	紇干承基墓誌	顯慶5(660)2月	―	13-143	4-398	洛陽4-31	千唐149 民族228
1042	崔誠墓誌	顯慶5(660)2月	―	13-144	4-397	洛陽4-32	千唐150
1043	樊寬及妻韓氏墓誌	顯慶5(660)2月	―	13-145	4-400	洛陽4-33	―
1044	蕭君妻柳氏墓誌	顯慶5(660)2月	169左中	13-146	5-401	洛陽4-34	―
1045	蕭君妻袁客仁墓誌	顯慶5(660)2月	169左中	13-147	4-399	洛陽4-35	―
1046	杜道愿銘記	顯慶5(660)2月	―	―	―	―	―
1047	宋豐墓誌	顯慶5(660)3月	―	13-148	5-402	洛陽4-36	千唐151
1048	張德操墓誌	顯慶5(660)3月	―	13-149	5-403	洛陽4-37	千唐152
1049	段氏墓誌	顯慶5(660)3月	―	―	―	―	秦晉133
1050	王禕及妻李氏墓誌	顯慶5(660)3月	―	―	―	―	―
1051	宋越墓誌	顯慶5(660)4月	―	―	―	―	秦續236 流散008
1052	李員墓誌	顯慶5(660)4月	―	―	―	―	龍門447

顯慶

番號	F 北大	G 墓誌彙編	H 新編	I 補遺補編	J 地方	K 博物館・その他	L 日本目錄
1001	01526	顯慶107 續顯慶037	20-14032	4-351	―	―	―
1002	01527	顯慶104	20-14033	2-159	―	―	淑400
1003	01528	顯慶105	20-14033	2-159	―	―	―
1004	01529	顯慶106	20-14034	2-160	―	―	―
1005	―	續顯慶038	20-14034	6-270	―	碑林74-2014	―
1006	01530	顯慶108	20-14035	2-160	―	―	―
1007	01531	顯慶109	20-14035	―	西北2-27	―	―
1008	01532	顯慶110	20-14036	3-369	―	―	―
1009	01533	―	―	―	―	―	―
1010	01534	―	―	―	―	碑林續039	―
1011	01535	顯慶112	20-14037	6-271	―	唐宋74 施唐31	―
1012	01536	顯慶113	20-14038	3-370	―	―	人0297 東900
1013	01537	顯慶114	20-14038	6-272	西北2-29	故宮046	人0299 東901 淑401 淑402
1014	―	―	―	―	長新68 長碑40(376)	―	―
1015	―	―	―	―	―	碑林續040	―
1016	01538	顯慶115	20-14039	6-272	―	―	―
1017	―						
1018	01539	顯慶116	20-14039	2-161	―	撒馬31	―
1019	01540	顯慶117	20-14039	3-370	―	唐宋75	人0300
1020	01541	―	―	―	―	西市61	―
1021	―	―	―	―	―	―	―
1022	―	―	20-14040	6-272	―	―	―
1023	01543	―	―	―	―	―	―
1024	01542	顯慶118	20-14040	3-371	―	唐宋76	人0301
1025	―	―	―	―	―	磚刻1149	―
1026	01544	顯慶119	20-14041	2-161	―	―	―
1027	―	―	―	―	―	碑林新030	―
1028	01545	顯慶120	20-14041	2-161	―	―	―
1029	01547	―	―	―	―	―	―
1030	01546	顯慶121	20-14041	2-162	―	―	―
1031	01548	―	―	―	―	―	―
1032	―	―	―	―	―	―	―
1033	01550	―	―	―	―	―	―
1034	―	―	―	―	―	碑林新031	―
1035	―	續顯慶039	20-14042	5-122	―	―	―
1036	―	―	―	―	長新70 長碑41(377)	―	―
1037	01551	顯慶123	20-14043	2-162	―	―	―
1038	01552	顯慶124	20-14043	3-371	―	唐宋78	人0306
1039	01553	顯慶122	20-14043	3-372	―	唐宋77 施唐32	人0307
1040	―	續顯慶040	20-14044	―	―	―	―
1041	01555	顯慶127	20-14045	2-163	―	―	―
1042	01554	顯慶128	20-14046	2-164	―	―	―
1043	01556	顯慶129	20-14047	―	―	施唐34-35	―
1044	01557	顯慶125	20-14044	6-273	―	施唐33	―
1045	01558	顯慶126	20-14045	6-274	―	―	―
1046	―	續顯慶041	20-14047	7-502 下-1830	―	―	―
1047	01559	顯慶130	20-14047	2-164	―	―	―
1048	01560	顯慶131	20-14048	2-165	―	―	―
1049	01561	―	―	―	―	―	―
1050	―	―	―	―	―	碑林新032	―
1051	01563	―	―	―	―	―	―
1052	01562	―	―	―	―	―	―

顯慶

番號	墓誌名	年號	A 題跋	B北圖	C 附考 新中国	D隋唐五代	E千唐・河南
1053	劉延壽墓誌	顯慶5(660)4月	—	13-150	5-404	洛陽4-38	輯繩233
1054	崔君恂妻李婦墓誌	顯慶5(660)4月	—	—	—	—	—
1055	韋令式墓誌	顯慶5(660)4月	—	—	—	—	—
1056	李思諒墓誌	顯慶5(660)4月	—	—	—	—	秦晉134
1057	段君妻常阿墓誌	顯慶5(660)4月	—	—	—	—	—
1058	任素墓誌	顯慶2(657)4月	—	—	—	北大1-47	—
1059	王楨墓誌	顯慶5(660)5月	—	—	5-405	洛陽4-39	千唐153
1060	顏襄子墓誌	顯慶5(660)5月	—	13-152	5-406	洛陽4-40	—
1061	苗明墓誌	顯慶5(660)5月	—	—	5-407	—	—
1062	趙軌墓誌	顯慶5(660)5月	—	13-153	5-408	洛陽4-41	千唐154
1063	呂金剛墓誌	顯慶5(660)5月	—	—	—	—	—
1064	劉住隆妻王延臺墓表	顯慶5(660)5月	—	—	—	新疆152	—
1065	李福(趙王)妃宇文修多羅墓誌	顯慶5(660)5月卒	—	—	陝西壹-57	陝西1-31	—
1066	王力士墓誌	顯慶5(660)7月	—	13-154	5-409	洛陽4-42	千唐155
1067	桓銳墓誌	顯慶5(660)7月	—	13-155	5-411	洛陽4-43	民族304
1068	張泉墓誌	顯慶5(660)7月	—	13-156	5-410	洛陽4-44	千唐156
1069	張君妻李氏墓誌	顯慶5(660)7月	—	—	—	—	—
1070	韓行妻解摩墓誌	顯慶5(660)7月	—	13-157	5-412	洛陽4-45	民族353
1071	二品宮人墓誌	顯慶5(660)7月	—	13-158	5-414	洛陽4-46	千唐157
1072	任德墓誌	顯慶5(660)7月	—	13-159	5-413	洛陽4-47	—
1073	常玉墓誌	顯慶5(660)7月	—	13-160	5-415	洛陽4-48	千唐158
1074	張懷文墓誌	顯慶5(660)8月	—	13-161	5-416	洛陽4-49	—
1075	李君妻韓氏墓誌	顯慶5(660)8月	—	13-171	5-417	洛陽4-50	—
1076	田仁墓誌	顯慶5(660)8月	—	13-172	5-418	洛陽4-51	輯繩234
1077	劉貴及妻張氏墓誌	顯慶5(660)8月	—	—	—	—	—
1078	蕭慎墓誌	顯慶5(660)8月	—	13-173	5-419	洛陽4-52	千唐159
1079	關預仁妻茹氏墓誌	顯慶5(660)9月	169左下	13-174	5-420	洛陽4-53	民族274
1080	魏君墓誌	顯慶5(660)9月	—	13-175	5-421	洛陽4-54	輯繩235
1081	高德墓誌	顯慶5(660)10月	—	—	—	—	—
1082	柳君妻封氏墓誌	顯慶5(660)10月	—	13-176	5-422	洛陽4-55	千唐160
1083	郭敬及妻王氏墓誌	顯慶5(660)10月	—	13-177	5-423	北京1-61	—
1084	萬蘭墓誌	顯慶5(660)10月	—	13-178	5-424	洛陽4-56	輯繩236
1085	王福墓誌	顯慶5(660)11月	—	—	—	—	—
1086	鮑□墓誌	顯慶5(660)11月	—	—	—	—	—
1087	張亮及妻李氏墓誌	顯慶5(660)11月	—	—	—	山西12	—
1088	耿文訓墓誌	顯慶5(660)11月	—	13-179	5-425	洛陽4-57	—
1089	□大墓誌	顯慶5(660)11月	—	—	—	—	—
1090	裴炎妻劉氏墓誌	顯慶5(660)11月卒	—	—	—	—	—
1091	李榮墓誌	顯慶5(660)11月	—	—	—	洛陽4-58	—
1092	皇甫緒及妻王氏墓誌	顯慶5(660)11月	—	—	—	—	—
1093	許行師墓誌	顯慶5(660)11月	—	13-180	5-426	洛陽4-59	千唐161
1094	霍休墓誌	顯慶5(660)11月	—	—	—	—	—
1095	范澄及妻韓氏墓誌	顯慶5(660)11月	—	—	—	山西13	—
1096	梁君妻姚弟墓誌	顯慶5(660)11月	—	13-181	5-427	洛陽4-60	—
1097	祖忠及妻鄒氏墓誌	顯慶5(660)12月	—	13-182	5-428	洛陽4-61	輯繩237
1098	許緒墓誌	顯慶5(660)12月	—	13-183	5-429	洛陽4-62	千唐162
1099	李諒及妻張氏墓誌	顯慶5(660)12月	—	—	—	—	秦續237
1100	賈欽墓誌	顯慶5(660)12月	—	13-184	5-430	洛陽4-63	千唐163
1101	賈德茂墓誌	顯慶5(660)12月	—	13-185	5-431	洛陽4-64	千唐164
1102	□令賓墓誌	顯慶5(660)12月	169左下	—	5-467	—	—
1103	七品宮人墓誌	顯慶5(660)	—	—	—	陝西3-53	—
1104	李勣妻英國夫人墓誌蓋	顯慶5(660)	—	—	陝西壹-76	陝西3-52	—
1105	衛通墓誌	顯慶6(661)1月	—	—	河南參-25	—	—
1106	孫君妻祖氏磚誌	顯慶6(661)1月	—	13-186	—	北京1-62	—
1107	□君墓誌	顯慶6(661)1月	169左下	—	—	—	—

番號	F北大	G墓誌彙編	H 新編	I補遺補編	J 地方	K 博物館・その他	L 日本目録
1053	01564	顯慶132	20-14049	3-372	—	—	—
1054	01565	—	—	—			
1055	—		—	7-261			
1056	—	—	—	—		西市62	—
1057	01566						
1058	01567	顯慶038	20-13992	6-279			
1059	—	顯慶134	20-14049	2-165			
1060	01568	顯慶133	20-14049	6-274		唐宋79	人0310
1061	01570	顯慶135	20-14050	8-266	—	—	—
1062	01569	顯慶136	20-14051	2-166	—	—	—
1063	—	—	—	—	—	西市63	
1064	—	顯慶137	20-14051	7-261	吐魯番249	故宮高昌106	
1065	—	續顯慶042	20-14050	2-166 下-2168	西北2-30	昭陵41 碑林195-982	淑403 淑404
1066	01571	顯慶138	20-14052	1-43		—	—
1067	01573	顯慶140	20-14052	3-372			
1068	01572	顯慶139	20-14052	2-167			
1069	01575		—	—			
1070	01574	顯慶141	20-14053	2-167		—	—
1071	01576	顯慶143	20-14054	5-448		曲石6 南京7	
1072	01577	顯慶142	20-14053	3-373		唐宋80	人0314
1073	01578	顯慶144	20-14054	2-168		—	—
1074	01579	顯慶145	20-14054	6-275		唐宋81	人0312
1075	01580	顯慶146	20-14055	3-373		唐宋82	人0318
1076	01582	顯慶147	20-14055	3-374		—	—
1077	—	—	—	8-267		碑林新033	—
1078	01581	顯慶148	4-2311	1-43		—	—
1079	01583	顯慶149	20-14056	6-275		唐宋83	人0319 東909
1080	01584	顯慶150	20-14056	4-352		—	—
1081	—	顯慶151	20-14057	6-276			
1082	01585	顯慶152	20-14057	2-168	景州136 景縣238	—	—
1083	—	顯慶153	20-14057	5-123		—	淑405
1084	01586	顯慶154	20-14058	3-374			
1085	01588						
1086	01587						
1087	—	續顯慶044	20-14059	6-276	沁州174		
1088	01589	顯慶155	20-14058	6-277	—	唐宋84	人0320
1089	01590						
1090	—	續顯慶043	—	上-214			
1091	—	續顯慶045	20-14060	5-123			
1092	—	—	—	—	—	碑林新035	—
1093	01591	顯慶156	20-14059	2-168		—	—
1094	—	—	—	—		碑林新034	
1095	—	續顯慶046	20-14061	6-277 下-1830	長治106 大全・長治11	—	—
1096	01592	顯慶157	20-14060	3-375		唐宋85	人0321
1097	01593	顯慶158	20-14061	3-375		—	—
1098	01594	顯慶159	20-14062	2-169			
1099	01595	—	—	—			
1100	01596	顯慶160	20-14062	2-169			
1101	01597	顯慶161	20-14063	2-170			
1102		顯慶162	20-14063	—			
1103	—	續顯慶047	20-14064	5-449			
1104						昭陵55	
1105	01598		—	—	千唐-17	—	
1106	—	續顯慶048	20-14064	7-501 下-1830	—	磚刻1150	
1107	—	—	—	—	—	—	人0329

顯慶・龍朔

番號	墓誌名	年號	A 題跋	B北圖	C 附考 新中国	D隋唐五代	E千唐・河南
1108	張楚墓誌	顯慶6(661)2月	—	13-188	—	洛陽4-66	—
1109	張武墓誌	顯慶6(661)2月	—	13-187	5-432	洛陽4-65	—
1110	曹顯及妻張氏墓誌	顯慶6(661)2月	—	—	—	—	—
1111	朱琳墓誌	顯慶6(661)2月	—	13-189	5-433	洛陽4-67	—
1112	王敏墓誌	顯慶6(661)2月	—	13-190	5-435	洛陽4-68	—
1113	侯忠墓誌	顯慶6(661)2月	—	13-191	5-436	洛陽4-69	千唐165
1114	馬詮墓誌	顯慶6(661)2月	169左下	—	5-437	—	—
1115	張直及妻周氏墓誌	顯慶6(661)2月	—	—	—	—	—
1116	陽昕及妻元氏墓誌	顯慶6(661)2月	—	13-192	5-434	洛陽4-70	輯繩238
1117	楊君妻李氏墓誌	顯慶6(661)2月	—	—	—	—	—
1118	盧習善墓誌	顯慶6(661)2月	—	—	—	—	秦續238
1119	韓贇墓誌	顯慶6(661)2月	—	—	—	—	—
1120	董氏墓誌	顯慶6(661)2月	—	—	—	陝西3-54	—
1121	高文墓誌	顯慶6(661)2月	—	—	—	洛陽4-71	輯繩239
1122	康君妻史氏墓誌	顯慶6(661)3月	—	13-193	5-439	洛陽4-72	千唐166 民族188 洛絲133
1123	楊臺墓誌	顯慶6(661)3月	—	—	—	—	秦晉135
1124	郭敬善墓誌	顯慶6(661)	—	—	陝西貳-32	陝西1-32	—
1125	田慶延墓表	顯慶間(656〜661)2月	—	—	—	新疆153	—
1126	史行簡墓誌	龍朔1(661)3月	—	—	—	洛陽4-73	輯繩248
1127	董君妻任氏墓誌	龍朔1(661)3月	—	14-1	5-440	洛陽4-74	千唐168
1128	王寬及妻李氏墓誌	龍朔1(661)3月	169左下	14-2	5-441	洛陽4-75	輯繩240
1129	王君妻陰好兒墓誌	龍朔1(661)4月卒	—	14-5	5-442	洛陽4-76	—
1130	趙洛及妻張氏李氏墓誌	龍朔1(661)4月	—	—	陝西貳-33	—	—
1131	比丘尼□□法師塔銘	龍朔1(661)4月	—	—	—	—	—
1132	奇長墓誌	龍朔1(661)4月	—	14-7	5-443	洛陽4-77	千唐169 民族250
1133	王朗及妻魏氏墓誌	龍朔1(661)4月	169右中	14-9	5-444	洛陽4-78	—
1134	張善墓誌	龍朔1(661)4月	—	14-10	5-445	洛陽4-79	千唐170
1135	七品典飯墓誌	龍朔1(661)4月	—	14-11	5-446	洛陽4-80	千唐171
1136	田蘭墓誌	龍朔1(661)7月	—	—	—	—	秦晉137
1137	張通墓誌	龍朔1(661)7月	—	—	—	—	秦晉136
1138	趙聞及妻王幽眞墓誌	龍朔1(661)7月	—	—	河南參-26	—	—
1139	龍澄墓誌	龍朔1(661)7月	—	—	—	山西14	—
1140	王孫及妻侯氏墓誌	龍朔1(661)7月	—	—	5-447	洛陽4-81	千唐172
1141	亡尼法知矩墓誌	龍朔1(661)8月	—	—	陝西壹-58	陝西3-55	—
1142	宋虎墓誌	龍朔1(661)8月	—	14-15	5-449	洛陽4-82	輯繩242
1143	侯君妻譚二娘墓誌	龍朔1(661)8月	—	14-16	5-448	洛陽4-83	輯繩241
1144	斛斯師德及妻韓氏墓誌	龍朔1(661)8月	169右中	—	5-450	—	民族323
1145	常興墓誌	龍朔1(661)9月	—	—	—	—	—
1146	竹妙墓誌	龍朔1(661)9月	169右中	14-17	5-451	洛陽4-84	輯繩243 民族208
1147	靖徹及妻丁氏墓誌	龍朔1(661)9月	—	14-19	5-452	洛陽4-85	輯繩244
1148	吳辯墓誌	龍朔1(661)9月	—	14-20	5-453	洛陽4-86	輯繩245
1149	袁斌墓誌	龍朔1(661)10月	—	—	—	—	—
1150	張獎墓誌	龍朔1(661)10月	—	—	5-454	洛陽4-87	千唐173
1151	爨君及妻張氏墓誌	龍朔1(661)10月	169右中	14-21	5-455	洛陽4-88	民族399
1152	房寶子及妻王氏墓誌	龍朔1(661)10月	169右中	14-22	5-456	洛陽4-89	輯繩247
1153	梁洽墓誌	龍朔1(661)10月	—	—	—	—	秦續239
1154	郭壽墓誌	龍朔1(661)10月	169右上	14-23	5-457	洛陽4-90	輯繩246
1155	盧承基墓誌	龍朔1(661)10月	—	—	—	—	—
1156	成應墓誌	龍朔1(661)10月	—	—	—	—	流散009
1157	徐綜墓誌	龍朔1(661)10月	—	14-24	5-458	洛陽4-91	千唐174

番號	F北大	G墓誌彙編	H 新編	I補遺補編	J 地方	K 博物館・その他	L 日本目録
1108	01600	顯慶163	—	4-352	—	—	—
1109	01599	顯慶164	20-14064	6-278	—	唐宋86 施唐36	人0327 東917
1110	—	—	—	—	長治108		
1111	01601	顯慶165	20-14064	6-278	—	唐宋87	東919
1112	01602	顯慶168	20-14067	6-279	—	唐宋88	人0328 東918
1113	01603	顯慶167	20-14065	2-170	—		
1114	—	顯慶166	20-14065	7-262	—		
1115						西市64	—
1116	01604	續顯慶049	20-14066	3-376 下-1831			
1117	—	—	—	—	—	西市66	—
1118	—	—	—	—	—		
1119	—					西市65	
1120	—	續顯慶050	20-14067	3-376	—		
1121	—	續顯慶051	20-14068	5-124	—		
1122	01605	顯慶169	20-14067	2-171	—		
1123	01606						
1124	—	續顯慶052	20-14069	3-377	西北2-34	碑林74-2022	
1125	—	顯慶170	20-14067	7-262	吐魯番250	故宮高昌107	
1126	—	續龍朔001	20-14070	5-124	—	—	—
1127	01607	龍朔001	20-14070	2-172	—		
1128	01608	龍朔002	20-14071	6-280	—	唐宋89 施唐37	人0332 東925
1129	—	龍朔003	20-14072	2-172	—	曲石7 南京8	—
1130	—	—	20-14071	6-280	—	碑林新036	
1131	—	續龍朔002	20-14072	—	—		
1132	01610	—	20-14072	2-173	—		
1133	01611	龍朔005	20-14073	6-281	—	唐宋90 施碑選208	人0336 東926 東927
1134	01612	龍朔006	20-14073	2-173	—		
1135	01613	龍朔007	20-14054	5-449	—		
1136	01617	—	—	—	—		
1137	01616	—	—	—	—		
1138	01615	—	—	千唐-17	—		
1139	—	續龍朔003	20-14073	6-281	—		
1140	—	龍朔008	20-14074	2-173	—		
1141	—	續龍朔004	20-14074	2-174 下-2168	咸陽13 渭城239	—	
1142	01618	龍朔010	20-14075	4-352	—		
1143	01617	龍朔009	20-14075	6-282	—	唐宋91 施碑選209	人0339 東928
1144	—	龍朔011	20-14076	6-282	—		
1145	01619	—	—	—	—		
1146	01620	龍朔012	20-14076	6-283	—	唐宋92 施唐38	人0341 東929 東930
1147	01621	龍朔013	20-14077	4-353	—		
1148	01623	龍朔014	20-14077	4-353	—		
1149	—	龍朔017	20-14079	7-263	—		
1150	—	龍朔015	20-14078	2-174	—		
1151	01624	龍朔016	20-14078	6-283	—	唐宋93	人0343 東931 東932
1152	01625	龍朔018	20-14079	6-284	—	唐宋94	人0346
1153	01627	—					
1154	01626	龍朔019	20-14080	6-285	—	唐宋95 施唐39	人0345 東933
1155	01628		—	千唐-18			
1156	—	—	—	—	—		
1157	01631	龍朔021	20-14081	2-175	—	—	—

龍朔

番號	墓誌名	年號	A 題跋	B北圖	C 附考 新中国	D隋唐五代	E千唐・河南
1158	張興及妻趙氏墓誌	龍朔1(661)10月	169右上	14-25	5-460	北京1-63 河北23	—
1159	張士高墓誌	龍朔1(661)10月	—	11-1	—	北大1-48 北大1-49	
1160	張寶及妻魏氏墓誌	龍朔1(661)10月	—	14-26	5-459	洛陽4-92	
1161	張梵信及妻蕭氏墓誌	龍朔1(661)10月					
1162	韓忠及妻弥姐氏墓誌	龍朔1(661)10月			—		秦續240
1163	程賈墓誌	龍朔1(661)10月					
1164	劉應道妻李婉順(聞喜縣主)墓誌	龍朔1(661)11月				陝西3-56	
1165	段伯陽墓誌	龍朔1(661)11月		—	陝西貳-34	陝西1-33	
1166	段洽墓誌	龍朔1(661)11月		14-27	5-461	洛陽4-94	千唐175
1167	苗賫墓誌	龍朔1(661)11月					
1168	張君妻喬娥墓誌	龍朔1(661)11月		14-28	5-462	洛陽4-95	千唐176
1169	何光墓誌	龍朔1(661)11月		—	—	洛陽4-96	輯繩249
1170	李護及妻吳氏墓誌	龍朔1(661)10月		14-29	5-464	洛陽4-97	—
1171	李汪及妻梁氏墓誌	龍朔1(661)11月	169右中	—	5-463	—	
1172	王孝義墓誌	龍朔1(661)11月			5-465	洛陽4-98	千唐177
1173	亡七品尼墓誌	龍朔1(661)12月	—	—	陝西壹-59	陝西3-57	—
1174	李士宗墓誌	龍朔1(661)12月					
1175	吳志墓誌	龍朔1(661)12月	—	14-30	5-466	洛陽4-99	輯繩250
1176	馮君妻許氏墓誌	龍朔1(661)12月	—	—	—	—	—
1177	李能墓誌	龍朔1(661)12月					
1178	亡七品尼墓誌	龍朔1(661)12月	—	—	陝西壹-60	陝西3-58	
1179	譚氏墓誌	龍朔1(661)	169右中				
1180	徐師墓誌	龍朔2(662)1月	—	14-32	5-468	洛陽4-100	輯繩251
1181	□□墓誌	龍朔2(662)1月					
1182	趙善德妻墓記	龍朔2(662)1月				新疆154	
1183	柳積及妻楊氏墓誌	龍朔2(662)2月					秦續241
1184	王耀及妻馬氏墓誌	龍朔2(662)2月					新獲續33 河洛71 新唐22
1185	孔信墓誌	龍朔2(662)2月				洛陽4-101	—
1186	呂君妻王氏墓誌	龍朔2(662)2月					秦續242
1187	張楚賢墓誌	龍朔2(662)2月	—	—	5-469	陝西3-59	—
1188	丘君妻樊氏墓誌	龍朔2(662)3月					秦晉138
1189	王積善墓誌	龍朔2(662)3月	169右下	14-34	5-470	洛陽4-102	—
1190	趙順墓誌	龍朔2(662)4月		—	—	陝西3-60	
1191	張伯通墓誌	龍朔2(662)4月		14-35	5-471	洛陽4-103	
1192	劉君妻賈令珪墓誌	龍朔2(662)4月		14-36	5-472	洛陽4-104	輯繩253
1193	樊惠姬墓誌	龍朔2(662)4月					
1194	粟德及妻田氏墓誌	龍朔2(662)5月卒	—	—	—	—	邙洛62
1195	王君妻馮氏墓誌	龍朔2(662)5月		14-37	5-473	洛陽4-105	
1196	侯君妻竇氏墓誌	龍朔2(662)5月	169右下	14-38	5-474	洛陽4-106	輯繩254 民族365
1197	賀若景忱墓誌	龍朔2(662)5月					
1198	爾朱君妻董氏墓誌	龍朔2(662)6月	169右下	14-40	5-475	洛陽4-107	輯繩255
1199	田惠墓誌	龍朔2(662)6月	170左上	14-41	5-476	洛陽4-108	千唐178
1200	張君妻朱氏墓誌	龍朔2(662)6月	—	14-42	5-477	洛陽4-109	千唐179
1201	張禮墓誌	龍朔2(662)6月	169右下	14-43	5-478	洛陽4-110	輯繩256
1202	王植墓誌	龍朔2(662)7月				陝西3-61	
1203	索玄墓誌	龍朔2(662)7月	169右下	14-44	5-479	洛陽4-111	輯繩257
1204	斛斯祥墓誌	龍朔2(662)7月	170左上	—	5-480	—	民族324
1205	趙緒豐墓表	龍朔2(662)閏7月					
1206	尹祥墓誌	龍朔2(662)閏7月					七朝81
1207	楊君植墓誌	龍朔2(662)閏7月					河洛72
1208	王羅及妻段氏墓誌	龍朔2(662)8月	—	14-45	5-481	洛陽4-112	輯繩258
1209	李謂墓誌	龍朔2(662)8月	—	14-46	5-482	洛陽4-113	千唐190

龍朔

番號	F北大	G墓誌彙編	H 新編	I補遺補編	J 地方	K 博物館・その他	L 日本目録
1158	01632	龍朔022 續龍朔010	15-10579	—	安豐166 邯鄲碑041	施碑選210	人0348 淑406
1159	01622	續武德003 龍朔020 續龍朔005	20-14080	5-97 7-262		施唐40-41	—
1160	01633	龍朔023	20-14081	4-354	—	唐宋96	人0346
1161	01634		—	千唐-19		北大新拓105(152)	—
1162	01630						
1163	—					碑林新037	
1164	—	續龍朔006	20-14082	3-18	西北2-32 精華51 長新72 長碑42(377)	—	—
1165	—		20-14085	3-78	西北2-33	碑林74-2031	
1166	01635	龍朔024	20-14083	2-175		—	
1167	—		—	—	大全・長子7	—	
1168	01636	龍朔025	20-14083	2-176			
1169	—	續龍朔007	20-14085	5-125			
1170	01637	龍朔026	20-14086	4-354		唐宋97	人0350
1171		龍朔027	20-14084				
1172		龍朔028	20-14087	2-176			
1173	—	續龍朔008	20-14087	5-449下 下-2169	咸陽13	—	
1174	01638		—	—		—	
1175	01639	龍朔029	20-14087	4-355			
1176	—	續龍朔011	20-14088	下-1831	廣東42	—	
1177	01640						
1178	—	續龍朔009	20-14088	5-449 下-2168	咸陽13	—	
1179							
1180	01641	龍朔030	20-14088	4-355			
1181	—	—	—	—	吐文147	—	
1182		續龍朔012	20-14089	7-502	吐魯番251		
1183				—			
1184				8-268			
1185	—	續龍朔013	20-14089	5-126			
1186	01642		—	—			
1187	—	續龍朔014	20-14089	1-44 上-128	—	—	
1188							
1189	01643	龍朔031	20-14090	6-286	—	故宮047	
1190	—	續龍朔015	20-14091	3-378		—	
1191	01644	龍朔033	20-14092	6-287	—	唐宋99 施唐43	人0357 東944
1192	01645	龍朔032	20-14091	6-286	—	唐宋98 施唐42	人0358 東945
1193	01646	—	—	—	長新74 長碑43(379)		
1194							
1195	01647	龍朔034	20-14092	6-287	—	唐宋101	人0360
1196	01648	龍朔035	20-14093	6-288	—	唐宋100 施唐44	人0359 東946
1197	—	—	—	—		碑林續042	—
1198	01649	龍朔036	20-14093	6-288	—	唐宋102 施唐45	人0362 東947
1199	01650	龍朔037	20-14093	2-177		—	
1200	—	龍朔038	20-14094	2-177			
1201	01651	龍朔039	20-14094	6-288		唐宋104 施唐46-47	人0363 東948
1202	—	續龍朔017	20-14097	3-379	長碑44(379)	—	
1203	01652	龍朔040	20-14095	6-289	—	唐宋103 施唐48-49	人0364 東949
1204	—	龍朔041	20-14095	7-264			人0365
1205	—	續龍朔018	20-14098	—	吐魯番252		
1206							
1207	01654						
1208	01656	龍朔044	20-14097	4-356			
1209	01655	龍朔043	20-14096	2-178			

龍朔

番號	墓誌名	年號	A 題跋	B北圖	C 附考 新中國	D隋唐五代	E千唐・河南
1210	宮君妻秦沖墓誌	龍朔2(662)8月	169右下	14-47	5-483	洛陽4-114	輯繩259
1211	韓文及妻潘氏墓誌	龍朔2(662)8月	—	14-48	5-484	洛陽4-115	千唐180
1212	皇甫相貴墓誌	龍朔2(662)9月	—	14-49	5-485	洛陽4-116	—
1213	吳君妻張妹子墓誌	龍朔2(662)9月	—	—	—	—	新獲續34 河洛73
1214	桓萬基墓誌	龍朔2(662)9月	—	14-50	—	洛陽4-117	輯繩260 民族305
1215	麴善岳墓磚	龍朔2(662)10月	169右下	14-51	—	北大1-51	—
1216	李孝斌妻王氏(彭國太妃)墓誌	龍朔2(662)11月	—	—	陝西貳-35	陝西1-34	—
1217	張君妻毛姿臺墓誌	龍朔2(662)11月	—	—	5-486	新疆155	—
1218	薛岳墓誌	龍朔2(662)11月	—	—	—	山西15	—
1219	辛驥墓誌	龍朔2(662)11月	—	14-52 14-53	5-487	洛陽4-118 洛陽4-119	千唐144
1220	裴君妻李令(新野縣主)墓誌	龍朔2(662)11月	—	—	—	—	秦晉139 秦續243
1221	□君墓誌	龍朔2(662)11月	—	—	—	—	千唐181
1222	高捧墓誌	龍朔2(662)11月	—	14-55	5-488	洛陽4-120	輯繩261
1223	袁相墓誌	龍朔2(662)11月	170右上	14-96	6-523	洛陽4-148	—
1224	氾武歡墓誌	龍朔2(662)12月	—	—	—	新疆156	—
1225	夏侯元善墓誌	龍朔2(662)	—	—	—	—	秦晉140
1226	張氏墓誌	龍朔2(662)	—	—	—	—	—
1227	羅靖墓誌	龍朔2(662)	170左上	—	—	—	—
1228	竇遜墓誌	龍朔2(662)	170左上	—	—	—	—
1229	任子及妻郭氏墓誌	龍朔3(663)1月	—	—	—	—	—
1230	賀蘭淹及妻傅氏墓誌	龍朔3(663)1月	—	—	陝西參-17	—	—
1231	秦義墓誌	龍朔3(663)1月	—	14-58	5-489	洛陽4-122	千唐183
1232	申屠獻墓誌	龍朔3(663)1月	—	—	—	—	—
1233	周師墓誌	龍朔3(663)1月	—	14-59	5-490	洛陽4-121	千唐182
1234	周顯墓誌	龍朔3(663)1月	—	14-60	—	北京1-64	—
1235	崔祐及妻王氏墓誌	龍朔3(663)1月	—	—	—	—	龍門448
1236	楊秀墓誌	龍朔3(663)1月	—	—	—	—	—
1237	□祐及妻王氏墓誌	龍朔3(663)1月	—	—	—	—	邙洛61
1238	七品宮人墓誌	龍朔3(663)1月	—	—	—	—	—
1239	范隆仁墓誌	龍朔3(663)2月	—	—	—	—	—
1240	任恭及妻呂氏墓誌	龍朔3(663)2月	—	—	—	—	—
1241	孫君妻宋氏墓誌	龍朔3(663)2月	—	14-61	5-491	洛陽4-123	—
1242	龍義及妻游氏墓誌	龍朔3(663)2月	—	—	—	山西16	—
1243	□世通及母鄧氏墓銘	龍朔3(663)2月	—	—	—	陝西3-62	—
1244	陸敬道及妻王氏墓誌	龍朔3(663)2月	—	—	—	—	—
1245	王仁墓誌	龍朔3(663)2月	—	14-62	5-492	洛陽4-124	千唐184
1246	羅伯墓誌	龍朔3(663)3月	—	—	—	—	新獲續35 民族256
1247	李氏(新城長公主)墓誌	龍朔3(663)3月卒	—	—	—	—	—
1248	段文會墓誌	龍朔3(663)4月	170左上	14-63	5-494	洛陽4-125	—
1249	路徹墓誌	龍朔3(663)4月	—	14-64	5-493	洛陽4-126	輯繩252 民族352
1250	侯子妻郭氏墓誌	龍朔3(663)4月	—	14-65	5-495	洛陽4-127	輯繩263
1251	張士幹及妻王氏墓誌	龍朔3(663)4月	—	—	—	洛陽4-128	—
1252	趙海玖(玫?)墓誌	龍朔3(663)4月	—	—	—	新疆157	—
1253	田君彥墓誌	龍朔3(663)5月	—	14-67	5-497	洛陽4-129	千唐185
1254	薛玄則墓誌	龍朔3(663)5月	—	—	—	—	—
1255	魏郎仁墓誌	龍朔3(663)5月	—	14-68	5-496	洛陽4-130	輯繩264
1256	苟君妻楊氏墓誌	龍朔3(663)5月 顯慶3(658)5月?	168左中	13-78	5-498	洛陽3-203	—
1257	馮達墓誌	龍朔3(663)5月	—	14-69	5-499	洛陽4-131	輯繩265
1258	唐沙墓誌	龍朔3(663)5月	170左上	14-70	5-500	洛陽4-132	—
1259	□曼(漫?)低(枑)墓誌	龍朔3(663)6月	—	14-71	6-502	洛陽4-133	千唐186
1260	明氏墓誌	龍朔3(663)6月	—	—	—	洛陽4-134	輯繩266

番號	F 北大	G 墓誌彙編	H 新編	I 補遺補編	J 地方	K 博物館・その他	L 日本目錄
1210	01657	龍朔042	20-14096	6-290	—	唐宋105 施唐50	人0367 東950
1211	01658	龍朔045	20-14098	2-178	—	—	—
1212	01659	龍朔046	20-14099	6-290	—	故宮048	人0368 東951 東952
1213	—	—	—	8-268	—	—	—
1214	01660	龍朔047	20-14099	4-356	—	—	—
1215	01661	龍朔048	20-14099	7-265	吐魯番253	磚刻1151	東953
1216	—	續龍朔019	20-14100	3-379	—	碑林74-2037	—
1217	—	龍朔049	20-14100	7-264	吐魯番254	旅順246	—
1218	—	續龍朔020	20-14100	6-291 下-2169	河東3	薛氏219	—
1219	01662	龍朔051	3-2032 3-2033	1-45 8-3	—	—	—
1220	—	—	—	—	—	—	—
1221	—	—	—	2-179	—	—	—
1222	01663	龍朔052	20-14101	4-357	景縣235	—	—
1223	01701	龍朔050	20-14101	6-290	—	唐宋111 施唐51	人0351 東965
1224	—	—	20-14102	7-265	吐魯番255	—	—
1225	01664	—	—	—	—	—	—
1226	—	—	—	7-269	—	—	—
1227	—	—	—	下-1832	—	—	—
1228	—	—	—	—	—	—	—
1229	—	—	—	—	—	汾陽2(4)	—
1230	—	—	20-14102	6-291	精華52	—	—
1231	01665	龍朔053	20-14103	2-180	—	—	—
1232	01666	—	—	—	—	—	—
1233	01667	龍朔054	20-14104	2-180	—	—	—
1234	—	龍朔055	20-14105	3-380	—	施碑選212	—
1235	—	—	—	—	—	—	—
1236	—	—	—	—	—	汾陽3(6)	—
1237	01668	—	—	—	—	—	明洛7
1238	—	—	—	—	—	西市67	—
1239	—	續龍朔021	20-14103	—	吐魯番256	—	—
1240	—	—	—	—	—	汾陽4(8)	—
1241	01669	龍朔056	20-14106	6-292	—	唐宋106 施碑選213	人0374 東958
1242	—	續龍朔023	20-14105	6-293	—	—	—
1243	—	續龍朔022	20-14105	3-380	長碑45(380)	—	—
1244	—	—	—	9-430	—	—	—
1245	01670	龍朔057	20-14106	2-181	—	—	—
1246	—	—	—	8-269	—	—	—
1247	—	—	20-14108	5-126 下-2169	—	新城135	—
1248	01671	龍朔059	20-14107	6-293	—	唐宋107 施碑選214	人0377 東959
1249	01672	龍朔058 續龍朔035	20-14107	3-381	—	—	—
1250	01673	龍朔060	20-14109	3-381	—	故宮049	—
1251	—	續龍朔025	20-14109	5-128	—	—	—
1252	—	續龍朔024	20-14109	7-265	吐魯番257	—	—
1253	01674	龍朔061	20-14110	2-182	—	—	—
1254	—	—	—	—	長新76 長碑46(381)	—	—
1255	01675	龍朔062	20-14110	4-357	—	—	—
1256	01487	龍朔063	20-14011	3-363	—	—	—
1257	01676	龍朔064	20-14110	4-358	—	—	—
1258	01677	龍朔065	20-14111	6-294	—	—	—
1259	01679	龍朔067	20-14112	2-182	—	—	—
1260	—	續龍朔026	20-14112	5-128	—	—	—

龍朔・麟德

番號	墓誌名	年號	A 題跋	B北圖	C 附考 新中国	D隋唐五代	E千唐・河南
1261	郭君妻宋氏墓誌	龍朔3(663)6月	170左中	—	6-501	—	—
1262	李龕墓誌	龍朔3(663)7月	—	—	—	—	—
1263	獨孤澄墓誌	龍朔3(663)7月	—	14-73	6-503	洛陽4-135	輯繩267 民族286
1264	王楷及妻張氏墓誌	龍朔3(663)8月	—	14-74	6-505	洛陽4-136	千唐188
1265	常開墓誌	龍朔3(663)8月	—	14-75	6-506	洛陽4-137	千唐189
1266	蘭達及妻陰氏墓誌	龍朔3(663)8月	—	14-76	6-504	洛陽4-138	千唐187 民族205
1267	皇甫君及妻竇氏墓誌	龍朔3(663)8月	—	14-77	6-507	洛陽4-139	千唐191
1268	王方大墓誌	龍朔3(663)8月	—	—	—	陝西3-63	—
1269	杜德及妻趙氏墓誌	龍朔3(663)8月	—	—	—	—	秦續244
1270	張君妻程令秀墓誌	龍朔3(663)8月	170左中	14-78	6-509	江蘇15 洛陽4-140	輯繩268
1271	樊秀及妻楊氏墓誌	龍朔3(663)8月	—	14-79	6-508	洛陽4-141	—
1272	于梓墓誌	龍朔3(663)9月	—	—	—	—	—
1273	安師及妻康氏墓誌	龍朔3(663)9月	170左中	14-80	6-510	洛陽4-142	民族217 洛絲118
1274	公孫君妻劉相墓誌	龍朔3(663)9月	—	—	—	—	秦晉141 七朝82
1275	斛斯君妻張氏墓誌	龍朔3(663)10月	—	14-81	6-520	洛陽4-143	—
1276	王約及妻韋氏墓誌	龍朔3(663)10月	—	—	—	—	—
1277	裴晧墓誌	龍朔3(663)10月	—	—	—	山西17	—
1278	樊端墓誌	龍朔3(663)10月	—	14-82	6-511	洛陽4-144	千唐192
1279	權文异墓誌	龍朔3(663)10月	—	—	—	—	—
1280	楊志眺墓誌	龍朔3(663)10月	—	—	陝西壹-61	—	—
1281	□珩墓誌	龍朔3(663)10月	—	—	—	山西18	—
1282	王恪墓誌	龍朔3(663)10月	—	—	—	—	秦續245
1283	杜博義及妻皇甫氏墓誌	龍朔3(663)10月	—	—	—	陝西3-64	—
1284	趙約及妻孫氏墓誌	龍朔3(663)10月	—	—	—	—	秦晉142
1285	比丘尼法願墓誌	龍朔3(663)10月	170左中	—	—	—	—
1286	楊思訥墓誌	龍朔3(663)10月	—	—	—	—	—
1287	古弘節墓誌	龍朔3(663)11月	—	14-84	6-512	洛陽4-145	—
1288	封溫墓誌	龍朔3(663)11月	170左下	14-85	6-513	洛陽4-146	輯繩269
1289	仵願德墓誌	龍朔3(663)11月	—	14-86	6-514	洛陽4-147	千唐193
1290	比丘尼道藏塔記	龍朔3(663)11月	—	14-87	—	北京1-65	—
1291	王謨墓誌	龍朔3(663)11月	—	—	—	—	秦晉143
1292	孟君妻趙氏墓誌	龍朔3(663)11月	—	14-88	6-515	洛陽4-149	千唐194
1293	楊守澹及妻獨孤法王墓誌	龍朔3(663)11月	—	—	—	—	—
1294	王敬墓誌	龍朔3(663)11月	—	14-89	6-516	洛陽4-150	千唐195
1295	薛貞墓誌	龍朔3(663)12月	—	14-90	6-517	山西19	—
1296	傅交益墓誌	龍朔3(663)12月	—	14-92	6-519	洛陽4-152	千唐197
1297	劉氏墓誌	龍朔3(663)12月	—	14-91	6-518	洛陽4-151	千唐196
1298	張難墓誌	龍朔3(663)12月	—	—	陝西貳-36	—	—
1299	李震(定國公)妻王氏墓誌	龍朔3(663)卒	—	—	陝西壹-67	陝西3-69	—
1301	宋懷仁墓誌	龍朔4(664)1月	—	—	—	新疆158	—
1300	郭卿墓誌	龍朔4(664)1月	—	—	—	—	新獲續36 河洛74
1302	曇海墓誌	龍朔4(664)2月	—	—	—	—	—
1303	李英墓誌	龍朔□(661〜663)1□月	—	14-95	6-522	洛陽4-93	—
1304	鄧威墓誌	龍朔間(661〜663)	170右上	—	6-524	—	—
1305	桓琮妻張氏墓誌	龍朔間(661〜663)	170右上	14-94	6-521	洛陽4-153	—
1306	張君墓誌	龍朔間(661〜663)	—	—	—	洛陽4-154	—
1307	宋氏墓誌	龍朔間(661〜663)	170左下	—	—	—	—
1308	李君妻張氏墓誌	麟德1(664)1月	—	—	—	—	新獲續37 河洛75
1309	李辨墓誌	麟德1(664)1月	—	—	6-525	洛陽4-155	千唐198
1310	李實墓誌	麟德1(664)1月	—	—	—	—	—
1311	郭彝墓誌	麟德1(664)1月	—	—	—	—	—
1312	焦寶墓誌	麟德1(664)1月	171左中	—	6-526	—	—

龍朔・麟德

番號	F北大	G墓誌彙編	H 新編	I補遺補編	J 地方	K 博物館・その他	L 日本目錄
1261	01678	龍朔066	20-14111	7-265	－	－	－
1262	01681	－	－	－	－	－	－
1263	01680	龍朔068	20-14112	2-182	－	曲石8 南京9	－
1264	01682	龍朔071	20-14114	2-183	－	－	－
1265	01683	龍朔070	20-14113	2-184	－	－	－
1266	01684	龍朔069	20-14113	2-183	－	－	－
1267	01685	龍朔072	20-14114	2-185	－	－	－
1268	－	續龍朔027	20-14116	3-382	長碑(381)	－	－
1269	01686	－	－	－	－	－	－
1270	01687	龍朔074	20-14116	6-294	－	唐宋108 施唐52-53	人0384 東960
1271	－	龍朔073	20-14115	2-184	－	曲石9 南京10	－
1272	－	－	－	7-265	長碑47(382)	－	－
1273	01688	龍朔075	20-14117	6-294	－	撒馬32	－
1274	01689	－	－	－	－	－	－
1275	01690	龍朔078	20-14120	3-382	－	唐宋109	人0391
1276	－	－	－	－	－	西市68	－
1277	－	續龍朔028	20-14118	7-266 下-2170	河東2	裴氏22	－
1278	01691	龍朔076	20-14117	2-186	－	－	－
1279	01692	－	－	－	長新78 長碑48(382)	－	－
1280	－	－	－	－	－	－	－
1281	－	續龍朔029	20-14121	6-295	－	－	－
1282	01693	－	－	－	－	－	－
1283	－	續龍朔030	20-14121	3-383	長碑(383)	－	－
1284	01695	－	－	－	－	－	－
1285	－	龍朔077	20-14119	－	－	－	－
1286	－	－	－	7-268	渭城239	－	－
1287	－	龍朔079	20-14122	2-186	－	曲石10 南京11	－
1288	－	龍朔080	20-14123	3-384	景縣239	－	－
1289	01696	龍朔081	20-14123	2-187	－	－	－
1290	－	續龍朔031	20-14125 22-15563	下-1918	－	－	人0389
1291	－	－	－	－	－	－	－
1292	01697	龍朔082	20-14124	2-187	－	－	－
1293	－	－	－	－	－	碑林續043	－
1294	01698	龍朔083	20-14124	2-187	－	－	－
1295	－	續龍朔032	20-14128	4-358 下-1832	－	薛氏220	－
1296	01700	龍朔086	20-14127	2-189	－	－	－
1297	01699	龍朔085	20-14126	2-189	－	－	－
1298	－	－	20-14126	－	－	碑林74-2040	－
1299	－	續龍朔033	20-14129	下-2185	－	昭陵75	－
1308	－	續龍朔034	20-14129	7-269	吐魯番258	－	－
1300	－	－	－	8-269	－	－	－
1302	－	龍朔087	20-14127	－	吐魯番259	故宮高昌108	－
1303	01702	龍朔084	20-14126	4-359	－	唐宋110	東966
1304	－	龍朔088	20-14128	6-296	－	－	人0393
1305	01694	龍朔089	20-14129	4-358	－	－	－
1306	－	續龍朔036	20-14129	6-295	－	－	－
1307	－	－	－	－	－	－	－
1301	－	－	－	8-270	－	－	－
1309	－	麟德001	20-14130	2-190	－	－	－
1310	－	－	－	－	－	慶雅堂14 西市69	－
1311	－	－	－	－	－	汾陽5(10)	－
1312	－	麟德002	20-14131	7-270	－	－	－

麟德

番號	墓誌名	年號	A 題跋	B北圖	C 附考 新中国	D隋唐五代	E千唐・河南
1313	呂德妻陳氏墓誌	麟德1(664)1月	—	14-97	6-527	洛陽4-156	—
1314	韋俊墓誌	麟德1(664)1月	—	—	陝西參-18	—	—
1315	斛斯君妻董氏墓誌	麟德1(664)1月	—	—	—	北大1-52	—
1316	王氏墓銘	麟德1(664)2月	—	14-98	6-528	洛陽4-157	千唐199
1317	李文墓誌	麟德1(664)2月	170右上	14-99	6-529	北京1-66	—
1318	何剛墓誌	麟德1(664)2月	—	—	陝西貳-37	陝西1-35	—
1319	邊師墓誌	麟德1(664)2月	—	14-116	6-530	洛陽4-167	千唐204
1320	牛君妻劉三娘墓誌	麟德1(664)3月	—	14-100	6-531	北京1-67	—
1321	魯慈墓誌	麟德1(664)3月	—	—	—	—	—
1322	王才及妻毛氏墓誌	麟德1(664)3月	170右下	14-101	6-532	北京1-68	—
1323	眠良墓誌	麟德1(664)3月	—	—	—	—	—
1324	□追墓誌	麟德1(664)3月	—	—	—	—	—
1325	蘇大亮墓誌	麟德1(664)3月	—	—	—	—	—
1326	秦寶墓誌	麟德1(664)3月	—	14-102	6-533	洛陽4-158	—
1327	亡尼墓誌	麟德1(664)3月卒	—	—	陝西壹-62	陝西3-65	—
1328	樂玄德墓誌	麟德1(664)4月	—	14-103	6-534	洛陽4-159	—
1329	亡尼七品法通墓誌	麟德1(664)4月卒	—	—	陝西壹-63	陝西3-66	—
1330	馮邁及妻郭氏墓誌	麟德1(664)4月	—	—	—	—	—
1331	翟那寧昏母康波密提墓誌	麟德1(664)4月	—	—	—	新疆160	—
1332	劉生及妻常氏墓誌	麟德1(664)5月	—	—	—	—	秦晉144
1333	張仁墓誌	麟德1(664)5月	—	14-105	6-535	洛陽4-160	千唐200
1334	潘德行及妻張氏墓誌	麟德1(664)5月	—	—	—	—	—
1335	解成墓誌	麟德1(664)6月	—	—	—	—	—
1336	梁君妻□氏墓誌	麟德1(664)7月	—	14-108	—	洛陽4-161	—
1337	王君妻姚子墓誌	麟德1(664)7月	—	—	—	洛陽4-162	輯繩270 民族301
1338	王德妻鮮于氏墓誌	麟德1(664)7月	—	14-109	6-537	洛陽4-163	千唐201 民族385
1339	宋璋及妻楊氏墓誌	麟德1(664)7月	170右下	14-110	6-536	洛陽4-164	—
1340	元彪墓誌	麟德1(664)8月	—	—	—	—	—
1341	皇甫璧墓誌	麟德1(664)8月	—	14-111	6-538	洛陽4-165	千唐202
1342	張溫及妻劉氏墓誌	麟德1(664)9月	—	14-114	—	北大1-53	—
1343	關雙及妻田氏墓誌	麟德1(664)10月	—	—	—	—	—
1344	王玄墓誌	麟德1(664)10月	—	—	6-539	洛陽4-166	千唐203
1345	梁延懷墓誌	麟德1(664)10月	—	—	—	新疆161	—
1346	鄭廣(字仁泰)墓誌	麟德1(664)10月	—	—	6-540 陝西壹-64	陝西1-36	—
1347	孟師墓誌	麟德1(664)11月	171左上	14-118	6-541	洛陽4-168	輯繩271
1348	蕭弘義及妻張氏墓誌	麟德1(664)11月	—	—	—	—	秦續246
1349	段賾及妻藺氏墓誌	麟德1(664)11月	—	14-119	6-542	洛陽4-169	—
1350	梁秀及妻曹氏墓誌	麟德1(664)11月	170右下	14-120	6-543	洛陽4-170	輯繩272
1351	楊衡及妻趙氏墓誌	麟德1(664)11月	—	—	—	—	流散010
1352	劉綱墓誌	麟德1(664)11月	—	—	—	—	—
1353	劉寶文灰身塔	麟德1(664)11月	—	—	—	—	—
1354	羅端及妻楊氏墓誌	麟德1(664)11月	—	14-121	6-544	洛陽4-171	千唐205
1355	史索嚴妻安娘墓誌	麟德1(664)11月	—	—	—	—	—
1356	袁弘毅墓誌	麟德1(664)11月	171左中	14-122	6-545	洛陽4-172	—
1357	韋基及妻韓氏墓誌	麟德1(664)11月	—	—	河南參-27	—	—
1358	陳子綽及妻王氏任氏墓誌	麟德1(664)11月	—	—	—	—	—
1359	劉德及妻李氏墓誌	麟德1(664)11月	—	—	—	—	—
1360	氾相達墓誌	麟德1(664)11月	—	—	—	新疆159	—
1361	王達墓誌	麟德1(664)11月	171左上	14-123	6-549	洛陽4-173	輯繩273
1362	任季才墓誌	麟德1(664)11月	—	—	—	—	—
1363	任緒及妻元氏墓誌	麟德1(664)11月	—	—	—	—	—

番號	F北大	G墓誌彙編	H 新編	I補遺補編	J 地方	K 博物館・その他	L 日本目録
1313	01703	麟德003	20-14131	3-385	—	—	人0408
1314	—	—	—	7-270	長新80 長碑49(384)	—	—
1315	01704	續麟德001	20-14132	7-271	—	—	—
1316	01705	麟德004	20-14132	5-450 7-502	—	—	—
1317	01706	麟德005	20-14132	—	西北2-41	碑林195-992 施唐54-55	人0394 人0409 東968 淑407
1318	—	續麟德002	20-14133	3-385	西北2-42	碑林74-2047	—
1319	01707	麟德006	20-14133	2-194	—	—	—
1320	—	續麟德003	20-14134	7-272 下-1833	西北2-43	—	—
1321	—	—	—	—	長新82 長碑50(386)	—	—
1322	01708	麟德007	20-14134	6-297	—	施唐56-57	人0397 東969 淑408
1323	—	—	—	—	吐魯番260	—	—
1324	—	續麟德004	20-14134	—	—	—	—
1325	01709	—	—	—	—	碑林續044	—
1326	01710	麟德008	20-14135	4-360	—	唐宋112	人0396
1327	—	續麟德005	20-14134	5-450 下-2172	咸陽13	—	—
1328	01711	麟德009	—	3-386	—	唐宋113	人0398
1329	—	續麟德006	20-14135	5-450 下-2172	咸陽13 渭城241	—	—
1330	—	—	—	—	—	碑林新038	—
1331	—	麟德010	20-14136	7-502	吐魯番261	故宮高昌109	—
1332	—	—	—	—	—	西市70	—
1333	01712	麟德011	20-14136	2-191	—	—	—
1334	01713	—	—	千唐-20	—	—	—
1335	01714	—	—	—	—	—	—
1336	—	麟德012	20-14137	6-297	—	—	—
1337	—	續麟德007	20-13926	5-129	—	—	—
1338	01715	麟德014	20-14138	2-191	—	—	—
1339	01716	麟德013	20-14137	6-298	—	—	—
1340	—	—	—	—	—	碑林新039	—
1341	01717	麟德015	20-14138	2-191	—	—	—
1342	01718	麟德016	20-14138	6-298	—	—	—
1343	01719	—	—	—	任城162	—	—
1344	01720	麟德017	20-14139	2-192	—	—	—
1345	—	續麟德008	20-14141	7-272	西北2-45 吐魯番262	—	—
1346	01721	麟德018	20-14139	2-192	西北2-46	昭陵44 碑林195-988	淑409
1347	01722	麟德019	20-14141	6-299	—	唐宋114 施唐58	人0401 東970
1348	—	—	—	—	—	—	—
1349	01724	麟德021	20-14142	6-299	—	唐宋115 施唐60	人0403 東972
1350	01725	麟德020	20-14141	6-300	—	唐宋116 施唐59	人0402 東971
1351	—	—	—	—	—	—	—
1352	—	—	—	8-271 9-431	—	—	—
1353	—	續麟德009	20-14142	—	—	—	—
1354	01723	麟德022	20-14143	2-194	—	—	—
1355	—	—	—	7-272	寧夏23 固原13	撒馬21	—
1356	01726	麟德023	20-14144	6-301	—	唐宋117 施唐61	人0404 東973
1357	01727	—	—	千唐-21	—	—	—
1358	—	—	—	7-273	長碑(386)	—	—
1359	—	—	—	—	安陽選22	—	—
1360	—	—	20-14144	7-274	吐魯番263	—	—
1361	01728	麟德024	20-14144	6-301	—	唐宋119 施唐62	人0407 東974
1362	—	—	—	—	—	汾陽8(16)	—
1363	—	—	—	—	—	汾陽7(14)	—

麟德

番號	墓誌名	年號	A 題跋	B北圖	C 附考 新中国	D隋唐五代	E千唐・河南
1364	柳鼓及妻裴氏墓誌	麟德1(664)11月	—	—	—	洛陽4-176	新獲15 河洛76 新唐24
1365	袁玄則墓誌	麟德1(664)11月					新獲續38 邙洛63
1366	張楚賢妻王氏墓誌	麟德1(664)11月	—	—	6-547	陝西3-67	—
1367	張哲墓誌	麟德1(664)11月			河南壹-55	河南21	
1368	強偉墓誌	麟德1(664)11月	—	14-124	6-548	洛陽4-174	
1369	郭解及妻賈氏墓誌	麟德1(664)11月	—	—	—	—	
1370	解才及妻焦寶墓誌	麟德1(664)11月					新獲續39
1371	衞元慶墓誌	麟德1(664)11月					秦晉145 七朝83 流散011
1372	霍達及妻徐氏墓誌	麟德1(664)11月		14-125	6-546	洛陽4-175	—
1373	□榮墓誌	麟德1(664)11月					
1374	王君墓誌	麟德1(664)12月		14-126	6-550	洛陽4-177	千唐206
1375	張君妻麴姜墓誌	麟德1(664)12月		—	—	新疆162	—
1376	梁君妻成淑墓誌	麟德1(664)12月	171左上	14-127	6-551	北京1-69	—
1377	尹士貴妻劉氏墓誌	麟德1(664)12月					
1378	呂道墓誌	麟德1(664)12月				洛陽4-178	輯繩274
1379	馮安墓誌	麟德1(664)		14-128	6-552	洛陽4-179	
1380	□□校尉墓誌	麟德1(664)					千唐207 輯繩275
1381	成君妻劉尚墓誌	麟德2(665)1月		14-129	6-554	洛陽4-180	—
1382	邢辯墓誌	麟德2(665)1月		14-130	6-553	洛陽4-181	新唐26
1383	李遠及妻葉氏墓誌	麟德2(665)1月		14-131	6-555	洛陽4-182	千唐208
1384	趙君妻劉寶墓誌	麟德2(665)1月		—	6-556	陝西3-68	—
1385	趙端墓誌	麟德2(665)1月		14-132	6-557	洛陽4-183	—
1386	達奚士讓墓誌	麟德2(665)2月					
1387	李智墓誌	麟德2(665)2月		14-133	6-558	洛陽4-184	輯繩276
1388	孫廣墓誌	麟德2(665)2月					
1389	房仁愻墓誌	麟德2(665)2月		14-134	6-559	洛陽4-185	千唐209
1390	董君妻杜令姿墓誌	麟德2(665)2月		14-135	6-560	洛陽4-186	輯繩277
1391	房德墓誌	麟德2(665)2月					秦續247
1392	權豹墓誌	麟德2(665)2月		14-136	6-561	洛陽4-187	千唐210
1393	楊康及妻劉氏墓誌	麟德2(665)3月		14-137	6-562	洛陽4-188	
1394	趙虔果墓誌	麟德2(665)3月		—	—	—	秦續248
1395	鄭善及妻楊氏墓誌	麟德2(665)3月		—	河北壹-53	河北24	—
1396	王淑墓誌	麟德2(665)3月		14-138	6-563	洛陽4-189	千唐211
1397	侯僧達墓誌	麟德2(665)閏3月卒	171左中	14-139	6-589	洛陽4-190	—
1398	安君妻康勝墓誌	麟德2(665)4月					秦續249 流散012
1399	九品亡宮人墓誌	麟德2(665)4月		14-140	6-564	洛陽4-191	千唐212
1400	任君妻王師墓誌	麟德2(665)5月	171左中	14-141	6-565	洛陽4-192	輯繩278
1401	陳通妻宗氏墓誌	麟德2(665)5月	—	—	河南參-28	—	—
1402	王相兒墓誌	麟德2(665)6月		14-142	6-566	洛陽4-193	千唐213
1403	九品亡宮人墓誌	麟德2(665)6月		14-143	6-567	洛陽4-194	千唐214
1404	周君妻郭氏墓誌	麟德2(665)7月			6-568	洛陽4-195	千唐215
1405	焦君妻楊媛墓誌	麟德2(665)7月					
1406	史信墓誌	麟德2(665)7月	171左中	14-144	6-569	洛陽4-196	輯繩279
1407	張運才及妻范氏墓誌	麟德2(665)7月	—	14-145	6-570	洛陽4-197	新獲16
1408	亡宮九品墓誌	麟德2(665)7月	—	14-146	6-571	洛陽4-198	千唐216
1409	杜醜墓誌	麟德2(665)7月		14-147		洛陽4-199	輯繩280
1410	亡宮人九品墓誌	麟德2(665)7月		14-148	6-572	洛陽4-200	千唐217
1411	王惠墓誌	麟德2(665)8月		14-149	6-574	洛陽4-201	千唐220
1412	索達墓誌	麟德2(665)8月		14-150	6-575	洛陽4-202	—
1413	張滿墓誌	麟德2(665)8月	171左下	14-151	6-576	洛陽4-203	千唐218
1414	賈信墓誌	麟德2(665)8月		14-152	6-573	洛陽4-204	千唐219
1415	韓甚及妻任氏墓誌	麟德2(665)8月	—	—	—	—	新獲續40
1416	柳尚遠妻宇文氏墓誌	麟德2(665)8月	—	14-153	6-577	洛陽4-205	民族212

番號	F北大	G墓誌彙編	H 新編	I補遺補編	J 地方	K 博物館・その他	L 日本目録
1364	—	續麟德012	20-14146	3-386 下-1833	—	—	—
1365	—	—	—	8-271	—	—	—
1366	—	續麟德010	20-14147	2-195 下-1834	精華55	—	—
1367	—	續麟德011	20-14146	5-129 4-361 下-1834	—	—	—
1368	01729	麟德026	20-14145	4-360	—	唐宋118	人0406
1369	—	—	—	—	—	汾陽6(12)	—
1370	—	—	—	8-272	—	—	—
1371	01731	—	—	—	—	—	—
1372	01730	麟德025	20-14145	6-302	—	故宮050	—
1373	01732	—	—	—	—	—	—
1374	01733	麟德027	20-14148	2-195	—	—	—
1375	—	續麟德013	20-14148	7-274	吐魯番264	—	—
1376	01734 01735	麟德028	20-14149	—	—	—	淑410
1377	01736	—	—	—	—	—	—
1378	—	續麟德014	20-14149	5-129	—	—	—
1379	01737	—	—	—	—	—	—
1380	01737	麟德029	20-14150	2-196	—	—	—
1381	01738	麟德031	20-14151	3-387	—	唐宋120	人0411
1382	01739	麟德030	20-14150	3-388	—	—	—
1383	01740	麟德033	20-14152	2-197	—	—	—
1384	—	麟德032	20-14151	2-197	—	—	—
1385	01741	麟德034	20-14153	3-388	—	—	—
1386	01742	—	—	—	—	—	—
1387	01743	麟德035	20-14153	3-389	—	—	—
1388	—	—	—	—	邯鄲碑135	—	—
1389	01744	麟德036	20-14153	2-198	—	—	—
1390	01745	麟德037	20-14154	4-362	—	—	—
1391	01746	—	—	—	—	北大新拓106(153)	—
1392	01747	麟德038	20-14154	2-198	—	—	—
1393	01748	麟德039	20-14155	3-389	—	—	—
1394	01749	—	—	—	—	—	—
1395	—	續麟德015	20-14156	4-362	滄州16	—	—
1396	01750	麟德040	20-14156	2-199	—	—	—
1397	01751	麟德041	20-14156	6-302	—	唐宋121 施唐63	人0412 東976
1398	01752	—	—	—	—	—	—
1399	01753	麟德042	20-14157	5-450	—	—	—
1400	01754	麟德043	20-14157	3-390	—	唐宋122 施唐64	人0413 東977
1401	01755	—	—	千唐-22	—	—	—
1402	01756	麟德045	20-14158	2-199	—	—	—
1403	01757	麟德044	20-14157	5-451	—	—	—
1404	—	麟德046	20-14158	2-199	—	—	—
1405	—	—	—	—	長新84 長碑51(387)	—	—
1406	01758	麟德047	20-14159	3-391	—	唐宋123 施唐65	人0414 東978
1407	01759	麟德048	20-14159	3-391	—	—	—
1408	01760	麟德049	20-14157	5-451	—	—	—
1409	01761	麟德050	20-14160	4-363	—	—	—
1410	01762	麟德051	20-14161	5-451	—	—	—
1411	01763	麟德053	20-14161	2-201	—	—	—
1412	01766	麟德054	20-14161	4-363	—	唐宋124	人0415
1413	01764	麟德055	20-14162	2-200	—	—	—
1414	01765	麟德052	20-14161	2-200	—	—	—
1415	—	—	—	8-272	—	—	—
1416	01767	麟德056	20-14163	4-364	—	唐宋125	人0416

麟德・乾封

番號	墓誌名	年號	A 題跋	B北圖	C 附考 新中国	D隋唐五代	E千唐・河南
1417	仇氏墓誌	麟德2(665)9月	—	14-156	6-578	洛陽4-206	千唐221
1418	支敬倫墓誌	麟德2(665)9月	—	14-157	6-579	洛陽4-207	千唐222 民族164 洛絲148
1419	楊客僧墓誌	麟德2(665)9月	—	14-158	6-580	洛陽4-208	輯繩281
1420	馬弘基墓誌	麟德2(665)9月	—	14-159	6-581	洛陽4-209	輯繩282
1421	趙元粲墓誌	麟德2(665)9月	—	14-160	—	洛陽4-210	輯繩283
1422	亡宮九品墓誌	麟德2(665)9月	—	14-161	6-582	洛陽4-211	千唐223
1423	趙仁表墓誌	麟德2(665)10月	—	14-162		洛陽4-212	輯繩284
1424	王仁表墓誌	麟德2(665)10月		14-163	6-583	洛陽4-213	—
1425	王宣墓誌	麟德2(665)10月		14-164	6-584	洛陽4-214	千唐224
1426	李通墓誌	麟德2(665)10月					
1427	張通墓誌	麟德2(665)10月					
1428	程君妻周氏墓誌	麟德2(665)10月	171左中	14-165	6-585	洛陽4-215	輯繩285
1429	魏君妻田信墓誌	麟德2(665)10月	171左中	14-167	6-586	洛陽4-216	
1430	程知節及妻孫氏崔氏墓誌	麟德2(665)10月		—	陝西壹-65	陝西1-37	
1431	張君妻麴勝墓誌	麟德2(665)10月					
1432	周君妻劉氏墓誌	麟德2(665)11月	—	14-168	6-587	洛陽4-217	千唐225
1433	牛玼墓誌	麟德2(665)11月		—	—	—	
1434	宇文幹墓誌	麟德2(665)11月					秦晉146
1435	張道及妻呂氏墓誌	麟德2(665)11月					
1436	姬總持(周國夫人)墓誌	麟德2(665)11月					秦晉147 七朝84
1437	李震墓誌	麟德2(665)11月	—	—	陝西壹-66	陝西1-38	—
1438	長孫君妻柳雲墓誌	麟德2(665)12月		—	—		秦續250
1439	李相妻徐氏墓誌	麟德2(665)12月		—		山西20	
1440	馮貞墓誌	麟德2(665)12月	—	14-169	6-588	洛陽4-218	千唐226
1441	婕妤三品亡尼墓誌	麟德2(665)12月卒		—	陝西壹-68	陝西1-39 陝西3-70	—
1442	溫濬墓誌	麟德3(666)1月	—			山西21	
1443	張寬墓誌	麟德3(666)1月	—	14-170	6-590	洛陽4-219	千唐227
1444	張舉及妻楊氏墓誌	麟德3(666)2月		—	—		秦續251
1445	張仁墓誌	麟德3(666)7月		14-171	6-591	洛陽4-220	河洛79
1446	宋文矩墓誌	麟德間(664～665)11月		—	新中国	洛陽4-221	—
1447	李玄墓誌	乾封1(666)1月		—			河洛77
1448	董師及妻王氏墓誌	乾封1(666)1月	—	15-1	6-592	洛陽5-1	千唐228
1449	善意塔銘	乾封1(666)2月					—
1450	王讓墓誌	乾封1(666)2月					
1451	正延及妻爨氏墓誌	乾封1(666)2月		15-2	6-593	洛陽5-2	千唐229
1452	大員照律師塔記	乾封1(666)2月					
1453	田博及妻桑氏墓誌	乾封1(666)2月	171左下	15-3	6-595	洛陽5-3	輯繩286
1454	楊達及妻張氏墓誌	乾封1(666)2月	—	15-4	6-594	洛陽5-4	輯繩287
1455	盧才墓誌	乾封3(666)2月		—	—	—	秦續252
1456	郭善積及妻袁氏墓誌	乾封1(666)2月		—	—		河洛78 龍門449
1457	顏仁楚墓誌	乾封1(666)2月	—	15-5	6-596	洛陽5-5	千唐230
1458	袁志合墓誌	乾封1(666)2月		—	河南參-29		
1459	楊緘墓誌	乾封1(666)3月					
1460	韓鄭及妻王氏墓誌	乾封1(666)3月					秦續253
1461	柳山濤墓誌	乾封1(666)3月					
1462	亡尼墓誌	乾封1(666)3月	—	—	陝西壹-69	陝西3-71	
1463	□君妻董氏墓誌	乾封1(666)4月		—	6-598	—	
1464	劉士恭墓表	乾封1(666)4月		—	新疆163		—

麟德・乾封

番號	F北大	G墓誌彙編	H 新編	I補遺補編	J 地方	K 博物館・その他	L 日本目録
1417	01768	麟德057	20-14163	2-201	—	河博23	—
1418	01769	麟德058	20-14163	2-202	—	—	—
1419	01770	麟德059	20-14164	6-303	—	唐宋126 施唐66	人0419 東979
1420	01771	麟德060	20-14164	4-364	—	—	—
1421	—	麟德061	20-14165	3-392	—	—	—
1422	01772	麟德062	20-14166	5-451	—	—	—
1423	01773	續麟德016	20-14166	3-393 下-1835	—	磚刻1152	—
1424	01774	麟德063	20-14166	7-502	—	唐宋127 磚刻1153	人0420 東980
1425	01776	麟德064	20-14166	2-202	—	—	—
1426	—	—	—	—	高平407 大全・高平9	—	—
1427	01775	續麟德017	20-14167	7-274	—	—	—
1428	01777	麟德065	20-14168	6-303	—	唐宋128 施碑選215	人0421 東981
1429	01778	麟德066	20-14169	6-304	—	唐宋129	人0422
1430	—	續麟德019	20-14169	2-203 下-2172	西北2-49 精華56	昭陵46 碑林195-998	淑411 淑412
1431	—	續麟德018	20-14168	—	吐魯番265	—	—
1432	01779	麟德067	20-14173	2-205	—	—	—
1433	01780	—	—	—	—	—	—
1434	—	—	—	—	—	西市71	—
1435	01781	—	—	—	—	—	—
1436	01782	—	—	—	—	—	—
1437	—	續麟德020	20-14171	2-205 下-2174	西北2-50	昭陵48 碑林195-1002	淑413 淑414
1438	—	—	—	—	—	—	—
1439	—	續麟德022	20-14173	6-304	長治111	—	—
1440	01783	麟德068	20-14173	2-207	—	—	—
1441	—	續麟德021	20-14174	5-452 下-2176	—	昭陵49	—
1442	—	續麟德023	20-14174	6-305	—	—	—
1443	01784	麟德069	20-14174	2-207	—	—	—
1444	01785	—	—	—	—	—	—
1445	01786	麟德070	20-14175	6-305	—	唐宋130	人0424
1446	—	續麟德024	20-14175	5-130	—	—	—
1447	01788	—	—	—	—	—	—
1448	01787	乾封001	20-14176	2-208	—	—	—
1449	—	續乾封001	20-14177 22-15559	—	—	—	—
1450	—	—	—	—	—	碑林新040	—
1451	01789	乾封002	20-14177	2-209	—	—	—
1452	—	乾封003	20-14177 22-15559	—	—	—	—
1453	01790	乾封004	20-14178	—	—	—	東986 淑415
1454	01791	乾封005	20-14178	3-393	—	—	—
1455	—	—	—	—	—	—	—
1456	01793	—	—	—	—	西市72	明洛8
1457	01792	乾封006	20-14179	2-209	—	—	—
1458	01794	—	—	千唐-23	—	—	—
1459	01795	—	—	千唐-23	—	—	—
1460	—	—	—	—	—	—	—
1461	01796	—	—	千唐-25	—	—	—
1462	—	續乾封002	20-14180	5-452 下-2176	咸陽13 渭城241	—	—
1463	—	乾封008	20-14180	7-275	—	—	—
1464	—	乾封009	20-14181	7-275	西北2-51 吐魯番266	故宮高昌110	—

乾封

番號	墓誌名	年號	A 題跋	B北圖	C 附考 新中国	D隋唐五代	E千唐・河南
1465	趙宗墓誌	乾封1(666)4月	171左下	15-7	6-599	洛陽5-7	輯繩288
1466	來僧墓誌	乾封1(666)4月	—	15-8	6-600	洛陽5-8	千唐231
1467	支郎子墓誌	乾封1(666)5月	—	15-9	7-601	洛陽5-9	輯繩289 民族165 洛絲149
1468	索海墓誌	乾封1(666)5月	—	—	河南參-30	—	—
1469	許士端及妻杜氏墓誌	乾封1(666)5月	—	15-10	7-602	洛陽5-10	輯繩290
1470	邊敏及妻高氏墓誌	乾封1(666)6月	169右下	15-6	6-597	洛陽5-6	輯繩291
1471	騫徹墓誌	乾封1(666)6月	—	—	—	—	—
1472	馬駿墓誌	乾封1(666)6月	—	—	7-603	北大1-54	—
1473	崔沖墓誌	乾封1(666)6月	—	15-11	7-604	洛陽5-11	—
1474	王君妻□氏朱書磚墓誌	乾封1(666)6月	—	—	—	—	—
1475	榮德墓誌	乾封1(666)6月	—	—	—	—	—
1476	劉孝節墓誌	乾封1(666)7月	—	—	陝西壹-70	陝西3-72	—
1477	史伯龍墓誌	乾封1(666)7月	—	—	—	洛陽5-12	輯繩292
1478	元道及妻張氏墓誌	乾封1(666)8月	—	—	河南參-32	—	民族133
1479	李網及妻孟氏墓誌	乾封1(666)8月	—	—	河南參-31	—	—
1480	張君妻梁氏墓誌	乾封1(666)9月	—	15-15	7-606	洛陽5-14	千唐232
1481	郭君妻楊氏墓誌	乾封1(666)9月	171左下	15-14	7-605	洛陽5-13	輯繩293
1482	劉孝幹墓誌	乾封1(666)10月	—	—	—	—	河洛80
1483	李舉墓誌	乾封1(666)10月	—	—	—	—	秦續254
1484	張行恭墓誌	乾封1(666)10月	171左下	15-16	7-607	北大1-55	—
1485	韓福墓誌	乾封1(666)10月	—	—	—	—	—
1486	田仁汪墓誌	乾封1(666)11月	—	—	—	陝西3-73	—
1487	郭雅及妻垣氏墓誌	乾封1(666)11月	—	—	—	—	秦晉148
1488	褚朗墓誌	乾封1(666)11月	—	—	—	洛陽5-15	—
1489	□賢墓誌	乾封1(666)11月	—	—	—	—	—
1490	□弼墓誌	乾封1(666)11月	—	—	—	—	—
1491	□寂及妻賈氏墓誌	乾封1(666)11月	—	—	—	山西22	—
1492	閻譽及妻郭氏墓誌	乾封1(666)11月	—	—	—	—	—
1493	秦举及妻程氏墓誌	乾封1(666)12月	—	—	—	—	—
1494	張胤墓誌	乾封1(666)12月	—	—	—	—	—
1495	韋珪(紀國太妃)墓誌	乾封1(666)12月	—	—	陝西壹-71	—	—
1496	薛德師及妻康氏墓誌	乾封1(666)12月	—	—	—	—	秦續255
1497	□海悦墓誌	乾封2(667)1月	—	—	—	—	—
1498	原寬墓誌	乾封2(667)1月	—	—	—	—	秦續256
1499	□文雅墓誌	乾封2(667)1月	—	—	—	—	—
1500	陳才及妻王氏墓誌	乾封2(667)1月	—	15-21	7-608	洛陽5-16	輯繩294
1501	薛元瑕及妻若干氏墓誌	乾封2(667)1月	—	—	—	—	—
1502	趙雄墓誌	乾封2(667)1月	—	—	河南參-33	—	邙洛64
1503	裴嗣宗墓誌	乾封2(667)1月	—	15-22	7-609	洛陽5-17	千唐233
1504	張德及妻趙氏墓誌	乾封2(667)2月	—	—	—	—	秦晉149
1505	楊君妻王氏墓誌	乾封2(667)2月	—	—	—	—	—
1506	盧法師墓誌	乾封2(667)2月	—	—	—	—	—
1507	寶德藏墓誌	乾封2(667)2月	—	—	—	—	—
1508	善膝塔銘	乾封2(667)2月	—	—	—	—	—
1509	董弘義及妻徐氏墓誌	乾封2(667)2月	—	—	—	—	—
1510	王柱及妻李氏墓誌	乾封2(667)2月	—	—	—	—	—
1511	王道智及妻劉氏墓誌	乾封2(667)2月	—	15-24	7-611	洛陽5-19	—
1512	趙君妻梁氏墓誌	乾封2(667)2月	—	15-25	7-612	北京1-70	輯繩295
1513	董葵及妻田氏墓誌	乾封2(667)2月	—	15-27	7-613	洛陽5-21	千唐234
1514	張爽墓誌	乾封2(667)3月	—	15-23	7-610	洛陽5-18	—
1515	杜讓墓誌	乾封2(667)3月	—	—	—	—	—
1516	源君妻趙懿墓誌	乾封2(667)3月	—	—	陝西貳-38	—	—
1517	范鄉願墓誌	乾封2(667)3月	—	—	—	—	—
1518	楊元墓誌	乾封2(667)3月	—	15-26	7-614	洛陽5-20	輯繩296
1519	顧君墓誌	乾封2(667)3月	171左下	—	—	—	—

番號	F 北大	G 墓誌彙編	H 新編	I 補遺補編	J 地方	K 博物館・その他	L 日本目録
1465	01798	乾封010	20-14181	3-394	―	―	人0429
1466	01799	乾封011	20-14182	2-210	―	―	―
1467	01800	乾封012	20-14182	3-394			
1468	01801		―	―	千唐-26		
1469	01802	乾封013	20-14183	5-132			
1470	01797	乾封007	20-14180	5-131	―	唐宋131	人0428
1471	01803						
1472	―	續乾封003	20-14184	―			
1473	01804	乾封014	20-14183	3-395	―	唐宋132	人0430
1474	―	―	20-14185	2-211	―	―	―
1475	01805						
1476	―	―	20-14185	3-396	咸刻22		
1477	―	續乾封004	20-14185	5-132			
1478	01806		―	―	千唐-26		
1479	01807		―	―	千唐-27		
1480	01809	乾封016	20-14188	2-211			
1481	01808	乾封015	20-14188	5-133	―	施唐67	人0434 東987
1482	01810						
1483	―						
1484	01811	乾封017	20-14189	3-398	―	故宮051	人0435 淑416
1485	01812		―	―	任城97		
1486	01813	續乾封006	20-14190	3-399	長新86 長碑52(387)		
1487	01815						
1488	―	續乾封005	20-14189	5-133			
1489	01814						
1490	01816						
1491	01817	續乾封007	20-14191	6-306	大全・長治13		
1492	01818						
1493	―	―	―	―	大全・平順7	―	―
1494	―	乾封018	20-14192	―			
1495	―	續乾封008	3-1556	2-1 下-2080	―	昭陵52	淑417 淑418
1496	―						
1497	―	乾封019	20-14192	―	吐魯番267	故宮高昌111	―
1498	01819						
1499	―	―	―	―	―	西交博47	―
1500	―	乾封020	20-14192	5-134			
1501	―	―	―	―	―	薛氏221	―
1502	01820		―	―	千唐-28		
1503	01821	乾封021	20-14193	2-212	―	裴氏25	―
1504	01824		―	―	―	―	―
1505	01828		―	―	千唐-29		
1506	01823						
1507	―	―	―	2-273	咸刻25		
1508	―	續乾封009	20-14193 22-15560	―	―		
1509	―			9-431			
1510	01827		―	―	千唐-28		
1511	01825	乾封022	20-14193	5-135	―	唐宋134	人0439
1512	01826	乾封023	20-14194	3-400	西北2-53	唐宋133	人0438
1513	01829	乾封024	20-14195	2-213			
1514	01822	乾封025	20-14196	2-213	―	曲石11 南京12	―
1515	01830						
1516	―	續乾封010	20-14196	6-306	―	磚刻1154	―
1517	―	―	―	―	吐魯番268	―	―
1518	01831	乾封026	20-14197	5-136			
1519	―						

乾封

番號	墓誌名	年號	A 題跋	B北圖	C 附考 新中国	D隋唐五代	E千唐・河南
1520	李表墓誌	乾封2(667)4月	171右上	15-29	7-615	洛陽5-22	―
1521	劉士昻及妻竇氏墓誌	乾封2(667)4月	―	―	河南參-34	―	―
1522	□君及妻董氏墓誌	乾封2(667)4月	171右上	―	―	―	―
1523	路君德妻浩弟墓誌	乾封2(667)5月	―	―	―	―	―
1524	桓表墓誌	乾封2(667)5月	―	―	陝西貳-39	陝西1-40	―
1525	周君德墓誌	乾封2(667)5月	171右上	15-31	7-616	洛陽5-23	―
1526	摯行基墓誌	乾封2(667)6月	―	―	―	―	―
1527	辛姝(妹)墓誌	乾封2(667)6月	―	―	河南參-35	―	―
1528	張兄仁妻成公義墓誌	乾封2(667)6月	―	15-32	7-617	洛陽5-24	―
1529	陳壽墓誌	乾封2(667)7月	171右上	15-33	7-618	洛陽5-25	輯繩297
1530	韓邏妻靳耶(耴)墓誌	乾封2(667)7月	―	15-34	7-619	洛陽5-26	千唐235 民族349
1531	趙義綱墓誌	乾封2(667)7月	―	―	―	―	―
1532	張海墓誌	乾封2(667)8月	―	15-36	7-621	洛陽5-27	千唐236
1533	董榮及妻衞氏墓誌	乾封2(667)8月	―	15-37	7-620	洛陽5-28	―
1534	楊智積墓誌	乾封2(667)8月	171右上	15-38	7-622	北京1-71 北大1-50	―
1535	張伯隴墓誌	乾封2(667)8月	―	15-39	7-623	洛陽5-29	千唐237
1536	王端及妻蘇氏墓誌	乾封2(667)9月	―	15-40	7-624	洛陽5-30	―
1537	張鬼及妻薛氏墓誌	乾封2(667)9月	―	15-42	7-625	洛陽5-31	―
1538	劉君妻袁相墓誌	乾封2(667)9月	―	15-43	7-626	洛陽5-32	―
1539	王纂及妻吉氏墓誌	乾封2(667)10月	171右上	15-45	7-629	洛陽5-34	輯繩299
1540	王和及妻李氏墓誌	乾封2(667)10月	171右中	15-44	7-631	洛陽5-33	輯繩298
1541	成養及妻萬氏墓誌	乾封2(667)10月	―	―	―	―	邙洛65 龍門55
1542	宋徵樹生墓誌	乾封2(667)10月	―	―	―	―	―
1543	侯君妻吳氏墓誌	乾封2(667)10月	―	―	―	―	秦晉150
1544	浩玄及妻張氏墓誌	乾封2(667)10月	―	―	―	―	―
1545	張峻墓誌	乾封2(667)10月	―	―	―	―	龍門54 秦晉151 流散013
1546	張仁及妻宋氏墓誌	乾封2(667)10月	171右上	―	7-630	―	―
1547	張善及妻上官氏墓誌	乾封2(667)10月	―	15-46	7-628	洛陽5-35	千唐238
1548	焦達墓誌	乾封2(667)10月	―	―	河北壹-54	河北25	―
1549	楊徹及妻長氏墓誌	乾封2(667)10月	―	―	―	―	新獲17
1550	靖千季(年)妻李氏墓誌	乾封2(667)10月	―	15-47	7-627	洛陽5-36	千唐239
1551	盧承福及妻劉氏墓誌	乾封2(667)10月	―	―	―	―	新獲續42
1552	權善達及妻李氏墓誌	乾封2(667)10月	―	―	―	―	新獲續41
1553	任□及妻穆氏墓誌	乾封2(667)10月	―	―	―	―	―
1554	萬㮚墓誌	乾封2(667)10月	―	―	―	―	―
1555	黃君妻孫智墓誌	乾封2(667)10月	―	15-48	7-632	洛陽5-37	―
1556	王行墓誌	乾封2(667)10月	―	―	―	―	秦續257
1557	范永隆妻賈阿女墓誌	乾封2(667)10月	―	―	―	新疆164	―
1558	段儉妻李弟墓誌	乾封2(667)10月	―	15-49	7-633	洛陽5-38	―
1559	令狐霸墓誌	乾封2(667)11月	―	―	―	―	―
1560	元君妻髙氏墓誌	乾封2(667)11月	―	―	―	―	―
1561	朱昭達墓誌	乾封2(667)11月	―	―	―	―	秦續258 流散014
1562	段允探墓誌	乾封2(667)11月	―	―	陝西貳-41	陝西1-41	―
1563	段伯陽妻高氏墓誌	乾封2(667)11月	―	―	陝西貳-40	陝西1-42	―
1564	張珪及妻李氏墓誌	乾封2(667)11月	―	―	―	―	輯繩300
1565	張雄及妻燕氏墓誌	乾封2(667)11月	―	15-50	7-634	洛陽5-39	―
1566	曹欽墓誌	乾封2(667)11月	―	―	―	陝西壹-72 陝西3-74	―
1567	申屠道及妻元氏墓誌	乾封2(667)11月	―	―	―	―	秦續259
1568	石素及妻賈氏墓誌	乾封2(667)11月	―	―	―	―	―
1569	焦壽及妻趙三娘墓誌	乾封2(667)11月	―	―	―	陝西3-75	―
1570	常襃及妻達奚氏墓誌	乾封2(667)11月	―	―	―	―	秦續260
1571	王歡悅妻麴氏墓誌	乾封2(667)12月	―	―	―	新疆166	―
1572	韓濬墓誌	乾封2(667)12月	―	―	―	―	―
1573	牛君彥墓誌	乾封2(667)12月	―	―	―	―	―
1574	氾延仕妻董氏(眞英)墓誌	乾封2(667)12月	―	―	―	新疆165	―

乾封

番號	F北大	G墓誌彙編	H 新編	I補遺補編	J 地方	K 博物館・その他	L 日本目録
1520	01832	乾封027	20-14197	5-136	—	施唐68	人0443 東989
1521	01833	—	—	千唐-30	—	—	—
1522	—						
1523	01834						
1524	—		20-14198	3-401	—	碑林74-2054	
1525	01835	乾封028	20-14197	3-401			
1526	01836		—	—	長新88 長碑53(389)		
1527	01837		—	千唐-30			
1528	01383	乾封029	20-14198	5-137	—	唐宋135	人0446
1529	01839	乾封030	20-14199	5-137	—	唐宋136 施唐69	人0448 東990
1530	01840	乾封031	20-14199	2-214	—		
1531	—					西交博8	
1532	01841	乾封032	20-14200	2-214			
1533	01841	乾封034	20-14201	3-402		施唐72	
1534	01843	乾封033 續龍朔016	20-14200	5-138	西北2-35 西北2-54	施唐70 施唐71	
1535	01844	乾封035 續乾封011	20-14202	2-215			
1536	01845	乾封036	20-14202	3-402		—	
1537	01846	乾封037	20-14203	3-403		唐宋143	人0400
1538	01847	乾封038	20-14203	3-403			
1539	01851	乾封039	20-14204	5-140		唐宋137 施唐73	人0449 東993
1540	01850	乾封040	20-14205	5-139	—	唐宋138 施碑選216	人0450 東991 東992
1541	01854		—	—		—	—
1542	—	—	—	—	衡水42	—	—
1543	01855	—	—	—		—	—
1544	01852	—	—	8-274	—	—	—
1545	01857		—	—		—	—
1546	01853	乾封041	20-14205	5-138			
1547	01848	乾封042	20-14206	2-216			
1548	—	續乾封012	20-14204	4-365	邯鄲碑125		
1549	—	—	—	6-306	—		
1550	01849	乾封043	20-14207	2-216			
1551	—	—	—	7-10	—		
1552	—	—	—	8-275	—		
1553	01858						
1554	01859						
1555	01860	乾封044	20-14208	5-140	—	唐宋139	人0452
1556	—						
1557	—	—	20-14207	7-276	西北2-55 吐魯番269	—	—
1558	01861	乾封045	20-14208	5-141		—	人0453 東994
1559	01862						
1560	—					碑林續045	—
1561	01865	—	—	—		—	—
1562	—	—	20-14212	3-406	西北2-56	碑林74-2061	
1563	—	—	20-14212	3-406	西北2-57	碑林74-2068	
1564	—	續乾封013	20-14209	7-277	—	—	
1565	01864	乾封046	20-14209	4-365	—	—	
1566	01863	續乾封014	20-14210	3-404	咸刻24	—	
1567	—						
1568	01866		—	—		—	
1569	—	續乾封015	20-14212	3-407			
1570							
1571	—	—	—	7-278	吐魯番271		
1572	01867						
1573	—	—	—	—	—	施碑選217	—
1574	—	續乾封016	20-14213	7-277	吐魯番270	—	

乾封・總章

番號	墓誌名	年號	A 題跋	B北圖	C 附考 新中国	D隋唐五代	E千唐・河南
1575	李弘及妻閻氏墓誌	乾封2(667)閏12月	－	15-51	7-635	洛陽5-40	千唐240
1576	許國墓誌	乾封2(667)閏12月	－	15-52	7-636	洛陽5-41	－
1577	郭君副及妻鄭氏墓誌	乾封2(667)閏12月	－	15-53	7-637	洛陽5-42	－
1578	孫恭墓誌	乾封2(667)閏12月	－	15-54	7-638	洛陽5-43	千唐241
1579	杜慶墓誌	乾封2(667)閏12月	－	15-55	7-641	洛陽5-44	－
1580	婁敬墓誌	乾封2(667)閏12月	171右中	15-56	7-639	洛陽5-45	民族296
1581	謝通墓誌	乾封2(667)閏12月	－	15-57	7-640	洛陽5-46	－
1582	張師及妻曾氏墓誌	乾封2(667)閏12月	－	－	河南壹-63	河南22	－
1583	張朗及妻樊氏墓誌	乾封2(667)閏12月	171右中	15-58	7-642	洛陽5-47	－
1584	高匡墓誌	乾封2(667)	171右中	－	－	－	－
1585	韓孝成墓誌	乾封2(667)	171右中	－	－	－	－
1586	王師墓誌	乾封3(668)1月	－	15-60	7-643	洛陽5-48	千唐242
1587	韋崇禮墓誌	乾封3(668)1月	－	－	－	－	輯繩301 龍門56
1588	張彥及妻郭氏墓誌	乾封3(668)1月	－	15-61	7-644	洛陽5-49	千唐243
1589	張對墓誌	乾封3(668)1月	171右中	15-62	7-645	洛陽5-50	輯繩302 龍門57
1590	張儀墓誌	乾封3(668)2月	－	－	－	－	秦續261
1591	靖徹及妻王氏墓誌	乾封3(668)2月	－	15-63	7-646	洛陽5-51	－
1592	唐衡墓誌	乾封3(668)3月	－	－	－	洛陽5-52	－
1593	楊凱之墓誌	乾封3(668)	171右下	－	－	－	－
1594	苻氏母張曜墓誌	總章1(668)2月	－	15-64	－	北大1-56	－
1595	崔穆及申屠氏墓誌	總章1(668)3月	－	－	－	山西23	－
1596	通君妻閻玄墓誌	總章1(668)3月	－	15-65	7-647	洛陽5-53	－
1597	張德墓誌	總章1(668)3月	172左上	15-66	7-648	洛陽5-54	－
1598	張法曹妻蕭宇墓誌	總章1(668)3月					
1599	法思(忍)塔銘	總章1(668)3月					
1600	安籠及妻趙氏墓誌	總章1(668)4月					
1601	王言及妻苗氏墓誌	總章1(668)4月					
1602	孟樞妻崔氏墓誌	總章1(668)4月					輯繩303
1603	南斌妻高五子墓誌	總章1(668)5月	－	15-70	7-649	洛陽5-55	千唐244
1604	孫處信墓誌	總章1(668)5月	171右下	15-71	7-650	洛陽5-56	－
1605	李文妻宋氏墓誌	總章1(668)6月	－	15-72	－	洛陽5-57	輯繩304
1606	李文墓誌	總章1(668)6月	－	15-73	7-651	洛陽5-58	千唐245
1607	張願墓誌	總章1(668)7月	－	15-75	7-652	洛陽5-59	－
1608	彭義墓誌	總章1(668)7月	－	15-76	7-653	洛陽5-60	－
1609	穆路及妻王氏墓誌	總章1(668)8月	－	－	－	－	新獲續43 民族398
1610	王(田?)贇及妻姬氏墓誌	總章1(668)9月	171右下	15-78	7-654	洛陽5-61	
1611	王雅墓誌	總章1(668)9月	－	－	－	新疆167	－
1612	王萬通墓誌	總章1(668)10月					
1613	劉君妻李波若墓誌	總章1(668)10月					新獲續44 邙洛66
1614	潘君妻牛氏墓誌	總章1(668)10月	－	15-79	7-655	洛陽5-62	輯繩305
1615	王周墓誌	總章1(668)10月					
1616	王美及妻關氏墓誌	總章1(668)10月					
1617	李政墓誌	總章1(668)10月					
1618	董士及妻劉氏墓誌	總章1(668)10月					流散015
1619	董士及妻劉氏墓誌	總章1(668)10月					秦晉152 七朝85
1620	趙師墓誌	總章1(668)10月	172左上	－	7-656	－	－
1621	李泰墓誌	總章1(668)11月	172左上	15-80	7-657	洛陽5-63	輯繩306
1622	張臣合墓誌	總章1(668)11月	－	－	陝西壹-73	陝西3-76	－
1623	張智慧墓誌	總章1(668)11月	－	－	7-658 陝西壹-74	陝西3-77	
1624	梁方墓誌	總章1(668)11月	－	15-81	7-659	洛陽5-64	千唐246
1625	郭藥樹墓誌	總章1(668)11月					
1626	孫政墓誌	總章1(668)11月			7-660		輯繩307

番號	F北大	G墓誌彙編	H 新編	I補遺補編	J 地方	K 博物館・その他	L 日本目錄
1575	01868	乾封049	20-14214	2-217	—		—
1576	—	乾封048	20-14214	2-219	—	曲石12 南京13	—
1577	01869	乾封047	20-14213	2-218		曲石13 南京14	
1578	01870	乾封050	20-14215				—
1579	01871	乾封053	20-14217	3-408		唐宋142	人0458
1580	01872	乾封051	20-14216	5-141		唐宋140 施唐74-75	人0454 東995
1581	01873	乾封052	20-14216	5-142		唐宋141 施唐76	人0455 東996
1582	—	續乾封017	20-14217	5-143	衛輝48	—	
1583	01874	乾封054	20-14218	5-143	—	施碑選218	人0456 東997 東998
1584	—	—	—	—		—	—
1585	—	—	—	—		—	—
1586	01875	乾封055	20-14218	2-219		—	—
1587	—	續乾封018	20-14219	7-278		—	—
1588	01876	乾封056	20-14219	2-220			
1589	01877	乾封057	20-14220	—	—	施唐77	東1003
1590							
1591	01878	乾封058	20-14220	3-408		唐宋144	人0462
1592	—	續乾封019	20-14221	5-144			
1593							
1594	01879	總章001	20-14221	6-307	—	—	人0463
1595	—	續總章001	20-14222	6-308			
1596	01880	總章002	20-14223	5-144		唐宋145	人0464
1597	01881	總章003	20-14223	5-145		—	
1598	—					西交博54	
1599	—	續總章002	20-14223 22-15560	—		—	
1600	01882						
1601	01883					西市73	
1602	—	續總章012	20-14246	7-278	—		
1603	01884	總章004	20-14224	2-221	景州137 景縣242		
1604	01885	總章005	20-14224	5-145		—	人0469
1605	01886	總章006	20-14224	3-409			
1606	01887	總章007	20-14225	2-221			
1607	01888	總章008	20-14225	2-221		曲石14 南京15	
1608	01889	總章009	20-14225	3-409	—	唐宋146	人0471
1609	—	—	—	8-276			
1610	01890	總章010	20-14226				
1611	—	續總章003	20-14226	7-279	吐魯番272		
1612	—	總章014	20-14228	7-280			
1613				8-276			
1614	01891	總章011	20-14227	3-410			
1615	01894		—				
1616	—	—	—	—		碑林新041	
1617	01892	總章012	20-14227	6-308			
1618							
1619	01893						
1620	—	總章013	20-14228	7-279			
1621	01895	總章015	20-14228	5-146		唐宋147	人0475 東1005 淑419
1622	—	續總章004	20-14229	3-410	咸刻26		—
1623	—	總章017	20-14231	2-222	咸刻27		
1624	01896	總章016	20-14230	2-222	—		
1625	—	—	—	—	長新90 長碑54(389)		—
1626	01897	總章018	20-14231	6-309	—		

總章

番號	墓誌名	年號	A 題跋	B北圖	C 附考 新中国	D隋唐五代	E千唐・河南
1627	元概墓誌	總章1(668)11月	172左上	—	7-661	—	民族134
1628	姜君妻李氏(歸仁縣主)墓誌	總章1(668)11月	—	—	—	—	—
1629	李爽及妻鄭氏墓誌	總章1(668)11月	—	—	7-662 陝西貳-42	陝西1-43	—
1630	楊君妻程令淑墓誌	總章1(668)11月	—	—	—	—	—
1631	楊保救墓誌	總章1(668)12月	—	—	—	新疆168	—
1632	田生墓誌	總章1(668)12月	—	—	—	—	—
1633	杜生墓誌	總章1(668)	—	—	—	—	秦續262
1634	晁君妻崔氏墓誌	總章2(669)1月	—	—	河南參-36	—	—
1635	辛陟墓誌	總章2(669)1月	—	—	—	—	—
1636	朱信墓誌	總章2(669)1月	—	15-83	7-663	洛陽5-65	輯繩308
1637	李徹墓誌	總章2(669)1月	—	—	—	—	—
1638	徐買墓誌	總章2(669)1月	—	15-84	7-664	洛陽5-66	千唐247
1639	王德墓誌	總章2(669)2月	—	15-85	7-665	洛陽5-67	—
1640	唐仁軌墓誌	總章2(669)2月	172左上	15-86	7-666	洛陽5-68	—
1641	韋庶墓誌	總章2(669)2月	—	—	—	—	—
1642	賀若貞亮墓誌	總章2(669)2月	—	—	—	—	秦晉154 流散016
1643	趙大辨妻崔氏墓誌	總章2(669)2月	—	—	—	—	秦晉153 七朝86
1644	范彥墓誌	總章2(669)2月	172左上	15-87	7-667	洛陽5-69	—
1645	楊(揚)義妻王氏墓誌	總章2(669)2月	—	15-88	7-668	洛陽5-70	—
1646	李氏墓誌	總章2(669)3月	—	15-89	7-669	洛陽5-71	千唐248
1647	王令墓誌	總章2(669)3月	172左上	15-90	7-670	洛陽5-72	—
1648	姚靜通墓誌	總章2(669)4月	—	—	—	—	河洛81 民族301
1649	李欽仁墓誌	總章2(669)4月	—	—	—	—	—
1650	苗早墓誌	總章2(669)5月	—	—	—	—	—
1651	趙氏墓誌	總章2(669)5月	—	15-91	7-684	洛陽5-73	千唐251
1652	劉君妻斛律氏墓誌	總章2(669)5月	172左中	—	7-671	—	民族324
1653	張玉山墓誌	總章2(669)5月	—	—	7-672	河南23	—
1654	薛元貞墓誌	總章2(669)6月	—	—	—	—	秦續263
1655	張君妻朱氏墓誌	總章2(669)6月	—	15-93	7-673	洛陽5-74	—
1656	康達墓誌	總章2(669)7月	172左中	15-94	7-674	洛陽5-75	輯繩309 民族327 洛絲92
1657	曹德及妻淳于氏墓誌	總章2(669)8月	—	15-95	7-675	洛陽5-77	民族320
1658	楊行褘墓誌	總章2(669)8月	—	15-96	7-676	洛陽5-76	輯繩310
1659	杜麗墓誌	總章2(669)9月	—	15-97	7-678	洛陽5-78	輯繩311
1660	趙義墓誌	總章2(669)9月	—	15-98	7-677	洛陽5-79	千唐249
1661	亡宮七品墓誌	總章2(669)9月	—	—	陝西貳-43	陝西1-44	—
1662	張威墓誌	總章2(669)10月	—	—	河南壹-101	河南24	—
1663	郭恒貴墓誌	總章2(669)10月	—	—	—	—	—
1664	□德瑋墓誌	總章2(669)10月	—	—	—	—	—
1665	□師言墓誌	總章2(669)10月	—	—	7-679	—	—
1666	張安吉墓誌	總章2(669)11月	—	—	—	新疆169	—
1667	袁德及妻申氏墓誌	總章2(669)11月	—	—	—	—	河洛82
1668	李氏墓誌	總章2(669)11月	—	—	—	洛陽5-80	—
1669	耿卿妻惠氏墓誌	總章2(669)11月	—	15-101	7-680	洛陽5-81	—
1670	上官義墓誌	總章2(669)11月	—	15-102	7-681	洛陽5-82	千唐250
1671	亡尼墓誌	總章2(668)11月	—	—	—	—	—
1672	周承嗣墓誌	總章2(669)12月	—	—	河南參-37	—	—
1673	蘇汪墓誌	總章2(669)12月	—	—	—	—	龍門450 秦晉155
1674	蘭德墓誌	總章2(669)12月	—	15-103	7-682	洛陽5-83	民族205
1675	翟稷及妻張氏墓誌	總章2(669)12月	—	—	—	—	—
1676	崔善信墓誌	總章2(669)12月	—	—	—	—	流散017
1677	郭羅善妻陳雪墓誌	總章2(669)12月	—	—	—	—	秦續264 洛鴛鴦5-2
1678	徐羅母薛氏墓誌	總章2(669)12月	172左中	15-104	7-683	北京1-72	—
1679	霍玄及妻李氏墓誌	總章2(669)12月	—	—	—	—	秦續265 流散018
1680	蕭業墓誌	總章2(669)	172左中	—	—	—	—
1681	李君妻劉琰墓誌	總章3(670)1月	—	—	—	陝西3-78	—

總章

番號	F北大	G墓誌彙編	H 新編	I補遺補編	J 地方	K 博物館・その他	L 日本目錄
1627	―	總章019	20-14231	7-280	―	―	―
1628	―	―	―	上-183	―	―	―
1629	―	總章020	3-2034	1-46	西北2-58	碑林74-2075	―
1630	―	―	―	―	―	西市74	―
1631	―	續總章005	20-14232	7-280	吐魯番273	―	―
1632	―	―	―	8-276	長新92 長碑55(390)	―	―
1633	―	―	―	―	―	―	―
1634	01898	―	―	千唐-31	―	―	―
1635	―	―	―	―	―	慶雅堂16	―
1636	01899	總章021	20-14232	5-147	―	―	―
1637	01900	―	―	―	―	―	―
1638	01901	總章023	20-14233	2-223	―	―	―
1639	01902	總章024	20-14233	5-147	―	唐宋148	人0480
1640	01903	總章022	20-14232	5-148	―	―	―
1641	―	―	―	―	―	碑林續046	―
1642	―	―	―	―	―	―	―
1643	01904	―	―	―	―	―	―
1644	01905	總章025	20-14234	5-148	―	―	―
1645	01906	總章026	20-14234	3-411	―	―	―
1646	01907	總章027	20-14235	2-223	―	―	―
1647	01908	總章028	20-14235	5-149	―	―	人0481
1648	―	―	―	―	―	―	―
1649	―	―	―	―	―	碑林新042	―
1650	01909	―	―	―	―	―	―
1651	01910	總章029	20-14236	5-150	―	―	―
1652	―	總章030	20-14236	7-281	―	―	東1016
1653	―	總章031	20-14236	5-150	―	―	―
1654	01911	―	―	―	―	薛氏223	―
1655	01912	總章032	20-14237	3-411	―	―	人0484
1656	01913	總章033	20-14238	5-150	―	唐宋149 撒馬33	人0485 東1017
1657	01914	總章035	20-14238	3-412	―	―	人0846
1658	01915	總章034	20-14238	5-151	―	唐宋150	人0847
1659	01917	總章037	20-14239	3-413	―	―	―
1660	01916	總章036	20-14239	2-224	―	―	―
1661	―	―	20-14165	5-452	―	碑林74-2087	―
1662	―	續總章006	20-14240	6-309	―	―	―
1663	01918	―	―	―	―	―	―
1664	―	―	―	―	衡水44	―	―
1665	―	―	20-14240	―	―	―	―
1666	―	續總章007	20-14240	7-281	西北2-59 吐魯番274	―	―
1667	―	―	―	―	―	西市75	―
1668	―	續總章008	20-14242	7-281	―	―	―
1669	01919	總章038	20-14241	3-413	―	唐宋151	人0488
1670	01920	總章039	20-14242	1-58	―	―	―
1671	―	―	―	―	―	慶雅堂15 西市76	―
1672	01923	―	―	千唐-31	―	―	―
1673	01922	―	―	―	―	―	―
1674	01921	總章040	20-14243	3-414	―	唐宋152	人0489
1675	01924	―	―	―	―	―	―
1676	―	―	―	―	―	―	―
1677	01925	―	―	―	―	―	―
1678	01926	總章041	20-14243	7-502	―	碑林74-2093	―
1679	―	―	―	―	―	―	―
1680	―	―	―	―	―	―	―
1681	―	續總章009	20-14243	3-414	―	―	―

總章・咸亨

番號	墓誌名	年號	A 題跋	B北圖	C 附考 新中國	D隋唐五代	E千唐・河南
1682	韋孝忠墓誌	總章3(670)1月	—	—	陝西參-19	—	—
1683	王氏墓誌	總章3(670)1月	—	15-105	7-685	洛陽5-84	千唐252
1684	史崇禮墓誌	總章3(670)1月	—	—	—	—	秦續266
1685	李義方妻楊上慈墓誌	總章3(670)1月	—	—	—	—	秦晉156 七朝87
1686	劉君妻韓淨識墓誌	總章3(670)1月	—	—	—	—	新獲續45 河洛83 新唐28
1687	李勣墓誌	總章3(670)2月	—	—	陝西壹-75	陝西1-45	—
1688	道安塔記	總章3(670)2月	—	15-107	—	北京1-73	—
1689	宋劉師及妻張氏墓誌	總章3(670)2月	—	—	—	—	秦續267 流散019
1690	王大禮及妻韋氏墓誌	總章3(670)2月	—	—	陝西貳-44	—	—
1691	杜善榮及妻張文母墓誌	總章3(670)3月	—	15-106	7-686	洛陽5-85	千唐253
1692	亡宮九品墓誌	總章3(670)3月卒	—	—	—	—	—
1693	亡宮八品墓誌	總章3(670)3月卒	—	—	—	陝西3-79	—
1694	李氏(信安縣主)墓誌	總章3(670)	172左中	—	—	—	—
1695	程義墓誌	咸亨1(670)3月	—	15-109	7-687	洛陽5-86	—
1696	陸敬義墓誌	咸亨1(670)3月	—	—	—	—	—
1697	劉德閏及妻鄭氏墓誌	咸亨1(670)3月卒	—	15-110	7-688	洛陽5-87	千唐254
1698	亡尼七品墓誌	咸亨1(670)4月	—	—	陝西貳-45	—	—
1699	李□基墓誌	咸亨1(670)4月	—	—	7-689	—	—
1700	鄭彥及妻任氏墓誌	咸亨1(670)4月	—	—	—	—	新獲18
1701	田壽及妻程氏墓誌	咸亨1(670)4月	—	—	—	—	—
1702	郭君妻劉賢□墓誌	咸亨1(670)5月	—	—	—	—	—
1703	掌君妻賈玉耶墓誌	咸亨1(670)5月	—	—	—	—	新獲19
1704	李廉及妻韓氏墓誌	咸亨1(670)5月	—	—	—	—	—
1705	劉德師墓誌	咸亨1(670)5月	—	15-114	7-690	洛陽5-88	輯繩312
1706	邢運及妻浩氏墓誌	咸亨1(670)6月	—	—	—	—	—
1707	劉朗(明)墓誌	咸亨1(670)6月	172右上	15-117	7-691	洛陽5-89	輯繩313
1708	樊德師墓誌	咸亨1(670)6月	—	—	—	—	秦晉157
1709	毛景墓誌	咸亨1(670)6月	—	15-118	7-692	洛陽5-90	千唐255
1710	申恭及妻楊氏墓誌	咸亨1(670)6月	—	15-119	7-693	洛陽5-91	—
1711	劉嗣元及妻張氏□氏墓誌	咸亨1(670)6月	—	—	—	—	秦晉158 七朝88
1712	翟雅及妻鍾氏墓誌	咸亨1(670)7月	—	—	—	—	秦續268
1713	郭善及妻陳氏墓誌	咸亨1(670)7月	—	—	—	—	秦續269 洛駕鶿5-1
1714	馮勝及妻郭氏墓誌	咸亨1(670)7月	—	—	—	—	—
1715	楊湯墓誌	咸亨1(670)7月	—	15-120	7-694	洛陽5-92	輯繩314
1716	樂達及妻吳氏墓誌	咸亨1(670)7月	172左下	15-121	7-695	洛陽5-93	—
1717	郭麗墓誌	咸亨1(670)7月	—	—	陝西貳-46	陝西1-47	—
1718	呂文達及妻邊氏墓誌	咸亨1(670)8月	—	—	—	—	—
1719	趙貞墓誌	咸亨1(670)9月	—	—	—	—	流散020
1720	劉君德及妻邊氏墓誌	咸亨1(670)9月	—	—	—	—	秦晉159 七朝89
1721	索行墓誌	咸亨1(670)閏9月	—	15-125	7-697	洛陽5-94	千唐256
1722	張軌墓誌	咸亨1(670)閏9月	172左下	15-126	7-696	洛陽5-95	輯繩315
1723	張曉墓誌	咸亨1(670)閏9月	172右上	15-143	8-714	洛陽5-96	輯繩318
1724	張顯墓誌	咸亨1(670)閏9月	—	—	—	—	秦晉160
1725	庫狄通墓誌	咸亨1(670)閏9月	—	15-127	7-698	洛陽5-97	千唐257 民族242
1726	宗士儒墓誌	咸亨1(670)10月	—	—	—	—	—
1727	陳暉墓誌	咸亨1(670)10月	—	—	—	—	龍門61
1728	趙氏墓誌	咸亨1(670)10月	172左下	15-128	7-699	洛陽5-98	輯繩316
1729	任莟及妻謝氏墓誌	咸亨1(670)10月	—	—	—	—	—
1730	元武壽墓誌	咸亨1(670)10月	—	—	—	—	—
1731	王君德及妻□氏墓誌	咸亨1(670)10月	—	15-129	8-704	洛陽5-99	千唐260
1732	王大禮墓誌	咸亨1(670)10月	—	—	陝西壹-77	陝西1-48	—
1733	司馬興墓誌	咸亨1(670)10月	172左中	15-130 15-131	8-701	北大1-57 北大1-58	—

總章・咸亨

番號	F北大	G墓誌彙編	H 新編	I補遺補編	J 地方	K 博物館・その他	L 日本目録
1682	—	—	—	7-282	長新94　長碑56(390)	—	—
1683	01927	總章042	20-14243	7-283	—	—	—
1684	01928	—	—	—	—	—	—
1685	01929	—	—	—	—	—	—
1686	—	—	—	8-277	—	—	—
1687	—	續總章010	4-2297	1-55 下-2089	西北2-60　精華58	昭陵54　碑林195-1002	淑420　淑421
1688	—	總章043	—	—	西北2-61	—	人0493
1689	—	—	—	—	—	—	—
1690	—	—	20-14244	3-415	—	碑林74-2095	淑422　淑423
1691	01930	總章044	20-14245	2-224	—	—	—
1692	—	—	20-14246	—	—	—	—
1693	—	續總章011	20-14246	5-453	—	—	—
1694	—	—	—	—	—	—	—
1695	01931	咸亨001	20-14248	3-416	—	唐宋153	人0496
1696	01932	—	—	—	—	—	—
1697	01933	咸亨002	20-14248	2-225	—	—	—
1698	—	—	20-14249	5-453	—	—	—
1699	—	續咸亨001	20-14249	下-1836	—	—	—
1700	—	—	—	6-310	—	—	—
1701	01934	—	—	—	—	—	—
1702	—	咸亨003	20-14251	7-283	—	—	—
1703	—	—	20-14251	6-311	—	—	—
1704	01936	—	—	—	—	—	—
1705	01935	咸亨004	20-14251	3-417	—	—	—
1706	—	—	—	—	大同210	—	—
1707	—	咸亨005	20-14252	3-417	—	施唐78	人0511
1708	01937	—	—	—	—	—	—
1709	01938	咸亨006	20-14252	2-226	—	—	—
1710	01939	咸亨007	20-14253	3-418	—	—	人0509
1711	—	—	—	—	—	—	—
1712	01940	—	—	—	—	—	—
1713	01941	—	—	—	—	—	—
1714	—	—	—	—	—	碑林新043	—
1715	01942	咸亨008	20-14253	3-419	—	—	—
1716	01943	咸亨009	20-14254	5-151	河間220	故宮052	人0497　東1024
1717	—	—	20-14254	3-419	西北2-64	碑林74-2103	—
1718	—	—	—	—	長新96　長碑57(391)	—	—
1719	—	—	—	—	—	—	—
1720	01944	—	—	—	—	—	—
1721	01945	咸亨011	20-14255	2-226	—	—	—
1722	01946	咸亨010	20-14255	5-152	—	唐宋154　施唐79	人0501　東1025
1723	0194	咸亨028	20-14271	5-154	—	唐宋157　施唐83	人0507　東1030
1724	—	—	—	—	—	西市77	—
1725	01948	咸亨012	20-14256	2-226	—	—	—
1726	01950	—	—	—	—	碑林續047	—
1727	—	—	—	—	—	—	—
1728	01949	咸亨013	20-14256	3-420	—	唐宋155　施唐80-81	人0504　東1026
1729	—	—	—	—	安陽選23	—	—
1730	—	—	—	—	—	西市78	—
1731	01951	咸亨018	20-14259	2-227	—	—	—
1732	—	續咸亨002	3-2038	1-48 下-2084	西北2-65　精華59	昭陵56　碑林195-1014	—
1733	01956	咸亨016	20-14258	—	—	施碑選219	人0506　人0510 東1027

咸亨

番號	墓誌名	年號	A 題跋	B北圖	C 附考 新中国	D隋唐五代	E千唐・河南
1734	孟蒲及妻王氏墓誌	咸亨1(670)10月	—	—	—	—	秦續270 七朝90
1735	蓋蕃及妻孫氏墓誌	咸亨1(670)10月	—	15-133	8-702	洛陽5-101	千唐258
1736	樊玄紀及妻范氏墓誌	咸亨1(670)10月	—	15-134	7-700	洛陽5-102	千唐259
1737	穆(程)碩及妻車氏墓誌	咸亨1(670)10月	—	15-132	8-703	洛陽5-100	千唐261
1738	趙德令(合)及妻杜氏墓誌	咸亨1(670)10月	—	15-135	8-705	陝西1-49 洛陽5-103	—
1739	呂道及妻王氏墓誌	咸亨1(670)10月	—	—	8-706	洛陽5-104	千唐262
1740	郭德及妻梁氏墓誌	咸亨1(670)10月	—	15-136	—	洛陽5-105	—
1741	朱通及妻馮氏墓誌	咸亨1(670)10月	—	15-137	8-707	洛陽5-106	千唐263
1742	李貴及妻萬氏墓誌	咸亨1(670)10月	—	—	—	河北28	—
1743	李君及妻劉氏墓誌	咸亨1(670)10月	—	—	河北壹-55	—	—
1744	樂玄墓誌	咸亨1(670)10月	172左下	15-138	8-708	洛陽5-107	輯繩317
1745	仵欽墓誌	咸亨1(670)11月	—	15-140	8-709	北大1-59	—
1746	郭益墓誌	咸亨1(670)11月	—	—	—	山西24	—
1747	溫綽及妻趙氏墓誌	咸亨1(670)11月	—	—	—	—	—
1748	宋世則及張氏墓誌	咸亨1(670)11月	—	—	—	—	秦續271
1749	宋世文及妻車氏墓誌	咸亨1(670)11月	—	—	—	—	—
1750	宋道感及妻朱氏墓誌	咸亨1(670)11月	—	—	—	—	—
1751	解君妻趙氏墓誌	咸亨1(670)11月	—	—	—	—	—
1752	申德墓誌	咸亨1(670)11月	172左下	—	8-711	—	—
1753	段瑋墓誌	咸亨1(670)11月	—	15-141	8-710	洛陽5-108	千唐264
1754	斛斯政則墓誌	咸亨1(670)11月	—	—	陝西壹-78	陝西3-80	—
1755	劉華墓誌	咸亨1(670)11月	—	—	—	—	—
1756	李釋及妻崔氏墓誌	咸亨1(670)11月	—	—	8-712	—	—
1757	仇景及妻李氏墓誌	咸亨1(670)11月	—	—	—	—	—
1758	孫玄則墓誌	咸亨1(670)11月	—	—	河北壹-56	河北29	—
1759	陳冲墓誌	咸亨1(670)11月	—	—	—	—	—
1760	史訶耽及妻康氏墓誌	咸亨1(670)11月	—	—	—	—	—
1761	李朏墓誌	咸亨1(670)11月	—	—	—	—	—
1762	孫建墓誌	咸亨1(670)11月	—	—	河北壹-57	河北30	—
1763	史鐵棒墓誌	咸亨1(670)12月	—	—	—	—	—
1764	李君妻王婉氏墓誌	咸亨1(670)12月	172左下	—	8-713	—	—
1765	康敬本墓誌	咸亨1(670)□月	—	—	8-715	洛陽5-109	千唐265 民族328 洛絲93
1766	刀柱柱墓誌	龍朔2(662)～咸亨1(670)	—	—	—	—	—
1767	元氏墓誌	咸亨2(671)1月	—	—	—	—	—
1768	張節墓誌	咸亨2(671)1月	—	15-144	8-716	洛陽5-110	千唐266
1769	彭皎墓誌	咸亨2(671)1月	—	—	—	—	秦續272 流散021
1770	呂德及妻李氏墓誌	咸亨2(671)1月	—	—	—	—	秦晉161
1771	成景墓誌	咸亨2(671)1月	—	—	—	—	秦晉162 秦續273 七朝91
1772	嚴海隆墓誌	咸亨2(671)2月	—	—	—	新疆170	—
1773	劉顒及妻董氏墓誌	咸亨2(671)2月	—	—	—	—	秦晉163
1774	王敬道墓誌	咸亨2(671)3月	—	—	—	—	—
1775	韓昱墓誌	咸亨2(671)3月	172右上	15-145	8-717	洛陽5-111	—
1776	張昌墓誌	咸亨2(671)3月	173左中	—	8-791	—	—
1777	張無量墓誌	咸亨2(671)4月	—	15-146	8-719	洛陽5-112	千唐267
1778	王慈善墓誌	咸亨2(671)4月	—	15-147	8-718	洛陽5-113	—
1779	奇玄表墓誌	咸亨2(671)5月	—	15-148	8-720	洛陽5-114	民族251
1780	程務忠妻鄭氏墓誌	咸亨2(671)5月	—	15-149	8-721	洛陽5-115	千唐268
1781	蘇頴磚誌	咸亨2(671)5月卒	—	—	—	—	秦續274
1782	王小墓誌	咸亨2(671)7月	—	15-150	8-723	洛陽5-116	輯繩319
1783	朱德珪妻李嬪名妹墓誌	咸亨2(671)7月	—	—	—	—	—
1784	鄭道墓誌	咸亨2(671)7月	—	—	—	—	秦續275 流散022
1785	謝慶夫墓誌	咸亨2(671)7月	—	15-151	8-722	洛陽5-117	—

咸亨

番號	F 北大	G 墓誌彙編	H 新編	I 補遺補編	J 地方	K 博物館・その他	L 日本目録
1734	01952	—	—	—	—	—	—
1735	01954	咸亨015	20-14257	1-64	—	—	—
1736	01955	咸亨014	20-14257	2-227	—	—	—
1737	01953	咸亨017	20-14259	2-228	—	—	—
1738	01957	咸亨019	20-14260	5-152	—	鴛鴦284 施唐82	—
1739	—	咸亨020	20-14261	2-229	—	—	—
1740	—	咸亨021	20-14262	3-420	—	—	—
1741	01958	咸亨022	20-14262	2-229	—	—	—
1742	—	續咸亨003	20-14263	4-367	衡水48	—	—
1743	—	—	—	—	—	—	—
1744	01959	咸亨023	20-14263	5-154	—	唐宋156	人0499 東1028
1745	01960	咸亨024	20-14264	6-311	—	—	人0508 東1029
1746	—	續咸亨004	20-14265	6-312	—	—	—
1747	—	—	—	8-278	—	—	—
1748	01961	—	—	—	—	碑林續048	—
1749	—	—	—	—	—	碑林續049	—
1750	—	—	—	—	—	碑林續050	—
1751	—	—	—	9-432	—	—	—
1752	—	咸亨026	20-14270	7-284	—	—	—
1753	01962	咸亨025	20-14269	2-230	—	—	—
1754	—	續咸亨005	20-14265	2-231 下-2176	—	昭陵57	淑424 淑425
1755	—	—	—	—	—	碑林新044	—
1756	—	續咸亨006	20-14268	8-279	—	—	—
1757	—	—	—	—	安陽選24	—	—
1758	—	續咸亨007	20-14269	4-367 下-1837	河北261	—	—
1759	01963	—	—	—	—	碑林續051	—
1760	—	—	—	7-284	寧夏29 固原15	撒馬22	—
1761	—	—	—	—	衡水46	—	—
1762	—	續咸亨008	20-14269	4-368 下-1837	河北261	—	—
1763	—	—	—	7-285	寧夏25 固原14	撒馬23	—
1764	—	咸亨027	20-14270	7-286	—	—	—
1765	—	咸亨029	20-14272	2-234	—	—	—
1766	—	—	—	—	吐魯番317	—	—
1767	—	—	21-14287	—	—	—	—
1768	01965	咸亨030	20-14273	2-235	—	—	—
1769	01964	—	—	—	—	—	—
1770	—	—	—	—	—	—	—
1771	01966	—	—	—	—	—	—
1772	—	續咸亨009	20-14273	7-287	吐魯番275	—	—
1773	—	—	—	—	—	—	—
1774	01967	—	—	—	—	—	—
1775	01968	咸亨031	20-14274	3-421	—	—	人0520
1776	—	咸亨032	20-14274	7-287	—	—	—
1777	01969	咸亨033	20-14275	2-235	—	—	—
1778	01970	咸亨034	20-14275	3-422	—	—	—
1779	01971	咸亨035	21-14277	5-156	—	唐宋158	人0513
1780	01972	咸亨036	21-14277	2-236	—	—	—
1781	—	—	—	—	—	—	—
1782	01973	咸亨038	21-14278	5-156	—	—	—
1783	—	續咸亨010	21-14279	7-288	—	—	—
1784	—	—	—	—	—	—	—
1785	01974	咸亨037	21-14278	3-422	—	唐宋159	人0514 人0541

咸亨

番號	墓誌名	年號	A 題跋	B北圖	C 附考 新中国	D隋唐五代	E千唐・河南
1786	李奴墓誌	咸亨2(671)7月	—	—	—	—	—
1787	陳賓墓誌	咸亨2(671)7月	—	—	河南參-38	—	—
1788	張君妻王智墓誌	咸亨2(671)8月	—	15-152	8-724	洛陽5-118	千唐269
1789	□滿墓誌	咸亨2(671)8月	—	—	河南壹-425	河南25	—
1790	毛君妻李無等墓誌	咸亨2(671)9月	—	—	8-725	洛陽5-119	千唐270
1791	衞元儉墓誌	咸亨2(671)10月	—	—	—	—	—
1792	畢君妻宋五娘墓誌	咸亨2(671)11月	—	15-153	8-726	洛陽5-120	千唐271
1793	李道墓誌	咸亨2(671)11月	—	—	—	—	—
1794	史君墓誌	咸亨2(671)11月	—	—	—	—	邙洛67 龍門451
1795	阿史那伽那墓誌	咸亨2(671)11月	—	—	—	—	—
1796	□恭墓誌	咸亨2(671)11月	—	—	—	—	—
1797	劉吳客墓誌	咸亨2(671)12月	—	—	—	—	秦續276 流散023
1798	鄧恢墓誌	咸亨2(671)12月	172右上	—	8-727	—	—
1799	李福(趙王)墓誌	咸亨2(671)12月	—	—	陝西壹-79	陝西1-50	—
1800	燕氏(越國太妃)墓誌	咸亨2(671)12月	—	15-154	陝西壹-80	陝西1-51	—
1801	殘墓誌	咸亨2(671)	—	—	—	洛陽5-121	—
1802	殘磚誌	咸亨2(671)	—	—	—	河北31	—
1803	呂擧墓誌	咸亨3(672)1月	—	—	—	—	—
1804	李聆及妻元氏墓誌	咸亨3(672)1月	—	15-155	—	山西25	—
1805	劉盛及妻逸氏墓誌	咸亨3(672)1月	—	15-156	8-728	洛陽5-122	千唐272
1806	任珅仁墓誌	咸亨3(672)1月	—	—	—	—	—
1807	馬寶義墓誌	咸亨3(672)1月	—	15-157	8-729	洛陽5-123	輯繩320
1808	李遇□墓誌	咸亨3(672)1月	—	—	河南壹-56	河南26	—
1809	李普及妻□氏墓誌	咸亨3(672)1月	—	—	—	—	—
1810	王師墓誌	咸亨3(672)1月	—	15-158	8-730	洛陽5-124	—
1811	李元昭墓誌	咸亨3(672)1月	—	15-159	—	北大1-60	—
1812	牛弘滿墓誌	咸亨3(672)2月	—	—	—	陝西3-81	—
1813	田紀墓誌	咸亨3(672)2月	—	15-160	8-731	北京1-74	—
1814	孟善玉(王)墓誌	咸亨3(672)2月	172右上	15-161	8-732	北大1-61	—
1815	王度墓誌	咸亨3(672)2月	—	—	—	—	—
1816	康武通及妻唐氏墓誌	咸亨3(672)2月	—	15-162	8-733	洛陽5-125	千唐273 民族329 洛絲94
1817	張祖及妻李氏墓誌	咸亨3(672)2月	172右上	15-163	8-734	北大1-63	—
1818	駱長素墓誌	咸亨3(672)2月	—	—	—	—	—
1819	路昭墓誌	咸亨3(672)2月	—	15-164	8-735	洛陽5-126	千唐274
1820	姜開墓誌	咸亨3(672)3月	—	—	—	—	—
1821	王逸及妻和氏墓誌	咸亨3(672)3月	—	15-165	8-736	洛陽5-127	千唐275
1822	王德及妻楊氏墓誌	咸亨3(672)3月	—	15-166	8-737	洛陽5-128	千唐276
1823	董滿墓誌	咸亨3(672)3月	—	—	河北壹-58	河北32	—
1824	任擧及妻王氏墓誌	咸亨3(672)5月	—	—	—	—	—
1825	李祖墓誌	咸亨3(672)5月	—	—	8-738	洛陽5-129	千唐277
1826	董榮及妻李氏牛氏墓誌	咸亨3(672)5月	—	—	—	—	秦晉435
1827	王玄墓誌	咸亨3(672)5月	172右上	15-167	8-739	洛陽5-130	輯繩321
1828	尹達及妻孫氏墓誌	咸亨3(672)6月	—	15-168	8-740	洛陽5-131	輯繩322
1829	范懷立及妻史氏墓誌	咸亨3(672)7月	—	—	河南參-39	—	—
1830	岑君妻徐氏墓誌	咸亨3(672)8月	—	—	—	—	邙洛68
1831	何禕墓誌	咸亨3(672)8月	—	—	8-743	—	—
1832	封泰及妻李氏後妻李氏墓誌	咸亨3(672)8月	—	—	8-742	洛陽5-132	輯繩323 新獲20
1833	盧承業墓誌	咸亨3(672)8月	172右中	15-169	8-741	洛陽5-133	—
1834	司徒寬及妻房氏墓誌	咸亨3(672)8月	—	—	—	—	秦續277
1835	嚴朗及妻燕氏墓誌	咸亨3(672)10月	—	15-170	8-744	洛陽5-134	輯繩324
1836	勾龍墓誌	咸亨3(672)10月	—	—	—	—	—

番號	F 北大	G 墓誌彙編	H 新編	I 補遺補編	J 地方	K 博物館・その他	L 日本目錄
1786	—	—	—	—	—	西市79	—
1787	01975	—	—	千唐-32	—	—	—
1788	01976	咸亨039	21-14279	2-236	—	—	—
1789	—	續咸亨011	21-14279	5-157	—	—	—
1790	—	咸亨040	21-14280	2-237	—	—	—
1791	01977	—	—	—	—	—	—
1792	01978	咸亨041	21-14280	2-237	—	—	—
1793	01979	—	—	—	—	—	—
1794	01980	—	—	—	—	—	—
1795	—	—	—	—	長新98 長碑58(392)	—	—
1796	01981	—	—	—	—	—	—
1797	01982	—	—	—	—	—	—
1798	—	咸亨042	21-14281	7-288	—	—	人0518
1799	—	續咸亨013	21-14284	2-238 下-2179	西北2-66 精華60	昭陵59 碑林196-1018	淑426 淑427
1800	01983	續咸亨012	21-14281	2-240 下-2180	西北2-68 精華61	昭陵60	淑428 淑429
1801	—	—	—	7-288	—	—	—
1802	—	—	—	—	—	磚刻1155	—
1803	01984	—	—	—	—	—	—
1804	—	續咸亨015	—	6-312 下-1838	大全・壺関6	—	—
1805	01985	咸亨043	21-14285	2-242	—	—	—
1806	—	—	—	—	安陽選25	—	—
1807	01986	咸亨044	21-14286	5-157	—	—	—
1808	—	續咸亨014	21-14286	6-313	—	—	—
1809	—	—	—	—	—	碑林新045	—
1810	01987	咸亨045	21-14287	3-423	—	唐宋160	人0521
1811	01988	咸亨046	21-14288	7-289	—	—	—
1812	—	咸亨047	6-3353	2-3	西北2-69 精華62	—	—
1813	—	咸亨048	21-14288	5-158	—	—	—
1814	01989	咸亨049	21-14288	—	—	—	—
1815	01993						
1816	01991	咸亨051	21-14289	2-243	—	—	—
1817	01992	咸亨050	21-14288	6-314		故宮053	人0525 東1037 淑430
1818	01990	—	—	—	—	—	—
1819	01994	咸亨052	21-14290	—	—	—	—
1820	—	—	—	—	—	碑林新046	—
1821	01995	咸亨053	21-14290	2-245	—	—	—
1822	01996	咸亨054	21-14291	2-244	—	—	—
1823	—	續咸亨016	21-14291	4-368	—	—	—
1824	—	—	—	—	—	汾陽9(18)	—
1825	—	咸亨055	21-14292	2-246	—	—	—
1826	01856						
1827	01997	咸亨056	21-14292	5-158		唐宋161	人0526 人0542 東1038
1828	—	咸亨057	21-14293	3-423	—	—	—
1829	01998	—	—	千唐-33	—	—	—
1830	01999	—	—	千唐-34	—	—	—
1831	—	咸亨060	21-14296	7-289	—	—	—
1832	02000	咸亨058	21-14294	5-159	景州139 景縣244	—	人0519
1833	02001	咸亨059	21-14295	5-160	—	遼寧博50	人0527 東1039 淑431
1834	—	—	—	—	—	—	—
1835	02002	咸亨061	21-14296	3-424	—	—	—
1836	—	—	—	7-276	碑誌99	—	—

咸亨

番號	墓誌名	年號	A 題跋	B北圖	C 附考 新中国	D隋唐五代	E千唐・河南
1837	張弘墓誌	咸亨3(672)10月	—	15-171	8-745	洛陽5-135	輯繩325
1838	楊大隱墓誌	咸亨3(672)10月	172右中	15-172	8-746	洛陽5-136	—
1839	禰寔墓誌	咸亨3(672)11月	—	—	—	—	秦續278
1840	王甑生墓誌	咸亨3(672)11月	—	15-173	8-748	洛陽5-137	輯繩326
1841	淳于君妻陳恭墓誌	咸亨3(672)11月	—	15-174	8-747	洛陽5-138	千唐278
1842	郭幹墓誌	咸亨3(672)11月					
1843	馮承素及妻朱氏墓誌	咸亨3(672)11月	—	—	—	—	秦續279
1844	韓昭墓誌	咸亨3(672)11月	—	15-175	8-749	洛陽5-139	—
1845	嚴高墓誌	咸亨3(672)11月	—	—	河北壹-59	—	—
1846	孫處約墓誌	咸亨3(672)11月	—	—	8-750	洛陽5-140	
1847	馬琳墓誌	咸亨3(672)11月					
1848	李子如墓誌	咸亨3(672)12月	—	15-176	8-752	洛陽5-142	輯繩327
1849	郭遷墓誌	咸亨3(672)12月	—	15-177		洛陽5-143 洛陽15-5	—
1850	費胤斌墓誌	咸亨3(672)12月	172右中	15-178	8-751	洛陽5-144	
1851	宋季墓誌	咸亨3(672)12月	—	—	8-753	洛陽5-145	千唐279
1852	張義墓誌	咸亨3(672)12月	172右中	15-180	8-754	洛陽5-141	
1853	田濤墓誌	咸亨3(672)12月	—	—	—	—	秦晉164 七朝92
1854	趙惡仁墓誌	咸亨3(672)12月					
1855	蘇萬金墓誌	咸亨3(670)	—	—	—	—	秦續280
1856	李志及妻薛氏墓誌	咸亨4(673)1月	—	15-181	8-755	洛陽5-146	千唐280
1857	李文舉墓誌	咸亨4(673)1月	—	—	—	—	秦續281
1858	畢粹墓誌	咸亨4(673)1月	—	15-182	—	洛陽5-147	—
1859	李林及妻解氏墓誌	咸亨4(673)2月					
1860	于謙墓誌	咸亨4(673)2月					
1861	史住墓誌	咸亨4(673)2月	—	—	—	新疆171	—
1862	關君妻王氏墓誌	咸亨4(673)2月	—	15-221	8-790	洛陽5-148	千唐281
1863	蘇君妻任氏墓誌	咸亨4(673)2月					
1864	王康墓誌	咸亨4(673)2月					
1865	王賓墓誌	咸亨4(673)2月					
1866	朱遠墓誌	咸亨4(673)2月	172右下	15-184	8-759	江蘇16	—
1867	夏侯絢妻李叔姿墓誌	咸亨4(673)2月	—	—	陝西壹-81	陝西3-82	—
1868	暴廉墓誌	咸亨4(673)2月	—	15-188	8-760	山西26	
1869	慕容三藏墓誌	咸亨4(673)2月	—	15-185	8-756	洛陽5-149	千唐282 民族369
1870	慕容知敬墓誌	咸亨4(673)2月	—	15-186	8-758	洛陽5-150	輯繩329 民族371
1871	慕容知禮墓誌	咸亨4(673)2月	172右下	15-187	8-757	洛陽5-151	輯繩328 民族370
1872	王貴及妻任氏墓誌	咸亨4(673)2月	—	—	—	—	
1873	裴可久墓誌	咸亨4(673)2月	172右中	15-189	8-761	北京1-75	—
1874	亡宮九品墓誌	咸亨4(673)2月	—	—	陝西貳-47	—	
1875	張士相墓誌	咸亨4(673)2月	172右中				
1876	彭君妻侯氏墓誌	咸亨4(673)3月	—	15-190	8-762	洛陽5-152	千唐283
1877	□海生墓誌	咸亨4(673)3月	—	—	—	新疆172	—
1878	史君妻王氏墓誌	咸亨4(673)4月	—	15-191	8-763	洛陽5-153	
1879	亡尼七品墓誌	咸亨4(673)4月					
1880	李成墓誌	咸亨4(673)4月					
1881	申屠崇及妻劉氏墓誌	咸亨4(673)4月	—	—	—	—	秦續282
1882	劉君妻沐道生墓誌	咸亨4(673)4月	—	—	河南參-40	—	—
1883	張翌墓誌	咸亨4(673)5月	—	15-192	8-764	洛陽5-154	
1884	左憧憙墓誌	咸亨4(673)5月	—	—	8-765	新疆173	
1885	康元敬墓誌	咸亨4(673)5月	—	15-193	8-766	洛陽5-155	輯繩330 民族329 洛絲95
1886	周君妻成氏墓誌	咸亨4(673)6月	—	15-195	8-767	洛陽5-156	千唐284
1887	邊眞墓誌	咸亨4(673)6月	—	15-196	8-768	洛陽5-157	
1888	張君墓誌	咸亨4(673)7月	—	—	河南參-41	—	
1889	王君妻裴澤墓誌	咸亨4(673)8月	—	—	—	—	秦晉165
1890	竇師綸及妻尉氏墓誌	咸亨4(673)8月	—	—	—	—	秦續283
1891	韓節及妻樂氏墓誌	咸亨4(673)8月	—	15-197	8-769	洛陽5-158	—

番號	F北大	G墓誌彙編	H 新編	I補遺補編	J 地方	K 博物館・その他	L 日本目録
1837	02003	咸亨062	21-14297	5-161	—	唐宋162	人0530 東1040
1838	02004	咸亨063	21-14297	5-161	—	—	—
1839	—	—	—	—	長碑(392)		
1840	02006	咸亨066	21-14299	3-425			
1841	02005	咸亨064	21-14298	2-246			
1842	02008						
1843					—	西市80 新見22	—
1844	02007	咸亨065	21-14298	2-244		曲石15 南京16	
1845	—	—	—	—	滄州17		
1846	—	咸亨068	21-14299	4-369			
1847	02010	—	—	—			
1848	02011	咸亨070	21-14302	5-162	—	唐宋163	人0534 東1041
1849	—	咸亨069	21-14301	3-425 5-443	—	—	—
1850	02012	咸亨071	21-14302	5-162	—	—	人0540
1851	—	咸亨072	21-14303	2-247			
1852	02009	咸亨067		5-163	—	唐宋164	人0532
1853	02013	—	—	—		西市81	—
1854	—	續咸亨017	21-14303	—	吐魯番276		
1855							
1856	02014	咸亨073	21-14304	2-247			
1857	02015	—	—	—		碑林續052	
1858	02016	咸亨074	21-14305	3-427			
1859		—	—	—	大全・堯都8		
1860	—	—	21-14305	3-426 下-2419	長碑(393)	—	—
1861	—	續咸亨019	21-14307	7-290	吐魯番277		
1862	02071	咸亨113	21-14337	2-248			
1863	—	續咸亨018	21-14306	2-249 下-1839	渭城241		
1864	02017			—	—		
1865	02023	—	—	—			
1866	02019	咸亨078	21-14311	—	西北2-72	故宮054 施唐86-87	人0552 淑432
1867	02022	續咸亨020	21-14309	7-290	西北2-71		
1868		咸亨079	21-14311	7-291			
1869	02018	咸亨075	21-14307	2-249			
1870	02020	咸亨077	21-14310	5-164		施唐85	東1045
1871	02021	咸亨076	21-14309	5-164		唐宋165 施唐84	人0550
1872	—	—		9-432			
1873	02024	咸亨080	21-14312		西北2-73	裴氏25	
1874	—	續咸亨021	21-14312			碑林新047	
1875	—	—					
1876	02026	咸亨081	21-14313	2-251			
1877	—	續咸亨022	21-14313	7-291	吐魯番278		
1878	02026	咸亨082	21-14314	5-165		唐宋166 施唐88-89	人0554 東1046
1879	02027	—	—	—			
1880	02028	—	—	—			
1881	02030	—	—	—			
1882	02029			千唐-34			
1883	02031	咸亨083	21-14314	4-371	—	唐宋167	人0555
1884		咸亨084	21-14315	2-252	西北2-74 吐魯番279		
1885	—	咸亨085	21-14315	4-371		撒馬34	
1886	02032	咸亨086	21-14315	2-252			
1887	02033	咸亨087	21-14316	5-166	—	唐宋168 施唐90	人0556 東1047
1888	02034	—	—	千唐-34			
1889	—	—	—	—			
1890	—	—	—	—		碑林續053 新見21	
1891	02035	咸亨088	21-14316	3-428	—	唐宋169	人0557

咸亨

番號	墓誌名	年號	A 題跋	B北圖	C 附考 新中国	D隋唐五代	E千唐・河南
1892	曹澄墓誌	咸亨4(673)8月	—	15-198	8-770	洛陽5-159	—
1893	劉君妻華六娘墓誌	咸亨4(673)8月	—	15-199	8-771	洛陽5-160	輯繩331　民族344
1894	王正因墓誌	咸亨4(673)9月	—	—	—	—	秦晉166　流散024
1895	何詵墓誌	咸亨4(673)9月	—	—	河南參-42	—	—
1896	韓仁師墓誌	咸亨4(673)9月	—	—	—	—	—
1897	楊晟墓誌	咸亨4(673)10月	—	15-201	8-773	洛陽5-162	—
1898	王儉墓誌	咸亨4(673)10月	172右下	15-202	8-774	洛陽5-163	輯繩334
1899	王韋及妻狄氏墓誌	咸亨4(673)10月	—	—	—	洛陽5-164	輯繩333
1900	申屠秀墓誌	咸亨4(673)10月	—	—	—	—	—
1901	李氏(房陵大長公主)墓誌	咸亨4(673)10月	—	—	—	陝西3-83	—
1902	楊福延墓誌	咸亨4(673)10月	—	—	—	—	—
1903	元禧及妻王氏墓誌	咸亨4(673)10月	—	—	—	—	—
1904	席玄舉墓誌	咸亨4(673)10月	—	—	—	—	—
1905	張傑墓誌	咸亨4(673)10月	172右下	15-204	8-775	洛陽5-165	—
1906	畢度墓誌	咸亨4(673)10月	—	—	—	—	—
1907	元智墓誌	咸亨4(673)10月	—	—	—	—	—
1908	郭懿及妻馮氏墓誌	咸亨4(673)10月	—	—	—	—	—
1909	劉亮墓誌	咸亨4(673)10月	—	—	—	山西27	—
1910	□師墓誌	咸亨4(673)10月	—	—	—	—	—
1911	元秀及妻劉氏墓誌	咸亨4(673)10月	—	—	—	—	—
1912	王貞墓誌	咸亨4(673)10月	—	—	—	—	—
1913	左才及妻孫氏墓誌	咸亨4(673)10月	—	—	—	北京3-181	—
1914	申屠崇墓誌	咸亨4(673)10月	—	—	—	—	—
1915	崔藝墓誌	咸亨4(673)10月	—	—	—	—	秦晉167
1916	甄庭言墓誌	咸亨4(673)10月	—	—	—	—	新獲續46　河洛84　新唐30
1917	王大方墓誌	咸亨4(673)10月	—	—	陝西貳-48	—	—
1918	呂惡墓誌	咸亨4(673)11月	—	—	—	—	河洛85
1919	常睿及妻周氏墓誌	咸亨4(673)11月	—	—	—	—	秦晉168
1920	韓寶才墓誌	咸亨4(673)11月	172右下	15-206	8-776	陝西1-53	—
1921	高鐃苗墓誌	咸亨4(673)11月卒	—	—	—	—	—
1922	張威及妻賈氏墓誌	咸亨4(673)11月	—	15-207	8-777	洛陽5-166	千唐285
1923	任君及妻孫氏墓誌	咸亨4(673)11月	—	15-209	8-778	洛陽5-168	—
1924	董仁墓誌	咸亨4(673)11月	—	15-208	—	洛陽5-167	輯繩335
1925	吉憝墓誌	咸亨4(673)12月	—	—	—	—	秦續284　流散025
1926	孫信及妻馬氏墓誌	咸亨4(673)12月	—	—	河北壹-60	河北33	—
1927	劉文墓誌	咸亨4(673)12月	—	—	—	山西28	—
1928	亡宮九品墓誌	咸亨4(673)12月卒	—	—	陝西貳-49	—	—
1929	楊秀墓誌	咸亨5(674)1月	—	—	—	—	—
1930	侯彪墓誌	咸亨5(674)2月	—	—	8-779	北大1-64	輯繩336
1931	王君妻姜氏墓誌	咸亨5(674)2月	—	15-211	8-781	北京1-76	輯繩337
1932	王僧墓誌	咸亨5(674)2月	—	—	河南壹-57	河南27	—
1933	王則及妻陳氏墓誌	咸亨5(674)2月	—	15-212	8-780	洛陽5-169	千唐286
1934	嚴師及妻王氏墓誌	咸亨5(674)2月	—	—	—	洛陽5-170	—
1935	麴建泰墓誌	咸亨5(674)2月	—	—	—	—	秦晉169　七朝93　流散026
1936	史氏墓誌	咸亨5(674)2月	173左上	15-213	8-782	洛陽5-171	輯繩338　民族189　洛絲134
1937	曹懷明妻索氏墓誌	咸亨5(674)2月	—	—	—	—	—
1938	張君行母墓誌	咸亨5(674)3月	—	—	—	新疆174	—
1939	曹君妻何氏墓誌	咸亨5(674)3月	173左中	—	8-783	—	—
1940	鄧師及妻陳氏墓誌	咸亨5(674)4月	—	—	—	—	新出216
1941	陸貞慧墓誌	咸亨5(674)4月	—	—	陝西貳-補12	—	—
1942	黃素墓誌	咸亨5(674)4月	—	15-214	8-784	洛陽5-172	—
1943	張歡□妻唐氏墓表	咸亨5(674)5月	—	—	—	—	—
1944	李辯及妻張氏墓誌	咸亨5(674)5月	—	—	8-785	洛陽5-173	千唐287

咸亨

番號	F北大	G墓誌彙編	H 新編	I補遺補編	J 地方	K 博物館・その他	L 日本目録
1892	02036	咸亨089	21-14317	3-428	—	—	人0558
1893	02037	咸亨090	21-14318	4-372	—	—	—
1894	02040	—	—	—	—	—	—
1895	02039	—	—	千唐-35	—	—	—
1896	02038	—	—	5-166	—	唐宋170	人0559 東1048
1897	02041	咸亨092	21-14319	3-429	—	唐宋171	人0560
1898	02043	咸亨093	21-14320	5-168	—	唐宋172 施唐91	人0561 東1049
1899	—	續咸亨024	21-14322	5-167	—	—	—
1900	02042	—	—	—	—	—	—
1901	—	續咸亨023	21-14321	7-292	富平129	碑林196-1022	—
1902	02044	—	—	千唐-36	—	—	—
1903	02046	—	—	—	—	西市82	明洛9
1904	—	—	—	—	—	碑林續054	—
1905	02045	咸亨094	21-14321	5-169	—	—	—
1906	—	—	—	—	大同214	—	—
1907	02047	—	—	—	—	—	—
1908	—	—	—	—	—	碑林新048	—
1909	—	續咸亨025	21-14323	6-315	大全・長治12	—	—
1910	02048	—	—	—	—	—	—
1911	—	—	—	—	安陽選26	—	—
1912	02050	—	—	—	—	—	—
1913	—	續咸亨026	21-14324	4-372 下-1839	碑誌100	遼寧博47	—
1914	02049	—	—	—	—	—	—
1915	—	—	—	—	—	—	—
1916	—	—	—	8-280	—	—	—
1917	—	—	—	—	—	碑林75-2112	—
1918	02053	—	—	—	—	—	—
1919	02052	—	—	—	—	西市83	明洛10
1920	02051	咸亨095	21-14324	—	西北2-75	碑林75-2119	人0564 淑433
1921	—	—	—	—	—	碑林續055	—
1922	02054	咸亨097	21-14325	2-252	—	—	—
1923	—	咸亨098	21-14325	2-253	—	曲石16 南京17	—
1924	—	咸亨096	4-2312	3-19	—	—	—
1925	02055	—	—	—	—	—	—
1926	—	續咸亨027	21-14326	4-373	邯鄲碑136	—	—
1927	—	續咸亨028	21-14326	5-169 下-2181	河東4	—	—
1928	—	續咸亨029	21-14326	—	—	碑林新049	—
1929	02056	—	—	千唐-37	—	—	—
1930	02057	咸亨099	21-14327	6-315	—	—	—
1931	02059	咸亨101	21-14328	5-170	西北2-76	—	人0568 東1051 東1052
1932	—	續咸亨030	21-14329	7-293	—	—	—
1933	02058	咸亨100	21-14327	2-253	—	—	—
1934	—	續咸亨031	21-14330	5-171	—	—	—
1935	02060	—	—	—	—	西市84	明洛11
1936	02061	咸亨103	21-14330	5-171	—	唐宋173 施唐92-93	人0570
1937	—	咸亨102	21-14329	7-293	吐魯番280	故宮高昌112	—
1938	—	續咸亨032	21-14331	7-294	西北2-77 吐魯番281	—	—
1939	—	咸亨104	21-14331	7-294	—	—	—
1940	02062	—	—	—	—	—	—
1941	—	—	21-14331	6-316	—	—	—
1942	02063	咸亨105	21-14332	5-172	—	唐宋174	人0572
1943	—	—	—	—	吐魯番282	—	—
1944	—	咸亨106	21-14333	2-254	—	—	—

咸亨・上元

番號	墓誌名	年號	A 題跋	B北圖	C 附考 新中国	D隋唐五代	E千唐・河南
1945	馮薫及妻王氏墓誌	咸亨5(674)5月	―	―	―	―	―
1946	張玄景墓誌	咸亨5(674)7月	―	15-216	8-786	洛陽5-174	―
1947	宇文昌墓誌	咸亨5(674)7月	―	―	―	―	―
1948	錢昂及妻蕭氏墓誌	咸亨5(674)7月	―	―	―	―	―
1949	張才及妻何氏墓誌	咸亨5(674)7月	―	15-217	8-787	洛陽5-175	千唐288
1950	張貞墓誌	咸亨5(674)8月	173左中	15-218	8-788	洛陽5-176	―
1951	劉守忠墓誌	咸亨5(674)8月	173左中	―	8-789	―	―
1952	劉嶷墓誌	咸亨5(674)8月	―	15-219	8-792	洛陽5-177	輯繩339
1953	賈旻及妻董氏墓誌	咸亨間(670～673)8月	―	―	―	―	―
1954	泉君妻高提昔墓誌	上元1(674)8月	―	―	―	―	秦續285
1955	王君妻柏氏墓誌	上元1(674)8月	173左下	16-1	8-793	北京1-77	―
1956	程逸及妻嚴氏墓誌	上元1(674)8月	―	―	―	―	―
1957	王郎墓誌	上元1(674)10月	―	15-220	8-794	洛陽5-178	千唐289
1958	董軸及妻劉氏墓誌	上元1(674)10月	―	16-2	8-795	洛陽5-179	千唐290
1959	亡宮六品墓誌	上元1(674)10月	―	―	―	―	―
1960	韋諷墓誌	上元1(674)11月	―	―	―	―	―
1961	李文及妻房氏墓誌	上元1(674)11月	―	―	―	―	秦續286
1962	王義墓誌	上元1(674)11月	173左下	16-4	8-796	江蘇25 洛陽5-180	輯繩340
1963	張備及妻李三娘墓誌	上元1(674)11月	―	―	―	洛陽5-181 洛陽12-11	輯繩341 龍門63
1964	獨孤仁同墓誌	上元1(674)11月	―	―	―	―	―
1965	李胡及妻王氏墓誌	上元2(675)1月	―	―	―	―	新獲續47 河洛86
1966	呂感墓誌	上元2(675)1月	―	―	―	―	―
1967	李高及妻孫氏墓誌	上元2(675)1月	―	―	―	―	―
1968	李徹墓誌	上元2(675)1月	―	―	―	―	―
1969	毛藻墓誌	上元2(675)2月	―	―	8-797	―	―
1970	楊侃及妻李氏墓誌	上元2(675)2月	―	―	河南壹-4	河南28	―
1971	高德及妻王氏墓誌	上元2(675)2月	―	―	河南壹-64	河南29	―
1972	亡宮九品墓誌	上元2(675)2月	―	16-7	8-799	洛陽5-183	千唐293
1973	亡宮七品墓誌	上元2(675)2月	―	16-6	―	洛陽5-182	―
1974	長孫祥墓誌	上元2(675)2月	―	16-8	8-798	洛陽5-184	千唐291 民族184
1975	許行本墓誌	上元2(675)2月	―	16-9	8-800	洛陽5-185	千唐292
1976	左祜墓誌	上元2(675)3月	―	16-10	9-801	洛陽5-186	千唐295
1977	柳才墓誌	上元2(675)3月	―	―	―	―	―
1978	王弘及妻郭氏墓誌	上元2(675)3月	―	―	―	―	―
1979	劉端及妻公孫氏墓誌	上元2(675)5月	―	―	―	―	秦晉170 秦續287 流散027
1980	陳君及妻徐氏墓誌	上元2(675)5月	173左下	―	―	―	―
1981	莊元表妻龐氏墓誌	上元2(675)6月	―	―	―	―	邙洛69
1982	郭義本墓誌	上元2(675)7月	―	16-12	9-802	洛陽5-187	輯繩342
1983	王祥墓誌	上元2(675)8月	―	―	―	―	―
1984	裴君妻皇甫氏墓誌	上元2(675)8月	―	16-13	―	洛陽5-188	―
1985	裴師墓誌	上元2(675)8月	―	―	―	―	―
1986	房僧墓誌	上元2(675)9月	―	―	―	―	―
1987	亡宮八品墓誌	上元2(675)9月	―	―	―	―	―
1988	郭君妻高莊嚴墓誌	上元2(675)10月	―	―	―	―	河洛87 龍門452
1989	費君妻王令德墓誌	上元2(675)10月	―	―	河南參-43	―	―
1990	阿史那忠墓誌	上元2(675)10月	―	―	9-804 陝西壹-82	陝西1-54	新唐32
1991	阿史那忠墓誌鎭墓石	上元2(675)10月	―	―	―	―	―
1992	李玄墓誌	上元2(675)10月	―	―	河南參-191	―	―
1993	趙孝顯墓誌	上元2(675)10月	―	―	陝西壹-83	陝西3-84 陝西3-85	―
1994	劉洪及妻王氏墓誌	上元2(675)10月	―	16-17	9-805	北大1-65	―
1995	楊□哲(字茂道)墓誌	上元2(675)11月	―	16-18	9-806	洛陽5-189	―
1996	也端及妻抱氏墓誌	上元2(675)11月	―	―	―	―	秦續289

咸亨・上元

番號	F北大	G墓誌彙編	H 新編	I補遺補編	J 地方	K 博物館・その他	L 日本目録
1945	―				―	碑林新050	―
1946	02064	咸亨107	21-14333	3-430	―	唐宋175	―
1947					―	西市85	―
1948	02065			千唐-38			
1949	02066	咸亨108	21-14334	2-255			
1950	02067	咸亨109	21-14334	3-430			
1951	02068	咸亨110	21-14335			―	人0575 淑434
1952	02069	咸亨111	21-14335	3-431		―	―
1953	02072						
1954	02073	―	―	―		新見23	
1955	02074	上元002	5-2930	―	西北2-78	故宮055 施唐94	
1956	―	上元001	21-14337	6-317			
1957	02070	咸亨112	21-14336	2-255			
1958	02075	上元003	21-14338	2-256			
1959	―	續上元002	21-14339	7-294			
1960	―	―	―	7-12	長碑59(394)		
1961	―						
1962	0207	上元004	21-14339	5-173		唐宋176 施唐95	人0579 東1054
1963		續上元003高宗 續上元001肅宗	21-14340	5-173			
1964	02077	―	―	―	長新100 長碑60(394)		
1965	―	―	―	8-281			
1966	―			7-295			
1967	―					碑林新051	
1968	02078						
1969	―	續上元005	21-14342	下-2418			
1970	―	續上元004	21-14341	5-174	安陽選(23)		
1971	―	續上元006	21-14342	5-175	景州144 景縣248 衞輝45	―	
1972	02079	上元007	21-14344	5-453		―	
1973	02082	上元005	21-14342	5-453		鴛鴦294 碑林82-3010	
1974	02080	上元008	21-14344	2-257			
1975	02081	上元006	21-14343	2-258			
1976	02084	上元009	21-14344	2-260			
1977	02083	―	―	―			
1978	―	―	―	―	安陽選49		
1979	02085	―	―	―		―	―
1980	―	―	―	下-1902			
1981	―	―					
1982	02086	上元010	21-14345	5-175	―		
1983	―	上元013	21-14345	7-295			
1984	02087	上元012	21-14345	7-295	―	裴氏109 河博24	
1985	―					西市86	
1986	02088			千唐-39			
1987	―	續上元007	21-14346	7-296			
1988	02089					西市87	明洛12
1989	02090	―	―	千唐-39		―	―
1990	―	上元014	3-2036	1-50	精華63	昭陵63 碑林196-1028	―
1991	―			―		昭陵64 碑林196-1025	
1992	02092			千唐-40			
1993	―	續上元008	21-14347	3-432 下-1836	咸刻29 渭城242	―	
1994	02091	上元015	21-14346	6-318	河北262	施碑選221	―
1995	02093	上元016	21-14347	5-176	―	唐宋177 施唐96	人0584
1996					―	―	―

上元

番號	墓誌名	年號	A 題跋	B北圖	C 附考 新中国	D隋唐五代	E千唐・河南
1997	丁贇墓誌	上元2(675)11月	―	16-19	9-809	洛陽5-190	千唐294
1998	張沖兒墓誌	上元2(675)11月	―	16-20	9-808	洛陽5-191	―
1999	張君妻程大燕墓誌	上元2(675)11月	―	16-21	9-807	洛陽5-192	―
2000	梁善及妻姜氏墓誌	上元2(675)11月	―	―	―	―	秦晉171 七朝94
2001	賈氏祖母翟氏墓表	上元2(675)11月	―	―	―	新疆176	―
2002	朱珪墓誌	上元2(675)11月					
2003	喬難墓誌	上元2(675)11月	173左下	16-22	9-811	洛陽5-193	―
2004	韓昂墓誌	上元2(675)11月	―	16-23	9-810	山西29	―
2005	楊軌墓誌	上元2(675)11月	173右上	16-24	9-812	洛陽5-194	輯繩343
2006	□壽墓誌	上元2(675)11月	173右上	16-25	9-813	洛陽5-195	
2007	鄭師及妻王氏墓誌	上元2(675)11月	―	―	―	―	
2008	李君羨妻劉氏墓誌	上元2(675)12月	173右上	16-26	9-814	洛陽5-196	輯繩344
2009	霍僧墓誌	上元2(675)12月	―	―	―	―	
2010	李鳳(虢王)墓誌	上元2(675)12月	―	―	9-815 陝西貳-50	陝西1-56	
2011	孫休及妻陳氏墓誌	上元2(675)12月	―	―	―	―	流散028
2012	李鳳(虢王)妃劉氏墓誌	上元2(675)12月	―	―	9-816 陝西貳-51	陝西1-55	
2013	□德墓誌	上元2(675)12月	―	―	―	―	
2014	唐護墓誌	上元2(675)12月	―	―	―	新疆175	
2015	宋勝墓誌	上元2(675)12月					
2016	崔倫墓誌	上元2(675)					
2017	本行塔銘	上元3(676)1月					
2018	張仁燮墓誌	上元3(676)1月	―	―	―	洛陽5-197	輯繩345
2019	張福墓誌	上元3(676)1月					
2020	秦進墓誌	上元3(676)1月					
2021	史君妻趙氏墓誌	上元3(676)1月	173右上	16-28	9-820	洛陽5-198	輯繩346
2022	李君墓誌	上元3(676)1月					
2023	姬溫及妻竇氏墓誌	上元3(676)1月	―	―	陝西貳-52	陝西1-57	
2024	袁殆仁及妻楊氏墓誌	上元3(676)1月	―	16-29	9-818	洛陽5-199	
2025	陳懷儼及妻皇甫氏墓誌	上元3(676)1月	173右上	16-30	9-819	洛陽5-200	輯繩347
2026	鄧明及妻李氏墓誌	上元3(676)1月	―	―	河北壹-61	河北34	
2027	蕭君妻楊氏墓誌	上元3(676)1月					
2028	虞玄朗妻唐氏墓誌	上元3(676)1月					
2029	李光及妻王氏墓誌	上元3(676)2月					
2030	任信墓誌	上元3(676)2月	―	―	―	洛陽5-201	輯繩348
2031	程倫墓誌	上元3(676)2月					
2032	馬懷墓誌	上元3(676)2月	173右上	16-31	9-821	洛陽5-202	輯繩349
2033	董明墓誌	上元3(676)2月					
2034	劉盈墓誌	上元3(676)2月					
2035	成昭妻陳氏墓誌	上元3(676)3月	―	―	―	―	秦晉172
2036	成庫墓誌	上元3(676)3月	―	―	河南壹-427	河南30	―
2037	尼眞如塔銘	上元3(676)3月					
2038	張孝才及妻慕容氏墓誌	上元3(676)3月	―	―	―	―	秦續291
2039	徐齊聰墓誌	上元3(676)3月					
2040	王之操及妻高氏墓誌	上元3(676)閏3月	―	―	―	―	秦晉173
2041	張脛及妻趙氏墓誌	上元3(676)閏3月	―	―	―	―	新獲續48 河洛88 新唐36
2042	王仁端及妻蔡氏墓誌	上元3(676)閏3月	―	―	―	―	秦晉174
2043	雍福墓誌	上元3(676)閏3月	―	―	―	山西30	―
2044	宋朗墓誌	上元3(676)4月					
2045	牛崇墓誌	上元3(676)4月					
2046	宋上墓誌	上元3(676)4月					
2047	李搗墓誌	上元3(676)4月	―	―	陝西貳-補13		
2048	嚴道及妻張氏墓誌	上元3(676)4月	―	―	―	―	河洛89 新唐34 龍門64 七朝95
2049	李法滿墓誌	上元3(676)4月	―	―	―	陝西3-86	―
2050	魚本墓誌	上元3(676)4月	―	―	―	―	秦續292
2051	董徹及妻張氏墓誌	上元3(676)4月					

上元

番號	F北大	G墓誌彙編	H 新編	I補遺補編	J 地方	K 博物館・その他	L 日本目錄
1997	02094	上元019	21-14348	2-258	—	—	—
1998	02095	上元018	21-14348	5-176	—	唐宋179	人0586
1999	02096	上元017	21-14347	3-432	—	唐宋178	人0587
2000	02097	—	—	—	—	—	—
2001	—	續上元009	21-14349	7-502	吐魯番283	—	—
2002	02098	續上元010	—	7-296	—	—	—
2003	02099	上元021	21-14350	5-177	—	唐宋180	—
2004	02100	上元020	21-14349	3-433	大全・襄垣741	—	—
2005	02101	上元022	21-14351	5-177	—	唐宋181 施唐97	人0588
2006	02102	上元023	21-14317	6-317	—	唐宋182 施唐98	人0585 東1058
2007	02103	—	—	—	—	西市88	—
2008	02104	上元024	21-14351	5-178	—	唐宋183 施碑選222	人0589 東1059
2009	02105	—	—	—	—	—	—
2010	—	續上元011	21-14352	1-52	西北2-81	碑林75-2123	—
2011	—	—	—	—	—	—	—
2012	—	續上元012	21-14355	2-259	西北2-80	碑林75-2178	—
2013	02106	—	—	—	—	—	—
2014	—	上元025	21-14356	3-434	西北2-82 吐魯番284	故宮高昌113	—
2015	02107	—	—	—	—	—	—
2016	02108	—	—	—	—	—	—
2017	—	續上元013	21-14357	—	—	—	—
2018	—	續上元014	21-14357	5-8	—	—	—
2019	—	—	—	—	大同222	—	—
2020	02109	—	—	—	—	—	—
2021	02111	上元028	21-14359	5-178	—	唐宋185 施唐100-101	人0592 東1064
2022	—	—	—	—	大全・屯留5	—	—
2023	—	續上元015	21-14360	3-434	—	碑林75-2186	—
2024	02110	上元026	21-14357	3-436	—	—	—
2025	02112	上元027	21-14359	5-179	—	唐宋184 施唐99	人0593 東1063
2026	—	續上元016	21-14362	6-318	—	—	—
2027	—	—	—	—	—	—	—
2028	—	—	—	下-1839	—	—	—
2029	—	—	—	—	滄州18	—	—
2030	—	續上元017	21-14362	5-180	—	—	—
2031	—	—	—	7-297	—	—	—
2032	02114	上元029	21-14363	5-181	—	唐宋186 施唐102	人0594 東1065
2033	—	—	—	—	—	碑林新052	—
2034	02113	—	—	—	—	—	—
2035	—	—	—	—	—	—	—
2036	—	續上元018	21-14364	6-319	—	—	—
2037	—	—	—	—	—	碑林補-29 碑林新053	—
2038	02115	—	—	—	—	—	—
2039	—	—	—	—	—	西市89	—
2040	02116	—	—	—	—	西市90	明洛79
2041	—	—	—	8-281	—	—	—
2042	—	—	—	—	—	—	—
2043	—	—	21-14363	6-319	—	—	—
2044	02117	—	—	—	—	—	—
2045	—	—	—	—	—	碑林新054	—
2046	02119	—	—	—	—	—	—
2047	—	—	21-14363	6-319	—	—	—
2048	02118	—	—	—	—	—	—
2049	—	續上元019	21-14364	3-437	西北2-83	—	—
2050	—	—	—	—	—	—	—
2051	—	—	—	—	—	碑林新055	—

上元

番號	墓誌名	年號	A 題跋	B北圖	C 附考 新中国	D隋唐五代	E千唐・河南
2052	武懷亮墓誌	上元3(676)4月	173右中	16-34	9-822	洛陽5-203	輯繩350 龍門65
2053	亡宮九品墓誌	上元3(676)5月	—	—	—	—	—
2054	宋長墓誌	上元3(676)5月	—	—	—	—	秦晉175
2055	樂歸及妻胡氏墓誌	上元3(676)5月	173右上	16-35	9-823	洛陽5-204	—
2056	許洛仁妻宋善主墓誌	上元3(676)5月	173右下	16-36	10-956	北大1-66	—
2057	費智海墓誌	上元3(676)5月	—	—	陝西貳-53	陝西1-58	—
2058	亡宮九品墓誌	上元3(676)6月	—	—	—	—	—
2059	魏降墓誌	上元3(676)6月	—	—	—	—	—
2060	李建成(隱太子)妃鄭觀音墓誌	上元3(676)7月	—	—	—	—	秦續293
2061	范褒妻柳氏墓誌	上元3(676)?7月	173左下	16-37	9-803	洛陽5-205	—
2062	李君彥及妻魏氏墓誌	上元3(676)7月	—	16-38	9-824	洛陽5-206	千唐296
2063	□通墓誌	上元3(676)7月	—	—	—	—	—
2064	賈君才墓誌	上元3(676)8月	—	—	—	—	—
2065	張狼墓誌	上元3(676)8月	—	—	—	—	—
2066	王惠墓誌	上元3(676)8月	—	—	—	—	—
2067	鄭貞墓誌	上元3(676)8月	—	—	—	—	—
2068	王道及妻張氏墓誌	上元3(676)9月	—	—	—	—	—
2069	趙威及妻潘氏墓誌	上元3(676)10月	173右中	16-39	9-825	洛陽5-207	輯繩351
2070	蕭氏(鑑)妻虞秀姚墓誌	上元3(676)10月	—	—	—	—	秦續294
2071	張客及妻李氏墓誌	上元3(676)10月	173右上	16-40	9-826	洛陽5-208	輯繩352
2072	亡尼七品墓誌	上元3(676)10月	—	—	—	—	—
2073	趙阿師墓誌	上元3(676)10月	—	—	—	—	—
2074	王緣墓誌	上元3(676)10月	—	—	—	—	—
2075	司馬緘妻李氏(懷德縣主)墓誌	上元3(676)10月	—	—	—	—	—
2076	尚武及妻張氏墓誌	上元3(676)10月	—	—	9-827	洛陽5-209	千唐298
2077	孫達墓誌	上元3(676)10月	—	16-41	9-829	洛陽5-210	—
2078	董達墓誌	上元3(676)10月	—	—	—	—	—
2079	雷廓墓誌	上元3(676)10月	—	—	陝西參-20	—	—
2080	爾朱義琛墓誌	上元3(676)10月	—	—	9-828	洛陽5-211	千唐297 民族201
2081	楊君妻爾朱氏墓誌	上元3(676)10月	—	—	9-831	—	—
2082	翟瓚墓誌	上元3(676)10月	—	16-42	9-830	洛陽5-212	輯繩353 民族389
2083	韓定德墓誌	上元3(676)10月	—	—	—	—	—
2084	趙仁本墓誌	上元3(676)10月	—	—	—	—	—
2085	成善及妻馮氏墓誌	上元3(676)10月	—	—	—	—	—
2086	陽合及妻劉氏墓誌	上元3(676)10月	—	—	—	—	—
2087	封德墓誌	上元3(676)11月	—	16-43	9-832	洛陽5-213	—
2088	任磻墓誌	上元3(676)11月	—	—	—	—	—
2089	任廣謙墓誌	上元3(676)11月	—	—	—	—	—
2090	徐迪及妻楊氏墓誌	上元3(676)11月	—	—	—	—	河洛90 龍門66
2091	袁君妻柳氏墓誌	上元3(676)11月	—	16-44	9-834	洛陽5-214	千唐299
2092	馬惲墓誌	上元3(676)11月	—	—	9-833	—	—
2093	劉君墓誌	上元3(676)11月	—	—	—	—	—
2094	閻莊及妻劉氏墓誌	上元3(676)11月	—	—	—	—	—
2095	李見墓誌	上元3(676)11月	—	—	—	—	—
2096	郗瑞達墓誌	上元3(676)11月	—	—	河南參-44	—	—
2097	孟貞墓誌	上元3(676)11月	173右中	—	9-836	—	—
2098	韋慶本墓誌	上元3(676)11月	—	—	—	—	—
2099	陳則及妻韓氏墓誌	上元3(676)11月	—	—	河北壹-62	河北26	—
2100	韓慈及妻乞伏氏墓誌	上元3(676)11月	—	—	9-835	—	—
2101	劉義弘墓誌	上元3(676)11月	—	16-45	9-837	洛陽5-215	千唐300
2102	劉榮及妻李氏墓誌	上元3(676)11月	—	—	—	—	秦續295
2103	趙僧胤墓表	上元3(676)12月	—	—	—	新疆177	—
2104	任驚及妻宋氏墓誌	上元3(676)	—	—	—	—	—

上元

番號	F 北大	G 墓誌彙編	H 新編	I 補遺補編	J 地方	K 博物館・その他	L 日本目録
2052	02120	上元030	21-14364	5-181	－	唐宋187 施唐103	人0599 東1066
2053	－	續上元020	21-14365	7-297	－	－	－
2054	02121	－	－	－	－	－	－
2055	02122	上元031	21-14365	3-437	－	－	淑436
2056	02145	上元032 續儀鳳001	20-13687	－	－	故宮194	人0603 人0606 東1067 淑435
2057	－	續上元021	21-14366	3-438	－	碑林75-2195	－
2058	－	續上元022	21-14365	7-298	－	－	－
2059	－	－	－	6-10	－	－	－
2060	－	－	－	－	－	－	－
2061	02123	上元011 續上元023	21-14367	3-439	－	故宮056	－
2062	02124	上元033	21-14368	2-261	－	－	－
2063	02125	－	－	－	－	－	－
2064	02126	－	－	－	－	－	－
2065	－	－	－	－	朝陽27	－	－
2066	－	－	－	8-283	－	－	－
2067	－	－	－	－	－	西市91	－
2068	－	－	－	－	精粹215 精粹216	－	－
2069	02128	上元034	21-14368	3-440	－	－	－
2070	02127	－	－	－	－	新見20	－
2071	02129	上元035	21-14369	5-181	－	唐宋188 施唐104	人0600 東1068
2072	－	－	－	－	－	碑林續056	－
2073	－	－	－	－	臨潼102	－	－
2074	02134	－	－	－	－	－	－
2075	－	－	4-2351	5-9	－	碑林新056	－
2076	－	上元038	21-14372	2-263	－	－	－
2077	02130	上元037	21-14371	5-182	－	－	－
2078	02133	－	－	－	－	－	－
2079	－	－	－	8-283	－	－	－
2080	02131	上元036	21-14370	2-262	－	－	－
2081	－	－	4-2241	－	－	－	－
2082	02135	上元039	21-14372	3-440	－	－	－
2083	02136	－	－	－	－	－	－
2084	02137	－	－	－	－	－	－
2085	－	－	－	－	－	西市92	－
2086	－	－	－	－	大全・黎城13	－	－
2087	02138	上元040	21-14373	3-441	景縣253	－	－
2088	－	－	－	9-433	－	－	－
2089	－	－	－	－	－	汾陽11(22)	－
2090	02140	－	－	－	－	西市93	－
2091	02139	上元042	21-14376	2-263	－	－	－
2092	－	續上元024	21-14374	下-1840	－	－	－
2093	－	上元041	21-14375	－	－	－	－
2094	－	－	4-2293	5-9 下-2086	長碑(395)	－	－
2095	02141	－	－	－	－	－	－
2096	02142	－	－	千唐-41	－	－	－
2097	－	上元043	21-14376	7-298	－	－	－
2098	－	－	－	－	長新102 長碑63(397)	－	－
2099	－	續上元025	21-14374	4-366	鄴城44 鄴城77 邯鄲碑042	－	－
2100	－	續上元026	21-14375	下-1840	－	－	－
2101	02143	上元044	21-14376	2-264	－	－	－
2102	02144	－	－	－	－	－	－
2103	－	－	－	－	－	－	－
2104	－	－	－	－	－	汾陽10(20)	－

上元・儀鳳

番號	墓誌名	年號	A 題跋	B北圖	C 附考 新中國	D隋唐五代	E千唐・河南
2105	褚遂賢墓誌	上元3(676)	173右中	—	—	—	—
2106	顏君妻孫氏墓誌	上元間(674〜676)	173右中	—	—	—	—
2107	王覥及妻董氏墓誌	上元間(674〜676)	—				
2108	胡君妻韋氏墓誌	儀鳳1(676)11月	—	—	—	—	—
2109	韋孝忠妻杜大德墓誌	儀鳳1(676)11月	—	—	陝西參-21	—	—
2110	岐慈及妻高氏墓誌	儀鳳1(676)11月	—	—	陝西貳-54	陝西1-59	—
2111	韋君妻爾朱氏墓誌	儀鳳1(676)11月	—	—	—	—	—
2112	王愛墓誌	儀鳳1(676)11月	—	16-46	9-838	河南31	—
2113	董文墓誌	儀鳳1(676)12月	173右下	16-48	9-839	洛陽6-1	—
2114	辛澄及妻裴氏墓誌	儀鳳1(676)12月	—	—	—	—	秦續296
2115	孟運墓誌	儀鳳2(677)1月	—	16-50	9-840	洛陽6-2	—
2116	李愆及妻齊氏墓誌	儀鳳2(677)1月	—	—	—	—	—
2117	王彥墓誌	儀鳳2(677)2月	—	—	—	洛陽6-3	千唐301
2118	蔡君長墓誌	儀鳳2(677)2月	—	16-51	9-841	洛陽6-4	輯繩354
2119	張琮墓誌	儀鳳2(677)2月卒	—	—	—	山西31	—
2120	趙文雅妻邊氏墓誌	儀鳳2(677)4月	—	—	陝西貳-55	—	—
2121	杜君墓誌	儀鳳2(677)5月	174左中	16-53	9-842	河南32	—
2122	王烈墓誌	儀鳳2(677)5月	—	16-54	9-843	洛陽6-5	千唐302
2123	李和墓誌	儀鳳2(677)5月	—	—	—	—	—
2124	張君墓誌	儀鳳2(677)5月	—	—	—	新疆178	—
2125	王玄墓誌	儀鳳2(677)6月	—	—	—	—	—
2126	□氏殘誌	儀鳳2(677)6月	—	—	—	洛陽6-6	—
2127	賈整及妻陳氏墓誌	儀鳳2(677)7月	173右下	16-55	9-844	洛陽6-7	—
2128	亡宮七品墓誌	儀鳳2(677)8月	—	—	—	—	—
2129	趙臣墓誌	儀鳳2(677)9月	—	16-57	9-845	洛陽6-8	千唐303
2130	王寶墓誌	儀鳳2(677)10月	—	16-61	9-846	洛陽6-9	千唐304
2131	王君妻康氏墓誌	儀鳳2(677)10月	—	—	—	—	—
2132	董信及妻郎氏墓誌	儀鳳2(677)10月	—	—	—	—	—
2133	黃曹生及妻王氏墓誌	儀鳳2(677)11月	—	—	—	—	秦晉176
2134	亡宮七品墓誌	儀鳳2(677)11月	—	—	—	—	—
2135	俎威墓誌	儀鳳2(677)11月	—	—	河南壹-426	河南33	—
2136	康君妻曹氏墓誌	儀鳳2(677)11月	—	16-65	9-847	洛陽6-10	千唐305 民族321 洛絲131
2137	亡宮九品墓誌	儀鳳2(677)11月	—	—	—	—	—
2138	亡尼七品大成墓誌	儀鳳2(677)11月	—	—	—	—	—
2139	□(侯)元墓誌	儀鳳2(677)12月	—	16-67	9-848	北大1-68	—
2140	六品亡宮墓誌	儀鳳2(677)12月卒	—	16-68	—	洛陽6-11	—
2141	張君妻王氏墓誌	儀鳳2(677)12月	—	16-69	9-849	洛陽6-12	—
2142	亡宮七品墓誌	儀鳳2(677)12月	—	—	9-850 陝西壹-84	陝西1-60	秦續297
2143	周廣墓誌	儀鳳3(678)1月	174左下	16-71	9-851	北大1-69	—
2144	靳昴墓誌	儀鳳3(678)1月	—	16-72	9-852	洛陽6-13	輯繩355 民族349
2145	馮通及妻劉氏墓誌	儀鳳3(678)1月	—	—	—	—	—
2146	王烈及妻江氏墓誌	儀鳳3(678)1月	—	16-73	9-853	洛陽6-14	千唐306
2147	栗稼及妻常氏墓誌	儀鳳3(678)1月	—	—	—	—	秦晉178
2148	王康師墓誌	儀鳳3(678)1月	—	—	—	—	—
2149	董力墓誌	儀鳳3(678)2月	—	16-74	9-854	洛陽6-15	千唐307
2150	唐河上(字嘉會)墓誌	儀鳳3(678)2月	—	—	陝西壹-85	陝西1-61	—
2151	唐河上及妻元氏墓誌	儀鳳3(678)2月	—	—	—	—	秦晉179
2152	梁錡墓誌	儀鳳3(678)2月	—	—	9-855	—	—
2153	亡宮墓誌	儀鳳3(678)3月	—	16-75	—	陝西1-62 洛陽6-16	—
2154	石師墓誌	儀鳳3(678)3月	—	—	—	—	秦晉180
2155	王式墓誌	儀鳳3(678)3月	—	—	9-856	洛陽6-17	千唐308
2156	宮人墓誌	儀鳳3(678)3月	—	—	—	—	—

上元・儀鳳

番號	F北大	G墓誌彙編	H 新編	I補遺補編	J 地方	K 博物館・その他	L 日本目録
2105	－	－	－	－	－	－	－
2106	－	－	－	－	－	－	－
2107	－	－	－	－	－	碑林新057	－
2108	02146						
2109	－	－	－	7-298	長新104 長碑61(396)	－	－
2110	－	續儀鳳003	21-14377	3-442	西北2-84	碑林75-2204	－
2111	02147				長新106 長碑62(396)		
2112	02148	儀鳳001	21-14377	4-374		故宮057	東1074
2113	02150	儀鳳002	21-14378	5-183			
2114	02151	－	－	－	－	北大新拓107(154)	
2115	02152	儀鳳003	21-14378	4-375			
2116	－	－	－	－	－	碑林新058	
2117	－	儀鳳004	21-14379	2-264			
2118	02153	儀鳳005	21-14380	3-442			
2119	－	續儀鳳004	21-14379	6-320			
2120	－	－	21-14382	6-320		碑林新059	
2121	02154	儀鳳006	21-14380	6-321			
2122	02155	儀鳳007	21-14382	2-265			
2123	02156						
2124	－	續儀鳳005	21-14383	7-299	吐魯番285	－	－
2125	02157	－	－	－	－	－	－
2126	－	－	－	7-509			
2127	02158	儀鳳008	21-14383	3-443			
2128	02159						
2129	02160	儀鳳009	21-14384	2-265			
2130	02161	儀鳳010	21-14385	2-266	西北2-87		
2131						西市94	
2132					安陽選(6)		
2133	02162						
2134	－	－	－	－	－	碑林75-2214 碑林新060	
2135	－	續儀鳳006	21-14386	5-183	－		
2136	02163	儀鳳011	21-14385	2-266		撒馬35	
2137	－	－	－	－	－	碑林75-2209	
2138	－	－	－	－	－	碑林75-2212	
2139	02165	儀鳳012	21-14386	4-375		故宮058	東1078
2140	－	儀鳳014	21-14387	5-454	－		
2141	02166	儀鳳013	21-14387	4-376		唐宋189	人0610
2142	－	續儀鳳007	21-14389	5-454 下-2183	－	昭陵67	
2143	02167	儀鳳015	21-14388	3-444	－	故宮059 施唐106	人0611 淑438
2144	02168	儀鳳017	21-14390	3-444			
2145	－	－	－	－	－	碑林新061	
2146	02169	儀鳳018	21-14390	2-267			
2147	－	－	－	－	－	－	
2148	－	儀鳳016	21-14389	－	吐魯番286	故宮高昌114	－
2149	02170	儀鳳019	21-14391	2-268	－		
2150	－	續儀鳳008	21-14387	2-269 下-2183	西北2-88 精華64	昭陵68	淑439 淑440
2151							
2152			4-2235				
2153	02171	儀鳳020	21-14392	5-454	－	鴛鴦295	－
2154	02172						
2155	－	儀鳳021	21-14392	2-270			
2156	－	－	－	－	－	碑林75-2217	－

儀鳳

番號	墓誌名	年號	A 題跋	B北圖	C 附考 新中国	D隋唐五代	E千唐・河南
2157	穆宣長磚誌	儀鳳3(678)4月	—	16-77	—	洛陽6-18	—
2158	桑道墓誌	儀鳳3(678)4月	—	—	—	—	—
2159	王藏子妻吳波奈羅墓銘磚	儀鳳3(678)5月	—	—	—	—	—
2160	吳氏女波奈羅磚墓記	儀鳳3(678)5月	—	—	—	—	—
2161	索氏墓誌	儀鳳3(678)5月	—	—	—	—	流散029
2162	司馬道墓誌	儀鳳3(678)5月	174左下	16-78	9-857	洛陽6-19	輯繩356
2163	柳沖墓誌	儀鳳3(678)5月	—	—	—	—	—
2164	柳子陽妻皇甫氏墓誌	儀鳳3(678)5月	—	—	—	—	—
2165	趙貞仁墓誌	儀鳳3(678)5月	—	—	—	—	—
2166	丘君妻王氏墓誌	儀鳳3(678)5月	—	—	—	—	秦晉177
2167	魚政墓誌	儀鳳3(678)5月	—	—	—	—	—
2168	優曇禪師塔銘	儀鳳3(678)6月卒	—	—	陝西壹-86	陝西3-87	—
2169	韋弘表及妻及妻尹氏墓誌	儀鳳3(678)7月	—	—	—	—	—
2170	王叡墓誌	儀鳳3(678)7月	—	—	—	洛陽6-20	輯繩357
2171	陳劼墓誌	儀鳳3(678)9月	—	—	—	北大1-70	—
2172	禰軍墓誌	儀鳳3(678)10月	—	—	—	—	—
2173	宇文君妻樂惠墓誌	儀鳳3(678)10月	—	—	—	—	秦續298
2174	梁表墓誌	儀鳳3(678)閏10月	—	—	—	洛陽6-21	輯繩358
2175	王強墓誌	儀鳳3(678)閏10月	—	—	9-858	洛陽6-22	千唐309
2176	苗德墓誌	儀鳳3(678)閏10月	—	—	—	—	秦晉181　七朝96
2177	史道德墓誌	儀鳳3(678)11月	—	—	9-859	—	—
2178	亡七品大戒墓誌	儀鳳3(678)11月	—	16-83	—	洛陽6-23	—
2179	王言墓誌	儀鳳3(678)11月	—	—	—	—	—
2180	楊神威墓誌	儀鳳3(678)11月	173右中	16-84	9-860	洛陽6-24	—
2181	魏銑墓誌	儀鳳3(678)11月	—	—	—	—	—
2182	尹君墓誌	儀鳳3(678)12月	—	—	—	—	—
2183	王文曉墓誌	儀鳳3(678)12月	174左下	16-85	9-861	洛陽6-25	輯繩359
2184	許崇藝妻弓美墓誌	儀鳳3(678)卒	—	—	陝西貳-補14	—	—
2185	尚才墓誌	儀鳳4(679)1月	—	—	—	—	新獲21
2186	劉挺及妻王氏墓誌	儀鳳4(679)1月	—	—	—	—	—
2187	王晟墓誌	儀鳳4(679)1月	—	16-88	9-863	洛陽6-26	千唐310
2188	張仁禪墓誌	儀鳳4(679)1月	—	16-89	9-862	洛陽6-27	千唐311
2189	趙碓墓誌	儀鳳4(679)1月					河洛91　新唐38 龍門454　七朝97
2190	樂弘懿墓誌	儀鳳4(679)1月	—	16-90	9-864	洛陽6-28	千唐312
2191	陳琮墓誌	儀鳳4(679)1月	—	—	—	—	—
2192	田君墓誌	儀鳳4(679)1月	—	—	—	—	邙洛70
2193	種曜及妻王氏墓誌	儀鳳4(679)2月	—	—	—	—	—
2194	万俟鳳節墓誌	儀鳳4(679)2月	—	—	—	—	—
2195	王德墓誌	儀鳳4(679)2月	—	—	—	—	—
2196	耿卿及妻郭氏墓誌	儀鳳4(679)2月	—	—	—	—	秦晉182
2197	趙義墓誌	儀鳳4(679)2月	—	—	—	—	—
2198	樂方及妻程氏墓誌	儀鳳4(679)2月	—	—	9-865	山西32	
2199	杜美及妻庫狄氏墓誌	儀鳳4(679)2月	—	—	9-866	—	—
2200	杜辯及妻潘氏墓誌	儀鳳4(679)2月	—	—	—	—	秦續299
2201	姬恭仁墓誌	儀鳳4(679)3月	—	16-92 16-93	9-867	洛陽6-29	—
2202	馬達及妻董氏墓誌	儀鳳4(679)3月	—	—	—	山西33	
2203	劉仁墓誌	儀鳳4(679)3月	—	—	河南參-45	—	—
2204	蕭元善妻公孫氏墓誌	儀鳳4(679)4月	—	16-95	9-868	洛陽6-30 洛陽6-31	千唐313
2205	陸善墓誌	儀鳳4(679)4月	—	—	—	—	—
2206	陸贍墓誌	儀鳳4(679)4月	—	—	—	—	—
2207	□賞墓誌	儀鳳4(679)4月	174右上	16-96	9-869	洛陽6-32	—
2208	王留墓誌	儀鳳4(679)5月	174左下	16-97	9-870	洛陽6-33 陝西3-88	—
2209	王韜墓誌	儀鳳4(679)5月	—	16-98	9-871	洛陽6-34	千唐314

番號	F北大	G墓誌彙編	H 新編	I補遺補編	J 地方	K 博物館・その他	L 日本目録
2157	02173	儀鳳022	21-14393	5-184	—	磚刻1158	—
2158	02174	—	—	—	—	—	—
2159	—	—	—	—	—	磚刻1159	—
2160	—	續儀鳳009	—	2-270	—	—	—
2161	—	—	—	—	—	—	—
2162	02175	儀鳳023 續儀鳳010	21-14393	5-184	—	唐宋190 施唐107	人0615 東1080
2163	—	—	—	—	—	慶雅堂17 西市95	—
2164	—	—	—	—	—	西市96	—
2165	—	儀鳳024	21-14394	7-502	吐魯番287	故宮高昌115	—
2166	—	—	—	—	—	—	—
2167	02176	—	—	—	—	—	—
2168	—	續儀鳳011	21-14394	下-2154	西北2-89	昭陵69	—
2169	—	—	—	—	長新108 長碑64(398)	—	—
2170	—	續儀鳳012	21-14394	5-185	—	—	—
2171	02177	續儀鳳013	21-14395	7-300	—	—	—
2172	—	—	—	—	—	新見24	—
2173	06813	—	—	—	—	—	—
2174	—	續儀鳳014	21-14395	5-185	—	—	—
2175	—	儀鳳025	21-14396	2-271	—	—	—
2176	02178	—	—	—	—	—	—
2177	—	續儀鳳015	21-14397	4-376 下-1840	寧夏33 固原16	—	—
2178	—	儀鳳026	21-14389	5-454	—	—	—
2179	02180	—	—	千唐-41	—	—	—
2180	02179	儀鳳027	21-14397	3-445	—	—	—
2181	—	—	—	—	—	西市97	—
2182	—	—	—	—	—	慶雅堂18 西市98	—
2183	02181	儀鳳028	21-14398	5-186	—	唐宋191 施唐108	人0617 東1081
2184	—	—	21-14399	6-321	—	磚刻1157	—
2185	—	—	—	6-322	—	—	—
2186	02182	—	—	—	—	西市99	明洛13
2187	02183	儀鳳030	21-14399	2-271	—	—	—
2188	02184	儀鳳029	6-3352	1-59	—	—	—
2189	02186	—	—	—	—	—	明洛14
2190	02185	儀鳳031	21-14399	2-271	—	—	—
2191	—	—	—	下-2419	—	—	—
2192	—	—	—	—	—	—	—
2193	—	—	—	—	安陽選27	—	—
2194	—	—	—	—	—	西市100	—
2195	—	—	—	—	朝陽50	—	—
2196	—	—	—	—	—	—	—
2197	—	—	—	—	—	西交博61	—
2198	—	儀鳳032	21-14400	5-187	—	—	—
2199	—	續儀鳳016	21-14400	8-284	—	—	—
2200	—	—	—	—	—	—	—
2201	02187	儀鳳033	21-14401	7-300	—	唐宋192	人0618 東1083
2202	—	續儀鳳017	21-14401	5-188	晋中9	—	—
2203	02188	—	—	千唐-42	—	—	—
2204	02189	儀鳳034	21-14401	1-60	—	—	—
2205	02190	—	—	—	—	—	—
2206	02191	—	—	—	—	—	—
2207	02192	儀鳳035	21-14402	5-188	—	—	—
2208	02194	儀鳳036	21-14403	—	西北2-94	施唐109	人0619 東1084 淑441
2209	02193	儀鳳037	21-14403	2-272	—	—	—

儀鳳・調露

番號	墓誌名	年號	A 題跋	B北圖	C 附考 新中国	D隋唐五代	E千唐・河南
2210	亡宮人墓誌	儀鳳4(679)5月	—	16-99	9-872	洛陽6-35	千唐315
2211	亡宮六品墓誌	儀鳳4(679)6月	173右下	—	—	—	—
2212	宮人六品墓誌	儀鳳4(679)10月	—	—	9-873	—	—
2213	楊去溢墓誌	儀鳳4(679)10月	—	—	9-874	—	—
2214	楊去盈墓誌	儀鳳4(679)12月	—	—	9-875	—	—
2215	侯君妻張氏墓誌	儀鳳4(679)12月	—	—	9-876	—	—
2216	柳敬則及妻元氏墓誌	儀鳳間(676～679)					秦續307
2217	姚公衡墓誌	儀鳳間(676～679)6月卒	—	—	—	—	—
2218	□寶墓誌	調露1(679)6月	—	—	陝西貳-補15	—	
2219	許君妻郝默墓誌	調露1(679)6月	—	—	—	—	
2220	宮人墓誌	調露1(679)7月	—	16-100	9-877	洛陽6-36	千唐316
2221	德業寺亡尼七品墓誌	調露1(679)7月					
2222	李弘裕墓誌	調露1(679)7月	174右上	16-101	9-878	洛陽6-37	輯繩360 新唐40
2223	丁孝範及王氏墓誌	調露1(679)7月					秦續300 流散030
2224	亡宮四品墓誌	調露1(679)8月	—	16-103	9-881	洛陽6-39	千唐318
2225	王慶墓誌	調露1(679)8月	174右上	16-102	9-880	洛陽6-38	輯繩361
2226	王託及妻劉氏墓誌	調露1(679)8月					秦晉183
2227	索君及妻馬氏墓誌	調露1(679)8月				陝西3-89	
2228	樂玉及妻樊氏墓誌	調露1(679)8月		16-104	9-879	洛陽6-40	千唐317
2229	□旦(且)墓誌	調露1(679)8月		16-105	9-882	洛陽6-41	千唐319
2230	含元宮八品墓誌	調露1(679)9月				陝西1-63	—
2231	許君妻王洛浦墓誌	調露1(679)9月	—	—	河南參-46	—	
2232	劉猷墓誌	調露1(679)9月					河洛92
2233	元仁師墓誌	調露1(679)10月	—	16-106	9-883	洛陽6-42	民族134
2234	李慈同墓誌	調露1(679)10月					秦晉184
2235	張曄墓誌	調露1(679)10月	174右上	16-107	9-884	河北35	—
2236	楊才及妻宗氏墓誌	調露1(679)10月					
2237	趙昭及妻李氏墓誌	調露1(679)10月					秦續301
2238	韓相及妻趙氏墓誌	調露1(679)10月					
2239	康績墓誌	調露1(679)10月		16-108	9-885	洛陽6-43	民族330 洛絲96
2240	朱憲及妻傅氏墓誌	調露1(679)10月		16-109	9-886	洛陽6-44	千唐320
2241	曹宮墓誌	調露1(679)10月		16-110		北京1-78	
2242	王深及妻張氏墓誌	調露1(679)10月		—	9-890	山西34	
2243	崔嗣墓誌	調露1(679)10月					
2244	張君妻楊芷墓誌	調露1(679)10月					
2245	張弼及妻李氏墓誌	調露1(679)10月					
2246	郭通墓誌	調露1(679)10月					
2247	管均墓誌	調露1(679)10月	174右上	16-111	9-888	北大1-71	
2248	管俊墓誌	調露1(679)10月	—	16-112	9-889	北大1-72	
2249	管眞墓誌	調露1(679)10月	174右上	—	9-887	北大1-73	
2250	趙欣墓誌	調露1(679)10月				河北36	
2251	劉君妻元令淑墓誌	調露1(679)10月				洛陽6-45	輯繩362 民族135
2252	王君妻徐令輝墓誌	調露1(679)10月					河洛93 龍門67 七朝99
2253	王紹業妻吳大品墓誌	調露1(679)10月					秦晉186 七朝100
2254	王碩度(慶)及妻曹氏墓誌	調露1(679)10月					秦晉185
2255	明崇覽墓誌	調露1(679)10月					河洛94
2256	明恪及妻袁氏墓誌	調露1(679)10月					秦續302 七朝98
2257	張仁墓誌	調露1(679)10月	174右中	16-113	9-892	北大1-74	
2258	楊幼及妻田氏墓誌	調露1(679)10月	—	—	—	—	秦晉187
2259	韓洪貴墓誌	調露1(679)10月					邙洛71
2260	韓仁楷及妻陳氏墓誌	調露1(679)10月			9-893	洛陽6-47	千唐322

儀鳳・調露

番號	F北大	G墓誌彙編	H 新編	I補遺補編	J 地方	K 博物館・その他	L 日本目録
2210	02194	儀鳳038	21-14404	5-454	—	—	—
2211	—	儀鳳039	21-14404	—	—	—	—
2212	—	儀鳳040	21-14404	—	—	—	—
2213	—	—	—	4-2234	—	—	—
2214	—	—	—	4-2233	—	—	—
2215	—	儀鳳041	21-14404	7-300	吐魯番288	—	—
2216	02197	—	—	—	—	碑林續217	—
2217	02196	—	—	—	—	—	—
2218			21-14405	6-322	—	—	—
2219			—	9-349	—	—	—
2220	02198	續調露001	21-14406	5-455	—	—	—
2221	—		—	—		西交博69	—
2222	02199	調露001	21-14405	3-445	—	唐宋193 施唐110	人0623 東1088
2223	02200	—	—	—	—	—	—
2224	02201	調露004	21-14406	5-455	—	—	—
2225	02203	調露003	21-14407	3-447	—	唐宋194	人0624 東1089
2226	02204	—	—	—	—	—	—
2227	—	續調露002	21-14406	3-446	—	—	—
2228	02202	調露002	21-14406	2-272	—	—	—
2229	02205	調露005	21-14407	2-273	—	—	—
2230	—	續調露003	21-14408	—	—	碑林75-2219	—
2231	02206	—	—	千唐-43	—	—	—
2232					—	西市101	—
2233	02207	調露006	21-14408	3-447	—	唐宋195	人0627
2234							
2235	02208	調露007	21-14409	3-448	—	—	人0625 東1090 淑443 淑444
2236	02209	—	—	千唐-44	—	—	—
2237	—	—	—	—	—	—	—
2238	—	—	—	—	朝陽64	—	—
2239	02210	調露008	21-14409	3-448	—	唐宋196 撒馬36	人0626
2240	02211	調露010	21-14410	2-274	—	—	—
2241	—	調露009	21-14410	4-377	—	—	—
2242	—	調露012	21-14411	4-378	碑碣66	—	—
2243	—	—	—	—	—	碑林新063	—
2244	—	—	—	—	—	慶雅堂19 西市103	—
2245	—	—	—	—	—	西市102	—
2246				8-285	—	碑林新062	—
2247	02212	調露011	21-14411	7-300	西北2-92	—	—
2248	02213	調露014	21-14413	7-301	西北2-93 長碑(399)	—	—
2249	02214	調露013	21-14413	—	—	故宮060 施碑選223	人0628 淑445
2250	—	續調露005	21-14412	4-378	邯鄲碑044	—	—
2251	—	續上元001 續調露004	21-14339 21-14412	5-189		—	—
2252	02217		—	—	—	西市105	明洛16
2253	02221						
2254	—					西市106	—
2255	02218						明洛15
2256	—						
2257	02216	調露017	21-14414	—	西北2-95	施唐113	淑446
2258	02220	—	—				明洛17
2259	02219	—	—	千唐-45	—	—	—
2260	—	調露015	21-14413	2-275			

調露・永隆

番號	墓誌名	年號	A 題跋	B北圖	C 附考 新中国	D隋唐五代	E千唐・河南
2261	羅甑生及妻康氏墓誌	調露1(679)10月	—	16-114	9-891	洛陽6-46	千唐321 民族256 洛絲174
2262	□仕六及妻馬氏墓誌	調露1(679)10月					—
2263	明君妻李氏墓誌	調露1(679)10月	—				流散031
2264	申信墓誌	調露1(679)10月					
2265	杜秀墓誌	調露1(679)10月	174右中	16-115	9-894	河北37	
2266	張虔福墓誌	調露1(679)11月					秦晉188
2267	王通及妻常氏墓誌	調露1(679)11月		16-116	9-895	北京1-79	—
2268	常昌及妻劉氏墓誌	調露1(679)11月					
2269	樂寶仁墓誌	調露1(679)11月		—	河南參-47	—	
2270	麴安及妻董氏墓誌	調露1(679)11月卒	—				新獲續49 河洛95
2271	馬珍及妻吳氏墓誌	調露1(679)11月	174右中	16-117	9-896	北大1-75	
2272	亡宮九品墓誌	調露1(679)11月		16-118	9-897	洛陽6-48	千唐323
2273	楊賁墓誌	調露1(679)11月					秦續303
2274	顏萬石墓誌	調露1(679)12月			9-898	洛陽6-49	千唐324
2275	袁雄及妻柳氏	調露1(679)12月					秦晉189
2276	單義妻秦佛墓誌	調露1(679)12月					
2277	寧君妻王四娘墓誌	調露1(679)12月					新獲續50
2278	泉男生墓誌	調露1(679)12月	174右中	16-120	9-899	洛陽6-50	新唐42民族281
2279	薛矩墓誌	調露1(679)12月					新獲續51 河洛96 龍門68
2280	能延襲墓誌	唐己卯歲(調露1or開元27)12月	—	34-202	—	北京2-159	—
2281	李明墓誌	調露2(680)2月					秦晉190
2282	賈安墓誌	調露2(680)2月					
2283	蕭懷擧墓誌	調露2(680)2月					
2284	韋行懿墓誌	調露2(680)2月			9-900	—	輯繩363
2285	安神儼墓誌	調露2(680)2月	174右中	16-121	10-901	洛陽6-51	輯繩364 民族218 洛絲119
2286	何摩訶墓誌	調露2(680)2月		16-122	10-902	洛陽6-52	千唐325 民族240 洛絲142
2287	亡宮七品墓誌	調露2(680)3月		—	—	—	—
2288	藺武敵墓誌	調露2(680)4月					
2289	樂恭墓誌	調露2(680)4月		16-124	10-903	洛陽6-53	
2290	李師墓誌	調露2(680)6月		16-125	10-904	洛陽6-54	輯繩365
2291	李元禮(徐王)妃羅觀照墓誌	調露2(680)7月		—	—	—	—
2292	亡宮七品墓誌	調露2(680)8月					
2293	申屠賢墓誌	調露2(680)11月					
2294	崔延武墓記	調露間(679〜680)	—	—	—	新疆179	—
2295	宮人墓誌	永隆1(680)9月		—	10-905	—	千唐327
2296	亡宮墓誌	永隆1(680)9月		16-130		洛陽6-55	千唐326
2297	游君妻甄氏神樞銘	永隆1(680)10月		16-131		北京1-80	輯繩366
2298	高感及妻卜氏墓誌	永隆1(680)10月		16-128		山西35	—
2299	魚榮墓誌	永隆1(680)11月					
2300	索義弘墓誌	永隆1(680)11月		16-135	10-906	洛陽6-56	
2301	盧普德及妻崔氏墓誌	永隆1(680)11月					新獲續52
2302	折婁惠墓誌	永隆1(680)12月					
2303	庫狄密墓誌	永隆2(681)1月					
2304	寶希寂及妻韓氏墓誌	永隆2(681)1月				陝西3-90	
2305	張相歡墓表	永隆2(681)1月				新疆180	
2306	王文義墓誌	永隆2(681)1月		16-142	10-907	北大1-76	
2307	方君妻張氏墓誌	永隆2(681)2月				陝西3-91	
2308	王善相妻祿氏墓誌	永隆2(681)2月	174右下	16-143	10-908	北京1-81	
2309	邢弼墓誌	永隆2(681)2月		16-144	10-909	洛陽6-57	千唐328
2310	裴令範妻李氏磚誌	永隆2(681)2月	—	16-145	—	洛陽6-58	

調露・永隆

番號	F北大	G墓誌彙編	H 新編	I補遺補編	J 地方	K 博物館・その他	L 日本目錄
2261	02215	調露016	21-14414	2-274	—	撒馬37	—
2262	—	—	—	—	—	慶雅堂20 西市104	—
2263	—	—	—	—	—	—	—
2264	02223	—	—	—	—	—	—
2265	02222	調露018	21-14415	4-379	—	—	人0630 淑447
2266	—	—	—	—	—	—	—
2267	02224	調露019	21-14416	4-380	—	施唐114	人0604
2268	—	—	—	—	—	碑林續057	—
2269	02225	—	—	千唐-45	—	—	—
2270	—	—	—	8-284	—	—	—
2271	02226	調露020	21-14416	4-380	—	施唐115	人0631
2272	02227	調露021	21-14417	5-455	—	—	—
2273	02228	—	—	—	—	—	—
2274	—	調露022	21-14418	2-276	—	—	—
2275	—	—	—	—	—	—	淑442
2276	02230	—	—	—	—	—	—
2277	—	—	—	8-286	—	—	—
2278	02231	調露023	4-2312	1-61	—	唐宋197 曲石附 河博25	人0634 東1091 淑448 淑449
2279	—	—	—	8-287	—	薛氏224	—
2280	02229	續調露006	21-14417	5-436 下-1850	—	—	—
2281	02232	—	—	—	—	—	—
2282	02233	—	—	—	—	—	—
2283	—	—	—	8-288	長碑(399)	碑林新064	—
2284	—	續調露007	—	6-322	—	—	—
2285	02235	調露024	21-14418	3-449	—	唐宋198 施唐116	人0637 東1092
2286	02234	調露025	21-14419	2-276	—	—	—
2287	—	續調露008	21-14419	—	—	碑林75-2223	—
2288	—	—	—	—	安陽選28	—	—
2289	02236	調露026	21-14419	4-382	—	—	—
2290	—	調露027	21-14420	3-449	—	—	—
2291	—	—	21-14420	4-382 下-2184	—	—	—
2292	—	—	—	—	—	碑林75-2221	—
2293	02238	—	—	—	—	—	—
2294	—	—	—	—	吐魯番321	—	—
2295	02237	—	—	—	—	—	—
2296	—	永隆001	21-14421	5-455	—	—	—
2297	—	永隆002	21-14421	7-503	—	磚刻1161	—
2298	—	續永隆001	21-14421	5-189	景州146 景縣256	—	—
2299	02239	—	—	—	—	—	—
2300	02240	永隆003	21-14422	3-450	—	唐宋199	人0648
2301	—	—	—	8-288	—	—	—
2302	—	—	—	—	—	碑林新065	—
2303	02241	—	—	—	—	—	—
2304	—	續永隆004	21-14429	3-451	—	—	—
2305	—	—	20-13727	7-301	吐魯番289	—	—
2306	02242	永隆004	21-14423	4-383	西北2-96	—	—
2307	—	續永隆002	21-14424	3-453	精華65 長碑(400)	—	—
2308	02244	永隆005	21-14423	—	西北2-97	故宮061 施唐117	人0655 淑450
2309	02243	永隆006	21-14423	2-277	—	—	—
2310	—	續永隆003	21-14424	7-503 下-1841	—	裴氏26 磚刻1162	—

永隆・開耀・永淳

番號	墓誌名	年號	A 題跋	B北圖	C 附考 新中国	D隋唐五代	E千唐・河南
2311	周仁墓誌	永隆2(681)2月	—	—	—	—	—
2312	李愼墓誌	永隆2(681)2月	—	16-146	10-911	洛陽6-59	輯繩367
2313	蕭瑤及妻杜氏墓誌	永隆2(681)2月	174右下	16-147	10-910	洛陽6-60	—
2314	申屠材及妻李氏墓誌	永隆2(681)3月	—	—	—	—	—
2315	成公幾及妻孫氏墓誌	永隆2(681)3月卒	—	—	—	陝西3-92	—
2316	法燈墓誌	永隆2(681)3月	—	16-149	—	北大1-78	—
2317	法樂墓誌	永隆2(681)3月	174右下	16-148	—	北大1-77	—
2318	李君妻張氏墓誌	永隆2(681)3月	—	—	河南參-48	—	—
2319	王君妻呂氏墓誌	永隆2(681)4月卒	—	16-150	10-912	洛陽6-61	千唐329
2320	王才及妻張氏墓誌	永隆2(681)4月	—	16-153	10-913	山西36	—
2321	羅君預墓誌	永隆2(681)4月	—	—	—	—	—
2322	王君墓誌	永隆2(681)4月	—	16-154	10-914	洛陽6-62	千唐330
2323	于君盧舍衞墓誌	永隆2(681)5月	—	—	—	—	—
2324	李奴墓誌	永隆2(681)5月	—	—	—	—	—
2325	亡尼墓誌	永隆2(681)6月	—	—	—	—	—
2326	王明墓誌	永隆2(681)7月	—	16-156	10-915	洛陽6-63	千唐331
2327	康枕及妻曹氏墓誌	永隆2(681)8月	175左上	16-157	10-916	洛陽6-64	民族331 洛絲97
2328	楊政本妻韋檀特墓誌	永隆2(681)8月	174右下	16-158	10-917	北京1-82	—
2329	魯善都墓誌	永隆2(681)10月	—	—	—	—	—
2330	秦徹墓誌	永隆2(681)10月	—	—	—	—	—
2331	韓儉墓誌	永隆2(681)10月	—	—	—	—	—
2332	張輔墓誌	永隆2(681)10月	—	—	—	—	—
2333	馮基及妻宋氏張氏墓誌	永隆2(681)11月	—	—	—	—	—
2334	李元祥(江王)墓誌	開耀1(681)10月	—	—	—	—	新唐44 秦晉191
2335	田師墓誌	開耀1(681)11月	—	—	—	—	—
2336	杜才墓誌	開耀1(681)11月	—	16-160	10-918	洛陽6-65	千唐332
2337	劉應道墓誌	開耀1(681)11月	—	—	—	陝西3-93	—
2338	張君政及妻袁氏墓誌	開耀1(681)11月	175左上	16-161	10-919	洛陽6-66	—
2339	□幹墓誌	開耀1(681)11月	—	—	—	—	—
2340	趙懿及妻王氏墓誌	開耀1(681)12月	—	—	—	—	—
2341	龍敏墓誌	開耀1(681)12月	—	—	—	山西37	—
2342	張敬玄墓誌	開耀1(681)12月	—	16-162	10-920	洛陽6-67	千唐333
2343	丘恊及妻任氏墓誌	開耀2(682)1月	—	—	—	—	—
2344	李琬墓誌	開耀2(682)1月	—	—	—	—	—
2345	柳子陽及妻皇甫氏墓誌	開耀2(682)1月	—	—	—	—	—
2346	李詔及妻□(崔?)氏墓誌	開耀2(682)1月	—	—	—	山西38	—
2347	呂玄福墓誌	開耀2(682)1月	—	—	—	—	—
2348	陽翟侯妻陸氏墓誌	開耀2(682)1月	175左上	—	—	—	—
2349	王賢及妻郜氏墓誌	開耀2(682)2月	—	—	陝西貳-57	—	—
2350	游德墓誌	開耀2(682)2月	—	—	—	—	—
2351	崔志德妻李氏墓誌	開耀2(682)3月	—	—	河南參-49	—	—
2352	趙自愼及妻閻氏墓誌	開耀2(682)3月	—	—	—	—	秦續304
2353	秦靈墓誌	開耀2(682)4月	—	—	—	—	—
2354	張師子墓誌	永淳1(682)3月	—	16-165	10-921	洛陽6-68	千唐334 洛絲150
2355	張和墓誌	永淳1(682)3月	—	16-166	10-922	洛陽6-69	千唐335
2356	張道墓誌	永淳1(682)3月	—	—	—	—	—
2357	李君妻裴太一墓誌	永淳1(682)4月	—	16-167	10-923	北京1-83	—
2358	郭君妻張氏墓誌	永淳1(682)5月	—	—	—	洛陽6-70	—
2359	劉君妻索蘭墓誌	永淳1(682)5月	—	—	—	—	邙洛72
2360	成小師墓誌	永淳1(682)5月	—	16-168	10-924	洛陽6-71	千唐336
2361	唐思文妻張氏墓誌	永淳1(682)5月	—	—	—	—	—
2362	李辯墓誌	永淳1(682)5月	—	16-169	—	洛陽6-72	輯繩368
2363	李睿墓誌	永淳1(682)7月	—	—	—	—	秦晉192 洛駕鴦6-1

- 90 -

番號	F北大	G墓誌彙編	H 新編	I補遺補編	J 地方	K 博物館・その他	L 日本目錄
2311	02247	—	—	—	—	—	—
2312	02245	永隆008	21-14425	4-383	—	—	—
2313	02246	永隆007	21-14424	4-384	—	—	—
2314	—	—	—	—	—	碑林新066	—
2315	—	續永隆005	21-14430	3-452	長新110 長碑65(400)	—	—
2316	02249	永隆010	21-14426	—	西北2-99	蘇州6	—
2317	02248	永隆009	21-14425	—	西北2-98	碑林196-1032 施唐118	人0659 東1108 淑451
2318	02250	—	—	千唐-46	—	—	—
2319	02251	永隆011	21-14426	2-277	—	—	—
2320	—	永隆012	21-14427	4-384	—	施碑選224	—
2321	—	永隆013	21-14427	7-301	—	—	—
2322	02252	永隆014	21-14427	2-278	—	—	淑453
2323	—	—	—	—	—	慶雅堂21 西市107	—
2324	02253						
2325	02254						
2326	02255	永隆015	21-14428	2-278	—	—	—
2327	02256	永隆016	21-14428	3-452	—	撒馬38	人0667
2328	02257	永隆017	21-14429	—	—	—	淑452
2329	—	—	—	—	碑誌101	—	—
2330	02258	—	—	—	—	西市108	—
2331	—	—	—	—	—	西市108	—
2332	—	—	—	—	大全・襄垣14	—	—
2333	02260	—	—	—	—	西市109	明洛18
2334	—	—	—	—	—	—	—
2335	02261						
2336	02259	開耀001	21-14431	2-279	—	—	—
2337	—	續開耀001	21-14432	3-20	長新112 長碑66(401)	—	—
2338	—	開耀002	21-14434	4-384	—	—	—
2339	02262						
2340	—	—	—	—	大同232	—	—
2341	—	續開耀002	21-14435	5-190	—	—	—
2342	02263	開耀003	21-14435	2-279	—	—	—
2343	—	—	—	—	—	碑林新067	—
2344	02264						
2345	—	—	—	—	—	西市110	—
2346	—	續開耀003	21-14436	5-191	長治97	—	—
2347	02265	—	—	千唐-47	—	—	—
2348							
2349	—	—	—	6-323	—	碑林75-2225	—
2350	—	—	—	—	安陽選29	—	—
2351	02266	—	—	千唐-48	—	—	—
2352	02267	—	—	—	—	碑林續058	—
2353	02271						
2354	02268	永淳001	21-14437	2-280	—	—	—
2355	02269	永淳002	21-14437	2-281	—	—	—
2356	—	—	—	—	—	碑林新068	—
2357	02270	永淳003	3-1953	—	西北2-101	唐宋201 裴氏26	人0673
2358	—	續永淳001	21-14438	5-192	—	—	—
2359							
2360	02272	永淳004	21-14439	2-282	—	—	—
2361	—	永淳005	21-14439	7-503	吐魯番290	故宮高昌116	—
2362	02273	永淳006	21-14439	4-385	—	—	—
2363	02274						

永淳

番號	墓誌名	年號	A 題跋	B北圖	C 附考 新中國	D隋唐五代	E千唐・河南
2364	宋感墓誌	永淳1(682)7月	—	—	—	陝西3-94	—
2365	李才仁墓誌	永淳1(682)7月	—	16-170	10-925	北京1-84	—
2366	韋元整妻王婉墓誌	永淳1(682)7月	—	—	—	陝西3-95	—
2367	韓德信妻程氏墓誌	永淳1(682)7月	—	16-171	10-926	洛陽6-73	千唐337
2368	李元軌墓誌	永淳1(682)7月	—	16-172	10-927	洛陽6-74	輯繩369
2369	賈文行墓誌	永淳1(682)8月	—	16-173	10-928	河南35	—
2370	蘭師墓誌	永淳1(682)8月	175左中	16-174	10-929	洛陽6-75	民族206
2371	焦海智墓誌	永淳1(682)9月	—	—	—	—	—
2372	胡光復墓誌	永淳1(682)10月	—	16-175	—	洛陽6-76	—
2373	宮人二品墓誌	永淳1(682)10月	—	—	10-930 陝西壹-87	陝西1-64	—
2374	皇甫福善及妻范氏墓誌	永淳1(682)10月	—	—	10-932	洛陽6-77	千唐338
2375	康磨伽墓誌	永淳1(682)10月	175左中	16-177	10-931	洛陽6-79	河洛97 民族331 洛絲98
2376	康留買墓誌	永淳1(682)10月	175左中	16-176	10-933	洛陽6-78	輯繩370 民族332 洛絲99
2377	游柱及妻王氏墓誌	永淳1(682)10月	—	—	—	—	—
2378	馮瓊及妻元氏墓誌	永淳1(682)10月	—	—	—	山西39	—
2379	杜敏墓誌	永淳1(682)10月	—	16-178	10-934	洛陽6-80	輯繩371
2380	牛寶墓誌	永淳1(682)10月	—	—	—	—	—
2381	吳充墓誌	永淳1(682)10月	—	—	—	—	—
2382	李海及妻杜氏墓誌	永淳1(682)10月	—	—	河北壹-63	河北38	—
2383	趙戩墓誌	永淳1(682)10月	—	—	—	—	—
2384	王正惠及薛氏墓誌	永淳1(682)10月	—	—	—	—	秦晉193
2385	李侑及妻夏侯氏墓誌	永淳1(682)10月	—	—	—	—	秦續305
2386	崔通及妻申屠氏墓誌	永淳1(682)10月	—	16-181	10-938	山西40	—
2387	張貴寬墓誌	永淳1(682)10月	—	16-179	10-937	洛陽6-81	千唐340
2388	張達墓誌	永淳1(682)10月	—	16-180	10-936	洛陽6-82	千唐339
2389	董冬墓誌	永淳1(682)10月	—	16-182	10-935	北京1-85	—
2390	虞慤及妻沈氏墓誌	永淳1(682)10月	—	—	—	—	邙洛73 龍門455
2391	楊君妻李氏墓誌	永淳1(682)11月	—	—	10-939	—	—
2392	雲長及妻張氏墓誌	永淳1(682)11月	—	—	—	—	—
2393	董才及妻向氏墓誌	永淳1(682)11月	—	—	—	—	秦晉195
2394	劉損之及妻裴氏墓誌	永淳1(682)11月	—	—	—	—	邙洛74
2395	魯軌墓誌	永淳1(682)11月	—	—	—	—	秦晉194 七朝101
2396	□君及妻□氏墓誌	永淳1(682)11月	—	—	—	洛陽6-83	—
2397	柳沖妻長孫氏墓誌	永淳1(682)11月	—	—	—	—	—
2398	郭辯言及妻王氏張氏墓誌	永淳1(682)11月	—	—	—	—	—
2399	燕秀墓誌	永淳1(682)11月	—	16-183	10-940	洛陽6-84	—
2400	崔志道及妻李氏墓誌	永淳1(682)11月	—	16-184	10-941	洛陽6-85	千唐341
2401	李相及妻丁氏墓誌	永淳1(682)11月	—	16-185	10-942	北京1-86	—
2402	劉秀及妻許氏張氏墓誌	永淳1(682)11月	—	—	—	—	—
2403	趙義墓誌	永淳1(682)11月	175左中	16-186	10-943	洛陽6-86	輯繩372
2404	李明墓誌	永淳1(682)12月	—	—	—	—	—
2405	陳善及妻劉氏墓誌	永淳1(682)12月	—	—	河北壹-64	河北39	—
2406	陳玄德墓誌	永淳1(682)12月	—	—	—	—	—
2407	扶餘隆墓誌	永淳1(682)12月	175左中	16-187	10-944	洛陽6-87	輯繩373 民族238
2408	周道務妻李孟姜(臨川長公主)墓誌	永淳1(682)12月	—	—	10-945 陝西壹-88	陝西3-96	—
2409	祁文隆及妻嚴氏墓誌	永淳1(682)12月	—	—	河南參-50	—	邙洛75
2410	殘墓誌	永淳1(682)	—	—	—	—	—
2411	段會及妻胡氏墓誌	永淳2(683)1月	—	—	河南參-51	—	—
2412	元琰妻韋金墓誌	永淳2(683)1月	—	—	—	陝西3-97	—
2413	王光墓誌	永淳2(683)1月	—	—	—	—	—
2414	楊君妻杜芬墓誌	永淳2(683)2月	—	16-188	10-946	洛陽6-88	—
2415	獨孤思泰墓誌	永淳2(683)2月	—	—	—	—	—

永淳

番號	F北大	G墓誌彙編	H 新編	I補遺補編	J 地方	K 博物館・その他	L 日本目録
2364	－	續永淳002	18-12397	2-4	－	－	－
2365	02275	永淳007	21-14440	－	西北2-102	施唐119	人0675
2366	－	續永淳003	－	3-23	長新116 長碑67(403)	－	－
2367	02276	永淳008	21-14440	2-282	－	－	－
2368	02277	永淳009	21-14441	3-24	－	唐宋202	人0674 東1118
2369	02278	永淳010	21-14442	－	－	－	人0677
2370	02279	永淳011	21-14442	－	－	－	－
2371	－	－	－	－	－	西市111	－
2372	02280	永淳012	21-14443	4-386	－	－	－
2373	－	續永淳004	21-14444	5-455 下-2184	西北2-103	昭陵70	－
2374	－	永淳015	21-14446	2-283	－	－	－
2375	02282	永淳014	21-14445	3-454	－	唐宋200 撒馬40 施碑選225	人0671 東1119 東1120
2376	02281	永淳013	21-14444	3-453	－	唐宋203 撒馬39 施碑選226	人0678 東1121 東1122 淑454
2377	－	－	－	－	分類70	－	－
2378	－	續永淳005	21-14446	5-192	大全・黎城14	－	－
2379	02283	永淳016	21-14447	3-455	－	－	－
2380	－	－	－	－	－	碑林新069	－
2381	02284	－	－	－	－	－	－
2382	－	續永淳006	21-14447	4-387	－	－	－
2383	02285	－	－	－	－	－	－
2384	－	－	－	－	－	－	－
2385	02286	－	－	－	－	－	－
2386	－	永淳020	21-14449	4-387	－	－	－
2387	02288	永淳019	21-14448	2-283	－	－	－
2388	02287	永淳018	21-14448	2-284	－	－	－
2389	02289	永淳017	21-14447	4-387	－	－	－
2390	02290	－	－	－	－	－	－
2391	－	－	4-2242	－	－	－	－
2392	－	－	－	－	－	碑林新070	－
2393	－	－	－	－	－	－	－
2394	－	－	－	－	－	－	－
2395	02291	－	－	－	－	－	－
2396	－	續永淳007	21-14449	5-193	－	－	－
2397	－	－	－	－	－	慶雅堂22 西市112	－
2398	－	－	－	－	－	碑林新071	－
2399	0229	永淳021	21-14450	3-456	－	唐宋204	－
2400	02293	永淳022	4-2315	1-65	－	－	－
2401	02294	續永淳008	21-14450	4-388 下-1841	－	－	－
2402	－	－	－	－	邯鄲碑126	－	－
2403	02295	永淳023	4-2316	－	－	唐宋205 施唐120-121	人0680 東1123
2404	－	－	－	－	大全・襄垣16	－	－
2405	－	－	－	－	－	－	－
2406	－	－	－	－	長新118 長碑68(405)	－	－
2407	02296	永淳024	21-14451	3-456	－	唐宋206 施唐122-123 河博26	人0681 東1124
2408	－	永淳025 續永淳009	3-1955 3-1956	1-66 下-2087	西北2-104	昭陵71 碑林196-1035	淑455 淑456
2409	02297	－	－	千唐-50	－	－	－
2410	－	續永淳010	21-14452	－	吐魯番291	－	－
2411	02298	－	－	千唐-50	－	－	－
2412	－	續永淳011	4-2300	2-5	西北2-105 長碑(405)	－	－
2413	－	－	21-14453	－	－	－	－
2414	02299	永淳026	21-14452	4-388	－	唐宋207 施唐124	人0683 東1125
2415	－	－	－	－	－	碑林續059	－

永淳・弘道・嗣聖・文明

番號	墓誌名	年號	A 題跋	B北圖	C 附考 新中国	D隋唐五代	E千唐・河南
2416	張懿墓誌	永淳2(683)2月	175左下	16-189	10-947	北大1-79	—
2417	張歡妻麴連墓誌	永淳2(683)2月	—	—	—	新疆181	—
2418	封季□墓誌	永淳2(683)2月	—	—	—	—	七朝102
2419	亡宮墓誌	永淳2(683)4月	—	—	—	—	秦晉196
2420	王君妻李氏墓誌	永淳2(683)4月	175左下	—	10-948	—	—
2421	張法墓誌	永淳2(683)4月	—	—	—	—	秦續306 流散032
2422	李沖寂墓誌	永淳2(683)5月	—	—	10-949	—	—
2423	趙勤墓誌	永淳2(683)6月	—	16-191	10-950	洛陽6-89	輯繩374
2424	馬湛墓誌	永淳2(683)7月	—	—	—	—	—
2425	亡宮之銘	永淳2(683)7月	—	—	—	—	河洛98
2426	張潛及妻尉氏尚氏墓誌	永淳2(683)8月	—	—	—	洛陽6-90	新獲22
2427	宮人九品墓誌	永淳2(683)9月	—	—	10-951	—	—
2428	李仁廓墓誌	永淳2(683)9月	—	—	—	—	—
2429	郭翊及妻馮氏墓誌	永淳2(683)11月	—	—	—	—	秦晉197
2430	馮樹及妻郭氏墓誌	永淳2(683)11月	—	—	—	—	流散033
2431	孟君妻麻氏墓誌	永淳2(683)11月	175左下	16-194	10-952	洛陽6-91	輯繩375
2432	牛感墓誌	永淳2(683)12月	—	—	—	—	—
2433	亡宮九品墓誌	永淳間(682〜683)	—	—	—	—	—
2434	杜君妻朱氏墓誌	永淳間(682〜683)	175右上	34-120	—	北大2-172	—
2435	曹因墓誌	永淳間(682〜683)	175右上	—	10-957	—	—
2436	暢昉墓誌	弘道1(683)12月	—	17-1	10-953	洛陽6-92	千唐342
2437	支英及妻董氏墓誌	弘道1(683)12月	—	—	—	—	民族165
2438	劉弘墓誌	弘道1(683)12月	—	17-2	10-954	洛陽6-93	—
2439	亡宮八品墓誌	弘道2(684)1月	—	—	—	—	秦晉198
2440	李嘉墓誌	弘道2(684)1月	—	—	10-955	—	—
2441	李道恩妻那氏墓誌	高宗間(650〜683)	—	—	—	—	秦晉199
2442	達奚君及妻柳氏墓誌	高宗間(649〜683)	—	—	—	—	—
2443	衞君妻賀拔氏墓誌	高宗間(649〜683)	—	—	—	—	—
2444	楊貞墓誌	高宗間(649〜683)？	—	—	—	—	秦續308
2445	田宏敏墓誌	嗣聖1(684)1月	175右上	—	—	—	—
2446	楊德深及妻夏侯氏墓誌	嗣聖1(684)1月	—	—	—	—	河洛99 龍門73
2447	鄭肅墓誌	嗣聖1(684)1月	—	—	—	洛陽6-94	—
2448	王寶墓誌	嗣聖1(684)2月	—	17-3	10-958	洛陽6-95	—
2449	張君偆及妻王氏墓誌	嗣聖1(684)2月	—	—	—	—	—
2450	李徽墓誌	嗣聖1(684)3月	—	—	10-959	—	—
2451	王敬同妻韋氏墓誌	文明1(684)2月	—	—	—	—	秦晉200
2452	崔德珪墓誌	文明1(684)3月	—	—	—	—	秦晉201
2453	郭眞及妻董氏墓誌	文明1(684)3月	—	—	—	—	秦續309
2454	程操墓誌	文明1(684)3月	—	—	—	—	—
2455	歐陽詢妻徐氏墓誌	文明1(684)3月	175右上	—	—	—	—
2456	黃君墓誌	文明1(684)4月	—	—	—	洛陽6-96	—
2457	孫義普墓誌	文明1(684)5月	175右上	17-4	10-960	北京1-87	—
2458	樂道仁墓誌	文明1(684)5月	—	—	10-961	山西41	—
2459	亡宮六品墓誌	文明1(684)閏5月	—	—	10-962	洛陽6-97	千唐343
2460	鄭善德墓誌	文明1(684)閏5月	—	—	—	—	—
2461	成綸(倫)墓誌	文明1(684)6月	—	17-5	10-963	洛陽6-98	千唐344
2462	孫通墓誌	文明1(684)7月	175右上	17-6	10-964	洛陽6-99	—
2463	穆念墓誌	文明1(684)7月	—	—	—	—	—
2464	金義墓誌	文明1(684)7月	—	17-7	10-965	洛陽6-101	千唐346

番號	F北大	G墓誌彙編	H 新編	I 補遺補編	J 地方	K 博物館・その他	L 日本目録
2416	02300	永淳027	21-14453	—	西北2-106	碑林196-1039 故宮062 施唐125	人0684 淑457
2417	—	續永淳012	21-14453	7-301	西北2-107 吐魯番292	—	—
2418	—	—	—	—	—	—	—
2419	02301	—	—	—	—	—	明洛19
2420	02302	永淳028	21-14454	8-289	—	—	—
2421	—	—	—	—	—	—	—
2422	—	—	4-2239	—	—	—	—
2423	02303	永淳029	21-14454	4-389	—	—	—
2424	02304	—	—	—	—	—	—
2425	—	—	—	—	—	—	—
2426	02305	續永淳013	21-14455	5-194	—	—	—
2427	—	續永淳014	21-14455	7-302	—	—	—
2428	02306	—	—	千唐-51	—	—	—
2429	02307	—	—	—	—	—	—
2430	—	—	—	—	—	—	—
2431	02308	永淳030	21-14455	4-390	—	唐宋208	人0691 東1126
2432	—	—	—	—	—	碑林新072	—
2433	—	—	—	—	—	碑林75-2230	—
2434	06788	殘誌012	22-15550	—	西北6-68	故宮195 施唐324-325	淑697
2435	—	—	—	—	—	—	—
2436	02309	弘道001	21-14455	2-284	—	—	—
2437	02310	—	—	千唐-52	—	—	—
2438	—	弘道002	21-14456	2-285	—	曲石17 南京18	—
2439	02311	—	—	—	—	—	明洛20
2440	—	—	4-2235	—	—	—	—
2441	—	—	—	—	—	—	—
2442	—	—	—	上-182	—	—	—
2443	—	—	—	上-185	—	—	—
2444	—	—	—	—	—	—	—
2445	—	嗣聖001	—	—	—	—	—
2446	02312	—	—	—	—	—	明洛21
2447	—	嗣聖002	21-14457	5-195	—	—	—
2448	02313	嗣聖003	21-14458	3-457	—	唐宋209	人0692
2449	—	—	—	下-1843	大全・襄垣741	—	—
2450	02314	續嗣聖001	21-14459	4-390 下-1842	—	—	—
2451	02315	—	—	—	—	—	明洛22
2452	02316	—	—	—	—	—	—
2453	02318	—	—	—	安豐167	—	—
2454	02317	—	—	—	—	—	—
2455	—	—	—	—	—	—	—
2456	—	續文明001	21-14460	7-302	—	—	—
2457	02319	文明001	21-14460	—	西北2-108	—	人0694
2458	—	文明002	21-14461	6-323	—	—	—
2459	—	文明003	21-14365	5-456	—	—	—
2460	02320	—	—	—	—	—	—
2461	02321	文明004	21-14461	2-286	—	—	—
2462	02322	文明005	21-14462	3-458	—	唐宋210	人0695 東1130
2463	02323	—	—	—	—	—	—
2464	02324	文明007	21-14463	2-287	—	—	—

文明・光宅・垂拱

番號	墓誌名	年號	A 題跋	B北圖	C 附考 新中国	D隋唐五代	E千唐・河南
2465	亡宮八品墓誌	文明1(684)8月	－	－	10-968	洛陽6-100	千唐345
2466	王岐墓誌	文明1(684)8月	175右中	17-8	10-966	洛陽6-102	輯繩376
2467	皇甫鏡幾墓誌	文明1(684)8月	－	17-9	10-967	洛陽6-103	千唐347
2468	皇甫文房墓誌	文明1(684)8月					秦晉202 七朝103 洛鴛鴦7-1
2469	郭敬宗墓誌	文明1(684)8月				洛陽6-104	輯繩377
2470	宮人七品墓誌	文明1(684)9月	175右中		10-971		
2471	程氏塔銘	文明1(684)10月	169左中	17-11		北京1-88	
2472	仇慎墓誌	文明1(684)10月					
2473	苗裕墓誌	文明1(684)10月			10-969		
2474	劉遵誼墓誌	文明1(684)					秦續311
2475	孫令名墓誌	咸亨1(670)〜文明1(684)	－	－		洛陽15-26	千唐1211
2476	宋益容墓誌	光宅1(684)3月	－	－	15-1453	北大1-80	－
2477	楊君妻王俱夷墓誌	光宅1(684)9月	－	17-12	10-970	洛陽6-105	千唐348
2478	孫德及妻連氏墓誌	光宅1(684)10月			10-972		
2479	李璿墓誌	光宅1(684)10月		17-13	10-973	洛陽6-106	千唐349
2480	安元壽墓誌	光宅1(684)10月	－	－	陝西壹-89	陝西3-98	－
2481	朱寶及妻吳氏墓誌	光宅1(684)10月				洛陽6-107	
2482	呂玄爽及妻程氏墓誌	光宅1(684)10月		17-15	10-974	洛陽6-108	輯繩378
2483	宋君妻王氏墓誌	光宅1(684)10月	175右中	17-14	10-975	北京1-89	
2484	麻素墓誌	光宅1(684)10月	－	－	河南參-52	－	
2485	馮士良墓誌	光宅1(684)10月					
2486	楊信墓誌	光宅1(684)11月					
2487	□君及妻張氏墓誌	光宅1(684)11月	175右中				
2488	張父成墓誌	光宅1(684)11月卒				山西42	
2489	陳鷥及楊氏墓誌	光宅1(684)11月					邙洛76 龍門456
2490	張舉及妻劉氏墓誌	光宅1(684)11月				河北40	
2491	陳仁弘及妻裴氏墓誌	光宅1(684)11月					秦續310
2492	賈濟及妻皇甫氏墓誌	光宅1(684)11月					
2493	盧承業妻李灌頂墓誌	光宅1(684)11月	175右中	17-16	10-976	洛陽6-109	－
2494	李儉及妻元氏墓誌	光宅1(684)11月					秦晉203 七朝104 流散034
2495	高安期墓誌	光宅1(684)11月		17-17	10-977	洛陽6-110	輯繩379
2496	孟君妻李娘墓誌	光宅1(684)11月		17-18	10-978	洛陽6-111	－
2497	劉武及妻樊氏墓誌	光宅1(684)12月					
2498	李緒墓誌	光宅1(684)12月					
2499	常子及妻崔氏墓誌	垂拱1(685)1月					
2500	趙承慶墓誌	垂拱1(685)1月		17-19	10-979	洛陽6-112	千唐350
2501	孟仁及妻張氏墓誌	垂拱1(685)1月		17-20	10-980	洛陽6-113	
2502	王協妻蕭貞墓誌	垂拱1(685)2月	－	－			新獲23
2503	成德墓誌	垂拱1(685)2月		17-21	10-981	洛陽6-114	千唐351
2504	格虞仁及妻李氏墓誌	垂拱1(685)2月					輯繩380
2505	賈節及妻元氏墓誌	垂拱1(685)2月					秦續312
2506	楊德裔及妻李氏墓誌	垂拱1(685)2月			10-982		
2507	張貞墓誌(女)	垂拱1(685)3月	175右下	17-22	10-983	洛陽6-115	
2508	譚德及妻張氏墓誌	垂拱1(685)3月		17-23	10-984	洛陽6-116	輯繩381
2509	趙勒叉墓誌	垂拱1(685)4月					秦續313
2510	薛震(褰、字元超)墓誌	垂拱1(685)4月			10-985 陝西壹-90	陝西1-65	－
2511	張護墓誌	垂拱1(685)4月	－	17-25	10-986	洛陽6-117	－

文明・光宅・垂拱

番號	F北大	G墓誌彙編	H 新編	I 補遺補編	J 地方	K 博物館・その他	L 日本目録
2465	—	文明006	21-14462	5-456	—	—	—
2466	02325	文明008	21-14463	3-458		唐宋211	人0696 東1131
2467	02326	文明009	21-14464	2-287			
2468	02327				—	北大新拓108(155)	—
2469	—	續文明002	21-14464	5-195			
2470	02325	文明010	21-14463	7-302			
2471	—	文明011	22-15559	—			
2472	02333						
2473	—	續文明004	21-14465	8-290			
2474	02329						
2475	—	殘誌062	22-15556	2-584	—		
2476	02330	續光宅001	21-14466	7-303	—	—	—
2477	02331	光宅001	21-14466	2-288			
2478	—	光宅002	21-14467	7-303			
2479	02332	光宅003	21-14467	2-288			
2480	—	續光宅003	3-1958	1-67 上-226	西北2-110 精華66	昭陵73	淑458
2481	—	續文明003	21-14465	5-196			
2482	02334	續光宅004	21-14470	3-459 下-1843			
2483	02335	光宅004	21-14468	—	河間222	施唐126	
2484	02336	—	—	千唐-53			
2485	—	續光宅002	21-14469	8-289	—	碑林新073	
2486	—	—	—	—	大全・襄垣18		
2487	—	光宅005		7-304			
2488	—	續光宅005	21-14471	7-304 下-2186	河東5		
2489	02338	—	—	—			明洛23
2490	—	續光宅006	21-14472	4-391			
2491	—						
2492	—			—	安豐169		
2493	02337	光宅006	21-14472	3-460		遼寧博140	人0701 東1133 淑459
2494	02340		—	—			
2495	02339	光宅007	21-14473	3-460	景縣265	—	—
2496	02341	光宅008	21-14474	3-461		唐宋212	人0703
2497	02342	—	—	—	安豐168 安陽選(7)		
2498	—				大同252		
2499	—	—	—	—	大全・壺関8	—	—
2500	02343	垂拱001	21-14474	2-289			
2501	02344	垂拱002	21-14474	2-289	—	曲石18 南京19	
2502	—		21-14477	6-323			
2503	02345	垂拱003	21-14475	2-290			
2504	—	續垂拱001	21-14475	7-305			
2505	—						
2506	—		4-2236				
2507	02346	垂拱005	21-14478	3-461		唐宋213	人0705 東1135
2508	02347	續垂拱002	21-14479	6-324 下-1844			
2509	02348	—	—	—			
2510	02349	續垂拱003	—	1-69 上-269	咸刻30	碑林196-1046 薛氏227	
2511	02350	垂拱006	21-14480	2-290	—	曲石19 南京20	—

垂拱

番號	墓誌名	年號	A 題跋	B北圖	C 附考 新中国	D隋唐五代	E千唐・河南
2512	七品宮人墓誌	垂拱1(685)5月	—	—	—	陝西1-67	—
2513	李威墓誌	垂拱1(685)6月	—	—	—	—	—
2514	紇單端及妻牛氏墓誌	垂拱1(685)6月卒	—	—	—	—	—
2515	賈玄贊殯記	垂拱1(685)6月	175右下	17-26	—	洛陽6-118	—
2516	劉初墓誌	垂拱1(685)7月	—	—	陝西壹-91	陝西3-100	—
2517	竇君妻李氏墓誌	垂拱1(685)7月	—	—	—	—	—
2518	李謹行墓誌	垂拱1(685)7月	—	—	10-987 陝西壹-92	陝西3-101	—
2519	柳永錫墓誌	垂拱1(685)7月	175右下	17-27	10-989	洛陽6-119	—
2520	柳侃墓誌	垂拱1(685)7月	—	17-28	10-988	洛陽6-120	千唐352
2521	王仁安及妻炘氏墓誌	垂拱1(685)8月	—	—	—	—	—
2522	路季琳墓誌	垂拱1(685)8月	—	—	—	—	秦續314
2523	楊上及妻宗氏墓誌	垂拱1(685)8月	—	—	—	—	—
2524	杜儼及妻呂氏墓誌	垂拱1(685)8月	—	—	—	—	—
2525	王直墓誌	垂拱1(685)10月	—	—	—	—	—
2526	裴義暹墓誌	垂拱1(685)10月	—	—	—	—	—
2527	楊文挺墓誌	垂拱1(685)10月	—	—	—	—	—
2528	丁範墓誌	垂拱1(685)10月	—	17-30	10-990	洛陽6-121	千唐353
2529	王遇墓誌	垂拱1(685)10月	—	—	—	—	—
2530	張濟墓誌	垂拱1(685)10月	—	—	10-991	—	—
2531	韓護及妻雍氏墓誌	垂拱1(685)10月	—	—	—	—	秦晉204
2532	王敬及妻閻氏郭氏宋氏墓誌	垂拱1(685)10月	—	—	—	山西43	—
2533	杜奇墓誌	垂拱1(685)10月	—	—	—	—	河洛100
2534	常讓及妻李氏墓誌	垂拱1(685)10月	—	—	—	—	—
2535	堯蓓及妻楊氏墓誌	垂拱1(685)10月	—	—	—	—	秦續316
2536	楊律及妻孫氏墓誌	垂拱1(685)10月	—	—	—	—	—
2537	楊暕及妻李氏墓誌	垂拱1(685)10月	—	—	—	—	秦晉205 七朝105
2538	爾朱旻墓誌	垂拱1(685)10月	—	17-31	10-992	洛陽6-122	千唐354 民族202
2539	爾朱君妻李氏墓誌	垂拱1(685)10月	—	—	—	—	—
2540	獨孤守義墓誌	垂拱1(685)10月	—	17-32	10-993	陝西3-102 洛陽6-123	千唐355 民族287
2541	崔抱貞墓誌	垂拱1(685)10月	—	—	—	—	—
2542	周寶墓誌	垂拱1(685)10月	—	—	—	洛陽6-124	新獲24
2543	張倫墓誌	垂拱1(685)10月	—	—	—	洛陽6-125	—
2544	郭海及妻王氏墓誌	垂拱1(685)10月	—	—	—	山西44	—
2545	楊彥及妻王氏墓誌	垂拱1(685)10月	—	—	—	—	—
2546	申萃墓誌	垂拱1(685)10月	—	—	—	—	—
2547	高眞行墓誌	垂拱1(685)10月	—	—	—	—	河洛101 新唐46
2548	白簡寂及妻陳氏墓誌	垂拱1(685)10月	—	—	—	—	秦續315
2549	趙安塔銘	垂拱1(685)10月	—	—	—	—	—
2550	申留墓誌	垂拱1(685)11月	—	—	—	—	—
2551	□高墓誌	垂拱1(685)11月	—	—	—	—	—
2552	張興墓誌	垂拱1(685)11月	—	—	—	—	—
2553	牛越墓誌	垂拱1(685)12月	—	—	—	—	—
2554	景他墓誌	垂拱1(685)12月	—	—	—	—	—
2555	韓郎墓誌	垂拱1(685)12月	—	17-33	10-994	洛陽6-126	千唐356
2556	程叔恁墓誌	垂拱1(685)12月	—	—	—	—	—
2557	段玄及妻郭氏王氏墓誌	垂拱1(685)12月	—	—	—	—	—
2558	秦朗墓誌	垂拱1(685)12月	—	—	—	—	—
2559	黃師墓誌	垂拱1(685)12月	—	17-35	10-995	洛陽6-127	千唐357
2560	李懿及妻君侯氏墓誌	垂拱1(685)12月	—	—	—	—	—
2561	馬君妻張氏墓誌	垂拱1(685)12月	—	—	—	—	邙洛77 秦晉206
2562	段雅墓誌	垂拱1(685)12月	175右下	—	10-996	—	—
2563	段感墓誌	垂拱1(685)12月	176左上	—	10-997	—	—
2564	李無或及妻朱氏墓誌	垂拱1(685)12月	—	—	河南參-53	—	—
2565	張貞墓誌(男)	垂拱1(685)	175右下	17-37	10-998	洛陽6-128	—
2566	任玄播墓誌	垂拱2(686)2月	—	—	—	—	—

番號	F北大	G墓誌彙編	H 新編	I補遺補編	J 地方	K 博物館・その他	L 日本目録
2512	—	—	—	—			
2513	—	續垂拱004	21-14480	4-392 下-1844	長碑69(406)	—	—
2514	—	—	—	—	武威29		
2515	—	垂拱007	21-14480	7-307	景縣278	—	—
2516	—	續垂拱005	21-14481	3-462	咸刻31	—	—
2517	—	—	—	7-12	長碑(406)	—	—
2518	02351	續垂拱006	21-14482	2-291 下-1845	咸刻32	碑林196-1042	—
2519	02353	垂拱009	21-1484	3-463	—	唐宋214	人0707 東1136
2520	02352	垂拱008	21-14483	2-293		—	—
2521	—					碑林續060	
2522							
2523	—	續垂拱007	21-14485	8-291			
2524	—	—	—	—		碑林新074	—
2525	—	—	—	—		西市113	—
2526	—	—	—	—		裴氏31	—
2527	02354	—	—	—		—	—
2528	02355	垂拱010	21-14487	2-294			
2529	—	—	—	—	大全・襄垣19		
2530	—	垂拱011	21-14487	7-307			
2531	—	—	—	—		西市114	
2532	—	續垂拱008	21-14486	5-196	長治118		
2533	02356						
2534	—	—	—	—		碑林新075	—
2535	02360						
2536	—	—	—	—	碑誌102	—	—
2537	02361						
2538	02357	垂拱012	21-14488	2-295	—	—	—
2539	02359	—	—	千唐-54			
2540	02358	垂拱013	21-14489	2-294	—	—	—
2541	02362	—	—	千唐-55			
2542	—	續垂拱010	21-14491	5-197			
2543	02363	垂拱014	21-14490	6-325	—	施唐127	—
2544	—	續垂拱009	21-14490	6-326	大全・長治14	—	—
2545	02364	—	—	千唐-56			
2546	02366	—	—	—			
2547	02365	—	—	—			
2548	—						
2549	—	—	22-15560	—	衞輝42	—	—
2550	02367						
2551	02368						
2552	02369						
2553	02371						
2554	—	—	—	—	任城46	—	—
2555	02370	垂拱015	21-14491	2-296	—	—	—
2556	02372						
2557	—	—	—	—	臨汾242 大全・浮山11	—	—
2558	02373	—	—	—			
2559	02374	垂拱016	21-14492	2-296			
2560	—	—	—	—	孟州169	—	—
2561	02375						
2562	—	垂拱017	21-14493	7-308	—	—	—
2563	—	垂拱018	21-14493	7-308	—	—	—
2564	02376	—	—	千唐-56			
2565	02377	垂拱004	21-14477	7-309	—	—	人0704
2566	—	—	—	—		汾陽12(24)	—

垂拱

番號	墓誌名	年號	A 題跋	B北圖	C 附考 新中国	D隋唐五代	E千唐・河南
2567	高安期妻元妃娘墓誌	垂拱2(686)2月	—	17-39	10-999	洛陽6-129	民族136
2568	牛仁墓誌	垂拱2(686)2月	—	—	—	—	—
2569	程子墓誌	垂拱2(686)2月	—	—	—	—	—
2570	陳眞墓誌	垂拱2(686)2月	—	—	—	—	—
2571	張覽墓誌	垂拱2(686)3月	—	17-40	10-1000	洛陽6-130	新唐48
2572	吳莫及妻趙氏墓誌	垂拱2(686)3月	—	—	—	—	—
2573	王行淹墓誌	垂拱2(686)4月	176左上	17-42	11-1001	洛陽6-131	—
2574	王徵君臨終口授銘	垂拱2(686)4月	176左上	17-41	—	—	—
2575	陸景澄墓誌	垂拱2(686)4月	—	—	—	—	秦續317
2576	管基墓誌	垂拱2(686)6月	—	17-44	11-1002	洛陽6-132	—
2577	□禮元及妻李氏墓誌	垂拱2(686)7月	—	—	—	—	輯繩382 龍門74
2578	王懷璲墓誌	垂拱2(686)7月	—	—	—	—	—
2579	劉善及妻宋氏墓誌	垂拱2(686)7月	—	—	—	—	新獲續53
2580	李咸仁墓誌	垂拱2(686)8月	—	—	—	—	秦續318
2581	韋昱墓誌	垂拱2(686)8月	—	—	—	—	—
2582	王行威墓誌	垂拱2(686)9月	176左中	17-47	11-1003	北京1-90	—
2583	汜建墓誌	垂拱2(686)9月	—	—	—	—	—
2584	于賢墓誌	垂拱2(686)10月	—	—	陝西貳-58	—	—
2585	方藏墓誌	垂拱2(686)10月	—	—	—	—	—
2586	崔惠及妻李氏墓誌	垂拱2(686)10月	—	—	—	—	—
2587	崔子墓誌	垂拱2(686)11月	—	—	—	—	—
2588	田玄善妻張起墓誌	垂拱2(686)10月	—	17-48	11-1004	山西45	—
2589	管思禮墓誌	垂拱2(686)10月	—	17-49	11-1005	洛陽6-133	千唐358
2590	李君妻丁氏墓誌	垂拱2(686)11月	—	—	—	—	秦晉207
2591	陳沖墓誌	垂拱2(686)12月	—	17-51	11-1006	洛陽6-134	輯繩383
2592	楊玄肅墓誌	垂拱2(686)	—	—	—	—	—
2593	李君墓誌	垂拱3(687)1月	—	—	—	—	—
2594	魏仙墓誌	垂拱3(687)1月	—	—	—	—	秦續319 流散035
2595	郭肅宗墓誌	垂拱3(687)閏1月	—	17-53	11-1007	洛陽6-135	—
2596	周君妻公孫平墓誌	垂拱3(687)閏1月	—	17-54	11-1008	洛陽6-136	千唐359
2597	吉懷惲墓誌	垂拱3(687)閏1月	176左中	17-55	11-1009	洛陽6-137	—
2598	曹網及妻張氏墓誌	垂拱3(687)2月	—	—	—	—	—
2599	鄒大方墓誌	垂拱3(687)2月	—	—	—	—	新獲續55 河洛102 龍門76
2600	崔貴仁及妻閻氏墓誌	垂拱3(687)2月	176右上	—	11-1010	—	—
2601	崔會墓誌	垂拱3(687)2月	—	—	—	—	秦晉208
2602	王約及妻房氏墓誌	垂拱3(687)2月	—	—	—	—	—
2603	掌徹及妻左氏墓誌	垂拱3(687)2月	—	17-56	11-1011	洛陽6-138	輯繩384
2604	康老師及妻史氏墓誌	垂拱3(687)2月	—	—	—	—	新獲續54 河洛103 民族333 洛絲100
2605	安君妻康敦墓誌	垂拱3(687)2月	—	—	—	—	民族334 洛絲101 秦晉210 流散037
2606	高峻墓誌	垂拱3(687)2月	—	—	—	—	—
2607	高佛來及妻梁氏墓誌	垂拱3(687)2月	—	—	—	—	秦晉209 七朝106 流散036
2608	許堅及妻李氏墓誌	垂拱3(687)2月	—	17-57	11-1012	洛陽6-139	千唐361
2609	賈守義墓誌	垂拱3(687)2月	—	17-58	11-1013	洛陽6-140	千唐360
2610	靜行塔銘	垂拱3(687)2月	—	—	—	—	—
2611	袞思約墓誌	垂拱3(687)3月	—	—	—	—	—
2612	賈紹及妻王氏墓誌	垂拱3(687)3月	—	—	—	—	—
2613	司馬寔墓誌	垂拱3(687)3月	176右上	17-63	11-1014	洛陽6-141	—
2614	郎餘令妻李道眞墓誌	垂拱3(687)4月	—	17-64	—	洛陽6-142	—
2615	張成墓誌	垂拱3(687)5月	—	17-68	11-1015	洛陽6-143	千唐362
2616	蕭仁表墓誌	垂拱3(687)7月	—	—	—	—	—
2617	王英墓誌	垂拱3(687)8月	—	—	—	—	—
2618	宋美墓誌	垂拱3(687)8月	—	—	—	—	—
2619	高夔及妻馬氏墓誌	垂拱3(687)10月	—	17-71	11-1016	洛陽6-144	輯繩385
2620	盧承禮及妻李氏墓誌	垂拱3(687)10月	—	—	—	—	秦晉211

垂拱

番號	F北大	G墓誌彙編	H 新編	I 補遺補編	J 地方	K 博物館・その他	L 日本目録
2567	02379	垂拱019	21-14494	3-464	—	—	—
2568	02378	—	—	—	—	—	—
2569	02380	—	—	—	—	—	—
2570	—	—	—	—	—	—	人0720
2571	02381	垂拱020	21-14494	3-464	—	唐宋215	人0711
2572	—	—	—	—	高平409	—	—
2573	02382	垂拱021	21-14495	—	—	—	—
2574	—	垂拱022	4-2321	—	—	—	人0712
2575	02383	—	—	—	—	碑林續061	—
2576	02384	垂拱023	21-14495	3-465	—	唐宋216 施唐128-129	人0715 東1140
2577	—	續垂拱011	21-14496	6-326	—	—	—
2578	—	垂拱024	21-14497	—	—	—	—
2579	—	—	—	8-292	—	—	—
2580	—	—	—	—	—	—	—
2581	—	—	—	9-350	長碑70(408)	—	—
2582	02385	垂拱025	18-12334	—	西北2-111	—	—
2583	—	垂拱026	21-14497	7-310	吐魯番293	故宮高昌117	—
2584	—	續垂拱012	21-14497	6-327	—	碑林75-2232 碑林新076	—
2585	—	—	—	—	—	西市116	—
2586	02386	—	—	—	—	西市115	—
2587	02387	—	—	—	—	—	—
2588	—	垂拱027	21-14497	3-465	—	施碑選227	—
2589	02388	垂拱028	21-14498	2-297	—	—	—
2590	02389	—	—	—	—	—	明洛24
2591	02390	垂拱029	21-14498	3-466	—	—	—
2592	02391	—	—	千唐-57	—	—	—
2593	02392	—	—	—	—	—	—
2594	—	—	—	—	—	—	—
2595	02393	垂拱030	21-14498	3-466	—	—	—
2596	02394	垂拱031	21-14499	2-298	—	—	—
2597	02395	垂拱032	21-14499	3-467	—	—	—
2598	—	—	—	—	響堂山189 邯鄲碑058	—	—
2599	—	—	—	8-293	—	—	—
2600	02396	垂拱033	21-14500	7-310	—	—	—
2601	—	—	—	—	—	—	—
2602	—	—	—	—	大全・楡次8	—	—
2603	02397	續垂拱013	21-14500	3-467 下-1847	—	—	—
2604	—	—	—	8-294	—	—	—
2605	02400	—	—	—	—	西市118	—
2606	02401	—	—	—	—	—	—
2607	—	—	—	—	—	—	—
2608	02399	垂拱034	21-14501	2-299	—	—	—
2609	02398	垂拱035	21-14501	2-298	—	—	—
2610	—	續垂拱014	21-14502	—	—	—	—
2611	—	—	—	下-1847	—	—	—
2612	—	—	—	—	—	碑林新077	—
2613	02402	垂拱036	21-14503	3-470	—	—	—
2614	—	垂拱037	21-14504	3-471	—	—	—
2615	02403	垂拱038	21-14504	2-300	—	—	—
2616	02404	—	—	—	—	—	—
2617	02405	—	—	—	—	—	—
2618	02406	—	—	—	—	—	—
2619	02407	垂拱039	21-14505	3-471	景縣214	—	—
2620	—	—	—	—	—	—	—

垂拱

番號	墓誌名	年號	A 題跋	B北圖	C 附考 新中国	D隋唐五代	E千唐・河南
2621	馮道墓誌	垂拱3(687)10月	—	—	—	—	—
2622	元師獎及妻柏氏墓誌	垂拱3(687)10月	—	—	陝西參-22	—	—
2623	申屠誠墓誌	垂拱3(687)10月	—	—	—	山西46	—
2624	侯忠墓誌	垂拱3(687)10月	—	—	—	—	—
2625	韓止及妻趙氏墓誌	垂拱3(687)10月	—	—	—	—	—
2626	□恐及妻張氏墓誌	垂拱3(687)10月	—	—	—	—	—
2627	李定品靈廟之文	垂拱3(687)10月	—	—	—	—	—
2628	高懷義墓誌	垂拱3(687)10月	—	—	—	—	秦續320
2629	樂師君及妻張氏墓誌	垂拱3(687)10月	176左下	17-75	11-1018	洛陽6-147	—
2630	樊氏六娘七娘九娘墓誌	垂拱3(687)10月	—	17-73	11-1017	洛陽6-145	千唐363
2631	樊浮丘妻李氏墓誌	垂拱3(687)10月	—	17-74	11-1019	洛陽6-146	—
2632	岑子輿墓誌	垂拱3(687)10月	176左下	—	—	—	—
2633	樊赤松墓誌	垂拱3(687)10月	—	17-77	—	洛陽6-148	輯繩386
2634	張文及妻史氏墓誌	垂拱3(687)11月	—	—	—	—	—
2635	裴紹業墓誌	垂拱3(687)11月	—	—	—	—	—
2636	劉珍及妻蘇氏墓誌	垂拱3(687)11月	—	—	河北壹-65	河北41	—
2637	張衆及妻劉氏墓誌	垂拱3(687)11月	—	—	—	—	秦晉212
2638	龐德威及妻王氏墓誌	垂拱3(687)11月	176左下	17-78	11-1020	北大1-81	—
2639	元基及妻張氏墓誌	垂拱3(687)11月	—	—	—	—	民族136
2640	武思元及妻韋氏墓誌	垂拱3(687)11月	—	—	—	—	—
2641	程買墓誌	垂拱3(687)11月	—	—	—	—	—
2642	裴胤墓誌	垂拱3(687)11月	—	17-79	11-1021	洛陽6-149	—
2643	□惲墓誌	垂拱3(687)11月	—	—	—	—	—
2644	裔通墓誌	垂拱3(687)12月	—	—	—	—	—
2645	王師及妻李氏墓誌	垂拱3(687)	176右上	—	—	—	—
2646	李敏墓誌	垂拱4(688)1月	176右上	—	11-1022	北大1-82	—
2647	李禕及妻馮氏墓誌	垂拱4(688)1月	—	—	—	—	秦續321
2648	封君妻崔柔儀墓誌	垂拱4(688)1月	—	17-82	11-1023	洛陽6-150	千唐364
2649	韋師及妻蔣氏墓誌	垂拱4(688)1月	—	—	—	—	河洛104 龍門77
2650	韋泰眞墓誌	垂拱4(688)1月	—	—	—	洛陽6-151	—
2651	亡宮八品墓誌	垂拱4(688)1月	—	17-83	11-1026	洛陽6-152	千唐365
2652	李善智及妻劉氏墓誌	垂拱4(688)1月	—	17-84	11-1024	洛陽6-153	輯繩387
2653	陳護及妻蔡氏墓誌	垂拱4(688)1月	176右中	17-85	11-1025	北大1-83	—
2654	賈阿墓誌	垂拱4(688)2月	—	—	—	—	—
2655	呂衆及妻曹氏墓誌	垂拱4(688)2月	—	—	—	河北42	—
2656	劉成墓誌	垂拱4(688)2月	—	—	—	—	—
2657	馬道德墓誌	垂拱4(688)2月	—	—	—	—	—
2658	成忠墓誌	垂拱4(688)3月	—	17-86	11-1027	洛陽6-154	千唐366
2659	李月墓誌	垂拱4(688)3月	—	—	—	—	—
2660	李高明及妻賈氏墓誌	垂拱4(688)3月	—	—	—	—	秦續323
2661	劉緬妻嚴六娘墓誌	垂拱4(688)3月	—	—	—	—	—
2662	慧賾塔銘	垂拱4(688)4月	—	—	—	—	—
2663	李威及妻施氏墓誌	垂拱4(688)4月	—	17-90	11-1028	洛陽6-155	—
2664	侯無紀妻薛件子墓誌	垂拱4(688)4月	—	—	—	—	邙洛78
2665	田玄達妻衡氏墓誌	垂拱4(688)5月	176右中	17-93	11-1029	洛陽6-156	—
2666	李仁泰墓誌	垂拱4(688)5月	—	—	—	—	秦續324
2667	李滿藏墓誌	垂拱4(688)5月	—	—	陝西貳-59	—	—
2668	鄭寶念墓誌	垂拱4(688)5月	—	—	—	—	—
2669	陸紹墓誌	垂拱4(688)5月	—	17-94	11-1030	洛陽6-157	千唐367
2670	宋道墓誌	垂拱4(688)5月	—	—	—	—	—
2671	蕭洛賓墓誌	垂拱4(688)5月	—	17-95	11-1031	洛陽6-158	—
2672	呂行端墓誌	垂拱4(688)7月	—	17-96	11-1033	洛陽6-159	—
2673	袁希範墓誌	垂拱4(688)7月	—	17-97	11-1032	洛陽6-160	千唐369
2674	袁景恆墓誌	垂拱4(688)7月	—	17-98	11-1035	洛陽6-161	千唐368
2675	張夐及妻紀氏墓誌	垂拱4(688)7月	—	—	11-1034	洛陽6-162	千唐370・河南
2676	李詢墓誌	垂拱4(688)7月	—	—	—	—	秦續325
2677	法琬墓誌	垂拱4(688)9月卒	—	—	—	陝西3-103	—

垂拱

番號	F北大	G 墓誌彙編	H 新編	I 補遺補編	J 地方	K 博物館・その他	L 日本目錄
2621	02408	—	—	—	—	—	—
2622	—	—	21-14506	3-468 下-1847	—	—	—
2623	—	續垂拱015	21-14505	5-198	—	—	—
2624	02410	—	—	—	—	—	—
2625	02409	—	—	8-295	長治126 大全・長治20	—	—
2626	—	—	—	—	—	碑林新078	—
2627	02411	—	22-15557	6-225	—	—	—
2628	02412	—	—	—	—	—	—
2629	02415	垂拱043	21-14510	3-472	—	唐宋218	人0730 東1148
2630	02413	垂拱040	21-14508	2-300	—	—	—
2631	02414	垂拱041	21-14508	3-472	景縣274	唐宋217	人0731
2632	—	—	—	—	—	—	—
2633	—	垂拱042	21-14509	3-473	—	—	—
2634	—	—	—	—	大同222	—	—
2635	—	—	—	—	—	裴氏35	—
2636	—	續垂拱016	21-14510	4-392	—	—	—
2637	—	—	—	—	—	西市117	—
2638	02416	垂拱044	5-2911	3-474	西北2-112	—	—
2639	—	—	—	千唐-58	—	—	—
2640	—	—	—	—	—	碑林續062	—
2641	02420	—	—	—	—	—	—
2642	02417	垂拱045	21-14510	3-475	—	裴氏34	—
2643	02419	—	—	—	—	—	—
2644	—	—	—	—	安陽選30	—	—
2645	—	—	—	下-1847	—	—	—
2646	02421	垂拱046	21-14511	7-311	—	—	—
2647	—	—	—	—	—	—	—
2648	02422	垂拱047	21-14515	2-301	—	—	—
2649	—	—	—	—	—	—	—
2650	—	續垂拱017	21-14513	5-198	—	—	—
2651	02423	垂拱050	21-14516	5-458	—	—	—
2652	02424	垂拱049	21-14515	3-475	—	唐宋219	人0737 東1159
2653	02425	垂拱048	5-2912	—	西北2-113	—	人0738
2654	—	續垂拱018	21-14516	—	吐魯番294	—	—
2655	—	續垂拱019	21-14516	4-393	河北263	—	—
2656	02426	—	—	—	—	—	—
2657	—	—	—	—	—	碑林新079	—
2658	02427	垂拱051	21-14517	2-301	—	—	—
2659	02428	—	—	—	—	—	—
2660	—	—	—	—	—	—	—
2661	—	—	—	—	濮陽3	—	—
2662	—	—	—	—	濟南31	—	—
2663	02429	垂拱052	21-14517	3-476	—	—	—
2664	—	—	—	—	—	—	—
2665	02430	垂拱053	21-14518	3-477	—	唐宋220	人0740
2666	02431	—	—	—	—	碑林續063 新見26	—
2667	—	—	21-14519	6-327	—	碑林75-2234	—
2668	—	—	—	—	長新120 長碑71(408)	—	—
2669	02432	垂拱054	21-14519	2-302	—	—	—
2670	02433	—	—	—	—	—	—
2671	02434	垂拱055	21-14520	5-11	—	唐宋221	人0742
2672	02435	垂拱057	21-14521	3-477	—	唐宋222	人0743 東1160
2673	02436	垂拱059	21-14522	6-327	—	—	—
2674	02437	垂拱058	21-14522	2-303	—	—	—
2675	—	垂拱056	21-14520	3-478	—	—	—
2676	02438	—	—	—	—	北大新拓109(156)	—
2677	—	—	21-14511	3-25	長碑(409)	碑林196-1050	—

垂拱・永昌

番號	墓誌名	年號	A 題跋	B北圖	C 附考 新中国	D隋唐五代	E千唐・河南
2678	張君墓誌	垂拱4(688)9月	—	—	—	—	—
2679	王林及妻宋氏墓誌	垂拱4(688)9月	—	—	河南壹-142	河南36	—
2680	樊昭及妻魏氏墓誌	垂拱4(688)9月	—	—	—	—	秦續326．流散038
2681	鄭法明妻李氏墓誌	垂拱4(688)9月	—	17-99	11-1036	洛陽6-163	千唐371
2682	郭祥及妻柴氏焦氏墓誌	垂拱4(688)10月	—	—	河北壹-66	河北43	—
2683	董師及妻郭氏墓誌	垂拱4(688)10月	—	—	—	山西47	—
2684	張安安墓誌	垂拱4(688)10月	176右下	17-100	11-1039	北大1-84	—
2685	沈齊文墓誌	垂拱4(688)10月	—	—	11-1037	洛陽6-164	千唐372
2686	劉德墓誌	垂拱4(688)10月	—	—	—	洛陽6-165	新獲25
2687	皇甫文亮墓誌	垂拱4(688)10月	—	—	—	—	河洛105 新唐50
2688	皇甫文房妻裴氏墓誌	垂拱4(688)10月	—	—	—	—	秦晉214 七朝107 洛駕鴬7-2
2689	楊寶及妻張氏墓誌	垂拱4(688)10月	176右下	17-101	11-1038	洛陽6-166	輯繩388
2690	張英及妻史氏墓誌	垂拱4(688)10月	—	—	—	—	—
2691	李瑜及妻成氏墓誌	垂拱4(688)11月	—	—	—	洛陽6-167	輯繩389
2692	秦珪墓誌	垂拱4(688)11月	—	—	—	—	秦晉213
2693	司徒寂及妻楊氏墓誌	垂拱4(688)11月	—	—	—	—	秦晉216
2694	李道瓘墓誌	垂拱4(688)11月	—	17-102	11-1040	洛陽6-168	—
2695	韋瓊墓誌	垂拱4(688)11月	—	—	陝西參-23	—	—
2696	梁寺及妻唐惠兒墓誌	垂拱4(688)11月	176右下	17-103	11-1041	北京1-91	—
2697	郭本墓誌	垂拱4(688)11月	—	17-104	11-1042	山西48	—
2698	劉義□及妻張氏墓誌	垂拱4(688)11月	—	—	—	—	秦晉215
2699	劉賓及妻張氏墓誌	垂拱4(688)11月	—	—	河南參-54	—	—
2700	陳明及妻王淸範墓誌	垂拱4(688)11月	—	—	—	—	秦晉217 七朝108
2701	程穎及妻苗氏墓誌	垂拱4(688)11月	—	—	—	—	—
2702	程丞墓誌	垂拱4(688)11月	—	—	11-1043	—	—
2703	王庶駔墓記	垂拱4(688)11月	—	—	—	—	—
2704	仁昴墓誌	垂拱4(688)11月	—	—	—	—	—
2705	于士俊妻胡貞範墓誌	垂拱4(688)12月	—	—	—	—	新獲續56 河洛106
2706	九品亡宮墓誌	垂拱4(688)12月	—	17-105	11-1044	洛陽6-169	—
2707	武欽載墓誌	垂拱4(688)12月	—	17-106	11-1045	洛陽6-170	千唐373
2708	魏載墓誌	垂拱4(688)	177左上	—	—	—	—
2709	李君墓誌	垂拱間(685～688)	—	—	—	—	—
2710	亡宮三品婕妤金氏墓誌	永昌1(689)1月	—	—	陝西壹-93	陝西1-68 陝西3-104	—
2711	李昇妻楊氏墓誌	永昌1(689)1月	—	17-107	11-1046	洛陽6-171 洛陽6-172	—
2712	七品亡尼墓誌	永昌1(689)2月	—	—	陝西壹-94	陝西3-105	—
2713	游通及李夫人墓誌	永昌1(689)2月	—	—	—	—	秦續327 流散039
2714	楊柔墓誌	永昌1(689)2月	—	—	11-1047	—	—
2715	馬烈墓誌	永昌1(689)4月	—	—	—	—	秦續329 流散040
2716	疋(四)妻德(得)臣墓誌	永昌1(689)4月	178右上	17-109	11-1048	洛陽6-173	民族176
2717	段卿及妻魏氏墓誌	永昌1(689)4月	—	—	—	—	—
2718	鄭瞻墓誌	永昌1(689)4月	177左上	17-110	11-1049	洛陽6-174	—
2719	張宗墓誌	永昌1(689)4月	—	—	11-1050	洛陽6-175	千唐374
2720	李沖墓誌	永昌1(689)5月	—	17-111	11-1051	洛陽6-176	—
2721	韋秣墓誌	永昌1(689)5月	—	—	—	陝西3-106	—
2722	劉神及妻申氏馬氏墓誌	永昌1(689)5月	—	—	陝西參-24	—	—
2723	門和墓誌	永昌1(689)6月	—	—	—	—	秦晉219
2724	獨孤婉墓誌	永昌1(689)7月	—	—	陝西貳-60	—	—
2725	涪如禪師行狀	永昌1(689)7月卒	—	—	—	—	—
2726	五品宮人墓誌	永昌1(689)8月	—	17-112	—	洛陽6-177	—
2727	陳雅操墓誌	永昌1(689)8月	—	—	—	—	—
2728	崔拏及妻申氏墓誌	永昌1(689)9月	—	—	11-1052	—	—

垂拱・永昌

番號	F北大	G墓誌彙編	H 新編	I補遺補編	J 地方	K 博物館・その他	L 日本目録
2678	―	―	―	―		―	―
2679	―	續垂拱020	21-14523	6-328	―	―	淑460
2680	02439	―	―	―			―
2681	02440	垂拱060	21-14524	2-303	―	―	―
2682	―	續垂拱021	21-14524	4-393 下-1849			
2683	―	續垂拱022	21-14525	5-201	大全・長治15		
2684	02442	垂拱063	21-14527	3-479	西北2-117	故宮063	人0745 東1161 淑461 淑462
2685	―	垂拱061	4-2158	1-72			―
2686	02441	續垂拱023	21-14525	5-202			―
2687		―	―	―			
2688	02444						
2689	02443	垂拱062	21-14526	6-329	―	唐宋223	人0744
2690	―					汾陽13(26)	
2691	―	續垂拱024	21-14527	5-202	―	―	―
2692	02445						
2693						西市119	
2694	02447	垂拱064	21-14528	3-479	―	―	―
2695	―	―	―	7-312	長新122 長碑72(410)		
2696	02446	垂拱065	4-2640	―	西北2-118		
2697	02448	垂拱066	21-14528	3-480		故宮064	
2698							
2699	02449			千唐-59			
2700	―	―	―	―			
2701	―					碑林新080	―
2702	―	垂拱067	21-14529	7-313	―	―	―
2703	―	續垂拱025	21-14528	―	吐魯番295		
2704	02450						
2705	―			8-4			
2706	02451	垂拱069	21-14530	―			
2707	02452	垂拱068	21-14529	5-203	―	―	―
2708		―	―	―			
2709		―	4-2468				
2710	―	續永昌001	21-14530	2-304 下-2186	―	昭陵78	―
2711	02453	永昌001	21-14530	5-204	―		―
2712	―	續永昌002	21-14531	下-1849	咸刻33 渭城243		
2713	02454	―	―	―			
2714	―	―	4-2240				
2715	02455	―	―	―			
2716	02456	永昌002	21-14531	3-480	―		
2717	―	―	―	―	大全・武郷19		
2718	―	永昌003	21-14532	6-330			
2719	―	永昌004	21-14533	2-304			
2720	02457	永昌005	21-14533	6-331			
2721	―	續永昌003	4-2317	3-26	精華67 長碑(411)		
2722	―			9-6	榆林23		
2723	―						淑463
2724	―	續永昌004	21-14535	6-332	―	碑林76-2241	―
2725	―	―	22-15564	―			人0749
2726	02458	永昌006	21-14535	5-456	―	―	―
2727	02459	―	―	―			
2728	―	續永昌005	21-14535	2-305 下-1849	―	―	―

永昌・載初・天授

番號	墓誌名	年號	A 題跋	B北圖	C 附考 新中国	D隋唐五代	E千唐・河南
2729	張君妻邢氏墓誌	永昌1(689)9月	—	17-114	11-1053	洛陽6-178	千唐375
2730	氾延仕墓誌	永昌1(689)閏9月	—	—	—	—	—
2731	嚴德墓誌	永昌1(689)10月	—	—	—	—	—
2732	劉滿墓誌	永昌1(689)10月	—	—	—	—	—
2733	雷氏墓誌	永昌1(689)10月	177左上	—	11-1054	—	—
2734	常智墓誌	永昌1(689)11月	—	—	—	山西49 北大1-85	—
2735	張雄及妻麴氏墓誌	永昌1(689)11月	—	—	11-1057	新疆182	—
2736	九品亡宮墓誌	載初1(690)正月	—	—	11-1056	—	—
2737	陳平及妻樂氏墓誌	載初1(690)臘月	—	17-116	11-1058	山西50	—
2738	高珍及妻王氏墓誌	載初1(690)臘月	—	16-119 17-117	11-1059	洛陽6-180 河南34	—
2739	劉瑛墓誌	載初1(690)臘月	—	—	—	—	邙洛79
2740	唐君妻閻氏墓誌	載初1(690)臘月	—	—	—	—	—
2741	劉壽墓誌	載初1(690)臘月	—	—	河北壹-68	河北44	—
2742	秦舉及妻王氏程氏墓誌	載初1(690)1月	—	—	—	—	秦晉218
2743	韋仁約墓誌	載初1(690)1月	—	—	—	陝西3-107	—
2744	姬處眞墓誌	載初1(690)1月	—	—	北京壹-3	—	—
2745	武氏墓誌	載初1(690)1月	—	—	—	—	邙洛80 龍門79
2746	高續墓誌	載初1(690)1月	—	—	—	—	—
2747	孫師均磚地券	載初1(690)2月	—	—	—	江蘇27	—
2748	崔敵墓誌	載初1(690)2月	—	—	—	—	—
2749	郭文感墓誌	載初1(690)3月	—	—	—	—	秦續331
2750	司徒君妻車氏墓誌	載初1(690)4月	—	—	河南貳-260	—	—
2751	楊讓墓誌	載初1(690)4月	—	—	河北壹-67	河北45	—
2752	徐澄墓誌	載初1(690)5月	—	—	11-1060	—	—
2753	李仁廓及妻王媛墓誌	載初1(690)5月	—	—	—	—	龍門81
2754	徐恭墓誌	載初1(690)5月	—	17-120	11-1061	洛陽6-181	—
2755	趙興墓誌	載初1(690)5月	—	—	—	—	河洛107 龍門457 流散041
2756	宮人九品墓誌	載初1(690)6月	—	17-121	11-1063	洛陽6-182	—
2757	慕容稚英墓誌	載初1(690)6月	—	17-122	11-1062	洛陽6-183	民族372
2758	田僧墓誌	載初1(690)7月	—	—	—	—	—
2759	任智才及妻史氏墓誌	載初1(690)7月	—	—	陝西壹-95	陝西3-108	—
2760	宋師及妻劉氏墓誌	載初1(690)7月	—	—	河南參-55	—	—
2761	趙通達墓誌	載初1(690)7月	—	—	—	—	秦晉220
2762	明丞妻李氏墓誌	載初1(690)8月	—	—	—	—	秦續332
2763	王里奴及妻李氏墓誌	載初1(690)8月	—	—	—	—	—
2764	元智威墓誌	載初1(690)11月	—	—	11-1055	洛陽6-179	民族137
2765	高琁及妻韋氏墓誌	載初1(690)	—	—	11-1064	—	—
2766	馮胡師墓誌	載初1(690)12月	—	—	—	—	—
2767	孫默墓誌	載初2(691)4月	—	—	—	北京3-182	—
2768	李山及妻張氏陳氏墓誌	天授1(690)臘月	—	—	—	—	—
2769	馬郡墓誌	天授1(690)10月	—	—	—	—	—
2770	裴君妻王氏墓誌	天授1(690)10月	—	—	11-1065	洛陽6-184	千唐376
2771	鞠靜墓誌	天授1(690)10月	—	—	—	—	秦晉221
2772	孫澄墓誌	天授1(690)10月	—	17-123	11-1066	洛陽6-185	—
2773	樂王端及妻支氏墓誌	天授1(690)10月	—	—	—	—	—
2774	□祿贊墓誌	天授1(690)10月	—	—	—	洛陽6-186	民族401 洛絲172
2775	邢郭及妻呂氏墓誌	天授1(690)10月	—	17-124	11-1067	洛陽6-187	—
2776	郭明及妻儀氏墓誌	天授1(690)10月	—	—	—	—	—
2777	陰彥墓誌	天授1(690)10月	—	—	—	—	—

永昌・載初・天授

番號	F北大	G墓誌彙編	H 新編	I補遺補編	J 地方	K 博物館・その他	L 日本目録
2729	02460	永昌007	21-14536	2-305	河間224	—	—
2730	—	續永昌006	21-14536	—	吐魯番296	—	—
2731	02461				—	—	—
2732	02462				長新124 長碑73（412）	—	—
2733					—	—	—
2734	02463	續永昌007	21-14537	7-314	—	—	—
2735	—	永昌008	21-14537	4-395	西北2-114 吐魯番297	—	—
2736	—	續載初001	21-14535	下-1851	—	—	—
2737	02476	載初002	21-14539	6-334		施碑選228	—
2738	02477	載初003 續載初002	21-14540	4-381 6-334	景州157 景縣282	—	人0632
2739	—	—	—	—	—	—	—
2740	—	—	—	7-314	—	—	—
2741	—	續載初003	21-14539	4-394	滄州19 河間226	—	—
2742	02464	—	—	—	—	—	—
2743			4-2159	2-6	精華68	—	—
2744					—	—	—
2745	02465				—	—	—
2746					—	西市120	—
2747					—	磚刻1165	—
2748	02466				—	—	—
2749					—	—	—
2750					—	—	—
2751	—	續載初004	21-14540	4-394 9-433	保定7	—	—
2752	02467	載初004	21-14540	7-315	—	—	—
2753	02468		—	千唐-59	—	—	—
2754	02469	載初005	21-14541	6-333	—	—	—
2755	02470		—	—	—	—	—
2756	02471	載初007	21-14543	7-316	—	—	—
2757	02472	載初006	21-14542	3-481		唐宋224	人0750
2758	—	—	—	8-295	長碑（416）	碑林新081	—
2759	—	續載初005	21-14543	3-481	咸刻34	—	—
2760	02473	—	—	千唐-60	—	—	—
2761	02474				—	—	明洛25
2762					—	—	—
2763					—	碑林新082	—
2764	02475	載初001	21-14538	—	—	—	—
2765	—	—	4-2460	—	景州150 景縣260	—	—
2766	02478				—	—	—
2767	—	續載初006	21-14543	5-204	碑誌102	遼寧博52	—
2768	—	—	—	—	大全・鹽湖14	—	—
2769	02480				—	—	—
2770	—	天授001	21-14544	2-306	—	裴氏37	—
2771	—				—	西市121	—
2772	02481	天授002	21-14545	3-482	—	—	—
2773	—		—	—	臨潼102	—	—
2774	—	續天授003	21-14547	7-316	—	—	—
2775	02482	天授003	21-14545	6-333 7-317	—	—	—
2776		—	—	—	響堂山190 邯鄲碑059	—	—
2777	02483	—	—	—	長新126 長碑75（417）	—	—

天授

番號	墓誌名	年號	A 題跋	B北圖	C 附考 新中国	D隋唐五代	E千唐・河南
2778	于隱墓誌	天授1(690)	—	—	—	—	—
2779	張運感妻墓銘	天授1(690)	—	—	—	—	—
2780	董師及妻郭氏墓誌	天授2(691)正月	—	—	—	山西51	—
2781	封言道妻李澄霞(淮南大長公主)墓誌	天授2(691)正月	—	—	—	—	—
2782	張愁墓誌	天授2(691)正月	—	—	陝西壹-96	陝西3-109	—
2783	李禮墓誌	天授2(691)正月	—	—	—	—	秦續334
2784	柳偘妻杜氏墓誌	天授2(691)正月	—	17-126	11-1068	洛陽6-188	千唐377
2785	九品亡宮墓誌	天授2(691)正月	—	17-127	11-1070	洛陽6-189	千唐378
2786	李叔及妻董氏墓誌	天授2(691)正月	—	17-128	11-1069	洛陽6-190	—
2787	朱景弘墓誌	天授2(691)臘月	—	—	—	—	秦晉230
2788	王慎墓誌	天授2(691)臘月	—	—	—	—	—
2789	張式及妻王氏墓誌	天授2(691)臘月	—	—	—	—	—
2790	張客及嚴氏墓誌	天授2(691)1月	—	—	—	—	秦續333 流散042
2791	姚元慶墓誌	天授2(691)1月	—	—	—	—	秦續335
2792	崔子侃墓誌	天授2(691)1月	—	—	—	—	新獲續57 邙洛82
2793	張懿及妻王氏墓誌	天授2(691)1月	—	—	—	—	新獲續58 邙洛81
2794	郭蕩墓誌	天授2(691)1月	—	—	—	—	—
2795	劉敬直及妻蔡氏墓誌	天授2(691)1月	—	—	—	—	—
2796	安範墓誌	天授2(691)1月	—	—	—	陝西3-110	—
2797	趙玄應及妻裴氏墓誌	天授2(691)1月	—	—	—	—	新獲續59 河洛108 新唐52
2798	王智通及妻李氏墓誌	天授2(691)2月	—	17-130	11-1075	洛陽6-191	千唐379
2799	杜季方墓誌	天授2(691)2月	—	17-131	11-1074	洛陽6-192	—
2800	杜擧墓誌	天授2(691)2月	—	17-132	11-1071	洛陽6-193	千唐381
2801	皇甫玄志墓誌	天授2(691)2月	—	17-133	11-1072	洛陽6-194	千唐380
2802	格善義妻斛斯墓誌	天授2(691)2月	177左中	17-134	11-1076	洛陽6-195	民族325
2803	楊師善及妻丁氏墓誌	天授2(691)2月	177左中	17-135	11-1073	洛陽6-196	—
2804	朱思仁及妻褚氏墓誌	天授2(691)2月	—	—	—	—	秦晉222 七朝109
2805	王九功及妻裴氏墓誌	天授2(691)2月	—	—	—	—	秦晉223
2806	周師墓誌	天授2(691)2月	—	—	—	—	—
2807	高氏殤子墓誌	天授2(691)2月	—	—	11-1077	—	—
2808	盧承基妻李氏墓誌	天授2(691)2月	—	—	—	—	—
2809	衡義整及妻元氏墓誌	天授2(691)2月	—	17-137	11-1078	洛陽6-197	千唐384
2810	崔思古墓誌	天授2(691)2月	—	17-138	11-1079	洛陽6-198	千唐382
2811	楊陶墓誌	天授2(691)2月	—	17-139	11-1080	洛陽6-199	千唐383
2812	李君妻張氏墓誌	天授2(691)2月	—	—	11-1082	—	—
2813	高君妻宇文氏墓誌	天授2(691)2月卒	—	—	11-1081	—	—
2814	盧大道及妻李氏墓誌	天授2(691)3月	—	—	—	—	龍門82
2815	陳法子墓誌	天授2(691)3月	—	—	—	—	—
2816	王裕墓誌	天授2(691)4月	—	—	11-1083	—	—
2817	邵瞻塔銘	天授2(691)4月	—	—	17-144	—	—
2818	掌思明墓誌	天授2(691)4月卒	—	17-145	11-1084	洛陽6-200	千唐385
2819	鄭敬同及妻韋氏墓誌	天授2(691)4月	—	—	—	—	秦晉224
2820	龐君妻任氏墓誌	天授2(691)4月	—	17-148	11-1085	洛陽6-201	千唐386
2821	馮廓及妻朱氏墓誌	天授2(691)5月	—	17-149	—	山西52	—
2822	唐小姑墓誌	天授2(691)6月	—	17-151	11-1087	洛陽6-202	—
2823	張君妻田氏墓誌	天授2(691)6月	177左中	17-152	11-1086	北大1-86	—
2824	陳崇本墓誌	天授2(691)6月	—	17-153	11-1088	洛陽6-203	千唐387
2825	許君妻樊氏墓誌	天授2(691)7月	—	17-154	11-1089	洛陽6-204	千唐388
2826	張褌及妻韓氏墓誌	天授2(691)8月	—	17-156	—	北京1-92	—
2827	扈小沖墓誌	天授2(691)8月	—	17-155	11-1090	洛陽6-205	千唐389
2828	孔業及妻郭氏墓誌	天授2(691)8月	—	—	—	洛陽6-206	—
2829	朱延度妻柳氏墓誌	天授2(691)8月	—	—	—	—	秦晉225 七朝110 洛駕鴦4-2
2830	王朋及妻李氏墓誌	天授2(691)9月	—	17-158	11-1092	北京1-93	—
2831	皇甫君妻張氏墓誌	天授2(691)9月	—	17-159	11-1091	洛陽6-207	千唐390

天授

番號	F北大	G墓誌彙編	H 新編	I補遺補編	J 地方	K 博物館・その他	L 日本目録
2778	02484	—	—	7-317 下-2187	金郷87	—	—
2779	—	續天授004	21-14548	—	—	—	—
2780	—	續天授005	21-14548	5-205	長治129 大全・長治17	—	—
2781	—	—	—	—	精華69 富平130	碑林196-1053	—
2782	02479	續天授001	21-14546	3-483			
2783	02487	—	—	—			
2784	02488	天授004	21-14549	3-483			
2785	02489	天授005	21-14550	7-318			
2786	—	天授006	21-14550	2-306		曲石20 南京21	—
2787	02538					—	—
2788						碑林新084	—
2789	—	—		—	安陽選31	—	
2790							
2791	—	—	—	7-318			
2792				8-296			
2793				8-296			
2794	02486						
2795	02485	—	—	千唐-61			
2796	—	續天授002	21-14546	7-320			
2797	—			8-297			
2798	02492	天授010	21-14552	2-307	—	—	淑464
2799	02495	天授008	21-14551	3-484			
2800	02490	天授007	21-14550	2-308			
2801	02491	天授009	21-14552	2-308			
2802	02493	天授012	21-14554	3-485		唐宋225	人0758 東1170
2803	02494	天授011	21-14553	3-485			
2804	02496	—	—	—			
2805	—						
2806	02498	—	—	千唐-62			
2807	—	—	4-2464	—	景州155 景縣280	—	
2808	02499	—	—	千唐-63			
2809	02497	天授013	5-2932	1-74			
2810	02500	天授014	21-14554	2-309			
2811	02501	天授015	21-14555	2-310			
2812	—	—					
2813	—	—	4-2464	—			
2814	—	—					
2815	—	—				西市122	
2816	02502	天授016	21-14555	7-321			
2817	—	續天授006	21-14556	下-1918			
2818	02503	天授017	21-14555	2-310			
2819	02504	—	—	—			
2820	02505	天授018	21-14557	6-335			
2821	—	續天授007	21-14557	3-486 下-1851	長治132		
2822	02506	天授020	21-14559	2-311	—	曲石21 南京22	
2823	02507	天授019	21-14558	—	西北2-120	故宮065 施唐130-131	人0768 淑465
2824	02508	天授021	21-14559	2-331			
2825	02509	天授022	21-14560	2-312			
2826	—	天授024	21-14561	3-487	西北2-121		
2827	02510	天授023	21-14560	2-312			
2828	—	續天授008	21-14561	5-206	景州120 景縣211		
2829	02511	—	—	—	—	西市123	
2830	02513	天授025	21-14562	—			
2831	02512	天授026	21-14563	2-313			

天授

番號	墓誌名	年號	A 題跋	B北圖	C 附考 新中国	D隋唐五代	E千唐・河南
2832	菀君妻梁氏墓誌	天授2(691)9月	—	—	—	洛陽6-208	—
2833	趙敏及妻許氏墓誌	天授2(691)10月					
2834	姜遐墓誌	天授2(691)10月					
2835	王漢及妻閻氏墓誌	天授2(691)10月	—	—	河北壹-70	河北46	
2836	申屠方墓誌	天授2(691)10月					
2837	皇甫瓊及妻張氏墓誌	天授2(691)10月					
2838	梁行滿及妻楊氏墓誌	天授2(691)10月					
2839	程仁墓誌	天授2(691)10月				—	河洛109
2840	董務忠墓誌	天授2(691)10月	—	—	—	陝西3-111	—
2841	楊紹基墓誌	天授2(691)10月	—	17-160	11-1094	洛陽6-209	千唐392
2842	楊德及妻江氏墓誌	天授2(691)10月				—	秦晉226
2843	韓逢及妻宋氏墓誌	天授2(691)10月			河北壹-69	河北47	
2844	韓傑墓誌	天授2(691)10月		17-161	12-1103	洛陽6-210	
2845	爨古(右?)及妻周氏墓誌	天授2(691)10月	—	17-162	11-1093	洛陽6-211	千唐391 民族400
2846	□表及妻吳氏墓誌	天授2(691)10月				河北48	
2847	亡宮六品墓誌	天授2(691)10月		17-163	11-1097	洛陽6-212	千唐393
2848	屈突季札墓誌	天授2(691)10月	—	—	—	—	新獲26 民族270 秦晉227
2849	屈突伯起墓誌	天授2(691)10月			11-1095	洛陽6-213	千唐394 民族269
2850	屈突詮墓誌	天授2(691)10月					新獲續61 邙洛83 新唐54 民族267 龍門458
2851	屈突仲翔妻朱氏墓誌	天授2(691)10月	—	—	—	—	秦晉228
2852	高玄墓誌	天授2(691)10月			11-1096	洛陽6-214	千唐397 民族310
2853	索禮墓誌	天授2(691)10月					
2854	王玄裕及妻張氏墓誌	天授2(691)10月	177左下	17-164	11-1098	洛陽6-215	
2855	申屠甄墓誌	天授2(691)10月					
2856	李弘及妻陳氏墓誌	天授2(691)10月					
2857	高像護墓誌	天授2(691)10月		17-165	11-1099	洛陽6-216	
2858	崔玄亮及妻李氏墓誌	天授2(691)10月					新獲續60 河洛110 新唐56 龍門83
2859	崔無競墓誌	天授2(691)10月	—	—	河南參-56	—	
2860	張仁素及妻韓氏墓誌	天授2(691)10月					
2861	蕭師墓誌	天授2(691)10月					
2862	元罕及妻張氏墓誌	天授2(691)10月		17-166	11-1100	洛陽6-217	民族138
2863	崔行眞及妻鄭氏墓誌	天授2(684)10月					
2864	張行果及妻侯氏王氏墓誌	天授2(691)10月				—	秦續337 流散044
2865	張藥尚及妻段氏墓誌	天授2(691)10月					秦續338 流散043
2866	郭丞及妻鄭氏墓誌	天授2(691)10月					秦續339
2867	焦松及妻種氏墓誌	天授2(691)10月	177左下	17-167	12-1101	洛陽6-218	—
2868	趙仁及妻雍氏墓誌	天授2(691)10月	—	—	—	—	秦續336
2869	趙本質及妻楊氏墓誌	天授2(691)10月		17-168		洛陽6-219	
2870	霍松齡墓誌	天授2(691)10月		—	河南參-57	—	
2871	鶱養墓誌	天授2(691)10月					
2872	王正因及妻劉氏墓誌	天授2(691)10月				—	秦晉229 流散045
2873	□堯及妻申屠氏墓誌	天授2(691)10月			12-1102		
2874	宋感及妻任氏墓誌	天授2(691)10月?					
2875	高□墓誌	天授2(691)10月					
2876	常寂墓誌	天授2(691)10月					
2877	趙大行及妻王氏墓誌	天授2(691)10月		—	河南參-58		
2878	蘇孝英墓誌	天授2(691)10月					
2879	程君妻張氏墓誌	天授2(691)10(8)月					
2880	李才墓誌	天授2(691)12月					
2881	張玄弼及妻丘氏墓誌	天授3(692)正月卒	177左下	17-171	12-1104	北大1-87	
2882	王興及妻陳氏墓誌	天授3(692)正月	—	—	—	—	秦晉231 七朝111

- 110 -

天授

番號	F北大	G墓誌彙編	H 新編	I補遺補編	J 地方	K 博物館・その他	L 日本目録
2832	—	續天授009	21-14564	5-206	—	—	—
2833	02514	—	—	千唐-63	—	北大新拓110(158)	—
2834	—	—	4-2667	—	—	—	—
2835	—	續天授011	21-14567	4-396	邯鄲碑014	—	—
2836	02519	—	—	—	—	—	—
2837	—	—	—	—	—	碑林新083	—
2838	02518	—	—	千唐-65	—	—	—
2839	—	—	—	—	—	—	—
2840	—	續天授013	21-14568	3-488 下-2188	臨潼103	—	—
2841	02515	天授028	21-14564	2-314	—	—	—
2842	—	—	—	—	—	—	—
2843	—	續天授012	—	6-335	—	—	—
2844	02517	天授029	21-14565	3-489	—	—	—
2845	02516	天授027	21-14564	2-314	—	—	—
2846	—	續天授014	21-14569	6-336	—	—	—
2847	02520	天授030	21-14566	7-321	—	—	—
2848	—	—	21-4574	4-397 下-1851	—	河博27	—
2849	—	天授031	21-14570	2-315	—	—	—
2850	02521	—	—	8-300 千唐-65	—	—	—
2851	02522	—	—	—	—	—	—
2852	—	續天授015	21-14573	2-318	—	—	—
2853	—	續天授010	21-14566	8-298	—	—	—
2854	02523	天授033	21-14572	3-491	—	—	—
2855	02528	—	—	—	—	—	—
2856	—	—	—	—	大全・襄垣22	—	—
2857	02524	天授032	4-2465 21-14571	3-490	景州159	—	—
2858	—	—	—	8-299	—	—	—
2859	02525	—	—	千唐-68	—	—	—
2860	—	—	—	—	衡水50	—	—
2861	02526	—	—	—	—	—	—
2862	02529	天授035	21-14575	2-316	—	曲石22 南京23	—
2863	02532	—	—	—	—	—	明洛26
2864	—	—	—	—	—	—	—
2865	02535	—	—	—	—	—	—
2866	—	—	—	—	—	—	—
2867	02530	天授036	21-14576	3-492	—	唐宋226	人0771 東1171
2868	—	—	—	—	—	—	—
2869	—	天授037	21-14576	3-492	—	—	—
2870	02531	—	—	千唐-69	—	—	—
2871	02533	—	—	—	—	—	—
2872	02536	—	—	—	—	—	—
2873	—	天授038	21-14578	7-322	—	—	—
2874	—	—	—	—	—	汾陽14(28)	—
2875	—	—	—	—	景縣284	—	—
2876	—	—	—	9-433	—	—	—
2877	02537	—	—	千唐-70	—	—	—
2878	—	—	—	—	—	碑林196-1057	—
2879	—	天授034	21-14573	7-321	—	—	—
2880	02539	—	—	—	—	—	人0769 淑466
2881	02542	天授039	3-2041 3-2047	—	—	—	淑467
2882	—	—	—	—	—	—	—

天授・如意・長壽

番號	墓誌名	年號	A 題跋	B北圖	C 附考 新中国	D隋唐五代	E千唐・河南
2883	張慶之及妻杜氏墓誌	天授3(692)正月	177右上	17-174	12-1106	北京1-95	―
2884	張敬之墓誌	天授3(692)正月	177右中	17-173	12-1105	北大1-88	―
2885	張景之墓誌	天授3(692)正月	177右上	17-172	12-1107	北京1-94	―
2886	申屠寶及妻李氏墓誌	天授3(692)正月	―	17-175	12-1108	山西53	―
2887	張昇及妻鄧氏墓誌	天授3(692)正月					
2888	張僧及妻沈氏墓誌	天授3(692)正月					
2889	裴可及妻樂氏墓誌	天授3(692)正月				山西54	
2890	蘇卿墓誌	天授3(692)正月	177右中	17-176	12-1109	洛陽6-220	―
2891	董本墓誌	天授3(692)正月	―	17-179	12-1110	洛陽6-221	千唐395
2892	寶孝禮墓誌	天授3(692)正月	177左下	―	―	―	―
2893	郭懿及妻李氏墓誌	天授3(692)臘月					秦續340
2894	董拔墓誌	天授3(692)1月					
2895	申屠超墓誌	天授3(692)1月					
2896	申屠整墓誌	天授3(692)1月					
2897	阿史那感德及妻阿史德氏墓誌	天授3(692)1月	―	―	―	―	民族246 洛絲164 龍門84
2898	趙克弼墓誌	天授3(692)2月					秦晉232 七朝112
2899	王君妻李正因墓誌	天授3(692)2月					秦續341
2900	郭素墓誌	天授3(692)2月					秦晉233
2901	賀蘭君妻楊氏墓誌	天授3(692)2月					新獲續62 邙洛84
2902	杜君及妻王氏墓誌	天授3(692)2月			12-1111		
2903	張君及妻姚氏墓誌	天授3(692)2月					河洛111
2904	李文疑墓誌	天授3(692)3月	―	17-180	12-1112	洛陽6-222	千唐396
2905	康宣德墓誌	天授3(692)4月					
2906	亡宮六品墓誌	天授3(692)4月				陝西3-112	
2907	寶孝忠及妻及妻杜氏墓誌	天授3(692)4月					秦續342
2908	邊楨及妻孫氏墓誌	天授3(692)12月	―	―	―	―	秦晉234
2909	董詷及妻李氏墓誌	如意1(692)1月	―	―	―	―	七朝113
2910	朱行墓誌	如意1(692)4月	―	18-1	12-1113	洛陽7-1	千唐398
2911	李琮墓誌	如意1(692)6月	―	18-3	12-1114	洛陽7-2	千唐399
2912	楊訓及妻鄭墓誌	如意1(692)8月	―	18-5	12-1115	洛陽7-3	千唐400
2913	申屠義墓誌	如意1(692)9月	―	18-6	12-1117	北大1-89	―
2914	馮道墓誌	如意1(692)	177右中	―	―	―	―
2915	劉善寂墓誌	長壽1(692)9月	―	18-7	12-1116	洛陽7-4	千唐401
2916	邢政及妻張氏墓誌	長壽1(692)10月	―	―	12-1118	北大1-90	―
2917	張樹生及妻甘氏墓誌	長壽1(692)10月	―	―	陝西貳-61	―	―
2918	柏玄墓誌	長壽2(693)正月	―	18-8	12-1119	洛陽7-5	千唐402
2919	許琮妻李氏墓誌	長壽2(693)正月	177右中	18-9	12-1120	洛陽7-6	―
2920	施君妻唐氏墓誌	長壽2(693)臘月	―	―	12-1121	洛陽7-7	千唐415
2921	莫義墓誌	長壽2(693)臘月	―	18-10	12-1122	洛陽7-8	―
2922	崔德墓誌	長壽2(693)臘月	―	18-11	12-1123	洛陽7-9	千唐416
2923	張貞墓誌	長壽2(693)1月	―	18-12	12-1124	洛陽7-10	千唐403
2924	李寶隆墓誌	長壽2(693)1月					
2925	崔萬石及妻鄭氏墓誌	長壽2(693)1月	―	―	―	―	秦晉235
2926	張富琳墓誌	長壽2(693)2月	―	―	―	新疆183	
2927	王感墓誌	長壽2(693)2月	―	―	12-1128 陝西貳-62	陝西1-69	
2928	王君妻宋尼子墓誌	長壽2(693)2月	―	―	12-1127	洛陽7-12	千唐405
2929	王挺及妻高氏墓誌	長壽2(693)2月	―	―	―	洛陽7-13	
2930	梁玄敏及妻朱氏墓誌	長壽2(693)2月	―	18-13	12-1125	洛陽7-11	千唐404
2931	賈隱及妻王氏墓誌	長壽2(693)2月		18-14	12-1126	洛陽7-14	―
2932	王基及妻皇甫氏墓誌	長壽2(693)2月	―	―	―	洛陽7-15	―

番號	F北大	G墓誌彙編	H 新編	I補遺補編	J 地方	K 博物館・その他	L 日本目録
2883	02545	天授041	21-14578	上-273	—	—	人0777 淑470 淑471
2884	02544	天授042	3-2047	上-273	—	—	人0779 淑468 淑469
2885	02543	天授040	21-14578	上-273	—	施碑選230	人0778 淑472
2886	02546	天授043	21-14579	3-494	—	施碑選231	—
2887	—	—	—	—	濮陽4	—	—
2888	—	—	—	—	濮陽5	—	—
2889	—	續天授016	21-14580	5-207	長治138 大全・長治19	裴氏38	
2890	02547	天授044	21-14579	3-28	—		
2891	02548	天授045	21-14580	2-317			
2892	—						
2893	02553						
2894	02540						
2895	02541						
2896	—	—	—	—	長治134		
2897	—	—	—	8-302		—	—
2898	02549						
2899	02550						
2900							
2901	—	—	—	8-304			
2902	—	—	4-2238				
2903							
2904	02551	天授046	21-14581	3-494			
2905	—		21-14582	6-336			
2906	—	續天授017	21-14582				
2907	02552						
2908	—						
2909	—	—	—	—		—	—
2910	02554	如意001	21-14582	2-318			
2911	02555	如意002	21-14583	2-319			
2912	02556	如意003	21-14584	2-320			
2913	02557	如意004	21-14585	3-495	—	—	人0781
2914	—						
2915	02558	長壽001	21-14585	2-320	—	—	—
2916	02559	長壽002	5-2907	7-16			人0783
2917	—		21-14586	6-336	—	碑林新085	—
2918	02560	長壽003	21-14586	3-495			
2919	02562	長壽004	21-14586	3-496	—	唐宋227	人0784 東1185
2920	—	長壽005	21-14587	2-332			
2921	02583	長壽006	21-14588	3-496	—	唐宋229	人0794
2922	02585	長壽007	21-14588	2-329			
2923	02561	長壽008	21-14589	2-321			
2924	—	—	—	8-305			
2925	—						
2926	—	續長壽001	21-14590	7-322	西北2-122 吐魯番298	—	—
2927	—	續長壽003	21-14593	3-497	—	碑林76-2248	—
2928	—	長壽011	21-14591	2-322			
2929	—	續長壽002	21-14592	5-208			
2930	02563	長壽009	21-14590	2-322			
2931	02564	長壽010 續長壽004	21-14591	5-209			
2932	—	續長壽005	4-2345	5-12			

長壽

番號	墓誌名	年號	A 題跋	B北圖	C 附考 新中国	D隋唐五代	E千唐・河南
2933	崔安敬及妻陽氏墓誌	長壽2(693)2月	—	—	—	—	秦晉236 七朝114 流散046
2934	郭君妻薛氏墓誌	長壽2(693)2月	—	—	12-1129	—	—
2935	劉僧及妻趙氏墓誌	長壽2(693)2月	—	—	—	—	—
2936	和錢墓誌	長壽2(693)4月	177右中	18-15	12-1130	北大1-91	—
2937	五品亡宮墓誌	長壽2(693)4月	—	18-16	12-1131	洛陽7-16	千唐406
2938	七品亡宮墓誌	長壽2(693)4月	—	—	—	—	邙洛85
2939	六品亡宮墓誌	長壽2(693)6月	—	18-18	12-1132	洛陽7-17	千唐407
2940	王儼墓誌	長壽2(693)6月	—	—	—	—	—
2941	張道墓誌	長壽2(693)6月	—	18-19	12-1133	洛陽7-18	千唐408
2942	八品亡宮墓誌	長壽2(693)7月	—	18-20	12-1135	洛陽7-19	—
2943	尚明墓誌	長壽2(693)7月	—	18-21	12-1134	洛陽7-20	—
2944	安懷及妻史氏墓誌	長壽2(693)8月	—	—	12-1137	洛陽7-21	千唐410 民族219 洛絲120
2945	陳察及妻柳氏墓誌	長壽2(693)8月	—	18-22	12-1136	洛陽7-22	千唐409
2946	王義墓誌	長壽2(693)8月	—	—	12-1138	—	—
2947	成節墓誌	長壽2(693)8月	—	—	—	陝西3-113	—
2948	駱英墓誌	長壽2(693)8月	—	—	—	—	—
2949	王貞及妻梁氏墓誌	長壽2(693)8月	—	18-23	12-1139	洛陽7-23	千唐411
2950	高元及妻張氏墓誌	長壽2(693)8月	—	—	—	—	秦晉237
2951	楊順墓誌	長壽2(693)8月	—	18-24	12-1140	洛陽7-24	—
2952	咎(沓)斌墓誌	長壽2(693)8月	177右下	18-25	12-1142	洛陽7-25	民族292
2953	張元及妻王氏墓誌	長壽2(693)8月	—	18-26	12-1141	洛陽7-26	千唐412
2954	房瑒墓誌	長壽2(693)10月	—	18-27	12-1143	洛陽7-27	—
2955	龐志信及妻楊氏墓誌	長壽2(693)10月	—	—	河南參-59	—	—
2956	程仵郎及妻韓氏墓誌	長壽2(693)10月	177右中	18-28	12-1145	北大1-92	—
2957	賈師及妻楊氏墓誌	長壽2(693)10月	—	—	—	—	新獲續63 河洛112
2958	蘇永墓誌	長壽2(693)10月	—	18-29	12-1144	洛陽7-28	千唐413
2959	王軌及妻李氏墓誌	長壽2(693)10月	—	—	—	—	—
2960	王君妻劉氏墓誌	長壽2(693)10月	—	18-30	12-1146	洛陽7-29	千唐414
2961	和滿墓誌	長壽2(693)12月	—	—	—	—	—
2962	郭行節墓誌	長壽3(694)正月	—	—	—	洛陽7-30	輯繩390
2963	程玄景墓誌	長壽3(694)正月	177右下	18-31	12-1147	北大1-93	—
2964	康遂誠墓誌	長壽3(694)正月	177右下	—	—	—	—
2965	李守一及妻陳氏墓誌	長壽3(694)1月	—	—	12-1148	—	—
2966	閻師壽墓誌	長壽3(694)1月	—	—	—	—	—
2967	牛陵及妻賈氏劉氏墓誌	長壽3(694)1月	—	—	—	—	秦晉238 七朝115 流散047
2968	李世墓誌	長壽3(694)1月	—	—	—	—	—
2969	嚴約及妻郭氏墓誌	長壽3(694)1月	—	—	—	—	秦續343
2970	馬密及妻左氏墓誌	長壽3(694)1月	—	—	河南參-60	—	—
2971	馬耻及妻楊氏墓誌	長壽3(694)1月	—	—	—	—	新獲續64 河洛113
2972	崔嘉墓誌	長壽3(694)1月	—	—	—	—	秦晉239
2973	史明及妻王氏墓誌	長壽3(694)1月	—	—	—	—	—
2974	田仁汪妻竇琰墓誌	長壽3(694)1月	—	—	—	陝西3-114	—
2975	李山海墓誌	長壽3(694)1月	—	—	—	—	—
2976	敬愔墓誌	長壽3(694)1月	—	—	—	—	秦晉240
2977	薛君繡墓誌	長壽3(694)1月	—	—	河南壹-159	河南37	—
2978	陳孜墓誌	長壽3(694)1月	—	—	12-1149	—	—
2979	張懷寂墓誌	長壽3(694)2月	178左上	18-32	12-1150	新疆184	—
2980	劉觀及妻平原樂安郡夫人墓誌	長壽3(694)2月	—	—	—	—	—
2981	康智及妻支氏墓誌	長壽3(694)4月	—	18-33	12-1151	洛陽7-31	千唐417 民族334 洛絲102
2982	崔言墓誌	長壽3(694)4月	—	—	12-1152	—	—
2983	陳範墓誌	長壽3(694)4月	—	—	—	—	新獲續65

長壽

番號	F北大	G墓誌彙編	H 新編	I補遺補編	J 地方	K 博物館・その他	L 日本目録
2933	02565	—	—	—	—	—	—
2934	—	—	4-2467	—	—	—	—
2935	—	續長壽006	21-14594	5-209	—	碑林補-33	—
2936	02566	長壽012	21-14594	6-337	—	故宮066	人0787
2937	02567	長壽013	21-14595	5-458	—	—	—
2938	—	—	—	—	—	—	—
2939	02568	長壽014	21-14596	5-458	—	—	—
2940	—	—	—	—	—	西市124	—
2941	02569	長壽015	21-14596	2-323	—	—	—
2942	02570	長壽017 續長壽007	21-14597	5-456	—	鴛鴦297 碑林76-2255	—
2943	02571	長壽016	21-14597	5-210	—	—	—
2944	—	長壽019	21-14598	2-325	—	—	—
2945	02572	長壽018	21-14598	2-324	—	—	—
2946	02573	長壽020	6-3349	7-17	—	—	人0789
2947	—	續長壽008	21-14599	3-498	—	—	—
2948	—	—	—	—	朝陽70	—	—
2949	02574	長壽021	21-14600	2-326	—	—	—
2950	—	—	—	—	—	西市125	—
2951	—	長壽022	21-14600	5-211	—	—	人0796
2952	02576	長壽024	21-14602	5-212	—	唐宋228 施唐132	人0790 東1186
2953	—	長壽023	21-14601	2-327	—	—	—
2954	02577	長壽025	21-14602	5-212	—	—	—
2955	02578	—	—	千唐-71	—	—	—
2956	02580	長壽027	21-14604	6-338	—	故宮067	人0792 東1187
2957	—	—	—	8-305	—	—	—
2958	02579	長壽026	21-14603	2-327	—	—	—
2959	—	—	—	—	—	碑林新086	—
2960	02582	長壽028	21-14604	2-328	—	—	—
2961	02584	—	—	—	—	—	—
2962	—	續長壽009	21-14605	—	—	—	—
2963	02591	長壽029	5-2913	—	西北2-123	故宮068 施唐133	人0797 淑474
2964	—	—	—	—	—	—	—
2965	—	續長壽010	21-14606	2-329 8-306 下-1852	杏園1	—	—
2966	02586	—	—	—	—	—	—
2967	02590	—	—	—	—	—	—
2968	02587	—	—	—	—	—	—
2969	02589	—	—	—	—	—	—
2970	02592	—	—	千唐-72	—	—	—
2971	—	—	—	8-306	—	—	—
2972	—	—	—	—	—	—	—
2973	—	—	—	—	—	碑林新087	—
2974	—	續長壽012	21-14608	3-498	精華70 長新128 長碑76(417)	—	—
2975	—	—	—	—	—	汾陽15(30)	—
2976	—	—	—	—	—	—	—
2977	02588	續長壽011	—	5-214	—	薛氏231	—
2978	—	—	4-2466	—	—	—	—
2979	02593	長壽030	21-14606	6-338	西北2-124 吐魯番299	施碑選232	人0801
2980	—	—	—	7-311	—	—	—
2981	02594	長壽031	21-14609	2-330	—	撒馬42	—
2982	—	長壽032	21-14610	7-323	—	—	—
2983	—	—	—	8-307	—	—	—

長壽・延載・證聖

番號	墓誌名	年號	A 題跋	B北圖	C 附考 新中国	D隋唐五代	E千唐・河南
2984	孫師政墓誌	長壽3(694)4月	—	18-34	12-1153	洛陽7-32	千唐418
2985	張玄封墓誌	長壽3(694)4月	—	18-35	12-1154	洛陽7-33	千唐419
2986	李玄道及妻王氏墓誌	長壽3(694)4月	—	—	—	—	秦晉241
2987	李嘉墓誌	長壽3(694)5月	—	—	—	—	邙洛86
2988	李准墓誌	長壽3(694)5月	—	—	—	—	新獲27 龍門86
2989	劉師墓誌	長壽3(694)5月	—	—	—	北大1-94	—
2990	劉通墓誌	長壽3(694)5月	—	18-37	12-1155	河北49	
2991	秦琮及妻牛氏墓誌	長壽3(694)5月	—	—	—	—	—
2992	呂志本墓誌	長壽3(694)5月	—	—	—	—	—
2993	柳保隆及妻韋氏墓誌	長壽3(694)5月	—	—	—	—	—
2994	柳璧及妻梁氏墓誌	長壽3(694)5月	—	—	—	—	—
2995	閻泰墓誌	長壽3(694)5月	—	—	—	—	秦續344
2996	路敬仁墓誌	長壽3(694)	—	—	—	—	—
2997	李文義墓誌	長壽3(694)	178左上	—	—	—	—
2998	劉融及妻陳氏墓誌	延載1(694)5月	—	—	—	洛陽7-34	—
2999	張德行墓誌	延載1(694)5月	—	—	12-1157	洛陽7-35	千唐420
3000	關師墓誌	延載1(694)5月	178左中	18-39	12-1156	洛陽7-36	—
3001	周道諶墓誌	延載1(694)6月	—	—	—	—	—
3002	王乾福及妻劉氏墓誌	延載1(694)7月	—	—	12-1159	洛陽7-37	千唐421
3003	沈智果墓誌	延載1(694)7月	—	—	—	—	—
3004	孫君妻陸氏墓誌	延載1(694)7月	—	18-44	12-1158	洛陽7-38	—
3005	劉君妻吳遍淨墓誌	延載1(694)7月	—	—	—	—	秦續345
3006	韋玄祐及妻崔氏王氏	延載1(694)7月	—	—	—	—	秦晉242
3007	柳懷素墓誌	延載1(694)7月	—	—	—	洛陽7-40	—
3008	劉儉及妻李氏墓誌	延載1(694)7月	—	18-45	—	洛陽7-39	—
3009	伍松超磚地券	延載1(694)8月	—	—	—	江蘇28	—
3010	龍壽及妻粟氏墓誌	延載1(694)8月	—	—	—	山西56	—
3011	宋懿墓誌	延載1(694)9月	—	—	—	洛陽7-41	新獲28
3012	沈珣妻柳氏墓誌	延載1(694)8月	—	—	—	—	秦晉243
3013	高英淑墓誌	延載1(694)10月	—	—	—	—	—
3014	陸仁儉墓誌	延載1(694)10月	—	—	—	洛陽7-42	—
3015	淳于武斌及妻左氏墓誌	延載1(694)10月	—	—	—	洛陽7-43	新獲29
3016	衛規及妻寇氏墓誌	延載1(694)10月	—	—	—	陝西3-115	—
3017	陸磐(廣?)秀及妻孫氏墓誌	延載1(694)10月	—	—	—	洛陽7-44	—
3018	房懷亮墓誌	延載1(694)10月	178左中	18-49	12-1160	北大1-95	—
3019	張方墓誌	延載2(695)正月	—	—	—	—	—
3020	趙門墓誌	延載2(695)正月	—	—	—	—	龍門85
3021	崔尊及妻常氏墓誌	延載2(695)1月	—	—	—	—	秦晉244
3022	亡宮墓誌	證聖1(695)正月	—	18-50	12-1161	北京1-96	—
3023	蕭遇墓誌	證聖1(695)正月	—	18-52	—	北京1-97	—
3024	史愛及妻田氏墓誌	證聖1(695)正月	—	—	—	山西55	—
3025	田弘敏墓誌	證聖1(695)正月	—	—	12-1162	—	—
3026	宋思眞及妻崔氏墓誌	證聖1(695)正月	—	—	—	—	—
3027	郭暠及妻王氏墓誌	證聖1(695)正月	—	—	12-1163	—	—
3028	申守及妻田氏墓誌	證聖1(695)正月	—	18-53	12-1165	洛陽7-45	千唐424
3029	許行本及妻崔氏墓誌	證聖1(695)正月	—	18-54	12-1164	洛陽7-46	千唐423
3030	劉君妻李娘墓誌	證聖1(695)正月	—	—	陝西壹-97	陝西3-116	—
3031	李知本及妻盧氏墓誌	證聖1(695)臘月	—	—	—	—	—
3032	李慈及前妻崔氏後妻崔氏墓誌	證聖1(695)臘月	—	—	—	—	—
3033	南郭生墓誌	證聖1(695)臘月	—	18-55	12-1166	洛陽7-47	千唐426
3034	江進德墓誌	證聖1(695)1月	—	—	—	—	—
3035	董定墓誌	證聖1(695)1月	—	—	—	—	—

番號	F北大	G墓誌彙編	H 新編	I補遺補編	J 地方	K 博物館・その他	L 日本目録
2984	02595	長壽033	21-14610	2-331	—	—	—
2985	02596	長壽034	21-14611	2-331	—	—	—
2986	—	—	—	—	—	西市126	—
2987	—	—	—	—	—	—	—
2988	—	—	4-2381	6-30	—	—	—
2989	02598	續長壽013	21-14612	7-323	—	—	—
2990	02597	長壽035	21-14612	3-500	河北263	—	人0803
2991	—	—	—	—	—	碑林新088	—
2992	02599	—	—	—	—	—	—
2993	—	—	—	—	—	西市127	—
2994	—	—	—	—	—	西市128	—
2995	02600	—	—	—	—	新見25	—
2996	—	—	—	大全・長子8	—	—	—
2997	—	—	—	—	—	—	—
2998	—	—	—	—	—	—	—
2999	—	延載002	21-14613	2-332	—	—	—
3000	02601	延載001	21-14613	5-214	—	—	—
3001	02602	—	—	千唐-73	—	—	—
3002	—	延載005	21-14615	2-333	—	—	—
3003	—	延載004	21-14614	7-324	—	—	—
3004	—	延載003	21-14614	2-333	—	曲石23 南京24	—
3005	02603	—	—	—	—	—	—
3006	02604	—	—	—	—	—	—
3007	02606	續延載001	21-14616	5-13	—	—	—
3008	02605	延載006	21-14616	5-215	—	—	—
3009	—	—	—	7-324	—	磚刻1168	—
3010	—	續延載002	21-14618	5-216	—	—	—
3011	02608	續延載003	21-14619	5-216	—	—	—
3012	02607	—	—	—	—	—	明洛27
3013	—	—	—	—	碑誌103	—	—
3014	—	續延載005	21-14620	5-217	—	—	—
3015	—	續延載007	21-14622	5-218	—	—	—
3016	—	續延載006	21-14621	3-500	—	—	—
3017	—	續延載004	21-14619	5-219	—	—	—
3018	02609	延載007	21-14622	6-340	西北2-126	故宮069 施唐134-135	人0806 東1190 淑475 淑476
3019	—	—	—	7-325	—	—	—
3020	02610	—	—	—	—	—	—
3021	—	—	—	—	—	—	—
3022	02611	證聖001	21-14623	5-457	—	鴛鴦298	—
3023	02612	證聖002	21-14623	3-501	—	—	—
3024	—	續證聖002	21-14627	6-340	—	—	—
3025	—	—	—	—	—	—	—
3026	—	—	—	8-307	杏園2	—	—
3027	—	證聖003	21-14624	1-74	長碑(419)	—	—
3028	02617	證聖004	21-14624	2-336	—	—	—
3029	02618	證聖005	21-14625	2-335	—	—	—
3030	—	續證聖001	21-14626	3-503	咸刻35	—	—
3031	—	—	—	9-434	—	—	—
3032	02635	—	—	千唐-73	—	—	—
3033	02636	證聖006	21-14628	2-337	—	—	—
3034	—	—	—	—	大全・平順8	—	—
3035	02613	—	—	—	—	—	—

證聖・天册萬歲

番號	墓誌名	年號	A 題跋	B北圖	C 附考 新中国	D隋唐五代	E千唐・河南
3036	齊朗墓誌	證聖1(695)1月	178左中	18-56	12-1167	洛陽7-48	輯繩391
3037	古君妻匹婁煥(淨)德墓誌	證聖1(695)1月	―	18-57	12-1168	洛陽7-49	千唐422 民族177
3038	朱簡及妻趙氏墓誌	證聖1(695)1月	―	18-58	12-1169	洛陽7-50	―
3039	賈武墓誌	證聖1(695)1月	―	―	陝西參-25	―	―
3040	苗利墓誌	證聖1(695)1月	―	―	―	―	―
3041	秦士墓誌	證聖1(695)1月	―	―	―	―	―
3042	秦德墓誌	證聖1(695)1月	―	―	―	―	―
3043	宮人墓誌	證聖1(695)1月	―	―	―	―	―
3044	秦如墓誌	證聖1(695)閏2月	―	―	―	―	秦晉245
3045	梁玉及妻牛氏墓誌	證聖1(695)3月	―	―	―	―	河洛114 龍門87 七朝116
3046	楊岳墓誌	證聖1(695)3月	178左中	18-59	12-1170	洛陽7-51	―
3047	陳感及妻王氏墓誌	證聖1(695)3月	―	―	―	―	河洛115
3048	翟君妻康氏墓誌	證聖1(695)3月	―	―	―	洛陽7-52	民族335
3049	魏醜墓誌	證聖1(695)3月	―	―	―	―	―
3050	楊君妻賈通墓誌	證聖1(695)3月	178左中	―	12-1171	―	―
3051	王恩惠妻孟大乘墓誌	證聖1(695)5月	―	18-61	12-1172	洛陽7-53	千唐425
3052	田君妻衛氏墓誌	證聖1(695)5月	―	―	―	新疆185	―
3053	趙君妻李氏墓誌	證聖1(695)5月	―	―	―	―	―
3054	李難墓誌	證聖1(695)5月	―	18-62	―	洛陽7-54	―
3055	亡宮七品墓誌	證聖1(695)5月	―	18-63	―	洛陽7-55	―
3056	鄭宏墓誌	證聖1(695)6月	―	18-64	12-1173	洛陽7-56	―
3057	九品亡宮墓誌	證聖1(695)6月	―	18-65	―	洛陽7-57	―
3058	達奚君妻王娑墓誌	證聖1(695)6月	―	―	―	―	河洛116
3059	虞希喬墓誌	證聖1(695)6月卒	―	―	―	―	―
3060	李瓛及妻鄭氏墓誌	證聖1(695)8月	―	18-67	河南壹-443	洛陽7-58 河南38	―
3061	徐機墓誌	證聖1(695)8月	―	―	―	―	―
3062	張思賓墓誌	證聖1(695)8月	―	―	12-1174	河南39 洛陽7-59	新獲30 秦晉246
3063	黃懿墓誌	證聖1(695)9月	―	―	河南參-61	―	―
3064	李沖玄墓誌	證聖1(695)10月	178左中	―	―	―	―
3065	鄭智及妻薛氏墓誌	證聖1(695)	―	―	―	―	秦續346 流散048
3066	李崇望妻王氏墓誌	天册萬歲1(695)9月	―	―	陝西貳-補16	―	―
3067	亡宮七品墓誌	天册萬歲1(695)9月	―	18-68	―	陝西1-70 洛陽7-60	―
3068	亡宮七品墓誌	天册萬歲1(695)9月	―	―	―	―	―
3069	王文殊墓誌	天册萬歲1(695)10月	―	―	―	―	新獲31
3070	康君妻王氏墓誌	天册萬歲1(695)10月	―	―	陝西參-26	―	―
3071	劉基及妻泰氏墓誌	天册萬歲1(695)10月	―	18-69	12-1175	洛陽7-61	―
3072	宋相及妻郭氏墓誌	天册萬歲1(695)10月	―	―	―	―	―
3073	封抱墓誌	天册萬歲1(695)10月	178左下	18-70	12-1177	洛陽7-62	民族272 龍門89
3074	張忱墓誌	天册萬歲1(695)10月	―	18-71	12-1176	洛陽7-63	―
3075	董琮妻高氏韓氏墓誌	天册萬歲1(695)	―	―	―	江蘇29	―
3076	張思墓誌	天册萬歲2(696)正月	―	―	―	―	邙洛87 新唐58
3077	馮操墓誌	天册萬歲2(696)正月	―	18-72	12-1178	洛陽7-64	―
3078	王感及妻秦氏墓誌	天册萬歲2(696)正月	―	―	―	―	―
3079	王思訥及妻乙婁氏墓誌	天册萬歲2(696)正月	―	18-73	12-1179	洛陽7-65	河洛117
3080	李吉及妻劉氏墓誌	天册萬歲2(696)正月	―	―	―	―	龍門459 秦晉247 七朝117 流散049
3081	許弘感及妻鄭氏墓誌	天册萬歲2(696)正月	―	―	―	―	―
3082	亡宮五品墓誌	天册萬歲2(696)正月	―	18-74	―	洛陽7-66	―
3083	六品亡宮墓誌	天册萬歲2(696)正月	―	―	―	陝西1-71	―
3084	冉祖求墓誌	天册萬歲2(696)正月	―	―	―	―	輯繩392 龍門90
3085	萬民及妻陳氏墓誌	天册萬歲2(696)正月	―	―	―	―	秦晉249 七朝118
3086	王綽墓誌	天册萬歲2(696)臘月	―	―	―	―	―

番號	F北大	G墓誌彙編	H 新編	I 補遺補編	J 地方	K 博物館・その他	L 日本目録
3036	02614	證聖007	21-14628	3-502	—	唐宋230	—
3037	02615	證聖008	21-14629	2-334	—	—	人0812 東1196
3038	02616	證聖009	21-14629	3-502	—	—	—
3039	—	—	—	8-308	榆林24	—	—
3040	02620	—	—	—	—	—	—
3041	02621	—	—	—	—	—	—
3042	02619	—	—	—	—	—	—
3043	—	—	—	—	—	碑林76-2257	—
3044	02622	—	—	—	—	西市129	—
3045	02623	—	—	—	—	—	—
3046	02624	證聖010	21-14630	5-219	—	—	—
3047	02625	—	—	—	—	—	—
3048	—	續證聖003	21-14630	7-503	—	—	—
3049	—	—	—	—	—	碑林新089	—
3050	—	證聖011	21-14630	7-325	—	—	—
3051	02626	證聖012	21-14631	2-337	—	—	—
3052	—	續證聖004	21-14631	7-325	西北2-127 吐魯番300	—	—
3053	02627	—	—	—	—	—	—
3054	02628	證聖013	21-14632	5-220	—	—	—
3055	02629	證聖014	21-14631	5-457	—	鴛鴦299	—
3056	02630	證聖015	21-14633	5-220	—	—	—
3057	02631	續證聖005	21-14632	5-457 下-1853	—	鴛鴦300 碑林76-2259	—
3058	—	—	—	—	—	—	—
3059	—	—	—	—	—	越窯46	—
3060	—	證聖016	21-14633	3-504	—	—	—
3061	02632	—	—	—	—	—	—
3062	02633	證聖017	21-14634	5-221	—	—	—
3063	02634	—	—	千唐-74	—	—	—
3064	—	—	—	—	—	—	—
3065	02637	—	—	—	—	—	—
3066	—	—	21-14634	6-341	—	—	—
3067	02638	天册萬歲001	21-14623	5-458	—	碑林76-2261	—
3068	—	—	—	5-457	—	鴛鴦301	—
3069	—	—	—	6-341	—	—	—
3070	—	—	—	8-309	榆林25	—	—
3071	02640	天册萬歲002	21-14634	5-221	—	北文3	—
3072	—	—	—	—	—	碑林新090	—
3073	02641	天册萬歲004	21-14635	5-221	—	唐宋231	人0813 東1197
3074	02642	天册萬歲003	21-14635	5-222	—	—	—
3075	—	續天册萬歲002	21-14636	4-398	景州162 景縣288	—	—
3076	02644	—	—	8-310	—	—	—
3077	02643	天册萬歲005	21-14636	5-223	—	—	—
3078	02639	—	—	—	—	碑林新091	—
3079	02646	天册萬歲006	21-14536	5-223	—	唐宋232	人0814
3080	02647	—	—	—	—	—	—
3081	—	—	—	8-311	—	—	—
3082	02649	天册萬歲007	21-14595	5-459	—	鴛鴦302 碑林79-2263	—
3083	—	續天册萬歲003	—	—	—	—	—
3084	—	續天册萬歲001	5-2915	6-31	—	—	—
3085	—	—	—	—	—	—	—
3086	—	—	—	8-309	—	河博28	—

天册萬歲・萬歲登封・萬歲通天

番號	墓誌名	年號	A 題跋	B北圖	C 附考 新中国	D隋唐五代	E千唐・河南
3087	連簡及妻張氏墓誌	天册萬歲2(696)1月	178左下	—	12-1180	山西57	—
3088	李明墓誌	天册萬歲2(696)1月	—	—	—	—	—
3089	盧猛及妻王氏墓誌	天册萬歲2(696)1月	—	—	—	—	—
3090	□仁墓誌	天册萬歲2(696)1月	—	—	—	—	—
3091	袁子游及妻朱氏墓誌	萬歲登封1(696)1月	—	—	—	洛陽7-67	—
3092	溫思諌墓誌	萬歲登封1(696)1月	—	—	—	—	—
3093	八品亡宮墓誌	萬歲登封1(696)1月	—	18-76	—	陝西1-72 洛陽7-68	—
3094	田德墓誌	萬歲登封1(696)1月	—	—	—	山西58	—
3095	馬君妻石二娘墓誌	萬歲登封1(696)1月	—	18-77	12-1181	洛陽7-69	—
3096	李無虧墓誌	萬歲登封1(696)1月	—	—	—	—	—
3097	薛君妻張氏墓誌	萬歲登封1(696)1月	—	—	—	—	秦晉248 七朝119 流散050
3098	楊昇墓誌	萬歲登封1(696)1月	—	18-78	12-1182	洛陽7-70	千唐427
3099	王定及妻徐氏墓誌	萬歲登封1(696)2月	—	—	12-1183 陝西貳-63	陝西1-73	—
3100	何君妻蕭道濟墓誌	萬歲登封1(696)2月	—	—	—	—	—
3101	董文及妻韓氏墓誌	萬歲登封1(696)2月	—	—	—	—	—
3102	劉君妻郭寶墓誌	萬歲登封1(696)2月	—	18-79	12-1184	洛陽7-71	—
3103	侯子及妻郭氏皇甫氏楊氏墓誌	萬歲登封1(696)2月	—	—	—	—	秦晉250
3104	樊廉墓誌	萬歲登封1(696)2月	—	18-80	—	洛陽7-72	—
3105	蕭寡尤妻盧婉墓誌	萬歲登封1(696)2月	—	—	陝西參-27	—	—
3106	楊君墓誌	萬歲登封1(696)3月	—	—	—	洛陽7-73	新獲32
3107	趙澄及妻郭氏墓誌	萬歲登封1(696)4月	—	—	—	山西59	—
3108	劉君妻羅四無量墓誌	萬歲登封1(696)5月	—	—	—	—	—
3109	亡尼八品墓誌	萬歲通天1(696)5月	—	18-82	—	洛陽7-75	千唐429
3110	李知玄及妻元氏墓誌	萬歲通天1(696)5月	—	—	河南參-62	—	—
3111	徐買墓誌	萬歲通天1(696)5月	—	—	陝西參-28	—	—
3112	梁曒墓誌	萬歲通天1(696)5月	178右上	18-83	12-1185	洛陽7-76	—
3113	李帝臣墓誌	萬歲通天1(696)5月	—	—	河南參-63	—	—
3114	武徵墓誌	萬歲通天1(696)5月	—	—	陝西參-29	—	—
3115	仇道朗墓誌	萬歲通天1(696)5月	178左下	18-85	12-1186	北大1-96	—
3116	宋智亮及妻徐氏墓誌	萬歲通天1(696)5月	—	—	—	洛陽7-77	新獲33
3117	張君妻徐明墓誌	萬歲通天1(696)6月	178右上	18-86	12-1187	洛陽7-78	—
3118	崔銳妻高漆娘墓誌	萬歲通天1(696)7月	178右上	18-88	12-1188	洛陽7-79	—
3119	李起宗墓誌	萬歲通天1(696)7月	—	18-81	12-1189	洛陽7-74	千唐428
3120	孟昭妻尹徵墓誌	萬歲通天1(696)8月	—	—	—	洛陽7-80	—
3121	殘墓誌	萬歲通天1(696)8月	—	—	—	洛陽7-81	—
3122	王詮及妻潘氏墓誌	萬歲通天1(696)8月	—	—	陝西參-30	—	—
3123	殘墓誌	萬歲通天1(696)9月	—	—	—	洛陽7-82	—
3124	亡宮九品墓誌	萬歲通天1(696)9月	—	—	—	—	秦晉251
3125	成循墓誌	萬歲通天1(696)10月卒	—	18-89	12-1190	洛陽7-83	千唐430
3126	董遠及妻常氏墓誌	萬歲通天1(696)10月	—	—	—	—	—
3127	南宮昌墓誌	萬歲通天1(696)	178左下	—	—	—	—
3128	張質墓誌	萬歲通天1(696)					
3129	常攀墓誌	萬歲通天1(696)卒	178右上	18-91	12-1191	山西60	—
3130	高足酉墓誌	萬歲通天2(697)正月	—	—	—	洛陽7-84	新獲34 民族311
3131	牛高及馬氏墓誌	萬歲通天2(697)正月	—	—	12-1192	—	—
3132	劉先及妻郭氏墓誌	萬歲通天2(697)正月	—	—	—	—	—
3133	殷子慎墓誌	萬歲通天2(697)臘月	—	—	—	—	—
3134	連□墓誌	萬歲通天2(697)1月	—	—	—	—	—

番號	F北大	G墓誌彙編	H 新編	I補遺補編	J 地方	K 博物館・その他	L 日本目錄
3087	02645	天册萬歲008	21-14637	6-341	碑碣68 長治141 大全・襄垣24	—	—
3088	02652						
3089	—				大全・襄垣26		
3090	02648						
3091	—	續萬歲登封001	21-14638	5-224			
3092	—			8-312	—		
3093	02650	萬歲登封001	21-14638	5-459	—	鴛鴦303 碑林76-2265	—
3094	—	續萬歲登封002	21-14639	5-224	長治144 大全・長治21		
3095	02651	萬歲登封002	21-14639	3-505	—	唐宋233	人0821
3096				8-313	咸刻36	—	
3097	02653		—	—		薛氏232	
3098	02654	萬歲登封003	21-14639	2-338		—	
3099	—	萬歲登封004	21-14640	2-339	—	碑林76-2267	
3100	—					西市131	明洛28
3101	—	—		9-435			
3102	02656	萬歲登封005	5-2933	5-15			
3103	—	—			—	西市130	
3104	—	續萬歲登封003	21-14640	5-225 下-1853			
3105	—			7-18	戸縣292(9) 精華72	—	
3106	02657	續萬歲登封004	21-14641	5-226	—		
3107	—	續萬歲登封005	21-14642	6-342	—		
3108	—			9-435	長碑(419)		
3109	02659	萬歲通天002	21-14644	5-459	—		
3110	02661	—	—	千唐-75	—		
3111	—			8-315	榆林26		
3112	02660	萬歲通天003	21-14644	5-226	—	唐宋234	人0822
3113	02662		—	千唐-76			
3114	—			8-316	榆林27		
3115	02663	萬歲通天004	21-14644	—	西北2-128	故宮070	人0815 東1199 淑477
3116	02664	萬歲通天007	21-14646	5-227			
3117	02665	萬歲通天005	21-14645	5-227	—		
3118	02667	萬歲通天006	21-14645	5-228	—	唐宋235	人0823 淑478
3119	02658	萬歲登封006	21-14642	2-340	—		
3120	—	續萬歲通天001	21-14646	5-228			
3121	—						
3122	—			8-317	榆林28		
3123	—	續萬歲通天002	21-14647	5-229			
3124	02667						
3125	02668	萬歲通天008	21-14647	2-340			
3126	—				—	西市132	
3127	—						
3128	02670						
3129	02669	萬歲通天009	21-14648	3-505			
3130	—	續萬歲通天003	21-14649	5-229			
3131	—	萬歲通天001	21-14643	8-315	—	施碑選234	
3132	—	—	—	—		碑林新092	—
3133	—					西市136	
3134	—			—	大全・襄垣27	—	

萬歲通天

番號	墓誌名	年號	A 題跋	B北圖	C 附考 新中國	D隋唐五代	E千唐・河南
3135	韋君妻王婉墓誌	萬歲通天2(697)1月	−	−	−	陝西3-117	−
3136	□又先及妻黨氏墓誌	萬歲通天2(697)1月	−	−	−	−	−
3137	尉君墓誌	萬歲通天2(697)2月	−	18-93	−	洛陽7-85	千唐431
3138	柳明逸墓誌	萬歲通天2(697)2月	−	−	陝西參-31	−	−
3139	張伏果及妻鄭德墓誌	萬歲通天2(697)2月	−	−	−	−	新獲續67 河洛118
3140	王遐濟墓誌	萬歲通天2(697)2月	−	−	−	−	−
3141	武恭之墓誌	萬歲通天2(697)2月	−	−	−	−	秦續347 流散051
3142	皇甫惠墓誌	萬歲通天2(697)2月	−	−	−	−	新獲續68 邙洛88 龍門460
3143	張金才墓誌	萬歲通天2(697)2月	−	18-94	12-1193	洛陽7-86	千唐432
3144	万師及妻陳氏墓誌	萬歲通天2(697)2月	−	−	−	−	民族9
3145	王君妻薛氏墓誌	萬歲通天2(697)2月	−	18-95	12-1196	洛陽7-87	千唐435
3146	杜君妻閻氏墓誌	萬歲通天2(697)2月	−	−	−	−	−
3147	張信墓誌	萬歲通天2(697)2月	−	18-96	12-1197	洛陽7-88	−
3148	董彥及妻張氏墓誌	萬歲通天2(697)2月	−	−	−	−	−
3149	楊約及妻喬氏墓誌	萬歲通天2(697)2月	−	18-97	12-1194	洛陽7-89	千唐433
3150	慕容君妻李氏墓誌	萬歲通天2(697)2月	−	18-98	12-1195	洛陽7-90	千唐434
3151	陳玄墓誌	萬歲通天2(697)2月	−	18-99	12-1198	洛陽7-91	千唐436
3152	蕭隆墓誌	萬歲通天2(697)2月	−	−	−	−	秦晉252 七朝120
3153	亡宮八品墓誌	萬歲通天2(697)3月	−	−	−	−	秦續348
3154	唐遜及妻侯氏墓誌	萬歲通天2(697)3月	−	−	−	−	−
3155	梁師亮墓誌	萬歲通天2(697)3月	178右上	18-100	12-1199	陝西1-74	−
3156	駱玄運墓誌	萬歲通天2(697)3月	−	−	−	−	−
3157	成邑仁墓誌	萬歲通天2(697)3月	−	−	−	洛陽7-92	−
3158	九品亡宮墓誌	萬歲通天2(697)4月	−	−	−	洛陽7-93	−
3159	王智本墓誌	萬歲通天2(697)4月	−	18-103	12-1200	洛陽7-94	−
3160	趙睿及妻宗氏墓誌	萬歲通天2(697)4月	−	18-104	13-1201	洛陽7-95	千唐437
3161	□義墓誌	萬歲通天2(697)4月	−	−	13-1202	−	−
3162	安君妻康氏墓誌	萬歲通天2(697)4月	−	−	−	洛陽7-97	民族335 洛絲103
3163	姚思玄墓誌	萬歲通天2(697)4月	−	−	13-1203	洛陽7-96	千唐438
3164	王元璋墓誌	萬歲通天2(697)5月	−	18-105	−	洛陽7-98	−
3165	劉洪預墓誌	萬歲通天2(697)5月	−	18-106	13-1204	洛陽7-99	−
3166	桓師魯墓誌	萬歲通天2(697)5月	−	−	−	−	−
3167	路巖墓誌	萬歲通天2(697)5月	−	18-107	13-1205	洛陽7-100	千唐439
3168	劉含章妻李五娘墓誌	萬歲通天2(697)6月	178右下	18-108	13-1206	洛陽7-101	輯繩393 龍門93
3169	劉子墓誌	萬歲通天2(697)6月	−	−	河南壹-5	河南40	−
3170	趙文墓誌	萬歲通天2(697)7月	−	−	13-1207	洛陽7-102	千唐440
3171	張喆墓誌	萬歲通天2(697)7月	−	−	−	−	−
3172	高義隆及妻韓氏墓誌	萬歲通天2(697)7月	−	−	−	−	秦晉253 七朝121
3173	杜孝友及妻朱氏墓誌	萬歲通天2(697)8月	−	−	−	−	秦晉254
3174	奚弘敬及妻李氏墓誌	萬歲通天2(697)8月	−	18-109	13-1208	洛陽7-103	千唐441 民族307
3175	秦貞墓誌	萬歲通天2(697)8月	−	−	河南參-64	−	−
3176	趙君妻李節墓誌	萬歲通天2(697)8月	−	−	−	−	−
3177	趙元智墓志	萬歲通天2(697)8月	−	18-110	13-1210	洛陽7-104	輯繩394
3178	韓仁惠及妻皇甫氏墓誌	萬歲通天2(697)8月	178右下	18-111	13-1209	洛陽7-105	輯繩395
3179	常協及妻裴氏墓誌	萬歲通天2(697)8月	−	18-113	13-1212	洛陽7-107	千唐442
3180	張仁師及妻關氏墓誌	萬歲通天2(697)8月	−	18-112	13-1211	洛陽7-106	千唐443
3181	龐同本及妻長孫氏墓誌	萬歲通天2(697)9月	−	−	−	−	−
3182	宋爽及陳氏墓誌	萬歲通天2(697)10月	−	−	−	−	秦晉255
3183	楊政及妻蔡氏墓誌	萬歲通天2(697)10月	−	−	−	山西61	−
3184	董希令及妻趙氏墓誌	萬歲通天2(697)10月	−	18-114	13-1220	洛陽7-117	千唐444
3185	劉君妻苑氏墓誌	萬歲通天2(697)10月	−	−	−	−	秦續350
3186	亡宮九品墓誌	萬歲通天2(697)	−	−	−	−	−
3187	劉芬提墓誌	萬歲通天2(697)	178右下	−	−	−	−

番號	F北大	G墓誌彙編	H 新編	I補遺補編	J 地方	K 博物館・その他	L 日本目錄
3135	－	續萬歲通天004	－	2-8	精華73	－	－
3136	02671	－	－	－	－	西市133	明洛29
3137	02672	萬歲通天010	21-14650	2-341	－	－	－
3138	－	－	－	7-326	戶縣293(10)	－	－
3139	－	－	－	8-317	－	－	－
3140	02673	－	－	－	－	－	－
3141	02674	－	－	－	－	新見27	－
3142	－	－	－	8-318	－	－	－
3143	02675	萬歲通天011	21-14650	2-341	－	－	－
3144	－	續萬歲通天005	21-14653	8-318	－	－	－
3145	02677	萬歲通天014	21-14651	2-342	－	薛氏235	－
3146	02676	－	－	－	－	－	－
3147	02678	萬歲通天015	21-14652	5-231	－	－	－
3148	－	－	－	－	大全・曲沃7	－	－
3149	02679	萬歲通天012	21-14650	2-344	－	－	－
3150	02680	萬歲通天013	21-14651	2-342	－	－	－
3151	02681	萬歲通天016	21-14654	2-344	－	－	－
3152	02682	－	－	－	－	－	－
3153	02684	－	－	－	－	－	－
3154	－	－	－	－	－	碑林續064	－
3155	02683	萬歲通天017	21-14655	－	西北2-130 長碑77(420)	碑林76-2275 施唐136-137	人0824 東1203
3156	－	－	－	－	－	碑林新093	－
3157	－	續萬歲通天006	21-14654	5-231	－	－	－
3158	－	續萬歲通天007	21-14654	5-460	－	－	－
3159	02685	萬歲通天018	21-14656	6-343	－	－	－
3160	02686	萬歲通天019	21-14656	2-344	－	－	－
3161	－	萬歲通天020	21-14657	7-326	－	－	－
3162	－	續萬歲通天008	21-14657	5-231	－	－	－
3163	－	萬歲通天021	21-14658	2-345	－	－	－
3164	－	萬歲通天023	21-14659	6-343	－	－	－
3165	02687	萬歲通天022	21-14658	5-232	－	唐宋236	人0827
3166	－	續萬歲通天009	21-14660	8-319	－	－	－
3167	02688	萬歲通天024	21-14659	2-346	－	－	－
3168	02689	萬歲通天025	21-14660	5-232	－	唐宋237	人0828 東1204
3169	－	續萬歲通天010	21-14660	6-344	河間228 安陽選(8)	－	－
3170	－	萬歲通天026	21-14660	2-347	－	－	－
3171	02690	－	－	－	－	－	－
3172	02691	－	－	－	－	－	－
3173	－	－	－	－	－	西市135	－
3174	02692	萬歲通天029	21-14662	2-347	－	－	－
3175	02695	－	－	千唐-77	－	－	－
3176	－	－	－	－	－	西市134	－
3177	02694	萬歲通天028	21-14661	5-233	－	－	－
3178	02693	萬歲通天027	21-14661	5-233	－	唐宋238	人0829 東1205 淑479
3179	02696	萬歲通天031	21-14663	2-347	－	－	－
3180	02697	萬歲通天030	21-14662	2-348	－	－	－
3181	02698	－	－	7-327	咸刻37 精華74	北大新拓111(160)	－
3182	－	－	－	－	－	－	－
3183	－	續萬歲通天011	21-14664	5-234 下-2190	河東6	－	－
3184	02699	萬歲通天032	21-14664	2-349	－	－	－
3185	－	－	－	－	－	－	－
3186	02700	－	－	－	－	－	－
3187	－	－	－	－	－	－	－

神功・聖曆

番號	墓誌名	年號	A 題跋	B北圖	C 附考 新中國	D隋唐五代	E千唐・河南
3188	安旻墓誌	神功1(697)10月	—	—	陝西參-32	—	—
3189	王玄策及妻樊氏墓誌	神功1(697)10月	—	—	—	—	秦續349 流散052
3190	張忠及妻申氏墓誌	神功1(697)10月	—	—	—	—	秦晉256
3191	張遠助及妻吳氏墓誌	神功1(697)10月	—	—	—	—	邙洛89 新唐60 龍門461
3192	張胡及妻朱氏墓誌	神功1(697)10月	—	—	—	—	—
3193	張德及妻呂氏墓誌	神功1(697)10月	—	—	陝西參-33	—	—
3194	路綜及妻羅氏墓誌	神功1(697)10月	—	—	13-1213	洛陽7-120	千唐445
3195	王師協及妻蕭氏墓誌	神功1(697)10月	—	—	—	洛陽7-108	輯繩396
3196	王師順及妻袁氏墓誌	神功1(697)10月	—	—	—	洛陽7-118	—
3197	王豫及妻蕭氏墓誌	神功1(697)10月	—	18-116	13-1218	洛陽7-110	千唐447
3198	王緒妻郭五墓誌	神功1(697)10月	—	18-115	13-1216	洛陽7-109	—
3199	朱仁表及妻梁氏墓誌	神功1(697)10月	—	18-117	13-1217	洛陽7-111	—
3200	杜謐及妻沈氏墓誌	神功1(697)10月	—	—	—	洛陽7-119	—
3201	呼延章及妻馬氏墓誌	神功1(697)10月	—	18-118	13-1214	洛陽7-112	千唐446 民族697
3202	康文通墓誌	神功1(697)10月	—	—	—	—	—
3203	張素墓誌	神功1(697)10月	179左上	18-119	13-1215	洛陽7-115	—
3204	張愃墓誌	神功1(697)10月	—	18-120	13-1219	洛陽7-116	—
3205	曹玄機及妻陳氏墓誌	神功1(697)10月	—	—	—	洛陽7-113	—
3206	逸貞及妻李氏墓誌	神功1(697)10月	—	18-121	—	洛陽7-114	—
3207	楊君妻劉珪墓誌	神功1(697)10月	—	—	—	—	秦晉257
3208	楊基及妻能氏墓誌	神功1(697)10月	—	—	—	陝西1-75	—
3209	盧願及妻王氏墓誌	神功1(697)10月	—	—	—	—	—
3210	杳冥君銘	神功1(697)10月	178右下	—	—	—	—
3211	馮□思及妻□氏墓誌	神功1(697)12月卒	—	—	13-1221	—	—
3212	張君墓誌	神功1(697)	179左上	—	—	—	—
3213	王伏生墓誌	神功2(698)正月	—	18-122	13-1222	洛陽7-121	—
3214	姚無陂墓誌	神功2(698)正月	—	—	—	—	—
3215	趙靜安及妻楊氏墓誌	神功2(698)正月	—	—	—	—	—
3216	王尚恭及妻支氏左氏墓誌	神功2(698)正月	—	—	河南參-65	—	—
3217	獨孤思貞墓誌	神功2(698)正月	—	—	13-1223	—	—
3218	蓋暢墓誌	神功2(698)正月	—	18-123	13-1224	洛陽7-122	千唐452
3219	牛遇及妻王氏墓誌	神功2(698)正月	—	—	—	—	—
3220	范羔墓誌	神功2(698)臘月	—	—	—	新疆186	—
3221	韓平及妻劉氏墓誌	神功2(698)1月	—	—	—	—	—
3222	孫文任(汪)及妻張氏墓誌	聖曆1(698)臘月	—	—	河南壹-402	洛陽7-123 河南41	—
3223	張君墓誌	聖曆1(698)臘月	—	—	—	—	—
3224	崔釋墓誌	聖曆1(698)2月	—	—	—	—	河洛119 龍門94 七朝122
3225	暢懷禎墓誌	聖曆1(698)2月	—	18-128	—	洛陽7-124	千唐448
3226	崔德政墓誌	聖曆1(698)2月	—	—	—	—	—
3227	斛律湛妻楊十兒墓誌	聖曆1(698)3月	—	—	—	—	秦晉258
3228	韋悟墓誌	聖曆1(698)3月	—	—	—	陝西3-118	—
3229	秦朗墓誌	聖曆1(698)5月	179左上	18-130	13-1225	洛陽7-125	—
3230	郭神符墓誌	聖曆1(698)5月	—	—	河南參-66	—	—
3231	王氏墓誌	聖曆1(698)6月	—	—	—	—	邙洛91
3232	張君妻宋氏墓誌	聖曆1(698)7月	179左上	—	13-1226	—	輯繩397
3233	劉師及妻房氏墓誌	聖曆1(698)8月	—	—	—	—	—
3234	傅思諫墓誌	聖曆1(698)9月	—	18-132	13-1227	洛陽7-126	千唐449
3235	高邈墓誌	聖曆1(698)10月	—	18-133	13-1228	洛陽7-127	千唐450
3236	裴咸墓誌	聖曆1(698)10月	—	18-135	13-1229	洛陽7-128	—

神功・聖暦

番號	F北大	G墓誌彙編	H新編	I補遺補編	J地方	K博物館・その他	L日本目録
3188	—	—	—	8-319	榆林29	—	—
3189	02701	—	—	—	—	—	—
3190	02703	—	—	—	—	—	—
3191	02702	—	—	8-320	—	—	—
3192	02704	—	—	—	—	—	—
3193	—	—	—	8-319	榆林30	—	—
3194	—	神功001	21-14666	5-235	—	—	—
3195	—	續神功002	—	5-16	—	—	—
3196	—	—	21-14673	5-239	—	—	—
3197	02705	神功007	3-2048	1-75	—	—	—
3198	02707	神功009	—	6-31	—	—	人0835 東1207 淑480
3199	02706	神功005	21-14669	3-505	—	—	—
3200	—	續神功003	21-14672	5-240	—	—	—
3201	02706	神功002	21-14666	2-350	—	—	—
3202	—	—	—	9-436	—	—	—
3203	02709	神功008	21-14670	6-344	—	唐宋239 施唐138-139	人0832 東1206
3204	02711	神功004	21-14668	5-238	—	—	—
3205	—	續神功001	21-14671	5-236	—	—	—
3206	02710	神功003	21-14667	5-237	—	—	—
3207	02712	—	—	—	—	—	—
3208	—	神功006	21-14670	3-506	—	碑林76-2285	—
3209	—	—	—	—	大全・堯都10	—	—
3210	—	—	—	—	—	—	—
3211	—	續神功004	21-14675	7-328 下-1853	—	—	—
3212	—	—	—	—	—	—	—
3213	02713	神功011	21-14675	7-20	—	—	—
3214	—	—	—	8-7	—	—	—
3215	—	—	—	8-321	—	—	—
3216	02714	—	—	千唐-77	—	—	—
3217	—	神功012	21-14675	2-351	—	—	—
3218	02715	神功013	21-14676	2-351	—	—	—
3219	—	—	—	—	—	碑林新094	—
3220	—	續神功005	21-14675	7-329	西北2-132 吐魯番301	—	—
3221	02716	—	—	—	—	—	—
3222	—	續聖暦002	21-14677	5-241	—	—	—
3223	—	—	—	—	—	碑林新095	—
3224	02718	—	—	—	—	—	—
3225	02717	神功010	21-14674	2-352	—	—	—
3226	—	—	—	—	—	碑林196-1060	—
3227	02719	—	—	—	—	—	—
3228	—	續聖暦001	4-2162	3-29 下-2095	長新130 長碑78(421)	—	—
3229	02721	聖暦001	21-14677	6-345	—	—	—
3230	02722	—	—	千唐-78	—	—	—
3231	—	—	—	—	—	—	—
3232	02723	聖暦002	21-14678	6-345	—	—	—
3233	—	—	—	—	—	西市137	—
3234	02724	聖暦003	21-14678	2-352	—	—	—
3235	02725	聖暦004	21-14679	2-353	—	—	—
3236	02727	聖暦005	21-14679	5-242	—	唐宋240 裴氏39	人0838

- 125 -

聖曆

番號	墓誌名	年號	A 題跋	B北圖	C 附考 新中國	D隋唐五代	E千唐・河南
3237	仇欽泰墓誌	聖曆1(698)11月	—	—	—	—	—
3238	長孫永妻鄭上行墓誌	聖曆2(699)正月	—	—	—	—	邙洛90 龍門462
3239	許樞妻王氏墓誌	聖曆2(699)正月	—	18-136	13-1230	洛陽7-129	千唐451
3240	辛恭墓誌	聖曆2(699)正月	—	—	—	洛陽7-130	—
3241	陸乾迴妻崔氏墓誌	聖曆2(699)正月	—	—	13-1231	洛陽7-134	新唐62
3242	胡思言及妻白氏	聖曆2(699)臘月	—	—	—	—	秦晉265
3243	牛阿師墓誌	聖曆2(699)臘月	179左中	18-138	13-1232	洛陽7-131	—
3244	孟模妻夏侯氏墓誌	聖曆2(699)1月	—	—	—	—	河洛121 七朝123
3245	邊惠墓誌	聖曆2(699)1月	—	—	—	—	—
3246	王中孚墓誌	聖曆2(699)1月卒	—	—	—	—	—
3247	王願墓誌	聖曆2(699)1月	—	—	—	—	—
3248	王盈墓誌	聖曆2(699)1月	—	—	—	—	—
3249	王美暢墓誌	聖曆2(699)1月	—	—	—	—	秦晉261
3250	姚恭及妻陳氏墓誌	聖曆2(699)1月	—	18-139	13-1237	洛陽7-133	—
3251	崔玄藉(籍)妻李氏墓誌	聖曆2(699)1月	—	18-140	13-1233	洛陽7-135	千唐454
3252	崔玄藉(籍)及妻屈突氏墓誌	聖曆2(699)1月	—	18-141	13-1236	洛陽7-136	千唐453
3253	崔善福墓誌	聖曆2(699)1月	—	—	—	洛陽7-132	輯繩398
3254	崔韶墓誌	聖曆2(699)1月	—	18-143	13-1234	洛陽7-138	千唐455
3255	崔歆墓誌	聖曆2(699)1月	—	18-142	13-1235	洛陽7-137	千唐456
3256	□信墓誌	聖曆2(699)1月	—	—	—	—	秦晉260
3257	李君墓誌	聖曆2(699)1月	—	—	—	—	龍門463 秦晉259
3258	周善持墓誌	聖曆2(699)2月	—	18-147	13-1238	洛陽7-140	—
3259	董務忠妻趙明墓誌	聖曆2(699)2月	—	—	—	陝西3-119	—
3260	趙行本及妻周氏墓誌	聖曆2(699)2月	—	—	—	—	新獲35
3261	竇璹妻王氏墓誌	聖曆2(699)2月	—	—	—	—	秦續352
3262	王慶祚墓誌	聖曆2(699)2月	—	18-149	13-1239	洛陽7-142	千唐458
3263	王望之及崔氏墓誌	聖曆2(699)2月	—	18-148	13-1240	洛陽7-141	千唐459
3264	房逸及妻李氏墓誌	聖曆2(699)2月	—	18-151	13-1241	洛陽7-145	輯繩400
3265	長孫斌墓誌	聖曆2(699)2月	—	—	—	—	秦續353
3266	封君妻李氏墓誌	聖曆2(699)2月	—	18-150	—	洛陽7-144	千唐460
3267	貞隱子(□弘則)墓誌	聖曆2(699)2月	179左中	18-153	13-1242	洛陽7-146	輯繩399
3268	董弘及妻樊氏墓誌	聖曆2(699)2月	—	—	—	洛陽7-143	新獲36 龍門95
3269	黑齒常之墓誌	聖曆2(699)2月	—	18-152	13-1243	洛陽7-147	民族345
3270	杜君妻趙慧墓誌	聖曆2(699)2月	—	18-155	13-1244	洛陽7-148	—
3271	姬素墓誌	聖曆2(699)3月	179左中	18-156	13-1245	山西62	—
3272	慕容諾賀缽妻李氏(西平大長公主)墓誌	聖曆2(699)3月	—	18-157	13-1246	北大1-97	—
3273	慕容忠墓誌	聖曆2(699)3月	—	—	13-1247	—	—
3274	王進墓誌	聖曆2(699)3月	—	18-158	13-1248	洛陽7-149	千唐461
3275	王德表墓誌	聖曆2(699)3月	—	18-159	13-1249	洛陽7-150	千唐462
3276	于遂古及妻竇氏墓誌	聖曆2(699)4月	—	—	陝西壹-98	陝西3-120	—
3277	李瑜墓誌	聖曆2(699)4月	—	—	—	—	—
3278	鄭知賢墓誌	聖曆2(699)6月	—	18-160	13-1250	洛陽7-151	千唐463
3279	楊正本妻韓令德墓誌	聖曆2(699)6月	—	18-163	13-1251	洛陽7-152	千唐464
3280	李君妻謝令婉墓誌	聖曆2(699)6月	—	—	—	—	流散053
3281	關智及妻粟氏墓誌	聖曆2(699)6月	—	—	—	—	—
3282	程瞻墓誌	聖曆2(699)7月	—	18-164	13-1252	洛陽7-153	—
3283	亡宮人墓誌	聖曆2(699)7月卒	—	—	—	—	邙洛92
3284	高牟墓誌	聖曆2(699)8月	—	—	—	—	—
3285	慕容君妻張順墓誌	聖曆2(699)8月	—	18-165	13-1254	洛陽7-154	—
3286	慕容昇墓誌	聖曆2(699)8月	—	18-167	13-1255	洛陽7-156	民族374
3287	慕容知廉墓誌	聖曆2(699)8月	—	18-168	13-1256	洛陽7-157	民族373
3288	慕容知晦妻費婉墓誌	聖曆2(699)8月	179左中	18-166	13-1253	洛陽7-155	輯繩401

聖曆

番號	F北大	G墓誌彙編	H 新編	I補遺補編	J 地方	K 博物館・その他	L 日本目録
3237	02726	—	—	—	—	西市138	明洛30
3238	—				—	—	—
3239	02728	聖曆006	21-14680	2-354	—		—
3240	—	續聖曆003	21-14685	5-243	—		—
3241	—	聖曆007	21-14681	7-329	—		—
3242	—						
3243	—	聖曆008	21-14681	3-507	—		—
3244	02729	—	—	—			—
3245	—	聖曆009	21-14682	7-329	—		—
3246	—	—	—	—		慶雅堂23 西市141	—
3247	02730	—	—				
3248	02731						
3249	—					西市139	
3250	02735	聖曆014	21-14691	5-245		唐宋241	
3251	02732	聖曆011	21-14684	2-354	景州131 景縣228		
3252	02736	聖曆010	21-14682	3-507			
3253	—	續聖曆004	21-14685	5-243			
3254	02734	聖曆012	21-14687	2-355			
3255	02733	聖曆013	21-14688	2-356			
3256	02737	—	—	—		西市140	—
3257	02738						
3258	02740	聖曆016	4-2394	1-76		曲石24 南京25	—
3259	—	續聖曆005	21-14689	3-510 下-2189	西北2-133 臨潼105		—
3260	—	—	21-14690	6-346			—
3261	02739	—					
3262	02742	聖曆017	5-3020	1-77	—	—	淑481
3263	02741	聖曆018	19-13037	5-18			
3264	02745	聖曆020	—	6-346		鴛鴦285 碑林76-2294	
3265	02748	—	—	—			
3266	02744	聖曆019	21-14698				
3267	02746	聖曆021	4-2322	6-32	—	唐宋242	人0841 東1208 淑482
3268	02743	續聖曆006	21-14690	5-245	—	—	
3269	02747	聖曆022	21-14700	2-358	—	曲石25 南京26	
3270	02749	聖曆023	21-14701	6-347			
3271	02750	聖曆024 續聖曆007	21-14702	3-509	—	故宮071	東1209
3272	02751	聖曆025	5-2934	1-77	西北2-134 武威38 蘭州12	施唐140-141	—
3273	02752	聖曆026	21-14703	3-510	武威36 蘭州14		
3274	02753	聖曆027	21-14703	2-360			
3275	02754	聖曆028	5-3126	1-78			
3276	02755	續聖曆019	4-2180	3-30	西北2-135 咸刻38 精華75		
3277	—	—	—	—		碑林續065	—
3278	02757	聖曆029	21-14704	2-360			
3279	02758	聖曆030	21-14704	2-361			
3280	02759	—	—	—			
3281	—	—	—	—		碑林新096	—
3282	02760	聖曆031	21-14704	5-246		唐宋243	人0846
3283	—						
3284	02761						明洛31
3285	02762	聖曆035	21-14707	2-363		曲石28 南京29	淑484
3286	02764	聖曆034	21-14706	2-362		曲石27 南京28	淑483
3287	02765	聖曆032	21-14705	2-361		曲石26 南京27	淑485
3288	02763	聖曆033	21-14706	6-348	—	唐宋244	人0847 東1210

聖曆

番號	墓誌名	年號	A 題跋	B北圖	C 附考 新中国	D隋唐五代	E千唐・河南
3289	盧延慶及妻李氏墓誌	聖曆2(699)8月	—	—	—	—	秦晉262
3290	孔元及妻公孫氏墓誌	聖曆2(699)8月	—	18-169	13-1257	洛陽7-158	千唐465 民族185
3291	司空儉墓誌	聖曆2(699)8月	—	—	—	陝西3-121	—
3292	長孫嘉慶墓誌	聖曆2(699)8月	—	—	—	洛陽7-160	
3293	長孫緘墓誌	聖曆2(699)8月	—	—	—	洛陽7-159	
3294	路欽默墓誌	聖曆2(699)8月	—	—	—	—	秦晉263
3295	路欽恕墓誌	聖曆2(699)8月	—	—	—	—	秦晉264
3296	路欽質墓誌	聖曆2(699)8月	—	—	—	—	秦續354
3297	范昭兒墓誌	聖曆2(699)9月	—	—	—	—	—
3298	王紹文墓誌	聖曆2(699)10月	—	—	—	—	河洛120 新唐64
3299	蕭言思墓誌	聖曆2(699)10月	—	18-170	13-1259	洛陽7-161	千唐467
3300	蕭思一及前妻宗氏後妻崔氏墓誌	聖曆2(699)10月	—	18-171	13-1258	洛陽7-162	千唐466
3301	蕭繕及前妻劉氏後妻裴氏墓誌	聖曆2(699)10月	—	18-172	—	洛陽7-163	—
3302	元君妻郭淑墓誌	聖曆2(699)10月	—	—	—	—	—
3303	南玄㻛墓誌	聖曆2(699)10月	—	18-173	13-1262	洛陽7-164	千唐468
3304	崔思乂墓誌	聖曆2(699)10月	—	—	—	—	七朝124
3305	張達及妻鄒氏墓誌	聖曆2(699)10月	—	18-174	13-1260	洛陽7-165	—
3306	梁元珍墓誌	聖曆2(699)10月	—	—	—	—	—
3307	陳元敬墓誌	聖曆2(699)10月	—	—	13-1261	—	—
3308	賈文變及妻倪氏墓誌	聖曆2(699)10月	—	—	—	—	—
3309	裴晧妻鄭華兒墓誌	聖曆2(699)10月	—	—	—	山西63	—
3310	閻炅墓誌	聖曆2(699)12月	—	—	—	—	—
3311	王君墓誌	聖曆2(699)	—	—	13-1263	—	—
3312	封言道墓誌	聖曆2(699)	—	—	—	—	—
3313	袁氏墓誌	聖曆3(700)正月	179左中	18-175	—	北大1-98	—
3314	劉胡及妻馬氏墓誌	聖曆3(700)正月	—	18-176	13-1264	洛陽7-166	千唐470
3315	閻基及妻張氏墓誌	聖曆3(700)正月	—	18-177	13-1265	洛陽7-167	千唐469
3316	王行及妻牛氏墓誌	聖曆3(700)正月	—	—	—	山西64	—
3317	劉默墓誌	聖曆3(700)臘月	—	—	—	—	—
3318	高慈墓誌	聖曆3(700)臘月	179左下	18-178	13-1266	洛陽7-169	民族314
3319	高質墓誌	聖曆3(700)臘月	—	—	—	—	民族312
3320	田信及妻李氏墓誌	聖曆3(700)臘月	—	—	—	—	秦續359
3321	張智積妻麴慈音墓誌	聖曆3(700)臘月	—	—	—	新疆187	—
3322	田志承墓誌	聖曆3(700)1月	—	18-179	13-1267	洛陽7-170	千唐472
3323	仲君及妻何氏墓誌	聖曆3(700)1月	—	—	—	—	—
3324	李則政墓誌	聖曆3(700)1月	—	—	陝西貳-64	陝西1-76	
3325	武承嗣墓誌	聖曆3(700)1月	—	—	—	—	秦晉266
3326	殷平及妻荀氏墓誌	聖曆3(700)1月	—	—	—	—	邙洛93 新唐68
3327	陳玄潔妻張氏墓誌	聖曆3(700)1月	—	—	—	—	—
3328	于君妻王媛墓誌	聖曆3(700)1月	—	—	13-1269	洛陽7-168	千唐471
3329	胡悊及妻翟氏墓誌	聖曆3(700)1月	—	18-180	13-1268	洛陽7-171	民族275
3330	楊山隱墓記	聖曆3(700)1月	—	—	—	—	—
3331	姚恭墓誌	聖曆3(700)1月	—	—	—	—	河洛122
3332	王建墓誌	聖曆3(700)2月	—	18-181	13-1270	洛陽7-172	千唐473
3333	辛恭及妻翟氏墓誌	聖曆3(700)2月	—	—	—	洛陽7-173	—
3334	秦伾墓誌	聖曆3(700)2月	—	18-144	13-1272	洛陽7-139	千唐457
3335	戴希晉墓誌	聖曆3(700)2月	—	18-182	13-1271	北京1-98	—
3336	姚懰墓誌	聖曆3(700)2月	—	—	13-1273	洛陽7-174	千唐474
3337	李志覽及元氏墓誌	聖曆3(700)2月	—	—	—	—	—
3338	杜知謙墓誌	聖曆3(700)2月	—	—	—	—	—
3339	宋君妻杜妙墓誌	聖曆3(700)2月	—	—	—	—	秦續355
3340	格美及妻張氏墓誌	聖曆3(700)2月	—	18-183	—	山西65	—
3341	崔無固墓誌	聖曆3(700)3月	—	—	—	—	新獲續69 河洛123 新唐66 龍門96

聖曆

番號	F 北大	G 墓誌彙編	H 新編	I 補遺補編	J 地方	K 博物館・その他	L 日本目録
3289	—	—	—	—	—	—	—
3290	02766	聖曆036	21-14708	2-364	—	—	—
3291	—	續聖曆008	21-14691	3-511	西北2-136	—	—
3292	—	續聖曆010	21-14693	5-247	—	—	—
3293	—	續聖曆009	21-14692	5-247	—	—	—
3294	02768	—	—	—	—	—	—
3295	02767	—	—	—	—	—	—
3296	02769	—	—	—	—	—	—
3297	02770	—	—	—	—	—	—
3298	—	—	—	—	—	—	—
3299	02771	聖曆038	21-14709	2-365	—	—	—
3300	02772	聖曆037	21-14709	2-365	—	—	—
3301	—	續聖曆011	21-14693	5-247 下-1854	—	—	—
3302	—	—	—	—	—	西市142	—
3303	02773	聖曆040	21-14711	2-366	—	—	—
3304	02775	—	—	—	—	—	—
3305	02774	聖曆039	21-14710	5-249	—	唐宋245	人0849
3306	—	續聖曆012	21-14695	7-330 下-1855	寧夏36 固原17	—	—
3307	—	—	4-2467	—	—	—	—
3308	—	—	—	—	大全・武郷20	—	—
3309	—	續聖曆013	21-14695	7-330 下-2189	河東7	裴氏40	—
3310	—	—	—	—	長碑(423)	碑林新097	—
3311	—	—	4-2461	—	—	—	—
3312	—	—	—	—	富平132	碑林196-1064	—
3313	02778	聖曆041	21-14711	—	—	施唐142	—
3314	02779	聖曆042	21-14711	2-367	—	—	—
3315	02780	聖曆043	21-14712	3-512	—	—	—
3316	—	續聖曆016	21-14696	5-249	—	—	—
3317	—	—	—	—	—	碑林續066	—
3318	—	聖曆044	21-14713	3-513	—	—	人0858
3319	02790	—	—	千唐-79	—	—	—
3320	—	—	—	—	—	—	—
3321	—	續聖曆014	21-14695	7-330	西北2-142 吐魯番302	—	—
3322	02776	聖曆045	21-14714	2-367	—	—	—
3323	02777	—	—	千唐-81	—	—	—
3324	—	續聖曆015	21-14696	3-514	—	碑林76-2302	—
3325	—	—	—	—	—	—	—
3326	—	—	—	—	—	—	—
3327	—	—	—	—	—	磚刻1170	—
3328	—	聖曆046	5-2934	2-10	—	—	—
3329	02781	聖曆047	21-14715	5-250	—	—	—
3330	02782	—	—	—	—	—	—
3331	—	—	—	—	—	—	人0850
3332	02784	聖曆048	21-14715	2-368	—	—	—
3333	—	續聖曆017	21-14698	5-250	—	—	—
3334	02783	聖曆015	21-14697	5-251	—	—	—
3335	02785	聖曆049	21-14717	3-515	西北2-137	—	人0856
3336	—	聖曆050	21-14717	2-369	—	—	—
3337	—	—	—	8-8	長碑(424)	—	—
3338	—	—	—	—	—	碑林續067	—
3339	02786	—	—	—	安豐174 安陽選(9)	—	—
3340	—	續聖曆018	21-14702	3-516 下-1856	長治146	—	—
3341	—	—	—	8-9	—	—	—

聖曆・久視

番號	墓誌名	年號	A 題跋	B北圖	C 附考 新中國	D隋唐五代	E千唐・河南
3342	莫休墓誌	聖曆3(700)3月	—	—	—	—	—
3343	楊弘嗣墓誌	聖曆3(700)3月	—	—	—	—	—
3344	關仁惠墓誌	聖曆3(700)3月	—	—	—	—	秦晉267
3345	宋君妻淳于氏墓誌	聖曆3(700)4月	—	18-184	—	洛陽7-175	輯繩403 民族343
3346	楊儀及妻顏氏墓誌	聖曆3(700)4月	—	—	—	—	—
3347	王誨墓誌	聖曆3(700)4月	—	—	—	—	—
3348	吉昭及妻馬氏墓誌	聖曆3(700)5月	—	—	—	—	—
3349	李楚瓊墓誌	聖曆3(700)5月	—	—	—	—	秦晉268
3350	李璋及妻薛氏墓誌	聖曆3(700)5月	—	—	13-1275	—	—
3351	鄭遘墓誌	聖曆3(700)5月	—	18-185	13-1274	洛陽7-176	千唐475
3352	苗質墓誌	聖曆3(700)5月	—	—	—	—	秦晉269
3353	呂才及妻洪氏墓誌	聖曆3(700)12月	—	—	—	—	—
3354	韓德及妻翟氏墓誌	聖曆3(700)12月	—	—	—	山西71	—
3355	郭武墓誌	聖曆3(700)	179左下	—	—	—	—
3356	巢思玄磚誌	久視1(700)5月卒	—	19-1	—	北京1-99	—
3357	李師墓誌	久視1(700)5月卒	—	—	—	—	—
3358	薛剛及妻載氏墓誌	久視1(700)5月	179左下	19-3	13-1276	北京1-100	—
3359	杜識則墓誌	久視1(700)6月	—	—	陝西參-34	—	—
3360	吳續及妻郜氏墓誌	久視1(700)7月	—	19-5	13-1277	洛陽7-177	輯繩402
3361	孫仁貴及妻斛律氏墓誌	久視1(700)7月	—	—	河南參-68	—	—
3362	劉端墓誌	久視1(700)7月	—	—	—	—	秦續356 流散054
3363	麴信及妻孟氏墓誌	久視1(700)7月	179右上	—	13-1278	江蘇30	—
3364	仇立本墓誌	久視1(700)閏7月	—	—	—	—	—
3365	許樞及妻王氏墓誌	久視1(700)閏7月	—	19-6	13-1279	洛陽7-178	千唐476
3366	南宮爽妻田先明墓誌	久視1(700)閏7月	—	—	—	—	—
3367	宮人墓誌	久視1(700)8月	—	19-7	13-1280	洛陽7-179	千唐477
3368	□建達墓誌	久視1(700)9月	—	—	13-1281	洛陽7-180	千唐478
3369	氾德達墓誌	久視1(700)9月	—	—	—	新疆188	—
3370	何□墓誌	久視1(700)9月	—	—	13-1282	—	—
3371	亡宮九品墓誌	久視1(700)9月卒	—	—	—	—	—
3372	侯隴及妻□氏墓誌	久視1(700)10月	—	—	—	—	秦晉270
3373	唐隱墓誌	久視1(700)10月	—	—	—	—	—
3374	浩頎(項)及妻李氏墓誌	久視1(700)10月	—	—	—	—	—
3375	張守素墓誌	久視1(700)10月	—	19-8	13-1283	洛陽7-181	—
3376	梁鑾墓誌	久視1(700)10月	—	—	—	洛陽7-182	輯繩404
3377	楊道及妻崔氏墓誌	久視1(700)10月	—	—	—	山西66	—
3378	楊亮及妻賈氏墓誌	久視1(700)10月	—	—	—	—	秦續357
3379	裴君妻崔氏墓誌	久視1(700)10月	—	—	—	—	河洛124 七朝125
3380	陽儉及妻元氏後妻弓氏墓誌	久視1(700)10月	—	—	—	—	—
3381	馮慶墓誌	久視1(700)10月	179右上	—	13-1284	—	—
3382	任操及妻張氏墓誌	久視1(700)10月	—	—	陝西參-35	—	—
3383	陳思廉墓誌	久視1(700)10月	—	—	—	洛陽7-184	輯繩405
3384	褚承恩墓誌	久視1(700)10月	179右上	—	13-1286	北大1-99	—
3385	褚朗妻王氏墓誌	久視1(700)10月	—	19-9	13-1285	洛陽7-183	千唐479
3386	張大酺及妻段氏墓誌	久視1(700)10月	—	19-10	13-1287	洛陽7-185	千唐480
3387	□君墓誌	久視1(700)10月	—	—	—	—	—
3388	范君妻張大家墓誌	久視1(700)10月	—	—	—	—	秦晉271
3389	柳行滿及妻劉媚乙弗玉墓誌	久視1(700)10月	—	—	—	山西67	—
3390	柳行滿妻乙弗玉墓誌	久視1(700)10月	—	—	—	山西68	—
3391	柳行滿妻劉媚墓誌	久視1(700)10月	—	—	—	山西69	—
3392	袁公瑜及妻孟氏墓誌	久視1(700)10月	—	19-11	13-1288	洛陽7-186	千唐481 新唐70

聖曆・久視

番號	F北大	G墓誌彙編	H 新編	I補遺補編	J 地方	K 博物館・その他	L 日本目録
3342	−	−	−	−	−	碑林新098	−
3343	−	−	−	−	−	碑林續068	−
3344	−	−	−	−	−	−	−
3345	−	聖曆051	21-14718	5-252	−	−	−
3346	02787	−	−	−	−	−	−
3347	−	−	−	−	−	碑林新099	−
3348	−	−	−	−	邯鄲碑045	−	−
3349	−	−	−	−	−	西市143	−
3350	−	−	21-14719	8-322 下-2420	−	−	−
3351	02788	聖曆052	21-14718	2-11	−	−	−
3352	02756	−	−	−	−	西市144	明洛32
3353	02789	−	−	−	−	−	−
3354	−	續久視010	21-14734	6-352	−	−	−
3355	−	−	−	−	−	−	−
3356	02791	久視001	21-14720	3-517	−	磚刻1171	−
3357	02792	−	−	−	−	−	明洛33
3358	02793	久視002	5-2931	−	西北2-138	−	淑486
3359	−	−	−	8-324	榆林31	−	−
3360	02794	久視004	6-3350	3-31	−	−	−
3361	02796	−	−	千唐-82	−	−	−
3362	−	−	−	−	−	−	−
3363	02795	久視003	21-14720	4-398	−	−	−
3364	−	−	−	−	−	慶雅堂24 西市145	−
3365	02797	久視005	4-2164	2-12	−	−	−
3366	02798	−	−	−	−	−	−
3367	02799	久視006	21-14720	5-460	−	−	−
3368	−	久視007	21-14723	2-370	−	−	−
3369	−	續久視001	21-14723	7-331	西北2-139 吐魯番303	−	−
3370	−	續久視003	21-14724	6-349 下-1856	−	−	−
3371	02800	−	−	−	−	−	−
3372	02802	−	−	−	−	−	−
3373	02803	−	−	−	−	−	−
3374	−	−	−	9-437	長治148 大全・襄垣28	−	−
3375	02801	久視008	21-14724	6-349	−	−	人0859 東1217 東1218
3376	−	續久視004	5-3028	5-17	−	−	−
3377	−	續久視002	21-14724	5-253	大全・襄垣29	−	−
3378	−	−	−	−	−	−	−
3379	02804	−	−	−	−	−	−
3380	02805	−	−	千唐-84	−	−	−
3381	−	久視009	4-2307	−	−	−	−
3382	−	−	−	8-324	榆林32	−	−
3383	−	續久視005	21-14726	5-253	−	−	−
3384	02807	久視011	21-14726	6-349	−	−	東1219
3385	02806	久視010	21-14725	2-370	−	−	−
3386	02807	久視012	21-14727	2-371	−	−	−
3387	02809	−	−	−	−	−	−
3388	−	−	−	−	−	−	−
3389	−	續久視007	21-14730	5-254	碑碣69	−	−
3390	−	續久視008	21-14731	5-255	碑碣73	−	−
3391	−	續久視006	21-14729	5-256	碑碣72 大全・迎澤18	−	−
3392	02810	久視013	3-1971	1-80	−	−	−

久視・大足・長安

番號	墓誌名	年號	A 題跋	B北圖	C 附考 新中国	D隋唐五代	E千唐・河南
3393	袁公瑤及妻陳氏墓誌	久視1(700)10月	—	—	—	—	—
3394	袁承嘉墓誌	久視1(700)10月	—	19-12	13-1290	洛陽7-187	千唐482
3395	馬神威墓誌	久視1(700)10月	—	—	13-1289	洛陽7-188	新獲37
3396	崔哲墓誌	久視1(700)10月	—	19-13	—	洛陽7-189	輯繩406 民族355
3397	梁才及妻陳氏墓誌	久視1(700)10月	—	—	陝西參-36	—	—
3398	郭儼墓誌	久視1(700)10月					
3399	董師墓誌	久視1(700)10月					
3400	馮名及妻李氏陳氏墓誌	久視1(700)10月	—	19-14	13-1291	北大1-100	—
3401	李師感及妻張氏墓誌	久視1(700)11月	—	—	—	—	河洛126
3402	李節墓誌	久視1(700)11月	—	—	—	—	新獲續70 河洛125 龍門97
3403	李買及妻賈氏墓誌	久視1(700)11月	—	19-15	13-1292	北大1-101	—
3404	劉公綽墓誌	久視1(700)11月	—	19-16	13-1293	北京1-101	—
3405	馬貞及妻王氏墓誌	久視1(700)11月	—	—	—	—	秦晉272
3406	郭信及妻蘇氏李氏墓誌	久視1(700)11月	—	—	—	山西70	—
3407	宋善福及妻李氏墓誌	久視1(700)11月	—	—	—	—	秦續358
3408	申屠貞墓誌	久視1(700)11月					
3409	李君妻賀蘭調墓誌	久視1(700)11月					
3410	李石墓誌	久視1(700)11月					
3411	沈浩禕及妻姚氏墓誌	久視1(700)11月	—	19-17	13-1294	洛陽7-190	千唐483
3412	沈伯儀及妻姚氏墓誌	久視1(700)11月	—	—	河南參-69	—	—
3413	范詞墓誌	久視1(700)11月					
3414	范素妻蔣安兒墓誌	久視1(700)11月					
3415	和克忠墓誌	久視1(700)11月	—	19-18	13-1295	北大1-102	—
3416	司空行及妻李氏墓誌	久視1(700)11月					
3417	孫行墓誌	久視1(700)12月	—	—	—	—	邙洛94 新唐72
3418	路庭禮墓誌	久視1(700)12月	—	19-19	13-1296	洛陽7-191	千唐484
3419	李壽諦墓誌	久視1(700)12月					
3420	潘諝墓誌	久視2(701)1月					
3421	泉獻誠墓誌	大足1(701)2月	—	—	13-1297	—	民族283
3422	楊君墓誌	大足1(701)2月	—	19-21	13-1298	洛陽7-192	輯繩407
3423	孫阿貴妻竹須摩提墓誌	大足1(701)3月	—	19-23	13-1299	洛陽7-193	千唐485 民族208
3424	陸元方墓誌	大足1(701)3月	—	—	13-1300	—	—
3425	趙進墓誌	大足1(701)4月	179右上	19-24	14-1301	洛陽7-194	輯繩408
3426	元玄慶墓誌	大足1(701)4月	—	19-25	14-1302	洛陽7-196	千唐486 民族138
3427	辛徽之墓誌	大足1(701)5月	—	—	—	—	秦晉273
3428	柏善德妻仵氏墓誌	大足1(701)5月	—	19-26	14-1303	洛陽7-197	千唐487
3429	李文楷墓誌	大足1(701)5月	—	—	—	—	龍門99 秦晉274 七朝126
3430	張壽及妻蕭氏墓誌	大足1(701)6月	—	—	河南壹-102	河南42	—
3431	宮人墓誌	大足1(701)7月	—	19-27	14-1304	洛陽7-198	千唐488
3432	崔訥妻劉氏墓誌	大足1(701)7月	—	—	14-1305	—	—
3433	智惠墓誌	大足1(701)8月	—	—	陝西貳-65	陝西1-77	—
3434	亡尼七品墓誌	大足1(701)8月	—	—	—	—	—
3435	盧行毅墓誌	大足1(701)8月	—	19-28	14-1306	洛陽7-199	千唐489
3436	李玄擬墓誌	大足1(701)9月					
3437	徐巖墓誌	大足1(701)9月卒	—	—	14-1307	—	—
3438	蔡亮及妻李氏墓誌	大足1(701)10月	—	—	—	北大1-103	—
3439	劉廣宗妻岑平等墓誌	大足1(701)11月					
3440	田遠墓誌	大足1(701)11月					
3441	宋撝墓誌	長安1(701)2月					
3442	李師墓誌	長安1(701)11月	—	—	—	—	秦晉275

久視・大足・長安

番號	F北大	G墓誌彙編	H 新編	I補遺補編	J 地方	K 博物館・その他	L 日本目録
3393	02815	—	—	千唐-85	—	—	—
3394	02811	久視014	21-14727	2-371	—	—	—
3395	02812	久視016	21-14728	5-256	—	—	—
3396	02813	久視015	5-2935	3-33	—	—	—
3397	—	—	—	8-324	楡林33	—	—
3398	02816	—	—	—	—	—	—
3399	—	—	—	—	—	碑林新100	—
3400	02814	久視017	21-14732	6-350	—	故宮072	—
3401	—	—	—	—	—	—	—
3402	—	—	—	8-325	—	—	—
3403	02817	久視019	21-14733	6-351	—	—	—
3404	—	久視018	21-14732	5-258	—	—	—
3405	02818	—	—	—	—	西市146	—
3406	—	續久視009	21-14733	6-351	大全・屯留7	—	—
3407	02819	—	—	—	—	—	—
3408	02820	—	—	—	—	—	—
3409	—	—	—	—	—	碑林續069	—
3410	—	—	—	9-437	大全・襄垣31	—	淑487
3411	02821	久視020	21-14735	2-372	—	—	—
3412	02822	—	—	千唐-87	—	—	—
3413	—	—	—	—	安陽選32	—	—
3414	—	—	—	—	安陽選33	—	—
3415	02823	久視021	21-14735	3-517	西北2-141	—	—
3416	—	—	—	—	安豐170	—	—
3417	—	—	—	—	—	西市147	—
3418	02824	久視022	21-14736	2-373	—	—	—
3419	02825	—	—	—	—	—	—
3420	02826	—	—	—	—	—	—
3421	—	大足001	5-2936	7-20	—	—	—
3422	02827	大足002	21-14736	6-352	—	唐宋246	人0870
3423	02828	大足003	21-14736	2-373	—	—	—
3424	—	—	4-2613	—	—	—	—
3425	02829	大足004	21-14737	6-353	—	—	淑488
3426	02830	大足005	21-14737	2-373	—	—	—
3427	02832	—	—	—	—	—	—
3428	02831	大足006	21-14738	2-374	—	—	—
3429	02833	—	—	—	—	—	—
3430	—	續大足001	21-14738	6-353	—	河博29	—
3431	02834	大足007	21-14721	5-460	—	—	—
3432	—	—	4-2614	—	—	—	—
3433	—	續大足002	21-14739	5-258	—	碑林76-2311	—
3434	—	—	—	—	咸刻40 渭城243	—	—
3435	02835	大足008	5-2892	1-79	—	—	—
3436	—	—	—	—	—	碑林新101	—
3437	—	—	4-2615	—	—	—	—
3438	02836	續大足003	21-14739	7-331	—	—	—
3439	—	續大足004	21-14740	6-354 上-325	—	—	—
3440	02837	—	—	—	—	—	—
3441	02838	—	—	8-326	杏園3	—	—
3442	02839	—	—	—	—	—	—

長安

番號	墓誌名	年號	A 題跋	B北圖	C 附考 新中國	D隋唐五代	E千唐・河南
3443	王思墓誌	長安1(701)11月		19-29	14-1308	洛陽7-200	千唐490
3444	王眞及妻田氏墓誌	長安1(701)11月	ー				邙洛95 龍門464 七朝127
3445	李忠墓誌	長安1(701)12月	ー				
3446	許行眞妻李氏墓誌	長安1(701)12月					秦續360 七朝128 流散056
3447	張舉墓誌	長安2(702)1月	ー	ー	14-1309		ー
3448	李頂及妻呂氏墓誌	長安2(702)1月	ー	ー	河北壹-71	河北50	
3449	李清漢及妻郭氏墓誌墓誌	長安2(702)1月	ー	ー	ー	ー	ー
3450	李亶墓誌	長安2(702)1月					秦晉276
3451	郭羨及妻常氏墓誌	長安2(702)1月					
3452	秦君妻張氏墓誌	長安2(702)1月卒	ー	19-32	14-1310	洛陽7-201	千唐491
3453	司馬論及妻郭氏墓誌	長安2(702)1月		19-33	14-1311	河南43	
3454	張寬及妻江氏墓誌	長安2(702)2月					
3455	楊高妻李滿墓誌	長安2(702)3月		19-35		北京1-102	
3456	樊文及前妻高氏墓誌	長安2(702)3月				洛陽7-202	輯繩409
3457	元名彥墓誌	長安2(702)4月					
3458	宇文不爭妻柳氏墓誌	長安2(702)4月	ー	ー	河南參-70	ー	ー
3459	李洪及妻張氏墓誌	長安2(702)4月					
3460	李才墓誌	長安2(702)4月					秦晉277
3461	杜幷墓誌	長安2(702)4月	179右中	19-38	14-1312	河南44 洛陽7-203	輯繩410
3462	劉浩墓誌	長安2(702)4月					
3463	泉男產墓誌	長安2(702)4月	ー	19-39	14-1313	洛陽7-204	輯繩411 民族284
3464	李隆悌(汝南王)墓誌	長安2(702)4月	ー	ー	ー	ー	秦晉278
3465	蔣英墓誌	長安2(702)4月					
3466	李義琳及妻魏氏墓誌	長安2(702)5月	ー	ー	ー	洛陽7-205	新獲40 河洛127 龍門100
3467	韋瓊妻杜氏墓誌	長安2(702)5月	ー	ー	陝西參-37	ー	ー
3468	徐慈政及妻司馬氏墓誌	長安2(702)5月					河洛128
3469	敬君妻封延墓誌	長安2(702)5月					新出219 龍門465
3470	柳悼墓誌	長安2(702)5月	ー	ー	河南參-71		
3471	史懷訓及妻李氏墓誌	長安2(702)5月	ー	ー	陝西貳-66	ー	ー
3472	李自勗及妻鄭氏墓誌	長安2(702)5月					河洛129 龍門466
3473	尉門道墓誌	長安2(702)6月					
3474	吳俊及妻趙氏墓誌	長安2(702)6月					
3475	荀智辯墓誌	長安2(702)6月					
3476	趙越寶墓誌	長安2(702)6月	ー	19-40	ー	洛陽7-206	輯繩412
3477	楊素及妻徐氏墓誌	長安2(702)7月					
3478	尹守貞墓誌	長安2(702)7月	ー	ー	14-1314	ー	
3479	婁君妻周氏墓誌	長安2(702)7月	179右中	19-43	14-1315	洛陽7-207	
3480	吉琯墓誌	長安2(702)8月	ー	ー	河南參-72	ー	
3481	徐達墓誌	長安2(702)8月					
3482	郭欽及妻丁氏墓誌	長安2(702)8月					秦續361
3483	韓令英墓誌	長安2(702)8月					秦續362
3484	程曾及妻侯氏墓誌	長安2(702)8月					秦續363
3485	狄君妻謝氏墓誌	長安2(702)8月					
3486	劉才及妻司徒氏	長安2(702)10月					秦晉279
3487	宋履墓誌	長安2(702)10月					
3488	楊俄及妻魚氏墓誌	長安2(702)10月					
3489	秦育及妻程氏墓誌	長安2(702)10月					
3490	宮人墓誌	長安2(702)11月			14-1316	洛陽7-208	千唐492
3491	亡尼墓誌	長安2(702)11月	ー	ー	陝西壹-99	陝西3-122	
3492	門道墓誌	長安2(702)11月					流散057

- 134 -

長安

番號	F北大	G墓誌彙編	H 新編	I 補遺補編	J 地方	K 博物館・その他	L 日本目錄
3443	02840	長安001	21-14740	2-375	—	—	—
3444	02841			8-326	—	—	—
3445	02842				—	—	—
3446	02843				—	—	—
3447	—	長安002	21-14741	7-322	—	—	淑489
3448	—	續長安001	21-14742	4-399	—	—	—
3449	02844				—	—	—
3450	—				—	—	—
3451	02845				—	—	—
3452	02846	長安003	21-14742	2-374 7-331	—	—	—
3453	02847	長安004	21-14742	7-332	—	—	—
3454	—	—	—	—	安豐172 安陽選(10)	—	—
3455	—	長安005	21-14743	5-259	—	—	—
3456	—	續長安002	21-14744	5-259	—	—	—
3457	—	—	—	—	—	碑林新102	—
3458	02849			千唐-88	—	—	—
3459	02850				—	—	—
3460	—				—	—	—
3461	—	長安007	21-14745	6-355	—	施唐143	人0878 淑490
3462	—	長安006	21-14745	7-333 下-2419	—	—	—
3463	02851	長安008	21-14746	5-261	—	—	人0636 東1221 東1222 東1223 東1224 淑491
3464	—	—	—	—	—	—	—
3465	—				安陽選34	—	—
3466	—	續長安003	4-2382	—	—	—	—
3467	—	—	—	7-333	長新132 長碑79(425)	—	—
3468	—				—	—	—
3469	02852	—	—	9-438	—	—	—
3470	02853	—	—	千唐-89	—	—	—
3471	—	—	21-14746	6-356	長碑80(426)	碑林新103	—
3472	—				—	—	—
3473	—				—	—	淑492
3474	02854				—	—	—
3475	02855	—	—	—	安豐173 安陽選(11)	—	—
3476	—	長安009	21-14748	5-262	—	—	—
3477	—	—	—	—	高平408	—	—
3478	—	—	4-2614	—	—	—	—
3479	02855	長安010	21-14748	6-357	—	—	—
3480	02859	—	—	千唐-90	—	—	—
3481	02858				—	—	—
3482	02860				—	—	—
3483	02857				—	—	—
3484	02861				—	—	—
3485	—				邯鄲碑046	—	—
3486	—				—	—	—
3487	—				邯鄲碑137	—	—
3488	—				安陽選(12)	—	—
3489	02862	—			—	—	—
3490	—	續長安004	—	5-461	—	—	—
3491	—	續長安005	21-14753	5-460 下-2191	咸陽13	—	—
3492	—	—	—	—	—	—	—

長安

番號	墓誌名	年號	A 題跋	B北圖	C 附考 新中国	D隋唐五代	E千唐・河南
3493	馬擧及妻項氏墓誌	長安2(702)11月	179右中	19-47	14-1317	江蘇31	—
3494	孫知節及妻劉氏墓誌	長安2(702)11月	—	—	—	—	—
3495	胡君妻趙韋提墓誌	長安2(702)11月	—	—	—	—	輯繩413
3496	□君墓誌	長安2(702)11月	—	—	—	洛陽7-209	—
3497	宋濟及妻井氏墓誌	長安2(702)11月	—	—	—	—	—
3498	楊俊及妻張氏墓誌	長安2(702)11月	—	—	—	—	—
3499	吳師盛妻竇德弘墓誌	長安2(702)11月	—	—	—	—	邙洛96
3500	宋緬之墓誌	長安2(702)11月	—	—	—	—	秦晉280
3501	劉仲珪墓誌	長安2(702)11月	—	—	—	—	—
3502	劉璿墓誌	長安2(702)11月	—	—	—	洛陽7-210	輯繩414
3503	孫尚客墓誌	長安2(702)11月	—	—	—	—	秦晉281 流散058
3504	張廉妻樊氏墓誌	長安2(702)12月	—	19-48	14-1318	洛陽7-211	—
3505	劉買及妻周氏墓誌	長安2(702)12月	—	—	—	山西72	—
3506	李度墓誌	長安2(702)12月	—	—	—	山西73	—
3507	李潛墓誌	長安2(702)12月	—	—	—	—	—
3508	陳文傑墓誌	長安2(702)12月	—	—	—	—	秦續364
3509	楊義及妻鮑氏墓誌	長安2(702)12月	—	—	—	—	—
3510	王義墓誌	長安2(702)12月	—	—	14-1319	山西74	—
3511	辛仲連妻盧八娘墓誌	長安2(702)	180左下	19-49	14-1320	洛陽7-212	—
3512	李仁穎墓誌	長安2(702)	—	—	14-1322	—	—
3513	孫虔禮墓誌	長安2(702)	—	—	14-1321	—	—
3514	劉齊賢墓誌	長安3(703)1月	—	19-51	14-1323	洛陽8-1	—
3515	成惲墓誌	長安3(703)1月	—	19-52	14-1324	洛陽8-2	千唐493
3516	張禮臣墓誌	長安3(703)1月	—	—	—	新疆189	—
3517	牛緒及妻劉氏墓誌	長安3(703)1月	—	—	14-1325	—	—
3518	張遠墓誌	長安3(703)1月	—	—	—	—	—
3519	樊鼎墓誌	長安3(703)1月	—	—	—	—	邙洛97 龍門467 七朝129
3520	崔汲及妻李氏墓誌	長安3(703)2月	—	—	—	洛陽8-3	輯繩415
3521	韓曉墓誌	長安3(703)2月	—	—	河南貳-271	—	—
3522	王貞及妻秦氏墓誌	長安3(703)2月	—	19-54	14-1327	洛陽8-5	千唐494
3523	張㖟(嗲)及妻孫氏墓誌	長安3(703)2月	—	19-55	14-1326	洛陽8-4	輯繩416
3524	元思齊墓誌	長安3(703)2月	—	—	—	—	—
3525	王嘉及妻李氏墓誌	長安3(703)2月	179右中	19-56	14-1329	洛陽8-6	輯繩417
3526	成君妻耿慈愛墓誌	長安3(703)2月	—	19-57	14-1334	洛陽8-7	千唐496
3527	唐履信及妻席氏寇氏墓誌	長安3(703)2月	—	—	—	—	秦晉282
3528	常師及妻李氏墓誌	長安3(703)2月	—	—	—	—	—
3529	張嘉及妻閻氏墓誌	長安3(703)2月	180左下	19-58	14-1331	洛陽8-9	—
3530	張思忠及妻趙氏墓誌	長安3(703)2月	—	—	14-1332	—	—
3531	賈楚及妻金氏墓誌	長安3(703)2月	—	19-59	14-1333	洛陽8-8	千唐495
3532	赫連仁及妻杜氏墓誌	長安3(703)2月	—	—	—	山西75	—
3533	獨孤思敬妻元氏墓誌	長安3(703)2月	—	—	14-1328	—	—
3534	獨孤思敬妻楊氏墓誌	長安3(703)2月	—	—	14-1330	陝西3-123	—
3535	崔志及妻司徒氏墓誌	長安3(703)2月	—	—	—	—	—
3536	王養及妻成氏墓誌	長安3(703)2月	—	19-60	14-1336	洛陽8-10	千唐499
3537	向徹及妻韓氏墓誌	長安3(703)2月	—	—	14-1335	—	—
3538	周履潔墓誌	長安3(703)2月	—	19-61	14-1339	北京1-103	—
3539	張矩及妻嚴氏墓誌	長安3(703)2月	—	19-63	—	北大1-104	—
3540	張士龍及妻程氏墓誌	長安3(703)2月	—	19-62	14-1340	洛陽8-11	千唐497
3541	曹洛及妻張氏墓誌	長安3(703)2月	—	—	—	—	秦續365
3542	程思義墓誌	長安3(703)2月	—	19-64	14-1338	洛陽8-12	千唐498
3543	趙智侃及妻宗氏墓誌	長安3(703)2月	179右中	19-65	14-1337	北大1-105	—
3544	孔君妻王氏墓誌	長安3(703)2月	—	—	—	—	河洛130 龍門468 七朝130

長安

番號	F北大	G墓誌彙編	H 新編	I補遺補編	J 地方	K 博物館・その他	L 日本目録
3493	02863	長安012	21-14749	6-358	分類71	―	―
3494	―	―	―	―	―	西市148	―
3495	―	續長安009	21-14749	5-263 6-357	―	―	―
3496	―	續長安006	―	―	―	―	―
3497	―	―	―	―	安陽選58	―	―
3498	―	―	―	―	―	碑林新104	―
3499	―	―	―	―	―	―	―
3500	02865	―	―	―	―	西市149	―
3501	02864	―	―	―	―	―	―
3502	―	續長安007	21-14750	5-263	―	―	―
3503	―	―	―	―	―	―	―
3504	02866	長安013	21-14751	5-264	―	唐宋247	人0886
3505	―	續長安008	21-14751	―	―	―	―
3506	―	續長安010	21-14752	6-358	大全・屯留9	―	―
3507	02867	―	―	―	―	―	―
3508	―	―	―	―	―	―	―
3509	―	―	―	―	安陽56	―	―
3510	―	長安014	21-14753	2-375	―	―	―
3511	02868	長安011	21-14749	7-503	―	―	―
3512	―	―	―	―	―	―	―
3513	―	―	4-2463	―	―	―	―
3514	02869	長安015	21-14754	6-359	―	唐宋248	人0887 淑493
3515	02870	長安016	21-14754	2-376	―	―	―
3516	―	續長安011	21-14755	7-334	吐魯番304	―	―
3517	―	―	21-14756	6-360	―	―	―
3518	―	―	―	―	大同222	―	―
3519	02871	―	―	―	―	―	―
3520	―	續長安012	21-14757	5-265	―	―	―
3521	―	―	―	―	―	―	―
3522	02872	長安019	5-2939	1-81	―	―	―
3523	02873	長安018	5-2938	3-34	―	―	―
3524	02878	―	―	―	―	―	―
3525	02876	長安022	21-14760	5-266	―	唐宋249 施唐146	人0890
3526	02874	長安026	5-2940	2-13	―	―	―
3527	―	―	―	―	―	―	―
3528	―	長安023	21-14760	6-361	―	―	―
3529	02877	長安024	21-14761	5-267	―	故宮073	人0910 淑495
3530	―	續長安013	21-14758	6-361 下-1857	―	―	―
3531	02875	長安025	21-14761	2-377	―	―	淑494
3532	―	續長安014	21-14762	7-335	―	―	―
3533	―	長安021	21-14759	2-377	―	―	―
3534	―	長安020	21-14758	2-376	西北2-144 精華76	碑林196-1067	―
3535	―	續長安016	21-14767	8-327	大全・城區7	―	―
3536	02879	長安028	21-14764	2-379	―	―	―
3537	―	長安017	21-14756	6-360	大全・襄垣32	―	―
3538	―	續長安015	21-14766	5-267 下-1857	―	施唐144-145	淑496
3539	02882	續長安017	21-14767	5-268 下-1858	邯鄲碑060	遼寧博54	人0891
3540	02880	長安029	21-14764	2-378	―	―	―
3541	―	―	―	―	―	―	―
3542	02881	長安030	21-14765	3-35	―	―	―
3543	02883	長安027	21-14763	―	西北2-145	碑林76-2313	―
3544	―	―	―	―	―	―	―

長安

番號	墓誌名	年號	A 題跋	B北圖	C 附考 新中国	D隋唐五代	E千唐・河南
3545	隋王夫人墓誌	長安3(703)2月	—	—	—	—	流散059
3546	王伓墓誌	長安3(703)3月	179右下	—	14-1341	江蘇32	—
3547	苑嘉賓墓誌	長安3(703)3月	—	—	—	—	秦續366
3548	裴綰墓誌	長安3(703)3月	—	—	—	—	秦續367
3549	慕容懷固墓誌	長安3(703)3月	—	19-66	14-1342	洛陽8-13	輯繩418 民族374
3550	慕容思觀及妻馬氏墓誌	長安3(703)3月	—	—	河南參-73	—	民族375
3551	張詮墓誌	長安3(703)4月	—	—	—	新疆190	—
3552	孫君妻衞華墓誌	長安3(703)4月	—	—	—	—	河洛131 龍門101
3553	王則墓誌	長安3(703)4月	—	19-68	14-1343	洛陽8-14	—
3554	宮人六品墓誌	長安3(703)4月	—	19-67	14-1344	洛陽8-15	千唐500
3555	史善法及妻康氏墓誌	長安3(703)4月	—	19-69	—	北京1-104	—
3556	張君妻來氏墓誌	長安3(703)4月	—	—	—	—	新獲續71 河洛132
3557	康郎墓誌	長安3(703)4月	—	—	14-1345	北大1-106	輯繩419 民族336 洛絲105
3558	張陀及妻李氏墓誌	長安3(703)4月	—	—	—	—	—
3559	閻敏墓誌	長安3(703)4月	—	—	—	—	—
3560	張景祥墓誌	長安3(703)閏4月	—	—	河南參-74	—	—
3561	陳蕃妻李氏墓誌	長安3(703)5月	—	—	—	—	秦晉283
3562	郭謹墓誌	長安3(703)7月	—	—	—	—	—
3563	王保德及妻李氏墓誌	長安3(703)8月	—	—	—	—	秦晉284
3564	張師墓誌	長安3(703)8月	—	19-73	14-1347	北大1-107	—
3565	蘇甑仁墓誌	長安3(703)8月	—	—	—	洛陽8-16	—
3566	張君表及妻索氏墓誌	長安3(703)8月	—	19-75	14-1346	洛陽8-17	千唐501
3567	尚眞墓誌	長安3(703)8月	179右下	19-74	—	北京1-105	—
3568	元瑛及妻朱氏墓誌	長安3(703)8月	—	18-186 19-76	14-1348	洛陽8-18	千唐502 民族139
3569	杜榮觀墓誌	長安3(703)8月	—	—	—	—	邙洛98 新唐76 龍門102 七朝131
3570	張岳妻鄭氏墓誌	長安3(703)9月	—	19-81	—	洛陽8-19	—
3571	張柱墓誌	長安3(703)9月	—	—	—	—	—
3572	亡尼三品墓誌	長安3(703)9月	—	—	陝西壹-100	陝西1-78	—
3573	王神授及妻公孫氏墓誌	長安3(703)10月	—	—	—	—	新獲續72 河洛133 新唐80
3574	高志遠墓誌	長安3(703)10月	—	—	14-1349	洛陽8-20	千唐503
3575	楊操及妻劉氏墓誌	長安3(703)10月	—	—	河南參-76	—	—
3576	霍松齡及妻陸氏墓誌	長安3(703)10月	—	—	河南參-75	—	—
3577	秦婆愛墓誌	長安3(703)10月	—	—	—	—	—
3578	高繢及妻李氏墓誌	長安3(703)10月	—	—	14-1350	—	—
3579	高隆基墓誌	長安3(703)10月	—	19-82	14-1351	洛陽8-21	千唐504
3580	崔君妻王氏墓誌	長安3(703)10月	—	—	—	—	—
3581	爾朱杲及妻崔氏誌石文	長安3(703)10月	—	—	—	—	河洛134 新唐78 民族203
3582	爾朱君妻韋氏墓誌	長安3(703)10月	—	—	—	—	新獲續73
3583	青住及妻程氏墓誌	長安3(703)10月	—	—	—	—	秦晉285
3584	王辯墓誌	長安3(703)10月	—	—	14-1352	洛陽8-22	千唐506
3585	姬玄範及王氏墓誌	長安3(703)10月	—	—	—	—	新獲續74 河洛135
3586	尉亮墓誌	長安3(703)10月	—	—	—	—	秦晉287 洛鴛鴦8-1
3587	張仁楚及妻趙氏墓誌	長安3(703)10月	—	19-83	14-1353	洛陽8-23	千唐505
3588	張則及妻王氏墓誌	長安3(703)10月	—	—	河北壹-72	河北51	—
3589	楊元亨及裴氏墓誌	長安3(703)10月	—	—	—	—	秦晉286
3590	關儉墓誌	長安3(703)10月	—	19-84	14-1354	洛陽8-24	—
3591	王君妻盧氏墓誌	長安3(703)10月	—	19-85	14-1357	洛陽8-25	—
3592	王鼎及妻裴氏墓誌	長安3(703)10月	—	—	—	—	流散061
3593	王瓘及妻仵氏墓誌	長安3(703)10月	—	—	—	14-1355	洛陽8-26	千唐507
3594	豆盧軌墓誌	長安3(703)10月	—	—	—	—	秦晉288 七朝132 流散060
3595	常懷靚及妻陳氏墓誌	長安3(703)10月	—	—	—	—	—

長安

番號	F北大	G墓誌彙編	H 新編	I補遺補編	J 地方	K 博物館・その他	L 日本目録
3545	—	—	—	—	—	—	—
3546	—	長安031	21-14768	4-399	—	—	—
3547	02884	—	—	—	—	—	—
3548	—	—	—	—	—	—	—
3549	02885	長安032	21-14769	5-269	—	—	—
3550	—	—	—	千唐-90	—	—	—
3551	—	續長安018	21-14770	7-335	吐魯番305	—	—
3552	02884	—	—	—	—	—	—
3553	02889	長安033	21-14770	5-269	—	唐宋250	人0893
3554	02888	長安034	21-14770	5-461	—	—	—
3555	02890	長安035	21-14771	5-270	—	碑林76-2325 碑林新105	—
3556	—	—	—	8-327	—	—	—
3557	02891	長安036	21-14771	6-362	—	—	—
3558	—	—	—	—	安陽選35	—	—
3559	—	—	—	—	大同201	—	—
3560	02892	—	—	千唐-91	—	—	—
3561	—	—	—	—	—	—	—
3562	02894	—	—	—	—	—	—
3563	02896	—	—	—	—	—	—
3564	02895	長安037	21-14772	6-363	—	—	—
3565	—	續長安019	21-14772	5-270	—	—	—
3566	02898	長安039	21-14773	2-380	—	—	—
3567	02897	長安038	18-12397	5-271	西北2-148	—	—
3568	02899	長安040	21-14774	2-381	—	—	—
3569	—	—	—	—	—	—	—
3570	—	長安041	21-14774	7-336	—	—	—
3571	—	—	—	—	安陽選36	—	—
3572	—	續長安020	21-14774	5-461 下-2191	—	昭陵79	—
3573	—	—	—	8-328	—	—	—
3574	—	長安042	21-14775	2-381	—	—	—
3575	02900	—	—	千唐-93	—	—	—
3576	02893	—	—	千唐-92	—	—	—
3577	—	—	—	7-22	長碑81(427)	—	—
3578	—	—	5-3044	8-10 下-2238	—	—	—
3579	02901	長安043	5-3075	1-82	—	—	—
3580	—	—	—	7-336	富平135	—	—
3581	—	—	—	7-337	—	—	—
3582	—	—	—	—	—	—	—
3583	—	—	—	—	—	西市150	—
3584	—	長安046	21-14777	2-383	—	—	—
3585	—	—	—	8-329	—	—	—
3586	02904	—	—	—	—	—	—
3587	02902	長安044	21-14775	2-382	—	—	—
3588	—	續長安021	21-14778	4-401	—	—	—
3589	—	—	—	—	—	—	—
3590	02903	長安045	21-14776	2-383	—	曲石29 南京30	—
3591	02906	長安048	21-14778	5-271	—	—	—
3592	—	—	—	—	—	—	—
3593	—	長安050	21-14781	2-384	—	—	—
3594	02908	—	—	—	—	—	—
3595	—	—	—	上-248	—	—	—

長安

番號	墓誌名	年號	A 題跋	B北圖	C 附考 新中国	D隋唐五代	E千唐・河南
3596	張茂及妻王氏墓誌	長安3(703)10月	−	19-86	14-1356	洛陽8-27	千唐508
3597	楊君妻杜氏墓誌	長安3(703)10月	180左上	19-87	14-1358	北京1-106	−
3598	霍方及妻王氏墓誌	長安3(703)10月	−	−	河北壹-73	河北52	−
3599	僧朗塔銘	長安3(703)10月	−	19-89	−	北京1-107	−
3600	陽玄基及妻梁氏墓誌	長安3(703)10月	−	−	−	−	新獲續75 河洛136 龍門106
3601	謝文智及妻張氏墓誌	長安3(703)10月	−	−	−	−	新獲續76 邙洛99 新唐82
3602	崔惲墓誌	長安3(703)10月	−	−	−	−	−
3603	崔敬嗣墓誌	長安3(703)10月	180左上	−	−	−	−
3604	騫紹業墓誌	長安3(703)11月	−	−	陝西貳-67	陝西1-79	−
3605	宋瞻墓誌	長安3(703)11月	−	−	−	−	−
3606	嚴依仁墓誌	長安3(703)11月	−	−	河北壹-74	河北53	−
3607	李令則墓誌	長安3(703)11月	−	−	−	−	秦晉289
3608	董義及妻王氏墓誌	長安3(703)11月	−	19-90	14-1359	洛陽8-28	千唐509
3609	李玄福墓誌	長安3(703)12月	−	19-91	14-1361	洛陽8-29	千唐510
3610	陳叔度及妻斛律氏墓誌	長安3(703)12月	−	19-92	14-1360	北大1-108	−
3611	劉實及妻周氏墓誌	長安3(703)12月	−	−	−	−	−
3612	李君妻龐氏墓誌	長安3(703)12月	−	−	−	−	新出222
3613	孟璋及妻朱氏墓誌	長安3(703)12月	−	−	−	−	−
3614	張剛墓誌	長安3(703)12月	−	−	−	−	−
3615	王美暢妻長孫氏墓誌	長安3(703)	180左中	19-93	14-1362	洛陽7-195	民族185 龍門107
3616	晁多知墓記	長安4(704)1月卒	−	−	−	−	−
3617	侯令璋墓誌	長安4(704)1月	−	19-95	−	洛陽8-30	輯繩420
3618	李君妻趙氏墓誌	長安4(704)2月	−	−	−	−	秦續368 流散062
3619	王寶及妻胥氏墓誌	長安4(704)2月	−	19-98	14-1364	洛陽8-31 北京1-108	輯繩421
3620	王詢及妻李氏墓誌	長安4(704)2月	180左下	19-97	14-1363	洛陽8-32	−
3621	李符妻摯氏墓誌	長安4(704)3月	−	19-103	14-1365	洛陽8-33	−
3622	杜君妻孫氏墓誌	長安4(704)3月	−	19-105	14-1366	洛陽8-34	千唐511
3623	唐智宗墓誌	長安4(704)4月	−	−	14-1367	新疆191	−
3624	李君妻王姜嫄墓誌	長安4(704)4月	−	−	河南參-77	−	−
3625	田君妻韓娘子墓誌	長安4(704)4月	−	−	−	−	邙洛100 七朝133
3626	高表及妻賈氏墓誌	長安4(704)5月	−	−	−	−	秦續369
3627	楊弘悊墓誌	長安4(704)5月	−	−	−	−	秦晉290
3628	李晏墓誌	長安4(704)7月	−	−	−	−	河洛137
3629	蔣君妻劉令淑墓誌	長安4(704)7月	−	19-106	14-1368	洛陽8-35	千唐512
3630	邢彥褒墓誌	長安4(704)8月	−	19-108	14-1369	洛陽8-36	−
3631	張方仁墓誌	長安4(704)8月	180左下	19-109	14-1371	洛陽8-37	−
3632	皇甫文備墓誌	長安4(704)8月	−	19-110	14-1370	洛陽8-38	千唐513
3633	梁君妻李淑墓誌	長安4(704)9月	180左下	−	14-1372	−	−
3634	王敏墓誌	長安4(704)9月	−	19-115	14-1373	洛陽8-39	−
3635	杜知謹墓誌	長安4(704)10月	−	−	−	−	−
3636	楊亮墓誌	長安4(704)10月	−	19-116	14-1374	洛陽8-40	−
3637	宮人七品墓誌	長安4(704)11月	−	19-117	14-1375	洛陽8-41	−
3638	□君墓誌	長安4(704)11月	−	−	−	洛陽8-42	−
3639	王□通及妻劉氏墓誌	長安4(704)11月	−	−	14-1376	洛陽8-43	千唐514
3640	張安及妻梁氏墓誌	長安4(704)11月	180右上	19-119	14-1377	洛陽8-44	−
3641	李思節墓誌	長安4(704)11月	−	−	−	−	−
3642	葛路墓誌	長安4(704)11月	−	19-120	14-1378	洛陽8-45	輯繩422
3643	姚處賢墓誌	長安4(704)11月卒	−	19-121	14-1379	洛陽8-46	−
3644	吉哲妻董氏墓誌	長安4(704)12月	−	−	−	−	−
3645	思遠禪師殘碑誌	武周末(704)	180右上	−	−	−	−
3646	郭顧墓誌	武周間(690〜704)9月	−	−	−	−	−
3647	亡尼墓誌	武周間(690〜704)	−	−	−	−	秦續373

長安

番號	F 北大	G 墓誌彙編	H 新編	I 補遺補編	J 地方	K 博物館・その他	L 日本目錄
3596	02905	長安047	21-14778	2-385	—	—	—
3597	02907	長安049	21-14780	—	—	—	人0907 東1229 淑497
3598	—	續長安022	21-14779	6-363	邯鄲碑128	—	—
3599	—	—	15-10578	—	—	—	人0909
3600	—	—	—	8-330	—	—	—
3601	—	—	—	7-338	—	—	—
3602	—	—	—	8-331	—	—	—
3603	—	—	—	—	—	—	—
3604	—	續長安023	21-14779	5-272	—	碑林76-2331	—
3605	02910	—	—	—	—	—	—
3606	—	續長安024	21-14780	4-401 下-1859	滄州20	—	—
3607	02911	—	—	—	—	西市151	明洛34
3608	02912	長安051	21-14781	2-385	—	—	明洛52
3609	02913	長安053	21-14783	2-386	—	—	—
3610	02914	長安052	21-14782	—	—	—	—
3611	—	—	—	—	長治150	—	—
3612	02915	—	—	9-438	—	—	—
3613	—	—	—	—	—	碑林新106	—
3614	—	—	—	9-439	—	—	—
3615	02916	長安054	5-2915	—	—	施唐147	—
3616	—	—	—	7-503	—	—	—
3617	02917	長安055	21-14783	7-503	—	磚刻1172	—
3618	—	—	—	—	—	—	—
3619	02919	長安057	21-14784	5-272	—	—	—
3620	02918	長安056	21-14783	6-363	—	—	—
3621	02920	長安058	21-14784	6-364	—	唐宋251	人0915
3622	02921	長安059	21-14784	2-386	—	—	—
3623	—	—	21-14785	7-338	吐魯番306	—	—
3624	02922	—	—	千唐-93	—	—	—
3625	02923	—	—	—	—	—	—
3626	02924	—	—	—	—	—	—
3627	—	—	—	—	—	—	—
3628	02925	—	—	—	—	—	—
3629	02926	長安060	21-14785	2-387	—	—	—
3630	02927	長安062	21-14786	6-364	河間230	—	—
3631	02928	長安061	21-14785	5-273	—	—	—
3632	02929	長安063	21-14787	2-387	—	—	—
3633	—	長安064	21-14788	7-338	—	—	—
3634	02930	長安065	21-14788	6-365	—	唐宋252	人0921 淑498
3635	—	—	—	—	—	碑林續070	—
3636	02931	長安066	21-14789	5-273	—	唐宋253	人0922
3637	02932	長安067	21-14721	5-462	—	—	—
3638	—	—	—	7-339	—	—	—
3639	—	長安068	21-14790	7-341	—	—	—
3640	—	長安069	21-14791	5-274	—	—	—
3641	02933	—	—	—	—	—	—
3642	02934	長安070	21-14791	5-275	—	—	—
3643	02935	長安071	21-14792	5-275	—	—	—
3644	02936	—	—	千唐-94	—	—	—
3645	—	—	—	—	—	—	—
3646	02937	—	—	—	—	—	—
3647	02940	—	—	—	—	—	—

武周間・神龍

番號	墓誌名	年號	A 題跋	B 北圖	C 附考 新中国	D 隋唐五代	E 千唐・河南
3648	亡宮五品墓誌	武周間(690〜704)	—	19-128	14-1380	洛陽8-47	千唐515
3649	亡宮五品墓誌	武周間(690〜704)	—				秦晉291
3650	尹君墓誌	武周間(690〜704)	—				
3651	王緒母郭氏墓誌	武周間(690〜704)	—				
3652	王端墓誌	武周間(690〜704)	—				
3653	王彥及妻樊氏墓誌	武周間(690〜704)	—	—	河南參-67	—	
3654	王□神柩磚	武周間(690〜704)					
3655	左果毅殘墓誌	武周間(690〜704)	—	19-129		北京1-122	
3656	張知運墓誌	武周間(690〜704)					
3657	郭友墓誌	武周間(684〜704)	—	—		—	
3658	敬氏墓誌	武周間(690〜704)	—	—	陝西參-39	—	
3659	薛君妻柳氏墓誌	武周間(690〜704)	180右上	—		—	
3660	薛氏墓誌	武周間(690〜704)			陝西參-38		
3661	□□墓誌	武周間(690〜704)					
3662	朱玄儼墓誌	神龍1(705)1月	—	20-1	—	洛陽8-48	輯繩423
3663	亡宮七品墓誌	神龍1(705)1月	—	—	—	—	—
3664	李君妻吉氏墓誌	神龍1(705)1月					秦續370 七朝134 流散063
3665	李弘禮及妻左氏墓誌	神龍1(705)1月		20-2	14-1381	洛陽8-49	—
3666	薛君妻崔氏墓誌	神龍1(705)1月					河洛138
3667	侯思墓誌	神龍1(705)2月					秦續371
3668	卜元簡墓誌	神龍1(705)2月		20-3	14-1382	洛陽8-50	千唐516
3669	安令節墓誌	神龍1(705)3月	180右上	20-6	14-1383	北大1-109	—
3670	孫君及妻楊氏墓誌	神龍1(705)3月					
3671	孫質墓誌	神龍1(705)3月					
3672	宮人七品墓誌	神龍1(705)3月	—	20-5	14-1384	洛陽8-51 陝西1-80	輯繩424
3673	王及德墓誌	神龍1(705)3月	—	20-7	14-1385	洛陽8-52	千唐517
3674	亡宮七品墓誌	神龍1(705)3月	—	20-8		洛陽8-53	—
3675	亡宮七品墓誌	神龍1(705)3月	—	20-9	—	洛陽8-54	輯繩425
3676	申珍墓誌	神龍1(705)3月					
3677	張侯及妻權氏墓誌	神龍1(705)4月	—	—	陝西壹-108	陝西3-124	—
3678	亡宮八品墓誌	神龍1(705)5月	—	20-11	14-1386	洛陽8-55	千唐518
3679	婁文纂墓誌	神龍1(705)5月	—	—	—	—	龍門470 秦晉292
3680	楊思玄墓誌	神龍1(705)5月	—	20-12	—	洛陽8-56	輯繩426
3681	李思貞墓誌	神龍1(705)7月	—	—	陝西貳-68	陝西1-81	
3682	李瑾行墓誌	神龍1(705)7月				陝西1-82	
3683	亡宮六品墓誌	神龍1(705)8月	—	20-14	14-1387	洛陽8-58	千唐519
3684	董弘及妻關氏墓誌	神龍1(705)9月	—	—	—	—	輯繩427
3685	宮人七品墓誌	神龍1(705)9月	—	20-15	14-1388	洛陽8-59	輯繩428
3686	甯思眞墓誌	神龍1(705)10月	—	20-16	14-1389	洛陽8-60	輯繩429
3687	劉明達墓誌	神龍1(705)10月	—	—	—	—	河洛139
3688	李氏(東光縣主)墓誌	神龍1(705)10月	—	—	—	—	輯繩430
3689	張景墓誌	神龍1(705)10月	—	—	14-1390	—	—
3690	康富多妻康氏墓表	神龍1(705)10月	—	—	—	新疆192	—
3691	宋智寂墓誌	神龍1(705)11月					河洛140
3692	公孫道育及妻元氏墓誌	神龍1(705)11月					秦晉293 七朝135 流散065
3693	孔行諶妻王氏墓誌	神龍1(705)11月					秦續372 流散064
3694	孔玄慶妻王氏墓誌	神龍1(705)11月					
3695	李思愛妻獨孤氏墓誌	神龍1(705)11月					輯繩431 民族287 龍門109
3696	郭盛墓誌	神龍1(705)11月	—	—	—	北大1-110	—
3697	翟奴子墓誌	神龍1(705)11月	—	—	—	—	秦晉295 流散066

番號	F北大	G墓誌彙編	H 新編	I補遺補編	J 地方	K 博物館・その他	L 日本目録
3648	—	長安072	21-14721	5-462	—	—	—
3649	02939	—	—	—	—	—	—
3650	—	—	4-2615	—	—	—	—
3651	—	—	—	—	—	遼寧博53	—
3652	—	—	—	—	—	碑林新107	—
3653	02941	—	—	千唐-94	—	—	—
3654	—	—	—	—	—	磚刻1173	—
3655	—	—	—	—	—	—	—
3656	—	—	—	—	固原18	—	—
3657	—	—	—	—	滄州28	—	—
3658	—	—	—	8-332	榆林35	—	—
3659	—	—	—	—	—	—	—
3660	—	—	—	—	榆林34	—	—
3661	02942	—	—	—	—	—	—
3662	—	神龍001	21-14793	5-276	—	—	—
3663	—	—	—	5-462	—	—	—
3664	02957	—	—	—	—	—	—
3665	02956	神龍002	21-14793	5-276	—	—	—
3666	—	—	—	—	—	薛氏237	—
3667	—	—	—	—	—	—	—
3668	02959	神龍003	21-14794	2-388	—	—	—
3669	02961	神龍004	4-2396	3-36	西北2-156	撒馬45 施碑選238	人0935 淑499
3670	—	—	—	—	任城150	—	—
3671	02962	—	—	—	—	—	—
3672	02960	神龍005	21-14722	5-463（上段右）7-341	—	鴛鴦306 碑林76-2338	—
3673	02963	神龍006	21-14795	2-389	—	—	—
3674	02964	神龍007	21-14796	5-463（上段左）	—	鴛鴦304 碑林76-2340	—
3675	02965	—	21-14795	5-463（下段）	—	鴛鴦305 碑林76-2342	—
3676	—	—	—	—	—	碑林新108	—
3677	—	續神龍001	21-14799	5-277	—	—	—
3678	02966	神龍008	21-14722	5-463	—	—	—
3679	—	—	—	—	—	—	—
3680	—	神龍009	21-14799	5-277	—	—	—
3681	—	續神龍002	21-14800	5-78	—	碑林76-2344	—
3682	—	—	—	—	—	—	—
3683	02967	神龍010	21-14722	5-464	—	—	—
3684	02968	續神龍003	21-14801	6-366	—	—	—
3685	02969	神龍011	21-14723	5-464	—	—	—
3686	02970	神龍012	21-14802	5-280	—	—	—
3687	02971	—	—	—	—	—	明洛35
3688	—	續神龍004	21-14802	7-342	—	—	—
3689	—	神龍013	5-3031	8-11	—	—	—
3690	—	神龍014	21-14803	7-343	吐魯番308	故宮高昌118	—
3691	—	—	—	—	—	西市152	—
3692	02973	—	—	—	—	—	—
3693	—	—	—	—	—	—	—
3694	02974	—	—	—	—	—	—
3695	—	續神龍005	21-14803	6-366	—	—	—
3696	02972	續神龍006	21-14804	7-343	—	—	—
3697	02978	—	—	—	—	—	—

神龍

番號	墓誌名	年號	A 題跋	B北圖	C 附考 新中国	D隋唐五代	E千唐・河南
3698	亡宮九品墓誌	神龍1(705)11月	—	20-18	14-1391	洛陽8-61	千唐521
3699	姬君妻李氏墓誌	神龍1(705)11月	—	—	14-1392	—	—
3700	康恕墓誌	神龍1(705)11月	—	20-19	14-1393	洛陽8-62	—
3701	李文憲及妻田氏墓誌	神龍1(705)11月	—	—	—	—	—
3702	郭萬及妻張氏墓誌	神龍1(705)11月					七朝137
3703	李鑒及妻江氏墓誌	神龍1(705)12月					
3704	秦鼎墓誌	神龍1(705)12月					
3705	宮人墓誌	神龍1(705)12月		20-20	14-1394	洛陽8-63	千唐520
3706	陳師及妻張氏墓誌	神龍1(705)12月	—	—	—	洛陽8-65	新獲41
3707	費君妻薛氏墓誌	神龍1(705)12月	—	—	—	洛陽8-64	輯繩432
3708	亡宮九品墓誌	神龍1(705)12月	—	20-21	14-1396	洛陽8-66	千唐522
3709	宮人五品墓誌	神龍1(705)12月	—	20-22	14-1395	洛陽8-67 陝西1-83	—
3710	亡宮八品墓誌	神龍2(706)1月卒	—	—	—	—	—
3711	李愨及妻盧氏墓誌	神龍2(706)1月	—	20-23	14-1397	洛陽8-68	千唐523
3712	武客及妻郭氏墓誌	神龍2(706)閏1月	—	—	—	—	—
3713	韋知藝及妻楊氏墓誌	神龍2(706)閏1月	—	—	—	—	秦續374
3714	朱照墓誌	神龍2(706)閏1月	—	20-24	14-1398	洛陽8-69	千唐524
3715	浩約墓誌	神龍2(706)2月	—	—	—	—	—
3716	王三娘墳記	神龍2(706)2月	180右中	—	—	—	—
3717	王希晉墓誌	神龍2(706)2月	—	—	—	—	秦晉296 秦續375 七朝138
3718	郭裕墓誌	神龍2(706)2月					
3719	崔君妻鄭氏墓誌	神龍2(706)2月	—	—	14-1399	—	—
3720	關行表墓誌	神龍2(706)3月	—	—	—	—	秦晉297 七朝139
3721	鄧朗及妻楊氏墓誌	神龍2(706)4月	—	—	—	—	秦晉298
3722	沈君妻朱武姜墓誌	神龍2(706)4月	—	—	14-1400	洛陽8-70	千唐525
3723	亡宮九品墓誌	神龍2(706)4月	—	20-27	15-1401	洛陽8-71	千唐526
3724	柴朗及妻楊氏墓誌	神龍2(706)4月					
3725	孫惠及妻李氏墓誌	神龍2(706)5月	180右中	20-28	15-1402	洛陽8-72	
3726	李仙蕙(永泰公主)墓誌	神龍2(706)5月	—	—	15-1403 陝西壹-109	陝西3-125	—
3727	桑貞墓誌	神龍2(706)5月	—	20-29	15-1404	洛陽8-73	千唐527
3728	徐承先妻孔氏墓誌	神龍2(706)6月	—	—	—	—	秦晉299
3729	亡宮七品墓誌	神龍2(706)7月	—	20-30	15-1407	洛陽8-74	千唐529
3730	甘基及妻唐氏墓誌	神龍2(706)7月	—	20-31	15-1406	洛陽8-75	千唐528
3731	李賢墓誌	神龍2(706)7月	—	—	15-1405 陝西壹-110	陝西1-84	—
3732	李義瑛及妻崔氏墓誌	神龍2(706)7月					
3733	李進及妻胡氏墓誌	神龍2(706)7月	—	—	河南參-78	—	—
3734	孟孝敏妻陸氏墓誌	神龍2(706)7月	—	20-32	15-1408	洛陽8-76	千唐530
3735	潘翔及妻郭氏薩孤氏墓誌	神龍2(706)7月	—	—	—	—	新出225 河洛141 新唐84 龍門110 七朝140
3736	朱靜方墓誌	神龍2(706)8月	—	—	河南參-79	—	—
3737	陸景曜墓誌	神龍2(706)8月					
3738	路玄武(貳?)墓誌	神龍2(706)8月	—	—	—	洛陽8-77	輯繩433
3739	黑齒俊墓誌	神龍2(706)8月	—	20-33	15-1409	洛陽8-78	民族346
3740	張叔子墓誌	神龍2(706)8月	—	—	—	洛陽8-79	輯繩434 新獲42
3741	慕容煞鬼墓誌	神龍2(706)9月	—	—	15-1410	—	—
3742	亡宮九品墓誌	神龍2(706)9月	—	20-35	15-1411	洛陽8-80	千唐531
3743	程昉及妻梁氏墓誌	神龍2(706)9月卒					
3744	趙師文及妻沈氏墓誌	神龍2(706)10月	—	—	河南參-80	—	邙洛101
3745	鄭君妻李尚墓誌	神龍2(706)10月	—	—	—	—	新獲續77 河洛142 龍門111
3746	崔沉墓誌	神龍2(706)10月	—	—	15-1412	洛陽8-81	輯繩435
3747	宋思九及妻楊氏墓誌	神龍2(706)10月	—	—	—	—	邙洛102 龍門471
3748	趙信福及妻樂氏墓誌	神龍2(706)10月	—	—	—	—	秦續376
3749	趙客及妻何氏墓誌	神龍2(706)10月	—	20-37	15-1413	北京1-123	—

神龍

番號	F北大	G墓誌彙編	H 新編	I補遺補編	J 地方	K 博物館・その他	L 日本目録
3698	02975	神龍015	21-14805	5-464	—	—	—
3699	—	—	4-2618	—	—	—	—
3700	02976	神龍016	21-14805	5-280	—	撒馬46	人0938
3701	—	—	—	—	大全・武郷21	—	—
3702	—	—	—	—	—	—	—
3703	—	—	—	—	安豐171	—	—
3704	02977	—	—	—	—	—	—
3705	02980	神龍017	21-14796	5-465	—	—	—
3706	02979	續神龍007	21-14805	5-281	—	—	—
3707	—	續神龍008	21-14806	7-344	—	—	—
3708	02981	神龍019	21-14796	5-465	—	—	—
3709	02982	神龍018	21-14806	5-465	—	鴛鴦307 碑林76-2360	—
3710	—	神龍020	21-14796	—	—	—	—
3711	02983	神龍021	21-14806	2-389	—	—	—
3712	—	—	21-14798	7-344	—	—	—
3713	02984	—	—	—	—	—	—
3714	02985	神龍022	21-14807	2-390	—	—	—
3715	—	—	—	9-440	大全・襄垣34	—	—
3716	—	神龍023	—	—	—	—	—
3717	02987	—	—	—	—	—	—
3718	02986	—	—	—	—	—	—
3719	—	—	4-2618	—	—	—	—
3720	—	—	—	—	—	—	—
3721	—	—	—	—	—	—	—
3722	—	神龍024	21-14808	2-391	—	—	—
3723	02989	神龍025	21-14797	5-466	—	—	—
3724	—	—	—	—	—	西市153	—
3725	02990	神龍026	21-14808	6-367	—	唐宋254	人0943 東1259
3726	02991	神龍027	5-3029	1-83	西北2-157 咸刻41 精華77	碑林196-1074 北大新拓112(162)	—
3727	02992	神龍028	21-14809	2-391	—	—	—
3728	02993	—	—	—	—	—	—
3729	02995	神龍031	21-14797	5-466	—	—	—
3730	02996	神龍030	21-14811	2-392	—	—	—
3731	02994	神龍029	21-14810	5-281	西北2-158 咸刻42	碑林196-1070	—
3732	02999	—	—	千唐-96	—	—	—
3733	03000	—	—	千唐-98	—	—	—
3734	02997	神龍032	21-14812	—	—	—	—
3735	02998	—	—	9-440	—	—	—
3736	03001	—	—	千唐-98	—	—	—
3737	—	—	—	—	—	碑林續071	—
3738	—	續神龍009	21-14813	5-293	—	—	—
3739	03002	神龍033	21-14813	2-394	—	曲石30 南京31 施唐148	—
3740	—	續神龍010	21-14814	5-283	—	—	—
3741	—	—	21-14815	7-344	蘭州16	—	—
3742	03003	神龍034	21-14797	5-466	—	—	—
3743	03004	—	—	—	—	—	—
3744	03005	—	—	千唐-99	—	—	—
3745	—	—	—	8-333	—	—	—
3746	03006	神龍035	21-14815	5-24	—	—	—
3747	03007	—	—	—	—	—	—
3748	03008	—	—	—	—	—	—
3749	—	神龍036	21-14816	5-284	—	—	—

神龍

番號	墓誌名	年號	A 題跋	B北圖	C 附考 新中国	D隋唐五代	E千唐・河南
3750	李延祜墓誌	神龍2(706)11月	—	20-38	15-1419	洛陽8-82	千唐532
3751	許君妻周氏墓誌	神龍2(706)11月	—	—	—	—	秦續377 流散067
3752	李長雄墓誌	神龍2(706)11月	—	—	—	陝西3-126	—
3753	范履忠妻劉蘇兒墓誌	神龍2(706)11月	—	—	—	—	—
3754	趙或及妻劉氏墓誌	神龍2(706)11月	—	—	—	—	秦晉300 七朝141
3755	劉寄及妻高氏墓誌	神龍2(706)11月	—	—	—	—	—
3756	劉仁叡墓誌	神龍2(706)11月	—	—	—	洛陽8-83	輯繩436
3757	劉仁及妻張氏墓誌	神龍2(706)11月	—	20-39	15-1414	北京1-124	—
3758	亡尼七品墓誌	神龍2(706)11月	—	—	陝西壹-111	陝西3-127	—
3759	安國相王李旦妻唐氏墓誌	神龍2(706)11月	—	—	—	—	秦續379
3760	岑嗣宗及妻刁氏墓誌	神龍2(706)11月	—	—	河南參-81	—	—
3761	李通及妻高氏墓誌	神龍2(706)11月	—	20-40	15-1417	洛陽8-84	千唐533
3762	袁祚墓誌	神龍2(706)11月	—	—	—	洛陽8-85	輯繩437
3763	單恪及妻許氏墓誌	神龍2(706)11月	—	—	—	—	龍門113 七朝142
3764	靳寧墓誌	神龍2(706)11月	—	—	—	—	—
3765	趙君妻范氏墓誌	神龍2(706)11月	—	—	15-1416	洛陽8-86	—
3766	獨孤君妻李氏墓誌	神龍2(706)11月	—	—	15-1415	—	—
3767	獨孤氏墓誌	神龍2(706)11月	—	—	—	—	秦續378 七朝143
3768	李懷肅墓誌	神龍2(706)11月	—	—	—	—	—
3769	劉寂及妻裴氏墓誌	神龍2(706)11月	—	20-41	15-1418	洛陽8-87	千唐534
3770	魏叔瑜妻王氏墓誌	神龍2(706)11月	180右中	—	—	—	—
3771	宋禎及妻魏氏薛氏墓誌	神龍2(706)12月	—	—	15-1420	—	—
3772	宋祜墓誌	神龍2(706)12月	—	—	—	—	—
3773	亡宮九品墓誌	神龍2(706)12月	—	20-42	15-1421	洛陽8-88	千唐535
3774	王文叡墓誌	神龍2(706)12月	—	—	—	陝西3-128	—
3775	桓弘仁墓誌	神龍2(706)12月	—	—	—	—	秦續380
3776	葚文墓誌	神龍2(706)12月	—	—	—	—	—
3777	吳本立墓誌	神龍2(706)12月	—	—	—	陝西3-129	—
3778	韋承慶墓誌	神龍2(706)12月	—	—	—	陝西3-130	—
3779	陳泰及妻房氏墓誌	神龍2(706)12月	—	20-44	15-1422	洛陽8-89	千唐536
3780	武承訓乳母張氏墓誌	神龍2(706)	180右中	—	—	—	—
3781	胡元絢墓誌	神龍2(706)	180右中	—	—	—	—
3782	陳瓚及妻崔氏申屠氏墓誌	神龍2(706)	—	—	—	—	—
3783	竇將軍墓誌	神龍2(706)	180右中	—	—	—	—
3784	班叔妻仇氏墓誌	神龍3(707)1月	—	—	河南參-82	—	—
3785	亡宮八品墓誌	神龍3(707)1月	—	20-46	15-1423	洛陽8-90	千唐537
3786	竇懷讓墓誌	神龍3(707)2月	—	—	—	—	新唐74 秦晉301 七朝144
3787	荊倫及妻馮氏墓誌	神龍3(707)2月	—	—	—	—	—
3788	王昕妻李清禪墓誌	神龍3(707)4月	180右下	20-47	15-1425	洛陽8-91	輯繩440
3789	左敬節墓誌	神龍3(707)4月	—	—	—	洛陽8-92	輯繩439
3790	韋君妻裴首兒墓誌	神龍3(707)4月	—	20-48	15-1424	洛陽8-93	輯繩438
3791	暴果墓誌	神龍3(707)4月	—	—	—	—	—
3792	蔡逸大象墓誌	神龍3(707)4月	—	—	—	—	秦晉302 七朝145
3793	武嗣宗墓誌	神龍3(707)5月	—	—	陝西參-40	—	—
3794	輔簡墓誌	神龍3(707)5月	—	—	—	—	邙洛103 龍門472 七朝146
3795	嚴君妻任氏墓誌	神龍3(707)5月	—	—	15-1426 陝西貳-69	陝西1-86	—
3796	崔師墓誌	神龍3(707)5月	—	—	河南壹-160	河南45	—
3797	楊義墓誌	神龍3(707)5月	—	—	—	—	—
3798	亡尼宮七品墓誌	神龍3(707)5月	—	—	陝西壹-112	陝西3-131	—
3799	崔兢墓誌	神龍3(707)5月	180右下	—	—	—	—
3800	楊承胤墓誌	神龍3(707)7月	180右下	20-50	15-1427	洛陽8-94	—
3801	亡宮九品墓誌	神龍3(707)7月	—	20-51	15-1428	洛陽8-95	千唐538

番號	F北大	G墓誌彙編	H 新編	I補遺補編	J 地方	K 博物館・その他	L 日本目錄
3750	03009	神龍037	21-14817	2-394	—	—	—
3751	03010	—	—	—	—	—	—
3752	—	續神龍011	21-14792	7-345	西北2-160	—	—
3753	—	—	—	—	長新134 長碑82(428)	—	—
3754	03011	—	—	—	—	—	—
3755	—	—	—	—	大全・堯都12	—	—
3756	03012	續神龍012	21-14818	5-285	—	—	—
3757	—	神龍038	21-14818	5-285	—	—	—
3758	—	續神龍014	21-14775	下-2191	咸陽13	—	—
3759	—	—	—	—	—	安國89	—
3760	03016	—	—	千唐-99	—	—	—
3761	03013	神龍040	21-14819	2-395	—	—	—
3762	—	續神龍013	21-14819	7-347	—	—	—
3763	03015	—	—	—	—	—	—
3764	—	—	—	—	大全・襄垣33	—	—
3765	03014	神龍039	21-14819	5-286	—	—	—
3766	—	—	4-2619	—	—	—	—
3767	—	—	—	—	—	—	—
3768	—	—	—	—	—	西交博72	—
3769	03017	神龍041	21-14820	2-396	—	裴氏41	—
3770	—	—	—	—	—	—	—
3771	—	續神龍016	21-14823	4-401	杏園5	—	—
3772	03018	—	—	8-333	杏園4	—	—
3773	03019	神龍042	21-14797	5-466	—	—	—
3774	—	續神龍017	21-14824	5-287	精華78	—	—
3775	—	—	—	—	—	—	—
3776	03020	—	—	—	—	—	—
3777	—	續神龍018	21-14825	5-288	西北3-1 精華79	—	—
3778	—	續神龍019	5-3017	3-37	西北3-2 精華80	—	—
3779	03021	神龍043	5-3032	1-84	—	—	—
3780	—	—	—	—	—	—	—
3781	—	—	—	—	—	—	—
3782	—	—	—	—	—	碑林新109	—
3783	—	—	—	—	—	—	—
3784	03022	—	—	千唐-100	—	—	—
3785	03023	神龍044	21-14798	5-467	—	—	—
3786	03024	—	—	—	—	北大新拓113(164)	—
3787	—	—	—	—	響堂山188 邯鄲碑061	—	—
3788	03025	神龍046	21-14822	6-368	—	唐宋255 施唐149	人0941 東1263
3789	—	續神龍020	21-14825	7-346	—	—	—
3790	03026	神龍045	21-14821	5-288	—	裴氏42	—
3791	03027	—	—	—	—	—	—
3792	03028	—	—	—	—	西市154	—
3793	—	—	—	7-25	長新136 長碑83(428)	—	—
3794	03029	—	—	—	—	—	—
3795	—	神龍047 續神龍021	21-14825	5-289	—	碑林76-2362	—
3796	03030	續神龍022	21-14826	6-368	—	—	—
3797	03031	—	—	—	—	—	—
3798	—	—	21-14826	5-467 下-2191	咸陽13 西北3-4 渭城243	—	—
3799	—	—	—	—	—	—	—
3800	03032	神龍048	21-14822	5-289	—	—	—
3801	03033	神龍049	21-14798	5-467	—	—	—

神龍・景龍

番號	墓誌名	年號	A 題跋	B北圖	C 附考 新中国	D隋唐五代	E千唐・河南
3802	邢君妻劉達墓誌	神龍3(707)7月	－	20-52	15-1429	洛陽8-96	千唐539
3803	楊思墓誌	神龍3(707)8月	－	－	－	洛陽8-97	－
3804	□儼墓誌	神龍3(707)8月	－	－	－	洛陽8-98	－
3805	亡宮八品墓誌	神龍3(707)8月	－	20-54	15-1430	洛陽8-99	－
3806	柳警微妻韋氏墓誌	神龍3(707)8月	－	－	－	－	秦晉303
3807	韋瓊之墓誌	神龍3(707)8月	－	－	－	－	－
3808	張大懿墓誌	神龍3(707)9月	－	－	－	－	秦晉304
3809	李修己及妻權氏墓誌	神龍3(707)9月	－	－	河南壹-161	河南46	－
3810	楊琮墓誌	神龍3(707)	180右下	－	－	－	－
3811	甘元束墓誌	神龍間(705～707)	－	－	－	洛陽15-19	－
3812	宗君及妻馮氏墓誌	景龍1(707)7月卒	－	－	－	洛陽8-100	－
3813	房誕墓誌	景龍1(707)10月	－	20-55	15-1431	洛陽8-101	－
3814	秦利見墓誌	景龍1(707)10月	－	20-56	15-1432	洛陽8-102	－
3815	王泰墓誌	景龍1(707)10月	－	－	－	－	－
3816	王客墓誌	景龍1(707)10月	－	－	－	－	－
3817	李晟墓誌	景龍1(707)10月	－	－	－	－	－
3818	孫感及妻張氏墓誌	景龍1(707)11月	－	－	－	－	－
3819	閻虔福墓誌	景龍1(707)11月	180右下	20-59	15-1433	洛陽8-103	輯繩441
3820	武懿宗墓誌	景龍1(707)11月	－	－	－	陝西3-132	－
3821	霍良墓誌	景龍1(707)12月	－	－	15-1434	－	－
3822	劉季仙墓誌	景龍1(707)12月	－	－	－	－	河洛143
3823	鄭道妻李氏墓誌	景龍1(707)12月	－	20-60	15-1435	洛陽8-104	千唐540
3824	薛君妻唐氏墓誌	景龍1(707)12月	－	－	－	－	邙洛104
3825	武三思(梁王)鎭墓石	景龍1(707)	－	－	－	陝西3-133	－
3826	韋泂墓誌	景龍2(708)1月	－	－	15-1444 陝西貳-70	陝西1-87	－
3827	崔璣墓誌	景龍2(708)1月	－	－	－	－	新獲續81 河洛146 龍門115
3828	秦彥及妻趙氏墓誌	景龍2(708)1月	－	－	－	－	－
3829	盧正勤墓誌	景龍2(708)1月	－	－	－	－	新獲續78 龍門114
3830	蔡行基墓誌	景龍2(708)1月	－	20-61	15-1436	洛陽8-105	－
3831	皇甫維摩墓誌	景龍2(708)1月	－	－	－	－	－
3832	牛珍墓誌	景龍2(708)2月	－	－	－	－	－
3833	王名墓誌	景龍2(708)2月	－	－	－	－	－
3834	趙子節墓誌	景龍2(708)2月	－	－	－	－	－
3835	趙文皎及妻陳氏墓誌	景龍2(708)2月	－	－	－	－	秦續381
3836	郝璋及妻崔氏墓誌	景龍2(708)2月	－	－	－	－	－
3837	王素臣及妻劉氏墓誌	景龍2(708)2月	181左上	20-65	15-1437	洛陽8-106	－
3838	房先忠及妻王氏墓誌	景龍2(708)2月	－	－	－	－	－
3839	乙速孤行儼墓誌	景龍2(708)2月	－	－	－	－	－
3840	乙速孤行儼妻賀若氏墓誌	景龍2(708)2月	－	－	－	－	－
3841	黃靚墓誌	景龍2(708)3月	－	－	－	－	新獲續79
3842	魏承休妻蕭貝娘墓誌	景龍2(708)3月	－	－	－	－	新獲續80 河洛144
3843	杜安墓誌	景龍2(708)3月	－	20-66	15-1438	洛陽8-107	千唐541
3844	袁景慎墓誌	景龍2(708)4月	－	20-68	15-1439	洛陽8-108	－
3845	馮雅及妻王氏墓誌	景龍2(708)4月	－	－	－	山西76	－
3846	秦慶墓誌	景龍2(708)5月	－	－	－	－	－
3847	李義璋及妻崔氏墓誌	景龍2(708)5月	－	－	河南參-83	－	－
3848	辛節及妻任氏墓誌	景龍2(708)5月	－	－	陝西參-41	－	－
3849	辛君妻劉氏墓誌	景龍2(708)6月	－	－	－	－	秦晉305
3850	張利肩(賓?)墓誌	景龍2(708)6月	－	20-69	15-1440	洛陽8-109	－
3851	崔日新及妻鄭氏墓誌	景龍2(708)7月	－	－	－	洛陽8-110	新獲43
3852	朱感及妻□氏墓誌	景龍2(708)7月	－	－	－	洛陽8-111	－
3853	張隋墓誌	景龍2(708)7月	－	－	15-1441	－	－
3854	殘墓誌	景龍2(708)8月卒	－	－	－	－	－
3855	元大亮及妻尉氏墓誌	景龍2(708)8月	－	－	－	－	－

神龍・景龍

番號	F北大	G墓誌彙編	H 新編	I補遺補編	J 地方	K 博物館・その他	L 日本目録
3802	03034	神龍050	21-14826	2-397	河間232	—	—
3803	—	續神龍023	21-14827	5-290		—	—
3804	—	續神龍024	21-14827	5-291	—		
3805	03035	神龍051	21-14828	5-467	—	唐宋256	—
3806							
3807	03036	—	—	千唐-100			
3808							
3809	03037	續神龍025	21-14828	6-369			
3810	—						
3811	—	—	4-2700	5-20		—	—
3812	—	續景龍001	21-14830	—	—		
3813	—	續景龍002	21-14830	5-291 下-1859	—		
3814	03038	景龍001	21-14831	6-370			
3815	03039	—	—				
3816	03041	—	—	千唐-102			
3817	03040						
3818	—	—	—	—	大全・襄垣35		
3819	03042	景龍002	5-3033	6-32			
3820	—	續神龍015	5-2893	2-14	西北3-5 長碑(429)		
3821	—		21-14831	上-275			
3822	03043						
3823	03044	景龍003	21-14831	2-397			
3824	—						
3825	—	—	—	—	咸陽14		
3826	—	景龍011	4-2638	1-86	長碑84(431)	碑林77-2368	—
3827	—	—	—	8-336	—		—
3828	—					碑林新110	
3829	—			8-334			
3830	03045	景龍004	6-3338	1-85	—	曲石31 南京32	
3831	—					西交博80	
3832	—	—	—	—	大全・楡次10		
3833	03046						
3834	03047	—					
3835	—						
3836	—	—	—	—	—	碑林新111	—
3837	03048	景龍005	21-14832	6-370	—	唐宋257 施唐150-151	人0953 東1265
3838	—					西市155	
3839	—					碑林196-1082	
3840	—	續景龍003	21-14829	下-2189		昭陵86	—
3841	—			8-334		—	
3842	—					—	
3843	03049	景龍006	21-14832	2-398			
3844	03050	景龍007	21-14833	2-398	—	曲石32 南京33	
3845	—	續景龍004	21-14833	5-292			
3846	—	—	—	—	邯鄲碑138		
3847	03051	—	—	千唐-103	—		
3848	—	—	—	8-335	楡林36		
3849	—						
3850	03052	景龍008	5-3034	1-86	—	曲石33	
3851	—	續景龍005	5-2894	5-25			
3852			22-15172	5-293			
3853			4-2617	—			
3854	—		22-15176	—			
3855	—		4-2657	上-277			

景龍

番號	墓誌名	年號	A 題跋	B北圖	C 附考 新中国	D隋唐五代	E千唐・河南
3856	王仲玄墓誌	景龍2(708)9月	—	—	—	—	秦晉306
3857	元君妻獨孤其墓誌	景龍2(708)9月	—	20-70	15-1442	洛陽8-112	輯繩442 民族288
3858	姚懿及妻劉氏墓誌	景龍2(708)9月	—	—	—	—	—
3859	賈樅及妻□氏墓誌	景龍2(708)9月	—	—	—	—	秦晉307
3860	元君妻范密跡墓誌	景龍2(708)閏9月	—	—	—	—	秦晉308
3861	王康塔銘	景龍2(708)10月	—	—	陝西貳-71	—	—
3862	李本墓誌	景龍2(708)10月	—	—	—	河南47	—
3863	王美墓誌	景龍2(708)10月	—	—	—	—	—
3864	宋感及妻康氏墓誌	景龍2(708)10月	—	—	—	—	—
3865	趙本質妻溫氏墓誌	景龍2(708)10月	—	20-72	15-1443	洛陽8-113	—
3866	白君妻鄭氏墓誌	景龍2(708)10月	181左上	—	—	—	—
3867	李志及妻盧氏墓誌	景龍2(708)11月					新獲續82 河洛145 新唐86
3868	李德墓誌	景龍2(708)11月	—	—	—	山西77	—
3869	王操及妻程氏墓誌	景龍2(708)11月	—	20-95	15-1445	山西78	—
3870	李文寂及妻張氏墓誌	景龍2(708)11月	—	—	—	—	—
3871	陳君妻蘭尼墓誌	景龍2(708)11月	—	—	15-1446	洛陽8-114	千唐542
3872	李子和妻宇文氏墓誌	景龍2(708)11月	—	—	河南參-84	—	民族213
3873	韋洄及妻蕭氏墓誌	景龍2(708)11月	—	—	—	—	—
3874	韋泚及妻鄭氏墓誌	景龍2(708)11月	—	—	—	—	—
3875	郭恆及妻韋氏墓誌	景龍2(708)11月	—	—	15-1447	—	—
3876	于貢墓誌	景龍2(708)11月	—	20-74	15-1448	洛陽8-115	—
3877	任乂及妻元氏墓誌	景龍2(708)11月	—	—	—	—	—
3878	崔爽墓誌	景龍2(708)12月	—	—	—	—	—
3879	閻仲連及妻蕭氏墓誌	景龍2(708)12月	—	—	—	—	秦晉309
3880	陳惠墓誌	景龍2(708)12月	—	—	—	—	—
3881	韓本墓誌	景龍2(708)12月	—	—	—	—	—
3882	蔡君妻趙氏墓誌	景龍3(709)1月卒	—	—	陝西參-43	—	—
3883	武承嗣妻弓昭墓誌	景龍3(709)1月	—	—	—	—	—
3884	李君妻王憍梵墓誌	景龍3(709)1月	—	—	—	—	邙洛105 新唐88
3885	王君妻梁阿耨墓誌	景龍3(709)1月	—	—	—	—	—
3886	朱行表及妻鄭氏墓誌	景龍3(709)2月	—	—	—	—	—
3887	束良及妻王氏墓誌	景龍3(709)2月	—	20-75	15-1449	洛陽8-116	—
3888	高知行及妻焦氏墓誌	景龍3(709)2月	181左上	20-76	15-1450	洛陽8-117	—
3889	趙□恭墓誌	景龍3(709)2月	—	—	—	洛陽8-118	—
3890	王行淹墓誌	景龍3(709)2月	—	—	—	—	河洛147
3891	崔訥墓誌	景龍3(709)2月	—	20-77	15-1451	洛陽8-119	輯繩443
3892	張世師及妻慕容氏墓誌	景龍3(709)2月	—	—	—	—	—
3893	楊思齊墓誌	景龍3(709)2月	—	—	—	—	秦晉310
3894	蘇通墓誌	景龍3(709)2月	—	—	—	—	—
3895	王通及妻張氏墓誌	景龍3(709)2月	—	—	—	—	—
3896	王履貞墓誌	景龍3(709)3月	—	—	河南參-85	—	—
3897	盧正勤妻李氏墓誌	景龍3(709)3月					新獲續83 河洛148 龍門116
3898	慕容宣徹墓誌	景龍3(709)4月	—	20-79	15-1452	北京1-125	—
3899	王君妻梁阿六墓誌	景龍3(709)4月	—	—	—	—	河洛149
3900	高遙墓誌	景龍3(709)4月	—	—	—	—	秦續382
3901	阿彌陁石像塔銘	景龍3(709)6月	—	—	—	—	—
3902	楊再思墓誌	景龍3(709)6月卒	—	—	—	—	—
3903	楊務本及妻裴氏墓誌	景龍3(709)7月	—	—	—	—	龍門473 秦晉311
3904	王玄度及妻梁氏墓誌	景龍3(709)7月	—	—	陝西參-42	—	—
3905	韋頊妻裴覺墓誌	景龍3(709)7月	181左下	20-81	15-1455	北京1-126 陝西1-89	—
3906	馬太師墓誌	景龍3(709)7月	—	—	—	—	—
3907	許君及妻楊氏墓誌	景龍3(709)7月	181左上	20-82	15-1454	陝西1-88	—
3908	輔恒墓誌	景龍3(709)7月	—	—	—	—	—

景龍

番號	F北大	G墓誌彙編	H 新編	I補遺補編	J 地方	K 博物館・その他	L 日本目錄
3856	—			—		—	—
3857	03053	景龍009	21-14833	5-294		—	—
3858	03054		—	千唐-104	—	北大新拓114(708)	—
3859	—						
3860							
3861	—	續景龍008	21-14837	3-306	—	碑林77-2430	
3862	—	續景龍006	21-14834	6-371		—	
3863	03055		—	—			
3864		—	—	—	—	汾陽16(32)	—
3865	03056	景龍010	21-14834	5-294	—	唐宋258	人0955
3866	—				—	—	—
3867				8-336	—	—	—
3868	—	續景龍007	21-14835	5-294			
3869	03096	景龍034	21-14852	6-375			淑500
3870			—	7-347	—	—	—
3871		景龍012	21-14835	2-400			
3872	03057	—	—	千唐-105			
3873	—	—	—	—	長新138 長碑85(432)		
3874	—	—	4-2654	3-39	長碑86(434)		
3875		景龍013	21-14836	2-399	長碑(437)	碑林196-1078	
3876	03058	景龍014	5-3034	3-44	—	唐宋259	人0956
3877	03059	—	—	千唐-106			
3878	03061						
3879	03060					新見28	
3880	03063						
3881	03062						
3882	—		21-14837	6-371			
3883	—	—	—	—	—	西市156	
3884	—						
3885	—					西市157	
3886	03065	—	—	千唐-107	—		
3887	—	景龍015	5-3035	3-45			
3888	03064	景龍016	21-14837	6-372			
3889	—	續景龍009	21-14838	5-295			
3890	03066						
3891	—	景龍017	21-14838	6-373			
3892	—		—	—	邯鄲碑047		
3893	03067	—	—	千唐-108	—		
3894	—	續景龍010	21-14839	2-400 下-1860	渭城245	—	—
3895	—		—	—	大全・屯留11		
3896	03068			千唐-110	—		
3897	—			8-337	—		
3898	03069	景龍018	21-14840	5-295	西北3-3 武威40 蘭州18	—	—
3899	—						
3900	03070						
3901	—		22-15561	1-462			
3902	—		—	7-27			
3903	03071						
3904	—		—	8-338	榆林37		
3905	03072	景龍019	21-14841	5-296	西北3-7 長碑88(439)	碑林77-2394 裴氏45	人0958
3906	—					碑林續072	—
3907	03073	景龍020		3-46	西北3-8	碑林77-2422 施唐152-153	東1270 淑501
3908	—			—	—	慶雅堂25 西市158	—

景龍

番號	墓誌名	年號	A 題跋	B北圖	C 附考 新中国	D隋唐五代	E千唐・河南
3909	恆州司馬殘墓誌	景龍3(709)7月	181左中	—	—	—	—
3910	裴君及妻杜氏墓誌	景龍3(709)7月	—	—	—	—	秦晉312
3911	邢德敬及妻李氏墓誌	景龍3(709)8月	181右上	20-83	15-1456	洛陽8-120	千唐544
3912	王佺及妻陳氏墓誌	景龍3(709)8月	—	20-84	15-1458	洛陽8-121	—
3913	何彥則墓誌	景龍3(709)8月	—	—	—	—	洛鴛鴦9-1
3914	和智全及妻傅氏墓誌	景龍3(709)8月	—	20-85	15-1457	洛陽8-122	千唐545 民族259
3915	賀蘭敏之墓誌	景龍3(709)8月	—	—	陝西壹-113	陝西3-134	—
3916	權毅及妻李下玉(義陽公主)墓誌	景龍3(709)8月	—	—	—	洛陽8-57	—
3917	武承規墓誌	景龍3(709)8月	181左中	—	—	—	—
3918	王玄起墓誌	景龍3(709)10月	—	—	—	—	—
3919	王信威及妻鄭氏墓誌	景龍3(709)10月	—	—	河南壹-19	河南48	—
3920	張衡墓誌	景龍3(709)10月	—	—	—	—	—
3921	梁嘉運墓誌	景龍3(709)10月	181左中	20-87	15-1459	北京1-127 江蘇33	—
3922	董君妻王陸墓誌	景龍3(709)10月	—	—	—	—	—
3923	裴君妻侯氏墓誌	景龍3(709)10月	—	—	—	—	新獲續84 河洛150
3924	盧醫王墓誌	景龍3(709)10月	—	—	—	—	新獲續85 龍門117
3925	魏體元及妻李氏墓誌	景龍3(709)10月	181左下	20-88	15-1461	洛陽8-124	—
3926	召弘安墓誌	景龍3(709)10月	—	—	—	—	—
3927	李延嗣及妻崔二氏墓誌	景龍3(709)10月	—	—	—	—	秦續383 流散068
3928	樂鑒虛及妻燕氏墓誌	景龍3(709)10月	—	—	—	—	新獲續86 河洛151 新唐90
3929	蕭瑟墓誌	景龍3(709)10月	—	—	—	—	—
3930	張弋墓誌	景龍3(709)10月	—	—	15-1462	—	—
3931	張雅墓誌	景龍3(709)10月	—	—	—	—	—
3932	王感及妻呂氏墓誌	景龍3(709)10月	—	20-91	15-1466	洛陽8-128	千唐548
3933	王景之及妻崔氏墓誌	景龍3(709)10月	—	20-90	15-1465	洛陽8-127	千唐547
3934	王行果及妻甄氏墓誌	景龍3(709)10月	—	20-89	15-1464	洛陽8-126	千唐546
3935	王行儉墓誌	景龍3(709)10月	—	—	—	—	—
3936	王行淳墓誌	景龍3(709)10月	—	—	—	—	秦晉313
3937	王震墓誌	景龍3(709)10月	—	20-93	15-1467	洛陽8-130	千唐550
3938	王晏墓誌	景龍3(709)10月	—	—	—	洛陽8-125	輯繩445
3939	王齊丘墓誌	景龍3(709)10月	—	20-92	15-1468	洛陽8-129	千唐543
3940	安菩及妻何氏墓誌	景龍3(709)10月	—	—	15-1463	—	輯繩444 民族219 洛絲121 龍門118
3941	崔宣墓誌	景龍3(709)10月	—	—	—	—	—
3942	張希會及妻鄭氏墓誌	景龍3(709)10月	—	—	—	—	—
3943	張方及妻王氏墓誌	景龍3(709)10月	—	—	—	—	—
3944	張恪墓誌	景龍3(709)10月	—	—	15-1471	—	—
3945	斛律君妻盧廉貞墓誌	景龍3(709)10月	—	—	河南參-86	—	—
3946	逸□墓誌	景龍3(709)10月	—	20-94	15-1469	洛陽8-131	千唐549
3947	楊希墓誌	景龍3(709)10月	—	—	—	—	—
3948	楊處濟及妻周氏墓誌	景龍3(709)10月	—	—	—	—	河洛152 龍門474 流散069
3949	裴絢墓誌	景龍3(709)10月	—	—	—	—	—
3950	獨孤思敬及妻元氏墓誌	景龍3(709)10月	—	—	15-1470	—	—
3951	盧元衡及妻崔氏墓誌	景龍3(709)10月	—	—	—	—	新獲續87
3952	盧志安及妻李氏墓誌	景龍3(709)10月	—	—	—	—	秦續384
3953	權通墓誌	景龍3(709)10月	—	—	陝西參-44	—	—
3954	王遐濟及妻崔氏墓誌	景龍3(709)10月	—	—	—	—	—
3955	李伯魚妻張德墓誌	景龍3(709)10月	—	—	15-1472	—	—
3956	張炎墓誌	景龍3(709)10月	—	—	15-1473	—	—
3957	劉君墓誌	景龍3(709)10月	181左中	—	—	—	—
3958	盧千及妻張氏墓誌	景龍3(709)11月	—	—	—	山西79	—
3959	韋愛道墓誌	景龍3(709)11月	—	—	—	—	新獲續88 河洛153
3960	李通及妻長孫氏墓誌	景龍3(709)11月	—	—	—	—	—

景龍

番號	F北大	G墓誌彙編	H 新編	I 補遺補編	J 地方	K 博物館・その他	L 日本目録
3909	—	—	—	—	—	—	—
3910	03074	—	—	—	—	—	—
3911	03075	景龍021	21-14843	2-401	—	—	—
3912	03077	景龍023	21-14844	6-374	—	—	—
3913	—	—	—	—	—	—	—
3914	03076	景龍022	21-14843	2-403	—	—	—
3915	—	—	—	2-402 下-2192	咸陽16 渭城246	—	—
3916	—	續景龍011	4-2352	—	—	—	—
3917	—	—	—	—	—	—	—
3918	03078	—	—	—	—	—	—
3919	—	續景龍012	21-14845	6-375	—	—	—
3920	03081	—	—	—	—	—	—
3921	03079	景龍024	21-14845	—	—	施唐154-155	人0959 淑502
3922	03080	—	—	—	—	—	—
3923	—	—	—	8-339	—	—	—
3924	—	—	—	8-12	—	—	—
3925	03082	景龍025	21-14846	5-298	—	—	—
3926	—	—	—	—	—	西市159	—
3927	03082	—	—	—	—	—	—
3928	—	—	—	8-339	—	—	—
3929	—	—	—	—	長新142 長碑89(440)	—	—
3930	—	—	4-2610	—	—	—	—
3931	03084	—	—	—	—	—	—
3932	03089	景龍026	21-14847	2-407	—	—	—
3933	03088	景龍028	21-14848	2-406	—	—	—
3934	03087	景龍027	21-14847	2-405	—	—	—
3935	03091	—	—	千唐-111	—	—	—
3936	—	—	—	—	—	—	—
3937	—	景龍032	5-2944	1-89	—	—	—
3938	—	續景龍013	5-3012	5-25	—	—	—
3939	03085	景龍029	21-14849	1-89	—	—	—
3940	—	景龍033	21-14851	4-402	—	撒馬47	—
3941	03094	—	—	—	—	—	—
3942	—	—	—	8-341	—	—	—
3943	03095	—	—	—	—	—	—
3944	—	—	4-2610	—	—	—	—
3945	03090	—	—	千唐-110	—	—	—
3946	03086	景龍031	21-14850	2-407	—	—	—
3947	03093	—	—	—	—	—	—
3948	03092	—	—	—	—	—	明洛36
3949	—	—	—	—	—	裴氏33	—
3950	—	景龍030	21-14849	2-404	—	—	—
3951	—	—	—	7-347	—	—	—
3952	—	—	—	—	—	—	—
3953	—	—	—	8-342	榆林38	—	—
3954	—	—	—	—	—	碑林續073	—
3955	—	—	4-2618	—	—	—	—
3956	—	—	4-2620	—	—	—	—
3957	—	—	—	—	—	—	—
3958	—	續景龍015	21-14851	7-349	大全・迎澤19	—	—
3959	—	—	—	8-13	—	—	—
3960	03097	—	—	千唐-112	—	—	—

景龍・唐隆・景雲

番號	墓誌名	年號	A 題跋	B北圖	C 附考 新中国	D隋唐五代	E千唐・河南
3961	韓神墓誌	景龍3(709)11月	—	20-96	15-1474	洛陽8-132	千唐551
3962	宇文氏墓誌	景龍3(709)11月	—	—	—	—	—
3963	張弘及妻樂氏墓誌	景龍3(709)11月	—	—	—	江蘇34	
3964	臧崇亮墓誌	景龍3(709)11月	—	20-98	15-1476	洛陽8-134	
3965	臧南金妻陳氏墓誌	景龍3(709)11月			15-1475	洛陽8-133	
3966	臧南金妻白光倩墓誌	景龍3(709)11月		20-97	15-1477	—	
3967	盧崇嗣妻段氏墓誌	景龍3(709)11月					
3968	韓君妻常氏墓誌	景龍3(709)11月				山西80	
3969	亡宮九品墓誌	景龍3(709)11月		20-99	15-1478	洛陽8-135	千唐552
3970	申屠行及妻崔氏墓誌	景龍3(709)12月	181左下	20-100	15-1479	山西81	—
3971	李貞庶墓誌	景龍3(709)12月					秦晉314 流散070
3972	李延禎墓誌	景龍3(709)12月	—	—	15-1481	—	
3973	李嗣本及妻盧氏墓誌	景龍3(709)12月	—	—	15-1480	洛陽8-136	—
3974	郭小師墓誌	景龍3(709)12月					新獲續89 河洛154
3975	周君妻李氏墓誌	景龍3(709)12月			15-1482		
3976	王氏墓誌	景龍4(710)2月	181右上				
3977	豆盧望墓誌	景龍4(710)2月					
3978	韋君妻賈氏玄堂誌	景龍4(710)2月	—	—	—	陝西3-135	
3979	楊承福及妻田氏墓誌	景龍4(710)2月		20-101		洛陽8-137	千唐553
3980	杜昭烈墓誌	景龍4(710)3月		20-103	15-1483	洛陽8-138	輯繩446
3981	顏瑤墓誌	景龍4(710)4月	181左上	20-105	15-1484	北京1-128	
3982	王婢墓誌	景龍4(710)4月					
3983	朱懷智墓誌	景龍4(710)4月		20-106	15-1485	洛陽8-139	千唐554
3984	姜承先妻程小奴墓誌	景龍4(710)4月					秦續385
3985	陳守素妻李氏墓誌	景龍4(710)5月		20-107	15-1486	洛陽8-140	—
3986	李禮墓誌	景龍4(710)5月					秦續386 流散071
3987	柳順墓誌	景龍4(710)5月		20-108	15-1487	洛陽8-141	千唐555
3988	羅承先妻李柔墓誌	景龍4(710)6月		20-109	15-1488	洛陽8-142	千唐556
3989	楊君妻垣氏墓誌	景龍4(710)6月	—	—	15-1489	洛陽8-143	千唐557
3990	程咸墓誌	唐隆1(710)7月	—	—	—	—	—
3991	牛興墓誌	唐隆1(710)7月			陝西參-45		
3992	劉保及妻席氏墓誌	唐隆1(710)7月			陝西參-46		
3993	長孫君妻李氏墓誌	景雲1(710)9月	—	20-111	15-1490	洛陽8-145	千唐558
3994	陸景倩妻徐氏墓誌	景雲1(710)9月	181右上	—	—	—	—
3995	王延墓誌	景雲1(710)10月				—	秦晉315 七朝147
3996	李君妻衛氏墓誌	景雲1(710)10月				—	新出228 秦晉316
3997	桓思貞墓誌	景雲1(710)10月					河洛155
3998	李智墓誌	景雲1(710)10月		20-112	15-1491	洛陽8-146	千唐559
3999	鶱思哲及妻盧氏墓誌	景雲1(710)11月	—	—	陝西貳-73	陝西1-91	—
4000	李度墓誌	景雲1(710)11月			15-1492	山西82	
4001	勃逆宮人李裹兒墓誌	景雲1(710)11月					
4002	李君妻趙秀墓誌	景雲1(710)11月		20-113	15-1493	洛陽8-147	千唐560
4003	周懷珺墓誌	景雲1(710)11月					河洛156
4004	虞照乘及劉氏墓誌	景雲1(710)11月					
4005	李千里墓誌	景雲1(710)11月			15-1494	陝西3-136	
4006	豆盧光祚妻薛氏(萬泉縣主)墓誌	景雲1(710)11月		20-114	15-1495 陝西貳-74	北京1-129 陝西1-92	
4007	李令渾及妻張氏墓誌	景雲1(710)12月	—	—	—	—	秦續387
4008	波斯阿羅憾墓誌	景雲1(710)	181右上	20-110	15-1496	洛陽8-144	民族246 洛絲162
4009	郭祖墓誌	景雲2(711)1月					
4010	韋紀妻長孫氏墓誌	景雲2(711)1月					秦晉317 七朝148

番號	F北大	G墓誌彙編	H 新編	I補遺補編	J 地方	K 博物館・その他	L 日本目録
3961	03098	景龍035	21-14852	2-408	—	—	—
3962	03103	—	—	—	—	—	—
3963	—	續景龍016	21-14853	4-403	山東38 分類72	—	—
3964	03099	景龍036	5-3036	—	—	—	—
3965	03101		4-2354	5-26	—	—	—
3966	03100	景龍037	5-3037	1-88	—	曲石34 南京34	淑503
3967	03104			—	—	西市160	
3968	—	續景龍017	21-14854	7-349	大全・長子11	—	—
3969	03103	景龍038	21-14798	5-468	—	—	—
3970	03105	景龍039	21-14856	6-376	—	故宮074	—
3971	—			—	—	—	—
3972	—	續景龍018	21-14854	1-90 8-342 上-276	杏園7	—	—
3973	—	續景龍019	21-14855	5-299 下-1861	杏園6	—	—
3974	—	—	—	8-343	—	—	—
3975	—	景龍040	21-14856	7-503	—	—	—
3976	—	景龍041	21-14856	—	—	—	—
3977	—			7-29	—	—	—
3978	—	續景龍020	21-14857	5-300	西北3-9	—	—
3979	03106	景龍042	5-3038	1-91	—	—	—
3980	03107	景龍043	6-4004	3-48	—	—	—
3981	—	景龍044	21-14857	—	—	—	淑504
3982	03108	—	—	千唐-113	—	—	—
3983	03109	景龍045	21-14857	2-408	—	—	—
3984	—			—	—	—	—
3985	03110	景龍046	21-14857	6-376	—	—	人0965
3986	—			—	—	—	—
3987	03111	景龍047	5-3038	1-92	—	—	—
3988	03112	景龍048	21-14858	2-409	—	—	—
3989	—	景龍049	21-14858	2-409	—	—	—
3990	—	—	—	—	鄴城54 邯鄲碑048	—	—
3991	—	—	—	8-344	榆林39 精華82	—	—
3992	—	—	—	8-344	榆林40	—	—
3993	03115	景雲002	21-14859	2-410	—	—	—
3994	—			—	—	—	—
3995	03116			—	—	—	—
3996	03117			9-441	—	—	—
3997	03114			—	—	—	—
3998	03118	景雲003	21-14860	2-411	—	—	—
3999	—	續景雲001	21-14860	5-301	西北3-10	碑林77-2435	—
4000	—	續景雲002	21-14861	5-302 下-1861	—	—	—
4001	—	—	—	—	長新144 長碑90(441)	—	—
4002	03119	景雲004	21-14862	2-412	—	—	—
4003	03120	—		—	—	—	—
4004				—	寧波1	越窯48	—
4005		景雲005	21-14862	2-410	西北3-12 精華83	碑林196-1086	—
4006	—	景雲006	4-2699	1-93	西北3-11 西北3-13	碑林77-2444 薛儆80 薛氏238	—
4007	—			—	—	—	—
4008	03113	景雲001	21-14859	5-300	—	故宮075	—
4009	03121			—	—	—	—
4010	03122			—	—	—	—

景雲

番號	墓誌名	年號	A 題跋	B北圖	C 附考 新中國	D隋唐五代	E千唐・河南
4011	陳遠墓誌	景雲2(711)1月	—	—	—	—	—
4012	董嶷及妻郭氏墓誌	景雲2(711)1月	—	—	—	—	秦晉318
4013	柳秀誠墓誌	景雲2(711)1月	—	—	—	—	新唐94 秦晉319 七朝149 流散072
4014	崔基墓誌	景雲2(711)1月	—	—	—	—	—
4015	趙踐冰墓誌	景雲2(711)1月	181右上	—	15-1497	—	—
4016	蘇表墓誌	景雲2(711)1月	—	—	—	—	—
4017	鄧森墓誌	景雲2(711)2月	—	20-115	15-1498	洛陽8-148	千唐561
4018	暴敏墓誌	景雲2(711)2月	—	—	—	—	秦晉320
4019	王禮墓誌	景雲2(711)2月	—	—	—	—	—
4020	張信妻王氏墓誌	景雲2(711)2月	—	20-116	15-1499	洛陽8-149	千唐562
4021	張遊恪墓誌	景雲2(711)2月	—	20-117	15-1501	洛陽8-150	—
4022	蕭思亮墓誌	景雲2(711)2月	181右中	20-118	15-1500	北京1-130	—
4023	姬晏妻閻氏墓誌	景雲2(711)2月卒	—	20-119	15-1502	洛陽8-151	—
4024	趙元祚及妻平氏墓誌	景雲2(711)2月	—	—	—	—	流散074
4025	王達及妻周氏墓誌	景雲2(711)2月	—	—	—	—	龍門475 秦晉321
4026	張須陀及妻薛氏庫狄氏墓誌	景雲2(711)2月	—	—	—	—	秦續388 流散073
4027	蔣義忠及妻李氏墓誌	景雲2(711)2月	—	—	—	陝西3-137	—
4028	獨孤仁政墓誌	景雲2(711)2月	—	—	—	—	—
4029	陸元感墓誌	景雲2(711)3月	181右下	—	15-1503	—	—
4030	蘇環墓誌	景雲2(711)3月	—	—	—	—	—
4031	沈氏墓誌	景雲2(711)3月	—	20-123	15-1504	洛陽8-152	輯繩447
4032	高奭及妻湯氏墓誌	景雲2(711)3月	—	—	—	—	秦晉322
4033	亡宮七品墓誌	景雲2(711)4月	—	20-126	15-1506	洛陽8-153	千唐563
4034	崔素臣及妻劉氏墓誌	景雲2(711)4月	—	—	河南壹-162	河南49	—
4035	渾君妻契苾氏墓誌	景雲2(711)4月	—	—	—	—	—
4036	盧玢(玠?)墓誌	景雲2(711)4月	181右下	20-127	15-1505	洛陽8-154	—
4037	李思悊墓誌	景雲2(711)4月	—	—	—	—	河洛157
4038	杜乾祚及妻薛氏墓誌	景雲2(711)5月	—	—	河南參-87	—	—
4039	張冬至妻趙氏墓誌	景雲2(711)5月	—	20-128	15-1507	洛陽8-155	—
4040	宋德方及妻元氏墓誌	景雲2(711)5月	—	—	—	—	新獲44 龍門120
4041	李令暉(襄城縣主)墓誌	景雲2(711)5月	—	—	—	—	—
4042	郭機及妻胡氏墓誌	景雲2(711)6月	—	—	—	—	七朝150 流散055
4043	田道墓誌	景雲2(711)7月	—	—	—	—	—
4044	宗達墓誌	景雲2(711)7月	—	20-130	15-1508	洛陽8-156	輯繩448
4045	毛君妻賈三勝墓誌	景雲2(711)7月	—	—	—	—	輯繩449
4046	楊君妻韋氏墓誌	景雲2(711)7月	—	—	—	陝西3-138	—
4047	□君墓誌	景雲2(711)7月	—	—	—	洛陽8-165	—
4048	申素墓誌	景雲2(711)8月	—	—	—	—	—
4049	路勵節及妻崔氏墓誌	景雲2(711)8月	—	—	—	—	秦晉323
4050	裴昭墓誌	景雲2(711)8月	—	20-132	15-1509	洛陽8-157	輯繩450
4051	蕭守規及妻柳氏墓誌	景雲2(711)8月	—	—	—	—	新出231
4052	劉褘之及妻裴氏墓誌	景雲2(711)9月	—	—	—	—	秦續389 流散075
4053	元君妻辛淑墓誌	景雲2(711)10月	—	—	—	—	秦續390
4054	王同皎墓誌	景雲2(711)10月	—	—	—	—	秦續391
4055	李花山(淮陽公主)墓誌	景雲2(711)10月	—	—	—	—	—
4056	房君妻李靜容墓誌	景雲2(711)10月	—	—	—	—	新獲續90 河洛158 新唐92 龍門121
4057	楊履庭墓誌	景雲2(711)10月	—	—	15-1510	—	—
4058	裴思乂及妻閻氏墓誌	景雲2(711)10月	—	—	—	—	新獲45 邙洛106
4059	劉憲墓誌	景雲2(711)10月	—	—	—	—	秦晉324 七朝151 流散076
4060	白知新妻鄭叔墓誌	景雲2(711)10月	—	20-133	15-1511	洛陽8-158	—
4061	李賢及妃房氏墓誌	景雲2(711)10月	—	—	15-1512 陝西壹-114	陝西1-85	—
4062	崔智墓誌	景雲2(711)10月	—	—	—	—	—

景雲

番號	F 北大	G 墓誌彙編	H 新編	I 補遺補編	J 地方	K 博物館・その他	L 日本目録
4011	03123	—	—	—	—	—	—
4012	03124	—	—	—	—	西市161	—
4013	03126	—	—	—	—	—	—
4014	03125	—	—	—	—	—	—
4015	—	—	21-14863	—	—	—	—
4016	03127	—	—	—	—	—	—
4017	03128	景雲007	5-3175	1-93	—	—	—
4018	—	—	—	—	—	—	—
4019	03132	—	—	—	—	—	—
4020	03129	景雲009	21-14864	2-413	—	—	—
4021	03131	景雲010	5-3181	1-95	—	曲石35 南京35	—
4022	03130	景雲009	5-2903	—	西北3-15	施碑選306	人0977 淑507
4023	—	景雲011	21-14864	5-302	—	—	—
4024	—	—	—	—	—	—	—
4025	03133	—	—	—	—	—	明洛37
4026	03134	—	—	—	—	—	—
4027	—	續景雲003	21-14864	5-303	—	—	—
4028	—	—	—	—	孟州172	—	—
4029	—	景雲012	5-3152	—	—	—	—
4030	—	—	—	—	西北3-16	—	—
4031	03135	景雲013	5-2996	3-49	—	—	—
4032	03136	—	—	—	—	—	—
4033	03137	景雲015	21-14867	5-468	—	—	—
4034	03139	續景雲004	21-14866	6-378	—	—	—
4035	—	—	—	7-350	—	—	—
4036	03138	景雲014	21-14865	6-377	—	遼寧博55	人0970 東1274 淑508
4037	03140	—	—	—	—	—	—
4038	03142	—	—	千唐-113	—	—	—
4039	03141	景雲016	21-14868	7-351	—	唐宋261 施碑選240	人0971 東1275
4040	—	—	21-14868	6-378	—	—	—
4041	—	—	—	8-14	長碑(441)	碑林新112	—
4042	03143	—	—	—	—	—	—
4043	03144	—	—	—	—	—	—
4044	03145	景雲017	21-14868	5-304	—	—	—
4045	—	續景雲005	21-14869	6-379	—	—	—
4046	—	續景雲006	6-3410	2-15	—	—	—
4047	—	—	—	—	—	—	—
4048	03146	—	—	—	—	—	—
4049	03147	—	—	—	—	—	—
4050	03148	景雲018	21-14869	5-304	—	裴氏48	—
4051	03149	—	—	9-350	—	—	—
4052	03150	—	—	—	—	—	—
4053	03152	—	—	—	—	—	—
4054	—	—	—	—	—	—	—
4055	—	—	—	—	—	碑林新113	—
4056	—	—	—	8-345	—	—	—
4057	—	景雲019	21-14870	4-404	—	—	—
4058	—	—	—	6-379	—	裴氏49	—
4059	03151	—	—	—	—	北大新拓115(166)	—
4060	03153	景雲021	21-14870	6-33	—	唐宋262 施唐156	人0976 東1276
4061	03155	景雲020	5-3076	3-49	西北2-159 咸刻43 精華84	—	—
4062	03154	—	—	—	—	—	—

景雲・太極・延和・先天

番號	墓誌名	年號	A 題跋	B北圖	C 附考 新中國	D隋唐五代	E千唐・河南
4063	竹玄及妻謝氏墓誌	景雲2(711)10月	―	―	―	―	龍門476 秦晉325
4064	陳通墓誌	景雲2(711)10月	―	―	―	―	―
4065	王君妻張法貳墓誌	景雲2(711)10月	―	20-134	15-1513	洛陽8-159	千唐564
4066	田待及妻張氏墓誌	景雲2(711)11月	―	20-135	15-1514	洛陽8-160	―
4067	申屠奴墓誌	景雲2(711)11月	―	―	―	―	―
4068	劉易從墓誌	景雲2(711)11月	―	20-136	15-1515	洛陽8-161	千唐565
4069	元揚及妻宋氏墓誌	景雲2(711)11月	―	―	―	―	―
4070	尹八仁及妻任氏墓誌	景雲2(711)11月	―	―	―	―	―
4071	吳揚吾及妻桓氏墓誌	景雲2(711)11月	―	―	―	―	秦晉326 流散077
4072	溫敬墓誌	景雲2(711)12月	―	―	―	―	―
4073	郭思訓及妻張氏柴氏墓誌	景雲2(711)12月	181右下	20-137	15-1516	洛陽8-162	
4074	陳智妻張氏墓誌	景雲2(711)12月	―	20-138	15-1517	洛陽8-163	
4075	郭仁及妻梁氏墓誌	景雲3(712)1月					
4076	孫何師墓誌	景雲3(712)1月	―	20-140	15-1518	洛陽8-164	千唐566
4077	牛進墓誌	景雲3(712)1月					
4078	王明及妻賈氏墓誌	景雲3(712)1月					秦晉327
4079	李君妻裴氏墓誌	太極1(712)1月	―	20-141	16-1519	洛陽8-166	輯繩451
4080	何君墓誌	太極1(712)2月	―	20-142	16-1520	洛陽8-167	―
4081	蕭君妻李氏墓誌	太極1(712)2月					秦續392 流散078
4082	崔孝昌墓誌	太極1(712)2月	182左上	20-143	16-1521	洛陽8-168	―
4083	程九墓誌	太極1(712)2月					
4084	賀玄道墓誌	太極1(712)3月	182左中	20-144	16-1522	洛陽8-169	―
4085	王天及妻雍氏墓誌	太極1(712)3月	182左中	20-145	16-1523	北京1-131	―
4086	于思□(讓?)墓誌	太極1(712)4月	―	―	―	洛陽8-170	民族5
4087	劉崇嗣及妻杜氏墓誌	太極1(712)4月	―	20-147	16-1524	洛陽8-171	輯繩452
4088	李五及妻常氏墓誌	太極1(712)5月					
4089	盧氏墓誌	太極1(712)5月					
4090	李烱墓誌	太極1(712)5月					
4091	慕容思廉及妻李氏墓誌	太極1(712)10月	―	20-148	16-1527	洛陽8-172	千唐567 民族376
4092	張萬回墓誌	太極1(712)12月	182左中	―	―	―	―
4093	□德□墓誌	太極1(712)後	182左中	―	―	―	―
4094	仇文遠墓誌	延和1(712)6月	―	―	―	―	秦晉328
4095	仇大恩及妻王氏墓誌	延和1(712)7月	―	―	―	―	秦晉329
4096	馬師墓誌	延和1(712)7月	―	―	―	―	河洛159
4097	崔華及妻高氏墓誌	延和1(712)7月	―	―	―	―	秦續392
4098	鄧溫墓誌	延和1(712)7月					
4099	蕭貞亮墓誌	延和1(712)7月	182左中	21-1	16-1525	洛陽8-173	―
4100	杜嗣儉及妻閻夫人墓誌	先天1(712)9月					秦續394 流散079
4101	王最墓誌	先天1(712)9月	―	―	陝西參-47	―	―
4102	常毛如(字玄眞)墓誌	先天1(712)9月卒				洛陽8-174	―
4103	侯知一及妻韋氏竇氏墓誌	先天1(712)10月					
4104	王洛客及妻崔氏墓誌	先天1(712)10月					
4105	長孫氏墓誌	先天1(712)10月	―	21-2	16-1526	洛陽8-175	千唐568 民族186
4106	王寶授及妻鍾氏墓誌	先天1(712)10月					
4107	王傑墓誌	先天1(712)10月	―	21-3	16-1528	洛陽8-176	千唐570
4108	郭品及妻鄭氏墓誌	先天1(712)10月					
4109	楊孝弼妻宋氏墓誌	先天1(712)10月	―	21-4	16-1529	洛陽8-177	千唐569

景雲・太極・延和・先天

番號	F 北大	G 墓誌彙編	H 新編	I 補遺補編	J 地方	K 博物館・その他	L 日本目錄
4063	—	—	—	—	—	—	—
4064	03156	—	—	—	—	—	—
4065	03157	景雲022	21-14871	2-413	—	—	—
4066	03158	景雲023	21-14871	5-305	—	—	—
4067	03160						
4068	03159	景雲024	21-14872	2-414	—	—	—
4069					—	西市162	—
4070				—	安陽選37	—	—
4071	03161				—	—	明洛38
4072	03162						
4073	03163	景雲025	21-14872	—	—	—	人0978
4074	03164	景雲026	21-14873	5-305	—	—	—
4075	—				—	碑林新114	—
4076	03165	續景雲007	21-14873	2-414 下-1863	—	—	—
4077	03166						
4078	—						
4079	03167	太極001	21-14874	5-306	—	裴氏50	—
4080	03168	太極002	21-14874	7-504	—	唐宋263	人0979
4081	03169					—	—
4082	03170	太極003	21-14874	6-380	—	遼寧博56	人0981 東1277 淑509
4083	03171					—	—
4084	03172	太極004	21-14875	6-381	—	唐宋264 施碑選241	人0983 東1278
4085	03173	太極005	21-14876	6-382	—	故宮076 施碑選242	人0985 東1279
4086	—	續太極001	21-14876	5-27	—	—	—
4087	—	太極006	21-14877	5-307	—	—	—
4088	—	—	—	—	安陽選38	—	—
4089	—	—	—	—	—	—	明大12
4090	—	—	—	—	—	西市163	—
4091	03174	太極007	21-14878	2-414	—	—	—
4092	—						
4093	—						
4094	03175	—	—	—	—	—	—
4095	0316	—	—	—	—	—	—
4096	03177	—	—	—	—	西市164	—
4097	—						
4098	—	續延和001	21-14879	4-404 下-1863	—	—	—
4099	03178	延和001	21-14878	5-308	—	唐宋265	人0989 東1280
4100	—						
4101	—	—	—	8-345	榆林41	—	—
4102	—	續先天001	21-14880	5-308	—	—	—
4103						西市165	
4104	03180	—	—	—	—	北大新拓115(166)	—
4105	03179	先天001	21-14880	2-415	—	—	—
4106	03181						
4107	03182	先天002	6-3509	1-95	—	—	—
4108	03185	—	—	千唐-114	—	—	—
4109	03183	先天003	21-14881	2-416	—	—	—

先天・開元

番號	墓誌名	年號	A 題跋	B北圖	C 附考 新中国	D隋唐五代	E千唐・河南
4110	蕭茂本墓誌	先天1(712)10月	—	—	—	—	河洛160 龍門477 七朝152 洛駕鴛10-1
4111	蘇叔節墓誌	先天1(712)10月	—	—	—	—	—
4112	孟君妻劉氏墓誌	先天1(712)11月	—	—	—	洛陽8-178	輯繩453
4113	袁義全及妻郭氏墓誌	先天1(712)11月	—	—	—	—	新獲46
4114	程芝墓誌	先天1(712)11月	—	—	16-1530	—	—
4115	關衡及妻鮑氏墓誌	先天1(712)11月	—	—	—	—	—
4116	王感及妻閻氏墓誌	先天1(712)11月	—	—	—	—	—
4117	郝高及妻陳氏墓誌	先天1(712)11月	—	—	—	—	—
4118	傅遊藝及妻拓王氏墓誌	先天1(712)11月	—	—	—	—	河洛161 龍門478 流散080
4119	趙克廉及妻劉氏墓誌	先天1(712)11月	—	21-6	16-1531	洛陽8-179	—
4120	王生及妻傅氏墓誌	先天1(712)11月	—	—	—	—	秦續395
4121	郭功及妻張氏墓誌	先天1(712)11月	—	—	—	—	—
4122	鞠仵及妻焦氏墓誌	先天1(712)11月	—	—	—	—	—
4123	姬鶴墓誌	先天1(712)12月	—	—	—	—	—
4124	李玄墓誌	先天1(712)12月	—	—	—	—	—
4125	李潛墓誌	先天1(712)	—	—	—	—	—
4126	唐珹及妻李氏(賢月公主)墓誌	先天1(712)	—	—	—	—	秦晉330
4127	杜嗣先及鄭氏墓誌	先天2(713)2月	—	—	—	—	—
4128	張君妻翟慶墓誌	先天2(713)2月	—	—	16-1532	—	—
4129	張自然墓誌	先天2(713)2月	—	21-9	16-1533	洛陽8-180	—
4130	仇欽泰及妻張氏墓誌	先天2(713)3月	—	—	—	—	—
4131	亡宮八品墓誌	先天2(713)3月	—	—	—	—	—
4132	穆玉名及妻曹氏墓誌	先天2(713)3月	—	—	—	—	—
4133	路元亮妻孟氏墓誌	先天2(713)3月	—	—	—	—	秦晉331
4134	裴懷古墓誌	先天2(713)3月	—	—	—	—	龍門479
4135	宋思穀禪師墓誌	先天2(713)3月卒	—	—	—	洛陽8-187	—
4136	鄭君妻賀季墓誌	先天2(713)4月	—	—	—	—	—
4137	郭亭墓誌	先天2(713)4月	—	—	—	—	—
4138	李君妻溫氏墓誌	先天2(713)7月	—	—	—	—	秦續396
4139	侯莫陳思義墓誌	先天2(713)8月	—	—	—	—	—
4140	程孝成及妻尹氏墓誌	先天2(713)8月	182左中	—	16-1534	—	—
4141	董元貞妻秦寶墓誌	先天2(713)9月	—	—	—	—	秦晉332
4142	李多祚墓誌	先天2(713)9月	—	—	—	—	新獲47 民族229 龍門124
4143	李承嗣墓誌	先天2(713)9月	—	—	—	—	秦晉333
4144	趙行安墓誌	先天2(713)11月	—	—	—	陝西3-139	—
4145	劉穆墓誌	先天2(713)11月	182左中	21-12	16-1535	洛陽8-181	秦續397
4146	輔思讓墓誌	先天2(713)11月	—	—	—	—	新獲48
4147	韓漢墓誌	先天2(713)11月	—	—	—	—	—
4148	呂言及妻薛氏墓誌	先天2(713)12月	—	—	—	—	—
4149	高審行墓誌	先天(712～713)後	182左中	—	—	—	—
4150	王長卿墓誌	開元2(714)1月	—	—	—	—	—
4151	柳君妻鄭馬兒墓誌	開元2(714)1月	—	—	—	—	秦晉334
4152	薄仁及妻樊氏墓誌	開元2(714)1月	—	21-14	16-1536	河南50	—
4153	萬鑒及妻韓氏墓誌	開元2(714)1月	—	—	—	—	—
4154	紀陝兒墓誌	開元2(714)1月	—	—	—	—	秦續398 七朝153
4155	鄭儉及妻李氏墓誌	開元2(714)1月	—	21-15	16-1537	洛陽8-183	輯繩454
4156	于尚範及妻韋氏李氏墓誌	開元2(714)1月	—	—	陝西貳-75	陝西1-93	—
4157	紀溫麐墓誌	開元2(714)1月	—	—	—	—	河洛162
4158	思言禪師塔銘	開元2(714)2月	—	21-17	—	北京1-132	—
4159	杜宇亮墓誌	開元2(714)2月	—	—	—	—	秦晉337

- 160 -

先天・開元

番號	F北大	G墓誌彙編	H 新編	I補遺補編	J 地方	K 博物館・その他	L 日本目録
4110	03186	—	—	—	—	—	—
4111	03184	—	—	—	—	—	—
4112	—	續先天002	21-14882	5-309	—	—	—
4113	—	—	21-14882	6-382	—	—	—
4114	—	—	—	—	—	—	—
4115	—	—	—	—	—	碑林新115	—
4116	03187	—	—	—	—	—	—
4117	—	—	—	—	—	—	人0988
4118	03189	—	—	—	—	—	—
4119	03188	先天004	21-14883	5-310	—	唐宋266	人0992
4120	03190	—	—	—	—	—	—
4121	—	—	—	—	—	碑林新116	—
4122	—	—	—	—	—	碑林新117	—
4123	03191	—	—	—	—	碑林續074	—
4124	—	—	—	—	任城38	—	—
4125	02958	—	—	千唐-96	—	—	—
4126	03192	—	—	—	—	—	—
4127	—	—	—	下-2102	—	—	—
4128	—	—	21-14885	8-346 下-2421	—	—	—
4129	—	先天005	21-14884	5-311	—	—	—
4130	03193	—	—	—	—	西市166	明洛39
4131	—	—	—	—	—	慶雅堂26 西市167	—
4132	—	—	—	—	邯鄲碑049		
4133	03194	—	—	—	—	—	—
4134	—	—	—	9-351	—	—	—
4135	—	—	—	—	—	—	—
4136	03195	—	—	千唐-115	—	—	—
4137	03196	—	—	—	—	—	—
4138	—	—	—	—	—	—	—
4139	—	—	—	—	—	西市169	—
4140	—	先天006	21-14885	7-351	—	—	—
4141	—	—	—	—	—	—	—
4142	—	—	21-14886	6-383	—	—	—
4143	—	—	—	—	—	—	—
4144	—	續先天003	21-14887	5-313	—	—	—
4145	03197	先天007	21-14886	5-312	—	—	人0999
4146	—	—	21-14887	6-383	—	—	—
4147	—	—	—	—	大全・長子13	—	—
4148	—	—	—	—	大全・襄垣36	—	—
4149	—	—	—	—	—	—	—
4150	03198	—	—	—	—	—	—
4151	03200	—	—	—	—	—	—
4152	03199	開元001 續開元003	21-14890	5-313	—	—	—
4153	—	—	—	—	—	碑林新118	—
4154	03203	—	—	—	—	—	—
4155	03201	開元002	21-14890	5-313	—	—	—
4156	—	續開元001	21-14891	5-314	西北3-19	碑林77-2457	—
4157	03202	—	—	—	—	—	—
4158	—	開元004	—	3-306	西北3-20	—	—
4159	03225	—	—	—	—	西市168	明洛40

開元

番號	墓誌名	年號	A 題跋	B北圖	C 附考 新中国	D隋唐五代	E千唐・河南
4160	亡宮九品墓誌	開元2(714)2月	—	—	—	—	—
4161	沈君妻陸寂證墓誌	開元2(714)閏2月	—	—	—	—	秦晉335
4162	李簡母毛氏墓誌	開元2(714)閏2月	—	21-18	—	洛陽8-184	—
4163	李神及妻唐氏墓誌	開元2(714)閏2月	—	—	—	—	—
4164	朱玄哲妻荊氏墓誌	開元2(714)3月	—	—	—	洛陽8-185	—
4165	孟貞墓誌	開元2(714)3月	—	21-19	16-1538	洛陽8-186	千唐571
4166	藥言及妻王氏墓誌	開元2(714)3月	—	—	陝西參-48	—	—
4167	張淑子及妻田氏墓誌	開元2(714)4月	—	21-22	16-1539	洛陽8-188	千唐572
4168	蕭君妻于氏墓誌	開元2(714)4月	—	—	—	—	秦晉336
4169	李器及妻燕氏墓誌	開元2(714)5月	—	—	—	—	—
4170	李君妻劉氏墓誌	開元2(714)5月	—	—	陝西貳-補17	—	—
4171	李巢母韓氏墓誌	開元2(714)5月	—	—	河南參-88	—	—
4172	鄭弘劼及妻韋氏墓誌	開元2(714)5月	—	—	—	—	河洛163 新唐96 龍門480 七朝154
4173	鄭崇道及妻魏氏墓誌	開元2(714)5月	—	—	—	—	—
4174	李君妻王氏墓誌	開元2(714)5月	—	—	16-1540	—	—
4175	侯莫陳大師壽塔銘	開元2(714)6月	182左下	21-23	—	—	—
4176	張休妻盧氏墓誌	開元2(714)6月	—	—	—	—	秦續399
4177	王嘉鳳妻薛七娘墓誌	開元2(714)7月卒	—	—	—	—	秦晉339
4178	梁煥墓誌	開元2(714)8月	—	21-24	16-1541	洛陽8-189	千唐573
4179	唐踐正墓誌	開元2(714)8月	—	—	—	—	秦續400 流散081
4180	柳彥初墓誌	開元2(714)9月	—	—	河南參-89	—	—
4181	李魏相墓誌	開元2(714)9月	—	—	—	—	新出235 河洛164 洛駕鶿11-1
4182	畢父墓誌	開元2(714)9月	—	—	—	—	—
4183	成達墓誌	開元2(714)10月	—	—	—	—	—
4184	達奚承宗墓誌	開元2(714)10月	—	—	—	—	—
4185	李嘉及妻楊氏墓誌	開元2(714)10月	—	—	—	—	—
4186	陳朗及妻王氏墓誌	開元2(714)10月	—	—	—	—	—
4187	王直墓誌	開元2(714)10月	—	—	—	—	—
4188	竇藝墓誌	開元2(714)10月	—	—	—	—	—
4189	朱君滿及妻李氏墓誌	開元2(714)11月	—	—	—	山西83	—
4190	李正本墓誌	開元2(714)11月	—	—	—	—	新獲49 河洛165 新唐98
4191	晉靜及妻王氏墓誌	開元2(714)11月	—	—	—	—	—
4192	郭師墓誌	開元2(714)11月	—	—	—	—	—
4193	武則墓誌	開元2(714)11月	—	—	—	—	—
4194	秦令墓誌	開元2(714)11月	—	—	—	—	—
4195	郭崇先墓誌	開元2(714)11月	—	—	—	—	秦晉338
4196	尹仁恕妻韋氏墓誌	開元2(714)11月	182左下	—	—	—	—
4197	戴令言及妻張氏墓誌	開元2(714)12月	182右上	21-26	16-1542	洛陽8-190	
4198	劉仁墓誌	開元2(714)12月	—	—	—	—	—
4199	李允及前妻鄭氏後妻盧氏墓誌	開元2(714)12月	—	—	河南參-90	—	—
4200	鄭玄果及妻元氏墓誌	開元2(714)12月	182左下	21-27	16-1543	北大1-111	—
4201	王瓘墓誌	開元2(714)	182右上	—	—	—	—
4202	趙勔及妻楊氏墓誌	開元2(714)卒	—	—	—	—	秦續416
4203	王胡及妻郭氏墓誌	開元3(715)1月	—	—	—	山西84	—
4204	侯逸諜及妻苗氏墓誌	開元3(715)1月	—	—	—	—	—
4205	陳仁順及妻梁氏墓誌	開元3(715)1月	—	—	—	—	—
4206	韋紀及妻長孫氏墓誌	開元3(715)1月	—	—	—	—	秦晉340 七朝155
4207	郭逸及妻杜氏墓誌	開元3(715)1月	—	—	陝西壹-115	—	—
4208	法雲墓誌	開元3(715)1月	—	—	—	—	—
4209	侯感及妻董氏墓誌	開元3(715)2月	—	—	—	山西85	—
4210	殘墓誌	開元3(715)2月	—	35-62	—	北京2-173	—
4211	姚景之墓誌	開元3(715)2月	—	—	—	—	秦續401
4212	姚孟宗墓誌	開元3(715)2月	—	—	—	—	—

- 162 -

開元

番號	F北大	G墓誌彙編	H 新編	I 補遺補編	J 地方	K 博物館・その他	L 日本目錄
4160	—	—	—	—	—	碑林補-42　碑林新119	—
4161	—	—	—	—	—	—	淑505　淑506
4162	03204	開元003	21-14891	7-504	—	—	—
4163	—	—	—	—	大全・迎澤20	—	—
4164	—	續開元002	21-14892	5-315	—	—	—
4165	03205	開元005	21-14893	2-417	—	—	—
4166	—	—	—	8-346	榆林42	—	—
4167	03206	開元006	21-14893	2-417	—	—	—
4168	03207	—	—	—	—	—	—
4169	—	—	—	—	—	慶雅堂27	—
4170	—	—	21-14892	6-384	—	—	—
4171	03209	—	—	千唐-117	—	—	—
4172	03210	—	—	—	—	—	—
4173	03208	—	—	千唐-116	—	—	—
4174	—	開元007	21-14894	7-351	—	—	—
4175	—	開元008	4-2369	6-26	—	—	—
4176	—	—	—	—	—	—	—
4177	03211	—	—	—	—	薛氏241	明洛41
4178	03212	開元009	21-14895	2-418	—	—	—
4179	03213	—	—	—	—	—	—
4180	03214	—	—	千唐-117	—	—	—
4181	03215	—	—	9-353	—	—	—
4182	—	—	—	—	大同214	—	—
4183	—	續開元004	21-14895	—	吐魯番309	—	—
4184	—	—	—	—	長新146　長碑91(442)	—	—
4185	—	—	—	—	大全・襄垣37	—	—
4186	03216	—	—	—	—	—	—
4187	03217	—	—	—	—	—	—
4188	—	—	—	—	安陽選59	—	—
4189	—	續開元005	21-14895	5-315	碑碣75　長治155	—	—
4190	—	—	5-3186	4-15	—	—	—
4191	03218	—	—	—	—	—	—
4192	03219	—	—	—	—	—	—
4193	—	—	21-14896	7-352	—	—	—
4194	03220	—	—	—	—	—	—
4195	03221	—	—	—	—	—	明洛42
4196	—	—	—	—	—	—	—
4197	03222	開元010	6-3394	7-32	—	—	人1007
4198	—	—	—	—	大全・長子14	—	—
4199	03224	—	—	千唐-118	—	—	—
4200	03223	開元011	21-14896	—	西北3-21	故宮077　施碑選244	人1006　東1285　淑510
4201	—	—	—	—	—	—	—
4202	03361	—	—	—	—	碑林續075	—
4203	—	續開元006	21-14897	5-316	碑碣77　大全・迎澤22	—	—
4204	03226	—	—	—	—	—	—
4205	—	—	—	—	—	汾陽17(34)	—
4206	03227	—	—	—	—	—	—
4207	—	—	21-14898	6-385	榆林43	—	—
4208	03228	—	—	—	長新148　長碑92(443)	—	—
4209	—	續開元007	21-14898	5-316	—	—	—
4210	—	開元012	22-15549	I補遺補編	—	—	—
4211	—	—	—	—	—	—	—
4212	03231	—	—	—	—	—	—

- 163 -

開元

番號	墓誌名	年號	A 題跋	B北圖	C 附考 新中国	D隋唐五代	E千唐・河南
4213	高沖墓誌	開元3(715)2月	－	－	－	－	－
4214	董秀及妻宋氏王氏墓誌	開元3(715)2月	－	－	－	－	秦晉341
4215	楊舉墓誌	開元3(715)2月	－	－	－	－	－
4216	別智福及溫氏墓誌	開元3(715)2月	－	－	－	－	－
4217	李君妻劉氏墓誌	開元3(715)2月	－	－	－	－	秦晉342 七朝156 流散082
4218	邢思賢墓誌	開元3(715)2月	182右上	21-30	16-1545	洛陽8-191	－
4219	路隱及妻陳氏墓誌	開元3(715)2月	－	21-31	16-1544	洛陽8-192	千唐574
4220	亡宮六品墓誌	開元3(715)2月卒	－	21-29	16-1546	北大1-112	－
4221	武氏(譙國夫人)墓誌	開元3(715)2月	－	－	陝西壹-116	陝西3-141	－
4222	武本墓誌	開元3(715)2月	－	－	－	－	－
4223	封無遺墓誌	開元3(715)2月	－	21-32	16-1547	洛陽8-193	千唐575
4224	司馬元恪墓誌	開元3(715)2月	－	－	－	－	龍門482 秦續402 七朝157
4225	崔榮期墓誌	開元3(715)3月	－	－	－	－	秦續403
4226	周三及晉氏墓誌	開元3(715)3月	－	－	－	－	新獲續91 河洛166
4227	王基墓誌	開元3(715)3月	－	21-33	16-1548	洛陽8-194	千唐576
4228	王頵墓誌	開元3(715)3月	182右上	21-34	16-1549	洛陽8-195	－
4229	孟玄一及妻顧氏墓誌	開元3(715)4月	－	21-35	16-1550	洛陽8-196	千唐577
4230	孟裕及妻張氏墓誌	開元3(715)4月	－	21-36	16-1551	洛陽8-197	千唐578
4231	馮貞佑妻孟十一娘墓誌	開元3(715)4月	182右中	21-37	16-1552	北京1-133	－
4232	李華(宣城縣主)墓誌	開元3(715)4月	－	－	－	－	秦晉343
4233	衞君妻董氏墓誌	開元3(715)4月	－	－	－	－	流散083
4234	張法眞墓誌	開元3(715)5月	－	－	21-38	洛陽8-198	千唐579
4235	董璧墓誌	開元3(715)5月	－	－	－	－	－
4236	鄭俌妻崔氏墓誌	開元3(715)5月	－	－	－	－	秦續404
4237	許義誠墓誌	開元3(715)6月	－	21-39	16-1553	洛陽8-199	千唐580
4238	韋珣墓誌	開元3(715)6月	－	－	－	－	－
4239	馬君妻張氏墓誌	開元3(715)7月	－	－	－	－	秦續405
4240	許臨墓誌	開元3(715)7月	－	－	－	－	河洛167 七朝158
4241	張藏及妻牛氏墓誌	開元3(715)8月	－	－	－	－	－
4242	裴涓墓誌	開元3(715)8月	－	35-121	16-1554	洛陽15-10	－
4243	王君妻陳寧墓誌	開元3(715)8月	－	－	－	－	新獲續92 河洛168
4244	楊越及妻陳氏墓誌	開元3(715)8月	－	21-40	16-1555	洛陽8-200	千唐581
4245	崔君妻李氏墓誌	開元3(715)10月	－	21-42	16-1556	洛陽8-201	千唐582
4246	盧珉及前妻韋氏後妻邢氏墓誌	開元3(715)10月	－	－	－	－	－
4247	姚懿墓誌	開元3(715)10月	－	21-43	河南壹-444	河南52	－
4248	盧調及妻王氏墓誌	開元3(715)10月	－	21-44	16-1557	洛陽8-202	千唐583
4249	杜忠良及妻鄭氏墓誌	開元3(715)10月	－	21-47	16-1558	洛陽8-203	千唐584
4250	青源及妻趙氏墓誌	開元3(715)10月	－	－	－	－	秦晉345
4251	尉亮妻慕容燕國墓誌	開元3(715)10月	－	－	－	－	秦晉344 七朝159 洛鴛鴦8-2
4252	崔哲妻源氏墓誌	開元3(715)10月	－	21-48	16-1559	洛陽8-204	－
4253	韓孝純及妻袁氏墓誌	開元3(715)10月	－	－	－	山西86	－
4254	王德墓誌	開元3(715)10月	182右中	－	16-1560	－	－
4255	鞠密及妻郭氏墓誌	開元3(715)10月	－	－	－	－	－
4256	王慶詵及妻李氏墓誌	開元3(715)10月	－	－	河南參-92	－	－
4257	王師及妻楊氏墓誌	開元3(715)10月	－	21-49	16-1561	洛陽8-205	輯繩455
4258	胡浚墓誌	開元3(715)10月	－	－	－	－	－
4259	胡佺墓誌	開元3(715)10月	182右中	21-50	16-1564	山西87	－
4260	祖義臣及妻□□氏墓誌	開元3(715)10月	－	－	河南參-91	－	－
4261	崔景訓及妻元氏墓誌	開元3(715)10月	－	－	－	－	秦晉346 七朝160
4262	楊君妻王容墓誌	開元3(715)10月	－	－	－	－	－
4263	蔡君妻張氏墓誌	開元3(715)10月	－	21-52	16-1563	洛陽8-207	－
4264	趙思及妻宋氏墓誌	開元3(715)10月	－	－	－	－	－

開元

番號	F北大	G墓誌彙編	H 新編	I 補遺補編	J 地方	K 博物館・その他	L 日本目録
4213	03230	―	―	―	―	―	―
4214	03229	―	―	―	―	―	―
4215	03232	―	―	―	―	―	―
4216	―	―	―	8-347	―	碑林新120	―
4217	03233	―	―	―	―	―	―
4218	03235	開元013	21-14899	5-317		―	人1009
4219	03236	開元014	21-14899	2-418		―	―
4220	03234	開元015	21-14867	7-353	―	―	人1008
4221	―	續開元008	21-14900	5-317 下-1864	咸刻44	―	―
4222	―	―	―	―	渭城247	―	―
4223	03237	開元016	21-14900	2-419	景州165 景縣292	―	―
4224	03238		―	―		―	―
4225	―	―	―	―	―	―	―
4226	―	―	―	8-348	―	―	―
4227	03239	開元017	21-14901	2-419	―	―	―
4228	03240	開元018	21-14901	7-353	―	唐宋267 施唐157	人1010 東1289
4229	03241	開元019	21-14902	2-420	―	―	―
4230	03242	開元020	21-14903	2-421	―	―	―
4231	03243	開元021	7-4552	―	河間233	―	―
4232	―	―	―	―	―	西市170	―
4233	03244	―	―	―	―	―	―
4234	03245	開元022	21-14903	2-421	―	―	―
4235	03246	―	―	千唐-119	―	―	―
4236	03247	―	―	―	―	―	―
4237	03248	開元023	21-14904	2-422	―	―	―
4238	―	開元024	21-14904	―	―	―	―
4239	03249	―	―	―	―	―	―
4240	―	―	―	―	―	―	―
4241	03251	―	―	―	―	―	―
4242	03250	大曆044 殘誌027	8-5238	1-205		曲石69 南京70 裴氏170	―
4243	―	―	―	8-348	―	―	―
4244	03252	開元025	21-14904	2-423	―	―	―
4245	03253	開元027	21-14905	2-423	―	―	―
4246	03254	―	―	千唐-120	―	―	―
4247	―	續開元009	21-14907	5-318 上-354	―	河博30	―
4248	03255	開元028	21-14906	2-424	―	―	―
4249	03256	開元029	21-14907	2-425	―	―	―
4250	02909		―	―	―	―	―
4251	03258		―	―	―	―	―
4252	03257	開元030	5-3306	3-51	―	―	人1014
4253	―	續開元010	21-14908	5-318 下-2193	河東8	―	―
4254	03259	開元031	21-14908	7-354	―	―	―
4255	03260		―	―	―	―	―
4256	03266	―	―	千唐-122	―	―	―
4257	03261	開元033	21-14910	7-354	―	―	―
4258	―	―	―	―	大全・迎澤24	―	―
4259	―	開元035	21-14910	―	碑碣79	―	人1015
4260	03264	―	―	千唐-121	―	―	―
4261	03267	―	―	―	―	―	―
4262	03266	―	―	千唐-122	―	―	―
4263	03263	開元034	6-3510	1-96	―	曲石36 南京36	―
4264	―	―	―	―	―	碑林續076	―

開元

番號	墓誌名	年號	A 題跋	B北圖	C 附考 新中国	D隋唐五代	E千唐・河南
4265	趙保隆及妻李氏墓誌	開元3(715)10月	—	21-51	16-1562	洛陽8-206	—
4266	趙慈劼及妻宇文氏墓誌	開元3(715)10月	—	—	河南參-93	—	—
4267	張大炭妻焦氏墓誌	開元3(715)10月	—	—	—	新疆193	—
4268	崔君及妻李氏墓誌	開元3(715)10月	—	—	—	—	秦續406 流散084
4269	崔曄及妻盧氏墓誌	開元3(715)10月	—	—	—	—	—
4270	王擧墓誌	開元3(715)11月	—	—	—	—	—
4271	麴達女麴娘墓誌	開元3(715)11月	—	—	—	新疆194	—
4272	董師及妻元氏墓誌	開元3(715)11月	—	—	—	山西88	—
4273	毛場妻李氏墓誌	開元3(715)11月	—	—	河北壹-75	河北54	—
4274	元溫及妻王氏墓誌	開元3(715)11月	—	—	16-1565	—	民族140
4275	宋度及妻庫氏墓誌	開元3(715)11月	—	—	河南貳-1	—	—
4276	燕嘉及妻孟氏墓誌	開元3(715)11月	—	—	—	—	秦續407
4277	李頊墓誌	開元3(715)12月	—	—	—	—	—
4278	董堪墓誌	開元3(715)12月	—	—	—	—	—
4279	秦進墓誌	開元3(715)12月	—	—	—	—	—
4280	史通墓誌	開元3(715)12月	—	—	—	—	—
4281	牛志明墓誌	開元3(715)12月	—	—	—	—	河洛169 龍門483
4282	莨高及妻劉氏墓誌	開元3(715)12月	—	—	—	—	—
4283	紀曄及妻劉氏墓誌	開元4(716)1月	—	—	—	—	秦晉347
4284	杜寶妻王氏墓誌	開元4(716)3月	—	—	河南參-94	—	—
4285	薛文休墓誌	開元4(716)4月	—	—	—	—	秦晉348 七朝161 流散085
4286	鄭景良妻薛氏墓誌	開元4(716)5月	—	—	—	洛陽8-208	—
4287	慕容琛墓誌	開元4(716)5月	—	—	—	—	秦晉349 七朝162
4288	安思節墓誌	開元4(716)5月	—	21-54	16-1566	洛陽8-209	千唐585 民族220 洛絲122
4289	法藏塔銘	開元4(716)5月	—	21-55	—	北京1-134	—
4290	袁仁墓誌	開元4(716)5月	—	21-56	16-1567	洛陽8-210	—
4291	陸彥恭妻裴淑墓誌	開元4(716)6月	—	—	—	洛陽8-211	—
4292	乙速孤直墓誌	開元4(716)6月	—	—	—	—	—
4293	杜智及妻王氏墓誌	開元4(716)7月	—	—	陝西參-49	—	—
4294	李容及妻鄭氏墓誌	開元4(716)7月	—	—	—	—	新獲續93 河洛170
4295	張偉墓誌	開元4(716)8月	—	—	—	—	—
4296	楊執一妻獨孤開墓誌	開元4(716)8月	—	—	—	—	—
4297	殘墓誌	開元4(716)8月	—	—	—	—	—
4298	李二及妻張氏墓誌	開元4(716)10月	—	—	—	—	—
4299	元郎及妻司馬氏墓誌	開元4(716)10月	—	—	—	—	秦晉350
4300	張仁墓誌	開元4(716)10月	—	—	16-1568	—	—
4301	董行墓誌	開元4(716)11月	—	—	—	—	—
4302	韓玉及妻丁氏墓誌	開元4(716)11月	—	—	—	—	—
4303	穆循及妻白氏・徐氏墓誌	開元4(716)11月	—	—	—	—	—
4304	姚彝墓誌	開元4(716)11月	—	—	—	—	秦續408 流散086
4305	高應及妻孟氏墓誌	開元4(716)11月	182右下	21-58	16-1569	北大1-113	—
4306	劉常名墓誌	開元4(716)11月	—	—	—	—	新獲續94 河洛171
4307	鄭君墓誌	開元4(716)12月	—	—	—	—	秦晉352
4308	裴君妻賀蘭氏墓誌	開元4(716)12月	182右下	21-59	16-1570	北京1-135	—
4309	崔逸甫墓誌	開元4(716)閏12月	—	—	—	洛陽8-212	—
4310	樂永瞻墓誌	開元4(716)閏12月	—	21-60	16-1571	洛陽8-213	—
4311	元希古墓誌	開元5(717)1月	—	21-61	16-1572	洛陽9-1	千唐586 民族141
4312	靳君墓誌	開元5(717)1月	—	—	—	—	—
4313	張方及妻薛氏墓誌	開元5(717)1月	—	21-62	16-1573	洛陽9-2	千唐587
4314	吳縉墓誌	開元5(717)2月	—	—	—	—	秦晉353
4315	孫承嗣妻高氏墓誌	開元5(717)2月	—	—	—	—	—
4316	靳隱兒墓誌	開元5(717)2月	—	—	—	—	—
4317	王行立及妻楊氏墓誌	開元5(717)2月	—	—	—	—	—

番號	F北大	G墓誌彙編	H 新編	I補遺補編	J 地方	K 博物館・その他	L 日本目錄
4265	03262	開元032	21-14909	5-319	―	―	―
4266	03268	―	―	千唐-124		―	―
4267	―	續開元011	21-14911	7-504	西北3-22 吐魯番310	―	―
4268	03269	―	―	―		―	―
4269	―	開元026	5-3001	7-33	―	―	―
4270	―	―	―	―		碑林新121	―
4271	―	―	―	7-355	西北3-23 吐魯番311	―	―
4272	―	續開元013	21-14912	5-320	大全・長治23	―	―
4273	―	續開元012	21-14911	6-385	邯鄲碑129	―	―
4274	03271	開元036	21-14911	7-356	―	―	―
4275	―	―	―	―		―	―
4276	03270	―	―	―		―	―
4277	―	―	―	―		碑林續077	―
4278	03272	―	―	―		―	―
4279	03273	―	―	―		―	―
4280	03274	―	―	―		―	―
4281	―	―	―	―		―	―
4282	―	―	―	下-1864		―	―
4283	03275	―	―	―		―	明洛43
4284	03276	―	―	千唐-125		―	―
4285	03277	―	―	―		北大新拓117(170) 薛氏242	―
4286	―	續開元014	21-14913	5-320	―	薛氏244	―
4287	03278	―	―	―		―	―
4288	03279	開元038	21-14913	2-426	―	撒馬48	―
4289	―	開元037	―	―	西北3-24	―	―
4290	03280	開元039	21-14914	5-321	―	施唐158	―
4291	―	―	21-14914	5-321	―	―	―
4292	―	―	―	―		西市171	―
4293	―	―	21-14915	6-385	―	―	―
4294	―	―	―	8-349	―	―	―
4295	03281	―	―	―		―	―
4296	03282	開元040	6-3709	1-97	―	碑林77-2467	―
4297	03283	―	―	―		―	―
4298	―	開元041	21-14915	7-357	―	―	―
4299	03284	―	―	―		西市172	明洛44
4300	―	開元042	21-14916	4-405	―	―	―
4301	03285	―	―	―		―	―
4302	―	―	―	―	安豐175	―	―
4303	―	―	―	―		汾陽18(36)	―
4304	―	―	―	―		―	―
4305	03286	開元043	21-14916	―	分類73	故宮078 施唐159	人1016 東1292 淑511
4306	―	―	―	8-350	―	―	―
4307	―	―	―	―		―	―
4308	03287	開元044	21-14917	―	西北3-25	裴氏51 施唐160	人1018
4309	―	續開元015	21-14917	5-322	―	―	―
4310	―	續開元016	21-14918	5-323 下-1865	―	―	―
4311	03288	開元045	21-14918	2-427	―	―	―
4312	―	―	―	―		―	淑512
4313	03289	開元046	21-14919	2-427	―	―	―
4314	―	―	―	―		―	―
4315	―	―	―	9-441	―	―	―
4316	03290	―	―	―		―	―
4317	03292	―	―	8-351	大全・襄垣39	―	―

開元

番號	墓誌名	年號	A 題跋	B北圖	C 附考 新中国	D隋唐五代	E千唐・河南
4318	丘君妻李五戒(號如來藏)墓誌	開元5(717)2月	－	－	－	－	新獲續96 邙洛107
4319	姚崇妻劉氏墓誌	開元5(717)2月	－	－	－	－	新獲續95 河洛172 新唐100 龍門126
4320	溫煒妻李跡上座墓誌	開元5(717)2月	－	21-63	16-1574	洛陽9-3	千唐588
4321	楊居實墓誌	開元5(717)2月					
4322	蕭禕墓誌	開元5(717)2月					
4323	亡宮七品墓誌	開元5(717)2月	－	21-64	16-1576	洛陽9-4	千唐589
4324	亡宮八品墓誌	開元5(717)2月	－	21-65	16-1575	洛陽9-5	千唐590
4325	朱貞墓誌	開元5(717)3月	－	21-66	16-1578	洛陽9-6	千唐592
4326	程最及妻薛氏墓誌	開元5(717)3月					
4327	源君妻崔氏墓誌	開元5(717)3月	－	21-67	16-1577	洛陽9-7	千唐591
4328	楊植及妻李氏墓誌	開元5(717)3月					
4329	杜全及妻申氏墓誌	開元5(717)3月	－	－	－	－	秦續409
4330	張齊丘墓誌	開元5(717)3月	－	21-68	16-1579	洛陽9-8	－
4331	劉嘉運塔銘	開元5(717)3月	－	21-69	－	北京1-136	
4332	崔宜之墓誌	開元5(717)5月	－	21-73	16-1580	洛陽9-9	千唐593
4333	王楚及妻范氏墓誌	開元5(717)7月	－	－	－	－	－
4334	盧伯珣墓誌	開元5(717)7月					
4335	司馬崇敬墓誌	開元5(717)7月					邙洛108 新唐102 龍門125
4336	元思忠及妻李氏墓誌	開元5(717)8月	－	21-74	16-1582	洛陽9-10	千唐594 民族141
4337	劉彥之墓誌	開元5(717)8月	－	21-75	16-1581	洛陽9-11	－
4338	楊君妻李厶墓誌	開元5(717)8月					
4339	薛世感及妻秦氏墓誌	開元5(717)8月	－	－	河南壹-20	河南53	
4340	獨孤賢道墓誌	開元5(717)8月					
4341	薛鉉墓誌	開元5(717)10月	－	－	河南參-95	－	－
4342	朱齊之墓誌	開元5(717)10月	－	21-77	16-1583	洛陽9-12	－
4343	董嘉斤及妻高氏墓誌	開元5(717)10月	－	21-78	16-1585	洛陽9-13	千唐595
4344	慕容昇及妻魚氏墓誌	開元5(717)10月	－	21-79	16-1584	洛陽9-14	民族377
4345	裴悌及尹氏墓誌	開元5(717)10月	－	－	－	－	新獲續97 河洛173 龍門129
4346	崔昇妻鄭氏墓誌	開元5(717)10月	183左上	21-80	16-1586	河北55	－
4347	廉師及妻徐氏墓誌	開元5(717)10月	－	－	河南壹-65	河南54	－
4348	張修義墓誌	開元5(717)11月	－	－	河北壹-76	河北56	
4349	趙敬玄墓誌	開元5(717)11月	－	21-81	16-1587	洛陽9-15	－
4350	申屠元禮及妻王氏墓誌	開元5(717)11月					
4351	崔寂及妻郭氏墓誌	開元5(717)11月					
4352	賈儀及妻璩氏墓誌	開元5(717)11月	－	－	－	－	秦晉354 七朝163
4353	宗瑾墓誌	開元5(717)11月	－	－	－	－	秦晉355 七朝164 流散088
4354	袁勝墓誌	開元5(717)11月	－	－	－	－	秦續410 流散087
4355	蕭璿墓誌	開元5(717)11月	－	－	－	－	秦續411
4356	李素及妻崔氏墓誌	開元5(717)12月	－	－	－	－	龍門484
4357	張感及妻李氏墓誌	開元5(717)12月	－	－	－	－	－
4358	李一(夏悼王)塔銘	開元5(717)					－
4359	李鳳墓誌	開元6(718)1月	－	－	－	－	秦晉357 七朝165
4360	來景暉墓誌	開元6(718)1月					河洛174 新唐106 七朝166 洛駕鴦12-1
4361	王子麟及妻馮氏墓誌	開元6(718)1月	－	21-82	16-1588	洛陽9-16	
4362	李悰墓誌	開元6(718)1月					
4363	劉海達墓誌	開元6(718)1月					
4364	劉遼(字海達)墓誌	開元6(718)1月	183左中	21-83	16-1589	洛陽9-17	
4365	嚴識玄墓誌	開元6(718)1月	－	－	陝西貳-76	陝西1-94	
4366	李琮及妻王氏墓誌	開元6(718)1月					
4367	李貞(越王)墓誌	開元6(718)1月			16-1590 陝西壹-117	陝西1-95	
4368	李嗣先墓誌	開元6(718)1月	－	－	－	－	河洛175 新唐104

番號	F北大	G墓誌彙編	H 新編	I補遺補編	J 地方	K 博物館・その他	L 日本目録
4318	—	—	—	8-351	—	—	—
4319	03291	—	5-3048	8-15	—	北大新拓118(172)	—
4320	03293	開元047	21-14919	2-428	—	—	—
4321	—	—	—	—	長新150 長碑94(444)	—	—
4322	—	—	—	—	—	西市173	—
4323	03295	開元049	21-14920	5-468	—	—	—
4324	03294	開元048	21-14920	5-468	—	—	—
4325	03296	開元051	21-14921	2-429	—	—	—
4326	—	—	—	7-357	孟州176	—	—
4327	03297	開元050	21-14920	2-429	—	—	—
4328	03298		—	—	—	—	—
4329	—						
4330	03299	開元052	6-3510	3-52	—	—	—
4331	—	開元053	21-14921	—	—	—	—
4332	03300	開元054	21-14922	2-430	—	—	—
4333	—	—	—	—	大同261	—	—
4334	03301	—	—	千唐-125	—	—	—
4335	03302						
4336	03303	開元056	6-3512	1-98	—	—	—
4337	03304	開元055	21-14922	4-406	河間235	—	—
4338	03305						
4339	—	續開元017	21-14923	6-386	—	—	—
4340	—	—	—	—	—	慶雅堂28 西市174	—
4341	03306	—	—	千唐-126	—	薛氏246	—
4342	03307	開元057	5-3047	3-10	—	—	—
4343	03308	開元058	21-14924	2-430	—	—	—
4344	03309	開元059	21-14925	2-431	—	曲石37 南京37	—
4345	—	—	—	8-16	—	—	—
4346	03310	開元060	6-3331	—	—	—	—
4347	—	續開元018	21-14923	7-358	衞輝43	—	—
4348	—	續開元019	21-14926	4-407	邯鄲碑062	—	—
4349	03311	開元061	21-14926	4-407	—	唐宋268	人1025
4350	—	—	—	—	—	碑林新123	—
4351	—	—	—	—	—	碑林新122	—
4352	03312	—	—	—	—	—	明洛45
4353	03314	—	—	—	—	—	—
4354	—	—	—	—	—	—	—
4355	—	—	—	—	—	碑林續078 新見29	—
4356	03315	—	—	—	—	西市175	明洛46
4357	—	—	—	—	大全・襄垣38	—	—
4358	—	—	5-2871	—	—	—	—
4359	03316	—	—	—	—	—	—
4360	03317	—	—	—	—	北大新拓119(172)	—
4361	03318	開元062	21-14926	5-323	—	唐宋269	人1026
4362	—	—	—	—	長新152 長碑95(444)	—	—
4363	—	開元064	21-14927	—	—	—	—
4364	—	開元063	21-14927	5-323	—	—	—
4365	—	續開元020	5-3160	3-53	西北3-27	碑林77-2487	—
4366	03319						
4367	03321	開元065	21-14927	2-432	西北3-28 精華86	昭陵83 碑林196-1090 北大新拓120(174)	淑513 淑514
4368	—	—	—	8-351	—	—	—

開元

番號	墓誌名	年號	A 題跋	B北圖	C 附考 新中国	D隋唐五代	E千唐・河南
4369	鄧成及妻劉氏墓誌	開元6(718)1月	—	—	—	—	秦續412 流散089
4370	王沖墓誌	開元6(718)1月	183左上	—	—	—	—
4371	陳延喜妻穆氏墓誌	開元6(718)1月	183左上	—	—	—	—
4372	陸大亨墓誌	開元6(718)2月	183左上	21-84	16-1591	洛陽9-18	—
4373	臧君妻叱李氏墓誌	開元6(718)2月	—	—	—	—	—
4374	李文舉妻竇氏墓誌	開元6(718)5月	—	—	—	—	秦續413
4375	燕紹及妻劉氏墓誌	開元6(718)5月	—	21-86	16-1592	洛陽9-19	龍門130
4376	李晶墓誌	開元6(718)5月	—	—	—	—	新獲續101 河洛181 龍門137
4377	裴亮妻崔氏墓誌	開元6(718)5月	—	21-87	16-1593	洛陽9-20	—
4378	李行及妻趙氏墓誌	開元6(718)5月	—	—	—	—	河洛176 七朝167
4379	鄭欽言墓誌	開元6(718)5月	—	—	—	—	—
4380	蔣楚賓妻于氏墓誌	開元6(718)7月	183左中	21-88	16-1594	洛陽9-21	—
4381	張鑑墓誌	開元6(718)7月	—	—	—	—	—
4382	正覺浮圖銘	開元6(718)7月	—	21-89	—	北大1-114	—
4383	丘君妻劉氏墓誌	開元6(718)7月	—	—	—	—	新獲續98 邙洛109
4384	任珪及妻喬氏墓誌	開元6(718)7月	—	—	陝西參-50	—	—
4385	李處嶷及妻韋氏墓誌	開元6(718)7月	—	—	—	—	秦晉358
4386	韋頊及妻裴覺墓誌	開元6(718)7月	—	21-90	16-1595	陝西1-96	—
4387	任明墓誌	開元6(718)8月	—	21-92	16-1596	洛陽9-22	千唐596
4388	薛君妻柳氏墓誌	開元6(718)8月	183左中	21-93	16-1597	洛陽9-23	龍門131
4389	馬懷素墓誌	開元6(718)10月	183左中	—	16-1598	—	—
4390	馮泰墓誌	開元6(718)10月	—	—	—	—	邙洛110
4391	蕭元禮及妻張氏墓誌	開元6(718)10月	—	—	—	—	河洛177 龍門132
4392	侯敬忠墓誌	開元6(718)10月	—	21-95	—	洛陽9-24	千唐598
4393	崔智滿墓誌	開元6(718)10月	—	—	—	—	—
4394	賈黃中墓誌	開元6(718)10月	183左中	21-96	16-1600	北大1-115	—
4395	魏慤墓誌	開元6(718)10月	—	21-97	16-1599	洛陽9-25	千唐597
4396	王希儁墓誌	開元6(718)10月	—	—	17-1601	—	—
4397	王君墓誌	開元6(718)10月	—	—	—	—	—
4398	周君妻到光淑墓誌	開元6(718)10月	—	—	—	—	—
4399	姚辯義墓誌	開元6(718)10月	—	—	—	—	新獲續99 龍門133
4400	溫君妻賈氏墓誌	開元6(718)10月	—	—	—	—	—
4401	郭志墓誌	開元6(718)11月	—	—	—	—	—
4402	任愛及妻陳氏謝氏墓誌	開元6(718)11月	183左中	—	17-1602	—	—
4403	宋靜儀妻韓勝墓誌	開元6(718)11月	—	—	—	—	—
4404	李君妻許懿墓誌	開元6(718)11月	—	—	—	洛陽9-26	—
4405	李瑋及妻馮氏墓誌	開元6(718)11月	—	—	—	—	河洛178 七朝168
4406	沈嶷及妻賈氏墓誌	開元6(718)11月	—	—	—	—	河洛179 龍門134
4407	姜暹墓誌	開元6(718)11月	—	—	—	—	—
4408	胡義本墓誌	開元6(718)11月	—	—	河南參-96	—	—
4409	劉德及妻萬于氏墓誌	開元6(718)11月	—	—	—	—	—
4410	苗文墓誌	開元6(718)11月	—	—	—	—	—
4411	程儉墓誌	開元6(718)11月	—	—	—	—	—
4412	蔡山福墓誌	開元6(718)11月	—	—	—	—	—
4413	劉君及妻張氏墓誌	開元6(718)11月	—	21-99	17-1604	洛陽9-27	—
4414	劉元超及妻李氏墓誌	開元6(718)11月	—	21-98	17-1603	河南55	—
4415	劉寔及妻崔氏墓誌	開元6(718)11月	—	—	—	—	—
4416	王君墓誌	開元6(718)11月	—	21-100	17-1605	洛陽9-28	—
4417	李全節及妻皇甫氏墓誌	開元6(718)12月	—	—	河南參-98	—	—
4418	李約及妻柴氏墓誌	開元6(718)12月	—	—	—	—	秦續414
4419	李璟(許王第三子)墓誌	開元6(718)12月	—	—	—	—	秦晉360 七朝169 流散090
4420	李琬(許王第四子)墓誌	開元6(718)12月	—	—	—	—	秦晉359

開元

番號	F北大	G墓誌彙編	H 新編	I 補遺補編	J 地方	K 博物館・その他	L 日本目録
4369	03320	—	—	—	—	—	—
4370	—						—
4371	—						
4372	—	開元066	21-14928	5-324	—	—	—
4373	03322						
4374	03323	—	—	—		碑林續079	
4375	03324	開元067	21-14929	4-408	—	唐宋270	人1028 東1294
4376	—	—	—	8-355	—		—
4377	—	開元068	21-14929	—		裴氏54	
4378	03325	—	—	—		—	—
4379	—	—	—	—	長新154 長碑96(445)	—	
4380	03326	開元069	21-14929	4-408		唐宋271 施唐161	人1029 東1295
4381	03327						
4382	—	開元070					人1031
4383	03328		—	8-352 千唐-127			
4384				8-352	榆林44		—
4385				—	—		—
4386	03329	開元071	6-3406	1-100	西北3-29 長碑97(445)	碑林78-2496 裴氏52	人1032
4387	03331	開元072	21-14930	2-433			
4388	03332	開元073	21-14930	—			
4389	—	開元074	21-14931	—			
4390	03333	—	—	—			
4391	03334	—	—	—			
4392	03336	開元076	21-14933	2-434			
4393	03335	—	—	—			
4394	03338	開元077	21-14933	5-324	—	故宮079	人1034 東1296 淑515
4395	03337	開元075	21-14932	2-433			
4396							
4397	—	—	5-3304	—	—		
4398	03339						
4399	—			8-353			
4400	—				晋中21		
4401	03340						
4402	03342	開元078	21-14933	7-358	—	—	—
4403	03344	—					
4404	—	續開元021	5-2920	5-28	—	—	—
4405	—						
4406	03340						
4407	—	—	—	—	—	西市176	
4408	03343	—	—	千唐-127			
4409	—	—	—	8-353	—	河博31	
4410	—	—	—	—	—	碑林新124	—
4411	03347	—	—			—	
4412	03348	—	—				
4413	03346	開元080	21-14935	6-387	—	施唐164	
4414	03345	開元079 續開元022	21-14934	6-386	—	唐宋272 施唐162-163	人1037 東1297 東1298
4415	—	—	—	—	大全・襄垣40		
4416	03349	開元081	21-14935	7-359	—	—	—
4417	03352	—	—	千唐-130			
4418	—						
4419	03353						
4420	—	—	—	—	—		明洛62

開元

番號	墓誌名	年號	A 題跋	B北圖	C 附考 新中国	D隋唐五代	E千唐・河南
4421	李璀(許王第九子)墓誌	開元6(718)12月	—	—	河南參-97	—	—
4422	袁朧?及妻元氏墓誌	開元6(718)12月	—	—	—	—	龍門135
4423	韋嘉賓墓誌	開元6(718)12月	—	—	—	—	—
4424	盧正權墓誌	開元6(718)12月	—	—	—	—	—
4425	李師及妻常氏墓誌	開元6(718)12月	—	—	—	—	秦晉361
4426	苗郭(部?)及妻程氏墓誌	開元6(718)12月	—	—	—	—	—
4427	薛義及妻桑氏墓誌	開元6(718)12月	—	—	—	—	—
4428	韋君墓誌	開元6(718)12月	—	—	17-1606	—	—
4429	李彥妻朱氏墓誌	開元6(718)12月卒	—	—	—	江蘇35 北大1-116	—
4430	秦懷道墓誌	開元6(718)12月	—	—	—	—	秦晉362 流散091
4431	鄭若芳墓誌	開元6(718)12月	—	—	—	—	秦續415 流散092
4432	李珣及崔氏墓誌	開元6(718)12月	—	—	—	—	—
4433	胡仁友墓誌	開元6(718)12月	—	—	—	—	秦晉363
4434	慕容若妻李深墓誌	開元6(718)12月	—	—	17-1607	—	—
4435	王君妻橋氏墓誌	開元6(718)	183左上	21-101	17-1608	洛陽9-29	輯繩456
4436	閻君妻武倩墓誌	開元6(718)	183左中	—	—	—	—
4437	韋君妻崔氏墓誌	開元7(719)2月	—	—	—	—	新獲續100 河洛180
4438	陳玄度及妻蔣氏墓誌	開元7(719)3月	—	—	—	洛陽9-30	—
4439	王龍墓誌	開元7(719)3月	—	—	—	—	—
4440	李君妻鄭氏墓誌	開元7(719)3月	—	—	—	—	秦晉364 秦續417 七朝170 流散093
4441	劉彥參墓誌	開元7(719)3月	—	—	—	—	秦晉365
4442	牛君墓誌	開元7(719)3月卒	—	—	河北壹-77	河北57	—
4443	史多墓誌	開元7(719)4月	—	—	—	—	民族189 洛絲135 秦晉366 七朝171 流散094
4444	賀君妻賈待墓誌	開元7(719)4月	—	21-104	17-1610	洛陽9-31	—
4445	裴迴(廻)妻李氏墓誌	開元7(719)4月	—	21-105	17-1611	洛陽9-32	千唐599
4446	馬慹及妻王氏墓誌	開元7(719)5月	—	—	—	—	—
4447	李強友墓誌	開元7(719)5月	—	21-106	17-1612	洛陽9-33	千唐600
4448	馬懷乂墓誌	開元7(719)6月	—	—	—	—	—
4449	呂文倩墓誌	開元7(719)6月	183左下	21-108	17-1613	洛陽9-34	—
4450	李弌墓誌	開元7(719)6月	—	—	河南參-99	—	—
4451	崔回墓誌	開元7(719)7月	—	—	河南參-100	—	—
4452	崔祖墓誌	開元7(719)閏7月	—	—	17-1614	洛陽9-35	千唐601
4453	許觀墓誌	開元7(719)閏7月	—	21-109	17-1615	洛陽9-36	—
4454	元素及妻陳氏墓誌	開元7(719)閏7月	—	21-110	17-1616	洛陽9-37	千唐602 民族143
4455	慕容忠妻李季英(金城縣主)墓誌	開元7(719)8月	—	—	17-1617	—	—
4456	王元墓誌	開元7(719)9月	—	21-111	17-1618	洛陽9-38	千唐603
4457	張行倫墓誌	開元7(719)9月	—	—	—	新疆195	—
4458	張行倫墓誌	開元7(719)9月	—	—	—	新疆196	—
4459	邵壽及妻王氏墓誌	開元7(719)9月	—	—	—	—	—
4460	崔諤之墓誌	開元7(719)10月	—	—	—	洛陽9-39	新獲續102 河洛182
4461	王仁皎墓誌	開元7(719)11月	—	—	—	—	秦續418
4462	王庭芝墓誌	開元7(719)11月	—	21-112	17-1619	洛陽9-40	—
4463	倪泉墓誌	開元7(719)11月	—	—	—	洛陽9-41	—
4464	張君妻郭華嚴墓誌	開元7(719)11月	183左下	21-113	17-1620	北大1-117	—
4465	蔡遠墓誌	開元7(719)11月	—	—	—	—	—
4466	衛節及妻李氏墓誌	開元7(719)11月	—	—	17-1621	—	—
4467	鮮于氏墓誌	開元7(719)11月	—	21-114	17-1622	洛陽9-42	民族385
4468	韋鉉妻張氏墓誌	開元7(719)11月	—	—	—	—	—
4469	韋希損墓誌	開元8(720)1月	183左下	21-117	17-1623	北大1-118	—
4470	宋元逸及妻王氏墓誌	開元8(720)1月	—	—	—	—	—
4471	胡勖及妻王氏墓誌	開元8(720)1月	—	—	—	—	河洛183 龍門137

番號	F北大	G墓誌彙編	H 新編	I補遺補編	J 地方	K 博物館・その他	L 日本目録
4421	03350	—	—	千唐-128		—	—
4422	—	—	—	—		—	—
4423	03354	—	—	—		—	—
4424	03351	—	—	千唐-129		—	—
4425	—	—	—	—		—	—
4426	03355	—	—	—	任城73	—	—
4427	—	—	—	—	晋中19	—	—
4428	—	—	5-3307	—	—	—	—
4429	03356	續開元023	21-14935	4-409		—	磚刻1177	—
4430	03357	—	—	—	—	西市177	明洛47
4431	03358	—	—	—	—	—	—
4432	03359	—	—	8-354	杏園8	—	—
4433	—	—	—	—	—	—	—
4434	—	開元082	21-14935	2-434	武威45 蘭州20	—	—
4435	03360	開元083	21-14935	6-388		唐宋273	人0871 東1299
4436	—	—	—	—	—	—	—
4437	—	—	—	—	—	—	—
4438	—	續開元024	21-14936	6-388	—	—	—
4439	—	—	—	—	—	汾陽19(38)	—
4440	03362	—	—	—	—	—	—
4441	—	—	—	—	—	西市178	—
4442	—	續開元025	21-14936	6-388	邯鄲碑015	—	—
4443							
4444	03363	開元084	21-14937	2-434	—	曲石38 南京38	—
4445	03364	開元102	5-3200	1-101	—	裴氏54	—
4446	—	—	—	9-442	—	—	—
4447	03365	開元085	6-3514	1-102	—	—	—
4448	03366	—	—	—	—	—	—
4449	03367	開元086	21-14937	5-325	—	—	人1036 東1301 淑516
4450	03368	—	—	千唐-131	—	—	—
4451	03369	—	—	千唐-132	—	—	—
4452	—	開元087	21-14938	6-389	—	—	—
4453	03370	開元088	21-14938	5-325	—	—	—
4454	03371	開元089	21-14939	2-435	—	—	—
4455	—	—	21-14941	2-436 下-2421	武威46	南京39	—
4456	—	開元090	21-14941	2-436	—	—	—
4457	—	續開元026	21-14942	7-359	西北3-31 吐魯番312	—	—
4458	—	續開元027	21-14942	—	吐魯番313	—	—
4459	—	—	—	—	高平410	—	—
4460	—	—	21-14940	6-390 8-355	—	—	—
4461	—	—	—	—	—	—	—
4462	03373	開元091	21-14943	2-436	—	曲石39 南京40	—
4463	—	續開元028	21-14943	6-391	—	—	—
4464	03374	開元092	21-14944	6-392	—	—	人1041 東1302
4465	03375	—	—	—	—	—	—
4466	—	開元093	21-14945	—	—	—	—
4467	03376	開元094	21-14945	—	—	—	人1040
4468	03377	—	—	—	—	—	—
4469	03378	開元095	6-3381	—	西北3-32	施唐165	人1046 淑517
4470	—	—	—	—	—	碑林新125	—
4471	03379	—	—	—	—	—	—

開元

番號	墓誌名	年號	A 題跋	B北圖	C 附考 新中国	D隋唐五代	E千唐・河南
4472	令狐小改墓誌	開元8(720)1月	—	—	—	—	秦晉367 七朝172
4473	許君妻張氏墓誌	開元8(720)1月	—	—	—	—	邙洛111
4474	□君及妻孫氏殘墓誌	開元8(720)1月	—	21-118	17-1624	北京1-137	—
4475	霍子及妻李氏墓誌	開元8(720)1月	—	—	—	—	秦續419
4476	王則及妻梁氏墓誌	開元8(720)2月	—	21-119	17-1625	洛陽9-43	千唐604
4477	李延光及妻鄭氏墓誌	開元8(720)2月	—	—	—	陝西3-143	—
4478	賈伯卿及妻韋氏墓誌	開元8(720)2月	—	—	—	—	河洛184 七朝173
4479	王齊墓誌	開元8(720)2月	—	—	—	洛陽9-44	—
4480	崔君妻房氏墓誌	開元8(720)2月	—	—	—	—	河洛185
4481	高小慶墓誌	開元8(720)2月	—	—	—	—	—
4482	王承愔妻姜溫墓誌	開元8(720)2月	—	—	—	—	秦續420
4483	李珣墓誌	開元8(720)2月	—	—	河南參-101	—	—
4484	趙慶逸墓誌	開元8(720)2月卒	—	—	17-1626	—	—
4485	□仁及妻孔氏殘墓誌	開元8(720)3月	—	—	—	—	—
4486	公孫思觀墓誌	開元8(720)3月	—	21-120	17-1627	洛陽9-45	千唐605
4487	李能墓誌	開元8(720)3月	—	—	—	—	—
4488	沙陀君妻阿史那氏墓誌	開元8(720)3月	183左下	21-124	17-1628	北京1-138	
4489	王愂墓誌	開元8(720)4月	—	—	—	—	—
4490	李元確及妻元氏墓誌	開元8(720)5月	—	21-127	17-1629	洛陽9-46	輯繩457
4491	辛元譽及妻韋氏墓誌	開元8(720)5月	—	—	—	—	邙洛112
4492	崔君妻房氏墓誌	開元8(720)5月	—	—	—	—	新獲續103 河洛186
4493	劉行師及妻郭氏墓誌	開元8(720)5月	—	—	—	—	新唐108 龍門485 七朝174
4494	高崇文墓誌	開元8(720)6月	—	—	—	—	—
4495	劉君及妻閻氏墓誌	開元8(720)7月	—	—	陝西貳-77	陝西1-97	—
4496	李明遠墓誌	開元8(720)8月	—	21-132	17-1630	洛陽9-47	—
4497	楊慎微墓誌	開元8(720)8月	—	—	—	—	新獲續104 邙洛113 龍門138
4498	□君及妻王氏墓誌	開元8(720)8月	—	—	—	—	—
4499	王慶墓誌	開元8(720)9月	—	21-133	—	—	—
4500	王伯禮妻丘法主墓誌	開元8(720)10月	—	—	—	—	秦續421 流散095
4501	黃承緒墓誌	開元8(720)10月	—	21-134	17-1631	洛陽9-48	千唐606
4502	周利貞墓誌	開元8(720)10月	—	21-135	17-1633	洛陽9-49	千唐607
4503	陶德及妻司徒氏墓誌	開元8(720)10月	—	21-136	17-1632	山西89	—
4504	梁方及妻張氏墓誌	開元8(720)10月	183右上	21-137	17-1634	北大1-119	
4505	程旭墓誌	開元8(720)10月	—	—	—	—	—
4506	楊璡墓誌	開元8(720)10月	—	21-138	17-1635	洛陽9-50	千唐608
4507	趙君墓誌	開元8(720)10月	—	—	—	—	—
4508	李奐墓誌	開元8(720)11月	—	21-139	17-1636	洛陽9-51	千唐609
4509	王慶及妻張氏墓表	開元8(720)11月	—	—	—	—	—
4510	李問政及妻王氏墓誌	開元8(720)11月	—	—	河南參-102	—	—
4511	李愿墓誌	開元8(720)11月	—	—	—	—	—
4512	李睿妻于氏墓誌	開元8(720)11月	—	—	—	—	秦晉368 洛鴛鴦6-2
4513	于榮德及妻王氏墓碣	開元8(720)11月	—	—	—	—	—
4514	霍基及妻劉氏墓誌	開元8(720)11月	—	—	河北壹-78	河北58	—
4515	□君墓誌	開元8(720)11月	—	—	河南貳-137	—	—
4516	申屠解及妻梁氏墓誌	開元8(720)11月	—	—	—	—	秦晉369 七朝175
4517	孟晟墓誌	開元8(720)11月	—	21-140	17-1639	洛陽9-52	—
4518	楊獻墓誌	開元8(720)11月	—	—	—	—	—
4519	路玄墓誌	開元8(720)11月	—	21-141	17-1638	洛陽9-53	千唐610
4520	劉瞳及妻元氏墓誌	開元8(720)11月	—	—	—	—	—
4521	劉敦行墓誌	開元8(720)11月	—	—	—	洛陽9-54	—
4522	韋銑及妻張氏墓誌	開元8(720)11月	—	—	—	—	秦續422 流散096
4523	張慶墓誌	開元8(720)11月	—	—	17-1637	—	—
4524	張師及妻王氏墓誌	開元8(720)12月	—	—	—	—	—
4525	苗友及妻傅氏墓誌	開元8(720)	—	—	—	—	—
4526	韋嗣立墓誌	開元8(720)	—	—	17-1640	—	—

開元

番號	F北大	G墓誌彙編	H 新編	I補遺補編	J 地方	K 博物館・その他	L 日本目錄
4472	03381	—	—	—	—	西市179	—
4473	—	—	—	—	—	—	—
4474	03380	開元096	21-14947	5-326	西北3-33	—	—
4475	—	—	—	—	—	—	—
4476	03382	開元097	21-14947	2-437	—	—	—
4477	—	續開元029	21-14945	5-326	西北3-34 精華87	—	—
4478	03383	—	—	—	—	—	—
4479	—	續開元030	21-14947	6-393	—	—	—
4480	—	—	—	8-357	—	—	—
4481	03384	—	—	千唐-132	—	—	—
4482	03385	—	—	—	—	碑林續080	—
4483	03386	—	—	千唐-133	—	—	—
4484	—	—	—	—	—	—	—
4485	—	開元099	21-14948	7-359	—	—	—
4486	03387	開元100	6-3513	1-99	—	—	—
4487	—	—	—	—	—	碑林新126	—
4488	03388	開元101	21-14948	—	西北3-35	—	—
4489	03389	—	—	—	—	—	—
4490	03390	開元103	21-14949	5-327	—	—	—
4491	—	—	—	—	—	—	—
4492	—	—	—	—	—	—	—
4493	03391	—	—	—	—	—	—
4494	03392	—	—	千唐-134	—	—	—
4495	—	續開元031	5-3159	3-54	—	碑林78-2516	—
4496	03393	開元104	21-14949	2-438	—	曲石40 南京41	—
4497	03394	—	—	8-357	—	—	—
4498	—	—	—	—	安豐177	—	—
4499	—	開元105	21-14950	—	—	—	—
4500	03396	—	—	—	—	—	—
4501	03395	開元106	21-14951	2-439	—	—	—
4502	03397	開元107	6-3515	1-102	—	—	—
4503	03398	開元108	21-14951	5-328	—	—	—
4504	03399	開元109	21-14952	6-393	—	故宮080	人1045 東1306 淑518
4505	03400	—	—	—	—	—	—
4506	03401	開元110	21-14952	2-439	—	—	—
4507	—	—	5-3306	—	—	—	—
4508	03402	開元113	21-14955	2-440	—	—	—
4509	—	—	—	—	—	—	人1005
4510	03403	—	—	千唐-134	—	—	—
4511	—	—	—	—	—	碑林續081	—
4512	03404	—	—	—	—	—	—
4513	—	—	—	8-17	—	—	—
4514	—	續開元032	21-14953	4-409	滄州21 河間239	—	—
4515	—	—	—	—	—	—	—
4516	03405	—	—	—	—	—	—
4517	—	開元111	21-14954	5-329	—	—	—
4518	03407	—	—	—	—	西市180	明洛48
4519	03406	開元112	21-14955	2-441	—	—	—
4520	—	—	—	—	河間237	—	—
4521	—	續開元033	21-14953	—	—	—	—
4522	—	—	—	—	—	—	—
4523	—	—	—	—	—	—	—
4524	—	—	—	—	安豐176	—	—
4525	03408	—	—	—	—	—	—
4526	—	—	4-2620	—	—	—	—

- 175 -

開元

番號	墓誌名	年號	A 題跋	B北圖	C 附考 新中國	D隋唐五代	E千唐・河南
4527	程護墓誌	開元8(720)	—	—	—	—	—
4528	史諾匹延墓誌	開元9(721)1月	—	—	—	—	民族190 洛絲136
4529	李嵩及妻崔氏墓誌	開元9(721)1月	—	—	—	—	—
4530	程璧墓誌	開元9(721)1月	—	—	—	—	—
4531	師大娘塔銘	開元9(721)1月	—	—	陝西貳-78	—	—
4532	申屠踐忠墓誌	開元9(721)2月	—	—	—	—	—
4533	葛威德及妻郭氏墓誌	開元9(721)2月	—	—	—	—	—
4534	衡守直及妻元氏墓誌	開元9(721)2月	—	—	—	—	—
4535	騫思泰及妻司空氏墓誌	開元9(721)2月	—	—	陝西貳-79	陝西1-98	—
4536	楊行滿及妻馬氏墓誌	開元9(721)2月	—	—	—	—	秦晉370
4537	晉明及妻索氏墓誌	開元9(721)2月	—	—	—	—	—
4538	崇福法師塔銘	開元9(721)2月	—	—	—	—	—
4539	王氏(衛國夫人)墓誌	開元9(721)2月	—	—	—	洛陽9-55	龍門139
4540	史君妻契苾氏墓誌	開元9(721)2月	—	—	陝西壹-118	陝西1-99	秦晉371
4541	裴元蘭及妻韋氏墓誌	開元9(721)2月	—	—	—	—	新獲續105 河洛187 龍門140
4542	賈明及妻劉氏墓誌	開元9(721)4月	—	21-144	17-1641	山西91	—
4543	賈感及妻鮮于氏墓誌	開元9(721)4月	—	21-146	17-1642	洛陽9-57	—
4544	裴仲將墓誌	開元9(721)4月	—	—	—	洛陽9-56	—
4545	任進及堂兄弟墓誌	開元9(721)4月	—	—	—	—	秦晉372 七朝176
4546	封君妻李常精進墓誌	開元9(721)5月	—	21-147	17-1643	洛陽9-59	千唐611
4547	蕭擧及妻張氏墓誌	開元9(721)5月	183右上	—	—	北大1-120	—
4548	張利賓墓誌	開元9(721)5月	—	—	—	—	河洛188 七朝177
4549	辛孚墓誌	開元9(721)5月卒	—	—	—	—	—
4550	薛釗墓誌	開元9(721)6月	—	—	—	—	河洛189 新唐114 龍門141 七朝178 流散097
4551	桓歸秦墓誌	開元9(721)7月	—	21-148	17-1644	洛陽9-60	新唐110
4552	薛儆墓誌	開元9(721)7月	—	—	—	—	秦續423
4553	王大義及妻殷氏墓誌	開元9(721)8月	—	21-150	17-1645	洛陽9-61	千唐612
4554	康思敬墓誌	開元9(721)8月	—	—	—	—	—
4555	楊貞及妻檀氏墓誌	開元9(721)8月	183右上	—	—	—	—
4556	張守讓妻竇淑墓誌	開元9(721)8月	—	—	—	—	—
4557	馮建墓誌	開元8(721)9月	—	—	—	—	—
4558	劉乾洛及妻張氏墓誌	開元9(721)9月	—	—	—	—	—
4559	何智及妻范氏墓誌	開元9(721)10月	—	—	—	—	秦續424 流散098
4560	張思道墓誌	開元9(721)10月	183右上	21-151	17-1646	北大1-121	—
4561	郭授及妻張氏墓誌	開元9(721)10月	—	—	—	—	—
4562	郭寶墓誌	開元9(721)10月	—	—	—	—	—
4563	王君妻獨孤氏墓誌	開元9(721)10月	—	—	—	—	—
4564	康遠及妻曹氏墓誌	開元9(721)10月	—	—	河南參-103	—	民族337 洛絲107
4565	康固及妻趙氏墓誌	開元9(721)10月	—	—	—	—	新獲續107 邙洛114 民族337 洛絲106
4566	張景旦及妻王氏皇甫氏墓誌	開元9(721)10月	—	21-153	17-1650	洛陽9-64	千唐615
4567	楊純及妻清河張氏南陽張氏墓誌	開元9(721)10月	—	21-154	17-1649	洛陽9-63	千唐614
4568	楊壽及妻劉氏墓誌	開元9(721)10月	—	—	—	—	秦晉373 秦續425 七朝179
4569	裴自強及妻杜氏墓誌	開元9(721)10月	—	21-155	17-1648	洛陽9-65	—
4570	韓行及妻龔氏墓誌	開元9(721)10月	—	—	—	—	新獲續106 河洛190 新唐112
4571	顏謀道及妻虞氏墓誌	開元9(721)10月	—	21-152	17-1647	洛陽9-62	千唐613
4572	崔暄妻王媛墓誌	開元9(721)10月	—	21-156	17-1651	洛陽9-58 洛陽9-66	—
4573	陳文才墓誌	開元9(721)10月	—	—	—	—	秦續426

番號	F北大	G墓誌彙編	H 新編	I補遺補編	J 地方	K 博物館・その他	L 日本目録
4527	03409	—	—	—	—	—	—
4528	03410	—	—	—	—	—	—
4529	—					碑林新127	—
4530	03411						
4531	—	—	—	—	長碑(447)	碑林78-2525	—
4532	—	—	—	—		碑林新128	
4533	—		4-2611				
4534	03412	—	—	千唐-135	—	—	—
4535	—	續開元034	6-3425	3-55	—	碑林78-2530	—
4536	03413						
4537	02720	—	—				
4538	—	開元114 續開元035	21-14956				
4539	—	續開元037	21-14957	6-394			
4540	—	續開元036	21-14956	2-442 下-2193	西北3-38	昭陵84 碑林196-1094	淑519 淑520
4541	—	—	—	8-359			
4542	03414	開元115	21-14957	5-329			
4543	03415	開元116	21-14958	4-409		唐宋274	人1052
4544	—	續開元038	6-3426	6-37		裴氏59	
4545	03416	—	—	—	—	—	—
4546	03417	開元117	21-14958	2-438			
4547	03418	開元118	21-14958	7-360			
4548	03420						
4549	03419						
4550	03421	—	—	—	—	薛氏247	—
4551	03422	開元119	21-14959	5-330		唐宋275	人1053
4552	—	—	—	7-37		薛儆66(図版90,94) 薛氏249	—
4553	03424	開元120	21-14960	2-442		—	
4554	03423						
4555	—	開元121	21-14960	7-360			
4556	—	—	—	8-18	渭城248		
4557	03425						
4558	—	—	—	下-1865 下-2422	—	—	—
4559	03427	—	—	—	—	—	—
4560	03426	開元122	21-14961	6-394	西北3-39	—	人1055 淑521
4561	03430	—	—	—	—	—	—
4562	03429	—	—	—	—	—	—
4563	—					碑林新129	
4564	03435	—	—	千唐-136			
4565	03431		21-14961	8-359	—	撒馬49	—
4566	03433	開元126	21-14964	2-445	河間241	—	—
4567	03432	開元124	21-14963	2-443	—	—	—
4568	03436						
4569	03434	開元125	21-14964	2-444	—	曲石41 南京42 裴氏60 施唐166-167	
4570	—	—	—	8-358			
4571	03428	開元123	21-14962	2-443	—	—	—
4572	03437	續開元040	21-14965	3-117	—	—	—
4573	—	—	—	—	—	—	—

開元

番號	墓誌名	年號	A 題跋	B北圖	C 附考 新中国	D隋唐五代	E千唐・河南
4574	賀蘭務溫墓誌	開元9(721)10月	−	21-158	17-1652	洛陽9-67	千唐616 民族293
4575	劉節及妻李氏墓誌	開元9(721)10月	−	−	−	山西92	−
4576	樊覽及妻李氏墓誌	開元9(721)10月	−	21-159	17-1653	洛陽9-68	−
4577	裴君妻李芳墓誌	開元9(721)10月	−	21-160	17-1655	洛陽9-69	千唐618
4578	裴撝墓誌	開元9(721)10月	−	21-161	17-1654	洛陽9-70	千唐617
4579	樊君妻崔脩墓誌	開元9(721)10月	−	−	−	−	−
4580	張承休及妻秦氏墓誌	開元9(721)10月	−	−	17-1656	−	−
4581	張湊墓誌	開元9(721)10月	−	−	−	洛陽9-71	−
4582	王脩福及妻侯氏墓誌	開元9(721)11月	183右中	21-162	17-1657	山西93	−
4583	王慶及妻呂氏墓誌	開元9(721)11月	183右下	21-163	17-1659	江蘇36	−
4584	李君墓誌	開元9(721)11月	−	−	河北壹-79	河北59	−
4585	李嗣莊墓誌	開元9(721)11月	−	−	陝西貳-80	陝西1-100	−
4586	封禎墓誌	開元9(721)11月	−	−	河北壹-80	河北60	−
4587	張有德及妻許氏墓誌	開元9(721)11月	−	−	−	−	流散099
4588	梁皎及妻鄭氏墓誌	開元9(721)11月	−	21-164	−	洛陽9-72	輯繩459
4589	馮藏墓誌	開元9(721)11月	−	−	−	−	−
4590	暢善威及妻王氏墓誌	開元9(721)11月	−	21-165	17-1658	洛陽9-73	千唐619
4591	暢文誕及妻朱氏墓誌	開元9(721)11月	−	−	河南參-104	−	−
4592	王達及妻馮氏墓誌	開元9(721)11月	−	−	17-1660	−	−
4593	郭思謨墓誌	開元9(721)11月	183右中	21-166	17-1661	洛陽9-74	−
4594	潘而墓誌	開元9(721)11月	−	−	−	−	−
4595	夏侯法寶及妻張氏墓誌	開元9(721)11月	−	21-167	17-1663	北大1-122 北大1-123 北大1-124	−
4596	韓德及妻暴氏墓誌	開元9(721)11月	−	−	17-1662	−	−
4597	長孫安及妻獨孤氏墓誌	開元9(721)11月	−	21-168	17-1664	北京1-139	−
4598	李景祥墓誌	開元9(721)12月	−	21-169	17-1665	洛陽9-75	千唐620
4599	韓素及妻王氏墓誌	開元9(721)12月	−	−	−	−	−
4600	李文獎墓誌	開元9(721)12月	−	21-170	17-1666	洛陽9-76	千唐621
4601	荀懷節墓誌	開元9(721)12月	−	21-171	17-1667	河南56	−
4602	李敬瑜墓誌	開元9(721)12月	−	21-172	17-1668	洛陽9-77	千唐622
4603	韋君妻元淑姿墓誌	開元9(721)12月	−	−	−	−	秦續427
4604	□君墓誌	開元9(721)	−	−	−	洛陽9-78	−
4605	姚愛同及妻黃氏墓誌	開元10(722)2月	−	−	−	−	河洛191 新唐116 七朝180
4606	司馬慎微及妻李氏墓誌	開元10(722)2月	−	−	−	−	秦晉374
4607	趙懷悊墓誌	開元10(722)2月	−	22-1	17-1669	洛陽9-79	千唐623
4608	甘瑜墓誌	開元10(722)2月	−	−	−	−	秦續431
4609	張常求塔銘	開元10(722)2月卒	−	22-2	−	北大1-125	−
4610	徐君妻榮氏墓誌	開元10(722)2月	−	−	河北壹-81	河北61	−
4611	源杲墓誌	開元10(722)3月	−	22-3	17-1670	洛陽9-80	輯繩460 民族356
4612	崔相(湘)及妻丁氏墓誌	開元10(722)3月	183右下	−	17-1671	−	−
4613	李瑱墓誌	開元10(722)3月	−	22-4	17-1672	洛陽9-81	輯繩461
4614	趙牙墓誌	開元10(722)4月	−	−	河南貳-補1	−	−
4615	趙善及妻仇氏墓誌	開元10(722)4月	−	−	−	−	秦續428
4616	盧氏墓誌	開元10(722)4月	−	−	−	−	−
4617	李暄妻于氏墓誌	開元10(722)4月	−	22-7	17-1673	江蘇37	−
4618	盧廣敬墓誌	開元10(722)5月	−	−	−	−	河洛192
4619	楊曜墓誌	開元10(722)5月	−	22-8	−	洛陽9-82	千唐624
4620	□大高及妻姚氏墓誌	開元10(722)5月	−	−	陝西壹-119	−	−
4621	張君妻蕭氏墓誌	開元10(722)5月	−	22-9	17-1674	洛陽9-83	輯繩462
4622	劉君妻張十一娘墓誌	開元10(722)5月	−	22-10	17-1675	洛陽9-84	千唐625
4623	焦逸墓誌	開元10(722)閏5月	−	−	−	−	秦續429 流散100
4624	李庭秀墓誌	開元10(722)閏5月	−	−	−	−	秦晉375
4625	魏華墓誌	開元10(722)6月	−	−	−	−	邙洛115
4626	亡宮八品墓誌	開元10(722)6月	−	−	−	−	邙洛116
4627	韋晃墓誌	開元10(722)7月	−	−	陝西貳-81	−	−

番號	F北大	G墓誌彙編	H 新編	I補遺補編	J 地方	K 博物館・その他	L 日本目錄
4574	03438	開元127	6-3516	1-104		—	—
4575	—	續開元041	21-14966	5-331	長治158 大全・長治25	—	—
4576	03439	開元128	21-14967	5-331		唐宋276	人1054
4577	03440	開元130	21-14969	2-448		裴氏58	—
4578	03441	開元129	21-14967	2-446		裴氏55	—
4579	—	—	—	—		西市182	—
4580			4-2611			—	—
4581	—	續開元042	21-14966	6-395		—	—
4582	03442	開元131	21-14969	5-331	臨汾245 洪洞11 大全・洪洞5	—	—
4583	03445	開元134	7-4527	—	分類74	—	淑522
4584	—	續開元044	21-14971	4-410	滄州22	—	—
4585	—	續開元043	6-3427	3-57	西北3-41	碑林78-2539	—
4586	—	續開元045	6-3395	4-16	景州167 衡水52		—
4587	03444		—	—		北大新拓121(176)	
4588		開元133	21-14970	3-56			
4589	03447						
4590	03443	開元132	21-14970	2-449			
4591	03446		—	千唐-137			
4592	—	開元135	21-14972	7-361			
4593	03448	開元136	6-3484	3-57			
4594	03449						
4595	03450	開元138	21-14972	5-332			
4596	—	開元137	21-14972	7-361	—	施唐168-169	—
4597	—	開元139	21-14973	5-332	西北3-42	碑林196-1098	—
4598	03451	開元140	—	2-449		—	—
4599	—	—	—	—	大全・長子15	—	—
4600	03452	開元141	21-14974	2-450			
4601	03453	開元142	21-14975	5-333			人1060
4602	03454	開元143	21-14975	2-450			
4603	03455		—	—		新見31	
4604	—	—	22-15222	7-510			
4605	03456					北大新拓122(177)	
4606	03458					—	
4607	03457	開元144	21-14976	2-451			
4608							
4609	—	開元145	21-14976				
4610	—	續開元046	21-14976	4-411	鄴城69 邯鄲碑050	—	—
4611	03459	開元146	21-14976	4-18			
4612	—	開元147	21-14977				
4613	03460	開元148	21-14978	4-411			
4614							
4615	03461		—	—			
4616	—	—	—	—	杏園9	—	—
4617	—	開元149	21-14978	7-362		—	
4618	—		—	—		西市183	
4619	03462	開元150	6-3422	1-105			
4620	—					磚刻206	
4621	03463	開元151	21-14978	6-396			
4622	03464	開元152	21-14979	6-396			
4623	—						
4624	03465		—	—		西市184	明洛49
4625							
4626	—						
4627	—	續開元047	21-14979	5-334	長碑98(447)	碑林78-2548 碑林新130	—

開元

番號	墓誌名	年號	A 題跋	B北圖	C 附考 新中国	D隋唐五代	E千唐・河南
4628	郭承亨墓誌	開元10(722)8月	－	22-12	17-1676	洛陽9-85	輯繩463
4629	杜守及妻魚氏墓誌	開元10(722)8月	－	－	陝西參-51	－	－
4630	曹君墓誌	開元10(722)8月	－	－	－	洛陽9-86	－
4631	聶令賓妻桑氏墓誌	開元10(722)9月	－	－	－	－	－
4632	申屠君墓誌	開元10(722)9月	－	－	17-1677	－	－
4633	董虔運墓誌	開元10(722)9月	184左上	22-13	17-1678	洛陽9-87	輯繩464
4634	陰節及妻栗氏墓誌	開元10(722)10月	－	－	－	－	－
4635	武子瑛墓誌	開元10(722)11月	－	－	－	－	龍門143 秦晉376
4636	萬願及妻馬氏張氏墓誌	開元10(722)11月	－	－	河北壹-82	河北62	－
4637	劉思貞墓誌	開元10(722)11月	－	－	－	－	河洛193 新唐118
4638	張元方墓誌	開元10(722)11月	－	－	－	－	－
4639	衛璟及妻宋氏墓誌	開元10(722)11月	－	－	－	－	新出239 龍門142
4640	寇氏次女墓誌	開元10(722)12月	－	22-14	17-1679	洛陽9-88	千唐627
4641	任祈墓誌	開元10(722)12月	－	－	－	－	－
4642	李尚貞墓誌	開元10(722)12月	－	22-15	17-1680	洛陽9-89	輯繩465
4643	劉崇及妻齊氏墓誌	開元10(722)12月	－	－	－	－	秦晉377
4644	孫德琳墓誌	開元10(722)	－	－	－	－	－
4645	邊氏墓誌	開元10(722)	－	－	－	洛陽9-90	－
4646	馬元客墓誌	開元11(723)1月	－	－	－	－	秦晉378
4647	劉光墓誌	開元11(723)1月	－	－	－	－	－
4648	田嵩及妻張氏墓誌	開元11(723)1月	184右上	22-17	17-1682	洛陽9-91	輯繩466
4649	崔知溫妻杜德墓誌	開元11(723)1月	－	22-18	17-1609	洛陽9-92	－
4650	許懷敬及妻郖氏墓誌	開元11(723)1月	－	－	－	－	－
4651	董守貞及妻蕭氏墓誌	開元11(723)2月	－	22-19	17-1683	洛陽9-93	輯繩467
4652	孫璆墓誌	開元11(723)2月	－	－	－	－	秦晉379 流散101
4653	楊君妻李氏墓誌	開元11(723)2月	－	22-20	17-1684	洛陽9-94	千唐628
4654	王泰墓誌	開元11(723)2月	－	－	－	－	秦續430
4655	谷運墓誌	開元11(723)2月	－	－	－	－	－
4656	高暕及妻郝氏墓誌	開元11(723)2月	－	－	－	－	－
4657	趙玄敏及妻史氏墓誌	開元11(723)2月	－	－	－	－	－
4658	司馬君妻盧氏墓誌	開元11(723)2月	－	22-21	17-1688	洛陽9-95	千唐629
4659	朱君妻許英墓誌	開元11(723)2月	－	22-22	17-1686	洛陽9-96	輯繩468
4660	李敬瑜及妻魏氏墓誌	開元11(723)2月	－	－	17-1685	洛陽9-97	－
4661	李元雄妻元氏墓誌	開元11(723)2月	－	－	－	－	－
4662	高元思墓誌	開元11(723)2月	－	－	－	－	－
4663	執失善光墓誌	開元11(723)2月	－	－	陝西壹-120	陝西3-144	－
4664	崔志約及妻武氏墓誌	開元11(723)2月	－	－	－	洛陽9-99	新獲51
4665	康威及妻韓氏墓誌	開元11(723)2月	184左上	22-23	17-1687	洛陽9-98	輯繩469 民族338 洛絲107
4666	程禮及妻梁氏墓誌	開元11(723)2月	－	－	－	－	秦晉380
4667	申屠興墓誌	開元11(723)2月	－	－	－	－	－
4668	于璡墓誌	開元11(723)2月	－	－	－	陝西3-145	－
4669	鄭侃妻崔上尊墓誌	開元11(723)2月	－	－	－	－	秦晉381
4670	元懷景及妻韋氏墓誌	開元11(723)2月	－	－	17-1689	－	－
4671	石道及妻常氏墓誌	開元11(723)3月	－	－	－	－	秦晉383
4672	浩齊墓誌	開元11(723)3月	－	－	－	－	－
4673	崔峙墓磚	開元11(723)4月	－	－	－	－	－
4674	仇克義及妻周氏墓誌	開元11(723)4月	－	－	－	－	－
4675	□君殘墓誌	開元11(723)4月	－	－	－	洛陽9-100	－
4676	王楚賓妻李普明墓誌	開元11(723)4月	－	22-25	17-1692	洛陽9-102	－
4677	雍□張及妻張氏墓誌	開元11(723)4月	－	22-26	17-1691	山西94	－
4678	傅君及妻史氏墓誌	開元11(723)4月	－	－	－	－	秦晉384 七朝181
4679	樊晉客墓誌	開元11(723)4月	－	22-24	17-1690	洛陽9-101	輯繩470
4680	孔珪墓誌	開元11(723)7月	－	22-28	17-1693	洛陽9-103	輯繩471
4681	大德珪禪師(李元珪)塔記	開元11(723)7月	－	－	－	－	－
4682	任忠及妻路氏墓誌	開元11(723)8月	－	－	－	－	－
4683	茹守福及妻薛氏墓誌	開元11(723)8月	184左上	－	17-1694	－	－

開元

番號	F北大	G墓誌彙編	H 新編	I 補遺補編	J 地方	K 博物館・その他	L 日本目録
4628	－	開元153	6-3517	6-38	－	－	－
4629	－	－	21-14980	5-334	精華91	－	－
4630	－	續開元048	21-14981	6-397	－	－	－
4631	－	－	－	－	安陽選(13)	－	－
4632	－	開元154	21-14981	7-362	－	施碑選246	－
4633	03466	開元155	21-14981	6-397	景縣294	－	－
4634	03467						
4635	03467				－	西市185	明洛50
4636	－	續開元049	21-14982	4-412	邯鄲碑130	－	－
4637	－						
4638	03470						
4639	03469	－	－	9-443			
4640	03472	開元157	21-14982	6-398			
4641	－				汾陽20(40)		
4642	－	開元156	5-3138	6-39	－	－	－
4643	03471	－	－	－			
4644	－	－	－	下-1866			
4645	－	續開元050	21-14983	7-362			
4646	03474						
4647	03473	－	－	－			明洛51
4648	03475	開元158	21-14983	7-363	－	唐宋277 施唐170	人1071 東1312
4649	03476	開元159	21-14984	7-363			
4650	－					西市186	－
4651	03477	開元160	21-14984	5-335	－	唐宋278	人1072
4652	03479						
4653	03478	開元161	21-14985				
4654	－	－	－	－		西市187	－
4655	03481						
4656	03480	－	－	千唐-138			
4657	－	－	－	－		碑林新131	
4658	03482	開元165	21-14987	2-453			
4659	－	開元163	21-14986	6-398			
4660	03483	開元162	21-14986	6-399			
4661						西市188	
4662	03486						
4663	－	續開元052	21-14988	2-452 下-2194	西北3-43 精華92	昭陵85	淑524 淑525
4664	03485	續開元053	21-14989	6-400	－	－	－
4665	03484	開元164	21-14987	6-399		故宮081	－
4666	03487	－	－	－			
4667	－					碑林新132	
4668	－	續開元054	21-14990	5-336	西北3-44 長碑(447)	－	
4669	－	－	－	－		西市189	
4670	－	－	4-2621	－			
4671	03488						
4672	03489						
4673	－	－	－	下-1866			
4674	－	－	－	9-354			
4675	－	－	－	－			
4676	－	開元166	21-14990	6-401			
4677	03491	開元168	22-14993	7-364		施唐171	
4678	03492						
4679	03490	開元167	22-14993	6-400	－	唐宋279	人1073
4680	03493	開元169	22-14993	6-401	－	－	－
4681	－	開元170	18-12493	－			
4682	－	續開元055	22-14995	8-360	分類75		
4683	－	開元172	22-14994				

開元

番號	墓誌名	年號	A 題跋	B北圖	C 附考 新中国	D隋唐五代	E千唐・河南
4684	賀若震及妻蕭氏墓誌	開元11(723)8月	—	—	—	—	秦晉385
4685	鮮于廉墓誌	開元11(723)8月	—	—	17-1695	—	—
4686	元懿及妻侯氏墓誌	開元11(723)8月	—	—	—	—	—
4687	梁胤及張氏墓誌	開元11(723)8月	—	—	—	—	秦晉386
4688	崔覬墓誌	開元11(723)10月	—	—	—	—	—
4689	崔泰之墓誌	開元11(723)10月	—	22-30	17-1697	洛陽9-104	千唐630
4690	盧正權妻李氏墓誌	開元11(723)10月	—	—	—	—	—
4691	龐夷遠妻李氏墓誌	開元11(723)10月	—	22-31	17-1696	洛陽9-105	千唐626
4692	王玄起妻李氏墓誌	開元11(723)10月	—	22-32	17-1698	洛陽9-106	—
4693	王玄起墓誌	開元11(723)10月	—	20-86	15-1460	洛陽8-123	—
4694	默啜可汗女阿那氏(毘伽公主)墓誌	開元11(723)10月	184左中	22-33	17-1699	北京1-140	—
4695	梁君妻崔氏墓誌	開元11(723)10月	—	—	—	—	秦晉387
4696	王謹(瑾?)妻柳氏墓誌	開元11(723)10月	—	—	—	—	秦續434
4697	周道沖及妻雲氏墓誌	開元11(723)10月	—	—	—	—	秦續433 流散102
4698	阿史那施及妻趙氏墓誌	開元11(723)10月	—	—	17-1700 陝西貳-82	—	—
4699	阿史那哲墓誌	開元11(723)10月	—	—	陝西貳-83	陝西1-101	—
4700	張君妻楊氏墓誌	開元11(723)10月	—	—	—	—	邙洛117
4701	張山象及妻母氏墓誌	開元11(723)10月	—	—	—	山西95	—
4702	張積墓誌	開元11(723)10月	—	—	河南參-105	—	—
4703	張敞及妻王氏墓誌	開元11(723)10月	—	22-34	18-1703	洛陽9-107	千唐632
4704	楊瓊墓誌	開元11(723)10月	—	22-36	18-1702	北京1-141	千唐631
4705	楊璿及妻常氏墓誌	開元11(723)10月	—	22-35	18-1701	洛陽9-108	—
4706	賈元敬墓誌	開元11(723)10月	—	—	—	—	秦續432
4707	韓神墓誌	開元11(723)10月	—	—	—	—	—
4708	竇思仁墓誌	開元11(723)10月	—	—	—	—	秦晉388 七朝182
4709	朱守臣妻高孃墓誌	開元11(723)10月	—	22-37	18-1704	洛陽9-109	千唐633
4710	寇釗墓誌	開元11(723)10月卒	—	22-38	18-1705	洛陽9-110	千唐634
4711	王叡妻劉氏墓誌	開元11(723)10月	—	—	—	陝西3-146	—
4712	秦元墓誌	開元11(723)10月	—	—	—	—	—
4713	董義及妻李氏墓誌	開元11(723)10月	—	—	—	—	秦晉389
4714	陳曜墓誌	開元11(723)11月	—	—	—	—	秦續435 流散103
4715	崔紹妻盧氏墓誌	開元11(723)11月	—	—	—	—	秦晉390 洛鴛鴦16-2
4716	崔綺及妻盧氏墓誌	開元11(723)11月	—	—	—	—	秦晉391
4717	梁式墓誌	開元11(723)10月	—	—	—	—	—
4718	竇知節及妻元氏墓誌	開元11(723)11月	—	—	—	—	—
4719	牛榮墓誌	開元11(723)11月	—	—	—	—	—
4720	晁良貞墓誌	開元11(723)11月	—	—	—	—	秦續436
4721	李君及妻許懿墓誌	開元11(723)11月	—	—	—	洛陽9-111	—
4722	折君妻曹明照墓誌	開元11(723)11月	184左下	22-40	18-1706	北大1-126	—
4723	鐸地直侍墓誌	開元11(723)11月	—	—	—	—	—
4724	浩胡子墓誌	開元11(723)12月	—	—	—	—	—
4725	孔元寶及妻路氏墓誌	開元11(723)12月	—	—	—	—	秦續437
4726	秦君妻劉大十墓誌	開元11(723)12月	—	—	—	—	—
4727	崔若水墓誌	開元11(723)12月	—	—	—	—	秦續438
4728	王賓及妻樊氏墓誌	開元11(723)	—	—	—	—	秦晉392 流散104
4729	田靈芝及妻王氏墓誌	開元11(723)	184右上	22-41	17-1681	洛陽9-112	輯繩472
4730	蕭希顏墓誌	開元11(723)	184右上	—	—	—	—
4731	于隱妻李氏(金鄉縣主)墓誌	開元12(724)1月	—	—	—	—	—
4732	郭智及妻張氏墓誌	開元12(724)1月	—	—	—	—	河洛194
4733	李琦墓誌	開元12(724)1月	—	22-44	18-1709	洛陽9-114	千唐635
4734	高福墓誌	開元12(724)1月	184右上	22-45	18-1710	北京1-143	—
4735	嚴貞及妻傅氏墓誌	開元12(724)1月	—	22-46	18-1708	洛陽9-115	輯繩474

番號	F北大	G墓誌彙編	H 新編	I補遺補編	J 地方	K 博物館・その他	L 日本目録
4684	—					西市190	—
4685	—	開元171	22-14994	2-454	—		—
4686	03494						
4687	—						
4688	03495						
4689	03496	開元174	22-14996	1-106			
4690	03498	—		千唐-138			
4691	03497	開元173	7-4311	1-106			
4692	03500	開元176	6-3518	7-364		唐宋281	人1074
4693	03078	開元175	22-14997	5-337		唐宋280	人1075
4694	03499	開元177	—	—	西北3-45	施唐172-173	人1076 東1314
4695	03507	—	—	—		西市191	—
4696	03502					碑林續082	—
4697	—	—	—	—			—
4698	—	—	22-14998	2-455 下-2422	—	—	—
4699	—	續開元057	22-15000	5-338		碑林78-2555	
4700	—						
4701	—	續開元058	22-15000	5-338 下-2195	河東9	—	—
4702	03505	—	—	千唐-139			
4703	03501	開元180	22-14999	2-455			
4704	03503	開元179	6-4010	1-110			
4705	03504	開元178	6-3740	4-20			
4706	—						
4707	03506						
4708	—					西市192	
4709	03508	開元181	22-15001	2-456	景縣297		
4710	03509	開元182	22-15001	2-456	—		
4711	—	續開元059	22-15002	5-339	西北3-46		
4712	03511						
4713	03510	—	—	—		西市193	
4714	03512						
4715	03513					—	淑523
4716	—						
4717	—	—	—	8-361	—	碑林新133	—
4718	—	—	—	—	—	西市194	—
4719	03514						
4720	—						
4721	—	續開元060	22-15003	—			
4722	03515	開元183	22-15002	—	西北3-47	撒馬50 施唐174-175	
4723	—	—	—	—	—	碑林續083	—
4724	—	—	—	—	高平411	—	—
4725	—				—		
4726	—			—	長新156 長碑99(448)	—	
4727	—						
4728	03517	—					
4729	03516	開元184	22-15002	5-339		唐宋282 施碑選247	人1079 東1315
4730	—						
4731	03518			7-365 下-2195	金鄉83	—	—
4732	—	—	—	—	—	西市195	—
4733	03519	開元186	22-15003	2-457			
4734	03520	開元187	6-3485	—	西北3-48 淮安70 景縣300	—	人1083 東1319 淑526
4735	—	續開元061	22-15004	6-402 下-1866	—	—	—

開元

番號	墓誌名	年號	A 題跋	B北圖	C 附考 新中国	D隋唐五代	E千唐・河南
4736	李明允及妻崔氏墓誌	開元12(724)1月	―	―	―	―	秦晉393 七朝183 流散105
4737	夏侯璿妻樊氏董氏墓誌	開元12(724)1月	―	22-47	18-1711	洛陽9-116	千唐636
4738	韋嘉善及妻崔氏墓誌	開元12(724)1月	―	―	―	―	秦續439
4739	程仁墓誌	開元12(724)1月	―	―	―	―	―
4740	盧期墓誌	開元12(724)1月	―	―	―	―	―
4741	李君妻劉氏墓誌	開元12(724)1月	―	22-43	18-1707	洛陽9-113	輯繩473
4742	趙潔墓誌	開元12(724)2月	―	22-48	18-1712	洛陽9-117	千唐637
4743	申屠茂忠及常氏墓誌	開元12(724)2月	―	―	―	―	―
4744	劉惟正墓誌	開元12(724)2月	―	―	陝西貳-84	陝西1-102	―
4745	董神寶及妻秦氏墓誌	開元12(724)3月	―	―	―	―	―
4746	司馬君妻盧氏墓誌	開元12(724)3月	―	22-49	18-1713	洛陽9-118	―
4747	李行淹墓誌	開元12(724)4月	―	―	―	―	秦晉394 流散106
4748	鄭承光墓誌	開元12(724)4月	―	22-50	18-1714	洛陽9-119	―
4749	王庭玉妻崔金剛墓誌	開元12(724)4月	―	22-55	18-1715	洛陽9-123	千唐639
4750	丁璥休墓誌	開元12(724)4月	―	―	―	―	―
4751	張大良墓誌	開元12(724)4月	―	―	―	新疆197	―
4752	鄧賓墓誌	開元12(724)4月	―	22-51	18-1716	洛陽9-120	輯繩475
4753	石暎(映)及妻孫氏墓誌	開元12(724)4月 北漢天會8(964)?	―	―	―	北京3-175	―
4754	樊庭觀墓誌	開元12(724)5月	―	22-52	18-1717	洛陽9-121	千唐638
4755	張嘉福墓誌	開元12(724)5月卒	―	22-53	18-1734	洛陽9-122	千唐640
4756	宋運妻王氏墓誌	開元12(724)5月	184右中	22-54	18-1718	北京1-144	―
4757	李欣(嗣濮王)墓誌	開元12(724)6月	―	―	18-1720	―	―
4758	李泰(濮王)妻閻婉墓誌	開元12(724)6月	―	―	18-1719	―	龍門145
4759	唐端墓誌	開元12(724)6月	184右下	22-56	18-1721	陝西1-103	―
4760	張七娘墓誌	開元12(724)7月	―	―	―	―	―
4761	鄭若勵墓誌	開元12(724)7月	―	―	―	―	秦續440
4762	包寶壽及妻黃氏墓誌	開元12(724)7月	―	―	―	―	―
4763	袁清墓誌	開元12(724)7月	―	―	―	―	―
4764	李懷讓墓誌	開元12(724)8月	―	22-57	18-1722	洛陽9-124	千唐641
4765	阿史那毖伽特勒墓誌	開元12(724)9月	―	―	陝西貳-85	陝西1-104	―
4766	楊愼交墓誌	開元12(724)9月	―	―	18-1723	―	―
4767	佛堂銘并序	開元12(724)10月	―	―	―	―	―
4768	路君妻司徒氏墓誌	開元12(724)10月	―	―	―	山西90	―
4769	李寂墓誌	開元12(724)10月	―	―	―	洛陽9-125	―
4770	淨業塔銘	開元12(724)10月	―	22-61	―	北京1-146	―
4771	袁悎墓誌	開元12(724)11月	―	―	―	―	河洛196 龍門146
4772	呂伏光墓誌	開元12(724)11月	―	―	―	―	―
4773	弓恭懿墓誌	開元12(724)11月	―	―	―	―	秦晉395
4774	牛英墓誌	開元12(724)11月	―	―	―	―	―
4775	牛奘墓誌	開元12(724)11月	―	―	―	―	―
4776	郭馮德墓誌	開元12(724)11月	―	―	18-1725	―	―
4777	陳聿墓誌	開元12(724)11月	―	―	―	―	秦晉396 七朝185
4778	劇僧光墓誌	開元12(724)11月	―	―	―	―	―
4779	霍處訥及妻張氏墓誌	開元12(724)11月	―	―	―	―	輯繩476
4780	支萬徹及妻曹氏墓誌	開元12(724)11月	―	―	―	―	邙洛118 新唐120 洛絲151
4781	吳善及妻劉氏墓誌	開元12(724)11月	185左上	22-62	18-1726	北大1-127	―
4782	許輔乾墓誌	開元12(724)11月	―	―	―	―	秦續442
4783	陳秀及妻劉氏墓誌	開元12(724)11月	―	22-63	18-1727	洛陽9-126	千唐642
4784	陳素及妻管氏墓誌	開元12(724)11月	―	―	―	―	―
4785	楊貞墓誌	開元12(724)11月	―	―	―	―	秦續441
4786	錢君妻柳氏墓誌	開元12(724)11月	―	―	―	―	―
4787	李誕及妻王氏墓誌	開元12(724)11月	185左中	―	18-1729	河南57	―
4788	紀茂重及妻元氏墓誌	開元12(724)11月	―	22-64	18-1728	洛陽9-127	―
4789	常恪墓誌	開元12(724)11月	―	―	―	―	―

開元

番號	F北大	G墓誌彙編	H 新編	I 補遺補編	J 地方	K 博物館・その他	L 日本目録
4736	—	—	—	—	—	—	—
4737	03521	開元188	22-15004	2-457			
4738	03523						—
4739	03522						—
4740	—	—	—	—	大全・襄垣41	—	—
4741	—	開元185	6-3741	6-40			
4742	03524	開元189	22-15005	5-341		—	
4743	—	—	—	—	長治160		
4744	—	續開元062	22-15006	5-340	—	碑林78-2564	—
4745	—	開元191	6-3742	7-38	濟南22		
4746	—	開元192	22-15007	6-402	—		
4747	03525						
4748	—	開元194	6-3725	6-41			
4749	03526	開元190	22-15005	2-458			
4750	03528	—	—	—			
4751	—	續開元063	22-15007	7-504	吐魯番314		
4752	03527	開元195	6-4034	6-41			
4753	—	開元193 殘誌005	4-2368 16-10896	3-58			
4754	03529	開元196	6-3456	1-109			
4755	03530	開元197	22-15008	2-459			
4756	03531	開元198	22-15008	5-341	西北3-49	故宮082	人1086 淑527
4757	—	—	22-15009	7-366			
4758	03532	續開元064	22-15009	2-459 下-1866			
4759	03533	開元200 續開元065	22-15010	—	西北3-50	碑林78-2584 施唐178	人1088
4760	—	—	—	—	長碑(449)	—	
4761	03534						
4762	—	—	—	7-367	—		
4763	—	—	—	—	—	西市196	
4764	03535	開元201	22-15010	2-459			
4765	—	續開元056	4-2658	3-59	精華94	碑林78-2588	
4766	—	—	5-3302				
4767	—	—	—	—		碑林續084	
4768	—	續開元066	22-15010	6-403	大全・屯留13	—	
4769	—	續開元067	5-3181	6-42	景州182 景縣304		
4770	—	開元199	6-3491	—	西北3-53 長碑(448)	碑林78-2573 施唐176	
4771	03537	—	—	—			
4772	—	—	—	—		碑林新134	
4773	03538						
4774	03540						
4775	—	—	—	—		碑林新135	
4776	—	開元203	22-15011	7-367	—	施碑選248	
4777	03541	—	—	—			
4778	03539						
4779	—	續開元068	22-15011	6-404	—		
4780	05343	—					
4781	05344	開元205	22-15012	6-404	—	故宮083 施碑選249	人1092 東1320
4782							
4783	05342	開元204	22-15012	2-460			
4784	05345	—	—	千唐-139			
4785							
4786	—					西市197	
4787	03546	開元206	22-15012	6-405			
4788	03548	開元207	22-15013	5-342	—	唐宋283	人1091
4789	03547		—	—	—		—

開元

番號	墓誌名	年號	A 題跋	B北圖	C 附考 新中国	D隋唐五代	E千唐・河南
4790	張氏墓誌	開元12(724)11月	—	22-65	18-1730	洛陽9-128	千唐643
4791	程德及妻王氏墓誌	開元12(724)11月	—	—	—	—	—
4792	費獎及妻王氏墓誌	開元12(724)11月					秦晉397　秦續443
4793	疋(匹)妻思墓誌	開元12(724)12月	—	22-67	18-1731	洛陽9-129	千唐644　民族178
4794	來景暉妻蕭大通墓誌	開元12(724)12月	—	—	—	—	河洛195　新唐122 七朝186 洛鴛鴦12-2
4795	姚昌演妻任氏墓誌	開元12(724)12月					
4796	韋勉墓誌	開元12(724)12月					—
4797	鄧君妻衡喜墓誌	開元12(724)12月					秦續444
4798	李敬墓誌	開元12(724)12月	—	22-68	18-1732	洛陽9-130	千唐645
4799	李讓墓誌	開元12(724)12月					新獲續108　河洛197
4800	□儁及妻楊氏墓誌	開元12(724)12月					秦晉398　流散107
4801	□雋及妻楊氏墓誌	開元12(724)12月					秦續445
4802	李君墓誌	開元12(724)12月					
4803	康玄辯墓誌	開元12(724)12月	185左上				
4804	鄧淦墓誌	開元12(724)閏12月	—				龍門487
4805	崔偃墓誌	開元12(724)閏12月	—				秦晉399
4806	趙思忠墓誌	開元12(724)閏12月	—	22-69	18-1733	洛陽9-132	千唐646
4807	李仲思及妻崔氏墓誌	開元12(724)閏12月					秦晉400　流散108
4808	李緒(江都王)妻裴氏墓誌	開元12(724)閏12月					秦晉401
4809	高守墓誌	開元12(724)閏12月	185左中	—	—	北京3-183	—
4810	王無競墓誌	開元12(724)10月 開元16(728)10月?	185左上	22-60	18-1724	北京1-145	—
4811	裴沙墓誌	開元13(725)1月	—	22-74	18-1735	洛陽9-133	千唐647　民族383 洛絲171
4812	劉慎墓誌	開元13(725)4月	—	22-75	18-1736	洛陽9-134	千唐648
4813	崔諧墓誌	開元13(725)4月	—	—	18-1737	洛陽9-135	千唐649
4814	尹伏生塔銘	開元13(725)4月	—	22-76	—	北京1-147	—
4815	陸景獻墓誌	開元13(725)5月					秦晉402
4816	鄧君妻王氏墓誌	開元13(725)5月	—	22-78	18-1738	洛陽9-136	千唐650
4817	杜濟墓誌	開元13(725)7月	185左中	22-82	18-1739	洛陽9-137	
4818	元君妻于氏墓誌	開元13(725)7月					
4819	張君妻吉檀波羅墓誌	開元13(725)7月	—	22-83	18-1740	洛陽9-138	千唐651
4820	趙君妻成果墓誌	開元13(725)9月					
4821	鄭元璲墓誌	開元13(725)9月	—	22-84	18-1741	洛陽9-139	千唐652
4822	朱崇慶墓誌	開元13(725)9月	—	22-85	18-1742	洛陽9-140	千唐653
4823	董知劍及妻孫氏墓誌	開元13(725)10月					
4824	牛徵及妻令狐氏墓誌	開元13(725)10月					秦晉403　七朝187
4825	王待徵墓誌	開元13(725)10月		22-86	18-1744	洛陽9-141	千唐654
4826	盧璥妻李晉墓誌	開元13(725)10月	—	22-87	18-1743	洛陽9-142	邙洛119　新唐124
4827	程歸及妻秦氏墓誌	開元15(727)11月	—	—	—	—	秦晉413
4828	敬昭道墓誌	開元13(725)11月	—	22-88	18-1745	洛陽9-143	千唐655
4829	索崇墓誌	開元13(725)11月	—	22-89	18-1746	陝西1-105 洛陽9-144	—
4830	靈泉寺僧塔銘	開元13(725)		22-90	—	北京1-148	
4831	柴少儀妻盧氏墓誌	開元14(726)1月	—	22-91	18-1747	洛陽9-145	輯繩477
4832	張闡墓誌	開元14(726)1月	—	—	—	—	秦晉404
4833	寇堮墓誌	開元14(726)1月		22-92	18-1748	洛陽9-146	千唐656
4834	劉令問墓誌	開元14(726)1月					
4835	李安定及妻宋氏墓誌	開元14(726)1月			18-1749		
4836	李魏相妻張氏墓誌	開元14(726)1月					河洛198　龍門488 洛鴛鴦11-2
4837	董師及妻趙氏墓誌	開元14(726)1月				山西96	
4838	鄭翰墓誌	開元14(726)1月		—	河南參-106		
4839	李亮及妻王氏墓誌	開元14(726)2月			18-1750		
4840	董忱及妻申氏墓誌	開元14(726)2月					

開元

番號	F北大	G墓誌彙編	H 新編	I補遺補編	J 地方	K 博物館・その他	L 日本目録
4790	05349	開元208	22-15014	2-460	—	—	—
4791	—	—	—	—	大全・長子16	—	—
4792	—	—	—	—	—	—	—
4793	03550	開元209	22-15014	2-461	—	—	—
4794	03551	—	—	—	—	—	—
4795	03552	—	—	—	—	—	—
4796	—	—	—	7-368	長碑100(450)	—	—
4797	—	—	—	—	—	—	—
4798	03353	開元210	22-15015	2-461	—	—	—
4799	—	—	—	8-362	—	—	—
4800	03554	—	—	—	—	—	—
4801	—	—	—	—	—	—	—
4802	—	—	—	—	—	—	淑528
4803	—	—	—	—	—	—	—
4804	—	—	—	—	—	—	—
4805	03555	—	—	—	—	—	—
4806	03556	開元211	22-15015	2-462	—	—	—
4807	—	—	—	—	—	—	—
4808	—	—	—	—	—	—	—
4809	03557	開元212 續開元069	22-15016	5-343	—	—	—
4810	03536	開元202	6-3572	—	—	—	—
4811	03558	開元213	22-15016	2-462	—	裴氏63	—
4812	03559	開元214	22-15016	2-462	—	—	—
4813	03560	續開元070	—	—	—	—	—
4814	—	開元215	22-15017	—	—	—	人1093
4815	03561	—	—	—	—	—	—
4816	03562	開元216	22-15017	2-463	—	—	—
4817	03563	開元217	22-15017	6-406	—	—	—
4818	—	—	—	—	—	碑林續085	—
4819	03564	開元218	22-15018	2-463	—	—	—
4820	—	—	—	—	—	碑林新136	—
4821	03565	開元219	7-4152	1-110	—	—	—
4822	03566	開元220	22-15018	2-464	—	—	—
4823	—	—	—	—	洪洞12 大全・洪洞6	—	—
4824	—	—	—	—	—	—	—
4825	03567	續開元071	—	2-465 下-1867	—	—	—
4826	03568	開元221	22-15018	6-43	—	—	—
4827	—	—	—	—	—	—	—
4828	03569	開元222	22-15020	2-465	—	—	—
4829	03570	開元223	22-15021	5-343	—	鴛鴦286 碑林78-2596 施碑選250	—
4830	—	續開元072	22-15022	下-1919	—	—	—
4831	03571	開元225	22-15022	6-407	—	—	—
4832	—	—	—	—	—	—	—
4833	03572	開元226	22-15022	1-111	—	—	—
4834	03573	—	—	千唐-140	—	—	—
4835	—	—	22-15023	—	—	—	—
4836	03574	—	—	—	—	—	—
4837	—	續開元073	22-15023	5-343	—	—	—
4838	03575	—	—	千唐-141	—	—	—
4839	—	—	22-15023	—	高平412	—	—
4840	—	—	—	—	—	碑林新137	—

開元

番號	墓誌名	年號	A 題跋	B北圖	C 附考 新中國	D隋唐五代	E千唐・河南
4841	王暀墓誌	開元14(726)2月	—	—	河南參-107	—	—
4842	胡公願墓誌	開元14(726)2月	—	—	陝西參-52	—	—
4843	薛君妻裴氏墓誌	開元14(726)2月	185左中	22-95	18-1751	洛陽9-147	輯繩478 龍門148
4844	蕭執珪及妻唐氏墓誌	開元14(726)2月	—	—	—	—	—
4845	馬君墓誌	開元14(726)2月	—	—	—	—	—
4846	武宜及妻郭氏張氏劉氏墓誌	開元14(726)2月	—	—	—	—	—
4847	李善墓誌	開元14(726)4月	—	—	—	—	—
4848	王嵩墓誌	開元14(726)5月	—	—	河南壹-147	河南58	—
4849	劉大時及妻陽貞婉墓誌	開元14(726)5月					秦晉405 七朝188 流散109
4850	柳君妻韋氏墓誌	開元14(726)5月	—	—	河南參-108	—	邙洛120
4851	李師及妻暴氏墓誌	開元14(726)5月	—	—	—	—	—
4852	孫玢及妻張氏墓誌	開元14(726)5月	—	—	—	—	河洛199 龍門149
4853	晉休景及妻孫氏墓誌	開元14(726)5月	—	—	—	—	邙洛121
4854	韋君妻劉氏墓誌	開元14(726)5月	—	22-100	18-1752	洛陽9-148	千唐657
4855	鄭戎墓誌	開元14(725)5月	185右中	22-101	18-1753	洛陽9-149	輯繩479
4856	閻元墓誌	開元14(726)5月	—	—	—	—	—
4857	薛君妻李大都墓誌	開元14(726)6月	—	—	—	—	邙洛122
4858	八品亡宮墓誌	開元14(726)6月	—	22-102	18-1754	北京1-149	—
4859	李懷及妻何佟墓誌	開元14(726)6月	—	22-103	18-1755	洛陽9-150	—
4860	李信墓誌	開元14(726)6月	—	22-104	18-1756	洛陽9-151	千唐658
4861	陸大演墓誌	開元14(726)7月	—	—	—	—	秦續446
4862	獨孤思行墓誌	開元14(726)7月	—	—	—	陝西3-147	—
4863	皇甫恂墓誌	開元15(726)8月	—	—	—	—	—
4864	尉元賓墓誌	開元14(726)8月	—	—	—	—	—
4865	七品亡宮墓誌	開元14(726)9月	—	22-105	18-1757	洛陽9-152	千唐659
4866	梁義及妻王氏墓誌	開元14(726)9月	—	—	—	—	秦晉406
4867	李文墓誌	開元14(726)10月	—	—	—	—	—
4868	李阿葛羅墓誌	開元14(726)10月	—	—	河南參-109	—	民族230
4869	雍文墓誌	開元14(726)10月	—	—	—	—	—
4870	郭□墓誌	開元14(726)10月	—	—	—	—	—
4871	馮藝墓誌	開元14(726)10月	—	—	—	—	—
4872	李迪及妻崔氏墓誌	開元14(726)11月	—	—	河南參-110	—	—
4873	李昕及妻鄭氏墓誌	開元14(726)11月	A	22-106	18-1758	洛陽9-153	—
4874	獨孤君妻康淑墓誌	開元14(726)11月	—	—	—	—	秦晉407 流散110
4875	杜拯墓誌	開元14(726)11月	—	—	—	—	—
4876	張詮墓誌	開元14(726)11月	185左下	22-107	18-1760	洛陽9-154	輯繩480
4877	董懷義及妻侯氏墓誌	開元14(726)11月	—	22-108	18-1759	洛陽9-155	千唐660
4878	韋希舟墓誌	開元14(726)11月	—	—	—	陝西3-148	—
4879	翟舍集墓誌	開元14(726)11月	—	—	—	—	—
4880	柴晦及妻王氏墓誌	開元14(726)11月	—	—	—	—	秦續447 流散111
4881	陳憲墓誌	開元14(726)11月	—	22-109	18-1761	洛陽9-156	—
4882	劉買及妻張氏墓誌	開元14(726)11月	—	—	—	—	—
4883	畢恭墓誌	開元14(726)11月	—	—	18-1762	—	—
4884	李千里妻慕容眞如海墓誌	開元14(726)11月	—	—	18-1763	陝西3-149	—
4885	袁延祚墓誌	開元14(726)11月	—	—	—	—	邙洛123 新唐126
4886	薛崇簡墓誌	開元14(726)11月	—	—	陝西貳-86	—	—
4887	竇思仁妻李翠墓誌	開元14(726)11月	—	—	—	—	秦晉408 七朝189
4888	胡恪及妻張氏墓誌	開元14(726)11月	—	—	—	—	—
4889	陸伯玉墓誌	開元14(726)11月	—	—	18-1764	—	—
4890	思恆律師墓誌	開元14(726)12月	185右上	22-110	—	北京1-150	—
4891	王曉妻崔淑墓誌	開元14(726)12月	—	22-111	18-1765	洛陽9-157	千唐662
4892	李□及妻馮氏墓誌	開元14(726)12月	—	—	—	山西97	—
4893	八品亡宮墓誌	開元14(726)12月	—	—	18-1766	洛陽9-158	千唐663
4894	呂虔及妻傅氏墓誌	開元14(726)	—	—	18-1767	—	—
4895	辛仲平墓誌	開元14(726)	—	34-113	—	北大1-128 北京2-157	—

- 188 -

開元

番號	F北大	G墓誌彙編	H 新編	I補遺補編	J 地方	K 博物館・その他	L 日本目錄
4841	03578	—	—	千唐-143	—	—	—
4842	—	—	—	8-363	榆林45	—	—
4843	03576	開元227	6-3489	—	—	裴氏69 施唐178	—
4844	03577	—	—	千唐-141	—	—	—
4845	—	—	—	—	晋中23	—	—
4846	—	—	—	—	—	碑林新138	—
4847	03579	—	—	—	—	—	—
4848	—	續開元074	5-3204	6-44	—	—	—
4849	03580	—	—	—	—	—	—
4850	03581	—	—	千唐-143	—	—	—
4851	—	—	—	—	大同252	—	—
4852	03584	—	—	—	—	—	—
4853	—	—	—	—	—	—	—
4854	—	開元228	22-15024	—	—	—	—
4855	03583	開元229	22-15025	5-344	—	唐宋284 施碑選251	人1097 東1323
4856	03585	—	—	—	—	—	—
4857	—	—	—	—	—	—	—
4858	03586	開元230	22-15111	5-469	—	鴛鴦309 碑林78-2601	—
4859	03587	開元231	22-15025	6-407	—	—	—
4860	03588	開元232	22-15026	2-467	—	—	—
4861	—	—	—	—	—	—	—
4862	—	續開元075	6-3428	2-17	西北3-57	—	—
4863	—	—	—	—	—	慶雅堂31	—
4864	—	—	—	—	—	慶雅堂29 西市198	—
4865	03589	開元233	22-15028	5-469	—	—	—
4866	—	—	—	—	—	—	—
4867	03590	—	—	—	—	—	—
4868	03591	—	—	千唐-144	—	—	—
4869	03592	—	—	—	—	—	—
4870	03593	—	—	—	—	—	—
4871	03594	—	—	—	—	—	—
4872	03596	—	—	千唐-145	—	—	—
4873	03595	開元234	19-13043	6-45	—	—	—
4874	—	—	—	—	—	—	—
4875	—	—	—	9-355	—	—	—
4876	03598	開元236	22-15030	5-344	—	唐宋285 施唐180-181	人1098 東1324
4877	03597	開元235	22-15029	2-468	—	—	—
4878	—	續開元076	7-4577	2-18	西北3-58	—	—
4879	—	—	—	—	武威46	—	—
4880	03599	—	—	—	—	—	—
4881	03600	開元237	22-15027	—	—	施唐182-183	—
4882	—	—	—	—	大全・襄垣42	—	—
4883	—	—	22-15030	8-363	—	—	人1099
4884	—	開元238	5-3165	1-111	西北3-59 精華95	—	—
4885	—	—	—	—	—	—	—
4886	—	—	22-15026	5-345	—	碑林78-2603 薛氏252	—
4887	—	—	—	—	—	西市199	—
4888	—	—	—	—	—	碑林新139	—
4889	—	—	4-2612	—	—	—	—
4890	03601	開元220	7-4558	—	西北3-60	故宮084	人1100 淑529
4891	03602	開元240	22-15030	2-468	—	—	—
4892	—	續開元077	22-15028	6-408	—	—	—
4893	03603	續開元078	22-15028	5-469	—	—	—
4894	—	—	4-2612	—	—	—	—
4895	03604	—	—	7-369	—	—	—

開元

番號	墓誌名	年號	A 題跋	B北圖	C 附考 新中国	D隋唐五代	E千唐・河南
4896	邵處珣妻魏氏墓誌	開元15(727)1月	—	—	河南參-111	—	—
4897	邵炅墓誌	開元15(727)1月	—	—	—	—	—
4898	七品亡宮墓誌	開元15(727)1月	—	22-112	18-1770	北京1-151 陝西1-106	—
4899	宋莊墓誌	開元15(727)1月	—	22-113	18-1769	洛陽9-159	千唐664
4900	溫曦墓誌	開元15(727)1月	—	—	—	—	秦續448 流散112
4901	魏靖墓誌	開元15(727)1月	—	22-114	18-1768	洛陽9-160	輯繩481
4902	段萬頃及妻王氏墓誌	開元15(727)2月	—	22-116	18-1771	洛陽9-161	千唐665
4903	趙君妻段氏墓誌	開元15(727)2月	—	—	—	—	—
4904	朱君信及妻蔡氏墓誌	開元15(727)2月	—	22-119	18-1773	洛陽9-163	千唐666
4905	朱行斌及妻劉娘子墓誌	開元15(727)2月	185右中	22-118	18-1772	洛陽9-162	—
4906	李承範墓誌	開元15(727)2月	—	—	—	—	秦晉409 七朝190
4907	王曷墓誌	開元15(727)2月	—	22-120	18-1779	洛陽9-164	千唐670
4908	安元壽妻翟六娘墓誌	開元15(727)2月	—	—	18-1775 陝西壹-121	陝西1-107	—
4909	何彥則妻劉五兒墓誌	開元15(727)2月	—	—	—	—	洛鴛鴦9-2
4910	杜玄禮及妻黃氏墓誌	開元15(727)2月	—	—	—	陝西3-150	—
4911	杜方及妻劉白郭等三氏墓誌	開元15(727)2月	—	—	陝西參-53	—	—
4912	寇溶墓誌	開元15(727)2月	—	—	—	—	秦續449
4913	寇鈞墓誌	開元15(727)2月	—	22-121	18-1778	洛陽9-165	輯繩483
4914	常存法師墓誌	開元15(727)2月	—	22-122	—	洛陽9-166	輯繩482
4915	喬崇隱及妻司馬氏墓誌	開元15(727)2月	—	22-124	18-1774	洛陽9-169	千唐667
4916	喬崇敬墓誌	開元15(727)2月	—	22-123	18-1776	洛陽9-167	千唐669
4917	喬夢松妻馮誠墓誌	開元15(727)2月	—	22-125	18-1777	洛陽9-168	千唐668
4918	楊魏成及妻李氏墓誌	開元15(727)2月	—	—	—	—	—
4919	賈文賢墓誌	開元15(727)2月	—	—	—	—	—
4920	裴巽墓誌	開元15(727)2月	—	—	—	—	—
4921	蕭寡尤及妻盧婉墓誌	開元15(727)2月	—	—	陝西參-54	—	—
4922	周紹業妻趙璧墓誌	開元15(727)2月	—	22-126	18-1780	洛陽9-170	千唐671
4923	盧君妻韋嘉娘墓誌	開元15(727)2月	—	—	—	—	—
4924	蕭君墓誌	開元15(727)2月	185右中	—	—	—	—
4925	方律師像塔銘	開元15(727)3月	—	22-127	—	北京1-152	—
4926	李文幹妻張氏墓誌	開元15(727)3月	—	—	—	—	—
4927	范延光墓誌	開元15(727)3月	—	—	—	—	—
4928	楊善及妻陶氏墓誌	開元15(727)3月	—	—	—	—	—
4929	程德譽墓誌	開元15(727)5月	—	—	18-1781	洛陽9-171	千唐672
4930	李和墓誌	開元15(727)6月	185右中	22-128	18-1782	洛陽9-172	輯繩484
4931	李延明墓誌	開元15(727)6月	—	—	—	—	秦晉410 七朝191 洛鴛鴦13-1
4932	李元繹墓誌	開元15(727)7月	—	—	河南參-112	—	邙洛148
4933	孟俊及妻趙氏墓誌	開元15(727)7月	—	22-129	18-1783	洛陽9-173	千唐673
4934	于士恭墓誌	開元15(727)7月	185右中	22-130	18-1784	北京1-153	—
4935	潘承嗣墓誌	開元15(727)7月	—	—	—	—	新獲續109 河洛200
4936	鄭仁穎墓誌	開元15(727)7月	—	22-131	18-1786	洛陽9-174	千唐674
4937	鄭溫球墓誌	開元15(727)7月	185右下	22-132	18-1785	北大1-129	—
4938	曹元則墓誌	開元15(727)8月	—	—	—	—	—
4939	于口莊及妻胡氏墓誌	開元15(727)8月	—	—	—	洛陽9-175	民族6
4940	王璆妻李明高墓誌	開元15(727)8月	—	—	—	—	新獲續110 邙洛124 河洛201
4941	王十八娘墓誌	開元15(727)8月	—	22-133	18-1788	洛陽9-176	—
4942	陳頤及妻藺氏墓誌	開元15(727)8月	—	—	18-1787	洛陽9-177	千唐675 新唐128
4943	孟孝立墓誌	開元15(727)8月	—	—	陝西壹-122	陝西3-151	—
4944	張大賓墓誌	開元15(727)8月	—	—	—	—	—
4945	薛重明墓誌	開元15(727)8月	—	—	—	—	秦續450 七朝192
4946	柏氏墓誌	開元15(727)8月	186左上	—	—	—	—

開元

番號	F 北大	G 墓誌彙編	H 新編	I 補遺補編	J 地方	K 博物館・その他	L 日本目録
4896	03606	—	—	千唐-147	—	—	—
4897	03605	—	—	千唐-146	—	—	—
4898	03607	開元243	22-15031	5-469	—	鴛鴦310 碑林78-2612	—
4899	03609	開元242	22-15031	2-468	—	—	—
4900	03608						
4901	03610	開元241	5-3161	7-41 千唐-148			
4902	03611	開元244	22-15031	2-469			
4903	—	—	—	8-364	杏園10	—	—
4904	03612	開元246	22-15032	6-408	—	—	—
4905	03613	開元245	22-15032	5-346	—	唐宋286	人1108 東1326
4906	03614	—	—	—	—	西市200	—
4907	03615	開元251	22-15033	2-470	—	—	—
4908	—	續開元080	22-15034	2-470 下-1867	西北3-61	昭陵87 碑林196-1102	
4909	—	—	—	—	—	—	—
4910	—	續開元079	22-15034	5-347	西北3-62		
4911	—	—	4-2659	3-60	精華96	—	—
4912	03616	—	—	—			
4913	03620	開元250	6-3744	6-46			
4914	—	續開元081	22-15035	6-409 下-1867			
4915	03619	開元247	6-3742	1-112			
4916	03618	開元248	22-15033	2-469			
4917	03617	開元249	6-3743	1-113			
4918	03621		—	千唐-149			
4919	—	—	—	—	渭城250		
4920	—	—	—	9-443	—	裴氏70	
4921	—	—	—	8-21	戸縣294(11)	—	
4922	03622	開元252	22-15036	2-471			
4923	—	—	—	—	—	西市201	—
4924	—	—	—	—			
4925	—	開元253	22-15036				人1109
4926	—	開元254	22-15037		—	磚刻1179	—
4927	03624	—	—	千唐-150	—	—	—
4928	03623						
4929	—	開元255	22-15037	5-347			
4930	03625	開元256	22-15037	6-409		唐宋287 施碑選252	人1113 東1327
4931	03626		—	—	—	—	—
4932	03628			千唐-150			
4933	03627	開元257	22-15038	2-472			
4934	03629	開元270	22-15043	7-369	西北3-63		
4935	—	—	—	8-364	—		
4936	03630	開元259	6-3724	1-113			
4937	03631	開元258	6-3730		西北3-64	—	淑530
4938	—	—	—	—		磚刻1180	
4939	—	續開元082	22-15039	6-410	—	—	—
4940		—	—	8-22			
4941	03632	開元261	22-15039	7-504		唐宋288	人1114
4942	—	開元260	6-3781	2-473		—	—
4943	—	續開元083	22-15039	2-473 下-2196	咸陽20 西北3-65	—	—
4944	03633						
4945	03634					薛氏254	—
4946	—	—	—	—	—	—	—

開元

番號	墓誌名	年號	A 題跋	B北圖	C 附考 新中国	D隋唐五代	E千唐・河南
4947	杜氏墓誌	開元15(727)9月	—	—	—	—	秦續451
4948	楊孝恭碑	開元15(727)9月	—	—	—	—	—
4949	楊執一及妻獨孤開墓誌	開元15(727)9月	—	—	18-1790 陝西貳-87	陝西1-108	—
4950	盧思莊及妻崔氏墓誌	開元15(727)9月	—	22-135	18-1789	洛陽9-178	千唐676
4951	竇希瑊妻王内則墓誌	開元15(727)9月	—	—	—	—	—
4952	高憲墓誌	開元15(727)閏9月	—	22-136	—	洛陽9-179	輯繩485
4953	趙知儉及妻元氏墓誌	開元15(727)閏9月	—	—	陝西貳-88	陝西1-109	—
4954	邢均及妻張氏墓誌	開元15(727)10月	—	22-137	18-1798	洛陽9-180	千唐677
4955	王思齊及妻張氏墓誌	開元15(727)10月	—	22-138	18-1792	洛陽9-181	千唐679
4956	王遊藝及妻劉氏墓誌	開元15(727)10月	—	22-140	18-1793	洛陽9-182	千唐680
4957	王晉及妻劉氏墓誌	開元15(727)10月	186左上	22-139	18-1794	北京1-154	—
4958	敬覺及妻趙氏墓誌	開元15(727)10月	—	22-141	18-1791	洛陽9-183	千唐678
4959	賀拔裕及妻崔氏墓誌	開元15(727)10月	—	—	—	—	秦續452
4960	趙喬卿及妻李氏墓誌	開元15(727)10月	—	—	—	—	秦晉411
4961	酈君妻王氏墓誌	開元15(727)10月	—	—	—	—	—
4962	崔行模及妻盧氏墓誌	開元15(727)10月	—	—	—	—	秦晉412
4963	鄭元爭墓誌	開元15(727)10月	—	—	河南參-113	—	—
4964	王昂墓誌	開元15(727)10月	—	—	—	—	—
4965	祖好謙墓誌	開元15(727)10月	—	—	—	—	新獲續111 河洛202 新唐130 龍門150
4966	崔思忠及妻韓氏墓誌	開元15(727)10月	—	—	—	—	—
4967	張錫及妻盧氏墓誌	開元15(727)10月	—	—	河南參-114	—	—
4968	董鉉及妻孔氏墓誌	開元15(727)10月	—	—	—	—	—
4969	楊高仁及妻王氏墓誌	開元15(727)10月	—	22-143	18-1795	洛陽9-184	千唐681
4970	崔守約墓誌	開元15(727)10月	—	22-144	18-1796	洛陽9-185	千唐682
4971	崔嚴墓誌	開元15(727)10月	—	22-145	18-1797	山西98	—
4972	韋愼名墓誌	開元15(727)11月	—	—	—	—	—
4973	張仟朗及妻楊氏李氏墓誌	開元15(727)11月	—	—	—	—	—
4974	李仁及妻畢氏墓誌	開元15(727)11月	—	—	—	—	—
4975	程歸及妻秦氏賈氏墓誌	開元15(727)11月	—	—	—	—	新出239 新出242
4976	賈君及妻胡氏墓誌	開元15(727)11月	—	—	—	—	—
4977	董仁墓誌	開元15(727)11月	—	—	—	—	—
4978	鄭績及妻錢氏墓誌	開元15(727)11月	—	—	18-1799	—	—
4979	吉渾墓誌	開元15(727)11月	—	21-13	18-1800	洛陽8-182	千唐683
4980	蔡洪墓誌	開元15(727)11月	—	—	—	—	—
4981	呂仁及妻趙氏馮氏墓誌	開元15(727)12月	—	—	—	—	—
4982	和仵墓誌	開元15(727)12月	—	—	—	—	—
4983	陳思及妻傅氏墓誌	開元15(727)12月	—	22-146	—	洛陽9-186	千唐684
4984	鄭玄及妻吳氏墓誌	開元15(727)12月	—	—	—	—	—
4985	馮猛及妻韓氏宋氏墓誌	開元15(727)12月	—	—	—	—	—
4986	張賈妻令狐氏墓誌	開元16(728)2月	—	—	—	—	—
4987	陳智成及妻方氏墓誌	開元16(728)2月	—	—	—	洛陽9-187	—
4988	疋(匹)婁思妻靳氏墓誌	開元16(728)2月	—	22-147	—	洛陽9-188	民族350
4989	趙越寶妻張柔範墓誌	開元16(728)2月	—	22-148	—	洛陽9-189	輯繩486
4990	薛君妻周嚴順墓誌	開元16(728)2月	—	—	—	—	河洛203 龍門151 流散113
4991	卜素墓誌	開元16(728)3月	—	22-150	—	洛陽9-190	—
4992	馬君妻竇氏墓誌	開元16(728)4月	—	—	—	—	秦續453
4993	馮寶墓誌	開元16(728)4月	—	—	—	—	—
4994	舟知微墓誌	開元16(728)4月	—	—	—	—	秦續454
4995	范君及妻王氏墓誌	開元16(728)4月	—	—	—	—	—
4996	薛莫及妻史氏墓誌	開元16(728)4月	—	—	陝西貳-89	陝西1-110	—
4997	杜□及妻郭氏墓誌	開元16(728)5月	—	—	—	—	—
4998	郁久閭浩墓誌	開元16(728)5月	—	—	—	—	—
4999	范崇禮墓誌	開元16(728)7月	—	22-151	—	洛陽9-191	千唐685
5000	曹惲及妻賈氏墓誌	開元16(728)7月	—	—	陝西參-55	—	—

- 192 -

番號	F北大	G墓誌彙編	H 新編	I補遺補編	J 地方	K 博物館・その他	L 日本目録
4947	—	—	—	—	—	—	—
4948	—	—	—	7-41	—	—	—
4949	03636	開元263	6-3396	1-114	西北3-66 精華97	碑林79-2614	—
4950	03635	開元262	22-15040	2-474		—	—
4951	—	—	—	—		慶雅堂30 西市202	—
4952	—	開元264	—	6-46		—	—
4953	—	續開元084	22-15041	5-348	西北3-67	碑林79-2636	—
4954	03637	開元265	22-15041	2-475	河間243	—	—
4955	03638	開元266	22-15042	2-476		—	—
4956	03639	開元269	6-3744	1-117		—	—
4957	03640	開元268	6-4029	—	西北3-68	施唐184	—
4958	03641	開元267	22-15042	2-475	—	—	—
4959	03642						
4960	03643						
4961	03644						
4962	—						
4963	03646	—	—	千唐-151	—		
4964	03645						
4965	—	—	—	8-365			
4966	—	—	—	8-365	—	碑林新140	
4967	03647	—	—	千唐-152	—	—	
4968	—	—	—	—	洪洞14 大全・洪洞8	—	
4969	03648	開元271	7-4643	1-117	—	—	
4970	03650	開元273	6-3745	1-118	—	—	
4971	03649	開元272	22-15044	7-370	—	施唐185	東1328
4972	—	—	—	8-367	—	—	
4973	—	—	—	—	大全・襄垣44		
4974	03652	—	—	—			明洛53
4975	03651	—	—	9-444			
4976	—	—	—	—	—	碑林新141	—
4977	03653	—	—	—			
4978	—	—	6-3398	1-116 上-425			
4979	03654	先天008	21-14888	1-118	—	—	
4980	03655						
4981	—	—	—	—	大全・襄垣43		
4982	—	—	—	—		碑林續086	
4983	03656	開元224 續開元085	22-15021	2-476		—	
4984	—	—	—	8-368	—	碑林新142	—
4985	—	—	—	—		碑林新143	
4986	—	—	—	—		碑林新144	
4987	—	續開元086	22-15044	6-411	—	—	
4988	03657	開元275	22-15045	6-410	—	唐宋289	人1116
4989	—	開元276	6-3745	6-48	—	—	
4990	03658					西市203	
4991	03659	開元277	22-15045	6-411	—	—	
4992	—						
4993	03660						
4994	—						
4995	—					慶雅堂32 西市204	
4996	—	開元274	22-15045	5-349	西北3-69	碑林79-2647 薛氏256	
4997	03661	開元278	22-15046	7-370	—	—	
4998	—	—	—	—		碑林續087	
4999	03662	開元279	22-15046	2-477		—	
5000	—	—	—	8-369	榆林46	—	

開元

番號	墓誌名	年號	A 題跋	B北圖	C 附考 新中國	D隋唐五代	E千唐・河南
5001	崔齊榮墓誌	開元16(728)7月	―	22-152	―	洛陽9-192	輯繩487
5002	張瓘及妻古氏墓誌	開元16(728)8月	―	―	―	―	秦續455
5003	阿史那懷道墓誌	開元16(728)8月	―	―	―	―	―
5004	韋君妻袁瓊芬墓誌	開元16(728)8月	―	―	―	―	秦晉414 流散114
5005	姚君妻明婉墓誌	開元16(728)8月	―	―	河南參-115	―	―
5006	李政及妻劉氏墓誌	開元16(728)9月	―	―	―	―	秦續456
5007	毛鳳敬墓誌	開元16(728)10月	―	22-153	―	洛陽9-193	千唐686
5008	王君妻陳氏墓誌	開元16(728)10月	―	―	河南參-116	―	―
5009	盧君妻辛氏墓誌	開元16(728)10月	―	22-154	―	洛陽9-194	千唐687
5010	高君妻李端淑墓誌	開元16(728)10月	―	―	―	―	秦續457 流散115
5011	翟德墓誌	開元16(728)10月	―	―	―	―	―
5012	高文貞墓誌	開元16(728)11月	―	―	―	―	―
5013	裴炬墓誌	開元16(728)11月	―	―	河南參-117	―	―
5014	辛君妻韋憲英墓誌	開元16(728)12月	―	―	陝西貳-90	―	―
5015	王詢墓誌	開元16(728)	186左上	―	―	―	―
5016	李伯及妻馮氏墓誌	開元17(729)1月	―	―	―	―	―
5017	盧守默及妻高氏墓誌	開元17(729)1月	―	―	河南參-118	―	―
5018	秦惠墓誌	開元17(729)1月	―	―	―	―	―
5019	王祕(遜之)墓誌	開元17(729)2月	―	―	―	洛陽9-195	―
5020	李君妻段氏墓誌	開元17(729)2月	―	―	―	―	新獲續112 河洛204
5021	崔行首及妻彭氏墓誌	開元17(729)2月	―	―	―	―	秦續458 流散116
5022	石奬及妻李氏墓誌	開元17(729)2月	―	―	―	―	秦晉415 流散117
5023	張楚璋墓誌	開元17(729)2月	―	23-1	―	洛陽9-196	千唐688
5024	蕭茂本妻王氏墓誌	開元17(729)2月	―	―	―	―	河洛205 龍門489 洛鴛鴦10-2
5025	龐敬及妻程氏墓誌	開元17(729)2月	―	23-2	―	洛陽9-197	輯繩488
5026	崔瑛墓誌	開元17(729)2月	―	―	―	―	―
5027	李重俊(節愍太子)妃楊氏墓誌	開元17(729)3月	―	―	―	―	―
5028	昌無隱妻袁小□墓誌	開元17(729)3月	―	―	―	―	―
5029	談昕墓誌	開元17(729)4月	―	23-3	―	洛陽9-198	千唐689
5030	孔桃栓及妻鄧氏墓誌	開元17(729)4月	―	23-4	―	洛陽9-199	千唐690
5031	劉君妻蘇三墓誌	開元17(729)5月	―	―	―	―	―
5032	李無慮墓誌	開元17(729)6月	186左上	―	―	―	―
5033	茹義恩墓誌	開元17(729)6月	―	―	―	陝西3-152	―
5034	賈栖沕墓誌	開元17(729)7月	―	23-5	―	洛陽9-200	千唐691
5035	劉景嗣墓誌	開元17(729)7月	―	23-6	―	洛陽9-201	輯繩489
5036	敬節塔銘	開元17(729)7月卒	―	23-7	―	北京1-155	―
5037	盧懷俊及妻薛氏墓誌	開元17(729)8月	―	―	河南壹-428	河南59	―
5038	王同人墓誌	開元17(729)8月	186左中	23-8	―	陝西3-153 北京1-156	―
5039	程處立妻和幹墓誌	開元17(729)8月	―	23-9	―	洛陽9-202	輯繩490 民族260
5040	馮君衡及妻麥氏墓誌	開元17(729)8月	―	―	陝西貳-91	陝西1-111	―
5041	楊仲膺及妻裴氏墓誌	開元17(729)8月	―	―	―	―	河洛206
5042	楊點墓誌	開元17(729)8月	―	―	―	陝西3-154	―
5043	宋感及妻甘氏墓誌	開元17(729)9月	186左中	23-10	―	北京1-157	―
5044	鄭琇妻盧氏墓誌	開元17(729)10月	―	―	―	―	龍門152
5045	宋尚妻鄭氏墓誌	開元17(729)10月	―	―	―	―	秦晉416
5046	裴蘭妻韋氏墓誌	開元17(729)10月	―	―	河南參-119	―	―
5047	高嶸墓誌	開元17(729)10月	186左中	23-11	―	洛陽9-203	輯繩491
5048	郭仵墓誌	開元17(729)10月	―	―	―	北大1-130	―
5049	靖策墓誌	開元17(729)10月	―	23-12	―	洛陽9-204	―
5050	崔君妻王琦墓誌	開元17(729)11月	―	―	―	―	―
5051	浩羡墓誌	開元17(729)11月	―	―	―	―	―
5052	楊珹墓誌	開元17(729)11月	―	23-13	―	洛陽9-205	千唐692
5053	源脩禮及妻張氏墓誌	開元17(729)11月	―	―	―	―	秦續459
5054	劉龍樹及妻姚氏墓誌	開元17(729)11月	―	23-14	―	洛陽9-206	―

番號	F北大	G墓誌彙編	H 新編	I補遺補編	J 地方	K 博物館・その他	L 日本目録
5001	03663	開元282 續開元087	22-15047	6-49	榆林47	—	—
5002	—	—	—	—	—	—	—
5003	—	—	—	—	渭城250	—	—
5004	03665	—	—	—	—	—	—
5005	03664	—	—	千唐-153	—	—	—
5006	—	—	—	—	—	—	—
5007	03666	開元280	22-15046	2-477	—	—	—
5008	03667	—	—	千唐-154	—	—	—
5009	03668	開元281	22-15047	2-477	—	—	—
5010	03669	—	—	—	—	—	—
5011	—	—	—	—	—	碑林新145	—
5012	—	—	—	—	—	慶雅堂33 西市205	—
5013	03670	—	—	千唐-154	—	—	—
5014	—	續開元088	22-15048	5-350	—	碑林79-2662	—
5015	—	—	—	—	—	—	—
5016	03671	—	—	—	安豐178	—	—
5017	03672	—	—	千唐-155	—	—	—
5018	03673	—	—	—	—	—	—
5019	—	續開元089	6-3429	6-50	—	—	—
5020	—	—	—	8-369	—	—	—
5021	03674	—	—	—	—	—	—
5022	03677	—	—	—	—	—	—
5023	03675	開元284	22-15049	2-478	—	—	—
5024	03678	—	—	—	—	—	—
5025	03676	開元283	22-15048	4-413	—	—	—
5026	—	開元285	22-15049	7-371	—	—	—
5027	—	—	4-2622	—	—	—	—
5028	—	—	—	8-370	杏園11	—	—
5029	03679	開元286	22-15050	2-479	—	—	—
5030	03680	開元287	22-15050	2-479	—	—	—
5031	—	—	—	8-370	—	—	—
5032	—	開元288	6-4007	—	—	—	—
5033	—	續開元090	22-15050	5-350	西北3-71	—	—
5034	03681	開元290	22-15052	2-480	—	—	—
5035	03682	開元289	22-15051	4-414	—	—	—
5036	—	開元291	18-12498	—	西北3-72	—	人1123
5037	—	續開元091	22-15051	6-412	—	—	—
5038	—	開元292	7-4616	2-19	西北3-73 長碑(451)	施唐186-187	人1124
5039	03683	開元293	22-15052	4-414	—	—	—
5040	—	續開元092	4-2613	—	西北3-75	碑林79-2667	—
5041	03684	—	—	—	—	—	—
5042	—	—	4-2165	2-19	西北3-74	—	—
5043	03685	開元294	22-15053	5-351	—	—	人1125
5044	03686	—	—	8-360	杏園16	—	—
5045	03687	—	—	—	—	—	明洛54
5046	03688	—	—	千唐-155	—	—	—
5047	—	開元295	6-3511	3-61	景縣308	—	淑531
5048	03689	開元296	22-15053	7-371	—	施碑選253	—
5049	—	開元297	22-15053	4-415	—	施唐188-189	—
5050	03693	—	—	千唐-156	—	—	—
5051	03690	—	—	—	—	—	—
5052	03691	開元298	22-15054	2-480	—	—	—
5053	—	—	—	—	—	—	—
5054	03692	開元299	22-15054	4-415	—	唐宋290	人1127

開元

番號	墓誌名	年號	A 題跋	B北圖	C 附考 新中国	D隋唐五代	E千唐・河南
5055	趙若丘及妻史氏妻元氏墓誌	開元17(729)11月	—	—	—	—	秦晉417
5056	法澄塔銘	開元17(729)11月	—	23-15	—	北京1-158	—
5057	梁英及妻王氏墓誌	開元17(729)11月	—	—	—	—	—
5058	鄭擇言及妻裴氏墓誌	開元17(729)11月	—	—	—	—	河洛208
5059	邊胡及妻魏氏墓誌	開元17(729)11月	—	—	—	—	河洛207　七朝193
5060	嚴澄墓誌	開元17(729)12月	—	—	—	—	秦晉418
5061	周鷥墓誌	開元18(730)1月	—	—	—	—	—
5062	高力牧妻魏氏墓誌	開元18(730)1月	—	—	—	—	秦晉419　七朝194 洛鴛鴦14-2
5063	崔羨墓誌	開元18(730)1月	—	23-21	—	洛陽10-1	輯繩492
5064	牛玄墓誌	開元18(730)1月	—	—	—	—	邙洛125　龍門490 七朝195
5065	李延景妻樊氏墓誌	開元18(730)1月	—	—	—	—	秦續460
5066	李君妻樊氏墓誌	開元18(730)1月	—	—	—	—	秦續461
5067	李行才墓誌	開元18(730)1月	—	—	—	—	—
5068	李迥墓誌	開元18(730)1月	—	—	—	—	邙洛127
5069	崔誠甫妻鄭氏墓誌	開元18(730)2月	—	—	—	—	秦晉420
5070	秦育及妻郭氏墓誌	開元18(730)2月	—	—	—	山西99	—
5071	李仁晦墓誌	開元18(730)3月	—	—	—	—	—
5072	王君妻崔氏墓誌	開元18(730)4月	—	—	—	—	—
5073	李懷及妻張氏墓誌	開元18(730)4月	—	—	—	—	—
5074	藺楚珍墓誌	開元18(730)4月	—	—	—	—	秦續462　流散118
5075	李謙及妻劉氏墓誌	開元18(730)4月	—	23-22	—	洛陽10-2	千唐693
5076	劉希墓誌	開元18(730)4月	—	—	—	—	—
5077	封皎及妻孟氏墓誌	開元18(730)4月	—	—	河南參-120	—	—
5078	暴仁及妻馬氏墓誌	開元18(730)5月	—	—	—	—	—
5079	李秀墓誌	開元18(730)5月	—	—	—	—	秦晉421
5080	劉濬及妻李氏墓誌	開元18(730)5月	—	—	陝西壹-123	陝西1-112	—
5081	劉貞及妻傅氏李氏墓誌	開元18(730)5月卒	—	—	—	—	—
5082	翟君妻周叔墓誌	開元18(730)5月	—	—	—	—	—
5083	李訥(嗣韓王)墓誌	開元18(730)6月	—	—	陝西貳-92	陝西1-113	—
5084	鄭融及妻韋氏墓誌	開元18(730)6月	—	—	—	—	—
5085	于尚範妻高氏墓誌	開元18(730)6月	—	—	河南參-121	—	新獲續113
5086	李行止墓誌	開元18(730)6月	—	—	—	—	河洛209　新唐134 龍門491　七朝196
5087	李君妻弓鳳兒墓誌	開元18(730)6月	—	—	—	—	—
5088	史待賓及妻邵氏墓誌	開元18(730)閏6月	—	23-23	—	洛陽10-3	千唐694
5089	李暢墓誌	開元18(730)7月	—	—	—	洛陽10-4	輯繩493
5090	李津墓誌	開元18(730)7月	—	—	—	—	秦晉422　七朝197
5091	李承先墓誌	開元18(730)7月	—	—	—	—	邙洛128　龍門153
5092	臧懷亮墓誌	開元18(730)7月	—	—	—	—	—
5093	劉約墓誌	開元18(730)8月	—	—	—	—	—
5094	高木盧墓誌	開元18(730)8月	—	—	陝西貳-93	陝西1-114	—
5095	鍾紹京妻許氏墓誌	開元18(730)9月	—	23-24	—	洛陽10-5	千唐695
5096	段麗質墓誌	開元18(730)9月	—	—	—	—	秦續463
5097	王靖及妻袁氏墓誌	開元18(730)10月	—	—	—	—	—
5098	朱庭瑾及妻許氏墓誌	開元18(730)10月	—	23-29	—	洛陽10-6	千唐696
5099	魚涉墓誌	開元18(730)10月	—	—	—	—	流散119
5100	程晦及妻康氏墓誌	開元18(730)10月	—	—	—	—	秦晉423
5101	賀蘭譽墓誌	開元18(730)10月	—	—	—	—	—
5102	關迪及妻張氏墓誌	開元18(730)10月	—	—	—	—	—
5103	毌丘令恭磚墓誌	開元18(730)10月	—	—	陝西貳-94	—	—
5104	盧正言及妻李氏墓誌	開元18(730)10月	—	—	—	—	—
5105	宋守一及妻史氏墓誌	開元18(730)10月	—	23-30	—	洛陽10-7	—
5106	柏虔玉及妻李氏墓誌	開元18(730)10月	—	23-31	—	洛陽10-8	千唐697

番號	F北大	G墓誌彙編	H 新編	I補遺補編	J 地方	K 博物館・その他	L 日本目録
5055	03694	—	—	—	—	西市206	—
5056	—	開元300	—	—	西北3-76	—	人1128
5057	—	開元301	22-15054	7-371	—	施碑選254	—
5058	—	—	—	—	—	—	—
5059	03695	—	—	—	—	—	—
5060	03696	—	—	—	—	西市207	—
5061	—	—	—	—	—	—	—
5062	—	—	—	—	—	—	—
5063	03697	開元302	22-15055	5-352	—	—	—
5064	03701	—	—	8-371	—	—	—
5065	03700	—	—	—	—	—	—
5066	03699	—	—	—	—	—	—
5067	03698	—	—	—	—	—	—
5068	—	—	—	—	—	—	—
5069	—	—	—	—	—	—	—
5070	—	續開元094	22-15056	5-353	長治166	—	—
5071	03702	—	—	—	—	—	—
5072	—	—	—	—	—	西交博89	—
5073	—	—	—	—	—	碑林新146	—
5074	—	—	—	—	—	—	—
5075	03703	開元303	22-15056	2-480	—	—	—
5076	03704	—	—	—	—	—	—
5077	03705	—	—	千唐-156	—	—	—
5078	—	—	—	—	—	碑林新147	—
5079	03706	—	—	—	—	—	—
5080	03707	開元304	6-3763	1-119	西北3-77 咸刻45 精華99 河間244	碑林196-1106	—
5081	03708	—	—	—	—	—	—
5082	03709	—	—	—	—	—	—
5083	—	續開元093	6-3753	3-61	西北3-78	碑林79-2676	—
5084	—	—	—	9-356	—	—	—
5085	03710	—	—	千唐-157	—	—	—
5086	03711	—	—	—	—	—	—
5087	—	—	—	—	—	西市208	—
5088	03712	開元305	22-15057	2-481	—	—	—
5089	—	續開元095	5-3102	6-50	—	—	—
5090	03713	—	—	—	—	—	—
5091	03714	—	—	—	—	—	—
5092	—	—	5-2992	—	精華100	—	淑532
5093	03715	—	—	—	—	—	—
5094	—	續開元096	22-15058	5-353	西北3-79 景州186 景縣316	碑林79-2690	—
5095	03716	開元306	22-15059	2-482	—	—	—
5096	03717	—	—	—	—	—	—
5097	—	—	—	7-43	—	—	—
5098	03719	開元307	22-15059	2-482	—	—	—
5099	—	—	—	—	—	—	—
5100	03718	—	—	—	—	—	—
5101	—	—	—	7-372 下-1868	—	—	—
5102	03720	—	—	—	—	—	—
5103	—	續開元097	—	2-483	—	碑林79-2697 磚刻1181	—
5104	03721	—	—	千唐-158	—	—	—
5105	03723	開元310	22-15061	4-416	—	—	—
5106	03722	開元309	6-3726	1-121	—	—	—

開元

番號	墓誌名	年號	A 題跋	B北圖	C 附考 新中国	D隋唐五代	E千唐・河南
5107	趙純趙儼趙基趙感墓誌	開元18(730)10月	—	—	—	—	—
5108	劉庭訓墓誌	開元18(730)10月	186左中	23-32	—	洛陽10-9	輯繩494
5109	臧懷亮墓誌	開元18(730)10月	—	—	陝西壹-124	陝西3-155	—
5110	仇師墓誌	開元18(730)10月	—	—	—	—	—
5111	劉嘉慶墓誌	開元18(730)10月	—	—	陝西參-56	—	—
5112	李元雄及妻元氏墓誌	開元18(730)10月	—	—	—	—	—
5113	李令問及妻徐氏墓誌	開元18(730)10月	—	—	—	—	—
5114	孟頵墓誌	開元18(730)10月	—	23-33	—	北大1-131	—
5115	尹元縡妻裴冬日墓誌	開元18(730)11月	—	—	—	—	秦續464
5116	吳元墓誌	開元18(730)11月	—	—	—	—	—
5117	李述及妻盧氏墓誌	開元18(730)11月	—	—	—	—	輯繩495
5118	李節墓誌	開元18(730)11月	—	—	—	—	—
5119	李慎交墓誌	開元18(730)11月	—	—	—	—	—
5120	周義及妻房氏墓誌	開元18(730)11月	—	23-34	—	洛陽10-10	千唐698
5121	和善及妻呼延氏墓誌	開元18(730)11月	—	—	—	—	—
5122	殷善徵及妻張氏墓誌	開元18(730)11月	—	—	—	—	邙洛129
5123	陳阿胡墓誌	開元18(730)11月	—	—	—	—	—
5124	陳玄運及妻趙氏墓誌	開元18(730)11月	—	—	—	—	—
5125	劉如璋及妻姜氏墓誌	開元18(730)11月	—	23-35	—	洛陽10-11	輯繩497
5126	衛子奇及妻韋氏墓誌	開元18(730)11月	—	—	—	洛陽10-12	輯繩496
5127	李明墓誌	開元18(730)11月	—	—	—	—	—
5128	蘇氏墓誌	開元18(730)11月	—	—	—	—	—
5129	許杲墓誌	開元18(730)11月	—	—	—	—	龍門492
5130	孟景仁墓誌	開元18(730)11月	—	—	—	—	秦晉424
5131	契苾嵩墓誌	開元18(730)11月	—	23-36	—	北京1-159	—
5132	韋行懿及妻賀妻氏墓誌	開元18(730)11月	—	23-37	—	洛陽10-13	—
5133	韋麟及妻趙氏墓誌	開元18(730)11月	—	23-38	—	洛陽10-14	千唐699
5134	騫思玄墓誌	開元18(730)11月	—	—	陝西貳-95	—	—
5135	騫如珪墓誌	開元18(730)11月	—	—	陝西貳-96	陝西1-115	—
5136	郭子喬墓誌	開元18(730)12月	—	—	—	—	秦續465 流散122
5137	唐君妻獨孤氏墓誌	開元18(730)12月	—	—	—	—	龍門154
5138	□景墓誌	開元18(730)12月	—	—	—	—	—
5139	李欽墓誌	開元18(730)12月	—	—	—	—	—
5140	李行墓誌	開元18(730)12月	—	—	—	—	—
5141	范行恭墓誌	開元18(730)12月	—	—	—	—	—
5142	栗簡及妻張氏墓誌	開元18(730)12月	—	—	—	山西100	—
5143	商州別駕妻刁氏墓誌	開元18(730)12月	—	—	—	—	流散121
5144	李偘偘墓誌	開元18(730)12月	—	23-39	—	洛陽10-15	千唐700
5145	李釋子墓誌	開元18(730)12月	—	—	—	—	河洛210 龍門493 七朝198
5146	高懲墓誌	開元18(730)	—	23-41	—	洛陽10-16	千唐701
5147	陳忠墓誌	開元18(730)	186左中	—	—	—	—
5148	□寶墓誌	開元18(730)	—	—	—	—	—
5149	郭豆墓誌	開元19(731)1月	—	—	—	—	—
5150	王仁哲墓誌	開元19(731)1月	—	—	—	—	秦晉425
5151	賈季卿及妻開氏墓誌	開元19(731)1月	—	—	—	—	—
5152	鄭孝本及妻王氏墓誌	開元19(731)1月	—	—	—	—	—
5153	呂君妻李氏墓誌	開元19(731)2月	—	23-42	—	洛陽10-17	千唐702
5154	姜義貞墓誌	開元19(731)2月	—	—	—	—	—
5155	陶禹墓誌	開元19(731)2月卒	—	23-43	—	洛陽10-18	—
5156	李景陽墓誌	開元19(731)2月	—	23-44	—	洛陽10-19	千唐703
5157	高力牧墓誌	開元19(731)2月	—	—	—	—	秦晉426 七朝199 洛駕鴛14-1
5158	董禮墓誌	開元19(731)2月	—	—	—	—	—
5159	程逸墓誌	開元19(731)3月	—	23-45	—	洛陽10-20	輯繩498 新唐136
5160	崔元彥妻裴氏墓誌	開元19(731)3月	—	—	—	—	—
5161	皇甫慎墓誌	開元19(731)4月	—	23-47	—	洛陽10-22	千唐704

番號	F北大	G墓誌彙編	H 新編	I補遺補編	J 地方	K 博物館・その他	L 日本目録
5107	—	—	—	—	大全・襄汾26	—	—
5108	03724	開元308	22-15060	5-354	河間247	唐宋291 施唐190-191	人1132 東1329
5109	—	續開元098	22-15061	5-355 下-1197	西北3-80 咸刻46	碑林196-1110	—
5110	03725						
5111	—	—	—	8-372	榆林47		
5112						西市209	
5113	—	—	—	—		慶雅堂34 西市210	—
5114	03726	開元311	22-15062	6-412	—	施唐192	—
5115	—	—	—	—	—	—	—
5116	03733	—					
5117	—	續開元099	4-2646	6-36			
5118	03732	—					
5119	—	—	—	—		碑林新148	—
5120	03729	開元312	6-3764	1-122		—	
5121	—	—	—	—		碑林新149	
5122	03728						
5123	03727						
5124	03731	—	—	千唐-159			
5125	03730	開元313	22-15063	4-416			
5126	—	續開元100	22-15063	6-412			
5127	03734						
5128	—	—	—	下-1869			
5129	03735	—	—	千唐-160			
5130	03736						
5131	—	開元314	22-15064	6-413	西北3-81	—	人1134
5132	03738	開元316	22-15065	4-417	—	—	—
5133	03737	開元315	22-15065	2-483	—	—	—
5134	—	—	4-2660	—	—	碑林79-2699	—
5135	—	續開元101	22-15066	5-356	西北3-82	碑林79-2708	—
5136	03739						
5137	—	—	—	—	—	—	—
5138	—	—	—	—	—	碑林續088	—
5139	03741						
5140	03740						
5141	—	—	—	—	長新158 長碑101(452)		
5142	—	續開元102	22-15066	5-356	長治169 大全・黎城18		
5143							
5144	03742	開元317	7-4737	1-123	—	—	—
5145	03743	—	—	9-357			
5146	03744	開元318	22-15066	2-484	景縣311	—	—
5147	—	—	—	—	—	—	—
5148	—	—	—	—	—	磚刻1182	—
5149	03745	—	—	—	—	—	—
5150	—	—	—	—			
5151	—	—	—	8-23	咸刻47 渭城252	碑林新150	
5152			6-3573				
5153	03746	開元319	22-15067	2-485			
5154			22-15068	2-485			
5155	03747	開元320	22-15068	4-418			
5156	03748	開元321	22-15069	2-485	—	施唐193	—
5157	03749	—	—	—			
5158	—	—	—	—	—	碑林新151	—
5159	03750	開元322	22-15069	4-418	—	—	—
5160	—	—	—	下-2267			
5161	03751	開元324	22-15069	2-486			

開元

番號	墓誌名	年號	A 題跋	B北圖	C 附考 新中国	D隋唐五代	E千唐・河南
5162	胡明期母曹氏墓誌	開元19(731)4月	－	23-46	－	洛陽10-21	－
5163	李詢會墓誌	開元19(731)4月	－	－	－	－	秦晉427
5164	劉祿墓誌	開元19(731)4月	－	23-48	－	洛陽10-23	－
5165	鄭博雅墓誌	開元19(731)5月	－	－	河南參-122	－	－
5166	陳利見妻賈氏墓誌	開元19(731)5月	－	23-51	－	洛陽10-24	－
5167	王昭及妻張氏墓誌	開元19(731)5月	－	－	－	－	秦續466
5168	胡君妻楊無量壽墓誌	開元19(731)6月	－	23-52	－	洛陽10-25	－
5169	趙仙舟妻李婉墓誌	開元19(731)6月	－	－	－	－	河洛211
5170	陶君妻朱氏墓誌	開元19(731)6月	－	23-53	－	洛陽10-26	輯繩499
5171	赫連欽若墓誌	開元18(730)6月	－	－	－	－	邙洛126 新唐132 洛絲170
5172	李璀(汝陽王)長女墓誌	開元19(731)6月	186左中	－	－	－	－
5173	牛祥墓誌	開元19(731)7月	－	－	－	－	－
5174	路循範墓誌	開元19(731)7月	－	－	－	洛陽10-27	千唐705
5175	蕭重萼墓誌	開元19(731)7月	－	－	－	－	秦晉428
5176	趙氏亡子汝南塔記	開元19(731)	186左下	－	－	－	－
5177	韓君妻張氏墓誌	開元19(731)8月	－	23-54	－	洛陽10-28	輯繩500
5178	房孚墓誌	開元19(731)10月	－	23-55	－	洛陽10-29	輯繩458
5179	楊靖及妻田氏墓誌	開元19(731)10月	－	－	－	－	秦續467
5180	鄭君妻宋練墓誌	開元19(731)10月	－	23-56	－	洛陽10-30	千唐706
5181	溫任墓誌	開元19(731)11月	－	－	－	－	河洛212 新唐138 龍門494 七朝200 洛鴛鴦15-1
5182	任遂良墓誌	開元19(731)11月	－	－	陝西參-57	－	－
5183	李侯墓誌	開元19(731)11月	－	23-58	－	洛陽10-31	－
5184	段嗣基及妻鄭氏盧氏墓誌	開元19(731)11月	－	－	－	－	秦續468 七朝201
5185	岑昉墓誌	開元19(731)11月	－	－	－	－	－
5186	李君妻張氏墓誌	開元19(731)11月	－	－	－	－	秦晉429 七朝202
5187	李光遠墓誌	開元19(731)11月	－	－	－	－	邙洛130 新唐140
5188	長孫昕墓誌	開元19(731)11月	－	23-59	－	洛陽10-32	千唐707 民族186
5189	司馬銓墓誌	開元19(731)11月	－	23-60	－	洛陽10-33	千唐708
5190	宋詢墓誌	開元19(731)11月	－	－	－	－	秦晉430
5191	苗寧及妻成氏墓誌	開元19(731)11月	－	－	－	－	－
5192	郭君墓誌	開元19(731)11月	－	23-61	－	北京1-160 河南60	－
5193	楊思墓誌	開元19(731)11月	－	－	－	－	－
5194	盧正容及妻李氏墓誌	開元19(731)11月	－	－	－	－	－
5195	盧有鄰及妻李氏墓誌	開元19(731)11月	－	－	河南參-123	－	－
5196	苗簡及妻常氏墓誌	開元19(731)11月	－	－	－	－	－
5197	田仙童墓誌	開元19(731)12月	－	－	－	－	－
5198	陳祚墓誌	開元19(731)12月	－	－	－	洛陽10-34	－
5199	張祥師墓誌	開元19(731)	186左中	－	－	－	－
5200	鄭氏墓誌	開元19(731)	－	－	－	－	－
5201	陳素墓誌	開元20(732)1月	－	－	－	－	－
5202	朱元及妻翟氏墓誌	開元20(732)1月	－	－	－	江蘇38	－
5203	韋鎣墓誌	開元20(732)1月	－	－	－	－	秦續469
5204	朱氏娘墓誌	開元20(732)1月	－	－	－	－	河洛213
5205	李承家墓誌	開元20(732)1月	－	－	陝西貳-補18	－	－
5206	馬崇及妻黃氏墓誌	開元20(732)1月	－	－	－	－	秦晉431
5207	孫節墓誌	開元20(732)1月	186右上	－	－	－	－
5208	王令及妻李氏墓誌	開元20(732)2月	－	23-63	－	洛陽10-35	千唐709
5209	安孝臣母米氏墓誌	開元20(732)2月	－	－	－	－	民族221
5210	張漢及妻馬氏墓誌	開元20(732)2月	186右上	－	－	北大1-132	－
5211	慈和禪師墓誌	開元20(732)2月	－	－	－	－	－
5212	輪自在墓誌	開元20(732)2月	－	－	－	－	－
5213	王崇禮墓誌	開元20(732)2月	－	23-64	－	洛陽10-36	千唐710
5214	楊景嵩墓誌	開元20(732)2月	－	－	－	－	新獲52

番號	F北大	G墓誌彙編	H 新編	I 補遺補編	J 地方	K 博物館・その他	L 日本目錄
5162	03752	開元323	7-4644	4-20	—	唐宋292 施唐194	人1136 東1331
5163	03754	—	—	—			—
5164	03753	開元325	22-15070	2-486	—	曲石42 南京43	—
5165	03756	—	—	千唐-161			—
5166	03757	開元326	22-15070	3-63			—
5167	03758						—
5168	03759	開元327	22-15071	4-419			
5169	03760						—
5170	03761	開元328	22-15071	4-419			
5171	—	—	—	—		—	—
5172							
5173					—	碑林新152	—
5174	—	開元329	22-15071	2-487			
5175	—					西市211	
5176	03762	開元330	22-15072	—	—		—
5177	03763	續開元103	5-3187	4-20 上-398			
5178	—	開元331 續開元039	22-15072	6-414			
5179	—						
5180	03764	開元332	22-15072	2-487			
5181	03765	—	—	—			
5182	—	—	—	8-372	榆林48	—	—
5183	03767	開元333	22-15073	2-488	—	曲石43 南京44	—
5184	03766						
5185	03768						
5186	03769						
5187	—						
5188	03770	開元334	22-15073	2-488			
5189	03771	開元335	6-3765	1-123			
5190	—						
5191						碑林新153	
5192	—	開元336	22-15074	5-357		—	—
5193	03773	—	—				
5194	—	—	—	8-25	—	河博32	—
5195	03772	—	—	千唐-162	—		
5196	03774	—					
5197	03775						
5198	—	續開元104	22-15074	6-415			
5199	—						
5200	—	—	—	—	杏園12	—	
5201	—	—	—	—	—	碑林新154	—
5202	—	續開元106	22-15075	4-419	山東39 分類76	—	—
5203	—					新見33	—
5204	—						
5205	—	—	—	6-415			
5206	—						
5207	—	開元337	22-15075	7-373			
5208	03777	開元339	6-3727	1-124			
5209	—					故宮085	
5210	03778	開元338	22-15075	7-373	—		
5211	—	—	—	—	長新160 長碑103(453)	—	—
5212	—	—	—	—	長新162 長碑102(452)	—	—
5213	03779	開元340	22-15077	2-489	—		—
5214	—	—	5-3205	6-53	—		—

開元

番號	墓誌名	年號	A 題跋	B北圖	C 附考 新中国	D隋唐五代	E千唐・河南
5215	崔知之墓誌	開元20(732)2月	—	—	—	—	—
5216	喬夢松及妻鄭氏墓誌	開元20(732)2月	—	—	—	洛陽10-37	—
5217	姚贼墓誌	開元20(732)2月	—	—	—	—	—
5218	張先及妻扶風郡君墓誌	開元20(732)2月	—	23-65	—	洛陽10-38	千唐711
5219	獨孤朏及妻鄭氏墓誌	開元20(732)2月	—	—	—	—	—
5220	王阿奴及妻張氏趙氏墓誌	開元20(732)3月	—	—	河南參-124	—	—
5221	馮明及妻牛氏墓誌	開元20(732)4月	—	23-67	—	山西101	—
5222	侯珍墓誌	開元20(732)4月	—	—	—	—	—
5223	樊君妻郭氏墓誌	開元20(732)4月	—	—	—	洛陽10-40	輯繩501
5224	王韶墓誌	開元20(732)4月	—	23-68	—	洛陽10-39	千唐712
5225	單于吉華墓誌	開元20(732)5月	—	—	—	—	秦續470 流散123
5226	紀會及妻張氏任氏墓誌	開元20(732)5月	—	—	—	—	—
5227	郭懌墓誌	開元20(732)5月	—	23-69	—	洛陽10-41	輯繩502
5228	鍾離英倩墓誌	開元20(732)5月	—	—	—	—	新獲續114 河洛214
5229	李其及妻皇甫氏墓誌	開元20(732)5月	—	—	河南壹-176	河南61	秦晉432
5230	尹善幹墓誌	開元20(732)5月	—	23-70	—	北京1-161	—
5231	蓋景昌墓誌	開元20(732)6月	—	—	—	—	—
5232	趙夏日墓誌	開元20(732)6月卒	—	23-71	—	洛陽10-42	千唐713
5233	馮懿墓誌	開元20(732)6月	186左下	—	—	—	—
5234	王希俊墓誌	開元20(732)7月	—	23-72	—	洛陽10-43	—
5235	張說及妻元氏墓誌	開元20(732)8月	—	—	—	—	邙洛131 新唐142 龍門156
5236	慕容瑾墓誌	開元20(732)8月	—	23-73	—	洛陽10-44	民族377
5237	亡宮八品墓誌	開元20(732)8月	—	23-74	—	洛陽10-46 陝西1-116	—
5238	李君妻崔嬌嬌墓誌	開元20(732)8月	—	—	—	—	秦晉433
5239	薛璿墓誌	開元20(732)8月	—	—	—	洛陽10-47	千唐714
5240	盧日進妻司馬氏墓誌	開元20(732)8月	—	—	—	洛陽10-45	—
5241	王怡墓誌	開元20(732)9月	186左下	23-75	—	洛陽10-48	輯繩503
5242	許惟岳墓誌	開元20(732)9月	—	—	—	—	秦晉434 七朝204
5243	源光俗妻鄭氏墓誌	開元20(732)9月	—	23-76	—	洛陽10-49	千唐716
5244	賈元恭墓誌	開元20(732)9月	—	23-77	—	洛陽10-50	千唐715
5245	趙南山及妻郭氏墓誌	開元20(732)9月	—	23-78	—	洛陽10-51	—
5246	姚遷墓誌	開元20(732)9月	—	23-80	—	洛陽10-52	千唐717
5247	路惲墓誌	開元20(732)9月	—	23-81	—	洛陽10-53	千唐718
5248	魏買墓誌	開元20(732)10月	—	—	—	—	—
5249	馬文靜及妻賈氏墓誌	開元20(732)11月	—	—	陝西參-58	—	—
5250	郭神鼎墓誌	開元20(732)11月	—	—	—	—	—
5251	苗善物及妻徐(黄)氏墓誌	開元20(732)11月	—	23-85	—	洛陽10-54	千唐719
5252	劉君妻王氏墓誌	開元20(732)11月	—	—	—	—	—
5253	朱君妻王氏墓誌	開元20(732)11月	—	23-86	—	洛陽10-55	—
5254	杜孚墓誌	開元20(732)11月	—	23-87	—	洛陽10-56	千唐720
5255	柳儒皇甫氏墓誌	開元20(732)11月	—	—	—	—	—
5256	孫傳碩墓誌	開元20(732)11月	—	—	—	—	秦續471 流散124
5257	馬師及妻史氏墓誌	開元20(732)11月	—	—	—	—	—
5258	崔光嗣及妻盧氏墓誌	開元20(732)11月	—	23-88	—	洛陽10-57	千唐721
5259	智玄墓誌	開元20(732)11月	186左下	23-89	—	山西102	—
5260	和運及妻趙氏墓誌	開元20(732)11月	—	—	—	陝西3-156	—
5261	甯道務墓誌	開元20(732)11月	—	—	—	—	—
5262	張緒及妻趙氏墓誌	開元20(732)12月	—	—	—	—	—
5263	袁恕己妻張氏墓誌	開元20(732)12月	—	—	—	—	邙洛132 新唐144 龍門157
5264	來慈墓誌	開元20(732)	186右上	23-91	—	北京1-162	—
5265	韋美美墓誌	開元21(733)1月	—	—	—	—	—

開元

番號	F北大	G墓誌彙編	H 新編	I 補遺補編	J 地方	K 博物館・その他	L 日本目録
5215	03780	—			—	西市212	明洛55
5216	—	續開元107	22-15076	7-44	—	—	—
5217	03781	—	—	千唐-163		—	—
5218	03782	開元341	6-3728	1-125		—	—
5219	—					西市213	
5220	03783		—	千唐-163			
5221	03784	續開元108	22-15078	4-420 下-1869	—	—	—
5222	—	續開元110	22-15078	8-373	大全・城區9	—	—
5223	—	續開元109	6-3430	6-54		—	—
5224	03785	開元342	22-15077	2-489			
5225	03786		—	—			
5226	—	續開元113	22-15080	8-373			
5227	03787	開元343	22-15078	5-357			
5228		—	—	8-374			
5229	03788	續開元111	22-15079	6-416			
5230	—	續開元112	22-15079	4-420	西北3-83		
5231	03789		—	千唐-164	—		
5232	03790	開元344	22-15080	2-490	—		
5233	—		—	—			
5234	03791	開元345	22-15081	2-490		曲石44 南京45	
5235	—	—	5-3301	8-24			
5236	03792	開元346	22-15081	2-491	—	曲石45 南京46	
5237	03793	開元348	22-15082	5-469		鴛鴦308 鴛鴦311 碑林79-2715	
5238	03794	—	—	—		西市214	
5239	—	開元347	6-3844	1-126	—	薛氏257	
5240	—	續開元114	22-15083	6-417		—	
5241	03796	開元350	7-4576	4-21	—	唐宋293 施唐195	人1142 東1336
5242	03799		—	—		—	—
5243	03797	開元349	6-3816	1-127			
5244	03795	開元351	22-15082	2-491			
5245	03798	開元352	22-15082	4-421	—	唐宋294	人1141
5246	03800	開元354	6-3766	1-128			
5247	03801	開元353	22-15083	2-492			
5248	03802						
5249	—	—	—	8-374	楡林49 精華101	—	—
5250	—	—	—	—	鞏義208	—	—
5251	03803	開元355	6-3817	1-129	—		
5252	03804	—					
5253	03807	開元357	6-3399	4-17			
5254	03805	開元360	22-15085	2-492			
5255	03808	—	—	千唐-165			
5256	—	—	—	—			
5257	—	開元359	22-15085	7-374			
5258	03806	開元358	22-15085	2-493			
5259	—	開元356 續開元115	22-15084	7-373			
5260	—	續開元116	22-15086	5-358 下-1870	西北3-84		
5261				7-374 下-1870			
5262	03809		—	—	—		
5263	03810		—	—			
5264	—	開元362	22-15087	6-417	—	—	—
5265	—	續開元117	22-15088	5-359 下-1872			

開元

番號	墓誌名	年號	A 題跋	B北圖	C 附考 新中国	D隋唐五代	E千唐・河南
5266	趙君妻楊麗墓誌	開元21(733)1月	—	—	—	—	秦續472
5267	王方墓誌	開元21(733)1月	—	—	—	—	—
5268	安□祥墓誌	開元21(733)1月	—	—	—	—	—
5269	張襃及妻馬氏墓誌	開元21(733)1月	—	—	—	—	—
5270	趙弘慎及妻張氏墓誌	開元21(733)2月	—	—	—	陝西3-157	—
5271	王琦及妻李氏墓誌	開元21(733)2月	—	—	—	—	秦續473
5272	王睍墓誌	開元21(733)2月	—	—	陝西貳-97	陝西1-117	—
5273	唐寶光墓誌	開元21(733)2月	—	—	—	—	—
5274	崔紹墓誌	開元21(733)2月	—	—	—	—	秦晉436 洛鴛鴦16-1
5275	張其及妻樊氏墓誌	開元21(733)2月	—	—	—	—	—
5276	張佋墓誌	開元21(733)2月	—	—	—	—	—
5277	梁璵墓誌	開元21(733)2月	—	23-92	—	洛陽10-58	千唐722
5278	盧正道及妻鄭氏墓誌	開元21(733)2月	—	—	—	—	新獲續115 龍門158
5279	蕭浮丘墓誌	開元21(733)2月	—	—	—	洛陽10-59	千唐723
5280	竇訥言墓誌	開元21(733)2月	—	—	—	—	—
5281	李忠墓誌	開元21(733)2月	—	—	—	—	—
5282	姚眅妻楊萬五千墓誌	開元21(733)2月	—	—	河南參-125	—	—
5283	柳婉墓誌	開元21(733)2月	—	—	—	—	—
5284	張時譽墓誌	開元21(733)3月	—	23-94	—	洛陽10-60	千唐724
5285	張之輔墓誌	開元21(733)3月	—	—	—	—	河洛215 新唐148 七朝205
5286	解成妃墓誌	開元21(733)3月	—	—	—	—	—
5287	蕭知義及妻杜氏墓誌	開元21(733)3月	—	—	—	—	—
5288	房惠琳及周氏墓誌	開元21(733)3月	186右上	23-95	—	北大1-133	—
5289	堅行塔銘	開元21(733)閏3月	—	23-96	—	北京1-163	—
5290	姚重瞰墓誌	開元21(733)閏3月	—	23-97	—	洛陽10-61	千唐725
5291	慕容君妻沈氏墓誌	開元21(733)閏3月	—	—	—	—	秦晉437
5292	王宰妻程氏墓誌	開元21(733)4月	—	23-98	—	洛陽10-62	千唐726
5293	李仁德墓誌	開元21(733)4月	186右上	23-99	—	北大1-134	—
5294	李寶藏及妻馬氏墓誌	開元21(733)4月	—	—	—	洛陽10-63	—
5295	房君妻崔順墓誌	開元21(733)4月	—	23-100 24-61	—	洛陽10-64	—
5296	楊檀墓誌	開元21(733)4月	—	—	—	洛陽10-65	—
5297	鄭佶妻張二十二娘墓誌	開元21(733)5月	—	—	—	—	邙洛133 龍門159
5298	高毛及妻馬氏蹇氏墓誌	開元21(733)5月	—	—	—	—	—
5299	韋君妻李淑(成紀縣主)墓誌	開元21(733)5月	—	—	—	—	河洛216
5300	韋俊墓誌	開元21(733)5月	—	—	—	—	流散125
5301	秦氏墓誌	開元21(733)5月	—	—	—	—	龍門160
5302	張翼墓誌	開元21(733)7月	—	23-101	—	洛陽10-66	千唐727
5303	郭君墓誌	開元21(733)7月	—	—	北京壹-4	北京1-164	—
5304	張昌妻魏氏墓誌	開元21(733)7月	186右中	23-102	—	洛陽10-67	輯繩504 邙洛134
5305	杜君妻張氏墓誌	開元21(733)8月	—	23-103	—	洛陽10-68	—
5306	阿史那懷道妻安氏墓誌	開元21(733)8月	—	—	—	—	—
5307	裴光庭墓誌	開元21(733)8月	—	—	—	—	秦續474
5308	契苾尚賓墓誌	開元21(733)8月	—	—	—	—	—
5309	李逸及妻楊氏墓誌	開元21(733)8月	—	—	—	—	—
5310	高欽德及妻王氏程氏墓誌	開元21(733)9月卒	—	23-104	—	洛陽10-69	民族316
5311	唐聘及妻董氏墓誌	開元21(733)9月	—	—	—	江蘇39	—
5312	郭思墓誌	開元21(733)9月	—	—	—	—	—
5313	姚昪及妻鄭氏墓誌	開元21(733)10月	—	—	—	—	秦續476 流散127
5314	寇太珪及妻陶氏墓誌	開元21(733)10月	—	—	—	—	秦續475
5315	陶貢墓誌	開元21(733)10月	—	—	—	—	河洛218 七朝206 洛鴛鴦17-1
5316	鄧氏墓誌	開元21(733)10月	—	23-105	—	洛陽10-70	輯繩505
5317	杜知墓誌	開元21(733)10月	—	—	—	—	—

開元

番號	F北大	G墓誌彙編	H 新編	I補遺補編	J 地方	K 博物館・その他	L 日本目録
5266	03811	—	—	—	—	—	—
5267	03812	—	—	—	—	—	—
5268	—	—	—	—	—	—	人1027
5269	03813	—	—	—	—	—	—
5270	—	續開元118	22-15088	5-359	西北3-85	—	—
5271	—	—	—	—	—	—	—
5272	—	續開元121	22-15091	5-360	—	碑林79-2717	—
5273	03814	續開元120	22-15091	7-376	—	—	—
5274	—	—	—	—	—	—	淑533
5275	—	—	—	—	晋中29 大全・楡次11	—	—
5276	03815	—	—	—	—	—	—
5277	03816	開元363	22-15089	2-493	—	—	—
5278	—	—	—	8-26	—	—	—
5279	—	開元364	22-15091	2-495	—	—	—
5280	—	—	—	—	鞏義208	—	—
5281	03817	—	—	—	—	—	—
5282	03819	—	—	千唐-167	—	—	—
5283	03818	—	—	千唐-166	—	—	—
5284	03820	開元365	6-3767	1-130	—	—	—
5285	—	—	—	—	—	—	—
5286	—	—	—	—	安陽選40	—	—
5287	—	—	—	—	—	碑林新155	—
5288	03821	開元366	22-15092	4-421	西北3-86	—	人1143
5289	—	開元367	22-15560	—	西北3-87	—	—
5290	03822	開元368	22-15093	2-495	—	—	—
5291	03755	—	—	—	—	—	—
5292	03823	開元369	22-15093	2-496	—	—	—
5293	03824	開元370	22-15094	—	西北3-88	—	人1145 人1146
5294	—	續開元122	22-15094	6-418	—	—	—
5295	03825	開元371	7-4539	4-22 上-400	—	唐宋295	人1112
5296	—	續開元123	6-3446	6-54	—	—	—
5297	—	—	—	—	—	—	—
5298	—	開元372	22-15095	7-377	濟南34 分類79 景縣320	—	—
5299	03827	—	—	—	—	—	—
5300	—	—	—	—	—	—	—
5301	03826	—	—	—	—	—	—
5302	03828	開元373	22-15095	2-496	—	—	—
5303	—	續開元124	22-15096	7-45 上-399	—	北石12	—
5304	03829	開元374	22-15096	4-422	—	唐宋296	人1147 東1338
5305	03830	開元375	22-15097	4-422	—	唐宋297	人1148
5306	—	—	—	—	渭城252	—	—
5307	—	—	—	—	—	—	—
5308	—	—	—	8-27	—	—	—
5309	—	—	—	—	大全・鹽湖15	—	—
5310	—	開元376	6-3769	1-191	景州190 景縣325	曲石65 南京47	—
5311	—	續開元125	22-15097	4-423	山東40 分類77	—	—
5312	—	—	—	—	—	西交博1	—
5313	—	—	—	—	—	—	—
5314	03831	—	—	—	—	—	—
5315	03832	—	—	—	—	—	—
5316	03834	開元377 續開元126	22-15098	4-423	—	—	—
5317	03833	—	—	—	—	—	—

開元

番號	墓誌名	年號	A 題跋	B北圖	C 附考 新中國	D隋唐五代	E千唐・河南
5318	元毅墓誌	開元21(733)10月	—	—	—	—	—
5319	何恭及妻王氏墓誌	開元21(733)10月	—	—	—	—	—
5320	泉毖墓誌	開元21(733)10月	—	—	—	洛陽10-71	輯繩506 民族285
5321	張典墓誌	開元21(733)10月	—	—	—	—	—
5322	張軫墓誌	開元21(733)10月	186右中	23-106	—	北大1-135	
5323	張點墓誌	開元21(733)10月	186右中	23-107	—	北大1-136	—
5324	楊楚玉妻張氏墓誌	開元21(733)10月	—	—	—	—	秦晉438
5325	蔡立忠及妻張氏墓誌	開元21(733)10月	—	—	—	—	秦續477
5326	盧翊墓誌	開元21(733)10月	—	23-109	—	洛陽10-73	千唐728
5327	盧炅妻李松墓誌	開元21(733)10月	—	23-108	—	洛陽10-72	千唐730
5328	韓思及妻劉氏墓誌	開元21(733)10月	—	23-110	—	洛陽10-74	千唐729
5329	趙元瓊墓誌	開元21(733)10月	—	23-111	—	洛陽10-75	—
5330	王祖及妻衡氏墓誌	開元21(733)10月	—	—	陝西貳-98	陝西1-118	—
5331	張延祥墓誌	開元21(733)10月	—	—	—	—	邙洛135
5332	王膺墓誌	開元21(733)10月	—	—	—	—	輯繩507
5333	袁仁敬及妻陳氏墓誌	開元21(733)10月	—	—	—	—	秦續478 七朝207 流散126
5334	張承基及妻宗氏墓誌	開元21(733)10月	—	—	—	—	龍門161 秦晉439 流散128
5335	楊瑤墓誌	開元21(733)10月	—	23-112	—	洛陽10-76	千唐732
5336	裴同墓誌	開元21(733)10月	—	23-113	—	洛陽10-77	千唐731
5337	許君妻李肅邕墓誌	開元21(733)10月	—	23-114	—	洛陽10-78	—
5338	張漪墓誌	開元21(733)10月	186右下	23-115	—	北大1-137	—
5339	張漪墓誌蓋	開元21(733)10月	—	22-39	—	北京1-142	—
5340	鄭君妻董氏墓誌	開元21(733)11月	—	—	—	—	—
5341	周胡仁及妻楊氏墓誌	開元21(733)11月	—	—	—	—	新獲續116 河洛217
5342	姜元頃墓誌	開元21(733)11月	—	—	—	—	—
5343	祕思及妻張氏墓誌	開元21(733)11月	—	—	—	—	—
5344	開休元墓誌	開元21(733)11月	—	23-117	—	洛陽10-79	千唐733
5345	開承簡墓誌	開元21(733)11月	—	23-118	—	洛陽10-80	
5346	劉素墓誌	開元21(733)11月	—	—	—	—	—
5347	崔羨妻鄭氏墓誌	開元21(733)11月	—	—	—	—	秦續479
5348	李君妻盧氏墓誌	開元21(733)11月	—	—	—	—	秦晉440
5349	王悊及妻□氏墓誌	開元21(733)11月	—	—	—	—	秦晉442
5350	李高及妻郭氏墓誌	開元21(733)11月	—	—	—	山西104	
5351	彭珍及妻郭氏墓誌	開元21(733)11月	—	23-119	—	山西103	
5352	董沖及妻馮氏墓誌	開元21(733)11月	—	—	—	—	秦晉441
5353	江瓘墓誌	開元21(733)11月	—	23-120	—	洛陽10-81	—
5354	李貞及妻郭氏墓誌	開元21(733)11月	—	23-121	—	洛陽10-82	千唐734
5355	鄭抵妻崔同墓誌	開元21(733)11月	—	—	—	—	—
5356	盧玄明墓誌	開元21(733)11月	—	—	—	—	新獲續117
5357	李説妻盧氏墓誌	開元21(733)11月	—	—	—	—	秦晉443
5358	陸光庭妻朱淑墓誌	開元21(733)12月	—	—	河南參-126	—	
5359	馮守寂墓誌	開元21(733)12月	—	—	—	—	—
5360	王巳墓誌	開元21(733)	186右下	—	—	—	—
5361	霍行感及妻趙氏墓誌	開元22(734)1月	—	—	河南壹-148	河南62	
5362	楊志忠墓誌	開元22(734)1月	—	—	—	—	秦續480
5363	孟暉墓誌	開元22(734)1月	—	23-122	—	洛陽10-83	千唐735
5364	李延祚妻王氏墓誌	開元22(734)1月	—	—	—	洛陽10-84	輯繩508
5365	崔澤妻張端墓誌	開元22(734)1月	—	23-123	—	洛陽10-85	千唐736
5366	井眞成墓誌	開元22(734)2月	—	—	—		—
5367	馬專及妻揚氏墓誌	開元22(734)2月	—	—	河南壹-409	河南63	
5368	柳正礭(確)墓誌	開元22(734)3月	—	23-124	—	洛陽10-86	輯繩509
5369	源君妻薛淑墓誌	開元22(734)3月	186右下	23-125	—	洛陽10-87	
5370	裴肅墓誌	開元22(734)3月	—	23-126	—	洛陽10-88	
5371	李全愼妻蘇袞墓誌	開元22(734)4月	—	23-127	—	洛陽10-89	千唐737
5372	崔嘉祉墓誌	開元22(734)4月	—	—	—	洛陽10-90	千唐738
5373	安孝臣墓誌	開元22(734)4月	—	23-128	—	洛陽10-91	千唐739 洛絲123

番號	F北大	G墓誌彙編	H 新編	I 補遺補編	J 地方	K 博物館・その他	L 日本目錄
5318	03835	－	－	－	－	－	－
5319	－	－	－	－	安陽選39	－	－
5320	－	開元378	－	4-22	－	－	－
5321	－	－	6-3731	－	－	－	－
5322	03839	開元382	6-3762	－	－	施唐197	人1149 淑535
5323	03840	開元380	－	－	－	施唐196	人1150 淑534
5324	03842	－	－	－	－	－	－
5325	03836	－	－	－	－	新見30	－
5326	03837	開元379	22-15098	2-497	－	－	－
5327	03841	開元384	22-15100	2-499	－	－	－
5328	03838	開元383	22-15099	2-498	－	－	－
5329	03843	開元385	22-15100	4-424	－	－	－
5330	－	續開元127	22-15102	5-361	－	碑林79-2730	－
5331	－	－	－	－	－	－	－
5332	－	續開元128	22-15102	6-418	－	－	－
5333	－	－	－	－	－	－	－
5334	－	－	－	－	－	－	－
5335	03844	開元387	22-15101	2-500	－	－	－
5336	03845	開元386	22-15100	2-499	－	裴氏73	－
5337	－	開元388	6-3782	4-23	－	－	－
5338	03846	開元381	6-3731	4-24	－	－	－
5339	03846	－	－	－	－	－	－
5340	－	－	－	－	－	碑林新156	－
5341	－	－	－	8-375	－	－	－
5342	03848	－	－	－	－	－	－
5343	03849	－	－	－	－	－	－
5344	03847	開元390	6-3771	1-131	－	－	－
5345	－	開元389	6-3770	4-25	－	－	－
5346	－	續開元129	22-15103	－	分類78	－	－
5347	3850	－	－	－	－	－	－
5348	－	－	－	－	－	－	－
5349	－	－	－	－	－	－	－
5350	－	續開元130	22-15105	7-377	－	－	－
5351	03851	開元391	22-15103	4-424	－	－	－
5352	03852	－	－	－	－	－	－
5353	03853	開元392	22-15104	4-425	－	唐宋298	人1152
5354	03854	開元393	22-15105	2-501	－	－	－
5355	03855	－	－	千唐-168	－	－	－
5356	－	－	－	8-28	－	－	－
5357	－	－	－	－	－	－	－
5358	03856	－	－	千唐-169	－	－	－
5359	－	－	－	－	安陽選(14)	－	－
5360	－	－	－	－	－	－	－
5361	－	續開元131	22-15106	6-419	山陽61	－	－
5362	03857	－	－	－	－	－	－
5363	03858	開元394	22-15106	2-501	－	－	－
5364	－	續開元132	22-15107	6-419	－	－	－
5365	03859	開元395	22-15107	2-502	－	－	－
5366	－	－	－	9-445	－	－	淑536
5367	－	續開元119	22-15089	6-420	－	－	－
5368	03860	開元396	22-15107	4-426	－	－	－
5369	03861	開元397	22-15108	4-426	－	薛氏260	－
5370	－	開元398	6-3772	4-26	－	唐宋299 裴氏74	人1153
5371	03863	開元400	22-15108	2-502	－	－	－
5372	－	開元399	22-15108	2-503	－	－	－
5373	03864	開元401	22-15109	2-503	－	撒馬51	－

開元

番號	墓誌名	年號	A 題跋	B北圖	C 附考 新中国	D隋唐五代	E千唐・河南
5374	李十七娘墓誌	開元22(734)4月	—	—	—	—	邙洛136
5375	董鍾墓誌	開元22(734)4月	—	—	—	—	—
5376	王愼疑及妻張氏墓誌	開元22(734)4月卒	—	23-129	—	江蘇40	—
5377	張崇簡墓誌	開元22(734)4月	—	—	—	—	河洛219 龍門495
5378	李微墓誌	開元22(734)4月	—	—	—	—	—
5379	龐賢墓誌	開元22(734)4月	—	—	—	—	河洛220 龍門496
5380	王玄珪及妻張氏楊氏墓誌	開元22(734)5月	—	—	—	—	秦續481
5381	裴周南妻盧氏墓誌	開元22(734)5月	—	—	—	—	七朝208
5382	高慈墓誌	開元22(734)5月	—	—	—	—	秦晉445 七朝209 洛駕鷟18-1
5383	傅君妻李氏墓誌	開元22(734)5月	—	—	—	—	—
5384	亡宮八品墓誌	開元22(734)6月	—	—	—	陝西1-119	—
5385	亡宮三品墓誌	開元22(734)7月	—	23-130	—	洛陽10-92	輯繩510
5386	張君妻虞氏墓誌	開元22(734)7月	—	—	—	—	秦晉446 七朝210
5387	郭元誠及妻王氏墓誌	開元22(734)7月	—	—	—	—	—
5388	翟銑及妻李氏墓誌	開元22(734)7月	—	23-131	—	洛陽10-93	千唐740 民族390
5389	亡宮墓誌	開元22(734)7月	—	—	—	—	—
5390	柳君妻長孫氏墓誌	開元22(734)7月卒	—	—	—	—	—
5391	段貞墓誌	開元22(734)8月	—	23-132	—	洛陽10-94	—
5392	張積善墓誌	開元22(734)8月	—	23-133	—	洛陽10-95	輯繩511
5393	高定方墓誌	開元22(734)8月	—	23-134	—	洛陽10-96	輯繩512
5394	楊君妻張五娘墓誌	開元22(734)8月	—	—	—	—	—
5395	駱湜墓誌	開元22(734)9月	—	—	—	—	—
5396	暴仵朗墓誌	開元22(734)10月	—	—	—	—	—
5397	王道濟墓誌	開元22(734)10月	—	—	河南參-127	—	—
5398	陰叔玉墓誌	開元22(734)10月	—	—	—	—	秦續482
5399	白義寶及妻李氏墓誌	開元22(734)10月	—	23-135	—	洛陽10-97	千唐741
5400	張休光墓誌	開元22(734)10月	186右下	23-136	—	陝西3-158 洛陽10-98	輯繩513
5401	蔡默墓誌	開元22(734)10月	—	—	—	陝西3-159	—
5402	劉素及妻楊氏墓誌	開元22(734)11月	—	—	—	—	—
5403	裴翁慶墓誌	開元22(734)11月	—	—	—	洛陽10-99	—
5404	溫溫紀墓誌	開元22(734)11月	—	—	—	—	—
5405	崔震墓誌	開元22(734)11月	—	—	—	—	邙洛137
5406	皇甫無言及妻鄭氏墓誌	開元22(734)11月	—	—	—	—	秦續483 流散129
5407	崔旻妻□□娘墓誌	開元22(734)11月	—	—	—	洛陽10-100	千唐742
5408	難元慶及妻甘氏墓誌	開元22(734)11月	—	—	河南壹-232	河南64	—
5409	鄭君妻長孫氏墓誌	開元22(734)	—	—	—	—	—
5410	董師及妻裴氏墓誌	開元23(735)1月	—	—	—	—	—
5411	李滔墓誌	開元23(735)2月	—	—	河南參-128	—	邙洛138
5412	董亮及妻趙氏墓誌	開元23(735)2月	—	—	—	—	—
5413	蕭令臣及妻張氏墓誌	開元23(735)2月	186右下	23-138	—	洛陽10-101	—
5414	崔愼墓誌	開元23(735)2月	—	—	—	—	—
5415	陽簡及妻王氏墓誌	開元23(735)2月	—	—	—	—	秦晉447
5416	慕容嘉賓妻餘姚縣主墓誌	開元23(735)2月	—	—	—	—	—
5417	王景曜及妻高氏李氏墓誌	開元23(735)2月	—	23-139	—	洛陽10-102	千唐743
5418	王玄德及妻邰氏墓誌	開元23(735)2月	—	—	—	—	秦續485
5419	王德倫及妻吳氏墓誌	開元23(735)2月	—	—	—	—	—
5420	裴炯墓誌	開元23(735)2月	—	—	—	—	秦續484
5421	鄭諲墓誌	開元23(735)2月	187左上	23-140	—	洛陽10-103	輯繩514
5422	寶君妻高態墓誌	開元23(735)2月	—	—	河南參-129	—	—
5423	郭文墓誌	開元23(735)2月	—	—	—	—	新獲續118 河洛221
5424	蕭識墓誌	開元23(735)2月	—	—	—	—	龍門162 秦晉448
5425	夏侯眕及妻劉氏墓誌	開元23(735)3月	—	23-141	—	洛陽10-104	千唐744
5426	白知禮及妻劉氏墓誌	開元23(735)3月	—	23-142	—	洛陽10-105	千唐746
5427	馬君妻董氏墓誌	開元23(735)3月	—	23-143	—	洛陽10-106	千唐745

番號	F北大	G墓誌彙編	H 新編	I 補遺補編	J 地方	K 博物館・その他	L 日本目録
5374	—	—	—	—	—	—	—
5375	03865	—	—	—	—	—	—
5376	03866	開元402	6-3845	1-127	—	曲石46 南京48	—
5377	03867	—	—	—	—	—	—
5378	—	—	—	—	長新164 長碑104(453)	—	—
5379	—	—	—	—	—	—	—
5380	—	—	—	—	—	—	—
5381	—	—	—	—	—	—	—
5382	03868	—	—	—	—	—	—
5383	—	—	—	9-445	—	—	—
5384	03869	續開元133	—	5-470	—	鴛鴦312 碑林80-2735	—
5385	03870	開元403	22-15109	—	—	—	—
5386	03872	—	—	—	—	—	—
5387	—	續開元134	22-15110	上-400	長碑105(454)	—	—
5388	03871	開元404	22-15109	2-503	—	—	—
5389	—	—	22-15111	5-470	—	鴛鴦313 碑林80-2737	—
5390	03873	—	—	—	—	—	明洛56
5391	03874	開元406	22-15113	4-427	—	唐宋300 施碑選255	人1154 東1339
5392	03875	開元405	22-15112	4-427	—	—	—
5393	—	開元407	22-15113	4-26	景縣332	—	—
5394	03876	—	—	—	—	—	—
5395	03877	—	—	—	—	磚刻1183	—
5396	03878	—	—	—	—	—	—
5397	03879	—	—	千唐-169	—	—	—
5398	—	—	—	—	—	—	—
5399	03880	開元408	22-15114	2-504	—	—	—
5400	03881	開元409	6-3773	1-132	西北3-89	唐宋301 施唐198-199 河博33	人1155 東1340
5401	—	續開元135	22-15114	2-20	西北3-90	—	—
5402	—	—	—	8-375	—	—	—
5403	—	續開元136	7-4750	6-55	—	裴氏75	—
5404	—	—	—	—	—	碑林新157	—
5405	—	—	—	—	—	—	—
5406	—	—	—	—	—	—	—
5407	—	續開元137	22-15115	2-504	—	—	—
5408	—	—	—	6-420 8-376	—	—	—
5409	—	—	—	—	—	西市215	—
5410	—	—	22-15115	—	—	—	—
5411	03883	—	—	千唐-170	—	—	—
5412	—	—	—	—	—	碑林新158	—
5413	03882	開元410	22-15115		—	故宮086 施碑選256	人1157 人1158 東1342 淑537 淑538
5414	03884	—	—	—	—	—	—
5415	—	—	—	—	—	西市216	—
5416	—	—	—	—	—	碑林續089	—
5417	03885	開元413	22-15116	2-505	—	—	—
5418	—	—	—	—	—	西市217	—
5419	—	開元411	22-15116	7-378	—	—	—
5420	—	—	—	—	—	—	—
5421	03886	開元412	6-3773	4-27	—	唐宋302 施唐200-201	人1159 東1341
5422	03887	—	—	千唐-171	—	—	—
5423	—	—	—	8-377	—	—	—
5424	—	—	—	—	—	—	—
5425	03888	開元414	6-3774	1-133	—	—	—
5426	03889	開元415	22-15117	2-506	—	—	—
5427	03890	開元416	6-3775	1-133	—	—	—

開元

番號	墓誌名	年號	A 題跋	B北圖	C 附考 新中國	D隋唐五代	E千唐・河南
5428	崔溫妻鄭意意墓誌	開元23(735)4月	—	—	—	洛陽10-107	輯繩515
5429	李□墓誌	開元23(735)5月	—	—	—	—	—
5430	王誕妻李珽節墓誌	開元23(735)5月	—	—	—	—	秦續486 流散130
5431	崔君妻陳有則墓誌	開元23(735)6月	—	—	—	—	秦續487
5432	李惠眞墓誌	開元23(735)7月	—	—	—	—	邙洛139
5433	王君妻盧姓墓誌	開元23(735)8月	—	—	—	—	秦晉449
5434	王羊仁及妻陳氏墓誌	開元23(735)8月	—	23-149	—	洛陽10-108	輯繩516
5435	白羨言及妻賀若氏墓誌	開元23(735)8月	—	23-150	—	洛陽10-110	千唐747
5436	侯君妻王氏墓誌	開元23(735)8月	—	—	—	洛陽10-109	輯繩517
5437	宋胤墓誌	開元23(735)8月	—	—	—	—	—
5438	蕭謙及妻劉氏墓誌	開元23(735)9月	—	—	—	洛陽10-111	輯繩518
5439	盧全操墓誌	開元23(735)9月	—	23-151	—	洛陽10-112	千唐748
5440	牛洪墓誌	開元23(735)9月	—	—	—	—	—
5441	姚珝及妻張氏墓誌	開元23(735)10月	—	23-152	—	洛陽10-113	千唐749
5442	公孫孝遷及妻王氏墓誌	開元23(735)10月	—	23-153	—	洛陽10-114	—
5443	王景先墓誌	開元23(735)10月	—	—	河南參-130	—	新獲續119 邙洛140
5444	張文珪及妻揚氏墓誌	開元23(735)10月	—	23-154	—	洛陽10-115	千唐750
5445	傅俠墓誌	開元23(735)11月	—	—	—	—	—
5446	景羨墓誌	開元23(735)11月	—	—	—	—	—
5447	張暐妻許日光墓誌	開元23(735)11月	—	—	—	—	秦晉450
5448	武文林及妻鄭氏墓誌	開元23(735)11月	—	—	—	—	秦續488
5449	李操墓誌	開元23(735)11月	—	—	—	—	—
5450	劉廉及妻張氏墓誌	開元23(735)11月	—	—	河北壹-83	河北63	—
5451	裴教墓誌	開元23(735)11月	—	—	—	—	新獲續120 龍門163
5452	侯莫陳涉墓誌	開元23(735)11月	187左上	—	—	—	—
5453	蕭元祚及妻唐氏墓誌	開元23(735)閏11月	—	—	—	—	河洛222 新唐150 龍門164 七朝211
5454	梁義方及妻陳氏墓誌	開元23(735)閏11月	—	23-156	—	河南65	—
5455	楊絳墓誌	開元23(735)閏11月	—	—	—	—	—
5456	趙壽墓誌	開元23(735)閏11月	187左上	23-157	—	北大1-138	—
5457	趙勗本墓誌	開元23(735)12月	—	—	—	—	流散131
5458	李神及妻郭氏墓誌	開元23(735)12月	—	—	—	—	—
5459	孫守謙墓誌	開元23(735)12月	—	—	—	—	秦晉451 秦續490
5460	裴里墓誌	開元23(735)12月	—	—	—	—	秦續489
5461	張藝墓誌	開元23(735)12月	—	—	—	—	—
5462	元守隝及妻霍氏墓誌	開元23(735)	—	—	—	—	秦續491
5463	皇甫齊參墓誌	開元23(735)	187左上	—	—	—	—
5464	白慶先墓誌	開元23(735)以前7月	—	—	—	—	—
5465	司馬崇敬妻荀氏墓誌	開元24(736)1月	—	—	—	—	邙洛141 龍門165
5466	韋慎名妻劉約墓誌	開元24(736)1月	—	—	—	—	—
5467	李寶會及妻無量壽墓誌	開元24(736)1月	—	—	—	—	秦續492 流散133
5468	申諷臣墓誌	開元24(736)1月	—	—	—	—	龍門497
5469	任客僧及妻周氏墓誌	開元24(736)1月	—	—	—	—	河洛223
5470	李知新及妻劉氏墓誌	開元24(736)1月	—	—	—	—	秦晉452 七朝212 流散132
5471	鄭琇墓誌	開元24(736)1月	—	—	—	—	龍門166
5472	柳澤墓誌	開元24(736)1月	—	—	—	—	河洛224 七朝213
5473	錢元志妻舒氏墓誌	開元24(736)1月	—	—	—	—	—
5474	竇懷及妻張氏墓誌	開元24(736)1月	—	—	—	—	—
5475	司徒□臣墓誌	開元24(736)2月	—	—	—	—	河洛225
5476	董夔及妻苗氏墓誌	開元24(736)2月	—	—	—	山西105	—
5477	王脩義及妻李氏墓誌	開元24(736)2月	—	—	—	—	—
5478	常洪慶墓誌	開元24(736)2月	—	—	—	—	秦晉453
5479	張君妻陳尚仙墓誌	開元24(736)2月	—	—	—	—	新唐152 七朝214
5480	趙君妻張氏墓誌	開元24(736)2月	—	—	—	—	—
5481	梁君妻樊氏墓誌	開元24(736)3月	—	24-3	—	北京1-166	—
5482	王元楷墓誌	開元24(736)3月	—	—	—	洛陽10-116	—

開元

番號	F北大	G墓誌彙編	H 新編	I補遺補編	J 地方	K 博物館・その他	L 日本目録
5428	—	續開元138	6-3447	6-56	—	—	—
5429	—	—	—	—	—	西交博90	—
5430	03891	—	—	—	—	—	—
5431	03892	—	—	—	—	—	—
5432	—	—	—	—	—	—	—
5433	—	—	—	—	—	—	—
5434	03894	開元418	22-15118	4-427	—	—	—
5435	03893	開元419	22-15119	2-507	—	—	—
5436	—	續開元139	22-15120	6-421	—	—	—
5437	—	—	—	—	—	汾陽21(42)	—
5438	—	開元420	6-3482	6-56	—	—	—
5439	03895	開元421	22-15120	2-507	—	—	—
5440	03896	—	—	—	—	—	—
5441	03897	開元422	22-15121	2-508	—	—	—
5442	03899	開元423	6-3776	1-134	—	曲石47 南京49	—
5443	03900	—	—	8-30 千唐-171	—	—	—
5444	03898	開元424	22-15122	2-509	—	—	—
5445	—	—	—	—	大全・襄垣45	—	—
5446	—	—	—	—	—	碑林新159	—
5447	—	—	—	—	—	—	—
5448	—	—	—	—	—	—	—
5449	—	—	—	7-378	—	—	—
5450	—	續開元140	22-15123	4-428	滄州23 河間249	—	—
5451	—	—	—	8-30	—	—	—
5452	—	—	—	—	—	—	—
5453	—	—	—	—	—	—	—
5454	03902	開元426	22-15123	6-422	—	故宮087	東1343
5455	—	—	—	—	—	碑林續090	—
5456	03903	開元425	22-15122	7-378	—	—	人1162
5457	—	—	—	—	—	—	—
5458	—	—	—	—	—	碑林新160	—
5459	03904	—	—	—	—	—	—
5460	03901	—	—	—	—	—	—
5461	03905	—	—	—	—	—	—
5462	03906	—	—	—	—	—	—
5463	—	—	—	—	—	—	—
5464	04129	開元417	22-15118	7-383	—	—	—
5465	03907	—	—	—	—	—	—
5466	—	—	—	8-377	—	—	—
5467	03910	—	—	—	—	—	—
5468	03908	—	—	—	—	西市218	明洛57
5469	03911	—	—	—	—	—	—
5470	03909	—	—	—	—	—	—
5471	03912	—	—	8-378	杏園15	—	—
5472	—	—	—	—	—	—	—
5473	03913	—	—	—	—	—	—
5474	03914	—	—	千唐-173	—	—	—
5475	—	—	—	—	—	碑林新161	—
5476	—	續開元141	22-15124	7-379	長治172 大全・長治27	—	—
5477	03916	—	—	—	—	—	—
5478	03915	—	—	—	—	—	—
5479	—	—	—	—	—	—	—
5480	—	—	—	—	安陽選41	—	—
5481	—	開元427	22-15125	6-422	—	—	—
5482	—	續開元142	22-15124	6-57	—	—	—

- 211 -

開元

番號	墓誌名	年號	A 題跋	B北圖	C 附考 新中國	D隋唐五代	E千唐・河南
5483	亡宮墓誌	開元24(736)3月	—	—	陝西貳-補20	—	—
5484	王君妻崔曼殊墓誌	開元24(736)3月	—	24-4	—	洛陽10-117	輯繩519
5485	張仁方及妻姚氏墓誌	開元24(736)4月	—	24-7	—	洛陽10-118	千唐751
5486	韋濟妻劉茂墓誌	開元24(736)4月	—	—	—	陝西3-160	—
5487	辛誨墓誌	開元24(736)5月	—	—	河南參-131	—	邙洛142
5488	潘智及妻侯氏墓誌	開元24(736)5月	—	—	—	—	新獲續121 河洛226
5489	尚袁墓誌	開元24(736)5月	—	—	—	—	—
5490	曹氏墓誌	開元24(736)5月	—	—	—	—	秦續493
5491	劉秦客及妻楊氏墓誌	開元24(736)5月	—	24-8	—	洛陽10-119	千唐752
5492	熾俟弘福及妻沙陀氏墓誌	開元24(736)5月	—	—	—	陝西3-161	—
5493	薛璿妻楊祁麗墓誌	開元24(736)5月	—	—	—	洛陽10-120	千唐753
5494	蘇節墓誌	開元24(736)5月	—	—	—	—	—
5495	孫承嗣及妻高氏墓誌	開元24(736)5月	—	—	—	—	—
5496	郭襲古墓誌	開元24(736)5月	—	—	—	—	秦續494
5497	亡宮墓誌	開元24(736)6月	—	24-11	—	洛陽10-121	千唐754
5498	李無上道(金仙長公主)墓誌	開元24(736)7月	—	—	陝西壹-125	陝西3-162	—
5499	大智禪師(姜義福)塔記	開元24(736)7月	—	24-12	—	洛陽10-122	龍門169
5500	楊會墓誌	開元24(736)7月	—	—	陝西壹-126	—	—
5501	尹大簡及妻薛氏墓誌	開元24(736)7月	—	—	—	—	—
5502	申亮及妻閻氏墓誌	開元24(736)7月	—	—	—	—	—
5503	李守禮(邠王)妻高淑嬫墓誌	開元24(736)8月	—	—	—	洛陽10-123	—
5504	尚袁及妻赫連氏墓誌	開元24(736)8月	—	—	—	河北64	—
5505	皇甫賓妻楊麗墓誌	開元24(736)8月	—	24-13	—	洛陽10-124	千唐755
5506	大德進法師塔銘	開元24(736)8月卒	—	—	—	—	—
5507	王仵墓誌	開元24(736)9月	—	—	—	—	—
5508	張君妻李氏墓誌	開元24(736)10月	—	—	—	—	新獲53 龍門171
5509	張昕墓誌	開元24(736)10月	187左中	24-15	—	北京1-167	—
5510	慕容君妻武氏墓誌	開元24(736)10月	—	—	—	—	—
5511	張惠則及妻□氏墓誌	開元24(736)10月	—	24-19	—	洛陽10-125	千唐756
5512	蓋義寬墓誌	開元24(736)10月	—	—	—	—	—
5513	郭君墓誌	開元24(436)10月	—	—	—	—	秦續498
5514	元虎墓誌	開元24(736)10月	—	—	—	—	—
5515	張友及妻高氏墓誌	開元24(736)10月	—	—	—	—	秦續495
5516	裴瑾墓誌	開元24(736)10月	—	—	陝西貳-99	陝西1-120	—
5517	宋君墓誌	開元24(736)10月	—	—	—	—	—
5518	邵眞及妻馬氏墓誌	開元24(736)10月	187左上	24-20	—	北大1-139	—
5519	董菩提心墓誌	開元24(736)10月	—	—	—	—	—
5520	慕容珣及妻崔氏墓誌	開元24(736)10月	—	—	—	洛陽10-126	民族378
5521	劉德筠及妻董氏及妻嗣子處穀?及妻妻氏及嗣子沖及妻李氏墓誌	開元24(436)10月	—	—	—	—	秦續496
5522	閻德祚墓誌	開元24(736)10月	—	—	—	—	—
5523	周克諧墓誌	開元24(736)10月	—	—	—	—	—
5524	蕭擢墓誌	開元24(736)10月	187左上	—	—	—	—
5525	徐令名墓誌	開元24(736)11月	—	24-25	—	洛陽10-127	千唐758
5526	鄭訴墓誌	開元24(736)11月	—	24-26	—	洛陽10-128	千唐757
5527	周子南墓誌	開元24(736)11月	—	—	—	—	秦續497 流散134
5528	李超及妻鄭氏墓誌	開元24(736)11月	—	—	—	—	邙洛144 新唐158 七朝217
5529	徐景暉墓誌	開元24(736)11月	—	—	—	—	—
5530	檀法師塔銘	開元24(736)11月	—	—	—	—	—
5531	王溫及妻李氏墓誌	開元24(736)11月	—	—	—	—	秦晉454 七朝215
5532	成君墓誌	開元24(736)11月	—	24-27	—	北京1-168	—
5533	李延明妻裴氏墓誌	開元24(736)11月	—	—	—	—	秦晉455 七朝216 洛駕鴦13-2
5534	李君會及妻王氏南氏墓誌	開元24(736)11月	—	—	—	—	輯繩520 龍門172

開元

番號	F北大	G墓誌彙編	H 新編	I 補遺補編	J 地方	K 博物館・その他	L 日本目録
5483	—	—	22-15112	5-470	—	鴛鴦314 碑林80-2739	—
5484	03917	開元428	22-15125	4-429	—	—	—
5485	03918	開元429	22-15125	2-510	—	—	—
5486	—	續開元143	6-3734	2-20	西北3-93	—	—
5487	03919	—	—	千唐-173	—	—	—
5488	—	—	—	8-379	—	—	—
5489	—	—	—	—	—	—	—
5490	03920	—	—	—	—	—	—
5491	03921	開元430	22-15126	2-510	—	—	—
5492	—	續開元144	7-4810	2-22	西北3-94 精華102	—	—
5493	—	開元431	6-3496	1-135	—	薛氏259	—
5494	03922	—	—	—	—	—	—
5495	—	—	—	9-358	—	—	—
5496	03923	—	—	—	—	—	—
5497	03924	開元432	22-15112	5-470	—	—	—
5498	03925	續開元145	5-3015	1-135	西北3-95 精華103	碑林196-1114	—
5499	—	開元433	6-3487	—	—	施唐202	—
5500	—	—	22-15127	5-361 下-2197	榆林50	—	—
5501	—	開元434	22-15127	7-379	—	薛氏261	—
5502	—	—	—	—	晋中31	—	—
5503	03926	續開元146	6-3447	6-58	景州194 景縣332	北大新拓123(178)	—
5504	—	續開元147	22-15127	4-429	—	—	—
5505	03927	開元435	22-15128	2-511	—	—	—
5506	—	—	7-4560	—	景縣336	—	—
5507	—	—	—	—	安陽選(15)	—	—
5508	—	—	7-4773	6-59	—	—	—
5509	03928	開元436	22-15128	—	—	—	—
5510	—	開元437	22-15129	2-511	武威47 蘭州22	—	—
5511	03929	開元438	22-15129	2-512	—	—	—
5512	—	—	—	—	大同3	—	—
5513	—	—	—	—	—	—	—
5514	03930	—	—	—	—	—	—
5515	—	—	—	—	—	—	—
5516	—	續開元148	22-15130	5-361	—	碑林80-2741	—
5517	03933	—	—	—	—	—	—
5518	03931	開元439	22-15130	6-59	—	故宮088	人1171
5519	—	—	—	8-379	—	—	—
5520	—	續開元149	19-13045	6-52	—	—	—
5521	03932	—	—	—	—	—	—
5522	03934	—	—	—	—	—	—
5523	03935	—	—	—	蘭州24	—	—
5524	—	—	—	—	—	裴氏80	—
5525	03937	開元441	6-3789	1-136	—	—	—
5526	03936	開元440	22-15130	2-512	—	—	—
5527	—	—	—	—	—	—	—
5528	03938	—	—	—	—	北大新拓124(179)	—
5529	03939	—	—	—	—	—	—
5530	—	—	7-4148	—	—	—	—
5531	03940	—	—	—	—	—	—
5532	—	開元442	22-15131	4-430	—	—	—
5533	03941	—	—	—	—	—	—
5534	—	續開元150	22-15131	6-423	—	—	—

- 213 -

開元

番號	墓誌名	年號	A 題跋	B北圖	C 附考 新中国	D隋唐五代	E千唐・河南
5535	李松墓誌	開元24(736)11月	―	―	―	―	―
5536	李璹及妻崔氏墓誌	開元24(736)11月	―	―	―	―	新出248 龍門177
5537	席穆之墓誌	開元24(736)11月	―	―	―	―	秦晉456
5538	宋熾墓誌	開元24(736)11月	―	―	―	―	―
5539	李忠及妻陳氏墓誌	開元24(736)11月	―	―	―	山西106	―
5540	李煇墓誌	開元24(736)11月	―	―	―	―	―
5541	宗素及妻韓氏墓誌	開元24(736)11月	―	―	―	―	―
5542	紀審直及妻竇氏墓誌	開元24(736)11月	―	―	―	―	秦續499 流散135
5543	寇晦及妻馬氏墓誌	開元24(736)11月	―	―	―	―	河洛227 龍門174
5544	劉肱妻裴氏墓誌	開元24(736)11月	―	―	河南參-132	―	―
5545	宋知感及妻張氏墓誌	開元24(736)11月	―	24-28	―	洛陽10-129	輯繩521
5546	獨孤炫墓誌	開元24(736)11月	―	24-29	―	洛陽10-130	千唐759 民族289
5547	李惠及妻盧氏墓誌	開元24(736)12月	―	―	―	―	新獲續122 河洛228 龍門175
5548	武文瑛墓誌	開元24(736)12月	―	―	―	―	秦續500 流散136
5549	于嘉胤墓誌	開元24(736)12月	―	―	―	―	邙洛145 新唐154 民族6
5550	蓋君妻崔安樂墓誌	開元24(736)12月	―	―	―	―	新獲續123 邙洛146 新唐156
5551	盧悅及妻鄭氏墓誌	開元24(736)12月	―	―	―	―	河洛229
5552	沈待瑗墓誌	開元24(736)12月	187左中	―	―	―	―
5553	薛□墓誌	開元24(736)	―	―	―	―	―
5554	郭珽之墓誌	開元25(737)1月	―	24-31	―	洛陽10-131	―
5555	周大立及妻李氏墓誌	開元25(737)1月	―	―	―	―	龍門176
5556	陳敬忠墓誌	開元25(737)1月	―	24-32	―	洛陽10-132	千唐760
5557	常玄及妻王氏墓誌	開元25(737)1月	―	―	―	山西107	―
5558	元輯墓誌	開元25(737)2月	―	―	―	―	河洛230 民族143
5559	秦惠墓誌	開元25(737)2月	―	―	―	―	秦晉457
5560	陳令同墓誌	開元25(737)2月	―	―	―	―	邙洛147 新出245
5561	李君墓誌	開元25(737)2月	―	24-33	―	洛陽10-133	千唐761
5562	雲感妻武氏墓誌	開元25(737)3月	―	―	―	山西108	―
5563	程冬筝墓誌	開元25(737)4月	―	24-34	―	洛陽10-134	千唐762
5564	宋遙妻鄭氏墓誌	開元25(737)4月卒	―	―	―	―	秦晉460
5565	崔諹墓誌	開元25(737)4月	―	24-35	―	洛陽10-135	―
5566	元楚運墓誌	開元25(737)4月	―	―	―	―	秦續501 七朝218
5567	龍君妻吳淑墓誌	開元25(737)5月	―	―	―	―	―
5568	武幼範墓誌	開元25(737)5月	―	24-37	―	洛陽10-136	千唐763
5569	李吉墓誌	開元25(737)5月	―	―	―	陝西3-142	―
5570	李亶妻盧氏墓誌	開元25(737)5月	―	―	―	―	新唐160 龍門498 秦晉458
5571	進法師塔銘	開元25(737)7月	―	24-38	―	北京1-169 北京1-170	―
5572	楊侃墓誌	開元25(737)8月	―	24-39	―	洛陽10-137	千唐764
5573	景賢大師塔記	開元25(737)8月	―	―	―	北京1-165	―
5574	龐十二娘銘	開元25(737)8月	―	24-40	―	北大1-140	―
5575	王愛墓誌	開元25(737)8月	―	―	―	―	―
5576	拓拔寂墓誌	開元25(737)8月	―	―	陝西參-59	―	―
5577	辛璩墓誌	開元25(737)8月	―	―	―	―	新獲續124 邙洛149 龍門177
5578	不空法師塔記	開元25(737)8月	―	24-41	―	北京1-171	―
5579	成公崇墓誌	開元25(737)9月	―	―	―	―	秦晉459 七朝219 流散137
5580	段廉墓誌	開元25(737)9月	―	―	―	―	河洛231
5581	長孫守素妻田琰墓誌	開元25(737)9月	―	―	―	―	河洛233
5582	亡宮墓誌	開元25(737)10月	―	24-42	―	洛陽10-138	―
5583	姚處璀墓誌	開元25(737)10月	―	24-43	―	洛陽10-139	千唐765
5584	程文琬及豆盧氏墓誌	開元25(737)11月	―	―	―	―	邙洛150
5585	盧暾墓誌	開元25(737)11月	―	24-44	―	洛陽10-140	千唐766
5586	韓操墓誌	開元25(737)11月	―	―	―	―	―

番號	F北大	G墓誌彙編	H 新編	I補遺補編	J 地方	K 博物館・その他	L 日本目錄
5535	—	—	—	—	—	碑林續091	—
5536	03942	—	—	9-446	—	—	—
5537	—	—	—	—	—	—	—
5538	03948	—	—	—	任城125	—	—
5539	03947	續開元151	22-15133	5-362	長治175 大全・襄垣46	—	—
5540	03946	—	—	—	—	—	—
5541	—	—	—	—	安豐179	—	—
5542	03945	—	—	—	—	—	—
5543	03944	—	—	—	—	—	—
5544	—	—	—	千唐-174	—	—	—
5545	—	開元444	22-15132	5-362	—	—	—
5546	03949	開元443	6-3790	1-137	—	—	—
5547	—	—	—	8-31	—	—	—
5548	03950	—	—	—	—	—	—
5549	—	—	—	—	—	—	—
5550	—	—	—	8-32	—	—	—
5551	03951	—	—	—	—	—	—
5552	—	—	—	—	—	—	—
5553	03952	—	—	—	—	—	—
5554	03953	開元445	22-15133	4-430	—	河博34	—
5555	—	—	—	—	—	—	—
5556	03954	開元446	22-15134	2-513	—	—	—
5557	—	續開元152	22-15134	6-423	—	—	—
5558	—	—	—	—	—	—	—
5559	—	—	—	—	—	—	—
5560	03955	—	—	9-447	—	—	—
5561	03956	開元447	22-15134	2-514	—	—	—
5562	—	續開元153	22-15135	6-424	—	—	—
5563	03957	開元448	6-3792	1-138	—	—	—
5564	03958	—	—	—	—	—	—
5565	—	開元449	6-3792	6-60	—	—	—
5566	—	—	—	—	—	—	—
5567	—	—	—	—	—	慶雅堂35 西市219	—
5568	03959	開元450	22-15136	2-514	—	—	—
5569	—	續開元154	22-15136	5-363	—	—	—
5570	03960	—	—	—	—	北大新拓125（180）	—
5571	—	開元451	—	—	—	—	—
5572	03961	開元452	22-15136	2-515	—	—	—
5573	—	開元453	—	—	—	—	人1165
5574	03962	開元454	22-15137	7-504	—	—	—
5575	03963	—	—	—	—	—	—
5576	—	—	—	8-33	榆林51	—	—
5577	—	—	—	8-380	—	—	—
5578	—	開元455	—	—	咸陽21 西北3-96	—	人1172
5579	03965	—	—	—	—	西市220	—
5580	03964	—	—	—	—	西市221	明洛58
5581	03966	—	—	—	—	—	—
5582	03968	開元457	22-15111	7-380	—	—	人1173
5583	03967	開元456	6-3793	1-139	—	—	—
5584	03969	—	—	9-359	—	—	—
5585	03970	開元458	22-15137	2-515	—	—	—
5586	—	—	—	—	安陽選(16)	—	—

開元

番號	墓誌名	年號	A 題跋	B北圖	C 附考 新中国	D隋唐五代	E千唐・河南
5587	崔君妻武氏墓誌	開元25(737)11月	−	−	河南參-133	−	−
5588	惠源和上誌銘	開元25(737)11月	187左中	−	−	−	−
5589	武令珪墓誌	開元25(737)11月	−	−	陝西參-60	−	−
5590	馬待賓墓誌	開元25(737)11月	−	−	−	−	河洛234 龍門178 七朝220
5591	蕭嵩妻賀睿墓誌	開元25(737)11月	−	−	−	−	秦續502
5592	趙陵陽墓誌	開元25(737)11月	−	−	−	洛陽10-141	−
5593	沈楚珪墓誌	開元25(737)11月	−	−	−	−	−
5594	陳亮及妻和氏墓誌	開元25(737)11月	−	−	−	−	−
5595	宋子及妻張氏墓誌	開元25(737)11月	−	−	−	−	−
5596	宋方及妻□氏墓誌	開元25(737)11月	−	−	−	−	七朝221
5597	竹敬敬及妻張氏墓誌	開元25(737)12月	−	24-45	−	洛陽10-142	千唐767 民族209
5598	韋最墓誌	開元25(737)12月	−	−	−	陝西3-163	−
5599	景俊墓誌	開元25(717)12月	−	−	−	−	秦晉356
5600	李邕(嗣虢王)墓誌	開元25(737)12月	−	−	−	−	−
5601	張運感及妻□氏墓誌	開元26(738)1月	−	−	−	新疆198	−
5602	李素及妻胡氏墓誌	開元26(738)1月	−	24-46	−	北大1-141	−
5603	賈君妻郭氏墓誌	開元26(738)1月	−	−	−	−	−
5604	李知墓誌	開元26(738)1月	−	24-47	−	洛陽10-143	千唐768
5605	邵承墓誌	開元26(738)1月	−	−	−	洛陽10-144	千唐769
5606	牛特墓誌	開元26(738)1月	−	−	−	−	−
5607	惠隱塔銘	開元26(738)2月	−	24-55	−	北京1-172	龍門179
5608	元子上妻鄭八娘墓誌	開元26(738)2月	−	24-56	−	洛陽10-145	千唐770
5609	崔君妻賈氏墓誌	開元26(738)2月	−	−	−	−	秦晉461
5610	崔茂宗妻賈氏墓誌	開元26(738)2月	−	−	−	−	七朝222 洛鴛鴦20-2
5611	焦阿毛墓誌	開元26(738)2月	−	−	−	−	−
5612	崔安儼墓誌	開元26(738)3月	−	−	−	−	邙洛151 洛鴛鴦19-1
5613	王籛金磚誌	開元26(738)3月	−	−	−	−	新獲續125
5614	李霞墓誌	開元26(738)3月	−	24-59	−	洛陽10-146	−
5615	元釋及妻李氏墓誌	開元26(738)4月	−	−	−	−	−
5616	王仁□墓誌	開元26(738)4月	−	−	河南壹-103	河南66	−
5617	楊君妻田令德墓誌	開元26(738)4月	−	−	河南參-134	−	−
5618	何最墓誌	開元26(738)4月	−	24-60	−	洛陽10-147	千唐771
5619	鄭杳及妻盧墓誌	開元26(738)4月卒	−	−	−	−	流散138
5620	要志及妻樊氏墓誌	開元26(738)4月	−	−	−	山西109	−
5621	李曷墓誌	開元26(738)5月	−	−	−	−	−
5622	薛君妻優盧未曾有塔銘	開元26(738)5月	−	24-62	−	洛陽10-148	龍門180
5623	元氏墓誌	開元26(738)5月	−	24-63	−	洛陽10-149 陝西3-164	民族144
5624	吳嘉賓墓誌	開元26(738)5月	−	−	−	−	−
5625	李承乾(恒山王)墓誌	開元26(738)5月	−	−	陝西壹-127	陝西1-121	
5626	柳崇敬墓誌	開元26(738)5月	−	−	−	−	秦續503
5627	馮宏之及妻張氏墓誌	開元26(738)5月	−	−	−	−	秦晉462
5628	魏悌墓誌	開元26(738)5月	−	−	−	−	−
5629	孟氏墓誌	開元26(738)6月	−	−	−	−	−
5630	楊思言墓誌	開元26(738)7月	−	−	−	−	秦續504
5631	貞和上(張貞)塔銘	開元26(738)7月	−	−	−	−	−
5632	葛福順墓誌	開元26(738)7月	−	−	−	−	秦續505
5633	了緣和尚靈塔銘	開元26(738)7月	−	−	−	−	−
5634	李祇妻許氏墓誌	開元26(738)8月	−	−	−	−	−
5635	司馬南孚墓誌	開元26(738)8月	−	−	−	−	−
5636	田誠墓誌	開元26(738)8月	−	−	−	−	新獲續126 秦續507
5637	李著墓誌	開元26(738)8月	−	−	−	−	−
5638	馮中庸及妻崔氏墓誌	開元26(738)8月	−	−	−	−	秦晉463 流散139
5639	王固己墓誌	開元26(738)閏8月	187左下	24-66	−	洛陽10-150	−

開元

番號	F北大	G墓誌彙編	H 新編	I補遺補編	J 地方	K 博物館・その他	L 日本目錄
5587	03971	—	—	千唐-174	—	—	—
5588	—	開元459	7-4559	—	—	—	—
5589	—	—	—	8-381	榆林53	—	—
5590	03972	—	—	—	—	—	明洛59
5591	—	—	—	—	西市222	—	—
5592	—	續開元155	22-15138	7-380	—	—	—
5593	03973	—	—	—	—	—	—
5594	—	—	—	—	—	碑林新163	—
5595	—	—	—	—	—	碑林新162	—
5596	—	—	—	—	—	—	—
5597	03974	開元460	22-15137	2-516	—	—	—
5598	—	續開元156	7-4174	3-64	西北3-97 精華105 長碑(455)	—	—
5599	03976	—	—	—	—	—	—
5600	—	—	—	—	—	嗣虢王130	—
5601	—	續開元157	22-15139	7-504	吐魯番315	—	—
5602	03976	開元461	22-15139	4-431	—	故宮089	—
5603	03977	—	—	—	—	—	—
5604	03978	開元462	22-15139	2-517	—	—	—
5605	—	開元463	6-3793	1-139	—	—	—
5606	03979	—	—	—	—	—	—
5607	—	開元464	22-15140	—	—	—	—
5608	03980	開元465	22-15140	2-517	—	—	—
5609	—	—	—	—	—	—	明洛60
5610	03981	—	—	—	—	—	—
5611	—	—	—	—	邯鄲碑063	—	—
5612	03982	—	—	9-360	—	—	—
5613	—	—	—	8-381	—	—	—
5614	03983	開元466	22-15141	4-431	—	—	—
5615	—	—	—	—	西市223	—	—
5616	—	續開元158	22-15141	6-424	—	—	—
5617	03984	—	—	千唐-175	—	—	—
5618	03985	開元467	6-3794	1-140	—	—	—
5619	03986	—	—	—	—	—	—
5620	—	續開元159	22-15142	5-364	—	—	—
5621	—	—	—	—	—	碑林續092	—
5622	—	開元468	6-3486	—	—	—	—
5623	03987	開元469	22-15142	2-518	—	唐宋304 施唐203	人1176 東1348
5624	03988	—	—	千唐-175	—	—	—
5625	—	—	—	2-516 下-1868	西北3-98	昭陵88 碑林196-1118	淑539 淑540
5626	03989	—	—	—	—	—	—
5627	—	—	—	—	—	—	—
5628	03990	—	—	—	—	—	—
5629	—	—	—	下-1873	—	—	—
5630	03990	—	—	—	—	—	—
5631	—	開元470	7-4222	—	—	—	—
5632	03991	—	—	—	—	新見34	—
5633	—	—	—	—	寧波2	—	—
5634	—	—	—	—	—	碑林續093	—
5635	03993	—	—	—	—	—	—
5636	03994	—	—	8-35	—	—	—
5637	—	—	—	—	—	碑林新164	—
5638	03995	—	—	—	—	—	—
5639	03996	開元471	22-15142	5-364	—	唐宋305 施唐204	人1179 東1349

開元

番號	墓誌名	年號	A 題跋	B北圖	C 附考 新中國	D隋唐五代	E千唐・河南
5640	王守信墓誌	開元26(738)閏8月	—	—	—	—	秦續506
5641	段亮及妻石氏墓誌	開元26(738)9月	—	—	—	—	新獲續127 河洛232 民族276
5642	裴君妻元氏墓誌	開元26(738)9月	187右上	24-67	—	北京1-173 陝西3-165	—
5643	李伏墓誌	開元26(738)9月	—	—	—	—	秦續509
5644	王忌墓誌	開元26(738)10月	—	—	—	—	邙洛152 新出251 龍門181
5645	崔和及妻李氏墓誌	開元26(738)10月	—	—	—	—	
5646	董逢墓誌	開元26(738)10月	—	—	—	—	—
5647	李神德及妻張氏墓誌	開元26(738)10月	—	—	—	—	—
5648	秦貴及妻范氏墓誌	開元26(738)10月	—	—	—	—	—
5649	連軌墓誌	開元26(738)10月	—	—	—	—	—
5650	靈覺塔銘	開元26(738)10月	—	24-73	—	北京1-174	—
5651	傅伏墓誌	開元26(738)11月	—	—	—	—	秦續510
5652	趙外及妻李氏墓誌	開元26(738)11月	—	—	—	—	—
5653	夏侯思泰墓誌	開元26(738)11月	187右上	24-74	—	洛陽10-151	—
5654	韋翰墓誌	開元26(738)11月	—	—	—	—	—
5655	韋最妻裴氏墓誌	開元26(738)11月	—	—	—	陝西3-166	—
5656	張信墓誌	開元26(738)11月	—	—	—	—	—
5657	張餘及妻馬氏墓誌	開元26(738)11月	—	—	河南壹-21	河南67	—
5658	郭瑜及妻沈氏墓誌	開元26(738)11月	—	—	河南參-135	—	秦晉465
5659	裴崇禮墓誌	開元26(738)11月	—	—	—	山西110	—
5660	劉君妻盧氏墓誌	開元26(738)11月	—	—	—	—	秦晉464
5661	劉憲妻盧氏墓誌	開元26(738)11月	—	—	—	—	流散140
5662	張起及妻郭氏墓誌	開元26(738)11月	—	24-75	—	山西111	—
5663	牛翼墓誌	開元26(738)11月	—	—	—	—	—
5664	李玄墓誌	開元26(738)11月	—	—	—	—	—
5665	李邕妃夫余氏墓誌	開元26(738)11月	—	—	—	—	—
5666	苑策及妻張氏墓誌	開元26(738)11月	—	—	—	—	—
5667	郝智墓誌	開元26(738)11月	—	—	—	—	—
5668	邢巨墓誌	開元26(738)11月	—	—	—	—	河洛235 龍門186 流散141
5669	李景由及妻盧氏墓誌	開元26(738)11月	—	—	—	—	龍門183
5670	連恝及妻崔氏墓誌	開元26(738)11月	—	—	—	—	—
5671	宋祖堪墓誌	開元26(738)12月	—	24-76	—	河北65	—
5672	慕容明墓誌	開元26(738)12月	—	24-77	—	北京1-175	—
5673	姚君妻郭氏墓誌	開元26(738)12月	—	—	—	—	秦續511
5674	慕容曦光墓誌	開元26(738)12月	—	—	—	—	—
5675	陳叡墓誌	開元26(738)12月	—	—	—	—	—
5676	薛鋭及妻柳氏墓誌	開元26(738)12月	—	—	—	—	—
5677	武氏墓誌	開元26(738)	187右上	—	—	—	—
5678	李敬固及妻朱氏墓誌	開元27(739)1月	—	24-79	—	洛陽10-152	—
5679	李喬卿及妻閻氏墓誌	開元27(739)1月	—	—	—	—	秦晉466
5680	程伯獻及妻樊周墓誌	開元27(739)1月	—	—	—	洛陽10-153	新唐162
5681	周誠墓誌	開元27(739)1月	—	—	—	洛陽10-154	千唐773
5682	鄭撝及妻皇甫墓誌	開元27(739)1月	—	24-80	—	洛陽10-155	千唐772
5683	寇隨墓誌	開元27(739)2月	—	—	—	—	河洛236
5684	王盛及妻郝氏陳氏墓誌	開元27(739)2月	—	—	—	—	—
5685	王英墓誌	開元27(739)2月	—	—	—	—	新出254
5686	王元琰墓誌	開元27(739)2月	—	—	—	洛陽10-156	千唐774
5687	王仁及妻李氏申氏蔣氏墓誌	開元27(739)2月	—	—	—	山西112	—
5688	王方及妻樊氏墓誌	開元27(739)2月	—	—	—	洛陽10-157	—
5689	王勸墓誌	開元27(739)2月	—	—	—	—	邙洛153
5690	浩覽及妻郭氏墓誌	開元27(739)2月	—	—	—	—	—
5691	王章墓誌	開元27(739)2月	—	—	—	—	—

開元

番號	F 北大	G 墓誌彙編	H 新編	I 補遺補編	J 地方	K 博物館・その他	L 日本目録
5640	—	—	—	—		—	—
5641	—	—	—	8-382		—	—
5642	03997	開元472	22-15143	7-504 下-1869		裴氏81 磚刻1184	人1180
5643	03998	—	—	—		—	—
5644	04000	開元473	22-15143	6-425		—	—
5645	04001	—	—	9-447		—	—
5646	—	—	—	—	長治178 大全・長治29	—	—
5647	—	—	—	8-383		—	—
5648	04002	—	—	千唐-176		—	—
5649	04003	—	—	—		—	—
5650	—	開元479	—	—		—	—
5651	—	—	—	—		—	—
5652	—	—	—	—	安豐180 安陽選(17)	—	—
5653	04005	開元474	22-15144	6-425	—	故宮090	—
5654	—	—	—	—	長新166 長碑106(456)	—	—
5655	—	續開元160	22-15143	5-365	長碑(456)	裴氏81	—
5656	04007	—	—	—		—	—
5657	—	續開元161	22-15145	6-426		—	—
5658	04006	—	—	千唐-177		—	—
5659	—	續開元162	22-15145	5-365	長治180 大全・長治31	裴氏82	—
5660	—	—	—	—		—	—
5661	04004	—	—	—		北大新拓126(182)	—
5662	04008	開元475	22-15146	4-432		—	—
5663	04012	—	—	—		—	—
5664	04010	—	—	—		—	—
5665	—	—	—	—		嗣虢王147	—
5666	—	開元476	22-15147	7-381		—	—
5667	04011	—	—	—		—	—
5668	—	—	—	—		—	—
5669	04009	續開元163	22-15146	6-426 下-1872	杏園13	—	—
5670	—	—	—	—	大全・襄垣47	—	—
5671	04013	開元477 續開元164	22-15147	4-433		—	—
5672	04014	開元478	22-15148	5-366	武威48 蘭州26	施唐205	—
5673	—	—	—	—		—	—
5674	—	—	22-15148	4-432	武威61	南京50	—
5675	04015	—	—	—		—	—
5676	—	—	—	—		西市224	—
5677	—	—	—	—		—	—
5678	04016	開元481	6-3846	4-28		唐宋306	人1184
5679	04017	—	—	9-448		—	—
5680	—	開元482	6-3416	3-65		—	—
5681	—	開元483	22-15149	2-518		—	—
5682	04018	開元484	6-3795	1-141		—	—
5683	—	—	—	—		—	—
5684	—	—	22-15150	—		—	—
5685	04019	—	—	9-449		—	—
5686	—	開元485	22-15151	2-518		—	—
5687	—	續開元165	22-15151	6-427	大全・長子17	—	—
5688	—	續開元166	22-15152	6-428		—	—
5689	—	—	—	—		—	—
5690	—	—	—	—		碑林新165	—
5691	04021	—	—	—		—	—

開元

番號	墓誌名	年號	A 題跋	B北圖	C 附考 新中国	D隋唐五代	E千唐・河南
5692	王惠忠墓誌	開元27(739)2月	−	24-81	−	洛陽10-158	−
5693	宋慶及妻李氏墓誌	開元27(739)2月	−	−	−	−	−
5694	趙行隴及妻劉氏墓誌	開元27(739)2月	−	−	−	−	秦晉467
5695	韓義墓誌	開元27(739)2月	−	−	−	−	−
5696	王守忠及妻隴西□氏墓誌	開元27(739)2月	−	−	−	−	−
5697	竹思泰墓誌	開元27(739)3月	−	−	−	−	邙洛154 民族209
5698	申屠徵墓誌	開元27(739)3月	−	−	−	−	−
5699	姚如衡墓誌	開元27(739)4月	−	24-83	−	洛陽10-159	千唐775 民族302
5700	丘樹生墓誌	開元27(739)4月	−	−	−	−	−
5701	左適及妻崔氏墓誌	開元27(739)4月	−	−	−	−	秦續512 流散142
5702	梁君及妻劉氏墓誌	開元27(739)4月	−	−	−	−	秦晉468
5703	□君及妻劉十娘墓誌	開元27(739)4月	−	−	−	−	−
5704	姚政□墓碣	開元27(739)4月	−	24-84	−	洛陽10-160	−
5705	王友鷟墓誌	開元27(739)4月	−	−	−	−	秦晉469 流散143
5706	九品亡宮墓誌	開元27(739)4月	−	−	−	陝西3-167	−
5707	尼悟因墓誌	開元27(739)5月	−	−	−	−	龍門185
5708	李五師墓誌	開元27(739)5月	−	−	−	−	河洛237
5709	王君妻劉氏墓誌	開元27(739)5月	−	−	−	−	秦晉470
5710	韋必復墓記	開元27(739)5月	187右上	−	−	北大1-142	−
5711	張若訥墓誌	開元27(739)5月	−	24-86	−	洛陽10-161	千唐776
5712	張令暉妻王仁叔墓誌	開元27(739)7月	−	−	陝西壹-128	陝西3-168	−
5713	高氏墓誌	開元27(739)7月	−	−	−	−	−
5714	陳懷及妻馬氏墓誌	開元27(739)7月	−	−	−	−	−
5715	長孫君妻李氏墓誌	開元27(739)7月	187右上	−	−	−	−
5716	明琰及妻劉氏墓誌	開元27(739)8月	−	−	−	−	秦晉471 七朝223
5717	孫嘉之及妻宋氏墓誌	開元27(722)8月	−	−	−	−	−
5718	崔君妻李氏墓誌	開元27(739)8月	−	−	−	洛陽10-163	−
5719	盧君妻房麗(鹿)娘墓誌	開元27(739)8月	−	24-87	−	洛陽10-162	千唐777
5720	張令問妻臧氏墓誌	開元27(739)8月	−	−	陝西參-61	−	−
5721	空寂(龐六兒)墓誌	開元27(739)8月	−	−	陝西壹-129	陝西3-170	−
5722	張君墓誌	開元27(739)8月	−	−	−	−	秦晉473
5723	張守質墓誌	開元27(739)8月	−	−	−	−	秦續508
5724	張太素妻孫氏墓誌	開元27(739)8月	−	−	−	−	−
5725	張巽墓誌	開元27(739)8月	−	−	−	陝西3-169	−
5726	楊隱及妻麴氏褚氏墓誌	開元27(739)8月	−	−	陝西參-62	−	−
5727	趙庭墓誌	開元27(739)8月	−	24-88	−	洛陽10-164	−
5728	蘇涉及妻吳氏墓誌	開元27(739)8月	−	−	−	−	秦晉472
5729	鄭賓妻崔攀墓誌	開元27(739)8月	187右上	24-89	−	洛陽10-165	−
5730	白慎言墓誌	開元27(739)9月	−	−	−	−	秦晉474 七朝224
5731	梁藏墓誌	開元27(739)10月	−	−	−	−	−
5732	郭溫墓誌	開元27(739)10月	−	−	−	洛陽10-166	−
5733	李君妻梁淑墓誌	開元27(739)10月	−	−	−	−	邙洛155
5734	李琬墓誌	開元27(739)10月	−	−	−	−	秦晉475
5735	崔儒墓誌	開元27(739)10月	−	−	−	−	−
5736	王杲及妻劉氏墓誌	開元27(739)10月					龍門189 秦晉476 七朝225 流散144
5737	張謠墓誌	開元27(739)10月	−	24-90	−	北京1-176	−
5738	王君妻趙上眞墓誌	開元27(739)10月	−	24-91	−	洛陽10-168	千唐779
5739	王知墓誌	開元27(739)10月	−	−	−	−	−
5740	王處俊墓誌	開元27(739)10月	−	−	−	−	−
5741	白知新及妻鄭氏墓誌	開元27(739)10月	187右中	24-92	−	洛陽10-167	−
5742	江自求及妻王氏墓誌	開元27(739)10月	−	−	−	−	秦續513
5743	江自球妻王氏墓誌	開元27(739)10月	−	−	−	−	−
5744	杜元穎妻崔氏墓誌	開元27(739)10月	−	24-93	−	洛陽10-169	千唐778
5745	唐思愼及妻元氏墓誌	開元27(739)10月	−	−	河南貳-補2	−	−
5746	桓臣範墓誌	開元27(739)10月	−	−	−	−	新唐164

番號	F北大	G墓誌彙編	H 新編	I補遺補編	J 地方	K 博物館・その他	L 日本目録
5692	04020	開元486	22-15152	4-433	—		—
5693	—	—	—	—	—	碑林新166	—
5694	04023	—	—	—	—	西市225	—
5695	04022	—	—	—	—		—
5696	—	—	22-15149	—	—		—
5697	—	—	—	—	—		—
5698	—	—	—	—	—	碑林新167	—
5699	04024	開元487	22-15153	2-519	—		—
5700	—	—	—	—	—	碑林新168	—
5701	—	—	—	—	—		—
5702	—	—	—	—	—		—
5703	04025	—	—	—	—	西市226	—
5704	—	開元488	22-15154	—	—		—
5705	04026	—	—	—	—		—
5706	—	續開元167	22-15111	5-471	—		—
5707	—	—	—	—	—		—
5708	—	—	—	—	—		—
5709	04027	—	—	—	—		—
5710	04028	開元489	22-15154	7-504	—	磚刻1185	—
5711	04029	開元490	22-15154	2-520	—		—
5712	—	續開元168	6-3827	1-141 下-2111	咸陽22 精華106 渭城254		—
5713	—	—	—	—	—	西市227	—
5714	—	—	—	—	安陽選42		—
5715	—	—	—	—	—		—
5716	04031	—	—	—	—	西市228	—
5717	—	—	6-3574	—	—		—
5718	—	續開元169	6-3729	7-48	—		—
5719	04030	開元491	6-4040	1-142	—		—
5720	—	—	—	8-384	榆林54		—
5721	—	續開元170	22-15155	5-366	咸刻48		—
5722	04033	—	—	—	—	西市229	—
5723	04035	—	—	—	—		—
5724	04034	—	—	—	—		—
5725	—	續開元171	22-15155	5-366	—		—
5726	—	—	—	8-384 9-450	長碑(457)	碑林新169	—
5727	04032	開元492	22-15154	5-366	—	—	人1187
5728	—	—	—	—	—	西市230	—
5729	04036	開元493	22-15155	4-434	—		—
5730	—	—	—	—	—		—
5731	04037	—	—	—	—		—
5732	—	續開元172	7-4703	6-61	—		—
5733	—	—	—	—	—		—
5734	04038	—	—	—	—		—
5735	04039	—	—	—	—		—
5736	04040	—	—	—	—	—	明洛61
5737	—	續開元173	22-15156	4-434 下-1875	—		—
5738	04045	開元496	22-15157	2-521	—		—
5739	04046	—	—	—	—		—
5740	—	—	—	—	—	慶雅堂36 西市231	—
5741	04041	開元494	22-15156	5-367	—	唐宋307 施唐206	人1188 東1352
5742	—	—	—	—	—		—
5743	04047	—	—	—	—		—
5744	04043	開元495	22-15157	2-520	—		—
5745	—	—	—	—	—		—
5746	04044	—	—	9-362	—	北大新拓129(188)	—

開元

番號	墓誌名	年號	A 題跋	B北圖	C 附考 新中國	D隋唐五代	E千唐・河南
5747	崔安儼妻李氏墓誌	開元27(739)10月	－	－	－	－	洛鴛鴦19-2
5748	裴聞一及妻崔氏墓誌	開元27(739)10月	－	－	－	－	－
5749	王智言及妻張氏墓誌	開元27(739)10月	－	－	－	洛陽10-170	千唐781
5750	朱君妻周芬墓誌	開元27(739)10月	－	－	－	－	秦續515 流散145
5751	崔惟忤墓誌	開元27(739)10月	－	－	－	－	－
5752	常來及妻龐氏墓誌	開元27(739)10月	－	24-94	－	北大1-143	－
5753	楊君妻張氏墓誌	開元27(739)10月	－	24-95	－	洛陽10-171	千唐780
5754	鄭齊閔及妻李氏墓誌	開元27(739)10月	－	24-96	－	洛陽10-172	－
5755	宇文曜墓誌	開元27(739)10月	－	－	－	－	－
5756	朱歸浦及妻劉氏墓誌	開元27(739)10月	－	24-97	－	洛陽10-173	－
5757	李君妻崔華墓誌	開元27(739)10月	－	－	－	－	秦晉477 流散146
5758	束君妻王承法墓誌	開元27(739)10月	－	24-98	－	洛陽10-174	－
5759	俾失十囊墓誌	開元27(739)10月	－	－	陝西貳-100	－	－
5760	席庭誨及妻韓氏墓誌	開元27(739)10月	－	－	河南參-137	－	－
5761	席庭誠墓誌	開元27(739)10月	－	－	河南參-136	－	－
5762	崔玄隱及妻陳氏墓誌	開元27(739)10月	187右中	24-99	－	北大1-144	－
5763	崔同及妻王氏墓誌	開元27(739)10月	－	－	－	－	－
5764	崔日新及妻劉氏墓誌	開元27(739)10月	－	－	－	－	七朝226
5765	趙庭秀墓誌	開元27(739)10月	187右中	24-100	－	洛陽10-175	－
5766	盧暕及妻李氏墓誌	開元27(739)10月	－	－	－	－	秦晉478
5767	王君妻□億墓誌	開元27(739)10月	－	－	－	－	－
5768	王暕墓誌	開元27(739)10月	187右上	－	－	－	－
5769	郭珉及妻辛氏墓誌	開元27(739)11月	－	－	－	－	－
5770	郭留慶及妻王氏墓誌	開元27(739)11月	－	－	－	－	－
5771	崔感墓誌	開元27(739)11月	－	－	－	－	－
5772	張易及妻劉氏墓誌	開元27(739)11月	－	24-101	－	北大1-145	－
5773	房宣墓誌	開元27(739)11月	－	24-102	－	洛陽10-176	－
5774	邵子眞墓誌	開元27(739)12月	－	－	－	－	－
5775	宋君妻慕容氏墓誌	開元27(739)12月	－	－	河南參-139	－	民族379
5776	李君妻崔氏墓誌	開元27(739)12月	－	－	河南參-138	－	－
5777	高君妻王氏墓誌	開元27(739)12月	－	－	－	－	龍門190 秦晉479 流散147
5778	高珽墓誌	開元27(739)12月	－	－	－	－	秦晉480
5779	單重忻及妻馬氏墓誌	開元27(739)12月	－	－	－	－	秦續516 七朝227
5780	裴君妻盧婉墓誌	開元27(739)12月	－	－	－	－	－
5781	李泉及妻張氏墓誌	開元27(739)12月	－	24-103	－	洛陽10-177	千唐782
5782	豆盧液妻韋氏墓誌	開元27(739)	－	－	－	－	秦續514
5783	張弘度墓誌	開元27(739)	187右中	－	－	－	－
5784	裴宥墓誌	開元28(740)1月	－	－	－	洛陽10-178	－
5785	敬守德墓誌	開元28(740)2月	－	24-105	－	洛陽10-179	－
5786	蕭紹遠墓誌	開元28(740)2月	－	24-106	－	洛陽10-180	千唐783
5787	雍智雲墓誌	開元28(740)2月	－	－	陝西貳-101	陝西1-122	－
5788	周貞墓誌	開元28(740)2月	187右中	－	－	－	－
5789	慕容嘉勗墓誌	開元28(740)2月	187右下	－	－	－	－
5790	趙知愼墓誌	開元28(740)3月	－	24-116	－	洛陽10-181	－
5791	賈七及妻董氏墓誌	開元28(740)3月	－	－	－	－	秦晉481
5792	盧滿墓誌	開元28(740)3月	－	－	－	－	－
5793	張仲臣墓誌	開元28(740)4月	187右下	24-121	－	洛陽10-182	－
5794	王景先妻崔氏墓誌	開元28(740)4月	－	－	－	－	新獲續128 邙洛156 龍門188
5795	樊君妻杜氏墓誌	開元28(740)4月	－	－	－	－	－
5796	程璬墓誌	開元28(740)4月	－	24-122	－	洛陽10-183	－
5797	鄭愼言妻于氏墓誌	開元28(740)4月	－	－	－	－	秦晉482 七朝228 流散148
5798	源衍墓誌	開元28(740)4月	－	－	－	洛陽10-184	民族357

開元

番號	F北大	G墓誌彙編	H 新編	I補遺補編	J 地方	K 博物館・その他	L 日本目録
5747	—	—	—	—	—	—	—
5748	—	—	—	—	—	碑林新170	—
5749	—	開元497	22-15157	2-521	—	—	—
5750	04052	—	—	—	—	—	—
5751	04048	—	—	—	—	—	—
5752	04050	開元498	22-15158	7-381	—	—	人1189
5753	04049	開元499	22-15158	2-521	—	—	—
5754	04051	開元500	6-3796	1-143	—	曲石48 南京51	—
5755	—	—	—	—	—	碑林續094	—
5756	—	續開元174	22-15160	4-435 下-1873	—	—	—
5757	04058	—	—	—	—	—	—
5758	—	開元502	6-3796	4-29	—	—	—
5759	—	—	22-15159	5-368 下-1874	—	碑林80-2750 碑林新171	—
5760	04055	—	—	千唐-178	—	—	—
5761	04056	—	—	千唐-178	—	—	—
5762	04054	開元501	22-15159	6-429	—	施唐207	人1191 東1354 淑541
5763	—	—	—	9-451	—	—	—
5764	04059	—	—	—	—	—	—
5765	04053	開元503	22-15160	6-429	—	唐宋308	人1190 東1353
5766	04057	—	—	—	—	—	—
5767	04060	—	—	—	—	—	—
5768	—	—	—	下-1875	—	—	—
5769	—	—	—	—	—	碑林新172	—
5770	—	—	—	—	—	碑林新173	—
5771	04061	—	—	—	—	—	—
5772	04062	開元504	22-15160	7-382	—	施唐208	—
5773	04063	開元505	22-15162	4-435	—	—	—
5774	—	—	—	—	—	碑林續095	—
5775	04065	—	—	千唐-179	—	—	—
5776	04064	—	—	千唐-179	—	—	—
5777	04066	—	—	—	—	—	—
5778	—	—	—	—	—	—	—
5779	—	—	—	—	—	—	—
5780	—	—	—	—	—	西市232	—
5781	04067	開元506	6-3797	1-143	—	—	—
5782	04042	—	—	—	—	—	—
5783	—	—	—	—	—	—	—
5784	—	續開元175	22-15161	6-429	—	裴氏82	—
5785	04068	開元507 開元098	22-15162	4-436	—	—	—
5786	04069	開元508	6-3830	1-144	—	—	—
5787	—	續開元176	22-15162	5-369	西北3-99	碑林80-2759	—
5788	—	—	—	下-1875 下-2198	—	—	—
5789	—	—	—	—	—	—	—
5790	04070	開元509	22-15163	5-370	—	—	—
5791	04071	—	—	—	—	—	—
5792	—	—	22-15168	6-430	—	—	—
5793	04072	開元510	22-15163	4-436	—	—	—
5794	04073	—	—	8-36	—	—	—
5795	04074	—	—	千唐-180	—	—	—
5796	—	開元511	22-15164	4-437	—	—	—
5797	04075	—	—	—	—	—	—
5798	—	續開元177	6-3756	6-61	—	—	—

開元

番號	墓誌名	年號	A 題跋	B北圖	C 附考 新中国	D隋唐五代	E千唐・河南
5799	齊氏墓誌	開元28(740)5月	—	—	—	—	—
5800	逸福墓誌	開元28(740)6月	—	—	—	—	—
5801	張孚墓誌	開元28(740)6月	187右下	24-131	—	—	—
5802	吳眞妻席氏墓誌	開元28(740)6月	—	24-123	—	洛陽10-185	
5803	楊大娘磚墓記	開元28(740)6月	—	—	陝西貳-102	—	
5804	鄐崇烈墓誌	開元28(740)7月	—	24-124	—	洛陽10-186	
5805	李旦(睿宗)貴妃豆盧氏墓誌	開元28(740)7月	—	—	—	—	邙洛157 新唐166 民族233 龍門191
5806	崔君妻鄭敏墓誌	開元28(740)8月	—	24-125	—	洛陽10-187	千唐784
5807	馮鼎墓誌	開元28(740)8月	—	—	—	—	秦續517
5808	楊思勗墓誌	開元28(740)8月	—	—	—	—	
5809	程君妻曾參墓誌	開元28(740)9月	—	—	—	—	河洛238
5810	薛鴻墓誌	開元28(740)9月	—	—	—	—	秦晉483
5811	康庭蘭墓誌	開元28(740)10月	—	24-127	—	洛陽10-188	民族338 洛絲109
5812	楊仲昌墓誌	開元28(740)10月	—	—	河南貳-313	—	
5813	張光祐墓誌	開元28(740)10月	—	24-128	—	洛陽10-189	
5814	張守珪墓誌	開元28(740)10月	—	—	—	洛陽10-190	
5815	樂談墓誌	開元28(740)10月	—	—	—	—	—
5816	方元瑾墓誌	開元28(740)11月	—	—	—	—	—
5817	皇再從姪李興宗墓誌	開元28(740)11月	—	—	—	—	流散149
5818	獨孤君妻薛嬃墓誌	開元28(740)11月	—	—	—	—	秦晉484 七朝229
5819	李緒之妻崔自蕙墓誌	開元28(740)11月	—	—	—	—	河洛239 龍門192
5820	汲奉一墓誌	開元28(740)11月	—	24-129	—	洛陽10-191	
5821	范安及墓誌	開元28(740)11月	—	—	陝西貳-103	—	—
5822	張涗墓誌	開元28(740)11月	—	—	—	—	龍門499 秦晉485 七朝230 流散150
5823	盧粲妻鄭德曜墓誌	開元28(740)11月	—	—	—	洛陽10-193	輯繩522 龍門195
5824	賈智先墓誌	開元28(740)11月	—	—	—	—	—
5825	李君妻王氏墓誌	開元28(740)11月	—	—	—	—	秦晉486 七朝231
5826	張君妻崔媛墓誌	開元28(740)11月	—	—	—	—	秦續518
5827	趙全璧墓誌	開元28(740)11月	—	—	—	—	新獲續129 河洛240 龍門194
5828	張承祚墓誌	開元28(740)11月	—	24-130	—	洛陽10-192	
5829	李冒墓誌	開元28(740)12月	—	—	—	—	—
5830	崔恕墓誌	開元28(740)12月	—	—	—	洛陽10-194	千唐785
5831	楊承恩墓誌	開元28(740)12月	—	—	—	—	
5832	比丘法成墓誌	開元28(740)12月	—	—	—	—	秦續519
5833	李多祚妃楊氏墓誌	開元29(741)1月	—	—	—	—	河洛241
5834	李論墓誌	開元29(741)1月	—	—	河南參-140	—	—
5835	范元墓誌	開元29(741)1月	—	—	—	—	
5836	李元璥妻鄭氏墓誌	開元29(741)1月	—	—	—	—	
5837	啜祿君妻鄭實活墓誌	開元29(741)2月	—	—	—	江蘇41	
5838	張守珍墓誌	開元29(741)2月	—	24-132	—	洛陽10-195	千唐786
5839	裴坦墓誌	開元29(741)2月	188左上	24-133	—	洛陽10-196	—
5840	裴積墓誌	開元29(741)2月	187右下 188左中	24-134	—	北京1-177	—
5841	盧伯明墓誌	開元29(741)2月	—	—	—	—	秦晉487 七朝232
5842	張九齡墓誌	開元29(741)3月	—	24-137	—	北京1-178	
5843	戴師倩妻顏氏墓誌	開元29(741)3月	—	—	—	—	—
5844	王君妻鄭氏墓誌	開元29(741)3月	—	—	—	—	新獲續130 河洛242
5845	王元琰妻樊氏墓誌	開元29(741)3月	—	—	—	洛陽10-197	千唐787
5846	李珪墓誌	開元29(741)3月	188左上	—	—	—	—
5847	趙瓊琰墓誌	開元29(741)3月	—	24-138	—	洛陽10-198	千唐788
5848	杜恧墓誌	開元29(741)4月	—	—	—	—	—
5849	屈突琁墓誌	開元29(741)4月	—	—	—	—	民族271

開元

番號	F北大	G墓誌彙編	H 新編	I補遺補編	J 地方	K 博物館・その他	L 日本目録
5799	04076	—	—	—	—	—	—
5800	04077	—	—	—	—	—	—
5801	04078	開元513	6-3736	—	—	施唐209	人1192 淑542
5802	04079	開元512	22-15164	4-437	—	—	—
5803	—	—	22-15165	2-522	—	磚刻1186	—
5804	04080	開元514	6-3798	1-145	—	曲石49 南京52	—
5805	—	—	4-2166	5-29 下-2112	—	—	—
5806	04081	開元516	22-15165	2-522	—	—	—
5807	04082	—	—	—	—	—	—
5808	—	開元515	6-3380	1-146	—	—	—
5809	04083	—	—	—	—	—	—
5810	03999	—	—	—	—	—	—
5811	04084	開元517	22-15165	4-438	—	唐宋309 撒馬52	人1195
5812	—	—	—	—	—	—	—
5813	04085	開元518	7-4584	4-29	—	—	—
5814	—	—	6-3953	6-62 下-2115	—	—	—
5815	04086	—	—	—	—	—	—
5816	—	—	—	5-370	—	碑林續096	—
5817	—	—	—	—	—	—	—
5818	04087	—	—	—	—	薛氏262	—
5819	04088	—	—	—	—	—	—
5820	—	續開元180	22-15166	4-438 上-403	—	—	—
5821	—	續開元178	6-3440	—	—	碑林80-2766	—
5822	04089	—	—	—	—	北大新拓127(184)	—
5823	—	續開元179	5-3205 5-3206	6-64 8-36 上-402	—	—	—
5824	04092	—	—	—	—	—	—
5825	04090	—	—	—	—	—	—
5826	—	—	—	—	—	—	—
5827	—	—	—	8-384	—	—	—
5828	04091	開元519	22-15167	2-522	—	曲石50 南京53 裴氏84	—
5829	—	—	6-3575	—	—	—	—
5830	—	開元520	22-15167	2-523	—	—	—
5831	—	—	—	—	—	西市233	—
5832	—	—	—	—	—	—	—
5833	—	—	—	—	—	—	—
5834	04093	—	—	千唐-181	—	—	—
5835	—	—	—	—	—	碑林新174	—
5836	—	—	—	—	—	—	—
5837	—	開元524 續開元181	22-15168	4-439	—	—	人1198
5838	04094	開元521	6-3799	1-147	—	—	—
5839	04095	開元522	22-15168	4-440	—	唐宋310 裴氏83 施唐210-211	人1197 東1357
5840	04096	開元523	7-4563	—	—	裴氏85	人1205 淑543
5841	04097	—	—	—	—	—	—
5842	04098	開元525	6-3482	1-145	廣東49	—	—
5843	04099	—	—	—	—	河博35	—
5844	—	—	—	8-38	—	—	—
5845	—	開元527	6-3828	1-148	—	—	—
5846	04100	開元526	22-15169	7-382	—	—	—
5847	04101	開元528	6-3829	1-149	—	—	—
5848	04102	—	—	—	—	—	—
5849	04112	—	—	千唐-181	—	—	—

開元

番號	墓誌名	年號	A 題跋	B北圖	C 附考 新中国	D隋唐五代	E千唐・河南
5850	白知禮墓誌	開元29(741)4月	―	24-139	―	洛陽10-199	千唐789
5851	李元璬墓誌	開元29(741)4月	―	―	―	―	―
5852	韋倬妻楊氏墓誌	開元29(741)閏4月	―	―	―	―	―
5853	關楚徵墓誌	開元29(741)閏4月	―	24-140	―	洛陽10-200	
5854	張李伯妻魏淑墓誌	開元29(741)閏4月	―	―	―	―	秦續520 流散151
5855	龍叡墓誌	開元29(741)閏4月	―	―	―	山西113	
5856	楊璡妻源內則墓誌	開元29(741)5月	188左上	24-143	―	洛陽10-201	民族358
5857	田仙寮墓誌	開元29(741)6月	―	24-145	―	洛陽10-202	千唐790
5858	李君妻嚴氏(字眞如海)墓誌	開元29(741)7月	188左中	24-146	―	洛陽10-203	―
5859	張采及妻梁氏墓誌	開元29(741)7月	―	―	―	―	秦晉488 七朝233 流散152
5860	裴忱墓誌	開元29(741)7月	―	―	―	―	秦續521
5861	崔茂宗及妻賈氏墓誌	開元29(741)8月					秦晉489 七朝234 洛駕鴬20-1
5862	張景尚及妻裴氏墓誌	開元29(741)8月					河洛243 龍門195
5863	董行及妻王氏及嗣子修禮及妻劉氏墓誌	開元29(741)8月					秦晉351
5864	豆善富墓誌	開元29(741)8月	―	24-147	―	洛陽10-204	民族230
5865	裴光朝妻高氏墓誌	開元29(741)8月	―	―	―	―	秦續522 流散153
5866	裴文明及妻万俟氏墓誌	開元29(741)8月	―	―	―	―	秦續523
5867	王令賓墓誌	開元29(741)9月	―	―	―	―	秦續524 流散154
5868	邢超及妻辛氏墓誌	開元29(741)10月	―	24-150	―	洛陽10-205	千唐791
5869	榮胡子墓誌	開元29(741)10月	―	―	河北壹-84	河北66	―
5870	元君妻李娀墓誌	開元29(741)10月	―	―	―	―	新獲續131 河洛244
5871	張渾及妻李氏墓誌	開元29(741)10月卒					
5872	周希沖墓誌	開元29(741)10月					
5873	程洪墓誌	開元29(741)11月					
5874	宋玄之墓誌	開元29(741)11月					秦晉490
5875	李延祐及妻崔瓔墓誌	開元29(741)11月	―	―	河南參-141	―	新獲續132 邙洛158
5876	青敬乾及妻魏氏墓誌	開元29(741)11月	―	―	―	―	秦續525
5877	徐嶠妻王琳墓誌	開元29(741)11月					河洛245 新唐168 龍門196 洛駕鴬23-2
5878	尹君妻李氏墓誌	開元29(741)11月	―	―	―	―	龍門197 七朝235
5879	王令珣妻朱元幹墓誌	開元29(741)11月	―	―	―	―	河洛246
5880	李君妻段慈順墓誌	開元29(741)11月	―	―	陝西貳-104	―	―
5881	鄭闓墓誌	開元29(741)11月					
5882	沈浩豐墓誌	開元29(741)11月	―	24-152	―	洛陽10-206	千唐792
5883	李浮丘墓誌	開元29(741)11月	―	―	―	―	秦續526 洛駕鴬21-1
5884	張景陽墓誌	開元29(741)11月	―	24-154	―	洛陽10-208	
5885	蔣敏妻張氏墓誌	開元29(741)11月	―	24-155	―	洛陽10-209	千唐794
5886	蘇咸墓誌	開元29(741)11月	―	24-153	―	洛陽10-207	千唐793
5887	李虛巳墓誌	開元29(741)12月	―	―	―	―	秦續527
5888	張渾妻李氏(永昌郡主)墓誌	開元29(741)以降					
5889	楊暉墓誌	開元□年11月	―	―	―	陝西3-171	―
5890	李德及妻王氏墓誌	開元2□年(732〜741)2月					
5891	郭君妻李氏墓誌	開元2□年(732〜741)10月	―	―	―	―	―
5892	李昉墓誌	開元30(742)1月	―	―	―	―	河洛247
5893	李君墓誌	開元30(742)1月					
5894	石倚墓誌	開元寅(2or14or26)年11月					
5895	□君及妻宇文氏殘墓誌	開元間(713〜741)	―	24-158	―	洛陽10-210	千唐795
5896	劉元爽墓誌	開元間(713〜741)	―	―	―	陝西3-140	―

番號	F北大	G墓誌彙編	H 新編	I補遺補編	J 地方	K 博物館・その他	L 日本目錄
5850	04103	開元529	22-15169	2-523	―	―	―
5851	―	―	―	―			
5852	―	―	―	―		西市234	―
5853	04104	開元530	22-15170	4-440		―	―
5854	―	―	―	―		―	―
5855	―	續開元182	22-15171	6-430			
5856	04105	開元531	22-15172	5-371			
5857	04106	開元532	22-15173	1-149			
5858	04107	開元533	6-3830	4-30			
5859	―	―	―	―		―	―
5860							
5861	04109		―	―			
5862	―						
5863							
5864	04110	開元534	22-15173	4-441	―	唐宋311	人1200
5865	04111		―	―		―	―
5866	―						
5867	04113						
5868	04114	開元535	22-15174	2-524	河間251		
5869	―	續開元184	22-15171	6-431	邯鄲碑051		
5870	―	―	―	8-385	―		
5871	―	―	―	―	渭城254		
5872	04115	―	―	―			
5873	04116						
5874	―						
5875	04117	―	―	8-385 千唐-182			
5876	―	―	―	―			
5877	04118	―	―	―	―	北大新拓128(186)	淑544 淑548
5878	04121	―				―	―
5879	04120	―				西市235	明洛63
5880	―	續開元185	6-3832	6-67	―	碑林80-2774 碑林新175	―
5881	04119	―	―	千唐-183			
5882	04122	開元536	22-15175	2-525	―		
5883	04126	―	―				
5884	04124	開元538	4-2634	4-31	―	唐宋312	人1202
5885	04125	開元539	6-3831	1-151		―	―
5886	04123	開元537	6-3847	1-150			
5887	―						
5888	―	―	―	―	渭城259		
5889	―	續開元051	22-15084	5-358	―		
5890	―	開元480	22-15149	7-381			
5891	―	續開元186	6-3832				
5892	04127						
5893	04128	―	―				
5894	―	開元543	22-15176	7-36	―		
5895	04130	開元542	22-15176	7-383	―		
5896	―	續天寶007	4-2167	2-27	精華108		

開元・天寶

番號	墓誌名	年號	A 題跋	B北圖	C 附考 新中国	D隋唐五代	E千唐・河南
5897	鄭進思及妻權氏墓誌	開元間(713〜741)	—	24-157	—	江蘇26 北京1-179	—
5898	李君妻焦氏墓誌	開元間(713〜741)	188左中	—	—	—	—
5899	高君墓誌	開元間(713〜741)	188左中	—	—	—	—
5900	張彥墓誌	開元間(713〜741)	—	—	—	新疆199	—
5901	畢君墓誌	開元間(713〜741)	—	—	—	—	—
5902	□君及妻任氏墓誌	開元間(713〜741)	—	—	—	—	—
5903	長孫峻妻盧氏墓誌	開元間(713〜741)卒	—	—	—	—	邙洛159
5904	裴索墓誌	開元間(713〜741)卒	—	—	—	—	—
5905	李君妻崔氏墓誌	天寶1(742)1月	—	—	—	—	龍門199
5906	盧君妻李氏墓誌	天寶1(742)1月	—	—	—	洛陽11-1	新獲55 秦晉491
5907	許惟明墓誌	天寶1(742)1月	—	—	—	—	河洛248 龍門200
5908	蔡鄭客墓誌	天寶1(742)1月	—	—	—	—	河洛249 龍門203 七朝236 洛鴛鴦22-1
5909	龍庭瑋墓誌	天寶1(742)1月	—	—	—	—	新獲續133 河洛250
5910	周行敏及妻李氏墓誌	天寶1(742)1月	—	—	—	—	秦續528 流散156
5911	崔君妻裴氏墓誌	天寶1(742)1月	—	—	—	—	—
5912	張本及妻鄭氏王氏墓誌	天寶1(742)1月	—	25-2	—	洛陽11-2	千唐796
5913	楊玄福墓誌	天寶1(742)1月	—	—	—	—	邙洛160 新唐170
5914	王冷然及妻裴溥墓誌	天寶1(742)1月	—	25-3	—	洛陽11-3	千唐797
5915	刀君妻牛氏墓誌	天寶1(742)2月	—	—	—	—	秦續529
5916	張嘉祐墓誌	天寶1(742)2月	188左中	—	—	—	—
5917	大照禪師塔銘	天寶1(742)2月	—	—	—	—	—
5918	王漢墓誌	天寶1(742)3月	—	—	—	—	—
5919	王君妻崔氏墓誌	天寶1(742)3月	—	—	—	—	—
5920	賈令琬墓誌	天寶1(742)3月	—	25-5	—	洛陽11-4	—
5921	任暉墓誌	天寶1(742)4月	—	—	河南參-142	—	—
5922	高德墓誌	天寶1(742)4月	—	25-8	—	洛陽11-5	千唐798
5923	崔君妻朱氏墓誌	天寶1(742)4月	188左中	25-9	—	洛陽11-6	
5924	趙巨源及妻楊氏墓誌	天寶1(742)4月	—	25-10	—	洛陽11-7	
5925	楊奉榮妻裴婉容墓誌	天寶1(742)5月	—	—	—	—	—
5926	鄭瑢墓誌	天寶1(742)5月	—	25-11	—	洛陽11-8	千唐799
5927	李元墓誌	天寶1(742)5月	—	—	—	—	—
5928	馬玄義墓誌	天寶1(742)5月	—	—	—	—	秦續530
5929	元有鄰妻韓氏墓誌	天寶1(742)7月	—	—	—	洛陽11-10	
5930	呂獻臣墓誌	天寶1(742)7月	—	—	—	—	秦晉492
5931	李氏墓誌	天寶1(742)7月	—	25-12	—	洛陽11-9	千唐800
5932	李延喜及妻元氏墓誌	天寶1(742)7月	—	—	—	—	秦續531
5933	韋貞範墓誌	天寶1(742)7月	—	—	—	—	—
5934	張君妻鄭柔則墓誌	天寶1(742)7月	—	—	—	—	秦晉493 七朝238
5935	張狀(伏)墓誌	天寶1(742)7月	—	—	—	洛陽11-11	千唐801
5936	劉君妻崔尚德墓誌	天寶1(742)7月	—	—	—	—	河洛251
5937	劉祥及妻魏氏墓誌	天寶1(742)7月	—	—	—	—	秦續532 七朝237
5938	李承家及妻裴氏墓誌	天寶1(742)7月	—	—	—	—	秦續533
5939	李符彩墓誌	天寶1(742)7月	—	—	—	洛陽11-12	千唐802
5940	劉庭芝墓誌	天寶1(742)7月	—	—	—	—	邙洛161
5941	何簡墓誌	天寶1(742)7月	188左下	25-14	—	洛陽11-13	
5942	嚴立德及妻李氏墓誌	天寶1(742)7月	—	—	—	—	—
5943	左智爽及妻魏氏墓誌	天寶1(742)7月	—	—	—	—	秦續534
5944	郭懷則墓誌	天寶1(742)8月	—	—	—	—	—
5945	薛君妻樊氏墓誌	天寶1(742)8月	—	—	—	—	河洛252 龍門203
5946	李賓墓誌	天寶1(742)8月	—	25-15	—	洛陽11-14	千唐804
5947	姚氏(號功德藏)墓誌	天寶1(742)8月	—	25-16	—	洛陽11-15	千唐803
5948	張乘運墓誌	天寶1(742)9月	—	25-20	—	洛陽11-16	千唐805
5949	孟曉墓誌	天寶1(742)10月	—	—	河南參-143	—	—

開元・天寶

番號	F北大	G墓誌彙編	H 新編	I補遺補編	J 地方	K 博物館・その他	L 日本目録
5897	03776	開元361 續開元105	22-15087	4-412	—	—	—
5898	—	—	—	—	—	—	—
5899	—	—	—	—	—	—	—
5900	—	—	—	7-505	吐魯番323	—	—
5901	—	—	5-3305	—	—	—	—
5902	—	開元541	—	—	—	—	—
5903	—	—	—	—	—	—	—
5904	—	—	5-3090	—	—	—	—
5905	—	—	—	—	—	—	—
5906	04131	開元540	18-12504	6-67	—	—	淑545
5907	—	—	—	—	—	西市236	—
5908	04132	—	—	—	—	—	—
5909	—	—	—	8-386	—	—	—
5910	04134	—	—	—	—	—	—
5911	04135	—	—	—	—	西市237	明洛64
5912	04133	天寶001	22-15177	2-526	—	—	—
5913	04136	—	—	千唐-183	—	—	—
5914	04137	天寶002	22-15177	2-527	—	裴氏62	—
5915	—	—	—	—	—	—	—
5916	—	天寶003	7-4101	—	—	—	—
5917	—	—	5-2957	—	—	—	—
5918	04138	—	—	—	—	—	—
5919	—	天寶004	22-15178	7-505	—	—	—
5920	04139	天寶005	7-4165	1-151	—	曲石51 南京54	淑546
5921	04143	—	—	千唐-184	—	—	—
5922	04140	天寶008	22-15179	2-527	景縣338	—	—
5923	04141	天寶006	22-15178	5-371	—	唐宋314	人1201 東1358
5924	04142	天寶007	22-15179	3-71	—	唐宋313	人1220 東1365
5925	04145	—	—	千唐-185	—	—	—
5926	04144	天寶009	22-15180	2-528	—	—	—
5927	04146	—	—	—	—	—	—
5928	04147	—	—	—	—	—	—
5929	—	續天寶001	7-4165	6-68	—	—	—
5930	—	—	—	—	—	—	—
5931	04148	天寶010	22-15180	2-529	—	—	—
5932	04149	—	—	—	—	碑林續097	—
5933	—	—	—	—	—	慶雅堂37 西市238	—
5934	04150	—	—	—	—	—	—
5935	—	天寶011	7-4647	1-152	—	—	—
5936	—	—	—	—	—	—	—
5937	04151	—	—	—	—	—	—
5938	—	—	—	—	—	—	—
5939	—	天寶012	7-4146	1-152	—	—	—
5940	—	—	—	—	—	—	—
5941	04152	天寶013	18-12882	3-72	—	施碑選257	人1224 東1366
5942	04153	—	—	千唐-185	—	—	—
5943	—	—	—	—	—	—	—
5944	—	—	—	—	—	碑林新176	—
5945	—	—	—	—	—	—	—
5946	04154	天寶014	22-15181	2-529	—	—	—
5947	04155	天寶015	22-15181	2-529	—	—	—
5948	04156	天寶016	22-15181	2-530	—	—	—
5949	04157	—	—	千唐-186	—	—	—

天寶

番號	墓誌名	年號	A 題跋	B北圖	C 附考 新中國	D隋唐五代	E千唐・河南
5950	皇甫翼墓誌	天寶1(742)10月	－	－	－	－	秦晉494 流散155
5951	韋衡墓誌	天寶1(742)10月	－	－	－	－	－
5952	慕容相及妻唐氏墓誌	天寶1(742)10月	－	－	－	洛陽11-17	輯繩523 新唐146 民族380
5953	彭紹及妻徐氏墓誌	天寶1(742)10月	－	－	－	－	邙洛162 新唐172
5954	樊君妻田氏墓誌	天寶1(742)10月	－	25-22	－	洛陽11-18	千唐806
5955	李晊墓誌	天寶1(742)10月	－	－	－	－	河洛253 龍門205 七朝239
5956	陳懿妻甯氏墓誌	天寶1(742)10月	－	25-23	－	洛陽11-19	－
5957	趙全璧墓誌	天寶1(742)10月	－	－	－	－	秦晉495
5958	邊聘及妻韋氏墓誌	天寶1(742)10月	－	－	－	－	新獲續134 邙洛163
5959	郭君妻李氏墓誌	天寶1(742)10月	－	－	－	洛陽11-20	－
5960	徐嶠墓誌	天寶1(742)11月	－	－	－	－	河洛254 龍門206 洛鴛鴦23-1
5961	陽君妻盧氏墓誌	天寶1(742)11月	－	－	－	－	－
5962	馮元及妻李氏墓誌	天寶1(742)11月	－	－	－	－	－
5963	李湛墓誌	天寶1(742)11月	－	－	河南參-144	－	－
5964	柳庭誥及妻薛氏墓誌	天寶1(742)11月	－	－	－	－	河洛255 龍門207
5965	呂貞及妻郭氏墓誌	天寶1(742)11月	－	－	－	－	秦晉496
5966	李節墓誌	天寶1(742)11月	－	－	－	－	－
5967	李貞及妻臧氏墓誌	天寶1(742)11月	－	－	陝西參-63	－	－
5968	杜該墓誌	天寶1(742)11月	－	－	－	－	－
5969	苑玄亮墓誌	天寶1(742)11月	188左下	25-25	－	洛陽11-21	－
5970	韋君妻胡氏墓誌	天寶1(742)11月	－	－	－	陝西4-1	－
5971	許輔乾妻李少君墓誌	天寶1(742)11月	－	－	－	－	秦續535
5972	許溫墓誌	天寶1(742)11月	－	－	－	－	河洛256 龍門208
5973	孫買及妻賈氏墓誌	天寶1(742)11月	－	－	－	－	－
5974	郭喜墓誌	天寶1(742)11月	－	－	－	－	－
5975	馮貞懿及妻裴氏墓誌	天寶1(742)11月	－	－	－	－	－
5976	元庭珎墓誌	天寶1(742)11月	－	－	－	－	秦續536
5977	嚴浚墓誌	天寶1(742)11月	－	－	－	－	－
5978	袁仁爽墓誌	天寶1(742)12月	－	25-26	－	洛陽11-22	－
5979	嚴仁墓誌	天寶1(742)12月	－	－	－	－	新獲56 新唐174
5980	沈全交墓誌	天寶1(742)12月	－	－	－	－	秦續537 流散157
5981	周胡兒墓誌	天寶1(742)12月	－	－	－	－	秦晉497
5982	李仲璿墓誌	天寶1(742)12月	－	－	－	－	秦續538
5983	李孟德及妻虞氏墓誌	天寶1(742)12月	－	－	－	－	秦晉498 流散158
5984	高逸墓誌	天寶1(742)12月	－	－	－	－	河洛257 龍門209
5985	王智成墓誌	天寶1(742)					
5986	贄抱墓誌	天寶1(742)	188左下	－	－	－	－
5987	李芝墓誌	天寶2(743)1月	－	－	－	－	龍門211 秦晉500
5988	李宗(字?)墓誌	天寶2(743)1月	－	－	－	河南68	－
5989	郭彥道墓誌	天寶2(743)1月					
5990	竇時英妻韋氏墓誌	天寶2(743)1月	－	－	－	－	龍門210 秦晉499 七朝240
5991	王泰墓誌	天寶2(743)2月	－	－	－	陝西4-2	－
5992	韋元倩墓誌	天寶2(743)2月	188左下	－	－	江蘇42	－
5993	趙惠滿墓誌	天寶2(743)2月	－	－	－	－	秦晉501
5994	任承胤墓誌	天寶2(743)2月	－	－	－	－	新獲續135 河洛258
5995	劉義本妻賀蘭氏墓誌	天寶2(743)2月	－	－	－	－	秦續539
5996	薛文昭墓誌	天寶2(743)3月	－	25-28	－	北京1-180	－
5997	寇鎬(鑐)及妻盧氏墓誌	天寶2(743)3月	－	25-29	－	洛陽11-23	輯繩524
5998	陳子宜妻盧氏墓誌	天寶2(743)4月					
5999	李誠初墓誌	天寶2(743)4月	－	－	－	－	七朝241
6000	李待墓誌	天寶2(743)4月					
6001	徐元隱墓誌	天寶2(743)4月	－	25-31	－	洛陽11-24	千唐807
6002	沈知敏墓誌	天寶2(743)5月	－	25-33	－	洛陽11-25	輯繩525
6003	王之渙墓誌	天寶2(743)5月	－	25-34	－	洛陽11-26	－

天寶

番號	F北大	G墓誌彙編	H 新編	I補遺補編	J 地方	K 博物館・その他	L 日本目録
5950	—	—	—	—	—	—	—
5951	—	—	—	8-40	—	—	—
5952	—	續天寶002	7-4729	6-68	—	—	—
5953	—	—	—	—	—	—	—
5954	04158	天寶017	22-15182	2-530	—	—	—
5955	04161	—	—	—	—	—	明洛65
5956	04159	天寶018	22-15182	4-442	—	—	—
5957	—	—	—	—	—	西市239	—
5958	04160	—	—	8-387	—	—	—
5959	—	—	—	6-69	—	—	—
5960	04162	—	—	—	—	北大新拓130(189)	淑547
5961	04163	—	—	—	—	—	—
5962	—	—	—	—	—	碑林新177	—
5963	04164	—	—	千唐-187	—	—	—
5964	04165	—	—	—	—	西市240 薛氏265	明洛66
5965	04167	—	—	—	—	西市242	明洛67
5966	04168	—	—	—	—	—	—
5967	—	—	—	8-387	榆林55	—	—
5968	—	—	—	—	—	西市241	—
5969	04165	天寶019	7-4648	4-31	—	唐宋315 施唐212-213	人1225 東1367
5970	—	續天寶003 續天寶092	22-15183	2-530 下-1876	西北3-103 長碑(458)	—	—
5971	—	—	—	—	—	—	—
5972	—	—	—	—	—	—	—
5973	04170	—	—	—	—	—	—
5974	04169	—	—	—	—	—	—
5975	04171	—	—	千唐-188	—	—	—
5976	04172	—	—	—	—	碑林續098	—
5977	—	—	5-3173	—	—	—	—
5978	04173	天寶020	22-15184	2-531	—	曲石52 南京55	—
5979	04174	續天寶005	7-4736	上-485	—	北大新拓131(190)	淑549
5980	04176	—	—	—	—	新見32	—
5981	04175	—	—	—	—	—	—
5982	—	—	—	—	—	—	—
5983	04178	—	—	—	—	—	—
5984	04177	—	—	—	—	—	—
5985	04179	—	—	—	—	—	—
5986	—	—	—	—	—	—	—
5987	04181	—	—	—	—	—	—
5988	04180	天寶021	22-15184	6-431	—	—	—
5989	04182	天寶022	22-15185	7-384	—	—	—
5990	04183	—	—	—	—	—	—
5991	—	續天寶010	22-15185	5-372	西北3-104 精華110	—	—
5992	—	天寶023	22-15186	7-385	—	—	—
5993	—	—	—	—	—	西市243	—
5994	—	—	—	8-42	—	—	—
5995	04184	—	—	—	—	—	—
5996	—	天寶024	22-15186	4-442	—	—	—
5997	04185	天寶025	7-4654	4-33	—	—	—
5998	—	—	—	—	—	西市244	—
5999	—	—	—	—	—	—	—
6000	—	—	—	—	大全・榆次12	—	—
6001	04187	天寶026	22-15186	2-532	—	—	—
6002	04188	天寶027	7-4729	4-35	—	—	—
6003	04189	天寶028	7-4166	1-153	—	曲石53	淑550

天寶

番號	墓誌名	年號	A 題跋	B北圖	C 附考 新中國	D隋唐五代	E千唐・河南
6004	鄭思九妻陳氏墓誌	天寶2(743)5月	—	—	—	—	龍門500 秦晉502
6005	鉗耳君墓誌	天寶2(743)5月	—	—	河南參-145	—	民族305
6006	羅炅墓誌	天寶2(743)6月	—	—	—	—	—
6007	范沼及妻王氏墓誌	天寶2(743)6月	—	25-36	—	北京1-181	—
6008	胡倚墓誌	天寶2(743)7月	—	—	—	—	秦晉503
6009	李淳墓誌	天寶2(743)7月	—	—	—	—	龍門212 秦晉504
6010	張敬己妻王氏墓誌	天寶2(743)7月	—	25-37	—	洛陽11-27	千唐808
6011	張子文及妻沈氏墓誌	天寶2(743)8月	—	—	—	—	—
6012	任思敬墓誌	天寶2(743)8月	—	—	—	—	—
6013	僧突墓誌	天寶2(743)8月	—	25-38	—	北京1-182	—
6014	侯俊墓誌	天寶2(743)10月	—	25-39	—	洛陽11-28	輯繩526 民族253
6015	王秦客墓誌	天寶2(743)10月	—	25-40	—	洛陽11-29	千唐809 輯繩529
6016	姚晅墓誌	天寶2(743)10月	—	25-41	—	洛陽11-30	—
6017	張益墓誌	天寶2(743)10月	—	—	—	—	—
6018	張劍墓誌	天寶2(743)10月	—	—	—	—	—
6019	比丘尼堅固勝神道呪石	天寶2(743)10月	—	—	—	—	—
6020	李超及妻王氏墓誌	天寶2(743)11月	—	—	河南壹-110	河南69	—
6021	崔君妻獨孤氏墓誌	天寶2(743)11月	188左下	25-42	—	北京1-183	—
6022	蕭謿墓誌	天寶2(743)11月	—	—	河南參-146	—	秦晉505
6023	馬元瑒墓誌	天寶2(743)11月	—	—	陝西參-74	—	—
6024	陳周墓誌	天寶2(743)11月	188右上	25-43	—	洛陽11-31	—
6025	王公度墓誌	天寶2(743)12月	—	25-44	—	洛陽11-32	千唐811
6026	左光胤墓誌	天寶2(743)12月	—	25-45	—	洛陽11-33	千唐810
6027	宋裕墓誌	天寶2(743)12月	—	—	河南參-147	—	—
6028	張洪及妻王氏墓誌	天寶2(743)12月	—	—	—	—	秦晉506
6029	鄭參及妻張氏墓誌	天寶2(743)12月	—	—	河南壹-6	河南51	—
6030	李君墓誌	天寶2(743)12月	—	—	—	—	秦續540
6031	史曜墓誌	天寶2(743)12月	—	—	陝西貳-補21	—	—
6032	李休伯及妻鄭氏墓誌	天寶2(743)12月	—	—	河南參-148	—	—
6033	圓濟塔銘	天寶2(743)12月卒	—	25-47	—	北京1-184	—
6034	李尚旦及妻豆盧氏墓誌	天寶2(743)	—	—	—	洛陽11-34	新獲57
6035	裴回墓誌	天寶2(743)	—	—	—	—	—
6036	田思順妻李氏墓誌	天寶3(744)1月	—	—	—	—	新獲續136 河洛259 龍門213
6037	李慈暉及妻陳氏王氏墓誌	天寶3(744)1月	—	—	—	—	邙洛164
6038	許澄墓誌	天寶3(744)1月	—	—	—	—	新獲續137 河洛260
6039	李希畋及妻元氏墓誌	天寶3(744)2月	—	—	—	—	秦晉507
6040	馮義墓誌	天寶3(744)2月	—	—	—	—	—
6041	王守言墓誌	天寶3(744)2月	—	—	陝西貳-106	陝西1-124	—
6042	□君妻丘教墓誌	天寶3(744)2月	—	—	—	—	—
6043	袁君墓誌	天寶3(744)2月	—	25-55	—	河南70	—
6044	裴晃妻盧氏墓誌	天寶3(744)2月	—	—	—	—	—
6045	李禕妻呂氏墓誌	天寶3(744)閏2月	188右上	25-56	—	洛陽11-35	輯繩527
6046	韓貞及妻雙氏墓誌	天寶3(744)閏2月	—	—	—	北京3-184	—
6047	皇甫政及妻淳于氏墓誌	天寶3(744)閏2月	—	25-57	—	洛陽11-36	千唐812
6048	張思鼎墓誌	天寶3(744)閏2月	—	25-58	—	洛陽11-37	千唐813
6049	楊忠梗墓誌	天寶3(744)閏2月	—	—	—	—	新獲續138 河洛261 新唐176
6050	裴伷先墓誌	天寶3(744)閏2月	—	—	—	—	—
6051	薛良佐塔銘	天寶3(743)閏2月	—	—	—	—	—
6052	盧岫妻李氏墓誌	天寶3(744)閏2月	—	—	—	—	秦續541 流散159
6053	溫江石及張氏墓誌	天寶3(744)3月	—	—	陝西參-64	—	—
6054	徐君墓誌	天寶3(744)3月	—	—	—	—	—
6055	韋鑾墓誌	天寶3(744)3月	—	—	—	—	—
6056	盧友度墓誌	天寶3(744)3月	—	25-59	—	河南71	—
6057	李濛墓誌	天寶3(744)3月	—	—	河南參-149	—	—

天寶

番號	F 北大	G 墓誌彙編	H 新編	I 補遺補編	J 地方	K 博物館・その他	L 日本目錄
6004	04190	―	―	―	―	―	―
6005	04191	―	―	千唐-188	―	―	―
6006	―	―	―	7-49	―	―	―
6007	―	天寶029	22-15187	4-443	―	―	―
6008	―	―	―	―	―	―	―
6009	04193	―	―	―	―	西市245	明洛68
6010	04192	天寶030	7-4167	1-154	―	―	―
6011	―	續天寶006	22-15187	下-1877	―	磚刻1188	―
6012	04194	―	―	―	―	―	―
6013	―	天寶031	7-4167	4-33	西北3-105	―	―
6014	04195	天寶032	7-4168	4-34	―	―	―
6015	04196	天寶034	22-15187	2-532	―	―	―
6016	04197	天寶033	7-4168	4-35	―	唐宋316	人1233
6017	―	―	―	―	孟州177	―	―
6018	―	續天寶008	22-15188	8-387	大全・城區10	―	―
6019	―	―	―	―	―	―	―
6020	04199	續天寶009	22-15188	6-432	天書505	―	―
6021	04198	天寶035	6-3789	―	西北3-106	故宮091 施唐214-215	人1234 淑551
6022	04200	―	―	千唐-189	―	―	―
6023	―	―	―	7-49	長新196 長碑107(458)	―	―
6024	04201	天寶036	22-15189	4-36	―	故宮092	人1235 東1373 淑552
6025	04202	天寶038	22-15189	2-533	―	―	―
6026	04203	天寶037	4-2634	1-154	―	―	―
6027	04204	―	―	千唐-190	―	―	―
6028	―	―	―	―	―	―	―
6029	―	續天寶011	―	6-432	安陽選(18)	―	―
6030	04205	―	―	―	―	―	―
6031	―	―	7-4702	6-70	―	―	―
6032	―	―	―	千唐-191	―	―	―
6033	―	天寶039	7-4649	―	―	―	人1243
6034	04207	續天寶012	7-4650	6-70	―	―	―
6035	―	―	6-3699	―	―	裴氏86	―
6036	―	―	―	8-42	―	―	―
6037	04208	―	―	―	―	―	―
6038	―	―	―	8-389	―	―	―
6039	―	―	―	―	―	西市246	―
6040	―	―	―	―	大全・長子21	―	―
6041	―	續天寶013	22-15193	5-373	―	碑林80-2789	―
6042	―	―	7-4103	―	―	―	―
6043	04209	天寶040 續天寶014	22-15190	4-444	―	―	―
6044	―	―	―	―	―	碑林續099	―
6045	04210	天寶042	22-15191	4-444	―	唐宋317 施唐216	人1239
6046	―	續天寶015	22-15194	4-443 下-1877	碑誌104	遼寧博60	―
6047	04211	天寶044	22-15192	2-534	―	―	―
6048	04212	天寶043	22-15191	2-534	―	―	―
6049	―	―	―	8-43	―	―	―
6050	―	―	19-13038	8-44	―	―	―
6051	―	―	7-4651	―	―	薛氏266	―
6052	04213	―	―	―	―	―	―
6053	―	―	―	8-389	―	―	―
6054	―	―	―	―	寧波49	―	―
6055	―	―	―	―	―	新見35	―
6056	04214	天寶045	7-4169	4-36	―	唐宋318	人1240
6057	04186	―	―	千唐-192	―	―	―

天寶

番號	墓誌名	年號	A 題跋	B北圖	C 附考 新中国	D隋唐五代	E千唐・河南
6058	薛襄妻王晉墓誌	天寶3(744)4月	—	—	—	—	—
6059	王察妻范如蓮花墓誌	天寶3(744)4月	188右上	25-60	—	河南72	—
6060	劉元適墓誌	天寶3(744)4月	—	—	河南參-150	—	—
6061	士如珪及妻郭氏墓誌	天寶3(744)4月	—	25-61	—	洛陽11-38	邙洛165 七朝242
6062	李漢墓誌	天寶3(744)4月	—	—	—	—	—
6063	李元則及妻劉氏墓誌	天寶3(744)4月	—	—	—	—	—
6064	李君妻何氏	天寶3(744)4月	—	—	—	—	—
6065	孔齊參墓誌	天寶3(744)4月	—	25-62	—	洛陽11-39	輯繩528
6066	李網及妻魏氏墓誌	天寶3(744)5月	—	—	—	—	秦續542
6067	許惟新及妻鄭氏墓誌	天寶3(744)5月	—	—	—	—	—
6068	廉察及妻杜氏墓誌	天寶3(744)5月	—	—	—	—	秦續543
6069	劉元貞墓誌	天寶3(744)5月	—	—	—	—	—
6070	李先墓誌	天寶3(744)6月	—	—	—	—	新唐178
6071	韋韞妻源端墓誌	天寶3(744)6月	—	—	—	—	—
6072	源端墓誌	天寶3(744)6月	—	—	陝西貳-107	—	—
6073	李偘妻上官氏墓誌	天寶3(744)6月卒	—	—	—	—	—
6074	皇甫札墓誌	天寶3(744)6月	—	—	—	—	秦續544
6075	□黃中墓誌	天寶3(744)6月	—	—	—	—	秦續545
6076	王承鼎墓誌	天寶3(744)7月	—	—	—	—	新獲續139 河洛262
6077	韋長卿墓誌	天寶3(744)7月	—	—	—	—	—
6078	郭藥師及妻孫氏墓誌	天寶3(744)7月	—	25-63	—	洛陽11-40	—
6079	鮑冲墓誌	天寶3(744)7月	—	—	—	—	—
6080	張賓墓誌	天寶3(744)7月	—	—	—	—	秦晉508
6081	崔光墓誌	天寶3(744)7月	—	—	—	—	秦續546
6082	牛景及妻秦氏墓誌	天寶3(744)8月	—	—	—	—	秦續547
6083	智君妻孟氏墓誌	天寶3(744)8月	—	—	—	—	秦續548
6084	王元謙墓誌	天寶3(744)8月	—	—	—	—	—
6085	宋恕妻劉氏墓誌	天寶3(744)8月	—	—	—	—	邙洛166 新唐180 龍門215
6086	李韶及妻徐氏王氏墓誌	天寶3(744)8月	—	—	—	—	秦晉509
6087	豆盧建墓誌	天寶3(744)8月	—	25-64	陝西貳-108	陝西1-125	—
6088	徐承嗣墓誌	天寶3(744)8月	—	—	陝西貳-109	陝西1-126	—
6089	索思禮墓誌	天寶3(744)8月	188右上	25-65	—	北京1-185	—
6090	陸思本妻元氏墓誌	天寶3(744)8月	—	25-66	—	洛陽11-41	千唐814 民族145
6091	崔君妻李氏墓誌	天寶3(744)8月	—	—	—	—	秦續549
6092	崔泌及妻王氏墓誌	天寶3(744)8月	—	25-67	—	洛陽11-42	—
6093	盧君及妻薛氏墓誌	天寶3(744)8月	—	—	—	—	—
6094	崔晙娘崔十七娘墓誌	天寶3(744)9月	—	—	—	—	新獲續140 河洛263
6095	韋正己墓誌	天寶3(744)9月	—	—	—	—	—
6096	宇文琬墓誌	天寶3(744)10月	188右中	25-68	—	北大1-146	—
6097	馬仁軌墓誌	天寶3(744)11月	—	—	—	—	秦續550
6098	契苾李中郎墓誌	天寶3(744)11月	—	—	陝西貳-110	陝西1-127	—
6099	劉元亨及妻田氏墓誌	天寶3(744)11月	—	—	—	—	河洛264
6100	范志玄及妻庫狄氏墓誌	天寶3(744)11月	—	—	—	—	—
6101	韋懷道及妻郭氏墓誌	天寶3(744)11月	—	—	—	—	—
6102	楊令暉墓誌	天寶3(744)11月	—	25-70	—	洛陽11-43	千唐815
6103	劉福墓誌	天寶3(744)11月	—	—	—	—	—
6104	史思禮墓誌	天寶3(744)11月	—	—	陝西貳-111	陝西1-128	—
6105	張敬輿及妻陳氏墓誌	天寶3(744)11月	—	—	—	—	秦續551
6106	元振墓誌	天寶3(744)11月	—	25-71	—	洛陽11-44	輯繩530 民族145
6107	裴鎬墓誌	天寶3(744)11月	—	25-72	—	洛陽11-45	千唐816
6108	史子進妻馬氏墓誌	天寶3(744)12月	—	—	河南參-151	—	—
6109	周思忠墓誌	天寶3(744)12月	—	—	陝西貳-112	—	—
6110	□君妻□氏墓誌	天寶3(744)	188右上	—	—	—	—
6111	馬延徽墓誌	天寶4(745)1月	—	25-73	—	洛陽11-46	千唐817
6112	李韶敬妻崔氏墓誌	天寶4(745)1月	—	—	—	—	河洛265
6113	裴光庭妻武氏墓誌	天寶4(745)1月	—	—	—	—	秦續552

天寶

番號	F北大	G墓誌彙編	H 新編	I補遺補編	J 地方	K 博物館・その他	L 日本目錄
6058	04215	—	—	千唐-193	—	—	—
6059	—	天寶046	22-15190	—	—	—	—
6060	04216	—	—	千唐-194	—	—	—
6061	04217	天寶047	22-15193	4-445	—	—	—
6062	—	—	—	—	大全・屯留15	—	—
6063	—	—	—	—	—	碑林新178	—
6064	—	—	—	—	長新168 長碑109(462)	—	—
6065	04219	天寶048	22-15195	4-446	—	—	—
6066	—	—	—	—	—	—	—
6067	04220	—	—	千唐-195	—	—	—
6068	—	—	—	—	—	—	—
6069	04221	—	—	千唐-196	—	—	—
6070	—	—	—	8-46	—	—	—
6071	—	—	—	—	—	碑林新179	—
6072	—	—	22-15195	5-374	—	—	—
6073	—	續天寶016	22-15196	8-389	大全・城區11	—	—
6074	—	—	—	—	—	—	—
6075	—	—	—	—	—	—	—
6076	—	—	—	8-389	—	—	—
6077	04223	—	—	—	長新170 長碑110(462)	—	—
6078	04222	天寶049	22-15196	4-446	—	—	—
6079	—	—	—	—	—	碑林新180	—
6080	04224	—	—	—	—	—	—
6081	—	—	—	—	—	—	—
6082	—	—	—	—	—	—	—
6083	—	—	—	—	—	—	—
6084	04229	—	—	—	—	—	—
6085	04226	—	—	—	—	—	—
6086	—	—	—	—	—	—	—
6087	04225	天寶051	6-3414	3-73	西北3-108	北大新拓132(191)	—
6088	—	續天寶017	6-3761	3-74	—	碑林80-2798	—
6089	04228	天寶050	22-15196	4-447	西北3-109	施唐217	人1241 淑553
6090	04227	天寶052	22-15197	2-535	—	—	—
6091	04230	—	—	—	—	—	—
6092	—	天寶053	22-15198	4-447	—	—	—
6093	—	—	7-4129	—	—	—	—
6094	—	—	—	8-390	—	—	—
6095	—	—	—	8-390 9-452	長碑(463)	碑林新181	—
6096	04231	天寶055	7-4104	—	西北3-110	碑林196-1122 施唐218	人1242
6097	—	—	—	—	—	—	—
6098	—	續天寶018	22-15199	5-374	西北3-111	—	—
6099	—	—	—	—	—	西市247	—
6100	04233	—	—	千唐-197	—	—	—
6101	—	—	—	—	洪洞15 大全・洪洞9	—	—
6102	04232	天寶056	22-15199	2-536	—	—	—
6103	04234	—	—	—	—	—	—
6104	—	續天寶019	7-4716	3-75	西北3-112	碑林80-2780	—
6105	—	—	—	—	—	—	—
6106	04235	天寶057	7-4183	4-37	—	—	—
6107	04236	天寶054	22-15198	2-536	—	裴氏87	—
6108	04237	—	—	千唐-198	—	—	—
6109	—	續天寶020	22-15199	5-375	—	碑林新182	—
6110	—	天寶041	—	—	—	—	—
6111	04238	天寶058	22-15200	2-537	—	—	—
6112	04239	—	—	—	—	—	—
6113	—	—	—	—	—	—	—

天寶

番號	墓誌名	年號	A 題跋	B北圖	C 附考 新中國	D隋唐五代	E千唐・河南
6114	王元及妻楊氏墓誌	天寶4(745)2月	—	25-74	—	洛陽11-47	千唐818
6115	張玄禕墓誌	天寶4(745)2月	—	—	—	—	流散160
6116	張法盛墓誌	天寶4(745)2月	—	—	—	—	—
6117	趙令問墓誌	天寶4(745)2月	—	—	—	—	—
6118	鶱晏及妻韋氏墓誌	天寶4(745)2月	—	—	—	陝西4-3	—
6119	元景及妻趙氏墓誌	天寶4(745)2月	—	25-76	—	洛陽11-50	輯繩531 民族146
6120	王訓及妻朱氏墓誌	天寶4(745)2月	—	25-75	—	洛陽11-49	輯繩532
6121	王文成及妻程氏墓誌	天寶4(745)2月	—	—	—	洛陽11-48	千唐819
6122	王曜墓誌	天寶4(745)2月					
6123	王德文墓誌	天寶4(745)2月	—	—	—	—	河洛267
6124	張守珪墓誌	天寶4(745)2月					—
6125	楊于及妻金氏墓誌	天寶4(745)2月	—	—	—	—	河洛266
6126	韓言墓誌	天寶4(745)2月					
6127	鄭濟妻崔悅墓誌	天寶4(745)4月卒					
6128	沈君妻蕭寵墓誌	天寶4(745)3月	—	—	—	—	秦晉510 流散161
6129	李懷及妻王氏墓誌	天寶4(745)4月	—	25-77	—	洛陽11-51	千唐821
6130	張肅珪及妻文氏墓誌	天寶4(745)4月	—	25-78	—	洛陽11-52	千唐820
6131	楊光先墓誌	天寶4(745)4月	—	—	—	—	—
6132	李辛生墓誌	天寶4(745)5月	—	—	—	—	秦續553
6133	張從師妻沈氏墓誌	天寶4(745)5月	—	—	—	—	新獲58 龍門216
6134	崔君妻豆盧娍墓誌	天寶4(745)5月	—	—	—	洛陽11-53	輯繩533 民族234
6135	郭元訨父墓誌	天寶4(745)6月	—	—	—	—	—
6136	王季隨妻鄭氏墓誌	天寶4(745)6月	—	25-79	—	洛陽11-54	千唐822
6137	鄭君妻万俟氏墓誌	天寶4(745)7月	—	25-80	—	洛陽11-55	千唐823 民族10
6138	李庭芝及妻王氏墓誌	天寶4(745)7月	—	—	河南參-152	—	—
6139	杜守立墓誌	天寶4(745)7月					
6140	段君妻房氏墓誌	天寶4(745)7月	—	—	河南參-153	—	—
6141	盧之翰妻韋氏墓誌	天寶4(745)8月	—	—	陝西參-65	—	—
6142	王元固墓誌	天寶4(745)8月	—	—	—	—	邙洛167
6143	司馬元禮墓誌	天寶4(745)8月	188右下	25-81	—	洛陽11-56	龍門217
6144	張君及妻郭氏墓誌	天寶4(745)8月	—	—	—	—	秦續554
6145	羊荊璧墓誌	天寶4(745)8月					
6146	馬挺墓誌	天寶4(745)9月卒	—	—	—	—	秦晉515
6147	高守忠龕壄記	天寶4(745)9月	188右下	25-82	—	—	龍門218
6148	薛取及妻郭氏墓誌	天寶4(745)10月	—	—	—	—	龍門501 秦續555 七朝243
6149	戍師墓誌	天寶4(745)10月	—	—	—	—	—
6150	宋和仲墓誌	天寶4(745)10月	—	—	—	—	秦續556 流散162
6151	和守陽墓誌	天寶4(745)10月	—	25-87	—	洛陽11-57	千唐824 民族261
6152	俞仁玩及妻朱氏墓誌	天寶4(745)10月	—	—	—	—	河洛269 七朝244
6153	高遠望墓誌	天寶4(745)10月	—	—	—	—	新獲續141 河洛268 民族315
6154	高佾及妻盧氏劉氏墓誌	天寶4(745)10月	—	25-88	—	洛陽11-58	千唐825
6155	寇南容及妻韋氏墓誌	天寶4(745)10月	—	—	—	—	秦晉511 流散163
6156	崔尚墓誌	天寶4(745)10月	—	—	—	—	新唐184 龍門219
6157	趙思廉墓誌	天寶4(745)10月	188右中	—	—	—	—
6158	劉升墓誌	天寶4(745)10月	—	25-89	—	洛陽11-59	新唐182
6159	劉素及妻賈氏墓誌	天寶4(745)10月					
6160	曹冲進墓誌	天寶4(745)10月	—	—	—	—	秦晉512
6161	韓履霜墓誌	天寶4(745)10月	—	—	—	—	河洛270 龍門502
6162	裴君妻崔氏墓誌	天寶4(745)10月					
6163	王仁行及妻郭氏墓誌	天寶4(745)10月	—	—	—	山西114	—
6164	王爽墓誌	天寶4(745)10月	188右下	25-91	—	洛陽11-60	輯繩534
6165	王同人妻裴氏墓誌	天寶4(745)10月	—	25-90	—	北京1-186	—
6166	王寧貞墓誌	天寶4(745)10月					
6167	王利賓墓誌	天寶4(745)10月					
6168	成仁及妻呂氏墓誌	天寶4(745)10月	—	—	—	—	秦續557 流散164
6169	杜君墓誌	天寶4(745)10月	—	25-92	—	洛陽11-61	千唐826

天寶

番號	F北大	G墓誌彙編	H 新編	I補遺補編	J 地方	K 博物館・その他	L 日本目録
6114	04240	天寶059	22-15201	2-538	—	—	—
6115	04241	—					
6116	04242						
6117	—					西市248	—
6118	—	續開元183	6-3828	2-23	西北3-113	—	—
6119	04245	天寶060	7-4184	4-38	—	—	—
6120	04243	天寶062	22-15202	4-448	—	唐宋319 施唐219	人1244 東1375
6121	—	天寶061	22-15201	2-538	—	—	—
6122	—					碑林續100	
6123	—						
6124	04246	—					
6125	04244	—					
6126	04247	—					
6127	04299	—	—	8-48	杏園14		
6128	04249						
6129	04251	天寶064	7-4186	1-156	—		
6130	04252	天寶063	7-4185	1-155	—		
6131	—					碑林續101	
6132	—						
6133	—	—	—	7-505			
6134	—	續天寶022	22-15202	6-433			
6135	—	—	—	—	邯鄲碑031		
6136	04254	天寶065	7-4188	1-157	—		
6137	04255	天寶066	22-15203	2-539	—		
6138	04258		—	千唐-200	—		
6139	—					碑林續102	
6140	—	—	—	千唐-201			
6141	—	—	—	7-51	長新172 長碑111(464)		
6142	—						
6143	04259	天寶067	6-3466	4-38		施唐220-221	
6144							
6145	—	—	—	9-452	分類80	—	
6146							
6147	04261	天寶068					
6148	04262	—	—	—		薛氏268	
6149	—	—	—	—	安陽53	—	
6150	—	—	—	—	任城37	—	
6151	04264	天寶071	7-4189	1-158	—		
6152	04268					西市249	
6153	—	—	—	8-47	—	—	
6154	04265	天寶072	7-4190	1-159	景縣341	—	
6155	—	—	—	—	—	—	淑555
6156	04263	—	—	9-364	—		
6157	—	天寶069	22-15203	—	—		
6158	04266	天寶070	7-4188	4-39	—	唐宋320	人1247
6159	04267	—					
6160	04270	—					
6161	04269	—					
6162	04271	—					
6163	—	續天寶023	22-15205	5-375			
6164	04279	天寶076	22-15204	4-448	—	—	人1248
6165	04278	天寶078	7-4193	4-41		裴氏89	
6166	04280	—					
6167	04276	—					
6168	04272	—					
6169	04273	天寶077	7-4192	1-160	—	—	—

天寶

番號	墓誌名	年號	A 題跋	B北圖	C 附考 新中國	D隋唐五代	E千唐・河南
6170	唐不占及妻杜氏墓誌	天寶4(745)10月	—	—	—	—	河洛272 龍門220
6171	桓君妻許氏墓誌	天寶4(745)10月	—	—	—	—	—
6172	張俊墓誌	天寶4(745)10月	—	25-93	—	洛陽11-62	千唐827
6173	張望及妻郝氏墓誌	天寶4(745)10月	—	—	—	—	—
6174	張亮墓誌	天寶4(745)10月	—	—	陝西參-67	—	—
6175	賀蘭君妻李氏墓誌	天寶4(745)10月	—	25-94	—	洛陽11-63	輯繩535
6176	陽修己及妻李氏墓誌	天寶4(745)10月	—	—	—	—	河洛271 新唐186 七朝245
6177	楊洪素墓誌	天寶4(745)10月	—	—	陝西參-66	—	—
6178	賈令琬及妻馬氏墓誌	天寶4(745)10月	—	25-95	—	洛陽11-64	—
6179	雷君妻宋氏墓誌	天寶4(745)10月	—	—	陝西貳-113	—	—
6180	蔣九墓誌	天寶4(745)10月	—	—	—	—	—
6181	裴子餘及妻韋氏墓誌	天寶4(745)10月	—	—	—	—	秦續558
6182	裴琨墓誌	天寶4(745)10月	—	25-96	—	洛陽11-65	千唐828
6183	諸葛明惄妻韓氏墓誌	天寶4(745)10月	188右中	25-97	—	北大1-147	—
6184	盧全善妻陳照墓誌	天寶4(745)10月	—	—	—	洛陽11-66	輯繩536
6185	蘇思勗墓誌	天寶4(745)10月	—	—	—	陝西4-4	—
6186	□(王)永墓誌	天寶4(745)10月	188右中	—	—	—	—
6187	劉穎墓誌	天寶4(745)10月	—	25-98	—	洛陽11-67	千唐829
6188	梁奉先及妻薛氏墓誌	天寶4(745)10月	—	—	河南參-154	—	—
6189	崔君妻柳瑗墓誌	天寶4(745)11月	—	—	—	—	河洛273 龍門221
6190	鄭曜墓誌	天寶4(745)11月	—	—	—	—	秦晉513 七朝246 洛鴛鴦24-1
6191	韓子儀及妻袁氏墓誌	天寶4(745)11月	—	—	—	—	秦續559
6192	王朗墓誌	天寶4(745)11月	—	—	—	—	—
6193	張泚墓誌	天寶4(745)11月	—	25-99	—	洛陽11-68	—
6194	敬奉墓誌	天寶4(745)11月	—	—	陝西參-68	—	—
6195	盧子及妻馮氏墓誌	天寶4(745)11月	—	—	—	—	—
6196	元賢墓誌	天寶4(745)11月	—	—	—	—	—
6197	苗君及妻竇氏墓誌	天寶4(745)11月	—	25-100	—	洛陽11-69	—
6198	孟沖墓誌	天寶4(745)11月	—	—	—	—	—
6199	崔晞墓誌	天寶4(745)11月	—	—	河南參-155	—	—
6200	郭師及妻程氏墓誌	天寶4(745)12月	—	25-101	—	山西115	—
6201	趙莊及妻雍氏墓誌	天寶4(745)12月	—	—	河南壹-15	河南73	—
6202	王芳媚(睿宗妃)墓誌	天寶4(745)12月	—	—	陝西壹-130	陝西4-5	—
6203	李璿及妻劉氏墓誌	天寶4(745)12月	188右下	—	—	—	—
6204	李景舒墓誌	天寶4(745)12月	—	—	—	—	秦晉514 七朝247 流散165
6205	李崇默墓誌	天寶4(745)12月	—	—	—	—	—
6206	鄭勛墓誌	天寶4(745)12月	—	—	—	—	—
6207	孟泰妻李普慈墓誌	天寶4(745)12月	—	—	—	—	秦續560
6208	陳居墓誌	天寶4(745)12月	—	—	—	—	新獲續142 河洛274
6209	陸君妻趙氏墓誌	天寶4(745)冬	—	—	—	洛陽11-70	輯繩537 龍門222
6210	李從一妻裴氏墓誌	天寶4(745)	188右下	—	—	—	—
6211	劉思賢墓誌	天寶5(746)1月	—	—	—	—	—
6212	徐惲墓誌	天寶5(746)1月	—	—	—	—	新獲續143 河洛275 新唐188 龍門223 洛鴛鴦25-1
6213	元婉墓誌	天寶5(746)2月	—	—	河南壹-214	河南74	—
6214	郭君妻元婉墓誌	天寶5(746)2月	—	—	—	—	龍門224
6215	李芬墓誌	天寶5(746)2月	—	—	—	—	邙洛168
6216	孫君妻郭氏墓誌	天寶5(746)2月	—	—	—	—	—
6217	宋思齊及妻武氏墓誌	天寶5(746)2月	—	—	—	洛陽11-71	輯繩538
6218	騫君妻鄭氏墓誌	天寶5(746)2月	—	—	陝西貳-補22	—	—
6219	庾若訥墓誌	天寶5(746)2月	—	25-104	—	洛陽11-72	千唐830
6220	郝四及妻索氏墓誌	天寶5(746)3月	—	—	—	—	—
6221	蕭君妻盧順墓誌	天寶5(746)3月	—	—	—	—	秦晉516

天寶

番號	F北大	G墓誌彙編	H 新編	I補遺補編	J 地方	K 博物館・その他	L 日本目錄
6170	04285	—	—	—	—	西市250	明洛69
6171	04286	—	—	千唐-202	—	—	—
6172	04274	天寶081	7-4195	1-161	—	—	—
6173	04288	—	—	—	—	—	—
6174	—	—	—	8-391	榆林56	—	—
6175	04281	天寶079	7-4194	4-40	—	—	—
6176	04287	—	—	—	—	—	明洛70
6177	—	—	—	8-391	榆林57	—	—
6178	04284	天寶075	7-4080	1-159	—	曲石54 南京56	淑556
6179	—	—	7-4749	3-79 上-444	—	碑林80-2807	—
6180	—	—	—	—	安陽選43	—	—
6181	—	—	—	—	—	—	—
6182	04275	天寶080	7-4194	1-161	—	裴氏88	—
6183	04282	天寶073	22-15204	—	—	—	人1249 淑557
6184	04283	天寶074	7-4191	6-72	—	—	—
6185	—	續天寶021	7-4084	3-78	西北3-115 精華112	—	—
6186	04277	天寶082	22-15206	—	—	—	淑554
6187	04290	天寶083	7-4196	1-162	—	—	—
6188	04253	—	—	千唐-199	—	—	—
6189	—	—	—	—	—	—	—
6190	04291	—	—	—	—	—	—
6191	—	—	—	—	—	—	—
6192	04293	—	—	—	—	—	—
6193	04292	天寶084	22-15206	2-539	—	曲石55 南京57	—
6194	—	—	—	8-392	榆林58	—	—
6195	—	—	—	—	大全・襄垣49	—	—
6196	04294	—	—	—	—	—	—
6197	—	天寶085	22-15207	4-449	—	施碑選259	—
6198	—	—	—	—	—	汾陽22(44)	—
6199	04295	—	—	千唐-203	—	—	—
6200	—	續天寶025	22-15208	4-450 下-1878	—	—	—
6201	—	續天寶024	22-15207	6-433	—	—	—
6202	04296	續天寶026	7-4568	1-162	西北3-116 精華113	—	—
6203	—	天寶086	—	—	—	—	—
6204	04298	—	—	—	—	—	—
6205	04297	—	—	—	—	—	—
6206	—	—	—	—	—	西市251	—
6207	—	—	—	—	—	—	—
6208	—	—	—	8-49	—	—	—
6209	—	續天寶027	22-15208	6-433	—	—	—
6210	—	—	—	—	—	—	—
6211	—	—	—	—	—	慶雅堂38 西市252	—
6212	—	—	—	8-393	—	—	—
6213	—	續天寶028	7-4712	6-73	—	—	—
6214	—	—	—	—	孟州179	—	—
6215	04301	—	—	—	—	西市253	明洛71
6216	04302	—	—	—	—	—	—
6217	—	續天寶029	22-15208	6-434	—	—	—
6218	—	—	6-3755	3-80	—	—	—
6219	04303	天寶087	22-15209	2-540	—	—	—
6220	—	—	—	—	—	碑林新183	—
6221	04305	—	—	—	—	—	—

天寶

番號	墓誌名	年號	A 題跋	B北圖	C 附考 新中国	D隋唐五代	E千唐・河南
6222	蘇君妻呂氏墓誌	天寶5(746)3月	―	25-105	―	洛陽11-73	千唐831
6223	侯方墓誌	天寶5(746)4月	―	25-106	―	洛陽11-74	輯繩539
6224	楊惠墓誌	天寶5(746)4月	―	―	―	―	―
6225	郭岯墓誌	天寶5(746)5月	―	―	―	―	―
6226	翟守懿墓誌	天寶5(746)5月	―	―	―	―	―
6227	劉同及妻許氏墓誌	天寶5(746)5月	―	―	―	―	秦續561 流散167
6228	魏兼愛墓誌	天寶5(746)5月	―	―	―	―	秦晉517 七朝248 流散166
6229	康君妻許氏墓誌	天寶5(746)5月	188右下	―	―	―	―
6230	雷詢及妻趙氏墓誌	天寶5(746)6月卒	190左上	25-103	―	北京1-187	―
6231	李混妻仇氏墓誌	天寶5(746)6月	―	―	―	―	秦續562
6232	胡肅墓誌	天寶5(746)6月	―	25-108	―	洛陽11-75	―
6233	柏道及妻孫氏墓誌	天寶5(746)4月	―	―	―	―	―
6234	趙無瑕墓誌	天寶5(746)7月	―	―	―	―	―
6235	楊茂林墓誌	天寶5(746)7月	―	―	―	―	―
6236	趙仙童墓誌	天寶5(746)8月	―	25-109	―	洛陽11-76	輯繩540
6237	程承寂墓誌	天寶5(746)8月	―	―	河南參-156	―	―
6238	寇恭及妻王氏墓誌	天寶5(746)10月	―	―	―	江蘇43	―
6239	朱君妻王心自在墓誌	天寶5(746)10月	―	25-111	―	洛陽11-77	―
6240	□君墓誌	天寶5(746)10月	―	―	河南貳-補3	―	―
6241	淨藏禪師身塔銘	天寶5(746)10月	―	25-112	―	洛陽11-78	―
6242	趙弘慶墓誌	天寶5(746)閏10月	―	―	―	―	秦晉518
6243	崔璥及王上意墓誌	天寶5(746)閏10月	―	―	―	―	秦晉519 流散168
6244	邵承鼎妻王婉墓誌	天寶5(746)閏10月	―	―	―	―	秦晉520
6245	袁梵仙墓誌	天寶5(746)閏10月	―	―	河南參-157	―	―
6246	高亘妻李娟墓誌	天寶5(746)閏10月	―	25-113	―	洛陽11-79	輯繩541
6247	李霞光墓誌	天寶5(746)閏10月	―	25-116	―	洛陽11-81	輯繩542
6248	郭密之妻韋氏墓誌	天寶5(746)11月	―	25-114	―	洛陽11-80	輯繩543
6249	施寶墓誌	天寶5(746)11月	―	―	―	陝西4-6	―
6250	孫氏(慶國細人)墓誌	天寶5(746)11月	―	―	陝西貳-114	陝西1-129	―
6251	史瓘妻薛氏墓誌	天寶5(746)11月	―	―	―	―	秦晉521
6252	鄭沼妻李鴨墓誌	天寶5(746)11月	―	―	河南參-158	―	―
6253	張文度墓誌	天寶5(746)11月	―	―	―	―	―
6254	郭山松及妻張氏墓誌	天寶5(746)11月	―	―	―	―	龍門225 秦晉522
6255	程貴妻郭氏墓誌	天寶5(746)11月	―	25-115	―	北大1-148	―
6256	劉君妻韋氏墓誌	天寶5(746)12月	―	―	河南參-159	―	―
6257	杜元恭墓誌	天寶5(746)	188右下	―	―	―	―
6258	藺元亮墓誌	天寶6(747)1月	―	―	陝西貳-115	―	―
6259	楊炭墓誌	天寶6(747)1月	―	25-117	―	洛陽11-82	千唐832
6260	朱君妻妻四德墓誌	天寶6(747)1月	―	25-118	―	洛陽11-83	民族297
6261	張思陳墓誌	天寶6(747)2月	―	―	―	―	―
6262	裴智墓誌	天寶6(747)2月	―	―	―	―	龍門503 秦晉523 七朝249
6263	盧見墓誌	天寶6(747)2月	―	―	―	―	秦續563 流散170
6264	王玘墓誌	天寶6(747)2月	―	―	―	―	秦晉524
6265	崔君妻盧八墓誌	天寶6(747)2月	―	25-120	―	洛陽11-84	輯繩544
6266	崔寔及妻李氏墓誌	天寶6(747)2月	―	―	―	―	―
6267	董昭墓誌	天寶6(747)2月	188右下	25-121	―	山西116	―
6268	盧元福及妻李氏墓誌	天寶6(747)2月	―	―	―	洛陽11-85	―
6269	寶誠盈墓誌	天寶6(747)2月	―	―	―	―	秦續564 流散169
6270	王貞及妻李氏墓誌	天寶6(747)2月	―	25-122	―	山西117	―
6271	崔絳及妻盧氏鄭氏墓誌	天寶6(747)2月	―	―	―	―	秦晉525
6272	裴少烈墓誌	天寶6(747)2月	―	―	―	―	龍門504
6273	源光乘姜氏墓誌	天寶6(747)2月	―	25-123	―	洛陽11-86	千唐833 民族358
6274	朱光宙墓誌	天寶6(747)3月	―	25-124	―	洛陽11-87	千唐834
6275	元藏塔記	天寶6(747)3月	―	25-125	―	北京1-188	―
6276	趙明墓誌	天寶6(747)3月	―	―	―	―	―
6277	元君妻來香兒墓誌	天寶6(747)4月	―	25-127	―	洛陽11-88	輯繩545

天寶

番號	F北大	G墓誌彙編	H 新編	I補遺補編	J 地方	K 博物館・その他	L 日本目録
6222	04304	天寶088	22-15209	7-505	—	—	—
6223	04306	天寶089	22-15209	4-450	—	—	—
6224	—	—	—	8-50	長碑(465)	碑林新184	—
6225	04307	—	—	千唐-204	—	—	—
6226	04310						
6227	04308						
6228	04309						
6229	—						
6230	04300	天寶090	7-4109	—	西北3-117	施唐222-223	
6231	—						
6232	04311	天寶091	22-15210	2-541	—	曲石56 南京58	—
6233	—	—	—	—	安豐181		
6234	04312						
6235	04313						
6236	04314	天寶092	22-15210	4-450			
6237	04315	—	—	千唐-204			
6238	—	天寶093	22-15211	4-451			
6239	04316	天寶094	7-4209	1-163	—	曲石57 南京59	—
6240	—						
6241	—	天寶095	18-12503				
6242	04317					西市254	
6243	04318						
6244	04321	—	—	—	—	西市255	明洛72
6245	04320	—	—	千唐-205	—	—	—
6246	04319	天寶096	22-15211	4-451			
6247	04326	天寶099	7-4663	4-42			
6248	04322	天寶098	7-4210	4-42			
6249	—	續天寶030	7-4713	3-80	西北3-119 精華114		
6250	—	續天寶031	7-4714	3-81	西北3-120	碑林80-2813	
6251	04323	—	—	—	—	薛氏269	—
6252	04327	—	—	千唐-206	—	—	—
6253	—	—	—	—	大全・左權7	—	—
6254	04324	—	—	—	—	—	明洛73
6255	04325	天寶097	22-15212	4-452	西北3-121		
6256	04328	—	—	千唐-206			
6257	—						
6258	—		22-15212	6-434	—	碑林80-2821	—
6259	04329	天寶100	7-4210	1-164			
6260	04330	天寶101	22-15212	2-541		曲石58 南京60	
6261	04331	—	—	8-394			
6262	04332	—	—	—	—	—	—
6263	04333						
6264	04336						
6265	04334	天寶103	22-15215	4-453			
6266	—	—	—	—	大全・屯留16	—	—
6267	04335	天寶102	22-15213	4-453			
6268	03330	續天寶032	22-15214				
6269	—						
6270	—	天寶104	22-15215	4-454			
6271	—						
6272	—						
6273	04337	天寶105	7-4297	1-165			
6274	04338	天寶106	22-15216	2-542			
6275	—	天寶107	22-15216	—			
6276	—	—	—	8-394			
6277	04339	天寶108	—	4-455			

天寶

番號	墓誌名	年號	A 題跋	B北圖	C 附考 新中国	D隋唐五代	E千唐・河南
6278	魏慶及妻趙氏墓誌	天寶6(747)4月	―	―	―	―	秦晉526
6279	李謙順及妻王氏墓誌	天寶6(747)4月	―	―	―	山西118	―
6280	辛到年墓誌	天寶6(747)4月	―	―	―	―	―
6281	馮復及妻王氏墓誌	天寶6(747)4月	―	―	―	―	―
6282	馮忻墓誌	天寶6(747)5月	―	―	―	―	新獲續144 河洛276
6283	侯懷愼妻許氏墓誌	天寶6(747)6月	―	―	―	―	―
6284	尹尊師墓誌	天寶6(747)6月	―	―	陝西壹-131	陝西4-7	―
6285	辛君妻楊氏墓誌	天寶6(747)7月	―	―	―	―	―
6286	張歡妻盧氏墓誌	天寶6(747)7月	―	―	―	―	―
6287	程玄封及妻王氏墓誌	天寶6(747)7月	―	―	―	―	新獲續145 河洛277 新唐190
6288	盧均芳墓誌	天寶6(747)7月	―	―	―	―	―
6289	盧首賓及妻李氏墓誌	天寶6(747)7月	―	―	河南參-160	―	―
6290	衞君妻劉四娘墓誌	天寶6(747)7月	189左上	―	―	―	―
6291	臧一墓誌	天寶6(747)8月	―	―	陝西參-69	―	―
6292	張去奢墓誌	天寶6(747)10月	―	25-128	陝西貳-116	陝西1-130	―
6293	蔡君妻武氏墓誌	天寶6(747)10月	―	―	陝西參-70	―	―
6294	蔣鐩墓誌	天寶6(747)10月	―	―	―	洛陽11-89	新獲59 龍門226
6295	張輊及妻邵氏墓誌	天寶6(747)10月	189左上	25-129	―	北大1-149	―
6296	王晉墓誌	天寶6(747)10月	―	―	―	―	邙洛169
6297	蔡希周墓誌	天寶6(747)10月	―	―	―	洛陽11-90	新獲60
6298	裴君妻李氏墓誌	天寶6(747)10月	―	―	―	―	秦晉527
6299	盧明遠及楊氏墓誌	天寶6(747)10月	―	25-130	―	洛陽11-91	千唐835
6300	成君墓誌	天寶6(747)10月	189左中	25-131	―	北大1-150	―
6301	藥元及妻蔡氏墓誌	天寶6(747)10月	―	―	陝西參-71	―	―
6302	王靜信妻周氏墓誌	天寶6(747)10月	189左上	25-132	―	北京1-189	―
6303	張君妻樊氏墓誌	天寶6(747)10月	―	―	―	洛陽11-92	輯繩546
6304	王方及妻褚氏墓誌	天寶6(747)11月	―	―	―	―	―
6305	吳翰及妻申屠氏墓誌	天寶6(747)11月	―	―	―	―	秦晉528
6306	趙臣禮墓誌	天寶6(747)11月	―	―	―	―	―
6307	宋期墓誌	天寶6(747)11月	―	―	―	―	―
6308	蕭思訥及妻韋氏墓誌	天寶6(747)11月	―	―	―	―	秦續565
6309	李迪墓誌	天寶6(747)11月	189左下	25-133	―	洛陽11-93	―
6310	侯莫懲墓誌	天寶6(747)11月	―	―	―	―	―
6311	李清墓誌	天寶6(747)12月	―	―	―	―	―
6312	李戢(嗣曹王)墓誌	天寶6(747)12月	―	25-134	―	洛陽11-94	―
6313	雍元墓誌	天寶6(747)	―	―	―	―	―
6314	曹琳墓誌	天寶6(747)	189左下	―	―	―	―
6315	陸萬昭墓記	天寶6(747)	―	―	―	―	―
6316	李景獻及妻盧氏墓誌	天寶7(748)1月	―	―	―	―	―
6317	段仲垣墓誌	天寶7(748)1月	―	―	―	洛陽11-95	千唐836
6318	淳于簡及妻張氏墓誌	天寶7(748)1月	―	―	―	―	秦晉529 七朝250
6319	宋遙墓誌	天寶7(748)1月	―	25-137	―	洛陽11-96	千唐837
6320	李臣及妻薛氏墓誌	天寶7(748)1月	―	―	陝西參-72	―	―
6321	盧澗墓誌	天寶7(748)1月	―	―	―	―	秦晉530 流散171
6322	朱保墓誌	天寶7(748)1月	―	―	―	陝西4-8	―
6323	李悌及妻来氏墓誌	天寶7(748)1月	―	―	―	―	―
6324	鄭齊丘墓誌	天寶7(748)1月	―	―	―	―	邙洛170 龍門505 七朝184 流散172
6325	張覺及妻趙氏墓誌	天寶7(748)2月	―	―	―	―	―
6326	桓義成墓誌	天寶7(748)2月	―	―	陝西貳-117	―	―
6327	蘇君妻陶氏墓誌	天寶7(748)2月	―	―	―	―	秦晉531
6328	程思慶墓誌	天寶7(748)3月	―	25-138	―	洛陽11-97	千唐838
6329	王思及妻邢氏墓誌	天寶7(748)3月	―	―	―	―	―
6330	許肅之墓誌	天寶7(748)3月	―	―	―	―	河洛278
6331	梁秀墓誌	天寶7(748)3月	―	―	―	―	―
6332	蕭諒及妻韋氏墓誌	天寶7(748)3月	―	―	―	―	秦續566 流散173

天寶

番號	F 北大	G 墓誌彙編	H 新編	I 補遺補編	J 地方	K 博物館・その他	L 日本目録
6278	—	—	—	—	—	—	—
6279	—	續天寶033	22-15216	5-376	—	—	—
6280	—	—	—	—	安陽選44	—	—
6281	04340	—	—	千唐-207	—	—	—
6282	—	—	—	8-50	—	—	—
6283	—	—	—	8-397	—	磚刻1194 蘇州7	—
6284	—	續天寶034	22-15217	5-376	西北3-122 精華115	—	—
6285	—	—	—	8-397	—	—	—
6286	04343	—	—	—	—	—	—
6287	—	—	—	8-51	—	—	—
6288	04341	—	—	千唐-208	—	—	—
6289	04342	—	—	千唐-209	—	—	—
6290	—	天寶109	22-15219	—	—	—	—
6291	—	—	—	8-395	榆林59	—	—
6292	—	天寶110	6-3441	3-68	西北3-123	—	—
6293	—	—	—	8-395	榆林60	—	—
6294	04344	續天寶035	22-15218	6-435	—	—	—
6295	04345	天寶111	7-4105	—	—	—	人1257 淑558
6296	—	—	—	—	—	—	—
6297	04346	續天寶036	7-4701	6-74	—	—	—
6298	04348	—	—	—	—	—	—
6299	04347	天寶112	7-4211	1-166	—	—	—
6300	04349	天寶113	22-15218	—	西北3-124	施唐224-225	—
6301	—	—	—	8-396	榆林61	—	—
6302	—	天寶114	22-15218	—	西北3-125	—	—
6303	—	續天寶037	7-4521	6-75	—	—	—
6304	—	—	—	—	安豐182	—	—
6305	04351	—	—	—	—	—	—
6306	04350	—	—	千唐-210	—	—	—
6307	—	—	—	—	大全・襄垣50	—	—
6308	04352	—	—	—	—	—	—
6309	04353	天寶115	22-15219	4-455	—	唐宋321 施唐226-227	人1258 東1379
6310	—	—	—	—	—	汾陽23(46)	—
6311	—	—	—	9-453	—	—	—
6312	04354	天寶116	7-4714	4-43	—	遼寧博57	人1259 東1380 淑559
6313	04355	—	—	—	—	—	—
6314	—	—	—	—	—	—	—
6315	—	—	—	7-505	—	磚刻1193	—
6316	—	—	—	9-365	—	—	—
6317	—	天寶117	22-15219	1-167	—	—	—
6318	04356	—	—	—	—	—	—
6319	04357	天寶118	7-4212	1-168	—	—	—
6320	—	—	—	8-396	榆林62	—	—
6321	—	—	—	—	—	—	—
6322	—	續天寶038	22-15220	5-377	西北3-126	—	—
6323	04360	—	—	—	—	西市256	—
6324	04359	—	—	8-20	—	—	—
6325	—	—	—	—	大全・城區13	—	—
6326	—	續天寶039	22-15221	6-435	—	碑林80-2852 碑林新185	—
6327	04361	—	—	—	—	—	—
6328	04362	天寶119	7-4213	1-168	—	—	—
6329	04363	—	—	—	—	西市258	—
6330	—	—	—	—	—	西市257	—
6331	—	—	—	—	大同6 大全・南郊31	—	—
6332	—	—	—	—	—	—	—

天寶

番號	墓誌名	年號	A 題跋	B北圖	C 附考 新中国	D隋唐五代	E千唐・河南
6333	趙遊禮及妻張氏及夏侯氏墓誌	天寶7(748)4月	—	—	—	—	秦續567
6334	楊意德墓誌	天寶7(748)4月	—	—	—	—	河洛279 龍門227 七朝251
6335	崔寵妻王氏墓誌	天寶7(748)5月	—	25-139	—	洛陽11-98	輯繩547
6336	張具瞻墓誌	天寶7(748)5月	—	—	—	—	秦晉532 七朝252 洛鴛鴦27-1
6337	嚴令元墓誌	天寶7(748)5月	—	—	陝西貳-118	陝西1-131	—
6338	侯知什及妻郭氏墓誌	天寶7(748)5月	—	—	—	—	秦晉533
6339	何知猛及妻王氏墓誌	天寶7(748)5月	189左下	25-142	—	山西119	—
6340	宋昭暕墓誌	天寶7(748)5月	—	—	—	—	
6341	李詢會及妻盧氏墓誌	天寶7(748)5月	—	—	—	—	秦晉534
6342	柳子貢墓誌	天寶7(748)5月	—	—	—	—	
6343	苗嗣宗墓誌	天寶7(748)5月	—	—	—	—	
6344	鄭鼎墓誌	天寶7(748)5月	—	—	—	—	秦續568
6345	諾思計墓誌	天寶7(748)5月	—	—	—	陝西4-9	—
6346	侯懷垣妻許氏墓誌	天寶7(748)6月	—	—	—	—	
6347	石巖和尚墓誌	天寶7(748)6月	—	—	—	—	河洛280 新唐194 龍門230 七朝253
6348	潘智昭墓誌	天寶7(748)7月	189左下	25-144	—	北京1-190	—
6349	崔永墓誌	天寶7(748)7月	—	25-145	—	洛陽11-99	輯繩548
6350	李璲及妻劉氏墓誌	天寶7(748)7月	—	—	—	—	
6351	韋彬墓誌	天寶7(748)7月	—	—	—	—	新出261
6352	李雲卿及妻蕭氏墓誌	天寶7(748)7月	—	—	—	—	新出257
6353	李琚及妻薛氏墓誌	天寶7(748)7月	—	25-146	—	洛陽11-100	
6354	崔石墓誌	天寶7(748)8月	—	—	—	—	
6355	亡宮八品墓誌	天寶7(748)8月	—	—	—	陝西4-10	
6356	崔君妻盧氏墓誌	天寶7(748)9月	—	—	—	—	秦晉535
6357	朱祥妻藺氏龕銘	天寶7(748)9月	—	—	陝西貳-119	陝西1-132	—
6358	張去逸墓誌	天寶7(748)9月	—	25-147	陝西貳-120	陝西1-133	
6359	元忠墓誌	天寶7(748)10月	—	—	—	—	
6360	何君妻崔氏墓誌	天寶7(748)10月	—	—	—	—	邙洛171
6361	夫元墓誌	天寶7(748)10月	—	—	—	—	
6362	王元泰墓誌	天寶7(748)10月	—	25-148	—	洛陽11-101	千唐839
6363	王守忠墓誌	天寶7(748)10月	—	—	—	—	秦續570
6364	白君妻陳氏墓誌	天寶7(748)10月	—	—	—	—	秦續569
6365	崔同妻盧談墓誌	天寶7(748)10月	—	—	—	—	邙洛185 新出268 龍門238
6366	賈福謙墓誌	天寶7(748)10月	—	—	—	—	邙洛172 龍門506 七朝256
6367	丁韶墓誌	天寶7(748)10月	—	25-149	—	洛陽11-102	千唐841
6368	裴珣妻祖氏墓誌	天寶7(748)10月	—	25-150	—	洛陽11-103	千唐840
6369	吳巽墓誌	天寶7(748)10月	—	—	陝西貳-121	陝西1-134	—
6370	豆盧珝及妻司馬氏墓誌	天寶7(748)10月	—	—	—	—	—
6371	郭威墓誌	天寶7(748)10月	—	—	—	—	—
6372	斛斯翹墓誌	天寶7(748)10月	—	25-151	—	洛陽11-104	輯繩549 民族326
6373	郭福該墓誌	天寶7(748)11月	—	—	河南參-161	—	
6374	任進及七代祖孫合葬墓誌	天寶7(748)11月	—	—	—	—	秦晉536 七朝254
6375	辛景祚及妻李氏韓氏墓誌	天寶7(748)11月	—	—	—	—	
6376	姚知及妻任氏墓誌	天寶7(748)11月	—	25-152	—	洛陽11-105	輯繩550
6377	韋璬墓誌	天寶7(748)11月	—	—	—	—	輯繩551
6378	萬行及妻祕氏墓誌	天寶7(748)11月	—	—	—	陝西4-11	—
6379	盧英哲墓誌	天寶7(748)11月	—	—	—	—	秦續571
6380	吳守忠墓誌	天寶7(748)11月	—	—	陝西貳-122	陝西1-135	
6381	于峻及妻房氏墓誌	天寶7(748)11月	—	—	—	—	邙洛173 民族7
6382	元琰墓誌	天寶7(748)11月	—	—	—	—	秦晉537 流散175
6383	吉隱墓誌	天寶7(748)11月	—	—	—	—	秦晉538
6384	韋獻墓誌	天寶7(748)11月	—	—	—	—	
6385	崔絢妻李氏墓誌	天寶7(748)11月	—	—	—	—	新獲61

- 244 -

天寶

番號	F北大	G墓誌彙編	H 新編	I補遺補編	J 地方	K 博物館・その他	L 日本目錄
6333	—	—	—	—	—	—	—
6334	04364	—	—	—	—	—	—
6335	04365	天寶120	22-15221	4-455	—	—	—
6336	04366	—	—	—	—	—	—
6337	—	續天寶040	22-15222	5-378	—	碑林80-2845	—
6338	—	—	—	—	—	—	—
6339	04367	天寶121	22-15223	4-456	—	—	—
6340	04369	—	—	—	—	—	—
6341	—	—	—	—	—	—	—
6342	—	—	—	—	—	碑林續103	—
6343	04368	—	—	千唐-212	—	—	—
6344	—	—	—	—	—	—	—
6345	—	續天寶041	22-15223	5-378	西北3-128	—	—
6346	—	—	—	下-1878	—	—	—
6347	04370	—	—	—	—	—	—
6348	04371	天寶122	22-15240	—	西北3-129	—	人1266
6349	04372	天寶123	22-15224	4-457	—	—	—
6350	—	—	—	—	長新174 長碑112(465)	—	—
6351	04373	—	—	9-453	—	—	—
6352	04374	—	—	9-366	—	—	—
6353	04375	天寶124	7-4700	1-169	—	曲石59 南京61	—
6354	04376	天寶125	22-15224	8-398	—	—	—
6355	—	續天寶043	22-15112	5-471	西北3-130	—	—
6356	04377	—	—	—	—	—	—
6357	—	續天寶042	—	—	長碑113(466)	—	—
6358	—	天寶126	7-4214	3-82	西北3-131	—	—
6359	04378	—	—	—	—	—	—
6360	—	—	—	—	—	—	—
6361	—	—	—	—	安陽選60	—	—
6362	—	天寶127	7-4215	1-170	—	—	—
6363	04379	—	—	—	—	—	—
6364	04380	—	—	—	—	碑林續104	—
6365	04381	—	—	9-367	—	—	—
6366	04382	—	—	—	—	—	—
6367	04383	天寶129	22-15225	2-543	河間253	—	—
6368	04384	天寶128	22-15224	2-542	—	裴氏91	—
6369	—	續天寶044	22-15225	3-83	西北3-132	碑林80-2836	—
6370	—	—	—	下-2423	—	—	—
6371	—	—	—	—	—	汾陽24(48)	—
6372	04385	天寶130	22-15226	4--457	—	—	—
6373	04386	—	—	千唐-213	—	—	—
6374	04387	—	—	—	—	—	—
6375	—	—	—	下-1878	—	—	—
6376	—	天寶131	7-4621	4-45	—	—	—
6377	—	續天寶045	7-4644	6-75	—	—	—
6378	—	續天寶046	18-12885	5-379	西北3-133 精華116	—	—
6379	—	—	—	—	—	—	—
6380	—	續天寶047	22-15227	5-380	西北3-134	碑林80-2827	—
6381	—	—	—	—	—	—	—
6382	04393	—	—	—	—	—	—
6383	04391	—	—	—	—	—	—
6384	04392	—	—	—	—	—	—
6385	—	—	22-15229	6-436	—	—	—

天寶

番號	墓誌名	年號	A 題跋	B北圖	C 附考 新中国	D隋唐五代	E千唐・河南
6386	崔思行及妻李氏長孫氏墓誌	天寶7(748)11月	—	—	河南參-162	—	—
6387	常上人(崔漣)墓誌	天寶7(748)11月	—	—	—	—	秦續572 流散176
6388	淨覺墓誌	天寶7(748)11月	—	25-153	—	北大1-151	
6389	褚庭詢墓誌	天寶7(748)11月	—	—	—	—	秦晉539 七朝255 流散174
6390	盧竦及妻李氏墓誌	天寶7(748)11月	—	—	—	—	新獲續146 龍門229
6391	王君妻李氏墓誌	天寶7(748)11月	—	25-154	—	洛陽11-106	千唐842
6392	李君妻竇氏墓誌	天寶7(748)11月	189右中	25-155	—	洛陽11-109	輯繩552
6393	李秀墓誌	天寶7(748)11月	—	25-156	—	洛陽11-107	—
6394	李復妻王氏墓誌	天寶7(748)11月	—	—	—	洛陽11-108	新獲62 洛鴛鴦28-2
6395	李訥妃杜氏墓誌	天寶7(748)11月	—	—	陝西貳-123	—	—
6396	杜暄墓誌	天寶7(748)11月	—	—	—	—	新獲續147 邙洛174 河洛281 龍門230
6397	苗良瓊及妻孫氏墓誌	天寶7(748)11月	—	—	—	—	秦晉540
6398	鉗耳君妻薛氏墓誌	天寶7(748)11月	—	—	河南參-163	—	—
6399	王同福及妻裴雍熙墓誌	天寶7(748)11月	—	25-157	—	洛陽11-110	
6400	寇洋及妻邢氏墓誌	天寶7(748)11月	—	25-158	—	洛陽11-111	千唐844
6401	陶元欽及妻王氏墓誌	天寶7(748)11月	—	25-159	—	洛陽11-112	千唐843
6402	鄭季遠及妻李氏墓誌	天寶7(748)11月	—	—	—	—	秦續573
6403	史庭及妻尹氏墓誌	天寶7(748)11月	—	25-160	—	洛陽11-113	千唐845
6404	蔣邵(法名智遠)墓誌	天寶7(748)12月	—	—	—	—	秦續574
6405	竇銓及妻高氏墓誌	天寶7(748)12月	—	—	河南參-164	—	—
6406	李忠墓誌	天寶7(748)12月	—	—	—	—	—
6407	王昔妻竇含墓誌	天寶7(748)12月	—	25-161	—	洛陽11-114	輯繩553
6408	史瓘及妻薛氏墓誌	天寶7(748)12月	—	—	—	—	民族191 洛絲137 秦晉541 洛鴛鴦26-1
6409	陳敬玄及妻任氏墓誌	天寶7(748)12月	—	—	—	洛陽11-115	輯繩554
6410	劉君妻王氏墓誌	天寶7(748)12月	—	—	—	—	—
6411	宋琇墓誌	天寶7(748)	—	—	—	—	—
6412	董如意墓誌	天寶7(748)	—	—	—	—	輯繩555
6413	李君妻崔氏墓誌	天寶8(749)1月	—	26-1	—	洛陽11-116	輯繩556
6414	崔瑒墓誌	天寶8(749)1月	—	—	—	—	龍門232 秦晉542
6415	耿重琇墓誌	天寶8(749)2月	—	—	—	—	—
6416	牟知損妻李氏墓誌	天寶8(749)2月	—	—	—	洛陽11-117	—
6417	李忠義墓誌	天寶8(749)2月	—	—	陝西貳-124	—	—
6418	韋衢墓誌	天寶8(749)2月	—	—	—	—	新獲續148 河洛282
6419	董辯及樂氏墓誌	天寶8(749)2月	—	—	河南貳-276	—	—
6420	張孝節及妻孫氏墓誌	天寶8(749)3月	—	25-4	—	洛陽11-118	輯繩557
6421	陳鼎墓誌	天寶8(749)3月	—	—	—	—	河洛283 龍門507
6422	裴志墓誌	天寶8(749)3月	—	—	河南參-165	—	邙洛175
6423	陳光濟墓誌	天寶8(749)3月卒	—	—	—	—	—
6424	趙庄墓誌	天寶8(749)4月	—	—	—	—	—
6425	李孝諱墓誌	天寶8(749)5月	—	—	—	—	邙洛176
6426	張氏墓誌	天寶8(749)5月卒	—	—	—	陝西4-12	
6427	殷咸宜及妻張氏墓誌	天寶8(749)6月	—	—	—	—	秦晉543
6428	劉娩妻高氏墓誌	天寶8(749)6月	—	26-5	—	洛陽11-119	輯繩558
6429	李旻妻裴氏墓誌	天寶8(749)6月	—	—	—	—	秦續575 流散177
6430	王誾妻裴氏墓誌	天寶8(749)7月	—	—	—	洛陽11-120	
6431	源君妻盧氏墓誌	天寶8(749)7月	—	—	—	—	—
6432	薛義墓誌	天寶8(749)7月	189右中	26-6	—	北大1-152	
6433	李華妻崔絢墓誌	天寶8(749)8月	—	—	—	—	新獲續149 河洛284
6434	姚君妻李媛墓誌	天寶8(749)8月	—	—	—	—	秦續576
6435	康君妻翟氏墓誌	天寶8(749)8月	—	26-7	—	洛陽11-121	民族391 洛絲110
6436	魏十二娘墓誌	天寶8(749)8月	—	—	—	—	—
6437	魏惠奴墓誌	天寶8(749)8月	—	—	—	—	—
6438	陸豐妻胡氏墓誌	天寶8(749)8月	—	26-8	—	洛陽11-122	千唐846
6439	趙方仁及妻張氏墓誌	天寶8(749)8月	—	—	—	—	秦晉544

天寶

番號	F北大	G墓誌彙編	H 新編	I補遺補編	J 地方	K 博物館・その他	L 日本目錄
6386	04390	—	—	千唐-213	—	—	—
6387	04389						
6388	04388	天寶132	22-15226	4-288	西北3-135	故宮093	東1382
6389	—						
6390			—	8-53	—	—	—
6391	04395	天寶134	7-4277	1-172			
6392	04396	天寶133	7-4217	4-45	—	唐宋322 施唐230	人1267 東1381
6393	04397	天寶135	22-15227	4-458		故宮094	
6394	04394	續天寶048	22-15229	6-436			
6395	—	—	7-4653	3-84	—	—	—
6396	—			8-55			
6397	—						
6398	04398	—	—	千唐-214	—	薛氏271	
6399	04401	天寶138	7-4672	4-46		唐宋323 裴氏92	人1268
6400	04399	天寶136	7-4217	1-172			
6401	04400	天寶137	22-15228	2-543			
6402	—						
6403	04402	天寶139	22-15228	2-544			
6404	—						
6405	04403			千唐-215			
6406	04404						
6407	—	天寶140	7-4673	4-47	—	—	—
6408	04405					薛氏270	—
6409	—	續天寶049	7-4745	6-76	—	—	—
6410	04406			千唐-215			
6411	04407					西市259	明洛74
6412	—	續天寶050	22-15230	6-437			
6413	04408	天寶141	6-3788	3-85			
6414	—						
6415						西交博97	
6416	—	續天寶052	22-15231	6-438			
6417	—	續天寶051	7-4717	上-445	—	碑林80-2858 碑林新186	
6418	—			8-398			
6419	—						
6420	04409	天寶142	22-15231	5-380			
6421	04410						
6422	04411			千唐-216			
6423	—	天寶143	22-15232	—			
6424	04412			千唐-217			
6425	04413						
6426	—	續天寶053	22-15232	5-381	西北3-136 長碑(466)	—	—
6427	—						
6428	04414	天寶144	22-15232	5-381	景縣343		
6429	04415						
6430	—	續天寶054	22-15233	6-438	—	裴氏93	
6431	04416						
6432	04417	天寶145	22-15233	5-382	西北3-137	故宮095 薛氏272	人1275 淑560
6433	—			8-399			
6434							
6435	04418	天寶146	22-15234	5-382	—	唐宋324 撒馬55	人1274
6436	—				長新176 長碑114(466)		
6437	04419						
6438	04420	天寶147	22-15234	2-544	—	—	—
6439	04421	—	—	—	—	—	—

天寶

番號	墓誌名	年號	A 題跋	B北圖	C 附考 新中国	D隋唐五代	E千唐・河南
6440	高琛墓誌	天寶8(749)8月	—	26-9	—	洛陽11-123	千唐847
6441	蘇德宏及妻張氏墓誌	天寶8(749)9月	—	—	—	—	邙洛177 龍門508
6442	崔系孩墓誌	天寶8(749)9月	—	26-10	—	洛陽11-124	千唐848
6443	陳希望墓誌	天寶8(749)10月	—	—	—	—	輯繩559 新出264 新唐196
6444	皇甫法藏墓誌	天寶8(749)10月	—	—	—	洛陽11-126	—
6445	崔瑤墓誌	天寶8(749)10月	—	—	—	洛陽11-127	龍門233
6446	薛維翰墓誌	天寶8(749)10月	—	—	—	—	秦晉545
6447	康怡墓誌	天寶8(749)10月	—	26-11	—	洛陽11-125	—
6448	吳福將墓誌	天寶8(749)11月	—	26-12	—	洛陽11-128	千唐849
6449	沈君妻來三桑墓誌	天寶8(749)11月	—	—	—	—	河洛285
6450	□季昌及妻崔氏墓誌	天寶8(749)11月	—	—	—	—	邙洛178
6451	李濟墓誌	天寶8(749)11月	—	26-13	—	洛陽11-129	千唐850
6452	來義暉墓誌	天寶8(749)11月	—	—	—	—	河洛286
6453	獨孤褘(褘)妻張氏墓誌	天寶8(749)11月	—	—	陝西壹-132	—	—
6454	許瑩墓誌	天寶8(749)11月	—	—	—	—	—
6455	李韜及妻崔氏墓誌	天寶8(749)12月	189右中	—	—	—	—
6456	王君妻孫氏墓誌	天寶8(749)12月	—	—	—	—	—
6457	秦琛墓誌	天寶8(749)12月	—	—	—	—	—
6458	陳褘及妻李氏段氏墓誌	天寶9(750)1月	—	—	—	陝西4-13	—
6459	李昊及妻劉氏墓誌	天寶9(750)1月	—	—	—	—	秦續577
6460	李勣及妻郭氏墓誌	天寶9(750)1月	—	—	—	山西120	—
6461	李經及妻霍氏墓誌	天寶9(750)2月	—	26-17	—	山西121	—
6462	封如璋及妻王氏墓誌	天寶9(750)2月	—	—	—	—	—
6463	王思莊墓誌	天寶9(750)2月	—	—	—	—	—
6464	康仙昂墓誌	天寶9(750)2月	—	—	—	—	河洛287 民族339 洛絲111
6465	盧復墓誌	天寶9(750)2月	189右中	26-18	—	洛陽11-130	輯繩560
6466	張椅墓誌	天寶9(750)2月	—	26-19	—	洛陽11-131	千唐851
6467	莫藏珍墓誌	天寶9(750)2月	—	—	—	—	新獲續150 河洛288
6468	衡君前妻盧氏墓誌	天寶9(750)2月	—	—	—	—	新獲63
6469	魏元墓誌	天寶9(750)3月	—	—	—	—	—
6470	王□墓誌	天寶9(750)3月	189右下	26-20	—	北京1-191	—
6471	王君妻李二娘墓誌	天寶9(750)3月	—	—	陝西貳-125	陝西1-136	—
6472	屈元壽墓誌	天寶9(750)3月	—	—	陝西貳-126	陝西1-137	—
6473	尉遲阿道墓誌	天寶9(750)3月	—	—	陝西貳-127	—	—
6474	崔傑墓誌	天寶9(750)4月	—	—	河南參-166	—	—
6475	高荊玉墓誌	天寶9(750)4月	189右下	—	—	北京1-192	—
6476	靈運禪師塔銘	天寶9(750)4月	—	26-22	—	北京1-193	—
6477	王潤墓記銘	天寶9(750)4月	—	—	陝西貳-128	—	—
6478	尹嘉賓墓誌	天寶9(750)5月	—	—	—	—	—
6479	田福仙墓誌	天寶9(750)5月	—	—	陝西貳-129	—	—
6480	崔賁及妻蕭氏墓誌	天寶9(750)5月	—	—	—	—	秦續579 流散178
6481	張氏墓誌	天寶9(750)5月	189右下	—	—	—	—
6482	趙君妻鄭氏墓誌	天寶9(750)5月	—	—	—	—	秦續578
6483	韋巽墓誌	天寶9(750)5月	—	—	—	—	—
6484	郭文喜墓誌	天寶9(750)5月	—	—	—	—	—
6485	郭虛己墓誌	天寶9(750)5月	—	—	—	—	邙洛179 新唐198
6486	寶説墓誌	天寶9(750)5月	—	26-23	—	洛陽11-132	—
6487	楊顥墓誌	天寶9(750)6月	—	—	—	—	—
6488	侯令表第八女墓誌	天寶9(750)7月	—	—	—	—	秦晉546
6489	叔孫萬頃墓誌	天寶9(750)7月	—	—	—	—	河洛289 民族252 龍門235
6490	張君妻崔氏墓誌	天寶9(750)7月	—	26-24	—	洛陽11-133	千唐852
6491	張招墓誌	天寶9(750)8月	—	—	—	—	—

天寶

番號	F北大	G墓誌彙編	H 新編	I補遺補編	J 地方	K 博物館・その他	L 日本目錄
6440	04422	天寶148	8-5330	1-173	景縣346	―	―
6441	―	―	―	―	―	―	―
6442	04423	天寶149	22-15235	2-545	―	―	―
6443	04424	續天寶055	8-5138	6-77 9-370	―	―	―
6444	―	續天寶056	22-15235	6-439	―	―	―
6445	―	續天寶057	5-3208	6-65	―	―	―
6446	04425	―	―	―	―	薛氏274	―
6447	04426	―	―	―	―	―	―
6448	04427	天寶150	7-4687	1-174	―	―	―
6449	―	―	―	―	―	―	―
6450	―	―	―	―	―	―	―
6451	04428	天寶151	7-4687	1-175	―	―	―
6452	―	―	―	―	―	―	―
6453	―	續天寶058	22-15235	5-383 下-1878	―	―	―
6454	04429	―	―	―	―	―	―
6455	―	天寶152	22-1523	―	―	―	―
6456	04431	―	―	―	―	―	―
6457	04430	―	―	―	―	―	―
6458	04432	續天寶059	7-4719	3-85	西北3-138 精華117 長新178 長碑115(467)	―	―
6459	―	―	―	―	―	―	―
6460	―	續天寶060	22-15238	6-439	大全・長子22	―	―
6461	04433	天寶153	22-15239	5-384	―	故宮096	―
6462	―	―	―	―	晋中36	―	―
6463	―	―	―	―	―	碑林新187	―
6464	04435	―	―	―	―	西市261	―
6465	04434	天寶154	7-4688	3-86	―	唐宋325 施唐231	人1276 東1383
6466	04436	天寶155	22-15240	2-545	―	―	淑563
6467	―	―	―	8-55	―	―	―
6468	―	―	―	4-48 上-445	―	―	―
6469	―	―	―	―	―	―	人1219
6470	04437	天寶156	22-15237	―	―	―	―
6471	―	續天寶061	22-15239	5-384	西北3-139	碑林81-2891	―
6472	―	續天寶062	7-4718	3-77	西北3-140	碑林81-2866	―
6473	―	續天寶063	22-15239	5-385	―	―	―
6474	04438	―	―	千唐-217	―	―	―
6475	―	天寶157	22-15240	5-385	―	―	―
6476	―	天寶158	―	―	―	―	―
6477	―	―	7-4654	3-87	―	碑林81-2875	―
6478	―	―	―	―	大同11 大全・南郊32	―	―
6479	―	―	22-15238	5-385	―	―	―
6480	―	―	―	―	―	―	―
6481	―	―	―	下-2271	―	―	―
6482	04439	―	―	―	―	―	―
6483	―	―	―	―	長新180 長碑116(468)	―	―
6484	―	―	―	8-400	―	碑林新188	―
6485	04440	―	―	8-56	―	北大新拓133(192)	淑561 淑562
6486	04441	天寶159	7-4689	3-87	―	―	―
6487	―	―	―	―	―	慶雅堂39 西市262	―
6488	―	―	―	―	―	―	―
6489	04442	―	―	―	―	―	―
6490	04443	天寶160	7-4083	1-175	―	―	―
6491	04444	―	―	―	―	―	―

天寶

番號	墓誌名	年號	A 題跋	B北圖	C 附考 新中国	D隋唐五代	E千唐・河南
6492	李獻忠墓誌	天寶9(750)8月	—	—	—	—	邙洛180 新唐200 龍門509
6493	范仙嶠墓誌	天寶9(750)8月	—	26-25	—	洛陽11-134	千唐853
6494	羅皎墓誌	天寶9(750)8月	—	—	—	—	秦晉547 七朝257
6495	王人傑及妻柳氏墓誌	天寶9(750)8月	—	—	—	—	秦晉548
6496	張整妻魏氏墓誌	天寶9(750)8月	—	—	—	—	—
6497	劉言妻鄧明墓誌	天寶9(750)8月	—	—	—	—	河洛290
6498	張遨墓誌	天寶9(750)8月	—	26-26	—	洛陽11-135	—
6499	慕容君妻源氏墓誌	天寶9(750)8月	—	26-27	—	洛陽11-136	千唐854 民族360
6500	裴君妻韋氏墓誌	天寶9(750)10月	189右下	26-29	—	江蘇44	—
6501	李琬(榮王)第八女墓誌	天寶9(750)10月	—	26-30	陝西貳-130	陝西1-138	—
6502	郭忠墓誌	天寶9(750)10月	—	—	—	—	—
6503	劉二娘墓誌	天寶9(750)10月	—	—	—	—	—
6504	于偃墓誌	天寶9(750)11月卒	—	26-31	—	洛陽11-137	千唐855 民族8
6505	李君妻韋小孩墓誌	天寶9(750)11月	—	26-32	—	洛陽11-138	千唐856
6506	陳思禮及妻路氏桓氏墓誌	天寶9(750)11月	—	—	—	—	秦晉549 七朝258
6507	郭哲墓誌	天寶9(750)11月	—	—	—	—	—
6508	任莊及妻田氏墓誌	天寶9(750)11月	—	—	—	—	—
6509	李系墓誌	天寶9(750)11月	189右下	26-33	—	洛陽11-139	—
6510	李庭訓墓誌	天寶9(750)11月	—	26-34	—	洛陽11-140	千唐858
6511	韋英墓誌	天寶9(750)11月	—	—	—	—	—
6512	韋嘉賓墓誌	天寶9(750)11月	—	—	—	—	—
6513	馬謙及妻高氏墓誌	天寶9(750)11月	—	—	—	—	秦續580
6514	張貞慎及妻獨孤氏墓誌	天寶9(750)11月	—	26-35	—	洛陽11-141	千唐857
6515	□君墓誌	天寶9(750)11月	—	—	—	洛陽11-142	—
6516	鄭珌及妻盧氏墓誌	天寶9(750)11月	—	—	—	—	—
6517	杜昌及妻閻氏墓誌	天寶9(750)11月	—	—	—	—	秦晉550
6518	李全禮墓誌	天寶9(750)11月	—	—	—	—	—
6519	李全禮妻鄭氏墓誌	天寶9(750)11月	—	—	—	—	—
6520	李他仁及妻常氏墓誌	天寶9(750)11月	—	—	—	—	—
6521	秦客及妻宋氏墓誌	天寶9(750)11月	—	—	—	—	秦晉551
6522	郭盛及馮氏墓誌	天寶9(750)11月	—	—	—	—	—
6523	鄭齊望及妻崔氏墓誌	天寶9(750)11月	—	—	—	—	邙洛181 新唐192
6524	孔克敵妻徐氏墓誌	天寶9(750)11月	—	—	—	—	秦續581
6525	韓忠節及妻關氏墓誌	天寶9(750)11月	—	—	河南貳-275	—	—
6526	李沖及妻崔氏墓誌	天寶9(750)12月	—	26-36	—	洛陽11-143	輯繩561
6527	徐君妻楊慈力墓誌	天寶9(750)12月	—	—	—	—	邙洛182 龍門236
6528	李翁墓誌	天寶9(750)12月	—	—	—	—	—
6529	韋永光墓誌	天寶9(750)12月	—	—	—	—	—
6530	李華墓誌	天寶9(750)12月	—	26-37	—	洛陽11-144	—
6531	韋承光墓誌	天寶9(750)12月卒	—	—	—	—	秦晉552
6532	李夷吾墓誌	天寶9(750)	—	—	—	—	河洛291
6533	趙伾墓誌	天寶10(751)1月	—	26-38	—	洛陽11-145	千唐859
6534	□君妻楊氏墓誌	天寶10(751)1月	—	—	—	—	秦晉553
6535	李大娘墓誌	天寶10(751)1月	—	—	—	—	—
6536	盧藏用及妻鄭沖墓誌	天寶10(751)1月	—	—	河南參-167	—	—
6537	平君妻韋氏墓誌	天寶10(751)2月	—	—	—	—	—
6538	張大振及妻王氏墓誌	天寶10(751)2月	—	—	河南參-168	—	—
6539	任威及妻公孫氏墓誌	天寶10(751)2月	—	—	—	—	—
6540	任福及妻李氏墓誌	天寶10(751)2月	—	—	—	—	—
6541	徐道其墓誌	天寶10(751)2月	—	—	—	—	秦晉555
6542	趙君妻柳氏墓誌	天寶10(751)2月	—	—	—	—	秦晉554
6543	李琰墓誌	天寶10(751)2月	190左上	—	—	—	—
6544	高君墓誌	天寶10(751)2月	—	—	—	洛陽11-146	—
6545	袁崇義墓誌	天寶10(751)3月	—	—	—	—	秦晉556
6546	焦禮及妻曹氏墓誌	天寶10(751)3月	—	—	—	陝西4-14	—

天寶

番號	F 北大	G 墓誌彙編	H 新編	I 補遺補編	J 地方	K 博物館・その他	L 日本目錄
6492	—	—	—	—	—	—	—
6493	04445	天寶161	22-15241	2-545	—	—	—
6494	04446	—	—	—	—	—	—
6495	—	—	—	—	—	—	—
6496	04447	—	—	—	—	—	—
6497	—	—	—	—	—	—	—
6498	04449	天寶162	7-4690	6-77	—	—	—
6499	04448	天寶163	22-15242	2-546	—	—	—
6500	—	天寶164	22-15242	5-386	江揚2	裴氏94 故宮097	人1281 淑564
6501	—	續天寶065	7-4696	3-88 上-446	西北3-141	碑林81-2882	—
6502	04451	—	—	—	—	—	—
6503	—	—	—	—	安陽選45	—	—
6504	04452	天寶165	22-15242	7-385	—	—	—
6505	04453	天寶166	7-4542	1-176	—	—	—
6506	04454	—	—	—	—	—	—
6507	04455	—	—	—	—	—	—
6508	—	—	—	—	—	汾陽25(50)	—
6509	04457	天寶168	7-4690	6-78	—	故宮098	人1282 淑565
6510	04456	天寶167	7-4720	1-177	—	—	—
6511	—	—	—	9-371	—	碑林新189	—
6512	04458	—	—	—	—	—	—
6513	—	—	—	—	—	—	—
6514	04459	天寶169 續天寶066	7-4691	1-176	—	—	—
6515	—	—	—	—	—	—	—
6516	—	—	—	8-58	杏園17	—	—
6517	04460	—	—	—	—	—	—
6518	—	—	—	8-59	杏園18	—	—
6519	—	—	—	8-68	杏園19	—	—
6520	—	—	—	—	大全・屯留17	—	—
6521	04462	—	—	—	—	—	—
6522	—	—	22-15242	—	—	—	—
6523	04461	—	—	千唐-218	—	—	—
6524	—	—	—	—	—	—	—
6525	—	—	—	7-384 下-1876	—	—	—
6526	04463	天寶170	22-15243	5-386	—	—	—
6527	—	—	—	—	—	—	—
6528	04465	—	—	—	—	—	—
6529	04466	—	—	—	—	—	—
6530	04464	天寶171	7-4779	3-89	景縣350	唐宋326	人1283
6531	—	—	—	—	—	—	—
6532	—	—	—	—	—	西市260	—
6533	04467	天寶172	7-4692	1-178	—	—	—
6534	04468	—	—	—	—	—	明洛75
6535	—	—	—	—	安陽選46	—	—
6536	04469	—	—	千唐-219	—	—	—
6537	04470	—	—	—	—	—	—
6538	04471	—	—	千唐-220	—	—	—
6539	—	—	—	—	—	汾陽27(54)	—
6540	—	—	—	—	—	汾陽26(52)	—
6541	04472	—	—	—	安陽54	—	—
6542	04473	—	—	—	—	—	—
6543	—	—	—	上-448	—	—	—
6544	—	—	—	—	—	—	—
6545	04475	—	—	—	—	—	—
6546	—	續天寶067	22-15244	5-387	西北3-142	—	—

天寶

番號	墓誌名	年號	A 題跋	B北圖	C 附考 新中國	D隋唐五代	E千唐・河南
6547	陸捷墓誌	天寶10(751)3月	—	—	—	—	新獲續151 邙洛183 民族244
6548	房光庭墓誌	天寶10(751)3月	—	26-39	—	洛陽11-147	千唐860
6549	王君妻楊歡憘藏墓誌	天寶10(751)3月	—	—	—	—	秦續582
6550	楊氏(勸憘藏)墓誌	天寶10(751)3月	—	—	—	—	流散179
6551	王思悔墓誌	天寶10(751)3月	—	—	—	—	—
6552	崔虞延及妻李氏墓誌	天寶10(751)3月	—	26-40	—	山西122	
6553	安思溫及妻史氏墓誌	天寶10(751)4月	—	—	河南參-169	—	民族221 洛絲124
6554	李獻墓誌	天寶10(751)4月	—	26-41	—	洛陽11-148	
6555	杜侍行墓誌	天寶10(751)4月	—	—	—	—	—
6556	張君妻韋氏墓誌	天寶10(751)4月	—	—	—	—	秦晉557
6557	張潤墓誌	天寶10(751)4月	—	—	—	—	—
6558	梁令珣墓誌	天寶10(751)4月	190左上	26-42	—	洛陽11-149	
6559	慕容神護師墓誌	天寶10(751)4月	—	26-43	—	洛陽11-150	民族381
6560	杜暄及妻劉氏墓誌	天寶10(751)4月	—	—	—	—	新獲續152 河洛292 新唐202 龍門237
6561	臧懷亮及妻任氏墓誌	天寶10(751)4月	—	—	陝西壹-133	陝西4-15	—
6562	崔遜墓誌	天寶10(751)4月	—	—	—	—	秦晉558
6563	常談墓誌	天寶10(751)4月	—	—	—	—	—
6564	趙冬曦及妻牛氏崔氏墓誌	天寶10(751)4月	—	—	河南壹-410	河南75	—
6565	王承裕及妻高氏墓誌	天寶10(751)5月	—	26-44	—	洛陽11-151	千唐861
6566	崔傑墓誌	天寶10(751)5月	—	26-45	—	洛陽11-152	—
6567	鍾恭容墓誌	天寶10(751)5月	—	—	—	陝西4-16	
6568	呂知什及妻張氏韓氏墓誌	天寶10(751)5月	—	—	河南參-170	—	
6569	許仲昇墓誌	天寶10(751)5月	—	—	—	—	—
6570	裴擇妻靳氏墓誌	天寶10(751)5月	—	—	—	—	秦續608 流散180
6571	趙君墓誌	天寶10(751)6月	—	—	—	洛陽11-153	
6572	柳君妻高氏墓誌	天寶10(751)7月	—	—	河南參-171	—	
6573	皇甫瑤墓誌	天寶10(751)7月	—	—	河南壹-215	河南76	
6574	李永定墓誌	天寶10(751)8月	—	—	—	北京1-194	
6575	徐浚墓誌	天寶10(751)8月	—	—	—	—	新獲續153 邙洛184 新唐204 龍門510
6576	崔湛墓誌	天寶10(751)8月	—	26-46	—	洛陽11-154	輯繩562
6577	權均墓誌	天寶10(751)8月卒	—	—	河南參-172	—	—
6578	房有非墓誌	天寶10(751)8月	—	26-47	—	洛陽11-155	千唐862
6579	張君妻郭班墓誌	天寶10(751)8月	—	26-48	—	洛陽11-156	—
6580	楊忠及妻馮氏墓誌	天寶10(751)8月	—	—	—	—	—
6581	楊彥璿墓誌	天寶10(751)8月	—	—	—	陝西4-17	
6582	盧仲璠及妻鄭氏墓誌	天寶10(751)8月	—	—	—	洛陽11-157	
6583	寶誠盈妻蘇氏墓誌	天寶10(751)8月	—	—	—	—	秦續583 流散181
6584	陸振墓誌	天寶10(751)9月	—	—	陝西貳-131	—	
6585	程道初墓誌	天寶10(751)9月	—	—	—	—	—
6586	徐履道墓誌	天寶10(751)10月	—	—	—	—	秦續584
6587	高琛之妻杜蘭墓誌	天寶10(751)10月	—	26-49	—	洛陽11-158	千唐863
6588	楊仲嗣及妻李氏墓誌	天寶10(751)10月	—	—	河南貳-314	—	—
6589	毛爽墓誌	天寶10(751)10月	—	—	—	—	—
6590	李萱墓誌	天寶10(751)10月	—	—	—	—	秦續585
6591	崔翹墓誌	天寶10(751)10月	—	—	—	—	—
6592	李復及妻王氏墓誌	天寶10(751)10月	—	—	—	洛陽11-159	新獲64 洛駕鶩28-1
6593	房承先及妻吳氏墓誌	天寶10(751)10月	—	—	—	洛陽11-160	新獲65
6594	張知仁及妻李氏墓誌	天寶10(751)10月	—	—	—	—	
6595	張庭珪及妻周氏墓誌	天寶10(751)10月	—	—	—	洛陽11-163	新獲66 龍門239
6596	賈勵言墓誌	天寶10(751)10月	—	—	—	—	龍門511
6597	裴遵裕及妻鄭氏墓誌	天寶10(751)10月	—	—	—	—	—
6598	裴肅及妻陽氏墓誌	天寶10(751)10月	—	26-50	—	洛陽11-161	
6599	樊行淹妻孫四娘墓誌	天寶10(751)10月	—	—	—	—	秦續586

天寶

番號	F北大	G墓誌彙編	H 新編	I補遺補編	J 地方	K 博物館・その他	L 日本目録
6547	—	—	—	8-60		—	—
6548	04476	天寶174	22-15244	2-546		—	—
6549	—	—	—	—		—	—
6550	—	—	—	—		—	—
6551	04477	—	—	—		—	—
6552	04474	天寶173	22-15243	5-387		故宮099	東1384
6553	04478	—	—	千唐-221		—	—
6554	04479	天寶175	22-15245	5-388		—	—
6555	—	—	—	—		碑林續105	—
6556	04481	—	—	—		—	—
6557	04482	—	—	—		西市263	明洛76
6558	—	天寶176	7-4692	3-89		—	—
6559	04480	天寶177	22-15246	5-388		唐宋327	人1285
6560	—	—	—	8-61		—	—
6561	—	續天寶069	6-3945	3-1 下-2118	西北3-143 咸刻50 精華118	碑林196-1126	淑566
6562	04483	—	—	—		西市264	—
6563	04484	—	—	—		—	—
6564	—	續天寶068	22-15244	4-458 上-527		—	—
6565	04485	天寶179	7-4762	1-178		—	—
6566	04486	天寶178	7-4693	3-90		—	—
6567	—	續天寶070	22-15247	5-389	西北3-144 精華119	—	—
6568	04487	—	—	千唐-221		—	—
6569	—	—	—	—		—	明大16
6570	—	—	—	—		—	—
6571	—	續天寶071	7-4721	6-79		—	—
6572	04488	—	—	千唐-222		—	—
6573	—	續天寶072	22-15247	6-440	孟州180	—	—
6574	—	續天寶073	22-15248	5-390	—	北文4	—
6575	04490	—	—	8-62		—	—
6576	04489	天寶180	7-4534	2-23		—	—
6577	04491	—	—	千唐-222		—	—
6578	04492	天寶182	22-15249	2-547		—	—
6579	04493	天寶183	22-15250	6-441	—	唐宋328	人1286
6580	—	天寶181	22-15249	7-386	—	—	—
6581	—	續天寶074	22-15251	7-385	西北3-145 富平137	—	—
6582	—	續天寶064	22-15250	6-440		—	—
6583	—	—	—	—		—	—
6584	—	—	22-15227	5-391	—	碑林81-2898	—
6585	04494	—	—	—		—	—
6586	—	—	—	—		—	—
6587	04495	天寶184	22-15251	2-547		—	—
6588	—	—	—	—		—	—
6589	04496	天寶185	22-15252	7-386		—	—
6590	—	—	—	—		—	—
6591	—	—	—	9-368		—	—
6592	04497	續天寶075	7-4722	6-80		—	—
6593	04500	續天寶076	7-4722	6-80		—	—
6594	—	—	—	—		碑林續107	—
6595	—	—	8-5137	5-30 上-629	—	河博36	—
6596	04498	—	—	—		—	—
6597	04502	—	—	千唐-223		—	—
6598	—	天寶187	7-4694	—		唐宋329 裴氏95	人1287
6599	04501	—	—	—		碑林續106	—

天寶

番號	墓誌名	年號	A 題跋	B北圖	C 附考 新中国	D隋唐五代	E千唐・河南
6600	盧景初及妻李氏墓誌	天寶10(751)10月	—	—	—	—	秦續587 流散182
6601	盧全貞及妻李氏墓誌	天寶10(751)10月	—	—	—	洛陽11-162	—
6602	盧溉妻李氏墓誌	天寶10(751)10月	—	—	—	—	流散183
6603	盧胐及妻崔氏墓誌	天寶10(751)10月	—	—	—	—	秦晉559
6604	韓朝宗及妻柳氏墓誌	天寶10(751)10月	—	—	—	—	—
6605	韋弘妻盧氏墓誌	天寶10(751)10月	—	—	—	—	秦續588 七朝259
6606	王鴻及妻薛氏墓誌	天寶10(751)11月	—	26-52	—	洛陽11-165	千唐864
6607	王志悌及妻李氏墓誌	天寶10(751)11月	190左上	26-51	—	洛陽11-164	—
6608	王暉及妻李氏墓誌	天寶10(751)11月	—	—	—	山西123 北大1-153	—
6609	李玠墓誌	天寶10(751)11月	—	—	—	—	秦續589
6610	杜壯木育及妻墓誌	天寶10(751)11月	—	—	—	—	流散184
6611	烏善智墓誌	天寶10(751)11月	—	—	—	江蘇45	—
6612	高慈及妻盧氏墓誌	天寶10(751)11月	—	—	河南貳-261	洛陽11-166	—
6613	崔公遠墓誌	天寶10(751)11月	—	—	—	洛陽11-167	—
6614	崔藏之墓誌	天寶10(751)11月	—	—	河南參-173	—	—
6615	項承暉墓誌	天寶10(751)11月	—	—	—	—	—
6616	楊柔妻李氏墓誌	天寶10(751)11月	—	—	—	—	新獲續154 龍門240
6617	楊玠墓誌	天寶10(751)11月	—	—	—	—	—
6618	趙連城墓誌	天寶10(751)11月	—	—	—	—	—
6619	趙憬及妻梁氏墓誌	天寶10(751)11月	—	—	—	洛陽11-168	千唐865
6620	藥元墓誌	天寶10(751)11月	—	—	—	—	—
6621	龐克廉墓誌	天寶10(751)11月	—	—	—	—	—
6622	高慈妻盧氏墓誌	天寶10(751)11月	—	—	—	—	秦晉560 七朝260 洛駕鴦18-2
6623	盧憕墓誌	天寶10(751)11月	—	26-53	—	洛陽11-169	千唐866
6624	崔珣墓誌	天寶10(751)11月	—	—	—	—	—
6625	崔義邕墓誌	天寶10(751)11月	—	26-54	—	洛陽11-170	千唐867
6626	梁覺及妻陳氏墓誌	天寶10(751)11月	—	—	—	—	—
6627	王秀墓誌	天寶10(751)11月	—	—	—	—	—
6628	申盛墓誌	天寶10(751)11月	—	—	—	—	—
6629	宇文倩及妻薛氏墓誌	天寶10(751)11月	—	—	—	—	秦續590 流散185
6630	盧進墓誌	天寶10(751)11月	—	—	—	—	—
6631	蕭林及妻唐氏墓誌	天寶10(751)11月	—	—	—	—	—
6632	倪彬墓誌	天寶10(751)12月	—	26-56	—	洛陽11-172	千唐868
6633	成洪墓誌	天寶10(751)12月	—	—	—	—	—
6634	李諶妻崔氏墓誌	天寶10(751)12月	190左上	26-55	—	洛陽11-171	—
6635	奚賓墓誌	天寶10(751)12月	—	—	—	—	—
6636	柴溫恭墓誌	天寶10(751)12月	—	—	—	—	秦晉561
6637	申黃及妻常氏墓誌	天寶10(751)12月	—	—	—	—	—
6638	柳君妻張氏墓誌	天寶10(751)12月	—	—	—	—	秦晉562
6639	□□君吳嘉墓誌	天寶10(751)12月	—	—	—	—	流散186
6640	趙何一墓誌	天寶10(751)12月	—	—	—	—	—
6641	董謙墓誌	天寶10(751)12月	—	—	—	—	秦續591
6642	王鈇墓誌	天寶10(751)	190左上	—	—	—	—
6643	李神悟塔銘	天寶10(751)?	—	—	—	—	—
6644	王廉及妻楊氏墓誌	天寶11(752)2月	—	—	—	—	龍門512 秦晉563
6645	周敬本墓誌	天寶11(752)2月	—	—	河南壹-445	河南77	—
6646	張之緒妻李氏墓誌	天寶11(752)2月	—	26-58	—	洛陽11-173	千唐870 新唐206
6647	張德墓誌	天寶11(752)2月	—	—	—	—	—
6648	賈崇璋妻陸英墓誌	天寶11(752)2月	—	26-59	—	洛陽11-174	千唐869
6649	周獻墓誌	天寶11(752)3月	—	—	—	—	輯繩563
6650	王氏墓誌	天寶11(752)3月	—	—	—	—	河洛295 七朝261
6651	欽恕墓誌	天寶11(752)閏3月	—	—	—	—	—
6652	康韶及妻趙氏墓誌	天寶11(752)閏3月卒	—	—	—	—	河洛293
6653	李日就妻竇氏墓誌	天寶11(752)閏3月	—	—	—	—	河洛294 龍門241
6654	崔君妻鄭氏墓誌	天寶11(752)閏3月	—	—	—	—	秦續592

天寶

番號	F北大	G墓誌彙編	H 新編	I補遺補編	J 地方	K 博物館・その他	L 日本目録
6600	04504	—	—	—	—	—	—
6601	04503	天寶186	22-15252	6-441	—	施唐232-233	—
6602	—	—	—	—	—	—	—
6603	—	—	—	—	—	西市265	—
6604	—	—	6-3698	—	—	—	—
6605	—	—	—	—	—	—	—
6606	04507	天寶188	22-15253	2-548	—	—	—
6607	04508	天寶190	22-15254	5-392	—	唐宋330	人1288 東1385
6608	04509	天寶192	22-15254	6-442	—	—	—
6609	—	—	—	—	—	—	—
6610	—	—	—	—	—	—	—
6611	04512	天寶191	22-15254	4-459	—	—	—
6612	—	續天寶077	7-4543	6-48	—	—	—
6613	—	續天寶078	6-3640	7-54	—	—	—
6614	04514	—	—	千唐-224	—	北大新拓134(194)	—
6615	—	天寶193	22-15255	7-387	山東41 濟南38 分類81	—	—
6616	04513	—	—	8-400 千唐-223	—	—	—
6617	04506	—	—	—	—	—	—
6618	04510	—	—	—	—	—	—
6619	—	天寶189	22-15253	2-548	—	—	—
6620	04511	—	—	—	—	—	—
6621	04505	—	—	—	—	—	—
6622	04515	—	—	—	—	—	—
6623	04516	天寶194	22-15255	2-549	—	—	—
6624	04517	—	—	千唐-225	—	—	—
6625	04518	天寶195	22-15256	2-549	—	—	—
6626	—	—	—	—	安陽選(19)	—	—
6627	—	—	—	—	長新182 長碑117(468)	—	—
6628	04520	—	—	—	—	—	—
6629	04521	—	—	—	—	—	—
6630	04519	—	—	—	—	—	—
6631	—	—	—	—	—	碑林新190	—
6632	04522	天寶196	22-15256	2-550	—	—	—
6633	04524	—	—	—	—	—	—
6634	04523	天寶197	7-4182	—	—	故宮100	人1289 淑567
6635	—	—	—	8-401	—	磚刻1195	—
6636	—	—	—	—	—	—	—
6637	—	—	—	—	—	碑林新191	—
6638	04525	—	—	—	—	—	—
6639	—	—	—	—	—	—	—
6640	—	—	—	—	—	西市266	—
6641	04526	—	—	—	—	—	—
6642	—	—	—	—	—	—	—
6643	—	—	18-12541	—	—	—	—
6644	04529	—	—	—	—	—	—
6645	—	續天寶079	22-15258	6-443	—	—	—
6646	04528	天寶199	7-4695	1-179	—	—	—
6647	—	天寶198	22-15257	7-387	—	—	—
6648	04527	天寶200	22-15258	2-550	—	—	—
6649	—	續天寶080	7-4723	6-81	—	—	—
6650	04530	—	—	—	—	—	—
6651	—	—	—	—	分類82	—	—
6652	—	—	—	—	—	—	—
6653	04531	—	—	—	—	—	—
6654	—	—	—	—	—	—	—

天寶

番號	墓誌名	年號	A 題跋	B北圖	C 附考 新中国	D隋唐五代	E千唐・河南
6655	蘇咸妻韋順儀墓誌	天寶11(752)閏3月	―	26-62	―	洛陽11-175	千唐871
6656	馬惠心墓誌	天寶11(752)4月	―	―	―	―	秦續593 七朝262
6657	彭尊師(號太和)墓誌	天寶11(752)4月	―	―	―	―	―
6658	彭尊師?鎭墓石(四方)	天寶11(752)4月?	―	―	―	―	―
6659	王君妻蕭博墓誌	天寶11(752)5月	―	26-65	―	洛陽11-176	千唐872
6660	齊子墓誌	天寶11(752)5月	―	26-66	―	洛陽11-177	千唐873
6661	鄭巖墓誌	天寶11(752)5月	―	―	―	―	秦晉564
6662	解舜墓誌	天寶11(752)6月	―	―	―	―	―
6663	裴利物墓誌	天寶11(752)6月	―	―	―	陝西4-18	―
6664	朱元昊墓誌	天寶11(752)7月	―	―	―	―	―
6665	楊行敏墓誌	天寶11(752)7月	―	―	―	―	―
6666	賈鸞墓誌	天寶11(752)7月	―	―	―	―	邙洛186
6667	王君妻朱氏墓誌	天寶11(752)7月	190左中	―	―	―	―
6668	崔澄墓誌	天寶11(752)8月	―	26-69	―	洛陽11-178	千唐874
6669	張迅墓誌	天寶11(752)8月	―	―	河南參-174	―	―
6670	韓隴及妻董氏墓誌	天寶11(752)8月	―	―	―	―	―
6671	盧氏墓誌	天寶11(752)8月	―	―	―	―	邙洛187 龍門242
6672	王悆墓誌	天寶11(752)8月	―	―	―	洛陽11-179	千唐875
6673	張愼及段氏徐氏楊氏墓誌	天寶11(752)8月	―	―	河北壹-85	河北67	―
6674	裴迥及雲氏墓誌	天寶11(752)8月	―	―	―	―	秦晉565
6675	屈澄墓誌	天寶11(752)9月	―	26-72	―	洛陽11-180	千唐876
6676	李琮墓誌	天寶11(752)9月	―	―	―	―	―
6677	張謙墓誌	天寶11(752)9月	―	26-73	―	洛陽11-181	輯繩564
6678	魏氏墓誌	天寶11(752)9月	190左中	―	―	―	―
6679	李無橘妻宇文氏墓誌	天寶11(752)10月	―	―	―	―	新獲續155 邙洛188 民族213 龍門243
6680	尹裴生及妻萇氏墓誌	天寶11(752)10月	―	―	―	―	秦續594
6681	盧君妻楊氏墓誌	天寶11(752)10月	―	26-74	―	洛陽11-182	千唐877
6682	侯智元妻魯氏墓誌	天寶11(752)11月	―	26-75	―	洛陽11-183	輯繩565
6683	項法墓誌	天寶11(752)11月	―	―	―	―	―
6684	王元節及妻莫遮氏墓誌	天寶11(752)11月	―	―	―	―	―
6685	常惲及妻魏氏墓誌	天寶11(752)11月	―	―	―	―	―
6686	王奇墓誌	天寶11(752)11月	―	―	―	―	河洛296
6687	盧君妻楊氏墓誌	天寶11(752)11月	―	―	―	―	新獲續156 邙洛190
6688	張洪墓誌	天寶11(752)11月	―	―	―	―	―
6689	李氏(南川縣主)墓誌	天寶11(752)11月	―	―	―	陝西1-139	―
6690	武元妻樂氏墓誌	天寶11(752)11月	―	―	―	山西124	―
6691	劉君妻王氏(法號光贊)墓誌	天寶11(752)11月	190左中	26-76	―	洛陽11-184	輯繩567
6692	劉國及妻韓氏墓誌	天寶11(752)11月	―	26-77	―	洛陽11-185	輯繩566
6693	處子瑗墓誌	天寶11(752)11月	190左中	―	―	―	―
6694	李君妻張氏(法號常精進)墓誌	天寶11(752)12月	―	―	―	洛陽11-186	新獲67
6695	樊六姑生藏銘	文中(天寶?)11?	―	―	―	―	―
6696	姚君妻王氏(法號清淨觀)墓誌	天寶12(753)1月	―	―	河南參-175	―	新獲續157 邙洛191 龍門245
6697	盧君妻蘇氏墓誌	天寶12(753)1月	―	―	―	―	秦續595
6698	蘇氏墓誌	天寶12(753)1月	―	―	―	―	流散187
6699	廉元泰墓誌	天寶12(753)1月	―	―	河南壹-66	河南78	―
6700	段俊之墓誌	天寶12(753)1月	―	―	―	洛陽11-187	―
6701	房君妻耿氏墓誌	天寶12(753)1月	―	26-78	―	洛陽11-188	千唐878
6702	紀寬墓誌	天寶12(753)2月	―	―	―	―	―
6703	韓君妻劉會如墓誌	天寶12(753)2月	―	―	―	―	邙洛189 龍門513 七朝263
6704	崔君妻王京墓誌	天寶12(753)2月	―	26-80	―	洛陽11-189	千唐879
6705	張璥及妻王氏墓誌	天寶12(753)2月	190左中	26-79	―	北大1-154	―
6706	梁烜墓誌	天寶12(753)2月	―	―	―	―	―

天寶

番號	F 北大	G 墓誌彙編	H 新編	I 補遺補編	J 地方	K 博物館・その他	L 日本目録
6655	04532	天寶201	22-15259	2-551	―	―	―
6656	04533	―	―	―	―	―	―
6657	―	―	―	―	―	―	明大20
6658	―	―	―	―	―	―	明大21
6659	04531	天寶202	22-15259	2-551	―	―	―
6660	04535	天寶203	22-15259	2-552	―	―	―
6661							
6662	―	―	―	―	長新184 長碑(469)		
6663	―	續天寶081	22-15260	5-392	西北3-148	裴氏97	
6664	04536	―	―	8-64	―	碑林新192 北大新拓135(196)	―
6665	―	―	―	8-401	―	―	―
6666							
6667							
6668	04537	天寶204	19-13046	2-553	―	施唐234	
6669	04538	―	―	千唐-226			
6670	―	―	―	―	安陽選(20)	―	―
6671	04539						
6672	―	天寶205	22-15261	―	―	―	―
6673	―	續天寶082	22-15262	4-459	邯鄲碑052		
6674	04540						
6675	04541	天寶206	22-15262	2-554	―	―	―
6676	―	―	―	―	―	西市267	―
6677	04542	天寶207	7-4695	3-91	―	―	―
6678	―	―	―	―			
6679	―	―	―	8-402 下-1879			
6680	―						
6681	04543	天寶208	22-15262	2-555	―	―	―
6682	04544	天寶209	22-15263	5-393	―	―	―
6683	―	―	―	―	濟南37	―	―
6684	―	―	―	―	―	汾陽28(56)	―
6685	―	天寶210	22-15263	7-388	―	―	―
6686	04545						
6687	―	―	―	8-65	―	―	―
6688	04546						
6689	―	天寶211	7-4696	1-180	西北3-149	碑林81-2905	―
6690	―	續天寶083	22-15264	6-443	晋中39		
6691	04547	天寶212	22-15264	5-393		唐宋331 施唐244	人1296 東1386
6692	―	天寶213	22-15264	5-394	―	―	―
6693	―						
6694	04548	續天寶084	22-15265	6-443	―	―	―
6695	―	―	―	―	―	碑林續219	
6696	04549	―	―	8-65 千唐-226	―	―	―
6697	―						
6698	―						
6699	―	續天寶085	22-15265	6-444	衞輝44		
6700	―	續天寶086	7-4738	6-82	―	―	―
6701	04550	天寶214	22-15267	2-555	―	―	―
6702	―	―	22-15267	4-460 下-1880	―	北文5(蓋のみ)	―
6703	04551	―	―	―	―	―	―
6704	04552	天寶216	22-15267	2-556			
6705	04553	天寶215	7-4106	―	西北3-150	故宮101 施碑選260	人1298
6706	04554						

- 257 -

天寶

番號	墓誌名	年號	A 題跋	B 北圖	C 附考 新中国	D 隋唐五代	E 千唐・河南
6707	裴懲墓誌	天寶12(753)2月	—	—	—	—	—
6708	楊若先墓誌	天寶12(753)2月	—	—	—	—	秦晉566
6709	尹中庸妻李琰墓誌	天寶12(753)2月	—	—	—	—	—
6710	李琰墓誌	天寶12(753)2月	—	—	—	—	秦續596
6711	賈隱及妻杜氏墓誌	天寶12(753)2月	—	26-81	—	洛陽11-190	—
6712	劉君妻獨孤氏墓誌	天寶12(753)2月	—	—	—	—	河洛303 民族290 七朝264
6713	趙陳及張氏墓誌	天寶12(753)3月	—	—	—	—	—
6714	崔君墓誌	天寶12(753)3月	—	—	—	—	—
6715	王君妻姚氏墓誌	天寶12(753)3月	—	—	—	—	—
6716	韓君妻馬氏墓誌	天寶12(753)3月	—	—	—	—	—
6717	車諤妻侯氏墓誌	天寶12(753)4月	—	26-82	—	洛陽11-191	千唐880
6718	王守節墓誌	天寶12(753)4月	—	—	—	陝西4-19	—
6719	姚闈墓誌	天寶12(753)4月	—	—	—	—	秦晉567
6720	竇君妻袁氏墓誌	天寶12(753)5月	—	—	—	—	河洛297
6721	孫欽墓誌	天寶12(753)5月	—	—	—	—	—
6722	盧咸妻鄭進墓誌	天寶12(753)5月	—	26-83	—	洛陽11-192	千唐881
6723	李曙墓誌	天寶12(753)5月	—	—	—	洛陽9-131	輯繩568
6724	李君妻裴氏墓誌	天寶12(753)5月	—	26-84	—	洛陽11-193	千唐882
6725	劉君妻韓氏墓誌	天寶12(753)7月	—	—	—	—	河洛298
6726	盧君妻李氏墓誌	天寶12(753)7月	—	—	河南參-176	—	—
6727	柳岳妻李氏墓誌	天寶12(753)7月	—	—	—	—	新獲續158 邙洛192
6728	張履冰墓誌	天寶12(753)8月	—	—	—	—	秦晉568 流散188
6729	雲遂及妻李氏墓誌	天寶12(753)8月	—	—	—	—	河洛299 新唐208 民族160 龍門246 流散189
6730	張仲暉墓誌	天寶12(753)8月	—	—	陝西壹-134	陝西4-20	—
6731	郭皓墓誌	天寶12(753)8月	—	—	—	—	河洛300
6732	萬利器及妻霍氏墓誌	天寶12(753)8月	—	—	—	—	秦晉569
6733	韋元逸妻李氏墓誌	天寶12(753)8月	—	26-86	—	洛陽11-194	千唐883
6734	張胐及妻李氏墓誌	天寶12(753)8月	190左下	26-91	—	北大1-155	—
6735	宇文君妻趙氏墓誌	天寶12(753)10月	—	—	—	—	—
6736	趙氏墓誌	天寶12(753)10月	—	—	—	—	秦續598 流散190
6737	楊信墓誌	天寶12(753)10月	—	—	—	—	—
6738	裴處璀(瑎)墓誌	天寶12(753)10月	—	26-92	—	洛陽11-195	千唐885
6739	盧合(含)墓誌	天寶12(753)10月	—	26-93	—	洛陽11-196	千唐884
6740	元舒溫墓誌	天寶12(753)10月	—	26-94	—	洛陽11-197	千唐886 民族147
6741	王之咸及妻李氏墓誌	天寶12(753)10月	—	—	河南參-177	—	—
6742	賈欽惠墓誌	天寶12(753)10月	—	26-95	—	洛陽11-198	千唐887
6743	殷中臺及妻鄭氏墓誌	天寶12(753)10月	—	—	河南參-178	—	—
6744	姚希直墓誌	天寶12(753)10月	—	26-96	—	洛陽11-199	千唐888 民族302
6745	暴莊及妻武氏墓誌	天寶12(753)10月	190右中	26-97	—	北大1-156	—
6746	劉感墓誌	天寶12(753)10月	190右中	26-98	—	北大1-157	—
6747	于君妻裴氏墓誌	天寶12(753)11月	—	26-102	—	洛陽11-201	千唐889
6748	馬滔妻韋氏墓誌	天寶12(753)11月	—	—	—	—	流散191
6749	周玄珞及妻程氏墓誌	天寶12(753)11月	—	—	—	山西125	—
6750	崔鍔墓誌	天寶12(753)11月	—	26-100	—	北京1-195	—
6751	賈生墓誌	天寶12(753)11月	—	—	—	—	—
6752	裴君妻柳上□墓誌	天寶12(753)11月	—	—	—	—	秦續599 流散192
6753	蕭均名墓誌	天寶12(753)11月	—	—	河南參-179	—	—
6754	吳曄墓誌	天寶12(753)11月	—	—	—	洛陽11-200	千唐890
6755	鄭君妻崔氏墓誌	天寶12(753)11月	—	26-103	—	洛陽11-202	邙洛193
6756	張元忠妻令狐氏墓誌	天寶12(753)12月	190右下	26-104	—	陝西1-140	—
6757	鄭宇墓誌	天寶12(753)12月	—	26-105	—	洛陽11-203	千唐891
6758	李誠及妻張氏墓誌	天寶12(753)12月	—	—	—	—	—
6759	段常省塔銘	天寶12(753)	—	26-106	—	北京1-196	—

天寶

番號	F北大	G墓誌彙編	H 新編	I補遺補編	J 地方	K 博物館・その他	L 日本目録
6707	04555	—	—	—	—	—	—
6708	04559	—	—	—	—	—	—
6709	04556	—	—	—	—	—	—
6710	—	—	—	—	—	碑林續108	—
6711	04557	天寶217	7-4697	6-82	—	唐宋332	人1299
6712	04558	—	—	—	—	—	—
6713	04560	—	—	千唐-227	—	—	—
6714	—	—	—	—	安陽選47	—	—
6715	04561	—	—	—	—	—	—
6716	—	—	—	—	安陽選48	—	—
6717	04562	天寶218	7-4787	1-180	—	—	—
6718	—	續天寶087	7-4535	2-25	西北3-151	—	—
6719	—	—	—	—	—	—	—
6720	—	—	—	—	—	—	—
6721	—	—	—	—	—	碑林新193	—
6722	04563	天寶219	6-3446	1-181	—	—	—
6723	—	續天寶088	22-15266	6-406	—	—	—
6724	04564	天寶220	7-4787	1-181	—	裴氏101	—
6725	—	—	—	—	—	—	—
6726	04565	—	—	千唐-229	—	—	—
6727	—	—	—	8-66	—	—	—
6728	04566	—	—	—	—	北大新拓136(196)	—
6729	—	—	—	—	—	—	—
6730	—	續天寶089	6-4054	3-92 上-528	西北3-152 咸刻51	—	—
6731	04567	—	—	—	—	—	—
6732	04358	—	—	—	—	—	—
6733	04569	天寶222	22-15268	2-557	—	—	—
6734	04568	天寶221	6-3759	—	—	施碑選261	人1301 淑569 淑570
6735	04570	—	—	—	—	—	—
6736	—	—	—	—	—	—	—
6737	04573	天寶223	7-4788	7-55	—	—	—
6738	04571	天寶225	22-15269	2-557	—	裴氏98	—
6739	04572	天寶224	7-4788	1-182	—	—	—
6740	04574	天寶226	22-15269	2-557	—	裴氏100	—
6741	04576	—	—	千唐-229	—	—	—
6742	04575	天寶227	6-3666	1-183	—	裴氏99	—
6743	04577	—	—	千唐-230	—	—	—
6744	04578	天寶230	7-4077	1-184	—	—	—
6745	04580	天寶228	22-15269	5-394	—	故宮102	—
6746	04579	天寶229	7-4292	—	西北3-154	碑林196-1131 施唐245	—
6747	04585	天寶231	7-4812	1-184	—	裴氏96	—
6748	—	—	—	—	—	—	—
6749	—	續天寶090	22-15270	6-444	—	—	—
6750	04581	天寶232	22-15270	5-395	—	唐宋333	人1295
6751	04582	—	—	—	—	—	—
6752	04583	—	—	—	—	—	—
6753	04584	—	—	千唐-231	—	—	—
6754	—	天寶233	22-15271	2-558	—	—	—
6755	—	天寶234	22-15271	5-395	—	—	—
6756	04586	天寶235	22-15272	—	西北3-155	碑林81-2914 施唐246	東1388 淑571
6757	04587	天寶236	22-15273	2-558	—	—	—
6758	04588	—	—	千唐-231	—	—	—
6759	—	天寶237	—	—	西北3-156	—	人1305

天寶

番號	墓誌名	年號	A 題跋	B北圖	C 附考 新中国	D隋唐五代	E千唐・河南
6760	韋君墓誌	天寶12(753)	191左上	—	—	—	
6761	劉踐言墓誌	天寶12(753)	190左下	—	—	—	
6762	韋衡及妻夏侯氏墓誌	天寶13(754)1月	—	—	—	—	
6763	牛諧墓誌	天寶13(754)1月	—	—	—	—	
6764	李喬年妻盧氏墓誌	天寶13(754)1月				—	秦續600
6765	李適之墓誌	天寶13(754)1月				—	河洛301
6766	秦睞墓誌	天寶13(754)1月		26-107		洛陽11-204	
6767	曹仁墓誌	天寶13(754)1月					邙洛194 新唐210 龍門249 七朝265
6768	鄭兢及妻盧氏墓誌	天寶13(754)1月				—	河洛302 龍門514
6769	尹中庸及妻李氏墓誌	天寶13(754)1月				—	秦續601
6770	李渙墓誌	天寶13(754)1月	—	26-108		洛陽11-205	千唐892
6771	鄭逞墓誌	天寶13(754)1月		26-109		洛陽11-206	—
6772	衞馮(憑)墓誌	天寶13(754)1月		26-110		洛陽11-207	千唐893
6773	常無求墓誌	天寶13(754)2月					秦續602
6774	裴遘妻李氏墓誌	天寶13(754)2月		26-112		洛陽11-208	千唐894
6775	僧義空塔銘	天寶13(754)4月					—
6776	朱連城墓誌	天寶13(754)4月					秦晉570
6777	張君妻崔柔則墓誌	天寶13(754)4月				—	河洛304 龍門248
6778	陳君妻韓氏墓誌	天寶13(754)4月卒					
6779	苗憚墓誌	天寶13(754)4月					
6780	張恖墓誌	天寶13(754)5月	—	26-113		洛陽11-209	—
6781	李訓妻王氏墓誌	天寶13(754)5月					
6782	李知敬及妻梁氏墓誌	天寶13(754)5月				—	秦晉572
6783	李峴妻獨孤峻墓誌	天寶13(754)5月				—	新唐212 秦晉571
6784	爔俟汕及妻康氏墓誌	天寶13(754)5月					
6785	獨孤峻墓誌	天寶13(754)5月					
6786	殷胐墓誌	天寶13(754)6月					秦續603
6787	高君妻張氏墓誌	天寶13(754)6月	—	26-114	—	洛陽11-210	—
6788	智通塔銘	天寶13(754)6月	—	26-115	—	北京1-197	
6789	孫志廉墓誌	天寶13(754)6月	190左下	26-116	—	北大1-158	
6790	趙應墓誌	天寶13(754)7月	—	—	—	—	新獲續159 邙洛195
6791	劉智才墓誌	天寶13(754)7月		26-117	—	洛陽11-211	輯繩569
6792	馮思順墓誌	天寶13(754)7月				陝西4-21	—
6793	劉玄豹妻高氏墓誌	天寶13(754)7月		26-118		洛陽11-212	千唐895
6794	郭英奇墓誌	天寶13(754)7月		—		—	
6795	孟賓墓誌	天寶13(754)7月	—	—	陝西參-73	—	
6796	李瑤妻韋氏墓誌	天寶13(754)8月	—	26-119		洛陽11-213	千唐896
6797	任楚璠及妻馮氏墓誌	天寶13(754)8月	—	—	河南參-180	—	
6798	劉英墓誌	天寶13(754)8月				—	秦續604
6799	黃撝妻劉氏龕銘	天寶13(754)秋	191左上	26-120	—	—	龍門249
6800	任瓊及妻崔氏墓誌	天寶13(754)10月					
6801	張埱墓誌	天寶13(754)10月				—	秦續605
6802	元德秀墓誌	天寶13(754)10月				洛陽11-214	新獲68 民族147
6803	趙才林及妻王氏墓誌	天寶13(754)10月				—	河洛305 七朝266
6804	何德墓誌	天寶13(754)10月				陝西1-141	—
6805	楊君妻宋氏墓誌	天寶13(754)11月				—	—
6806	沈子昌墓誌	天寶13(754)11月				—	邙洛196 新唐214
6807	盧起信墓誌	天寶13(754)11月			—	洛陽11-215	
6808	盧招墓誌	天寶13(754)11月	—	26-121	—	北京1-198	
6809	鮑脩及妻陳氏墓誌	天寶13(754)11月					
6810	趙君妻元憚墓誌	天寶13(754)11月				—	邙洛197 民族148
6811	李合及妻裴氏墓誌	天寶13(754)11月					
6812	郭宣及妻賈氏墓誌	天寶13(754)11月					
6813	劉元尚墓誌	天寶13(754)11月	191左上	—	—	—	—
6814	鄧玄挺墓誌	天寶13(754)11月	—	—	—	—	

番號	F北大	G墓誌彙編	H 新編	I補遺補編	J 地方	K 博物館・その他	L 日本目錄
6760	―	―	―	―	―	―	―
6761	―	―	―	―	―	―	―
6762	―	―	―	8-66	―	―	―
6763	04590	―	―	―	―	―	―
6764	―	―	―	―	―	―	―
6765	―	―	―	―	―	―	―
6766	―	天寶238	22-15273	―	―	曲石60 南京62	―
6767	―	―	―	―	―	―	淑573
6768	04589	―	―	―	―	―	―
6769	04593	―	―	―	―	碑林續109	―
6770	04591	天寶241	22-15275	2-560	―	―	―
6771	04594	天寶239	22-15274	2-559	―	―	―
6772	04592	天寶240	7-4813	1-185	―	―	―
6773	―	―	―	―	―	―	―
6774	04595	天寶242	7-4814	1-186	―	裴氏102	―
6775	―	―	―	―	―	碑林續110	―
6776	―	―	―	―	―	―	―
6777	04597	―	―	―	―	―	―
6778	―	天寶243	22-15276	7-389	―	―	―
6779	04598	―	―	―	―	―	―
6780	04599	天寶244	7-4814	3-93	―	唐宋334	人1311
6781	―	―	―	―	―	碑林新194	―
6782	04600	―	―	―	―	―	―
6783	―	―	―	―	長碑118(469)	―	―
6784	04601	―	―	―	長新188 長碑119(471)	―	―
6785	―	―	―	―	長新186	―	―
6786	―	―	―	―	―	―	―
6787	04602	天寶245	22-15276	2-560	―	曲石61 南京63	―
6788	―	天寶246	18-12523	―	―	―	―
6789	04603	天寶247	7-4711	―	西北3-157	施唐248-249	―
6790	04604	―	―	8-67 千唐-232	―	―	―
6791	―	天寶248	22-15276	5-396	―	―	―
6792	―	續天寶091	22-15275	5-397	―	―	―
6793	04605	天寶249	7-4815	1-187	―	―	―
6794	―	―	6-3439	6-83	咸刻52	碑林196-1133	―
6795	―	―	―	8-402	榆林63	―	―
6796	04606	天寶250	22-15277	2-561	―	―	―
6797	04608	―	―	千唐-233	―	―	―
6798	―	―	―	―	―	―	―
6799	―	天寶251	7-4108	―	―	施唐250-251	淑572
6800	―	―	―	8-403	―	河博37	―
6801	―	―	―	―	―	―	―
6802	―	續天寶093	22-15271	6-445	―	―	―
6803	04609	―	―	―	―	西市269	―
6804	―	續天寶094	7-4739	3-97	―	碑林81-2920	―
6805	04610	―	―	―	―	―	―
6806	―	―	―	―	―	―	―
6807	―	續天寶097	7-4657	6-85	―	―	―
6808	04611	天寶252	7-4802	3-94	―	―	―
6809	04612	―	―	―	―	―	―
6810	―	―	―	―	―	―	―
6811	―	―	―	―	―	裴氏103	―
6812	―	―	―	―	―	碑林新195	―
6813	―	天寶253	7-4652	―	―	―	―
6814	―	―	―	―	―	碑林續111	―

天寶

番號	墓誌名	年號	A 題跋	B北圖	C 附考 新中国	D隋唐五代	E千唐・河南
6815	鄭炅及妻崔氏墓誌	天寶13(754)11月	—	—	—	洛陽11-216	新獲70
6816	李元福墓誌	天寶13(754)11月	—	—	河南貳-67	—	—
6817	朱氏墓誌	天寶13(754)閏11月	—	—	—	洛陽11-217	千唐900
6818	段承宗墓誌	天寶13(754)閏11月	—	26-122	—	洛陽11-218	—
6819	韋豫墓誌	天寶13(754)閏11月	—	—	—	—	—
6820	韋濟墓誌	天寶13(754)閏11月	—	—	—	陝西4-22	—
6821	高濟物及妻李氏墓誌	天寶13(754)閏11月	—	—	—	—	秦續606
6822	崔君妻盧氏墓誌	天寶13(754)閏11月	—	—	—	洛陽11-219	新獲69
6823	裴銑墓誌	天寶13(754)閏11月	—	26-123	—	洛陽11-220	千唐899
6824	獨孤挺墓誌	天寶13(754)閏11月	—	—	—	—	秦續607
6825	盧自省墓誌	天寶13(754)閏11月	—	26-124	—	洛陽11-221	千唐898
6826	宗君妻崔報恩墓誌	天寶13(754)閏11月	—	—	河南參-181	—	—
6827	李隆基第五孫女墓誌	天寶13(754)閏11月	—	—	—	—	—
6828	李氏(玄宗第五孫女)墓誌	天寶13(754)閏11月	—	—	—	—	—
6829	李詁及妻裴氏墓誌	天寶13(754)閏11月	—	26-125	—	洛陽11-222	輯繩570
6830	秦洽及妻劉氏墓誌	天寶13(754)閏11月	—	—	—	—	秦晉573 七朝267
6831	薛丹墓誌	天寶13(754)閏11月	—	—	—	—	河洛306
6832	陳添墓誌	天寶13(754)閏11月	—	—	—	陝西4-23	—
6833	柴閱墓誌	天寶13(754)12月	—	—	—	—	秦晉574
6834	閻力妻王紫虛墓誌	天寶13(754)12月	—	—	—	陝西4-24	—
6835	劉氏墓誌	天寶13(754)12月	—	—	河南壹-229	河南79	—
6836	李興墓誌	天寶13(754)12月	—	—	—	—	新獲續160 河洛307
6837	寇因墓誌	天寶13(754)12月	—	26-128	—	洛陽11-223	—
6838	元魯縣墓表	天寶13(754)					
6839	王徹墓誌	天寶13(754)	—	—	北京壹-5	北京1-199	—
6840	唐君妻薛氏墓誌	天寶13(754)					
6841	鮑思福及妻魚氏墓誌	天寶13(754)					
6842	朱君妻梁無量墓誌	天寶14(755)1月	—	26-129	—	洛陽11-224	—
6843	鄭偓佺妻侯莫陳氏墓誌	天寶14(755)1月	—	26-130	—	洛陽11-225	民族280
6844	高元表墓誌	天寶14(755)1月	—	—	北京壹-6	北京1-200	—
6845	高蓋妻劉寶墓誌	天寶14(755)2月					
6846	李君妻鄭氏墓誌	天寶14(755)2月					
6847	李從偃妻鄭氏墓誌	天寶14(755)2月	—	—	—	—	秦晉575 洛鴛鴦31-2
6848	尼惠墓誌	天寶14(755)2月					
6849	張安生墓誌	天寶14(755)2月	191左中	26-132	—	北大1-159	—
6850	辯惠禪師神道誌	天寶14(755)2月	—	—	—	陝西4-25	—
6851	李君妻王高行墓誌	天寶14(755)2月					
6852	崔克讓墓誌	天寶14(755)2月	191左中	26-133	—	江蘇46	—
6853	崔智墓誌	天寶14(755)2月	—	26-134	—	洛陽11-226	輯繩571
6854	梁令直墓誌	天寶14(755)3月	—	26-135	—	洛陽11-227	千唐901
6855	陸君妻趙玉子墓誌	天寶14(755)3月					
6856	宋應墓誌	天寶14(755)4月	—	—	—	陝西1-142	—
6857	張四胡墓誌	天寶14(755)4月					
6858	陳君妻某氏墓誌	天寶14(755)4月					
6859	王思福墓誌	天寶14(755)4月	—	—	—	—	新獲續161 邙洛198
6860	李液墓誌	天寶14(755)5月	—	—	河南參-182	—	—
6861	李玄德墓誌	天寶14(755)5月	—	—	—	陝西1-143	—
6862	鄭君妻吉氏墓誌	天寶14(755)5月	—	—	—	—	秦晉576
6863	宋君妻章令信墓誌	天寶14(755)5月					
6864	韋瓊墓誌	天寶14(755)5月	191左下	26-136	—	北京1-201	—
6865	陸據墓誌	天寶14(755)5月	—	—	—	—	民族245
6866	李國藏墓誌	天寶14(754)6月	—	—	—	—	秦續609
6867	李震墓誌	天寶14(755)7月	—	—	—	—	龍門250

- 262 -

天寶

番號	F北大	G墓誌彙編	H 新編	I 補遺補編	J 地方	K 博物館・その他	L 日本目錄
6815	04613	續天寶098	7-4740	6-85 下-2113	—	北大新拓137(197)	—
6816	—	—	—	—	—	—	—
6817	—	天寶254	7-4669	1-190	—	—	—
6818	04619	天寶255	7-4816	1-188	—	曲石62 南京64	—
6819	—	續天寶095	22-15278	5-398	長碑120(471)	碑林81-2926 碑林新196	—
6820	—	續天寶099	6-3442	2-25	西北3-158	—	—
6821	04617	—	—	—	—	—	—
6822	04614	續天寶096	7-4746	6-86	—	—	—
6823	04616	天寶257	22-15278	2-561	—	裴氏103	—
6824	—	—	—	—	—	北大新拓138(198) 碑林續112	—
6825	04618	天寶256	7-4817	1-189	—	—	—
6826	04620	—	—	千唐-234	—	—	—
6827	04624	—	—	—	—	北大新拓139(199)	—
6828	—	天寶258	7-4818	7-56	—	—	—
6829	04621	天寶259	7-4819	3-98	—	故宮103	人1312 東1390 東1391
6830	04622	—	—	—	—	—	—
6831	04623	—	—	—	—	薛氏275	—
6832	—	續天寶100	22-15279	5-399	—	—	—
6833	—	—	—	—	—	—	淑568
6834	—	續天寶101	22-15279	5-399	精華121	—	—
6835	—	天寶260	7-4819	4-48	—	—	—
6836	—	—	—	8-69	—	—	—
6837	04625	天寶261	7-4655	3-99	—	—	—
6838	—	—	7-4410	—	—	—	—
6839	—	續寶應003	22-15306	5-400	—	北文6 北石14	—
6840	04596	—	—	—	—	西市268	明洛77
6841	—	—	—	—	大全・襄垣51	—	—
6842	04626	天寶262	7-4215	3-100	—	—	—
6843	04627	天寶263	22-15282	2-562	—	曲石63 南京65	—
6844	—	續天寶102	22-15281	5-400	—	北文7 北石16	—
6845	—	—	—	—	長新190 長碑122(473)	—	—
6846	04628	—	—	—	—	西市270	—
6847	—	—	—	—	—	—	—
6848	04630	—	—	—	—	—	—
6849	04629	天寶264	22-15280	—	—	施唐252-253	人1314
6850	—	續天寶103	22-15282	5-401	西北3-159 長新192 長碑121(473)	—	—
6851	04633	—	—	—	—	—	—
6852	04631	天寶265	22-15283	5-401	江揚3	—	人1317 淑574
6853	04632	天寶266	22-15284	5-402	—	—	—
6854	04634	天寶267	7-4216	1-171	—	—	—
6855	—	—	—	—	—	西市271	—
6856	—	續天寶104	7-4308	3-100	—	碑林81-2935	—
6857	—	—	—	—	—	碑林新197	—
6858	04635	—	—	—	—	磚刻1196	—
6859	04636	—	—	8-405 千唐-234	—	—	—
6860	04637	—	—	千唐-235	—	—	—
6861	—	續天寶105	22-15283	5-402	—	碑林81-2942	—
6862	04638	—	—	—	—	—	—
6863	—	—	—	—	—	西交博101	—
6864	04639	天寶268	7-4104	—	西北4-1	故宮104 施唐254-255	人1319 淑575
6865	04640	—	—	千唐-235	—	—	—
6866	—	—	—	—	—	—	—
6867	—	—	—	8-70	—	河博38	—

天寶・至德

番號	墓誌名	年號	A 題跋	B北圖	C 附考 新中國	D隋唐五代	E千唐・河南
6868	李洪鈞墓誌	天寶14(755)7月	—	—	河南壹-177	河南80	秦晉577
6869	王潛墓誌	天寶14(755)7月	—	—	—	—	—
6870	張懷瓌墓誌	天寶14(755)7月	—	—	河南參-183	—	—
6871	張季良墓誌	天寶14(755)7月	—	—	—	—	—
6872	盧滔墓誌	天寶14(755)8月	—	—	—	—	七朝268
6873	張玼及妻王氏墓誌	天寶14(755)8月	—	—	—	—	—
6874	崔君妻鄭氏墓誌	天寶14(755)8月	—	—	—	—	—
6875	張玼墓誌	天寶14(755)8月	—	—	—	—	—
6876	張永妻崔氏墓誌	天寶14(755)8月	—	—	—	—	—
6877	蔣君妻房氏墓誌	天寶14(755)8月	—	—	—	—	—
6878	裴君妻鄭氏墓誌	天寶14(755)8月	—	—	河南參-184	陝西4-26	—
6879	盧君妻崔氏墓誌	天寶14(755)9月	—	26-138	—	洛陽11-228	—
6880	劉至柔墓誌	天寶14(755)9月	—	—	—	陝西1-144	—
6881	崔絢墓誌	天寶14(755)10月	—	—	—	—	—
6882	蘇崇俠妻張氏墓誌	天寶14(755)10月	—	—	—	江蘇47	—
6883	皇甫思恭墓誌	天寶14(755)10月	—	—	—	—	—
6884	張登山墓誌	天寶14(755)10月	—	26-139	—	陝西1-145	—
6885	李君妻張氏墓誌	天寶14(755)11月	—	—	—	—	—
6886	李抗墓誌	天寶14(755)11月	—	—	—	—	秦晉578
6887	李呲墓誌	天寶14(755)11月	—	26-142	—	洛陽11-230	—
6888	李恪及妻盧氏墓誌	天寶14(755)11月	—	—	—	—	秦續610
6889	趙禮仁及妻李氏墓誌	天寶14(755)11月	—	—	—	—	—
6890	王楚玉墓誌	天寶14(755)11月	—	—	—	陝西4-27	—
6891	張毘羅墓誌	天寶14(755)11月	191左下	26-143	—	北京1-202	—
6892	裴裕墓誌	天寶14(755)11月	—	—	河南貳-79	—	—
6893	蘇志眞墓誌	天寶14(755)11月	—	—	—	—	秦續611
6894	賈洪禮墓誌	天寶14(755)11月	—	—	—	—	—
6895	鄭君妻崔氏墓誌	天寶14(755)11月	—	—	—	洛陽11-229	—
6896	高元珪墓誌	天寶15(756)2月	—	—	—	陝西1-146	—
6897	趙留四墓誌	天寶15(756)2月	—	—	河南壹-7	河南81	秦續612
6898	牛義備及妻賈氏墓誌	天寶15(756)2月	—	—	—	—	秦續613
6899	張希古墓誌	天寶15(756)4月	191左下	26-144	—	北大1-160	—
6900	袁恒墓誌	天寶15(756)5月	—	—	—	—	秦續615
6901	劉智及妻孫氏墓誌	天寶15(756)5月	191右中	26-145	—	北京1-203 陝西1-123	—
6902	苗含液墓誌	天寶末(756)	—	—	—	洛陽15-22	千唐1210
6903	杜爽墓誌	天寶12(753)以降	—	—	—	—	—
6904	周急墓誌	天寶間(742〜756)11月	—	—	陝西貳-105	—	—
6905	淸眞塔銘	天寶間(742〜756)	—	26-147	—	北京1-204	—
6906	隆國寺亡尼七品墓誌	高宗期〜玄宗期以前	—	—	—	—	—
6907	魏謙墓誌	玄宗期	—	—	—	—	—
6908	劉郁墓誌	至德1(756)10月	—	—	河南參-186	—	—
6909	閻神墓誌	至德1(756)12月	—	—	—	山西126	—
6910	董氏墓誌	至德1(756)	191右中	—	—	—	—
6911	趙懷璡墓誌	至德2(757)9月	—	27-1	—	洛陽12-1	千唐907
6912	彌姐亮墓誌	至德2(757)10月	—	—	陝西壹-135	—	—
6913	明希晉墓誌	至德2(757)11月	—	27-2	—	洛陽12-2	千唐908
6914	鄭鎬墓誌	至德3(758)1月	—	—	—	—	—
6915	王元及妻元氏墓誌	至德3(758)1月	—	—	—	—	秦晉584
6916	周法明墓誌	至德間(756〜758)	191右中	—	—	—	—
6917	無垢淨光塔銘	至德間(756〜758)	—	—	—	—	—
6918	竇承家墓誌	至德間(756〜758)	—	—	—	—	—

天寶・至德

番號	F北大	G墓誌彙編	H 新編	I補遺補編	J 地方	K 博物館・その他	L 日本目録
6868	04641	續天寶106	22-15284	6-445	—	—	—
6869	—	—	—	—	長新194 長碑123(474)	—	—
6870	04642	—	—	千唐-236	—		
6871	04643	—	—	千唐-237			
6872	04644	—	—				
6873	—	續天寶107	22-15284	8-404			
6874	04647	—	—	千唐-239			
6875	—	—	—		大全・城區14		
6876	04645	—	—				
6877	04646	—	—	千唐-238	—		
6878	—	續天寶108	7-4742	3-101	西北3-160 精華122 長碑(474)	裴氏104	
6879	04648	天寶269	22-15284	5-390	—	唐宋336	人1321
6880	—	續天寶109	7-4743	3-102	—	碑林81-2949	
6881	—	—	—	8-72	杏園24		
6882	—	續天寶110	22-15285	4-460 下-1880	山東42 分類83		
6883	04650	—	—	—	—		
6884	04649	天寶270	7-4741	3-103	西北4-2	碑林81-2956	
6885	—	—	—	—	—	碑林續113	
6886	04652	—	—	—	—	西市272	明洛78
6887	04651	天寶271	7-4820	1-191	—	曲石64 南京66	
6888	—	—	—	—	—	—	—
6889	—	—	—	—	安陽選(21)	—	
6890	—	續天寶112	7-4745	2-28	西北4-3 精華123	—	
6891	04653	天寶272	22-15285	—		—	淑576
6892	—	—	—	—		磚刻1197	
6893	—	—	—	—			
6894	04654	—	—	—			
6895	—	續天寶111	7-4744	6-87			
6896	—	續天寶113	6-3458	3-12	西北4-4	碑林81-2965	
6897	—	續天寶114	22-15286	6-446	安陽選(22)	—	
6898	04655	—	—	—			
6899	04656	天寶273	22-15287	—	西北4-5 淮安71 長碑124(476)	施唐256-257	人1323 東1395
6900	—	—	—	—			
6901	04657	天寶274	22-15286	3-104	西北4-6	施碑選262	人1325 東1396 淑577
6902	—	殘誌063	—	2-584			
6903	—	—	—	—	大全・襄汾27		
6904	—	續天寶004	22-15183	5-372		碑林81-2974 碑林新198	
6905	—	續殘誌004	—	—			
6906	—	—	—	—		碑林續221	
6907	—	—	—	—		碑林續218	
6908	07068	—	—	千唐-241		—	
6909	—	續至德001	22-15292	5-403	晋中41		
6910	—	—	—	—	—		
6911	04658	至德001	22-15291	2-563			
6912	04659	—	8-5032	3-105	精華124		
6913	04660	至德002	8-5087	1-193			
6914	04661	—	—	—			
6915	04662	—	—	—			
6916	—	—	—	—			
6917	—	—	7-4176	—			
6918	04663	—	—	8-405	杏園20		

乾元

番號	墓誌名	年號	A 題跋	B北圖	C 附考 新中国	D隋唐五代	E千唐・河南
6919	李瑁(壽王)女清源縣主墓誌	乾元1(758)2月	—	—	陝西貳-140	陝西1-147	—
6920	楊君及妻秦氏墓誌	乾元1(758)2月	—	27-4	—	洛陽12-3	輯繩574
6921	慕容曉墓誌	乾元1(758)3月	—	27-5	—	洛陽12-4	千唐909 民族381
6922	宋擢墓誌	乾元1(758)4月	—	—	—	—	秦續624
6923	李鎬墓誌	乾元1(758)4月	—	—	陝西貳-141	陝西1-149	—
6924	南皓及妻楊氏墓誌	乾元1(758)4月	—	—	—	—	—
6925	王氏墓誌	乾元1(758)5月	—	—	—	—	—
6926	韋君妻馮氏墓誌	乾元1(758)5月	—	—	—	—	流散198
6927	楊卞玉墓誌	乾元1(758)7月	—	—	—	—	—
6928	李昊墓誌	乾元1(758)8月	191右下	27-6	—	洛陽12-5	龍門254
6929	淨善塔銘	乾元1(758)9月	—	27-7	—	北京1-205	龍門255
6930	陸振威妻王氏墓誌	乾元1(758)10月	191右下	27-8	—	江蘇48	—
6931	章令信墓誌	乾元1(758)10月	—	—	—	陝西4-28	—
6932	慕容威及妻封氏墓誌	乾元1(758)10月	—	—	—	—	—
6933	張之紀墓誌	乾元1(758)11月	—	—	—	—	—
6934	法振律師(蕭智宏)墓誌	乾元1(758)11月卒	—	—	—	—	秦續625
6935	施君妻張普行墓誌	乾元1(758)11月	—	—	—	—	—
6936	大德禪師(思道)墓誌	乾元1(758)12月	191右下	27-10	—	山西127	—
6937	曹暐及妻石氏墓誌	乾元2(759)2月	—	—	—	—	秦續626 流散199
6938	王君墓誌	乾元2(759)2月	—	—	—	洛陽12-6	—
6939	盧仲容墓誌	乾元2(759)2月	—	27-13	—	洛陽12-7	千唐910
6940	蘇君妻裴氏墓誌	乾元2(759)2月	—	—	—	—	秦晉585 流散200
6941	寶華墓誌	乾元2(759)2月	—	—	—	—	秦續627
6942	陳君妻韓氏墓誌	乾元2(759)2月	—	—	河南參-188	—	—
6943	李璠墓誌	乾元2(759)2月	—	—	河南參-189	—	—
6944	大德禪師遷葬記	乾元2(759)2月	192左上	—	—	—	—
6945	韋光閏及妻宋氏墓誌	乾元2(759)5月	—	—	—	陝西4-29	—
6946	馬瓊及妻寶氏墓誌	乾元2(759)5月	—	—	—	—	秦續628
6947	薛鄭賓及妻鄭氏墓誌	乾元2(759)5月	—	—	—	—	河洛312 龍門256 七朝272
6948	李寧妻鄭氏墓誌	乾元2(759)6月	—	—	—	—	—
6949	周以悌妻高氏墓誌	乾元2(759)7月	—	—	—	—	—
6950	周曉墓誌	乾元2(759)7月	—	—	—	陝西4-30	—
6951	崔夐墓誌	乾元2(759)7月	—	27-16	—	洛陽12-8	千唐911
6952	趙全璧妻柳姬墓誌	乾元1(759)8月	—	—	—	—	秦晉586
6953	魯炅妻裴氏墓誌	乾元2(759)9月	—	—	—	—	—
6954	崔寶慶妻王氏墓誌	乾元2(759)9月	—	—	—	洛陽12-9	—
6955	魯仲瑜墓誌	乾元2(759)9月	192左上	—	—	—	—
6956	了悟塔銘	乾元2(759)10月	—	27-18	—	江蘇49	—
6957	裴利物妻寶氏墓誌	乾元2(759)10月	—	—	—	陝西4-31	—
6958	陳君妻李氏墓誌	乾元2(759)10月	—	27-19	—	洛陽12-10	—
6959	呂藏元及妻張氏墓誌	乾元2(759)10月	—	—	—	山西128	—
6960	僧本智塔銘	乾元2(759)10月	—	—	—	—	—
6961	王踐慶墓誌	乾元2(759)11月	—	—	—	—	—
6962	趙琛墓誌	乾元2(759)11月	—	—	—	—	—
6963	曹懷直墓誌	乾元2(759)11月	—	—	—	—	秦晉587
6964	王仁墓誌	乾元2(759)11月	—	—	—	—	秦續629
6965	沈元期墓誌	乾元2(759)11月	192左中	—	—	—	—
6966	沈縉墓誌	乾元2(759)11月	192左上	—	—	—	—
6967	彭元曜墓誌	乾元2(759)11月	192左上	—	—	—	—
6968	柳眞召墓誌	乾元2(759)12月	192左中	27-20	—	山西129	—
6969	張景休墓誌	乾元2(759)	—	—	河南壹-403	河南83	—
6970	嚴亢嚴房墓誌	乾元2(759)	—	—	—	—	—
6971	陳琰墓誌	乾元3(760)1月	—	—	—	北大2-1	—

乾元

番號	F北大	G墓誌彙編	H 新編	I補遺補編	J 地方	K 博物館・その他	L 日本目錄
6919	—	至德003 續上元002	8-5031	3-105	西北4-8 長碑125(477)	碑林81-2980	—
6920	04664	乾元001	8-5043	4-50	—	—	—
6921	04665	乾元002	22-15292	2-564	西北4-11	—	—
6922	04666	—					
6923	—	續乾元001	22-15293	5-404			
6924	04667	—	—	千唐-242			
6925	—					慶雅堂40	
6926	—						
6927	04668						
6928	—	乾元003	22-15293	6-447	—		
6929	—	乾元004	8-5057	—	西北4-12		
6930	04669	乾元005		6-447	江揚4		
6931	—	乾元006	8-5044	3-106	西北4-13		
6932	—	乾元007	8-5044	4-50	寧夏38		
6933	04670	—	—	—	—		
6934	04671						
6935	—	—	—	8-73			
6936	04672	乾元008	22-15295	—	—	施唐258	
6937	04673	—					
6938	—	續乾元002	8-5048	6-89			
6939	04675	乾元009	8-5046	1-194			
6940	04676	—	—	—			
6941	04674	—	—	—		新見36	
6942	04677	—	—	千唐-243			
6943	04678	—	—	千唐-243			
6944	—						
6945	—	續乾元004	22-15295	5-404	西北4-16		
6946	04679	—	—	—			
6947	04680		—	—	—	薛氏277	
6948	—	—	—	7-390	—		
6949	—					西市273	
6950	04682	續乾元005	22-15296	5-405	西北4-17 精華125 長新198 長碑126(477)	—	
6951	04681	乾元010	8-5046	1-195	—		
6952	—	—	—	—		西市274	
6953	—	—	—	8-74			
6954	—	續乾元006	22-15297	6-448			
6955	—						
6956	—						
6957	—	續乾元007	8-5087	3-106		裴氏108	
6958	04683	乾元012	22-15298	6-449			
6959	—	續乾元008	7-4289	6-90 下-2117	河東10 大全・鹽湖16	—	
6960	—	乾元011	22-15297	—	江揚5	—	
6961	—	—	—	—	—	碑林續114	
6962	04684						
6963	04685					西市275	
6964	04686						
6965	—						
6966	—						
6967	—						
6968	04687	乾元013	22-15298	6-449	—	—	
6969	—	—	—	7-510			
6970	—	—	22-15295	4-461	—	—	
6971	04688	—	—	上-478	—	—	

乾元・上元・聖武

番號	墓誌名	年號	A 題跋	B北圖	C 附考 新中国	D隋唐五代	E千唐・河南
6972	陳曦墓誌	乾元3(760)2月	—	—	—	—	輯繩575
6973	康君妻康氏墓誌	乾元3(760)2月	—	—	—	陝西1-150	—
6974	胡君妻成氏墓誌	乾元3(760)3月	—	—	陝西貳-補23	—	—
6975	廻紇瓊墓誌	乾元3(760)4月	—	—	陝西貳-142	—	—
6976	修法禪和尚塔銘	乾元4(761)10月	—	—	—	—	—
6977	王君妻□氏墓誌	上元1(760)8月	192左中	—	—	—	—
6978	李貞及妻王氏墓誌	上元1(760)12月	—	—	—	—	—
6979	李持盈(玉眞公主)墓誌	上元1(760)	192左中	—	—	—	—
6980	褚道宣塔銘	上元1(760)	—	—	—	—	—
6981	李匡扶墓誌	上元1(760)以降8月	—	34-132	—	洛陽15-1	—
6982	劉奉芝墓誌	上元2(761)1月	192左下	27-25	—	北大2-2	—
6983	楊法行墓誌	上元2(761)4月	—	—	—	—	秦續632
6984	翟洪景墓誌	上元2(761)5月	—	—	—	—	—
6985	衞思九墓誌	上元2(761)6月	—	—	—	—	—
6986	韋彭孫及妻王氏墓誌	上元2(675)8月	—	—	—	—	秦續288
6987	盧竦墓誌	上元2(761)8月	—	—	—	—	—
6988	張從師墓誌	上元2(761)9月	—	—	9-817	—	—
6989	劉感義墓誌	上元2(761)11月	—	—	—	—	—
6990	韓祖墓誌	上元3(762)3月	—	—	—	—	—
6991	李綱墓誌	上元3(762)4月	—	—	—	—	秦續633
6992	馬君妻令狐氏墓誌	肅宗1(761)建子月	173右下	16-47	—	北大1-67	—
6993	阿史那從政妻薛突利施匐阿施墓誌	肅宗1(761)建辰月	—	—	陝西貳-72	陝西1-90	—
6994	李君(永王次男)妻宇文氏墓誌	肅宗1(761)建巳月	—	—	—	—	—
6995	馬凌虛墓誌	聖武1(756)1月	—	35-169	—	洛陽12-12	千唐902
6996	丘昇及妻張氏墓誌	聖武1(756)2月	—	—	河南參-185	—	—
6997	郭明遠墓誌	聖武1(756)2月	—	—	—	—	—
6998	盧氏女子殁後記	聖武1(756)3月	—	35-170	—	洛陽12-13	千唐903
6999	崔君妻鄭氏墓誌	聖武1(756)3月	—	—	—	—	河洛308 龍門516
7000	胡君妻王氏墓誌	聖武1(756)5月	—	—	—	—	河洛309
7001	陳景仙及妻賈氏墓誌	聖武1(756)5月	—	—	—	—	秦續614 流散193
7002	陳牟少墓誌	聖武1(756)5月	—	35-171	—	洛陽12-14	千唐904
7003	杜欽墓誌	聖武1(756)6月	—	—	—	—	—
7004	□明德墓誌	聖武1(756)8月	—	—	—	—	—
7005	趙君妻王金剛墓誌	聖武1(756)9月	—	—	—	—	秦晉579
7006	陳希喬墓誌	聖武1(756)11月	—	—	—	—	河洛310 龍門517
7007	李玢墓誌	聖武1(756)12月	—	35-172	—	洛陽12-15	—
7008	魏君妻盧勝墓誌	聖武1(756)12月	—	—	—	—	—
7009	岐元悶墓誌	聖武2(757)1月	—	—	—	—	秦晉580 七朝269
7010	梅氏祖墳改葬記	聖武2(757)1月	—	—	—	—	—
7011	大燕王漪墓誌	聖武2(757)1月	—	—	—	—	秦續617 流散194
7012	梁處貞墓誌	聖武2(757)2月	—	—	—	—	—
7013	賀蘭君妻豆盧氏墓誌	聖武2(757)2月	—	—	—	洛陽12-16	千唐905 民族235
7014	呼延君妻張即墓誌	聖武2(757)2月	—	35-173	—	洛陽12-17	千唐906
7015	唐恕墓誌	聖武2(757)3月	—	—	—	—	秦晉581
7016	盧況墓誌	聖武2(757)3月	—	—	河南參-190	—	—
7017	李璀墓誌	聖武2(757)4月	—	—	—	—	秦續618
7018	姚闢及妻鄭氏墓誌	聖武2(757)4月	—	—	—	—	秦續619 流散196
7019	任金墓誌	聖武2(757)5月	—	—	—	洛陽12-18	—

番號	F北大	G墓誌彙編	H 新編	I補遺補編	J 地方	K 博物館・その他	L 日本目錄
6972	—	續乾元003	8-5047	6-91	—	—	—
6973	—	續乾元009	8-5336	3-107	—	碑林82-2997	—
6974	—	—	—	6-449	—	—	—
6975	—	續乾元010	8-5049	7-58 上-486	—	碑林82-3003 碑林新199	—
6976	—	—	22-15661	—	—	—	—
6977	—	—	—	—	—	—	人1346 淑578
6978	—	—	—	—	大全・城區15	—	—
6979	—	—	—	—	—	—	—
6980	—	—	18-12539	—	—	—	—
6981	—	殘誌011	15-10180	3-297	—	—	—
6982	04689	上元001	11-7035	—	西北4-19	—	東1401
6983	04690	—	—	—	—	—	—
6984	—	—	—	—	—	碑林新200	—
6985	—	—	—	8-405	分類84	—	—
6986	04691	—	—	—	—	—	—
6987	04692	—	—	—	—	—	—
6988	—	—	7-4499 22-15301	—	—	—	—
6989	—	—	—	—	—	西市276	—
6990	—	—	—	—	大全・長子23	—	—
6991	—	—	—	—	—	—	—
6992	02149	續儀鳳002 元年001	22-15301	4-374 7-392	西北2-85	磚刻1156	—
6993	—	續上元003	—	2-565	西北3-14	碑林93-4508	—
6994	—	—	—	7-60	—	碑林新201	—
6995	07060	聖武001	7-4759	1-192	—	—	—
6996	07061	—	—	千唐-240	—	—	—
6997	07062	—	—	千唐-240	—	—	—
6998	07063	聖武002	22-15287	2-562	—	—	—
6999	07064	—	—	—	—	—	—
7000	—	—	—	—	—	—	—
7001	—	—	—	—	—	—	—
7002	07065	聖武003	7-4759	1-193	—	—	—
7003	—	聖武004	22-15288	—	—	—	—
7004	07066	—	—	—	—	—	—
7005	07067	—	—	—	—	—	—
7006	07069	—	—	—	—	—	—
7007	07070	聖武005	7-4760	4-49	景縣353	唐宋337 裴氏106	人1328
7008	07071	—	—	—	—	—	—
7009	07072	—	—	—	—	—	—
7010	07073	—	—	—	—	—	—
7011	—	—	—	—	—	—	淑704
7012	07074	—	—	—	—	—	—
7013	—	聖武006	22-15289	2-563	—	—	—
7014	07075	聖武007	22-15289	2-563	—	—	—
7015	07076	—	—	—	—	—	—
7016	07077	—	—	千唐-241	—	—	—
7017	—	—	—	—	—	—	—
7018	—	—	—	—	—	—	—
7019	—	續聖武001	7-4790	6-87	—	—	—

聖武・天成・順天・顯聖・寶應

番號	墓誌名	年號	A 題跋	B北圖	C 附考 新中国	D隋唐五代	E千唐・河南
7020	吉光墓誌	聖武2(757)7月	—	—	—	—	秦晉582
7021	李萬墓誌	聖武2(757)8月	—	—	—	—	—
7022	姚承珇墓誌	聖武2(757)8月	—	—	—	—	秦續620
7023	王玭墓誌	聖武2(757)8月	—	—	陝西貳-139	陝西1-148	—
7024	曹君及妻康氏墓誌	聖武2(757)閏8月	—	—	—	洛陽12-19	輯繩572 民族340 洛絲112
7025	崔收(枚?)及妻盧氏墓誌	聖武2(757)9月	—	—	—	—	秦續623 流散197
7026	盧式虛妻崔氏墓誌	聖武2(757)秋	—	—	—	—	新獲續164 龍門252
7027	王賓及妻阮氏墓誌	聖武2(757)10月	—	—	—	—	—
7028	張惟恭墓誌	聖武2(757)10月	—	—	—	—	新獲續162 邙洛199 龍門253
7029	嚴希莊及妻王氏墓誌	聖武2(757)10月	—	—	—	—	新唐216 秦晉583
7030	嚴復及妻王氏墓誌	聖武2(757)10月	—	—	—	—	秦續616 七朝270
7031	徐懷隱墓誌	聖武2(757)10月	191右下	35-174	—	北大1-161	—
7032	張義琛及妻孫氏墓誌	聖武2(757)10月	—	—	—	—	新獲續163 河洛311
7033	長孫君妻杜氏陰堂文	聖武2(757)10月	191右下	35-175	—	洛陽12-20	輯繩573
7034	王清墓誌	聖武2(757)10月	—	—	—	北大1-162	—
7035	盧嗣冶墓誌	聖武2(757)11月卒	—	—	河南壹-216	河南82	—
7036	段君妻常氏墓誌	聖武2(757)11月	—	—	—	—	—
7037	姚伾墓誌	聖武2(757)	—	—	河南參-186	—	—
7038	程思泰墓誌	天成1(757)9月	—	—	—	—	秦續622
7039	劉君妻鄧氏墓誌	順天1(759)11月	—	35-179	—	洛陽12-21	—
7040	傅休仙墓誌	順天2(760)1月	—	—	—	—	—
7041	程莊及妻孟氏墓誌	順天2(760)2月	—	—	河北壹-86	河北68	—
7042	封安立墓誌	順天2(760)閏4月	—	—	—	—	—
7043	宋文博及妻□氏墓誌	順天2(760)7月	—	35-176	—	北京2-180	—
7044	魏珏墓誌	順天2(760)7月	—	—	—	—	秦續630
7045	盧璒及妻竇氏墓誌	順天2(760)8月	—	—	河北壹-87	河北69	—
7046	楊光及妻德允彰墓誌	順天2(760)10月	—	35-177	—	北京2-181	—
7047	李庭訓妻崔上眞墓誌	順天2(760)11月	—	35-178	—	洛陽12-22	千唐912
7048	宋微墓誌	順天2(760)12月	—	—	—	—	秦晉588 七朝273 流散201
7049	楊濤墓誌	順天3(761)2月	—	—	—	—	—
7050	司馬望墓誌	顯聖1(761)6月	—	35-180	—	洛陽12-23	千唐913
7051	李旺及妻司馬氏鄭氏墓誌	顯聖1(761)10月	—	—	—	—	—
7052	孫氏墓誌	顯聖2(762)7月	—	35-181	—	洛陽12-24	千唐914
7053	孫无礙妻梁氏墓誌	燕(安祿山・史思明)	—	—	—	—	七朝271
7054	無尋妻梁氏墓誌	燕(安祿山・史思明)	—	—	—	—	秦續635
7055	張琛及妻劉氏墓誌	寶應1(762)2月	—	27-26	—	洛陽12-25	千唐915
7056	李白墓誌	寶應1(762)2月	—	—	—	—	—
7057	趙君妻李氏王氏墓誌	寶應1(762)2月	—	—	北京壹-7	—	—
7058	金大娘壙誌	寶應1(762)7月	192左下	—	—	—	—
7059	崔克謙妻張氏墓誌	寶應1(762)10月	192左下	27-28	—	江蘇50	—
7060	律師一公塔銘	寶應1(762)10月	—	—	—	—	—
7061	苗仁亮墓誌	寶應1(762)10月	—	—	—	—	—
7062	從感解墓誌	寶應1(762)11月	—	—	—	—	—
7063	張萬頃墓誌	寶應1(762)11月	—	—	—	—	—
7064	干元氏墓誌	寶應1(762)11月	—	—	—	—	—
7065	若干元墓誌	寶應1(762)11月	—	—	—	山西130	—
7066	程君墓誌	寶應1(762)12月	—	—	—	北大2-3	—
7067	焦璀墓誌	寶應1(762)12月	192左下	27-29	—	北大2-4	—
7068	蕭華墓誌	寶應1(762)	192右上	—	—	—	—
7069	呂懷俊墓誌	寶應2(763)閏1月	—	27-30	—	山西131 洛陽12-26	—
7070	柳氏墓誌	寶應2(763)3月	—	—	陝西貳-補24	—	—

聖武・天成・順天・顯聖・寶應

番號	F北大	G墓誌彙編	H 新編	I 補遺補編	J 地方	K 博物館・その他	L 日本目錄
7020	—	—	—	—	—	—	—
7021	07078						
7022	07079						
7023	—	續聖武002	22-15288	5-403	西北4-9	碑林81-2987	—
7024	—	續聖武003	7-4752	6-88		—	—
7025							
7026	07084			8-71			
7027	—	聖武008	22-15290	7-388	濟南40		
7028	07080			8-71			
7029	07085						
7030	—						
7031	07082	聖武010	22-15290	7-389	西北4-10	鴛鴦287 碑林82-2993	人1332 東1397 淑705
7032	—			8-72			
7033	07083	聖武009	22-15290	4-461			人1331 淑706
7034	—	續聖武004	7-4761	7-56			
7035	—	續聖武005	22-15289	6-446	孟州181		
7036	07094	聖武011	22-15291	7-389			
7037	07084	—	—	千唐-242			
7038	—	—	—		安豐187		
7039	—	順天001	19-13036				
7040	07086						
7041	—	續順天001	22-15299	4-461	邯鄲碑131		
7042	07087	—			景州212 衡水54		
7043	07088	順天002	22-15299	5-406			
7044	07089						
7045	—	續順天002	8-5050	6-91 9-372	保定8	—	—
7046	—	順天003	22-15300	5-407	邯鄲碑053	—	—
7047	07090	順天004	22-15300	2-565		—	—
7048	07091		—				
7049	—	續順天003	22-15301	下-1881	—	—	—
7050	07092	顯聖001	8-5086	4-52			
7051	—			7-390			
7052	07093	顯聖002	22-15302	2-565			
7053	07095						
7054	—						
7055	04693	寶應001	22-15302	2-566			
7056	—	—	6-3637				
7057							
7058			—	下-1881			
7059	04694	寶應002	22-15302	6-450	江揚6	—	人1350 淑579
7060	—		7-4472	—			
7061	—	寶應003	22-15303	7-392			
7062	—	—	—	—		蘇州9	
7063	—	—	—	—		蘇州8	
7064	—	—	—	—	大全・迎澤26		
7065	—	續寶應001	22-15302	6-450	碑碣101		
7066	04695	寶應004	22-15303	7-392			
7067	04696	寶應005	22-15304	—	西北4-20	施唐260	淑580
7068							
7069	—	寶應007	22-15304	6-451	碑碣103 大全・迎澤27		
7070	—	—	22-15305	6-451	—		

寶應・廣德・永泰

番號	墓誌名	年號	A 題跋	B北圖	C 附考 新中国	D隋唐五代	E千唐・河南
7071	苑湜墓誌	寶應2(763)3月	—	—	—	—	—
7072	高力士墓誌	寶應2(763)4月	—	—	—	—	新唐218 秦晉589
7073	鄧俊墓誌	寶應2(763)4月	—	—	—	—	—
7074	李盈墓誌	寶應2(763)4月	—	—	陝西貳-143	—	—
7075	李友墓誌	寶應2(763)5月	—	—	—	—	秦續634
7076	馬翌墓誌	寶應2(763)5月	—	—	—	—	—
7077	裴虬妻崔氏墓誌	寶應2(763)7月	—	—	河南參-193	—	—
7078	李勗及妻鄧氏墓誌	寶應間(762〜3)11月	187左下	34-139	—	—	—
7079	元復業墓誌	廣德1(763)8月	—	27-32	—	北京1-206	—
7080	楊靈則墓誌	廣德1(763)10月	—	—	—	—	—
7081	臧敬廉墓誌	廣德1(763)10月	—	—	—	—	—
7082	李懷讓墓誌	廣德1(763)10月	—	—	—	—	—
7083	張燈墓誌	廣德1(763)10月	—	—	—	—	秦晉444
7084	陽璀及妻張氏墓誌	廣德1(764)10月	—	—	—	—	河洛313 龍門518
7085	翟思隱及妻王氏墓誌	廣德1(763)11月	—	—	—	—	—
7086	義葬墓誌	廣德1(763)11月	—	—	—	—	—
7087	董氏墓誌	廣德1(763)12月卒	—	—	—	—	—
7088	裴君妻□氏墓誌	廣德2(764)2月	—	—	—	—	—
7089	李井墓誌	廣德2(764)6月卒	—	—	—	—	—
7090	李相妻司馬和墓誌	廣德2(764)9月	—	—	陝西貳-144	陝西1-151	—
7091	李璿(涼王)妃張氏墓誌	廣德2(764)10月	—	—	—	—	—
7092	王寂及妻張氏墓誌	廣德2(764)11月	—	—	—	—	—
7093	阿史那氏墓誌	廣德2(764)11月	—	—	—	陝西4-32	—
7094	邵封墓誌	廣德3(765)1月	—	—	—	—	—
7095	董淑妻岑氏墓誌	廣德間(763〜764)	192右上	—	—	—	—
7096	王福墓誌	永泰1(765)2月	—	—	—	—	—
7097	李興及妻劉氏墓誌	永泰1(765)2月	—	—	—	—	流散202
7098	劉嗣仙墓誌	永泰1(765)4月	—	—	—	—	—
7099	姜氏(新平公主女)墓誌	永泰1(765)5月	—	—	—	—	—
7100	李儼墓誌	永泰1(765)5月	192右上	—	—	—	—
7101	李儔(信王第七子)墓誌	永泰1(765)5月	—	—	—	—	—
7102	康暉墓誌	永泰1(765)6月	—	—	—	陝西4-33	—
7103	苗晉卿墓誌	永泰1(765)7月	—	—	—	—	—
7104	鄭寵墓誌	永泰1(765)8月	—	—	—	—	—
7105	吳賁妻韓氏墓誌	永泰1(765)9月	—	—	—	陝西4-34	—
7106	宇文辯才墓誌	永泰1(765)10月	—	—	—	—	秦晉590
7107	鄭忠及妻劉氏墓誌	永泰1(765)10月	—	—	—	—	—
7108	鄭齊望妻李氏墓誌	永泰1(765)閏10月	—	—	河南參-194	—	邙洛200
7109	國師大德身塔銘	永泰1(765)11月	—	—	—	—	輯繩576 龍門257
7110	李璀及妻崔氏墓誌	永泰1(765)12月	—	27-44	—	洛陽12-27	千唐916
7111	李過折墓誌	永泰2(766)4月	—	—	—	—	—
7112	韋元誠墓誌	永泰2(766)5月	—	—	—	—	—
7113	郁楚榮墓誌	永泰2(766)5月	—	—	上海-2	—	—
7114	寶全交墓誌	永泰2(766)5月	—	—	—	—	秦續636 流散203
7115	郭幼賢墓誌	永泰2(766)7月	—	—	—	—	秦續637
7116	宋謨墓誌	永泰2(766)7月	—	—	—	—	秦續638
7117	荀仁會及妻藺氏墓誌	永泰2(766)7月	—	—	河南參-195	—	—
7118	尼釋然墓誌	永泰2(766)7月	—	—	—	—	—
7119	陳希烈及妻王氏墓誌	永泰2(766)7月	—	—	—	陝西1-152	—
7120	姚貞諒及妻陳氏墓誌	永泰2(766)10月	—	—	—	陝西1-153	—
7121	李誠及妻宋氏墓誌	永泰2(766)10月	—	—	—	—	—
7122	鄭守訥墓誌	永泰2(766)11月	—	27-49	—	北大2-5	—
7123	崔君妻裴氏墓誌	永泰2(766)11月	—	—	—	—	秦晉591

- 272 -

寶應・廣德・永泰

番號	F北大	G墓誌彙編	H 新編	I 補遺補編	J 地方	K 博物館・その他	L 日本目録
7071	―	―	―	下-1881	―	―	―
7072	04697	―	8-5169	7-59	精華126	北大新拓140(200)	淑581
7073	―	寶應008	19-13047	4-53	―	―	―
7074	―	續寶應002	22-15305	2-566	長碑127(478)	碑林82-3012 碑林新202	―
7075							
7076	―	―	―	―	―	碑林續115	―
7077	04699	―	―	千唐-244	―	―	―
7078	―	寶應006	8-5158	―	―	唐宋303 施唐259	人1174 東1347
7079	04701	廣德001	8-5096	4-53	西北4-22	施唐261	人1353
7080	―	―	8-4906	―	―	―	―
7081	―	―	―	―	―	慶雅堂41 西市277	―
7082	―	―	8-4905	―	―	―	―
7083	04700	―	―	―	―	―	―
7084							
7085	―	―	―	―	沁州176	―	―
7086	―	―	―	―	分類85	―	―
7087	―	―	8-4915	―	―	―	―
7088	04702	―	―	―	―	―	―
7089	―	―	6-3638	―	―	―	―
7090	―	續廣德001	22-15306	5-407	―	碑林82-3018	―
7091	―	―	8-4916	―	西北4-25	―	―
7092	―	―	―	―	大全・襄垣53	―	―
7093	―	續廣德002	22-15306	5-407	精華127	―	―
7094	―	―	―	―	高平412	―	―
7095							
7096	―	―	―	―	―	碑林新203	―
7097	―	―	―	―	―	―	―
7098	04703	―	―	―	―	―	―
7099	―	―	7-4486	―	―	―	―
7100	―	永泰001	8-4904 8-5123	―	―	―	―
7101	―	―	8-4905	―	―	―	―
7102	―	續永泰001	22-15307	5-408	西北4-30	―	―
7103	―	―	6-3639	―	―	―	―
7104	―	―	7-4491	―	―	―	―
7105	―	永泰002	9-5690	1-195	西北4-31	碑林196-1136	―
7106	―	―	―	―	―	―	―
7107	―	―	―	9-373	―	―	―
7108	04704	―	―	千唐-245	―	―	―
7109	―	續永泰002	18-12524	6-27	―	―	―
7110	04705	永泰003	7-4330	1-196	―	―	―
7111	―	―	―	8-75	―	―	―
7112	―	―	7-4492	―	―	―	―
7113	―	永泰004	22-15307	7-393	―	―	―
7114	―	―	―	―	―	―	―
7115	04706	―	―	―	―	―	―
7116	04708	―	―	―	―	―	―
7117	04707	―	―	千唐-245	―	―	―
7118	04709	―	―	―	―	碑林續116	―
7119	―	續永泰003	22-15308	7-393	―	鴛鴦288 碑林82-3025	―
7120	―	永泰005	22-15308	5-408	西北4-32	碑林82-3029 施碑選263	―
7121	―	―	7-4487	―	―	―	―
7122	04710	永泰006	19-13048	4-54	―	碑林82-3033 碑林新204	―
7123	04711	―	―	―	―	―	―

永泰・大曆

番號	墓誌名	年號	A 題跋	B北圖	C 附考 新中国	D隋唐五代	E千唐・河南
7124	嚴觀墓誌	永泰2(766)11月	—	—	—	—	秦續639
7125	牛敬福墓誌	永泰2(766)11月	—	—	—	—	—
7126	任齊閔及妻胡氏墓誌	永泰2(766)11月	—	—	—	—	秦續640
7127	李君妻張氏墓誌	永泰2(766)11月	—	—	—	—	秦續641
7128	李浮丘妻張氏墓誌	永泰2(766)11月	—	—	—	—	洛鴛鴦21-2
7129	郭君及妻梁氏墓誌	永泰2(766)11月	—	—	—	—	—
7130	閻用之墓誌	永泰2(766)11月	—	—	—	—	—
7131	劉遥墓誌	永泰2(766)12月	—	—	—	—	—
7132	張氏墓誌	永泰2(766)12月	—	—	—	—	—
7133	□君及妻何氏墓誌	永泰間(765〜766)	—	—	—	—	—
7134	王君及妻何氏墓誌	大曆1(766)6月卒	192右中	—	—	—	—
7135	辛浩墓誌	大曆1(766)6月	192右中	—	—	—	—
7136	辛庭墓誌	大曆1(766)12月	192右中	27-57	—	洛陽12-28	—
7137	徐守貞及妻房氏墓誌	大曆1(766)12月	—	—	—	—	秦晉592
7138	韋介墓誌	大曆1(766)	—	—	—	—	—
7139	李峴墓誌	大曆2(767)2月	—	—	—	—	新唐220 秦晉593
7140	賀若璿妻元氏墓誌	大曆2(767)2月	—	—	—	—	—
7141	李君妻高氏墓誌	大曆2(767)3月卒	—	—	陝西壹-136	陝西4-36	—
7142	權皋墓表	大曆2(767)4月卒	—	—	—	—	—
7143	霍遊盛及妻李氏墓誌	大曆2(767)5月	—	—	—	—	—
7144	裴括墓誌	大曆2(767)5月	—	—	—	—	新獲續165
7145	李粹及妻楊氏墓誌	大曆2(767)6月	—	—	—	—	秦晉594
7146	李季卿墓誌	大曆2(767)7月	—	—	—	—	—
7147	王訓墓誌	大曆2(767)8月	192右中	27-60	—	北京1-207	—
7148	徐君妻宗如墓誌	大曆2(767)8月	—	—	—	—	—
7149	惠空和尚墓誌	大曆2(767)10月	—	—	—	—	輯繩577 龍門258
7150	姚子彥墓誌	大曆2(767)10月	—	—	—	—	—
7151	孫進墓誌	大曆2(767)11月	—	27-61	—	北大2-6	—
7152	牛子珍及妻趙氏墓誌	大曆2(767)11月	—	—	—	洛陽12-29	新獲71
7153	張尊師(昇虛)陰銘	大曆2(767)	—	—	—	—	—
7154	韋元魯墓誌	大曆3(768)1月	—	—	—	—	—
7155	張義琬墓誌	大曆3(768)2月	—	—	—	—	—
7156	田處瓊妻陽氏墓誌	大曆3(768)3月	—	—	北京壹-8	—	—
7157	璩將及妻李氏墓誌	大曆3(768)3月	—	—	—	—	—
7158	蕭怸墓誌	大曆3(768)3月	—	—	河南參-196	—	—
7159	古衍禪師墓誌	大曆3(768)5月	193左上	27-68	—	北大2-7	—
7160	李遵墓誌	大曆3(768)5月	—	—	—	—	—
7161	嚴損之墓誌	大曆3(768)5月	—	—	—	—	—
7162	李君墓誌	大曆3(768)5月	—	—	—	—	—
7163	趙君妻李氏墓誌	大曆3(768)6月	—	—	—	陝西4-35	—
7164	王義亶及妻郭氏墓誌	大曆3(768)7月	—	—	河南參-197	—	—
7165	淳于子珣墓誌	大曆3(768)8月	—	—	—	—	新出272 民族343 龍門259
7166	張禪師(義琬)墓誌	大曆3(768)8月	192右下	27-70	—	洛陽12-30	輯繩578 龍門260
7167	呂庭蘭墓誌	大曆3(768)10月	—	—	—	—	—
7168	嚴君妻武氏墓誌	大曆3(768)11月	—	—	—	—	秦續642
7169	李睦墓誌	大曆3(768)11月	—	27-71	—	洛陽12-31	輯繩579 新獲72
7170	吳廣華墓誌	大曆3(768)11月	—	—	—	—	秦晉596
7171	張具瞻妻韋氏墓誌	大曆3(768)11月	—	—	—	—	秦晉595 洛鴛鴦27-2
7172	豆盧頊墓誌	大曆3(768)11月	—	—	—	—	河洛314 民族235
7173	陳君妻李氏墓誌	大曆3(768)11月卒	—	—	—	—	—
7174	李惟及妻崔氏墓誌	大曆3(768)11月	—	—	—	—	流散204
7175	李邕墓誌	大曆3(768)11月	—	27-72	—	洛陽12-32	千唐917

番號	F北大	G墓誌彙編	H 新編	I補遺補編	J 地方	K 博物館・その他	L 日本目録
7124	04712	—	—	—	—	—	—
7125	—	—	—	—	—	碑林新205	—
7126	04715	—	—	—	—	—	—
7127	—	—	—	—	—	—	—
7128	04713	—	—	—	—	—	—
7129	—	—	8-4908	—	—	—	—
7130	—	—	7-4492	—	—	—	—
7131	—	—	—	—	—	西市278	—
7132	—	—	—	—	安豐183	—	—
7133	—	永泰007	—	—	—	—	—
7134	04714	大曆001	22-15308 22-15309	4-466 7-394	—	—	人1361 淑582
7135	—	—	—	—	—	—	—
7136	—	大曆002	22-15309	6-452	—	—	—
7137	04716	—	—	—	安陽55	—	—
7138	—	—	—	—	—	碑林續117	—
7139	—	—	—	—	長碑(479)	—	—
7140	—	—	7-4485	—	—	—	—
7141	—	續大曆001	9-6037	1-197 下-2118	咸陽23	—	—
7142	—	—	6-3637	—	—	—	—
7143	—	—	—	8-406	—	—	—
7144	—	—	—	8-406	—	—	—
7145	04717	—	—	—	—	西市279	—
7146	—	—	7-4260 7-4489	—	—	—	—
7147	04718	大曆003	2-1162	—	西北4-33	施碑選264	人1364 淑583
7148	04719	—	—	—	—	—	—
7149	—	續大曆002	22-15310	6-452	—	—	—
7150	—	—	7-4489	—	—	—	—
7151	04720	大曆004	22-15310	6-452	西北4-34	碑林82-3037 碑林新206	—
7152	—	續大曆003	22-15310	6-453	—	—	—
7153	—	大曆005	22-15311	—	—	—	—
7154	—	—	7-4491	—	—	—	—
7155	—	—	—	—	—	施碑選266	—
7156	—	續大曆004	22-15311	7-393	—	北石18	—
7157	—	—	—	—	大全・城區16	—	—
7158	04723	—	—	千唐-246	—	—	—
7159	04722	大曆006	22-15312	—	—	—	—
7160	—	—	7-4483	—	—	—	—
7161	—	—	7-4496	—	—	—	—
7162	—	—	8-4909	—	—	—	—
7163	—	續大曆005	9-5690	3-108	—	—	—
7164	04724	—	—	千唐-247	—	—	—
7165	04725	—	—	—	—	—	—
7166	04726	大曆007	22-15311	—	—	故宮105	人1371 淑584
7167	04727	—	—	—	—	—	—
7168	04728	—	—	—	—	—	—
7169	04729	大曆008	8-5211	4-55	—	—	—
7170	—	—	—	—	—	—	—
7171	04730	—	—	—	—	—	—
7172	04731	—	—	—	—	—	—
7173	—	—	—	—	—	明洛80	—
7174	—	—	—	—	—	—	—
7175	04732	大曆009	8-5212	1-198	—	—	—

大曆

番號	墓誌名	年號	A 題跋	B北圖	C 附考 新中國	D隋唐五代	E千唐・河南
7176	鄭君妻獨孤氏墓版文	大曆3(768)11月	−	−	−	−	−
7177	李良金及妻鄭氏墓誌	大曆3(768)11月	193左上	27-73	−	山西132	−
7178	呂茂璀墓誌	大曆3(768)11月	−	−	−	−	−
7179	閻守元墓誌	大曆3(768)12月	−	−	陝西貳-145	−	−
7180	陳太丘妻李氏墓誌	大曆3(768)	−	−	−	−	−
7181	宇文君妻王氏墓誌	大曆3(768)	−	−	−	−	−
7182	張佶墓誌	大曆4(769)2月	−	−	河南參-198	−	−
7183	張獻誠墓誌	大曆4(769)2月	−	−	−	洛陽12-33	輯繩580
7184	賀拔希周及妻韋氏墓誌	大曆4(769)2月	−	−	−	−	−
7185	元瓊及妻新平縣主墓誌	大曆4(769)2月	−	−	陝西貳-146	陝西1-154	−
7186	慕容曦皓墓誌	大曆4(769)2月	−	−	−	陝西4-37	−
7187	馬貞及妻李氏墓誌	大曆4(769)2月	−	−	−	−	−
7188	韓光道及妻馮氏墓誌	大曆4(769)3月	−	−	−	−	−
7189	李津(字文仲)墓誌	大曆4(769)3月？	−	−	−	洛陽12-34	千唐918
7190	胡益墓誌	大曆4(769)4月	−	−	−	−	秦續643
7191	元貞墓誌	大曆4(769)7月	−	27-78	−	洛陽12-35	千唐921 民族149
7192	元眞墓誌	大曆4(769)7月	−	27-79	−	洛陽12-36	千唐920 民族148
7193	獨孤憕墓誌	大曆4(769)7月	−	−	−	−	−
7194	獨孤丕墓誌	大曆4(769)7月	−	−	−	−	−
7195	獨孤通理及妻長孫氏靈表	大曆4(769)7月	−	−	−	−	−
7196	李粲墓誌	大曆4(769)7月	−	−	−	−	新獲續166
7197	郭湜妻李氏墓誌	大曆4(769)7月	−	−	河南參-199	−	−
7198	蕭庭芝及妻李氏墓誌	大曆4(769)7月	−	−	−	−	秦晉597
7199	李華妻郭氏墓誌	大曆4(769)7月	−	27-80	−	洛陽12-37	−
7200	獨孤萬墓誌	大曆4(769)7月	−	−	−	−	−
7201	論惟貞妻李氏墓誌	大曆4(769)8月	−	−	−	陝西4-38	−
7202	韋津墓誌	大曆4(769)8月	−	−	−	−	−
7203	鄭虔及妻王氏墓誌	大曆4(769)8月	−	−	−	−	秦晉598
7204	虞從道及妻鄭氏墓誌	大曆4(769)8月	−	−	−	−	邙洛201 新唐222 龍門261 七朝275
7205	盧涗及妻崔氏墓誌	大曆4(769)9月	−	−	河南參-200	−	−
7206	張奉璋墓誌	大曆4(769)9月	−	−	−	山西133	−
7207	蕭韶章及妻李氏墓誌	大曆4(769)10月	−	−	−	−	新獲續167
7208	張文緒及妻王氏墓誌	大曆4(769)10月	−	−	−	山西134	−
7209	張貽玘及妻柳氏墓誌	大曆4(769)10月	−	−	−	−	−
7210	楊東魯及妻屈突氏墓誌	大曆4(769)10月	−	−	河南參-201	−	−
7211	竇叔華妻崔縕墓誌	大曆4(769)10月	−	27-82	−	洛陽12-38	−
7212	豆盧愿墓誌	大曆4(769)10月	−	−	−	−	新獲續168 河洛315 民族236 龍門262
7213	李君妻薛氏墓誌	大曆4(769)10月	−	−	−	−	−
7214	杜鈒墓誌	大曆4(769)10月	−	−	−	洛陽12-39	新獲73 龍門263
7215	蔣倫及妻房氏墓誌	大曆4(769)10月	−	−	−	−	−
7216	盧君妻鄭氏墓誌	大曆4(769)10月	−	−	河南參-202	−	−
7217	王光庭妻劉氏墓誌	大曆4(769)10月	−	−	−	−	−
7218	宋君妻高氏墓誌	大曆4(769)10月	−	−	−	−	−
7219	李隱墓誌	大曆4(769)11月	−	−	−	−	−
7220	盧招妻崔嚴愛墓誌	大曆4(769)11月	−	27-83	−	洛陽12-40	千唐922
7221	韓晏墓誌	大曆4(769)11月	−	−	−	−	−
7222	元鏡遠妻鄭氏墓誌	大曆4(769)11月	193左上	−	−	−	−
7223	賈善墓誌	大曆4(769)11月	−	−	−	−	−
7224	獨孤及妻韋氏墓誌	大曆4(769)11月	−	−	−	−	−
7225	蔡直方墓誌	大曆4(769)12月	−	−	−	−	輯繩581 龍門264
7226	李叔徹墓誌	大曆4(769)12月	−	−	−	−	秦晉599
7227	王光庭及妻劉氏墓誌	大曆4(769)12月	−	−	−	−	−
7228	李積墓誌	大曆4(769)12月	−	−	−	−	−
7229	李湍墓誌	大曆4(769)12月	−	27-84	−	洛陽12-41	千唐923
7230	吳君妻盧氏墓誌	大曆4(769)					

大曆

番號	F 北大	G 墓誌彙編	H 新編	I 補遺補編	J 地方	K 博物館・その他	L 日本目錄
7176	—	—	7-4499	—		—	—
7177	04733	大曆010	8-5127	6-454	—	碑林新207	—
7178	04734	—				—	—
7179	—	—	22-15312	5-409	—	碑林82-3043	—
7180	04721	—				西市280	—
7181	—	—				碑林續118	—
7182	04735	—	—	千唐-247		—	—
7183	—	續大曆007	7-4077	6-92		—	—
7184	—	—				碑林續120	—
7185	—	續大曆040	22-15313	5-409	西北4-41	碑林82-3050	—
7186	—	續大曆008	8-5212	2-28	西北4-40	—	—
7187	—	—		9-454		—	—
7188	—	—		9-454		—	—
7189	—	大曆018	8-5215	1-198		—	—
7190						—	—
7191	04736	大曆012	22-15314	2-567		—	—
7192	04738	大曆011	22-15313	2-566		—	—
7193	—	—	7-4485			—	—
7194	—	—	7-4497			—	—
7195	—	—	7-4500			—	—
7196	—	—		8-76		—	—
7197	04738	—	—	千唐-248		—	—
7198						—	—
7199	04739	大曆013	22-15314	1-199	—	曲石66 南京67	—
7200	—	—	7-4497			—	—
7201	—	續大曆009	8-5213	2-29	西北4-42 景州215 景縣366	—	—
7202	—	—	—	下-1882		—	—
7203	04740	—	—	千唐-249		—	—
7204	—					—	—
7205	04741	—	—	千唐-250		—	—
7206	—	續大曆010	22-15314	6-454		—	—
7207	—	—	—	8-77		—	—
7208	—	續大曆011	22-15315	6-455		—	—
7209	04742	—	—	千唐-251		—	—
7210	04745	—	—	千唐-252		—	—
7211	04743	大曆014	7-4803	3-95	—	唐宋338	人1373
7212	—	—	—	8-78		—	—
7213	—	—	—	—		碑林續119	—
7214	—	續大曆012	8-5214	4-55		—	—
7215	04746	—	—	千唐-253		—	—
7216	04747	—	—	千唐-253		—	—
7217	—	—	—	—	安豐184 安陽選(24)	—	—
7218	04744					—	—
7219	04748					—	—
7220	04749	大曆015	22-15316	2-567		—	—
7221	04750					—	—
7222	—	大曆016	8-5132			—	—
7223	04751					—	—
7224	—	—	7-4484			—	—
7225	—	續大曆006	22-15316	6-456	—	—	—
7226	—	—	—	—		西市281	—
7227	04752					—	—
7228	—	—	—	—		碑林續121	—
7229	04753	大曆017	8-5320	1-199		—	—
7230	04754	—				—	—

大曆

番號	墓誌名	年號	A 題跋	B北圖	C 附考 新中国	D隋唐五代	E千唐・河南
7231	李琰墓誌	大曆4(769)	－	27-85	－	洛陽12-42	千唐919
7232	崔景旺墓誌	大曆4(769)	－	－	－	－	－
7233	崔汪墓誌	大曆4(769)	－	－	－	－	－
7234	崔渙墓誌	大曆4(769)	－	－	－	－	－
7235	郭邕及妻辛氏墓誌	大曆4(769)	－	27-86	－	洛陽12-43	－
7236	柳君妻薛氏墓誌	大曆5(770)1月	－	－	－	洛陽12-44	新獲74
7237	裴冕墓誌	大曆5(770)2月	193左中	－	－	－	－
7238	王鉷墓誌	大曆5(770)3月	－	－	－	－	－
7239	范守眞塔銘	大曆5(770)3月卒	－	－	－	－	－
7240	鄭洵墓誌	大曆5(770)4月	－	－	－	－	－
7241	閻庭墓誌	大曆5(770)5月	－	－	－	－	－
7242	殷踐猷及妻蕭氏墓碣銘	大曆5(770)5月	－	－	－	－	－
7243	侯元環墓誌	大曆5(770)6月	－	－	－	－	－
7244	李君妻蔣氏墓誌	大曆5(770)8月	－	27-92	－	洛陽12-45	輯繩582
7245	趙琚墓誌	大曆5(770)8月	－	－	－	－	－
7246	姚常一墓誌	大曆5(770)9月	－	－	陝西貳-147	－	－
7247	高弘諒墓誌	大曆5(770)10月	－	－	－	陝西4-39	－
7248	杜鴻漸墓誌	大曆5(770)	193左中	－	－	－	－
7249	岑君墓誌	大曆5(770)以前	－	－	－	－	－
7250	劉君墓誌	大曆6(771)1月	－	－	河北壹-88	河北70	－
7251	吳君妻劉氏墓誌	大曆6(771)1月	－	－	－	－	－
7252	蘇良琪墓誌	大曆6(771)2月	－	－	－	－	－
7253	張密墓誌	大曆6(771)2月	－	－	－	－	新獲續169 龍門265
7254	盧元裕及妻鄭氏墓誌	大曆6(771)2月	－	－	－	－	－
7255	王休泰墓誌	大曆6(771)2月	－	－	－	－	－
7256	王晉俗墓誌	大曆6(771)5月	－	27-102	－	洛陽12-46	千唐924
7257	李挺墓誌	大曆6(771)5月	－	－	－	－	新出275 河洛316 新唐224 七朝276
7258	同光塔銘	大曆6(771)6月	－	27-103	－	北京1-208	－
7259	張旲及妻孟氏墓誌	大曆6(771)8月	－	27-105	－	洛陽12-47	千唐925
7260	張偶及妻裴氏墓誌	大曆6(771)8月	－	27-109	－	洛陽12-49	千唐926
7261	賈氏墓誌	大曆6(771)8月	－	27-106	－	洛陽12-48	輯繩583
7262	崔文修墓誌	大曆6(771)8月	－	27-107	－	北大2-8	－
7263	朱定眞妻雷氏墓誌	大曆6(771)10月	－	－	陝西貳-148	－	－
7264	裴尋墓誌	大曆6(771)10月	－	－	－	－	－
7265	王守質及妻盧氏陽氏墓誌	大曆6(771)10月	－	27-110	－	洛陽12-50	千唐927
7266	裴裕及妻楊氏墓誌	大曆6(771)10月	－	－	河南貳-80	－	－
7267	宇文子貢墓誌	大曆6(771)11月	－	－	－	－	－
7268	何伯述墓誌	大曆6(771)11月	－	－	河南參-203	－	－
7269	盧清及妻鄭氏墓誌	大曆6(771)11月	－	－	－	－	流散205
7270	智悟律上人(劉仲丘)墓誌	大曆6(771)12月	193左中	27-113	－	北大2-9	－
7271	鄭氏墓誌	大曆6(771)	193左中	－	－	－	－
7272	張君妻陳氏墓誌	大曆7(772)1月	－	－	－	山西135	－
7273	范君妻呂氏墓誌	大曆7(772)1月	－	－	－	－	河洛317
7274	王珍及妻元氏墓誌	大曆7(772)3月	－	－	－	山西136	－
7275	邵陝妻高氏墓誌	大曆7(772)3月	－	－	－	－	新獲75 民族317
7276	燦大師塔銘	大曆7(772)4月	－	－	－	－	－
7277	盧日超墓誌	大曆7(772)5月	－	－	－	－	河洛318
7278	李仲珪及妻王氏墓誌	大曆7(772)7月	－	－	－	－	秦續644
7279	袁恒妻宋氏墓誌	大曆7(772)7月	－	－	－	－	秦續645
7280	孫希嚴妻劉氏墓誌	大曆7(772)7月	－	－	陝西貳-149	陝西1-155	－
7281	寶氏墓誌	大曆7(772)9月	－	－	－	－	－
7282	王冲妻蔡氏墓誌	大曆7(772)10月	－	－	－	－	－
7283	李仙及妻王氏墓誌	大曆7(772)10月	－	－	－	－	－
7284	段晏墓誌	大曆7(772)10月	－	－	陝西貳-150	陝西1-156	－
7285	慕容義及妻李氏墓誌	大曆7(772)10月	－	－	－	－	－
7286	李胡墓誌	大曆7(772)11月	－	－	－	－	－

大曆

番號	F北大	G墓誌彙編	H 新編	I補遺補編	J 地方	K 博物館・その他	L 日本目錄
7231	04755	大曆020	8-5215	1-199	—	—	—
7232	—	—	6-3637	—	—	—	—
7233	—	—	8-4910	—	—	—	—
7234	—	—	14-9337	—	—	—	—
7235	04756	大曆019	8-5146	4-56	—	—	—
7236	04757	續大曆013	22-15317	6-456	—	薛氏278	—
7237	—	—	—	—	—	—	—
7238	—	—	8-4910	—	—	—	—
7239	—	—	18-12542	—	—	—	—
7240	04759	—	—	8-78	杏園22	—	—
7241	04760	—	—	—	—	—	—
7242	—	—	6-3944	—	—	—	—
7243	04761	—	—	—	—	—	—
7244	—	大曆021	22-15316	6-456	—	—	—
7245	—	—	7-4495	—	—	—	—
7246	—	大曆022	8-5216	7-62	—	碑林新208	—
7247	—	續大曆014	22-15317	5-410	長碑128(482)	—	—
7248	—	—	—	—	—	—	—
7249	—	—	—	上-512	—	—	—
7250	—	續大曆015	22-15317	6-457	—	—	—
7251	—	—	—	—	分類86	—	—
7252	04762	—	—	—	—	—	—
7253	—	—	—	8-407	—	—	—
7254	—	—	8-4911	—	—	—	—
7255	—	大曆023	22-15318	5-411	—	—	—
7256	04763	大曆024	9-5603	1-200	—	—	—
7257	04764	—	—	9-374	—	—	—
7258	—	大曆025	—	—	—	—	人1376
7259	04765	大曆026	8-5217	1-200	新安26	—	—
7260	04768	大曆027	8-5217	1-201	—	裴氏109	—
7261	04766	大曆028	22-15318	7-505	—	—	—
7262	04767	大曆029	7-4642	—	—	施碑選267	—
7263	—	續大曆016	8-5218	6-93	長碑129(483)	碑林82-3056	—
7264	—	—	—	—	長碑(483)	西市282	—
7265	04769	大曆030	10-7026	1-202	—	—	—
7266	—	—	—	—	—	—	—
7267	—	—	—	—	渭城255	—	—
7268	04770	—	—	千唐-254	—	—	—
7269	—	—	—	—	—	—	—
7270	04771	大曆031	8-5219	4-57	西北4-50	施唐235	—
7271	—	—	—	—	—	—	—
7272	—	續大曆017	22-15318	6-457	—	—	—
7273	04772	—	—	—	—	—	明洛81
7274	—	續大曆018	22-15319	5-411	碑碣105 長治183 大全・迎澤30	—	—
7275	—	—	22-15319	6-458	景州217 景縣368	—	—
7276	—	—	7-4497	—	—	—	—
7277	04773	—	—	—	—	—	—
7278	04774	—	—	—	—	—	—
7279	—	—	—	—	—	—	—
7280	—	續大曆019	8-5220	3-109	西北4-51	碑林82-3063	—
7281	—	—	—	—	—	西市283	—
7282	04775	—	—	—	—	—	—
7283	—	—	—	—	大同15	—	—
7284	—	續大曆020	8-5220	3-109	西北4-52	碑林82-3070	—
7285	—	—	—	—	—	汾陽29(58)	—
7286	04776	—	—	—	—	—	—

大曆

番號	墓誌名	年號	A 題跋	B北圖	C 附考 新中国	D隋唐五代	E千唐・河南
7287	孫隨墓誌	大曆7(772)11月	—	—	河南參-204	—	—
7288	孫光墓誌	大曆7(772)11月	—	—	—	—	秦續646
7289	殷君妻張氏墓誌	大曆7(772)11月	—	—	—	—	新獲續170
7290	崔異墓誌	大曆7(772)11月	—	—	—	—	秦晉600 七朝277 洛鴛鴦29-1
7291	盧同墓誌	大曆7(772)	—	—	—	—	—
7292	李遵妻沈氏墓誌	大曆8(773)1月	—	—	—	—	—
7293	高君妻徐婉墓誌	大曆8(773)2月	—	—	—	—	秦續647
7294	何伯遇妻盧勝娘墓誌	大曆8(773)2月	—	—	河南參-205	—	—
7295	蕭安親及妻王氏墓誌	大曆8(773)2月	—	—	—	—	新獲續171 河洛319 新唐226
7296	獨孤韋八墓誌	大曆8(773)4月	—	—	—	—	—
7297	申令忠墓誌	大曆8(773)5月	—	—	—	—	—
7298	李震墓誌	大曆8(773)7月	—	—	—	—	—
7299	郭幼儒墓誌	大曆8(773)7月	—	—	—	—	—
7300	郭幼明墓誌	大曆8(773)7月	—	—	—	—	—
7301	裴友讓及妻張氏墓誌	大曆8(773)7月	—	—	—	—	新獲續172 河洛320
7302	鄭齊嬰妻秦無相墓誌	大曆8(773)8月	—	—	—	—	新獲續173 河洛321 龍門267
7303	王師墓誌	大曆8(773)10月	—	—	—	—	—
7304	李長及妻崔氏墓誌	大曆8(773)10月	—	—	—	—	—
7305	余元仙墓誌	大曆8(773)11月	—	—	—	—	—
7306	蕭遇妻盧氏墓誌	大曆8(773)11月	—	—	—	—	秦續647
7307	馮昭遷墓誌	大曆8(773)閏11月	—	—	—	山西137	—
7308	蕭遇及妻郭氏墓誌	大曆8(773)閏11月	—	—	—	—	秦續649
7309	張願墓誌	大曆8(773)閏11月	—	27-127	—	洛陽12-52	千唐929
7310	張顏墓誌	大曆8(773)閏11月	—	27-126	—	洛陽12-51	千唐928
7311	柳君妻和氏墓誌	大曆8(773)12月	—	—	—	—	—
7312	李震妻王氏墓誌	大曆8(773)12月	—	—	—	—	龍門268
7313	馮賢及妻陳氏墓誌	大曆9(774)2月	—	—	—	—	—
7314	李寶臣妻王氏墓誌	大曆9(774)2月	—	—	河北壹-89	—	—
7315	張銳墓誌	大曆9(774)3月	193左下	27-132	—	北京1-209	—
7316	獨孤璵墓誌	大曆9(774)3月卒	—	—	—	—	—
7317	李盈墓誌	大曆9(774)4月	—	27-135	—	洛陽12-53	輯繩584
7318	李濤墓誌	大曆9(774)4月	—	27-136	—	洛陽12-54	千唐930
7319	袁倕墓誌	大曆9(774)5月	—	—	—	—	河洛322 龍門269
7320	魏遠望及妻李氏程氏墓誌	大曆9(774)5月	—	—	—	—	秦續650
7321	劉庭玉墓誌	大曆9(774)5月	—	—	—	—	秦續651
7322	任氏墓誌	大曆9(774)7月	—	—	—	—	秦續652
7323	盧峴墓誌	大曆9(774)7月卒	—	—	—	—	—
7324	金日晟及妻張氏墓誌	大曆9(774)8月	—	—	—	—	—
7325	楊雩墓誌	大曆9(774)8月	—	—	—	—	邙洛202
7326	權時若墓誌	大曆9(774)8月	—	—	—	—	秦續653
7327	張恭墓誌	大曆9(774)8月	—	—	—	—	—
7328	席君妻楊雲墓誌	大曆9(774)8月	—	—	—	洛陽12-55	新獲76 龍門270
7329	陸衆妻楊氏墓誌	大曆9(774)9月	—	—	陝西貳-151	—	—
7330	李廳秀及妻馮氏墓誌	大曆9(774)10月	—	—	—	—	—
7331	楊秀墓誌	大曆9(774)10月	—	—	陝西壹-137	陝西4-40	—
7332	許損墓誌	大曆9(774)11月	—	—	—	—	—
7333	李幹墓誌	大曆9(774)11月	—	—	—	—	秦續654
7334	任延暉墓誌	大曆9(774)11月	—	—	—	—	—
7335	李瑝(信王)墓誌	大曆9(774)11月	—	—	—	—	—
7336	郭阿獵墓誌	大曆9(774)11月	—	27-138	—	洛陽12-56	—
7337	郭嚴墓誌	大曆9(774)11月	193左下	—	—	—	—
7338	郭瑜及妻鄭氏墓誌	大曆9(774)11月	—	—	—	—	—
7339	鄭密墓誌	大曆9(774)11月	—	—	—	—	—

大曆

番號	F北大	G墓誌彙編	H 新編	I補遺補編	J 地方	K 博物館・その他	L 日本目錄
7287	04777	—	—	千唐-255	—	—	—
7288	04778	—	—	—	—	—	—
7289	—	—	—	8-79	—	—	—
7290	04779	—	—	—	—	—	—
7291	—	—	9-6082	—	—	—	—
7292	04780	—	—	—	—	—	—
7293	04781	—	—	—	—	碑林續122	—
7294	04782	—	—	千唐-255	—	—	—
7295	—	—	—	8-80	—	—	—
7296	—	—	7-4485	—	—	—	—
7297	—	—	—	—	晋中43	—	—
7298	—	—	—	—	—	西交博107	—
7299	—	—	—	—	—	西市284	—
7300	—	—	—	—	—	西市285	—
7301	—	—	—	8-81	—	—	—
7302	—	—	—	8-82	—	—	—
7303	04783	—	—	—	—	—	—
7304	—	—	9-6078	—	—	—	—
7305	—	—	—	8-83	—	—	—
7306	04784	—	—	—	—	碑林續123	—
7307	—	續大曆021	22-15320	6-458	長治186 大全・長治34	—	—
7308							
7309	04787	大曆033	8-5221	1-203	—	—	—
7310	04786	大曆032	8-5221	1-202	—	—	—
7311	—	—	—	7-394 下-1882	—	磚刻1198 蘇州10	—
7312	—	—	—	8-77	—	河博39	—
7313	04788	—	—	—	—	—	—
7314	—	續大曆022	22-15321	6-459 下-1882	—	—	—
7315	04789	大曆034	7-4823	—	西北4-53	故宮106 施唐236-237	人1384 東1419 淑585
7316	—	—	7-4488	—	—	—	—
7317	04791	大曆036	22-15320	2-568	—	曲石67 南京68	—
7318	04790	大曆035	7-4484	1-203	—	—	—
7319	04792	—	—	—	—	—	明洛82
7320	—	—	—	—	—	—	—
7321	—	—	—	—	—	—	—
7322	04793	—	—	—	—	—	—
7323	—	—	9-5918	—	—	—	—
7324	—	—	—	—	—	西市287	—
7325	04794	—	—	—	—	西市286	明洛83
7326	04795	—	—	—	—	—	—
7327	—	—	—	—	—	西市288	—
7328	—	續大曆023	13-8941	6-94	—	—	—
7329	—	—	8-5237	3-110	—	碑林82-3077	—
7330	04796	—	—	—	—	—	—
7331	—	續大曆024	22-15321	5-412	精華129	—	—
7332	04797	—	—	—	—	—	—
7333	04798	—	—	—	—	—	—
7334	04800	—	—	—	—	—	—
7335	—	—	8-4903	—	—	—	—
7336	04799	大曆038	22-15322	2-568	—	曲石68 南京69	—
7337	—	大曆037	22-15321	7-394	—	—	—
7338	—	—	—	9-455	—	—	—
7339	—	—	7-4493	—	—	—	—

大曆

番號	墓誌名	年號	A 題跋	B北圖	C 附考 新中国	D隋唐五代	E千唐・河南
7340	獨孤君妻崔氏墓誌	大曆9(774)11月	—	—	—	—	—
7341	韋氏墓誌	大曆9(774)12月	—	—	—	洛陽12-57	千唐931
7342	杜佚妻李氏墓誌	大曆9(774)12月	—	—	—	洛陽12-58	千唐932
7343	李衡墓誌	大曆9(774)12月	—	—	—	—	—
7344	梁愼初墓誌	大曆9(774)12月	—	—	—	—	—
7345	李程(玄宗子)墓誌	大曆9(774)	193左下	—	—	—	—
7346	梁君妻崔氏墓誌	大曆10(775)2月	—	—	—	—	—
7347	蘇日榮妻武氏墓誌	大曆10(775)2月	—	27-139	—	洛陽12-59	—
7348	楊承獎墓誌	大曆10(775)2月	—	—	—	—	—
7349	羊岳墓誌	大曆10(775)2月	—	—	—	—	—
7350	梁淑墓誌	大曆10(775)2月	—	—	河南參-206	—	—
7351	李談經墓誌	大曆10(775)2月	—	—	—	—	—
7352	李君妻張氏墓誌	大曆10(775)3月	—	—	—	—	—
7353	長孫倕墓誌	大曆10(775)3月	—	—	—	—	秦晉602
7354	梁君妻翟氏墓誌	大曆10(775)3月	—	—	—	—	秦晉601
7355	高望琮及妻王氏墓誌	大曆10(775)4月	—	—	—	—	河洛323 龍門271
7356	陳君妻李氏墓誌	大曆10(775)4月	—	—	陝西貳-152	陝西1-157	—
7357	裴宜墓誌	大曆10(775)4月	—	—	—	—	新獲續174 河洛324
7358	李君妻張氏墓誌	大曆10(775)4月	—	—	—	—	—
7359	崔佚妻王嬃墓誌	大曆10(775)5月	—	—	—	—	—
7360	裴君妻閻氏墓誌	大曆10(775)5月卒	—	—	—	—	—
7361	戴頊墓誌	大曆10(775)7月	—	—	—	—	—
7362	如願律師墓誌	大曆10(775)7月	193左下	27-143	—	北大2-10	—
7363	韓君妻李氏墓誌	大曆10(775)7月	—	—	—	—	秦續655
7364	曹閏國墓誌	大曆10(775)8月	—	—	—	—	—
7365	申萬及妻李氏墓誌	大曆10(775)8月	—	—	—	—	秦晉603
7366	張宙及妻盧氏墓誌	大曆10(775)8月	—	—	—	—	秦續656 流散206
7367	程希詮墓誌	大曆10(775)8月	—	—	陝西貳-153	—	—
7368	蔣渤墓誌	大曆10(775)8月	—	—	—	—	秦續657 流散207
7369	趙令則及妻獨孤氏墓誌	大曆10(775)8月	—	—	—	—	—
7370	常無名及妻崔氏楊氏墓誌	大曆10(775)10月	—	—	—	—	—
7371	陶貢妻裴氏墓誌	大曆10(775)10月	—	—	—	—	河洛325 新唐228 七朝278 洛駕鴦17-2
7372	戴顗墓誌	大曆10(775)10月	—	—	—	—	—
7373	崔混之及妻盧氏墓誌	大曆10(775)10月	—	—	河南參-207	—	—
7374	崔法通墓誌	大曆10(775)10月	—	—	—	—	新獲續175 河洛326 龍門272
7375	盧岊墓誌	大曆10(775)10月	—	—	—	—	新獲續176 河洛327 洛駕鴦30-1
7376	盧構妻王氏墓誌	大曆10(775)10月	—	—	—	—	河洛328
7377	劉龍茲墓誌	大曆10(775)10月	—	—	—	—	—
7378	崔昭及妻常氏墓誌	大曆10(775)10月	—	—	—	—	—
7379	喬元昌及妻郗氏墓誌	大曆10(775)10月	—	—	—	—	—
7380	張延暉及妻令狐氏墓誌	大曆10(775)10月	—	—	—	—	—
7381	梁君妻王縱墓誌	大曆10(775)10月	—	—	—	—	—
7382	梁君妻邢氏墓誌	大曆10(775)10月	—	—	—	—	—
7383	謝逸墓誌	大曆10(775)10月	—	—	河南參-208	—	—
7384	李兼金妻梁氏墓誌	大曆10(775)10月	—	—	—	—	—
7385	楊執瓊及妻李氏墓誌	大曆10(775)11月	—	—	—	—	秦續659
7386	崔秀妻李氏墓誌	大曆10(775)12月	—	—	—	—	—
7387	楊崇及妻騫氏墓誌	大曆10(775)	193右上	—	—	—	—
7388	劉永及妻李氏墓誌	大曆11(776)1月	—	—	—	—	秦續660 流散208
7389	王鈞及妻盧氏墓誌	大曆11(776)2月	—	—	—	洛陽12-60	輯繩585
7390	高如詮墓誌	大曆11(776)2月	—	27-144	—	洛陽12-61	千唐933
7391	李遙墓誌	大曆11(776)2月	—	—	—	—	邙洛203
7392	崔君妻李氏墓誌	大曆11(776)2月	—	—	—	—	龍門273 秦晉604
7393	張□高墓誌	大曆11(776)3月	—	—	—	洛陽12-62	—

- 282 -

番號	F 北大	G 墓誌彙編	H 新編	I 補遺補編	J 地方	K 博物館・その他	L 日本目錄
7340	―	―	7-4486	―		―	―
7341	―	大曆039	22-15322	2-568		―	―
7342	―	大曆040	8-5238	1-204		―	―
7343	04801	―	―	―		―	―
7344	―	―	14-9350 9-6081	―		―	―
7345	―	―	―	―		―	―
7346	04803	―	―	―		―	―
7347	04802	大曆041	22-15322	6-459		―	―
7348	04804	―	―	―		碑林續124	―
7349	04806	―	―	―		―	―
7350	04805	―	―	千唐-256		―	―
7351	04807	―	―	―		―	―
7352	―	―	―	―	房山8	―	―
7353	―	―	―	―		―	―
7354	―	―	―	―		西市289	―
7355	04808	―	―	―		―	―
7356	―	續大曆025	22-15322	5-412	西北4-56	碑林82-3084	―
7357	―	―	―	8-408	―	―	―
7358	―	―	―	―	―	北文8	―
7359	―	―	―	8-83	杏園21	―	―
7360	―	―	9-6086	―	―	―	―
7361	04809	―	―	―	―	―	―
7362	04811	大曆042	18-12512	―	西北4-57	施唐238-239	人1387
7363	04810	―	―	―	―	―	―
7364	04812	大曆043	22-15323	―	―	施碑選268	―
7365	―	―	―	―	―	―	―
7366	―	―	―	―	―	―	―
7367	―	續大曆026	8-5239	6-96	―	碑林82-3091 碑林新209	―
7368	04813	―	―	―	―	―	―
7369	―	―	7-4494	―	―	―	―
7370	―	―	8-4912	―	―	西市290	―
7371	04815	―	―	―	―	―	―
7372	04814	―	―	―	―	―	―
7373	04816	―	―	千唐-257	―	―	―
7374	―	―	―	8-408	―	―	―
7375	―	―	―	8-81	―	―	―
7376	―	―	―	8-84	―	―	―
7377	―	―	―	―	―	北文9	―
7378	04817	大曆045	22-15323	6-459	―	施唐240-241	人1389
7379	04818	―	―	―	―	―	―
7380	―	―	―	―	―	西市291	―
7381	04819	―	―	―	―	―	―
7382	04820	―	―	―	―	―	―
7383	04821	―	―	千唐-258	―	―	―
7384	―	―	9-6087	―	―	―	―
7385	04822	―	―	―	―	―	―
7386	―	―	―	―	―	慶雅堂42 西市292	―
7387	―	大曆046	22-15324	6-460	―	―	―
7388	04823	―	―	―	―	―	―
7389	―	續大曆027	22-15324	6-460	―	―	―
7390	04824	大曆047	22-15325	2-569	景縣381	―	―
7391	―	―	―	―	―	―	―
7392	04825	―	―	―	―	―	―
7393	―	續大曆028	19-13049	6-97	―	―	―

大曆

番號	墓誌名	年號	A 題跋	B北圖	C 附考 新中國	D隋唐五代	E千唐・河南
7394	魚辯江墓誌	大曆11(776)4月	—	—	—	—	—
7395	吳君妻獨孤氏墓誌	大曆11(776)4月	—	—	陝西貳-154	—	—
7396	梁庭光墓誌	大曆11(776)4月	—	—	—	—	—
7397	南單德墓誌	大曆11(776)4月	—	—	—	—	—
7398	薛兼訓墓誌	大曆11(776)6月	—	—	—	—	—
7399	王景秀及妻魏氏墓誌	大曆11(776)8月	193右上	27-148	—	北京1-210	—
7400	章仇君妻魏氏墓誌	大曆11(776)9月	193右上	—	—	—	—
7401	瞿曇譔墓誌	大曆11(776)10月	—	—	—	陝西4-41	—
7402	韋應物妻元蘋墓誌	大曆11(776)11月	—	—	—	—	新唐230　秦晉605
7403	蔣銳及妻崔氏墓誌	大曆11(776)11月	—	—	—	—	秦續661
7404	嚴清源墓誌	大曆11(776)11月	—	—	河南參-209	—	—
7405	盧濤及妻鄭氏墓誌	大曆11(776)11月	193右中	—	—	北大2-11	河洛329
7406	李元琮墓誌	大曆11(776)12月	—	—	—	—	—
7407	李君妻盧氏墓誌	大曆11(776)	—	—	—	—	龍門242
7408	李士式墓誌	大曆12(777)1月	—	—	—	—	—
7409	張光祚墓誌	大曆12(777)2月	—	—	河北壹-90	河北71	—
7410	張顗妻崔氏墓誌	大曆12(777)2月	—	—	—	—	—
7411	李儆墓誌	大曆12(777)3月卒	—	—	—	—	—
7412	王希晏墓誌	大曆12(777)6月卒	—	27-153	—	北京1-211	—
7413	馬璘墓誌	大曆12(777)6月	—	—	—	—	—
7414	周惠墓誌	大曆12(777)6月	—	—	陝西貳-155	—	—
7415	李隱超墓誌	大曆12(777)8月	—	—	河南參-210	—	—
7416	高義忠墓誌	大曆12(777)10月	—	—	陝西貳-156	陝西1-158	—
7417	楊縉墓誌	大曆12(777)10月	—	—	—	—	—
7418	趙悅墓誌	大曆12(777)10月	—	—	北京壹-9	北京1-212	—
7419	趙龍墓誌	大曆12(777)10月	—	—	北京壹-10	—	—
7420	程定墓誌	大曆12(777)10月	—	—	—	—	—
7421	第五玄昱墓誌	大曆12(777)10月	—	—	陝西壹-138	陝西4-42	—
7422	馮術墓誌	大曆12(777)10月	—	—	—	北大2-12	—
7423	申崇俊墓誌	大曆12(777)10月	—	—	—	—	—
7424	田仙墓誌	大曆12(777)11月	—	—	—	—	—
7425	皇甫奉源墓誌	大曆12(777)11月	—	—	—	—	—
7426	竇君妻楊瑩墓誌	大曆12(777)11月	193右中	27-155	—	洛陽12-63	—
7427	杜濟墓誌	大曆12(777)11月	193右中	27-156	—	北京1-213	—
7428	解休昶墓誌	大曆12(777)11月	—	—	—	—	—
7429	璩崇胤墓誌	大曆12(777)11月	—	—	—	—	—
7430	思村塔銘	大曆12(777)11月	—	—	—	—	—
7431	虞景莘墓誌	大曆12(777)12月	—	—	—	—	—
7432	李濤妻獨孤氏墓誌	大曆12(777)	—	27-157	—	洛陽12-64	千唐934　民族291
7433	獨孤正墓誌	大曆12(777)	—	—	—	—	—
7434	蕭淑墓誌	大曆12(777)	193右下	—	—	—	—
7435	劉昌墓誌	大曆13(778)1月	—	—	—	—	龍門275　秦晉606 流散209
7436	僧純□墓誌	大曆13(778)1月	—	—	—	陝西4-43	—
7437	田貴賢墓誌	大曆13(778)1月	—	—	—	—	—
7438	李收及妻鄭氏墓誌	大曆13(778)1月	—	—	—	—	秦晉607
7439	薛担及妻辛氏墓誌	大曆13(778)1月	—	—	—	陝西4-44	—
7440	鄭洵及妻王氏墓誌	大曆13(778)1月	—	—	—	—	—
7441	孫封墓誌	大曆13(778)2月	—	—	北京壹-11	—	—
7442	李華及妻郭氏墓誌	大曆13(778)2月	—	27-159	—	洛陽12-65	—
7443	陳九墓誌	大曆13(778)2月	—	—	—	—	秦續662
7444	蕭乘如墓誌	大曆13(778)3月	—	—	—	—	—
7445	崔衆甫及妻盧氏墓誌	大曆13(778)4月	—	27-164 27-165	—	洛陽12-69 洛陽12-70	千唐936
7446	崔沔妻王方大墓誌	大曆13(778)4月	—	27-161	—	洛陽12-66	—

- 284 -

大曆

番號	F北大	G墓誌彙編	H 新編	I補遺補編	J 地方	K 博物館・その他	L 日本目錄
7394	04826	—	—	—	—	—	—
7395	—	—	—	3-110	—	碑林82-3099	—
7396	04827	—	—	—	—	—	—
7397	—	—	—	—	—	碑林續125	—
7398	04828	—	—	—	—	—	—
7399	04829	大曆048	22-15325	—	—	故宮107 施碑選269	人1388 東1420
7400							
7401	—	大曆049	6-3768	1-130	西北4-58 長碑(484)		
7402						碑林續126	
7403						—	
7404	04830	—	—	千唐-258	—		
7405	04831	大曆050	8-5203				
7406						新見37	
7407			9-5925				
7408	04832			千唐-258			
7409	—	續大曆029	22-15326	4-462 下-1883	保定9 涿州116 涿文150	—	
7410	04833	—	—	—	—		
7411	—	—	9-6083	—			
7412	—	大曆051	22-15326	5-412			
7413			8-4914	6-98			
7414			18-12526	3-111		碑林82-3106	
7415	04834	—	—	千唐-259			
7416	—	續大曆030	22-15327	5-413	西北4-61	碑林82-3113	
7417	04835	—	—	—			
7418	—	續大曆031	22-15327	4-462 下-1884		北文10	
7419	—	—	—	—			
7420	—	—	—	—		碑林續127	
7421	—	續大曆033	18-12527	3-112	西北4-62 西北4-67 咸刻54 精華130	—	
7422	04836	續大曆032	22-15328	7-398	—		
7423	04837						
7424	—	—	—	—	—	汾陽30(60)	
7425	—	—	—	—	—	西市293	
7426	04838	大曆053	8-5241	4-57			
7427	04839	大曆055	6-3943	—	西北4-63 西北4-68	—	
7428	04840						
7429	—	大曆054	22-15328	7-394	—	施碑選270	
7430	—	—	18-12538				
7431	—	大曆056	8-5241	6-99			
7432	04841	大曆052	9-6086	2-569			
7433			9-6082				
7434							
7435	04842					—	
7436	—	續大曆034	22-15329	3-306	西北4-69		
7437	—	—	—	—	保定10		
7438	04843	—	—	9-375	—		
7439	—	續大曆035	22-15329	7-395	精華132	薛氏286	
7440	04844	—	—	7-63 8-85	杏園23		
7441	—	—	—	—	—	北文11	
7442	04845	大曆057	8-5242	4-58			
7443	—	—	—	—			
7444	04846	—	—				
7445	04847	大曆059	7-4803	1-205			
7446		大曆061	7-4806	3-95			

大曆

番號	墓誌名	年號	A 題跋	B北圖	C 附考 新中国	D隋唐五代	E千唐・河南
7447	崔沔墓誌	大曆13(778)4月	—	27-162 27-163	—	洛陽12-67 洛陽12-68	—
7448	崔渾妻盧梵兒墓誌	大曆13(778)4月	—	27-166	—	洛陽12-71	千唐935 龍門276
7449	崔暟妻王媛改葬墓誌	大曆13(778)4月	—	27-167 27-168	—	洛陽12-74 洛陽12-75	輯繩586 輯繩587 新唐236
7450	崔暟改葬墓誌	大曆13(778)4月	—	27-169 27-170	—	洛陽12-72 洛陽12-73	新唐232
7451	崔望之及妻王氏墓誌	大曆13(778)4月	—	—	—	—	龍門277
7452	丘模墓誌	大曆13(778)4月	—	—	河南壹-221	河南84	—
7453	成迥坦及妻單氏墓誌	大曆13(778)4月	—	—	河北壹-91	河北72	
7454	李國清墓誌	大曆13(778)4月	193右下	27-172	—	北大2-13	
7455	寇錫墓誌	大曆13(778)4月	—	27-173	—	洛陽12-76	千唐937
7456	段承宗及妻契必氏墓誌	大曆13(778)5月	—	27-174	—	洛陽12-77	
7457	鄭稷墓誌	大曆13(778)6月					
7458	鄭曜妻李氏墓誌	大曆13(778)6月	—	—	—	—	秦晉608 七朝279 洛駕鴦24-2
7459	李休及妻陽氏墓誌	大曆13(778)7月	—	27-175	—	北大2-14	—
7460	李濤及妻獨孤氏墓誌	大曆13(778)7月	—	27-176	—	洛陽12-78	千唐938
7461	辛雲京妻李氏墓誌	大曆13(778)7月	193右下	27-177	—	北大2-15	—
7462	徐憚妻姚氏墓誌	大曆13(778)7月	—	—	—	—	河洛330 新唐240 龍門278 洛駕鴦25-2
7463	張惟豐墓誌	大曆13(778)7月					秦續663 流散211
7464	郭瑤墓誌	大曆13(778)8月	—	27-182	—	洛陽12-79 洛陽12-84	輯繩588
7465	馮環墓誌	大曆13(778)9月	—	—	河南貳-補4	—	—
7466	盧君妻鄭氏墓誌	大曆13(778)9月					
7467	崔傑及妻盧氏墓誌	大曆13(754)10月	—	27-178	—	洛陽12-80	千唐897
7468	盧友□墓誌	大曆13(778)10月	—	—	—	—	流散210
7469	崔蒙及妻趙氏墓誌	大曆13(778)10月	—	—	—	—	秦晉609 七朝280
7470	李嘉珍及妻彭氏墓誌	大曆13(778)10月	193右下	27-179	—	北大2-16	—
7471	崔夷甫墓誌	大曆13(778)10月	—	27-180	—	洛陽12-81	輯繩589 新唐244
7472	李濛墓誌	大曆13(778)11月					
7473	房衆墓誌	大曆13(778)11月	—	—	—	洛陽12-82	輯繩591 民族264
7474	趙沃心及妻裴婉墓誌	大曆13(778)11月	193右下	27-181	—	洛陽12-83	輯繩590
7475	蕭倚墓誌	大曆13(778)11月					—
7476	蔡鄭客妻韋氏墓誌	大曆13(778)11月	—	—	—	—	河洛331 龍門279 七朝281 洛駕鴦22-2
7477	魏系墓誌	大曆13(778)11月	—	—	—	—	河洛332 新唐242
7478	高震及妻侯氏墓誌	大曆13(778)11月	—	—	—	—	民族318
7479	張君妻劉氏墓誌	大曆13(778)11月					
7480	郭雲墓誌	大曆13(778)11月					
7481	關洛昌墓誌	大曆13(778)11月					
7482	李液墓誌	大曆13(778)12月					新獲續177
7483	李從偃墓誌	大曆13(778)12月	—	—	—	—	秦晉610 洛駕鴦31-1
7484	李君妻雲氏墓誌	大曆13(778)12月	—	—	河南參-211	—	民族161
7485	辛浩墓誌	大曆13(778)	193右下				
7486	孫詵塔銘	大曆13(778)卒					
7487	李舉墓誌	大曆14(779)1月	—	27-183	—	江蘇51	—
7488	沙汕墓誌	大曆14(779)1月					秦續664
7489	竇展墓誌	大曆14(779)2月	—	—	—	—	新獲續178 邙洛204
7490	李餘墓誌	大曆14(779)2月	—	—	—	—	新獲78
7491	李成質及妻鄭氏墓誌	大曆14(779)2月					
7492	裴适墓誌	大曆14(779)4月	—	27-185	—	洛陽12-85	輯繩592
7493	曹惠琳墓誌	大曆14(779)4月	—	—	陝西貳-157	陝西1-159	—

大暦

番號	F 北大	G 墓誌彙編	H 新編	I 補遺補編	J 地方	K 博物館・その他	L 日本目録
7447	04848	大暦060	—	3-113	—	北大新拓141(202) 施唐242-243	人1395
7448	04849	大暦058	5-3102	1-108	—	—	人1396
7449	04850	大暦063	—	—	—	河博41	—
7450	04851	大暦062	22-15330	3-115	—	北大新拓142(204) 河博40	—
7451	—	—	22-15330	5-413 下-2198	—	—	—
7452	—	續大暦036	8-5240	5-31	—	—	—
7453	—	續大暦037	22-15332	4-463	鄴城85 邯鄲碑054	—	—
7454	04852	大暦065	22-15333	6-461 下-1884	分類87	故宮108	東1421 淑586 淑587
7455	04853	大暦064	7-4804	1-206	—	—	—
7456	04854	大暦066	13-8639	1-207	—	曲石70 南京71	—
7457	—	—	9-6083	—	—	—	—
7458	04855	—	—	—	—	—	—
7459	04856	大暦067	22-15333	6-461	—	—	—
7460	04857	大暦068	9-6085	1-208	西北4-66	—	—
7461	04858	大暦069	8-5243	4-59	長碑130	故宮109	人1397 東1422 淑588
7462	—	—	—	8-87	—	—	—
7463	—	—	—	—	—	—	—
7464	04867	大暦074 續大暦038	8-5246	4-61	—	—	—
7465	—	—	—	—	—	—	—
7466	—	—	6-3966	—	—	—	—
7467	04860	大暦070	8-5244	1-187	—	—	—
7468	—	—	—	—	—	—	—
7469	04861	—	—	—	—	—	—
7470	04862	大暦071	22-15334	6-462	—	—	人1398 淑589
7471	04863	大暦072	7-4805	3-96	—	—	—
7472	04864	—	—	—	—	—	—
7473	—	續大暦039	22-15334	6-462	—	—	—
7474	04866	大暦073	8-5245	4-60	—	裴氏113	—
7475	04865	—	—	—	—	—	—
7476	04868	—	—	—	—	—	明洛84
7477	—	—	—	—	—	西市294	—
7478	—	大暦075	8-5247	6-100	景縣377	—	—
7479	—	—	—	—	孟州183	—	—
7480	—	大暦076	22-15334	7-396	—	—	—
7481	—	—	—	—	—	碑林新210	—
7482	—	—	—	8-87	—	—	—
7483	04869	—	—	—	—	西市295	—
7484	04870	—	—	千唐-260	—	—	—
7485	—	—	—	—	—	—	—
7486	—	—	18-12545	—	—	—	—
7487	—	大暦077	8-5248	4-61	江揚7	—	—
7488	04871	—	—	—	—	—	—
7489	—	—	—	7-397 8-408	—	—	—
7490	—	—	8-5248	6-100	—	—	—
7491	04872	—	—	千唐-261	—	—	—
7492	—	大暦078	22-15335	6-463	—	裴氏114	—
7493	—	續大暦041	18-12528	1-209	西北4-70	碑林83-3120	—

大曆・建中・渤海國寶曆

番號	墓誌名	年號	A 題跋	B北圖	C 附考 新中国	D隋唐五代	E千唐・河南
7494	張嘉慶及妻高氏墓誌	大曆14(779)5月	—	—	—	山西138	—
7495	馮庭貢墓誌	大曆14(779)5月					
7496	鄭液墓誌	大曆14(779)5月					新獲續179 河洛333
7497	常俊墓誌	大曆14(779)閏5月	—	27-186	—	北大2-17	—
7498	馬紹墓誌	大曆14(779)7月					河洛334
7499	李昂墓誌	大曆14(779)8月					秦續665 七朝282 洛鴛鴦36-1
7500	寶寓墓誌	大曆14(779)8月	—	27-189	—	洛陽12-86	千唐939
7501	李鋒墓誌	大曆14(779)10?月					—
7502	趙益及妻楊氏墓誌	大曆14(779)11月	—	27-191	—	洛陽12-87	—
7503	李昭墓誌	大曆14(779)11月	—	—	—	—	秦晉611
7504	李君及妻程氏墓誌	大曆14(779)12月	—	—	河北壹-92	河北73	—
7505	李君墓誌	大曆14(779)					
7506	王助墓誌	大曆15(780)1月	—	—	—	—	邙洛205
7507	蕭俱興及妻李氏墓誌	大曆15(780)1月	193右下	27-197	—	北大2-18	—
7508	明承先妻李氏墓誌	大曆15(780)1月					
7509	元淳一墓誌	大曆1□(776～79)7月	—	—	—	—	輯繩593 民族149 龍門280
7510	崔君妻源氏墓誌	大曆間(766～779)	—	—	—	—	—
7511	盧氏(玄宗妃)墓誌	大曆間(766～779)	194左上	—	—	—	—
7512	陸邑墓誌	建中1(780)2月	—	—	—	—	—
7513	劉進及妻朱氏墓誌	建中1(780)2月	—	—	—	—	秦晉612
7514	陳惠明塔銘	建中1(780)2月					
7515	張翔墓誌	建中1(780)2月	—	28-2	—	洛陽12-89	千唐941 龍門281
7516	張翙及妻鄭氏墓誌	建中1(780)2月	—	28-1	—	洛陽12-88	千唐940
7517	王伷及妻墓誌	建中1(780)2月	—	—	—	—	秦續666
7518	殘墓誌	建中1(780)2月					
7519	劉廣墓誌	建中1(780)4月	—	—	—	—	秦晉613 流散212
7520	李君妻郭氏墓誌	建中1(780)5月					—
7521	崔承顏妻田氏墓誌	建中1(780)5月	—	—	—	—	七朝283
7522	薛琛及妻采氏墓誌	建中1(780)5月					
7523	劉君塔銘	建中1(780)7月					
7524	皇甫悟及妻張氏墓誌	建中1(780)8月	—	—	—	洛陽12-90	千唐942
7525	張堪貢墓誌	建中1(780)8月			陝西貳-補25		
7526	李氏(博平郡主)墓誌	建中1(780)8月	—	—	陝西貳-158	陝西2-1	
7527	史繼先墓誌	建中1(780)8月	194左上	—	—	—	—
7528	元懷暉及妻張氏墓誌	建中1(780)10月	—	—	陝西壹-139	陝西4-45	
7529	桑金及妻高氏墓誌	建中1(780)10月	—	—	—	山西139	
7530	魏暉墓誌	建中1(780)10月					
7531	祁日進墓誌	建中1(780)11月	—	—	陝西貳-159	—	—
7532	何邕墓誌	建中1(780)11月	—	—	—	—	秦續667 七朝284
7533	貞惠公主(渤海國公主)墓誌	渤海國寶曆7(780)11月	—	—	—	—	—
7534	崔祐甫墓誌	建中1(780)11月	—	28-9	—	洛陽12-91	—
7535	馬朝陽墓誌	建中1(780)11月					
7536	郭㬢及妻馮氏墓誌	建中1(780)11月					
7537	傅珍寶墓誌	建中1(780)11月					
7538	鄭君妻盧法自然墓誌	建中1(780)11月					
7539	裴遂墓誌	建中1(780)1□月	—	—	河南參-212	—	—
7540	劉迥墓誌	建中1(780)	194左上	—	—	—	—
7541	王絜妻孟氏磚誌	建中2(781)1月					
7542	姚子昂及妻康氏墓誌	建中2(781)1月	—	28-13	—	北京2-1	—
7543	李君妻郭氏墓誌	建中2(781)1月	—	—	—	—	秦晉614
7544	比丘尼智明玄堂記	建中2(781)2月	—	—	—	洛陽12-92 洛陽12-93	新獲79
7545	成立行墓誌	建中2(781)2月					
7546	李迥及妻劉氏墓誌	建中2(781)2月	—	—	—	—	邙洛206

- 288 -

大曆・建中・渤海國寶曆

番號	F北大	G墓誌彙編	H 新編	I補遺補編	J 地方	K 博物館・その他	L 日本目錄
7494	—	續大曆042	22-15336	6-463	—	—	—
7495	04873	—	—	—	—	—	—
7496	—	—	—	8-88	—	—	—
7497	04874	大曆079	22-15336	4-62	—	—	—
7498							
7499							
7500	04875	大曆080	22-15337	2-570	—	—	—
7501	—	—	9-6080	—	景州228 景縣383	—	—
7502	04876	大曆081	6-3757	1-209	—	曲石71 南京72	—
7503	04877						
7504	—	續大曆043	22-15338	4-463	邯鄲碑055		
7505							
7506							
7507	04878	大曆082	22-15338	6-465	—	故宮110 施唐262	人1400 淑590
7508		大曆083	22-15338	7-64	—	—	—
7509	—	續建中011	22-15324	6-465	—	—	—
7510	—	—	9-6085				
7511	—	—	—	—			
7512	—	—	—	—	長新200 長碑132(487)	—	—
7513						西市296	
7514	—	—	18-12539	—	—	—	—
7515	04880	建中002	10-7020	1-211	—	—	—
7516	04879	建中001	8-5402	1-210	—	—	—
7517	—						
7518	04881						
7519	04882						
7520	—					碑林新211	
7521	04883						
7522	—					慶雅堂43 西市297	
7523	—	—	18-12545	—	—	—	—
7524	—	建中003	22-15339	2-570	—	—	—
7525		—	22-15339	6-465			
7526	—	續建中001	19-13049	3-118	西北4-78	—	—
7527	—	—	—	上-631	—	—	—
7528	—	續建中002	22-15340	3-119	咸刻55	—	—
7529	—	續建中003	22-15340				
7530	04884	—	—	—			
7531	—	—	22-15341	5-414	—	碑林83-3129	
7532							
7533	—	—	—	7-397 下-1885	—	—	—
7534	—	建中004	8-5321	4-62	—	河博42	人1403 淑591
7535	—	—	—	—	—	西市298	—
7536	04886	—	—	—	—	—	—
7537	—	—	—	—	—	碑林新212	
7538	04887						
7539	04888	—	—	千唐-262	—	—	—
7540	—	—	9-6077	—	—	—	—
7541	—	—	—	7-398	—	—	—
7542	—	建中005	22-15342	4-464	—	北文12	—
7543	04889						
7544	—	續建中004	22-15342	6-227	—	—	—
7545	04890						
7546	—						

建中

番號	墓誌名	年號	A 題跋	B北圖	C 附考 新中国	D隋唐五代	E千唐・河南
7547	索森墓誌	建中2(781)3月	—	—	—	—	秦續669 七朝285 流散213
7548	索超及妻王氏	建中2(781)3月	—	—	—	—	秦續668 流散214
7549	索道莊及妻劉氏墓誌	建中2(781)3月	—	—	—	—	秦晉615
7550	李君妻賈嬪墓誌	建中2(781)3月	194左中	28-14	—	北大2-19 北大2-20	—
7551	盧阿彭墓誌	建中2(781)4月卒	—	—	—	—	河洛335
7552	張沘墓誌	建中2(781)4月	—	—	河南參-213	—	—
7553	趙和瑤墓誌	建中2(781)8月	—	—	—	—	—
7554	高君妻李氏墓誌	建中2(781)10月	—	28-17	—	洛陽12-94	—
7555	邢超俗及妻高氏墓誌	建中2(781)10月	—	—	—	—	—
7556	房有非及妻尚氏墓誌	建中2(781)10月	—	28-18	—	洛陽12-95	千唐943
7557	胡超妻李氏墓誌	建中2(781)10月	—	—	—	—	—
7558	崔禮弟進葬誌銘	建中2(781)10月	—	28-19	—	北京2-2	—
7559	裴趁玄妻陽氏墓誌	建中2(781)11月	—	—	—	—	新獲續180 河洛336
7560	張少梯妻劉鴻墓誌	建中2(781)11月	—	—	—	陝西4-46	—
7561	李苕墓誌	建中2(781)12月	—	—	—	—	河洛337 新唐246 龍門282 七朝286 流散215
7562	李苕及妻盧氏	建中2(781)12月	—	—	—	—	流散215
7563	陽濟妻劉氏墓誌	建中2(781)12月	—	28-21	—	洛陽12-96 洛陽12-99	輯繩594
7564	李鍱妻蕭氏墓誌	建中2(781)	—	—	—	—	—
7565	蕭惟明墓誌	建中2(781)	—	—	—	—	—
7566	劉廣威墓誌	建中3(782)1月	—	—	河南貳-225	—	—
7567	李君墓誌	建中3(782)1月	—	—	—	—	—
7568	崔潘墓誌	建中3(782)閏1月	—	—	—	—	新獲續181 河洛338 新唐248
7569	賈君妻裴氏墓誌	建中3(782)閏1月	—	—	—	—	秦續670 流散216
7570	成藏墓誌	建中3(782)2月	—	—	河南參-214	—	—
7571	李侹(涇王)妻韋氏墓誌	建中3(782)2月	194左下	28-23	—	陝西2-2	—
7572	國希仙墓誌	建中3(782)3月	—	—	—	—	—
7573	柳存及妻祝氏墓誌	建中3(782)3月	—	—	—	—	—
7574	王景詮及妻宋氏墓誌	建中3(782)3月	—	28-24	—	山西140	—
7575	宋山及妻梁氏墓誌	建中3(782)3月	—	—	—	—	—
7576	方禮墓誌	建中3(782)春月	—	—	—	—	—
7577	段君妻孔氏墓誌	建中3(782)4月	—	—	—	—	—
7578	張懷實及妻趙氏墓誌	建中3(782)4月	—	28-25	—	河北74	—
7579	安文光妻康氏墓誌	建中3(782)4月	—	—	—	—	—
7580	龐履冰墓誌	建中3(782)5月	—	—	—	—	—
7581	王士林墓誌	建中3(782)5月	—	28-26	—	河北75	—
7582	盧君妻王氏墓誌	建中3(782)7月	—	—	—	—	秦續672
7583	盧先之墓誌	建中3(782)7月	—	—	—	—	—
7584	盧沐墓誌	建中3(782)7月	—	—	—	—	—
7585	獨孤楨妻宇文氏墓誌	建中3(782)8月	—	—	陝西貳-160	—	—
7586	第五琦及妻張氏墓誌	建中3(782)9月	—	—	—	—	秦續671
7587	曹景林墓誌	建中3(782)9月	—	—	—	陝西4-47	—
7588	曹王妃鄭氏墓誌	建中3(782)10月	—	—	—	—	—
7589	麻元泰妻梁氏墓誌	建中3(782)10月	—	—	—	—	—
7590	郭雄妻李氏墓誌	建中3(782)11月	—	—	—	—	—
7591	比丘尼志弘墓誌	建中3(782)11月	—	—	—	—	龍門283
7592	彭浼墓誌	建中3(782)11月	194左下	—	—	—	—
7593	鄭超誠靈表	建中3(782)12月	—	—	—	—	秦續673
7594	杜君妻韋氏墓誌	建中3(782)12月	194左下	—	—	陝西4-48	—
7595	高耀墓誌	建中3(782)12月	—	—	—	北京2-3	—
7596	張衆甫墓誌	建中3(782)	—	—	—	—	—
7597	李君妻□尚卿殘墓誌	建中3(782)以降	218右中	—	—	—	—
7598	孫士彥妻張元一墓誌	建中4(783)1月	—	—	—	—	—

建中

番號	F北大	G墓誌彙編	H 新編	I 補遺補編	J 地方	K 博物館・その他	L 日本目録
7547	04892	―	―	―	―	―	―
7548	04981						
7549	―					西市299	
7550	04893	建中006	9-5709	―	―	―	淑592
7551	04894					西市300	明洛85
7552	04895	―	―	千唐-263		―	
7553	04896						
7554	04897	建中007	8-5404	1-212	―	曲石72 南京73	―
7555	04898	―	―	―	河間255	―	淑593
7556	04899	建中008	22-15343	2-571			
7557	―	―	―	―		西市301	
7558	04900	建中009	22-15343	4-465			
7559	―	―	―	8-89			
7560	―	續建中005	8-5404	2-29			
7561	―	―	―	9-377			
7562	―						
7563	04901	建中010	7-4544	4-64			
7564			9-6084				
7565	―		9-5917				
7566							
7567				上-626			
7568	04902	―	6-4066	8-90			
7569	04903						
7570	04905	―	―	千唐-263			
7571	04904	建中011	9-5604	―	西北4-81		
7572	―	―	―	7-399	河北265		
7573	04906	―	―	―	―	河博43	―
7574	―	建中012	22-15344	4-465	―		
7575	―	―	―	―	―	碑林新213	
7576	―	―	―	9-456			
7577	04907	―	―	千唐-264			
7578	―	建中013	22-15345	4-465			
7579	―	―	22-15344	6-466			
7580	―	―	―	―	―	西交博112	
7581	04908	建中014	8-5406	4-65			
7582							
7583	―						明洛86
7584	04909	―	―	―	―	西市302	
7585	―	―	8-5407	3-120	―	碑林83-3136	―
7586	―	―	―	―	―	新見38	
7587	―	建中015	8-5408	1-212	―	―	
7588	―	―	―	―	―	施碑選271	人1411
7589	―	―	―	―	長新202 長碑(487)		
7590	04910	―	―	―	―	西市303	
7591	―						
7592	―	建中016	8-5125				
7593							
7594	―	續建中007	8-5405	3-121	長新204 長碑133(488)		
7595	―	續建中008	22-15345	8-91 下-1886	西北4-82 吐魯番316 吐文144		
7596	―	―	9-5908				
7597	06794	殘誌009	22-15547				
7598	04911	―	―	―	―		

建中・應天・興元・天皇・貞元

番號	墓誌名	年號	A 題跋	B北圖	C 附考 新中国	D隋唐五代	E千唐・河南
7599	張元一墓誌	建中4(783)1月	—	—	—	—	秦續674
7600	崔岌墓誌	建中4(783)1月	—	—	—	—	秦晉616
7601	源溥墓誌	建中4(783)2月	—	28-27	—	洛陽12-97	千唐944 民族360
7602	劉如泉墓誌	建中4(783)2月	—	—	北京壹-12	—	—
7603	段道超及妻賈氏墓誌	建中4(783)3月	—	—	—	—	—
7604	李君妻鄭遷墓誌	建中4(783)4月	—	—	—	—	河洛339
7605	朱愿墓誌	建中4(783)4月	—	—	北京壹-13	—	—
7606	何君妻沈氏墓誌	建中4(783)4月	—	—	—	—	—
7607	宋儼墓誌	建中4(783)4月	194右上	28-28	—	北京2-4	—
7608	呂眘交墓誌	建中4(783)5月	—	—	—	—	—
7609	韋端妻裴氏墓誌	建中4(783)5月	—	—	—	—	秦晉617
7610	周曾墓誌	建中4(783)5月	—	—	河南參-215	—	—
7611	賈樂卿墓誌	建中4(783)5月	—	—	河南參-216	—	—
7612	賈樂卿墓碣	建中4(783)5月	—	—	—	—	—
7613	裴嬰妻崔氏墓誌	建中4(783)8月	—	—	—	—	秦續675
7614	李君妻郝閏墓誌	建中4(783)8月	—	—	—	洛陽12-98	新獲80
7615	啖憲玉及妻劉氏墓誌	建中4(783)8月	—	—	—	—	秦續676
7616	楊倰墓誌	建中4(783)8月	—	—	—	—	秦續677
7617	成公士和墓誌	建中4(783)9月	—	—	—	—	輯繩595 龍門284
7618	張俊墓誌	建中4(783)11月	—	—	—	—	—
7619	司馬君妻董氏墓誌	建中間(780〜783)4月	—	—	—	—	秦續678
7620	王君及妻何氏墓誌	建中間(780〜783)	—	28-29	—	河北76	—
7621	歐陽瑛妻裴氏殘墓誌	建中間(780〜783)	194右上	28-30	—	北京2-5	—
7622	李僅(彭王)墓誌	應天1(783)12月	—	—	—	—	—
7623	皇甫君墓誌	興元1(784)1月卒	—	—	—	—	—
7624	陳君妻王氏墓誌	興元1(784)1月	—	—	—	—	輯繩597
7625	陳如墓誌	興元1(784)1月	—	—	—	洛陽12-100	輯繩596
7626	季愛子墓誌	興元1(784)2月	—	—	—	—	—
7627	楊瑽墓誌	興元1(784)2月	—	—	—	—	秦晉618 七朝287
7628	程昌胤墓誌	興元1(784)4月	—	—	河南參-217	—	—
7629	狄林墓誌	興元1(784)9月	—	—	—	—	邙洛207 新出279
7630	李氏(唐安公主)墓誌	興元1(784)10月	—	—	—	—	—
7631	成訕墓誌	興元1(784)10月	—	—	—	—	秦晉619
7632	房凜墓誌	興元1(784)10月	—	—	—	—	—
7633	吳君妻劉氏墓誌	興元1(784)閏10月	—	28-32	—	江蘇52	—
7634	呂遙墓誌	興元1(784)閏10月	—	—	陝西貳-162	—	—
7635	李國珍墓誌	興元1(784)11月	—	—	—	陝西4-50	—
7636	郭雄墓誌	興元1(784)11月	—	—	—	—	—
7637	何君妻盧氏墓誌	興元1(784)	—	—	—	—	—
7638	蕭晉妻陸氏墓誌	興元1(784)	194右上	—	—	—	—
7639	韋和上墓誌	興元2(785)1月	194右上	—	—	—	—
7640	吳令俊墓誌	建中2(781)〜興元1(784)	—	—	陝西壹-151	陝西4-171	—
7641	張希見墓誌	天皇1(784)1月	—	—	—	陝西4-49	—
7642	李傀(蜀王)墓誌	天皇1(784)2月	—	—	—	—	—
7643	鄭泌墓誌	貞元1(785)2月	—	—	河南參-218	—	—
7644	元鏽妻王氏墓誌	貞元1(785)2月	—	—	—	—	—
7645	李愼墓誌	貞元1(785)4月	—	—	—	—	秦續679
7646	盧翹妻李愼墓誌	貞元1(785)4月	—	—	—	—	—
7647	徐君墓誌	貞元1(785)5月	—	—	—	—	秦晉620
7648	馮朝光墓誌	貞元1(785)5月	—	—	—	—	—
7649	劉君妻徐氏墓誌	貞元1(785)5月	—	—	—	—	—

建中・應天・興元・天皇・貞元

番號	F北大	G墓誌彙編	H 新編	I 補遺補編	J 地方	K 博物館・その他	L 日本目録
7599	—	—	—	—	—	—	—
7600	04912						
7601	04913	建中017	8-5409	1-213	—	—	—
7602	04914		—	—	房山11	—	—
7603	—	—	—	下-1887		—	—
7604	04915						
7605	—						
7606	—			下-2120			
7607	04916	建中018	9-5604	—	—	故宮111 施碑選272	人1412 東1430 淑594
7608	04917	—	—	—	—	—	—
7609	—	—	—	—	—	西市304	—
7610	04918	—	—	千唐-265			
7611	04919			千唐-265			
7612	04920						
7613	04921						
7614	04922	續建中009	13-8944	6-95			
7615	04923						
7616	04924	—	—	—	—	碑林續128	
7617	—	續建中010	8-5409	6-101			
7618	—			下-1887	大全・襄垣742		
7619	—						
7620	—	建中019	—	—	—	—	—
7621	04925	殘誌036 續建中006	8-5405	5-51	—	裴氏171	—
7622	—	—	22-15346	5-415	—	碑林83-3143	—
7623	—	—	9-6082	—	—	—	—
7624	—	續興元002	22-15347	6-102			
7625	—	續興元001	22-15347	6-101			
7626	—	—	22-15348				
7627	04926		—	—	—	—	明洛87
7628	04927		—	千唐-265			
7629	04928		—	9-377			
7630	—	—	—	上-659	—	碑林新214	—
7631	04929						
7632	—		9-6078				
7633	—	興元001	8-5411	4-66	江揚8		
7634	—						
7635	—	續興元003	8-5412	2-30	西北4-85 精華136	—	—
7636	04930	—	—	—	—	西市305	—
7637	—		9-5925				
7638	—						
7639	04931	興元002	8-5413	7-65			
7640	—	續殘誌010	—	7-164	咸刻62		
7641	—	續天皇001	8-5411	2-30	西北4-83		
7642	—	—	22-15346	2-571 下-1888	—	—	—
7643	04932	—	—	千唐-266			
7644	04933	—	—	—	—	—	—
7645	—						
7646	04934						
7647	—						
7648	—			8-92		碑林新215	
7649	04935						

貞元

番號	墓誌名	年號	A 題跋	B北圖	C 附考 新中国	D隋唐五代	E千唐・河南
7650	段履謙妻劉氏墓誌	貞元1(785)5月	—	—	—	—	—
7651	陸守謙及妻李氏墓誌	貞元1(785)5月	—	—	河北壹-93	—	—
7652	王興滿墓誌	貞元1(785)7月	—	—	—	—	洛駕鶱33-1
7653	王素墓誌	貞元1(785)8月	—	—	—	—	秦晉621 七朝288
7654	孫遥墓誌	貞元1(785)9月卒	—	—	—	—	—
7655	張希超墓誌	貞元1(785)10月	194右上	—	—	—	—
7656	權順墓誌	貞元1(785)10月	—	—	河南貳-277	—	—
7657	梁思及妻張氏墓誌	貞元1(785)10月	194右中	—	—	—	—
7658	程懷憲妻崔氏墓誌	貞元1(785)10月	—	—	—	—	河洛340 洛駕鶱32-2
7659	鄭日華墓誌	貞元1(785)11月	—	—	—	—	秦晉622 七朝289
7660	張媛墓誌	貞元1(785)11月	—	—	—	—	新獲續182
7661	梁昇卿墓誌	貞元1(785)11月	—	—	—	陝西4-51	—
7662	陳君妻杜氏墓誌	貞元1(785)11月	194右中	28-35	—	洛陽12-101	—
7663	楊君妻裴氏墓誌	貞元1(785)11月	194右中	28-36	—	陝西2-3	—
7664	陳維勳墓誌	貞元1(785)11月	—	—	—	—	秦晉623
7665	王氏墓誌	貞元1(785)12月	—	—	—	北京2-6	—
7666	李桔妻裴氏墓誌	貞元2(786)1月	—	—	—	—	—
7667	段銛墓誌	貞元2(786)2月	—	—	—	—	秦晉624
7668	張嘉賓墓誌	貞元2(786)2月	—	—	—	山西141	—
7669	㸑子華墓誌	貞元2(786)3月	—	—	—	—	—
7670	蘇君殘塔誌	貞元2(786)5月	194右中	28-37	—	北大2-21	—
7671	劉獻墓誌	貞元2(786)5月	—	—	—	—	—
7672	崔徽妻盧氏墓誌	貞元2(786)5月卒	—	—	—	—	—
7673	元子長墓誌	貞元2(786)6月	—	—	—	—	秦晉625 七朝291 洛駕鶱34-1
7674	李戡(嗣曹王)妻鄭中墓誌	貞元2(786)7月	—	28-39	—	洛陽12-102	—
7675	封揆墓誌	貞元2(786)7月	—	28-40	—	洛陽12-103	千唐945
7676	柳君妻權氏墓誌	貞元2(786)7月卒	—	—	—	—	—
7677	柳均妻李氏墓誌	貞元2(786)10月	—	—	—	洛陽12-104	—
7678	焦君妻鄭氏墓誌	貞元2(786)11月	—	—	—	北京2-7	—
7679	顏眞卿墓誌	貞元2(786)11月	—	—	—	—	—
7680	陳守禮及妻李氏墓誌	貞元2(786)12月	—	—	—	—	—
7681	司馬齊卿及妻王氏墓誌	貞元3(787)2月	—	28-42	—	洛陽12-105	千唐946
7682	崔翹妻盧西華墓誌	貞元3(787)2月	—	—	河南參-219	—	—
7683	谷知誨墓誌	貞元3(787)2月	—	—	—	—	—
7684	司馬殘墓誌	貞元3(787)4月	194右中	28-43	—	北京2-8	—
7685	李緄及妻崔氏墓誌	貞元3(787)4月	—	—	—	—	流散217
7686	鄭君墓誌	貞元3(787)4月	—	—	—	—	—
7687	汜惱墓誌	貞元3(787)4月	—	—	—	—	—
7688	張偭及妻賈氏墓誌	貞元3(787)4月	—	28-44	—	洛陽12-106	輯繩598
7689	趙皓墓誌	貞元3(787)6月	—	—	—	—	—
7690	趙冔墓誌	貞元3(787)6月	—	—	—	江蘇54	—
7691	陳君妻竇氏墓誌	貞元3(787)6月	—	—	—	江蘇55	—
7692	獨孤季膺墓誌	貞元3(787)6月	—	—	—	—	輯繩599
7693	王行恭墓誌	貞元3(787)7月	—	—	—	—	—
7694	邢倨妻景氏墓誌	貞元3(787)7月	—	28-46	—	洛陽12-107	千唐947
7695	裴虬及前妻崔氏後妻薛氏墓誌	貞元3(787)7月	—	—	河南參-220	—	—
7696	裴虬妻崔氏改葬墓誌	貞元3(787)7月	—	—	河南參-192	—	—
7697	田侁墓誌	貞元3(787)8月	194右下	28-47 28-48	—	北大2-22 北大2-23	—
7698	崔儒墓誌	貞元3(787)8月	—	—	—	—	秦晉626 洛駕鶱35-1
7699	張清妻李氏(郯國大長公主)墓誌	貞元3(787)8月	—	28-49	陝西貳-163	北京2-9	—
7700	楊庭芝墓誌	貞元3(787)8月	—	—	—	—	邙洛208 流散218
7701	高瑾及妻張氏墓誌	貞元3(787)8月	—	—	—	—	秦續680

貞元

番號	F 北大	G 墓誌彙編	H 新編	I 補遺補編	J 地方	K 博物館・その他	L 日本目録
7650	04936	―	―	―		―	―
7651	―						
7652	―						
7653	04937					―	―
7654	04938						
7655	―	貞元001	22-15348	―			
7656							
7657	―	貞元002	22-15348				
7658	04939		―	―		―	
7659	04940					―	
7660	―	―	―	8-93	―		
7661	―	續貞元002	22-15349	3-122	西北4-88		
7662	04941	貞元003	22-15348	6-466	―		
7663	04942	貞元004	9-5694	―	西北4-87	裴氏117 施唐263	
7664	04943						
7665	―						
7666	―					西市306	
7667	04944	―	―				
7668	―	續貞元003	22-15349	7-400			
7669	―			8-94			
7670	04945	續貞元004	22-15350	7-401 下-1920	西北4-89	―	
7671	04946		―	9-378			
7672	―	―	14-9357	―			
7673	―				―	西市307	―
7674	04948	貞元005	14-9355	8-95	―	遼寧博59	東1431 淑595
7675	04947	貞元006	9-5605	1-214	景縣388	―	―
7676			9-5925	―			
7677	―						
7678	―	續貞元005	9-5605	4-66			
7679	―	―	7-4515	―			
7680	―					西市308	
7681	04949	貞元007	9-5985	1-215			
7682	04950		―	千唐-267			
7683	04951						
7684	―	貞元008	22-15350	―			
7685	04952	―	―				
7686	―	―	―		―	碑林續129	
7687	―	―	―			碑林新216	
7688	04953	貞元009	9-5606	4-67	―		
7689	―	―	―	―	江揚9		
7690	―	續貞元006	22-15351	4-467	―		
7691	―	貞元010	9-5607	4-67	江揚10		
7692	―	續貞元007	9-5607	6-102	―		
7693	―	―	―	―		慶雅堂44 西市309	―
7694	04954	貞元011	9-5608	1-215	―		
7695	04955		―	千唐-268			
7696	04698		―	千唐-261			
7697	04957	貞元013	8-5335	―	江揚11	故宮112	
7698	04956		―	―		―	
7699	―	貞元012	9-5609	3-123	西北4-90	碑林83-3150	―
7700							
7701	―	―	―		―	新見39	―

貞元

番號	墓誌名	年號	A 題跋	B北圖	C 附考 新中国	D隋唐五代	E千唐・河南
7702	高謹墓誌	貞元3(787)8月	－	－	－	－	－
7703	雍城墓誌	貞元3(787)9月	－	－	－	－	－
7704	雷彦芬妻馮氏墓誌	貞元3(787)10月	－	－	陝西貳-164	陝西2-4	－
7705	張延賞墓誌	貞元3(787)10月	－	28-50	－	－	－
7706	王承仙墓誌	貞元3(787)10月	－	－	－	山西142	－
7707	鄧琛墓誌	貞元3(787)10月	－	－	－	－	－
7708	萬齊岳及妻王氏墓誌	貞元3(787)10月	－	－	－	－	－
7709	雍海墓誌	貞元3(787)10月	－	－	－	－	－
7710	裴單及妻李氏墓誌	貞元3(787)10月	－	－	河南參-221	－	－
7711	崔杲之墓誌	貞元3(787)11月	－	－	河南參-222	－	－
7712	李丕墓誌	貞元3(787)11月	194右下	－	－	－	－
7713	李澥及妻盧氏墓誌	貞元3(787)12月	－	－	－	－	－
7714	劉素及妻王氏墓誌	貞元3(787)12月	－	－	－	－	秦晉627 七朝292
7715	元庭堅墓誌	貞元3(787)	－	－	－	－	－
7716	何昊妻韋氏(般若林)墓誌	貞元4(788)1月	－	－	河南參-223	－	－
7717	粟涗墓誌	貞元4(788)1月	－	－	陝西參-75	－	－
7718	陸士倫及妻韋氏墓誌	貞元4(788)1月	－	－	－	－	秦續681 流散220
7719	郭湜及妻李氏墓誌	貞元4(788)1月	－	－	河南參-224	－	－
7720	元履清妻穆娩墓誌	貞元4(788)2月	－	－	－	－	－
7721	郭幼沖及妻王氏墓誌	貞元4(788)2月	－	－	－	－	－
7722	陳惠慶墓誌	貞元4(788)2月	－	－	－	－	秦續682
7723	裴浩墓誌	貞元4(788)2月	－	－	－	－	－
7724	溫任及妻李氏墓誌	貞元4(788)4月	－	－	－	－	洛駕鴛15-2
7725	劉摺妻源氏墓誌	貞元4(788)5月	－	28-52	－	洛陽12-108	千唐948 民族361
7726	崔珣及妻鄭氏墓誌	貞元4(788)7月	－	－	－	－	－
7727	陳誠墓誌	貞元4(788)7月	－	－	－	－	－
7728	焦朝及妻李氏墓誌	貞元4(788)8月	－	28-53	－	河南85 洛陽12-109	－
7729	王承稀及妻郜氏墓誌	貞元4(788)8月	－	－	－	－	－
7730	張暈妻姚氏墓誌	貞元4(788)8月	－	28-54	－	北大2-24	－
7731	鄭晃墓誌	貞元4(788)8月	－	28-55 28-56	－	河北77 河北78	－
7732	席延賓及妻楊氏墓誌	貞元4(788)8月	－	－	－	－	秦續683
7733	潘孺人墓誌	貞元4(788)9月	194右下	－	－	－	－
7734	吳金墓誌	貞元4(788)10月	－	－	北京壹-14	－	－
7735	崔泳墓誌	貞元4(788)10月	－	－	－	－	－
7736	盧嶽墓誌	貞元4(788)10月	－	－	－	－	－
7737	趙君妻李氏墓誌	貞元4(788)11月	－	28-57	－	北京2-10	－
7738	郭延壽妻房氏墓誌	貞元5(789)1月	－	－	－	－	－
7739	武道景墓誌	貞元5(789)1月	－	－	－	－	－
7740	程瓘墓誌	貞元5(789)1月	－	－	－	－	－
7741	崔時用墓誌	貞元5(789)2月	－	－	－	－	－
7742	石凝墓誌	貞元5(789)3月	－	－	－	－	－
7743	孫君妻李氏墓誌	貞元5(789)5月	－	28-60	－	洛陽12-110	千唐949
7744	袁景昭墓誌	貞元5(789)5月	－	－	－	－	－
7745	李晅及妻崔鑑曾墓誌	貞元5(789)5月	－	－	－	－	秦晉629 流散221
7746	崔徹墓誌	貞元5(789)7月	－	－	河南貳-278	－	－
7747	尹君妻劉氏墓誌	貞元5(789)7月卒	－	－	河北壹-94	河北79	－
7748	崔諲及妻鄭氏墓誌	貞元5(789)8月	－	－	－	－	秦晉630 七朝293 流散222
7749	桑萼墓誌	貞元5(789)8月	194右下	28-61	－	洛陽12-111	－
7750	許利德墓誌	貞元5(789)8月	－	－	－	－	秦續684
7751	陳利貞墓誌	貞元5(789)8月	－	－	－	－	－
7752	韓涓墓誌	貞元5(789)10月	－	－	－	－	－
7753	江士汪妻張氏墓誌	貞元5(789)10月	－	－	陝西貳-165	陝西2-5	－
7754	崔惟悌及妻爾朱氏墓誌	貞元5(789)11月	－	－	河南壹-157	河南86	－
7755	李昂妻韋氏墓誌	貞元5(789)11月	－	－	－	－	秦續685 七朝294 洛駕鴛36-2

- 296 -

貞元

番號	F北大	G墓誌彙編	H 新編	I補遺補編	J 地方	K 博物館・その他	L 日本目録
7702	04958	ー	ー	ー	ー	碑林續130	ー
7703	04959	ー	ー	ー	ー	ー	ー
7704	ー	續貞元001	9-5610	3-124	ー	碑林83-3159	ー
7705	ー	貞元014	22-15351	6-467	ー	ー	ー
7706	ー	續貞元008	22-15352	7-401	ー	ー	ー
7707	ー	ー	ー	下-1888	ー	ー	ー
7708	ー	ー	ー	ー	ー	碑林新217	ー
7709	04961	ー	ー	ー	ー	ー	ー
7710	04960	ー	ー	千唐-269	ー	ー	ー
7711	04962	ー	ー	千唐-269	ー	ー	ー
7712	ー	貞元015	9-6132	7-401	ー	ー	ー
7713	ー	ー	14-9342	ー	ー	ー	ー
7714	04963	ー	ー	ー	ー	ー	ー
7715	04964	ー	ー	ー	ー	碑林續131	ー
7716	04965	ー	ー	千唐-270	ー	ー	ー
7717	ー	續貞元009	22-15352	8-409	ー	ー	ー
7718	04966	ー	ー	ー	ー	ー	ー
7719	04967	ー	ー	千唐-271	ー	ー	ー
7720	04968	ー	ー	ー	ー	ー	ー
7721	ー	ー	ー	ー	ー	西市310	ー
7722	ー	ー	ー	ー	ー	ー	ー
7723	ー	ー	14-9354	ー	ー	裴氏107	ー
7724	ー	ー	ー	ー	ー	ー	ー
7725	04969	貞元016	9-5612	1-216	ー	ー	ー
7726	04970	ー	ー	千唐-272	ー	ー	ー
7727	ー	ー	ー	ー	ー	碑林新218	ー
7728	04971	貞元017 續貞元010	9-5614	4-68 7-65	ー	ー	ー
7729	ー	ー	ー	ー	ー	西市311	ー
7730	04972	貞元018	9-5613	4-68	西北4-91	碑林83-3167	ー
7731	04973	貞元019	22-15352	4-467	ー	ー	ー
7732	04974	ー	ー	ー	ー	ー	ー
7733	ー	ー	ー	下-1888	ー	ー	ー
7734	ー	ー	ー	ー	ー	ー	ー
7735	ー	ー	14-9353	ー	ー	ー	ー
7736	ー	ー	14-9341	ー	ー	ー	ー
7737	ー	貞元020	9-5611	4-70	四川260	ー	ー
7738	ー	ー	ー	ー	ー	碑林新219	ー
7739	ー	ー	22-15353	7-402	ー	ー	ー
7740	04975	ー	ー	ー	ー	ー	ー
7741	ー	ー	ー	ー	ー	慶雅堂45 西市312	ー
7742	ー	ー	ー	ー	四川245	ー	ー
7743	04976	貞元022	9-5616	1-217	ー	ー	ー
7744	04977	ー	ー	ー	ー	ー	ー
7745	04978	ー	ー	ー	ー	ー	ー
7746	ー	ー	ー	ー	ー	ー	ー
7747	ー	續貞元011	22-15352	6-467	保定11	ー	ー
7748	04979	ー	ー	ー	ー	ー	ー
7749	04980	貞元023	9-5986	ー	ー	ー	ー
7750	ー	ー	ー	ー	ー	ー	ー
7751	ー	ー	14-9350	ー	ー	ー	ー
7752	ー	ー	ー	ー	ー	碑林新220	ー
7753	ー	續貞元012	9-5617	3-125	ー	碑林83-3173	ー
7754	ー	續貞元013	9-5695	6-103 上-658	ー	ー	ー
7755	ー	ー	ー	ー	ー	ー	ー

貞元

番號	墓誌名	年號	A 題跋	B北圖	C 附考 新中国	D隋唐五代	E千唐・河南
7756	程綱妻蕭氏墓誌	貞元5(789)12月	—	—	—	—	秦晉631
7757	裴浼墓誌	貞元5(789)12月	—	—	河南參-225	—	—
7758	武劍及妻郝氏墓誌	貞元5(789)12月	—	—	—	—	秦續686
7759	李巒墓誌	貞元5(789)12月	—	28-66	—	北大2-25	—
7760	康日知墓誌	貞元5(789)12月	194右下	—	—	—	—
7761	李史魚及妻裴氏墓誌	貞元5(789)	—	—	—	—	—
7762	權皐妻李氏墓誌	貞元5(789)	—	—	—	—	—
7763	戴叔倫墓誌	貞元6(790)1月	—	—	—	—	—
7764	王郅墓誌	貞元6(790)1月	—	—	—	北京2-11	—
7765	韋湛墓誌	貞元6(790)2月	—	—	—	—	秦晉632 七朝295 流散223
7766	韋端妻王氏墓誌	貞元6(790)2月	195左上	28-67	—	北京2-12	—
7767	舍利石鐵墓誌	貞元6(790)3月	—	—	—	山西143	—
7768	程懷憲及妻崔氏墓誌	貞元6(790)4月	—	—	—	—	河洛341 洛鴛鴦32-1
7769	溫君妻李氏墓誌	貞元6(790)4月	—	—	—	—	河洛342 新唐250 七朝296
7770	李佐墓誌	貞元6(790)閏4月	—	—	—	—	—
7771	馮承宗墓誌	貞元6(790)閏4月	—	—	陝西壹-140	陝西4-52	—
7772	孫成墓誌	貞元6(790)5月	—	28-68	—	洛陽12-112	千唐950
7773	劉景墓誌	貞元6(790)5月	—	—	—	—	—
7774	暢庭詵及妻李氏墓誌	貞元6(790)8月	—	—	—	—	秦續687
7775	李庭玉墓誌	貞元6(790)7月	—	34-136	—	洛陽15-2	—
7776	盧君妻裴範墓誌	貞元6(790)7月	—	—	—	—	河洛343
7777	盧克乂妻裴範墓誌	貞元6(790)7月	—	—	—	—	—
7778	李萼妻楊氏墓誌	貞元6(790)7月	—	28-70	—	洛陽12-113	千唐951 輯繩600
7779	諸葛儁墓記	貞元6(790)8月	—	—	—	—	秦續688 流散224
7780	尼正性墓誌	貞元6(790)10月	195左中	28-71	—	北京2-13	—
7781	常崇俊墓誌	貞元6(790)10月	—	—	—	—	—
7782	任希墓誌	貞元6(790)10月	—	—	—	北京2-14	—
7783	杜昇墓誌	貞元6(790)10月	—	—	—	—	—
7784	柳均妻李氏墓誌	貞元6(790)10月	—	28-72	—	洛陽12-114	—
7785	程俊墓誌	貞元6(790)10月	—	28-73 28-74	—	洛陽12-115 洛陽12-116	千唐953
7786	薛懋墓誌	貞元6(790)10月	—	28-75	—	洛陽12-117	千唐952
7787	徐神皓塔銘	貞元6(790)10月	—	—	—	—	—
7788	柳豐墓誌	貞元6(790)11月	—	—	—	—	秦晉633 七朝297 流散225
7789	鄭滔及妻李氏盧氏墓誌	貞元6(790)11月	—	—	—	—	秦續689 流散226
7790	楊希玉及妻吳氏墓誌	貞元6(790)11月	—	—	—	—	秦續690
7791	盧況妻蔣無盡燈墓誌	貞元6(790)11月	—	—	河南參-226	—	—
7792	盧項妻李初墓誌	貞元6(790)11月	—	—	—	—	河洛344
7793	閻士熊墓誌	貞元6(790)11月	—	28-76	—	洛陽12-118	千唐954
7794	嚴庭金及妻孫氏墓誌	貞元6(790)11月	—	—	—	—	秦晉634
7795	楊萬榮墓誌	貞元6(790)11月	—	—	陝西貳-166	—	—
7796	李岐墓誌	貞元6(790)11月	—	28-77	—	洛陽12-119	輯繩602
7797	秦君妻孟氏墓誌	貞元6(790)11月	—	—	陝西貳-167	陝西2-6	—
7798	黎幹墓誌	貞元6(790)11月	—	28-78	—	洛陽12-120	輯繩601
7799	比丘尼元應墓誌	貞元6(790)11月	—	—	—	—	—
7800	李丕墓誌	貞元6(790)11月	195左中	—	—	—	—
7801	鄭甫墓誌	貞元6(790)11月	—	—	—	—	—
7802	李挺幼女繡衣墓誌	貞元6(790)12月	—	—	—	洛陽12-121	新獲81
7803	韋藉墓誌	貞元6(790)12月	—	—	—	—	—
7804	馮遇及妻王氏墓誌	貞元6(790)12月	—	—	—	—	秦續690 流散227
7805	魚智誠墓誌	貞元6(790)	195左中	—	—	—	—
7806	慧照塔銘	貞元7(791)1月	—	28-80	—	北京2-15	—
7807	俱慈順墓誌	貞元7(791)1月	—	—	陝西貳-168	陝西2-7	—

貞元

番號	F北大	G墓誌彙編	H 新編	I補遺補編	J 地方	K 博物館・その他	L 日本目録
7756	04982	—	—	—		—	—
7757	04981	—	—	千唐-274		—	—
7758	—						
7759	04983	貞元024	9-5617	1-219		曲石73 南京74	—
7760	—						
7761	—	—	9-6076				
7762		—	9-6084				
7763			9-5909				
7764	—	貞元021	9-5615	1-220		北文12	—
7765	04984						
7766	04985	貞元025	7-4609	—	西北4-93	施唐264	—
7767	—	續貞元014	22-15353	6-467		—	
7768	04986						
7769	04987		—	—	—	—	明洛88
7770	—	—	14-9346	—	—	—	—
7771	—	續貞元015	9-5611	3-125	西北4-94 咸刻58	碑林196-1140	—
7772	04988	貞元026	9-5630	1-217			
7773	04989						
7774	04990						
7775	04991	貞元027 殘誌010	9-5632	1-221	—	曲石74 南京75	—
7776	04992						
7777	04992						
7778	04993	貞元028	9-5633	1-221	—	—	—
7779	—						
7780	04994	貞元029	22-15354	6-468	西北4-95	裴氏119 故宮113 施碑選273	人1421 東1433
7781	—	—	—	—	大同20 大全・南郊34	—	—
7782	—	續貞元016	22-15354	4-468		—	
7783	04998	—	—	—		西市313	—
7784	04996	續貞元017	22-15355	4-71 上-659			
7785	04997	貞元030	10-6313	1-222			
7786	04995	貞元031	22-15355	6-468	—	薛氏289	—
7787	—		18-12548				
7788	04999	—	—	—		—	—
7789	05000						
7790	05005						
7791	05002	—	—	千唐-275	—		
7792	05001						
7793	05003	貞元032	9-5634	1-222			
7794	05004		—	—	—	—	明洛89
7795	—		9-5632	3-126	—	碑林83-3179	—
7796	—	貞元033	12-7887	4-71		—	
7797	—	續貞元019	9-5636	3-126		碑林83-3188	
7798	05006	貞元034	9-5634	4-72			
7799			9-5943				
7800							
7801			14-9351				
7802	—	續貞元018	9-5636	6-104			
7803	05008	—	—	—	長新206 長碑134（489）	—	
7804	05007	—	—	—		—	
7805	—						
7806	—	貞元035	18-12529	—			
7807	—	續貞元020	9-5691	3-108	—	碑林83-3197	—

貞元

番號	墓誌名	年號	A 題跋	B北圖	C 附考 新中国	D隋唐五代	E千唐・河南
7808	王君妻李氏墓誌	貞元7(791)2月	—	—	—	河北80	—
7809	王輔國墓誌	貞元7(791)4月	—	—	—	—	邙洛209
7810	楊頌墓誌	貞元7(791)4月	—	28-82	—	洛陽12-122	千唐955
7811	裴君墓誌	貞元7(791)4月	—	—	—	—	—
7812	金霞上人誌銘	貞元7(791)4月	—	—	—	—	—
7813	鄭瀚第十三女墓誌	貞元7(791)6月	—	—	—	陝西4-53	—
7814	宮誠墓誌	貞元7(791)6月	—	—	—	—	—
7815	郭幼明妻蘇氏墓誌	貞元7(791)7月	—	—	—	—	—
7816	賈瑜墓誌	貞元7(791)7月	—	—	—	江蘇56	—
7817	宋岑墓誌	貞元7(791)7月	—	—	—	—	—
7818	李祐及妻盧氏墓誌	貞元7(791)7月	—	—	河南參-227	—	—
7819	權秀墓誌	貞元7(791)8月	—	—	—	陝西4-54	—
7820	王巨川妻□氏墓誌	貞元7(791)8月	—	—	—	江蘇57	—
7821	徐君妻侯莫陳氏墓誌	貞元7(791)8月	—	—	—	—	—
7822	崔降墓誌	貞元7(791)8月	—	—	—	—	秦晉635
7823	盧竦墓誌	貞元7(791)8月	—	—	—	—	秦續692 流散228
7824	楊休烈及妻柳氏墓誌	貞元7(791)9月	—	—	河南參-228	—	—
7825	王環墓誌	貞元7(791)10月	—	—	—	—	邙洛210
7826	劉君妻李氏墓誌	貞元7(791)10月	—	—	—	—	—
7827	劉海賓墓誌	貞元7(791)10月卒	—	—	—	—	—
7828	法玩塔銘	貞元7(791)10月	—	28-84	—	北京2-16	—
7829	陳縱墓誌	貞元7(791)11月	—	—	—	—	—
7830	錢君妻万俟氏墓誌	貞元7(791)11月	—	—	—	—	新獲續183 邙洛211 河洛345 民族10
7831	崔昇妻楊氏墓誌	貞元7(791)11月	—	—	河南參-229	—	—
7832	陸齊望妻鄭氏墓誌	貞元7(791)	195左下	—	—	—	—
7833	賀蘭氏墓誌	貞元7(791)	195左下	—	—	—	—
7834	李端及妻任氏墓誌	貞元8(792)1月	—	—	—	—	—
7835	王俊墓誌	貞元8(792)2月	—	28-85	—	北京2-17	—
7836	馬炫墓誌	貞元8(792)2月	—	—	—	洛陽12-123	新獲82
7837	張石墓誌	貞元8(792)2月	—	28-86	—	山西144	—
7838	盧嶠墓誌	貞元8(792)2月	195左下	28-87	—	洛陽12-124	龍門286
7839	郭栒墓誌	貞元8(792)2月	—	—	—	—	—
7840	劉君妻屈氏墓誌	貞元8(792)2月	—	28-88	—	洛陽12-125	—
7841	張誠墓誌	貞元8(792)2月	—	—	—	—	秦續693 流散229
7842	睦述墓誌	貞元8(792)2月	—	—	—	—	—
7843	張君妻王氏墓誌	貞元8(792)3月	195左下	28-90	—	北京2-18	—
7844	閻君妻張威德墓誌	貞元8(792)5月	195右上	28-92	—	北京2-19	—
7845	獨孤君妻李氏墓誌	貞元8(792)8月	—	—	—	—	秦晉636
7846	李崇墓誌	貞元8(792)8月	—	—	—	江蘇58	—
7847	王偕墓誌	貞元8(792)10月	—	—	陝西參-76	陝西4-55	—
7848	蕭君墓誌	貞元8(792)10月	—	—	—	—	—
7849	宋嘉進墓誌	貞元8(792)10月	—	—	—	山西145	—
7850	王庭瓌妻馮氏墓誌	貞元8(792)10月	195右中	28-93	—	北京2-20	—
7851	苗君妻陳氏	貞元8(792)11月	—	—	—	—	秦續694
7852	王仙鶴及妻鄧氏墓誌	貞元8(792)11月	—	—	河南參-230	—	—
7853	柳若糸及妻梅氏墓誌	貞元8(792)11月	—	—	—	—	—
7854	嚴君及妻劉氏墓誌	貞元8(792)11月	—	—	—	—	—
7855	盧瑗妻崔氏墓誌	貞元8(792)12月	—	—	—	—	秦晉637
7856	李宏墓誌	貞元8(792)12月	—	28-94	—	洛陽12-126	千唐956
7857	韋詵母鄭氏墓誌	貞元8(792)12月	—	—	—	—	—
7858	王初墓誌	貞元8(792)	195右中	—	—	—	—
7859	孫君妻陳氏墓誌	貞元8(792)	195右下	—	—	—	—
7860	盧倛女十七娘墓誌	貞元9(793)1月	—	—	—	—	—
7861	李俱墓誌	貞元9(793)1月	—	—	—	—	—

貞元

番號	F 北大	G 墓誌彙編	H 新編	I 補遺補編	J 地方	K 博物館・その他	L 日本目錄
7808	—	—	—	—	—	—	—
7809	—	—	—	—	—	—	—
7810	05009	貞元036	22-15355	2-572		—	—
7811	—	—	14-9344	—	—	裴氏120	—
7812	—	—	18-12551	—			
7813	—	續貞元022	9-5637	3-127	西北4-96		
7814	—	—	—	—	分類88		
7815	—	—	—	—		西市314	
7816	—	續貞元021	22-15356	4-469	江揚12	磚刻1199	—
7817	05010	—	—	—	—	—	—
7818	05011	—	—	千唐-276	—		
7819	—	續貞元023	9-5637	2-31	西北4-97		
7820	—	續貞元024	22-15356	8-409		磚刻1200	
7821	—	—	—	—		西市315	
7822	05012					—	
7823	—	—	—	—			
7824	05013	—	—	千唐-277			
7825	—						
7826	05014						
7827	—	—	14-9349				
7828	—	貞元037	—	—			人1422
7829	05015	—	—	—			
7830	—	—	—	8-96	—	—	—
7831	05016	—	—	千唐-278	—	—	—
7832	—						
7833	—						
7834	—	貞元038	22-15356	—			
7835	—	貞元039	9-5638	4-469			
7836	—	續貞元025	9-5641	6-104 下-2121			
7837	05017	貞元040	22-15357	6-469		故宮114	—
7838	05018	貞元041	9-5638	6-106		故宮115	人1423 東1434
7839	05019		—	—		河博44	
7840	—	貞元042	9-5639	4-73			
7841	05021						
7842	—	—	9-6076				
7843	05022	貞元043	8-5337 22-15358	4-471	西北4-99	施碑選274	人1424 東1435 淑596
7844	05024	貞元044	9-5602	—	—	—	—
7845	05025		—	—			
7846	—	續貞元026	22-15357	4-469	江揚13	—	
7847	—	續貞元027	9-5642	7-66	西北4-100 戶縣295(12) 精華138	—	
7848	—	—	14-9352	—	—		
7849	—	續貞元028	22-15358	6-469	—		
7850	05056	貞元045	8-5337	—	西北4-101		
7851	05027						
7852	05028	—	—	千唐-300			
7853	—	—	22-15359	4-470 下-1889	—	—	
7854	—	—	14-9348				
7855	05029						
7856	05030	貞元046	9-5643	1-223			
7857	—	—	—	8-97	杏園26	—	
7858	—						
7859	—	—	—	下-2198			
7860	05031	—	—	—	長新208 長碑135(489)		
7861	05032	—	—	—	—		

- 301 -

貞元

番號	墓誌名	年號	A 題跋	B北圖	C 附考 新中国	D隋唐五代	E千唐・河南
7862	盧巽及妻王氏墓誌	貞元9(793)1月	―	―	―	―	秦續696 流散230
7863	賈琁墓誌	貞元9(793)1月	―	28-96	―	洛陽12-127	千唐957
7864	王君及妻史氏墓誌	貞元9(793)2月	―	―	―	―	―
7865	殷亮墓誌	貞元9(793)2月					
7866	李體微墓誌	貞元9(793)2月					邙洛212 龍門287
7867	盧冔墓誌	貞元9(793)2月					新獲續184
7868	張君妻王氏墓誌	貞元9(793)2月	―	28-98	―	河北81	―
7869	蔡崇敏及妻孟氏墓誌	貞元9(793)3月	―	―	―	―	―
7870	萬朝墓誌	貞元9(793)3月					
7871	陽鉥及妻于氏墓誌	貞元9(793)4月					
7872	裴濟墓誌	貞元9(793)4月					
7873	鄭叔則墓誌	貞元9(793)4月					
7874	李某墓誌	貞元9(793)5月					
7875	劉復墓誌	貞元9(793)6月					新獲續185 河洛346
7876	湯賁墓誌	貞元9(793)7月	―	―	―	―	秦續695 洛鴛鴦37-1
7877	郭晞妻長孫璀墓誌	貞元9(793)7月					
7878	王崇俊墓誌	貞元9(793)7月					
7879	李端墓誌	貞元9(793)8月					
7880	秦象墓誌	貞元9(793)8月					
7881	薛君妻吳氏墓誌	貞元9(793)8月					河洛347 七朝298
7882	裴冔墓誌	貞元9(793)8月					秦晉638
7883	裴好古及妻張氏墓誌	貞元9(793)8月					
7884	澄空塔銘	貞元9(793)8月	―	28-101	―	洛陽12-128	龍門288
7885	王胤寶墓誌	貞元9(793)9月					
7886	張頓墓誌	貞元9(793)9月					河洛348
7887	樊湊及妻楊氏墓誌	貞元9(793)10月					
7888	樊況墓誌	貞元9(793)10月	―	28-102	―	洛陽12-129	千唐958
7889	徐漪妻郜氏墓誌	貞元9(793)10月					洛鴛鴦38-2
7890	裴札墓誌	貞元9(793)10月	―	―	河南參-231	―	―
7891	樊泳及妻齊氏墓誌	貞元9(793)10月	―	―	―	洛陽12-130	―
7892	盧嶠妻崔氏墓誌	貞元9(793)10月	195右下	28-103	―	洛陽12-131	龍門289
7893	王興妻趙氏墓誌	貞元9(793)10月	―	―		―	洛鴛鴦33-2
7894	梁思墓誌	貞元9(793)10月	195右下				
7895	于申墓誌	貞元9(793)10月	―	28-104	―	北京2-21	―
7896	李氏墓誌	貞元9(793)10月	―	―	河南參-232	―	―
7897	李仙墓誌	貞元9(793)10月					秦晉639
7898	郭胤及妻李氏墓誌	貞元9(793)10月					
7899	吳士平妻李氏墓誌	貞元9(793)10月					
7900	盧寂墓誌	貞元9(793)10月	195右下	28-105	―	洛陽12-132	輯繩603
7901	何昌浩墓誌	貞元9(793)10月					
7902	裴會墓誌	貞元9(793)10月					
7903	權隼墓誌	貞元9(793)10月					
7904	吳鸞墓誌	貞元9(793)11月					
7905	武青墓誌	貞元9(793)12月					
7906	辛廣墓誌	貞元9(793)12月	―	―	―	―	秦續697 七朝299 流散231
7907	王君及妻某氏墓誌	貞元9(793)12月	―	―	江蘇貳-37	―	―
7908	呂思禮墓誌	貞元9(793)12月	―	28-106	―	洛陽12-133	輯繩604
7909	李元賓墓誌	貞元9(793)	196左上				
7910	韋徵墓誌	貞元9(793)	196左上				
7911	梁肅墓誌	貞元10(794)1月					
7912	皇甫敖墓誌	貞元10(794)2月					秦續698 流散232
7913	徐景暉妻蕭氏墓誌	貞元10(794)2月					
7914	王縉墓誌	貞元10(794)4月	―	―	河南參-233	―	―
7915	蕭氏墓誌	貞元10(794)5月	―	28-108	―	洛陽12-134	―
7916	李彙墓誌	貞元10(794)7月	197左下	―			

貞元

番號	F 北大	G 墓誌彙編	H 新編	I 補遺補編	J 地方	K 博物館・その他	L 日本目錄
7862	—	—	—	—	—	—	—
7863	05033	貞元047	22-15358	2-572	—	—	—
7864	—	—	22-15360	5-415	—	—	—
7865	05034	—	—	—	—	—	—
7866	—	—	—	—	—	—	—
7867	—	—	—	7-67 8-97	—	—	—
7868	05035	貞元048	22-15358	—	—	—	—
7869	—	貞元049	22-15360	7-402 7-505	—	施碑選275	—
7870	05036	—	—	—	任城139	—	—
7871	—	—	—	—	—	碑林續132	—
7872	—	—	14-9343	—	—	裴氏121	—
7873	—	—	14-9340	—	—	—	—
7874	—	—	—	—	大同24 大全・南郊35	—	—
7875	—	—	—	8-98	—	—	—
7876	05020	—	—	—	—	—	—
7877	—	—	—	—	—	碑林續133	—
7878	—	貞元050	9-5644	7-67	—	—	—
7879	—	—	9-6161	—	—	—	—
7880	05037	—	—	—	—	—	—
7881	05038	—	—	—	—	—	—
7882	05039	—	—	—	—	—	—
7883	—	—	—	—	—	—	—
7884	—	貞元051	—	—	—	—	人1426
7885	05039	—	—	—	—	—	—
7886	—	—	—	—	—	—	—
7887	05041	—	—	千唐-278	—	—	—
7888	05042	貞元052	13-8452	1-223	—	—	—
7889	05045	—	—	—	—	—	—
7890	05044	—	—	千唐-279	—	—	—
7891	—	續貞元029	8-4986	4-73	—	—	—
7892	05043	貞元053	9-5645	4-75	—	故宮116	人1427 東1436 淑597 淑598
7893	—	—	—	—	—	—	—
7894	—	貞元054	—	—	—	—	—
7895	—	貞元055	9-6010	4-75	西北4-102	—	—
7896	05046	—	—	千唐-280	—	—	—
7897	05047	—	—	—	—	—	—
7898	—	—	—	—	—	碑林新221	—
7899	—	—	—	7-68	長碑136(489)	—	—
7900	05048	貞元056	9-5646	6-107	—	裴氏122	—
7901	05049	—	—	—	—	—	—
7902	—	—	9-5940	—	—	—	—
7903	—	—	9-5916	—	—	—	—
7904	—	—	—	9-456	—	—	—
7905	—	—	—	—	大同29 大全・南郊37	—	—
7906	—	—	—	—	—	—	—
7907	—	—	—	—	—	—	—
7908	05050	貞元057	9-5647	4-76	—	—	—
7909	—	—	—	—	—	—	—
7910	—	—	—	—	—	—	—
7911	—	—	9-6107	—	—	—	—
7912	05051	—	—	—	—	—	—
7913	05052	—	—	—	—	—	—
7914	05053	—	—	千唐-280	—	—	—
7915	—	貞元059	—	4-471	—	—	—
7916	—	—	13-8564	—	—	—	—

貞元

番號	墓誌名	年號	A 題跋	B北圖	C 附考 新中国	D隋唐五代	E千唐・河南
7917	竇伯陽妻郭氏墓誌	貞元10(794)7月	—	—	—	—	新獲83
7918	杜公濟妻韋玄存墓誌	貞元10(794)8月	196左上	—			
7919	源君妻蔣婉墓誌	貞元10(794)9月	—	28-109	—	洛陽12-135	千唐959
7920	張敬訛墓誌	貞元10(794)9月	196左中				
7921	李抱眞墓誌	貞元10(794)10月					
7922	盧君妻李氏墓誌	貞元10(794)10月					
7923	盧岳及妻崔氏墓誌	貞元10(794)10月	—	—			新獲續186 河洛349 洛駕鴛30-2
7924	宗君妻王氏墓誌	貞元10(794)11月					邙洛213 龍門290
7925	李榮初及妻王氏墓誌	貞元10(794)11月					
7926	李元諒(安元光)墓誌	貞元10(794)11月	—	—	陝西壹-141	陝西4-56	
7927	鄭約墓誌	貞元10(794)11月					
7928	李觀墓銘	貞元10(794)					
7929	要敬客及妻閻氏墓誌	貞元11(795)2月	—	—	—	—	秦晉640
7930	崔君及妻李金墓誌	貞元11(795)2月	—	28-112	—	洛陽12-136	輯繩605
7931	常承妻史氏墓誌	貞元11(795)2月	—	—	—	—	—
7932	卓君妻王氏墓誌	貞元11(795)2月					秦續699
7933	楊君及妻高氏墓誌	貞元11(795)2月	—	—	陝西貳-169	陝西2-8	—
7934	鄭易妻盧氏墓誌	貞元11(795)2月	—	28-113	—	洛陽12-137	千唐960
7935	韋旺墓誌	貞元11(795)2月	196左下	—			
7936	魏揩墓誌	貞元11(795)3月					
7937	崔時用妻蘇氏墓誌	貞元11(795)3月					
7938	陳諸墓誌	貞元11(795)4月	196左下	28-114	—	洛陽12-138	
7939	柳震及妻楊氏墓誌	貞元11(795)4月	—	—	—	—	秦晉641 七朝300
7940	穆寧墓誌	貞元11(795)4月					
7941	李周南妻崔氏墓誌	貞元11(795)5月					秦晉642 洛駕鴛42-2
7942	郭晞及妻長孫璀墓誌	貞元11(795)5月					
7943	盧士舉妻李氏誌文	貞元11(795)5月					流散233
7944	穆若愚墓誌	貞元11(795)6月					
7945	于昌嶠墓誌	貞元11(795)7月	196左下	—			
7946	蕭季江墓誌	貞元11(795)8月	—	—	陝西貳-170	陝西2-9	—
7947	于庭秀墓誌	貞元11(795)8月	—	—	河南參-234	—	—
7948	徐巽墓誌	貞元11(795)8月					
7949	田佽及妻冀氏墓誌	貞元11(795)8月	196左下	28-116	—	江蘇60	
7950	李浼(逸)道墓誌	貞元11(795)8月				陝西2-11	
7951	元盛墓誌	貞元11(795)10月					
7952	崔君妻柳氏墓誌	貞元11(795)10月					
7953	張池墓誌	貞元11(795)10月					
7954	劉德(行)?及妻杜氏墓誌	貞元11(795)10月?	196右上	28-118	—	江蘇61	—
7955	路江墓誌	貞元11(795)10月	—	—	—	—	新獲續187 邙洛214
7956	龔玄受墓誌	貞元11(795)10月			江蘇壹-1		
7957	茹希曾妻范氏墓誌	貞元11(795)10月					
7958	崔遜墓誌	貞元11(795)10月					
7959	崔漢衡墓誌	貞元11(795)11月	—	—	—	—	秦續700 流散234
7960	元重華墓誌	貞元11(795)11月	—	—	—	陝西4-57	
7961	崔覇墓誌	貞元11(795)11月					新獲續188 河洛350
7962	陳造墓誌	貞元11(795)11月	—	—	河南參-235	—	
7963	陳仁監玄堂誌	貞元11(795)11月					流散235
7964	閻説墓誌	貞元11(795)12月			河南參-236		
7965	范君妻張氏墓誌	貞元11(795)	196右上	—	—	—	—
7966	徐漪墓誌	貞元12(796)1月					秦晉644 洛駕鴛38-1
7967	李秀琮墓誌	貞元12(796)1月	—	—	陝西貳-171	陝西2-10	—
7968	李君妻劉氏墓誌	貞元12(796)1月					
7969	郭秀及妻王氏墓誌	貞元12(796)1月					秦晉643

貞元

番號	F北大	G墓誌彙編	H 新編	I補遺補編	J 地方	K 博物館・その他	L 日本目錄
7917	05054	—	22-15361	6-469		—	—
7918	—	—	—	下-2292		—	—
7919	05055	貞元060	9-5660	1-225		—	—
7920	05056	貞元061	10-6954	—		—	—
7921	—	—	14-9338	—	武威54	—	—
7922	05057		—	—		—	—
7923	—	—	—	8-99		—	—
7924	05058						
7925	—	—	—	8-100	杏園27	—	—
7926	05059	續貞元030	8-5399	3-128	西北4-103	—	—
7927	—	—	14-9353	—		—	—
7928	—	—	10-6498				
7929							
7930	05060	貞元062	9-5661	4-77		—	—
7931	—	續貞元031	10-6951	1-225 上-660			
7932							
7933	—	續貞元033	22-15362	5-415	—	碑林83-3206	—
7934	05061	貞元063	9-5662	1-226			
7935							
7936	05062		—	千唐-281			
7937	—	—	—	—		慶雅堂46 西市317	—
7938	05063	貞元064	22-15363	6-470	—	故宮118	人1429 淑599
7939	05064		—	—	—	—	—
7940	—	—	14-9344	—			
7941	—	—	—	—		西市318	—
7942	—	—	—	—	—	碑林續135	—
7943							
7944	—	—	14-9354				
7945	—	貞元065	22-15362				
7946	—	續貞元034	8-5388	3-130	西北4-105 長碑137(490)	—	—
7947	05065	—	—	千唐-282		—	—
7948	—	—	22-15364	2-573 下-1890			
7949	05066	貞元067	8-5338	—	江揚15	故宮119	
7950	—	續貞元035	22-15362	5-415	—		
7951	—	—	14-9352				
7952	—	—	9-5921				
7953	—	—	—	—	—	—	明大32
7954	—	貞元066	11-7037	上-662	江揚16		
7955	05067	—	—	8-101			
7956							
7957	—	—	—	—	衢州14		
7958	—	—	9-5917	—			
7959	—	—	—	—			
7960	—	續貞元036	9-5665	3-130	長新210 長碑138(491)	裴氏149	
7961	—	—	—	8-102			
7962	05068	—	—	千唐-283			
7963							
7964	05069	—	—	千唐-284			
7965	—	—	—	下-1889			
7966	05070		—	—			
7967	—	續貞元038	22-15365	5-416	西北4-106		
7968	—	—	—	—		西交博120	
7969	—	—	—	—		西市319	

貞元

番號	墓誌名	年號	A 題跋	B北圖	C 附考 新中国	D隋唐五代	E千唐・河南
7970	楊君墓誌	貞元12(796)2月卒	—	—	—	—	—
7971	柳君墓版文	貞元12(796)2月	—	—	—	—	—
7972	柳君墓誌	貞元12(796)2月	—	—	—	—	—
7973	鄭君妻盧氏墓誌	貞元12(796)3月	—	28-119	—	洛陽12-139	千唐961
7974	蔣璲及妻□氏墓誌	貞元12(796)3月	—	—	—	—	新獲續189
7975	田君及妻石氏墓誌	貞元12(796)4月	—	—	—	北大2-27	—
7976	裴降墓誌	貞元12(796)4月	—	—	—	—	秦晉645 七朝301
7977	元意墓誌	貞元12(796)5月	—	—	—	—	河洛351
7978	□意墓誌	貞元12(796)5月	—	—	—	—	七朝302
7979	柳元方墓誌	貞元12(796)5月	—	—	—	—	—
7980	陽濟及妻劉氏墓誌	貞元12(796)7月	—	28-120	—	洛陽12-140	千唐963
7981	李君妻崔氏墓誌	貞元12(796)7月	—	—	—	—	河洛352 新唐252
7982	苗悉達及蘇氏墓誌	貞元12(796)7月	—	—	河南參-238	—	—
7983	盧士瑀妻崔氏墓誌	貞元12(796)7月	—	—	河南參-237	—	—
7984	李君墓誌	貞元12(796)10月	—	—	—	—	河洛353 龍門291
7985	李冑妻鄭氏墓誌	貞元12(796)10月	—	—	—	—	河洛354 新唐254
7986	瞿令珪墓誌	貞元12(796)10月	196右上	—	—	—	—
7987	鄭忠佐及妻盧氏墓誌	貞元12(796)10月	—	—	—	—	新獲續190 河洛355
7988	盧之翰及妻韋氏墓誌	貞元12(796)10月	—	—	陝西參-77	—	—
7989	張孝忠妻谷氏墓誌	貞元12(796)10月	—	—	—	—	—
7990	李玥墓誌	貞元12(796)10月	—	—	—	—	秦晉646
7991	房從會及妻李氏墓誌	貞元12(796)10月	—	—	—	洛陽12-141	新獲84
7992	裴嬰墓誌	貞元12(796)10月	—	—	—	—	秦續702
7993	權自挹及妻王氏墓誌	貞元12(796)10月	—	—	—	—	—
7994	鄭沛墓誌	貞元12(796)11月	—	—	—	—	—
7995	李緗墓誌	貞元12(796)11月	—	—	—	—	秦晉647 秦續703
7996	李汲墓誌	貞元12(796)11月	—	28-121	—	洛陽12-142	千唐964
7997	武龍賓及妻杜氏墓誌	貞元12(796)11月	—	—	—	山西146	—
7998	韋應物墓誌	貞元12(796)11月	—	—	—	—	新唐256 秦晉648
7999	盧弼及妻李氏崔氏墓誌	貞元12(796)11月	—	—	—	—	河洛356
8000	柳君妻陸則墓誌	貞元12(796)12月	—	—	—	—	—
8001	韋少華墓誌	貞元12(796)12月	—	—	—	—	—
8002	劉莒墓誌	貞元12(796)12月	—	—	—	—	河洛357
8003	鄭君墓誌	貞元12(796)12月	—	—	河南參-239	—	—
8004	馬君墓誌	貞元12(796)	—	—	—	—	—
8005	崔藏之妻王氏墓誌	貞元12(796)	—	—	河南參-240	—	—
8006	鄭晼墓誌	貞元12(796)	—	—	—	—	—
8007	劉日進及妻武氏墓誌	貞元13(797)1月	—	—	—	—	—
8008	張君及妻源氏墓誌	貞元13(797)2月	—	28-122	—	洛陽12-143	輯繩606 民族362
8009	王君妻韓氏墓誌	貞元13(797)3月	—	—	—	—	—
8010	王仲堪墓誌	貞元13(797)4月	196右中	28-125 28-126	—	北大2-28 北大2-29	—
8011	劉昇朝墓誌	貞元13(797)4月	—	—	陝西貳-172	陝西2-12	—
8012	尹君妻韋知常墓誌	貞元13(797)4月	—	—	—	—	—
8013	宋文武墓誌	貞元13(797)4月	—	—	—	—	—
8014	李宗卿墓誌	貞元13(797)5月	196右中	—	—	—	—
8015	劉顥墓誌	貞元13(797)5月	—	—	—	—	—
8016	李伯成墓誌	貞元13(797)5月	—	—	—	—	—
8017	劉臻及妻徐氏墓誌	貞元13(797)7月	—	—	—	—	—
8018	石崇俊墓誌	貞元13(797)8月	—	28-129	—	北京2-23	—
8019	何邕妻李氏墓誌	貞元13(797)8月	—	—	—	—	—
8020	張偁墓誌	貞元13(797)8月	—	—	—	—	—
8021	蕭遇墓誌	貞元13(797)8月	—	—	—	—	秦續704
8022	來治安妻田氏墓誌	貞元13(797)9月	196右中	28-131	—	江蘇62	—
8023	宋珍墓誌	貞元13(797)10月卒	—	—	—	—	秦續705
8024	穆君妻裴氏墓誌	貞元13(797)10月	—	—	—	—	—

貞元

番號	F北大	G墓誌彙編	H 新編	I補遺補編	J 地方	K 博物館・その他	L 日本目錄
7970	—	—	10-6797	—	—	—	—
7971	—	—	10-6727	—	—	—	—
7972	—	—	10-6702	—	—	—	—
7973	05071	貞元068	9-5663	1-226	—	—	—
7974	—	—	—	8-410	—	—	—
7975	05072	貞元069	22-15364	7-403	—	—	—
7976	05073	—	—	—	—	—	—
7977	05074	—	—	—	—	—	明洛90
7978	—	—	—	—	—	西市320	—
7979	—	—	10-6715	—	—	—	—
7980	05075	貞元070	9-5667	1-229	—	—	—
7981	05077	—	—	—	—	—	—
7982	05078	—	—	千唐-285	—	—	—
7983	05076	—	—	千唐-285	—	—	—
7984	05079	—	—	—	—	—	—
7985	—	—	—	—	—	—	—
7986	—	貞元071	9-5668 22-15366	—	—	—	—
7987	—	—	—	8-103	—	—	—
7988	—	—	—	—	精華139 長新212 長碑139(491)	—	—
7989	—	—	9-5922	—	—	—	—
7990	04859	—	—	—	—	—	—
7991	—	續貞元039	22-15367	6-108	—	—	—
7992	05080	—	—	—	—	—	—
7993	—	—	9-5906	—	—	—	—
7994	—	—	—	7-70	長碑140(493)	—	—
7995	05081	—	—	—	—	—	—
7996	05082	貞元072	22-15367	2-573	—	—	—
7997	—	續貞元037	22-15365	6-471	—	—	—
7998	—	—	—	—	—	碑林續136	—
7999	—	—	—	8-103	—	—	—
8000	—	—	10-6723	—	—	—	—
8001	—	—	—	—	—	西市322	—
8002	05083	—	—	—	—	西市321	明洛91
8003	05084	—	—	千唐-286	—	—	—
8004	—	—	10-6797	—	—	—	—
8005	05085	—	—	千唐-287	—	—	—
8006	—	—	10-6798	—	—	—	—
8007	—	—	—	—	衡水56	—	—
8008	—	貞元074	9-5669	4-78	—	—	—
8009	—	貞元075	22-15368	7-403	保定12	—	—
8010	05086	貞元076	10-6949	—	精粹217	—	人1431 東1437
8011	—	貞元080 續貞元040	9-5671	3-131	西北4-107	—	—
8012	—	—	—	—	—	碑林續137	—
8013	—	—	—	—	—	西市323	—
8014	—	貞元077	11-7708	—	—	—	—
8015	05087	—	—	—	—	—	—
8016	05088	—	—	—	—	—	—
8017	—	—	—	7-71	—	—	—
8018	—	貞元078	22-15368	4-472	西北4-108	撒馬57	人1433
8019	—	—	—	—	—	西市324	—
8020	—	—	19-13051	6-108	河北265	—	—
8021	05090	—	—	—	—	碑林續138	—
8022	05091	貞元079	22-15369	4-472	江揚17	—	淑600
8023	—	—	—	—	—	—	—
8024	—	—	14-9356	—	—	裴氏124	—

貞元

番號	墓誌名	年號	A 題跋	B北圖	C 附考 新中国	D隋唐五代	E千唐・河南
8025	證禪師玄堂銘	貞元13(797)10月	—	—	—	北大2-30	—
8026	裴曼墓誌	貞元13(797)10月	—	—	—	—	—
8027	李侯七墓銘	貞元13(797)11月	196右下	28-132	—	洛陽12-145	—
8028	賈岳墓誌	貞元13(797)11月	—	—	—	—	秦續706
8029	蔡元雪妻楊氏墓誌	貞元13(797)11月	—	28-133	—	北京2-24	—
8030	王懷璧墓誌	貞元13(797)11月	—	—	河南貳-255	—	—
8031	王沼墓誌	貞元13(797)11月	—	—	—	—	邙洛215 新出282 洛鴛鴦39-1
8032	臧曄及妻翟氏墓誌	貞元13(797)11月	—	28-134	—	洛陽12-146	千唐965
8033	鮑防妻蕭氏墓誌	貞元13(797)11月	—	—	河南參-241	—	—
8034	馬庭瓊墓誌	貞元13(797)11月	—	—	—	—	—
8035	王君妻侯僧娘墓誌	貞元13(797)11月	—	28-135	—	洛陽12-147	千唐966
8036	王懷瓚墓誌	貞元13(797)11月	196右下	—	—	—	—
8037	盧克乂及妻裴氏墓誌	貞元13(797)12月	—	—	—	—	秦晉649
8038	實照墓誌	貞元13(797)12月	196右下	28-136	—	北京2-25	—
8039	臨壇大德(蕭行嚴)玄堂銘	貞元14(798)1月	—	—	—	—	秦續701 流散236
8040	裴潊墓誌	貞元14(798)2月	—	—	—	—	—
8041	鄭鈇墓誌	貞元14(798)2月	—	—	—	—	河洛358
8042	韓超寂墓誌	貞元14(798)3月	—	—	陝西貳-173	—	—
8043	高奇妻張氏墓誌	貞元14(798)3月	—	—	—	—	秦續707
8044	李通進及妻任氏墓誌	貞元14(798)5月	—	—	陝西貳-174	陝西2-14	—
8045	鄭君妻盧氏墓誌	貞元14(798)5月	—	—	—	—	河洛359
8046	裴衡墓誌	貞元14(798)5月卒	—	—	陝西貳-175	—	—
8047	氾君妻張氏墓誌	貞元14(798)閏5月	—	—	—	—	—
8048	馬實墓誌	貞元14(798)7月卒	—	—	—	—	—
8049	仇通墓誌	貞元14(798)7月	—	—	河南參-242	—	—
8050	王碕墓誌	貞元14(798)8月	—	—	—	—	秦晉651
8051	孫如玉墓誌	貞元14(798)8月	—	—	北京壹-15	—	—
8052	袁傑墓誌	貞元14(798)8月	—	—	—	—	秦續708 七朝303 洛鴛鴦40-1
8053	蘇日榮及妻智氏墓誌	貞元14(798)8月	—	28-139	—	洛陽12-148	千唐967
8054	史承式墓誌	貞元14(798)8月	—	—	—	—	—
8055	屈賁妻任氏墓誌	貞元14(798)8月卒	—	—	—	—	河洛360
8056	李像恩墓誌	貞元14(798)10月	—	—	—	—	—
8057	崔異妻鄭恒墓誌	貞元14(798)10月	—	—	—	—	秦晉650 七朝304 洛鴛鴦29-2
8058	崔儒妻李泛墓誌	貞元14(798)10月	—	—	—	—	秦晉652 洛鴛鴦35-2
8059	劉奇秀墓誌	貞元14(798)10月	—	—	陝西貳-176	陝西2-15	—
8060	李怡及妻元氏韋氏墓誌	貞元14(798)11月	—	—	—	—	秦晉653 七朝305
8061	魏防及妻裴氏墓誌	貞元14(798)11月	—	28-140	—	洛陽12-149	千唐968
8062	韋信卿妻裴氏墓誌	貞元14(798)11月	—	—	—	—	秦續709
8063	馬浩及妻裴氏墓誌	貞元14(798)11月	—	—	陝西貳-177	—	—
8064	士崇俊及妻王氏墓誌	貞元14(798)11月	—	—	—	陝西4-58	—
8065	張滂妻郭儀墓誌	貞元14(798)11月卒	—	28-149	—	河南87 洛陽12-154	千唐661
8066	呂崇一墓誌	貞元14(798)11月	—	—	—	—	—
8067	宋邈墓誌	貞元14(798)11月	—	28-141	—	北大2-31	—
8068	劉勝京墓誌	貞元14(798)11月	—	—	河北壹-95	河北83	—
8069	張嶙墓誌	貞元14(798)11月	196右下	—	—	—	—
8070	劉建墓誌	貞元14(798)12月卒	196右下	28-142	—	山西147	—
8071	呂秀及妻霍氏墓誌	貞元14(798)12月	—	28-143	—	洛陽12-150	千唐969
8072	李成公妻元遙墓誌	貞元14(798)12月	—	—	—	—	—
8073	李鉊及妻盧氏墓誌	貞元14(798)	—	—	—	—	—
8074	徐君妻高氏墓誌	貞元14(798)	196右下	—	—	—	—
8075	馬寔墓誌	貞元14(798)	196右下	—	—	—	—
8076	崔適墓誌	貞元14(798)	—	—	—	—	—

貞元

番號	F北大	G墓誌彙編	H 新編	I補遺補編	J 地方	K 博物館・その他	L 日本目録
8025	05092	續貞元041	9-5672	6-28		―	―
8026	―		―	9-379		―	―
8027	05093	貞元081	22-15369	6-109	―	故宮120	人1434 東1438 淑601
8028	―					―	―
8029	―	貞元082	9-5673	4-79		施唐265	―
8030	―	―	―	―	―	―	―
8031	05094			8-104 9-381			
8032	05095	貞元083	9-5640	1-230		―	
8033	05096	―		千唐-288		―	
8034	―	―	22-15369	6-472	河北266		
8035	05097	貞元084	9-5673	1-231		―	―
8036	―	―	―	―		―	―
8037	05098	―	―	―		西市325	―
8038	05099	貞元085	9-5674	4-80	西北4-109	故宮121	人1435 東1439 淑602
8039	―						
8040	05100		―	千唐-290	―		
8041	05101						
8042	―	續貞元042	9-5675	6-109		碑林83-3236 碑林新222	
8043	―						
8044	―	續貞元043	22-15370	5-417	―	碑林83-3213	
8045	05102						
8046			9-5676	6-110	長碑141（493）	碑林83-3242 碑林新224	
8047	―					碑林新223	
8048	―		10-6798			―	
8049	05103	―	―	千唐-291			
8050	―	―	―	―	大全・城區17		
8051	05105	―	―	8-410		北文14	
8052	05106						
8053	05104	貞元086	9-5675	1-232		―	
8054	―					碑林新225	
8055							
8056	―	―	―	―	大同33 大全・南郊38	―	
8057	05108						
8058	05107						
8059	―	續貞元044	22-15370	5-418		碑林83-3220	―
8060	05110						
8061	05109	貞元087	22-15370	2-574			
8062	05111						
8063	―	續貞元045	9-5677	6-110	長碑142（494）	碑林83-3227 碑林新226	
8064	―	續貞元046	9-5678	3-132	―	碑林196-1143	
8065	05121	貞元091 續貞元047	10-6928	6-114			
8066	―	―	―	―		碑林新227	
8067	05112	貞元088	22-15371	4-472	河間257	―	
8068	―	續貞元048	22-15372	4-473		―	
8069	―						
8070	05113	貞元089	10-7004				
8071	05115	貞元090	9-5674	1-231			
8072	05114		―	―			
8073	―	―	9-5906	―			
8074	―						
8075	―						
8076	―	―	9-5910	―	―		

貞元

番號	墓誌名	年號	A 題跋	B北圖	C 附考 新中國	D隋唐五代	E千唐・河南
8077	李澄墓誌	貞元15(799)1月	―	―	―	―	新獲續191 河洛361
8078	裴衡妻元氏墓誌	貞元15(799)2月	―	―	陝西貳-178	―	―
8079	王駕墓誌	貞元15(799)2月	―	―	―	―	―
8080	崔葛墓誌	貞元15(799)2月	―	―	―	陝西4-59	―
8081	程琛墓誌	貞元15(799)2月	―	―	―	―	河洛362 龍門295
8082	崔翰墓誌	貞元15(799)2月	―	―	―	―	―
8083	崔君及妻某氏墓誌	貞元15(799)3月	―	―	―	―	―
8084	崔契臣墓誌	貞元15(799)4月	―	28-146	―	洛陽12-151	千唐970
8085	梁守讓及妻劉氏李氏墓誌	貞元15(799)4月	―	―	河北壹-96	河北84	―
8086	李坦墓誌	貞元15(799)4月	―	―	―	―	―
8087	李董娘墓記銘	貞元15(799)4月	―	―	―	―	秦續710 流散237
8088	韋勳墓誌	貞元15(799)4月	―	―	―	―	邙洛216
8089	李條及妻鄭氏墓誌	貞元15(799)5月	―	―	―	―	―
8090	李皋墓銘	貞元15(799)6月	―	28-91	―	洛陽12-152	千唐971
8091	李皋妻崔無生忍墓誌	貞元15(799)6月	―	28-128	―	洛陽12-144	千唐972
8092	劉君妻卞氏墓誌	貞元15(799)7月	196右下	―	―	―	―
8093	崔程及妻鄭氏墓誌	貞元15(799)8月	197左上	28-147	―	洛陽12-153	輯繩607
8094	柳氏墓誌	貞元15(799)8月	―	―	―	―	秦續711
8095	柳廿五墓誌	貞元15(799)8月	―	―	―	―	―
8096	湯珣妻馬氏墓誌	貞元15(799)8月	―	―	―	―	―
8097	柳君妻楊氏墓誌	貞元15(799)9月	―	―	―	―	―
8098	常習墓誌	貞元15(799)9月	―	―	―	―	秦續712
8099	胡光朝墓誌	貞元15(799)10月	―	―	―	―	―
8100	王求舄墓誌	貞元15(799)10月	―	―	陝西參-79	―	―
8101	王求古及妻郭氏墓誌	貞元15(799)10月	―	―	陝西貳-179 陝西參-78	―	―
8102	王守廉妻仇氏墓誌	貞元15(799)10月	―	―	陝西貳-180	陝西2-16	―
8103	韓曄妻盧媛墓誌	貞元15(799)10月	―	―	―	―	秦續713
8104	李戎墓誌	貞元15(799)10月	―	―	河南參-243	―	―
8105	姚軫墓誌	貞元15(799)10月	―	―	河南貳-279	―	―
8106	秦朝讓妻王氏	貞元15(799)10月	―	―	―	―	秦續714
8107	郭遠墓誌	貞元15(799)10月	―	―	―	―	―
8108	王尚品墓誌	貞元15(799)11月	―	―	―	―	―
8109	李璹墓誌	貞元15(799)11月	―	―	―	―	秦續715 流散239
8110	楊若及妻鄭氏墓誌	貞元15(799)11月	―	―	―	―	―
8111	李□倩墓誌	貞元15(799)11月	―	―	―	―	―
8112	張霞墓誌	貞元15(799)12月	―	―	―	―	―
8113	李士芳妻崔媛墓誌	貞元15(799)12月	―	―	―	―	輯繩608
8114	韋嶙及妻靳氏墓誌	貞元15(799)12月	―	―	―	―	―
8115	孫宥顏墓誌	貞元16(800)1月	―	―	―	―	秦晉654 七朝306
8116	張朝清墓誌	貞元16(800)2月	―	―	―	―	―
8117	盧贍妻崔氏墓誌	貞元16(800)2月	―	28-150	―	洛陽12-155	―
8118	姚軫妻元氏墓誌	貞元16(800)2月	―	―	河南貳-280	―	―
8119	崔廠妻王淑墓誌	貞元16(800)2月	―	―	河南參-244	―	―
8120	張任墓誌	貞元16(800)2月	―	―	―	―	輯繩609
8121	楊鷗墓誌	貞元16(800)2月	―	―	―	―	―
8122	袁齊墓誌	貞元16(800)4月	―	―	―	―	秦晉655 流散240
8123	權有方墓誌	貞元16(800)5月卒	―	―	―	―	―
8124	程氏墓誌	貞元16(800)6月	―	―	―	―	―
8125	李鉢妻程氏墓誌	貞元16(800)6月	―	―	重慶-3	―	―
8126	馬幹墓誌	貞元16(800)7月	―	―	陝西貳-181	陝西2-17	―
8127	高錫妻裴氏墓誌	貞元16(800)7月	―	―	―	―	―
8128	崔俠妻盧氏墓誌	貞元16(800)7月	―	―	―	―	―
8129	茹希曾墓誌	貞元16(800)8月卒	―	―	―	―	―
8130	裴君妻柳氏墓誌	貞元16(800)8月	―	―	―	―	―
8131	杜佝妻皇甫氏墓誌	貞元16(800)8月	―	―	河南參-245	―	―
8132	柳君妻李氏墓誌	貞元16(800)8月	―	―	―	―	―

貞元

番號	F北大	G墓誌彙編	H 新編	I補遺補編	J 地方	K 博物館・その他	L 日本目録
8077	—	—	—	8-105	—	—	—
8078	—	續貞元049	12-7736	6-111	長碑143(495)	碑林83-3258 碑林新228	—
8079	—	—	—	—	—	碑林新229	—
8080	—	續貞元050	—	—	西北4-112	—	—
8081	05145	—	—	—	—	—	明洛95
8082	—	—	10-6498	—	—	—	—
8083	—	—	—	—	—	北文15	—
8084	05116	貞元092	22-15372	2-574	—	—	—
8085	05117	續貞元051	9-5697	4-80	保定13	—	—
8086	05119	—	—	—	—	—	—
8087	05118	—	—	—	—	—	—
8088	05120	—	—	—	—	—	—
8089	—	—	9-5907	—	—	—	—
8090	05023	貞元093	9-5698	1-233	—	—	人1425A
8091	05089	貞元094	22-15372	1-234	—	—	人1425B
8092	—	貞元095	22-15373	—	—	—	—
8093	05122	貞元096	10-6325	6-112	—	故宮122 施唐266-267	人1436 淑603
8094	—	—	—	—	—	—	—
8095	05123	—	—	—	—	—	—
8096	—	續貞元052	22-15374	7-404 下-1890	江揚18	—	—
8097	—	—	10-6726	—	—	—	—
8098	—	—	—	—	—	—	—
8099	05124	—	—	—	—	—	—
8100	—	—	—	7-404	戶縣296(14)	—	—
8101	—	—	—	7-405	戶縣297(13)	碑林補-44 碑林新230	—
8102	—	續貞元053	9-5699	3-133	—	碑林83-3249	—
8103	05125	—	—	—	—	—	—
8104	05126	—	—	千唐-291	—	—	—
8105	—	—	—	—	—	—	—
8106	—	—	—	—	—	—	—
8107	—	—	—	—	—	碑林新231	—
8108	05127	—	—	—	—	—	—
8109	05128	—	—	—	—	—	—
8110	05129	—	—	千唐-292	—	—	—
8111	—	—	—	—	長碑(496)	碑林新232	—
8112	05130	—	—	—	—	—	—
8113	—	續貞元054	19-13028	6-113	—	—	—
8114	—	—	—	—	—	西市326	—
8115	05131	—	—	—	—	—	—
8116	—	—	—	—	—	碑林新233	—
8117	05132	貞元097	9-5700	1-236	—	曲石75 南京76	—
8118	—	—	—	—	—	—	—
8119	05133	—	—	千唐-293	—	—	—
8120	—	續貞元055	9-5714	6-115	—	—	—
8121	—	—	12-7819	—	—	—	—
8122	05134	—	—	—	—	—	—
8123	—	—	9-5912	—	—	—	—
8124	—	—	—	—	西南1-5	—	—
8125	—	—	—	8-106	四川251	—	—
8126	—	續貞元056	22-15374	3-134	—	碑林84-3265 碑林新234	—
8127	05136	—	—	千唐-294	—	—	—
8128	05135	—	—	千唐-294	—	—	—
8129	—	—	—	—	衢州17	—	—
8130	—	—	10-6724	—	—	裴氏127	—
8131	05137	—	—	千唐-295	—	—	—
8132	—	—	10-6722	—	—	—	—

貞元

番號	墓誌名	年號	A 題跋	B北圖	C 附考 新中国	D隋唐五代	E千唐・河南
8133	證眞禪師墓誌	貞元16(800)8月	—	—	—	陝西4-60	—
8134	謝玄侗墓誌	貞元16(800)9月	—	—	—	—	—
8135	王平墓誌	貞元16(800)10月	—	28-151	—	洛陽12-156	千唐973
8136	嚴震墓誌	貞元16(800)10月	—	—	—	—	—
8137	趙珠什墓誌	貞元16(800)11月	—	—	江蘇壹-2	—	—
8138	蕭存墓誌	貞元16(800)11月	—	—	—	—	—
8139	夫蒙錞墓誌	貞元16(800)11月	—	—	陝西貳-182	陝西2-18	—
8140	樊幼及妻侯氏墓誌	貞元16(800)11月	—	—	—	—	秦晉656 七朝307
8141	劉斌墓誌	貞元16(800)11月	—	—	—	—	—
8142	呂渭妻柳氏墓誌	貞元16(800)12月	—	—	—	洛陽12-157	輯繩610
8143	呂渭墓誌	貞元16(800)12月	—	—	—	洛陽12-158	輯繩611
8144	韓愼墓誌	貞元16(800)	—	—	—	—	—
8145	賈秀妻張氏墓誌	貞元16(800)	197左上	28-152	—	北大2-32	—
8146	李朝興墓誌	貞元17(801)1月	—	—	—	—	—
8147	盧仲權妻王普功德墓誌	貞元17(801)1月	—	—	—	—	秦晉657
8148	宋順墓誌	貞元17(801)2月	—	—	—	—	輯繩612 龍門294
8149	陸翹墓誌	貞元17(801)2月	—	—	—	—	秦晉658
8150	王永墓誌	貞元17(801)2月	—	28-153	—	洛陽12-159	—
8151	李良墓誌	貞元17(801)2月	—	—	—	陝西4-61	—
8152	石仲文妻馮氏墓誌	貞元17(801)2月	—	—	—	—	—
8153	靳英希墓誌	貞元17(801)2月	197左上	—	—	—	—
8154	張玉墓誌	貞元17(801)3月	—	—	—	—	—
8155	郭希倩墓誌	貞元17(801)4月	—	—	—	—	—
8156	金霞遷神誌	貞元17(801)5月	—	—	—	—	—
8157	鄭淮墓誌	貞元17(801)5月	197左中	28-154	—	洛陽12-160	龍門296
8158	張任妻李氏墓誌	貞元17(801)7月	—	—	—	洛陽12-161	輯繩613
8159	崔可準墓誌	貞元17(801)7月	—	—	—	洛陽12-162	新獲85
8160	獨孤保生墓誌	貞元17(801)7月	—	—	—	—	—
8161	謝詹墓誌	貞元17(801)8月	—	—	—	—	—
8162	張君妻荊肆墓誌	貞元17(801)8月卒	—	—	陝西貳-183	陝西2-19	—
8163	李翺墓誌	貞元17(801)9月	—	—	—	—	—
8164	張滂墓誌	貞元17(801)9月	—	28-155	—	洛陽12-163	千唐974
8165	盧況及妻蔣無盡燈墓誌	貞元17(801)10月	—	—	—	—	—
8166	王鍊墓誌	貞元17(801)10月	—	—	河南參-246	—	—
8167	盧甫及妻李氏墓誌	貞元17(801)11月	—	—	—	—	輯繩614
8168	韋渠牟墓誌	貞元17(801)11月	—	—	—	—	秦續716
8169	崔述及妻韋氏墓誌	貞元17(801)11月	—	—	—	—	—
8170	周氏墓誌	貞元17(801)11月	197左中	—	—	—	—
8171	薛迅墓誌	貞元17(801)11月	—	28-156	—	洛陽12-164	千唐975
8172	魏庭暉及妻史氏墓誌	貞元17(801)11月	—	—	—	—	—
8173	豆盧君妻魏氏墓誌	貞元17(801)11月	197左中	28-157	—	洛陽12-165	龍門297
8174	裴匠墓誌	貞元17(801)11月	—	—	—	—	秦續717
8175	裴正墓誌	貞元17(801)11月	—	—	—	—	—
8176	鮮于氏遷葬墓誌	貞元17(801)11月	—	—	—	—	—
8177	關準墓誌	貞元17(801)11月	—	—	—	—	秦續718
8178	嚴穎再墓誌	貞元17(801)11月	—	—	—	—	—
8179	安嵩墓誌	貞元17(801)11月	—	—	—	—	秦續719 七朝308
8180	李進榮墓誌	貞元17(801)11月	—	28-158	—	洛陽12-166	千唐976
8181	元襄墓誌	貞元17(801)11月	—	28-159	—	洛陽12-167	千唐977 民族151
8182	李藩女李孫孫墓誌	貞元17(801)12月	197左中	28-160	—	北京2-26	—
8183	陳君妻柳氏權厝誌	貞元17(801)12月	—	—	—	—	—
8184	裴堭墓誌	貞元17(801)	—	—	—	—	—
8185	晉岳及妻張氏墓誌	貞元18(802)1月	—	—	—	—	—
8186	鄭君墓誌	貞元18(802)1月	—	28-161	—	洛陽12-168	輯繩615 河洛363 新唐258

貞元

番號	F北大	G墓誌彙編	H 新編	I補遺補編	J 地方	K 博物館・その他	L 日本目錄
8133	－	續貞元057	19-13047	2-33	西北4-114	－	－
8134	05138	－	－	－	－	西市327	明洛92
8135	05139	貞元098	18-12530	1-236	－	－	－
8136	－	－	9-5934				
8137							
8138	－	－	12-7820				
8139	－	續貞元058	22-15374	5-418			
8140	05140						
8141	－	－	－	－	－	慶雅堂47 西市328	－
8142	－	續貞元059	11-7121				
8143	－	續貞元060	11-7123	4-81	－	－	－
8144	－	－	10-6720	－	－	－	－
8145	05141	貞元099	8-5336	－	西北4-115	施碑選281	人1438 東1440 淑604
8146	05142						
8147	05143					西市329	明洛93
8148	－	續貞元061	9-5712	6-117	－	－	－
8149	05144	－	－	－	－	西市330	明洛94
8150	05146	貞元100	22-15375	4-473	－	－	－
8151	－	貞元101	9-5585	3-134	西北4-116 精華140		
8152	05147						
8153	－						
8154	－	－	－	－	分類89	－	－
8155	05148						
8156	－	續貞元062					
8157	05149	貞元102	9-5713	6-118	－	故宮123	人1439 淑605
8158	－	續貞元063	9-5715	6-116			
8159	05150	續貞元064	22-15375	6-118			
8160	－	－	－	－	－	西市331	－
8161	－	－	－	－	長新214 長碑144(496)	－	－
8162	－	續貞元065	9-5715	3-120	西北4-117	碑林84-3270	－
8163	－	－	10-6479				
8164	05151	貞元103	9-5716	1-237			
8165	05152	－	－	千唐-296			
8166	05153	－	－	千唐-297			
8167	05154	續貞元066	9-5717	7-73	－	－	－
8168	05156		9-5937	－	－	北大新拓143(206) 碑林續139	－
8169	－		9-5914				
8170	－	貞元104					
8171	05157	貞元105	9-5718	1-237	－	薛氏290	－
8172						碑林續140	
8173	05158	貞元106 殘誌034	22-15376	6-472	－	－	東1441
8174	－	－	－				
8175	05159	－	－				
8176	－	－	－	－	西南1-6		
8177							
8178	－	－	－	8-411			
8179	05160						
8180	05161	貞元107	18-12532	1-239			
8181	05162	貞元108	9-5719	1-240			
8182	05163	貞元109	9-5601	－	西北4-118	施碑選282	人1441 東1442 淑606
8183	－	－	10-6724				
8184	－	－	－	－	－	裴氏126	－
8185	05165						
8186	05164	貞元110	12-7752	6-472			

貞元

番號	墓誌名	年號	A 題跋	B北圖	C 附考 新中国	D隋唐五代	E千唐・河南
8187	孫君妻李氏墓誌	貞元18(802)1月	－	－	－	－	－
8188	大德演公塔銘	貞元18(802)1月	197左下	28-162	－	北京2-27	
8189	史好直及妻崔氏墓誌	貞元18(802)1月	－	－	－	－	
8190	張弈女墓誌	貞元18(802)1月	197左下	28-163	－	洛陽12-169	龍門298
8191	晉君妻張氏墓誌	貞元18(802)1月					
8192	孫嬰墓誌	貞元18(802)2月		28-164		洛陽12-170	千唐978
8193	孫嬰殤女墓誌	貞元18(802)2月		28-165		洛陽12-171	千唐979
8194	□妣墓誌	貞元18(802)2月卒					
8195	李君妻張氏墓誌	貞元18(802)4月	－	28-167		洛陽12-172	輯繩616
8196	宋君妻鄭氏墓誌	貞元18(802)4月	－	－	河南參-247	－	－
8197	李福墓誌	貞元18(802)2月					
8198	惠因墓誌	貞元18(802)4月	－	－	－	陝西4-62	－
8199	崔君妻郭佩墓誌	貞元18(802)4月					秦晉659 七朝309
8200	陳元造墓誌	貞元18(802)4月			河南參-248		
8201	李行簡妻宇文氏墓誌	貞元18(802)5月					秦晉661 七朝310
8202	獨孤申叔墓誌	貞元18(802)7月					
8203	陸傪墓誌	貞元18(802)7月					
8204	柳均及妻李氏靈表	貞元18(802)7月		28-168 169		洛陽12-173 洛陽12-174	千唐980
8205	寇幼覺墓誌	貞元18(802)7月		28-170		洛陽12-175	輯繩617
8206	仲子陵墓誌	貞元18(802)7月					
8207	錢羅侯墓至	貞元18(802)9月					
8208	姚侑墓誌	貞元18(802)9月			河南參-249		
8209	權君妻張氏墓誌	貞元18(802)9月					
8210	王恆汎墓誌	貞元18(802)10月	－	28-172	－	河北85	
8211	何澄墓誌	貞元18(802)10月	－	－	－	－	民族240 洛絲143 秦晉662 洛駕鴦41-1
8212	施士丐墓誌	貞元18(802)10月卒					
8213	鄭闍及妻李氏墓誌	貞元18(802)10月					
8214	□玉墓誌	貞元18(802)10月			河南貳-補5		
8215	元太液墓誌	貞元18(802)11月					流散241
8216	辛君妻郭氏墓誌	貞元18(802)11月				洛陽12-176	－
8217	趙珠什妻周氏墓誌	貞元18(802)11月		－	江蘇壹-3		
8218	源君墓誌	貞元18(802)11月				洛陽12-177	新獲86 民族362
8219	魏日用墓誌	貞元18(802)11月					
8220	趙季康及妻李氏墓誌	貞元18(802)11月				北大2-33	
8221	張遊藝及妻傅氏墓誌	貞元18(802)12月	－	28-173		洛陽12-178	
8222	李君妻劉氏墓誌	貞元18(802)12月		28-174		洛陽12-179	千唐981
8223	李懷及妻郭氏墓誌	貞元18(802)12月				－	邙洛217 新出286
8224	韋甫墓誌	貞元18(802)12月					
8225	宋璨墓誌	貞元18(802)12月					
8226	先□墓誌	貞元18(802)					秦晉660
8227	裴郜墓誌	貞元18(802)	197左下				
8228	韓弇妻韋氏墓誌	貞元19(803)1月	197左下	28-175	－	北大2-34	－
8229	雍君妻董氏墓誌	貞元19(803)1月					
8230	李公渝妻王氏墓誌	貞元19(803)2月					
8231	焦妣墓誌	貞元18(802)2月					
8232	王君妻費氏墓誌	貞元19(803)4月					
8233	孫君妻李氏墓誌	貞元19(803)4月	197右上	28-176	－	洛陽12-180	
8234	苗君妻王氏墓誌	貞元19(803)4月					秦續720
8235	徐思倩墓誌	貞元19(803)5月	－	－	陝西貳-184	－	－
8236	靳濯華墓誌	貞元19(803)6月					
8237	畢遊江墓誌	貞元19(803)7月	197右上	28-178	－	北大2-35	
8238	□君墓誌	貞元19(803)7月		－	－	江蘇64	
8239	張明進墓誌	貞元19(803)7月	－	－	陝西貳-185	陝西2-20	
8240	盧貽妻苗氏墓誌	貞元19(803)7月					

貞元

番號	F北大	G墓誌彙編	H 新編	I補遺補編	J 地方	K 博物館・その他	L 日本目録
8187	—	—	—	8-107	—	—	—
8188	—	貞元111	9-5720	—	—	—	—
8189	—	—	—	—	—	碑林續141	—
8190	05166	貞元112	22-15376	6-119	—	故宮124	人1442 淑607
8191	—	—	—	—	任城146	—	—
8192	05167	貞元113	9-5722	1-240	—	—	—
8193	05168	貞元114	9-5723	1-241	—	—	—
8194	—	—	—	4-83	—	—	—
8195	05169	貞元115	22-15377	4-474	—	—	—
8196	—	—	—	千唐-198	—	—	—
8197	05170	—	—	—	—	—	—
8198	05171	續貞元067	9-5725	3-135	西北4-119 精華141 長新216 長碑145(497)	—	—
8199	05172	—	—	—	—	西市332	—
8200	05172	—	—	千唐-297	—	—	—
8201	05174	—	—	—	—	西市333	—
8202	05175	—	—	9-382	—	碑林新235 北大新拓144(208)	—
8203	—	—	9-5912	—	—	—	—
8204	05176	貞元116	9-5726	1-243	—	—	—
8205	05177	貞元117	9-5727	6-120	—	—	—
8206	—	—	9-5905	—	—	—	—
8207	—	—	—	—	—	越窯50	—
8208	05178	—	—	千唐-298	—	—	—
8209	—	—	9-5923	—	—	—	—
8210	—	貞元118	22-15377	4-475	—	—	—
8211	05179	—	—	—	—	—	—
8212	—	—	10-6499	—	—	—	—
8213	05180	—	—	千唐-299	—	—	—
8214	—	—	—	—	—	—	—
8215	—	—	—	—	—	—	—
8216	—	續貞元068	22-15378	6-473	—	—	—
8217	—	—	—	—	—	—	—
8218	05181	續貞元069	9-5727	6-120	—	—	—
8219	—	—	—	—	—	碑林續142	—
8220	05182	續貞元070	9-5728	7-74	—	—	—
8221	05183	貞元119	9-5729	6-121	—	唐宋339	東1443
8222	05184	貞元120	9-5731	1-244	—	—	—
8223	05185	—	—	9-383	—	—	—
8224	—	—	—	9-382	長碑146(497)	—	—
8225	05186	—	—	—	—	—	—
8226	—	—	—	—	—	—	—
8227	—	—	—	—	—	—	—
8228	05187	貞元121	11-7213	5-419	—	碑林84-3276	人1444
8229	—	—	—	9-385	—	—	—
8230	05188	—	—	—	長新218 長碑147(498)	—	—
8231	—	—	—	—	—	施碑選287	—
8232	—	—	9-5660	上-660	—	—	—
8233	05189	貞元122	9-5730	6-122	—	—	—
8234	—	—	—	—	—	—	—
8235	—	—	9-5730	3-136	—	碑林84-3280	—
8236	05190	—	—	—	—	—	—
8237	05191	貞元123	22-15379	—	—	故宮125	人1446 淑608
8238	—	續貞元071	18-12531	4-84	—	—	—
8239	—	續貞元072	9-5732	3-137	西北4-120	碑林84-3289	—
8240	—	—	10-6478	—	—	—	—

貞元

番號	墓誌名	年號	A 題跋	B北圖	C 附考 新中国	D隋唐五代	E千唐・河南
8241	武充墓誌	貞元19(803)7月	—	—	—	—	—
8242	柳昱妻李氏(宜都公主)墓誌	貞元19(803)8月	—	—	陝西貳-186	陝西2-22	—
8243	皇甫澈(徹)墓誌	貞元19(803)8月	—	—	—	—	—
8244	楊崇倩墓誌	貞元19(803)8月	—	—	—	—	—
8245	蔡浩妻段氏墓誌	貞元19(803)8月	—	28-179	—	洛陽12-181	千唐982
8246	楊瓊墓誌	貞元19(803)8月	197右中	—	—	—	—
8247	孫休妻楊氏墓誌	貞元19(803)10月	—	—	—	—	秦晉663
8248	崔千里及妻李氏墓誌	貞元19(803)10月	—	28-180	—	洛陽12-182	千唐983
8249	蔡雄墓誌	貞元19(803)10月	—	28-181	北京壹-16	北京2-28	—
8250	段巖墓誌	貞元19(803)閏10月	—	—	河北壹-97	河北86	—
8251	王郟墓誌	貞元19(803)閏10月	197右中	28-182	—	北大2-36	—
8252	馬庭墓誌	貞元19(803)閏10月	—	—	—	—	秦續721
8253	柳鋌墓誌	貞元19(803)閏10月	—	—	—	—	秦續722 七朝311
8254	陶英妻張氏墓誌	貞元19(803)11月	—	28-184	—	洛陽12-183	千唐984
8255	項丞光墓誌	貞元19(803)11月	—	—	—	—	秦續723
8256	甄君妻陳溫和墓誌	貞元19(803)11月	—	—	—	—	龍門300 秦晉664
8257	鄭玉墓誌	貞元19(803)11月	197右中	—	—	—	—
8258	靳朝俊及妻王氏墓誌	貞元19(803)11月	—	—	—	江蘇65	—
8259	丘景朝墓誌	貞元19(803)	197右中	—	—	—	—
8260	李君妻鄭氏墓誌	貞元19(803)卒	—	—	—	—	—
8261	趙勸墓誌	貞元1□(795〜803)10月	—	—	—	—	秦續724 七朝312
8262	李頡及妻張氏墓誌	貞元1□(795〜803)	—	28-185	—	江蘇63 北大2-26	—
8263	郭君妻趙氏墓誌	貞元20(804)1月	—	—	—	—	—
8264	任萬妻乾氏墓誌	貞元20(804)2月	—	—	—	—	—
8265	權達墓誌	貞元20(804)2月	—	—	—	—	—
8266	張忠義墓誌	貞元20(804)2月	—	—	河南貳-281	—	—
8267	陳皆及妻丘氏墓誌	貞元20(804)2月	—	28-186	—	洛陽12-184	千唐985
8268	裴鄎及妻顏氏墓誌	貞元20(804)2月	—	—	—	—	—
8269	劉君妻周庭墓誌	貞元20(804)3月	—	—	—	江蘇66	—
8270	韋君妻閻氏墓誌	貞元20(804)4月	—	—	—	—	—
8271	陳子珍妻龔氏墓誌	貞元20(804)5月卒	197右下	—	—	—	—
8272	李玄就妻盧氏墓誌	貞元20(804)5月	—	—	—	—	河洛364
8273	崔鍠及妻王氏墓誌	貞元20(804)5月	—	—	—	—	新獲續192 邙洛218 河洛365
8274	嚴紀明墓誌	貞元20(804)5月	—	—	—	—	秦續725 流散242
8275	任令璀及妻劉氏墓誌	貞元20(804)5月	—	—	—	陝西4-63	—
8276	韋巽墓誌	貞元20(804)6月	—	—	—	—	—
8277	武珍及妻裴氏墓誌	貞元20(804)7月	197右下	28-187	—	北大2-37	—
8278	劉談經墓誌	貞元20(804)7月	—	—	—	—	新獲續193 邙洛219 新唐260
8279	元選墓誌	貞元20(804)8月	—	—	—	—	秦續726
8280	王澄及妻裴氏墓誌	貞元20(804)8月	—	—	—	—	流散243
8281	李益妻盧媜墓誌	貞元20(804)8月	—	—	—	—	秦晉665
8282	李收(羽)妻王氏墓誌	貞元20(804)8月	—	—	—	—	邙洛220 新出290
8283	敬廣清及妻秦氏墓誌	貞元20(804)8月	—	—	—	—	—
8284	盧翊墓誌	貞元20(804)8月	—	28-188	—	洛陽12-185	千唐986
8285	張令琛墓誌	貞元20(804)9月	—	—	—	—	—
8286	尼眞如墓誌	貞元20(804)10月	—	—	—	—	—
8287	董嘉猷妻郭氏墓誌	貞元20(804)10月	—	—	—	—	—
8288	柳昱墓誌	貞元20(804)10月	—	—	陝西貳-187	陝西2-21	—
8289	惠妃趙氏墓誌	貞元20(804)10月	—	—	—	—	秦續727
8290	王君妻崔氏墓誌	貞元20(804)10月	—	—	—	—	—
8291	呂孚妻王氏墓誌	貞元20(804)11月	—	—	河南參-250	—	—

貞元

番號	F 北大	G 墓誌彙編	H 新編	I 補遺補編	J 地方	K 博物館・その他	L 日本目録
8241	−	−	12-7818	−			−
8242	−	續貞元073	22-15378	3-137	西北4-121	碑林84-3296	
8243	−	−	8-108		−	−	−
8244	05193	−					
8245	05192	貞元124	9-5731	1-244	−		
8246							
8247							
8248	05194	貞元125	9-5734	1-245	−		
8249	05195	續貞元074	22-15380	4-475 下-1891	房山13 河間259	北文16	−
8250	−	續貞元075	9-5733	4-84	保定14 涿州118 涿文152		
8251	05196	貞元126	2-1163	−	西北4-122	故宮196	人1401 淑609
8252	−						
8253	05197	−	−				
8254	05198	貞元127	9-5735	1-246			
8255	−						
8256	05199						明洛96
8257	−	貞元128					
8258	−	續貞元076	9-5736	7-72	分類90		
8259	−	−					
8260	−	−	11-7125				
8261	05200	−					
8262	05201	貞元129	22-15379	7-405	江揚14		
8263	−	−				碑林新236	
8264	05202	−	−	千唐-301	−		
8265	−	−	9-5919	−	−		
8266	−						
8267	05203	貞元130	9-5737	1-247			
8268	−	−	−	−	−	西市334	
8269	−	−	22-15380	2-574 下-1891	−	−	
8270	05204						
8271	−	貞元131	22-15381	7-406			
8272	−	−	−	−	−	西市335	
8273	−	−	8-109				
8274	−						
8275	−	續貞元077	9-5739	2-33	精華143		
8276		−	−	−	長新220 長碑149(499)		
8277	05205	貞元132	22-15381	6-473	江揚19	裴氏129	人1447 東1446 淑610
8278	−	−	−	8-110		−	−
8279	−	−					
8280	05210	−	−		−	北大新拓145(209)	−
8281	05207	−					
8282	05206	−	9-385				
8283	05209						
8284	05208	貞元133	9-5681	1-249			
8285	05211						
8286	−	−	−			碑林續143	
8287	−	−	−			碑林續144	
8288	−	續貞元078	9-5739	3-138	西北4-123	碑林84-3303	
8289	−						
8290	−	−	9-5923	−			−
8291	05213	−	−	千唐-301	−		−

貞元・永貞

番號	墓誌名	年號	A 題跋	B北圖	C 附考 新中國	D隋唐五代	E千唐・河南
8292	韋君妻徐氏墓誌	貞元20(804)11月	—	—	—	—	—
8293	張曾墓誌	貞元20(804)11月	197右下	—	—	—	—
8294	曹曇墓誌	貞元20(804)11月	—	—	—	—	秦續728 流散244
8295	裴札妻路氏墓誌	貞元20(804)11月	—	—	河南參-251	—	—
8296	裴道生墓誌	貞元20(804)11月	—	—	—	—	—
8297	李山寶墓誌	貞元20(804)11月	—	—	—	—	—
8298	車良墓誌	貞元20(804)11月	—	—	—	—	—
8299	楊同遜妻鄭氏墓誌	貞元20(804)11月	—	—	—	—	—
8300	趙君妻韋氏墓誌	貞元20(804)11月	—	—	—	—	秦晉666
8301	唐款墓誌	貞元20(804)11月	—	—	—	—	—
8302	孫子成墓誌	貞元20(804)11月	—	—	—	—	秦續729
8303	楊志廉妻劉氏墓誌	貞元20(804)11月	—	—	—	—	—
8304	任小暉墓誌	貞元20(804)11月	—	—	—	—	—
8305	李君妻榮脩墓誌	貞元20(804)11月	—	28-190	—	洛陽12-186	千唐987
8306	李周南及妻崔氏墓誌	貞元20(804)11月	—	—	—	—	洛鴛鴦42-2
8307	魏友恭墓誌	貞元20(804)11月	—	—	—	—	—
8308	魏宏簡墓誌	貞元20(804)11月	—	—	—	—	—
8309	韋應墓誌	貞元20(804)12月	—	—	—	—	秦續730
8310	高彥墓誌	貞元20(804)12月	197右下	28-191	—	江蘇67	—
8311	田潤墓誌	貞元20(804)12月	—	—	—	—	—
8312	袁傑妻劉氏墓誌	貞元20(804)12月	—	—	—	—	秦續731 洛鴛鴦40-2
8313	袁亮墓誌	貞元20(804)12月	—	—	—	—	—
8314	蕭恪墓誌	貞元20(804)	197右下	—	—	—	—
8315	楊寧妻長孫氏墓誌	貞元20(804)卒?	—	35-85	—	洛陽15-28	千唐1214
8316	許君妻祈芳墓誌	貞元21(805)1月	198左上	—	—	—	—
8317	鄭高墓誌	貞元21(805)1月	—	—	—	洛陽12-187	新獲87 洛鴛鴦43-1
8318	姚翥墓誌	貞元21(805)2月	—	—	—	—	秦續732
8319	索玄愛墓誌	貞元21(805)2月	—	—	陝西貳-188	陝西2-23	—
8320	程翰林墓誌	貞元21(805)2月	—	—	—	—	—
8321	韋孟明妻元氏墓誌	貞元21(805)2月	—	—	陝西貳-189	—	—
8322	張惟及王氏墓誌	貞元21(805)2月	198左上	28-192	—	北大2-38	—
8323	元潛墓誌	貞元21(805)3月	—	28-193	—	洛陽12-188	千唐988 民族151
8324	盧君墓誌	貞元21(805)3月	—	—	—	洛陽12-189	—
8325	徐履冰墓誌	貞元21(805)4月	—	—	—	—	—
8326	韓汯墓誌	貞元21(805)4月	—	—	—	—	秦續733
8327	劉談墓誌	貞元21(805)4月	—	28-194	—	北大2-40 河北82	—
8328	盧仲權妻王氏墓誌	貞元21(805)4月	—	—	—	—	秦續734
8329	時俁墓誌	貞元21(805)4月	198左上	—	—	—	—
8330	韓卓墓誌	貞元21(805)4月	—	—	—	—	—
8331	劉從乂墓誌	貞元21(805)5月	—	—	—	—	新獲續194
8332	李寶墓誌	貞元21(805)5月	—	—	—	—	—
8333	張薦墓誌	貞元21(805)7月	—	—	—	—	—
8334	王忠親墓誌	貞元21(805)7月	—	—	陝西參-80	—	—
8335	王君妻劉氏誌文	貞元21(805)8月	—	—	—	—	—
8336	嚴清悟墓誌	貞元21(805)10月	—	—	—	—	秦續735
8337	宋君墓誌	貞元21(805)	198左中	—	—	—	—
8338	柳君墓誌	貞元21(805)	—	—	—	—	—
8339	敬太芝墓誌	貞元間(785〜805)2月	—	—	—	—	—
8340	萬景墓誌	貞元間(785〜804)7月	—	—	—	—	—
8341	王庭玉墓誌	貞元間(785〜804)11月	—	—	—	—	—
8342	陸憑墓誌	貞元間(785〜805)	—	—	—	—	—
8343	九華觀道士墳記	永貞1(805)8月	—	—	陝西貳-190	陝西2-24	—
8344	韓憬妻李氏墓誌	永貞1(805)8月	—	—	—	—	河洛366
8345	張誼墓誌	永貞1(805)9月卒	—	—	—	—	—

貞元・永貞

番號	F北大	G墓誌彙編	H 新編	I補遺補編	J 地方	K 博物館・その他	L 日本目録
8292	—	—	9-6224	3-140	—	—	—
8293	—	貞元134	10-6728	—	—	—	—
8294	—	—	—	—	—	—	—
8295	05215	—	—	千唐-302	—	—	—
8296	05214	—	—	千唐-302	—	—	—
8297	—	—	—	—	—	碑林新237	—
8298	05217	—	—	—	—	—	—
8299	05216	—	—	千唐-303	—	—	—
8300	05218	—	—	—	—	西市336	—
8301	—	—	9-5915	—	—	—	—
8302	05219	—	—	—	—	—	—
8303	—	—	12-7749	2-34	—	—	—
8304	05221	—	—	—	—	—	—
8305	05220	貞元135	9-5741	1-249	—	—	—
8306	—	—	—	—	—	西市338	—
8307	—	—	—	—	—	西市337	—
8308	—	—	10-6707	—	—	—	—
8309	—	—	—	—	—	—	—
8310	05223	貞元136	22-15381	—	景州234 分類91 景縣394	—	—
8311	05224	—	—	—	—	—	—
8312	05225	—	—	—	—	—	—
8313	05226	—	—	千唐-304	—	—	—
8314	—	—	—	—	—	—	—
8315	06812	殘誌026	9-5742	1-250	—	—	—
8316	—	貞元137	38326	—	—	—	—
8317	05227	續貞元079	8-5073	6-128	—	—	—
8318	—	—	—	—	—	—	—
8319	—	續貞元080	9-5746	3-140	西北4-125	碑林84-3321	—
8320	—	—	9-5741	5-32 下-2120	—	—	—
8321	—	—	19-13050	3-141	—	碑林84-3312	—
8322	05228	貞元138	9-5744	4-85	—	—	—
8323	05229	貞元139	9-5745	1-253	—	—	—
8324	—	續貞元081	22-15382	6-123	—	—	—
8325	—	—	—	—	—	碑林續145	—
8326	05231	—	—	—	—	—	—
8327	05232	貞元140	22-15382	4-476	—	—	—
8328	—	—	—	—	—	—	—
8329	—	—	—	中-705	—	—	—
8330	—	—	—	—	—	西市339	—
8331	—	—	—	8-111	—	—	—
8332	05233	—	—	—	—	—	—
8333	—	—	9-5936	—	—	—	—
8334	—	—	—	8-111	榆林64	—	—
8335	—	—	10-6706	—	—	—	—
8336	—	—	—	—	—	—	—
8337	—	—	—	—	—	—	—
8338	—	—	10-6716	—	—	—	—
8339	—	—	—	8-112	—	—	—
8340	—	—	—	—	—	碑林續134	—
8341	05234	—	—	—	—	—	—
8342	—	—	—	中-714	—	—	—
8343	—	續永貞001	—	3-141	西北4-127 長碑150(501)	碑林84-3328	—
8344	05235	—	—	—	—	—	—
8345	—	—	—	—	四川246	—	—

- 319 -

永貞・元和

番號	墓誌名	年號	A 題跋	B北圖	C 附考 新中国	D隋唐五代	E千唐・河南
8346	王興滿及妻何氏墓誌	永貞1(805)9月	—	—	—	—	河洛367 七朝313
8347	陸翰妻元氏墓誌	永貞1(805)10月	—	—	—	—	—
8348	王恭墓誌	永貞1(805)10月	—	29-1	—	北京2-29	—
8349	米繼芬墓誌	永貞1(805)10月	—	—	陝西貳-191	陝西2-25	
8350	翟□晉妻蕭氏墓誌	永貞1(805)10月	—	—	—	洛陽12-190	輯繩619
8351	蕭君妻王氏墓誌	永貞1(805)10月	—	—	—	—	輯繩618
8352	朱陽墓誌	永貞1(805)10月	—	29-2	—	北大2-41	—
8353	張詵及妻樊氏墓誌	永貞1(805)10月	198左中	29-3	—	洛陽12-191	輯繩621
8354	楊從彥墓誌	永貞1(805)10月	—	—	—	—	—
8355	盧沈及妻李氏墓誌	永貞1(805)10月	—	29-4	—	洛陽12-192	輯繩620
8356	王某(士寬)墓誌	永貞1(805)10月	—	—	—	—	—
8357	田廣進墓誌	永貞1(805)10月	—	—	—	—	輯繩622
8358	程懷信墓誌	永貞1(805)10月	—	—	—	—	—
8359	李□墓誌	永貞1(805)10月	—	—	—	—	—
8360	蕭君墓誌	永貞1(805)10月	198左下	—	—	—	—
8361	范弈及妻李氏墓誌	永貞1(805)11月	—	29-5	—	洛陽12-193	—
8362	李俊妻劉氏墓誌	永貞1(805)11月	—	—	—	—	秦續737 流散245
8363	孫君及妻盧氏墓誌	永貞1(805)11月	—	29-6	—	洛陽12-194	千唐989
8364	崔翰墓誌	永貞1(805)11月	—	—	—	—	—
8365	曹備及妻段氏墓誌	永貞1(805)11月	—	—	—	—	秦續738
8366	張道昇墓誌	永貞1(805)11月	—	29-7	—	北大2-42 北京2-104	—
8367	丘秀墓誌	永貞1(805)12月	—	—	—	—	—
8368	明悟禪師塔銘	永貞1(805)12月	—	—	—	—	—
8369	李佰墓誌	永貞1(805)12月	—	—	河北壹-98	河北87	—
8370	韋本立墓誌	永貞1(805)12月	—	—	—	—	—
8371	陳義墓版文	永貞1(805)12月	198左下	29-9	—	北京2-30	—
8372	李蕭墓誌	永貞1(805)12月	—	29-10	—	洛陽12-195	—
8373	達奚撫及妻竇氏盧氏墓誌	永貞1(805)□月	—	—	—	—	秦續736
8374	陸文通墓表	永貞1(805)	—	—	—	—	—
8375	薛氏墨書磚誌	永貞1(805)1月	—	—	—	—	—
8376	范顏及井氏墓誌	元和1(806)1月	—	—	陝西參-81	陝西4-64	—
8377	崔稅十六女墓誌	元和1(806)1月	—	29-11	—	洛陽12-196	千唐990
8378	張因墓誌	元和1(806)1月	—	—	—	—	—
8379	蕭鍊墓誌	元和1(806)2月	—	29-13	—	洛陽12-197	千唐991
8380	褚峰墓誌	元和1(806)2月	—	35-76	—	洛陽15-9	千唐1209
8381	魏和墓誌	元和1(806)2月	198左下	29-14	—	洛陽12-198	—
8382	周渭墓誌	元和1(806)2月	—	—	—	—	—
8383	辛君墓誌	元和1(806)5月	—	—	—	—	—
8384	馬談墓誌	元和1(806)6月	—	—	—	—	—
8385	毛君妻鄒氏墓誌	元和1(806)6月	—	29-17	—	北京2-31	—
8386	盧曷妻裴氏墓誌	元和1(806)6月	—	—	—	—	邙洛221
8387	李君妻王氏墓誌	元和1(806)7月	—	—	—	—	秦續739
8388	楊擇文及妻陳氏墓誌	元和1(806)7月	—	29-19	—	洛陽12-199	千唐992
8389	裴孝仙及妻諸葛氏墓誌	元和1(806)8月	—	29-20	—	洛陽12-200	千唐993
8390	劉通妻張氏墓誌	元和1(806)8月	198左下	29-21	—	北大2-43	—
8391	韓炎墓誌	元和1(806)9月	—	—	—	—	—
8392	盧瓘墓誌	元和1(806)10月	—	—	—	—	—
8393	陳君及妻張氏墓誌	元和1(806)11月	—	—	—	—	秦晉667
8394	史君妻李氏墓誌	元和1(806)11月	—	—	—	—	—
8395	路景祥及妻劉氏墓誌	元和1(806)11月	—	—	—	—	—
8396	王惟誠墓誌	元和1(806)11月	—	—	河北壹-99	河北88	—
8397	裴承章墓誌	元和1(806)11月	198右上	29-23	—	—	—
8398	李巖墓誌	元和1(806)12月	198右上	—	—	—	—
8399	牛公浦妻陳氏墓誌	元和1(806)	—	—	—	—	—

永貞・元和

番號	F 北大	G 墓誌彙編	H 新編	I 補遺補編	J 地方	K 博物館・その他	L 日本目録
8346	05236	—	—	—	—	—	—
8347	—	—	11-7397	—	—	—	—
8348	—	—	—	6-474	—	北文17	—
8349	—	續永貞003	11-7722	3-143	—	碑林84-3334	—
8350	—	續永貞004	22-15383	7-406	—	—	—
8351	—	續永貞002	22-15383	7-406	—	—	—
8352	05237	永貞001 續永貞005	22-15383	—	—	—	—
8353	05238	永貞003	18-12520	6-124	—	施唐268	—
8354	—	—	—	—	滿城122	—	—
8355	—	永貞002	11-7721	3-142	—	—	—
8356	—	—	11-7670	—	—	—	—
8357	—	續永貞006	12-7740	6-125	—	—	—
8358	—	—	9-5747	6-126	河北267	—	—
8359	—	—	19-13051	—	—	—	—
8360	—	永貞004	—	7-74	—	—	—
8361	—	永貞005	22-15383	6-474	—	—	—
8362	05239	—	—	—	—	—	—
8363	05241	永貞006	10-6977	1-253	—	—	—
8364	05240	—	—	—	—	—	—
8365	—	—	—	—	—	—	—
8366	05243	永貞007	11-7722	6-127	房山16	北文18	—
8367	—	—	—	—	—	汾陽31(62)	—
8368	—	永貞008	—	7-75	—	—	—
8369	—	續永貞007	22-15384	4-476	—	—	—
8370	—	—	—	7-76	長碑151(502)	—	—
8371	05244	永貞009	8-5339	—	西北4-128	施唐269	—
8372	05245	永貞010	11-7723	3-143	—	唐宋340	人1449
8373	05246	—	—	—	—	—	—
8374	—	—	10-6697	—	—	—	—
8375	—	—	—	8-411	大同37	—	—
8376	05247	續元和001	12-7741	1-254	—	—	—
8377	05248	元和001	22-15385	2-575	—	—	—
8378	—	—	10-6720	—	—	—	—
8379	05250	元和002	12-7742	1-255	—	—	—
8380	05251	殘誌025	12-8277	1-435	—	—	—
8381	05252	元和003	12-7743	3-144	—	故宮126	人1450 淑611 淑612
8382	—	—	9-5940	—	—	—	—
8383	—	—	—	—	四川246	—	—
8384	05253	—	—	—	—	—	—
8385	05254	元和004	22-15385	5-419	江揚20	南京78	—
8386	05255	—	—	—	—	西市340	明洛97
8387	05256	—	—	—	—	—	—
8388	05257	元和005	8-5224	1-256	—	—	—
8389	05258	元和006	22-15385	2-575	—	裴氏138	—
8390	05259	元和007	12-7853	下-1892	江揚21	—	淑613
8391	—	—	10-6480	—	—	—	—
8392	05260	—	—	—	—	—	—
8393	—	—	—	—	—	西市341	—
8394	05261	—	—	—	—	—	—
8395	—	—	—	—	安陽選50	—	—
8396	—	續元和003	22-15384	4-477	—	—	—
8397	05262	元和008	10-6917	—	西北4-132	裴氏134 施唐270	人1453
8398	—	—	—	—	—	—	—
8399	—	—	—	—	—	碑林新238	—

元和

番號	墓誌名	年號	A 題跋	B北圖	C 附考 新中国	D隋唐五代	E千唐・河南
8400	李伯康墓誌	元和1(806)	—	—	—	—	—
8401	徐申墓誌	元和1(806)	—	—	—	—	—
8402	張寧墓誌	元和2(807)2月	198右中	—	—	—	—
8403	大德三乘(姜氏)墓誌	元和2(807)2月	198右上	29-24	—	北京2-32	—
8404	陳瑨及妻范氏墓誌	元和2(807)2月	—	—	—	—	—
8405	盧東美及妻李氏墓誌	元和2(807)2月	—	—	—	—	—
8406	元君妻鄭氏墓誌	元和2(807)2月	—	—	—	—	—
8407	秦承恩及妻王氏墓誌	元和2(807)2月	—	—	—	—	—
8408	假延信妻駱氏墓誌	元和2(807)2月	—	—	陝西貳-193	陝西2-26	—
8409	萬仁泰墓誌	元和2(807)2月	198右上	—	—	—	—
8410	法律禪師(姚常一)塔銘	元和2(807)4月	—	—	陝西貳-192	—	—
8411	董楣墓誌	元和2(807)4月	—	—	—	陝西4-65	—
8412	劉從一及妻崔氏墓誌	元和2(807)5月	—	—	—	—	秦續740
8413	鄭高妻崔氏墓誌	元和2(807)5月	—	—	—	洛陽12-201	新獲88 洛駕鴛43-2
8414	杜佑妻李氏墓誌	元和2(807)5月	—	—	—	—	秦續741
8415	苗渭陽墓誌	元和2(807)8月	—	—	—	—	—
8416	宮如玉墓誌	元和2(807)8月	—	—	—	北大2-44	—
8417	鄭鍊妻孫氏墓誌	元和2(807)8月	—	29-26	—	洛陽12-202	千唐994
8418	韋羽墓誌	元和2(807)8月	—	—	—	—	—
8419	高岑及妻尚氏墓誌	元和2(807)8月	198右中	29-27	—	洛陽12-203	輯繩623
8420	宮自勸墓誌	元和2(807)8月	—	—	河南參-252	—	—
8421	崔佾墓誌	元和2(807)8月	—	—	—	—	新出293
8422	楊志廉及妻劉氏墓誌	元和2(807)8月	—	—	—	陝西4-66	—
8423	盧湘及妻鄭氏墓誌	元和2(807)8月	—	—	—	—	邙洛222 龍門301
8424	龑進及妻何氏墓誌	元和2(807)8月	—	—	—	河南88	—
8425	于申妻韋懿仁墓誌	元和2(807)8月	—	—	—	—	—
8426	程惟誠墓誌	元和2(807)8月	—	—	—	—	—
8427	盧於陵墓誌	元和2(807)9月	—	—	—	—	—
8428	許君妻韋氏墓誌	元和2(807)10月	—	—	—	—	—
8429	曹乂墓誌	元和2(807)10月	—	29-28	—	洛陽12-204 洛陽12-205	輯繩624
8430	圓寂墓誌	元和2(807)10月	—	—	—	—	—
8431	朱君及妻鄭氏墓誌	元和2(807)11月	—	—	—	—	—
8432	高行暉及妻袁氏墓誌	元和2(807)11月	—	—	—	北京2-33	—
8433	李氏墓誌	元和2(807)11月	—	—	—	洛陽12-206	輯繩625
8434	王珌及妻河氏墓誌	元和2(807)11月	—	—	—	—	—
8435	劉源墓誌	元和2(807)11月	—	—	—	—	—
8436	徐項墓誌	元和2(807)11月	—	—	—	—	邙洛223 新唐262 流散246
8437	苗蕃墓誌	元和2(807)12月	—	29-29	—	陝西2-27	—
8438	崔倚墓誌	元和2(807)12月	—	29-30	—	洛陽12-207	—
8439	李君(僖王)墓誌	元和2(807)	198右中	—	—	—	—
8440	柳鎮妻盧氏墓誌	元和2(807)	—	—	—	—	—
8441	鄭昈及妻博陵崔氏清河崔氏墓誌	元和2(807)	—	—	—	—	—
8442	尹博及妻劉氏墓誌	元和3(808)1月	—	—	—	—	秦續742
8443	孟琳墓誌	元和3(808)1月	—	—	—	—	—
8444	史光及妻孫氏墓誌	元和3(808)1月	—	29-31	北京壹-17	北京2-34	—
8445	李璹妻鄭氏墓誌	元和3(808)1月	—	—	—	—	秦續743 流散247
8446	宋懷金女墓誌	元和3(808)1月	—	—	—	—	—
8447	劉君妻賈氏墓誌	元和3(808)1月	—	—	—	—	—
8448	鄭朝尚及妻粟氏墓誌	元和3(808)2月	—	—	—	—	—
8449	李嚴及妻崔二氏墓誌	元和3(808)4月	—	—	—	—	秦續744 流散248
8450	宋曜及妻元氏墓誌	元和3(808)4月	—	—	—	—	—
8451	裴復墓誌	元和3(808)4月	198右中	29-36	—	陝西2-28	—
8452	韋君妻王氏墓誌	元和3(808)4月	—	—	—	—	—
8453	李小安墓誌	元和3(808)5月	—	—	—	—	—

元和

番號	F 北大	G 墓誌彙編	H 新編	I 補遺補編	J 地方	K 博物館・その他	L 日本目録
8400	—	—	9-5913	—	—	—	—
8401	—	—	9-5904	—	—	—	—
8402	05274	元和009	19-13052	7-76	—	—	—
8403	05263	元和010	19-13020	—	西北4-133	—	人1454 淑614
8404	—	—	—	—	—	碑林新239	—
8405	—	—	10-6499	—	—	—	—
8406	—	—	11-7679	—	—	—	—
8407	—	—	—	—	—	碑林新240	—
8408	—	續元和004	12-7745	3-145	—	碑林84-3347	—
8409	—	元和011	22-15386	—	—	—	—
8410	—	元和012	18-12570	—	—	碑林新241	—
8411	—	元和013	12-7746	1-256	西北4-134	—	—
8412	05264	—	—	—	—	—	—
8413	05265	續元和005	10-6925	6-128	—	—	—
8414	05266	—	—	—	—	新見40	—
8415	05267	—	—	千唐-305	—	—	—
8416	05268	元和014	22-15386	6-475	—	—	—
8417	05269	元和015	9-5723	1-242	—	—	—
8418	—	—	—	—	—	西市343	—
8419	05271	元和016	12-7747	3-146	景縣391	唐宋341 施唐271	人1456 東1450
8420	05273	—	—	千唐-305	—	—	—
8421	05270	—	9-386	—	—	—	—
8422	—	續元和002	12-7749	2-35	西北4-135 精華145	—	—
8423	05272	—	—	—	—	—	—
8424	—	元和017	12-7748	7-77	—	—	—
8425	—	元和018	12-8095	7-78	—	—	—
8426	—	—	—	—	—	西市342	—
8427	—	—	10-6479	—	—	—	—
8428	—	—	9-5924	—	—	—	—
8429	05275	元和019 續元和006	12-7751	3-146	—	—	—
8430	—	—	—	—	—	慶雅堂48 西市344	—
8431	—	—	—	—	房山19	北文19	—
8432	—	續元和007	12-8154	4-86	景州198 景縣356	北文20	—
8433	—	續元和008	12-7752	6-129	—	—	—
8434	—	—	—	—	—	西市345	—
8435	—	—	—	—	—	碑林續146	—
8436	—	—	—	—	—	—	—
8437	05276	元和021	10-6496	—	—	鴛鴦289 碑林84-3339	—
8438	—	元和020	12-7753	1-257	—	曲石76 南京79	—
8439	—	—	—	—	—	—	—
8440	—	—	10-6722	—	—	—	—
8441	—	—	11-7669	—	—	—	—
8442	05277	—	—	—	—	—	—
8443	—	—	—	—	—	慶雅堂49 西市346	—
8444	05279	續元和009	9-5615	3-147 中-749	房山20	—	—
8445	05278	—	—	—	—	—	—
8446	05280	—	—	—	—	—	—
8447	05281	—	—	—	—	—	—
8448	—	—	—	—	—	碑林新242	—
8449	05282	—	—	—	—	—	—
8450	—	—	—	—	—	碑林新243	—
8451	05283	元和023 續元和010	10-6490	—	—	碑林84-3354 裴氏130 施碑選284	人1458
8452	—	—	13-8565	—	—	—	—
8453	—	—	9-5919	—	—	—	—

元和

番號	墓誌名	年號	A 題跋	B北圖	C 附考 新中国	D隋唐五代	E千唐・河南
8454	李卅三娘墓誌	元和3(808)5月	198右下	29-34	—	洛陽12-208	輯繩626 龍門302
8455	韋聿妻鄭氏墓誌	元和3(808)7月	—	—	陝西參-82	—	—
8456	周俊女墓誌	元和3(808)7月	—	—	—	北京2-35	—
8457	蕭元明墓誌	元和3(808)7月	—	—	—	洛陽12-209	—
8458	李彙及妻鄭氏墓誌	元和3(808)7月	—	29-37	—	洛陽12-210	千唐995
8459	鄭遂誠及妻崔氏墓誌	元和3(808)7月	—	—	—	—	秦續745
8460	鄭沛妻李淑(大長公主)墓誌	元和3(808)7月	—	—	—	—	—
8461	樊□言墓誌	元和3(808)8月	196左上	28-107	—	北京2-22 北大2-45	—
8462	陸君妻宋氏墓誌	元和3(808)9月	—	—	—	—	—
8463	裴位及妻苗媛墓誌	元和3(808)10月	—	—	—	—	秦續746 流散249
8464	劉奇秀妻駱氏墓誌	元和3(808)10月	—	—	陝西貳-194	陝西2-29	—
8465	韋聿墓誌	元和3(808)10月	—	—	—	—	—
8466	任紫宸墓誌	元和3(808)10月	—	29-39	—	北京2-36	—
8467	李德方墓誌	元和3(808)10月	—	—	—	—	—
8468	王叔平及妻張氏墓誌	元和3(808)10月	—	—	—	—	秦晉670
8469	韋告成妻裴氏墓誌	元和3(808)10月	—	—	—	—	—
8470	楊尊墓誌	元和3(808)10月	—	—	陝西貳-195	陝西2-30	—
8471	杜君妻李氏墓誌	元和3(808)10月	—	—	—	—	—
8472	吳江及妻張氏墓誌	元和3(808)11月	—	—	河南壹-217	河南89	—
8473	郭衡墓誌	元和3(808)11月	—	—	—	—	秦續747
8474	秦君妻楊氏墓誌	元和3(808)11月	—	—	陝西貳-196	陝西2-31	—
8475	田沼妻斑氏墓誌	元和3(808)11月	—	—	—	—	—
8476	李珪及妻楊氏墓誌	元和3(808)11月	—	—	—	—	邙洛224
8477	劉涗墓誌	元和3(808)11月	—	—	—	—	—
8478	蕭忩及妻張氏墓誌	元和3(808)11月	—	—	河南參-253	—	—
8479	王君妻李氏(安鄉縣主)墓誌	元和3(808)11月	—	—	陝西參-83	—	—
8480	石解及妻鄭氏墓誌	元和3(808)11月	—	—	—	—	秦晉671
8481	韋孟明及妻元氏墓誌	元和3(808)11月	—	—	陝西貳-197	陝西2-33	—
8482	張進及妻成氏墓誌	元和3(808)11月	—	—	—	—	河洛368
8483	朱庭玘墓誌	元和3(808)11月	—	—	陝西貳-198	陝西2-32	—
8484	韋師哲墓誌	元和3(808)12月	—	—	—	—	—
8485	李仙家墓誌	元和3(808)12月	—	—	—	—	—
8486	宋德遇墓誌	元和3(808)	198右下	—	—	—	—
8487	李雍(雍尹?)墓誌	元和3(808)	—	—	—	—	—
8488	高胤墓誌	元和4(809)1月	—	—	—	—	—
8489	崔澹及妻薛氏墓誌	元和4(809)1月	—	29-41	—	北大2-46	—
8490	苑鍠墓誌	元和4(809)3月	—	—	—	—	—
8491	李嘉運及妻杜氏墓誌	元和4(809)3月	—	—	—	—	秦晉672
8492	張圓契墓誌	元和4(809)3月	—	—	—	—	邙洛225
8493	路景秀及妻史氏墓誌	元和4(809)閏3月	—	—	—	—	秦續748
8494	孫杲墓誌	元和4(809)閏3月卒	—	29-46	—	北京2-37	—
8495	李寶光及妻劉氏墓誌	元和4(809)閏3月	—	—	—	—	—
8496	唐充妻盧氏墓誌	元和4(809)4月	—	—	—	—	—
8497	崔邁墓誌	元和4(809)4月	—	—	—	—	—
8498	韋氏墓誌	元和4(809)4月	—	—	—	—	—
8499	秦君妻李氏墓誌	元和4(809)5月	—	—	陝西貳-199	—	—
8500	薛公達及妻王氏墓誌	元和4(809)5月	198右下	—	—	—	—
8501	駱遏及妻孫氏墓誌	元和4(809)5月	—	—	—	—	—
8502	劉廿四娘墓誌	元和4(809)6月	—	—	—	—	秦續749
8503	嚴君妻劉氏墓誌	元和4(809)6月	—	—	—	—	—
8504	崔嶠及妻王氏墓誌	元和4(809)7月	—	—	—	—	—
8505	張佐元墓誌	元和4(809)7月	—	—	—	—	秦續750 洛鴛鴦44-1
8506	劉暉墓誌	元和4(809)7月	—	—	河南貳-282	—	—
8507	毛伯良妻楊氏墓誌	元和4(809)8月	—	—	陝西貳-200	—	—

番號	F北大	G墓誌彙編	H 新編	I補遺補編	J 地方	K 博物館・その他	L 日本目録
8454	05284	元和022	22-15386	6-475	—	—	人1457(蓋) 東1451 淑615(蓋)
8455	—	—	—	7-79	長新222 長碑152(503)	—	—
8456	—	元和024	22-15387	7-406	—	北文21	—
8457	—	續元和011	22-15387	6-475	—	—	—
8458	05285	元和025	12-8104	1-258	—	—	—
8459	—	—	—	—	—	—	—
8460	—	—	11-7121	7-80	長碑153(504)	—	—
8461	05286	貞元058 續元和012	22-15361 22-15389	7-407	—	故宮117	—
8462	05287	元和026	22-15387	7-407	江揚22	—	—
8463	—	—	—	—	—	—	—
8464	—	續元和013	12-8105	3-148	—	碑林84-3368	—
8465	—	—	9-5938	—	—	—	—
8466	—	元和027	22-15387	3-148	精粹219 精粹220	北文22	—
8467	—	—	—	9-387	—	—	—
8468	—	—	—	—	—	西市347	—
8469	—	—	—	—	—	西市348	—
8470	—	續元和014	12-8106	3-149	—	碑林85-3390	—
8471	—	—	11-7125	—	—	—	—
8472	—	續元和016	12-8108	6-130	—	—	—
8473	—	—	—	—	—	—	—
8474	—	續元和017	12-8108	3-149	—	碑林84-3360	—
8475	—	—	—	—	—	碑林續147	—
8476	—	—	—	—	—	—	—
8477	—	—	—	中-732	—	—	—
8478	05288	—	—	千唐-306	—	—	—
8479	—	—	—	—	長新224 長碑154(505)	—	—
8480	—	—	—	—	—	西市349	—
8481	—	續元和018	12-8109	3-150	—	碑林84-3375	—
8482	05289	—	—	—	—	—	—
8483	—	續元和015	12-8107	3-151	西北4-137	碑林85-3384	—
8484	05290	—	—	—	長新226 長碑155(506)	—	—
8485	05291	—	—	—	—	—	—
8486	—	—	—	—	—	—	—
8487	—	—	9-5915	—	—	—	—
8488	—	—	—	—	—	汾陽32(64)	—
8489	05292	元和028	19-13053	6-131	—	—	—
8490	05293	—	—	—	—	—	—
8491	05294	—	—	—	—	—	—
8492	05296	—	—	—	—	—	—
8493	—	—	—	—	—	—	—
8494	—	元和029	22-15388	4-90	—	—	—
8495	05295	—	—	—	—	—	—
8496	—	—	10-6481	—	—	—	—
8497	05297	—	—	千唐-307	—	—	—
8498	—	—	11-7678	—	—	—	—
8499	—	—	12-8110	3-151	—	碑林85-3396	—
8500	—	—	10-6490	—	—	薛氏293	—
8501	05298	—	—	千唐-308	—	—	—
8502	—	—	—	—	—	—	—
8503	05299	—	—	—	—	—	—
8504	—	—	—	—	大同39 大全・南郊39	—	—
8505	05300	—	—	—	—	—	—
8506	—	—	—	—	—	—	—
8507	—	—	22-15389	6-476	—	—	—

元和

番號	墓誌名	年號	A 題跋	B北圖	C 附考 新中國	D隋唐五代	E千唐・河南
8508	張君妻王氏墓誌	元和4(809)8月	—	—	—	—	—
8509	盧載妻鄭氏墓誌	元和4(809)8月	—	—	河南參-254	—	—
8510	郭君妻陳氏墓誌	元和4(809)8月	—	—	—	—	—
8511	李胡墓誌	元和4(803)8月	—	—	江蘇貳-38	—	—
8512	李鷫妻元氏墓誌	元和4(809)8月	—	—	河南參-255	—	民族152
8513	苗君妻楊氏墓誌	元和4(809)8月	—	29-47	—	洛陽12-211	千唐996
8514	王堅妻宇文氏墓誌	元和4(809)8月	—	—	—	—	民族214
8515	太白禪師塔銘	元和4(809)10月	—	—	—	—	—
8516	元積妻韋叢墓誌	元和4(809)10月	199左中	—	—	—	—
8517	王叔雅墓誌	元和4(809)10月	198右下	—	—	—	—
8518	王大劍墓誌	元和4(809)10月	199左中	29-49	—	北京2-38	—
8519	李令叔墓誌	元和4(809)10月	—	—	—	—	—
8520	陳諸及妻獨孤氏墓誌	元和4(809)10月	198右下	29-50	—	洛陽12-212	民族291
8521	杜令莊墓誌	元和4(809)10月	—	—	—	—	流散251
8522	范客墓誌	元和4(809)11月	—	—	—	—	—
8523	何載墓誌	元和4(809)11月	—	29-51	—	山西148	—
8524	吳士平及妻李氏墓誌	元和4(809)11月	—	—	—	—	—
8525	李日榮墓誌	元和4(809)11月	—	—	陝西貳-201	陝西2-34	—
8526	孫素朱壙誌	元和4(809)11月	199左上	29-52	—	北大2-47	—
8527	韋慶復墓誌	元和4(809)11月	—	—	—	—	—
8528	崔嶼及妻張氏墓誌	元和4(809)11月	—	—	—	北京2-105	—
8529	李君妻韋氏墓誌	元和4(809)11月	—	—	—	—	—
8530	羅珦墓誌	元和4(809)11月卒	—	—	—	—	—
8531	施昭及妻汪氏墓誌	元和4(809)12月	199左上	—	—	—	—
8532	韋珮母段氏墓誌	元和4(809)12月	—	—	—	—	邙洛226 龍門303
8533	馮仙師(得一)墓誌	元和4(809)12月	—	—	陝西貳-202	—	—
8534	韋夏卿妻段氏墓誌	元和4(809)12月	—	—	—	—	新唐264
8535	苗儉妻李氏墓誌	元和4(809)	—	—	—	—	秦續751
8536	許守珪墓誌	元和4(809)	199左中	—	—	—	—
8537	陳玄志妻張淑墓誌	元和4(809)	199左中	—	—	—	—
8538	賈耽墓誌	元和4(809)	199左中	—	—	—	—
8539	顏防墓誌	元和4(809)	199左中	—	—	—	—
8540	凌準權厝志	元和1〜4(806〜809)	—	—	—	—	—
8541	李成鈞墓誌	元和5(810)1月	—	—	—	—	河洛369
8542	袁秀巖及妻李氏楊氏墓誌	元和5(810)2月	199左中	29-53	—	北京2-39	輯繩627
8543	孟荀墓誌	元和5(810)2月	—	—	—	—	—
8544	杜兼墓誌	元和5(810)2月	—	—	—	—	—
8545	孫楚珪墓誌	元和5(810)2月	—	—	—	—	秦續752
8546	元袞墓誌	元和5(810)3月	—	29-55	—	洛陽13-1	輯繩628 民族153
8547	盧綏墓誌	元和5(810)3月卒	—	—	—	—	—
8548	崔鄑妻鄭氏墓誌	元和5(810)3月	—	—	—	—	—
8549	張朝清及妻任氏墓誌	元和5(810)4月	—	—	—	—	—
8550	魏邈墓誌	元和5(810)4月	200左下	29-98	—	陝西2-35	—
8551	蕭鄴墓誌	元和5(810)4月	—	—	—	—	—
8552	張仕濟墓誌	元和5(810)5月	—	—	—	江蘇69	—
8553	李君外婦馬淑墓誌	元和5(810)5月	—	—	—	—	—
8554	韋瀛墓誌	元和5(810)7月	—	—	—	—	—
8555	李昇妻鄭氏墓誌	元和5(810)7月	—	—	—	—	秦續753
8556	尹朝墓誌	元和5(810)7月	—	—	—	—	—
8557	張渙墓誌	元和5(810)8月	—	—	陝西貳-203	陝西2-36	—
8558	張頓及妻崔氏墓誌	元和5(810)8月	—	—	—	—	—
8559	孔戡墓誌	元和5(810)8月	—	—	—	—	—
8560	韋君妻孫娩墓誌	元和5(810)8月	—	29-57	—	洛陽13-2	千唐997
8561	崔慎思墓誌	元和5(810)8月	—	—	陝西貳-204	陝西2-37	—
8562	郭滋墓誌	元和5(810)8月	—	—	—	—	秦晉673

元和

番號	F北大	G墓誌彙編	H 新編	I補遺補編	J 地方	K 博物館・その他	L 日本目錄
8508	05302	—	—	—	—	—	—
8509	05301	—	—	千唐-308	—	—	—
8510	05303	—	—	—	—	—	—
8511	—	—	—	—	—	—	—
8512	05305	—	—	千唐-309	—	—	—
8513	05304	元和030	—	1-259	—	—	—
8514	05306	—	—	千唐-310	—	—	—
8515	—	元和032	—	—	—	—	—
8516	—	—	10-6491	—	—	—	—
8517	—	元和033	12-8091	—	—	—	—
8518	05308	元和034	22-15390	5-420	—	施唐272-273	人1460
8519	—	—	9-5927	—	—	—	—
8520	05309	元和031	12-8202	—	—	故宮127	人1461 東1452 淑616 淑617
8521	—	—	—	—	—	—	—
8522	05307	—	—	—	—	—	—
8523	—	元和035	12-8110	—	—	—	—
8524	—	—	—	7-82	長碑156(506)	—	—
8525	—	續元和019	22-15391	2-576	—	碑林85-3409	—
8526	05310	元和036	12-7871	6-476	—	故宮128	人1462 東1453
8527	—	—	—	—	—	碑林續148	—
8528	—	—	—	—	—	—	—
8529	—	—	—	8-113	—	—	—
8530	—	—	9-5939	—	—	—	—
8531	05311	元和037	12-7870	—	—	—	—
8532	—	—	11-7398	—	武威60	—	—
8533	—	續元和020	12-8111	6-132	—	碑林85-3401 碑林新244	—
8534	—	—	—	—	—	—	—
8535	05312	—	—	—	—	—	—
8536	—	—	—	—	—	—	—
8537	—	—	—	—	—	—	—
8538	—	—	9-5929	—	—	—	—
8539	—	—	—	—	—	—	—
8540	—	—	10-6713	—	—	—	—
8541	—	—	—	—	—	—	—
8542	05313	元和038	12-8112	3-153	—	唐宋342	人1463 東1455
8543	05314	—	—	—	—	—	—
8544	—	—	10-6497	—	—	—	—
8545	05315	—	—	—	—	—	—
8546	—	續元和023	12-8112	3-154 中-750	—	—	—
8547	—	—	12-8114	3-155 中-918	長碑(507)	—	—
8548	—	—	—	—	—	碑林續149	—
8549	—	—	—	—	—	碑林新245	—
8550	05398	元和082	12-7883	—	西北4-138 西北4-152 長碑160(513)	碑林85-3447 柏克萊167 施唐277	淑627
8551	—	—	—	7-83	—	—	—
8552	—	續元和024	22-15392	4-478	江揚23	—	—
8553	—	—	10-6717	—	—	—	—
8554	05316	—	—	—	長新228 長碑157(508)	—	—
8555	—	—	—	—	—	—	—
8556	05317	—	—	—	—	—	—
8557	—	續元和025	12-8114	3-156	西北4-139	碑林85-3415	—
8558	—	—	—	—	—	西市316	—
8559	—	—	10-6497	—	—	—	—
8560	05318	元和039	22-15391	1-260	—	—	—
8561	—	續元和026	12-8115	3-157	西北4-140	碑林85-3424	—
8562	05319	—	—	—	—	—	—

元和

番號	墓誌名	年號	A 題跋	B北圖	C 附考 新中国	D隋唐五代	E千唐・河南
8563	史守玹墓誌	元和5(810)8月	—	—	—	—	—
8564	畢君妻趙氏墓誌	元和5(810)8月	—	29-58		洛陽13-3	—
8565	李君妻彭氏墓誌	元和5(810)9月	199左下	29-59	—	北京2-40	—
8566	崔敏墓誌	元和5(810)9月卒	—				
8567	張清源妻何氏墓誌	元和5(810)9月					
8568	呂沅權殯記	元和5(810)10月					
8569	劉濟墓誌	元和5(810)10月					
8570	牛名俊墓誌	元和5(810)11月					
8571	解進墓誌	元和5(810)11月	199左下	29-60		北京2-41	
8572	王君妻羅氏墓誌	元和5(810)11月					
8573	鄭芬妻胡氏墓誌	元和5(810)11月				洛陽13-4	
8574	郭超岸墓誌	元和5(810)11月		—	河南壹-429	河南91	—
8575	申屠逸及妻王氏墓誌	元和5(810)11月				山西149	
8576	孫君妻常氏墓誌	元和5(810)11月					
8577	盧殷及妻鄭氏墓誌	元和5(810)11月					
8578	李志訓墓誌	元和5(810)12月					
8579	李繟(會王)墓誌	元和5(810)12月	—	—	陝西貳-205	陝西2-38	—
8580	劉溢墓誌	元和5(810)12月	—	—	陝西貳-206		
8581	道廣和尚荼毘遺記	元和5(810)				陝西4-67	
8582	趙群墓誌	元和5(810)卒					
8583	趙昇朝及妻楊氏墓誌	元和6(811)1月					
8584	朱正則墓誌	元和6(811)1月				江蘇70	
8585	侯巽妻楊氏墓誌	元和6(811)1月					
8586	房武及妻鄭氏墓誌	元和6(811)1月					
8587	苑咸墓誌及妻崔氏墓誌	元和6(811)1月					秦晉675
8588	郭秀墓誌	元和6(811)1月					邙洛227
8589	鄭叔度及妻韓氏墓誌	元和6(811)1月					
8590	□巨源墓誌	元和6(811)1月					
8591	韓君妻王氏墓誌	元和6(811)2月					
8592	程氏墓誌	元和6(811)2月					
8593	畢坰墓誌	元和6(811)2月					
8594	高沛墓誌	元和6(811)3月	—	—	江蘇壹-4		
8595	李正眞墓誌	元和6(811)3月					
8596	崔遂墓誌	元和6(811)4月	—	—	—	—	邙洛228 龍門305 洛駕鶩45-1
8597	張季陽墓誌	元和6(811)4月	—	—	—	—	—
8598	崔廠墓誌	元和6(811)4月	—	—	河南參-256	—	—
8599	劉宗意及妻孫氏墓誌	元和6(811)5月卒	—	—	陝西參-84	—	—
8600	田占墓誌	元和6(811)6月					
8601	盧義墓誌	元和6(811)6月					
8602	韋丹墓誌	元和6(811)7月	199左下	—	—	—	—
8603	張威德山墓誌	元和6(811)7月					
8604	閻君妻段氏墓誌	元和6(811)7月					
8605	侯顏則及妻裴氏墓誌	元和6(811)8月					
8606	柳寬墓誌	元和6(811)8月卒					
8607	李敢言墓誌	元和6(811)8月					
8608	崔紘墓誌	元和6(811)8月	—	—	—	陝西4-68	—
8609	李岸妻王氏墓誌	元和6(811)8月	199右上	—	—	—	—
8610	張林及前妻楊氏後妻崔氏墓誌	元和6(811)8月					邙洛229 新出298 新唐266
8611	趙晏墓誌	元和6(811)9月	—	—	—	洛陽13-5	輯繩629
8612	王守廉墓誌	元和6(811)9月					
8613	安玉妻劉氏墓誌	元和6(811)10月	—	—	—	—	秦續754 流散252
8614	吳懷秀墓誌	元和6(811)10月					
8615	元子長妻李眞墓誌	元和6(811)10月					秦晉676 七朝314 洛駕鶩34-2
8616	李君墓誌	元和6(811)10月					
8617	柳信墓誌	元和6(811)10月					

元和

番號	F北大	G墓誌彙編	H 新編	I補遺補編	J 地方	K 博物館・その他	L 日本目録
8563	05321	—	—	—	—	—	—
8564	05320	元和040	22-15392	5-420	—	—	—
8565	05322	元和041	22-15393	5-421	江揚24	—	人1464 淑618
8566	—	—	10-6708	—	—	—	—
8567	—	—	—	—	—	磚刻1201	—
8568	—	—	11-7120	—	—	—	—
8569	—	—	9-5930	—	—	—	—
8570	—	—	—	—	—	西市350	—
8571	—	元和042	22-15393	—	—	—	—
8572	—	—	—	—	寧波5	—	—
8573	—	續元和027	12-8117	4-91	—	—	—
8574	—	續元和028	12-8117	5-133	—	河博45	—
8575	—	續元和029	22-15394	5-422	晋中47	—	—
8576	—	元和043	12-8116	7-85	—	—	—
8577	—	—	10-6491	—	—	—	—
8578	05323	—	—	—	—	—	—
8579	—	元和044	11-7669	—	西北4-141 長碑(509)	碑林85-3431	—
8580	—	續元和030	12-8118	3-157	—	碑林85-3440	—
8581	—	續元和021	22-15392	—	—	—	—
8582	—	—	10-6717	—	—	—	—
8583	05324	—	—	—	—	西市351	明洛98
8584	—	續元和031	12-8161	4-92	—	—	—
8585	—	—	—	—	—	碑林續150	—
8586	—	—	10-6491	—	—	—	—
8587	05325	—	—	9-389	—	—	—
8588	—	—	—	—	—	—	—
8589	—	—	—	9-388	—	—	—
8590	—	—	—	—	—	蘇州11	—
8591	05326	—	—	—	—	—	—
8592	05327	—	—	—	—	—	—
8593	—	—	10-6495	—	—	—	—
8594	—	—	—	—	—	—	—
8595	—	—	10-6481	—	—	—	—
8596	05328	—	—	8-113	—	—	—
8597	—	—	—	8-114	長碑(509)	—	—
8598	05329	—	—	千唐-311	—	—	—
8599	—	—	—	7-85	戸縣298	—	—
8600	—	—	—	—	—	碑林新246	—
8601	05330	—	—	—	—	—	—
8602	—	—	10-6494	—	—	—	—
8603	—	—	—	—	—	西市352	—
8604	—	—	—	9-391	長碑(510)	碑林新247	—
8605	05331	—	—	—	—	—	—
8606	—	—	10-6718	—	—	—	—
8607	—	—	—	—	濟南42 分類92	—	—
8608	—	續元和032	12-8161	1-261 中-750	—	—	—
8609	—	元和045	12-8164	7-86	—	—	—
8610	05332	—	—	9-392	—	—	—
8611	—	續元和033	12-8165	4-93	—	—	—
8612	—	元和046	22-15394	7-407	—	—	—
8613	—	—	—	—	—	—	—
8614	05333	—	—	—	—	—	—
8615	05334	—	—	—	—	西市353	—
8616	—	—	—	—	大同50 大全・南郊41	—	—
8617	—	—	—	—	濮陽6	—	—

元和

番號	墓誌名	年號	A 題跋	B北圖	C 附考 新中國	D隋唐五代	E千唐・河南
8618	孫晏墓誌	元和6(811)10月	—	—	—	—	秦晉677
8619	董希逸及妻李氏墓誌	元和6(811)10月	—	—	陝西貳-207	陝西2-13	—
8620	李良遂妻任氏墓誌	元和6(811)10月	—	29-64	—	洛陽13-6	千唐998
8621	史然墓誌	元和6(811)10月	—	—	—	—	邙洛230 民族191 洛絲138
8622	張君妻宗氏墓誌	元和6(811)10月	—	—	陝西貳-208	陝西2-39	—
8623	張庭芝及妻成氏墓誌	元和6(811)10月	199右上	—	河北壹-100	河北89	—
8624	張茂昭墓誌	元和6(811)10月	—	—	—	—	—
8625	趙藤及妻崔氏墓誌	元和6(811)10月	—	—	—	—	—
8626	王俊墓誌	元和6(811)10月	—	—	—	陝西4-69	—
8627	盧君及妻張氏墓誌	元和6(811)10月	—	—	—	—	—
8628	陳商妻南氏墓誌	元和6(811)11月	—	29-65	—	洛陽13-7	千唐999
8629	王君妻薄氏墓誌	元和6(811)11月	—	29-66	—	洛陽13-8	—
8630	張玉及關氏墓誌	元和6(811)12月	—	—	—	—	—
8631	崔俠墓誌	元和6(811)12月	—	—	—	—	—
8632	李正墓誌	元和6(811)12月	—	—	—	—	—
8633	裴兼墓誌	元和6(811)閏12月	—	—	—	—	—
8634	張舟墓誌	元和6(811)	—	—	—	—	—
8635	鄧君墓誌	元和6(811)	—	—	—	—	—
8636	蕭君妻張氏墓誌	元和7(812)1月	—	—	—	—	—
8637	董炭妻楊氏墓誌	元和7(812)2月	—	—	—	陝西4-70	—
8638	李素墓誌	元和7(812)3月	—	—	—	—	—
8639	武士穆墓誌	元和7(812)4月	—	—	—	—	—
8640	劉超妻張氏墓誌	元和7(812)4月	—	—	—	—	—
8641	韋庸妻王媛墓誌	元和7(812)4月	—	—	陝西參-85	—	—
8642	董侹墓誌	元和7(812)5月	—	—	—	—	—
8643	李從規妻尹氏墓誌	元和7(812)5月	199右上	29-70	—	北大2-48	—
8644	李秀炎墓誌	元和7(812)7月	—	—	—	—	—
8645	孫君墓誌	元和7(812)7月	—	—	—	北大2-49	—
8646	石洪墓誌	元和7(812)7月	199左下	—	—	—	—
8647	盧士瓊妻鄭氏墓誌	元和7(812)7月	—	—	河南參-257	—	—
8648	江公儉墓誌	元和7(812)8月	—	—	—	—	—
8649	苻載妻李氏墓誌	元和7(812)8月	199右上	29-71	—	北京2-42	—
8650	張瑜墓誌	元和7(812)8月	—	—	—	—	—
8651	盧璠妻崔元二墓誌	元和7(812)8月	—	29-72	—	洛陽13-9	輯繩630
8652	李瞻妻蕭氏墓誌	元和7(812)8月	—	—	陝西貳-209	陝西2-40	—
8653	朱泳墓誌	元和7(812)8月	—	—	—	—	—
8654	何君妻邊氏墓誌	元和7(812)8月	—	29-73	—	洛陽13-10	千唐1000
8655	崔簡墓誌	元和7(812)8月	—	—	—	—	—
8656	張朝翼妻常氏墓誌	元和7(812)9月	—	—	—	—	秦晉678
8657	李藤墓誌	元和7(812)10月	—	—	北京壹-18	—	—
8658	王昇及妻趙氏墓誌	元和7(812)10月	—	—	陝西參-86	—	—
8659	李景逸墓誌	元和7(812)10月	—	29-75	—	北大2-50	—
8660	崔仲謨妻盧氏墓誌	元和7(812)10月	—	—	—	—	秦續755
8661	馬氏女永娘墓記	元和7(812)11月	—	—	—	—	—
8662	沈君妻楊氏墓誌	元和7(812)11月	—	—	—	洛陽13-11	千唐1001
8663	孫起墓誌	元和7(812)12月	—	—	—	—	—
8664	馬承宗及妻韓氏墓誌	元和7(812)12月	—	—	—	—	—
8665	孫岩墓誌	元和8(813)2月	—	—	河北壹-101	河北90	—
8666	史惟清墓誌	元和8(813)2月	—	—	—	—	洛鴛鴦46-1
8667	劉君妻李智玄寂墓誌	元和8(813)2月	—	—	—	—	新獲續196 河洛370 龍門306
8668	王傑墓誌	元和8(813)2月	—	—	—	—	秦晉679
8669	王叔原墓誌	元和8(813)2月	—	29-77	—	北京2-43	—
8670	石神福墓誌	元和8(813)2月	199右上	—	—	北大2-51	—
8671	秦擇(檡)信妻張氏墓誌	元和8(813)2月	—	—	—	北大2-53	—

元和

番號	F北大	G墓誌彙編	H 新編	I補遺補編	J 地方	K 博物館・その他	L 日本目錄
8618	—	—	—	—	—	—	—
8619	—	續元和034	12-8166	3-158	西北4-111	—	—
8620	05335	元和047	12-8167	4-93	—	—	—
8621	—	—	—	—	—	—	—
8622	—	續元和035	22-15394	5-422	—	碑林85-3455	—
8623	—	續元和036	22-15395	4-478	滄州24	—	—
8624	—	—	9-5932	—	—	—	—
8625	—	—	—	—	—	西市354	—
8626	—	續元和037	22-15396	5-423	—	—	—
8627	—	—	10-6496	—	—	—	—
8628	05336	元和048	13-8683	1-261	—	—	—
8629	05337	元和049	12-8168	3-159	—	唐宋343	人1465
8630	05338	—	—	千唐-312	—	—	—
8631	05340	—	—	千唐-313	—	—	—
8632	05339	—	—	—	—	—	—
8633	05341	—	—	千唐-314	—	—	—
8634	—	—	10-6709	—	—	—	—
8635	—	—	10-6711	—	—	—	—
8636	—	—	—	7-87	—	—	—
8637	—	元和050	12-8168	—	精華146	—	—
8638	—	—	10-6492	—	—	—	—
8639	—	—	—	—	—	碑林補-55 碑林新248	—
8640	—	—	—	—	—	碑林新249	—
8641	—	—	—	7-87	長新230 長碑158(511)	—	—
8642	—	—	10-6903	—	—	—	—
8643	05343	元和051	12-8170	6-134	四川261	—	—
8644	—	—	—	—	長碑(511)	碑林新250	—
8645	05344	續元和038	12-8170	6-134	—	—	—
8646	—	—	10-6494	—	—	—	—
8647	05345	—	—	千唐-314	—	—	—
8648	—	續元和039	14-9416	8-116	—	南京80	—
8649	05346	元和052	12-7821	—	西北4-142	—	人1466 東1456 淑619
8650	—	—	—	—	—	西市355	—
8651	05347	元和053	12-8182	1-263	—	曲石77 南京81	—
8652	—	續元和040	12-8171	3-160	—	碑林85-3463	—
8653	—	—	—	—	—	西市356	—
8654	05348	元和054	18-12572	1-264	—	—	—
8655	—	—	10-6709	—	—	—	—
8656	—	—	—	—	—	西市357	—
8657	—	—	—	—	—	—	—
8658	—	—	—	7-88 8-116	戸縣299(15)	—	—
8659	05349	元和055	12-8171	3-160	—	—	—
8660	—	—	—	—	—	—	—
8661	—	元和056	22-15396	7-505	—	—	—
8662	—	元和057	12-8172	1-264	—	—	—
8663	—	元和058	9-5724	7-89	—	—	—
8664	—	—	—	—	—	汾陽33(66)	—
8665	—	續元和041	22-15396	4-479	—	—	—
8666	—	—	—	—	—	—	—
8667	—	—	—	8-117	—	—	—
8668	—	—	—	—	—	西市358	—
8669	—	元和060	19-13054	3-161 中-752	—	北文23	—
8670	05350	元和061	22-15397	—	—	—	—
8671	05354	元和059	22-15396	6-477	—	—	—

- 331 -

元和

番號	墓誌名	年號	A 題跋	B北圖	C 附考 新中國	D隋唐五代	E千唐・河南
8672	裴廣迪墓誌	元和8(813)2月	—	—	—	—	新獲續195 河洛371
8673	李仲昌墓誌	元和8(813)2月	—	—	河南參-258	—	—
8674	朱瑨及妻關氏墓誌	元和8(813)2月	—	—	—	—	—
8675	何澄妻□氏墓誌	元和8(813)2月	—	—	—	—	民族241 洛絲144 秦晉680 洛鴛鴦41-2
8676	秦士寧妻王氏墓誌	元和8(813)2月	199右中	29-78	—	北大2-52	—
8677	陳君妻白氏墓誌	元和8(813)2月	—	—	—	—	—
8678	宗惟政墓誌	元和8(813)3月	—	—	河北壹-102	河北91	—
8679	張乾曜墓誌	元和8(813)3月	—	—	—	—	—
8680	杜佑墓誌	元和8(813)4月	202左下	—	—	—	—
8681	王君妻段氏墓誌	元和8(813)4月	—	—	—	河北92	—
8682	司徒倚墓誌	元和8(813)4月	—	—	—	—	秦續756
8683	李堅及妻衛氏王氏墓誌	元和8(813)5月	—	—	—	—	秦續757
8684	崔君妻鄭正墓誌	元和8(813)5月	—	—	—	洛陽13-12	輯繩631
8685	顧師閔墓誌	元和8(813)6月	—	—	—	—	秦晉681
8686	呂恭墓誌	元和8(813)6月卒	—	—	—	—	—
8687	竇守吾妻焦氏墓誌	元和8(813)7月	—	—	—	—	秦續758
8688	馬氏墓誌	元和8(813)8月	199右中	—	—	—	—
8689	李欒妻何氏墓誌	元和8(813)8月	—	—	—	—	—
8690	林君妻長孫氏墓誌	元和8(813)8月	—	—	—	—	秦續759
8691	馬考顏及妻李氏墓誌	元和8(813)8月	—	—	—	—	—
8692	邵迥岑墓誌	元和8(813)9月	—	—	—	陝西4-71	—
8693	郭惟良及妻王氏墓誌	元和8(813)10月	—	—	—	—	—
8694	雷渾墓誌	元和8(813)10月	—	—	—	—	河洛372 民族351
8695	梁朝墓誌	元和8(813)10月	—	—	—	陝西4-72	—
8696	馬倩墓誌	元和8(813)10月	—	—	—	陝西4-73	—
8697	劉通墓誌	元和8(813)10月	199右下	29-81	—	北大2-54	—
8698	竇勸墓誌	元和8(813)10月	—	—	河南參-259	—	民族365
8699	李虛中墓誌	元和8(813)10月	—	29-82	—	洛陽13-13 陝西2-41	輯繩632
8700	王端及妻張氏墓誌	元和8(813)10月	—	—	—	—	秦晉682 七朝315 流散253
8701	呂晕墓誌	元和8(813)10月	—	—	—	—	—
8702	徐清墓誌	元和8(813)10月	199右下	29-83	—	北京2-44	—
8703	董溪墓誌	元和8(813)11月	—	—	—	—	—
8704	任紫宸妻桑氏墓誌	元和8(813)11月	—	29-84	—	北京2-45	—
8705	韋直妻李氏墓誌	元和8(813)11月	—	—	—	—	—
8706	張曛墓誌	元和8(813)11月	199右下	29-85	—	北京2-46	—
8707	賈琛及妻蘇氏成氏墓誌	元和8(813)12月	—	—	—	—	—
8708	庾仲睠妻李氏墓誌	元和8(813)12月	—	—	—	—	新獲續197 河洛373
8709	高承金及妻蘇氏墓誌	元和8(813)12月	199右下	29-86	—	河北93	—
8710	□和上塔銘	元和8(813)12月卒	—	—	—	—	—
8711	杜甫墓係銘	元和8(813)	—	—	—	—	—
8712	顧象墓表	元和8(813)	—	—	—	—	—
8713	李潮墓誌	元和9(814)1月	—	—	—	陝西4-74	—
8714	秦君(勝緣寺僧浄空)及妻墓誌	元和9(814)1月	—	—	—	—	—
8715	袁公和墓誌	元和9(814)1月	—	—	—	—	新獲續198 河洛374
8716	李術墓誌	元和9(814)1月	199右下	—	陝西貳-210	陝西2-42	—
8717	大德尼法眞墓誌	元和9(814)1月	—	—	—	—	流散254
8718	宋氏墓誌	元和9(814)1月	—	—	—	—	—
8719	法眞(安國寺尼)墓誌	元和9(814)1月	—	—	—	—	秦晉683 七朝317
8720	馬暢妻盧氏墓誌	元和9(814)1月	—	—	—	—	—
8721	劉德信妻宋氏墓誌	元和9(814)1月	—	—	陝西貳-211	—	—
8722	陸存墓誌	元和9(814)1月	—	—	—	—	—

元和

番號	F北大	G墓誌彙編	H 新編	I補遺補編	J 地方	K 博物館・その他	L 日本目録
8672	—	—	—	8-115	—	—	—
8673	05353	—	—	千唐-315	—	—	—
8674	05230	—	—	—	—	—	—
8675	05352	—	—	—	—	—	—
8676	05351	元和062	22-15397	6-477	—	故宮129	人1467 淑620
8677	—	—	11-7680	—	—	—	—
8678	—	續元和042	22-15398	4-479	—	—	—
8679	—	—	—	—	—	北文24	—
8680	—	—	9-5928	—	—	—	—
8681	—	續元和043	22-15399	5-423	—	—	—
8682	—	—	—	—	—	—	—
8683	05355	—	—	—	—	—	—
8684	—	續元和044	12-8173	4-94	—	—	—
8685	—	—	—	—	—	—	淑621
8686	—	—	10-6712	—	—	—	—
8687	05356	—	—	—	—	—	—
8688	—	元和063	22-15398	—	—	—	—
8689	—	—	10-6482	—	—	—	—
8690	—	—	—	—	—	—	—
8691	—	—	—	—	—	碑林新251	—
8692	—	續元和045	22-15399	5-424	西北4-144	—	—
8693	—	—	—	—	—	碑林新252	—
8694	05357	—	—	千唐-317	—	—	—
8695	—	續元和046	22-15400	5-424	西北4-145 精華147	—	—
8696	—	續元和047	12-8173	2-37	西北4-146	—	—
8697	05358	元和064	12-7853	—	江揚25	—	人1468 東1458 淑622
8698	05359	—	—	千唐-318	—	—	—
8699	05360	元和065	10-6483	—	—	鴛鴦290 碑林85-3470	—
8700	05362	—	—	—	—	—	—
8701	—	—	—	—	—	蘇州12	—
8702	05361	續元和048	22-15400	4-480 下-1892	—	—	—
8703	—	—	10-6484	—	—	—	—
8704	—	元和066	19-13055	3-162	—	北文25	—
8705	—	—	—	—	長新232 長碑159(512)	—	—
8706	05363	元和067	38330	—	—	施唐274	人1469 東1459
8707	—	—	—	—	大全・堯都13	—	—
8708	—	—	—	8-119	—	—	—
8709	05364	元和068 續元和049	12-8174	3-162	景州236 景縣396 邯鄲碑064	故宮130	人1470 淑623
8710	—	元和069	19-13055	—	—	—	人1471
8711	—	—	11-7386	—	—	—	—
8712	—	—	10-6903	—	—	—	—
8713	—	續元和050	18-12570	3-163	西北4-147	—	—
8714	05365	—	—	—	—	—	—
8715	—	—	—	8-120	—	—	—
8716	05366	元和070	11-7209	5-425	西北4-148	碑林85-3479	—
8717	05249	—	—	—	—	—	—
8718	—	續元和051	—	—	—	—	—
8719	—	—	—	—	—	—	—
8720	—	—	10-6483	—	—	—	—
8721	05367	—	22-15401	5-425	—	碑林85-3485	—
8722	05368	—	—	—	—	—	—

元和

番號	墓誌名	年號	A 題跋	B北圖	C 附考 新中国	D隋唐五代	E千唐・河南
8723	陸長眞墓誌	元和9(814)1月	—	—	—	—	—
8724	傅鋆及妻路氏蔡氏墓誌	元和9(814)2月	—	—	—	—	河洛375 七朝316
8725	白氏之殤墓誌	元和9(814)2月	—	—	—	—	—
8726	雷海及妻□氏墓誌	元和9(814)3月	—	—	—	—	秦晉684
8727	樂庭芬及妻岐珪墓誌	元和9(814)3月	—	—	河南參-260	—	—
8728	王斌及妻李氏墓誌	元和9(814)3月	—	—	—	—	—
8729	郭韜及妻申氏墓誌	元和9(814)4月	—	—	—	山西150	—
8730	鄭紹方及妹鄭氏墓誌	元和9(814)4月	—	—	—	—	—
8731	盧侶及妻獨孤氏墓誌	元和9(814)4月	—	—	—	洛陽13-14	新獲89
8732	郭再興墓誌	元和9(814)5月	—	—	—	—	—
8733	鄭君妻趙氏墓誌	元和9(814)5月	—	29-87	—	洛陽13-15	千唐1002
8734	范公倫妻趙氏墓誌	元和9(814)5月	—	—	—	—	—
8735	封君妻劉氏墓誌	元和9(814)5月	—	—	—	—	秦續760
8736	張良輔墓誌	元和9(814)5月	—	—	陝西貳-212	陝西2-43	—
8737	賈薴妻王氏墓誌	元和9(814)5月	—	—	—	—	—
8738	苗緶墓誌	元和9(814)5月	—	—	—	—	秦續761 流散255
8739	吳令祥墓誌	元和9(814)7月	—	—	河南貳-156	—	秦續762
8740	李翹墓誌	元和9(814)7月	—	29-88	—	洛陽13-16	千唐1003
8741	吳卓墓誌	元和9(814)7月	—	—	—	—	—
8742	袁惟承墓誌	元和9(814)7月	—	—	—	—	—
8743	裴簡妻崔氏墓誌	元和9(814)7月	—	29-89	—	洛陽13-17	千唐1004
8744	冀崇暉墓誌	元和9(814)8月	—	—	—	—	秦晉685
8745	王綰妻鄭孃墓誌	元和9(814)8月	—	—	河南參-261	—	—
8746	段宏古墓誌	元和9(814)8月卒	—	—	—	—	—
8747	路江妻于光明墓誌	元和9(814)9月	—	—	—	—	新獲續199 邙洛231 民族8
8748	田鷟墓誌	元和9(814)10月	—	—	—	山西151	—
8749	陳志清墓誌	元和9(814)10月	200左上	29-91	—	北大2-56	—
8750	劉密(積)妻崔氏墓誌	元和9(814)10月	200左上	29-92	—	北大2-57	—
8751	盧君妻崔績墓誌	元和9(814)10月	195右下	—	—	—	—
8752	孟郊墓誌	元和9(814)10月	—	—	—	—	—
8753	韋楚客墓誌	元和9(814)10月	—	—	—	—	秦續761
8754	史惟清妻翟氏墓誌	元和9(814)10月	—	—	—	—	洛駕鴦46-2
8755	李恒湊及妻曹氏墓誌	元和8(814)10月	—	—	—	—	—
8756	李擧墓誌	元和9(814)10月	—	—	河南參-262	—	—
8757	于季文墓誌	元和9(814)10月	—	29-93	—	洛陽13-18	輯繩633
8758	郭英俊墓誌	元和9(814)10月	—	—	—	—	—
8759	舒論墓誌	元和9(814)10月	—	—	—	—	—
8760	田述及妻趙氏墓誌	元和9(814)10月	—	—	—	—	—
8761	石演墓誌	元和9(814)10月	—	—	—	—	—
8762	李方乂墓誌	元和9(814)11月	200左上	—	—	北大2-58	—
8763	崔成務及妻李氏墓誌	元和9(814)11月	—	—	—	—	—
8764	王鄩及妻崔氏墓誌	元和9(814)11月	—	—	—	—	—
8765	陳氏(陳榮女)墓誌	元和9(814)11月	—	—	—	—	—
8766	韓義方墓誌	元和9(814)11月	—	—	—	—	秦續764
8767	王智寬及妻宋氏墓誌	元和9(814)11月	—	—	—	—	—
8768	王適墓誌	元和9(814)11月	—	—	—	—	—
8769	李玄就墓誌	元和9(814)12月	—	—	—	—	—
8770	陳弼及妻曹氏樂氏墓誌	元和9(814)12月	—	—	—	—	—
8771	李佶及妻韋氏墓誌	元和9(814)12月	—	—	河南參-263	—	—
8772	麻令昇墓誌	元和9(814)	—	—	—	—	—
8773	劉昌裔墓誌	元和9(814)	218左中	—	—	—	—
8774	□□塔銘	元和9(814)	—	29-95	—	北京2-47	—

元和

番號	F北大	G墓誌彙編	H 新編	I補遺補編	J 地方	K 博物館・その他	L 日本目録
8723	－	－	－	－	－	碑林續151	－
8724	05369	－	－	－	－	－	－
8725	－	－	11-7671	－	－	－	－
8726	05370	－	－	－	－	－	－
8727	05371	－	－	千唐-319	－	－	－
8728	－	－	－	－	山東43 分類93	－	－
8729	05372	續元和052	22-15401	6-478	－	－	－
8730	－	續元和022	10-6913	1-259 8-120 中-775 中-776	山東28 杏園28	－	－
8731	05373	續元和053	12-8191	4-95	－	－	－
8732	05375	－	－	－	－	－	－
8733	05374	元和071	11-7054	1-265	－	－	－
8734	－	－	－	－	－	碑林新253	－
8735	－	－	－	－	－	－	－
8736	－	續元和054	12-8192	3-164	西北4-150	碑林85-3493	－
8737	05376	－	－	－	－	－	－
8738	05377	－	－	－	－	－	－
8739	－	－	－	－	－	－	－
8740	05378	元和072	12-8194	1-265	－	－	－
8741	－	續元和055	12-8192	2-37 中-753	－	－	－
8742	05380	－	－	千唐-319	－	－	－
8743	05379	元和073	12-8194	1-266	－	裴氏138	－
8744	－	－	－	－	－	西市359	－
8745	05381	－	－	千唐-320	－	－	－
8746	－	－	10-6715	－	－	－	－
8747	05382	－	－	8-411	－	－	－
8748	－	續元和056	22-15402	6-478	－	－	－
8749	05383	元和075	19-13056	4-87	西北4-151	施唐276 施碑選285	人1473 東1460 淑624
8750	05384	元和074	12-8196	3-164	－	施唐275	人1474 淑625 淑626
8751	－	元和076	8-5112	－	－	－	－
8752	－	－	10-6485	－	－	－	－
8753	－	－	－	－	－	－	－
8754	－	－	－	－	－	－	－
8755	05385	－	－	－	－	碑林續152	－
8756	05386	－	－	千唐-321	－	－	－
8757	05387	元和078	12-8197	3-165	－	－	－
8758	05388	－	－	－	－	－	－
8759	－	－	22-15403	－	－	－	－
8760	－	－	－	－	－	慶雅堂50 西市360	－
8761	－	－	－	－	房山23	－	－
8762	05390	元和079	12-7868	6-135	－	－	－
8763	05389	－	－	－	－	西市361	－
8764	－	元和077	12-8197	1-267	－	北文26	－
8765	05391	－	－	－	－	－	－
8766	－	－	－	－	－	－	－
8767	05242	－	－	－	－	－	－
8768	－	－	10-6482	－	－	－	－
8769	05392	－	－	－	－	－	－
8770	－	－	－	－	濮陽7	－	－
8771	05393	－	－	千唐-322	－	－	－
8772	－	－	－	7-90	－	－	－
8773	－	－	10-6487	－	－	－	－
8774	－	－	－	－	－	－	－

元和

番號	墓誌名	年號	A 題跋	B北圖	C 附考 新中国	D隋唐五代	E千唐・河南
8775	崔君墓誌	元和9(814)以降	—	—	—	—	—
8776	公孫宏墓誌	元和10(815)1月	—	—	—	—	秦晉686
8777	武興墓誌	元和10(815)1月	—	—	—	—	—
8778	王公素墓誌	元和10(815)1月	—	—	—	—	—
8779	劉泠墓誌	元和10(815)1月	—	—	—	—	—
8780	袁擇交妻李氏墓銘	元和10(815)1月	—	—	—	—	新獲90 龍門307
8781	袁德昌墓誌	元和10(815)1月	—	—	—	—	新獲91 龍門308
8782	趙君妻程氏墓誌	元和10(815)2月	—	—	—	—	—
8783	大律德塔銘	元和10(815)3月	194右中	—	—	—	—
8784	宋僧墓誌	元和10(815)4月	—	—	—	—	—
8785	劉希陽及妻韓氏墓誌	元和10(815)4月	—	29-97	—	洛陽13-19	千唐962
8786	李宙墓誌	元和10(815)4月	—	—	—	—	新獲續200 河洛376 洛駕鴦47-1
8787	李輔光墓誌	元和10(815)4月	200左上	29-99	—	北大2-55 北京2-48	—
8788	獨孤郁墓誌	元和10(815)5月	—	—	—	—	—
8789	韋君妻李氏墓誌	元和10(815)5月	—	—	—	—	—
8790	劉性忠墓誌	元和10(815)7月	200右上	29-101	—	洛陽13-20	龍門309
8791	柳宗直墓誌	元和10(815)7月	—	—	—	—	—
8792	王液及妻衛氏墓誌	元和10(815)8月	—	—	—	—	—
8793	王叔寧墓誌	元和10(815)8月	—	—	陝西貳-213	陝西2-44	—
8794	王端墓誌	元和10(815)8月	—	—	—	—	—
8795	薛迅妻元氏墓誌	元和9(815)8月	—	29-102	—	洛陽13-21	千唐1005 民族154
8796	程綱墓誌	元和10(815)8月卒	—	—	—	—	秦晉690 流散256
8797	陳君妻李氏墓誌	元和10(815)8月	—	—	—	—	—
8798	臧昌裔墓誌	元和10(815)8月	—	—	—	洛陽13-22	輯繩634
8799	臨壇大德塔銘	元和10(815)10月	—	—	—	—	—
8800	臧協妻向氏墓誌	元和10(815)10月	200右中	29-103	—	洛陽13-23	龍門310
8801	譚亘及妻張氏墓誌	元和10(815)11月	—	—	—	—	秦續765
8802	裴華墓誌	元和10(815)11月	—	—	—	陝西4-75	—
8803	李克遜墓誌	元和10(815)11月	—	—	—	—	秦晉687 流散257
8804	陳詮及妻許氏墓誌	元和10(815)11月	—	—	—	—	秦晉688
8805	崔可憑墓誌	元和10(815)11月	—	—	—	—	秦晉689
8806	權順孫墓誌	元和10(815)11月	—	—	—	—	—
8807	李宗閔妻韋氏墓誌	元和10(815)11月	—	—	—	—	—
8808	楊君妻陳氏墓誌	元和10(815)12月	—	—	—	—	—
8809	衛君墓誌	元和10(815)12月	—	—	—	—	—
8810	李元祐及妻王氏墓誌	元和10(815)1□月	—	—	陝西貳-214	陝西2-45	—
8811	馬君墓誌	元和10(815)	—	—	—	—	—
8812	鄭鎰妻董容墓誌	元和11(816)1月	—	—	—	—	新獲續201 邙洛232
8813	李君妻田氏墓誌	元和11(816)1月	—	—	—	—	秦續766 流散258
8814	徐景威墓誌	元和11(816)2月	—	—	—	—	河洛377 龍門311 七朝318
8815	王綏墓誌	元和11(816)2月	—	—	—	—	—
8816	薛顒妻韋氏墓誌	元和11(816)2月	—	—	—	—	邙洛233
8817	楊君妻梁氏墓誌	元和11(816)2月	—	—	—	陝西4-76	—
8818	鄭敬墓誌	元和11(816)2月	—	29-105	—	洛陽13-24	千唐1006
8819	趙□昇(字士先)墓誌	元和11(816)2月	—	—	—	—	新獲續202 邙洛234
8820	韋執中娘韋三娘墓誌	元和11(816)2月	—	—	河南參-264	—	新獲續203 邙洛235
8821	馬楚墓誌	元和11(816)2月	—	—	—	—	秦晉691
8822	衛國夫人李氏墓誌	元和11(816)2月	—	—	—	—	—
8823	和元烈墓誌	元和11(816)2月	—	—	北京壹-19	—	—
8824	王利墓誌	元和11(816)3月	—	—	—	—	新獲續204 邙洛236
8825	董文奪墓誌	元和11(816)3月	—	—	陝西貳-215	陝西2-46	—
8826	劉其雲及妻王氏墓誌	元和11(816)5月	—	—	河北壹-103	河北94	—
8827	李士華墓誌	元和11(816)5月	—	—	—	—	—
8828	獨孤郁妻權氏墓誌	元和11(816)6月	—	—	—	—	—

番號	F北大	G墓誌彙編	H 新編	I補遺補編	J 地方	K 博物館・その他	L 日本目錄
8775	—	—	10-6721	—	—	—	—
8776	—	—	—	—	—	—	—
8777	05394	—	—	—	—	—	—
8778	05395	—	—	—	—	西市362	明洛99
8779	05396	—	—	—	—	—	—
8780	—	—	12-8198	6-136	—	—	—
8781	—	—	12-8198	6-136	—	—	—
8782	—	—	—	—	—	碑林續153	—
8783	—	元和080	11-7156	—	—	—	—
8784	05399	—	—	—	—	—	—
8785	05397	元和081	9-5666	1-228	—	—	—
8786	—	—	—	8-121	—	—	—
8787	05400	元和083	12-8185	—	西北4-149 西北4-153	施唐278-279	人1475
8788	—	—	10-6486	—	—	—	—
8789	—	—	—	—	—	西市363	—
8790	05401	元和084	12-8199	3-166	—	故宮131 施碑選286	人1476 淑628
8791	—	—	10-6728	—	—	—	—
8792	—	—	—	—	大同57	—	—
8793	—	續元和057	12-8199	3-166	西北4-154	碑林85-3501 碑林新254	—
8794	—	—	9-5941	—	—	—	—
8795	05402	元和085	9-5719	1-239	—	薛氏292	—
8796	05403	—	—	—	—	西市364	—
8797	—	—	—	—	—	碑林續154	—
8798	—	續元和058	22-15402	4-480	—	—	—
8799	—	—	13-8654	—	—	—	—
8800	05404	元和086	12-8201	4-96	—	故宮132 施碑選287	人1477 東1461 淑629
8801	—	—	—	—	—	—	—
8802	—	續元和059	12-8200	2-38	—	裴氏139	—
8803	05406	—	—	—	—	—	—
8804	05405	—	—	—	—	—	—
8805	—	—	—	—	—	—	—
8806	—	—	9-5942	—	—	—	—
8807	—	—	—	—	—	西市365	—
8808	—	元和087	12-8202	7-91	—	—	—
8809	—	—	10-6488	—	—	—	—
8810	—	續元和060	19-13056	3-167	西北4-155	碑林86-3508	—
8811	—	—	10-6712	—	—	—	—
8812	—	—	—	8-122	—	—	—
8813	05408	—	—	—	—	—	—
8814	05407	—	—	—	—	—	—
8815	—	—	—	—	—	慶雅堂51 西市366	—
8816	—	—	—	—	—	—	—
8817	—	續元和061	12-8212	2-39	—	—	—
8818	05409	元和088	9-5663	1-226	—	—	—
8819	—	—	—	8-123	—	—	—
8820	05410	—	—	8-124 千唐-323	—	—	—
8821	06800	—	—	—	—	—	—
8822	—	—	9-5922	—	—	—	—
8823	—	—	—	—	—	—	—
8824	—	—	—	8-124	—	—	—
8825	—	續元和062	12-8213	3-168	西北4-156	碑林86-3517	—
8826	—	續元和063	12-8214	5-33	邯鄲碑017	—	—
8827	05411	—	—	8-125	杏園29	—	—
8828	—	—	9-5920	—	—	—	—

元和

番號	墓誌名	年號	A 題跋	B北圖	C 附考 新中国	D隋唐五代	E千唐・河南
8829	尼曇簡墓誌	元和11(816)7月卒	—	—	—	陝西4-77	—
8830	元察墓誌	元和11(816)8月	—	—	—	—	秦續767 流散259
8831	杜君墓誌	元和11(816)8月	—	—	陝西貳-補26	—	—
8832	孫君妻李氏墓誌	元和11(816)8月	—	—	—	—	—
8833	李洪墓誌	元和11(816)8月	—	—	北京壹-20	—	—
8834	崔敏妻盧氏墓誌	元和11(816)8月	—	—	—	—	—
8835	石默啜墓誌	元和11(816)8月	200右中	29-106	—	北大2-59	—
8836	李宙墓誌	元和11(816)8月	—	—	—	—	—
8837	崔泰之妻李氏墓誌	元和11(816)8月	—	29-107	—	洛陽13-25	千唐1008
8838	崔備墓誌	元和11(816)8月	—	—	河南參-265	—	—
8839	崔黃左墓誌	元和11(816)8月	—	—	—	—	輯繩635
8840	鄭君墓誌	元和11(816)8月	—	29-108	—	洛陽13-26	千唐1007 七朝319 洛駕鴛48-1
8841	鄭易墓誌	元和11(816)8月	—	—	—	—	秦續768
8842	盧士玫妻崔氏墓誌	元和11(816)9月	—	—	—	—	秦續769 洛駕鴛52-2
8843	王海朝墓誌	元和11(816)11月	—	—	河南壹-222	河南93	—
8844	安義墓誌	元和11(816)11月	—	—	—	—	秦續770
8845	何璨墓誌	元和11(816)11月	—	—	—	—	—
8846	康昭墓誌	元和11(816)11月	—	—	—	—	秦晉692 流散260
8847	李延及妻劉氏墓誌	元和11(816)11月	—	29-110	—	河南94	—
8848	遆超及妻李氏墓誌	元和11(816)11月	—	—	—	—	秦續771
8849	徐超墓誌	元和11(816)11月	—	—	—	—	—
8850	囗泚得墓誌	元和11(816)11月	—	—	—	—	—
8851	申屠暉光墓誌	元和11(816)11月	200右中	29-111	—	北京2-49	—
8852	李岸及妻徐氏墓誌	元和11(816)11月	200右中	29-112	—	北大2-60	—
8853	李繼墓誌	元和11(816)11月	200右中	29-113	—	北大2-61	—
8854	李茂成妻鄭絢墓誌	元和11(816)12月	—	—	河南參-267	—	—
8855	郭鉌妻楊氏墓誌	元和11(816)12月	—	—	—	—	秦續772
8856	李弘墓誌	元和11(816)12月	—	—	河南參-266	—	—
8857	員君妻房氏墓誌	元和11(816)12月	200右中	—	—	—	—
8858	薛琯墓誌	元和11(816)12月	—	—	—	—	—
8859	周況妻韓好墓誌	元和11(816)	—	—	—	—	—
8860	侯高墓誌	元和11(816)?	—	—	—	—	—
8861	胡君妻雍氏墓誌	元和12(817)1月	—	—	—	陝西4-78	—
8862	冀榮進及妻武氏墓誌	元和12(817)1月	—	—	—	—	—
8863	鄭高墓誌	元和12(817)1月	—	—	—	—	—
8864	元君妻崔婉墓誌	元和12(817)2月	—	29-114	—	洛陽13-27	千唐1009
8865	陳審墓誌	元和12(817)2月	—	—	—	—	—
8866	王蒙墓誌	元和12(817)2月	—	—	—	—	—
8867	權少成墓誌	元和12(817)2月	—	—	—	—	—
8868	郝茂光及妻孫氏墓誌	元和12(817)4月	—	—	—	—	—
8869	姚棲雲墓誌	元和12(817)4月	—	—	—	—	邙洛237 龍門312
8870	薛巽妻崔媛墓誌	元和12(817)5月卒	—	—	—	—	—
8871	崔君妻寶氏墓誌	元和12(817)閏5月	—	—	—	洛陽13-28	輯繩636 新獲92 民族366
8872	李崗墓誌	元和12(817)6月	200右下	29-116	—	洛陽13-29	輯繩637
8873	李君妻盧氏墓誌	元和12(817)6月	—	29-117	—	洛陽13-30 陝西2-47	輯繩638
8874	韋行全墓誌	元和12(817)7月	—	—	—	—	—
8875	秦朝儉墓誌	元和12(817)7月	—	—	陝西貳-216	陝西2-48	—
8876	王妣妻楊氏墓誌	元和12(817)7月	—	—	—	—	—
8877	許朝及妻白氏墓誌	元和12(817)7月	—	—	—	—	—
8878	劉伯芻墓誌	元和12(817)7月	—	—	—	—	—
8879	衛叔良改葬記	元和12(817)7月	—	—	—	—	河洛378 龍門313
8880	權奉常墓誌	元和12(817)7月	—	29-118	—	洛陽13-31	千唐1010
8881	權皋及妻李氏靈表	元和12(817)7月卒	—	—	—	—	—

番號	F北大	G墓誌彙編	H 新編	I補遺補編	J 地方	K 博物館・その他	L 日本目録
8829	—	續元和064	12-8215	2-40	西北4-157 精華148	—	—
8830	05413	—	—	—	—	—	—
8831	—	—	—	6-479	—	—	—
8832	05412	—	—	—	—	—	—
8833	—	—	—	—	—	—	—
8834	05414	—	—	—	—	—	—
8835	05415	元和106	22-15407	4-481	—	撒馬58 故宮133 施唐281	人1479 淑630
8836	—	—	—	—	—	碑林續155	—
8837	05416	元和089	12-8216	1-268	—	—	—
8838	05419	—	—	千唐-323	—	—	—
8839	05418	元和091	12-8216	6-137	—	—	—
8840	05417	元和090	9-5664	1-228	—	—	—
8841	05420	—	—	—	—	—	—
8842	05421	—	—	—	—	—	—
8843	—	續元和065	22-15403	6-480	—	—	—
8844	—	—	—	—	—	—	—
8845	05422	—	—	—	—	—	—
8846	05423	—	—	—	—	—	—
8847	—	元和092	22-15404	5-426	—	—	—
8848	05424	—	—	—	—	—	—
8849	—	—	—	—	—	西市367	—
8850	—	—	—	—	—	施唐280	—
8851	05426	元和093	12-8217	3-169	—	故宮134	—
8852	05427	元和095	22-15404	5-426	—	故宮135	人1481 東1462 淑631
8853	05428	元和094	12-7879	—	西北4-158	—	—
8854	05429	—	—	千唐-326	—	—	—
8855	05430	—	—	—	—	—	—
8856	05425	—	—	千唐-325	—	—	—
8857	—	元和096	22-15405	—	—	—	—
8858	05431	—	—	—	—	薛氏296	—
8859	—	—	10-6481	—	—	—	—
8860	—	—	11-7212	—	—	—	—
8861	—	續元和066	22-15405	5-427	西北4-159	—	—
8862	05432	—	—	—	—	—	—
8863	05433	—	—	—	—	—	—
8864	05434	元和097	14-9396	—	—	—	—
8865	—	—	—	—	山東45 分類95	—	—
8866	—	—	—	—	—	碑林續156	—
8867	—	—	9-5942	—	—	—	—
8868	—	—	—	—	—	碑林新255	—
8869	05435	—	—	9-393	—	—	—
8870	—	—	—	—	—	薛氏302	—
8871	05436	元和098	12-8219	4-97	—	—	—
8872	05437	元和099	22-15405	5-427	—	唐宋344	人1484 東1463
8873	05438	元和100	12-8219	3-170	—	鴛鴦291 碑林86-3524	—
8874	—	—	—	9-394	長碑161(514)	—	—
8875	—	續元和067	12-8221	3-170	西北4-160	碑林86-3532	—
8876	—	—	9-5920	—	—	—	—
8877	—	—	—	—	洪洞16 大全・洪洞10	—	—
8878	—	—	—	—	—	慶雅堂52 西市368	—
8879	05440	—	—	—	—	—	—
8880	05439	元和102	22-15406	1-269	—	—	—
8881	—	—	9-5944	—	—	—	—

元和

番號	墓誌名	年號	A 題跋	B北圖	C 附考 新中国	D隋唐五代	E千唐・河南
8882	崔稃及妻鄭氏墓誌	元和12(817)7月	200右下	―	―	北京2-50	―
8883	盧雄妻崔熅墓誌	元和12(817)7月	200右下	29-119	―	北京2-50 洛陽1332	―
8884	李直妻崔眉墓誌	元和12(817)8月	―	―	―	―	―
8885	張士陵墓誌	元和12(817)8月	―	29-120	―	洛陽13-33	―
8886	陶君妻楊氏墓誌	元和12(817)8月	―	―	―	―	―
8887	楊寧及妻長孫氏墓誌	元和12(817)8月	―	29-121	―	洛陽13-34	千唐1011
8888	蕭君妻田氏墓誌	元和12(817)8月	―	―	陝西貳-217	陝西2-49	―
8889	韋曘妻薛琰墓誌	元和12(817)8月	―	―	陝西參-87	―	―
8890	賈君墓誌	元和12(817)8月	―	―	陝西貳-218	―	―
8891	張君妻呂氏墓誌	元和12(817)8月	―	―	陝西貳-219	―	―
8892	秦愛及妻王氏墓誌	元和12(817)9月	―	29-124	―	北京2-51	―
8893	獨孤士衡墓誌	元和11(816)9月	―	―	―	―	秦續773
8894	李君妻石氏墓誌	元和12(817)9月	―	―	―	―	―
8895	蔣稚子墓誌蓋	元和12(817)9月	200右下	29-126	―	北京2-52	―
8896	趙誠妻宗氏墓誌	元和12(817)9月	―	29-125	―	洛陽13-35	―
8897	郭君墓誌	元和12(817)9月	―	―	―	―	―
8898	王君墓誌	元和12(817)10月	―	29-127	―	北京2-53	―
8899	孟維及妻宋氏張氏墓誌	元和12(817)10月	―	29-128	―	洛陽13-36	千唐1012
8900	胡者及妻趙氏墓誌	元和12(817)10月	―	―	―	―	―
8901	徐放墓誌	元和12(817)10月	―	―	河南參-268	―	―
8902	崔甄及妻鄭氏墓誌	元和12(817)10月	―	―	―	―	―
8903	鄭方閎墓誌	元和12(817)10月	―	―	―	―	秦晉693
8904	安元暉墓誌	元和12(817)10月	―	―	―	―	―
8905	韋柏尼及妻盧氏墓誌	元和12(817)10月	―	―	陝西參-88	―	―
8906	李君妻王氏墓誌	元和12(817)11月	―	―	河北壹-104	河北95	―
8907	□君墓誌	元和12(817)11月	―	―	―	―	―
8908	李泳墓誌	元和12(817)11月	200右下	―	―	―	―
8909	田意眞墓誌	元和12(817)12月	―	―	―	河南95	―
8910	李兌墓誌	元和12(817)12月	―	―	―	洛陽13-37	新獲93
8911	柳寔墓誌	元和12(817)12月	―	―	―	―	―
8912	李君妻盧氏墓誌	元和12(817)12月	―	―	河南參-269	―	―
8913	沈氏二□墓誌	元和12(817)12月	―	―	―	―	―
8914	李君妻安氏墓誌	元和12(817)	―	―	―	―	―
8915	張署墓誌	元和11or12 (816or817)	―	―	―	―	―
8916	武君妻張十八娘子墓誌	元和13(818)3月	―	―	―	―	―
8917	張汶墓誌	元和13(818)3月	―	―	―	―	新獲續205 河洛379
8918	臧君妻周氏墓誌	元和13(818)3月	200右下	―	―	北大2-62	―
8919	李國清墓誌	元和13(818)4月	―	―	―	―	―
8920	韋和尚(契義)墓誌	元和13(818)7月	201左中	29-131	―	北大2-63	―
8921	楊仲雅墓誌	元和13(818)7月	―	29-132	―	洛陽13-38	―
8922	王涓墓誌	元和13(818)7月	―	―	陝西貳-220	陝西2-50	―
8923	西門珍墓誌	元和13(818)7月	201左上	29-133	―	北大2-64	―
8924	李德孫墓誌	元和13(818)7月	201左下	29-134	―	北大2-65	―
8925	邢君第三女墓誌	元和13(818)8月	―	―	―	―	―
8926	李孔明妻劉媛墓誌	元和13(818)8月	―	29-135	―	洛陽13-39	千唐1013
8927	劉勝孫墓誌	元和13(818)8月	―	―	河南參-270	―	―
8928	閻巨源妻韓氏墓誌	元和13(818)8月	―	―	―	―	七朝320
8929	李道古及妻韋修崔蒳墓誌	元和13(818)9月卒	―	―	―	―	―
8930	懷海禪師塔銘	元和13(818)10月	―	―	―	―	―
8931	憲超塔銘	元和13(818)10月	―	29-136	―	北京2-54	―
8932	張怙墓誌	元和13(818)10月	―	29-137	陝西貳-221	陝西2-51	―
8933	陽君妻崔上元眞墓誌	元和13(818)10月	―	―	―	―	新出301
8934	矯君妻范氏墓誌	元和13(818)10月	―	―	―	―	―
8935	張卓墓誌	元和13(818)10月	―	―	―	―	―
8936	李惟簡墓誌	元和13(818)11月	―	―	―	―	―

元和

番號	F 北大	G 墓誌彙編	H 新編	I 補遺補編	J 地方	K 博物館・その他	L 日本目録
8882	05441	元和101	12-8218	7-91	—	—	—
8883	05442	元和103	12-8220	3-171	—	—	—
8884	05443			—			
8885	05444	元和104	9-5669	3-172	—	唐宋345	人1485
8886	—	—	—	9-394	長碑(514)		
8887	05445	元和105	9-5743	1-251			
8888	—	續元和068	12-8222	3-173	—	碑林86-3547	
8889	—			7-92	長新234 長碑162(515)	薛氏299	
8890	—	續元和069	22-15407	5-428	—	磚刻1203	
8891	—		22-15408	5-428	—	磚刻1204	
8892	—	元和107	22-15408	4-482	—		
8893	—				—	新見41	
8894	—	元和108	12-8223	7-93			
8895	05446	元和109	12-8223	3-175			
8896	05447	元和110	12-8224	3-174		故宮136	東1465
8897	—		10-6716	—		—	
8898	05450	元和112	11-7158	—	分類94	—	
8899	05449	元和113	22-15409	2-576	—		
8900	—	元和111	22-15409	7-408	—		
8901	05451			千唐-327		北大新拓147(212)	
8902	05448					北大新拓148(214)	
8903	—						
8904	05452						
8905	—	—	—	7-94	長新236 長碑163(515)	—	
8906	—	續元和070	12-8224	5-34			
8907						磚刻1205	
8908							
8909		元和114	12-8226	6-137	—	施碑選290	
8910	—	續元和072	22-15410	4-482	—		
8911	—				—	慶雅堂53 西市369	
8912	05453	—	—	千唐-328			
8913				下-1893		磚刻1206	
8914					大同62 大全・南郊43	—	
8915	—		10-6488	—		—	
8916		元和115	22-15411	1-269	—	—	
8917	—			8-125			
8918	05454	元和116	12-8311				
8919	05455						
8920	05456	元和118	12-7884	—	西北5-1	施唐282-283	淑632
8921	05457	元和117	12-8226	1-269		曲石78 南京82	—
8922	—	續元和073	12-8227	3-175	—	碑林86-3556	—
8923	05458	元和119	12-7882	—	西北5-2	施碑選288	
8924	05459	元和120	11-7157	—	西北5-3	施唐284	人1488 東1466 淑633
8925	05460	—	—	—	—	—	
8926	05461	元和121	13-8740	1-270			
8927	05462	—	—	千唐-329			
8928	—						
8929	—		10-6471	—			
8930	—		8-5225				
8931	—	元和122	18-12568	—	西北5-4 長碑(516)	施唐285	
8932	—	元和123	12-8228	3-175	西北5-5	碑林86-3563	
8933	05463			9-395			
8934	05464	—	—	—	任城111		
8935	—					西市370	
8936	—	—	10-6489	—	—		

元和

番號	墓誌名	年號	A 題跋	B北圖	C 附考 新中国	D隋唐五代	E千唐・河南
8937	韋楚相妻崔氏墓誌	元和13(818)11月	—	—	—	—	秦晉694
8938	李超及妻路氏墓誌	元和13(818)12月	—	—	—	—	秦晉695
8939	相里弘墓誌	元和13(818)12月	—	—	—	—	—
8940	王緒墓誌	元和13(818)	—	—	—	—	秦晉696
8941	李君妻馬氏墓誌	元和13(818)	201右上	—	—	—	—
8942	趙矜及妻源氏墓誌	元和13(818)	—	—	—	—	—
8943	胡明允墓誌	元和12or13 (817or818)	—	—	—	—	—
8944	李氏墓誌	元和14(819)1月	—	—	—	—	—
8945	辛體賢墓誌	元和14(819)1月	—	—	—	洛陽13-40	新獲94
8946	鄭君妻李氏墓誌	元和14(819)2月	—	29-139	—	洛陽13-41	輯繩639
8947	安玉及妻劉氏墓誌	元和14(819)2月	—	—	—	—	秦續775 流散262
8948	李弘亮墓誌	元和14(819)2月	—	29-140	—	北大2-66	—
8949	徐頊妻樊氏墓誌	元和14(819)2月	—	—	—	—	邙洛238 流散261
8950	李氏墓誌	元和14(819)2月	—	—	—	—	—
8951	郭文應妻盧氏墓誌	元和14(819)2月	—	—	河南參-271	—	—
8952	薛巽妻崔蹈規墓誌	元和14(819)2月	—	—	河南壹-287	河南96	邙洛239
8953	馬盧符墓誌	元和14(819)2月	—	—	—	—	—
8954	蕭子昂及妻高氏墓誌	元和14(819)3月	201右上	29-141	—	北京2-55	—
8955	大德塔銘	元和14(819)4月	—	29-142	—	北京2-56	—
8956	崔眷妻王氏墓誌	元和14(819)4月	—	29-143	—	江蘇72 北京2-57	—
8957	韋羽妻崔成簡墓誌	元和14(819)5月	—	—	—	—	—
8958	李素墓誌	元和14(819)5月	—	—	—	陝西4-79	—
8959	田進墓誌	元和14(819)5月	—	—	—	—	—
8960	鄭造妻崔珏墓誌	元和14(819)5月	—	29-144	—	洛陽13-42	—
8961	邵唐儼及妻白氏墓誌	元和14(819)5月	—	—	—	—	秦續776 流散263
8962	崔逢妻李氏墓誌	元和14(819)5月	—	—	—	—	新獲續206 河洛380 洛駕鴦50-2
8963	陳剗妻李氏墓誌	元和14(819)5月	—	—	—	—	—
8964	劉道進墓誌	元和14(819)5月	—	—	—	—	—
8965	李樞妻唐煥墓誌	元和14(819)8月	—	—	—	—	秦續777 洛駕鴦51-2
8966	慕容璟墓誌	元和14(819)8月	—	—	—	—	—
8967	崔蔇墓誌	元和14(819)9月	—	—	—	—	秦晉697
8968	盧璠墓誌	元和14(819)9月	—	29-146	—	洛陽13-43	—
8969	周球(珍)妻張氏墓誌	元和14(819)10月	201右上	—	—	—	—
8970	郭芬及妻常氏墓誌	元和14(819)10月	—	—	—	—	—
8971	李庭進及妻夏氏張氏墓誌	元和14(819)10月	—	—	—	—	—
8972	王守廉及妻和氏墓誌	元和14(819)10月	—	—	—	江蘇71	—
8973	元茗萊妻楊氏墓誌	元和14(819)11月	—	—	—	—	秦續778
8974	李士武墓誌	元和14(819)11月	—	—	—	—	秦晉698
8975	元元度及妻崔氏墓誌	元和14(819)11月	—	—	—	—	—
8976	王何及妻郭氏墓誌	元和14(819)11月	—	—	—	—	秦晉699
8977	邵才志墓誌	元和14(819)11月	201右上	29-147	—	北大2-67	—
8978	韋君墓誌	元和14(819)11月	—	—	—	陝西4-80	—
8979	崔載墓誌	元和14(819)11月	201右中	29-148	—	北大2-68	—
8980	崔蕁及妻張氏墓誌	元和14(819)11月	—	—	—	—	—
8981	魏子騫墓誌	元和14(819)11月	—	—	—	—	—
8982	裴琪墓誌	元和14(819)12月	—	29-149	—	洛陽13-44	千唐1014
8983	張懷玉墓誌	元和14(819)12月	—	—	—	—	—
8984	任佶及妻杜氏墓誌	元和14(819)	—	—	—	—	—
8985	李君墓誌	元和14(819)	—	—	—	—	—
8986	姜嶼墓誌	元和14(819)卒	—	—	—	—	—
8987	段文昌妻武氏墓誌	元和14(819)	201右中	—	—	—	—
8988	裴君墓誌	元和14(819)	—	—	—	—	—
8989	李澣墓誌	元和14(819)	—	—	—	—	—
8990	裴君墓誌	元和14(819)卒	—	—	—	—	—

元和

番號	F北大	G墓誌彙編	H 新編	I 補遺補編	J 地方	K 博物館・その他	L 日本目録
8937	05465	—	—	—	—	—	—
8938	05466	—	—	—	—	—	—
8939	—	—	—	—	—	碑林續157	—
8940	05467	—	—	—	—	—	—
8941	—	—	—	—	—	—	—
8942	—	—	10-6719	—	—	—	—
8943	—	—	10-6496	—	—	—	—
8944	—	—	13-8565	—	—	—	—
8945	05468	續元和074	22-15411	7-505	—	—	—
8946	—	元和124	11-7150	3-176	—	—	—
8947	—	—	—	—	—	—	—
8948	05469	元和125	12-8229	3-177	河間261	故宮137	—
8949	—	—	—	—	—	—	—
8950	—	—	—	—	大全・堯都15	—	—
8951	05470	—	—	千唐-330	—	—	—
8952	—	續元和075	10-6706	—	—	—	—
8953	—	—	11-7208	—	—	—	—
8954	—	元和126	12-8229	3-178	—	故宮138 施碑選291	人1489 東1467 淑634
8955	—	—	—	—	—	—	—
8956	05472	元和127	12-8230	1-272	江揚26	曲石80 南京83	—
8957	—	—	—	—	—	西市371	—
8958	—	元和128	12-8231	3-179	精華149	—	—
8959	—	—	—	—	—	碑林新256	—
8960	05473	元和129	12-8232	3-180	—	—	—
8961	05474	—	—	—	—	—	—
8962	—	—	—	8-126	—	—	—
8963	—	元和130	12-8233	7-94	—	—	—
8964	05475	—	—	—	—	—	—
8965	05476	—	—	—	—	—	—
8966	—	—	—	—	長新238 長碑164(517)	—	—
8967	05478	—	—	—	—	—	明洛100
8968	05477	元和131	12-7894	1-271	—	曲石79 南京84	—
8969	05479	元和132	22-15411	7-408	—	磚刻1207	—
8970	—	—	—	—	衞輝49	—	—
8971	05480	—	—	—	—	—	—
8972	05481	元和133	22-15411	4-483	—	—	—
8973	05482	—	—	—	—	—	—
8974	—	—	—	—	—	—	—
8975	—	—	11-7396	—	—	—	—
8976	05485	—	—	—	—	—	—
8977	05483	元和135	12-7850	—	西北5-6	施唐286-287	—
8978	—	續元和076	12-8233	2-40	—	—	—
8979	05484	元和134	12-8295	—	—	—	人1490
8980	—	元和136	22-15412	5-429	—	—	—
8981	05486	—	—	—	—	—	—
8982	05487	元和137	14-9396	1-272	—	裴氏147	—
8983	05488	—	—	—	—	—	—
8984	—	—	11-7209	—	—	—	—
8985	—	—	10-6710	—	—	—	—
8986	—	—	10-6719	—	—	—	—
8987	—	—	—	—	—	—	—
8988	—	—	10-6721	—	—	—	—
8989	—	—	10-6717	—	—	—	—
8990	—	—	10-6718	—	—	裴氏146	—

元和

番號	墓誌名	年號	A 題跋	B北圖	C 附考 新中国	D隋唐五代	E千唐・河南
8991	淩準墓誌	元和4～14(809～819)	—	—	—	—	—
8992	李懷愼墓誌	元和15(820)1月					
8993	李洽及妻王氏墓誌	元和15(820)1月					
8994	鄭氏墓記	元和15(820)1月	—	—	—	—	河洛381
8995	韋及墓誌	元和15(820)閏1月					
8996	鄭緄墓誌	元和15(820)閏1月	—	29-150	—	洛陽13-45	千唐1015
8997	楊君妻趙氏墓誌	元和15(820)2月	201右中	29-151	—	北大2-69	—
8998	盧廣及妻李氏墓誌	元和15(820)3月	—	—	河南參-272	—	—
8999	裴深及妻閻氏墓誌	元和15(820)4月	—	—	河南參-273	—	—
9000	薛巽及妻崔氏墓誌	元和15(820)4月		—	河南壹-288	洛陽13-47 河南97	秦晉700
9001	李君妻宋氏墓誌	元和15(820)4月					
9002	劉彥沖墓誌	元和15(820)4月					
9003	鄭憬墓誌	元和15(820)4月	—	29-152	—	洛陽13-46	千唐1016
9004	元君墓誌	元和15(820)4月					
9005	韋端墓誌	元和15(820)5月	201右下	29-153	—	陝西2-52 北京2-58	—
9006	乘著墓誌	元和15(820)7月	—	29-154	—	洛陽13-48	
9007	曹琳墓誌	元和15(820)7月	—	29-155	—	洛陽13-49	輯繩640
9008	楊晧澄墓誌	元和15(820)7月		—			
9009	柳宗元墓誌	元和15(820)7月	202左中				
9010	裴昌墓誌	元和15(820)8月	202左上				
9011	韓重華妻李氏墓誌	元和15(820)5月				—	秦續779 流散264
9012	韓恆墓誌	元和15(820)9月		29-156		洛陽13-50	
9013	盧偶墓誌	元和15(820)9月		29-157		北大2-70	
9014	向信妻宋氏墓誌	元和15(820)9月		29-158	—	洛陽13-51	千唐1017
9015	王佺及妻李氏墓誌	元和15(820)10月	202左上	29-160		北京2-59	
9016	崔居志及妻樊氏墓誌	元和15(820)10月		—			
9017	崔倚墓誌	元和15(820)10月		29-161		洛陽13-52	輯繩641
9018	崔偃墓誌	元和15(820)10月		29-162		洛陽13-53	千唐1018
9019	張氏墓誌	元和15(820)10月	—	—		陝西4-81	—
9020	弓君及妻郭氏墓誌	元和15(820)10月	—	29-163	—	北京2-60	—
9021	崔弘載墓誌	元和15(820)10月				—	邙洛240 新出304
9022	崔貞道墓誌	元和15(820)10月					秦續780
9023	劉倫及妻李氏墓誌	元和15(820)10月	—	—	河南參-274	—	—
9024	元莫之墓誌	元和15(820)11月					
9025	朱方道墓誌	元和15(820)11月			北京壹-21		
9026	張季及妻元氏墓誌	元和15(820)11月		29-164	—	北京2-61	
9027	魏寵墓誌	元和15(820)11月					
9028	元公瑾墓誌	元和15(820)11月					邙洛241 民族154
9029	元重華妻裴氏墓誌	元和15(820)11月		—		陝西4-82	
9030	司馬宗妻孫堅靜墓誌	元和15(820)11月	202左上	—		北大2-71	
9031	崔贄墓誌	元和15(820)11月					秦續781
9032	馮君妻李詠墓誌	元和15(820)11月					流散265
9033	夏侯陳胡墓誌	元和15(820)12月					—
9034	劉筠墓誌	元和15(820)					
9035	淑澈亡女墓誌	元和□(816-820)7月					
9036	□君墓誌	元和1□(815～820)11月	—	—	—	江蘇73	—
9037	陸黯及妻陳氏墓誌	元和間(806～820)7月					
9038	元稹妻安仙嬪墓誌	元和間(806～820)	202左中				
9039	李觀墓銘	元和間(806～820)	202左中				
9040	孟常謙墓誌	元和間(806～820)					
9041	馬雷五葬誌	元和間(806～820)					
9042	張季友墓誌	元和間(806～820)					
9043	樊宗師(字紹述)墓誌	元和間(806～820)					

元和

番號	F 北大	G 墓誌彙編	H 新編	I 補遺補編	J 地方	K 博物館・その他	L 日本目錄
8991	—	—	10-6714	—	—	—	—
8992	—	—	—	—	—	碑林新257	—
8993	05489	—	—	—	—	故宮139	—
8994	—	—	—	—	—	—	—
8995	—	—	—	—	長新240 長碑165(517)	—	—
8996	05490	元和138	12-8262	1-273	—	—	—
8997	05491	元和139	11-7159	—	西北5-7	故宮140 施碑選292	人1491 東1468 淑635
8998	05492	—	—	千唐-331	—	—	—
8999	05493	—	—	千唐-332	—	裴氏110	—
9000	—	續元和077	12-8263	4-97	—	薛氏300	—
9001	05494	—	—	—	—	—	—
9002	05496	—	—	—	—	—	—
9003	05494	元和140	22-15412	1-273	—	—	—
9004	—	—	11-7391	—	—	—	—
9005	05497	元和141	10-6938	—	西北5-8 長碑166(518)	碑林86-3578 施碑選294	人1494 淑636
9006	—	元和142	12-8273	3-181	—	—	—
9007	05498	元和143	22-15412	5-429	—	—	—
9008	—	—	—	—	寧波6	—	—
9009	—	—	10-6470	—	—	—	—
9010	—	元和144	12-7851	—	—	裴氏148	—
9011	05500	—	—	—	—	—	—
9012	05499	元和145	22-15413	5-430	—	—	—
9013	05501	元和146	12-8274	6-138	—	—	—
9014	05501	元和147	18-12572	1-274	—	—	—
9015	05502	元和148	12-8275	3-182	分類96	故宮141	—
9016	05506	—	—	—	—	—	—
9017	05505	元和149	12-8390	3-182	—	—	—
9018	05504	元和150	12-8390	1-275	—	—	—
9019	—	續元和078	12-8276	2-41	精華150	—	—
9020	05508	元和151	22-15413	5-430	—	故宮142	人1492 東1469 東1470
9021	05507	—	—	9-396	—	—	—
9022	—	—	—	—	—	—	—
9023	05509	—	—	千唐-333	—	—	—
9024	—	—	11-7397	—	—	—	—
9025	—	—	—	—	—	—	—
9026	—	元和152	22-15414	5-431	—	—	—
9027	05510	—	—	—	—	—	—
9028	—	—	—	—	—	—	—
9029	—	續元和079	12-8277	3-183	長新242 長碑167(519)	—	—
9030	05511	元和153	12-7885	—	西北5-9	施唐288	人1493
9031	—	—	—	—	—	—	—
9032	—	—	—	—	—	—	—
9033	—	—	—	—	—	蘇州13	—
9034	—	—	—	—	邯鄲碑032	—	—
9035	—	—	—	—	—	碑林續158	—
9036	—	續元和071	22-15410	2-576	—	—	—
9037	05512	—	—	—	任城60	—	—
9038	—	—	11-7386	—	—	—	—
9039	—	殘誌008	—	—	—	—	—
9040	—	—	10-6713	—	—	—	—
9041	—	—	10-6707	—	—	—	—
9042	—	—	10-6486	—	—	—	—
9043	—	—	10-6476	—	—	—	—

元和・長慶

番號	墓誌名	年號	A 題跋	B北圖	C 附考 新中国	D隋唐五代	E千唐・河南
9044	何叔平妻劉氏墓誌	元和(806～820)後	202左中	—	—	北大2-72	—
9045	馬君墓誌	長慶1(821)1月	—	—	—	陝西4-83	—
9046	杜俛妻崔夫人墓誌	長慶1(821)2月	—	—	—	—	—
9047	俱海及妻王氏墓誌	長慶1(821)2月	—	30-6	—	北大2-73	—
9048	甄宙妻李孃墓誌	長慶1(821)2月	—	—	—	—	秦續782
9049	薛緯及妻馬氏墓誌	長慶1(821)2月	—	—	—	—	秦續783
9050	李建墓誌	長慶1(821)4月	—	—	—	—	—
9051	李郾妻路氏墓誌	長慶1(821)5月	—	—	—	—	秦續784
9052	李鄅墓誌	長慶1(821)5月	—	—	—	—	—
9053	康志達墓誌	長慶1(821)5月	—	—	—	陝西4-85	—
9054	劉和墓誌	長慶1(821)5月	—	30-9	—	洛陽13-54	—
9055	薛魯魯墓誌	長慶1(821)7月	—	—	河南參-275	—	—
9056	劉晧墓誌	長慶1(821)7月	—	30-10	—	洛陽13-55	—
9057	甄宙墓誌	長慶1(821)7月	—	—	—	—	—
9058	鄭宣遠妻梁氏墓誌	長慶1(821)8月	—	—	—	—	秦續785
9059	程君妻李守柔墓誌	長慶1(821)8月	—	—	—	—	—
9060	李綜及妻盧氏墓誌	長慶1(821)8月	—	—	—	—	秦晉701
9061	韋署墓誌	長慶1(821)8月	—	—	—	江蘇74	—
9062	吳弘簡妻李氏墓誌	長慶1(821)10月	—	—	—	—	—
9063	花獻妻安氏墓誌	長慶1(821)10月	—	—	—	—	秦續786 流散266 洛鴛鴦53-2
9064	崔咸妻裴處雍墓誌	長慶1(821)10月	—	—	—	—	—
9065	薛丹墓誌	長慶1(821)10月	—	—	—	—	—
9066	李象古墓誌	長慶1(821)11月	—	30-11	—	洛陽13-56	輯繩642
9067	李會昌墓誌	長慶1(821)11月	—	—	—	—	—
9068	鄭群墓誌	長慶1(821)11月	—	—	—	—	—
9069	何暉墓誌	長慶1(821)11月	—	—	—	—	秦續787
9070	薛戎墓誌	長慶1(821)11月	—	—	—	—	—
9071	魏稱妻盧氏墓誌	長慶1(821)11月	—	30-13	—	洛陽13-57	千唐1019
9072	季君妻都氏墓誌	長慶1(821)11月	202左下	—	—	—	—
9073	任福及妻賈氏墓誌	長慶1(821)12月	—	—	—	—	—
9074	李寰墓誌	長慶1(821)	—	—	—	—	—
9075	劉光珍墓誌	長慶1(821)	202左下	—	—	—	—
9076	裴君妻柳内則墓誌	長慶2(822)2月	—	—	—	—	新獲續207 河洛382 新唐268
9077	楊嶧及妻梁氏墓誌	長慶2(822)2月	—	—	—	陝西4-86	—
9078	顏季康墓誌	長慶2(822)2月	—	—	—	—	河洛383
9079	馬岳及妻李氏墓誌	長慶2(822)2月	—	—	—	—	秦晉702 秦續788
9080	雍□墓誌	長慶2(822)2月	—	—	—	—	—
9081	盧士鞏墓誌	長慶2(822)2月	—	—	—	—	新獲續208
9082	朱正則及妻陸氏墓誌	長慶2(822)2月	—	—	—	江蘇75	—
9083	王高妻蔣倩墓誌	長慶2(822)2月	—	—	—	—	—
9084	楊同縣墓誌	長慶2(822)2月	—	—	—	—	—
9085	韓索郎墓誌	長慶2(822)3月	—	—	陝西參-89	—	—
9086	韓弘妻翟氏墓誌	長慶2(822)3月	—	—	—	—	—
9087	盧元裳妻李氏墓誌	長慶2(822)4月	—	—	河南參-276	—	—
9088	李君及妻鄭氏墓誌	長慶2(822)5月	—	30-15	—	北京2-62	千唐1020
9089	范傳楚墓誌	長慶2(822)5月	—	—	—	—	秦晉703
9090	劉明德及妻高氏墓誌	長慶2(822)5月	202左下	28-69	—	山西152	—
9091	大德泛舟禪師塔銘	長慶2(822)5月	—	—	—	—	—
9092	張涓墓誌	長慶2(822)5月	—	—	—	—	河洛384 洛鴛鴦49-1
9093	韋及妻柳氏墓誌	長慶2(822)6月	—	—	—	—	—
9094	王師正妻房敬墓誌	長慶2(822)8月	—	30-17	—	洛陽13-58	千唐1021 民族264
9095	竇牟及妻裴氏墓誌	長慶2(822)8月	—	—	—	—	河洛385 新唐270
9096	陳允衆妻周氏墓誌	長慶2(822)8月後	—	—	—	—	—

元和・長慶

番號	F北大	G墓誌彙編	H 新編	I補遺補編	J 地方	K 博物館・その他	L 日本目録
9044	05513	殘誌007	12-8279	—	—	—	人1495 東1531 淑637
9045	—	續長慶001	13-8463	2-42	西北5-10 精華151	—	—
9046	—	—	—	—	—	碑林續159	—
9047	05514	長慶001	13-8463	4-98	西北5-12	—	—
9048	05515	—	—	—	—	—	—
9049	—	—	—	—	—	—	—
9050	—	—	11-7395	—	—	—	—
9051	05516	—	—	—	—	—	—
9052	—	—	10-6477	—	—	—	—
9053	—	續長慶002	22-15415	5-431	西北5-14	—	—
9054	05517	長慶002	13-8464	4-99	—	—	東1472
9055	05518	—	—	千唐-333	—	薛氏306	—
9056	05519	長慶003	13-8465	1-275	—	曲石81 南京85	—
9057	05520	—	—	—	—	—	—
9058	—	—	—	—	—	—	—
9059	05520	—	—	—	長新244 長碑168(519)	—	—
9060	—	—	—	—	—	西市372	—
9061	—	長慶004	13-8466	4-99	江揚27	—	—
9062	—	—	—	8-127	—	碑林新258	—
9063	05521	—	—	—	—	—	—
9064	05524	—	—	—	—	—	—
9065	05522	—	—	—	—	北大新拓149(216)	—
9066	05526	長慶005	9-6177	4-100	—	—	—
9067	—	長慶006	13-8466	7-96	—	—	—
9068	—	—	10-6471	—	—	—	—
9069	05527	—	—	—	—	—	—
9070	—	—	10-6472	—	—	薛氏302	—
9071	05528	長慶007	22-15414	1-276	—	—	—
9072	—	—	—	下-1893	—	—	—
9073	05529	—	—	—	—	—	—
9074	—	—	13-8565	—	—	—	—
9075	—	—	—	—	—	—	—
9076	—	—	—	8-127	—	—	—
9077	—	續長慶003	13-8470	2-43	西北5-16	—	—
9078	—	—	—	—	—	—	—
9079	05530	—	—	—	—	—	—
9080	05531	—	—	—	—	—	—
9081	—	—	—	8-130	—	—	—
9082	—	續長慶004	13-8515	7-96	—	—	—
9083	05533	—	—	8-129	—	—	—
9084	05532	—	—	千唐-334	—	—	—
9085	—	—	13-8469	3-184	—	—	—
9086	—	—	10-6473	—	—	—	—
9087	05534	—	—	千唐-335	—	—	—
9088	05535	長慶008	13-8468	1-276	—	—	—
9089	05536	—	—	—	—	—	—
9090	05537	長慶009	22-15415	4-484	—	—	—
9091	—	長慶010	—	—	—	—	—
9092	—	—	—	—	—	—	—
9093	—	—	—	—	長新246 長碑169(520)	—	—
9094	05539	長慶011	13-8470	1-278	—	—	—
9095	05538	—	10-6473	—	—	北大新拓150(217)	—
9096	05540	—	—	—	—	碑林續160	—

長慶

番號	墓誌名	年號	A 題跋	B北圖	C 附考 新中国	D隋唐五代	E千唐・河南
9097	薛弘慶女墓誌	長慶2(822)8月	—	—	—	—	—
9098	陸亘妻侯紃墓誌	長慶2(822)9月	—	—	—	—	龍門314 洛鴛鴦58-2
9099	崔笞墓誌	長慶2(822)9月	—	—	—	—	—
9100	元洞靈墓誌	長慶2(822)9月	—	—	河南貳-2	—	—
9101	楊翼墓誌	長慶2(822)10月	—	—	陝西參-90	—	—
9102	王遂墓誌	長慶2(822)10月	—	—	—	—	—
9103	楊君妻達奚鏻墓誌	長慶2(822)10月	—	—	—	—	—
9104	李□墓誌	長慶2(822)閏10月	—	—	—	—	—
9105	曹萬頲妻張氏墓誌	長慶2(822)閏10月	—	—	—	—	秦晉704 流散267
9106	丁氏墓誌	長慶2(822)11月	—	30-18	—	北京2-63	—
9107	杜式方墓誌	長慶2(822)11月	—	—	—	—	秦續789
9108	邢眞賢墓誌	長慶2(822)11月	—	—	—	北大2-74	—
9109	張鍠墓誌	長慶2(822)11月	—	—	—	—	新獲續209 邙洛242
9110	盧士珩墓誌	長慶2(822)11月	—	—	—	—	—
9111	卜璀墓誌	長慶2(822)11月	202右上	30-19	—	北大2-75	—
9112	劉忠讓墓誌	長慶2(822)11月	—	—	—	—	秦晉705
9113	盧樽妻裴氏墓誌	長慶2(822)11月	—	—	河南壹-149	河南98	—
9114	馮君妻李雅墓誌	長慶2(822)11月	—	—	—	—	秦續790
9115	羅清墓誌	長慶2(822)11月	—	—	—	—	—
9116	曲系妻蔡氏墓誌	長慶2(822)12月	—	30-24	—	北大2-76	—
9117	田弘正(興)墓誌	長慶2(822)					
9118	李瞻及妻蕭氏墓誌	長慶3(823)1月	—	—	陝西貳-222	陝西2-53	—
9119	成士元墓誌	長慶3(823)1月	—	—	—	—	秦晉706 七朝321 流散269
9120	□君及妻田氏墓誌	長慶3(823)1月	—	—	—	—	—
9121	楊隨墓誌	長慶3(823)1月	—	—	河南參-277	—	—
9122	李于及妻□氏墓誌	長慶3(823)1月	—	—	—	—	—
9123	溫遜及妻杜氏墓誌	長慶3(823)1月	—	—	—	—	秦續791
9124	張暉及妻牛氏墓誌	長慶3(823)2月	—	—	河南壹-209	河南99	—
9125	楊漢公妻鄭本柔墓誌	長慶3(823)2月	—	—	—	—	新獲續210
9126	王朝及妻郭氏墓誌	長慶3(823)2月	—	—	—	—	—
9127	韋道冲墓誌	長慶3(823)2月	—	—	—	—	—
9128	李素妻卑失氏墓誌	長慶3(823)4月	—	—	—	陝西4-87	—
9129	范阿九墓誌	長慶3(823)4月	202右上	30-30	—	北大2-77	—
9130	蓋璿及妻靳氏墓誌	長慶3(823)4月	—	—	—	—	秦晉707
9131	周望墓誌	長慶3(823)4月	—	30-31	—	山西153	—
9132	張屺墓誌	長慶3(823)7月	—	—	—	—	—
9133	楊元卿妻陳氏墓誌	長慶3(823)7月	—	—	—	—	秦晉708 洛鴛鴦57-2
9134	王通及妻張氏墓誌	長慶3(823)7月	—	—	河北壹-105	河北96	—
9135	韋楚相及妻崔氏墓誌	長慶3(823)8月	—	—	—	—	秦晉709
9136	錢昌妻姚氏墓誌	長慶3(823)8月	—	—	—	—	—
9137	袁惟承妻李氏墓誌	長慶3(823)8月	—	—	—	—	—
9138	韋君妻秦氏墓誌	長慶3(823)8月	—	—	河南參-278	—	—
9139	張婉墓誌	長慶3(823)9月	—	13-84	4-354	洛陽3-210	—
9140	和秀墓誌	長慶3(823)10月	—	—	—	—	—
9141	崔逢墓誌	長慶3(823)10月	—	—	—	—	新獲續211 河洛386 新唐272 洛鴛鴦50-1
9142	崔彥崇妻鄭氏墓誌	長慶3(823)10月	—	—	河南參-279	—	—
9143	張忌及妻劉氏董氏墓誌	長慶3(823)10月	—	—	—	—	秦續792
9144	程君及妻李氏墓誌	長慶3(823)10月	—	—	—	—	—
9145	盧沐妻鄭氏墓誌	長慶3(823)10月	—	—	—	—	—
9146	武公素墓誌	長慶3(823)10月	—	—	—	—	秦晉710
9147	宋崇超及妻趙氏墓誌	長慶3(823)10月	—	—	—	—	—
9148	劉詧墓誌	長慶3(823)10月	—	—	—	—	秦續793・流散268
9149	鄭高及妻崔氏墓誌	長慶3(823)10月	—	—	—	洛陽13-59	新獲95
9150	薛丹妻李饒墓誌	長慶3(823)10月	—	—	—	—	—

長慶

番號	F北大	G墓誌彙編	H新編	I補遺補編	J 地方	K 博物館・その他	L 日本目錄
9097	—	—	—	—	—	碑林續161	—
9098	05541	—	—	9-396	—	—	—
9099	—	長慶012	22-15416	—	—	—	—
9100	—	—	—	—	—	—	—
9101	—	—	—	8-131	榆林66	—	—
9102	—	—	—	—	—	慶雅堂54 西市373	—
9103	—	—	—	—	房山25	—	—
9104	05542	—	—	—	—	—	—
9105	05543	—	—	—	—	—	—
9106	—	長慶013	19-13057	4-485	寧波8	—	—
9107	05544	—	—	—	—	新見42	—
9108	—	長慶014	22-15416	6-480	西北5-17 河間263	—	—
9109	—	—	—	8-132	—	—	—
9110	05546	—	—	千唐-336	—	—	—
9111	05547	長慶015	13-8471	4-102	—	施唐289	人1498
9112	05548	—	—	—	—	西市374	—
9113	—	續長慶005	13-8467	4-101	山陽63	裴氏149	—
9114	—	—	—	—	—	—	—
9115	—	—	—	—	寧波7	—	—
9116	05549	長慶016	13-8473	4-103	—	—	—
9117	—	—	11-7394	—	—	—	—
9118	—	續長慶006	13-8602	3-184	西北5-19	碑林86-3586	—
9119	05550	—	—	—	—	—	—
9120	—	長慶018	22-15417	7-409	—	—	—
9121	05551	—	—	千唐-338	—	—	—
9122	—	—	10-6480	—	—	—	—
9123	—	—	—	—	—	—	—
9124	—	續長慶007	13-8485	6-139	—	—	—
9125	—	—	—	8-132	—	—	—
9126	05552	—	—	—	—	—	—
9127	—	—	—	—	長碑(520)	—	—
9128	—	長慶020	13-8486	3-186	精華152	—	—
9129	05553	長慶019	12-7921	—	西北5-20	—	—
9130	05554	—	—	—	—	—	明洛101
9131	05555	長慶021	22-15417	4-485	—	故宮143	—
9132	05556	—	—	—	—	—	—
9133	—	—	—	—	—	—	—
9134	—	—	—	—	邯鄲碑018	—	—
9135	05557	—	—	—	—	—	—
9136	—	—	—	—	—	越窯52	—
9137	05558	—	—	千唐-339	—	—	—
9138	05559	—	—	千唐-339	—	—	—
9139	01494	顯慶079	9-5671	—	—	唐宋346	人0264
9140	—	—	—	—	—	汾陽34(68)	—
9141	—	—	—	8-133	—	—	—
9142	05560	—	—	千唐-340	—	—	—
9143	—	—	—	—	—	—	—
9144	—	—	—	—	大全・榆次16	—	—
9145	05561	—	—	—	—	西市375	明洛102
9146	05562	—	—	—	—	—	—
9147	—	—	—	—	—	汾陽35(70)	—
9148	05563	—	—	—	—	—	—
9149	05565	—	10-6927	4-104	—	—	—
9150	05564	—	—	—	—	—	—

長慶

番號	墓誌名	年號	A 題跋	B北圖	C 附考 新中国	D隋唐五代	E千唐・河南
9151	馬進朝墓誌	長慶3(823)10月	—	—	河南壹-223	河南100	—
9152	盧直墓誌	長慶3(823)10月	—	30-35	—	洛陽13-60	千唐1022
9153	連寶積及妻楊氏墓誌	長慶3(823)10月	—	—	—	—	邙洛243 民族238
9154	楊鏻妻達奚氏墓誌	長慶3(823)10月	—	—	北京壹-22	—	—
9155	樂超及妻李氏墓誌	長慶3(823)10月	—	—	—	—	秦續794
9156	盧沐及妻鄭氏墓誌	長慶3(823)10月	—	—	—	—	—
9157	李君妻高氏墓誌	長慶3(823)11月	—	30-36	—	洛陽13-61	—
9158	韓犖墓誌	長慶3(823)11月	—	—	—	—	—
9159	王少義墓誌	長慶3(823)11月	—	—	—	—	—
9160	崔俊墓誌	長慶3(823)11月	—	—	—	—	—
9161	劉良及妻景氏墓誌	長慶3(823)12月	—	—	—	—	—
9162	李樞墓誌	長慶3(823)12月	—	—	—	—	秦續795 洛鴛鶯51-1
9163	能政墓誌	長慶3(823)12月	—	30-37	—	洛陽13-62	千唐1023
9164	薛融墓誌	長慶3(823)12月	—	—	—	—	秦晉711
9165	李再榮墓誌	長慶3(823)12月	—	—	—	—	—
9166	郭銛墓誌	長慶3(823)12月	202右上	—	—	—	—
9167	李宗本妻盧氏墓誌	長慶3(823)12月	—	—	—	—	河洛387 七朝322
9168	董玕墓誌	長慶3(823)12月	—	30-38	—	洛陽13-63	—
9169	劉洞墓誌	長慶3(823)12月	—	—	—	—	—
9170	劉頗墓誌	長慶3(823)	—	—	—	—	—
9171	權秀邑及妻李氏墓誌	長慶3(823)	202右上	—	—	—	—
9172	杜威戎及妻李氏墓誌	長慶3(823)	—	—	—	—	—
9173	王叔雅妻薛瓊墓誌	長慶3(823)	202右上	—	—	—	—
9174	徐君妻符氏葬記	長慶3(823)	202右上	—	—	—	—
9175	孫君妻王清淨墓誌	長慶4(824)1月	—	—	—	—	秦續796
9176	郭鷟及妻張氏墓誌	長慶4(824)1月	—	—	—	—	秦晉712 七朝323
9177	陸君墓誌	長慶4(824)1月	—	—	—	—	—
9178	□君殘墓誌	長慶4(824)1月	—	—	—	—	—
9179	郭獻忠墓誌	長慶4(824)1月	—	—	陝西參-91	—	—
9180	熙怡石墳哀誌	長慶4(824)1月	202右中	—	—	—	—
9181	何撫墓誌	長慶4(824)2月	—	—	—	—	新獲續212 河洛388
9182	樂輔政墓誌	長慶4(824)2月	—	—	—	陝西4-88	—
9183	王君妻全氏墓誌	長慶4(824)2月	—	—	—	—	邙洛244
9184	李霸及張氏墓誌	長慶4(824)2月	—	—	—	—	—
9185	夏侯濟墓誌	長慶4(824)2月	—	—	—	—	秦晉713 七朝324
9186	崔廷墓誌	長慶4(824)2月	—	30-39	—	洛陽13-64	千唐1024
9187	崔璆墓誌	長慶4(824)2月	—	30-40	—	洛陽13-65	—
9188	朱□和及妻范氏墓誌	長慶4(824)2月	—	—	—	—	—
9189	盧侢妻韋氏墓誌	長慶4(824)2月	—	—	—	—	秦續797
9190	顏永墓誌	長慶4(824)2月	202右中	30-41	—	江蘇76	—
9191	王仲舒墓誌	長慶4(824)2月	—	—	—	—	—
9192	李進興墓誌	長慶4(824)4月	—	—	—	江蘇77	—
9193	鄭玉俊墓誌	長慶4(824)4月	—	—	—	—	秦晉714
9194	張徹墓誌	長慶4(824)4月	—	—	—	—	—
9195	王士眞妻吳氏墓誌	長慶4(824)5月	—	—	—	—	新獲96 龍門316
9196	□□和尚墓誌	長慶4(824)5月	—	—	—	山西154	—
9197	牛進及妻王氏墓誌	長慶4(824)5月	—	—	—	—	—
9198	潘子興妻張氏墓誌	長慶4(824)5月	—	—	—	—	秦晉715
9199	武儒衡墓誌	長慶4(824)5月	—	—	—	—	—
9200	薛居方墓誌	長慶4(824)6月	—	—	—	—	—
9201	臧遛墓誌	長慶4(824)7月	—	—	—	江蘇78	—
9202	崔恕墓誌	長慶4(824)8月	202右中	30-42	—	洛陽13-66	—
9203	孔戣墓誌	長慶4(824)8月	206左中	—	—	—	—
9204	李詵墓誌	長慶4(824)8月卒	—	—	—	—	秦晉716
9205	王曇及妻盧氏墓誌	長慶4(824)10月	—	—	—	洛陽13-68	—

長慶

番號	F 北大	G 墓誌彙編	H 新編	I 補遺補編	J 地方	K 博物館・その他	L 日本目録
9151	―	續長慶008	22-15418	6-481	―	―	―
9152	05566	長慶023	13-8488	1-279	―	―	―
9153	―	―	―	―	―	―	―
9154	―	―	―	―	―	―	―
9155	―	―	―	―	―	―	―
9156	05567	―	―	―	―	西市376	明洛103
9157	―	長慶022	13-8487	1-279	景州240 景縣400	曲石82 南京86	―
9158	―	―	10-6500	―	―	―	―
9159	―	―	―	7-97	―	―	―
9160	―	―	11-7392	―	―	―	―
9161	05568	―	―	―	―	―	―
9162	05569	―	―	―	―	―	―
9163	05570	長慶024	13-8488	1-280	―	―	―
9164	05571	―	―	―	―	薛氏307	―
9165	05572	―	―	―	―	―	―
9166	―	―	13-8564	―	―	―	―
9167	05573	―	―	―	―	―	明洛104
9168	05574	長慶025	13-8489	4-105	―	―	―
9169	―	―	―	―	―	碑林續162	―
9170	―	―	11-7390	―	―	―	―
9171	―	長慶017	13-8484	7-98	―	―	―
9172	―	―	―	8-135	―	―	―
9173	―	―	―	―	―	―	―
9174	―	―	―	―	―	―	―
9175	―	―	―	―	―	―	―
9176	05576	―	―	―	―	―	―
9177	―	―	―	―	―	碑林續163	―
9178	05577	―	―	―	―	―	―
9179	―	―	―	8-135	―	―	―
9180	―	―	―	―	―	―	―
9181	―	―	―	8-136	―	―	―
9182	―	續長慶009	9-5695	2-43	精華153	―	―
9183	―	―	―	―	―	―	―
9184	―	續長慶010	13-8517	6-140 中-788	―	―	―
9185	05578	―	―	―	―	西市377	―
9186	05579	長慶026	12-8099	1-281	―	―	―
9187	―	長慶027	13-8518	1-282	―	曲石83 南京87	―
9188	―	續長慶011	22-15418	8-412	江揚28	―	―
9189	05581	―	―	―	―	―	―
9190	05582	長慶028	12-7920	―	江揚29	―	人1507 淑638
9191	―	―	10-6475	―	―	―	―
9192	―	―	22-15420	2-577 下-1893	―	磚刻1208	―
9193	05583	―	―	―	―	西市378	明洛105
9194	―	―	10-6478	―	―	―	―
9195	―	―	13-8516	5-34	―	―	―
9196	―	續長慶012	13-8519	6-28	―	―	―
9197	05584	―	―	―	―	―	―
9198	05585	―	―	―	―	―	―
9199	―	―	11-7210	―	―	―	―
9200	05586	―	―	―	長新248 長碑170(521)	―	―
9201	―	續長慶013	22-15418	4-485 下-1893	江揚30	―	―
9202	―	長慶029	13-8519	4-105	―	―	―
9203	―	―	10-6474	―	―	―	―
9204	05587	―	―	―	―	―	―
9205	―	續長慶014	22-15419	4-486	―	―	―

長慶・寶曆

番號	墓誌名	年號	A 題跋	B北圖	C 附考 新中国	D隋唐五代	E千唐・河南
9206	趙宗儒妻韋信初墓誌	長慶4(824)10月	—	—	—	—	秦晉717 七朝325 洛鴛鴦56-2
9207	劉秀珍墓誌	長慶4(824)10月	—	—	—	山西155	
9208	惟忍墓誌	長慶4(824)11月	—	—	—	—	
9209	顧君妻陶氏墓誌	長慶4(824)11月	—	—	江蘇壹-5	—	
9210	王允古妻崔氏墓誌	長慶4(824)11月	—	—	—	—	秦續798
9211	張山岸及妻李氏墓誌	長慶4(824)11月	—	—	—	—	
9212	劉君妻諸葛氏墓誌	長慶4(824)11月	—	—	—	—	
9213	蕭徵墓誌	長慶4(824)11月	—	—	—	—	新獲續213 河洛389 龍門317
9214	王式妻曹氏墓誌	長慶4(824)11月	—	—	—	洛陽13-67	千唐1025
9215	夏侯昇墓誌	長慶4(824)11月	—	—	—	—	河洛390 新唐286
9216	相里友諒墓誌	長慶4(824)12月	202右中	—	—	—	
9217	程晧墓誌	長慶5(825)1月	—	—	—	北大2-78	
9218	馬繼祖墓誌	長慶初(821〜824)	—	—	—	—	
9219	長沙高士墓誌	長慶末(821〜824)	202右中	—	—	—	
9220	徐超妻裴氏墓誌	寶曆1(825)2月	—	—	—	—	
9221	馮晟墓誌	寶曆1(825)2月	—	—	—	—	秦晉718
9222	馬文同妻韋楚和墓誌	寶曆1(825)2月	—	—	河南貳-257	洛陽13-70	新獲97
9223	李堅墓誌	寶曆1(825)2月	—	—	—	—	秦晉719
9224	董炭墓誌	寶曆1(825)2月	—	—	—	陝西4-89	—
9225	崔勵墓誌	寶曆1(825)2月	—	—	—	—	秦晉720
9226	王端墓誌	寶曆1(825)2月	—	30-45	—	洛陽13-69	千唐1026
9227	李伸妻張氏墓誌	寶曆1(825)2月	—	—	—	—	—
9228	郝幽妻李氏墓誌	寶曆1(825)3月	—	—	—	—	
9229	韓愈墓誌	寶曆1(825)3月	—	—	—	—	
9230	王汶墓誌	寶曆1(825)4月	—	—	—	洛陽13-71	
9231	杜日榮墓誌	寶曆1(825)4月	—	30-46	—	北大2-79	
9232	鄭何墓誌	寶曆1(825)4月	—	—	—	—	
9233	李君妻田氏墓誌	寶曆1(825)4月	—	30-47	—	山西156	
9234	張希進及妻申屠氏墓誌	寶曆1(825)4月	—	—	—	—	
9235	魏仲俛及妻賈氏墓誌	寶曆1(825)5月	—	30-49	—	洛陽13-72	輯繩643
9236	陳雅妻諸葛氏墓誌	寶曆1(825)6月	—	30-51	—	洛陽13-73	千唐1027
9237	李濟墓誌	寶曆1(825)閏7月	—	—	—	陝西4-90	—
9238	劉泳之妻吳氏墓誌	寶曆1(825)8月	—	—	—	—	
9239	盧子鷟墓誌	寶曆1(825)8月	202右下	30-52	—	洛陽13-74	
9240	韓國信墓誌	寶曆1(825)8月	—	—	—	—	
9241	石忠政墓誌	寶曆1(825)8月	202左下	30-53	—	北大2-80	—
9242	沈朝墓誌	寶曆1(825)8月	—	30-54	—	北大2-81	
9243	張欵墓誌	寶曆1(825)8月	—	—	—	—	河洛391 七朝326
9244	解晉卿妻張氏墓誌	寶曆1(825)9月	—	—	—	—	
9245	諸葛澄墓誌	寶曆1(825)9月	202右下	30-55	—	北大2-82	
9246	趙全泰妻武氏墓記	寶曆1(825)10月	202右下	30-57	—	河北98	
9247	趙適妻李氏墓誌	寶曆1(825)10月	—	—	—	—	
9248	李君妻呂氏墓誌	寶曆1(825)10月	—	—	—	洛陽13-75	新獲98 龍門318
9249	張巽墓誌	寶曆1(825)10月	—	30-58	—	江蘇79	
9250	嚴淙墓誌	寶曆1(825)11月	—	—	河南參-280	—	
9251	劉騾妻張氏墓誌	寶曆1(825)11月	—	—	—	—	
9252	溫惟幹及妻李氏墓誌	寶曆1(825)11月	—	—	—	—	
9253	盧士玫墓誌	寶曆1(825)11月	—	—	—	—	秦續799 洛鴛鴦52-1
9254	楊宗本墓誌	寶曆1(825)11月	—	30-59	—	北京2-64	—
9255	李訥墓誌	寶曆1(825)11月	—	—	—	—	邙洛245
9256	蕭佩墓誌	寶曆1(825)11月	—	—	—	—	—

長慶・寶曆

番號	F北大	G墓誌彙編	H 新編	I 補遺補編	J 地方	K 博物館・その他	L 日本目録
9206	05588	—	—	—	—	—	—
9207	—	續長慶015	22-15419	6-481	—	—	—
9208	05589	—	—	—	—	—	—
9209	—	—	—	—	—	—	—
9210	—	—	—	—	—	—	—
9211	—	—	—	—	大同65 大全・南郊44	—	—
9212	—	長慶031	22-15420	7-409 下-1893	—	—	—
9213	—	—	—	8-138	—	—	—
9214	—	長慶030	13-8520	1-286	—	—	—
9215	—	—	—	—	—	—	—
9216	—	—	—	—	—	—	—
9217	05590	長慶032	13-8521	6-141	—	—	—
9218	—	—	10-6476	—	—	—	—
9219	06784	殘誌013	—	—	—	—	—
9220	—	—	—	—	—	西市379	—
9221	05591	—	—	—	—	—	明洛106
9222	05592	續長慶016	13-8486	4-106	—	—	—
9223	—	—	—	—	—	—	—
9224	—	寶曆001 續寶曆001	12-8169	1-263	西北5-22	—	—
9225	05593	—	—	—	—	—	—
9226	05594	寶曆002	22-15420	2-577	—	—	—
9227	05595	—	—	—	—	—	—
9228	—	—	—	—	安陽選51	—	—
9229	—	—	12-7780	—	—	—	—
9230	—	續寶曆003	13-8587	4-107	—	—	—
9231	05596	寶曆003	22-15421	4-487	西北5-23	—	—
9232	—	—	—	8-139	長碑(522)	—	—
9233	—	寶曆004	22-15421	4-488	—	—	—
9234	—	—	—	—	—	碑林新259	—
9235	05597	寶曆005	13-8588	4-108	—	—	—
9236	05599	寶曆006	13-8590	2-44	—	—	—
9237	—	續寶曆004	11-7157	3-186	西北5-25 精華154 長新250 長碑171(524)	—	—
9238	—	—	—	8-140	—	—	—
9239	05600	寶曆007	13-8590	4-109	—	—	—
9240	—	—	13-8589	6-141	—	—	—
9241	05601	寶曆008	22-15422	—	西北5-26	撒馬59 故宮144 施唐290	人1496 淑639
9242	05602	—	12-8437	7-99 中-792	—	磚刻1209	—
9243	05603	—	—	—	—	—	—
9244	—	寶曆009	22-15422	7-410	—	—	—
9245	05604	寶曆010	13-8591	4-109	—	—	人1509 淑640
9246	05605	寶曆011	13-8913	—	—	—	—
9247	—	—	—	—	長新252 長碑172(525)	—	—
9248	05606	續寶曆005	13-8592	4-111	—	—	—
9249	05607	寶曆012	22-15424	4-110	分類97	—	—
9250	05608	—	—	千唐-341	—	—	—
9251	—	—	—	7-410	—	—	—
9252	05612	—	—	—	—	—	—
9253	05611	—	—	—	—	—	—
9254	05613	寶曆013	13-8592	4-111	—	—	—
9255	—	—	—	—	—	—	—
9256	—	—	—	—	—	碑林續164	—

寶曆・大和

番號	墓誌名	年號	A 題跋	B北圖	C 附考 新中國	D隋唐五代	E千唐・河南
9257	郭柳及妻周氏趙氏墓誌	寶曆1(825)11月	―	30-60	―	洛陽13-76	―
9258	張望及妻董氏墓誌	寶曆1(825)11月	―	―	―	―	―
9259	□審貳墓誌	寶曆1(825)12月	―	―	―	―	―
9260	鄧君妻王氏墓誌	寶曆1(825)12月	―	―	―	―	―
9261	裴乂墓誌	寶曆1(825)？	―	―	―	―	―
9262	韋挺墓誌	寶曆2(826)1月	―	―	―	陝西4-91	―
9263	沈君妻黃氏墓誌	寶曆2(826)1月	―	―	―	―	―
9264	李君妻解氏墓誌	寶曆2(826)1月	―	30-61	―	洛陽13-77	千唐1028
9265	李庭秀墓誌	寶曆2(826)2月	―	―	―	―	秦續800
9266	宗惟政妻楊氏墓誌	寶曆2(826)4月	―	―	河北壹-107	河北99	―
9267	聶進及妻閻氏墓誌	寶曆2(826)4月	―	―	―	―	―
9268	牛鷟及妻李氏墓誌	寶曆2(826)4月	―	―	―	―	―
9269	王仙之墓誌	寶曆2(826)4月	―	―	―	―	―
9270	范政墓誌	寶曆2(826)5月	―	―	―	―	―
9271	殷文穆及前妻韋氏墓誌	寶曆2(826)6月	―	―	―	江蘇80	―
9272	李羣墓誌	寶曆2(826)7月	―	30-64	―	洛陽13-78	龍門319
9273	陳嗣通妻王氏墓誌	寶曆2(826)7月	―	―	―	―	―
9274	崔元立墓誌	寶曆2(826)7月	―	―	河南參-281	―	―
9275	何洪墓誌	寶曆2(826)8月	―	30-65	―	北大2-83	―
9276	第五儇及妻衛氏墓誌	寶曆2(826)8月	―	―	―	―	―
9277	楊贍墓誌	寶曆2(826)8月	―	30-66	―	北大2-84	―
9278	崔迢及妻李氏墓誌	寶曆2(826)10月	―	―	―	―	龍門320
9279	陳雲墓誌	寶曆2(826)10月	―	―	―	―	―
9280	賈光及妻陳氏墓誌	寶曆2(826)10月	―	―	陝西貳-223	陝西2-54	―
9281	馬君及妻李氏墓誌	寶曆2(826)10月	―	―	―	―	―
9282	崔岑及妻張氏墓誌	寶曆2(826)10月	―	―	―	―	―
9283	雷貞墓誌	寶曆2(826)10月	―	―	―	―	―
9284	王敬仲墓誌	寶曆2(826)10月	―	30-67	―	洛陽13-79	千唐1029
9285	李英華墓誌	寶曆2(826)10月	―	―	―	―	―
9286	秦懷隱及妻楊氏墓誌	寶曆2(826)11月	―	―	―	―	―
9287	元袞及妻張氏墓誌	寶曆2(826)11月	―	34-83	―	洛陽13-80	千唐1208 民族155
9288	高君墓誌	寶曆2(826)11月	―	30-68	―	洛陽13-81	千唐1030
9289	鄭仲連及妻馮氏墓誌	寶曆2(826)11月	―	30-69	―	北大2-85	―
9290	韋儆妻王氏墓誌	寶曆2(826)11月	―	―	―	―	―
9291	韋儆及妻王氏墓誌	寶曆2(826)11月	―	―	―	―	―
9292	盧伯卿妻崔氏墓誌	寶曆2(826)11月	―	30-70	―	洛陽13-82	―
9293	賀蘭遂及妻程氏墓誌	寶曆2(826)11月	―	―	―	―	民族294
9294	李縱墓誌	寶曆2(826)11月	―	―	―	―	秦續801 流散270
9295	馬榮及妻高氏墓誌	寶曆2(826)12月	―	―	―	―	―
9296	劉進及妻楊氏墓誌	寶曆2(826)12月	―	―	―	―	―
9297	郭文應墓誌	寶曆2(826)12月	―	―	―	―	―
9298	王汶妻蔣氏墓誌	大和1(827)2月	―	―	―	洛陽13-84	輯繩644
9299	杜縮墓誌	大和1(827)4月	―	―	―	―	―
9300	樂昇進墓誌	大和1(827)4月	―	30-71	―	北大2-86	―
9301	韋冰墓誌	大和1(827)4月	―	―	―	陝西4-93	―
9302	何允墓誌	大和1(827)5月	202右下	30-72	―	北大2-87	―
9303	杜幹墓誌	大和1(827)6月	―	―	―	―	―
9304	杜式方長女墓誌	大和1(827)6月卒	―	―	―	―	―
9305	李則墓誌	大和1(827)6月	―	―	―	―	―
9306	薛氏墓誌	大和1(827)7月	203左上	―	―	―	―
9307	李君妻呂氏墓誌	大和1(827)7月	―	―	―	陝西4-94	―
9308	駱璨妻張氏墓誌	大和1(827)7月	―	―	―	―	秦晉721
9309	成志辯墓誌	大和1(827)8月	―	30-73	―	洛陽13-85	輯繩645
9310	皇甫弘妻崔氏墓誌	大和1(827)8月	―	―	河南參-282	―	―

寶曆・大和

番號	F北大	G墓誌彙編	H 新編	I補遺補編	J 地方	K 博物館・その他	L 日本目錄
9257	05614	寶曆014	22-15424	4-488	—	—	—
9258	—			—	分類98	—	—
9259					寧波9	—	—
9260	05615						
9261	—		11-7399	—			
9262	—	續寶曆006	13-8615	3-187	長新254 長碑173(525)		
9263	05616						
9264	05617	寶曆015	9-5732	1-245			
9265	—						
9266	—	續寶曆007	22-15425	4-487			
9267	05618						
9268	05619						
9269	—			—	長新256 長碑(526)		
9270	05620						
9271	—	—	22-15423	7-101 中-801	—	—	—
9272	—	續寶曆008	13-8593	4-112 中-801			
9273				7-100			
9274	05621			千唐-342			
9275	05622	寶曆016	13-8611	4-112	西北5-27	—	—
9276	—	—	—	—	—	碑林新260	—
9277	05623	寶曆017	13-8612	4-113	西北5-28	施碑選296-297	
9278	—						
9279	—					越窯53	
9280	—	續寶曆009	13-8613	3-188	西北5-29	碑林86-3594	
9281	05624						
9282	—					西市380	
9283	05625	—	—	—	邯鄲碑033	—	—
9284	—	寶曆018	13-8614	1-286	—		
9285	—	—	—	—	大同69 大全・南郊45	—	—
9286	05627						
9287	05609	殘誌001	12-8278	1-434			
9288	05628	寶曆020	22-15425	2-577	—	—	—
9289	05629	寶曆019	13-8614	4-114	—	故宮145	東1474
9290	—					碑林續165	
9291	—					碑林續166	
9292	05630	寶曆021	13-8955	4-115			
9293	05610	—	—	千唐-341			
9294	—						
9295	05631						
9296	05632						
9297	05633	—	—	千唐-342	—	—	—
9298	—	續大和001	13-8641	4-117			
9299	—	—	—	—	大同73 大全・南郊46	—	—
9300	05634	大和001	13-8690	4-119	—		
9301	—	續大和002	13-8689	3-189	長碑(526)		
9302	05635	大和002	18-12573	4-120	江揚31	施唐291	人1516 淑641
9303	05636					—	
9304	—					新見43	
9305	—		11-7210				
9306	—	大和003	22-15425	7-411		磚刻1210	
9307	—	續大和003	13-8518	2-45			
9308	05637	—	—	—			
9309	05638	大和004	13-8691	4-120			
9310	05640			千唐-343			

大和

番號	墓誌名	年號	A 題跋	B北圖	C 附考 新中国	D隋唐五代	E千唐・河南
9311	程叔絢墓誌	大和1(827)8月	—	—	—	—	—
9312	盧直娘盧氏墓誌	大和1(827)8月	—	—	河南參-283	—	—
9313	李鼎墓誌	大和1(827)9月	202右下	30-74	—	洛陽13-86	—
9314	盧士瓊墓誌	大和1(827)9月卒	202右下	30-75	—	北大2-88	—
9315	盧士瓊墓誌	大和1(827)9月卒	—	—	—	—	—
9316	曹朝憲妻陶氏墓誌	大和1(827)10月	—	—	北京壹-23	—	—
9317	韋行素墓誌	大和1(827)10月	—	30-76	—	洛陽13-87	千唐1031
9318	南昇(昇?)墓誌	大和1(827)10月	—	—	—	洛陽13-88	千唐1032
9319	獨孤朗墓誌	大和1(827)10月	—	—	—	—	—
9320	武言及妻高氏墓誌	大和1(827)11月	—	—	—	—	—
9321	王勛墓誌	大和1(827)11月	—	—	河南參-284	—	—
9322	韋詳及妻景氏墓誌	大和1(827)11月	—	—	—	—	—
9323	裴克諒妻李娥墓誌	大和1(827)11月	—	—	—	—	—
9324	劉弘規墓誌	大和1(827)11月	—	—	—	陝西4-95	—
9325	閻汝墓誌	大和1(827)11月	—	—	—	—	秦續802
9326	鄭溥墓誌	大和1(827)12月	—	—	—	陝西4-96	—
9327	李廉之妻鄭氏墓誌	大和2(828)1月	—	—	—	—	秦續803 流散271
9328	獨孤娥娘墓誌	大和2(828)1月	—	—	陝西貳-224	陝西2-55	—
9329	田鈇墓誌	大和2(828)2月	—	—	—	陝西4-97	—
9330	李惟詵及妻王氏戴氏墓誌	大和2(828)2月	—	—	—	—	—
9331	包陳墓誌	大和2(828)2月	—	—	—	洛陽13-89	千唐1033
9332	向信墓誌	大和2(828)2月	—	30-77	—	洛陽13-90	千唐1035
9333	花獻神道誌	大和2(828)2月	—	—	—	—	秦續804 流散272 洛鴛鴦53-1
9334	崔君妻李貞墓誌	大和2(828)2月	—	30-78	—	洛陽13-91	千唐1034
9335	崔俚墓誌	大和2(828)2月	—	—	—	—	—
9336	杜俌墓誌	大和2(828)2月	—	—	—	—	—
9337	梁守謙墓誌	大和2(828)2月	—	30-79	—	北大2-89	—
9338	侯□弘墓誌	大和2(828)2月	—	—	北京壹-24	—	—
9339	崔樅墓誌	大和2(828)2月	—	—	—	洛陽13-95	千唐1036
9340	王克清墓誌	大和2(828)3月	—	—	—	—	—
9341	解正念墓誌	大和2(828)閏3月卒	—	—	河北壹-108	河北100	—
9342	嚴士則墓誌	大和3(828)4月	—	—	—	—	秦晉723 流散273
9343	獨孤季膺及妻高氏墓誌	大和2(828)5月	—	—	—	—	輯繩646
9344	李氏(文安公主)墓誌	大和2(828)5月	—	—	—	陝西4-98	—
9345	董交墓誌	大和2(828)5月	—	—	—	陝西4-99	—
9346	劉栖楚及妻裴氏墓誌	大和2(828)5月	203左上	30-81 30-82	—	洛陽13-92 洛陽13-93	—
9347	劉栖梧墓誌	大和2(828)5月	—	—	—	—	—
9348	閻子光及妻崔氏墓誌	大和2(828)5月	—	—	河南貳-345	—	—
9349	丘運妻李氏墓誌	大和2(828)5月	—	—	—	—	—
9350	郭士弘墓誌	大和2(828)5月	—	—	—	—	—
9351	曹君妻陳氏墓誌	大和2(828)7月	—	—	—	洛陽13-94	新獲99
9352	李良墓誌	大和2(828)8月	—	—	—	—	—
9353	張瑷墓誌	大和2(828)8月	—	—	—	山西157	—
9354	湯貢妻侯莫陳約歸祔誌	大和2(828)8月	—	—	—	—	秦續805 洛鴛鴦37-2
9355	楊士眞墓誌	大和2(828)8月	—	—	—	陝西4-100	—
9356	趙廣興及妻赫氏郭氏墓誌	大和2(828)8月	—	—	河北壹-109	河北101	—
9357	衛嘉進及妻李氏墓誌	大和2(828)8月	—	—	陝西壹-142	陝西4-92	—
9358	張秀誠墓誌	大和2(828)10月	—	—	河南壹-419	河南101	—
9359	唐元皓墓誌	大和2(828)10月	—	—	—	—	—
9360	王師正墓誌	大和2(828)10月	—	—	—	洛陽13-96	千唐1037
9361	趙逸及妻孟昌墓誌	大和2(828)10月	—	—	—	—	—
9362	司馬濟墓誌	大和2(282)10月	—	—	—	—	—

大和

番號	F北大	G墓誌彙編	H 新編	I補遺補編	J 地方	K 博物館・その他	L 日本目録
9311	05641	—	—	—	安陽選(25)	—	—
9312	05639	—	—	千唐-343	—	—	—
9313	—	大和005	13-8691	4-121	—	—	—
9314	05643	大和006	11-7211	—	西北5-30	施碑選298-299	人1517
9315	05644	—	—	—	—	—	—
9316	—	續大和004	13-8693	3-190 中-831	—	—	—
9317	—	大和007	13-8692	1-287	—	—	—
9318	—	大和008	13-8693	1-288	—	—	—
9319	—	—	11-7206	—	—	—	—
9320	—	—	—	—	大同79 大全・南郊48	—	—
9321	05647	—	—	千唐-344	—	—	—
9322	05648	—	—	千唐-345	—	—	—
9323	—	—	11-7680	—	—	裴氏150	—
9324	—	續大和005	13-8694	2-45	西北5-31 精華155	—	—
9325	05649	—	—	—	—	—	—
9326	—	續大和006	13-8695	2-47	西北5-32 長碑(527)	—	—
9327	—	—	—	—	—	—	—
9328	—	續大和007	22-15425	3-190	西北5-33	碑林86-3601	—
9329	—	續大和008	13-8699	3-191	西北5-34 長碑(528)	—	—
9330	—	—	—	—	濮陽8	—	—
9331	—	大和011	9-6179	1-288	—	—	—
9332	05650	大和009	22-15426	1-291	—	—	—
9333	05652	—	—	—	—	—	—
9334	05651	大和010	13-9055	1-289	—	—	—
9335	—	—	—	—	—	西市381	—
9336	—	—	—	—	—	碑林續167	—
9337	05653	大和012	13-8696	4-122	西北5-35	—	—
9338	—	—	—	—	—	—	—
9339	—	大和013	13-9026	1-292	—	—	—
9340	05654	—	—	—	—	—	—
9341	—	續大和009	22-15427	5-36	—	—	—
9342	05668	—	—	—	—	—	—
9343	—	續大和010	13-8700	6-142	—	—	—
9344	—	續大和011	11-7044	1-292 中-836	西北5-36 精華156	—	—
9345	—	續大和012	13-8701	3-192	—	—	—
9346	05655	大和014	10-6981	4-124	—	裴氏151	—
9347	05656	—	—	千唐-345	—	—	—
9348	—	—	—	—	濮陽9	—	—
9349	—	—	—	—	長新258 長碑(529)	—	—
9350	05657	—	—	—	—	—	—
9351	—	續大和013	22-15427	4-489	—	—	—
9352	—	—	13-8705	5-36 下-2124	—	碑林196-1147	—
9353	—	—	13-8710	6-143 下-2129	河東11 大全・鹽湖24	—	—
9354	05658	—	—	—	—	—	—
9355	—	續大和015	13-8702	2-47	精華157	—	—
9356	—	—	22-15426	—	—	—	—
9357	—	續大和014	22-15427	2-577	榆林67	—	—
9358	—	續大和016	22-15428	6-482	—	—	—
9359	05659	—	—	—	—	—	—
9360	—	大和015	13-8703	1-293	—	—	—
9361	—	—	—	—	安陽選52	—	—
9362	05660	—	—	—	—	—	—

- 357 -

大和

番號	墓誌名	年號	A 題跋	B北圖	C 附考 新中国	D隋唐五代	E千唐・河南
9363	趙盈墓誌	大和2(828)11月	―	―	―	―	秦晉722
9364	宋若昭墓誌	大和2(828)11月	―	―	―	―	―
9365	鄭行者墓誌	大和2(828)11月	―	―	―	江蘇68	―
9366	駱明珣墓誌	大和2(828)11月	―	―	―	陝西4-101	―
9367	張遵墓誌	大和2(828)11月	―	―	―	―	―
9368	苗紓及妻鄭溶墓誌	大和2(828)11月	―	―	―	―	―
9369	裴誼墓誌	大和3(828)12月	―	―	―	―	―
9370	李蕚墓誌	大和3(829)1月	―	30-84	―	河南102	―
9371	南道逸及妻單氏墓誌	大和3(829)1月	―	―	―	―	邙洛247
9372	郭睇墓誌	大和3(829)1月	―	―	―	―	秦續806
9373	邢君妻李氏(隴西縣太君)墓誌	大和3(829)1月	―	―	陝西壹-143	陝西4-102	―
9374	王沼妻裴氏墓誌	大和3(829)2月	―	―	―	―	邙洛248 新唐274 龍門321 洛鴛鴦39-2
9375	程安及妻陳氏墓誌	大和3(829)2月	―	―	―	―	―
9376	盧仲文墓誌	大和3(829)2月	―	―	河南參-285	―	―
9377	李舉妻張氏墓誌	大和3(829)3月卒	―	―	河南參-286	―	―
9378	李良墓誌	大和3(829)4月	―	―	―	―	―
9379	杜義及妻李氏墓誌	大和3(829)4月	203左上	―	―	―	―
9380	韋河及妻陸氏墓誌	大和3(829)4月	―	―	―	―	―
9381	王承宗季女墓誌	大和3(829)5月	―	―	―	―	―
9382	邢群墓誌	大和3(829)6月卒	206左中	―	―	―	―
9383	李慜及妻源氏墓誌	大和3(829)6月	―	―	―	―	新獲續214 邙洛249
9384	劉賜妻吳氏墓誌	大和3(829)7月	―	―	―	―	秦晉724 七朝327
9385	田元素墓誌	大和3(829)7月	―	―	―	陝西4-103	―
9386	羅清湛墓誌	大和3(829)7月	―	―	―	―	―
9387	李君妻楊氏墓誌	大和3(829)7月卒	―	30-88	―	洛陽13-97	千唐1038
9388	姚君妻曹訕墓誌	大和3(829)7月	―	―	―	―	邙洛250
9389	劉驅及妻張氏墓誌	大和3(829)8月	―	―	―	―	―
9390	黎燭墓誌	大和3(829)8月	―	―	―	―	新獲續215 河洛393
9391	閻彪墓誌	大和3(829)8月	―	―	―	―	―
9392	張寧墓誌	大和3(829)9月	―	―	陝西參-92	―	―
9393	上官政墓誌	大和3(829)10月	―	―	―	―	新獲續216 河洛394
9394	蕭放墓誌	大和3(829)10月	―	―	―	―	―
9395	權易容妻丁緒墓誌	大和3(829)10月	―	―	―	―	―
9396	娥冲虛墓誌	大和3(829)10月	―	―	陝西參-93	―	―
9397	韋豐妻李氏墓誌	大和3(829)10月	―	―	―	―	新獲續217 河洛395
9398	衛素墓誌	大和3(829)10月	―	―	―	―	七朝328
9399	鄭君妻李氏墓誌	大和3(829)10月	―	―	―	洛陽13-98	輯繩647
9400	張伻墓誌	大和3(829)10月	203左上	30-90	―	北京2-65	―
9401	竇靖墓誌	大和3(829)10月	―	―	―	―	河洛396
9402	梁天眞墓誌	大和3(829)10月	―	―	―	―	―
9403	高秀峰及桑氏墓誌	大和3(829)10月	―	―	―	―	―
9404	崔君妻盧氏墓誌	大和3(829)10月	―	―	―	―	―
9405	崔榮墓誌	大和3(829)10月	―	―	―	―	―
9406	楊旻墓誌	大和3(829)10月	―	―	―	陝西4-104	―
9407	趙愛及妻樂氏墓誌	大和3(829)10月	―	―	―	陝西4-105	―
9408	趙晉妻杜氏墓誌	大和3(829)10月	―	―	―	―	―
9409	盧昂及妻房氏墓誌	大和3(829)10月	―	30-92	―	洛陽13-100	―
9410	盧士鞏及妻鄭氏墓誌	大和3(829)10月	―	―	―	―	新獲續218 河洛397
9411	盧初墓誌	大和3(829)10月	―	30-91	―	洛陽13-99	千唐1039
9412	盧俠墓誌	大和3(829)10月	―	―	河南參-287	―	―
9413	韓皋妻李溫墓誌	大和3(829)10月	―	―	―	―	―
9414	李沖墓誌	大和3(829)11月	―	―	―	―	―
9415	許遂忠墓誌	大和3(829)11月	―	―	陝西貳-225	―	―
9416	顧良輝墓誌	大和3(829)11月	―	―	―	―	―

大和

番號	F 北大	G 墓誌彙編	H 新編	I 補遺補編	J 地方	K 博物館・その他	L 日本目録
9363	―	―	―	―	―	西市382	―
9364	05661	―	―	―	―	―	―
9365	05662	大和016	13-8704	4-88	―	―	―
9366	―	續大和017	16-10874	3-192	―	―	―
9367	―	―	―	中-808	―	―	―
9368	―	―	―	―	―	碑林新261	―
9369	―	―	―	―	―	裴氏153	―
9370	05663	大和017	13-8711	4-125	―	故宮146	―
9371	―	―	―	―	―	―	―
9372	05664	―	―	―	―	―	―
9373	05665	續大和018	13-8727	3-193	―	―	―
9374	05666	―	―	―	―	―	―
9375	―	―	―	―	―	碑林新262	―
9376	05667	―	―	千唐-347	―	―	―
9377	05681	―	―	千唐-351	―	―	―
9378	05669	―	―	―	―	―	―
9379	―	大和018	18-12561	3-193	―	―	―
9380	―	―	―	8-118	杏園30	―	―
9381	―	―	―	―	―	碑林新263	―
9382	―	―	13-8882	―	―	―	―
9383	05670	―	―	8-140	―	西市383	―
9384	05671	―	―	―	―	―	―
9385	―	續大和019	18-12882	2-48	長碑(529)	―	―
9386	―	―	―	―	―	越窯68	―
9387	05672	大和019	22-15428	2-578	―	―	―
9388	―	―	―	―	―	―	―
9389	―	―	―	7-102	石景山35	―	―
9390	―	―	―	8-142	―	―	―
9391	―	―	―	―	―	慶雅堂56 西市384	―
9392	―	―	―	―	―	―	―
9393	―	―	―	8-142	―	―	―
9394	05673	―	―	千唐-348	―	―	―
9395	05674	―	―	千唐-349	―	―	―
9396	―	―	―	8-143	楡林68	―	―
9397	―	―	―	8-143	―	―	―
9398	―	―	―	―	―	―	―
9399	―	續大和021	13-8728	4-125	―	―	―
9400	05675	大和020	13-8744	―	西北5-38	施唐292-293	―
9401	05676	―	―	―	―	西市387	―
9402	―	―	―	―	―	西市386	―
9403	―	―	―	9-397	―	―	―
9404	―	―	―	―	―	―	明大36
9405	05679	―	―	―	―	―	―
9406	―	續大和022	13-8728	2-49	―	―	―
9407	―	續大和023	13-8729	2-50	―	―	―
9408	―	―	―	―	―	碑林續168	―
9409	05678	大和021	13-8956	4-115	―	唐宋347	人1518
9410	―	―	―	8-144	―	―	―
9411	05677	大和022	13-8957	1-294	―	―	―
9412	05680	―	―	千唐-350	―	―	―
9413	―	―	―	―	―	慶雅堂55 西市388	―
9414	―	―	―	―	―	慶雅堂57 西市385	―
9415	―	續大和024	12-7890	3-194 中-831	―	碑林86-3605 碑林新264	―
9416	―	―	―	下-2199	―	―	―

大和

番號	墓誌名	年號	A 題跋	B北圖	C 附考 新中国	D隋唐五代	E千唐・河南
9417	李信墓誌	大和3(829)11月	—	—	—	—	—
9418	鄭君妻杜氏墓誌	大和3(829)11月	203左中	—	—	—	—
9419	王君墓誌	大和3(829)11月	—	—	陝西貳-226	陝西2-56	
9420	李祐墓誌	大和3(829)11月	203左上	—			
9421	裴誼墓誌	大和3(829)12月	—	30-94		洛陽13-101	千唐1040
9422	李益墓誌	大和3(829)12月	—				秦晉725
9423	李德裕妻徐盼墓誌	大和3(829)12月		30-95		洛陽13-102	輯繩648
9424	崔周輔妻何氏墓誌	大和3(829)12月					秦晉726
9425	謝君及妻李氏墓誌	大和3(829)前後					
9426	劉氏墓誌	大和4(830)1月					
9427	李賁妻劉氏墓誌	大和4(830)2月					秦晉727
9428	程執收妻劇氏墓誌	大和4(830)2月					秦續808
9429	王迯墓誌	大和4(830)2月	203左中	30-97		洛陽13-103	
9430	呂玄和墓誌	大和4(830)2月	—				新獲續219 河洛398
9431	盧方及妻崔氏墓誌	大和4(830)2月				洛陽13-104	輯繩649
9432	趙貨墓誌	大和4(830)3月	—	—	河南壹-8	河南103	—
9433	王播墓誌	大和4(830)4月	203左中				
9434	韋方墓誌	大和4(830)5月					
9435	崔可憑妻鄭氏墓誌	大和4(830)6月					秦晉728
9436	馬亮墓誌	大和4(830)7月					秦續809
9437	張皇妻陳氏墓誌	大和4(830)8月					
9438	衛國華墓誌	大和4(830)8月					
9439	鄭準墓誌	大和4(830)8月	203左下	30-100		江蘇81 陝西2-57	
9440	鄭氏墓誌	大和4(830)8月	—	—			秦續810
9441	何君妻崔氏墓誌	大和4(830)9月					河洛399
9442	強君妻杜氏墓誌	大和4(830)9月	203右上	30-101	—	北大2-90	—
9443	高誠墓誌	大和4(830)10月	203右上	30-102		北大2-91	
9444	何文哲及妻康氏後妻康氏墓誌	大和4(830)10月		—		陝西4-107	—
9445	吳達及妻萬氏墓誌	大和4(830)10月	203右上	30-103		北京2-66	
9446	杜英琦墓誌	大和4(830)10月	—	—			
9447	能去塵墓誌	大和4(830)10月	—	30-104	—	山西158	
9448	劉茂貞墓誌	大和4(830)10月	—	30-105		洛陽13-105	千唐1041
9449	李文政墓誌	大和4(830)10月				陝西4-109	
9450	王嗣本墓誌	大和4(830)10月					
9451	王稷妾史氏墓誌文	大和4(830)10月					秦續811 流散274
9452	劉漢(渼)潤妻楊珽墓誌	大和4(830)10月	203右下	30-107 30-108	—	北大2-92	—
9453	張君妻吳氏墓誌	大和4(830)11月	—			江蘇82	—
9454	陳琳妻施氏墓誌	大和4(830)11月	—	—	上海-3	—	—
9455	陳琳墓誌	大和4(830)11月	—	—	上海-4		
9456	崔武妻溫氏墓誌	大和4(830)11月					
9457	成璘墓誌	大和4(830)11月				洛陽13-106	輯繩650
9458	李清及賈氏墓誌	大和4(830)11月			河南壹-93	河南104	
9459	韋行立墓誌	大和4(830)11月					
9460	裴向墓誌	大和4(830)11月	—	—	—	—	洛鴛鴦54-1
9461	徐肥墓誌	大和4(830)12月					
9462	任儵墓誌	大和4(830)12月	—	30-109	—	洛陽13-107	千唐1042
9463	褚中庸墓誌	大和4(830)閏12月					
9464	劉烱墓誌	大和4(830)閏12月					河洛400 流散275
9465	柳光倩妻解氏墓誌	大和5(831)1月					
9466	李勉及妻劉氏墓誌	大和5(831)1月					
9467	屈君妻楊氏墓誌	大和5(831)1月					
9468	趙全泰墓誌	大和5(831)1月	203右下	30-110		河北102	
9469	張遵及妻豆盧氏墓誌	大和5(831)2月	—	—		洛陽13-108	民族236
9470	姚君妻李氏墓誌	大和5(831)2月	—	30-111		河北103	

番號	F 北大	G 墓誌彙編	H 新編	I 補遺補編	J 地方	K 博物館・その他	L 日本目録
9417	05682	―	―	―		―	―
9418	―	大和023	13-8612	7-104		―	―
9419	―	續大和025	13-8730	3-195	西北5-39	碑林86-3617	―
9420	―	―	―	中-846		―	―
9421	05683	大和024	12-8195	1-267			
9422							
9423	05684	大和025	12-8073	7-104			
9424						西市400	
9425					淮安72		
9426					長新260 長碑174(530)		
9427	05685						
9428	05686						
9429	05687	大和026	13-8745	4-126	―	故宮147	人1519 淑642
9430	―	―	―	8-180		―	―
9431	―	續大和026	13-8704	4-88			
9432	―	續大和027	13-8746	6-143	安陽選(26)	―	―
9433	―			―		―	―
9434	―			―	長新262 長碑175(530)	―	―
9435	―						
9436	―						
9437	―	―	―	―		碑林新265	―
9438	―	―	―	―		碑林新266	―
9439	―	大和027	13-8679	―	西北5-41	碑林86-3624	―
9440	―	―	―	―	―	―	―
9441	―	―	―	―			
9442	05689	大和028	13-8746	4-127	―	故宮148	人1520
9443	05690	大和029	22-15429	6-482	江揚32 景縣403		人1521 東1475
9444	―	續大和020	13-8707	1-282 下-2126			
9445	05692	大和030	12-7915	―	―	故宮149 施唐294	人1522 淑643
9446	―	―	―	―	―	碑林續169	
9447	05693	續大和028	13-8747	4-127 中-815	―	―	人1523
9448	05691	大和031	13-8747	1-295			
9449	―	大和032	13-8748	1-295	西北5-42		
9450	05696						
9451	05695						
9452	05694	大和033	13-8632	―	西北5-43	―	―
9453	―	續大和029	13-8749	4-128 中-832	江揚33	―	―
9454	―	大和035	22-15429	2-578	―	磚刻1213	―
9455	―	大和034	22-15429	2-578		磚刻1212	
9456	―	―	―	―		碑林續170	
9457	―	續大和031	12-8267	4-128			
9458	―	續大和030	22-15429	7-411			
9459	―	―	―	―	長新264 長碑176(531)	―	―
9460	―						
9461	―	―	―	―	寧波11	越窯55	―
9462	05697	大和036	13-8749	1-296			
9463	05698						
9464	05699						
9465	05700						
9466	―	―	―	―	分類99	―	―
9467	05701						
9468	―	大和037	22-15430	―			
9469	―	續大和032	13-8751	4-129			
9470	05702	大和038	22-15430	4-489	―		

大和

番號	墓誌名	年號	A 題跋	B北圖	C 附考 新中国	D隋唐五代	E千唐・河南
9471	楊於陵及妻韓氏墓誌	大和5(831)4月	—	—	—	—	—
9472	湯師儒墓誌	大和5(831)4月	—	—	—	—	—
9473	崔蘇五墓誌	大和5(831)4月	—	—	—	—	秦續812
9474	崔鍔墓誌	大和5(831)4月	—	—	—	—	新獲續220 河洛402
9475	崔鈗墓誌	大和5(831)4月	—	—	—	—	新獲續221 河洛401
9476	三景法師(韓自明)墓誌	大和5(831)4月	—	—	—	—	—
9477	盧敬彝墓誌	大和5(831)4月	—	—	—	—	—
9478	李君長女墓誌	大和5(831)4月	—	—	—	—	—
9479	李實墓誌	大和5(831)4月	—	—	—	—	—
9480	崔弘禮墓誌	大和5(831)4月	—	30-112	—	洛陽13-109	千唐1043
9481	崔約墓誌	大和5(831)4月	—	—	—	—	新獲續222 河洛403
9482	崔彥佐妻鄭氏墓誌	大和5(831)4月	—	—	—	洛陽13-110	千唐1044
9483	王亮第六女墓誌	大和5(831)5月	—	—	—	洛陽13-111	千唐1045
9484	趙君妻張氏墓誌	大和5(831)5月	—	—	—	—	—
9485	裴君妻李氏墓誌	大和5(831)7月	—	—	—	—	—
9486	鄭君妻陳氏墓誌	大和5(831)7月	—	—	河南參-288	—	—
9487	王甫墓誌	大和5(831)8月	—	—	—	—	新獲續223 邙洛251
9488	劉尚賓妻盧氏墓誌	大和5(831)8月	—	30-114	—	洛陽13-112	千唐1046
9489	司馬□墓誌	大和5(831)8月	—	—	—	—	—
9490	崔從妻李春墓誌	大和5(831)8月	—	—	—	—	新獲100 龍門323
9491	高諒墓誌	大和5(831)9月	—	—	陝西參-94	—	—
9492	魏進妻李氏墓誌	大和5(831)10月	—	—	—	—	秦續813
9493	彭君墓誌	大和5(831)10月	—	—	—	—	—
9494	孟元諒墓誌	大和5(831)10月	—	—	—	—	秦晉730
9495	崔緯墓誌	大和5(831)10月	—	—	—	—	邙洛252
9496	任荁及妻平氏墓誌	大和5(831)11月	—	—	—	—	河洛404
9497	祁憲直及妻王氏墓誌	大和5(831)11月	—	—	陝西貳-227	陝西2-58	—
9498	鄭弘易妻士墓誌	大和5(831)11月	—	—	—	—	秦續815
9499	鄭鍇墓誌	大和5(831)11月	—	—	—	—	秦續814 流散276
9500	□君殘墓誌	大和5(831)11月	—	30-117	—	洛陽13-113	千唐1047
9501	盛璿墓誌	大和5(831)11月	—	—	—	—	—
9502	盧景修墓誌	大和5(831)11月	—	30-118	—	洛陽13-114	—
9503	□君墓誌	大和5(831)11月	—	—	—	—	—
9504	李君及妻韓氏殘墓誌	大和5(831)	203右下	30-119	—	北京2-67	—
9505	盛璿妻孫氏墓誌	大和5(831)	—	—	—	—	—
9506	嚴逖妻劉氏墓誌	大和6(832)1月	—	—	—	—	—
9507	趙纂墓誌	大和6(832)1月	—	—	—	—	秦續817
9508	李君妻庚氏墓誌	大和6(832)1月	—	—	—	陝西4-110	—
9509	盧直及妻崔氏墓誌	大和6(832)1月	—	30-120	—	洛陽13-115	千唐1048
9510	武萬秋墓誌	大和6(832)2月	—	—	—	—	—
9511	馬儆墓誌	大和6(832)2月	207左中	30-131	—	洛陽13-116	—
9512	范孟容及妻盧氏墓誌	大和6(832)2月	—	—	—	—	—
9513	辛諒墓誌	大和6(832)3月	—	—	—	—	—
9514	曹洽墓誌	大和6(832)4月	—	—	—	—	—
9515	韋翃墓誌	大和6(832)4月	203右下	—	—	—	—
9516	王恭墓誌	大和6(832)4月	—	—	河南參-289	—	—
9517	甄叔禪師塔銘	大和6(832)4月	—	—	—	北京2-68	—
9518	皇甫弘及妻崔氏墓誌	大和6(832)5月卒	—	—	河南參-290	—	—
9519	王承宗妻李元素墓誌	大和6(832)5月	204左上	30-122	—	北京2-69	—
9520	羅希攜妻沈氏墓誌	大和6(832)5月卒	—	—	—	—	—
9521	陳彥及妻輔氏墓誌	大和6(832)6月	—	—	—	江蘇59	—
9522	羅章伍及妻沈氏墓誌	大和6(832)7月卒	—	—	—	—	—
9523	鄭濴及妻崔氏墓誌	大和6(832)7月	—	30-123	—	洛陽13-117	千唐1049
9524	元積墓誌	大和6(832)7月	—	—	—	—	—
9525	韋應妻裴氏墓誌	大和6(832)7月	—	—	—	—	—

番號	F 北大	G 墓誌彙編	H 新編	I 補遺補編	J 地方	K 博物館・その他	L 日本目録
9471	—	—	11-7206	—	—	—	—
9472	05703	—	—	—	—	—	—
9473	05704	—	—	—	—	—	—
9474	—	—	—	8-145	—	—	—
9475	—	—	—	8-145	—	—	—
9476	—	續大和033	—	—	長碑177(531)	碑林新267	—
9477	05705	—	—	—	—	—	—
9478	—	—	—	—	—	西交博128	—
9479	05707	—	—	—	—	—	—
9480	05706	大和039	13-8753	1-297	—	—	—
9481	—	—	—	8-146	—	—	—
9482	—	大和040	13-8754	1-298	—	—	—
9483	—	大和041	22-15430	2-579	—	—	—
9484	05708	—	—	—	—	碑林續171	—
9485	—	—	—	8-147 9-398	咸刻56	—	—
9486	—	—	—	—	千唐-352	—	—
9487	—	—	—	8-147	—	—	—
9488	05710	大和042	13-8755	1-299	—	—	—
9489	—	—	—	—	江揚34	—	—
9490	—	—	—	6-144	—	—	—
9491	—	—	—	8-413	楡林69	—	—
9492	05711	—	—	—	—	—	—
9493	—	—	—	8-148	—	—	—
9494	—	—	—	—	—	—	—
9495	—	—	—	—	—	—	—
9496	—	—	—	—	—	西市389	—
9497	—	續大和034	13-8795	3-196	西北5-44	碑林86-3630	—
9498	—	—	—	—	—	—	—
9499	—	—	—	—	—	—	—
9500	05712	大和043	22-15431	2-579	—	—	—
9501	—	—	—	—	寧波12	—	—
9502	05713	大和044	22-15431	1-299	—	曲石84 南京88	—
9503	—	—	—	—	沁州175	—	—
9504	05714	大和045	22-15431	7-412 下-1894	—	—	人1524 淑644
9505	—	—	—	—	寧波13	—	—
9506	05715	—	—	—	—	—	—
9507	05716	—	—	—	—	—	—
9508	05717	續大和035	13-8756	3-197	西北5-45 精華159 長新266 長碑178(632)	—	—
9509	05718	大和046	13-8756	1-300	—	—	—
9510	—	—	—	—	—	西市390	—
9511	05719	大和047	13-8757	4-134	—	唐宋348	人1525 東1486
9512	—	—	—	9-399	—	—	—
9513	—	—	—	—	—	西交博9	—
9514	—	—	—	—	大同83	—	—
9515	—	—	—	—	—	—	—
9516	05720	—	—	千唐-352	—	—	—
9517	—	續大和041	18-12555	—	—	—	人1526
9518	05721	—	—	千唐-353	—	—	—
9519	05722	大和048	13-8637	—	西北5-46	故宮150	人1527 淑645
9520	—	—	—	—	—	越窯56	—
9521	—	續貞元032 續大和036	13-8758	4-135	—	—	—
9522	—	—	—	—	—	越窯58	—
9523	05723	大和049	13-8759	1-300	—	—	—
9524	—	—	11-7674	—	—	—	—
9525	05724	—	—	—	—	—	—

大和

番號	墓誌名	年號	A 題跋	B北圖	C 附考 新中国	D隋唐五代	E千唐・河南
9526	楊準墓誌	大和6(832)7月	—	—	—	—	—
9527	劉密及妻崔氏墓誌	大和6(832)7月	204左中	30-124	—	北大2-93	—
9528	盧嘉猷墓誌	大和6(832)7月	—	—	—	—	河洛406
9529	王綰墓誌	大和6(832)7月	—	—	—	—	河洛407
9530	程延及妻李氏墓誌	大和6(832)8月	—	—	—	—	—
9531	李寶及妻張氏墓誌	大和6(832)8月	—	—	—	—	—
9532	王用妻和氏墓誌	大和6(832)9月	—	—	—	—	—
9533	王清墓誌	大和6(832)9月	—	—	—	—	—
9534	廖游卿墓誌	大和6(832)10月	—	—	—	—	—
9535	王德進及妻杜氏墓誌	大和6(832)10月	—	—	河南參-291	—	—
9536	李君妻杜瓊墓誌	大和6(832)10月	204左下	—	—	—	—
9537	陳宗武墓誌	大和6(832)10月	—	—	—	—	—
9538	崔彥崇墓誌	大和6(832)10月	—	—	河南參-292	—	—
9539	郝三端及妻燕氏墓誌	大和6(832)10月	—	—	—	—	—
9540	王袞墓誌	大和6(832)10月	—	30-127	—	洛陽13-118	輯繩651
9541	杭季稜及妻陳氏墓誌	大和6(832)10月	—	30-128	—	洛陽13-119	千唐1050
9542	崔乾夫墓誌	大和6(832)10月	—	—	—	—	秦晉731
9543	聚慶墓誌	大和6(832)10月	204左中	30-129	—	北大2-94	—
9544	裴向妻盧氏墓誌	大和6(832)10月	—	—	—	—	洛鴛鴦54-2
9545	□存夫之祖墓誌	大和6(832)10月	—	—	—	洛陽13-120	
9546	余獻墓誌	大和6(832)10月	—	—	—	—	—
9547	李成墓誌	大和6(832)11月	—	—	—	—	秦續816
9548	田聿女墓誌	大和6(832)11月	—	—	—	洛陽13-121	千唐1051
9549	姚袞妻李氏墓誌	大和6(832)11月	—	—	—	—	—
9550	盧宗和墓誌	大和6(832)11月	—	—	—	—	河洛405 洛鴛鴦55-1
9551	王君妻傅氏墓誌	大和6(832)11月	—	—	—	—	—
9552	柏元封及妻郭氏墓誌	大和6(832)11月	—	—	—	—	—
9553	薛弘實墓誌	大和6(832)12月	—	—	—	—	—
9554	李頊妻盧氏墓誌	大和6(832)12月	—	—	—	洛陽13-122	輯繩652
9555	班朗墓誌	大和6(832)12月	—	—	—	—	秦晉732
9556	陳公贊墓誌	大和6(832)12月	—	—	—	—	—
9557	陶君妻王妃墓誌	大和6(832)12月	—	—	—	—	—
9558	陸巽及妻任氏墓誌	大和6(832)12月	—	—	—	—	秦晉733
9559	常宗元墓誌	大和6(832)12月	—	—	—	—	秦續818 流散277
9560	許給墓誌	大和6(832)	204左下	—	—	—	—
9561	薛琯妻李氏墓誌	大和7(833)1月	—	—	—	—	—
9562	吳朝妻安氏墓誌	大和7(833)1月	—	—	—	—	—
9563	趙宗儒墓誌	大和7(833)2月	—	—	—	—	秦晉729 洛鴛鴦56-1
9564	胡君妻朱氏墓誌	大和7(833)2月	204左下 205左上	—	—	—	—
9565	辛幼昌墓誌	大和7(833)3月	204右上	30-133	—	北京2-70	—
9566	韋友直墓誌	大和7(833)4月	—	—	—	—	—
9567	李稷墓誌	大和7(833)4月	—	—	陝西貳-228	—	—
9568	薛渙妻鄭琮墓誌	大和7(833)4月	—	—	—	—	—
9569	張昔墓誌	大和7(833)4月	204右上	—	—	—	—
9570	相里弘妻崔氏墓誌	大和7(833)5月	—	—	—	—	—
9571	姚輻墓誌	大和7(833)5月	—	—	—	—	—
9572	段公慶妻王僎先墓誌	大和7(833)6月	—	—	—	陝西4-111	—
9573	李有裕妻曹氏墓誌	大和7(833)7月 卒	—	—	—	—	秦續819
9574	杜式方妻李氏墓誌	大和7(833)7月	—	—	—	—	秦續820
9575	李蟾墓誌	大和7(833)閏7月	—	30-135	—	洛陽13-123	千唐1052
9576	范日斌墓誌	大和7(833)8月	—	—	—	—	—
9577	辯空塔銘	大和7(833)8月	—	30-136	—	北京2-71	—

大和

番號	F北大	G墓誌彙編	H 新編	I補遺補編	J 地方	K 博物館・その他	L 日本目録
9526	—	—	—	7-106	—	—	—
9527	05725	大和050	22-15431	4-489	—	施唐295	人1528 淑646 淑647
9528	—	—	—	8-149	—	—	—
9529	05726	—	—	—	—	西市391	明洛107
9530	05727	—	—	—	—	—	—
9531	05728	—	—	—	—	—	—
9532	05729	—	—	—	—	—	—
9533	—	—	—	7-107 中-835	—	—	—
9534	—	—	—	—	—	碑林新268	—
9535	05730	—	—	千唐-354	—	—	—
9536	—	大和051	13-9104	—	—	—	—
9537	—	—	—	—	—	西市392	—
9538	05731	—	—	千唐-354	—	—	—
9539	05734	—	—	—	—	—	—
9540	—	大和054	12-8254	4-130	—	—	—
9541	05735	大和052	13-8761	1-302	—	—	—
9542	—	—	—	—	—	—	淑648
9543	05736	大和053	13-8683	—	—	磚刻1214	人1529 東1476
9544	05737	—	—	—	—	—	—
9545	—	續大和037	22-15432	4-136	—	—	—
9546	—	—	—	—	寧波13	—	—
9547	05738	—	—	—	—	—	—
9548	—	大和055	22-15432	1-302	—	—	—
9549	—	—	—	—	長碑179(533)	—	—
9550	05739	—	—	—	—	—	—
9551	—	—	—	9-457	—	—	—
9552	—	續大和038	13-8762	4-132 中-833	長碑(533)	—	—
9553	—	—	—	7-108	—	薛氏308	—
9554	—	續大和039	13-8958	4-116	—	—	—
9555	—	—	—	—	—	—	—
9556	—	—	—	8-413	—	磚刻1215	—
9557	—	—	—	—	寧波14	越窯60	—
9558	05740	—	—	—	—	—	—
9559	—	—	—	—	—	—	—
9560	—	—	—	—	—	—	—
9561	05741	—	—	—	—	薛氏298	—
9562	05742	—	—	—	—	—	—
9563	05744	—	—	—	—	北大新拓152(220)	—
9564	—	大和056	13-8681	—	—	—	—
9565	05745	大和057	13-8635	—	西北5-47	故宮152	人1531 東1477 淑649
9566	05746	—	—	8-150	杏園31	—	—
9567	—	續大和040	13-8603	3-185	—	碑林87-3637	—
9568	—	—	—	—	—	西市393	—
9569	—	—	—	—	—	—	—
9570	—	—	—	—	—	碑林續172	—
9571	05747	—	—	—	—	—	—
9572	—	續大和042	13-8764	2-51	西北5-48	—	—
9573	05748	—	—	—	—	碑林續173	—
9574	05749	—	—	—	—	—	—
9575	05750	大和058	13-8764	1-303	—	—	—
9576	05751	—	—	—	—	—	—
9577	—	大和059	—	—	西北5-49	—	—

大和

番號	墓誌名	年號	A 題跋	B北圖	C 附考 新中国	D隋唐五代	E千唐・河南
9578	章柔和墓誌	大和7(833)8月	—	—	—	—	輯繩653
9579	席宥墓誌	大和7(833)9月	—	—	—	—	—
9580	車益墓誌	大和7(833)10月	—	30-138	—	陝西2-59	—
9581	周瑛妻劉氏墓誌	大和7(833)10月	—	—	北京壹-25	北京2-72	—
9582	馮綸(倫?)墓銘	大和7(833)10月	204右中 206左上	—	—	—	—
9583	龔潤古及妻相里氏墓誌	大和7(833)10月	—	—	—	—	秦晉734
9584	杜行方及妻鄭氏墓誌	大和7(833)11月	204右中	30-140	—	北京2-73	—
9585	梁春墓誌	大和7(833)11月	—	—	—	—	—
9586	劉從素妻李氏墓誌	大和7(833)11月	—	—	—	—	新獲101
9587	苟寰墓誌	大和7(833)11月	—	—	—	—	河洛408
9588	崔蕃墓誌	大和7(833)11月	204右下	30-141	—	北大2-95	—
9589	馬君糧罌	大和7(833)11月	—	—	—	—	—
9590	孫君妻許寵墓誌	大和7(833)12月	—	—	—	—	秦續821
9591	牛謙墓誌	大和7(833)12月	—	—	—	—	—
9592	王翼及妻高氏墓誌	大和8(834)1月	—	30-147	—	洛陽13-124	千唐1053
9593	高霞寓墓誌	大和8(834)2月	204右上	—	—	河南105	—
9594	崔醍妻李氏墓誌	大和8(834)2月	—	—	—	—	秦晉735
9595	楊元卿及妻陳氏墓誌	大和8(834)2月	—	—	—	—	新獲續224 邙洛253 新唐276 龍門324 洛駕鴬57-1
9596	韓肅妻崔嫒墓誌	大和8(834)2月	—	—	—	—	秦續822
9597	李琮墓誌	大和8(834)2月	205左上	30-148	—	北京2-74	—
9598	鄭當妻王緩墓誌	大和8(834)2月	—	30-149	—	洛陽13-125	輯繩654
9599	王朝妻張氏墓誌	大和8(834)2月	—	—	—	—	秦續823
9600	寶季餘墓誌	大和8(834)3月	—	30-150	—	洛陽13-126	千唐1054
9601	李歸厚墓誌	大和8(834)4月	—	—	—	—	—
9602	崔納妻褚氏墓誌	大和8(834)4月	—	—	—	—	—
9603	劉逸墓誌	大和8(834)4月	205左中	30-151	—	江蘇83	—
9604	田聿妻嚴氏墓誌	大和8(834)5月	—	30-152	—	洛陽13-127	千唐1055
9605	劉君墓誌	大和8(834)5月	—	—	—	—	—
9606	李小体(休)墓誌	大和8(834)5月	—	—	—	—	輯繩655
9607	李鶢墓誌	大和8(834)5月	—	—	河南參-293	—	河洛409
9608	裴處弼妻韋韞中墓誌	大和8(834)5月	—	—	—	—	—
9609	環君妻程氏墓誌	大和8(834)6月	205左中	—	—	—	—
9610	王師儒墓誌	大和8(834)8月	—	—	河南參-294	—	—
9611	寇章妻鄭氏墓誌	大和8(834)8月	—	30-157	—	洛陽13-128	—
9612	康君妻劉氏墓誌	大和8(834)8月	—	—	—	—	—
9613	陳專妻烏氏墓誌	大和8(834)8月	—	—	—	—	流散278
9614	張群墓誌	大和8(834)8月卒	—	—	—	—	秦晉736 流散280
9615	陸发妻張氏墓誌	大和8(834)8月	—	—	—	—	—
9616	丁承義墓誌	大和8(834)8月	—	—	—	—	—
9617	王振墓誌	大和8(834)8月	—	30-158	—	洛陽13-129	千唐1056
9618	李經(郏王)墓誌	大和8(834)8月	—	—	陝西貳-229	陝西2-60	—
9619	楊迥及妻李氏(秀谷縣主)墓誌	大和8(834)8月	205左中	30-159	—	北京2-75	—
9620	長孫全義墓誌	大和8(834)8月	—	—	—	—	—
9621	盧從雅墓誌	大和8(834)9月	—	—	河南參-295	—	—
9622	崔咸墓誌	大和8(834)10月	—	—	—	—	—
9623	張少華墓誌	大和8(834)10月	—	—	河北壹-110	河北104	—
9624	楊元朝及妻關氏墓誌	大和8(834)11月	—	—	—	—	秦晉738 七朝329 流散279
9625	周著墓誌	大和8(834)11月	205右上	30-161	—	洛陽13-130	輯繩656
9626	朱君妻趙氏墓誌	大和8(834)11月	205右上	30-162	—	北京2-76	—
9627	李宙妻盧氏墓誌	大和8(834)11月	—	—	—	—	新獲續225 河洛411 洛駕鴬47-2
9628	崔勗及妻梁氏墓誌	大和8(834)11月	—	30-163	—	洛陽13-131	千唐1057
9629	郭晧妻宇文倚墓誌	大和8(834)11月	—	—	—	—	秦續825

- 366 -

大和

番號	F 北大	G 墓誌彙編	H 新編	I 補遺補編	J 地方	K 博物館・その他	L 日本目録
9578	—	續大和043	13-8766	6-146	—	—	—
9579	05752	—	—	—	—	—	—
9580	05753	大和060	22-15432	5-432	西北5-50	碑林87-3644	—
9581	—	續大和044	13-8766	3-198 中-904	—	北石20	—
9582	—	大和061	22-15433	—	—	—	—
9583	—	—	—	—	—	西市394	—
9584	05754	大和062	10-6940	—	西北5-51	施唐296	—
9585	—	大和063	22-15434	7-412	—	—	—
9586	—	—	13-8768	6-146	—	—	—
9587	05756	—	—	—	—	—	—
9588	05755	大和064	13-8723	—	西北5-52	施唐297	淑650
9589	—	—	—	—	—	越窯62	—
9590	—	—	—	—	—	—	—
9591	05757	—	—	—	—	—	—
9592	05758	大和065	13-8783	1-304	—	—	—
9593	05759	大和066	13-8643	6-145	—	—	—
9594	05760	—	—	—	—	西市395	明洛108
9595	05762	—	—	8-150	—	北大新拓151(218)	—
9596	05761	—	—	—	—	—	—
9597	05763	大和068	13-8636	—	—	—	—
9598	05764	大和067	13-8784	4-137	—	—	—
9599	—	—	—	—	—	—	—
9600	05765	大和069	13-8785	1-305	—	—	—
9601	—	—	—	8-152	杏園41	—	—
9602	05767	—	—	—	—	—	—
9603	05766	大和070	13-8726	—	分類100	—	—
9604	05768	大和071	13-8786	1-302	—	—	—
9605	—	大和072	22-15434	7-412	—	—	—
9606	—	續大和045	22-15434	6-147	—	—	—
9607	05769	—	—	千唐-355	—	—	—
9608	—	—	—	—	—	西市396	—
9609	—	大和073	13-8908	—	—	—	—
9610	05771	—	—	千唐-356	—	—	—
9611	05770	大和074	13-8787	4-138	—	—	—
9612	05773	—	—	—	—	—	—
9613	05772	—	—	—	—	—	—
9614	05774	—	—	—	—	—	—
9615	05775	—	—	千唐-357	—	—	—
9616	05776	續大和047	13-8788	7-109	—	—	—
9617	05777	大和075	13-8787	1-306	—	—	—
9618	—	續大和046	12-8255	3-198	西北5-56	碑林87-3653	—
9619	05778	大和076	13-8680	—	西北5-57	故宮153 施唐298-299	人1535 東1478 淑651
9620	—	—	—	—	—	西市181	—
9621	05779	—	—	千唐-357	—	—	—
9622	05780	—	—	—	—	—	—
9623	—	續大和048	13-8789	6-147	—	—	—
9624	—	—	—	—	—	—	—
9625	05781	大和077	13-8789	4-138	—	唐宋349 施唐300	人1536 東1479
9626	05783	大和079	13-8680	—	西北5-58	—	—
9627	—	—	—	8-121	—	—	—
9628	05782	大和078	22-15435	1-307	—	—	—
9629	05785	—	—	—	—	—	—

- 367 -

大和

番號	墓誌名	年號	A 題跋	B北圖	C 附考 新中国	D隋唐五代	E千唐・河南
9630	蔡啓迪墓誌	大和8(834)11月	—	—	—	—	邙洛254 新出308
9631	田少直墓誌	大和8(834)11月	—	30-165	—	洛陽13-132	千唐1058
9632	田萬昇墓誌	大和8(834)11月	—	30-164	—	北大2-96	—
9633	韋君妻鄭氏墓誌	大和8(834)11月	—	—	—	江蘇84	
9634	魏處厚墓誌	大和8(834)11月	—	—	—	—	河洛412
9635	楊弘慶墓誌	大和8(834)11月	—	—	—	—	—
9636	劉崟墓誌	大和8(834)11月	205左下	30-166	—	北京2-77	—
9637	嚴愈妻李氏墓誌	大和8(834)11月	—	—	—	—	—
9638	陸亘及妻侯氏墓誌	大和8(834)12月	—	—	—	—	邙洛255 龍門325 洛駕鴛58-1
9639	鄭君妻黎氏墓誌	大和8(834)□月	—	—	—	—	—
9640	白季康及妻薛氏墓誌	大和8(834)	—	—	—	—	—
9641	明空墓誌	大和8(834)	205右中	—	—	—	—
9642	郭君妻長孫氏墓誌	大和9(835)1月	—	—	—	—	秦晉737 七朝330
9643	李翼墓誌	大和9(835)1月	—	30-167	—	洛陽13-133	千唐1059
9644	夏侯顏墓誌	大和9(835)1月	—	—	—	—	河洛413 龍門326
9645	張據墓誌	大和9(835)2月	—	—	—	陝西4-84	—
9646	張榮恩墓誌	大和9(835)2月	—	—	陝西貳-230	陝西2-61	—
9647	賈溫墓誌	大和9(835)2月	—	—	陝西貳-231	—	—
9648	李紳墓誌	大和9(835)2月	—	30-168	—	洛陽13-134	—
9649	梁澄清及妻元氏韓氏墓誌	大和9(835)2月	—	—	—	—	秦晉739 七朝331
9650	王正言墓誌	大和9(835)3月	—	—	—	—	新獲102 秦晉740
9651	姚存古墓誌	大和9(835)3月	—	—	陝西貳-232	陝西2-62	—
9652	蘇諤墓誌	大和9(835)3月	—	—	—	—	—
9653	杜君妻李氏墓誌	大和9(835)4月	205右中	30-169	—	北大2-97	—
9654	張勳墓誌	大和9(835)4月	—	—	—	—	秦晉741
9655	裴起墓誌	大和9(835)4月	—	—	—	—	—
9656	趙君旨(字正卿)墓誌	大和9(835)4月	—	30-170	—	洛陽13-135	千唐1060
9657	鄭黨五墓誌	大和9(835)4月	—	30-171	—	洛陽13-136	千唐1061
9658	盧處約墓誌	大和9(835)4月	—	—	—	—	新獲續227 河洛414 洛駕鴛59-1
9659	穆詡墓誌	大和9(835)4月	—	—	—	—	秦續826 七朝332 洛駕鴛60-1
9660	鄭魴墓誌	大和9(835)4月	—	—	—	—	河洛415 七朝333 洛駕鴛61-1
9661	楊孝直墓誌	大和9(835)4月	206左上	30-172	—	北大2-98	—
9662	崔元亮及妻盧氏墓誌	大和9(835)4月	—	—	—	—	—
9663	安君妻吳氏墓誌	大和9(835)5月	205右中	—	—	—	—
9664	盧後閔妻鄭婷墓誌	大和9(835)5月	—	—	—	—	秦晉742
9665	吳璘墓誌	大和9(835)7月	—	—	—	—	秦續828 七朝334 流散281
9666	徐放妻元氏墓誌	大和9(835)7月	—	—	河南參-296	—	民族155
9667	庾敬休墓誌	大和9(835)7月	—	—	—	—	秦續827
9668	魏叔元墓誌	大和9(835)7月	—	30-175	—	洛陽13-137	千唐1062 龍門327
9669	崔君妻鄭氏墓誌	大和9(835)8月	—	30-176	—	洛陽13-138	千唐1063
9670	李士溫及妻衞氏墓誌	大和9(835)8月	—	—	—	—	—
9671	清源縣君王氏墓誌	大和9(835)8月	—	—	—	—	—
9672	王仕倫及妻朱氏墓誌	大和9(835)8月	205右中 206左上	—	—	—	—
9673	韓君妻魏琰墓誌	大和9(835)8月	—	—	—	—	秦續829
9674	崔日進墓誌	大和9(835)9月	—	—	—	—	—
9675	劉璋糧罂	大和9(835)10月	—	—	—	—	—
9676	韓君妻楊氏墓誌	大和9(835)10月	—	—	—	—	秦續830
9677	劉君妻辛氏墓誌	大和9(835)10月	205右下	30-177	—	北大2-99	—
9678	蘭興及妻王氏墓誌	大和9(835)10月	—	—	—	—	秦續831 流散282
9679	崔立方妻李氏墓誌	大和9(835)10月	—	—	—	—	邙洛256 流散283
9680	張君妻蘇禮文墓誌	大和9(835)10月	—	—	—	—	—

大和

番號	F北大	G墓誌彙編	H 新編	I補遺補編	J 地方	K 博物館・その他	L 日本目録
9630	05784	—	—	9-399	—	—	—
9631	05786	大和080	13-8790	1-307	—	—	—
9632	05787	大和082	22-15435	4-490	—	故宮154	—
9633	—	大和081 續大和049	22-15435	4-100	江揚35	—	—
9634	05788	—	—	千唐-358	—	—	—
9635	—	大和083	22-15436	7-413	—	—	—
9636	05789	大和084	13-8911	—	—	—	—
9637	—	—	—	—	長碑(535)	碑林新269	—
9638	05790	—	—	9-401	—	北大新拓153(221)	—
9639	—	—	—	7-110 中-835	—	—	—
9640	—	—	11-7678	—	—	—	—
9641	—	—	—	—	—	—	—
9642	05791	—	—	—	—	西市397	—
9643	05792	大和085	13-8790	1-308	—	—	—
9644	05793	—	—	—	—	—	—
9645	—	續大和051	22-15438	5-432	西北5-13 長碑180(536)	西市401	—
9646	—	續大和050	13-8791	3-199	西北5-59	碑林87-3665	—
9647	—	續大和052	13-8793	6-148	—	碑林87-3680	—
9648	05794	大和086	22-15436	4-490	—	唐宋350	人1538
9649	05795	—	—	—	—	—	—
9650	—	—	13-8797	6-149	—	—	—
9651	—	續大和053	10-6941	3-200	西北5-60	碑林87-3689	—
9652	05796	—	—	—	—	—	—
9653	05799	大和088	13-8795	4-139	西北5-61	故宮155	人1537 東1480 淑652
9654	05800	—	—	—	—	—	—
9655	—	—	—	—	—	西交博138	—
9656	05797	大和087	13-8794	1-308	—	—	—
9657	05798	大和089	13-8792	1-309	—	—	—
9658	—	—	—	8-154	—	—	—
9659	05801	—	—	—	—	—	—
9660	05802	—	—	—	—	—	—
9661	05803	大和090	13-8796	4-139	—	施唐301	人1539
9662	—	—	11-7675	—	—	—	—
9663	—	大和091	12-8094	—	—	—	—
9664	05804	—	—	—	—	西市398	明洛109
9665	05805	—	—	—	—	—	—
9666	05807	—	—	千唐-359	—	—	—
9667	05808	—	—	—	—	—	—
9668	05806	大和092	22-15437	1-310	—	—	—
9669	05809	大和093	13-8942	1-310	—	—	—
9670	—	—	—	—	—	碑林新270	—
9671	—	—	—	—	—	碑林續174	—
9672	—	大和094	18-12562	7-413	—	—	—
9673	05810	—	—	—	—	—	—
9674	—	—	—	—	—	碑林新271	—
9675	—	—	—	—	—	越窯63	—
9676	—	—	—	—	—	—	—
9677	05811	大和095	13-8949	—	分類102	—	—
9678	05812	—	—	—	—	—	—
9679	05813	—	—	—	—	—	—
9680	—	—	—	—	—	西市399	—

大和・開成

番號	墓誌名	年號	A 題跋	B北圖	C 附考 新中国	D隋唐五代	E千唐・河南
9681	李評墓誌	大和9(835)10月	—	—	—	—	河洛416 龍門328
9682	蕭遇妻盧夫人墓誌	大和9(835)10月	—	—	—	—	秦續832
9683	李行同墓誌	大和9(835)10月	—	—	河南參-297	—	—
9684	徐及及妻劉氏墓誌	大和9(835)10月	205右下	30-178	—	江蘇85	—
9685	呂媛墓誌	大和9(835)11月	—	30-179	—	北大2-100	—
9686	崔扶墓誌	大和9(835)11月	—	—	—	—	新獲續226 邙洛257 河洛410
9687	王澈墓誌	大和9(835)11月	—	—	—	—	河洛417
9688	解少卿墓誌	大和9(835)11月	—	—	—	江蘇86	—
9689	趙敬南及妻張氏墓誌	大和9(835)11月	—	—	—	—	—
9690	李叔夏墓誌	大和9(835)11月	—	—	陝西貳-233	陝西2-63	—
9691	陸達蒼墓誌	大和9(835)11月	—	—	—	—	秦續833
9692	裴潮妻杜氏墓誌	大和9(835)11月	206左上	30-180	—	北京2-78	—
9693	王君妻裴氏墓誌	大和9(835)12月	—	—	—	—	秦晉743
9694	侯績墓誌	大和9(835)12月	—	30-181	—	洛陽13-139	輯繩657
9695	柳愔愔墓誌	大和9(835)12月	—	—	—	—	—
9696	張□周墓誌	大和9(835)12月	—	—	—	—	—
9697	鄭君妻裴氏墓誌	大和9(835)12月	—	—	—	—	—
9698	王友玉及妻李氏墓誌	大和9(835)	—	—	河北壹-106	河北97	—
9699	李廉妻鄭氏墓誌	大和10(836)1月	—	—	—	—	—
9700	張源墓誌	大和12(838)10月	206左中	—	—	—	—
9701	古庵和尚塔銘	大和間(827～835)	—	—	—	—	邙洛246
9702	李干墓誌	大和間(827～835)	206左中	—	—	—	—
9703	王无悔妻蔣氏墓誌	開成1(836)1月	—	—	—	—	秦晉744
9704	司馬僭墓誌	開成1(836)2月	—	—	陝西貳-234	陝西2-64	—
9705	郎君及妻張氏墓誌	開成1(836)2月	—	—	—	—	—
9706	崔洧墓誌	開成1(836)2月	—	31-1	—	洛陽13-140	千唐1064
9707	王滕妻第五惊墓誌	開成1(836)2月	—	—	—	—	—
9708	王從政及妻薛氏墓誌	開成1(836)3月	206左中	31-2	—	北京2-79	—
9709	王贇墓誌	開成1(836)3月	—	—	—	—	—
9710	裴咸墓誌	開成1(836)4月	—	—	—	洛陽13-141	新獲103
9711	鄭易及妻盧氏墓誌	開成1(836)4月	—	—	—	—	秦續834 七朝335 洛駕鴛48-2
9712	張惟則墓誌	開成1(836)4月	—	—	—	陝西4-112	—
9713	崔彥成妾張明哲墓誌	開成1(836)5月	—	—	—	—	秦晉745
9714	韋子諒墓誌	開成1(836)閏5月	—	—	—	—	—
9715	李景裕妻王循墓誌	開成1(836)6月	—	—	—	陝西4-113	—
9716	李虞仲及妻郭氏墓誌	開成1(836)7月	—	—	—	—	秦續835
9717	王濟墓誌	開成1(836)7月	—	—	—	—	邙洛258 新唐278 流散284
9718	李彥崇墓誌	開成1(836)7月	206左中	31-4	—	北大2-101	—
9719	皇甫鏞墓誌	開成1(836)10月	—	—	—	—	—
9720	丁廣訓墓誌	開成1(836)10月	—	—	—	—	—
9721	李君妻戴氏墓誌	開成1(836)10月	—	—	陝西貳-235	陝西2-65	—
9722	杜旻及妻李氏墓誌	開成1(836)10月	—	—	—	—	—
9723	馮殖(埴?)妻吳慧墓誌	開成1(836)10月	—	31-5	—	洛陽13-142	—
9724	賈雄墓誌	開成1(836)10月	—	—	陝西貳-236	陝西2-66	—
9725	賀從章墓誌	開成1(836)10月	—	—	陝西貳-237	陝西2-67	—
9726	孫恪妻程氏墓誌	開成1(836)11月	—	31-6	—	洛陽13-143	千唐1065
9727	劉談經妻崔氏墓誌	開成1(836)11月	—	—	—	—	—
9728	蘭君妻夏侯氏墓誌	開成1(836)11月	—	—	—	河北105	—
9729	郄英及妻張氏鮑氏墓誌	開成1(836)11月	—	—	—	—	—
9730	邵咸墓誌	開成1(836)11月	206左中	—	—	—	—
9731	盛榮墓誌	開成1(836)12月	—	—	—	—	—
9732	劉源墓誌	開成1(836)12月	206左下	—	—	—	—

番號	F 北大	G 墓誌彙編	H 新編	I 補遺補編	J 地方	K 博物館・その他	L 日本目録
9681	05814	—	—	—	—	—	—
9682	05815	—	—	—	—	碑林續175	—
9683	05816	—	—	千唐-360	—	—	—
9684	—	大和096	22-15437	—	江揚36	施唐302	—
9685	05817	大和097	22-15438	6-482	—	—	—
9686	—	—	—	8-153	—	—	—
9687	—	—	—	—	—	—	—
9688	—	大和098	13-8798	1-312	江揚37	—	—
9689	—	—	—	—	分類101	—	—
9690	—	續大和054	13-8798	3-202	西北5-62	碑林87-3697	—
9691	—	—	—	—	—	—	—
9692	05819	大和099	13-8724	—	—	裴氏154	—
9693	—	—	—	—	—	—	—
9694	—	大和100	13-8658	4-140	—	—	—
9695	—	—	—	8-155	長碑(536)	—	—
9696	05820	—	—	—	—	—	—
9697	05821	—	—	—	—	—	—
9698	—	續寶曆002	22-15421	4-486	邯鄲碑065	—	—
9699	05822	—	—	—	—	—	—
9700	—	大和101	19-13058	7-110 中-878	—	—	—
9701	—	—	—	—	—	—	—
9702	—	—	—	—	—	—	—
9703	05823	—	—	—	—	—	—
9704	—	續開成001	22-15439	3-203	西北5-63	碑林87-3707	—
9705	—	—	—	—	—	碑林新272	—
9706	05824	開成001	13-9055	1-290	—	—	—
9707	05825	—	—	—	—	西市402	明洛110
9708	05826	開成002	13-8725	—	西北5-64	施唐303	—
9709	—	—	—	—	寧波19	—	—
9710	05827	續開成002	13-8916	4-141	—	裴氏155	—
9711	05828	—	—	—	—	—	—
9712	—	續開成003	13-8917	2-51	西北5-65 精華160	—	—
9713	05829	—	—	—	—	—	—
9714	—	—	—	—	—	碑林續176	—
9715	—	續殘誌011	13-8915	2-80	西北5-66 長碑(537)	—	—
9716	—	—	—	—	—	—	—
9717	05830	—	—	—	—	—	—
9718	05831	開成003	22-15440	4-491	西北5-67 江揚38	故宮156	人1542 淑653 淑654
9719	—	—	11-7672	—	—	—	—
9720	—	—	—	—	寧波20	—	—
9721	—	續開成004	13-8917	3-204	西北5-68	碑林87-3715	—
9722	—	—	—	—	—	碑林新273	—
9723	05832	開成004	13-8914	4-142	—	—	—
9724	—	續開成005	13-8918	3-203	西北5-69	碑林87-3724	—
9725	—	續開成006	13-8920	3-205	—	碑林87-3732	—
9726	05833	開成005	13-8919	1-313	—	—	—
9727	05835	—	—	千唐-360	—	—	—
9728	—	續開成007	22-15439	4-491	—	—	—
9729	05834	—	—	—	—	—	—
9730	—	—	—	下-1902	—	—	—
9731	—	—	—	—	寧波22	—	—
9732	—	開成006	13-8631	—	—	—	—

開成

番號	墓誌名	年號	A 題跋	B北圖	C 附考 新中国	D隋唐五代	E千唐・河南
9733	魯敬復墓誌	開成1(836)12月	—	—	—	江蘇87	—
9734	傅朝及妻邊氏墓誌	開成2(837)1月	—	—	—	—	七朝336
9735	秦季元妻閻氏墓誌	開成2(837)2月	—	—	—	—	—
9736	趙運墓誌	開成2(837)2月	—	—	—	—	秦續836
9737	溫邈墓誌	開成2(837)2月	—	—	—	—	—
9738	史高如墓誌	開成2(837)2月	—	—	—	—	輯繩658 民族192 洛絲139 龍門331
9739	吳降妻李紹仁墓誌	開成2(837)2月	—	—	—	—	—
9740	朱澄妻裴氏墓誌	開成2(837)2月	—	—	—	—	秦續837
9741	李紹仁墓誌	開成2(837)2月	—	—	—	—	—
9742	黎燧及妻盧氏墓誌	開成2(837)2月	—	31-7	—	洛陽13-144	輯繩659
9743	杜應墓誌	開成2(837)3月	—	—	—	—	新獲續228 河洛418
9744	李戡墓誌	開成2(837)春	—	—	—	—	—
9745	陸曇墓誌	開成2(837)4月	—	—	—	—	—
9746	韋君妻盧公宋墓誌	開成2(837)4月	—	—	—	—	—
9747	張仲方墓誌	開成2(837)4月卒	—	—	—	—	—
9748	杜婉墓誌	開成2(837)5月	—	—	—	—	—
9749	姚君妻李正姬墓誌	開成2(837)5月	—	—	上海-5	—	—
9750	李萬林墓誌	開成2(837)5月	—	—	—	陝西4-114	—
9751	李保壽墓誌	開成2(837)6月	—	31-11	—	洛陽13-145	輯繩660
9752	廉汝及妻孫氏墓誌	開成2(837)7月	—	—	—	—	—
9753	朱澄墓誌	開成2(837)8月	—	—	—	—	秦續838
9754	裴阿八墓誌	開成2(837)8月	—	31-12	—	洛陽13-146	輯繩661
9755	盧岑墓誌	開成2(837)8月	—	—	陝西貳-238	陝西2-68	—
9756	崔岐妻鄭氏墓誌	開成2(837)8月	—	—	—	—	秦晉746
9757	郭湊及眭氏墓誌	開成2(837)8月	—	—	—	—	—
9758	董氏墓誌	開成2(837)8月	—	—	—	陝西4-115	—
9759	鄭居中墓誌	開成2(837)10月	—	—	—	—	—
9760	李元簡墓誌	開成2(837)10月	—	—	河南貳-283	—	—
9761	何少直母蘭氏墓誌	開成2(837)10月	—	—	—	陝西4-116	—
9762	王修本墓誌	開成2(837)10月	—	31-14	—	洛陽13-147	千唐1066
9763	何植墓誌	開成2(837)11月	—	—	—	—	—
9764	薛掄墓誌	開成2(837)11月	—	—	—	—	秦晉747
9765	王工及妻張氏墓誌	開成2(837)11月	—	—	—	—	—
9766	沈仁儒墓誌	開成2(837)11月	—	—	上海-6	—	—
9767	韋應墓誌	開成2(837)11月	—	—	—	—	秦晉748
9768	王師頴墓誌	開成2(837)11月	—	—	—	—	秦續839
9769	杜輦墓誌	開成2(837)11月	—	—	—	—	龍門332
9770	裴定墓誌	開成2(837)11月	—	—	—	—	新獲續229
9771	徐朝墓誌	開成2(837)12月	—	—	—	—	—
9772	羅君妻沈氏墓誌	開成2(837)12月	—	—	—	—	—
9773	羅君妻沈氏墓誌	開成2(837)12月	—	—	—	—	—
9774	劉公制及妻王氏墓誌	開成2(837)□月	—	—	—	江蘇88	—
9775	柳處幽墓誌	開成2(837)	206左下	—	—	—	—
9776	鄭薰墓誌	開成3(838)1月	—	—	—	—	秦晉749
9777	秦旻墓誌	開成3(838)1月	—	—	—	—	—
9778	鄭君墓誌	開成3(838)1月	—	—	—	—	—
9779	蕭去塵墓誌	開成3(838)1月	—	—	—	—	秦晉750
9780	王志用墓誌	開成3(838)1月	—	—	陝西貳-239	陝西2-69	—
9781	齊君墓誌	開成3(838)1月	206左下	—	—	—	—
9782	秦仲遷墓誌	開成3(838)2月	—	—	—	—	—
9783	張亮及妻劉氏康氏墓誌	開成3(838)3月	—	—	—	—	秦晉751 七朝337
9784	陳韞墓誌	開成3(838)4月	206左下	—	—	—	—
9785	李從易墓誌	開成3(838)4月	—	—	—	—	—
9786	桂林源妻崔霞墓誌	開成3(838)4月	206左下	31-32	—	洛陽13-148	輯繩662
9787	周元長墓誌	開成3(838)4月	—	31-33	—	北京2-81	—

- 372 -

開成

番號	F北大	G墓誌彙編	H 新編	I補遺補編	J 地方	K 博物館・その他	L 日本目錄
9733	－	續開成008	13-8921	7-111	－	－	－
9734	－	－	－	－	－	－	－
9735	05836	－	－	－	－	－	－
9736	－	－	－	－	－	－	－
9737	－	－	－	－	－	河博46	－
9738	－	續開成009	13-8921	6-149	－	－	－
9739	05838	－	－	－	－	－	－
9740	－	－	－	－	－	－	－
9741	－	－	－	－	長新270 長碑181(538)	－	－
9742	05837	開成007	13-8945	4-143	－	－	－
9743	－	－	－	8-155	－	－	－
9744	－	－	13-8883	－	－	－	－
9745	－	－	22-15440	－	－	－	－
9746	05839	－	－	－	長新272 長碑182(538)	－	－
9747	－	－	11-7673	－	－	－	－
9748	－	－	－	－	－	碑林續177	－
9749	－	－	－	－	－	－	－
9750	－	續開成010	13-8922	2-52	西北5-70	－	－
9751	05840	開成008	22-15440	7-414	－	－	－
9752	－	－	－	－	－	碑林新274	－
9753	－	－	－	－	－	－	－
9754	－	開成009	22-15441	4-144	－	裴氏156	－
9755	－	續開成011	13-8922	3-205	－	碑林87-3741	－
9756	－	－	－	－	－	西市403	－
9757	－	－	－	－	－	碑林新275	－
9758	－	開成010	13-8946	1-313	景縣405	－	－
9759	－	－	－	8-156	－	－	－
9760	－	－	－	－	－	－	－
9761	－	續開成012	13-8923	1-314 中-881	－	－	－
9762	05841	開成011	13-8924	1-314	－	－	－
9763	05844	－	－	－	長新274 長碑(539)	－	－
9764	－	－	－	－	－	薛氏309	－
9765	05842	－	－	－	－	－	－
9766	－	－	－	－	－	－	－
9767	05843	－	－	－	－	－	－
9768	－	－	－	－	－	－	－
9769	05845	－	－	千唐-362	－	－	－
9770	－	－	－	8-158	－	－	－
9771	05846	－	－	－	－	－	－
9772	－	－	－	－	－	越窯65	－
9773	－	－	－	－	－	越窯66	－
9774	05847	－	－	7-113	－	－	－
9775	－	－	－	－	－	－	－
9776	05849	－	－	－	－	－	－
9777	05848	－	－	－	－	－	－
9778	05850	－	－	－	－	－	－
9779	－	－	－	－	－	－	－
9780	－	續開成013	13-8962	3-206	西北5-87	碑林87-3750	－
9781	－	－	－	－	－	－	－
9782	05851	－	－	－	－	－	－
9783	05852	－	－	－	－	－	－
9784	－	開成012	13-8682	－	－	－	－
9785	－	－	－	－	－	慶雅堂58 西市404	－
9786	05853	開成013	13-8964	4-144	－	唐宋351	人1551 東1484
9787	－	續開成014	13-8963	4-145 中-882	－	北文27	－

開成

番號	墓誌名	年號	A 題跋	B北圖	C 附考 新中国	D隋唐五代	E千唐・河南
9788	田英墓誌	開成3(838)4月	206右上	31-15	—	北京2-80	—
9789	陳汭墓誌	開成3(838)4月	206右上	31-34	—	北京2-82 洛陽13-149	—
9790	李叔敖墓誌	開成3(838)5月	—	—	—	—	—
9791	李少贊及妻康氏墓誌	開成3(838)5月	—	—	—	—	—
9792	萬君妻王氏墓誌	開成3(838)6月	—	—	—	—	—
9793	韋伯瑜墓誌	開成3(838)7月	—	—	—	—	—
9794	李璋墓誌	開成3(838)7月	—	—	—	—	秦晉752 七朝338
9795	楊行立墓誌	開成3(838)7月	—	—	—	洛陽13-150	新獲104 龍門333
9796	李繼妻崔氏墓誌	開成3(838)7月	206右上	31-35	—	北京2-83	—
9797	李誠墓誌	開成3(838)8月	—	—	—	—	秦續840 流散285
9798	顏元貞墓誌	開成3(838)9月	—	—	河南壹-178	河南106	
9799	姚仲然墓誌	開成3(838)9月	—	—	—	—	—
9800	李仲昌妻鄭氏墓誌	開成3(838)10月	—	—	—	—	—
9801	王孝廉妻楊氏墓誌	開成3(838)10月	—	—	河南壹-70	河南107	
9802	呂汶及妻李氏墓誌	開成3(838)10月	—	—	—	—	秦續841
9803	崔從妻李春改祔墓誌	開成3(838)10月	—	—	—	—	新獲105 龍門334
9804	崔愼經妻李平墓誌	開成3(838)10月	204左下	30-132	—	洛陽13-151	—
9805	趙眞齡妻盧齡儀墓誌	開成3(838)10月	—	—	—	—	秦晉753
9806	梁守志墓誌	開成3(838)10月	—	—	—	—	—
9807	崔渙及妻盧氏墓誌	開成3(838)10月	—	—	—	洛陽13-152	輯繩663
9808	衛義妻高氏墓誌	開成3(838)10月	—	31-36	—	洛陽13-153	千唐1067
9809	李泳妻王氏墓誌	開成3(838)10月	—	—	陝西貳-240	—	—
9810	李眞墓誌	開成3(838)10月	—	—	—	—	秦晉754
9811	程君墓誌	開成3(838)10月	—	—	—	—	—
9812	王文超墓誌	開成3(838)10月	—	—	—	陝西4-117	—
9813	范政墓誌	開成3(838)11月	—	—	—	—	秦晉755
9814	張儁及妻李氏墓誌	開成3(838)11月	—	31-37	—	洛陽13-154	千唐1068
9815	陳氏墓誌	開成3(838)11月	—	—	—	—	—
9816	孫繼和墓誌	開成3(838)11月	—	—	—	—	秦續842
9817	劉忠孝墓誌	開成3(838)11月	—	—	河北壹-111	河北106	—
9818	孔望回墓誌	開成3(838)11月	—	31-38	—	洛陽13-155	千唐1069
9819	夏侯虁墓誌	開成3(838)11月	—	—	河南參-298	—	—
9820	盧綏妻張氏墓誌	開成3(838)11月	—	—	—	—	—
9821	李國清墓誌	開成3(838)11月	—	—	—	—	秦續843
9822	張珇墓誌	開成3(838)11月	—	—	—	江蘇89	—
9823	毛君妻呂氏墓誌	開成3(838)12月	—	—	—	—	—
9824	劉元質妻姜氏墓誌	開成3(838)12月	206右上	—	—	—	—
9825	王君妻李氏玄堂記	開成3(838)12月	—	—	—	—	河洛419
9826	程氏墓誌	開成3(838)	—	—	—	—	—
9827	杜元穎妻裴氏墓誌	開成3(838)	206右中	—	—	—	—
9828	杜悰妻李氏(岐陽公主)墓誌	開成3(838)	—	—	—	—	—
9829	沈亞之妻盧金蘭墓誌	開成3(838)?	—	—	—	—	—
9830	李丁老墓誌	開成4(839)1月	—	—	—	—	邙洛259
9831	韋道昇墓誌	開成4(839)1月	—	—	—	—	—
9832	苗鼎墓誌	開成4(839)閏1月	—	31-41	—	洛陽13-156	—
9833	王志清墓誌	開成4(839)閏1月	—	—	—	—	—
9834	王貴通及妻崔氏墓誌	開成4(839)2月	—	—	—	—	—
9835	史孝章及妻王氏墓誌	開成4(839)2月	—	—	—	—	新唐280 民族192 洛絲140 秦晉756
9836	徐通妻宣氏墓誌	開成4(839)3月	—	—	—	—	—
9837	韋孝思墓誌	開成4(839)4月	—	—	—	—	秦晉757
9838	鄭宏禮妻李氏墓誌	開成4(839)4月	206右中	—	—	—	—
9839	王簡墓誌	開成4(839)4月	—	—	—	—	—
9840	玄奘(三藏法師)塔銘	開成4(839)5月	—	31-43	—	陝西4-119 北京2-84	—
9841	李司徒亡女墓誌	開成4(839)5月	206右下	—	—	—	—

- 374 -

開成

番號	F北大	G墓誌彙編	H 新編	I 補遺補編	J 地方	K 博物館・その他	L 日本目録
9788	05854	開成014	13-8743	—	—	—	—
9789	05855	開成015	22-15441	4-146	—	故宮157	人1552 淑655
9790	05856	—	—	—	—	—	—
9791	—	—	—	9-402	—	慶雅堂59 西市405	—
9792	—	—	—	—	寧波22	—	—
9793	05857	—	—	—	—	—	—
9794	05858	—	—	—	—	—	—
9795	—	續開成015	13-8965	3-206	—	—	—
9796	05859	開成016	12-7879	—	西北5-88	施唐304	—
9797	05860	—	—	—	—	—	—
9798	05861	續開成016	13-8966	6-150	—	—	—
9799	—	—	—	7-115 下-2130	—	—	—
9800	05866	—	—	千唐-362	—	—	—
9801	—	續開成017	22-15442	6-482	—	—	—
9802	—	—	—	—	—	—	—
9803	—	—	—	—	—	—	—
9804	05743	開成017	13-8964	4-136	—	故宮151	人1530
9805	05862	—	—	—	—	—	—
9806	—	—	—	—	—	碑林續178	—
9807	—	開成018	13-8943	4-147	—	—	—
9808	05863	開成019	22-15441	1-315	景縣408	—	—
9809	—	—	13-8967	3-207	—	碑林88-3761	—
9810	—	—	—	—	—	—	—
9811	—	—	—	—	—	碑林新276	—
9812	—	續開成018	22-15442	5-434	—	—	—
9813	05864	—	—	—	—	—	—
9814	05865	開成020	19-13058	1-316	—	—	—
9815	—	—	—	—	—	西市406	—
9816	05867	—	—	—	—	新見44	—
9817	—	續開成019	22-15443	6-483	河間265	—	—
9818	05868	開成021	13-8966	1-316	—	—	—
9819	05869	—	—	千唐-363	—	—	—
9820	—	—	13-8513	3-209	長碑(539)	—	—
9821	05870	—	—	—	—	—	—
9822	—	開成022	13-8967	4-148	江揚39	—	—
9823	05871	—	—	—	—	—	—
9824	—	開成023	22-15442	—	—	—	—
9825	—	—	—	—	—	—	—
9826	—	—	—	下-1894	—	—	—
9827	—	—	—	—	—	—	—
9828	—	—	13-8887	—	—	—	—
9829	—	—	13-8566	—	—	—	—
9830	—	—	—	—	—	—	—
9831	05872	—	—	—	—	碑林續179	—
9832	05873	開成024	13-8969	4-148	—	—	—
9833	05874	—	—	—	—	—	—
9834	05876	—	—	—	—	—	—
9835	05875	—	—	—	—	北大新拓155(221)	—
9836	—	—	—	—	寧波27	—	—
9837	05877	—	—	—	—	—	—
9838	—	開成025	13-8984	—	—	—	—
9839	05878	—	—	—	—	碑林續180	—
9840	—	開成026	13-8654	—	西北5-90 精華162	碑林196-1150	人1558
9841	—	開成028	13-8969	7-115	—	—	—

開成

番號	墓誌名	年號	A 題跋	B北圖	C 附考 新中国	D隋唐五代	E千唐・河南
9842	尉遲基(窺基法師)塔銘	開成4(839)5月	—	31-44	—	陝西4-118 北京2-85	—
9843	王玄眞墓誌	開成4(839)5月	—	—	—	—	秦續844
9844	李貴墓誌	開成4(839)7月	—	—	—	—	—
9845	荊千載及妻秦氏墓誌	開成4(839)7月	—	—	—	山西159	—
9846	沈君妻虞氏墓誌	開成4(839)7月	—	31-46	—	北京2-86	—
9847	羅巨集三叔父墓誌	開成4(839)8月	—	—	—	—	—
9848	徐暹墓誌	開成4(839)8月	—	—	—	—	—
9849	宇文立墓誌	開成4(839)8月	—	—	—	—	秦續845
9850	李君妻張玉墓誌	開成4(839)8月	—	—	—	—	—
9851	薛元常妻楊氏墓誌	開成4(839)8月	—	—	—	江蘇90	—
9852	衞君妻輔德一墓誌	開成4(839)8月	206右中	31-47	—	北大2-102	—
9853	仇志誠墓誌	開成4(839)10月	—	31-48	—	北京2-87	—
9854	陳專墓誌	開成4(839)10月	—	—	—	—	秦續846 流散286
9855	梁志遷墓誌	開成4(839)10月	—	—	—	—	秦續847
9856	李志安及竇氏墓誌	開成4(839)10月	—	—	—	—	—
9857	柳正封墓誌	開成4(839)10月	—	—	—	洛陽13-157	千唐1070
9858	崔協墓誌	開成4(839)10月	—	—	—	—	—
9859	羅倩妻王氏墓誌	開成4(839)10月	—	—	—	—	—
9860	李德義墓誌	開成4(839)11月	—	—	陝西貳-241	陝西2-70	—
9861	崔遂妻趙氏墓誌	開成4(839)11月	—	—	—	—	洛鴛鴦45-2
9862	史旻妻董媛墓誌	開成4(839)11月	—	—	—	—	—
9863	靳進及妻牛氏墓誌	開成4(839)	—	—	—	—	—
9864	朱叔夜墓誌	開成4(839)	206右下	—	—	—	—
9865	楊澄及妻程氏墓誌	開成4(839)	206右下	31-51	—	北京2-88	—
9866	盧霈墓誌	開成4(839)卒	—	—	—	—	—
9867	李榮及妻常氏墓誌	開成5(840)1月	—	—	—	—	—
9868	李君妻周氏墓誌	開成5(840)1月	—	31-52	—	洛陽13-158	—
9869	陳士揀墓誌	開成5(840)1月	206右下	31-53	—	北京2-89	—
9870	于汝錫妻顏憲墓誌	開成5(840)1月	—	—	—	—	—
9871	賀蘭抗及妻趙氏合葬墓誌	開成5(840)1月	—	—	—	—	—
9872	韋行規墓誌	開成5(840)2月	—	—	—	—	—
9873	張文約墓誌	開成5(840)2月	—	—	—	—	秦續848
9874	陳師上及妻郝氏墓誌	開成5(840)2月	—	—	—	—	邙洛260
9875	馮殖(埴?)及妻吳甚墓誌	開成5(840)2月	—	31-54	—	洛陽13-159	—
9876	楊魯士妻吳氏墓誌	開成5(840)2月	—	31-55	—	洛陽13-160	輯繩664
9877	盧從雅妻李眞墓誌	開成5(840)2月	—	—	河南參-299	—	—
9878	王希玩及妻陳氏墓誌	開成5(840)2月	—	—	—	—	—
9879	王永妻張氏墓誌	開成5(840)2月	—	31-56	河南參-300	洛陽13-161	—
9880	成元亮墓誌	開成5(840)2月	—	—	—	—	秦晉758
9881	趙坯墓誌	開成5(840)2月	—	—	河南壹-158	河南108	—
9882	崔防墓誌	開成5(840)3月	—	—	—	—	—
9883	鄭當及妻王氏墓誌	開成5(840)3月	—	31-57	—	洛陽13-162	輯繩665
9884	陳宣魯墓誌	開成5(840)4月	—	31-58	—	洛陽13-163	—
9885	劉測墓誌	開成5(840)4月	—	—	—	—	—
9886	張嬋墓誌	開成5(840)5月	—	31-59	—	洛陽13-164	—
9887	李君妻劉氏墓誌	開成5(840)7月	206右下	—	—	—	—
9888	李廿三娘墓誌	開成5(840)8月	—	—	—	—	—
9889	李溶(安王)墓誌	開成5(840)8月	—	—	陝西貳-242	陝西2-71	—
9890	杜悰長女墓誌	開成5(840)8月	—	—	陝西貳-243	—	—
9891	尚義妻吳氏墓誌	開成5(840)8月	—	—	—	—	秦續849 流散287
9892	徐君妻朱氏墓誌	開成5(840)9月	206右下	31-64	—	北京2-90	—
9893	張子康墓誌	開成5(840)9月	—	—	—	—	秦續850

開成

番號	F北大	G墓誌彙編	H 新編	I 補遺補編	J 地方	K 博物館・その他	L 日本目錄
9842	—	開成027	13-8984	—	精華163	—	人1556
9843	—	—	—	—	—	—	—
9844	—	—	—	—	大全・堯都17	—	—
9845	—	續開成020	22-15443	6-484 下-2199	河東12	—	—
9846	—	開成029	22-15444	4-492	寧波23	—	—
9847	—	—	—	—	—	越窯69	—
9848	—	—	—	—	衢州19	—	—
9849	05879	—	—	—	—	—	—
9850	05880	—	—	—	—	—	—
9851	—	續開成021	22-15444	4-492	江揚40	—	—
9852	05880	開成030	14-9447	4-149	西北5-92	故宮158	人1560 淑656
9853	—	續開成022	22-15445	4-493 下-1894	—	—	—
9854	05881	—	—	—	—	—	—
9855	—	—	—	—	—	—	—
9856	—	—	—	—	分類103	—	—
9857	—	開成031	19-13059	1-317	—	—	—
9858	—	—	—	中-898	四川252	—	—
9859	—	—	—	—	—	越窯70	—
9860	—	續開成023	13-8970	3-210	西北5-93	碑林88-3767	—
9861	05883	—	—	—	—	—	—
9862	—	—	—	—	—	慶雅堂60 西市407	—
9863	—	—	—	—	—	碑林新277	—
9864	—	—	—	—	—	—	—
9865	05884	開成032	22-15445	4-493	—	故宮159	人1561 淑657
9866	—	—	13-8875	—	—	—	—
9867	—	—	—	—	—	碑林新278	—
9868	05885	開成034	13-8972	4-149	—	—	—
9869	—	開成033	13-8971	4-150	西北5-94	—	—
9870	—	—	—	—	—	慶雅堂61 西市408	—
9871	05886	—	—	—	—	—	—
9872	05887	—	—	—	—	—	—
9873	05890	—	—	—	—	—	—
9874	—	—	—	—	—	—	—
9875	05888	開成036	13-8974	4-151	—	—	—
9876	—	開成035	13-8973	4-152	—	—	—
9877	05889	—	—	千唐-364	—	—	—
9878	05891	開成037	13-8973	7-116	—	—	—
9879	05892	開成038	13-8975	4-153 千唐-365	—	—	—
9880	05893	—	—	—	—	—	—
9881	—	續開成024	13-8976	6-151 中-883	—	—	—
9882	—	—	—	8-159	杏園32	—	—
9883	05897	開成039	19-13060	4-154	—	—	—
9884	05894	開成040	13-8976	4-155	—	唐宋352	—
9885	05895	—	—	—	—	—	—
9886	05896	開成041	13-9000	4-156	—	唐宋353	人1563
9887	05898	開成042	13-9001	7-117 中-879	江揚41	—	—
9888	05899	—	—	—	—	—	—
9889	05900	續開成025	13-8977	3-211	—	碑林88-3775	—
9890	—	續開成026	13-8978	1-138 中-1002	長碑185(543)	碑林88-3782 碑林新279	—
9891	05901	—	—	—	—	—	—
9892	05902	開成043	22-15446	4-494	西北5-95 寧波24	—	—
9893	05903	—	—	—	—	—	—

開成・會昌

番號	墓誌名	年號	A 題跋	B北圖	C 附考 新中国	D隋唐五代	E千唐・河南
9894	顧君妻姚姿墓誌	開成5(840)10月	－	－	－	－	－
9895	裴寰及妻崔氏墓誌	開成5(840)11月	－	－	－	－	新獲續230
9896	武恭墓誌	開成5(840)11月	－	－	－	－	－
9897	員君妻李氏墓誌	開成5(840)11月	－	－	－	－	河洛420 七朝339
9898	王幹及妻魯氏墓誌	開成5(840)11月	－	－	－	－	秦晉759
9899	崔揆母林氏墓誌	開成5(840)11月	－	31-65	－	洛陽13-165	千唐1071
9900	李澤墓誌	開成5(840)11月	－	－	河南壹-430	河南109	－
9901	李逴及妻王氏墓誌	開成5(840)11月	－	－	－	－	秦晉760 流散288
9902	孫君妻李氏墓誌	開成5(840)11月	－	31-66	－	洛陽13-166	千唐1072
9903	崔□伯墓誌	開成5(840)11月	－	－	河南參-301	－	－
9904	趙君妻夏侯氏墓誌	開成5(840)11月	206右下	31-67	－	北大2-103	－
9905	薛贊墓誌	開成5(840)11月	207左上	31-68	－	北京2-91	－
9906	胡君妻高氏墓誌	開成5(840)10月	－	－	－	－	秦續851
9907	趙君妻柳默然墓誌	開成5(840)11月	－	31-69	－	洛陽13-167	輯繩666
9908	盧伯卿墓誌	開成5(840)11月	－	31-70	－	洛陽13-168	千唐1073
9909	李宗本墓誌	開成5(840)12月	－	－	－	－	秦續852
9910	李潘墓誌	開成5(840)12月	－	31-71	－	洛陽13-169	千唐1074
9911	孫曜及妻劉氏墓誌	開成5(840)12月	－	－	河北壹-112	河北107	－
9912	吳仲甫妻毛氏墓誌	開成6(841)1月	－	31-74	－	洛陽13-170	千唐1075
9913	馬恆妻郝氏二妻墓誌	開成6(841)1月	207左中	－	－	北大2-104	－
9914	趙君妻張氏墓誌	開成6(841)1月	－	31-75	－	洛陽13-171	千唐1076
9915	王鍊墓誌	開成6(841)2月	－	31-77	－	－	－
9916	崔元夫墓誌	大和～開成間 (827～841)?	－	－	－	－	新獲續232 河洛422 洛鴛鴦62-1
9917	□君墓誌	開成間(836～841)	－	－	－	－	－
9918	顏淙墓誌	文宗期?	－	－	－	－	－
9919	殷恪妻熊休墓誌	會昌1(841)1月	－	－	－	－	－
9920	譚從周墓誌	會昌1(841)2月	－	－	－	－	秦續853 流散289
9921	陳君妻蔣氏墓誌	會昌1(841)2月	207左下	31-76	－	北大2-105	－
9922	夏尊師墓誌(?)	會昌1(841)2月	207左中	－	－	－	－
9923	韋揩墓誌	會昌1(841)4月	－	－	－	－	新獲續231 邙洛261 七朝340
9924	李戩及妻馬氏墓誌	會昌1(841)4月	－	－	－	－	秦晉761
9925	俊禪和上墓銘	會昌1(841)5月	207左下	－	－	－	－
9926	劉文遂墓誌	會昌1(841)7月	－	－	－	－	－
9927	史琜及妻韓氏墓誌	會昌1(841)7月	－	－	－	－	－
9928	苗蕃妻張氏墓誌	會昌1(841)7月	－	31-80	－	陝西2-72	－
9929	郭盈妻盧氏墓誌	會昌1(841)7月	－	－	－	－	－
9930	余憑妻洪氏墓誌	會昌1(841)8月	－	－	－	－	輯繩667
9931	許君妻王氏墓誌	會昌1(841)8月	－	－	－	江蘇92	－
9932	臧湿妻魏氏墓誌	會昌1(841)9月	－	－	－	江蘇91	－
9933	盧繪妻李氏墓誌及墓表	會昌1(841)9月	－	－	－	－	河洛421 新唐282 龍門336
9934	張君妻侯莫氏墓誌	會昌1(841)9月	－	－	－	－	－
9935	陳師妻周氏墓誌	會昌1(841)10月	－	－	－	－	－
9936	王希庭墓誌	會昌1(841)10月	－	－	－	－	－
9937	張正則及妻李氏墓誌	會昌1(841)10月	－	－	－	－	輯繩668
9938	張日昇墓誌	會昌1(841)10月	－	－	－	－	－
9939	張澤及妻韓氏衞氏墓誌	會昌1(841)10月	－	－	河南壹-111	河南110	－
9940	鄭絢及妻崔氏墓誌	會昌1(841)10月	－	－	－	－	秦續854
9941	鄭瓊墓誌	會昌1(841)10月	－	－	－	洛陽13-173	千唐1079
9942	蘇恩妻盧氏墓誌	會昌1(841)10月	－	30-12	－	洛陽13-174	千唐1078 龍門337
9943	薛君妻董氏墓誌	會昌1(841)10月	－	－	－	陝西4-120	－

開成・會昌

番號	F北大	G墓誌彙編	H 新編	I補遺補編	J 地方	K 博物館・その他	L 日本目録
9894	—	—	—	—	寧波26	—	—
9895	—	—	—	8-415	—	—	—
9896	05904	—	—	—	—	—	—
9897	05905	—	—	—	—	—	—
9898	—	—	—	—	—	—	—
9899	05906	開成044	22-15446	1-311	—	—	—
9900	—	續開成027	13-9005	7-117	—	—	—
9901	—	—	—	—	—	—	—
9902	05908	貞元073 開成046	13-9003	1-319	—	—	—
9903	05909	—	—	千唐-366	—	—	—
9904	05907	開成047	13-8686	—	—	施唐305	人1564 淑658
9905	—	開成048	13-9003	4-157	—	薛氏310	—
9906	05910	—	—	—	—	—	—
9907	—	開成045	13-9002	4-157	—	—	—
9908	05911	開成049	13-9004	1-319	—	—	—
9909	05912	—	—	—	—	—	—
9910	05913	開成050	13-9006	1-320	—	—	—
9911	—	續開成028	13-9006	4-159	滄州25 河間267	—	—
9912	05914	開成051	13-9008	1-322	—	—	—
9913	05915	開成053	22-15447	—	—	—	—
9914	05916	開成052	13-9008	1-322	—	—	—
9915	—	開成054	13-9009	4-159	—	—	—
9916	—	—	—	8-160	—	—	—
9917	—	—	—	下-1895	—	—	—
9918	—	—	—	—	—	碑林續220	—
9919	—	—	—	8-161 9-457	—	—	—
9920	05917	—	—	—	—	—	—
9921	—	會昌001	13-8642	—	江揚42	—	人1565 淑659
9922	—	—	—	—	—	—	—
9923	05918	—	—	8-163	—	—	明洛111
9924	—	—	—	—	—	西市410	—
9925	—	會昌002	22-15447	—	—	—	—
9926	—	—	—	—	—	碑林續181	—
9927	05921	—	—	—	—	—	—
9928	05920	會昌003	13-9029	4-160	—	鴛鴦292 碑林88-3790	—
9929	—	—	—	—	—	西市409	—
9930	05921	續會昌001	13-9031	6-151	—	—	—
9931	—	續會昌002	22-15447	4-492	—	磚刻1216	—
9932	—	續會昌003	22-15448	4-495 下-1895	江揚43	—	—
9933	—	—	—	—	—	—	—
9934	—	—	—	—	四川265	—	—
9935	05923	—	—	—	—	—	—
9936	05925	—	—	—	—	—	—
9937	05926	續會昌004	13-9032	6-152	—	—	—
9938	05928	—	—	—	—	—	—
9939	05927	續會昌005	22-15448	6-484	天書506	—	—
9940	—	—	—	—	—	—	—
9941	—	會昌005	13-9034	1-323	—	—	—
9942	05525	會昌006	13-8724	1-322	—	—	—
9943	—	續會昌006	13-9033	3-211	—	—	—

會昌

番號	墓誌名	年號	A 題跋	B北圖	C 附考 新中国	D隋唐五代	E千唐・河南
9944	王方徹墓誌	會昌1(841)10月	207左下	31-83	—	北大2-106	—
9945	武自和及妻姚氏墓誌	會昌1(841)10月	—	—	—	陝西4-121	—
9946	栗文建及妻牛氏墓誌	會昌1(841)10月	—	—	—	—	秦續855
9947	韋塤墓誌	會昌1(841)10月	207左下	31-84	—	洛陽13-175	輯繩669
9948	郭良及妻張氏墓誌	會昌1(841)10月	—	—	—	—	邙洛262 流散290
9949	劉漢洌墓誌	會昌1(841)10月	—	—	陝西貳-244	陝西2-73	—
9950	王鍊妻李洞眞墓誌	會昌1(841)10月	—	—	河南參-302	—	—
9951	郭鈇墓誌	會昌1(841)10月	—	—	—	—	秦續856
9952	崔君妻魏氏墓誌	會昌1(841)11月	—	—	河南參-303	—	—
9953	薛氏墓誌	會昌1(841)11月	—	—	—	—	—
9954	萬師貞墓誌	會昌1(841)11月	—	—	—	—	—
9955	牛暄及妻韓氏墓誌	會昌1(841)11月	—	—	—	—	—
9956	李璆墓誌	會昌1(841)11月	207右上	31-85	—	洛陽13-176	輯繩670
9957	郭仲則及妻田氏墓誌	會昌1(841)11月	—	—	—	—	—
9958	駱峻墓誌	會昌1(841)11月卒	—	—	—	—	—
9959	李彥藻墓誌	會昌1(841)12月	—	—	—	—	秦晉762
9960	劉清及妻常氏墓誌	會昌1(841)12月	—	—	—	—	—
9961	孫審象墓誌	會昌1(841)12月	—	31-88	—	洛陽13-177	千唐1080
9962	劉士環墓誌	會昌1(841)12月	—	—	陝西貳-245	—	—
9963	孫起繼妻裴氏墓誌	會昌1(841)12月	—	31-89	—	洛陽13-178	千唐1081
9964	大達法師玄祕塔銘	會昌1(841)12月	—	—	—	—	—
9965	史從及墓誌	會昌2(842)1月	—	—	—	—	秦續858
9966	李庭劍及妻蘇氏墓誌	會昌2(842)1月	—	—	—	—	—
9967	鄭遇(過)眞墓誌	會昌2(842)1月	—	31-91	—	洛陽13-179	千唐1082
9968	徐勝墓誌	會昌2(842)2月	—	—	—	—	—
9969	郎清墓誌	會昌2(842)2月	—	—	—	—	—
9970	伍鈞墓誌	會昌2(842)3月	—	—	—	—	—
9971	任正彬墓誌	會昌2(842)5月	—	—	—	—	—
9972	張德之墓誌	會昌2(842)6月	—	—	陝西貳-246	—	—
9973	李光曾墓誌	會昌2(842)6月卒	208右下	—	—	—	—
9974	楊公弼墓誌	會昌2(842)7月	—	—	—	—	—
9975	李復元妻杜氏墓誌	會昌2(842)7月	—	—	河南參-304	—	—
9976	王會墓誌	會昌2(842)8月	—	—	—	—	秦晉763
9977	陳環墓誌	會昌2(842)8月	218右中	—	—	—	—
9978	王穎則及妻顧氏墓誌	會昌2(842)8月	—	—	—	—	秦續858
9979	王公亮墓誌	會昌2(842)8月	—	—	—	—	邙洛263 龍門338
9980	曲元縝墓誌	會昌2(842)8月	—	31-94	—	洛陽13-180	—
9981	慕容華及妻張氏墓誌	會昌2(842)8月	—	—	—	—	秦晉764
9982	王氏墓誌	會昌2(842)8月	—	—	—	—	—
9983	盧式方墓碣銘	會昌2(842)10月	—	—	—	—	流散291
9984	崔防妻鄭氏墓誌	會昌2(842)10月	—	—	—	—	—
9985	王瑱墓誌	會昌2(842)10月	—	—	—	洛陽13-181	千唐1084
9986	陳君賞及妻辛氏墓誌	會昌2(842)10月	—	—	—	—	—
9987	鄭紀墓誌	會昌2(842)10月	—	31-99	—	洛陽12-182	千唐1083
9988	劉巖墓誌	會昌2(842)11月	—	—	—	北大2-107	—
9989	朱和妻南宮氏墓誌	會昌2(842)11月	—	—	—	—	—
9990	王尹甫墓誌	會昌2(842)	207右上	—	—	—	—
9991	李郁墓誌	會昌3(843)2月	—	—	—	—	—
9992	崔元夫妻敬損之墓誌	會昌3(843)2月	—	—	—	—	河洛423 洛駕鴦62-2
9993	潘克儉墓誌	會昌3(843)2月	—	—	—	—	—
9994	郭君墓誌	會昌3(843)2月	—	—	—	—	—
9995	徐君墓誌	會昌3(843)2月	—	—	—	洛陽13-183	—
9996	張從古墓誌	會昌3(843)2月	—	31-100	—	洛陽13-184	千唐1085
9997	陳署墓誌	會昌3(843)2月	—	—	—	—	新獲續233
9998	仇仙期及妻玄氏墓誌	會昌3(843)2月	—	—	河南參-305	—	邙洛264

會昌

番號	F北大	G墓誌彙編	H 新編	I補遺補編	J 地方	K 博物館・その他	L 日本目錄
9944	05929	會昌007	12-8225	4-161	—	故宮160	人1567 東1487 淑660
9945	—	續會昌007	13-8624	—	西北5-98	—	—
9946	—	—	—	—	—	—	—
9947	—	會昌008	13-9036	4-162	—	—	—
9948	05930	—	—	—	—	—	—
9949	—	續會昌008	13-8633	3-212	—	碑林88-3802	—
9950	05931	—	—	千唐-367	—	—	—
9951	05932	—	—	—	—	—	—
9952	05933	—	—	千唐-367	—	—	—
9953	—	—	—	—	分類104	—	—
9954	—	—	—	—	寧波27	—	—
9955	05936	—	—	—	—	—	—
9956	05934	會昌009	13-8620	4-163	—	唐宋354 施唐306-307	人1568 東1488
9957	05935	—	—	—	—	—	—
9958	—	—	13-8886	—	—	—	—
9959	05938	—	—	—	—	西市411	—
9960	05937	—	—	—	—	—	—
9961	05939	會昌010	13-9019	1-325	—	—	—
9962	—	續會昌009	13-9037	3-214	—	碑林88-3819	—
9963	05940	會昌011	13-9037	1-326	—	裴氏157	—
9964	—	—	13-8667	—	—	—	—
9965	05941	—	—	—	—	碑林續182	—
9966	—	—	—	—	—	汾陽37（74）	—
9967	05942	會昌012	18-12746	1-326	—	—	—
9968	—	—	13-9038	6-153	—	越窯72	—
9969	—	—	—	—	—	碑林新280	—
9970	—	續會昌010	13-9039	4-164 中-904	—	—	—
9971	—	—	—	—	寧波29	—	—
9972	—	—	13-9040	6-153	—	碑林新281	—
9973	06022	會昌013	13-9040	7-118	—	—	人1584 淑661
9974	—	會昌014	13-9059	7-118	—	—	—
9975	05943	—	—	千唐-368	—	—	—
9976	—	—	—	—	—	—	—
9977	—	—	22-15448	—	—	—	—
9978	—	—	—	—	—	—	—
9979	05945	—	—	—	—	—	—
9980	05944	會昌015	13-9061	4-165	—	唐宋355	人1572
9981	05946	—	—	—	—	—	—
9982	—	—	—	下-1895	—	—	—
9983	—	—	—	—	—	—	—
9984	—	—	—	8-163	杏園33	—	—
9985	—	會昌017	8-5123	1-327	—	—	—
9986	—	—	—	9-405	—	—	—
9987	05947	會昌016	13-9061	1-327	—	—	—
9988	05948	續會昌011	13-9079	6-154	—	—	—
9989	—	—	—	—	—	碑林新282	—
9990	—	會昌018	22-15449	7-414	—	—	—
9991	—	—	—	7-119	杏園35	—	—
9992	—	—	—	8-161	—	—	—
9993	—	—	—	—	—	慶雅堂62 西市412	—
9994	—	—	—	—	—	慶雅堂63 西市413	—
9995	—	續會昌012	13-9081	—	—	—	—
9996	05949	會昌019	13-9080	1-328	—	—	—
9997	—	—	—	8-164	—	—	—
9998	05951	—	—	千唐-370	—	—	—

會昌

番號	墓誌名	年號	A 題跋	B北圖	C 附考 新中国	D隋唐五代	E千唐・河南
9999	崔仲薈墓誌	會昌3(843)2月	—	—	—	—	新獲106
10000	張澹妻盧氏墓誌	會昌3(843)2月	—	—	—	—	—
10001	嚴愈及妻李氏墓誌	會昌3(843)2月	—	—	—	—	—
10002	丘晟墓誌	會昌3(843)5月	—	—	—	—	—
10003	李遂晏墓誌	會昌3(843)5月	—	—	—	—	秦續859
10004	姚珏墓誌	會昌3(843)5月	—	—	—	—	—
10005	趙君妻張氏墓誌	會昌3(843)5月	207右上	31-102	—	北京2-92	—
10006	李文舉妻湯氏墓誌	會昌3(843)8月	—	—	—	江蘇93	—
10007	崔林妻李氏墓誌	會昌3(843)8月	—	—	—	—	河洛424
10008	劉元益墓誌	會昌3(843)8月	—	—	—	—	—
10009	元工政墓誌	會昌3(843)8月	—	—	—	—	—
10010	李郁妻崔氏墓誌	會昌3(843)8月	—	—	—	—	—
10011	李邰及裴氏墓誌	會昌3(843)8月	—	—	—	—	—
10012	姚合墓誌	會昌3(843)8月	—	—	—	—	秦晉765
10013	賈政墓誌	會昌3(843)8月	—	31-103	—	洛陽13-185	—
10014	穆詡妻薛氏墓誌	會昌3(843)8月	—	—	—	—	秦續860 七朝341 洛駕鴛60-2
10015	羅阡妻范氏墓誌	會昌3(843)8月	—	—	—	—	—
10016	楊宇妻杜綱墓誌	會昌3(843)8月	—	31-104	—	洛陽13-186	千唐1086
10017	張佑明墓誌	會昌3(843)9月	—	—	—	—	—
10018	劉超俗墓誌	會昌3(843)9月	—	—	—	—	—
10019	崔絢妻韋氏墓誌	會昌3(843)9月	—	—	—	—	—
10020	劉巨川墓誌	會昌3(843)10月	—	—	—	北大2-108	—
10021	□幹墓誌	會昌3(843)10月	—	—	—	—	—
10022	令狐覽及妻薛氏墓誌	會昌3(843)10月	—	—	—	—	—
10023	盧處約妻李氏墓誌	會昌3(843)11月	—	—	—	—	新獲續234 洛駕鴛59-2
10024	謝壽墓誌	會昌3(843)11月	—	—	—	陝西4-122	—
10025	馮履仁妻秦瓊墓誌	會昌3(843)11月	—	31-105	—	北京2-93	—
10026	郭威制妻高氏墓誌	會昌3(843)11月	—	—	河南參-306	—	民族318
10027	顧文成妻周氏墓誌	會昌3(843)11月	—	—	江蘇壹-6	—	—
10028	包君妻張氏墓誌	會昌3(843)12月	207右中	31-106	—	北京2-94	—
10029	裴續墓誌	會昌3(843)12月	207右下	—	—	—	—
10030	鍾離君墓誌	會昌3(843)12月	207右下	—	—	—	—
10031	能禪師石室銘	會昌3(843)	207右下	—	—	—	—
10032	李君素及妻鴦氏墓記	會昌4(844)1月	—	—	—	—	流散292
10033	李公秀女墓誌	會昌4(844)1月	—	—	—	—	—
10034	嚴令望墓誌	會昌4(844)1月	—	—	—	—	—
10035	王君妻符氏墓誌	會昌4(844)1月	—	—	—	—	—
10036	盧文舉墓誌	會昌4(844)1月	—	—	—	—	—
10037	唐張五墓誌	會昌4(844)2月	—	31-122	—	洛陽13-187	千唐1087
10038	盧厚德墓誌	會昌4(844)2月	—	—	—	—	龍門340
10039	馮俊妻王氏墓誌	會昌4(844)3月	—	—	—	—	—
10040	賈島墓誌	會昌4(844)3月	—	—	—	—	—
10041	郭君妻衞氏墓誌	會昌4(844)4月	—	—	—	—	—
10042	劉伏墓誌	會昌4(844)4月	207右下	31-124	—	北京2-95	—
10043	王流謙墓誌	會昌4(844)4月	—	—	—	—	—
10044	李氏墓誌	會昌4(844)4月	—	—	—	—	—
10045	田氏墓誌	會昌4(844)4月	—	—	—	—	—
10046	范眉孫墓誌	會昌4(844)4月	—	—	—	陝西2-74	—
10047	李君妻鄭氏墓誌	會昌4(844)5月	—	—	—	—	—
10048	李□墓誌	會昌4(844)6月	—	—	—	—	流散293
10049	崔垍墓誌	會昌4(844)6月	—	—	—	—	秦晉766
10050	李太均墓誌	會昌4(844)7月	—	—	—	—	—
10051	馬紓墓誌	會昌4(844)7月	207右下	—	—	—	—
10052	羅士則妻敬氏墓誌	會昌4(844)7月	—	—	陝西貳-247	陝西2-75	—

會昌

番號	F北大	G墓誌彙編	H 新編	I補遺補編	J 地方	K 博物館・その他	L 日本目錄
9999	—	—	13-9079	6-154	—	—	—
10000	05950	—	—	千唐-369	—	—	—
10001	—	—	—	—	—	碑林新283	—
10002	05952	—	—	—	—	—	—
10003	05953	—	—	—	—	碑林續183	—
10004	05953	—	—	—	—	—	—
10005	05955	會昌020	13-9058	—	西北5-102	施唐308	人1575 淑662
10006	—	續會昌013	—	4-167 8-164	江揚44	—	—
10007	06021	—	—	—	—	—	—
10008	05957	—	—	—	—	—	—
10009	—	—	—	—	保定16	—	—
10010	—	—	—	7-120 8-166	杏園36	—	—
10011	—	—	—	8-165	杏園34	—	—
10012	—	—	—	—	—	—	—
10013	05957	會昌022	13-8920	4-168	—	唐宋356	人1576
10014	05958	—	—	—	—	薛氏313	—
10015	—	—	—	—	—	越窯74	—
10016	05959	會昌021	13-9096	1-328	—	—	—
10017	—	—	—	7-414	保定15	—	—
10018	05960	—	—	—	—	—	—
10019	—	—	—	8-415	杏園25	—	—
10020	05961	續會昌014	22-15449	6-155	—	—	—
10021	—	—	—	—	寧波30	—	—
10022	—	—	—	—	—	碑林續184	—
10023	—	—	—	8-167	—	—	—
10024	—	會昌024	13-9052	3-214	西北5-103	—	—
10025	05962	會昌025	13-9096	4-168	西北5-104	施唐309	—
10026	05963	—	—	千唐-371	—	—	—
10027	—	—	—	—	—	—	—
10028	—	會昌026	22-15450	—	—	—	—
10029	—	—	—	—	—	—	—
10030	—	—	—	—	—	—	—
10031	—	—	—	—	—	—	—
10032	—	—	—	—	—	—	—
10033	05964	—	—	—	—	—	—
10034	05965	—	—	—	—	—	—
10035	—	—	—	9-407	—	—	—
10036	05966	—	—	千唐-371	—	—	—
10037	05967	會昌027	13-9097	1-329	—	—	—
10038	05968	—	—	8-168	—	河博47	—
10039	05969	—	—	—	—	—	—
10040	—	—	13-9078	—	景縣410	—	—
10041	05970	—	—	—	—	—	—
10042	05971	會昌028	19-13061	4-169 中-895	—	—	—
10043	—	—	—	8-169	—	—	—
10044	—	—	—	—	沁州178	—	—
10045	—	—	—	—	—	西市414	—
10046	—	續會昌032	22-15455	5-435	—	碑林88-3826	—
10047	05972	—	—	—	—	—	—
10048	—	—	—	—	—	—	—
10049	05973	—	—	—	—	—	—
10050	—	—	—	—	—	碑林新284	—
10051	—	會昌030	12-8448	—	—	—	—
10052	—	續會昌015	22-15450	3-215	—	碑林88-3833	—

會昌

番號	墓誌名	年號	A 題跋	B北圖	C 附考 新中国	D隋唐五代	E千唐・河南
10053	苗縝墓誌	會昌4(844)7月	—	31-125	—	洛陽13-188	輯繩671
10054	裴鼎墓誌	會昌4(844)7月	—	—	河南參-307	—	—
10055	胡泰墓誌	會昌4(844)閏7月	—	31-128	—	洛陽13-190	千唐1088
10056	裴實妻李環墓誌	會昌4(844)閏7月	—	—	—	—	秦續861
10057	胡泰妻楊氏墓誌	會昌4(844)閏7月	—	31-127	—	洛陽13-189	千唐1089
10058	王君妻蘇氏墓誌	會昌4(844)8月卒	—	31-129	—	洛陽13-191	千唐1090
10059	大德演公塔銘	會昌4(844)8月	—	—	—	—	—
10060	孫伯達妻劉氏墓誌	會昌4(844)9月	—	31-131	—	洛陽13-192	千唐1091
10061	元君妻陳恭和墓誌	會昌4(844)9月	—	—	—	—	河洛425 龍門342 七朝342
10062	許庭之女許氏墓誌	會昌4(844)10月	—	—	河北壹-113	河北108	—
10063	侯君妻王氏墓誌	會昌4(844)10月	—	31-132	—	洛陽13-193	輯繩672
10064	張液及妻段氏墓誌	會昌4(844)10月	—	—	—	陝西4-123	—
10065	王文幹墓誌	會昌4(844)10月	208左上	31-133	—	北京2-96	—
10066	呂俠墓誌	會昌4(844)10月	—	—	—	—	—
10067	李君妻孫氏墓誌	會昌4(844)10月	—	—	—	—	新獲續235
10068	韋承誨妻邢芳墓誌	會昌4(844)10月	—	31-134	—	洛陽13-194	輯繩673
10069	梁元翰墓誌	會昌4(844)10月	—	—	陝西貳-248	陝西2-76	—
10070	李玄祿墓誌	會昌4(844)10月	—	—	—	—	河洛426 龍門343
10071	焦仙芝墓誌	會昌4(844)10月	—	—	—	陝西4-124	—
10072	雷諷墓誌	會昌4(844)10月	—	—	—	陝西4-125	—
10073	高良墓誌	會昌4(844)10月	—	—	江蘇壹-7	—	—
10074	周廣及妻戒氏墓誌	會昌4(844)11月	—	—	—	—	秦續862 流散294
10075	尹澄妻朱氏墓誌	會昌4(844)11月	208左中	—	—	—	—
10076	牛浦墓誌	會昌4(844)11月	—	—	—	—	—
10077	賈國清及妻范氏墓誌	會昌4(844)11月	—	—	—	—	—
10078	辛玫墓誌	會昌4(844)12月	—	—	—	—	—
10079	李正卿墓誌	會昌4(844)12月	—	31-135	—	洛陽13-195	千唐1092
10080	于君妻李氏墓誌	會昌4(844)	—	31-137	—	洛陽13-196	—
10081	徐澹季女墓誌	會昌5(845)1月	—	—	—	—	新獲107
10082	韋敏妻李氏墓誌	會昌5(845)1月	208左中	31-138	—	北大2-109	—
10083	崔士政墓誌	會昌5(845)2月	—	—	—	—	—
10084	梁君妻李氏墓誌	會昌5(845)2月	—	—	—	—	—
10085	段師本墓誌	會昌5(845)2月	—	—	—	—	—
10086	呂君及妻張氏墓誌	會昌5(845)2月	—	—	—	—	—
10087	李果娘子墓誌	會昌5(845)2月	—	—	—	—	河洛427 七朝343
10088	元邈墓誌	會昌5(845)2月	—	—	河南參-308	—	民族156
10089	李存墓誌	會昌5(845)4月	—	—	—	—	—
10090	李二十五娘墓誌	會昌5(845)4月	—	—	—	—	—
10091	李方元(方玄)墓誌	會昌5(845)4月卒	—	—	—	—	—
10092	韋溫墓誌	會昌5(845)5月卒	—	—	—	—	—
10093	鐘建文墓誌	會昌5(845)5月	—	—	—	—	—
10094	柳季華及妻孟氏墓誌	會昌5(845)5月	—	—	—	—	—
10095	李君妻姜氏墓誌	會昌5(845)5月	—	—	—	—	—
10096	柳老師墓誌	會昌5(845)6月	208左中	31-142	—	北大2-110	—
10097	嚴脩睦妻崔氏墓誌	會昌5(845)7月	—	—	—	—	—
10098	元昇進墓誌	會昌5(845)7月	—	—	陝西參-95	—	—
10099	張士請墓誌	會昌5(845)8月	—	—	—	—	—
10100	張漸墓誌	會昌5(845)8月	—	—	陝西貳-249	陝西2-77	—
10101	符澈墓誌	會昌5(845)8月	—	—	—	—	秦續863
10102	唐國朝墓誌	會昌5(845)8月	—	—	—	山西160	—
10103	田在卜墓誌	會昌5(845)8月	—	31-143	—	洛陽13-197	千唐1093
10104	陸君妻何氏墓誌	會昌5(845)9月	208左下	—	—	—	—
10105	李太恭墓誌	會昌5(845)10月	—	—	—	—	—

會昌

番號	F 北大	G 墓誌彙編	H 新編	I 補遺補編	J 地方	K 博物館・その他	L 日本目錄
10053	—	會昌031	14-9750	4-169	—	—	—
10054	05974	—	—	千唐-372	—	—	—
10055	05976	會昌029	13-9097	1-329	—	—	—
10056	05977	—	—	—	—	—	—
10057	05975	會昌032	13-8971	1-330	—	—	—
10058	05978	會昌033	13-9098	1-331	—	—	—
10059	—	會昌034	13-8668	—	—	—	—
10060	05979	會昌035	19-13062	1-332	—	—	—
10061	05980	—	—	—	—	—	—
10062	—	續會昌016	22-15451	4-495	邯鄲碑034	—	—
10063	05981	會昌036	13-9124	4-170	—	—	—
10064	—	續會昌017	13-8625	2-54	西北5-120 精華165	—	—
10065	—	會昌037	13-9083	—	—	—	—
10066	05982	—	—	—	—	—	—
10067	—	—	—	8-169	—	—	—
10068	05983	會昌038	13-9124	4-171	河間268	—	—
10069	—	續會昌018	13-9125	3-216	—	碑林88-3841	—
10070	05984	—	—	—	—	—	—
10071	—	續會昌019	13-9126	2-55	西北5-121	—	—
10072	—	續會昌020	13-8698	2-56	西北5-122	—	—
10073	—	—	—	—	—	—	—
10074	05985	—	—	—	—	—	—
10075	—	會昌039	22-15450	—	—	—	—
10076	—	—	—	8-170	長碑(544)	—	—
10077	05986	—	—	—	—	—	—
10078	—	—	—	—	—	碑林續185	—
10079	05987	會昌040	13-8977	1-333	—	—	—
10080	—	會昌023	13-8598	1-332	—	曲石85 南京89	—
10081	05988	—	13-9135	6-156 下-2134	—	—	—
10082	05989	會昌041	13-9051	—	西北5-123	—	—
10083	05990	—	—	—	—	—	—
10084	05991	—	—	—	—	—	—
10085	05992	—	—	—	—	—	—
10086	—	—	—	—	—	碑林新285	—
10087	05993	—	—	—	—	—	—
10088	—	—	—	千唐-373	—	—	—
10089	05996	續會昌021	22-15451	1-334 中-999	杏園37	—	—
10090	05995	—	—	8-171	杏園38	—	—
10091	—	—	13-8881	—	—	—	—
10092	—	—	13-8879	—	—	—	—
10093	—	—	—	—	大全・柳林5	—	—
10094	05997	—	—	—	—	—	—
10095	05998	—	—	—	—	—	—
10096	05999	會昌042	13-8451	—	西北5-125	故宮161 施唐310-311	人1578 東1489 淑663
10097	—	—	—	—	—	碑林續186	—
10098	—	續會昌022	22-15452	8-415	—	—	—
10099	—	續會昌023	22-15453	6-485 下-1895	—	—	—
10100	—	續會昌024	13-9127	3-217 中-904	西北5-126	碑林88-3848	—
10101	06000	—	—	—	—	—	—
10102	—	續會昌025	22-15452	6-485	—	—	—
10103	06001	會昌043	22-15453	1-335	—	—	—
10104	—	會昌044	22-15454	—	—	—	—
10105	—	—	—	—	—	碑林新286	—

會昌・大中

番號	墓誌名	年號	A 題跋	B北圖	C 附考 新中国	D隋唐五代	E千唐・河南
10106	周貫及妻張氏墓誌	會昌5(845)10月	－	－	－	－	－
10107	包氏墓誌	會昌5(845)11月	－	－	－	－	－
10108	魏邈妻趙氏墓誌	會昌5(845)11月	208左下	31145	－	陝西2-78	－
10109	呂翁歸及妻楊氏墓誌	會昌5(845)11月	－	－	－	－	－
10110	福林寺戒塔銘	會昌6(846)1月	－	－	－	－	－
10111	米寧女九娘墓誌	會昌6(846)1月	208右上	31146	－	北京2-97	－
10112	趙文信墓誌	會昌6(846)2月	－	－	－	陝西4-126	－
10113	韋文度墓誌	會昌6(846)2月	－	－	－	陝西4-127	－
10114	齊酇墓誌	會昌6(846)2月	－	－	－	－	秦晉768 七朝344
10115	周少誠墓誌	會昌6(846)2月	－	－	－	－	－
10116	李昇榮墓誌	會昌6(846)2月	－	－	－	－	－
10117	王時邕墓誌	會昌6(846)3月	－	－	北京壹-27	北京2-98	－
10118	陳齊金墓誌	會昌6(846)4月	－	－	－	－	－
10119	韋武仲及妻□氏墓誌	會昌6(846)5月	－	－	－	－	秦晉769
10120	張潋墓誌	會昌6(846)5月	－	－	－	－	－
10121	裔君妻宋氏墓誌	會昌6(846)5月	－	－	－	－	七朝345
10122	馮自珤妻李氏墓誌	會昌6(846)5月	－	－	－	－	新獲續236 邙洛265
10123	韋垍妻溫瑗墓誌	會昌6(846)6月	208右中	－	－	北京3-185	輯繩674
10124	王叔寧妻弘氏墓誌	會昌6(846)7月	－	－	－	江蘇95	－
10125	朱君妻冉氏墓誌	會昌6(846)8月	－	31-147	－	洛陽13-198	輯繩675
10126	盧繪及妻李氏墓誌	會昌6(846)8月	－	－	－	－	－
10127	王氏墓誌	會昌6(846)9月	－	－	－	－	－
10128	柳文素墓誌	會昌6(846)10月	－	－	－	－	－
10129	裔景初墓誌	會昌6(846)10月	208右中	31-148	－	洛陽13-199	－
10130	皇甫簡墓誌	會昌6(846)11月	－	－	－	－	秦晉770
10131	申惠進墓誌	會昌6(846)11月	－	－	－	－	－
10132	竇師亮妻李氏墓誌	會昌6(846)11月	－	31-150	－	洛陽13-200	千唐1094
10133	韋慶復妻裴棣墓誌	會昌6(846)11月	－	－	－	－	－
10134	崔隋妻趙氏墓誌	會昌6(846)11月	－	31-151	－	洛陽13-201	輯繩676
10135	薛重晟及妻王氏墓誌	會昌6(846)11月	－	－	－	－	－
10136	宋自昌墓誌	會昌6(846)12月	208右下	－	－	－	－
10137	高俊及妻蘇氏墓誌	會昌6(846)12月	－	－	－	－	－
10138	陳元師妻閻丘氏墓誌	會昌6(846)12月	－	31-153	－	洛陽13-202	千唐1095 民族295
10139	田十七娘子墓誌	會昌6(846)12月	－	－	－	－	－
10140	宋君妻蔡氏墓誌	會昌6(846)12月	－	－	北京壹-28	北京2-99	－
10141	鄂□墓銘	會昌6(846)	208右下	－	－	－	－
10142	白居易(醉吟先生)自撰墓誌	會昌6(846)卒	－	－	－	－	－
10143	蔡賀墓誌	會昌7(847)1月	－	－	江蘇壹-8	－	－
10144	王惲墓誌	會昌7(847)1月	－	－	－	－	－
10145	劉然及妻路氏墓誌	會昌7(847)2月	－	－	－	－	－
10146	郭偉妻蘇氏墓誌	會昌7(847)2月	－	－	－	－	－
10147	于漢濱妻李氏墓誌	會昌間(841-846)	－	－	－	－	－
10148	獨孤景墓誌	大中1(847)2月	－	－	－	－	－
10149	穆悰墓誌	大中1(847)2月	－	－	－	－	民族399
10150	王翺墓誌	大中1(847)2月	－	－	－	洛陽14-1	千唐1096
10151	李遠墓誌	大中1(847)2月	－	32-2	－	洛陽14-2	千唐1097
10152	張渾墓誌	大中1(847)2月	－	－	－	－	輯繩677
10153	劉君妻馬氏墓誌	大中1(847)2月	－	－	陝西貳-250	陝西2-79	－
10154	王君妻于令淑墓誌	大中1(847)3月	－	－	－	江蘇96	－
10155	崔君妻李氏墓誌	大中1(847)3月	－	32-3	－	河南111	－

會昌・大中

番號	F 北大	G 墓誌彙編	H 新編	I 補遺補編	J 地方	K 博物館・その他	L 日本目録
10106	—	—	—	—	分類105	—	—
10107	—	—	—	—	—	越窯76	—
10108	06003	會昌045	13-9053	—	西北5-127 長碑187(545)	碑林88-3857 柏克萊172 施唐312	淑664
10109	—	—	—	—	—	慶雅堂64 西市415	—
10110	—	會昌046	22-15454	—	—	—	—
10111	06004	會昌047	22-15454	—	江揚45	撒馬60	人1583 淑665
10112	—	續會昌027	13-9128	2-57	西北5-128	—	—
10113	—	續會昌028	13-9129	3-218	長碑(546)	—	—
10114	06005	—	—	—	—	—	—
10115	—	—	—	—	分類106	—	—
10116	—	續會昌029	13-8634	6-156 中-906	—	—	—
10117	—	續會昌030	13-8767	4-172 中-905	精粹221 精粹222 精粹223	北文28 北石22	—
10118	06006	—	—	—	—	—	—
10119	06007	—	—	—	—	—	—
10120	06008	—	—	—	—	—	—
10121	—	—	—	—	—	—	—
10122	—	—	—	8-171	—	—	—
10123	06009	會昌048	14-9397	5-38 8-172	—	遼寧博61	人1581 東1490 淑666
10124	—	續會昌026	22-15455	2-579 下-1896	—	磚刻1217	—
10125	06010	會昌049	13-9130	4-173	—	—	—
10126	06011	—	—	千唐-373	—	—	—
10127	—	會昌050	13-9131	7-120	—	—	—
10128	06013	—	—	—	—	—	—
10129	06012	會昌051	13-9132	4-174	—	故宮162	淑667
10130	—	—	—	—	—	—	—
10131	06014	—	—	—	—	—	—
10132	06015	會昌052	22-15455	2-58	—	—	—
10133	—	—	—	—	—	碑林續187	—
10134	—	會昌053	22-15456	4-174	—	—	—
10135	—	—	—	—	—	碑林新287	—
10136	—	會昌054	13-9132	7-121	—	—	—
10137	06016	—	—	—	—	—	—
10138	06017	會昌055	22-15457	2-579	—	—	—
10139	06018	—	—	—	—	—	—
10140	—	續會昌031	13-9133	4-175	—	北文29	—
10141	—	—	—	—	—	—	—
10142	—	—	11-7671	—	—	—	—
10143	—	—	—	—	—	—	—
10144	06019	會昌056	13-9134	7-122	—	—	—
10145	06020	—	—	—	—	—	—
10146	06025	—	—	—	—	—	—
10147	—	—	—	—	—	碑林續188	—
10148	—	—	—	—	分類108	—	—
10149	06023	—	—	8-173	杏園39	—	—
10150	—	大中001	14-9408	1-335	—	—	—
10151	06024	大中002	14-9407	1-336	—	—	—
10152	—	續大中001	14-9406	6-158	—	—	—
10153	—	續大中002	14-9407	3-219	—	碑林88-3865	—
10154	—	續大中003	22-15457	1-336 中-931	—	磚刻1218	—
10155	06026	續大中005	14-9410	4-176 中-931	衛輝47	—	—

大中

番號	墓誌名	年號	A 題跋	B北圖	C 附考 新中国	D隋唐五代	E千唐・河南
10156	黄季常(長?)墓誌	大中1(847)3月	—	—	陝西貳-251	陝西2-80	—
10157	盧踐言墓誌	大中1(847)閏3月	—	32-4	—	洛陽14-3	千唐1098
10158	史堵穎墓誌	大中1(847)閏3月	—	32-5	—	北京2-100	—
10159	尹審則墓誌	大中1(847)4月	—	—	—	—	—
10160	張鋒妻史氏墓誌	大中1(847)4月	—	32-7	—	北大2-111	—
10161	華封興墓誌	大中1(847)4月	—	—	北京壹-29	—	—
10162	張鋒妻史氏地券	大中1(847)4月	—	—	—	—	—
10163	林祕及妻李氏墓誌	大中1(847)5月	—	—	—	—	—
10164	鄭季和墓誌	大中1(847)6月	—	—	—	—	—
10165	劉略妻鄭恂墓誌	大中1(847)6月	—	—	—	—	新獲108
10166	呂寧妻韓統墓誌	大中1(847)7月	—	—	—	—	—
10167	魯順及妻張氏墓誌	大中1(847)7月	—	—	—	—	秦續864
10168	張亮墓誌	大中1(847)7月	—	32-8	—	北大2-112	—
10169	曹慶及妻樊氏墓誌	大中1(847)7月	—	32-9	—	洛陽14-4	千唐1099
10170	張璋妻成氏墓誌	大中1(847)7月	—	32-10	—	洛陽14-5 北京2-101	輯繩678
10171	劉舉墓誌	大中1(847)8月	208右下	32-12	—	江蘇97	—
10172	王殿墓誌	大中1(847)8月	—	—	—	—	—
10173	王埋墓誌	大中1(847)8月	—	—	—	—	—
10174	曾君妻陳氏墓誌	大中1(847)8月	—	—	江蘇壹-9	—	—
10175	崔遷墓誌	大中1(847)9月	—	32-13	—	洛陽14-6	千唐1100
10176	趙珪墓誌	大中1(847)9月	—	32-14	—	洛陽14-7	輯繩679
10177	普見墓誌	大中1(847)9月	—	—	—	—	—
10178	王金及妻張氏墓誌	大中1(847)9月	—	—	—	—	—
10179	向羣墓誌	大中1(847)9月	—	—	—	—	—
10180	李泳墓誌	大中1(847)9月	—	—	—	—	秦續865
10181	契苾君妻何氏墓誌	大中1(847)10月	209右上	32-15	—	北大2-113	—
10182	韋承素墓誌	大中1(847)10月	—	—	—	—	—
10183	朱君妻臧子眞墓誌	大中1(847)10月	—	—	—	洛陽14-8	新獲109
10184	高克從墓誌	大中1(847)10月	—	—	陝西貳-252	陝西2-81	—
10185	龔嶠墓誌	大中1(847)10月	—	—	—	—	—
10186	紀君妻張氏墓誌	大中1(847)10月	—	—	北京壹-30	—	—
10187	馬全慶墓誌	大中1(847)10月	—	—	—	—	秦續866
10188	曹君及妻張氏墓誌	大中1(847)10月	—	—	—	北京2-102	—
10189	寶繡墓誌	大中1(847)10月	—	—	—	—	—
10190	崔君妻李氏墓誌	大中1(847)10月	—	—	—	洛陽14-9	輯繩680
10191	張公佐墓誌	大中1(847)10月	—	32-16	—	北大2-114	—
10192	程旻墓誌	大中1(847)10月	—	—	—	—	—
10193	劉士弘墓誌	大中1(847)10月	—	32-17	—	北大2-115	—
10194	崔君妻劉琬墓誌	大中1(847)10月	—	32-18	—	洛陽14-10	千唐1101
10195	柳聳及妻薛氏墓誌	大中1(847)11月	—	—	—	陝西4-173	—
10196	李少榮妻王氏田氏墓誌	大中1(847)10月	—	—	—	—	—
10197	祝巽墓誌	大中1(847)11月	—	—	—	—	—
10198	樂君妻成氏墓誌	大中1(847)11月	—	—	—	陝西4-128	—
10199	郝季山墓誌	大中1(847)11月	—	—	—	—	—
10200	顧崇儔(僖)墓誌	大中1(847)11月	—	32-19	江蘇壹-11	江蘇98	—
10201	□祖眞墓誌	大中1(847)11月	—	—	江蘇壹-10	—	—
10202	封載妻殷氏墓誌	大中1(847)11月	—	—	—	—	邙洛266 新唐288
10203	李晀墓誌	大中1(847)12月	—	—	—	—	—
10204	馮廣清墓誌	大中1(847)12月	208右下	—	—	—	—
10205	李君妻劉氏墓誌	大中1(847)12月	—	—	—	—	—
10206	田紹宗墓誌	大中1(847)	209左上	—	—	—	—
10207	李泳妻蘇氏墓誌	大中1(847)	209左上	—	—	—	—
10208	李弘本墓誌	大中1(847)	209左上	—	—	—	—

番號	F 北大	G 墓誌彙編	H 新編	I 補遺補編	J 地方	K 博物館・その他	L 日本目録
10156	—	續大中004	14-9410	3-219	—	碑林88-3874	—
10157	06027	大中003	14-9411	1-337	—	—	—
10158	06028	大中004	22-15457	7-123	—	—	—
10159	06029	—	—	—	—	—	—
10160	06030	大中005	14-9412	4-177	—	—	—
10161	—	—	—	—	—	—	—
10162	—	—	22-15565	—	—	—	—
10163	06031	—	—	—	—	—	—
10164	06032	—	—	—	—	—	—
10165	06033	—	14-9413	—	—	—	—
10166	06034	—	—	千唐-374	—	—	—
10167	—	—	—	—	—	—	—
10168	06035	大中006	14-9413	4-178	—	故宮163	—
10169	06036	大中007	14-9415	1-337	—	—	—
10170	06037	大中008	14-9448	4-179	—	—	—
10171	06038	大中009	22-15458	—	江揚46	—	人1585（蓋）淑668（蓋）
10172	06039	—	—	—	—	—	—
10173	—	—	—	—	—	慶雅堂65 西市416	—
10174	—	—	—	—	—	—	—
10175	06040	大中010	22-15458	1-338	—	—	—
10176	06041	大中011	22-15459	4-180	—	—	—
10177	06042	—	—	—	—	—	—
10178	06043	—	—	—	—	—	—
10179	—	—	—	8-175	—	—	—
10180	06044	—	—	—	—	—	—
10181	06045	大中012	14-9450	4-180	西北5-130	撒馬61 故宮164	人1587 東1491 淑669
10182	—	—	—	—	長新276 長碑188（547）	—	—
10183	06046	大中013	13-9130	6-160	—	—	—
10184	—	續大中006	14-9449	3-220	西北5-131 景州244 景縣412	碑林88-3881	—
10185	06047	—	—	—	—	—	—
10186	—	續大中007	22-15458	7-123 下-1896	—	—	—
10187	06047	—	—	—	—	—	—
10188	—	續大中008	14-9452	4-181	—	北文30	—
10189	—	—	—	8-174	渭城257	碑林新288	—
10190	—	續大中009	12-8073	4-182	—	—	—
10191	06049	大中014	14-9451	4-183	分類107	—	—
10192	06051	—	—	—	—	—	—
10193	06050	大中015	14-9393	—	—	—	—
10194	06052	大中016	14-9473	1-339	—	—	—
10195	—	續殘誌006	—	—	—	薛氏315	—
10196	—	—	—	—	—	碑林續189	—
10197	—	—	—	—	寧波31	—	—
10198	—	續大中010	14-9453	2-58	—	—	—
10199	—	—	—	9-458	—	—	—
10200	06053	續大中011	22-15459	4-495 下-1897	—	磚刻1220	—
10201	—	—	—	—	—	—	—
10202	—	—	—	—	—	—	—
10203	06054	—	—	—	—	—	—
10204	—	大中017	14-9589	—	—	—	—
10205	—	—	—	—	衡水58	—	—
10206	—	—	—	—	—	—	—
10207	—	—	—	—	—	—	—
10208	—	—	—	—	—	—	—

大中

番號	墓誌名	年號	A 題跋	B北圖	C 附考 新中国	D隋唐五代	E千唐・河南
10209	蔣洞幽墓誌	大中1(847)	208右下	—	—	—	—
10210	張榮秀妻郎氏墓誌	大中2(848)1月	—	—	—	—	—
10211	李俊素墓誌	大中2(848)3月	—	—	河南參-309	—	—
10212	王渭墓誌	大中2(848)4月	—	—	—	—	秦晉772
10213	李從易妻劉氏墓誌	大中2(848)4月	—	—	—	—	秦續867
10214	李元玢墓誌	大中2(848)4月	—	—	—	陝西4-129	—
10215	羅士則墓誌	大中2(848)4月	—	—	陝西貳-253	陝西2-82	—
10216	于汝錫墓誌	大中2(848)4月	—	—	—	—	—
10217	裴濛及妻李氏韋氏墓誌	大中2(848)5月	—	—	—	—	秦續868 七朝346 流散295
10218	李群及妻裴氏墓誌	大中2(848)7月	—	—	—	—	秦晉776
10219	殷濤妻朱氏墓誌	大中2(848)7月	—	32-21	—	洛陽14-11	千唐1102
10220	王叔寧墓誌	大中2(847)7月	—	—	—	—	—
10221	韋承素妻薛氏墓誌	大中2(848)7月	—	—	—	—	—
10222	喬師錫墓誌	大中2(848)8月	—	—	—	—	—
10223	盧䂮妻鄭彬氏墓誌	大中2(848)8月	—	—	—	—	新獲續238
10224	袁邕及妻王氏墓誌	大中2(848)10月	—	—	—	—	—
10225	崔元膺妻李順之墓誌	大中2(848)10月	—	—	—	—	河洛428 七朝347
10226	趙元素墓誌	大中2(848)10月	—	—	—	—	秦晉773
10227	王顒墓誌	大中2(848)10月	—	—	—	—	—
10228	趙啓妻任氏墓誌	大中2(848)10月	—	—	—	—	—
10229	殷秀誠(及妻李氏)墓誌	大中2(848)10月	—	—	—	—	—
10230	盧載及妻鄭氏墓誌	大中2(848)10月	—	—	—	—	—
10231	周文遂墓誌	大中2(848)10月	209左上	—	—	—	—
10232	黃君多角瓶	大中2(848)11月	—	—	—	—	—
10233	魚君妻鄭德柔墓誌	大中2(848)11月	—	—	—	陝西4-130	—
10234	韋頊妻張氏墓誌	大中2(848)11月	—	32-22	—	洛陽14-12	千唐1103
10235	張京及妻蔡氏申氏墓誌	大中2(848)11月	—	—	河南壹-112	河南112	—
10236	范君妻蔡氏墓誌	大中2(848)	209左中	—	—	—	—
10237	裴希顏墓誌	大中2(848)卒	—	—	—	—	—
10238	范惠昂墓誌	大中3(849)1月	—	—	—	—	—
10239	李國娘墓誌	大中3(849)1月	—	—	—	—	輯繩681 龍門344
10240	杜君妻宋氏墓誌	大中3(849)1月	—	—	—	—	—
10241	米文辯墓誌	大中3(849)2月	—	—	—	—	—
10242	李頊墓誌	大中3(849)2月	—	—	—	洛陽14-13	—
10243	常臻墓誌	大中3(849)2月	—	—	—	—	—
10244	劉搏妻孔氏墓誌	大中3(849)2月	—	32-30	—	洛陽14-14	—
10245	魏仲連墓誌	大中3(849)2月	—	32-31	—	洛陽14-15	千唐1104
10246	王炅墓誌	大中3(848)3月	—	—	—	—	—
10247	張鋒及妻史氏墓誌	大中3(849)2月	—	32-32	—	河北109	—
10248	潘君墓誌	大中3(849)2月	—	—	河北壹-114	河北110	—
10249	鄭鏽墓誌	大中3(849)2月	—	32-33	—	洛陽14-16	—
10250	李藻文墓誌	大中3(849)2月	—	—	—	—	河洛429 七朝348
10251	董液及妻郭氏墓誌	大中3(849)2月	—	—	—	—	秦續869
10252	趙氏墓誌	大中3(849)2月	—	—	—	—	—
10253	盧季方墓誌	大中3(849)3月	—	—	—	—	新獲續239 洛鴛鴦63-1
10254	張元夫及妻□氏墓誌	大中3(849)3月	—	—	—	—	—
10255	蔡氏墓誌	大中3(849)4月卒	212左下	—	—	—	—
10256	盧輻墓誌	大中3(849)4月	—	—	河南參-310	—	—
10257	李順通妻張氏墓誌	大中3(849)5月	—	—	—	北京2-103	—
10258	崔鍛墓誌	大中3(849)5月	—	—	—	—	秦晉775
10259	鄭逍墓誌	大中3(849)5月	—	—	—	—	—
10260	宋胐墓誌	大中3(849)5月	—	—	—	—	—
10261	胡芮妻劉氏墓誌	大中3(849)5月	—	—	—	陝西4-131	—
10262	狄兼謨墓誌	大中3(849)5月	—	—	—	—	河洛430 新唐290 七朝349 流散298
10263	張君實墓誌	大中3(849)6月	—	—	—	—	—

番號	F 北大	G 墓誌彙編	H 新編	I 補遺補編	J 地方	K 博物館・その他	L 日本目録
10209	—	—	—	—	—	—	—
10210	—	大中018	13-8768	7-124	—	—	—
10211	06055	—	—	千唐-375	—	—	—
10212	06056	—	—	—	—	—	—
10213	06056	—	—	—	—	—	—
10214	—	續大中012	14-9454	2-59	西北5-132 精華166	—	—
10215	—	續大中014	14-9455	3-222	西北5-133	碑林88-3896	—
10216	—	—	—	—	—	慶雅堂66 西市417	—
10217	06058	—	—	—	—	—	—
10218	—	—	—	—	—	—	—
10219	06059	大中019	22-15460	2-580	—	—	—
10220	—	—	22-15460	2-580 下-1897	—	—	—
10221	—	—	—	—	長新278 長碑189(548)	—	—
10222	—	—	—	—	長新280 長碑190(548)	—	—
10223	—	—	—	8-176	—	—	—
10224	—	—	—	—	—	越窯78	—
10225	06060	—	—	—	—	—	—
10226	06061	—	—	—	—	—	—
10227	—	—	—	9-407	—	碑林新289	—
10228	—	—	—	9-459	—	—	—
10229	—	—	—	—	—	汾陽38(76)	—
10230	06062	—	—	千唐-376	—	—	—
10231	—	大中020	22-15461	—	—	—	—
10232	—	—	—	—	—	越窯80	—
10233	—	大中021	19-13063	1-339	西北5-134	—	—
10234	06063	大中022	22-15462	1-340	—	—	—
10235	06064	續大中015	22-15462	6-485	天書507	—	—
10236	—	—	—	—	—	—	—
10237	—	—	13-8885	—	—	裴氏158	—
10238	06065	—	—	—	—	—	—
10239	—	續大中016	14-9462	6-160	—	—	—
10240	06066	—	—	—	—	—	—
10241	—	—	—	9-408	邯鄲碑019	—	—
10242	—	—	14-9456	6-162	—	—	—
10243	—	—	—	—	—	碑林新290	—
10244	06068	大中024	14-9458	1-341	—	曲石86 南京90	—
10245	06067	大中023	14-9457	1-341	—	—	—
10246	—	—	—	—	安陽選(27)	—	—
10247	06069	大中026	14-9460	4-183	—	故宮165	—
10248	—	續大中017	22-15462	4-496	邯鄲碑132	—	—
10249	—	大中025	14-9459	1-342	—	曲石87 南京91	—
10250	06070	—	—	—	—	—	明洛112
10251	—	—	—	—	—	—	—
10252	—	—	—	—	—	碑林新291	—
10253	—	—	—	8-176	—	—	—
10254	—	—	—	—	分類109	—	—
10255	—	大中027	—	7-124	—	—	—
10256	06071	—	—	千唐-377	—	—	—
10257	—	續大中018	14-9462	4-185	石景山37	北文31	—
10258	06072	—	—	—	—	—	—
10259	—	—	—	9-404	—	—	—
10260	06073	—	—	—	—	—	—
10261	—	續大中019	14-9463	2-60	—	—	—
10262	06096	—	—	9-411	—	—	—
10263	—	—	—	9-409	—	—	—

大中

番號	墓誌名	年號	A 題跋	B北圖	C 附考 新中國	D隋唐五代	E千唐・河南
10264	張知實及妻薛氏墓誌	大中3(849)6月	—	—	—	—	—
10265	田授墓誌	大中3(849)8月	—	—	—	—	—
10266	段文絢墓誌	大中3(849)8月	—	—	陝西貳-254	陝西2-83	—
10267	王皈政墓誌	大中3(849)8月	—	—	—	—	—
10268	張文秀墓誌	大中3(849)8月	—	—	—	—	—
10269	張瑗妻楊氏墓誌	大中3(849)8月	—	—	—	—	新獲續240
10270	盧瑀墓誌	大中3(849)8月	—	—	河南參-311	—	—
10271	崔沈及妻盧氏墓誌	大中3(849)8月	—	—	—	—	—
10272	王成及妻牛氏墓誌	大中3(849)9月	—	—	—	—	—
10273	盧重墓誌	大中3(849)9月	—	—	河南參-312	—	—
10274	□湜及妻張氏墓誌	大中3(849)10月	—	—	—	—	—
10275	鄭景仁墓誌	大中3(849)10月	—	—	—	—	秦續870
10276	王君十六娘墓誌	大中3(849)11月	—	—	陝西貳-256	陝西2-84	—
10277	趙羣墓誌	大中3(849)11月	—	—	陝西貳-255	陝西4-132	—
10278	劉君妻梁氏墓誌	大中3(849)11月	—	—	—	—	—
10279	劉君妻李氏墓誌	大中3(849)11月	—	—	—	—	—
10280	郭密墓誌	大中3(849)閏11月	—	—	—	山西161	—
10281	劉榮墓誌	大中3(849)閏11月	—	—	—	—	—
10282	吳君墓誌	大中3(849)閏11月	—	—	—	—	—
10283	崔君妻鄭氏墓誌	大中3(849)閏11月	—	—	—	—	秦晉774
10284	郭君妻張氏墓誌	大中3(849)閏11月	—	—	—	—	—
10285	李恬及妻劉氏墓誌	大中3(849)閏11月	—	—	—	—	流散296
10286	劉寧及妻范氏墓誌	大中3(849)閏11月	—	—	—	—	—
10287	李渙妻裴(王叔)墓誌	大中3(849)12月	—	—	—	—	—
10288	王常散及妻張氏墓誌	大中3(849)	—	—	—	—	—
10289	王翊元及妻李氏墓誌	大中3(849)	—	—	—	—	—
10290	武恭妻李凝墓誌	大中4(850)1月	—	—	—	—	—
10291	寇章墓誌	大中4(850)1月	—	32-39	—	洛陽14-17	千唐1105
10292	蔡宇濟墓誌	大中4(850)1月	—	—	—	—	—
10293	仇文義妻王氏墓誌	大中4(850)1月	—	—	—	陝西4-133	—
10294	高可方墓誌	大中4(850)1月	—	—	陝西貳-257	陝西2-85	—
10295	楊容及妻崔氏墓誌	大中4(850)1月	—	—	—	—	—
10296	王守琦墓誌	大中4(850)1月	209左中	32-40	—	陝西2-86	—
10297	崔鏞墓誌	大中4(850)1月	—	—	—	—	秦晉777 流散297
10298	郭暄墓誌	大中4(850)2月	—	—	—	—	秦晉778
10299	李榮及妻喬氏墓誌	大中4(850)4月	—	—	—	—	—
10300	鄭君妻盧氏墓誌	大中4(850)4月	—	32-44	—	洛陽14-18	千唐1106
10301	辛遇墓誌	大中4(850)4月	—	—	—	—	—
10302	舟濟律師(魏君)墓誌	大中4(850)4月	—	—	—	—	—
10303	丘君妻柳氏墓誌	大中4(850)4月	—	—	陝西貳-259	陝西2-87	—
10304	解少卿妻蔡氏墓誌	大中4(850)4月	—	—	—	江蘇99	—
10305	路君妻王氏墓誌	大中4(850)4月	—	—	—	—	—
10306	裴行著墓誌	大中4(850)4月	—	—	陝西貳-258	陝西2-88	—
10307	劉士準墓誌	大中4(850)4月	—	—	陝西貳-260	—	—
10308	鄭隗郎墓誌	大中4(850)4月	—	—	河南參-313	—	—
10309	王忠晏墓誌	大中4(850)4月	—	—	—	—	—
10310	崔君妻鄭歸墓誌	大中4(850)5月	—	—	河南參-314	—	—
10311	米千鈞墓誌	大中4(850)5月	—	—	—	—	—
10312	劉宣墓誌	大中4(850)7月	—	32-45	—	洛陽14-19	千唐1107
10313	胡珍妻朱氏四娘墓誌	大中4(850)8月	—	—	—	—	—
10314	李伯問墓誌	大中4(850)8月	—	—	—	—	—
10315	李惟一墓誌	大中4(850)8月	—	32-46	—	洛陽14-20	千唐1108 龍門345
10316	秦忠墓誌	大中4(850)8月	—	—	—	—	—
10317	陸瑛妻孫氏墓誌	大中4(850)9月	209左下	—	—	—	—
10318	裴誥墓誌	大中4(850)9月	—	—	—	—	新獲續241
10319	韋廣及妻胡氏墓誌	大中4(850)10月	—	—	—	—	—

番號	F北大	G墓誌彙編	H 新編	I補遺補編	J 地方	K 博物館・その他	L 日本目録
10264	06074	―	―	―	―	北大新拓156(226)	―
10265	06075	―	―	―	―	―	―
10266	―	續大中020	14-9464	3-223	西北5-135	碑林89-3903	―
10267	06078	―	―	―	―	―	―
10268	06077	―	―	―	―	―	―
10269	―	―	―	8-177	―	―	―
10270	06076	―	―	千唐-273	―	―	―
10271	06079	―	―	―	―	北大新拓157(227)	―
10272	―	―	―	―	―	西市418	―
10273	06080	―	―	千唐-378	―	―	―
10274	―	―	―	―	大同91 大全・南郊49	―	―
10275	―	―	―	―	―	―	―
10276	―	續大中023	22-15464	3-224	西北5-136	碑林89-3912	―
10277	―	續大中021	13-8625	1-340	―	碑林89-3919 碑林新292	―
10278	―	大中029	22-15464	7-415	―	―	―
10279	―	―	―	―	衡水60	―	―
10280	06081	續大中022	22-15463	6-486 下-1897	―	―	―
10281	―	―	―	―	―	越窯82	―
10282	―	大中030	14-9465	1-343	―	―	―
10283	―	―	―	―	―	―	―
10284	06083	―	―	―	―	―	―
10285	06083	―	―	―	―	北大新拓158(228)	―
10286	―	―	―	―	安陽選53	―	―
10287	―	―	―	―	―	碑林續190	―
10288	―	大中028	―	7-416	―	―	―
10289	―	―	―	―	―	西交博145	―
10290	06085	―	―	―	―	―	―
10291	06084	大中031	13-9055	1-290	―	―	―
10292	―	―	―	―	分類111	―	―
10293	―	續大中024	14-9496	2-61	西北5-137 精華167	―	―
10294	―	續大中026	14-9466	3-225	西北5-138 景州249 景縣419	碑林89-3930	―
10295	06088	―	―	―	―	―	―
10296	06087	大中032	14-9592	―	西北5-139	施唐313	淑670
10297	06086	―	―	―	―	新見45	―
10298	05580	―	―	―	―	西市419	―
10299	06090	―	―	―	―	―	―
10300	06089	大中033	13-8797	1-344	―	―	―
10301	06091	―	―	―	―	―	―
10302	―	―	―	9-413	―	―	―
10303	―	續大中013	14-9467	3-227	―	碑林89-3948	―
10304	―	大中034	14-9468	1-343	江揚47	―	―
10305	06092	―	―	―	―	唐末239	―
10306	―	續大中025	14-9466	3-225	―	碑林89-3955 裴氏159	―
10307	―	―	14-9468	3-226	―	碑林89-3939	―
10308	06093	―	―	千唐-379	―	―	―
10309	―	―	―	―	―	汾陽40(80)	―
10310	06094	―	―	千唐-379	―	―	―
10311	06095	―	―	―	―	―	―
10312	06097	大中035	22-15465	2-581	―	―	―
10313	―	大中037	22-15465	7-505	―	越窯84	―
10314	―	―	―	―	邯鄲碑140	―	―
10315	06098	大中036	14-9469	1-344	―	―	―
10316	―	―	―	―	―	越窯86	―
10317	―	大中038	22-15465	―	―	―	―
10318	―	―	―	8-180	―	―	―
10319	―	―	―	9-404	―	―	―

大中

番號	墓誌名	年號	A 題跋	B北圖	C 附考 新中国	D隋唐五代	E千唐・河南
10320	高英及妻張氏墓誌	大中4(850)10月	—	—	—	—	秦晉779
10321	張汝墓誌	大中4(850)10月	—	32-48	—	洛陽14-21	千唐1109
10322	翟君妻高婉墓誌	大中4(850)10月	209右上	32-49	—	北大2-117	—
10323	朱君妻樊氏墓誌	大中4(850)10月	209左下				
10324	田日倫妻祁氏墓誌	大中4(850)10月				—	秦晉780 七朝351
10325	孫君妻張氏墓誌	大中4(850)10月	—	32-50	—	洛陽14-22	千唐1110
10326	崔君妻□氏墓誌	大中4(850)10月					
10327	劉行餘墓誌	大中4(850)10月				—	秦晉781 流散299
10328	盧厚墓誌	大中4(850)10月	—	—	河南參-315		
10329	安珍及妻費氏墓誌	大中4(850)10月	—	32-51	—	北大2-118	—
10330	李曄及妻路氏墓誌	大中4(850)10月					
10331	申岸撰家族遷葬墓誌	大中4(850)10月					
10332	邵君妻盧氏墓誌	大中4(850)10月	209右上	32-52	—	北京2-106	
10333	盧殷及妻鄭氏墓誌	大中4(850)11月	—	—	—	—	新獲續242
10334	盧泙妻鄭氏墓誌	大中4(850)11月	—	—	河南參-316		
10335	蕭價妻鄭瑤墓誌	大中4(850)11月					
10336	似先義逸墓誌	大中4(850)11月	—	—	陝西貳-261	—	
10337	崔鄲及妻盧氏墓誌	大中4(850)11月					秦晉771 七朝352 流散300
10338	裴氏小娘子墓誌	大中4(850)11月	—	—	陝西貳-262	陝西2-89	—
10339	張信墓誌	大中4(850)11月	—	32-53	—	洛陽14-23	千唐1111
10340	周涯墓誌	大中4(850)11月					
10341	范義墓誌	大中4(850)11月	209右中	32-54	—	北大2-119	—
10342	姚合妻盧綺墓誌	大中4(850)11月				—	秦晉782
10343	何溢墓誌	大中4(850)11月	—	—	—	陝西4-134	—
10344	李鄩妻杜氏墓誌	大中4(850)11月					
10345	魏朝及妻曹氏墓誌	大中4(850)11月	—	—	河北壹-115	河北111	
10346	柳知微妻陳蘭英墓記	大中4(850)12月	209右中	32-55	—	北大2-120	
10347	史從慶墓誌	大中4(850)12月	—	32-56	—	河南113	
10348	郭儵墓誌	大中4(850)12月					
10349	鄭永墓誌	大中4(850)12月					
10350	藤國興墓誌	大中4(850)12月					
10351	姚眞墓誌	大中4(850)12月	—	—	江蘇壹-12	—	
10352	劉繼墓誌	大中4(850)12月	209右中	32-57	—	北大2-121	
10353	牛僧孺墓誌	大中4(850)	209右中				
10354	孫君妻鄭氏墓誌	大中4(850)	209右中				
10355	張少立妻郭氏墓誌	大中4(850)					
10356	魯氏墓誌	大中4(850)	209右中				
10357	孟氏墓誌	大中5(851)1月					
10358	楊瓊妻孟氏墓誌	大中5(851)1月					
10359	李從證墓誌	大中5(851)1月	209右中	32-59	—	北大2-122	—
10360	鮑君妻王氏墓誌	大中5(851)1月	—	—	—	江蘇100	—
10361	崔氏墓誌	大中5(851)2月				—	秦晉783
10362	崔廣兒墓誌	大中5(851)2月					
10363	成孝宗墓誌	大中5(851)2月					
10364	牛君妻張氏墓誌	大中5(851)4月					
10365	李季節墓誌	大中5(851)4月					河洛431 七朝353
10366	段懿全墓誌	大中5(851)4月					
10367	張師慶墓誌	大中5(851)4月					秦晉784
10368	李君妻安氏墓誌	大中5(851)4月					
10369	吳孝恭墓誌	大中5(851)4月	—	32-60	—	洛陽14-24	千唐1112
10370	龔韶墓誌	大中5(851)5月	212左下				
10371	和文墓誌	大中5(851)5月					
10372	鄭何妻李自虛(梁國大長公主)墓誌	大中5(851)5月					

番號	F北大	G墓誌彙編	H 新編	I補遺補編	J 地方	K 博物館・その他	L 日本目録
10320	06102	—	—	—	—	—	—
10321	06100	大中040	14-9470	1-345	—	—	—
10322	06101	大中039	14-9612	4-185	西北5-140 景縣416	故宮167 施唐314	人1591 東1495 淑671
10323	—	大中041	22-15465	—	—	—	—
10324	06107	—	—	—	—	—	—
10325	06104	大中042	14-9471	1-346	—	—	—
10326	—	—	14-9470	6-163	—	—	—
10327	06106	—	—	—	—	—	—
10328	06105	—	—	千唐-380	—	—	—
10329	06108	大中043	14-9472	4-186	西北5-141 衞輝46	撒馬62 施唐315	—
10330	—	—	—	—	大全・襄垣54	—	—
10331	—	—	—	—	邯鄲碑141	—	—
10332	06109	大中044	14-9472	4-187	—	故宮168	人1592 東1496
10333	—	—	—	8-183	—	—	—
10334	06110	—	—	千唐-381	.	—	—
10335	—	—	—	—	—	西市420	—
10336	—	—	—	7-125	—	碑林補-67 碑林新293	—
10337	06111	—	—	—	—	北大新拓155(221)	—
10338	06112	續大中027	14-9494	3-227 中-957	西北5-142 長碑191(549)	碑林89-3964 裴氏160	—
10339	06113	大中045	14-9491	1-346	—	—	—
10340	06115	—	—	—	—	碑林續191	—
10341	06114	大中046	14-9492	4-187 中-928	分類110	—	—
10342	—	—	—	—	—	—	—
10343	—	大中047	14-9493	1-347	西北5-143	—	—
10344	—	—	—	—	—	西市421	—
10345	—	續大中028	22-15466	4-496	邯鄲碑035	—	—
10346	06116	大中048	14-9393	—	西北5-144	—	—
10347	06118	大中049	22-15466	4-497	—	施唐316	—
10348	06117	—	—	—	—	—	淑672 淑673
10349	—	—	—	中-927	江揚48	—	—
10350	—	—	—	—	—	越窯88	—
10351	—	—	—	下-1897	—	—	—
10352	06119	大中050	14-9495	4-188	西北5-145	故宮169	人1594 淑674
10353	—	—	13-8876	—	—	—	—
10354	—	—	—	—	—	—	—
10355	—	—	—	—	—	—	—
10356	—	—	—	—	—	—	—
10357	06120	大中051	14-9497	7-127	—	—	—
10358	06120	—	—	—	—	—	—
10359	06121	大中052	14-9593	—	西北5-146	—	—
10360	—	—	—	—	—	—	—
10361	—	—	—	—	—	—	—
10362	—	—	—	—	—	西市422	—
10363	06122	—	—	—	—	—	—
10364	06124	—	—	—	—	—	—
10365	—	—	—	—	—	—	—
10366	—	—	—	—	—	西市423	—
10367	06125	—	—	—	—	—	—
10368	—	—	—	—	—	碑林新294	—
10369	06126	大中053	22-15467	2-581	—	—	—
10370	—	—	13-8875	—	—	—	—
10371	—	—	—	下-1898	—	—	—
10372	—	—	—	8-184	長碑(549)	—	—

大中

番號	墓誌名	年號	A 題跋	B北圖	C 附考 新中国	D隋唐五代	E千唐・河南
10373	韓復墓誌	大中5(851)6月卒	—	—	—	—	—
10374	孫公乂墓誌	大中5(851)7月	—	32-63	—	洛陽14-25	千唐1113
10375	毛劍妻呂氏墓誌	大中5(851)7月	—	—	—	陝西4-135	—
10376	李忱(宣宗)才人仇氏墓誌	大中5(851)8月	—	32-65	—	北大2-123	—
10377	李君妻吳氏墓誌	大中5(851)8月	—	—	—	—	—
10378	施遂墓誌	大中5(851)8月	—	—	江蘇壹-13	—	—
10379	鄭君妻郭瓊墓誌	大中5(851)8月	—	—	—	—	秦晉785
10380	張季戎墓誌	大中5(851)10月	—	32-66	—	洛陽14-26	千唐1114
10381	曲元縝妻李氏墓誌	大中5(851)10月	—	32-67	—	洛陽14-27	—
10382	劉自政墓誌	大中5(851)10月	—	—	—	—	—
10383	薛華墓誌	大中5(851)10月	—	—	河南貳-3	—	—
10384	薛桑墓誌	大中5(851)10月	—	—	河南貳-4	—	—
10385	諸葛君墓誌	大中5(851)10月	209右中	—	—	—	—
10386	王氏墓誌	大中5(851)11月	—	32-68	—	洛陽14-28	千唐1116
10387	楊宇墓誌	大中5(851)11月	—	32-69	—	洛陽14-29	千唐1115 龍門346
10388	余從周及妻方氏墓誌	大中5(851)11月	—	—	—	洛陽14-30	輯繩682
10389	李義及妻樊氏司徒氏墓誌	大中5(851)11月	—	—	—	—	—
10390	張文敬妻郭氏墓誌	大中5(851)12月	—	—	—	—	—
10391	陶待虔及顧氏墓誌	大中5(851)12月	—	—	江蘇壹-14	—	—
10392	閻叔汶及妻米氏墓誌	大中5(851)12月	—	—	—	—	—
10393	張涓妻李氏墓誌	大中6(852)2月	—	—	—	—	河洛433 洛駕雋49-2
10394	韓堅及妻傅氏墓誌	大中6(852)2月	—	—	河北壹-116	河北112	—
10395	杜顗墓誌	大中6(852)2月	—	—	—	—	—
10396	同國政墓誌	大中6(852)2月	—	32-71	—	陝西2-90	—
10397	賈寶藏及妻崔氏墓誌	大中6(852)2月	—	—	—	—	—
10398	王君及蔡氏墓誌	大中6(852)2月	—	—	江蘇壹-15	—	—
10399	周君墓誌	大中6(852)2月	—	—	—	—	—
10400	王公淑及妻吳氏墓誌	大中6(852)2月	—	—	—	—	—
10401	孟君集墓誌	大中6(852)2月	—	—	—	—	秦續871
10402	崔芑及妻鄭氏墓誌	大中6(852)2月	—	32-72	—	洛陽14-31	千唐1117
10403	韋正貫墓誌	大中6(852)2月	—	—	—	—	—
10404	盧就墓誌	大中6(852)2月	—	32-73	—	洛陽14-32	千唐1118
10405	趙仕良墓誌	大中6(852)3月	—	—	—	—	—
10406	成光墓誌	大中6(852)5月	—	—	—	—	—
10407	李進忠墓誌	大中6(852)5月	—	—	—	—	—
10408	孫廿九女墓誌	大中6(852)5月	209右下	32-75	—	洛陽14-33	輯繩683
10409	徐君妻崔蘊才墓誌	大中6(852)5月	—	—	—	—	秦晉786
10410	董惟靖墓誌	大中6(852)6月	209右下	32-76	—	北大2-124	—
10411	鄭三清墓誌	大中6(852)7月	—	—	—	—	輯繩684
10412	許贄墓誌	大中6(852)閏7月	—	—	—	江蘇101	—
10413	劉君妻郭氏墓誌	大中6(852)閏7月	209右下	32-77	—	北大2-125	—
10414	陳燭墓誌	大中6(852)閏7月	—	—	—	—	秦續872 流散301
10415	王君妻崔縕墓誌	大中6(852)閏7月	—	—	河南參-317	—	—
10416	崔廷妻鄭氏墓誌	大中6(852)閏7月	—	32-78	—	洛陽14-34	輯繩685
10417	張紳及妻王氏墓誌	大中6(852)閏7月	—	—	—	—	秦續873 七朝354
10418	馮審中墓誌	大中6(852)8月	—	32-79	—	北大2-126	—
10419	曹君妻張氏墓誌	大中6(852)9月	—	—	—	江蘇94	—
10420	王陵及妻韓氏墓誌	大中6(852)10月	—	—	—	—	—
10421	環平墓誌	大中6(852)10月	—	—	—	—	—
10422	張再清墓誌	大中6(852)10月	210左上	32-80	—	北大2-127	—
10423	孟秀榮墓誌	大中6(852)11月	—	—	—	—	—
10424	馬文諫墓誌	大中6(852)11月	—	—	—	—	秦續874 七朝355
10425	庾游方妻蕭氏墓誌	大中6(852)11月	—	—	陝西參-96	—	—
10426	王寶妻侯羅娘墓誌	大中6(852)11月	—	—	江蘇貳-39	—	—
10427	趙氏墓誌	大中6(852)12月	—	—	—	—	—

番號	F北大	G墓誌彙編	H 新編	I 補遺補編	J 地方	K 博物館・その他	L 日本目錄
10373	—	—	—	—	—	碑林續192	—
10374	06127	大中054	14-9497	1-348	西北5-147	—	—
10375	—	續大中030	13-8919	2-62	—	—	—
10376	06128	大中055	—	4-189	西北5-148	碑林89-3971	—
10377	—	—	—	—	寧波34	—	—
10378	—	—	—	—	—	—	—
10379	—	—	—	—	—	—	—
10380	06129	大中056	14-9500	1-350	—	—	—
10381	06130	大中057	14-9501	4-190	—	唐宋357	人1597
10382	—	大中058	14-9501	1-350	—	—	—
10383	—	—	—	—	—	—	—
10384	—	—	—	7-127	—	—	—
10385	—	—	—	—	—	—	—
10386	06131	大中061	22-15467	1-353	—	—	—
10387	06132	大中059	13-9035	1-324	—	—	—
10388	06133	大中060	14-9502	6-164	—	—	—
10389	—	—	—	—	邯鄲碑057	—	—
10390	06134	—	—	—	—	—	—
10391	—	—	—	—	—	—	—
10392	—	—	—	—	—	碑林新295	—
10393	06135	—	—	—	—	—	—
10394	—	續大中031	22-15468	4-498	邯鄲碑020	—	—
10395	—	—	13-8884	—	—	—	—
10396	06136	大中062	18-12582	3-228	西北5-149	碑林89-3979	—
10397	06137	—	—	—	—	—	—
10398	—	—	—	—	—	—	—
10399	—	—	13-8878	—	—	—	—
10400	—	—	22-15460	5-433 下-2130	—	—	—
10401	06139	—	—	—	—	—	—
10402	06138	大中063	13-8943	1-311	—	—	—
10403	—	—	—	—	長新282 長碑192(550)	—	—
10404	06140	大中064	13-8979	1-318	—	—	—
10405	—	—	—	—	—	碑林新296	—
10406	06141	—	—	—	—	—	—
10407	—	—	—	—	邯鄲碑142	—	—
10408	—	大中065	22-15468	4-190	—	—	—
10409	—	—	—	—	—	—	—
10410	06142	大中066	14-9588	—	西北5-150 江揚49	故宮170	人1599 東1501
10411	—	續大中032	14-9525	6-165	—	—	—
10412	—	續大中033	14-9504	1-352 中-932	—	—	—
10413	06143	大中067	22-15470	—	—	—	淑675
10414	06144	—	—	—	—	—	—
10415	06146	—	—	千唐-382	—	—	—
10416	06145	大中068	14-9504	4-191	—	—	—
10417	—	—	—	—	—	—	—
10418	06147	大中069	14-9505	4-192	西北5-151	—	—
10419	—	續大中034	22-15468	4-499	江揚50	—	—
10420	06148	—	—	—	—	—	—
10421	—	—	—	8-185	—	—	—
10422	06149	大中070	22-15470	4-499	—	—	人1600 東1502
10423	—	續大中035	22-15469	6-487	—	碑林89-3987 碑林新297	—
10424	—	—	—	—	—	—	—
10425	—	—	—	7-128	長新284 長碑194(552)	—	—
10426	—	—	—	8-186	—	—	—
10427	—	—	—	—	—	汾陽41(82)	—

大中

番號	墓誌名	年號	A 題跋	B北圖	C 附考 新中国	D隋唐五代	E千唐・河南
10428	李德裕妻劉致柔墓誌	大中6(852)12月	－	32-82	－	洛陽14-35	千唐1119
10429	杜牧自撰墓誌	大中6(852)12月卒	－	－	－	－	－
10430	閻(?)君妻萬氏墓誌	大中6(852)12月	210左上	32-83	－	北京2-107	－
10431	庾承憲墓誌	大中6(852)	210左中	－	－	－	－
10432	宗進興妻楊氏墓誌	大中7(853)1月	－	－	－	－	秦晉787 七朝356
10433	廉文液墓誌	大中7(853)1月	－	－	－	－	－
10434	盧溥墓誌	大中7(853)1月	－	－	－	－	－
10435	□璈墓誌	大中7(853)1月	－	－	－	－	－
10436	王怡政妻劉氏墓誌	大中7(853)1月	－	－	－	陝西2-91	－
10437	李公度墓誌	大中7(853)1月	－	32-85	－	洛陽14-36	千唐1120
10438	韋瓘墓誌	大中7(853)1月	－	－	－	－	－
10439	張勳妻張氏墓誌	大中7(853)1月	－	－	－	－	秦晉788
10440	圓覺塔誌	大中7(853)1月	210左中	－	－	－	－
10441	紐重建妻睦氏墓誌	大中7(853)2月	－	－	－	－	－
10442	朱敬之妻盧子玉墓誌	大中7(853)4月	210左中	32-87	－	洛陽14-37	輯繩686
10443	耿光(元?)晟墓誌	大中7(853)4月	－	32-88	－	北大2-128	－
10444	李文益墓誌	大中7(853)5月	－	－	－	－	－
10445	歸仁晦母支氏墓誌	大中7(853)7月	－	－	－	－	－
10446	鄭抱素墓誌	大中7(853)7月	－	－	河南參-318	－	－
10447	盧鄴女姚婆墓誌	大中7(853)7月	210左中	－	－	－	－
10448	蘇藏玉墓誌	大中7(853)7月	－	－	河南參-319	－	－
10449	李君夏妻鄭氏墓誌	大中7(853)7月	－	－	－	洛陽14-38	輯繩687
10450	李珪墓誌	大中7(853)7月	－	32-89	－	洛陽14-39	千唐1122
10451	魏弘章墓誌	大中7(853)7月	－	32-90	－	洛陽14-40	千唐1121
10452	李愔(茂王)墓誌	大中7(853)8月	－	－	－	－	－
10453	李道周妻蕭濛墓記	大中7(853)8月	－	－	－	－	河洛434
10454	崔樅及妻盧氏墓誌	大中7(853)8月	－	－	－	洛陽14-41	千唐1123
10455	姜自勸墓誌	大中7(853)9月	－	－	－	－	－
10456	古英及妻高氏墓誌	大中7(853)9月	－	－	－	－	－
10457	吳士恆及解氏墓誌	大中7(853)10月	－	－	－	－	－
10458	張君平及妻胡氏墓誌	大中7(853)10月	210左下	－	－	－	－
10459	華君妻張氏墓誌	大中7(853)10月	－	32-91	－	洛陽14-42	千唐1124
10460	韓君墓誌	大中7(853)10月	－	－	－	－	秦續875
10461	姚勖墓誌	大中7(853)10月	－	－	－	－	流散302
10462	夏侯審封妻李氏墓誌	大中7(853)10月	－	－	－	－	河洛435
10463	戚君妻羅氏墓誌	大中7(853)10月	－	－	－	－	－
10464	趙溫及妻王氏墓誌	大中7(853)10月	－	－	－	－	秦續876
10465	□君亮殘墓誌	大中7(853)10月	－	32-95	－	北京2-108	－
10466	郭太墓誌	大中7(853)11月	－	－	－	－	－
10467	陳君妻楊氏墓誌	大中7(853)11月	－	－	－	－	－
10468	宋文幹墓誌	大中7(853)11月	－	－	－	－	－
10469	鄭恭楚墓誌	大中7(853)12月	－	32-96	－	北京2-109	－
10470	萬季衡墓誌	大中7(853)12月	－	－	－	－	秦續877
10471	封魯卿墓誌	大中7(853)12月	－	－	－	－	新獲續243
10472	朱士幹墓誌	大中8(854)1月	－	－	－	－	－
10473	崔沆妻李瑗墓誌	大中8(854)1月	－	－	河南參-320	－	－
10474	鄭賀妻穆楚墓誌	大中8(854)1月	－	－	－	－	秦續878 流散303
10475	鞠志直及妻王氏墓誌	大中8(854)2月	－	－	－	－	－
10476	孫絿妻王氏墓誌	大中8(854)2月	－	－	河南參-321	－	－
10477	裴君妻時氏墓誌	大中8(854)2月	－	－	－	陝西4-136	－
10478	何貞裕墓誌	大中8(854)2月	－	－	－	－	秦晉789
10479	程誼及妻王氏墓誌	大中8(854)2月	－	－	－	－	－
10480	楊公甫墓誌	大中8(854)2月	－	－	－	－	河洛436
10481	盧知宗妻鄭子章墓誌	大中8(854)2月	－	32-98	－	洛陽14-43	－
10482	宋晏妻趙氏墓誌	大中8(854)4月					

番號	F北大	G墓誌彙編	H 新編	I補遺補編	J 地方	K 博物館・その他	L 日本目録
10428	06150	大中071	14-9506	1-353	—	—	—
10429	—	—	13-8873	—	—	—	—
10430	06151	大中072	22-15471	—	江揚51	磚刻1221	—
10431	—	—	—	—	—	—	—
10432	06154	—	—	—	—	—	—
10433	06153	—	—	—	—	—	—
10434	06152	—	—	千唐-383	—	—	—
10435	—	—	—	—	—	碑林新298	—
10436	—	續大中036	14-9507	3-228	—	碑林89-4001	—
10437	06155	大中073	14-9507	1-354	—	—	—
10438	06156	—	—	—	—	—	—
10439	06157	—	—	—	—	—	—
10440	—	—	—	—	—	—	—
10441	06158	—	—	—	—	—	—
10442	06159	大中075	22-15472	4-499	—	唐宋358 施唐317	人1601 東1503
10443	06160	大中074	22-15471	4-500	—	—	—
10444	—	—	—	—	—	碑林新299	—
10445	06161	大中076	22-15472	7-129	—	—	—
10446	06162	—	—	千唐-385	—	—	—
10447	—	大中077	14-9386	7-129	—	—	—
10448	06163	—	—	千唐-385	—	—	—
10449	—	續大中037	14-9512	6-166	—	—	—
10450	06164	大中079	14-9509	1-355	—	—	—
10451	06165	大中078	14-9508	1-355	—	—	—
10452	—	—	—	—	—	西市424	—
10453	06166	—	—	—	—	—	—
10454	—	大中080	14-9474	1-356	—	—	—
10455	06167	—	—	—	—	—	—
10456	06168	—	—	—	—	西市425	—
10457	—	—	—	—	—	—	—
10458	—	大中081	14-9483	—	—	—	—
10459	06170	大中082	14-9513	1-357	—	—	—
10460	06169	—	—	—	—	—	—
10461	06172	—	—	—	—	北大新拓160(230)	—
10462	06171	—	—	—	—	—	—
10463	—	—	—	—	—	越窯90	—
10464	06174	—	—	—	—	—	—
10465	—	—	—	—	—	—	—
10466	06175	—	—	—	—	—	—
10467	06176	—	—	—	—	—	—
10468	06177	—	—	—	—	—	—
10469	06178	續大中039	14-9514	4-192 中-932	—	—	—
10470	—	—	—	—	—	—	—
10471	—	—	—	8-187	—	—	—
10472	06179	—	—	—	—	碑林續193	—
10473	06180	—	—	千唐-387	—	—	—
10474	06181	—	—	—	—	—	—
10475	06182	—	—	—	—	—	—
10476	06183	—	—	千唐-388	—	—	—
10477	—	續大中040	22-15474	1-358 中-956	—	裴氏160	—
10478	06184	—	—	—	—	—	—
10479	—	—	—	—	邯鄲碑143	—	—
10480	06186	—	—	—	—	唐末240 西市426	明洛113
10481	06185	大中083	14-9514	4-193	—	唐宋359	人1602
10482	—	—	—	—	—	碑林新301	—

大中

番號	墓誌名	年號	A 題跋	B北圖	C 附考 新中国	D隋唐五代	E千唐・河南
10483	張質妻王氏墓誌	大中8(854)4月	—	—	—	—	秦晉790 洛鴛鴦67-2
10484	陳君妻荀氏墓誌	大中8(854)4月	—	—	—	江蘇102	—
10485	梁君妻王氏墓誌	大中8(854)5月	—	—	—	陝西2-92	—
10486	李端友墓誌	大中8(854)5月	—	—	—	—	—
10487	韋泂墓誌	大中8(854)5月	—	—	—	—	—
10488	邢宗本妻韓氏墓誌	大中8(854)6月	—	—	—	—	秦續879
10489	李君妻張氏墓誌	大中8(854)7月	—	32-101	—	江蘇103	—
10490	徐君妻高氏墓誌	大中8(854)8月	—	—	—	—	—
10491	盧方回妻李尚辭墓誌	大中8(854)8月	—	—	—	—	新獲續244
10492	契苾通墓誌	大中8(854)8月卒	—	—	陝西壹-144	陝西4-137	—
10493	沈師黃墓誌	大中8(854)8月	—	32-102	—	洛陽14-44	千唐1125 輯繩688
10494	王逢墓誌	大中8(854)8月	—	—	—	—	—
10495	葉再榮墓誌	大中3(849)8月 大中8(854)8月(重刻)	206右中 209左中	—	—	—	—
10496	崔君妻盧氏墓誌	大中8(854)9月	—	—	—	—	秦續880 流散304
10497	衞元宗妻郝氏墓誌	大中8(854)9月	—	—	—	—	—
10498	歐陽□墓誌	大中8(854)9月	—	—	江蘇貳-40	—	—
10499	姚澥墓誌	大中8(854)9月	210左下	—	—	—	—
10500	王怡政墓誌	大中8(854)10月	—	—	—	—	—
10501	洪君及妻張氏墓誌	大中8(854)11月	210左下	32-103	—	江蘇104	—
10502	徐君妻王慕光墓誌	大中8(854)11月	—	—	—	—	秦續881
10503	馮朝墓誌	大中8(854)11月	—	—	—	—	—
10504	張談英及妻劉氏墓誌	大中8(854)11月	—	32-104	—	北大2-129	—
10505	盧行質妻趙氏墓誌	大中8(854)11月	—	—	—	—	秦晉791
10506	蘇文釗墓誌	大中8(854)11月	—	—	—	—	—
10507	田行源妻李氏墓誌	大中8(854)11月	—	—	—	陝西4-138	—
10508	李譔及妻牛氏墓誌	大中8(854)12月	—	—	—	—	—
10509	路全交墓誌	大中8(854)	—	—	—	陝西2-93	—
10510	李簡及妻暴氏墓誌	大中9(855)1月	—	—	—	—	—
10511	魏湘及妻李氏墓誌	大中9(855)1月	—	—	—	—	秦晉792
10512	高徵墓誌	大中9(855)2月	—	—	—	—	—
10513	盧當墓誌	大中9(855)2月	—	32-105	—	洛陽14-45	千唐1126
10514	姚中璠墓誌	大中9(855)2月	—	—	—	洛陽14-46	輯繩689 民族303
10515	趙建遂及妻董氏王氏墓誌	大中9(855)2月	210左下	32-106	—	北大2-130	—
10516	崔翬墓誌	大中9(855)2月	—	32-107	—	洛陽14-47	輯繩690
10517	張懷清妻石氏墓誌	大中9(855)2月	—	—	—	山西162	—
10518	張澹墓誌	大中9(855)2月	—	—	—	—	—
10519	東鄉君妻夏氏墓誌	大中9(855)3月	—	—	—	—	—
10520	樊士安及妻王氏墓誌	大中9(855)3月	—	—	河南參-322	—	—
10521	盧蘋墓誌	大中9(855)4月	—	—	—	—	—
10522	韋定言墓誌	大中9(855)4月	—	—	—	—	—
10523	韋輅妻薛氏墓誌	大中9(855)4月	—	—	—	—	—
10524	韋濛墓誌	大中9(855)閏4月	—	—	—	—	—
10525	李映墓誌	大中9(855)閏4月	—	—	—	—	—
10526	李宗師墓誌	大中9(855)閏4月	—	—	—	—	新獲續245
10527	鄭抱素妻裴露墓誌	大中9(855)閏4月	—	—	河南參-323	—	—
10528	韋識及妻薛氏墓誌	大中9(855)閏4月	—	—	—	—	—
10529	孫俐墓誌	大中9(855)閏4月	—	—	—	洛陽14-48	千唐1127
10530	苗弘本墓誌	大中9(855)閏4月	—	32-108	—	洛陽14-49	千唐1128
10531	李潛墓誌	大中9(855)5月	—	—	—	—	秦續882 流散305
10532	楊君妻曹氏墓誌	大中9(855)5月	—	—	—	—	—
10533	孫君妻林氏墓誌	大中9(855)5月(12月)	210右上	32-109	—	北京2-110	—
10534	胡氏妻紀氏墓誌	大中9(855)6月卒	—	—	江蘇貳-41	—	—
10535	李損女墓誌	大中9(855)6月	—	32-110	—	洛陽14-50	千唐1129

大中

番號	F北大	G墓誌彙編	H 新編	I 補遺補編	J 地方	K 博物館・その他	L 日本目録
10483	06187	—	—	—	—	—	—
10484	—	續大中041	22-15474	4-501 下-1899	—	磚刻1222	—
10485	—	續大中042	14-9517	3-229	—	碑林89-4010	—
10486	06188	—	—	8-188	杏園40	—	—
10487	—	—	—	7-130	長碑195(553)	—	—
10488	—	—	—	—	—	—	—
10489	—	續大中043	14-9518	4-194 中-956	分類113	—	—
10490	—	—	—	—	大同269	—	—
10491	—	—	—	8-188	—	—	—
10492	—	續大中044	13-8609	1-358 下-2138	咸陽30 渭城258	—	—
10493	06189	大中084	14-9515	1-359	—	—	—
10494	—	—	—	—	—	慶雅堂67 西市427	—
10495	—	大中085	13-8912	—	—	—	—
10496	06190	—	—	—	—	—	—
10497	06191	—	—	—	—	—	—
10498	—	—	—	—	—	—	—
10499	—	—	—	—	—	—	—
10500	—	—	14-9518	3-231	—	碑林89-4019	—
10501	06192	大中086	22-15472	4-501	江揚52	—	—
10502	06197	—	—	—	—	—	—
10503	06193	—	—	—	—	—	—
10504	06194	大中087	22-15473	4-502	—	故宮171	—
10505	06195	—	—	—	—	—	明洛114
10506	06196	—	—	—	—	—	—
10507	—	續大中045	22-15474	2-63	長碑(554)	—	—
10508	06198	—	—	—	—	—	—
10509	—	續大中046	14-9519	3-230	—	碑林89-4024	—
10510	—	—	—	—	—	碑林新302	—
10511	—	—	—	—	—	—	—
10512	—	—	—	7-114	—	—	—
10513	06199	大中088	14-9521	1-361	—	—	—
10514	—	續大中047	14-9520	6-167	—	—	—
10515	06200	大中089	22-15475	4-502	—	故宮172 施唐318	人1603 淑676
10516	—	大中090	13-9026	4-194	—	—	—
10517	—	續大中048	22-15476	7-416	沁州177	—	—
10518	06201	—	—	千唐-388	—	—	—
10519	—	續大中049	14-9521	—	長碑196(554)	碑林新303	—
10520	06202	—	—	千唐-389	—	—	—
10521	06203	—	—	—	—	唐末241	—
10522	—	—	—	—	長新286 長碑197(555)	—	—
10523	—	—	—	—	—	慶雅堂68 西市428	—
10524	—	—	—	—	—	碑林續194	—
10525	—	續大中050	14-9520	3-231	—	碑林90-4033	—
10526	—	—	—	8-189	—	—	—
10527	06204	—	—	千唐-390	—	—	—
10528	—	—	—	8-190	長碑(555)	碑林新304	—
10529	—	大中092	14-9543	1-362	—	—	—
10530	06205	大中093	14-9522	1-363	—	—	—
10531	06206	—	—	—	—	—	—
10532	—	—	—	8-416	—	—	—
10533	06225	大中103 殘誌016	14-9490	—	—	—	—
10534	—	—	—	—	—	—	—
10535	06207	大中094	14-9523	1-363	—	—	—

大中

番號	墓誌名	年號	A 題跋	B北圖	C 附考 新中国	D隋唐五代	E千唐・河南
10536	孫君妻李氏墓誌	大中9(855)7月	—	34-192	—	洛陽15-6	千唐1205
10537	張君及妻郭氏墓誌	大中9(855)8月	—	—	—	—	—
10538	王元遠墓誌	大中9(855)8月	—	—	河北壹-117	河北113	—
10539	何少直墓誌	大中9(855)8月	—	—	—	—	—
10540	李岸及妻董氏墓誌	大中9(855)8月	—	—	—	—	秦晉793 七朝357
10541	孟延古墓誌	大中9(855)8月	—	—	—	—	—
10542	段宏墓誌	大中9(855)8月	—	—	—	—	—
10543	程淸墓誌	大中9(855)8月	—	—	—	—	—
10544	蔣建及妻李氏墓誌	大中9(855)8月	—	—	河南參-324	—	—
10545	亡某府君墓誌	大中9(855)8月	—	—	江蘇貳-42	—	—
10546	趙進誠墓誌	大中9(855)8月	—	—	陝西壹-145	陝西4-139	—
10547	趙石墓誌	大中9(855)8月	—	—	陝西壹-146	陝西4-140	—
10548	楊乾光墓誌	大中9(855)8月	—	32-111	—	洛陽14-51	千唐1131
10549	裴謠墓誌	大中9(855)8月卒	—	—	—	—	秦續883
10550	韓景仁墓誌	大中9(855)8月	—	—	—	—	秦續884
10551	程玢及妻竹氏墓誌	大中9(855)9月	—	—	—	—	—
10552	朱氏墓誌	大中9(855)9月	210右上	—	—	—	—
10553	李君妻薛氏墓誌	大中9(855)10月	—	—	—	—	—
10554	張冏墓誌	大中9(855)10月	—	—	—	—	河洛437
10555	蕭君妻侯氏墓誌	大中9(855)10月	—	—	—	北京2-111	—
10556	王氏墓誌	大中9(855)10月	—	—	—	—	秦晉794 七朝358
10557	張嬰墓誌	大中9(855)10月	—	32-117	—	洛陽14-52	輯繩691
10558	焦君妻王氏墓誌	大中9(855)10月	—	—	—	—	—
10559	白公濟及妻姚氏墓誌	大中9(855)11月	—	—	陝西壹-147	—	—
10560	賈榮妻珣氏墓誌	大中9(855)11月	—	—	—	—	—
10561	盧子騫妻鄭氏墓誌	大中9(855)11月	210右上	32-118	—	北大2-131	—
10562	王卿兒墓誌	大中9(855)11月	—	—	—	—	龍門347
10563	柳淸及妻張氏墓誌	大中9(855)11月	—	—	—	—	—
10564	陸君妻劉氏墓誌	大中9(855)12月	210右上	—	—	—	—
10565	韓昶墓誌	大中9(855)12月	210右中	32-119	—	河南114	—
10566	李公度及妻鄭瑄墓誌	大中9(855)□月	—	32-120	—	洛陽14-53	千唐1130
10567	王君墓誌	大中9(855)	—	—	—	—	—
10568	郭子禮墓誌	大中10(856)1月	—	—	—	—	秦晉795
10569	李範及妻盧氏墓誌	大中10(856)1月	—	—	—	—	新出316 龍門348
10570	岳林寺塔銘	大中10(856)1月	—	—	—	—	—
10571	任黃中墓誌	大中10(856)1月	—	—	—	—	秦續885
10572	程旭墓誌	大中10(856)1月	—	—	—	—	—
10573	劉君妻霍氏墓誌	大中10(856)1月	210右下	32-122	—	北大2-132	—
10574	韋挺妻栢苔墓誌	大中10(856)2月	—	—	—	陝西4-141	—
10575	李縞墓誌	大中10(856)2月	—	—	—	—	—
10576	衛景弘墓誌	大中10(856)2月	—	—	—	—	新獲續246
10577	庾二十九女墓誌	大中10(856)2月	—	—	—	—	—
10578	劉元墓誌	大中10(856)3月	—	—	—	—	—
10579	呂讓墓誌	大中10(856)4月	—	32-123	—	洛陽14-54	輯繩692
10580	盧鍇墓誌	大中10(856)4月	211左上	—	—	—	—
10581	薛犓墓誌	大中10(856)4月	—	—	—	—	—
10582	令狐梅墓誌	大中10(856)4月	—	—	—	洛陽14-55	新獲110 龍門349
10583	林暢墓誌	大中10(856)4月	—	—	—	—	—
10584	李君妻姚品墓誌	大中10(856)4月	—	—	—	北大2-133	龍門350
10585	李寧墓誌	大中10(856)4月	—	—	—	洛陽14-56	—
10586	鄭子容墓誌	大中10(856)4月	—	32-124	—	北大2-134	—
10587	支光墓誌	大中10(856)5月	—	32-128	—	洛陽14-60	千唐1132 民族167 洛絲152
10588	支子珪(令令)墓誌	大中10(856)5月	211左下	32-125	—	洛陽14-57	民族171 洛絲156
10589	支子璋墓誌	大中10(856)5月	—	32-126	—	洛陽14-58	民族170 洛絲155
10590	支叔向墓誌	大中10(856)5月	211左下	—	—	—	民族169 洛絲157

番號	F 北大	G 墓誌彙編	H 新編	I 補遺補編	J 地方	K 博物館・その他	L 日本目録
10536	06208	大中095 殘誌017	14-9608	1-432	―	―	―
10537	06209	―	―	―	―	―	―
10538	―	大中096	14-9538	4-197	河北269	―	―
10539	―	續大中051	22-15477	2-581	―	―	―
10540	06212	―	―	―	―	西市430	―
10541	―	―	―	―	孟州186	西市429	―
10542	―	―	―	―	―	西市429	―
10543	06211	―	―	―	―	―	―
10544	06210	―	―	千唐-391	―	―	―
10545	―	―	―	―	―	―	―
10546	06216	續大中052	14-9537	3-232	―	―	―
10547	06217	續大中053	14-9538	3-232	―	―	―
10548	06214	大中097	14-9540	1-365	―	―	―
10549	06213	―	―	―	―	―	―
10550	06215	―	―	―	―	―	―
10551	―	―	―	―	孟州184	―	―
10552	―	―	―	―	―	―	―
10553	―	―	―	―	―	汾陽43(86)	―
10554	06218	―	―	―	―	―	―
10555	―	大中098	19-13063	4-199	―	―	―
10556	―	―	―	―	―	―	明洛115
10557	06219	大中099	14-9541	4-199	―	唐宋360	人1605
10558	06220	―	―	―	―	―	―
10559	06221	―	22-15478	5-435	―	―	―
10560	06222	―	―	―	―	―	―
10561	06223	大中100	14-9542	4-200	―	故宮173	人1606 淑677
10562	―	―	―	―	―	―	―
10563	―	―	―	―	大全・襄垣55	―	―
10564	―	大中101	22-15470	―	―	―	―
10565	06224	大中102	13-8629	―	孟州188	―	―
10566	06226	大中091	22-15473	―	―	―	―
10567	06227	―	14-9590	―	―	碑林93-4500	―
10568	06243	―	―	―	―	―	―
10569	06228	―	―	9-414	―	―	―
10570	―	―	14-9593	―	―	―	―
10571	06229	―	―	―	―	―	―
10572	06231	―	―	―	―	西市431	―
10573	06230	大中104	14-9488	―	西北5-152	施唐319	淑678
10574	―	續大中054	14-9543	3-233	西北5-153 長新288 長碑198(556)	―	―
10575	―	―	―	9-415	―	―	―
10576	―	―	―	8-191	―	―	―
10577	―	―	―	―	―	西市432	―
10578	―	―	―	―	寧波37	―	―
10579	―	大中107	14-9548	4-201	―	―	―
10580	―	大中106	22-15476	―	―	―	―
10581	―	―	―	―	―	碑林續195	―
10582	―	―	14-9544	6-168	―	―	―
10583	06232	―	―	―	―	―	―
10584	06233	續大中055	13-8996	6-170	―	―	―
10585	―	―	13-9065	6-172	―	―	―
10586	06234	大中108	14-9486	4-503	―	―	―
10587	06236	大中109	14-9550	1-366	―	―	―
10588	06238	大中114	―	4-202	―	南京92	―
10589	06237	大中113	14-9553	4-203	―	―	―
10590	―	大中111	14-9552	―	―	―	―

大中

番號	墓誌名	年號	A 題跋	B北圖	C 附考 新中国	D隋唐五代	E千唐・河南
10591	支成墓誌	大中10(856)5月	—	32-127	—	洛陽14-59	千唐1133 民族168 洛絲153
10592	支詢墓誌	大中10(856)5月	—	32-129	—	洛陽14-61	河洛438 民族170 洛絲154 七朝359
10593	李君妻王照乘墓誌	大中10(856)5月	—	—	—	—	新獲續247
10594	高瀚墓誌	大中10(856)5月	—	32-130	—	洛陽14-62	—
10595	班君妻鄭珪墓誌	大中10(856)6月	—	—	—	—	秦晉796 七朝360
10596	李畫墓誌	大中10(856)6月	211左上	32-131	—	北京2-112	
10597	賈從贄墓誌	大中10(856)7月	—	32-132	—	洛陽14-63	—
10598	徐君妻劉氏墓誌	大中10(856)7月	—	—	—	—	—
10599	陳元通墓誌	大中10(856)8月	—	—	—	—	—
10600	楊簡端墓誌	大中10(856)8月	—	—	—	—	—
10601	趙君妻潘氏墓誌	大中10(856)9月	—	—	—	—	—
10602	周璵及妻劉氏墓誌	大中10(856)9月	—	—	—	北京2-113	
10603	周道榮墓誌	大中10(856)9月	—	—	—	北京2-113	—
10604	楊君妻王氏墓誌	大中10(856)10月	—	—	—	—	—
10605	朱清及妻陶氏墓誌	大中10(856)10月	—	—	河南壹-71	河南115	—
10606	劉琞墓誌	大中10(856)10月	—	32-133	—	洛陽14-64	輯繩693
10607	張茂弘墓誌	大中10(856)10月	—	32-134	—	洛陽14-65	—
10608	李君墓誌	大中10(856)10月	211左上	32-135	—	北京2-114	
10609	蕭償墓誌	大中10(856)10月	—	—	—	—	
10610	孫景商墓誌	大中10(856)10月	—	—	—	洛陽14-66	
10611	崔璨妻李氏墓誌	大中10(856)10月	—	—	—	—	
10612	崔立方墓誌	大中10(856)10月	—	—	—	—	秦續886
10613	劉君及妻董氏墓誌	大中10(856)10月	—	—	—	—	秦晉797
10614	李毗妻盧子宜墓誌	大中10(856)11月	—	—	—	—	秦續887
10615	劉忠及妻李氏墓誌	大中10(856)11月	—	—	河北壹-118	河北114	—
10616	鄭恕己及妻邵氏墓誌	大中10(856)11月	211左中	32-136	—	北大2-135	
10617	陳氏墓誌	大中10(856)11月	211左中				
10618	康叔卿妻傅氏墓誌	大中10(856)11月	211左中	32-137	—	江蘇105	
10619	李君妻鄭秀實墓誌	大中10(856)11月	211左下	32-138	—	洛陽14-67	龍門351
10620	崔奭妻尹氏墓誌	大中10(856)11月	—	—	—	—	秦續888
10621	李君妻張氏墓誌	大中10(856)12月	—	—	河北壹-119	河北115	
10622	孫瑝及妻李氏墓誌	大中10(856)12月	—	—	—	洛陽14-68	千唐1134
10623	韋都師墓誌	大中10(856)12月	—	—	—	洛陽14-69	千唐1135
10624	賈進和墓誌	大中10(856)12月	—	—	—		
10625	李璞墓誌	大中10(856)12月	—	—	—		河洛439 七朝361
10626	李士悅墓誌	大中10(856)12月	—	—	—		秦續889
10627	牛君妻趙氏墓誌	大中10(856)12月	—	—	—		七朝362
10628	晏曜及妻楊氏田氏墓誌	大中10(856)12月	—	—	陝西貳-補27	—	—
10629	李君妻周氏墓誌	大中10(856)	211左中				
10630	胡洙妻曹氏墓誌	大中10(856)	211左下				
10631	韓泉墓誌	大中10(856)	211左中				
10632	王宰墓誌	大中11(857)2月	—	—	—	—	秦續890 七朝363
10633	馬攸墓誌	大中11(857)2月	—	32-139	—	洛陽14-70	—
10634	傅伯和妻李氏墓誌	大中11(857)2月	—	—	—	—	
10635	靈晏墓誌	大中11(857)2月	—	—	—	陝西4-142	
10636	陸文正墓誌	大中11(857)3月	211左下				
10637	李榮墓誌	大中11(857)4月	—				
10638	盧衢墓誌	大中11(857)4月	—	—	河南參-325		
10639	魯美及妻劉氏墓誌	大中11(857)4月	—	—	—	北大2-136	—
10640	盧占妻鄭氏墓誌	大中11(857)4月	—	—	—	—	新獲續248 洛鴛鴦69-2
10641	李郇墓誌	大中11(857)4月	—	—	—	—	秦晉798 七朝364
10642	盧緘妻崔氏墓誌	大中11(857)4月	—	32-140	—	洛陽14-71	千唐1136

大中

番號	F北大	G墓誌彙編	H 新編	I補遺補編	J 地方	K 博物館・その他	L 日本目錄
10591	06235	大中110	14-9551	1-366		─	─
10592	06239	大中112	14-9553	4-203		─	─
10593	─	─	─	8-192		─	─
10594	─	大中105	14-9546	4-204	景縣429		
10595							
10596	06240	大中115	13-8599	4-206	西北5-154	故宮174	人1607 東1506 淑679
10597	06241	大中116	14-9554	4-207	─	唐宋361	人1608
10598	─	─	─	─	─	越窯94	─
10599	─	─	─	─	厦門1		
10600	─	─	─	─		西市433	
10601	─	─	─	─	寧波38		
10602	─	續大中056	14-9554	3-234 中-957		─	─
10603							
10604	06242						
10605	─	續大中029	14-9558	7-131			
10606	06244	大中117	14-9556	4-208			
10607	─	大中118	14-9557	1-367		曲石88 南京93	─
10608	06245	大中119	14-9557	4-208		故宮175	人1609 淑680
10609	─	─	─	─		西市434	
10610	─	大中120	14-9385	6-172			
10611	─	─	─	─		慶雅堂69 西市436	
10612							
10613						西市435	
10614	06246	─	─	─		碑林續196	─
10615	─	續大中057	22-15477	─			
10616	06247	大中121	22-15478	4-503		故宮176	人1610 淑681
10617	─	大中122	14-9448				
10618	06248	大中123	22-15479				
10619	06250	大中124	14-9559	4-209			
10620	06249	─	─	─			
10621	─	續大中058	22-15479	4-504	邯鄲碑066		
10622	─	大中125	─	1-368 中-1034	─	─	─
10623	─	大中126	14-9560	1-369			
10624	06251	─	─	─			
10625	06252	─	─	─			
10626	06253	─	─	─			
10627							
10628	─	─	─	7-130		碑林補-59 碑林新305	
10629	─	─	─	─			
10630	─	─	─	─			
10631	─	─	─	─			
10632							
10633	─	大中127	14-9562	4-210			
10634	06254						
10635	─	續大中059	18-12583	2-64	西北5-155 精華169		
10636	─	─	─	─			
10637	06255						
10638	06256	─	─	千唐-392	─	─	─
10639	06257	續大中060	─	7-132 中-958	─	─	─
10640	─	─	─	8-193	─	─	─
10641	06259					西市437	
10642	06258	大中128	14-9562	1-369			

大中

番號	墓誌名	年號	A 題跋	B北圖	C 附考 新中国	D隋唐五代	E千唐・河南
10643	陳立行墓誌	大中11(857)4月	211左下	32-141	—	北大2-137	—
10644	盧弘本墓誌	大中11(857)5月	—	—	—	—	—
10645	崔亮及妻李氏盧氏墓誌	大中11(857)5月	—	—	—	—	河洛432 龍門352
10646	李脩妻劉氏墓誌	大中11(857)5月	—	—	—	—	—
10647	李眈墓誌	大中11(857)5月	—	32-142	—	洛陽14-72	千唐1137
10648	武元益妻李氏墓誌	大中11(857)5月	—	—	—	—	—
10649	劉洽妻姚氏權葬石表	大中11(857)5月	211右上	32-143	—	北京2-115	—
10650	魯謙墓誌	大中11(857)6月	—	32-144	—	陝西2-94	—
10651	張從鐵母趙氏墓誌	大中11(857)8月	—	—	—	—	—
10652	陳諭墓誌	大中11(857)8月	—	32-145	—	洛陽14-73	千唐1138
10653	李述墓誌	大中11(857)8月	—	32-146	—	洛陽14-74	千唐1139
10654	鄭長誨墓誌	大中11(857)8月	—	—	河南參-326	—	—
10655	裴鍠墓誌	大中11(857)閏8月	—	—	—	—	—
10656	王那羅墓誌	大中11(857)9月	—	—	—	—	秦晉799
10657	許元簡妻陳氏墓誌	大中11(857)10月	—	—	—	—	—
10658	李□墓誌	大中11(857)10月	—	—	—	—	—
10659	陸君妻宋氏墓誌	大中11(857)11月	—	—	—	—	—
10660	劉干妻王氏墓誌	大中11(857)11月	—	—	—	—	河洛440 龍門35 洛鴛鴦66-2
10661	劉君妻張氏墓誌	大中11(857)11月	—	32-148	—	洛陽14-75	千唐1140
10662	鄭珆墓誌	大中11(857)11月	211右上	—	—	—	—
10663	任榮墓誌	大中11(857)11月	—	—	—	—	—
10664	韋曙墓誌	大中11(857)11月	—	—	—	—	—
10665	盧殷士墓誌	大中11(857)11月	—	—	—	—	—
10666	李第娘墓誌	大中11(857)12月	—	—	—	—	輯繩694
10667	史興及妻張氏梁氏墓誌	大中11(857)	—	—	河南壹-446	河南116	—
10668	魯宗源墓誌	大中11(857)	211右上	—	—	—	—
10669	蕭俛墓誌	大中11(857)	211右上	—	—	—	—
10670	廣素(安國寺尼)墓誌	大中12(858)1月	—	—	—	—	秦晉800
10671	史誼墓誌	大中12(858)1月	—	—	—	—	—
10672	許太清及妻王氏墓誌	大中12(858)1月	—	—	—	—	—
10673	姚潭墓誌	大中12(858)2月	—	—	—	—	—
10674	陸䎖及妻裴氏墓誌	大中12(858)2月	—	—	—	—	秦續891
10675	楊松年墓誌	大中12(858)2月	—	—	—	洛陽14-76	千唐1141
10676	裴謙墓誌	大中12(858)2月	—	—	—	—	新獲續249
10677	閻知誠墓誌	大中12(858)2月	—	—	—	陝西2-95	—
10678	鄭恆及妻崔氏墓誌	大中12(858)2月	211右中	32-150	—	北大2-138	—
10679	盧宏及妻崔氏墓誌	大中12(858)2月	—	32-151	—	北京2-116 洛陽14-77	千唐1142
10680	韋鍊墓誌	大中12(858)閏2月	—	—	河南參-327	—	—
10681	張君及妻解氏墓誌	大中12(858)閏2月	—	—	—	—	—
10682	田章墓誌	大中12(858)閏2月	—	—	—	陝西4-143	—
10683	李君妻韋氏墓誌	大中12(858)閏2月	—	—	—	—	—
10684	李君誼墓誌	大中12(858)3月	—	—	—	—	—
10685	沈中黃墓誌	大中12(858)4月	—	32-154	—	洛陽14-78	千唐1143
10686	陳綬妻尚氏墓誌	大中12(858)4月	—	—	—	—	—
10687	時清及妻王氏墓誌	大中12(858)4月	—	—	河北壹-120	河北116	—
10688	陸日峴妻王氏墓誌	大中12(858)5月	—	32-155	—	北京2-117	—
10689	盧韜妻鄭氏墓誌	大中12(858)5月	—	—	—	洛陽14-79	新獲111 河洛441 龍門355
10690	姚潛妻馬琬墓誌	大中12(858)5月	—	—	—	—	新獲續250
10691	靖寔及妻田氏墓誌	大中12(858)6月卒	—	—	河北壹-123	河北117	—
10692	皇甫煒妻白氏墓誌	大中12(858)7月	—	—	—	—	新獲續251 河洛444
10693	張進及妻魏氏墓誌	大中12(858)7月	—	32-156	—	洛陽14-80	—
10694	皇甫麐妻崔氏墓誌	大中12(858)8月	—	—	河南參-329	—	—
10695	張君妻趙氏墓誌	大中12(858)8月	—	—	—	—	—
10696	裴巖墓誌	大中12(858)8月	—	—	河南參-328	—	—
10697	柳崇墓誌	大中12(858)8月	—	—	—	—	河洛442

- 406 -

番號	F北大	G墓誌彙編	H 新編	I 補遺補編	J 地方	K 博物館・その他	L 日本目録
10643	06260	大中129	14-9388	―	―	故宮177	―
10644	―	―	―	―	長新290 長碑199(557)	―	―
10645	―	―	―	―	―	―	―
10646	―	―	―	8-417	―	―	―
10647	06261	大中131	13-8687	1-370	―	―	―
10648	06263	―	―	―	―	―	―
10649	06262	大中130	14-9564	4-211	―	―	―
10650	06264	大中132	16-11246	3-235	―	碑林90-4042	―
10651	―	―	―	―	―	西市438	―
10652	06265	大中133	22-15480	2-582	―	―	―
10653	06266	大中134	14-9564	1-372	―	―	―
10654	06267	―	―	千唐-393	―	―	―
10655	―	―	―	―	長碑(558)	―	―
10656	06268	―	―	―	―	―	―
10657	―	―	中-933	厦門3	―	―	―
10658	―	―	―	―	大全・襄垣56	―	―
10659	―	―	―	―	―	越窯96	―
10660	06269	―	―	―	―	―	―
10661	06270	大中136	14-9566	1-372	―	―	―
10662	―	大中135	14-9565	―	―	―	―
10663	―	―	―	―	―	越窯98	―
10664	―	―	―	―	―	碑林續197	―
10665	―	―	―	―	―	唐末242	―
10666	―	續大中061	―	6-161	―	―	―
10667	―	續大中062	―	7-133	―	―	―
10668	―	―	中-951	―	―	―	―
10669	―	―	―	―	―	―	―
10670	06271	―	―	―	―	―	―
10671	06272	―	―	―	―	―	―
10672	―	―	―	―	邯鄲碑144	―	―
10673	―	―	14-9569	1-373	―	―	―
10674	06273	―	―	―	―	北大新拓161(231)	―
10675	―	大中137	14-9567	1-373	―	―	―
10676	―	―	―	8-193	―	―	―
10677	―	續大中063	―	3-236	西北5-156	碑林90-4049	―
10678	06275	大中139	14-9531	―	天書508	―	東1508
10679	06274	大中138	14-9568	2-64	―	―	―
10680	06276	―	―	千唐-394	―	―	―
10681	―	―	―	―	―	碑林新306	―
10682	―	續大中064	―	3-237	西北5-157 長碑(559)	―	―
10683	―	―	―	―	―	西市439	―
10684	―	―	―	―	―	碑林新307	―
10685	06277	大中140	14-9569	1-374	―	―	―
10686	06278	―	―	―	―	―	―
10687	―	續大中065	22-15480	4-505	邯鄲碑145	―	―
10688	06279	大中141	14-9459	4-214	―	―	―
10689	―	―	14-9570	6-173	―	―	―
10690	―	―	―	8-194	―	―	―
10691	―	―	14-9573	6-176	―	―	―
10692	―	―	―	7-134	―	―	―
10693	06280	大中142	14-9572	4-215	―	―	―
10694	06282	―	―	千唐-395	―	―	―
10695	―	―	―	―	―	慶雅堂70	―
10696	06281	―	―	千唐-394	―	―	―
10697	06283	―	―	―	―	唐末242	―

大中

番號	墓誌名	年號	A 題跋	B北圖	C 附考 新中国	D隋唐五代	E千唐・河南
10698	馮氏(號行周)墓誌	大中12(858)8月	—	—	—	—	秦晉801　七朝365
10699	王修本妻韋氏墓誌	大中12(858)8月	—	32-157	—	洛陽14-81	—
10700	崔鎮妻鄭氏墓誌	大中12(858)8月	—	—	—	—	—
10701	邵君妻李虔墓誌	大中12(858)9月	—	—	—	—	—
10702	寋脩行妻藺氏墓誌	大中12(858)10月	—	—	重慶-5	—	—
10703	崔彥溫墓誌	大中12(858)10月	—	—	—	洛陽14-82	千唐1144
10704	劉溫墓誌	大中12(858)10月	—	—	—	—	秦續892　流散306
10705	孫君妻徐氏墓誌	大中12(858)11月	—	—	—	—	—
10706	曹義妻鄭氏墓誌	大中12(858)11月	—	—	—	—	輯繩695
10707	任二郎及妻郭氏墓誌	大中12(858)11月	—	—	—	—	—
10708	郭君妻張氏墓誌	大中12(858)11月	—	—	—	—	—
10709	路復源墓誌	大中12(858)11月	—	—	—	陝西4-144	—
10710	李歸厚妻盧氏墓誌	大中12(858)11月	—	—	—	—	—
10711	高潞墓誌	大中12(858)11月	—	—	—	—	—
10712	湯華墓誌	大中12(858)11月	211右下	32-160	—	北京2-118	—
10713	時忠誼墓誌	大中12(858)12月	—	—	—	—	—
10714	李仲絢墓誌	大中12(858)12月	—	—	河南壹-94	河南117	—
10715	馮湍妻金氏墓誌	大中12(858)12月	211右下	—	—	—	—
10716	苗綆妻李楬墓誌	大中12(858)12月	—	—	—	—	流散307
10717	令狐懷斌墓誌	大中12(858)12月	—	—	—	江蘇106	—
10718	戴元眞墓誌	大中12(858)	—	—	—	—	—
10719	李元仲墓誌	大中12(858)	—	—	—	—	—
10720	宋再初及妻蔡氏墓誌	大中13(859)1月	—	—	—	北京2-119	—
10721	張伸及妻王氏墓誌	大中13(859)1月	—	—	—	—	秦晉802
10722	王袁及妻墓誌	大中13(859)2月	—	—	—	—	—
10723	董唐元墓誌	大中13(859)3月	—	—	—	—	—
10724	張惟誼及妻樂氏墓誌	大中13(859)4月	—	—	—	—	—
10725	李銳妻劉氏墓誌	大中13(859)4月	—	—	—	山西163	—
10726	崔文龜墓誌	大中13(859)4月	—	—	—	—	—
10727	蕭君妻韋氏墓誌	大中13(859)4月	—	—	—	—	—
10728	王公素墓誌	大中13(859)4月	—	32-161	—	陝西2-96	—
10729	張君妻王氏墓誌	大中13(859)4月	—	32-162	—	北大2-139	—
10730	李君妻宋氏墓誌	大中13(859)5月	—	—	—	—	—
10731	韋君室女墓誌	大中13(859)5月	—	—	—	—	—
10732	楊滌妻張氏墓誌	大中13(859)5月	212左上	—	—	—	—
10733	韓孝恭墓誌	大中13(859)6月	—	—	—	—	—
10734	廣惠塔銘	大中13(859)6月	—	32-164	—	北京2-120	—
10735	李道周墓誌	大中13(859)7月	—	—	—	—	河洛443
10736	田君妻李鵠墓誌	大中13(859)7月	—	—	—	—	輯繩696　龍門356
10737	張君妻封氏墓誌	大中13(859)7月	—	—	—	江蘇107	—
10738	張君墓誌	大中13(859)7月	—	—	—	—	—
10739	趙士節墓誌	大中13(859)7月	—	—	—	—	—
10740	庾游方墓誌	大中13(859)7月	—	—	陝西參-97	—	—
10741	趙貫及妻盧氏吳氏墓誌	大中13(859)8月	—	—	—	—	—
10742	孫徽妻韋氏墓誌	大中13(859)8月	212左中	—	—	—	—
10743	韓審墓誌	大中13(859)8月	—	—	—	—	—
10744	賈君妻李氏墓誌	大中13(859)9月	—	—	—	—	—
10745	張昱墓誌	大中13(859)10月	—	32-166	—	洛陽14-83	千唐1145
10746	杜浪墓誌	大中13(859)10月	—	—	—	—	秦續893
10747	朱萱及妻楊氏墓誌	大中13(859)10月	212左上	32-165	—	江蘇108 北大2-116	—
10748	王玉墓誌	大中13(859)10月	—	—	—	江蘇109	—
10749	裴夷直墓誌	大中13(859)10月	—	—	—	—	—
10750	盧公則及妻王氏墓誌	大中13(859)10月	212左上	32-167	—	北京2-121	—
10751	蓋紹墓誌	大中13(859)10月	—	—	—	—	—
10752	丁佑及妻于氏墓誌	大中13(859)10月	—	32-168	—	洛陽14-84	千唐1146

大中

番號	F北大	G墓誌彙編	H新編	I補遺補編	J 地方	K 博物館・その他	L 日本目錄
10698	06234	―	―	―		―	―
10699	06235	大中143	14-9574	4-216		―	―
10700	06236	―	―	千唐-396			―
10701	―	―	―	―		碑林新308	―
10702	―		―	8-196			
10703	―	大中144	14-9574	1-376			
10704							
10705	06288						
10706	―	續大中067	14-9575	6-176			
10707	―	―	―	―		汾陽44(88)	
10708	―	―	―	―		西市440	
10709	―	大中145	14-9576	1-375	西北5-158		
10710	―	―	―	8-195	杏園42		
10711	―	―	―	―		碑林續198	
10712	06289	大中146	14-9478	―	寧波39		
10713	06290	―					
10714	―	續大中068	22-15481	7-417		―	―
10715	―	大中147	11-7213 14-9590	―	―	―	―
10716	06287	―					
10717	―	續大中069	22-15481 22-15482	4-506	分類114	―	―
10718	06291						
10719							
10720	―	續大中070	14-9594	4-216		北石26	
10721	06002						
10722	06292						
10723	―	續大中071	14-9595	3-238 中-960	―	北文32	―
10724	06293						
10725	―	續大中072	22-15483	7-417	―		―
10726	―	―	―	―	―	西市441	
10727	06294					―	
10728	06295	大中148	14-9596	3-239	西北5-159	碑林90-4058	
10729	06296	大中149	22-15481	7-419			
10730	06297	―	―	―			
10731		―	―	―		碑林續199	
10732						―	
10733	―	―	―	―		碑林新309	
10734	―	大中150	14-9591	―	―	故宮178 施唐320	人1613
10735	06298	―					
10736	―	續大中066	14-9597	6-171			
10737	―	續大中073	22-15484	4-505	江揚53	―	
10738	―	續大中038	14-9598	―	―		
10739	―	―	―	―	江揚54		
10740	―	―	―	7-135	長新292 長碑200(560)		
10741	―	―	―	―	―	碑林新310	
10742	06299	大中151	14-9599	7-135			人1615 東1509
10743	06300		―	千唐-397		―	
10744	―		―	―		碑林新311	
10745	06301	大中152	22-15482	2-582		―	
10746							
10747	06099	大中153 續大中074	14-9446	―	―	故宮166	―
10748	―	續大中075	22-15485	4-506	分類115		
10749	06303	―	―	千唐-397			
10750	06302	大中154	14-9603	4-218		施唐321	
10751	―	大中155	22-15484	―			
10752	06304	大中156	22-15485	1-376			

- 409 -

大中・咸通

番號	墓誌名	年號	A 題跋	B北圖	C 附考 新中国	D隋唐五代	E千唐・河南
10753	王弘禮及妻魏氏墓誌	大中13(859)10月	—	—	—	—	河洛445
10754	陶公義妻史氏墓誌	大中13(859)10月	—	—	—	—	—
10755	盧懿墓誌	大中13(859)11月	—	—	—	—	河洛446
10756	翁君妻余氏墓誌	大中13(859)11月	—	—	—	—	—
10757	姚君及妻趙氏墓誌	大中13(859)11月	—	—	河北壹-121	河北118	—
10758	張審文墓誌	大中13(859)11月	—	32-169	—	洛陽14-85	千唐1147
10759	盧君妻李氏墓表	大中13(859)11月	—	—	—	—	—
10760	康淑良及妻劉氏墓誌	大中13(859)12月	—	—	—	—	—
10761	崔鍠及妻張氏墓誌	大中13(859)12月	—	—	河北壹-122	河北119	—
10762	田行源墓誌	大中13(859)12月	—	—	—	陝西4-145	—
10763	李元墓誌	大中13(859)12月	—	—	—	—	—
10764	李士素妻曲麗卿墓誌	大中13(859)12月	—	32-170	—	洛陽14-86	—
10765	李爗妻鄭珍墓誌	大中13(859)12月	—	32-171	—	洛陽14-87	—
10766	韋輅墓誌	大中13(859)12月	—	—	—	—	—
10767	元玄用墓誌	大中13(859)12月	—	—	—	—	—
10768	殷繇墓誌	大中13(859)12月	212左中	—	—	—	—
10769	王元貞墓誌	大中13(859)12月	—	—	—	—	—
10770	王虛明墓誌	大中14(860)2月	—	—	—	—	新獲續252 邙洛267
10771	韋君妻趙眞源墓誌	大中14(860)2月	—	—	—	—	—
10772	孫嗣初妻韋氏墓誌	大中14(860)2月	—	32-172	—	洛陽14-88	—
10773	李敬實墓誌	大中14(860)2月	—	—	—	—	—
10774	王玉鋭及妻姚氏墓誌	大中14(860)4月	—	—	—	山西164	—
10775	袁君妻王氏墓誌	大中14(860)4月	212左中	32-173	—	北大2-140	—
10776	孟璲墓誌	大中14(860)4月	—	—	—	—	新獲續253 河洛447 新唐292 洛鴛鴦64-1
10777	韋瓚墓誌	大中14(860)4月	—	—	—	—	—
10778	孫筥墓誌	大中14(860)5月	212左下	32-175	—	洛陽14-89	—
10779	郭在生墓誌	大中14(860)5月	—	—	—	—	—
10780	晏仲穎妻王氏墓誌	大中14(860)7月	—	—	江蘇壹-16	—	—
10781	李潯墓誌	大中14(860)7月	—	—	—	—	—
10782	盧重墓誌	大中14(860)8月	—	—	—	—	新出312 洛鴛鴦65-1
10783	姚華妻蔣氏墓誌	大中14(860)9月	212左下	—	—	—	—
10784	楊君墓銘	大中14(860)10月	—	—	河南貳-68	—	—
10785	李沂(慶王)墓誌	大中14(860)10月	—	—	—	—	—
10786	韋君妻齊孝明墓誌	大中14(860)10月	—	32-176	—	洛陽14-90	千唐1148
10787	鄭堡墓誌	大中14(860)10月	—	32-177	—	洛陽14-91	輯繩697
10788	司馬璋墓誌	大中14(860)11月	—	—	—	—	秦晉803
10789	吳安首妻殷氏墓誌	大中14(860)11月	—	—	江蘇壹-17	—	—
10790	顧君妻高氏墓誌	大中14(860)11月	—	—	江蘇壹-18	—	—
10791	郭寧墓誌	大中間(847〜860)	212左下	—	—	—	—
10792	鄭逢及妻郭氏墓誌	大中間(847〜860)	—	—	—	—	秦晉804
10793	江師武墓誌	咸通2(861)1月	—	—	—	—	—
10794	田文雅及妻元氏墓誌	咸通2(861)1月	—	—	陝西貳-273	陝西2-97	—
10795	宋伯康墓誌	咸通2(861)1月	—	—	—	—	—
10796	封隨及妻盧氏墓誌	咸通2(861)2月	—	—	—	—	邙洛268
10797	張謙墓誌	咸通2(861)2月	—	—	—	—	—
10798	程雲及妻陳氏墓誌	咸通2(861)2月	—	—	—	—	—
10799	衞文□及妻丘氏墓誌	咸通2(861)2月	—	—	—	—	—
10800	向羣及甘氏墓誌	咸通2(861)2月	—	—	—	—	新獲續254
10801	獨孤驤墓誌	咸通2(861)2月	—	—	陝西貳-275	陝西2-98	—
10802	陽堡墓誌	咸通2(861)2月	—	—	—	—	—

番號	F 北大	G 墓誌彙編	H 新編	I 補遺補編	J 地方	K 博物館・その他	L 日本目錄
10753	06305	—	—	—	—	—	—
10754	06306	—	—	—	—	—	—
10755	06307	—	—	—	—	—	—
10756	—	—	—	—	—	越窯100	—
10757	—	—	—	—	—	—	—
10758	06308	大中158	14-9604	1-377	—	—	—
10759	06309	—	—	千唐-399	—	—	—
10760	06310	—	—	—	—	—	—
10761	—	續大中076	14-9605	4-219	衡水62	—	—
10762	—	續大中077	14-9606	2-65	西北5-160 長碑(561)	—	—
10763	06311	大中159	22-15487	8-417	—	—	—
10764	06312	大中160	14-9604	4-219	—	—	—
10765	06313	大中157	22-15486	4-220	—	—	—
10766	—	—	—	—	—	慶雅堂71 西市442	—
10767	06314	—	—	—	—	—	—
10768	—	—	—	—	—	—	—
10769	—	—	—	—	—	碑林新312	—
10770	06315	—	—	8-197 千唐-399	—	—	—
10771	06325	—	—	千唐-400	—	—	—
10772	06316	大中161	14-9608	4-221	—	唐宋362	人1618
10773	—	續大中078	14-9606	1-378 中-1000	—	碑林90-4067 碑林新313	—
10774	—	續大中079	22-15487	7-419	沁州179	—	—
10775	06317	大中162	14-9535	—	西北6-1	—	人1619 淑682
10776	—	—	—	8-198	—	—	—
10777	—	—	—	7-136	長碑201(561)	—	—
10778	06318	大中163	14-9609	4-222	—	—	—
10779	06319	—	—	—	—	—	—
10780	—	—	—	—	—	—	—
10781	—	—	—	—	—	西市443	—
10782	06320	—	—	9-416	—	—	—
10783	—	—	—	—	—	—	—
10784	—	—	—	—	—	—	—
10785	06322	—	—	—	—	碑林新314 北大新拓162(232)	—
10786	06321	大中164	14-9610	1-379	—	—	—
10787	06323	大中165	14-9611	4-222	—	唐宋363 施唐324	人1620 東1510
10788	06324	—	—	—	—	—	—
10789	—	—	—	—	—	—	—
10790	—	—	—	—	—	—	—
10791	—	—	—	—	—	—	—
10792	—	—	—	—	—	—	—
10793	—	—	—	—	—	西市444	—
10794	—	續咸通001	14-9764	3-240	西北6-2	碑林90-4094	—
10795	—	—	14-9611	6-177 中-1000	長碑202(562)	碑林90-4084 碑林新315	—
10796	06326	—	—	—	—	—	—
10797	06327	—	—	—	長新294 長碑203(562)	—	—
10798	06328	—	—	—	—	西市445	—
10799	06329	—	—	—	—	—	—
10800	—	—	—	8-199	—	—	—
10801	—	續咸通002	14-9753	3-241	西北6-3	碑林90-4112	—
10802	06330	—	—	—	—	—	—

咸通

番號	墓誌名	年號	A 題跋	B北圖	C 附考 新中国	D隋唐五代	E千唐・河南
10803	楊居實墓誌	咸通2(861)2月	—	—	陝西貳-276	陝西2-99	—
10804	盧宏及妻崔氏改葬墓誌	咸通2(861)3月	—	33-1	—	洛陽14-92	—
10805	李鈞女招兒墓誌	咸通2(861)4月	—	33-2	—	洛陽14-93	千唐1149
10806	裴君妻彭氏墓誌	咸通2(861)4月	—	33-3	—	洛陽14-94	千唐1150
10807	員君妻王氏墓誌	咸通2(861)5月	—	—	—	—	—
10808	崔都都墓誌	咸通2(861)5月卒	—	33-4	—	北大2-141	—
10809	楊葦墓誌	咸通2(861)5月					秦續894
10810	鄭君妻崔琪墓誌	咸通2(861)5月	—	33-5	—	洛陽14-95	千唐1151
10811	鄭紀妻盧氏墓誌	咸通2(861)5月	—	33-6	—	洛陽14-96	千唐1152
10812	李氏墓誌	咸通2(861)7月	—	—	—	—	—
10813	田君妻張氏墓誌	咸通2(861)7月	—	—	陝西貳-277	—	—
10814	盧顥墓誌	咸通2(861)7月				—	秦續895 流散308
10815	蘇慶寰墓誌	咸通2(861)7月					
10816	張勛墓誌	咸通2(861)8月	—	33-7	—	洛陽14-97	千唐1153
10817	邵峯妻朱氏墓誌	咸通2(861)8月	—	—	江蘇壹-19	—	—
10818	劉鈞妻丁氏墓誌	咸通2(861)9月	—	—	—	江蘇112	—
10819	申胤及妻施氏墓誌	咸通2(861)10月	—	33-11	—	北大2-142	—
10820	尼那羅延墓誌	咸通2(861)10月					
10821	韓君妻尹氏墓誌	咸通2(861)10月					
10822	韓勒潭墓誌	咸通2(861)10月	—	33-12	—	洛陽14-98	輯繩698
10823	白敏中及前妻崔氏墓誌	咸通2(861)10月	—	—	陝西貳-278	陝西2-100	—
10824	呂君妻吳氏墓誌	咸通2(861)11月					
10825	張君妻鞏內範墓誌	咸通2(861)11月	—	33-13	—	洛陽14-99	千唐1154
10826	馬虞墓誌	咸通2(861)11月	—	—	河北壹-124	河北120	
10827	盧緘及妻崔氏墓誌	咸通2(861)11月	—	—	河南參-330	—	
10828	楊皓墓誌	咸通2(861)11月	—	33-14	—	洛陽14-100	千唐1155
10829	張賁墓誌	咸通2(861)11月	—	—	—	—	新獲續255 邙洛269
10830	楊漢公及妻鄭氏墓誌	咸通2(861)11月	—	—	—	—	輯繩699
10831	張彥琳及妻王氏墓誌	咸通2(861)11月	—	—	陝西參-98	—	—
10832	劉宗墓誌	咸通2(861)11月					
10833	載偃及妻豐氏墓誌	咸通2(861)12月					
10834	李氏墓誌	咸通3(862)1月					
10835	郭騫及妻苗氏墓誌	咸通3(862)1月					
10836	劉君和及妻王氏墓誌	咸通3(862)1月					
10837	劉克恭妻武氏墓誌	咸通3(862)1月					
10838	馬惟良及妻王氏墓誌	咸通3(862)1月	212左下	33-15	—	北大2-143	—
10839	李讓及妻張氏墓誌	咸通3(862)1月	—	—	—	江蘇113	—
10840	吳清墓誌	咸通3(862)1月	—	—	—	北大2-144	—
10841	宋文誼墓誌	咸通3(862)1月					
10842	李君妻崔氏墓誌	咸通3(862)1月	—	—	—	—	河洛448
10843	李璋妻盧氏墓誌	咸通3(862)1月	—	33-16	—	洛陽14-101	千唐1156
10844	崔君妻盧氏墓誌	咸通3(862)1月	—	—	—	洛陽14-102	千唐1157
10845	路榮及妻田氏墓誌	咸通3(862)1月					
10846	李鉉墓誌	咸通3(862)1月					
10847	李毗墓誌	咸通3(862)1月					秦續896
10848	李爆墓誌	咸通3(862)1月	—	33-17	—	洛陽14-103	—
10849	長孫倪(仿?)及妻田氏墓誌	咸通3(862)2月					秦晉805 七朝366
10850	羅叔玠墓誌	咸通3(862)3月					
10851	崔方揀及妻劉氏墓誌	咸通3(862)4月	—	—	河北壹-125		
10852	李進朝及妻常氏墓誌	咸通3(862)4月					
10853	李耽妻韓氏墓誌	咸通3(862)4月					秦續897
10854	崔鏚及妻鄭氏墓誌	咸通3(862)4月					
10855	牛光進及妻秦氏墓誌	咸通3(862)7月					
10856	張憎憎墓誌	咸通3(862)7月	—	—	—	—	—

咸通

番號	F北大	G墓誌彙編	H 新編	I補遺補編	J 地方	K 博物館・その他	L 日本目錄
10803	—	續咸通009	14-9764	3-242	—	碑林90-4121	—
10804	06331	咸通001	14-9568	4-223		—	—
10805	06332	咸通002	14-9766	1-379		—	—
10806	06333	咸通003	14-9767	1-380	—	裴氏162	—
10807	06334					—	—
10808	06335	咸通004	22-15488	4-223	西北6-4	—	—
10809	—			—			
10810	06336	咸通005	14-9768				
10811	06337	咸通006	14-9766	1-381	—	施唐325	—
10812	—	—	—	中-1104		—	
10813	—		14-9613	3-243	—	碑林90-4133	—
10814	06338						
10815	—			—	邯鄲碑146		
10816	06339	咸通007	14-9769	1-382			
10817	—			—			
10818	—	咸通013 續咸通004 續咸通013	22-15488	4-507	江揚55		—
10819	06340	咸通008	22-15488	6-488	—	—	—
10820	—	—	—	—		碑林續200	
10821	06341	—	—	—		唐末243	
10822	06342	咸通009	14-9769	4-223			
10823	—	續咸通005	14-9509	3-244	—	碑林90-4141	
10824	—	續咸通006	14-9770	6-177	—	碑林90-4103 碑林新316	
10825	06343	咸通010	14-9770	1-383			
10826	—	續咸通007	22-15489	4-224	邯鄲碑036		
10827	06344	—	—	千唐-401			
10828	06345	咸通011	14-9771	1-383			
10829	—	—	—	8-200			
10830	—	續咸通008	14-9438	6-178		—	
10831	—	—	—	8-201	榆林70	—	
10832	—	—	—	—	—	越窯104	
10833	—	—	—	中-972			
10834	06346	—	—	千唐-402			
10835	—	—	—	—		碑林新317	
10836	06348						
10837	06347	—	—	—			
10838	06349	咸通012	22-15489	6-488	分類116	故宮179	人1621 東1511 淑684
10839	—	續咸通010	14-9772	4-224	山東48	—	
10840	06350	咸通013	14-9772	7-138	—	—	
10841	06352		—	—			
10842	—		—	—			
10843	06351	咸通014	14-9773	1-384		—	
10844	—	咸通015	14-9774	1-385	—		
10845	—				安陽選54		
10846	06353						
10847	06354	—	—	—		碑林續201	
10848	06355	咸通016	15-10087	4-225	—	—	
10849	06356			—		西市446	—
10850	06357						
10851	—	—	—	—	河間270	—	
10852	06359						
10853	—						
10854	06358	—	—	千唐-403			
10855	06360						
10856	—	—	—	—	—	碑林續202	—

- 413 -

咸通

番號	墓誌名	年號	A 題跋	B北圖	C 附考 新中国	D隋唐五代	E千唐・河南
10857	李文約妻崔琰墓誌	咸通3(862)7月	—	—	—	—	—
10858	王容墓誌	咸通3(862)?7月	215右上	33-139	—	江蘇111 洛陽14-171	—
10859	張弘宗及妻李氏墓誌	咸通3(862)7月	—	—	—	—	新獲續256
10860	劉誼墓誌	咸通3(862)8月	—	—	—	—	—
10861	劉讓墓誌	咸通3(862)8月	—	—	—	—	—
10862	狄玄愬墓誌	咸通3(862)8月	—	—	陝西貳-280	陝西2-101	—
10863	張義及妻郭氏墓誌	咸通3(862)8月	—	—	—	—	—
10864	陳元通妻汪氏墓誌	咸通3(862)8月	—	—	—	—	—
10865	李察微墓誌	咸通3(862)8月	212右上	—	—	—	—
10866	王君妻孫氏墓誌	咸通3(862)9月	212右上	33-19	—	北京2-122	—
10867	郭清及前妻趙氏墓誌	咸通3(862)10月	—	—	—	—	—
10868	靳審及妻張氏墓誌	咸通3(862)10月	—	—	—	—	—
10869	皇甫鈒墓誌	咸通3(862)10月	—	—	—	—	—
10870	支竦女鍊師墓誌	咸通3(862)10月	—	33-22	—	洛陽14-105	千唐1158 民族172 洛絲158
10871	王金婆墓誌	咸通3(862)10月	—	—	—	—	—
10872	王君妻崔氏墓誌	咸通3(862)10月	—	33-21	—	洛陽14-104	—
10873	王氏墓誌	咸通3(862)10月	—	—	—	—	邙洛270
10874	馬君妻朱智妙墓誌	咸通3(862)10月	—	—	—	—	—
10875	李雲墓誌	咸通3(862)10月	—	—	—	—	—
10876	王惟釗及妻崔氏墓誌	咸通3(862)10月	—	—	—	—	—
10877	任素妻李氏墓誌	咸通3(862)10月	—	—	—	—	—
10878	孫愻妻閻氏墓誌	咸通3(862)10月	—	—	—	—	—
10879	張質墓誌	咸通3(862)10月	—	—	—	—	秦晉806 洛鴛鴦67-1
10880	趙璜墓誌	咸通3(862)10月	—	33-23	—	洛陽14-106	—
10881	郭君妻王氏墓誌	咸通3(862)10月	—	—	—	—	—
10882	王玉虛墓誌	咸通3(862)10月	—	—	—	—	秦晉807
10883	郭君及妻韓氏墓誌	咸通3(862)10月	—	—	—	山西165	—
10884	裴君妻戴氏墓誌	咸通3(862)10月	—	—	—	—	—
10885	嚴籌墓誌	咸通3(862)10月	—	33-24	—	洛陽14-107	千唐1159
10886	吳師雅妻嚴氏墓誌	咸通3(862)11月	—	—	江蘇壹-20	—	—
10887	劉干及妻王氏墓誌	咸通3(862)11月	—	—	—	—	河洛449 龍門357 洛鴛鴦66-1
10888	韋衍墓誌	咸通3(862)11月	—	—	—	—	秦續898 流散309
10889	封口墓誌	咸通3(862)11月	—	—	—	—	—
10890	王子居墓誌	咸通3(862)11月	212右上	—	—	—	—
10891	范忠辯及妻張氏馬氏墓誌	咸通3(862)12月	—	—	—	—	—
10892	奚君妻堵氏墓誌	咸通3(862)12月	—	—	江蘇壹-21	—	—
10893	鄭樞妻李氏墓誌	咸通3(862)12月	—	—	—	—	—
10894	韋君妻李一娘子墓誌	咸通3(862)12月	—	33-25	—	洛陽14-108	千唐1160
10895	薛偉及妻李氏墓誌	咸通3(862)12月	—	—	—	—	河洛450
10896	韋君妻盧氏墓誌	咸通3(862)	212右上	—	—	—	—
10897	盧耘墓誌	咸通3(862)	—	—	—	—	—
10898	崔孟墓誌	咸通4(863)1月	—	—	—	—	—
10899	皇甫燠墓誌	咸通4(863)2月	—	—	—	—	—
10900	唐思禮妻王太眞墓誌	咸通4(863)2月	—	—	陝西貳-279	陝西2-102	—
10901	盧氏室女墓銘	咸通4(863)2月	212右上	—	—	—	—
10902	盧榮及妻劉氏墓誌	咸通4(863)3月	—	33-26	—	—	—
10903	李榮妻申屠氏墓誌	咸通4(863)4月	—	—	—	—	—
10904	李氏(平原長公主)墓誌	咸通4(863)4月	—	—	—	陝西4-146	—
10905	程修己墓誌	咸通4(863)4月	212右中	33-27	—	北京2-124	—
10906	張觀墓誌	咸通4(863)4月	—	33-29	—	洛陽14-109	千唐1161
10907	李貽休墓誌	咸通4(863)4月	—	—	—	—	秦晉808
10908	孫公慶妻安氏墓誌	咸通4(863)4月	—	—	—	—	—
10909	陶君妻羊氏墓誌	咸通4(863)5月	—	—	江蘇壹-22	—	—
10910	馬君妻張慶墓誌	咸通4(863)5月	213左上 215左下	—	—	—	—

咸通

番號	F北大	G墓誌彙編	H 新編	I補遺補編	J 地方	K 博物館・その他	L 日本目錄
10857	—	—	—	—	—	汾陽45(90)	—
10858	06361	咸通017	22-15490	4-507		唐宋364	人1646 東1519
10859	—	—	—	7-138		—	—
10860	06362						
10861	—	—	—	—		碑林新318	—
10862	—	續咸通012	14-9775	3-249	西北6-7	碑林91-4167	—
10863	06363						
10864	—	—	—	—	廈門5		
10865	—	—	—	下-1898		—	
10866	06364	咸通018	22-15490	—		—	—
10867	06366	—	—	—		—	—
10868	06365	—	—	—		—	—
10869	06367	—	—	千唐-405		—	—
10870	06368	咸通020	14-9777	1-386		—	—
10871	06370	—	—	—			
10872	06369	咸通019	14-9776	4-226		唐宋365	人1622
10873	—	—	—	—		—	—
10874	06371						
10875	—	—	—	—	濟南45 分類118		—
10876	06372						
10877	—	—	—	—		碑林新319	—
10878	06374						
10879	—						
10880	06373	咸通021	14-9482	4-227		唐宋366	人1623
10881	06375						
10882	06337						
10883	—	續咸通014	22-15490	7-420			
10884	06378						
10885	06376	咸通022	14-9778	1-388		—	—
10886	—						
10887	06379						
10888	06380						
10889	—	—	—	—	分類119		
10890	—						
10891	06381						
10892	—						
10893	06382	—	—	千唐-407			
10894	06383	咸通023	14-9779	1-388		—	—
10895	06384	—	—	—		薛氏316	
10896	—						
10897	—	咸通024	14-9780	7-139		—	—
10898	06385						
10899	06386	—	—	千唐-408			
10900	—	續咸通011	14-9781	3-249	西北6-8	碑林91-4176	
10901	—	咸通025	14-9780	7-139 中-973	—		
10902	—	咸通026	22-15490	6-489			
10903	—	—	—	—	邯鄲碑147		
10904	—	續咸通015	14-9754	2-67	西北6-10 精華170		
10905	06387	咸通027	14-9876	—	西北6-9	碑林91-4185	淑683
10906	06388	咸通028	14-9782	1-389		—	—
10907	—						
10908	06389						
10909	—						
10910	—	殘誌019	14-9873				

咸通

番號	墓誌名	年號	A 題跋	B北圖	C 附考 新中国	D隋唐五代	E千唐・河南
10911	盧逢時妻李氏墓誌	咸通4(863)5月	—	33-30	—	洛陽14-110	龍門358
10912	李胘妻陳太儀墓誌	咸通4(863)6月	—	33-31	—	洛陽14-111	千唐1162
10913	劉公素及妻趙氏墓誌	咸通4(863)7月	—	—	—	—	—
10914	王公晟妻張氏墓誌	咸通4(863)7月	212右下	33-33	—	北大2-145	—
10915	馮李南墓誌	咸通4(863)7月	—	—	—	—	—
10916	杜陟墓誌	咸通4(863)7月	—	—	—	—	—
10917	曹孝佶及妻李氏墓誌	咸通4(863)8月	—	—	—	—	—
10918	嚴君墓誌	咸通4(863)9月	213左上	—	—	—	—
10919	郭元慶妻慕容氏墓誌	咸通4(863)10月	—	—	—	—	—
10920	蕭氏及男武慶謙墓誌	咸通4(863)10月	—	—	—	—	秦續899
10921	郭傳則墓誌	咸通4(863)10月	—	—	陝西貳-282	陝西2-103	—
10922	吳德廊妻趙氏墓誌	咸通4(863)11月	—	—	陝西貳-283	—	—
10923	李弘易墓誌	咸通4(863)12月	—	—	—	—	—
10924	白邦彥墓誌	咸通4(863)□月	—	—	—	—	秦續900
10925	牛維直墓誌	咸通4(863)	—	—	—	陝西4-147	—
10926	師全介墓誌	咸通5(864)1月	—	—	陝西貳-284	陝西2-104	—
10927	荀寰及妻房氏墓誌	咸通5(864)2月	—	—	—	—	河洛451
10928	崔洒妻鄭氏墓誌	咸通5(864)2月	—	—	—	—	秦續901 洛鴛鴦71-2
10929	李扶墓誌	咸通5(864)2月	213左中	33-38	—	北大2-146 江蘇114	—
10930	高湜妻鄭氏墓誌	咸通5(864)2月	—	33-39	—	洛陽14-112	—
10931	楊玄略及妻竇氏韓氏墓誌	咸通5(864)2月	—	—	陝西貳-285	陝西2-105	—
10932	吳籌妻盧有德墓誌	咸通5(864)2月	—	—	—	—	秦晉809 洛鴛鴦68-2
10933	王君妻崔璠墓誌	咸通5(864)2月	—	—	—	—	秦晉810
10934	賈善法及妻郭氏墓誌	咸通5(864)3月	—	—	—	—	—
10935	李芙墓誌	咸通5(864)4月	—	—	—	—	秦續902
10936	楊籌妻王卿雲墓誌	咸通5(864)5月卒	213左中	33-46	—	北京2-125	—
10937	鄭居中及妻崔氏墓誌	咸通5(864)5月	—	—	—	—	—
10938	賀幽淨墓誌	咸通5(864)6月	—	33-40	—	北大2-147	—
10939	苗紳妻庾氏墓誌	咸通5(864)6月	—	33-41	—	洛陽14-113	—
10940	吳籌墓誌	咸通5(864)7月	—	—	—	—	秦晉811 洛鴛鴦68-1
10941	白幼敏妻鄧氏墓誌	咸通5(864)8月	—	—	—	—	—
10942	孫少矩墓誌	咸通5(864)8月	—	—	—	—	—
10943	崔師蒙及妻鄭氏墓誌	咸通5(864)8月	—	—	—	—	秦晉812 七朝367
10944	陳直墓誌	咸通5(864)8月	213左下	—	—	—	—
10945	裴識墓誌	咸通5(864)8月	—	—	河南壹-374	河南118	—
10946	崔潘墓誌	咸通5(864)8月	—	—	—	—	秦續903
10947	嚴密墓誌	咸通5(864)8月	213左下	—	—	—	—
10948	王譚(大受?)墓誌	咸通5(864)10月	—	33-43	—	洛陽14-114	—
10949	于德嚴墓誌	咸通5(864)11月	—	—	—	—	—
10950	張諒墓誌	咸通5(864)11月	—	33-44	—	洛陽14-115	千唐1163
10951	劉君政及妻牛氏墓誌	咸通5(864)11月	—	—	—	—	—
10952	張宗慶及妻敬氏墓誌	咸通5(864)11月	—	—	—	—	秦晉813
10953	李璆妻金氏墓誌	咸通5(864)12月	—	—	陝西貳-286	陝西2-106	—
10954	張厚儒墓誌	咸通5(864)12月	—	—	—	—	秦續904 流散310
10955	李用及妻周氏墓誌	咸通5(864)12月	—	33-45	—	山西166	—
10956	□君墓誌	咸通5(864)12月	—	—	—	洛陽14-116	—
10957	侯端及妻逸氏墓誌	咸通6(865)1月	—	—	—	—	秦續905
10958	郭元武墓誌	咸通6(865)1月	—	—	—	—	—
10959	朱榮妻尹氏墓誌	咸通6(865)1月	—	—	—	—	—
10960	李古墓誌	咸通6(865)1月	—	—	—	—	—
10961	皇甫映墓誌	咸通6(865)1月	—	—	—	—	新獲續257 河洛452

咸通

番號	F北大	G墓誌彙編	H 新編	I補遺補編	J 地方	K 博物館・その他	L 日本目録
10911	06390	咸通029	14-9783	4-229	—	—	—
10912	06391	咸通030	14-9785	1-390	—	—	—
10913	—	—	—	—	—	汾陽46(92)	—
10914	06392	咸通031	14-9785	—	—	北文33	—
10915	—	—	—	—	—	西交博161	—
10916	—	—	—	—	—	碑林196-1153	—
10917	06393	—	—	—	—	—	—
10918	—	—	—	—	—	—	—
10919	—	—	—	—	邯鄲碑067	—	—
10920	—	—	—	—	—	—	—
10921	—	續咸通017	14-9787	3-251	西北6-11	碑林91-4200	—
10922	—	續咸通018	14-9787	6-181	—	碑林新320	—
10923	—	—	—	—	長新296 長碑204(563)	—	—
10924	—	—	—	—	—	—	—
10925	—	續咸通016	14-9786	2-67	西北6-12	—	—
10926	—	續咸通019	14-9788	3-252	西北6-13	碑林91-4208	—
10927	06395	—	—	—	—	—	—
10928	06394	—	—	—	—	—	—
10929	06396	咸通032	14-9875	—	—	—	人1626
10930	—	咸通033	14-9547	4-205	—	—	—
10931	06397	續咸通020	14-9789	3-253	—	碑林91-4217 北大新拓163(233)	—
10932	06398	—	—	—	—	—	—
10933	06399	—	—	—	—	—	—
10934	06400	—	—	—	—	—	—
10935	06401	—	—	—	—	碑林續203 新見46	—
10936	—	咸通038	22-15491	—	西北6-16	—	—
10937	—	—	—	8-202	—	—	—
10938	06403	續咸通021	22-15491	7-420 下-1898	西北6-14	—	—
10939	—	咸通034	14-9791	4-230	—	—	—
10940	06404	—	—	—	—	—	—
10941	—	—	—	8-202	—	—	—
10942	—	續咸通022	22-15492	2-582 下-1898	河北271	—	—
10943	06405	—	—	—	—	—	—
10944	—	咸通035	14-9837	—	—	—	—
10945	—	—	—	—	—	裴氏163	—
10946	06406	—	—	—	—	—	—
10947	—	咸通036	14-9792	7-140	—	—	—
10948	—	—	14-9792	4-231 中-1014	—	—	—
10949	06408	—	—	—	—	—	—
10950	06407	咸通037	14-9793	1-390	—	—	—
10951	06409	—	—	—	—	—	—
10952	—	—	—	—	—	—	—
10953	—	續咸通023	14-9795	3-254	—	碑林91-4235	—
10954	—	—	—	—	—	—	—
10955	—	續咸通024	22-15492	6-489 下-1899	大全・黎城21	—	—
10956	—	—	—	—	—	—	—
10957	—	—	—	—	—	—	—
10958	06410	—	—	—	—	—	—
10959	06412	—	—	—	—	—	—
10960	06411	—	—	—	—	—	—
10961	—	—	—	8-204	—	—	—

咸通

番號	墓誌名	年號	A 題跋	B北圖	C 附考 新中国	D隋唐五代	E千唐・河南
10962	逯敬存及妻韓氏墓誌	咸通6(865)1月	—	—	—	—	—
10963	姚季仙墓誌	咸通6(865)2月	—	—	—	北京2-123	—
10964	楊君墓誌	咸通6(865)2月	—	—	—	—	秦續906
10965	申重興及妻王氏墓誌	咸通6(865)2月	—	—	—	—	—
10966	于陽墓誌	咸通6(865)2月	—	—	—	—	—
10967	張秀邑墓誌	咸通6(865)4月	—	—	—	—	—
10968	姚潛墓誌	咸通6(865)4月	—	—	—	—	新獲續258
10969	段璔妻嚴氏墓誌	咸通6(865)4月	—	—	陝西貳-287	陝西2-109	—
10970	李從質妻張氏墓誌	咸通6(865)4月	—	33-49	—	洛陽14-117 陝西2-108	輯繩700
10971	許君妻戴氏墓誌	咸通6(865)4月	—	—	重慶-6	江蘇115	—
10972	翟慶全墓誌	咸通6(865)4月	—	—	陝西貳-288	陝西2-110	—
10973	孫備妻于氏墓誌	咸通6(865)5月	—	33-50	—	洛陽14-118	千唐1164 民族8
10974	侯氏墓誌	咸通6(865)6月	—	—	—	江蘇117	—
10975	鄭君妻何氏墓誌	咸通6(865)7月卒	—	—	—	—	—
10976	段琮墓誌	咸通6(865)7月	—	—	陝西貳-289	陝西2-107	—
10977	王彥眞墓誌	咸通6(865)7月	—	—	—	—	—
10978	李悟妻崔氏墓誌	咸通6(865)7月	—	—	—	陝西4-148	—
10979	眭君墓誌	咸通6(865)7月	—	—	—	—	—
10980	楊氏(懿宗貴妃)墓誌	咸通6(865)7月	—	—	—	陝西2-111	—
10981	鄧瑫及妻李氏墓誌	咸通6(865)7月	213左下	33-51	—	北大2-148	—
10982	何弘敬墓誌	咸通6(865)8月	—	—	河北壹-126	河北123	—
10983	何弘敬妻安氏墓誌	咸通6(865)8月	—	—	—	—	—
10984	高璠墓誌	咸通6(865)8月	—	—	—	—	—
10985	張康及妻雍氏墓誌	咸通6(865)8月	—	—	—	—	—
10986	郝秀誠及妻孫氏墓誌	咸通6(865)9月	—	—	—	—	—
10987	裴誥妻楊氏墓誌	咸通6(865)9月	—	—	—	—	新獲續259
10988	鞠君妻元氏墓誌	咸通6(865)10月	—	—	—	—	—
10989	崔行規妻鄭娟墓誌	咸通6(865)10月	—	33-52	—	洛陽14-119	千唐1165
10990	柴寧及妻賈氏墓誌	咸通6(865)10月	—	—	—	—	—
10991	程晏及宋氏墓誌	咸通6(865)10月	—	—	—	—	—
10992	鄧氏墓誌	咸通6(865)10月	—	—	—	—	秦晉814
10993	常克謀及妻樂氏墓誌	咸通6(865)10月	—	—	河北壹-127	河北121	—
10994	王誕墓誌	咸通6(865)10月	—	—	—	—	—
10995	劉神留墓誌	咸通6(865)10月	—	—	—	—	—
10996	王仲建及妻張氏墓誌	咸通6(865)10月	213左下	33-53	—	河南119	—
10997	李朋及妻楊氏墓誌	咸通6(865)10月	—	—	—	—	—
10998	李朋妻楊氏墓誌	咸通6(865)10月	—	—	—	—	—
10999	武周禮妻樊氏墓誌	咸通6(865)10月	—	—	—	陝西4-149	—
11000	皇甫煒墓誌	咸通6(865)10月卒	—	—	—	—	新獲112 龍門359
11001	張佐元及妻盧氏墓誌	咸通6(865)10月	—	—	—	—	秦續907 洛鴛鴦44-2
11002	劉君妻王氏墓誌	咸通6(865)10月	—	—	—	—	—
11003	魏燾墓誌	咸通6(865)10月	—	33-54	—	洛陽14-120	千唐1166
11004	應宗本墓誌	咸通6(865)10月	213右上	—	—	—	—
11005	張再清及妻史氏墓誌	咸通6(865)10月	—	—	—	—	—
11006	張崇墓誌	咸通6(865)10月	—	—	河南壹-411	江蘇118	—
11007	曹惟政及妻張氏墓誌	咸通6(865)11月	—	—	河北壹-128	河北122	—
11008	過訥墓誌	咸通6(865)11月	213右上	33-55	—	江蘇119	—
11009	謝觀妻李紘墓誌	咸通6(865)11月	—	33-56	—	洛陽14-121	千唐1167
11010	傅仙望及妻崔氏墓誌	咸通6(865)11月	—	—	—	—	—
11011	姚源墓誌	咸通6(865)11月	—	—	—	—	秦續908
11012	劉良信墓誌	咸通6(865)11月	—	—	—	—	—
11013	李少文墓誌	咸通5(864)12月	—	—	—	—	—
11014	李元則妻常氏墓誌	咸通6(865)12月	—	—	—	—	—

咸通

番號	F北大	G墓誌彙編	H 新編	I補遺補編	J 地方	K 博物館・その他	L 日本目録
10962	06413	―	―	―	―	―	―
10963	―	續咸通025	14-9839	4-228	―	―	―
10964	―	―	―	―	―	―	―
10965	06414						
10966	―	―	22-15493	―	―	―	―
10967	06415						
10968	―	―	―	8-204	―	―	―
10969	―	―	14-9840	3-255	―	碑林91-4244	―
10970	06416	續咸通028	14-9842	4-232 中-1003	―	鴛鴦293 碑林91-4269	―
10971	06417	咸通039	22-15493	4-508 8-418	―	施碑選300	―
10972	―	續咸通027	14-9841	3-256	―	碑林91-4255	―
10973	06418	咸通040	14-9863	1-391	―	―	―
10974	―	續咸通029	14-9857	1-392 中-1002	―	―	―
10975	―	―	―	―	―	越窯108	―
10976	―	續咸通030	14-9848	3-257	―	碑林91-4263	―
10977	―	―	―	―	―	西市447	―
10978	―	續咸通031	14-9849	2-68	西北6-17 精華171	―	―
10979	06419	―	―	―	―	―	―
10980	―	咸通041	―	3-258	西北6-18	―	―
10981	06420	咸通042	22-15493	6-490	江揚57	―	―
10982	―	續咸通032	14-9849	5-39	河北273 邯鄲46 邯鄲碑021	―	―
10983	―						
10984	―	―	―	―	―	西市448	―
10985	06421						
10986	―	咸通043	22-15494	―	―	―	―
10987	―	―	―	8-205	―	―	―
10988	06422						
10989	06423	咸通044	14-9843	1-392	―	―	―
10990	06424						
10991	―	―	―	9-417	―	―	―
10992	―	―	―	―	―	西市449	―
10993	―	續咸通033	14-9853	4-234	―	―	―
10994	―	咸通045	22-15494	7-420	―	―	―
10995	06425						
10996	06427	咸通047	14-9866	―	―	施唐326	東1512
10997	―	―	―	―	―	西市450	―
10998	―	―	―	―	―	西市451	―
10999	―	續咸通034	14-9854	2-69	―	―	―
11000	―	―	14-9847	4-232	―	―	―
11001	06428						
11002	06429						
11003	06426	咸通046	14-9855	1-394	―	―	―
11004	―	咸通048	14-9857	―	―	―	―
11005	06430	―	―	―	―	―	―
11006	―	續咸通035	14-9854	4-234	―	―	―
11007	―	續咸通036	14-9858	4-235	―	―	―
11008	―	咸通050	14-9761	―	分類120	―	―
11009	06431	咸通049	14-9859	1-396	―	―	―
11010	06432	―	―	―	―	―	―
11011	―						
11012	―	―	―	―	大同93 大全・南郊50	―	―
11013	―	―	―	―	―	越窯106	―
11014	06433	―	―	―	―	―	―

咸通

番號	墓誌名	年號	A 題跋	B北圖	C 附考 新中国	D隋唐五代	E千唐・河南
11015	聶五經妻熊氏墓誌	咸通6(865)12月	—	33-57	—	北京2-126	—
11016	紀平及妻陳氏墓誌	咸通6(865)12月	—	—	—	—	—
11017	韋練妻居氏墓誌	咸通6(865)12月	—	—	—	江蘇116	—
11018	劉志淸及妻王氏墓誌	咸通6(865)12月	—	—	—	—	—
11019	田氏墓誌	咸通6(865)12月	—	—	—	—	—
11020	韋澳妻李越客墓誌	咸通6(865)12月	—	—	—	陝西4-150	—
11021	論博言及妻劉氏墓誌	咸通6(865)12月	—	—	—	—	—
11022	崔媄兒墓誌	咸通7(866)1月	—	—	—	—	—
11023	崔貞道妻夏候玫墓誌	咸通7(866)1月	—	—	—	—	秦續909
11024	崔復及妻盧氏墓誌	咸通7(866)1月	—	—	—	—	秦晉815
11025	繆逺妻姜氏墓誌	咸通7(866)2月	—	33-61	—	洛陽14-122	千唐1168
11026	柳棠墓誌	咸通7(866)2月	—	—	—	—	—
11027	湯君墓誌	咸通7(866)3月	213右中	33-62	—	江蘇120	—
11028	吳紹墓誌	咸通7(866)閏3月	—	—	—	—	—
11029	李轂墓誌	咸通7(866)4月卒	—	—	—	—	秦續910 流散313
11030	李凝墓誌	咸通7(866)4月	—	—	—	—	秦續911
11031	姚璩墓誌	咸通7(866)4月	—	—	—	—	—
11032	張阿師子墓誌	咸通7(866)4月	—	—	—	—	秦晉816
11033	盧占墓誌	咸通7(866)5月	—	—	—	—	新獲續260 洛鴛鴦69-1
11034	劉眞儀墓誌	咸通7(866)5月	—	—	—	—	—
11035	路謙墓誌	咸通7(866)5月	—	—	—	—	—
11036	鄭保玄墓誌	咸通7(866)7月	—	—	—	—	秦續912 流散312
11037	李氏(普康公主)墓誌	咸通7(866)7月	—	—	—	陝西4-151	—
11038	孫嗣初墓誌	咸通7(866)7月	213右中	33-65	—	洛陽14-123	—
11039	李亜封墓誌	咸通7(866)8月	—	—	—	—	秦晉817
11040	且詮墓誌	咸通7(866)8月	—	—	—	—	—
11041	且詮墓誌	咸通7(866)8月	—	—	—	—	—
11042	王廣琜及妻郝氏墓誌	咸通7(866)10月	—	—	—	—	—
11043	武君晟墓誌	咸通7(866)10月	—	—	—	—	—
11044	李君妻趙氏墓誌	咸通7(866)10月	—	—	—	—	—
11045	李謨妻裴箱墓誌	咸通7(866)10月	—	—	—	—	新獲續261 河洛453
11046	安士和墓誌	咸通7(866)10月	—	—	—	—	—
11047	顏幼明墓誌	咸通7(866)11月	—	—	江蘇壹-23	—	—
11048	何俛墓誌	咸通7(866)11月	213右中	—	—	—	—
11049	李朝及妻馬氏墓誌	咸通7(866)11月	—	—	—	—	—
11050	孟珏墓誌	咸通7(866)11月	—	—	—	—	秦晉818 七朝368 流散311
11051	申臨及妻王氏墓誌	咸通7(866)12月	—	—	—	—	—
11052	溫庭筠墓誌	咸通7(866)	213右中	—	—	—	—
11053	邢義玄墓誌	咸通8(867)1月	—	—	—	—	—
11054	劉仕俌墓誌	咸通8(867)1月	213右下	—	—	北大2-149	—
11055	王虔暢墓誌	咸通8(867)2月	—	33-66	—	洛陽14-124	—
11056	張章建及妻韋氏墓誌	咸通8(867)2月	—	—	—	—	—
11057	楊栖愈墓誌	咸通8(867)2月	—	—	—	—	—
11058	盧約妻崔氏墓誌	咸通8(867)2月	214左上	—	—	—	—
11059	尚弘簡及妻二楊氏墓誌	咸通8(867)2月	—	—	陝西貳-290	陝西2-112	—
11060	蘭英墓誌	咸通8(867)2月	—	—	陝西貳-291	—	—
11061	劉弘晟及妻趙氏墓誌	咸通8(867)2月	—	—	—	—	—
11062	盧公弼墓誌	咸通8(867)2月	—	—	—	江蘇121	—
11063	李頴墓誌	咸通8(867)2月	—	—	—	洛陽14-125	新獲113
11064	苗素墓誌	咸通8(867)2月	—	33-67	—	洛陽14-126	—
11065	張婧墓誌	咸通8(867)2月	—	—	—	—	—
11066	蕭弘愈墓誌	咸通8(867)2月	—	—	—	陝西4-152	—
11067	元從謹墓誌	咸通8(867)3月	—	—	—	—	—
11068	劉超俗及妻李氏墓誌	咸通8(867)4月	—	—	—	—	—
11069	何遂墓誌	咸通8(867)4月	—	—	陝西貳-292	陝西2-113	—

— 420 —

番號	F北大	G墓誌彙編	H 新編	I 補遺補編	J 地方	K 博物館・その他	L 日本目録
11015	—	—	14-9794	4-236 中-1004		—	—
11016			22-15495	5-436 下-2199	—	—	—
11017	—	續咸通037	14-9860	4-237	江揚56		
11018	06434			—			
11019	—					越窯110	
11020	—	續咸通038	22-15495	2-69			
11021	—		—	7-141	石景山36		
11022	06435	—	—			唐末243	
11023							
11024	06436						
11025	06437	咸通051	14-9861	1-397			
11026	—	—					明大41
11027	—	咸通052	22-15495				
11028	06438						
11029	06439						
11030	06440					新見47	—
11031	06442						
11032	06441						
11033	—		—	8-205			
11034	—					西市452	
11035	—					西市453	
11036	06443						
11037	—	續咸通039	14-9862	2-66	西北6-20 精華172		
11038	06444	咸通053	14-9842	—			
11039							
11040	—					越窯112	
11041	—					越窯114	
11042	06445						
11043	06446						
11044	—					西交博168	
11045	—	—	—	8-207	—	—	
11046	—					碑林新321	
11047	—			8-418			
11048	—	咸通054	14-9838				
11049	—					汾陽47(94)	
11050	06447		—			—	
11051	06448		—				
11052	—						
11053	—	續咸通040	—				
11054	06449	咸通055	14-9815	—	西北6-21	—	人1628
11055	06450	咸通056	14-9900	1-398		曲石89 南京94	
11056	06452					北大新拓164(234)	
11057	06451						
11058	—	—	14-9901	7-142		—	
11059	—	續咸通041	14-9904	3-258	西北6-22	碑林92-4292	
11060	—	續咸通042	22-15497	2-583		碑林92-4301	
11061	06453			—			
11062	—	咸通058	14-9902	4-237	江揚58		
11063	06455	—	22-15496	6-182			
11064	06456	咸通059	14-9903	1-399	—	曲石90 南京95	
11065	—					西市454	
11066	—	續咸通043	14-9905	2-70	西北6-23 精華173		
11067	06457						
11068	06458						
11069	—	續咸通044	14-9906	3-260	西北6-24	碑林92-4284	

咸通

番號	墓誌名	年號	A 題跋	B北圖	C 附考 新中国	D隋唐五代	E千唐・河南
11070	張氏墓誌	咸通8(867)4月	—	—	—	—	—
11071	孫虬妻杜姬人墓誌	咸通8(867)4月	—	33-68	—	洛陽14-127	千唐1169
11072	李氏(郎寧公主)墓誌	咸通8(867)4月	—	—	陝西貳-293	陝西2-114	—
11073	萬晟及妻令狐氏墓誌	咸通8(867)4月	—	—	—	—	—
11074	馮君妻何氏墓誌	咸通8(867)4月	—	—	—	—	—
11075	劉讚墓誌	咸通8(867)4月	—	—	—	—	—
11076	劉文銳墓誌	咸通8(867)6月	—	—	—	—	—
11077	盧氏小女墓誌	咸通8(867)7月	—	—	—	—	—
11078	薛太儀墓誌	咸通8(867)7月	—	—	陝西貳-294	—	—
11079	崔凝妻李氏墓誌	咸通8(867)7月	—	—	—	—	新獲114
11080	張棣妻吳氏墓誌	咸通8(867)7月卒	—	—	—	—	秦續913 流散314
11081	路心兒墓誌	咸通8(867)7月	—	—	—	—	—
11082	僧伽墓誌	咸通8(867)7月	—	—	陝西貳-295	—	—
11083	張阮墓誌	咸通8(867)8月	—	—	—	—	—
11084	令狐紞墓誌	咸通8(867)8月	214左中	—	—	江蘇122	—
11085	李彬妻宇文氏墓誌	咸通8(867)8月	214左上	—	—	北大2-150	—
11086	成鐸墓誌	咸通8(867)8月	—	—	—	—	—
11087	何楚章及妻侯氏墓誌	咸通8(867)8月	—	—	陝西貳-296	陝西2-115	—
11088	吳德鄌墓誌	咸通8(867)8月	—	—	—	—	—
11089	唐瓊及妻諸葛氏墓誌	咸通8(867)8月	—	—	—	—	—
11090	張君妻王氏墓誌	咸通8(867)8月	—	—	—	—	—
11091	達奚革及妻崔氏墓誌	咸通8(867)8月	214左中	—	—	—	—
11092	李同墓誌	咸通8(867)8月	—	33-74	—	洛陽14-128	—
11093	崔浩妻盧懿範墓誌	咸通8(867)8月	—	—	—	—	秦續914
11094	謝觀墓誌	咸通8(867)8月	—	33-75	—	洛陽14-129	千唐1170
11095	藺從則墓誌	咸通8(867)8月	—	—	河南貳-5	—	—
11096	張柔賓墓誌	咸通8(867)9月	—	—	—	—	秦續915
11097	裴氏墓誌	咸通8(867)9月	—	—	—	洛陽14-130	千唐1171
11098	陳君妻□氏墓誌	咸通8(867)10月	—	—	—	洛陽14-131	—
11099	李公覸墓誌	咸通8(867)11月	—	—	—	—	秦晉819
11100	蓋凝及妻關氏墓誌	咸通8(867)11月	—	—	—	—	秦晉820
11101	趙餘墓誌	咸通8(867)11月	—	—	—	—	河洛454
11102	李謨墓誌	咸通8(867)11月	—	—	—	—	新獲續263 河洛456
11103	崔涓墓誌	咸通8(867)11月	—	—	—	—	—
11104	盧季方妻鄭氏墓誌	咸通8(867)11月	—	—	—	—	新獲續262 河洛455 洛駕鴛63-2
11105	朱瞻墓誌	咸通8(867)11月	—	—	河南貳-106	—	—
11106	張寧墓誌	咸通8(867)11月	—	—	—	—	—
11107	許君墓誌	咸通8(867)12月	—	—	—	—	—
11108	馮義弘及妻王氏墓誌	咸通8(867)12月	—	—	—	—	—
11109	宋萬光墓誌	咸通8(867)12月	—	—	—	—	—
11110	沈君妻馮氏墓誌	咸通8(867)	214左中	—	—	—	—
11111	華中允墓誌	咸通8(867)	214左中	—	—	—	—
11112	宗庠及妻郭氏墓誌	咸通9(868)1月	—	—	河北壹-129	河北124	—
11113	魏文紹墓誌	咸通9(868)1月	—	—	陝西貳-297	陝西2-116	—
11114	倪評及妻馬氏墓誌	咸通9(868)1月	—	—	—	—	—
11115	竇君妻許氏墓誌	咸通9(868)1月	—	—	—	—	秦續916 七朝369
11116	裴玩墓誌	咸通9(868)1月	—	—	—	—	邙洛271
11117	楊君妻王氏墓誌	咸通9(868)2月	—	—	河南參-331	—	—
11118	劉符墓誌	咸通9(868)4月	—	—	—	—	—
11119	趙則承及妻張氏墓誌	咸通9(868)4月	—	—	—	—	—
11120	申氏墓誌	咸通9(868)4月	—	—	—	—	—
11121	侯瞻墓誌	咸通9(868)5月	—	—	—	—	—
11122	任玄墓誌	咸通9(868)6月	—	—	—	江蘇123	—
11123	歐陽琳妻謝迢墓誌	咸通9(868)7月	214左下	33-81	—	洛陽14-132	千唐1172
11124	任公素及妻張氏墓誌	咸通9(868)7月	—	—	—	—	—

咸通

番號	F北大	G墓誌彙編	H 新編	I補遺補編	J 地方	K 博物館・その他	L 日本目錄
11070	06459	—	—	—	—	—	—
11071	06460	咸通060	14-9906	1-400	—	—	—
11072	06461	續咸通045	12-8309	3-260	西北6-25	碑林91-4723 北大新拓165(235)	—
11073	06462	—	—	—	—	—	—
11074	06463	—	—	—	—	—	—
11075	—	—	—	—	—	汾陽48(96)	—
11076	06464	—	—	—	—	—	—
11077	—	—	—	—	—	新見48	—
11078	—	續咸通046	22-15497	2-583	—	碑林92-4299	—
11079	06465	續咸通003	14-9907	6-183	—	—	—
11080	06466	—	—	—	—	—	—
11081	—	—	—	—	—	西市455	—
11082	—	續咸通047	22-15497	2-583	—	碑林92-4308	—
11083	06467	—	—	—	—	—	—
11084	06468	咸通062	14-9907	4-238	—	—	—
11085	06469	咸通061	14-9835	—	西北6-26	故宮180 施唐327	人1631 淑685
11086	06470	—	—	—	長新298 長碑205(563)	—	—
11087	—	續咸通048	14-9909	3-261	—	碑林92-4303	—
11088	—	—	—	—	—	碑林新322	—
11089	—	—	—	9-417	—	—	—
11090	—	—	—	7-143	—	—	—
11091	—	咸通063	14-9908	7-144	—	—	—
11092	06473	—	—	6-490 下-1899	—	—	—
11093	06472	—	—	—	—	碑林續204	—
11094	06471	咸通064	13-8936	1-400	—	—	—
11095	—	—	—	7-145	—	—	—
11096	—	—	—	—	—	—	—
11097	—	—	14-9846	4-239	—	裴氏165	—
11098	—	—	—	—	—	—	—
11099	06474	—	—	—	—	—	—
11100	06475	—	—	—	—	西市456	—
11101	06476	—	—	—	—	—	—
11102	—	—	—	8-209	—	—	—
11103	06477	—	—	—	—	—	—
11104	—	—	—	8-208	—	—	—
11105	—	—	—	—	—	—	—
11106	—	—	—	8-210	楡林65	—	—
11107	—	—	—	9-459	保定17	—	—
11108	06478	—	—	—	—	—	—
11109	—	—	—	—	—	碑林新323	—
11110	—	—	—	—	—	—	—
11111	—	—	—	—	—	—	—
11112	—	續咸通050	22-15497	4-508	邯鄲碑022	—	—
11113	—	續咸通049	14-9912	3-262	—	碑林92-4315	—
11114	06479	—	—	—	—	—	—
11115	—	—	—	—	—	—	—
11116	—	—	—	—	—	裴氏166	—
11117	06480	—	—	千唐-410	—	—	—
11118	06481	—	—	千唐-411	—	—	—
11119	—	—	—	—	邯鄲碑148	—	—
11120	—	—	—	—	—	碑林新324	—
11121	06482	—	—	千唐-411	—	—	—
11122	—	續咸通051	14-9913	4-240 中-1012	江揚59	—	—
11123	06483	咸通065	14-9859	1-396	—	—	—
11124	06486	—	—	—	—	—	—

咸通

番號	墓誌名	年號	A 題跋	B北圖	C 附考 新中国	D隋唐五代	E千唐・河南
11125	魏君妻張氏墓誌	咸通9(868)7月	—	33-82	—	洛陽14-133	千唐1173
11126	魏涿墓誌	咸通9(868)7月	—	33-83	—	洛陽14-134	—
11127	王琛妻盧瓔墓誌	咸通9(868)7月	—	—	—	—	—
11128	魏君妻韋氏墓誌	咸通9(868)7月	—	—	陝西貳-298	陝西2-117	—
11129	裴夷直妻李弘墓誌	咸通9(868)7月	—	—	河南參-332	—	—
11130	孫方紹墓誌	咸通9(868)8月	—	33-84	—	洛陽14-135	—
11131	孫虬女小迎墓誌	咸通9(868)8月	—	33-85	—	洛陽14-136	千唐1174
11132	崔慎由及妻盧氏墓誌	咸通9(868)8月	215左下	—	—	北京2-127	—
11133	湯珂墓誌	咸通9(868)10月	—	—	—	—	秦續917 七朝370
11134	李守弘妻王氏墓誌	咸通9(868)10月	214左下	—	—	—	—
11135	王德及妻張氏誌	咸通9(868)10月	—	—	河北壹-130	河北125	—
11136	苗順及妻李氏墓誌	咸通9(868)10月	—	—	—	—	—
11137	崔行規及妻鄭娟墓誌	咸通9(868)10月	—	33-86	—	洛陽14-137	千唐1175 秦續918
11138	崔權妻鄭氏墓誌	咸通9(868)10月	—	—	—	—	流散315
11139	郭晏妻蔡氏墓誌	咸通9(868)10月	—	—	—	—	—
11140	臧允恭墓誌	咸通9(868)10月	—	—	陝西參-99	—	—
11141	成萬通墓誌	咸通9(868)10月	—	—	—	—	秦續919
11142	徐不器墓記	咸通9(868)10月	—	—	—	—	河洛457
11143	趙從一墓誌	咸通9(868)10月	—	—	北京壹-32	—	—
11144	劉遵禮墓誌	咸通9(868)11月	214左下	33-88	—	陝西4-153	—
11145	鄭少雅及妻孫氏墓誌	咸通9(868)11月	214右上	33-87	—	北大2-151	—
11146	鄭頎妻盧氏墓誌	咸通9(868)11月	—	—	—	—	新獲115
11147	蕭行輦及妻徐氏曹氏墓誌	咸通9(868)11月	—	—	陝西貳-299	陝西2-118	—
11148	魏虔威墓誌	咸通9(868)11月	—	33-89	—	洛陽14-138	千唐1176
11149	張胤及妻馮氏墓誌	咸通9(868)11月	—	—	—	—	—
11150	王愻墓誌	咸通9(868)11月	—	—	—	—	—
11151	夏侯君妻鄧氏墓誌	咸通9(868)11月	—	—	—	陝西4-154	—
11152	樊仲文墓誌	咸通9(868)12月	—	—	—	—	—
11153	劉元政及妻張氏齊氏墓誌	咸通9(868)12月	—	—	河北壹-131	河北126	—
11154	李公政墓誌	咸通9(868)12月	—	—	陝西貳-300	陝西2-119	—
11155	曹汾妻趙善心墓誌	咸通9(868)12月	—	—	—	—	河洛458 龍門362
11156	鄭鮪及妻盧氏墓誌	咸通9(868)12月	—	—	—	—	河洛459 七朝371 洛鴛鴦61-2
11157	盧榮妻劉氏墓誌	咸通9(868)12月	—	—	—	江蘇124	—
11158	辛仲方及妻王氏墓誌	咸通9(968)閏12月	214右上	—	—	—	—
11159	劉略墓誌	咸通9(868)閏12月	—	—	—	—	新獲116
11160	崔權墓誌	咸通9(869)後	—	—	—	—	流散322
11161	馮履均墓誌	咸通10(869)2月	—	—	—	—	—
11162	王承業墓誌	咸通10(869)2月	214右上	—	—	—	—
11163	包筠墓誌	咸通10(869)3月	—	—	陝西貳-301	陝西2-120	—
11164	李又玄墓誌	咸通10(869)4月	—	—	—	—	秦續920
11165	郭元德墓誌	咸通10(869)4月	—	33-90	—	洛陽14-139	輯繩701
11166	盧槙妻澹氏墓誌	咸通10(869)5月卒	216右上	—	—	—	—
11167	崔揆妻樊氏墓誌	咸通10(869)7月	—	33-91	—	洛陽14-140	千唐1177
11168	馮鏄墓誌	咸通10(869)7月	—	—	—	—	—
11169	王楚墓誌	咸通10(869)8月	—	—	—	—	—
11170	韓俀墓誌	咸通10(869)8月	—	—	—	江蘇125	—
11171	魏孝本墓誌	咸通10(869)8月	—	—	陝西貳-302	陝西2-121	—
11172	宋叔政墓誌	咸通10(869)8月	—	—	—	—	—
11173	盧從度墓誌	咸通10(869)8月	—	—	—	—	邙洛272 洛鴛鴦70-1
11174	庾慎思母張氏墓誌	咸通10(869)8月	—	—	—	—	—
11175	顏標妻路氏墓誌	咸通10(869)10月	—	—	—	—	秦晉821 七朝372
11176	史瑤及妻閻氏墓誌	咸通10(869)10月	—	—	—	—	—
11177	蔣達妻黃氏墓誌	咸通10(869)10月	—	—	—	—	—
11178	李君妻張氏墓誌	咸通10(869)11月	—	—	—	—	—
11179	李韶及妻崔氏墓誌	咸通10(869)11月	—	—	—	—	秦晉822

咸通

番號	F 北大	G 墓誌彙編	H 新編	I 補遺補編	J 地方	K 博物館・その他	L 日本目録
11125	06484	咸通066	14-9856	1-395	—	—	—
11126	06485	咸通067	14-9910	4-240	—	唐宋367 施唐328-329	人1634 東1514
11127	06487	—	—	—	—	—	—
11128	—	續咸通052	14-9914	3-262	西北6-27	碑林92-4310	—
11129	06488	—	—	千唐-412	—	—	—
11130	06489	咸通068	14-9915	4-241	—	唐宋368	人1635
11131	06490	咸通069	22-15498	1-401	—	—	—
11132	—	續咸通053	14-9914	5-43	—	—	—
11133	06491	—	—	—	—	—	—
11134	06492	咸通070	14-9916	7-146	—	—	—
11135	—	續咸通054	22-15498	4-509	邯鄲碑023	—	—
11136	06495	—	—	—	—	—	—
11137	06494	咸通071	14-9844	1-393	—	—	—
11138	06493	—	—	—	—	—	—
11139	06496	—	—	—	—	—	—
11140	—	—	—	8-211	榆林71	—	—
11141	06497	—	—	—	—	—	—
11142	06498	—	—	—	—	—	—
11143	—	—	—	—	—	—	—
11144	06450	咸通072	13-8781	—	西北6-29 咸刻60	碑林196-1156	人1636
11145	06451	咸通073	14-9922	4-242	分類122	—	—
11146	—	—	14-9919	6-183	—	—	—
11147	—	續咸通056	14-9918	3-263	西北6-28	碑林92-4321	—
11148	06499	咸通074	14-9910	1-401	—	—	—
11149	—	—	—	—	—	越窯116	—
11150	06502	—	—	—	—	—	—
11151	—	續咸通057	14-9919	3-264	長碑(564)	—	—
11152	06503	—	—	—	長新300 長碑206(564)	—	—
11153	—	續咸通055	22-15499	4-510	滄州26	—	—
11154	—	續咸通059	22-15498	5-437	榆林72	碑林92-4327	—
11155	—	—	—	—	—	—	—
11156	06504	—	—	—	—	—	明洛116
11157	—	續咸通058	22-15500	4-510	分類121	—	—
11158	06506	咸通075	22-15500	—	—	—	—
11159	06505	—	14-9920	6-184	—	—	—
11160	06785	—	—	—	—	—	—
11161	—	—	—	—	—	西市457	—
11162	—	—	—	—	—	—	—
11163	—	續咸通063	14-9561	3-265	—	碑林92-4331	—
11164	06507	—	—	—	—	—	—
11165	06508	續咸通060	14-9925	4-243 中-1012	—	—	—
11166	06799	殘誌032	14-9398	—	—	—	—
11167	06509	咸通076	22-15501	1-403	—	—	—
11168	—	—	—	—	—	西市458	—
11169	—	—	—	9-461	—	—	—
11170	—	咸通077	14-9924	4-244	江揚60	—	—
11171	—	續咸通061	14-9923	3-266	西北6-30	碑林92-4335	—
11172	06510	—	—	—	—	—	—
11173	—	—	—	—	—	—	—
11174	—	—	—	—	—	西市459	—
11175	—	—	—	—	—	—	—
11176	06511	—	—	—	—	—	—
11177	—	—	—	—	—	越窯118	—
11178	06512	咸通078	14-9924	7-147	—	—	—
11179	—	—	—	—	—	—	—

咸通

番號	墓誌名	年號	A 題跋	B北圖	C 附考 新中国	D隋唐五代	E千唐・河南
11180	裴霓卿墓誌	咸通10(869)11月	―	―	―	―	―
11181	李眞及妻王氏墓誌	咸通10(869)11月	―	―	―	―	―
11182	李仲舒墓誌	咸通10(869)11月	―	―	―	―	新獲續265 河洛460
11183	李梲墓誌	咸通10(869)12月	―	―	―	―	―
11184	史清及妻雍氏墓誌	咸通10(869)12月	―	―	―	―	―
11185	張政及妻李氏墓誌	咸通10(869)	―	―	―	―	―
11186	劉君墓誌	咸通10(869)	214右上	―	―	―	―
11187	唐國朝妻裴氏墓誌	咸通11(870)2月	―	―	―	山西167	―
11188	鄭韞辭妻薛氏墓誌	咸通11(870)2月	―	―	―	―	秦晉823 七朝373
11189	盧宗和妻李氏墓誌	咸通11(870)2月	―	―	―	―	河洛461 洛鴛鴦55-2
11190	劉思友墓誌	咸通11(870)2月	214右中	33-92	―	洛陽14-142	輯繩702
11191	公都墓誌	咸通11(870)2月	214右下	33-93	―	北京2-128	―
11192	高宗彝及妻韋氏墓誌	咸通11(870)2月	―	―	―	洛陽14-141	新獲117
11193	陳審及妻□氏墓誌	咸通11(870)2月	―	―	陝西參-100	―	―
11194	孫君妻梁氏墓誌	咸通11(870)2月	―	―	―	陝西4-155	―
11195	盧小娘子墓誌	咸通11(870)3月	―	―	―	―	―
11196	戎仁詡妻劉氏墓誌	咸通11(870)3月	214右下	33-95	―	北京2-129	―
11197	楊少恒及妻苑氏墓誌	咸通11(870)4月	―	―	―	―	―
11198	沈子柔墓誌	咸通11(870)5月	―	―	―	洛陽14-143	輯繩703
11199	盧子獻墓誌	咸通11(870)5月	―	―	―	―	新獲續264
11200	李敬回墓誌	咸通11(870)5月	―	―	―	―	秦續921
11201	陳克敬妻楊氏墓誌	咸通11(870)5月	―	―	―	陝西4-156	―
11202	閻逺墓誌	咸通11(870)5月	―	―	―	―	秦續922
11203	李氏墓誌	咸通11(870)5月	―	―	―	―	邙洛273
11204	董唐元妻王氏墓誌	咸通11(870)5月	―	―	―	―	―
11205	劉夔墓誌	咸通11(870)5月	―	―	―	―	―
11206	崔君妻徐玉京墓誌	咸通11(870)5月	―	33-96	―	洛陽14-144	輯繩704
11207	韋豸女墓誌	咸通11(870)6月	―	33-97	―	北京2-130	―
11208	王洞明墓誌	咸通11(870)6月	―	―	陝西貳-323	―	―
11209	王公晟及妻張氏墓誌	咸通11(870)8月	214右中	33-100	―	北京2-131	―
11210	盧從度妻鄭緄墓誌	咸通11(870)8月	―	―	―	―	―
11211	邊誠妻楊氏墓誌	咸通11(870)8月	―	―	陝西貳-304	―	―
11212	鄭俌墓誌	咸通11(870)8月	―	―	―	―	秦晉824
11213	周徒墓誌	咸通11(870)8月	―	―	―	江蘇126	―
11214	唐思禮妻俞氏墓誌	咸通11(870)8月	―	―	陝西貳-305	―	―
11215	孫景裕墓誌	咸通11(870)8月	―	33-101	―	洛陽14-145	千唐1178
11216	呂建初墓誌	咸通11(870)8月	―	―	―	―	―
11217	宋戎墓誌	咸通11(870)8月	214右中	―	―	―	―
11218	孫俌墓誌	咸通11(871)8月	―	31-81	―	洛陽13-172	千唐1077
11219	蔡勛墓誌	咸通11(870)8月	―	―	―	―	秦續923
11220	孫昊及妻關氏墓誌	咸通11(870)9月	―	―	―	―	―
11221	孫英及妻王氏墓誌	咸通11(870)10月	―	―	北京壹-33	―	―
11222	高約弟墓誌	咸通11(870)11月	―	―	―	―	秦續924
11223	李瓚妻傅氏墓誌	咸通11(870)11月	―	―	―	―	―
11224	張曄及妻趙小君墓誌	咸通11(870)11月	―	33-102	―	洛陽14-146	千唐1179
11225	趙宗祐(祜)墓誌	咸通11(870)11月	―	―	陝西壹-148	陝西4-157	―
11226	劉彤墓誌	咸通11(870)11月	―	―	―	―	―
11227	鄭君妻李氏墓誌	咸通11(870)11月	―	―	河南參-333	―	―
11228	魏望先墓誌	咸通11(870)11月	―	―	―	洛陽14-147	千唐1180
11229	荊從皋墓誌	咸通11(870)11月	―	―	陝西貳-306	陝西2-122	―
11230	孫師從墓誌	咸通11(870)11月	―	―	―	―	―
11231	樊驤墓誌	咸通11(870)11月	―	―	―	―	河洛462 七朝374
11232	陳鮡墓誌	咸通11(870)11月	―	―	―	―	―
11233	郭行脩墓誌	咸通11(870)11月	―	―	―	―	秦續925
11234	鍾明墓誌	咸通11(870)11月	―	―	―	―	―

咸通

番號	F北大	G墓誌彙編	H 新編	I補遺補編	J 地方	K 博物館・その他	L 日本目録
11180	—	—	—	—	—	碑林續205	—
11181	06513	—	—	—	—	—	—
11182	—	—	—	8-213	—	—	—
11183	—	續咸通062	14-9408	5-44 中-1031	杏園43	—	—
11184	06514	—	—	—	—	—	—
11185	06515	—	—	—	—	—	—
11186	—	—	—	—	—	—	—
11187	—	續咸通065	22-15501	7-421	—	裴氏166	—
11188	06517	—	—	—	—	薛氏318	—
11189	06516	—	—	—	—	—	—
11190	06518	咸通079	15-9978	4-244	—	—	—
11191	06519	咸通080	19-13042	—	—	—	人1639 東1516
11192	—	—	15-9981	6-186	景州261 景縣435	—	—
11193	—	—	—	8-418	榆林73	—	—
11194	—	續咸通064	15-9980	2-71	—	—	—
11195	06521	—	—	千唐-413	—	—	—
11196	06520	咸通081	15-9982	4-246	—	故宮181	東1517
11197	—	—	—	—	宣化1	—	—
11198	—	續咸通066	15-9983	4-247	—	—	—
11199	—	—	—	8-211	—	—	—
11200	06522	—	—	—	—	—	—
11201	—	續咸通067	15-9984	2-72	—	—	—
11202	06523	—	—	—	—	—	—
11203	—	—	—	—	—	—	—
11204	—	續咸通068	15-9985	3-266 中-1015	—	北文34	—
11205	06524	—	—	千唐-414	—	—	—
11206	06525	咸通082	15-9983	4-247	—	—	—
11207	06526	咸通091	22-15502	6-491	西北6-31	—	—
11208	—	續咸通069	22-15502	7-506	—	碑林92-4340	—
11209	06527	咸通083	14-9874	—	—	—	—
11210	06528	—	—	—	—	唐末246	—
11211	—	續咸通070	15-9985	6-187	—	碑林92-4349	—
11212	06529	—	—	—	—	—	—
11213	—	續咸通072	15-9986	4-248 中-1013	江揚61	—	—
11214	—	續咸通071	14-9782	3-250	—	—	—
11215	06530	咸通084	14-9600	1-403	—	—	—
11216	—	—	—	9-461	保定18	—	—
11217	—	—	—	—	—	—	—
11218	—	會昌004	13-9030	1-407	—	—	—
11219	—	—	—	—	—	—	—
11220	—	—	—	—	—	碑林新325	—
11221	06532	—	—	—	房山28	—	—
11222	06533	—	—	—	—	—	—
11223	06536	—	—	—	長新304 長碑207(566)	—	—
11224	06534	咸通085	15-9990	1-405	—	—	—
11225	06535	續咸通073	15-9987	3-267	西北6-32	—	—
11226	—	—	—	—	寧波43	—	—
11227	06537	—	—	千唐-337	—	—	—
11228	—	咸通086	14-9911	1-402	—	—	—
11229	—	續咸通074	15-9988	3-268	西北6-33	碑林92-4342	—
11230	—	—	—	—	—	西市461	—
11231	06538	—	—	—	—	唐末244	—
11232	—	—	—	—	—	西市460	—
11233	06539	—	—	—	—	—	—
11234	—	—	—	—	—	越窯120	—

咸通

番號	墓誌名	年號	A 題跋	B北圖	C 附考 新中国	D隋唐五代	E千唐・河南
11235	魏絪君墓誌	咸通11(870)11月	214右中	—	—	—	—
11236	李潘妻崔氏墓誌	咸通11(870)12月	—	33-103	—	洛陽14-148	千唐1181
11237	尹旺及妻高氏墓誌	咸通11(870)12月	—	—	—	—	—
11238	楊君妻烏氏墓誌	咸通12(871)1月	—	33-104	—	北京2-132	—
11239	王氏(韓國夫人)墓誌	咸通12(871)1月	—	—	—	陝西4-158	—
11240	蕭文政墓誌	咸通12(871)1月	—	—	—	—	—
11241	王知信墓誌	咸通12(871)2月	—	—	—	—	—
11242	楊秀奇墓誌	咸通12(871)2月	—	—	—	—	—
11243	張達墓誌	咸通12(871)2月	—	—	—	—	—
11244	姚縉墓誌	咸通12(871)2月	—	—	—	—	秦晉825
11245	蔡儒及妻王氏墓誌	咸通12(871)3月	—	—	—	—	—
11246	梁承政墓誌	咸通12(871)4月	—	—	—	—	—
11247	曹謙墓誌	咸通12(871)5月	—	—	河南壹-272	河南120	—
11248	仇氏(號瀛洲)墓誌	咸通12(871)5月	—	—	—	—	秦晉826 七朝375
11249	楊管管墓誌	咸通12(871)5月	—	33-106	—	洛陽14-149	千唐1182
11250	狄玄悫妻駱氏墓誌	咸通12(871)6月	—	—	陝西貳-307	陝西2-123	—
11251	王寶長女墓誌	咸通12(871)6月	—	—	—	—	—
11252	張國清及妻杜氏墓誌	咸通12(871)7月	—	—	—	—	—
11253	曹弘立及妻石氏墓誌	咸通12(871)7月	—	—	—	河南124 北大2-152	—
11254	孟啓妻李氏墓誌	咸通12(871)7月	—	—	—	—	新獲續266 河洛463
11255	李君妻崔小蘷墓誌	咸通12(870)7月	—	—	—	—	秦續926
11256	元郇墓誌	咸通12(871)7月	—	—	河南壹-218	河南121	—
11257	房君墓誌	咸通12(871)7月	—	—	—	—	—
11258	唐思禮墓誌	咸通12(871)7月	—	—	陝西貳-308	陝西2-124	—
11259	□□墓誌	咸通12(871)7月	—	—	—	—	—
11260	葛巽墓誌	咸通12(871)8月	—	—	江蘇壹-24	—	—
11261	盧君妻鄭緄墓誌	咸通12(871)8月	—	—	—	—	邙洛274 洛駕鴛70-2
11262	李璟墓誌	咸通12(871)8月	—	—	—	—	—
11263	劉君妻王氏墓誌	咸通12(871)8月	—	—	—	—	—
11264	曉方禪師靈塔記	咸通12(871)閏8月	—	33-107	—	北京2-133	—
11265	景公直及妻姚氏墓誌	咸通12(871)閏8月	—	—	河南貳-171	—	—
11266	唐洪墓誌	咸通12(871)9月	—	—	—	—	—
11267	段庚墓誌	咸通12(871)10月	—	—	—	陝西4-159	—
11268	殷珪墓誌	咸通12(871)10月	—	—	—	洛陽14-150	輯繩705
11269	閻肇及妻孟氏墓誌	咸通12(871)10月	—	—	河南壹-88	河南122	—
11270	柳君妻王氏墓誌	咸通12(871)10月	—	—	—	—	—
11271	柳頻母王氏墓誌	咸通12(871)10月	—	—	—	—	秦續927
11272	李和及妻張氏墓誌	咸通12(871)10月	—	—	—	—	—
11273	崔侮墓誌	咸通12(871)10月	—	—	—	—	—
11274	趙途墓誌	咸通12(871)10月	—	—	—	—	—
11275	盧冏墓誌	咸通12(871)10月	—	—	—	—	邙洛275
11276	盧韜及妻鄭氏墓誌	咸通12(871)10月	—	—	—	洛陽14-162	新獲118 新唐294 龍門363
11277	程進瓖及妻梁氏墓誌	咸通12(871)10月	—	—	—	—	—
11278	崔侮墓誌	咸通12(871)10月	—	—	—	—	河洛464
11279	楊君妻李氏墓誌	咸通12(871)10月	—	—	—	—	—
11280	靳廓墓誌	咸通12(871)10月	—	—	—	—	秦續928
11281	趙士眞墓誌	咸通12(871)10月	—	33-108	—	北大2-153	—
11282	李克諧妻紇干氏墓誌	咸通12(871)10月	—	33-109	—	洛陽14-151	千唐1183
11283	盧彥方及妻鄭氏李氏墓誌	咸通12(871)10月	—	—	—	—	新獲續267
11284	李欽説妻趙氏墓誌	咸通12(871)10月	—	—	—	—	—
11285	段庚墓誌	咸通12(871)10月	—	—	—	陝西4-160	—
11286	李氏墓誌	咸通12(871)10月	—	—	—	—	—
11287	皇甫燠妻劉舒光墓誌	咸通12(871)10月	—	—	—	—	—
11288	張弼墓誌	咸通12(871)10月	—	—	—	江蘇127	—
11289	郭憲誠及妻苗氏墓誌	咸通12(871)10月	—	—	—	—	—

咸通

番號	F 北大	G 墓誌彙編	H 新編	I 補遺補編	J 地方	K 博物館・その他	L 日本目録
11235	－	－	－	－	－	－	－
11236	06540	咸通087	15-9991	1-406	－	－	－
11237	－	－	－	－	大同97 大全・南郊52	－	－
11238	06541	咸通088	7-4187	4-249	－	－	－
11239	－	續咸通075	14-9403	2-72	西北6-34 精華174	－	－
11240	06542	－	－	－	－	－	－
11241	－	－	－	－	－	碑林續206	－
11242	06543	－	－	－	－	－	－
11243	－	－	－	－	寧波44	－	－
11244	06544	－	－	－	－	－	－
11245	－	咸通089	22-15502	－	－	－	－
11246	－	－	－	8-214	－	－	－
11247	－	續咸通076	15-9992	7-148	－	－	－
11248	－	－	－	－	－	－	－
11249	06545	咸通090	15-9992	1-407	－	－	－
11250	－	續咸通077	15-9993	3-270	西北6-35	碑林92-4352	－
11251	－	－	－	－	－	碑林新326	－
11252	－	－	－	－	－	碑林新327	－
11253	06546	咸通092	15-9994	7-148	－	－	－
11254	－	－	－	8-215	－	－	－
11255	06547	－	－	－	－	－	－
11256	－	續咸通079	22-15502	7-421	孟州190	－	－
11257	06548	－	－	－	－	西市462	－
11258	－	續咸通078	14-9926	3-271	西北6-36	碑林92-4361	－
11259	06549	－	－	－	－	－	－
11260	－	－	－	－	－	－	－
11261	－	－	－	－	－	－	－
11262	06550	咸通093	15-9994	7-149	－	－	－
11263	－	－	－	－	安陽選55	－	－
11264	－	咸通094	－	－	－	－	－
11265	－	－	－	－	－	－	－
11266	－	－	－	9-418	－	－	－
11267	－	續咸通081	15-9998	2-73	－	－	－
11268	－	續咸通080	15-9995	6-188	－	－	－
11269	－	續咸通082	15-9996	7-150	濮陽10	－	－
11270	06551	－	－	－	－	－	－
11271	－	－	－	－	－	－	－
11272	06553	－	－	－	－	－	－
11273	06552	－	－	－	－	－	－
11274	－	－	－	－	－	西市463	－
11275	－	－	－	－	－	－	－
11276	－	－	15-9997	6-189	－	－	－
11277	－	－	－	－	－	碑林新328	－
11278	－	－	－	－	－	－	－
11279	－	－	－	－	－	西市464	－
11280	06554	－	－	－	－	－	－
11281	06555	咸通095	22-15504	6-491	－	－	－
11282	06556	咸通096	15-10088	1-408	－	－	－
11283	－	－	－	8-217	－	－	－
11284	06557	－	－	－	－	碑林續207	－
11285	－	續咸通083	15-9996	2-74	－	－	－
11286	－	－	－	－	－	碑林新329	－
11287	06558	－	－	千唐-414	－	－	－
11288	－	續咸通085	22-15504	4-511	江揚62	－	－
11289	－	－	－	－	－	碑林新330	－

咸通

番號	墓誌名	年號	A 題跋	B北圖	C 附考 新中国	D隋唐五代	E千唐・河南
11290	樂牖及妻袁氏墓誌	咸通12(871)10月	—	—	河南壹-95	河南123	—
11291	張叔遵墓誌	咸通12(871)11月	—	—	陝西貳-309	陝西2-125	—
11292	樊駉墓誌	咸通12(871)11月	—	33-110	—	洛陽14-152	千唐1184
11293	任鍊墓誌	咸通12(871)11月	—	—	—	—	—
11294	李懸黎墓誌	咸通12(871)11月	—	33-111	—	洛陽14-153	千唐1185
11295	田厚墓誌	咸通12(871)11月	—	—	—	陝西4-161	—
11296	孫泳墓誌	咸通12(871)12月	—	33-112	—	洛陽14-154	千唐1186
11297	孫瑝及妻李氏墓誌	咸通12(871)12月	—	33-113 33-114	—	洛陽14-155 洛陽14-156	輯繩706
11298	苗景符墓誌	咸通12(871)12月	—	33-115	—	洛陽14-157	千唐1187
11299	李從質女墓誌	咸通12(871)12月	—	33-116	—	洛陽14-158	—
11300	吳穎及妻成氏墓誌	咸通12(871)12月	—	—	—	—	—
11301	裴埛墓誌	咸通12(871)	214右下	—	—	—	—
11302	裴埛妻蕭煥墓誌	咸通12(871)	215左上	—	—	—	—
11303	竇君妻崔氏墓誌	咸通13(872)1月	—	—	河南壹-22	河南125	—
11304	李瑄妻張留客墓誌	咸通13(872)1月	—	33-117	—	洛陽14-159	—
11305	崔特妻于氏墓誌	咸通13(872)2月	—	—	—	—	—
11306	楊慧墓誌	咸通13(872)2月	—	—	—	—	—
11307	李棠墓誌	咸通13(872)6月	—	—	—	—	—
11308	鍾离贊墓誌	咸通13(872)8月	—	—	—	—	—
11309	曹用之墓誌	咸通13(872)8月	—	—	—	—	—
11310	康君墓誌	咸通13(872)9月	—	—	—	—	—
11311	陳氏墓誌	咸通13(872)11月	—	—	—	—	—
11312	靳妃及妻李氏墓誌	咸通13(872)11月	—	—	—	—	—
11313	溫君妻李氏墓誌	咸通14(873)1月	—	—	—	—	—
11314	杜鴻墓誌	咸通14(873)1月	—	—	河北壹-132	河北127	—
11315	□諒及妻解氏墓誌	咸通14(873)2月	—	—	—	—	—
11316	□諫墓誌	咸通14(873)2月	—	—	—	—	—
11317	元君則墓誌	咸通14(873)2月	—	—	—	—	—
11318	郭君妻高進玉墓誌	咸通14(873)2月	—	—	—	—	—
11319	郭克勤墓誌	咸通14(873)2月	—	—	陝西貳-311	陝西2-126	—
11320	郭克全墓誌	咸通14(873)2月	—	—	陝西貳-310	陝西2-127	—
11321	裴宏墓誌	咸通14(873)2月	—	—	—	—	新獲119 龍門369
11322	崔紓墓誌	咸通14(873)2月	—	33-118	—	洛陽14-160	千唐1188
11323	張誠及妻楊氏荊氏李氏墓誌	咸通14(873)2月	—	—	—	山西168	—
11324	王融墓誌	咸通14(873)2月	—	—	—	—	邙洛276
11325	孫虬妻裴氏墓誌	咸通14(873)2月	—	33-119	—	洛陽14-161	輯繩707
11326	崔廻墓誌	咸通14(873)2月	—	—	—	—	秦續929
11327	崔洒墓誌	咸通14(873)2月	—	—	—	—	洛駕鴛71-1
11328	楊收及妻韋東真墓誌	咸通14(873)2月	—	—	—	—	秦晉827 流散316
11329	楊收妻韋東真墓誌	咸通14(873)2月	—	—	—	—	秦晉828 流散317
11330	袁景立墓誌	咸通14(873)4月	—	—	—	—	秦續930
11331	曹君墓誌	咸通14(873)4月	—	—	陝西參-101	—	—
11332	劉中禮墓誌	咸通14(873)5月	—	—	—	—	—
11333	盖巨源墓誌	咸通14(873)5月	—	—	—	—	—
11334	李君墓誌	咸通14(873)5月	212左下 215左上	—	—	—	—
11335	劉處靜自撰墓誌	咸通14(873)6月卒	—	—	—	—	—
11336	證果禪師塔銘磚	咸通14(873)8月	—	—	—	—	—
11337	曹生遷及妻田氏墓誌	咸通14(873)8月	—	—	—	—	—
11338	閻逵妻趙氏墓誌	咸通14(873)8月	—	—	—	—	秦續931
11339	張元涮墓誌	咸通14(873)8月	—	—	陝西貳-312	陝西2-128	—
11340	賈洮墓誌	咸通14(873)8月	—	33-120	—	北京2-134	千唐1189
11341	閻好問墓誌	咸通14(873)8月	215左中	33-121	—	北大2-154	—
11342	張孚墓誌	咸通14(873)10月	—	—	—	—	—
11343	崔洧妻張紫虛墓誌	咸通14(873)10月	—	33-122	—	洛陽14-163	千唐1190
11344	李昍妻王湜墓誌	咸通14(873)11月	—	—	—	—	—

咸通

番號	F 北大	G 墓誌彙編	H 新編	I 補遺補編	J 地方	K 博物館・その他	L 日本目録
11290	－	續咸通084	22-15503	7-422	－	－	－
11291	－	續咸通086	15-9999	3-271	西北6-37	碑林92-4366	－
11292	06559	咸通097	15-10001	1-409	－	－	－
11293	－	－	－	－	－	汾陽49(98)	－
11294	06560	咸通098	15-10002	1-410	－	－	－
11295	－	續咸通087	15-10000	2-75	－	－	－
11296	06561	咸通099	15-10002	1-410	－	－	－
11297	06562	續咸通089	－	5-45	－	－	－
11298	06563	咸通100	15-10003	1-411	－	－	－
11299	06564	咸通101	15-10004	4-250	－	－	－
11300	06565						
11301	－	－	－	－	－	－	－
11302	－	－	－	－	－	－	－
11303	－	續咸通088	22-15504	7-506	－	磚刻1224	－
11304	－	咸通102	15-10004	4-250	－	－	－
11305	－	－	－	9-419	－	－	－
11306	－	咸通103	15-10005	7-151	－	－	－
11307	－	－	－	－	－	碑林續208	－
11308	－	－	－	－	江揚63	－	－
11309	－	－	－	8-218	－	－	－
11310	－	－	14-9656	－	－	－	－
11311	－	－	－	－	濟寧30	－	－
11312	－	－	－	－	－	汾陽50(100)	－
11313	－	－	－	－	－	西交博175	－
11314	－	續咸通090	22-15504	4-511	－	－	－
11315	06566						
11316	－	－	－	－	－	唐末247	－
11317	06567						
11318	－	－	－	－	邯鄲碑068	－	－
11319	－	續咸通091	15-10006	3-273	西北6-38	碑林92-4373	－
11320	－	續咸通092	15-10007	3-274	西北6-39	碑林92-4380	－
11321	－		15-10009	6-188	－	裴氏167	－
11322	06568	咸通104	15-10005	1-412	－	－	－
11323	－	續咸通093	22-15505	7-423	大全・襄垣57	－	－
11324	－	－	－	－	－	－	－
11325	06570	續咸通094	15-10008	4-251 中-1034	－	裴氏169	－
11326	－	－	－	－	－	－	－
11327	－	－	－	－	－	－	－
11328	－	－	－	－	－	－	－
11329	－	－	－	－	－	－	－
11330	－	－	－	－	－	－	－
11331	－		－	8-219	榆林74	－	－
11332	－	－	－	－	－	碑林新331	－
11333	－	－	－	－	四川249	－	－
11334	－						
11335	－	－	15-10025	－	－	－	－
11336	－	－	－	－	－	磚刻1225	－
11337	06571						
11338	06572						
11339	－	續咸通095	15-10010	3-275	西北6-40	碑林92-4391	－
11340	06573	咸通105	15-10011	1-412	西北6-41	－	－
11341	06574	咸通106	14-9394	－	－	－	－
11342	－	－	－	－	－	越窯122	－
11343	06575	咸通107	11-7047	1-413	－	－	－
11344	06576	－	－	－	－	－	－

咸通

番號	墓誌名	年號	A 題跋	B北圖	C 附考 新中国	D隋唐五代	E千唐・河南
11345	張三英墓誌	咸通14(873)11月	—	—	河南壹-420	河南126	—
11346	韋審己妻盧虔懿墓誌	咸通14(873)11月	—	—	—	—	秦晉829
11347	李纓妻楊蕙墓誌	咸通14(873)11月	215左中	33-123	—	北京2-135	—
11348	翟君妻陳氏墓誌	咸通14(873)11月	—	—	—	江蘇128	—
11349	翟怡妻嚴氏墓誌	咸通14(873)11月	—	—	—	江蘇129	—
11350	顧謙墓誌	咸通14(873)11月	215左中	—	—	—	—
11351	陳君妻王氏墓誌	咸通14(873)11月	—	—	—	—	—
11352	孫簡墓誌	咸通14(873)12月	—	—	—	洛陽13-83	輯繩708
11353	來佐本及妻常氏郭氏墓誌	咸通14(873)12月	215左上	33-124	—	北大2-155	—
11354	康張兒墓誌	咸通14(873)	—	—	—	—	—
11355	徐辯明及妻李氏墓誌	咸通15(874)1月	—	—	—	—	—
11356	李君妻鄭氏墓誌	咸通15(874)1月	—	—	—	—	秦續932
11357	青陟霞及妻萬氏墓誌	咸通15(874)2月	—	—	—	—	—
11358	韋君妻李氏墓誌	咸通15(874)2月	—	33-125	—	洛陽14-164	千唐1191
11359	畢顙墓誌	咸通15(874)2月	—	—	—	洛陽14-165	—
11360	柳子尚妻賀蘭英墓誌	咸通15(874)2月	—	—	—	—	邙洛277 民族295
11361	蘇諒妻馬氏墓誌	咸通15(874)2月卒	—	—	陝西貳-313	—	—
11362	韋定郎墓誌	咸通15(874)2月	—	—	—	—	—
11363	王氏墓誌	咸通15(874)3月	—	—	—	—	—
11364	孟亞孫墓誌	咸通15(874)4月	—	—	—	—	新獲續268 河洛465
11365	王歸厚墓誌	咸通15(874)4月	—	—	—	—	秦續933
11366	李耽墓誌	咸通15(874)4月	—	—	—	—	秦續934
11367	盧知宗及前妻鄭子章墓誌	咸通15(874)4月	—	33-127	—	洛陽14-166	—
11368	長行銀娘墓誌	咸通15(874)4月	—	—	—	—	—
11369	溫令綏及妻門氏墓誌	咸通15(874)閏4月	—	—	北京壹-34	北京2-136	—
11370	張君妻劉氷墓誌	咸通15(874)閏4月	—	33-128	—	洛陽14-167	—
11371	李宗古及妻董氏墓誌	咸通15(874)7月	—	—	—	—	—
11372	韋君妻鄭氏墓誌	咸通15(874)7月	—	—	—	—	—
11373	郭佐思墓誌	咸通15(874)7月	—	—	—	—	—
11374	孔紓墓誌	咸通15(874)7月	—	33-126	—	河南127	—
11375	李公素妻王氏墓誌	咸通15(874)8月	—	—	—	—	—
11376	俞君妻胡氏墓誌	咸通15(874)9月	—	—	—	—	—
11377	裴謠妻李氏墓誌	咸通15(874)9月	—	—	—	—	新獲續269 河洛466 洛鴛鴦72-2
11378	徐政及妻申氏墓誌	咸通15(874)10月	—	—	—	—	—
11379	李仲甫及妻崔氏田氏墓誌	咸通15(874)10月	—	—	—	—	—
11380	鄭濆墓誌	咸通15(874)10月	—	33-137	—	洛陽14-168	千唐1192
11381	申通及妻任氏墓誌	咸通15(874)10月	—	—	—	—	—
11382	霍璨及妻李氏合葬墓誌	咸通15(874)10月	—	—	—	—	—
11383	吳文晃妻施氏墓誌	咸通15(874)10月	—	—	—	—	—
11384	苗紳及妻庚氏墓誌	咸通15(874)10月	—	—	—	—	新獲120
11385	孫瀞女墓誌	咸通15(874)10月	—	33-138	—	洛陽14-169	千唐1193
11386	傅元妻樂氏墓誌	咸通15(874)10月	—	—	—	—	秦續936
11387	楊景球墓誌	咸通15(874)10月	—	—	—	—	秦續935
11388	李又玄妻邵氏墓誌	咸通15(874)10月	—	—	—	—	秦續937
11389	李審規墓誌	咸通15(874)10月	—	—	陝西貳-314	陝西2-129	—
11390	韋端符妻鄭霞士墓誌	咸通15(874)10月	—	—	陝西參-102	—	—
11391	崔藝卿墓誌	咸通15(874)10月	—	—	—	洛陽14-170	新獲121 龍門365
11392	趙恭墓誌	咸通15(874)10月	—	—	—	—	—
11393	劉嵩及妻張氏墓誌	咸通15(874)10月	—	—	—	—	—
11394	閭克縝墓誌	咸通15(874)11月	—	—	—	—	—
11395	焦復墓誌	咸通15(874)11月	—	—	—	—	—
11396	趙璜妻蘇嗣君墓誌	咸通15(874)11月	—	33-141	—	洛陽14-172	—
11397	孟元簡阿娘磚墓記	咸通15(874)12月	—	—	陝西貳-315	—	—
11398	陳士寧及妻李氏合葬墓誌	咸通15(874)12月	—	—	—	—	—
11399	陳仁允墓誌	咸通15(874)12月	—	—	江蘇壹-25	—	—

咸通

番號	F 北大	G 墓誌彙編	H 新編	I 補遺補編	J 地方	K 博物館・その他	L 日本目錄
11345	—	續咸通096	14-9922	7-151	—	—	—
11346	—	—	—	—	—	西市465	—
11347	06577	咸通108	14-9836	—	西北6-42	—	—
11348	—	續咸通098	15-10012	4-252	分類125	—	—
11349	—	續咸通097	15-10011	4-252	山東45 濟寧32 分類124	—	—
11350	—	咸通109	22-15505	—	—	—	—
11351	06578	—	—	—	—	—	—
11352	—	續寶曆010 續咸通099	13-8951	4-212	—	—	—
11353	06579	咸通110	22-15506	—	分類123	—	—
11354	06580	—	—	—	—	—	—
11355	06581	—	—	—	—	—	—
11356	—	—	—	—	—	—	—
11357	—	—	—	—	—	碑林新332	—
11358	06582	咸通111 乾符001	15-10031	1-414	—	—	—
11359	—	—	15-10013	6-190	—	—	—
11360	—	—	—	—	—	—	—
11361	—	咸通112	22-15507	2-583	—	碑林92-4402	—
11362	—	—	—	—	長新306 長碑208(566)	—	—
11363	—	—	—	—	—	西交博180	—
11364	—	—	—	8-219	—	—	—
11365	06583	—	—	—	—	—	—
11366	—	—	—	—	—	—	—
11367	—	咸通113	15-10014	4-254	—	—	—
11368	—	續咸通101	22-15507	—	—	—	—
11369	—	續咸通102	15-10016	4-253	—	北文35 北石28	—
11370	06584	咸通114	15-10015	4-256	—	唐宋369	人1644
11371	06585	—	—	—	—	—	—
11372	—	—	—	—	精華176	—	—
11373	—	—	—	—	—	碑林新333	—
11374	—	咸通115 續咸通100	15-10026	—	—	—	—
11375	—	—	—	—	—	碑林新334	—
11376	—	—	—	—	寧波45	—	—
11377	—	—	—	8-220	—	—	—
11378	—	—	—	—	—	碑林新335	—
11379	—	—	—	—	—	碑林新336	—
11380	06586	咸通116	15-10159	1-415	—	—	—
11381	06588	—	—	—	—	—	—
11382	06587	—	—	—	—	—	—
11383	—	咸通119	22-15507	7-423	—	—	—
11384	—	—	13-9143	6-191	—	—	—
11385	06589	咸通117	22-15507	1-416	—	—	—
11386	—	—	—	—	—	—	—
11387	06590	—	—	—	—	—	—
11388	06591	—	—	—	—	—	—
11389	—	續咸通103	15-10017	3-276	—	碑林92-4395	—
11390	—	—	—	7-152	長新308 長碑209(566)	—	—
11391	—	—	14-9845	6-192	—	—	—
11392	—	—	—	—	—	碑林續209	—
11393	—	—	—	—	—	碑林新337	—
11394	—	續咸通104	15-10019	8-222	—	—	—
11395	06592	—	—	—	—	—	—
11396	06594	咸通118	15-10018	4-256	—	唐宋370	人1648
11397	—	—	22-15501	2-583	—	磚刻1226	—
11398	06593	—	—	—	—	—	—
11399	—	—	—	—	—	—	—

咸通・乾符

番號	墓誌名	年號	A 題跋	B北圖	C 附考 新中国	D隋唐五代	E千唐・河南
11400	曹汾墓誌	咸通15(874)	215左下	—	—	—	—
11401	嚴恪墓誌	咸通12(871)～咸通15(874)間	—	—	—	—	秦晉831
11402	梅君墓誌	咸通間(860～874)	—	—	—	—	—
11403	窣堵波塔銘	咸通間(860～874)?	—	—	—	—	—
11404	戴君墓誌	咸通間(860～874)	215左下	—	—	—	—
11405	郭弘裕墓誌	乾符1(874)12月	—	—	—	—	秦晉830
11406	鄭無倦墓誌	乾符1(874)12月	—	—	—	—	秦續938
11407	陳君妻王氏墓誌	乾符1(874)12月	—	—	—	—	—
11408	劉君墓誌	乾符1(874)12月	—	—	—	—	—
11409	元子美墓誌	乾符1(874)12月	—	—	—	—	—
11410	劉敬文墓誌	乾符2(875)2月	—	—	—	—	—
11411	董君墓記	乾符2(875)2月	—	—	—	—	秦續939 流散318
11412	孫絢墓誌	乾符2(875)4月	—	—	—	洛陽14-173	—
11413	孫瓘墓誌	乾符2(875)4月	—	—	—	—	—
11414	劉阿延墓誌	乾符2(875)4月	215右上	33-142	—	—	—
11415	易節墓誌	乾符2(875)5月	—	—	—	—	—
11416	何檉妻王桂華墓誌	乾符2(875)7月	—	—	陝西參-103	—	—
11417	馬公度妻王氏墓誌	乾符2(875)7月	—	—	—	陝西4-162	—
11418	劉定師墓誌	乾符2(875)8月	—	33-143	—	北大2-156	—
11419	吳邵墓誌	乾符2(875)10月	—	—	河南參-334	—	—
11420	徐公鼎妻范氏墓誌	乾符2(875)10月	—	—	—	—	輯繩709
11421	黃直墓誌	乾符2(875)10月	—	—	—	北京2-137	—
11422	孟璁妻蕭威墓誌	乾符2(875)10月	—	—	—	—	新獲續270 河洛467 洛駕鴦64-2
11423	張邵墓誌	乾符2(875)10月	—	—	—	陝西4-163	—
11424	崔茂藻墓誌	乾符2(875)10月	—	—	—	洛陽14-174	千唐1194
11425	郭奕冲及妻張氏墓誌	乾符2(875)10月	—	—	—	—	秦晉832
11426	朱君妻李氏墓誌	乾符2(875)11月	—	—	—	—	—
11427	郭宣墓誌	乾符2(875)11月	—	33-144	—	北大2-157	—
11428	劉慶及妻郭氏墓誌	乾符2(875)11月	—	—	—	—	—
11429	安玄朗墓誌	乾符2(875)11月	—	—	—	北大2-158	—
11430	崔元膺墓誌	乾符3(876)2月	—	—	—	—	秦晉833
11431	崔懷義及妻王氏墓誌	乾符3(876)2月	—	—	—	—	—
11432	崔璘及妻李氏墓誌	乾符3(876)2月	—	33-145	—	洛陽14-175	千唐1195
11433	成殷墓誌	乾符3(876)2月	—	—	—	—	—
11434	高君妻崔繽墓誌	乾符3(876)2月	—	—	—	—	—
11435	崔鎮墓誌	乾符3(876)2月	—	—	河南參-335	—	—
11436	強瓊妻王氏墓誌	乾符3(876)2月	215右上	33-146	—	北大2-159	—
11437	楊君妻曹延美墓誌	乾符3(876)2月	—	—	—	—	—
11438	高思溫墓誌	乾符3(876)5月	215右上	—	—	—	—
11439	巢弘恖墓誌	乾符3(876)5月	—	—	—	—	—
11440	支訴妻鄭氏墓誌	乾符3(876)5月	—	33-147	—	洛陽14-176	千唐1196 洛絲159
11441	李當妻盧銚墓誌	乾符3(876)5月	—	—	—	—	秦續940
11442	楊君妻左太君墓誌	乾符3(876)5月	—	—	陝西貳-316	陝西2-130	—
11443	李再誠墓誌	乾符3(876)6月	—	—	—	—	—
11444	趙琮墓誌	乾符3(876)7月	215右下 219左上	33-148	—	江蘇130	—
11445	元君及妻庚氏墓誌	乾符3(876)7月	—	—	—	—	—
11446	高察妻裴氏墓誌	乾符3(876)8月	—	—	—	—	—
11447	馬國誠墓誌	乾符3(876)8月	—	—	—	—	—
11448	楊知退妻盧氏墓誌	乾符3(876)8月	—	33-149	—	洛陽14-177	千唐1197
11449	俞肅妻張貞媛墓誌	乾符3(876)8月	—	—	江蘇壹-26	—	—
11450	徐觀墓誌	乾符3(876)8月	—	—	—	—	邙洛278
11451	楊思立墓誌	乾符3(876)9月	—	33-150	—	洛陽14-178	千唐1198
11452	趙虔章墓誌	乾符3(876)9月	215右中	33-151	—	北大2-160	—

咸通・乾符

番號	F 北大	G 墓誌彙編	H 新編	I 補遺補編	J 地方	K 博物館・その他	L 日本目録
11400	—	—	—	—	—	—	—
11401	—	—	—	—	—	—	—
11402	—	—	22-15508	—	—	—	—
11403	—	—	14-9826	—	西北6-15	—	—
11404	—	—	—	—	—	—	—
11405	06595	—	—	—	—	—	—
11406	05696	—	—	—	—	—	—
11407	—	—	—	—	—	越窯126	—
11408	—	—	—	—	—	越窯124	—
11409	—	—	—	—	—	碑林續210	—
11410	06597	—	—	—	—	—	—
11411	—	—	—	—	—	—	—
11412	—	—	15-10032	6-193	—	—	—
11413	—	—	—	—	—	故宮182	—
11414	06598	乾符002	15-10128	—	西北6-44	—	—
11415	—	—	—	7-152	—	—	—
11416	—	—	—	7-425	長新310 長碑210(567)	—	—
11417	06599	續乾符001	15-10033	3-277	精華177	—	—
11418	—	乾符003	15-10128	—	西北6-45	碑林92-4407	—
11419	06600	—	—	千唐-416	—	—	—
11420	—	續乾符002	15-10034	6-194	—	—	—
11421	—	續乾符003	15-10035	4-257	—	北文36	—
11422	—	—	—	8-216	—	—	—
11423	—	續乾符004	15-10035	2-75	西北6-46 長碑(567)	—	—
11424	—	乾符004	15-10036	1-416	—	—	—
11425	—	—	—	—	—	—	—
11426	06601	—	—	—	—	—	—
11427	06602	乾符005	15-10037	4-258	西北6-47	故宮183	—
11428	06603	—	—	—	—	—	—
11429	06604	續乾符006	15-10044	7-153 中-1023	西南4-3	—	—
11430	—	—	—	—	—	—	—
11431	—	—	—	9-461	—	—	—
11432	06605	乾符006	15-10037	1-417	—	—	—
11433	06606	—	—	—	—	—	—
11434	—	—	—	—	—	唐末248	—
11435	06607	—	—	千唐-417	—	—	—
11436	—	乾符007	22-15508	—	西北6-48	—	—
11437	—	—	—	8-223	—	—	—
11438	06608	乾符008	22-15508	—	江揚64	—	—
11439	—	—	—	—	—	碑林續211	—
11440	06609	乾符009	14-9778	1-387	—	—	—
11441	06610	—	—	—	—	—	—
11442	—	續乾符005	15-10039	3-278	—	碑林93-4410	—
11443	—	—	—	—	—	碑林新338	—
11444	06611	殘誌028	15-10121	—	分類126	—	—
11445	06611	—	—	—	—	—	—
11446	06613	—	—	—	—	—	—
11447	—	—	—	—	—	碑林新339	—
11448	06612	乾符010	15-10040	—	—	—	—
11449	—	—	—	—	—	—	—
11450	F 北大	G 墓誌彙編	H 新編	I 補遺補編	J 地方	K 博物館・その他	L 日本目録
11451	06615	乾符011	15-10041	1-419	—	—	—
11452	06616	乾符012	15-10129	—	西北6-49	施唐330-331	—

乾符

番號	墓誌名	年號	A 題跋	B北圖	C 附考 新中国	D隋唐五代	E千唐・河南
11453	李通靈墓誌及鎭墓石	乾符3(876)10月	—	—	—	—	—
11454	韓處章墓誌	乾符3(876)10月	—	—	—	—	—
11455	李汭(昭王)墓誌	乾符3(876)10月	—	—	—	—	—
11456	李審妻殷氏墓誌	乾符3(876)11月	—	—	—	—	—
11457	李推賢墓誌	乾符3(876)11月	—	33-152	—	陝西2-131	—
11458	李辭墓誌	乾符3(876)11月	—	33-153	—	江蘇131	—
11459	歸仁晦及妻鄭氏墓誌	乾符3(876)11月	—	—	—	—	秦續941
11460	李榮益及妻史氏墓誌	乾符3(876)11月	—	—	—	—	—
11461	孫惟政墓誌	乾符3(876)11月	—	—	—	—	—
11462	王幼虞墓誌	乾符3(876)11月	—	—	陝西貳-317	—	—
11463	吳全續墓誌	乾符3(876)11月	—	—	—	陝西4-164	—
11464	劉文政妻崔氏墓誌	乾符3(876)11月	—	—	—	—	—
11465	王戩妻李氏墓誌	乾符3(876)	215右中	—	—	—	—
11466	米興及妻張氏墓誌	乾符4(877)1月	—	—	—	—	—
11467	韋君妻薛氏墓誌	乾符4(877)1月	—	—	—	—	—
11468	郭鏐墓誌	乾符4(877)1月	—	—	—	—	—
11469	釋敬章墓誌	乾符4(877)2月	—	—	上海-7	—	—
11470	鄭張八墓誌	乾符4(877)閏2月	—	—	—	—	新獲續271 河洛468
11471	王簡及妻趙氏墓誌	乾符4(877)3月	—	—	—	—	—
11472	王君妻張氏墓誌	乾符4(877)3月	—	—	陝西貳-318	陝西2-132	—
11473	崔君妻鄭氏墓誌	乾符4(877)4月	—	—	—	流散320	—
11474	崔豈妻鄭氏(號太素)墓誌	乾符4(877)4月	—	—	—	—	秦晉834 七朝376
11475	崔璘及妻李氏改葬墓誌	乾符4(877)4月	—	—	—	—	—
11476	郭鏐妻韋玨墓誌	乾符4(877)4月	—	—	—	—	—
11477	劉璟墓誌	乾符4(877)4月	—	—	—	—	秦續942 流散319
11478	崔君妻李萱墓誌	乾符4(877)4月	—	—	河南參-336	—	—
11479	李汝(康王)墓誌	乾符4(877)4月	—	—	陝西貳-319	—	—
11480	李濰(廣王)墓誌	乾符4(877)4月	215右下	—	—	—	—
11481	李顥妻張氏墓誌	乾符4(877)4月	—	—	—	—	秦晉835
11482	馬君妻竇氏墓誌	乾符4(877)4月	—	—	—	—	—
11483	張氏墓誌	乾符4(877)4月	—	—	—	—	—
11484	焦庭誨墓誌	乾符4(877)4月	—	—	—	—	—
11485	牛延宗墓誌	乾符4(877)5月	—	33-155	—	山西169	—
11486	蔡馴墓誌	乾符4(877)6月	—	—	—	—	—
11487	盧膺墓誌	乾符4(877)7月	—	—	—	—	秦續943
11488	李君妻韋氏墓誌	乾符4(877)7月	—	—	—	—	秦續944
11489	李顥墓誌	乾符4(877)7月	—	33-156	—	北大2-161	—
11490	薩璠墓誌	乾符4(877)7月	—	—	—	—	—
11491	李行莘(嗣陳王)墓誌	乾符4(877)7月	—	—	—	陝西4-165	—
11492	左用墓誌	乾符4(877)8月	—	—	河北壹-133	河北128	—
11493	崔滂妻李愻墓誌	乾符4(877)8月	—	33-157	—	洛陽14-179	千唐1199
11494	周孟瑤墓誌	乾符4(877)10月	—	—	陝西貳-320	—	—
11495	苗君妻劉氏墓誌	乾符4(877)10月	—	33-158	—	洛陽14-180	—
11496	劉再興及妻王氏睦氏墓誌	乾符4(877)10月	—	—	—	—	—
11497	高彬墓誌	乾符4(877)10月	—	—	—	洛陽14-181	輯繩710
11498	司馬榮及妻劉氏墓誌	乾符4(877)10月	—	—	—	—	—
11499	費倪(俯?)墓誌	乾符4(877)10月	—	—	—	—	—
11500	楊君妻李雅墓誌	乾符4(877)10月	—	—	陝西貳-321	陝西2-133	—
11501	蘇全紹墓誌	乾符4(877)10月	—	—	—	—	—
11502	李當及妻盧鈗墓誌	乾符4(877)10月	—	—	—	—	秦續946
11503	姚君及妻程氏墓誌	乾符4(877)10月	—	—	—	—	—
11504	蘇文釗及妻李氏王氏墓誌	乾符4(877)10月	—	—	—	—	秦續945
11505	蘇再誠及妻柴氏墓誌	乾符4(877)10月	—	—	—	—	—
11506	賈徹妻李氏墓誌	乾符4(877)10月	—	—	—	—	—
11507	鄭逢墓誌	乾符4(877)10月	—	—	河南壹-447	河南128	—
11508	張用墓誌	乾符4(877)10月	—	—	—	江蘇132	—

番號	F北大	G墓誌彙編	H 新編	I補遺補編	J 地方	K 博物館・その他	L 日本目錄
11453	—	—	—	—	—	碑林續212	—
11454	—	—	—	—	—	西市466	—
11455	—	—	—	—	—	碑林新340	—
11456	—	—	—	—	大同104 大全・南郊54	—	—
11457	—	乾符013	15-10043	3-279	西北6-50	碑林93-4417	—
11458	—	續乾符007	15-10045	4-259 中-1030	江揚65	—	—
11459	06617	—	—	—	—	北大新拓168(240)	—
11460	—	—	—	—	—	碑林新341	—
11461	06618	—	—	—	—	—	—
11462	—	續乾符008	15-10045	6-195	長碑211(568)	碑林93-4422 碑林新342	—
11463	—	續乾符019	15-10104	2-76	西北6-51 精華178	—	—
11464	06619	—	—	—	—	—	—
11465	—	—	—	—	—	—	—
11466	06620	—	—	—	—	—	—
11467	—	—	—	—	長新312 長碑212(568)	—	—
11468	—	—	—	—	—	碑林續213	—
11469	—	乾符014	22-15509	7-154	—	—	—
11470	—	—	—	8-225	—	—	—
11471	06621	—	—	—	—	—	—
11472	—	續乾符009	15-10046	3-280	—	碑林93-4444	—
11473	—	—	—	—	—	—	—
11474	06622	—	—	—	—	北大新拓169(241)	—
11475	—	—	15-10039	4-259	—	—	—
11476	—	—	—	—	—	碑林續214	—
11477	06623	—	—	—	—	—	—
11478	06624	—	—	千唐-418	—	—	—
11479	—	續乾符011	15-10060	6-195	—	碑林93-4428 碑林新343	—
11480	—	續乾符010	15-10059	7-155	—	—	—
11481	06625	—	—	—	—	西市467	—
11482	06626	—	—	—	—	—	—
11483	—	—	—	—	—	—	淑686
11484	06627	—	—	—	—	—	—
11485	—	乾符015	22-15509	6-491	—	施碑選301	—
11486	06628	—	—	—	—	—	—
11487	—	—	—	—	—	—	—
11488	—	—	—	—	—	—	—
11489	06629	乾符016	15-10098	4-260	西北6-52	故宮184	人1650 淑687 淑688
11490	—	—	—	—	大全・堯都18	—	—
11491	—	續乾符012	15-10098	2-78	西北6-53 精華179	—	—
11492	—	續乾符013	22-15009	4-512	邯鄲碑037	—	—
11493	06630	乾符017	15-10099	1-421	—	—	—
11494	—	—	—	7-155	—	碑林補-77 碑林新344	—
11495	06631	乾符018	15-10102	1-422	—	曲石91 南京97	—
11496	06632	—	—	—	—	—	—
11497	—	續乾符014	22-15510	6-196	景州265 景縣438	—	—
11498	06634	—	—	—	—	—	—
11499	—	—	—	—	—	南京96	—
11500	—	續乾符015	15-10102	3-281	—	碑林93-4433	—
11501	—	—	—	—	宣化3	—	—
11502	—	—	—	—	—	—	—
11503	06636	—	—	—	—	—	—
11504	06635	—	—	—	—	—	—
11505	06637	—	—	—	—	—	—
11506	06638	—	—	—	—	—	—
11507	—	續乾符017	15-10103	5-48	—	—	—
11508	—	續乾符018	22-15511	4-512	山東46 分類127	—	—

乾符

番號	墓誌名	年號	A 題跋	B北圖	C 附考 新中國	D隋唐五代	E千唐・河南
11509	李侃及妻任氏趙氏王氏墓誌	乾符4(877)10月	—	—	—	—	—
11510	盧君妻鄭誼墓誌	乾符4(877)11月	—	—	—	—	新獲續272
11511	馬幹及妻史氏墓誌	乾符4(877)11月	—	—	—	—	—
11512	崔紹墓誌	乾符4(877)11月	—	33-159	—	洛陽14-182	—
11513	田卿墓誌	乾符4(877)12月	—	—	—	—	—
11514	董翊墓誌	乾符4(877)	215右下	—	—	—	—
11515	崔曄妻李道因墓誌	乾符5(878)1月	—	33-160	—	洛陽14-183	—
11516	裴君妻翟氏墓誌	乾符5(878)2月	—	—	—	—	新獲續273
11517	崔植墓誌	乾符5(878)4月	—	33-161	—	洛陽14-184	千唐1200
11518	盧陟女樂娘墓誌	乾符5(878)5月	—	33-162	—	洛陽14-185	千唐1201
11519	□繪光墓誌	乾符5(879)5月	—	—	—	—	—
11520	薛君妻趙素眞墓誌	乾符5(878)6月	—	—	—	—	秦續947
11521	韋詢墓誌	乾符5(878)7月	—	—	—	—	—
11522	靳和及妻常氏墓誌	乾符5(878)8月	—	—	—	—	—
11523	蘇氏墓誌	乾符5(878)9月	—	—	—	江蘇133	—
11524	張居直墓誌	乾符5(878)10月	—	—	—	—	—
11525	龐君妻趙氏墓誌	乾符5(878)10月	—	—	—	—	秦晉836
11526	蔡君妻張氏墓誌	乾符5(878)10月	216左上	33-171	—	江蘇134	—
11527	孫綏墓誌	乾符5(878)10月	—	—	—	江蘇136	—
11528	傅簡文及妻董氏墓誌	乾符5(878)10月	216左上	—	—	江蘇135	—
11529	韓綏墓誌	乾符5(878)10月	—	33-172	—	洛陽14-186	千唐1202
11530	王公操墓誌	乾符5(878)10月	—	—	陝西貳-322	陝西2-134	—
11531	楊芸(字子書)墓誌	乾符5(878)10月	215右下	33-173	—	北京2-138	—
11532	韋君妻李挂墓誌	乾符5(878)11月	—	—	—	—	—
11533	韋君妻周氏墓誌	乾符5(878)11月	—	—	—	—	—
11534	成君信墓誌	乾符5(878)11月	—	33-174	—	江蘇137	—
11535	錢烏娘墓誌	乾符5(878)12月	—	—	—	—	—
11536	丘常墓誌	乾符5(878)12月	—	—	—	—	—
11537	王睿墓誌	乾符5(878)12月	—	—	—	—	—
11538	蕭傲墓誌	乾符5(878)	216左中	—	—	—	—
11539	張恭及妻李氏墓誌	乾符6(879)2月	—	—	—	—	—
11540	段瓊墓誌	乾符6(879)2月	—	—	陝西貳-323	陝西2-135	—
11541	耿庸及妻王氏墓誌	乾符6(879)2月	216左中	33-176	—	江蘇138	秦續948
11542	崔浩墓誌	乾符5(879)2月	—	—	—	—	秦續948
11543	崔彥沖及妻柳氏墓誌	乾符6(879)2月	—	—	—	—	秦晉837
11544	郭君妻龐氏墓誌	乾符6(879)2月	—	—	—	—	—
11545	劉思友妻王氏墓誌	乾符6(879)2月	216左中	33-177	—	洛陽14-187	輯繩711
11546	張中立墓誌	乾符6(879)4月	216左下	—	—	—	—
11547	楊釗墓誌	乾符6(879)4月	—	—	—	—	—
11548	宋氏墓誌	乾符6(879)4月	216左下	33-178	—	北京2-139	—
11549	支訥墓誌	乾符6(879)5月	—	33-179	—	洛陽14-188	輯繩712 民族173 洛絲160
11550	李皋墓誌	乾符6(879)5月	—	—	—	—	秦晉838
11551	郭楚及妻魏氏苗氏墓誌	乾符6(879)8月	—	—	—	山西170	—
11552	盧槃及妻薛氏墓誌	乾符6(879)8月	—	—	—	—	新獲續274 河洛469
11553	郭君妻烏氏墓誌	乾符6(879)8月	—	—	—	—	秦續951
11554	王季初墓誌	乾符6(879)8月	—	—	陝西貳-324	陝西2-136	—
11555	李長墓誌	乾符6(879)8月	—	—	河南參-337	—	—
11556	李侹(涼王)墓誌	乾符6(879)8月	—	—	—	陝西4-166	—
11557	高君妻陳氏墓誌	乾符6(879)8月	—	—	—	陝西4-167	—
11558	盧君妻李氏墓誌	乾符6(879)8月	—	—	—	—	新出320 洛鴛鴦65-2
11559	韓宗穗墓誌	乾符6(879)8月	—	—	北京壹-35	—	—
11560	王詢墓誌	乾符6(879)9月	—	—	—	—	河洛470
11561	韓玫墓誌	乾符6(879)9月	216左下	—	—	—	—
11562	成君妻李氏墓誌	乾符6(879)10月	—	—	—	—	—

番號	F北大	G墓誌彙編	H 新編	I補遺補編	J 地方	K 博物館・その他	L 日本目録
11509	06639	—	—	—	—	—	—
11510	—	—	—	8-225	—	—	—
11511	06640	—	—	—	—	—	—
11512	06641	乾符019	15-10101	1-422	—	曲石92 南京98	—
11513	06642	—	—	—	—	—	—
11514	—	—	—	—	—	—	—
11515	06643	乾符020	14-9845	1-394	—	曲石93 南京99	—
11516	—	—	—	8-226	—	—	—
11517	06644	乾符021	15-10105	1-423	—	—	—
11518	06645	乾符022	22-15512	1-424	—	—	—
11519	—	—	—	—	—	唐末250	—
11520	06646	—	—	—	—	—	—
11521	06447	—	—	—	長新314 長碑213(569)	—	—
11522	06648	—	—	—	—	—	—
11523	—	續乾符020	22-15512	4-513	—	磚刻1227	—
11524	—	—	—	—	—	—	淑689
11525	06649	—	—	—	—	—	—
11526	06650	乾符023	15-10106	4-261	江揚66	—	—
11527	—	續乾符021	15-10107	4-261	江揚68	—	—
11528	—	乾符024	22-15512	4-513	江揚67	—	—
11529	06651	乾符025	15-10107	1-424	—	—	—
11530	—	續乾符022	15-10108	3-281	—	碑林93-4448	—
11531	06652	乾符026	15-10128	—	西北6-54	—	人1651 東1520 淑690
11532	—	—	—	7-156	長碑214(570)	—	—
11533	—	—	—	—	—	西市468	—
11534	06653	乾符027	22-15513	—	分類128	—	—
11535	—	乾符028 續乾符023	15-10525	3-282	—	碑林93-4455	—
11536	06654	—	—	—	—	—	—
11537	—	—	—	—	—	唐末252	—
11538	—	—	—	—	—	—	—
11539	06655	—	—	—	—	—	—
11540	—	續乾符024	15-10110	3-283	西北6-56	碑林93-4460	—
11541	06657	乾符029	19-13064	—	—	—	—
11542	06656	—	—	—	—	碑林續215	—
11543	—	—	—	—	—	—	—
11544	06658	—	—	—	—	—	—
11545	06658	乾符030	15-9979	4-245	—	—	—
11546	—	乾符031	19-13021	—	—	—	—
11547	—	—	—	—	宣化2	—	—
11548	06660	乾符032	22-15513	7-425	—	—	—
11549	06661	乾符033	15-10109	4-262	—	—	—
11550	06662	—	—	—	—	—	—
11551	—	續乾符025	22-15514	7-424	—	—	—
11552	—	—	—	8-206	—	—	—
11553	06663	—	—	—	—	—	—
11554	—	—	15-10111	3-284	—	碑林93-4465	—
11555	06664	—	—	千唐-419	—	—	—
11556	—	續乾符026	15-10059	2-79	西北6-58 精華181	—	—
11557	—	續乾符027	15-10112	2-79	西北6-57 精華180	—	—
11558	06665	—	—	9-421	—	—	—
11559	—	—	—	—	—	—	—
11560	—	—	—	—	—	西市469	—
11561	—	—	—	—	—	—	—
11562	06666	—	—	—	—	唐末253	—

乾符・廣明

番號	墓誌名	年號	A 題跋	B北圖	C 附考 新中国	D隋唐五代	E千唐・河南
11563	程誼及妻成氏墓誌	乾符6(879)10月	—	—	河北壹-134	河北130	—
11564	李釗及妻楊氏墓誌	乾符6(879)10月	—	—	河南參-338	—	—
11565	王寂墓誌	乾符6(879)10月	—	—	—	—	—
11566	黄公俊墓誌	乾符6(879)10月	215右下	—	—	—	—
11567	褚榮墓誌	乾符6(879)10月	216左下	—	—	—	—
11568	郭全豐及妻宋氏墓誌	乾符6(879)閏10月	—	33-181	—	山西171	—
11569	孫持一墓誌	乾符6(879)閏10月	—	—	—	河南129	輯繩713
11570	李裔墓誌	乾符6(879)閏10月	—	—	—	—	—
11571	裴讓及妻崔氏墓誌	乾符6(879)閏10月	—	—	—	—	新獲續275 河洛471
11572	王興及妻劉氏李氏墓誌	乾符6(879)閏10月	—	—	—	—	—
11573	王尚準妻劉氏墓誌	乾符6(879)閏10月	—	—	北京壹-36	—	—
11574	申屠珣及妻賀氏墓誌	乾符6(879)11月	—	33-182	—	山西172	—
11575	成公瑤墓誌	乾符6(879)11月	—	—	—	—	秦續949
11576	李釗墓誌	乾符6(879)11月	—	—	—	—	—
11577	白敬宗及妻姚氏李氏墓誌	乾符6(879)11月	—	—	陝西壹-149	—	—
11578	劉運及妻趙氏墓誌	乾符6(879)11月	—	—	—	—	秦續950 流散321
11579	劉昭墓誌	乾符6(879)12月	—	—	—	—	—
11580	姚從著妻劉氏墓誌	乾符6(879)	—	—	—	—	—
11581	高君妻劉氏墓誌	乾符6(879)	216左下	—	—	—	—
11582	霍君妻李氏墓誌	乾符6(879)	216左下	—	—	—	—
11583	茹弘慶墓誌	乾符7(880)1月	—	—	北京壹-37	北京2-140	—
11584	裴恭孫墓誌	乾符7(880)1月	—	—	河南參-339	—	—
11585	劉楚墓誌	乾符7(880)1月	—	—	—	—	—
11586	王用墓誌	乾符7(880)1月	—	—	—	—	—
11587	宋晟及妻王氏墓誌	乾符7(880)1月	—	—	—	—	—
11588	孫讜墓誌	咸通14(873)～乾符7(880)7月	219左中	34-196	—	洛陽15-7	—
11589	韋承素墓誌	廣明1(880)1月	—	—	—	—	—
11590	郭文慶及妻王氏成氏墓誌	廣明1(880)1月	—	—	—	—	—
11591	陳諷及妻任氏墓誌	廣明1(880)2月	—	—	—	陝西4-168	—
11592	曹潤興及妻程氏墓誌	廣明1(880)2月	—	—	—	—	秦晉839 七朝377
11593	段文楚墓誌	廣明1(880)4月	—	—	—	—	秦續952
11594	衛巨論墓誌	廣明1(880)4月	—	—	—	—	秦續953
11595	師弘禮墓誌	廣明1(880)4月	—	—	陝西貳-325	陝西2-137	—
11596	尼善悟塔銘	廣明1(880)7月	216右上	34-1	—	江蘇139	—
11597	支謨墓誌	廣明1(880)7月	—	—	—	—	民族173 洛絲161 七朝378
11598	夏侯淑妻裴瑾墓誌	廣明1(880)7月	—	—	—	—	河洛472
11599	鄧周南墓誌	廣明1(880)8月	—	—	—	—	—
11600	郭元貴墓誌	廣明1(880)10月	—	—	—	—	—
11601	馬連及妻王氏墓誌	廣明1(880)10月	—	—	—	—	—
11602	張師儒墓誌	廣明1(880)10月	216右上	—	—	北大2-162	—
11603	張周抗妻何氏墓誌	廣明1(880)10月	—	—	—	—	—
11604	慕容政及妻崔氏高氏墓誌	廣明1(880)10月	—	—	—	—	秦晉840
11605	柳延宗墓誌	廣明1(880)10月	—	34-2	—	洛陽14-189	千唐1203
11606	孫幼實墓誌	廣明1(880)10月	—	34-3	—	洛陽14-190	千唐1204
11607	田用及妻張氏墓誌	廣明1(880)10月	—	—	—	—	—
11608	李君墓誌	廣明1(880)10月	—	—	—	—	—
11609	李公殷墓誌	廣明1(880)10月	—	—	—	—	—
11610	呂君晟及妻蘭氏墓誌	廣明1(880)10月	—	—	—	—	邙洛279
11611	皇甫端墓誌	廣明1(880)10月	—	—	—	—	—
11612	李茂昌墓誌	廣明1(880)11月	—	—	—	—	新獲續276
11613	錢又玄墓誌	廣明1(880)11月	—	—	—	—	龍門367
11614	崔貽孫墓誌	廣明1(880)11月	—	—	—	—	—
11615	范君妻夏氏墓誌	廣明1(880)12月	—	—	—	—	—

乾符・廣明

番號	F北大	G墓誌彙編	H 新編	I 補遺補編	J 地方	K 博物館・その他	L 日本目録
11563	—	續乾符028	22-15514	4-513	邯鄲碑024	—	—
11564	—	—	—	千唐-420	—	—	—
11565	—	—	—	—	濮陽11	—	—
11566	—	乾符034	15-10417	—	—	—	—
11567	—	—	—	—	—	—	—
11568	06668	乾符035	22-15513	6-492	—	故宮185	—
11569	—	續乾符029	22-15515	6-197	—	—	—
11570	—	—	—	—	長新316 長碑216(572)	—	—
11571	—	—	—	8-226	—	—	—
11572	06667	—	—	—	—	—	—
11573	—	—	—	—	—	—	—
11574	06670	乾符036	22-15515	6-493	—	故宮186	—
11575	06669	—	—	—	—	—	—
11576	06671	—	—	—	—	—	—
11577	06672	續乾符030	22-15516	1-413 中-1032	—	—	—
11578	06673	—	—	—	—	—	—
11579	—	—	—	—	—	西市470	—
11580	—	—	—	—	—	越窯128	—
11581	—	—	—	—	—	—	—
11582	—	—	—	—	—	—	—
11583	—	續乾符031	15-10113	4-263 中-1032	—	北文37	—
11584	06674	—	—	千唐-421	—	—	—
11585	06675	—	—	—	—	—	—
11586	—	—	—	—	—	碑林新345	—
11587	06676	—	—	—	—	—	—
11588	06805	殘誌015	14-9601	3-247	—	—	—
11589	—	—	—	—	長新318 長碑218(573)	—	—
11590	06677	—	—	—	—	—	—
11591	06678	續廣明001	15-10136	3-285	長新320 長碑219(573)	—	—
11592	—	—	—	—	—	—	—
11593	06679	—	—	—	—	—	—
11594	06680	—	—	—	—	碑林續216	—
11595	—	廣明001	15-10133	1-425	西北6-60	碑林93-4472	—
11596	—	廣明002	22-15516	3-307	江揚69	南京100	—
11597	06681	—	—	—	—	北大新拓170(242)	—
11598	06682	—	—	—	—	西市471	明洛117
11599	06683	—	—	—	—	—	—
11600	—	—	—	—	—	碑林新346	—
11601	—	—	—	—	邯鄲碑149	—	—
11602	06685	廣明005	15-10408	—	西北6-59	故宮187 施唐332	人1654 淑691
11603	06684	廣明003	22-15517	7-425	—	—	—
11604	06686	—	—	—	—	—	—
11605	06687	廣明004	15-10134	1-426	—	—	—
11606	06688	廣明006	14-9601	1-404	—	—	—
11607	06689	—	—	—	—	—	—
11608	—	—	—	—	—	—	—
11609	—	—	—	—	分類130	—	—
11610	—	—	—	—	—	—	—
11611	—	—	—	9-462	—	—	—
11612	—	—	—	8-227	—	—	—
11613	06690	—	—	—	—	西市472	明洛118
11614	—	續廣明002	15-10137	1-427	—	磚刻1228	—
11615	—	—	—	—	寧波47	—	—

廣明・中和

番號	墓誌名	年號	A 題跋	B北圖	C 附考 新中国	D隋唐五代	E千唐・河南
11616	楊公政妻郭氏墓誌	廣明1(880)12月	－	－	－	－	－
11617	王子賢妻陸氏墓誌	廣明1(880)	－	－	－	－	－
11618	滕氏墓誌	廣明1(880)	216右上	－	－	－	－
11619	段充及妻高氏墓誌	廣明2(881)1月	－	－	－	－	－
11620	趙宷及妻馬氏墓誌	廣明2(881)1月	－	－	－	山西173	－
11621	李元順墓誌	廣明2(881)2月	－	－	－	－	－
11622	袁寅及妻田氏墓誌	廣明2(881)2月	－	－	河北壹-135	河北131	－
11623	李杼妻盧氏墓誌	廣明2(881)5月	－	－	－	－	－
11624	李公綽墓誌	廣明2(881)6月	－	－	－	－	龍門366 秦晉841
11625	□頊墓誌	廣明2(881)7月卒	216右上	－	－	－	－
11626	傅存及妻李氏墓誌	廣明2(881)8月	－	－	－	江蘇110	－
11627	盧貽殷墓誌	廣明2(881)8月	－	－	－	－	秦續954
11628	竇氏墓誌	廣明2(881)8月	－	－	－	－	－
11629	祖君妻楊氏墓誌	中和1(881)11月	216右中	34-8	－	北大2-163	－
11630	程士庸墓誌	中和1(881)12月	－	－	－	－	－
11631	鄭惟弘及妻尹氏墓誌	中和1(881)12月	－	－	－	－	－
11632	蕭澤墓誌	中和1(881)	216右中	－	－	－	－
11633	魏君墓誌	中和1(881)	216右中	－	－	－	－
11634	馬直及妻傅氏墓誌	中和2(882)1月	－	－	－	－	－
11635	崔錡妻鄭徽墓誌	中和2(882)1月	－	－	河南參-340	－	－
11636	樂邦穗墓誌	中和2(882)2月	－	－	－	－	－
11637	李愉母元氏墓誌	中和2(882)2月	－	－	－	－	新獲續277 邙洛280 民族157
11638	胡辯及妻李氏墓誌	中和2(882)2月	－	－	－	－	－
11639	王君墓誌	中和2(882)2月	216右中	34-10	－	北京2-142	－
11640	李氏墓誌	中和2(882)3月	－	－	河北壹-136	河北132	－
11641	龔雅妻徐氏墓誌	中和2(882)5月	－	－	江蘇壹-27	－	－
11642	郭君妻李氏墓誌	中和2(882)5月	－	－	－	－	－
11643	姚嚴母王氏墓誌	中和2(882)5月	－	－	－	－	秦續955
11644	□播妻吳氏墓誌	中和2(882)7月	－	－	－	－	－
11645	李叔沙及妻安氏墓誌	中和2(882)閏7月	－	－	－	－	河洛473
11646	申明及妻李氏墓誌	中和2(882)8月	－	－	－	－	－
11647	成廷宗妻張戣墓誌	中和2(882)8月	－	－	－	－	秦晉842
11648	曹師及妻申氏墓誌	中和2(882)8月	－	－	－	－	－
11649	陸駢墓誌	中和2(882)9月	216右中	－	－	－	－
11650	丘文恭及妻李氏墓誌	中和2(882)10月	－	－	－	－	－
11651	□亮墓誌	中和2(882)10月	－	－	－	－	－
11652	馬公亮及妻李氏墓誌	中和2(882)10月	－	－	河南壹-179	河南130	－
11653	侯元弘墓誌	中和2(882)11月	－	－	－	－	－
11654	李洙及妻韓氏墓誌	中和2(882)11月	－	－	－	－	－
11655	范寓(寅)墓誌	中和2(882)11月	216右中	34-11	－	北大2-164	－
11656	戴昭墓誌	中和2(882)12月	216右下	－	－	－	－
11657	李杼墓誌	中和2(882)12月	－	－	－	－	－
11658	李杼妻盧氏合葬墓誌	中和2(882)12月	－	－	－	－	－
11659	王公頒及妻張氏墓誌	中和3(883)2月	－	－	－	－	－
11660	敬延祚墓誌	中和3(883)2月	216右下	34-12	－	北大2-165	－
11661	元素及妻王氏墓誌	中和3(883)2月	－	－	－	－	－
11662	倪珂墓誌	中和3(883)2月	－	－	－	－	－
11663	王亮及妻范氏墓誌	中和3(883)2月	－	－	－	－	－
11664	張免及妻唐氏墓誌	中和3(883)2月	－	－	－	山西174	－
11665	崔敬嗣墓誌	中和3(883)4月	－	－	－	－	新獲122 龍門368
11666	邢通及妻龐氏墓誌	中和3(883)9月	－	－	－	－	－
11667	張達墓誌	中和3(883)10月	－	－	河北壹-137	－	－
11668	祁振墓誌	中和3(883)10月	－	－	－	－	河洛474

廣明・中和

番號	F北大	G墓誌彙編	H 新編	I 補遺補編	J 地方	K 博物館・その他	L 日本目録
11616	06691	—	—	—	—	—	—
11617	—	—	—	—	分類129	—	—
11618	—	—	—	—	—	—	—
11619	—	—	—	—	保定19	—	—
11620	06692	續廣明003	22-15518	7-426	—	—	—
11621	06693	—	—	—	—	—	—
11622	—	續廣明004	22-15518	6-493	—	—	—
11623	06694	—	—	8-228	杏園44	—	—
11624	06695	—	—	—	—	西市473	明洛119
11625	—	廣明007	15-10135	7-157	—	—	—
11626	—	續廣明005	15-10137	7-137 8-199	—	—	—
11627	—	—	—	—	—	—	—
11628	—	—	—	—	—	碑林新347	—
11629	06696	中和001	15-10131	3-287	—	故宮188 施碑選302	人1657 東1524
11630	—	—	15-10409	—	—	—	—
11631	06697	—	—	—	—	—	—
11632	—	—	—	—	—	—	—
11633	—	—	—	—	—	—	—
11634	—	—	—	—	—	西市474	—
11635	06698	—	—	千唐-421	—	—	—
11636	06699	—	—	—	—	唐末254	—
11637	—	—	—	8-229	—	—	—
11638	06700	—	—	—	—	—	—
11639	06701	中和002	22-15519	5-438	—	故宮189	人1658 東1525 淑692
11640	—	續中和001	22-15519	4-514	—	—	—
11641	—	—	—	下-1900	—	—	—
11642	06702	—	—	—	—	—	—
11643	—	—	—	—	—	—	—
11644	—	—	—	—	—	越窯132	—
11645	—	—	—	—	—	—	—
11646	06703	—	—	—	—	—	—
11647	—	—	—	—	—	—	—
11648	06704	—	—	—	—	—	—
11649	—	—	—	—	—	—	—
11650	—	—	—	—	—	碑林新348	—
11651	—	—	—	—	—	越窯134	—
11652	06705	續中和002	22-15520	7-427	—	—	—
11653	—	—	—	—	—	北文39	—
11654	06707	—	—	—	—	—	—
11655	06706	中和003	15-10139	3-287	—	—	人1659 東1526
11656	—	中和004	15-10027	—	—	—	—
11657	06103	—	—	8-181	杏園46	—	—
11658	06708	—	—	8-230	杏園45	—	—
11659	06711	—	—	—	—	—	—
11660	06710	中和005	15-10130	3-288	—	—	人1660
11661	06712	—	—	—	—	—	—
11662	06713	—	—	—	—	—	—
11663	06714	—	—	—	—	—	—
11664	—	續中和003	22-15520	7-427	沁州180 長治196	—	—
11665	—	—	15-10138	6-198	—	—	—
11666	—	中和006	15-10140	8-231	—	—	—
11667	—	—	—	—	保定20	—	—
11668	—	—	—	—	—	西市475	—

中和・光啓・文德

番號	墓誌名	年號	A 題跋	B北圖	C 附考 新中国	D隋唐五代	E千唐・河南
11669	張建章墓誌	中和3(883)10月	—	34-13 34-14	—	北京2-143 北京2-144	—
11670	戚高墓誌	中和3(883)10月	217左下	34-15	—	北大2-166	—
11671	宋氏墓誌	中和3(883)11月	—	—	—	—	—
11672	夏侯君墓誌	中和3(883)11月	—	—	—	—	—
11673	楊漢公妻韋媛墓誌	中和3(883)11月	—	—	—	洛陽14-191	—
11674	戴芳墓誌	中和3(883)12月	216右下	—	—	—	—
11675	李俅墓誌	中和3(883)12月	—	—	—	—	—
11676	郭承遇墓誌	中和3(883)12月	—	—	—	—	—
11677	馬良及妻梁氏墓誌	中和3(883)1□月	—	—	河北壹-138	河北133	—
11678	董春及妻粟氏墓誌	中和4(884)1月	—	—	—	—	—
11679	盧嶽墓誌	中和4(884)3月	—	—	—	—	秦晉843
11680	成虔威墓誌	中和4(884)7月	—	—	—	—	—
11681	耿宗倚及妻王氏墓誌	中和4(884)10月	—	—	—	北京2-141	—
11682	盧彰母戴氏墓誌	中和4(884)10月	—	34-17	—	洛陽14-192	輯繩714
11683	韋士逸墓誌	中和4(884)10月	—	34-18	—	北大2-167 陝西2-138	—
11684	秦賁及妻牛氏墓誌	中和4(884)11月	—	—	—	—	—
11685	張武及妻韓氏墓誌	中和4(884)11月	—	—	—	—	—
11686	李巡墓誌	中和5(885)1月	—	—	—	—	—
11687	趙公亮墓誌	中和5(885)3月	—	—	河北壹-139	河北134	—
11688	駱潛墓誌	中和5(885)8月	—	—	—	江蘇140	—
11689	蔡政及妻劉氏墓誌	中和5(885)9月	—	—	河北壹-140	河北129	—
11690	李慶及妻高氏粟氏墓誌	中和5(885)10月	—	—	—	—	—
11691	崔環墓誌	中和5(885)11月	—	—	—	—	—
11692	郭宗及妻傅氏秦氏墓誌	中和5(885)11月	—	—	—	—	—
11693	董惟誼墓誌	中和5(885)11月	—	—	—	—	—
11694	何琮墓誌	中和5(885)11月	—	—	—	—	—
11695	陳進及妻李氏墓誌	中和6(886)1月	—	—	—	—	—
11696	烏元守墓誌	中和6(886)1月	—	—	—	—	—
11697	陳公宜妻李氏墓誌	中和6(886)2月	—	—	—	—	—
11698	崔瑾墓誌	乾符5～中和間 (878～885)	217左上	—	—	—	—
11699	車君墓誌	光啓1(885)12月	217左上	—	—	—	—
11700	魏□妻鄭連墓誌	光啓2(886)1月	—	—	—	—	—
11701	劉源武及妻程氏墓誌	光啓2(886)3月	—	—	—	—	—
11702	劉仲及妻范氏墓誌	光啓2(886)3月	—	—	—	河北135	—
11703	李讓及錢氏墓誌	光啓2(886)5月	—	—	江蘇壹-28	—	—
11704	吳綏妻衞氏墓誌	光啓2(886)6月	—	—	—	江蘇141	—
11705	李君妻王氏墓誌	光啓2(886)7月	—	34-20	—	北京2-145	—
11706	郭瓊妻李氏墓誌	光啓2(886)11月	—	—	—	—	—
11707	雍晏墓誌	光啓2(886)11月	—	—	—	—	秦晉844
11708	王文進及妻李氏張氏程氏李氏墓誌	光啓2(886)11月	—	—	—	—	—
11709	劉琮及妻張氏墓誌	光啓2(886)12月	—	—	—	—	—
11710	陵(凌)個墓誌	光啓3(887)2月	—	—	—	—	—
11711	衞元靖及妻張氏墓誌	光啓3(887)4月	—	—	—	—	—
11712	劉士平妻崔氏墓誌	光啓3(887)5月	—	—	—	—	—
11713	黑元武墓誌	光啓3(887)10月	—	—	—	—	秦晉845
11714	□約言墓誌	光啓4(888)1月	—	—	—	—	秦續956
11715	張仲平墓誌	光啓4(888)3月	—	—	—	—	—
11716	劉鈴及妻李氏墓誌	文德1(888)5月	—	—	北京壹-38	北京2-146	—
11717	檀肱墓誌	文德1(888)8月	—	—	—	—	—
11718	郭順墓誌	文德1(888)11月	—	—	陝西壹-150	—	—

中和・光啓・文德

番號	F北大	G墓誌彙編	H 新編	I補遺補編	J 地方	K 博物館・その他	L 日本目録
11669	06715	中和007	15-10418	3-289	精粹224 精粹225 精粹226	北文40	—
11670	06716	中和008	15-10031	3-290	—	故宮190	人1662 淑693
11671	—	—	—	—	南歷33	—	—
11672	—	—	—	—	南歷32	—	—
11673	—	—	15-10141	6-199	—	—	—
11674	—	中和009	15-10132	—	—	—	—
11675	06717	—	—	—	—	—	—
11676	—	—	—	—	—	碑林新349	—
11677	—	—	15-10212	—	—	—	—
11678	—	—	—	—	—	碑林新350	—
11679	06718	—	—	—	—	西市476	明洛120
11680	06719	—	—	—	—	—	—
11681	—	續中和004	15-10144	4-264	—	北文38	—
11682	06720	中和010	15-10142	6-200	—	—	—
11683	06721	中和011	22-15520	—	西北6-61	—	—
11684	—	—	—	—	大全・平順9	—	—
11685	—	中和012	22-15521	7-428	—	施碑選303	—
11686	06722	—	—	—	分類131	—	—
11687	—	續中和005	15-10145	4-265	—	—	—
11688	—	中和013	15-10143	4-266	江揚70	—	—
11689	—	續乾符016	22-15511	5-47	—	—	—
11690	06723	—	—	—	—	—	—
11691	06724	—	—	—	—	—	—
11692	06725	—	—	—	—	—	—
11693	06726	—	—	—	—	—	—
11694	—	—	—	—	安陽選56	—	—
11695	06727	—	—	—	—	—	—
11696	—	—	—	—	—	碑林新351	—
11697	—	—	—	—	—	碑林新352	—
11698	—	—	—	—	—	—	—
11699	—	—	—	—	—	—	—
11700	—	—	—	—	安陽選(28)	—	—
11701	06728	—	—	—	—	—	—
11702	—	續光啓001	15-10161	4-267	河北276	—	—
11703	—	—	—	—	—	—	—
11704	—	光啓001	15-10161	1-427	江揚71	—	—
11705	06729	光啓002	15-10162	3-291	西北6-62	故宮191	—
11706	—	—	—	—	濮陽12	—	—
11707	06730	—	—	—	—	—	—
11708	—	光啓003	22-15521	7-429	—	—	—
11709	06731	—	—	—	—	—	—
11710	—	—	—	7-158	—	越窯136	—
11711	06732	—	—	—	—	—	—
11712	06733	—	—	—	—	—	—
11713	—	—	—	—	—	西市477	—
11714	—	—	—	—	—	—	—
11715	—	光啓004	22-15522	7-429	—	—	—
11716	—	續文德001	15-10181	4-268	—	北文41	—
11717	—	—	—	—	分類132	—	—
11718	—	續文德002	22-15522	5-438 下-1900	咸刻61	碑林196-1159	—

- 445 -

文德・龍紀・大順・景福・乾寧

番號	墓誌名	年號	A 題跋	B北圖	C 附考 新中国	D隋唐五代	E千唐・河南
11719	舒行言妻要氏墓誌	文德1(888)11月	—	34-23	—	北京2-148	—
11720	盧君妻趙氏墓誌	文德1(888)11月	—	34-22	—	北京2-147	—
11721	杜光乂墓誌	文德1(888)11月	—	—	—	—	秦續957
11722	孫忠晟墓誌	文德1(888)11月	—	—	河北壹-141	河北136	—
11723	蕭廩墓誌	文德1(888)	217左中	—	—	—	—
11724	陳元及妻裴氏墓誌	文德2(889)2月	—	—	—	—	—
11725	馬崇墓誌	龍紀1(889)7月	—	—	—	—	—
11726	杜約墓誌	龍紀1(889)8月	—	—	—	—	—
11727	朱元及妻劉氏墓誌	龍紀1(889)10月	—	—	—	—	—
11728	范誠及妻王氏墓誌	龍紀1(889)10月	—	—	—	—	—
11729	王恭及妻李氏墓誌	龍紀1(889)10月	—	—	—	—	—
11730	袁宗簡墓誌	龍紀1(889)10月	—	—	—	—	—
11731	秦秀及妻宋氏墓誌	龍紀1(889)11月	—	—	—	—	—
11732	李明振墓誌	龍紀2(890)7月	—	—	—	—	—
11733	鄭寶貴墓誌	龍紀1(889)8月	—	—	—	—	—
11734	張維深墓誌	大順1(890)2月	—	—	—	—	—
11735	孔口墓誌	大順1(890)8月	—	—	—	—	—
11736	孔君及妻王氏墓誌	大順1(890)8月	—	34-24	—	江蘇142	—
11737	閻少珎墓誌	大順1(890)10月	—	—	—	—	—
11738	楊君妻李氏墓誌	大順2(891)2月	217左中	34-25	—	北京2-149	—
11739	鄒明及妻皇氏墓誌	大順2(891)7月	—	—	—	江蘇144	—
11740	許和墓誌	大順2(891)10月	—	—	—	江蘇143	—
11741	任茂宏墓誌	大順2(891)11月	217左中	—	—	—	—
11742	孫君墓誌	大順2(891)11月	—	—	—	—	—
11743	翟勳妻斛律氏墓誌	景福1(892)4月	—	—	—	—	—
11744	劉氏墓誌	景福1(892)10月	—	—	—	—	秦續958
11745	李君妻張氏墓誌	景福1(892)11月	—	—	河南貳-346	—	—
11746	孫珦妻張氏墓誌	景福1(892)12月	217左中	34-29	—	江蘇145	—
11747	封嗣墓誌	景福1(892)	—	—	河北壹-142	—	—
11748	盧允奇妻劉氏墓誌	景福2(893)8月	217左下	—	—	北大2-168	—
11749	陳巖墓誌	景福2(893)8月	217左下	—	—	北大2-169	—
11750	王君及妻李氏墓誌	景福4(895)10月	—	34-30	—	河南131	—
11751	馬氏墓誌	乾寧1(894)4月	—	—	—	—	—
11752	盧峻墓誌	乾寧1(894)6月	—	—	陝西貳-補28	—	—
11753	丘益墓誌	乾寧1(894)10月	—	—	—	—	—
11754	孫公瞻妻董氏墓誌	乾寧1(894)11月	—	34-32	—	北大2-170	—
11755	高屯墓誌	乾寧1(894)11月	—	—	—	—	—
11756	李芳簡及妻曹氏墓誌	乾寧1(894)11月	—	—	—	—	—
11757	董政及妻郭氏墓誌	乾寧1(894)11月	—	—	—	—	秦晉846
11758	王憲及妻杜氏墓誌	乾寧2(895)3月	—	—	—	江蘇146	—
11759	張宰及妻路氏墓誌	乾寧2(895)9月	—	34-33	—	河北137	—
11760	慧峰和尚墓誌	乾寧2(895)10月	—	34-34	—	—	—
11761	王政及妻宋氏墓誌	乾寧2(895)11月	—	—	—	—	—
11762	吳承泌墓誌	乾寧2(895)11月	217右上	—	—	—	—
11763	劉勤墓誌	乾寧2(895)12月	—	—	—	—	—
11764	白敬立墓誌	乾寧2(895)	—	—	陝西參-104	—	—
11765	崔凝墓誌	乾寧3(896)8月	—	—	—	—	新獲123
11766	雷況及妻元氏墓誌	乾寧3(896)11月	—	—	陝西參-105	—	—
11767	張測墓誌	乾寧3(896)11月	—	—	—	—	河洛475

文德・龍紀・大順・景福・乾寧

番號	F北大	G墓誌彙編	H 新編	I補遺補編	J 地方	K 博物館・その他	L 日本目録
11719	—	文德002	19-13065	4-270	—	北文42	—
11720	06734	文德001	15-10179	3-292	—	北文43	—
11721	06735	—	—	—	—	—	—
11722	—	續文德003	22-15523	4-269	滄州27 河間272	—	—
11723	—	—	—	—	—	—	—
11724	—	—	—	—	大全・襄垣58	—	—
11725	06736	—	—	—	—	—	—
11726	06737	—	—	—	—	—	—
11727	06738	—	—	—	—	—	—
11728	06739	—	—	—	—	—	—
11729	06741	—	—	—	—	—	—
11730	06740	—	—	—	—	—	—
11731	06742	—	—	—	—	—	—
11732	—	續龍紀001	14-9824	中-1092	—	—	—
11733	—	—	—	—	—	碑林新353	—
11734	—	大順001	14-9825	7-159 中-1092	—	—	—
11735	06743	—	—	—	分類133	—	—
11736	—	大順002	22-15523	—	—	—	—
11737	06744	—	—	—	—	—	—
11738	06745	大順003	15-10219	4-270	西北6-63	故宮192	人1669 淑694
11739	—	續大順001	22-15524	4-514	分類134	—	—
11740	—	續大順002	22-15524	4-515	山東47 分類135	—	—
11741	—	大順004	22-15525	7-161	—	—	—
11742	—	—	—	—	—	—	人1664
11743	—	—	—	—	—	西市478	—
11744	06746	—	—	—	—	—	—
11745	—	—	—	—	濮陽13	—	—
11746	06747	景福001	15-10172	3-292	—	—	—
11747	—	—	—	—	邯鄲碑026	—	—
11748	06748	景福002	15-10221	7-162	—	—	—
11749	—	景福003	15-10117	—	—	—	—
11750	06749	續景福001	15-10220	3-293	—	施唐333	—
11751	—	—	—	—	—	北文44	—
11752	—	乾寧001	22-15526	7-163	—	—	—
11753	—	—	—	—	—	越窯138	—
11754	06750	乾寧002	19-13066	5-49	分類136	—	—
11755	—	續乾寧001	22-15526	8-419	景州271	—	—
11756	—	—	—	—	衡水64	—	—
11757	06751	—	—	—	—	—	—
11758	—	續乾寧002	22-15526	4-515	分類137	—	—
11759	—	乾寧003	22-15527	5-439	—	—	—
11760	—	乾寧004	22-15527	7-430	—	—	—
11761	06752	—	—	—	任城157	—	—
11762	—	乾寧005	15-10574	—	—	—	—
11763	—	—	—	9-463	—	—	—
11764	—	—	—	8-231	榆林75	—	—
11765	06753	續乾寧003	15-10345	6-201 中-1104	—	—	—
11766	06754	—	—	8-420	—	唐末256	—
11767	—	—	—	—	—	—	—

乾寧・光化・天復・天祐

番號	墓誌名	年號	A 題跋	B 北圖	C 附考 新中国	D 隋唐五代	E 千唐・河南
11768	崔潔及妻李氏盧氏墓誌	乾寧3(896)12月	—	—	—	—	秦晉847
11769	唐彥隨墓誌	乾寧4(897)3月	—	—	—	江蘇147	—
11770	韓積墓誌	乾寧4(897)10月	—	—	河南壹-96	河南132	—
11771	王則及妻孫氏墓誌	乾寧4(897)10月	—	—	—	—	—
11772	周泰墓誌	乾寧4(897)10月	—	—	—	—	—
11773	王皈墓誌	乾寧4(897)11月	—	—	—	—	—
11774	羅亮墓誌	乾寧4(897)11月	—	—	河北壹-143	河北138	—
11775	杜雄墓誌	乾寧4(897)11月	217右中	—	—	—	—
11776	崔安潛墓誌	乾寧5(898)8月	—	—	—	—	新獲125 龍門371
11777	崔徵墓誌	乾寧5(898)8月	—	—	—	—	新獲124 龍門370
11778	崔羲及妻鄭氏墓誌	乾寧5(898)8月	217右中	34-39	—	洛陽14-193	龍門369
11779	張行本墓誌	乾寧5(898)9月	—	—	—	—	—
11780	戴□墓誌	光化1(898)閏10月	—	—	—	—	—
11781	李令崇墓誌	光化2(899)1月	—	—	陝西貳-326	陝西2-139	—
11782	柏宗回墓誌	光化2(899)2月卒	—	—	—	—	—
11783	呂遇妻陸氏墓誌	光化2(899)8月	—	—	—	—	—
11784	劉會墓誌	光化2(899)10月	—	—	—	江蘇148	—
11785	婁筠妻劉氏墓誌	光化2(899)11月	—	—	—	—	秦續959
11786	陳嶠墓誌	光化3(900)1月	217右下	—	—	—	—
11787	橋君墓誌	光化3(900)2月	—	—	—	—	—
11788	齊章法師墓誌	光化3(900)7月	—	—	—	—	—
11789	王弘達妻馬氏墓誌	光化3(900)11月	—	—	—	—	—
11790	苻進昌墓誌	光化3(900)11月	—	34-40	—	山西175	—
11791	錢寬墓誌	光化3(900)11月	—	—	—	—	—
11792	宋彬墓誌	光化4(901)5月	—	—	—	—	—
11793	李允存墓誌	光化4(901)	217右下	—	—	—	—
11794	韋溫妻崔氏鎮墓石記	光化間(898〜900)	—	—	—	陝西2-140 北京2-164	—
11795	陳讜墓誌	乾符2〜光化間(875〜900)?	218右下	—	—	—	—
11796	郭順祐妻劉氏墓誌	天復1(901)10月	—	—	陝西貳-327	—	—
11797	石善達及妻安氏墓誌	天復1(901)10月	—	—	—	—	—
11798	王君墓誌	天復1(901)10月	—	—	河南壹-41	河南133	—
11799	趙礼墓誌	天復1(901)10月	—	—	—	—	—
11800	孫貴禮及妻田氏墓誌	天復1(901)11月	—	—	—	—	—
11801	錢寬妻水邱氏墓誌	天復1(901)?	—	—	—	—	—
11802	閻元素及妻李氏劉氏墓誌	天復2(902)8月	—	—	—	山西176	—
11803	戚魯墓誌	天復2(902)9月	—	—	—	—	—
11804	王少庭墓誌	天復2(902)10月	—	—	—	—	—
11805	張和墓誌	天復3(903)2月	—	—	—	—	—
11806	李義及妻陳氏墓誌	天復3(903)8月	—	—	—	—	—
11807	馬興墓誌	天復3(903)11月	—	—	—	—	—
11808	胡應妻張氏墓誌	天復4(904)1月	217右下	—	—	—	—
11809	裴謠墓誌	天復4(904)4月	—	—	—	—	新獲續278 洛駕鴑72-1
11810	鞏氏墓誌	天祐1(904)9月	—	—	河南壹-448	河南134 北京2-150	—
11811	李勛及妻馮氏墓誌	天祐1(904)10月	—	—	—	—	—
11812	王渙墓誌	天祐3(906)3月	—	—	—	—	—
11813	宋佛進墓誌	天祐3(906)10月	—	—	—	—	—
11814	崔詹墓誌	天祐4(907)11月	217右下	34-48	—	洛陽14-194	—
11815	楊儀及妻武氏墓誌	天祐5(908)1月	—	—	—	—	—

番號	F 北大	G 墓誌彙編	H 新編	I 補遺補編	J 地方	K 博物館・その他	L 日本目録
11768	—	—	—	—	—	—	—
11769	—	續乾寧004	15-10347	4-271	江揚72	—	—
11770	—	續乾寧005	22-15527	7-430	—	—	—
11771	—	—	—	—	大同261	—	—
11772	—	—	—	—	—	越窯140	—
11773	06755	—	—	—	—	—	—
11774	06756	續乾寧006	22-15528	4-516	保定21	—	—
11775	06757	乾寧006	15-10124	—	—	—	—
11776	—	—	15-10348	6-203	—	—	—
11777	—	—	15-10454	5-49	—	—	—
11778	06758	乾寧007	15-10453	3-294	—	故宮193	人1670 東1529
11779	—	—	—	—	大同108 大全・南郊56	—	—
11780	—	—	—	—	分類138	—	—
11781	—	光化001	15-10419	1-428	—	碑林93-4477	—
11782	—	—	15-10430	—	—	—	—
11783	06759	—	—	—	安豐185 安陽選(29)	—	—
11784	—	續光化001	22-15529	4-517	分類139	—	—
11785	06760	—	—	—	—	—	—
11786	—	—	15-10392	—	—	—	—
11787	—	—	—	9-463	—	—	—
11788	—	—	—	9-422	—	—	—
11789	—	續光化002	22-15529	1-429 中-1109	—	越窯142	—
11790	06761	光化002	15-10421	3-295	—	—	—
11791	—	—	—	—	—	錢寬32	—
11792	06762	—	—	—	—	—	—
11793	—	—	—	—	—	—	—
11794	—	—	22-15565	—	西北6-66	碑林93-4484	—
11795	—	殘誌023	14-9587	—	—	—	—
11796	—	續天復001	15-10431	6-205	—	碑林新354	—
11797	—	—	—	—	大同117	—	—
11798	—	—	—	—	—	—	—
11799	—	—	—	—	大同112 大全・南郊57	—	—
11800	—	—	—	—	邯鄲碑027	—	—
11801	—	—	—	—	—	錢寬90	—
11802	—	續天復002	22-15530	7-431	—	—	—
11803	—	—	—	—	—	越窯144	—
11804	06763	—	—	—	—	—	—
11805	06764	—	—	—	—	—	—
11806	06765	—	—	—	—	—	—
11807	06766	—	—	—	—	—	—
11808	—	—	—	—	—	—	—
11809	—	—	—	8-233	—	—	—
11810	—	續天祐001	15-10448	4-272	—	—	—
11811	—	—	—	—	—	碑林新355	—
11812	—	—	—	中-1128	廣東61	—	—
11813	—	—	—	—	—	碑林新356	—
11814	—	—	16-10709	3-296 中-1250	—	—	—
11815	06767	—	—	—	—	—	—

天祐・唐

番號	墓誌名	年號	A 題跋	B北圖	C 附考 新中国	D隋唐五代	E千唐・河南
11816	李克用墓誌	天祐6(909)2月	—	—	—	山西177	—
11817	畢剛妻趙氏墓誌	天祐7(910)1月	—	—	—	—	—
11818	郝章墓誌	天祐9(912)10月	—	—	—	—	—
11819	丘禮及妻武氏墓誌	天祐9(912)11月	—	—	—	—	—
11820	李敏墓誌	天祐10(913)4月	—	—	—	—	—
11821	延君及妻張氏墓誌	天祐10(913)4月	218左上	—	—	—	—
11822	王讓墓誌	天祐10(913)10月	—	—	—	—	—
11823	王君墓誌	天祐10(913)10月	—	—	—	—	—
11824	邢汴及妻周氏墓誌	天祐10(913)10月	—	34-49	—	河北139	—
11825	梁君墓誌	天祐10(913)10月	218左上	—	—	—	—
11826	孟璠墓誌	天祐12(915)閏2月	—	34-50	—	北大2-171	—
11827	張康墓誌	天祐12(915)3月	—	—	—	江蘇150	—
11828	韓君墓誌	天祐12(915)10月	—	—	—	—	—
11829	王琮墓誌	天祐13(916)2月	—	34-51	—	北京2-151	—
11830	張宗諫墓誌	天祐13(916)4月	218左上	34-52	—	山西178	—
11831	孫彦思墓誌	天祐13(916)10月	—	—	—	江蘇149	—
11832	郭君妻李氏墓誌	天祐14(917)2月	—	—	—	—	—
11833	李修墓誌	天祐15(918)10月	—	34-53	—	河北140	—
11834	孟弘敏及妻李氏墓誌	天祐18(921)2月	—	34-54	—	河北141	—
11835	寶眞及妻李氏墓誌	天祐18(921)11月	—	—	—	河南135	—
11836	秦暉墓誌	天祐19(922)1月	—	—	—	—	—
11837	任君及妻高氏墓誌	天祐19(922)1月	218左上	—	—	—	—
11838	王神貴墓誌	天祐19(922)1月	—	—	—	—	—
11839	王弘裕墓誌	天祐19(922)4月	—	—	—	—	—
11840	王照墓誌	天祐19(922)10月	—	—	—	—	—
11841	唐君及妻□氏墓誌	天祐19(922)10月	—	—	—	—	—
11842	王鎔及妻李氏墓誌	天祐19(922)12月	218左中	—	—	—	—
11843	王處直墓誌	天祐21(924)2月	—	—	—	—	—
11844	苻君妻張氏墓誌	天祐間(904〜824)	—	—	—	洛陽14-195	—
11845	顔蕘墓誌	天祐間(904〜924)	—	—	—	—	—
11846	楊惎墓誌	唐己巳歲8月	218左中	—	—	—	—
11847	申行謹墓誌	唐庚午年10月	—	—	—	—	—
11848	劉君妻侯氏墓誌	唐壬申歲10月	219左上	35-137	—	北京2-163	—
11849	大德禪和尚(劉氏)墓誌	唐辛巳歲5月1日	—	—	—	—	—
11850	張氏墓誌	唐甲午歲4月	—	—	—	—	—
11851	王氏殘誌	唐庚戌歲2月	219左中	—	—	—	—
11852	盧公贄墓誌	唐辛亥年8月	—	—	—	—	—
11853	□文墓誌	唐子年12月	—	—	—	—	—
11854	董弘及妻薛氏張氏墓誌	唐(太一年玄枵9日)	—	—	—	—	—
11855	□君殘墓誌	唐□□1年11月	—	35-165	—	北京2-178	—
11856	□君及妻朱氏墓誌	唐□□2年2月	—	35-163	—	北京2-176	—
11857	唐□□二年□□墓誌	唐□□2年	—	—	—	—	—
11858	□君及妻張氏墓誌	唐□□3年10月29日	—	—	—	江蘇152	—
11859	趙氏朱書墓表	唐□□3年12月6日	—	—	—	—	—
11860	劉益錢墓誌	唐□□5年2月	—	35-140	—	洛陽15-12	—
11861	田君妻□氏墓誌	唐某年1月8日	—	—	—	北京2-155	—
11862	張弘慶墓誌	唐某年1月8日	—	—	—	—	—
11863	郭行及妻鮑氏墓誌	唐某年1月20日	—	—	—	—	—
11864	大僧□法師灰身塔記	唐某年2月8日	—	34-60	—	北京2-152	—
11865	吳元墓誌	唐某年2月24日	—	—	—	—	—
11866	姚氏殘墓誌	唐某年2月	—	—	—	—	—
11867	羅寄墓誌	唐某年4月9日	—	—	—	—	—
11868	張義方墓誌	唐某年4月21日	—	—	—	洛陽15-8	—

番號	F北大	G墓誌彙編	H 新編	I補遺補編	J 地方	K 博物館・その他	L 日本目錄
11816	—	—	15-10178	7-164	—	—	—
11817	—	—	—	—	大全・高平10	—	—
11818	06768	—	—	—	—	—	—
11819	06769	—	—	—	—	—	—
11820	—	—	—	下-2424	—	—	—
11821	—	—	—	下-1903	—	—	—
11822	06770	—	—	—	—	—	—
11823	06771	—	—	—	—	—	—
11824	06772	—	22-15530	5-440 下-1904	河間274	—	—
11825	—	—	22-15533	—	—	—	—
11826	06773	—	—	下-1914	—	—	淑695
11827	—	—	15-10478	4-273	江揚五代1	—	—
11828	06774	—	—	—	—	—	—
11829	06775	—	22-15531	5-441 下-1905	—	施碑選304	—
11830	06776	—	22-15532	5-441 下-1903	—	—	東1530 淑696
11831	—	續天祐002	15-10452	4-273	—	—	—
11832	—	—	—	—	—	碑林新361	—
11833	—	—	—	—	—	—	—
11834	06777	—	15-10480	3-298	—	—	—
11835	—	—	22-15535	7-433	—	—	—
11836	—	—	—	下-1906	—	—	—
11837	—	—	16-10960	—	—	—	—
11838	06778	—	—	—	—	—	—
11839	06779	—	—	—	—	—	—
11840	06780	—	—	—	—	—	—
11841	06781	—	—	—	—	—	—
11842	06782	—	16-10712	—	—	—	—
11843	—	—	—	7-166	—	—	—
11844	—	—	—	—	—	—	—
11845	—	—	15-10433	—	—	—	—
11846	—	—	—	下-1902	—	—	—
11847	06803	—	—	—	—	—	—
11848	06796	殘誌029	22-15552	6-494	—	故宮197	淑698
11849	—	殘誌065	—	—	—	—	—
11850	—	續咸通105	22-15507	7-424 下-1902	—	磚刻1230	—
11851	—	—	22-15547	下-1901	—	—	—
11852	06798	—	—	—	—	—	—
11853	06822	—	—	—	—	—	—
11854	—	—	—	—	—	碑林新360	—
11855	06827	—	—	—	—	—	—
11856	—	—	—	—	—	—	—
11857	—	—	—	—	吐魯番320	—	—
11858	—	續景龍014	—	4-519	—	—	—
11859	—	—	—	7-502	—	—	—
11860	06797	殘誌030	22-15552	5-442	—	—	—
11861	—	續殘誌008	22-15557	7-434	—	—	—
11862	—	—	—	下-2138	—	—	—
11863	—	—	—	—	—	碑林新359	—
11864	—	—	—	—	—	—	—
11865	—	—	—	—	—	西市480	—
11866	—	—	—	—	—	磚刻1231	—
11867	—	—	—	—	長新322 長碑221(575)	—	—
11868	—	—	22-15548	7-434	—	—	—

唐

番號	墓誌名	年號	A 題跋	B北圖	C 附考 新中国	D隋唐五代	E千唐・河南
11869	任鉉墓誌	唐某年5月3日	—	—	—	—	—
11870	亡宮九品墓誌	唐某年5月9日	—	—	—	陝西4-169	—
11871	王太貞墓誌	唐某年5月17日	—	34-65	—	北京2-153	—
11872	通明塔銘	唐某年6月4日	—	35-32	—	北京2-160	—
11873	本院律師塔銘	唐某年7月18日	—	—	—	—	—
11874	薛晤墓誌	唐某年8月3日	—	—	—	—	秦晉628
11875	趙漼墓誌	唐某年8月4日	—	—	—	—	—
11876	裴鐵墓誌	唐某年8月7日	—	—	—	—	—
11877	□君及妻□氏墓誌	唐某年8月27日	—	—	—	—	—
11878	亡宮墓誌	唐某年9月6日	—	—	—	—	—
11879	趙朗墓誌	唐某年10月19日	—	—	—	—	—
11880	王(張?)德墓誌	唐某年10月26日	—	35-167	—	洛陽15-16	—
11881	□君墓誌	唐某年10月30日	—	—	—	洛陽15-13	—
11882	杜景達墓誌	唐某年11月3日	—	—	—	—	—
11883	鄭魯墓誌	唐某年11月4日	—	35-122	—	洛陽15-11	千唐1207
11884	陳重曜墓誌	唐某年11月10日	—	—	—	—	秦續962
11885	李勘妻鄧氏墓誌	唐某年11月14日	—	—	—	洛陽15-3	—
11886	郭君墓誌	唐某年11月17日	—	—	—	洛陽15-4	—
11887	侯莫陳恕墓誌	唐某年11月19日	—	—	—	—	秦晉669
11888	□伯饒墓誌	唐某年11月19日	—	—	—	洛陽15-14	—
11889	尼韋提墓誌	唐某年11月25日	218右中	—	—	—	—
11890	蘇建初墓誌	唐某年11月30日	—	—	—	—	—
11891	高難及妻杜氏墓誌	唐某年11月1□日	—	—	—	江蘇151	—
11892	爾朱遠墓碣	唐某年11月	218左下	35-115	—	北京2-161	—
11893	榮行富墓記	唐某年12月15日	—	35-100	—	—	—
11894	沈庠墓誌	唐某年12月12日?	—	—	—	—	秦續961
11895	孫師直墓誌	唐某年閏12月	—	—	—	—	—
11896	阿珠殘墓誌	唐某年某月14日	—	—	—	—	—
11897	□君妻殘墓誌	唐某年某月15日	—	—	—	—	—
11898	殘墓誌	唐某年某月20日	—	—	—	—	—
11899	蔡新殘墓誌	唐某年某月25日	—	—	—	—	—
11900	皇甫懷靜妻劉氏墓誌	唐	—	—	—	—	—
11901	亡宮九品墓誌	唐	—	—	—	—	—
11902	亡宮八品墓誌	唐	—	34-59	—	洛陽15-18	—
11903	亡宮八品墓誌	唐	—	—	—	洛陽15-17	千唐1212
11904	亡宮墓誌	唐	—	—	—	—	—
11905	大慧休法師灰身塔銘	唐	—	—	—	—	—
11906	大修行禪師塔記	唐	—	—	—	—	—
11907	大比丘尼普氏墓誌	唐	—	—	—	—	—
11908	劉嘉運(大德法師)影塔銘	唐	—	—	—	—	—
11909	李(女道士)鎮墓文	唐	—	34-61	—	河南136	河洛476
11910	五精銘	唐	—	—	—	—	千唐1213
11911	元智惠墓誌	唐	—	—	—	—	—
11912	天山縣南平鄉殘誌	唐	—	—	—	—	—
11913	尹彭殘墓誌	唐	—	—	—	—	—
11914	支君墓誌	唐	—	—	—	—	—
11915	支令問妻曹氏墓誌	唐	—	—	—	—	—
11916	比丘尼靜感塔記	唐	—	35-142	—	北京2-162	—
11917	王君妻成氏墓誌	唐	—	—	—	—	—
11918	王君妻盧氏墓誌	唐	—	—	—	—	—
11919	王氏墓誌	唐	218右上	34-66	—	北京2-154	—
11920	史建洛妻馬氏墓誌	唐	—	—	—	—	—
11921	史氏墓誌蓋	唐	—	—	—	北京3-21	—
11922	司徒冀墓誌	唐	—	—	—	—	—
11923	尼眞空(申眞空)塔銘	唐	—	—	—	—	—

唐

番號	F 北大	G 墓誌彙編	H 新編	I 補遺補編	J 地方	K 博物館・その他	L 日本目錄
11869	06801	殘誌006	—	—	四川263	—	—
11870	—	續殘誌003	22-15287	5-471	—	—	—
11871	06811	殘誌004	19-13075	5-51	—	—	—
11872	—	殘誌043	22-15554	—	—	—	—
11873	—	殘誌041	—	—	—	—	—
11874	—	—	—	—	—	薛氏319	—
11875	06817					西市481	明洛123
11876	—	—	—	—	長碑(500)	—	—
11877	—	—	—	—	寧波50	—	—
11878	—	殘誌038	—	—	—	—	—
11879	—	—	—	—	安陽選57	—	—
11880	06819	殘誌003 殘誌020	22-15551	—	—	—	—
11881	—						
11882	06787	—	—	—	—	磚刻1250	—
11883	06818	殘誌031	13-8621	1-433	—	—	—
11884	—	—	—	—	—	—	—
11885	06795	—	—	5-50	—	—	—
11886	—	—	—	—	—	—	—
11887	—	—	—	—	—	—	—
11888	—	—	22-15533	5-442	—	—	—
11889	—	—	7-4784	—	—	—	—
11890	—	—	—	—	—	西市484	—
11891	—	續殘誌005	—	—	—	—	東1532
11892	06789	殘誌035	19-12965	—	—	施唐336	—
11893	06802	殘誌024	22-15552	7-506	—	—	—
11894	—	—	—	—	—	—	—
11895	06807						
11896	—	—	—	—	—	磚刻1244	—
11897	06821						
11898	—	—	—	—	吐魯番325	—	—
11899	—	—	—	—	—	磚刻1243	—
11900	06791						
11901	—	—	—	—	—	碑林新358	—
11902	06809	—	21-14798	—	—	—	—
11903	06808	殘誌039	22-15112	5-471	—	—	—
11904	06810	—	—	—	—	—	—
11905	—	殘誌044	22-15554	—	—	—	—
11906	—	殘誌046	22-15554	—	—	—	—
11907	—	殘誌054	22-15555	—	—	—	—
11908	—	殘誌042	—	—	—	—	—
11909	—	—	22-15565	—	—	—	—
11910	—						
11911	06814	—	—	—	—	磚刻1262	—
11912	—	—	—	—	吐魯番319	—	—
11913	—	—	—	—	—	磚刻1248	—
11914	—	—	—	—	鄴城62	—	—
11915	—	—	—	下-1901	—	—	—
11916	—	殘誌053	22-15554	—	—	—	—
11917	—	—	6-3700	—	—	—	—
11918	—	—	6-3700	—	—	—	—
11919	—	續殘誌007	—	7-164	—	—	—
11920	—	殘誌060	22-15556	—	吐魯番307	故宮高昌121	—
11921	06940	—	—	—	—	—	—
11922	06804						
11923	—	殘誌052	22-15561	—	—	—	—

- 453 -

唐

番號	墓誌名	年號	A 題跋	B北圖	C 附考 新中国	D隋唐五代	E千唐・河南
11924	尼清眞(馬氏)塔銘	唐	－			－	－
11925	汜傑墓誌	唐	－				－
11926	玄起法師灰身塔記	唐			－	北京2-156	－
11927	任訓墓誌蓋	唐	－				
11928	宇文偉墓誌	唐			－	洛陽15-21	－
11929	朱君妻李表墓誌	唐	－		－	洛陽15-20	－
11930	西州殘誌	唐					
11931	初公之塔銘	唐	－	34-116			
11932	延陵鎭墓石	唐			－	－	－
11933	李義珪鎭墓石	唐	－		－	－	－
11934	李君墓誌	唐					
11935	李君妻張氏墓誌	唐	－				
11936	李君墓誌	唐					
11937	李君妻馬氏墓誌	唐					
11938	李君殘墓誌	唐					
11939	李思恩墓誌	唐				－	邙洛281
11940	李章墓誌	唐	－	34-138	－	山西179	－
11941	李赤心(朱邪公)墓誌	唐	218左中	－	－	－	－
11942	杜鵬擧墓誌	唐					
11943	杜銓墓誌	唐					
11944	固氏墓誌	唐					
11945	武君妻傅氏墓誌	唐					
11946	姚意妻□氏墓誌	唐					
11947	姚君妻□氏墓誌	唐	－	－	河南貳-補6	－	－
11948	段子墓誌	唐	219左中				
11949	段遍照禪師墓誌	唐			河南參-341	－	
11950	段瑗墓誌	唐				洛陽15-24	－
11951	孫繼卿妻崔氏墓誌	唐					
11952	相法師灰身塔記	唐	－	34-158	－	北京2-158	－
11953	胡君殘誌	唐					
11954	梅蘊生藏墓誌	唐	218右下	－			
11955	馬君墓誌	唐				洛陽15-25	
11956	高肪墓誌	唐	219左中				
11957	高氏墓誌	唐	－	34-169	－	北京3-81	－
11958	崔君墓誌	唐	218左中				
11959	崔君墓誌	唐					
11960	崔君妻李氏墓誌	唐					
11961	崔君妻柳氏墓誌蓋石文	唐					
11962	崔肅洌妻李氏墓誌	唐					
11963	康琔妻許氏墓誌	唐					
11964	張客子灰身塔	唐					
11965	張君(曲阿令)墓銘	唐					
11966	張敬祖石塔銘	唐					
11967	張氏亡女墓誌	唐					
11968	張守進墓誌	唐					
11969	張先集墓誌	唐					
11970	張通遠墓誌	唐					
11971	張庭琇墓誌	唐					
11972	張德墓誌	唐	218左中	－	－		
11973	張季宗墓表	唐					
11974	曹建達墓誌	唐					
11975	梁君墓誌	唐					
11976	許君墓誌	唐					
11977	郭冀及妻馬氏墓誌	唐					
11978	陳融墓表	唐					
11979	陸君妻周氏墓誌	唐					
11980	傅阿歡墓記	唐					

番號	F北大	G墓誌彙編	H 新編	I補遺補編	J 地方	K 博物館・その他	L 日本目録
11924	－	殘誌051	18-12589	－	－	－	－
11925	－	－	－	－	吐魯番322	－	－
11926	－	－	－	－	－	－	－
11927	06936	－	－	－	－	－	－
11928	－	－	－	－	－	－	－
11929	－	－	－	－	－	－	－
11930	－	－	－	－	吐魯番326	－	－
11931	－	殘誌050	22-15554	－	－	－	－
11932	－	－	－	－	咸陽15	－	－
11933	－	－	－	－	－	西市479	－
11934	－	－	9-6080	－	－	－	－
11935	－	－	－	－	－	－	－
11936	－	－	－	－	－	－	－
11937	－	－	－	－	－	磚刻1254	－
11938	06793	－	－	－	－	－	－
11939	－	－	－	－	－	－	－
11940	－	續殘誌002	22-15556	7-434 下-1824	－	－	－
11941	－	－	－	－	－	－	－
11942	－	－	－	下-1875	－	－	－
11943	－	－	13-8885	－	－	－	－
11944	－	－	－	－	安豐186	－	－
11945	－	－	11-7212	－	－	－	－
11946	－	－	－	下-1861	－	－	－
11947	－	－	－	－	－	－	－
11948	－	殘誌014	22-15551	－	－	－	－
11949	06783	－	－	－	－	－	－
11950	－	－	20-13868	7-239	－	－	－
11951	06806	－	－	－	－	磚刻1257	－
11952	－	殘誌048	22-15554	－	－	－	－
11953	－	－	22-15550	－	－	－	－
11954	－	－	－	－	－	－	－
11955	－	－	－	7-510	－	－	－
11956	－	－	－	－	－	－	－
11957	06863	－	－	－	－	－	－
11958	－	－	－	－	－	－	－
11959	－	殘誌058	22-15555	－	－	－	－
11960	－	－	7-4486	－	－	－	－
11961	－	－	10-6726	－	－	－	－
11962	－	－	7-4487	－	－	－	－
11963	－	－	－	下-1881	－	－	－
11964	－	殘誌022	22-15552	－	－	－	－
11965	－	－	4-2615	－	－	－	－
11966	－	－	22-15562	6-232	－	－	－
11967	－	殘誌021	22-15552	－	－	－	－
11968	－	－	－	－	分類140	－	－
11969	－	－	－	上-512	－	－	－
11970	－	－	－	－	－	－	－
11971	06816	－	－	－	－	西市482	－
11972	－	－	－	－	－	－	－
11973	－	殘誌061	22-15556	－	－	故宮高昌122	－
11974	－	－	－	－	吐魯番324	－	－
11975	－	－	－	－	－	－	－
11976	－	－	8-5398	－	－	－	－
11977	－	－	－	下-1882	－	－	－
11978	－	－	11-7120	－	－	－	－
11979	－	－	－	下-1901	－	－	－
11980	－	－	－	－	吐魯番318	－	－

唐

番號	墓誌名	年號	A 題跋	B北圖	C 附考 新中国	D隋唐五代	E千唐・河南
11981	智滿律師塔銘	唐	—	—	—	—	—
11982	湖東枝墓誌	唐	—	—	—	—	—
11983	覃季子墓銘	唐	—	—	—	—	—
11984	道政法師支提塔	唐	—	35-78	—	—	—
11985	馮元墓誌	唐					
11986	楊君妻王氏墓誌	唐	—	—	—	—	—
11987	楊君墓誌	唐					
11988	賈君妻陳氏墓誌	唐	—	—	—	—	—
11989	賈護墓誌	唐					
11990	鄔君墓誌	唐	218右中	—	—	—	—
11991	蔣君及妻寶氏墓誌	唐	—	—	—	—	—
11992	裴度自撰墓誌	唐					
11993	趙慶富墓誌	唐					
11994	趙行墓誌	唐	—	—	陝西貳-330	—	—
11995	趙氏墓誌	唐					
11996	劉寬墓誌	唐					
11997	劉君墓誌	唐	—	—	—	洛陽15-29	—
11998	劉君墓誌	唐					
11999	穎忠謹墓誌	唐	—	—	河南貳-138	—	—
12000	論法師殘誌	唐					
12001	鄧國夫人墓銘	唐	—	—	—	—	—
12002	鄭受妻胡氏墓誌	唐					
12003	鄭知遠墓誌	唐	—	—	—	河北144	—
12004	盧氏墓誌	唐	218左下	—	—	—	—
12005	盧渾墓誌	唐					
12006	薛氏墓誌	唐					
12007	鍾離賓墓誌	唐	218左中	—	—	—	—
12008	韓滂墓誌	唐					
12009	慧雲法師塔銘	唐					
12010	顏昭俊殘誌	唐	—	—	—	—	秦續963
12011	羅君墓誌	唐					
12012	羅什塔銘	唐	—	35-156	—	—	—
12013	譚損妻毛氏誌文	唐					
12014	覺禪師塔銘	唐					
12015	釋任殘誌	唐					
12016	竇宣禮墓誌	唐					
12017	竇晙墓誌	唐					
12018	竇思明鎭墓石	唐?					
12019	靈裕灰身塔記	唐	—	35-160	—	北京2-165	—
12020	□子容殘墓誌	唐					
12021	□仁勇墓誌	唐					
12022	□明墓誌	唐					
12023	□保定墓誌	唐	—	—	—	陝西4-170	—
12024	□峻墓誌殘石	唐	—	35-166	—	北京2-179	—
12025	□楚及尹氏墓誌	唐					
12026	□德敏殘墓誌	唐	—	—	—	—	—
12027	□興殘墓誌	唐		—	—	—	—
12028	□君殘墓誌	唐	—	35-58	—	北京2-167	—
12029	□君殘墓誌	唐	—	35-117	—	北京2-174	—
12030	□君殘墓誌	唐	—	35-118	—	北京2-175	—
12031	□君及妻何氏殘墓誌	唐	—	35-164	—	北京2-177	—
12032	□君墓誌	唐				洛陽15-30	
12033	□□□墓誌	唐				陝西4-172	
12034	殘墓誌	唐	219左上	—	—	—	—
12035	殘墓誌	唐	219左上	—	—	—	—
12036	殘墓誌	唐	—	35-59	—	北京2-168 北京2-169	—
12037	殘墓誌	唐	—	35-61	—	北京2-172	—

唐

番號	F 北大	G 墓誌彙編	H 新編	I 補遺補編	J 地方	K 博物館・その他	L 日本目錄
11981	―	―	13-8653	―	―	―	―
11982	―	―	―	上-560	―	―	―
11983	―	―	10-6721	―	―	―	―
11984	―	殘誌049	22-15554	―	―	―	―
11985	―	―	22-15548	―	―	―	―
11986	―	―	6-3699	―	―	―	―
11987	06991						
11988	―	―	―	7-433	―	―	―
11989	06792						
11990	―	―	22-15547	―	―	―	―
11991	―	―	―	下-1901	―	―	―
11992	―	―	―	中-867	―	―	―
11993	―	―	―	―	吐魯番328	―	―
11994	―	續殘誌001	22-15556	7-506	―	―	―
11995	―	―	―	下-1885	―	―	―
11996	―		―	―	長新328 長碑220(575)	―	―
11997	―	―	―	―	―	―	―
11998	―	―	―	―	―	―	―
11999	―	―	―	―	―	―	―
12000	―	―	22-15548	―	―	―	―
12001	―	―	4-2620	―	―	―	―
12002	―	―	―	―	寧波48	―	―
12003	―	―	―	―	―	―	―
12004	―	―	―	―	―	―	―
12005	―	―	10-6485	―	―	―	―
12006	―	―	―	8-332	―	―	―
12007	―	―	―	―	―	―	―
12008	―	―	10-6481	―	―	―	―
12009	―	續顯慶053	20-14069	―	―	―	―
12010	―	―	―	―	―	―	―
12011	―	―	―	―	―	―	―
12012	―	殘誌018	22-15551	―	―	―	―
12013	―	―	10-6716	―	―	―	―
12014	―	殘誌040	22-15553	―	―	―	―
12015	―	―	―	―	―	―	淑703
12016	―	―	―	―	―	西市483	―
12017	06786	殘誌033	22-15553	―	―	磚刻1261	―
12018	―	―	―	―	―	碑林續222	―
12019	―	殘誌047	22-15554	―	―	―	―
12020	06824		―	―	―	―	―
12021	―	―	―	―	―	―	―
12022	―	―	―	―	―	越窯152	―
12023	―	續殘誌009	22-15055	5-352	―	―	―
12024	―	殘誌057	22-15555	7-511	―	―	―
12025	―	殘誌037	22-15553	―	―	―	―
12026	06820	―	―	―	―	―	―
12027	06823	―	―	―	―	―	―
12028	06825	―	―	―	―	―	―
12029	―	―	―	―	―	―	―
12030	―	―	―	―	―	―	―
12031	―	―	―	5-443	―	―	―
12032	―	―	―	―	―	―	―
12033	―	―	―	―	西北6-69	―	―
12034	―	殘誌055	―	―	―	―	―
12035	―	殘誌056	―	―	―	―	―
12036	―	―	―	―	―	―	―
12037	―	―	22-15548	―	―	―	―

- 457 -

唐

番號	墓誌名	年號	A 題跋	B北圖	C 附考 新中国	D隋唐五代	E千唐・河南
12038	殘墓誌	唐	—	35-60	—	北京2-170 北京2-171	—
12039	殘墓誌	唐	—	—	—	洛陽15-27	千唐1215
12040	殘墓誌	唐	—	—	—	—	—
12041	殘墓誌	唐	—	—	—	—	—
12042	殘墓誌	唐	—	—	—	—	—
12043	乙弗君墓誌蓋	唐	—	—	—	—	—
12044	七品亡宮墓誌蓋	唐	—	—	—	北京3-1	—
12045	卜君墓誌蓋	唐	—	—	—	陝西4-174	—
12046	万俟氏墓誌蓋	唐	—	—	—	洛陽15-31	—
12047	上官君墓誌蓋	唐	—	—	—	洛陽15-32	—
12048	之君墓誌蓋	唐	—	34-63	—	北京3-2	—
12049	于君妻韋氏墓誌蓋	唐	—	—	—	陝西4-175	—
12050	于君墓誌蓋	唐	—	—	—	—	—
12051	亡宮五品墓誌蓋	唐	—	—	—	洛陽15-33	—
12052	亡宮墓誌蓋	唐	—	—	—	洛陽15-34	—
12053	亡宮墓誌蓋	唐	—	—	—	洛陽15-35	—
12054	亡宮墓誌蓋	唐	—	—	—	—	—
12055	仇君墓誌蓋	唐	219左中	34-85	—	北京3-18	—
12056	元君墓誌蓋	唐	—	—	—	北京3-17	—
12057	元君墓誌蓋	唐	—	34-81	—	陝西4-181	—
12058	元君墓誌銘蓋	唐	—	—	陝西壹-152	—	—
12059	元君妻墓誌蓋	唐	—	—	—	—	—
12060	元氏墓誌蓋	唐	—	—	河北壹-147	河北149	—
12061	公孫君墓誌蓋	唐	—	—	—	—	—
12062	牛君墓誌蓋	唐	—	—	河南貳-334	—	—
12063	牛訓墓誌蓋	唐	—	—	—	—	—
12064	王遠墓誌蓋	唐	—	—	—	—	—
12065	王君(戸部郎中)墓誌蓋	唐	—	—	—	—	—
12066	王君墓誌蓋	唐	219左中	—	—	—	—
12067	王君墓誌蓋	唐	—	—	河北壹-151	河北147	—
12068	王君墓誌蓋	唐	—	—	—	北京3-6	—
12069	王君墓誌蓋	唐	—	—	—	北京3-7	—
12070	王君墓誌蓋	唐	—	—	—	北京3-8	—
12071	王君墓誌蓋	唐	—	—	—	北京3-9	—
12072	王君墓誌蓋	唐	—	—	—	北京3-10	—
12073	王君墓誌蓋	唐	—	—	—	北京3-11	—
12074	王君墓誌蓋	唐	—	—	—	北京3-12	—
12075	王君墓誌蓋	唐	—	—	—	北京3-13	—
12076	王君墓誌蓋	唐	—	—	—	北京3-14	—
12077	王君墓誌蓋	唐	—	—	—	陝西4-180	—
12078	王君妻宋氏墓誌蓋	唐	—	—	—	洛陽15-37	—
12079	王君殘墓誌蓋	唐	—	—	—	洛陽15-38	—
12080	王君墓誌蓋	唐	—	34-68	—	北京3-5	—
12081	王君妻張氏墓誌蓋	唐	—	34-70	—	北京3-15	—
12082	王君墓誌蓋	唐	—	34-71	—	北京3-16	—
12083	王君墓誌蓋	唐	—	—	—	—	—
12084	王君墓誌蓋	唐	—	—	—	—	—
12085	王君墓誌蓋	唐	—	—	—	—	—
12086	王君墓誌蓋	唐	—	—	—	—	—
12087	王君墓誌蓋	唐	—	—	—	—	—
12088	王君墓誌蓋	唐	—	—	—	—	—
12089	王君妻墓誌蓋	唐	—	—	—	—	—
12090	王元達妻李氏(魯國長公主)墓誌蓋	唐	—	—	河北壹-145	河北146	—
12091	王玄懿墓誌蓋	唐	—	—	河北壹-146	河北148	—

番號	F北大	G墓誌彙編	H 新編	I補遺補編	J 地方	K 博物館・その他	L 日本目錄
12038	—	—	—	—	—	—	—
12039	06826	—	22-15549	2-584	—	—	—
12040	—	—	22-15555	—	—	—	—
12041	—	—	—	—	吐魯番327	—	—
12042	—	—	—	—	—	—	淑702
12043	—	—	—	—	大全・迎澤17	—	—
12044	06948	—	—	—	—	—	—
12045	—	—	—	—	—	—	—
12046	—	—	—	—	—	—	—
12047	—	—	—	—	—	—	—
12048	07039	—	—	—	—	—	—
12049	—	—	—	—	—	—	—
12050	06996	—	—	—	—	—	—
12051	—	—	—	—	—	—	—
12052	—	—	—	—	—	—	—
12053	—	—	—	—	—	—	—
12054	—	—	—	—	—	—	人0950
12055	06933	—	—	—	—	—	—
12056	—	—	—	—	—	—	—
12057	—	—	—	—	—	—	—
12058	—	—	—	—	—	—	—
12059	06997	—	—	—	—	—	—
12060	—	—	—	—	—	—	—
12061	06866	—	—	—	—	—	—
12062	—	—	—	—	—	—	—
12063	06928	—	—	—	—	—	—
12064	06966	—	—	—	—	—	—
12065	—	—	—	—	—	故宮199	—
12066	—	—	—	—	—	—	—
12067	—	—	—	—	—	—	—
12068	—	—	—	—	—	—	—
12069	—	—	—	—	—	—	—
12070	—	—	—	—	—	—	—
12071	06950	—	—	—	—	—	—
12072	06956	—	—	—	—	—	—
12073	06952	—	—	—	—	—	—
12074	06953	—	—	—	—	—	—
12075	06951	—	—	—	—	—	—
12076	06955	—	—	—	—	—	—
12077	—	—	—	—	—	—	—
12078	—	—	—	—	—	—	—
12079	—	—	—	—	—	—	—
12080	06949	—	—	—	—	—	—
12081	—	—	—	—	—	—	—
12082	06954	—	—	—	—	—	—
12083	06957	—	—	—	—	—	—
12084	06958	—	—	—	—	—	—
12085	06959	—	—	—	—	—	—
12086	06960	—	—	—	—	—	—
12087	06961	—	—	—	—	—	—
12088	06962	—	—	—	—	—	—
12089	06963	—	—	—	—	—	—
12090	—	—	—	—	—	—	—
12091	—	—	—	—	—	—	—

唐

番號	墓誌名	年號	A 題跋	B北圖	C 附考 新中国	D隋唐五代	E千唐・河南
12092	王氏墓誌蓋	唐	—	—	—	陝西4-176	—
12093	王氏墓誌蓋	唐	—	—	—	陝西4-177	—
12094	王氏墓誌蓋	唐	—	—	—	陝西4-178	—
12095	王氏墓誌蓋	唐	—	—	—	陝西4-179	—
12096	王氏墓誌蓋	唐	—	—	—	洛陽15-36	—
12097	王氏墓誌蓋	唐	—	34-64	—	北京3-3	—
12098	王氏墓誌蓋	唐	—	34-67	—	北京3-4	—
12099	王氏墓誌蓋	唐	—	—	—	—	—
12100	王仁求墓誌	唐	—	—	—	—	—
12101	冉氏墓誌蓋	唐	—	34-91	—	洛陽15-39	—
12102	史君妻王氏墓誌蓋	唐	219左上	34-90	—	北京3-20	—
12103	尼法雲誌石蓋	唐	—	—	—	陝西4-183	—
12104	申君墓誌蓋	唐	—	—	—	—	—
12105	石君墓誌蓋	唐	—	—	—	北京3-19	—
12106	石君墓誌蓋	唐	—	—	—	陝西4-182	—
12107	任君墓誌蓋	唐	—	—	—	洛陽15-41	—
12108	任君墓誌蓋	唐	—	34-110	—	北京3-26	—
12109	任君妻趙氏墓誌	唐	—	—	—	—	—
12110	吳君墓誌蓋	唐	—	—	—	—	—
12111	合葬墓誌蓋	唐	—	—	河北壹-153	河北150	—
12112	吉惲墓誌蓋	唐	—	34-104	—	北京3-23	—
12113	宇文氏墓誌蓋	唐	—	—	—	—	—
12114	曲氏墓誌蓋	唐	—	—	—	—	—
12115	朱君墓誌蓋	唐	218右下 219左中	—	—	—	—
12116	朱君墓誌蓋	唐	—	34-106	—	北京3-25	—
12117	朱君墓誌蓋	唐	—	—	—	陝西4-185	—
12118	朱君墓誌蓋	唐	—	—	—	—	—
12119	朱氏墓誌蓋	唐	—	34-105	—	北京3-24	—
12120	竹女墓誌蓋	唐	—	34-107	—	北京3-27	—
12121	西平公墓誌蓋	唐	—	—	—	陝西4-184	—
12122	何君墓誌蓋	唐	—	34-145	—	北京3-48	—
12123	何氏墓誌蓋	唐	—	—	—	北京3-47	—
12124	克君墓誌蓋	唐	—	—	—	洛陽15-51	—
12125	吳氏墓誌蓋	唐	—	34-142	—	北京3-46	—
12126	呂氏墓誌蓋	唐	—	—	—	—	—
12127	宋君墓誌蓋	唐	—	—	上海-8	—	—
12128	扶餘君墓誌蓋	唐	—	—	—	洛陽15-45	—
12129	李君合葬墓誌蓋	唐	—	—	河北壹-148	河北151	—
12130	李君墓誌蓋	唐	—	—	—	北京3-37	—
12131	李君墓誌蓋	唐	—	—	—	北京3-38	—
12132	李君墓誌蓋	唐	—	—	—	北京3-39	—
12133	李君墓誌蓋	唐	—	—	—	北京3-40	—
12134	李君墓誌蓋	唐	—	—	—	北京3-41	—
12135	李君墓誌蓋	唐	—	—	—	北京3-42	—
12136	李君墓誌蓋	唐	—	—	—	北京3-43	—
12137	李君妻張氏墓誌蓋	唐	—	—	—	陝西4-191	—
12138	李君妻崔氏墓誌蓋	唐	—	—	—	洛陽15-42	—
12139	李君墓誌蓋	唐	—	—	—	洛陽15-43	—
12140	李君墓誌蓋	唐	—	34-133	—	北京3-45	—
12141	李君墓誌蓋	唐	—	34-134	—	北京3-44	—
12142	李君墓誌蓋	唐	—	—	河南貳-284	—	—
12143	李君墓誌蓋	唐	—	—	北京壹-43	—	—
12144	李君墓誌蓋	唐	—	—	—	—	—
12145	李君墓誌蓋	唐	—	—	—	—	—
12146	李君墓誌蓋	唐	—	—	—	—	—
12147	李君墓誌蓋	唐	—	—	—	—	—
12148	李君墓誌蓋	唐	—	—	—	—	—

番號	F北大	G墓誌彙編	H 新編	I 補遺補編	J 地方	K 博物館・その他	L 日本目録
12092	—	—	—	—	—	—	—
12093	—	—	—	—	—	—	—
12094	—	—	—	—	—	—	—
12095	—	—	—	—	—	—	—
12096	—	—	—	—	—	—	—
12097	06965	—	—	—	—	—	—
12098	—	—	—	—	—	—	—
12099	06964	—	—	—	—	—	—
12100	—	—	—	下-1854	—	—	—
12101	06934	—	—	—	—	—	—
12102	06939	—	—	—	—	—	—
12103	—	—	—	—	—	—	—
12104	06937	—	—	—	—	—	—
12105	06938	—	—	—	—	—	—
12106	—	—	—	—	—	—	—
12107	—	—	—	—	—	—	—
12108	06935	—	—	—	—	—	—
12109	—	—	—	—	—	碑林新357	—
12110	06971	—	—	—	—	—	—
12111	—	—	—	—	—	—	—
12112	06884	—	—	—	—	—	—
12113	—	—	—	—	—	碑林93-4492	—
12114	—	—	—	—	—	碑林93-4506	—
12115	07042	—	—	—	—	—	—
12116	07040	—	—	—	—	—	—
12117	—	—	—	—	長碑225	—	—
12118	07041	—	—	—	—	—	—
12119	07043	—	—	—	—	—	—
12120	—	—	—	—	—	—	—
12121	—	—	—	—	—	—	—
12122	06876	—	—	—	—	—	—
12123	06877	—	—	—	—	—	—
12124	—	—	—	—	—	—	—
12125	07059	—	—	—	—	—	—
12126	—	—	—	—	—	慶雅堂71	—
12127	—	—	—	—	—	—	—
12128	—	—	—	—	—	—	—
12129	—	—	—	—	—	—	—
12130	06899	—	—	—	—	—	—
12131	06900	—	—	—	—	—	—
12132	09601	—	—	—	—	—	—
12133	06902	—	—	—	—	—	—
12134	06898	—	—	—	—	—	—
12135	06903	—	—	—	—	—	—
12136	06903	—	—	—	—	—	—
12137	—	—	—	—	—	—	—
12138	—	—	—	—	—	—	—
12139	—	—	—	—	—	—	—
12140	—	—	—	—	—	—	—
12141	—	—	—	—	—	—	—
12142	—	—	—	—	—	—	—
12143	—	—	—	—	—	—	—
12144	06892	—	—	—	—	—	—
12145	06893	—	—	—	—	—	—
12146	06894	—	—	—	—	—	—
12147	06895	—	—	—	—	—	—
12148	06896	—	—	—	—	—	—

唐

番號	墓誌名	年號	A 題跋	B北圖	C 附考 新中國	D隋唐五代	E千唐・河南
12149	李君墓誌蓋	唐	一	一	一	一	一
12150	李君墓誌蓋	唐				一	一
12151	李氏墓誌蓋	唐		一	一	北京3-36	一
12152	李氏墓誌蓋	唐	一			陝西4-186	一
12153	李氏墓誌蓋	唐				陝西4-187	一
12154	李氏墓誌蓋	唐				陝西4-188	一
12155	李氏墓誌蓋	唐				陝西4-189	一
12156	李氏墓誌蓋	唐				陝西4-190	一
12157	李氏墓誌蓋	唐	一	34-124	一	北京3-31	一
12158	李氏墓誌蓋	唐		34-125		北京3-32	一
12159	李氏墓誌蓋	唐		34-126	一	北京3-33	一
12160	李氏墓誌蓋	唐		34-127		北京3-34	一
12161	李氏墓誌蓋	唐		34-129	一	北京3-35	一
12162	李氏墓誌蓋	唐		一			一
12163	杜君墓誌蓋	唐		一		北京3-29	
12164	杜君妻趙氏墓誌蓋	唐	一	34-121	一	北京3-30	一
12165	杜氏墓誌蓋	唐		34-119		北京3-28	一
12166	束君墓誌蓋	唐		一	一	洛陽15-44	一
12167	狄氏墓誌蓋	唐					一
12168	谷氏墓誌蓋	唐				一	
12169	辛君墓誌蓋	唐				洛陽15-47	一
12170	辛君墓誌蓋	唐	一	34-114		北京3-49	一
12171	辛君墓誌蓋	唐		34-115	一	北京3-50	一
12172	邢君墓誌蓋	唐	一	34-117	一	北京3-22	一
12173	邢氏墓誌蓋	唐		一		洛陽15-40	一
12174	邢氏墓誌蓋	唐					一
12175	京君墓誌蓋	唐		一		洛陽15-50	一
12176	卓氏墓誌蓋	唐	一	34-150		北京3-53	一
12177	呼延君墓誌蓋	唐				洛陽15-48	一
12178	孟君墓誌蓋	唐				洛陽15-52	一
12179	房君墓誌蓋	唐				北京3-54	一
12180	房氏墓誌蓋	唐				北京3-55	一
12181	房氏墓誌蓋	唐		一		洛陽15-49	一
12182	杭氏墓誌蓋	唐	一	34-149		北京3-52	一
12183	林君墓誌蓋	唐		一	一	一	一
12184	武君墓誌蓋	唐	一	一	河南貳-264	一	一
12185	侯君墓誌蓋	唐				北京3-64	一
12186	侯君墓誌蓋	唐				洛陽15-54	一
12187	侯君墓誌蓋	唐	一	34-163		洛陽15-55	一
12188	侯君墓誌蓋	唐		34-164		北京3-63	一
12189	寇觀主墓誌蓋	唐		一		陝西4-192	一
12190	姚君墓誌蓋	唐		一		北京3-62	一
12191	姚君墓誌蓋	唐				洛陽15-53	一
12192	姚君墓誌蓋	唐	一	34-168		北京3-61	一
12193	姜氏墓誌蓋	唐	218右中	一		一	一
12194	姜氏墓誌蓋	唐		一		洛陽15-60	一
12195	封君墓誌蓋	唐		一		北京3-56	一
12196	封君墓誌蓋	唐	一	34-155	一	北京3-57	一
12197	封君墓誌蓋	唐		一		一	一
12198	封君墓誌蓋	唐		一		一	一
12199	封生墓誌蓋	唐	218右下	一		一	一
12200	某君墓誌蓋	唐		一		一	一
12201	某君墓誌蓋	唐		一		一	一
12202	某君墓誌蓋	唐				一	一
12203	某君墓誌蓋	唐				一	一
12204	某君墓誌蓋	唐	一	一	一	一	一
12205	某君及妻墓誌蓋	唐		一		一	一
12206	某氏墓誌蓋	唐	一	一	一	一	一

番號	F北大	G墓誌彙編	H 新編	I 補遺補編	J 地方	K 博物館・その他	L 日本目録
12149	06897	—	—	—	—	—	—
12150	06904	—	—	—	—	—	—
12151	06909	—	—	—	—	—	—
12152	—	—	—	—	—	—	—
12153	—	—	—	—	—	—	—
12154	—	—	—	—	—	—	—
12155	—	—	—	—	—	—	—
12156	—	—	—	—	—	—	—
12157	06905	—	—	—	—	—	—
12158	06906	—	—	—	—	—	—
12159	06907	—	—	—	—	—	—
12160	06908	—	—	—	—	—	—
12161	—	—	—	—	—	—	—
12162	—	—	—	—	—	碑林93-4502	—
12163	06845	—	—	—	—	—	—
12164	—	—	—	—	—	—	—
12165	—	—	—	—	—	—	—
12166	—	—	—	—	—	—	—
12167	06839	—	—	—	—	—	—
12168	06867	—	—	—	—	—	—
12169	—	—	—	—	—	—	—
12170	—	—	—	—	—	—	—
12171	06973	—	—	—	—	—	—
12172	06974	—	—	—	—	—	—
12173	—	—	—	—	—	—	—
12174	06975	—	—	—	—	—	—
12175	—	—	—	—	—	—	—
12176	07044	—	—	—	—	—	—
12177	—	—	—	—	—	—	—
12178	—	—	—	—	—	—	—
12179	06850	—	—	—	—	—	—
12180	—	—	—	—	—	—	—
12181	06851	—	—	—	—	—	—
12182	06922	—	—	—	—	—	—
12183	06912	—	—	—	—	—	—
12184	—	—	—	—	—	—	—
12185	06880	—	—	—	—	—	—
12186	—	—	—	—	—	—	—
12187	06881	—	—	—	—	—	—
12188	06879	—	—	—	—	—	—
12189	—	—	—	—	長碑224	—	—
12190	—	—	—	—	—	—	—
12191	—	—	—	—	—	—	—
12192	06995	—	—	—	—	—	—
12193	—	—	—	—	—	—	—
12194	—	—	—	—	—	—	—
12195	06852	—	—	—	—	—	—
12196	06854	—	—	—	—	故宮201	—
12197	06852	—	—	—	—	—	—
12198	06853	—	—	—	—	—	—
12199	06855	—	—	—	—	—	—
12200	07045	—	—	—	—	—	—
12201	07046	—	—	—	—	—	—
12202	07047	—	—	—	—	—	—
12203	07048	—	—	—	—	—	—
12204	07049	—	—	—	—	—	—
12205	07050	—	—	—	—	—	—
12206	07051	—	—	—	—	—	—

唐

番號	墓誌名	年號	A 題跋	B北圖	C 附考 新中国	D隋唐五代	E千唐・河南
12207	柳君墓誌蓋	唐		34-160	—	北京3-59	—
12208	柳君墓誌蓋	唐		—	河南貳-347	—	—
12209	段君墓誌蓋	唐		—	—	北京3-66	—
12210	段君墓誌蓋	唐		34-166	—	北京3-65	—
12211	段君墓誌蓋	唐					
12212	段君墓誌蓋	唐					
12213	紀君墓誌蓋	唐		—	北京壹-42		
12214	胡君墓誌蓋	唐	218右中	—			
12215	胡君墓誌蓋	唐	219左中	34-157		北京3-58	
12216	茅君及妻嚴氏墓誌蓋	唐				北京3-51	
12217	員半千墓誌	唐					
12218	唐君墓誌蓋	唐					
12219	唐氏墓誌蓋	唐					
12220	孫君墓誌蓋	唐		34-193	—	北京3-86	—
12221	孫君墓誌蓋	唐		34-194	—	北京3-87	—
12222	孫君墓誌蓋	唐		—	河南壹-113	河南137	
12223	孫君墓誌蓋	唐					
12224	徐君墓誌蓋	唐		34-200	—	北京3-77	—
12225	徐氏墓誌蓋	唐				洛陽15-64	
12226	徐氏墓誌蓋	唐		34-198		北京3-76	
12227	晉氏墓誌蓋	唐		—	—	洛陽15-63	
12228	桓君墓誌蓋	唐		34-188		北京3-69	
12229	桓君墓誌蓋	唐		—	河南貳-266	—	
12230	浩君墓誌蓋	唐					
12231	班(斑)氏墓誌蓋	唐				洛陽15-61	
12232	秦君墓誌蓋	唐				洛陽15-62	
12233	秦君墓誌蓋	唐					
12234	秦君墓誌蓋	唐					
12235	秦氏墓誌蓋	唐		34-174		北京3-68	
12236	耿君墓誌蓋	唐		34-186		北京3-70	
12237	耿君墓誌蓋	唐					
12238	袁君墓誌蓋	唐		34-177		北京3-71	
12239	袁氏墓誌蓋	唐					
12240	郝君墓誌蓋	唐		34-185		北京3-60	
12241	郝君墓誌蓋	唐					
12242	韋君墓誌蓋	唐		—	—	陝西4-193	—
12243	韋君墓誌蓋	唐		—	—	洛陽15-67	—
12244	韋君墓誌蓋	唐		34-161		北京3-67	
12245	韋氏墓誌蓋	唐					
12246	韋渭鎮墓文	唐					
12247	馬君墓誌蓋	唐		—	—	北京3-74	—
12248	馬君墓誌蓋	唐		—	—	北京3-75	—
12249	馬君墓誌蓋	唐		34-176		北京3-73	
12250	馬氏墓誌蓋	唐		34-175		北京3-72	
12251	高君墓誌蓋	唐		—	—	陝西4-194	—
12252	高君墓誌蓋	唐		—	—	洛陽15-65	—
12253	高君墓誌蓋	唐		—	—	洛陽15-66	—
12254	高君墓誌蓋	唐		34-172		北京3-83	
12255	高君墓誌蓋	唐					
12256	高氏墓誌蓋	唐		34-171		北京3-82	
12257	宮人墓誌蓋	唐		—	—	洛陽15-56	—
12258	崔君墓誌蓋	唐	218右中	—			
12259	崔君墓誌蓋	唐		35-40		北京3-88	
12260	崔君墓誌蓋	唐		35-41		北京3-89	
12261	崔君墓誌蓋	唐		35-42		北京3-90	
12262	崔君墓誌蓋	唐		35-43		北京3-91	
12263	崔君墓誌蓋	唐					
12264	崔君墓誌蓋	唐					

唐

番號	F北大	G墓誌彙編	H 新編	I 補遺補編	J 地方	K 博物館・その他	L 日本目録
12207	06921	—	—	—	—	—	—
12208	—	—	—	—	—	—	—
12209	06848	—	—	—	—	—	—
12210	06847	—	—	—	—	—	—
12211	06846	—	—	—	—	—	—
12212	06846	—	—	—	—	—	—
12213	—	—	—	—	—	—	—
12214	—	—	—	—	—	—	—
12215	06882	—	—	—	—	故宮202	—
12216	06927	—	—	—	—	—	—
12217	—	—	—	下-1864	—	—	—
12218	06945	—	—	—	—	—	—
12219	06946	—	—	—	—	—	—
12220	06942	—	—	—	—	—	—
12221	06943	—	—	—	—	—	—
12222	—	—	—	—	—	—	—
12223	06944	—	—	—	—	—	—
12224	06976	—	—	—	—	—	—
12225	—	—	—	—	—	—	—
12226	06977	—	—	—	—	—	—
12227	—	—	—	—	—	—	—
12228	06883	—	—	—	—	—	—
12229	—	—	—	—	—	—	—
12230	06875	—	—	—	—	—	—
12231	—	—	—	—	—	—	—
12232	—	—	—	—	—	—	—
12233	06930	—	—	—	—	—	—
12234	06931	—	—	—	—	—	—
12235	06932	—	—	—	—	—	—
12236	06865	—	—	—	—	—	—
12237	06864	—	—	—	—	—	—
12238	06998	—	—	—	—	—	—
12239	—	—	—	—	—	—	明大48
12240	06874	—	—	—	—	—	—
12241	06873	—	—	—	—	—	—
12242	—	—	—	—	—	—	—
12243	—	—	—	—	—	—	—
12244	—	—	—	—	—	—	—
12245	06967	—	—	—	—	—	—
12246	—	—	—	—	長新326 長碑223(576)	—	—
12247	—	—	—	—	—	—	—
12248	—	—	—	—	—	—	—
12249	06926	—	—	—	—	—	—
12250	06858	—	—	—	—	—	—
12251	—	—	—	—	—	—	—
12252	—	—	—	—	—	—	—
12253	—	—	—	—	—	—	—
12254	06861	—	—	—	—	—	—
12255	06862	—	—	—	—	—	—
12256	—	—	—	—	—	—	—
12257	—	—	—	—	—	—	—
12258	—	—	—	—	—	—	—
12259	—	—	—	—	—	—	—
12260	—	—	—	—	—	—	—
12261	06835	—	—	—	—	—	—
12262	06836	—	—	—	—	—	—
12263	06834	—	—	—	—	—	—
12264	06837	—	—	—	—	—	—

唐

番號	墓誌名	年號	A 題跋	B北圖	C 附考 新中国	D隋唐五代	E千唐・河南
12265	崔君墓誌蓋	唐	―	―	―	―	―
12266	崔氏墓誌蓋	唐	―	―	河南貳-263	―	―
12267	康君墓誌蓋	唐	―	35-8	―	北京3-92	―
12268	張君墓誌蓋	唐	―	―	―	―	―
12269	張君墓誌蓋	唐	218右下	―	―	―	―
12270	張君墓誌蓋	唐	―	―	―	江蘇153	―
12271	張君墓誌蓋	唐	―	―	河北壹-152	河北153	―
12272	張君墓誌蓋	唐	―	―	―	北京3-103	―
12273	張君墓誌蓋	唐	―	―	―	北京3-104	―
12274	張君墓誌蓋	唐	―	―	―	北京3-105	―
12275	張君墓誌蓋	唐	―	―	―	北京3-106	―
12276	張君墓誌蓋	唐	―	―	―	北京3-107	―
12277	張君妻裴氏墓誌蓋	唐	―	―	―	洛陽15-72	―
12278	張君妻□氏墓誌蓋	唐	―	35-19	―	北京3-98	―
12279	張君墓誌蓋	唐	―	35-20	―	北京3-99	―
12280	張君墓誌蓋	唐	―	35-21	―	北京3-108	―
12281	張君墓誌蓋	唐	―	35-22	―	北京3-109	―
12282	張君墓誌蓋	唐	―	35-23	―	北京3-100	―
12283	張君墓誌蓋	唐	―	35-24	―	北京3-101	―
12284	張君墓誌蓋	唐	―	35-25	―	北京3-102	―
12285	張君墓誌蓋	唐	―	―	北京壹-39	―	―
12286	張君墓誌蓋	唐	―	―	―	―	―
12287	張君墓誌蓋	唐	―	―	―	―	―
12288	張君墓誌蓋	唐	―	―	―	―	―
12289	張君墓誌蓋	唐	―	―	―	―	―
12290	張君墓誌蓋	唐	―	―	―	―	―
12291	張君墓誌蓋	唐	―	―	―	―	―
12292	張君墓誌蓋	唐	―	―	―	―	―
12293	張君墓誌蓋	唐	―	―	―	―	―
12294	張君墓誌蓋	唐	―	―	―	―	―
12295	張君墓誌蓋	唐	―	―	―	―	―
12296	張君墓誌蓋	唐	―	―	―	―	―
12297	張君墓誌蓋	唐	―	―	―	―	―
12298	張君墓誌蓋	唐	―	―	―	―	―
12299	張君墓誌蓋	唐	―	―	―	―	―
12300	張氏墓誌蓋	唐	―	―	―	北京3-94	―
12301	張氏墓誌蓋	唐	―	―	―	陝西4-196	―
12302	張氏墓誌蓋	唐	―	35-14	―	北京3-95	―
12303	張氏墓誌蓋	唐	―	35-15	―	北京3-96	―
12304	張氏墓誌蓋	唐	―	35-16	―	北京3-97	―
12305	張氏女墓誌	唐	―	―	―	―	―
12306	曹君墓誌蓋	唐	―	―	―	洛陽15-68	―
12307	曹君墓誌蓋	唐	―	―	―	洛陽15-69	―
12308	曹君墓誌蓋	唐	―	―	―	洛陽15-70	―
12309	曹氏墓誌蓋	唐	―	―	―	―	―
12310	梁氏墓誌蓋	唐	―	35-1	―	北京3-93	―
12311	深州刺史墓誌蓋	唐	218右下	―	―	―	―
12312	郭君墓誌蓋	唐	―	―	河北壹-149	河北152	―
12313	郭君墓誌蓋	唐	―	35-5	―	北京3-80	―
12314	郭君墓誌蓋	唐	―	35-6	―	北京3-79	―
12315	郭君墓誌蓋	唐	―	―	―	―	―
12316	郭氏墓誌蓋	唐	―	35-4	―	北京3-78	―
12317	陳君妻任氏墓誌蓋	唐	―	―	―	陝西4-195	―
12318	陳君墓誌蓋	唐	―	―	―	洛陽15-59	―
12319	陳君妻趙氏墓誌蓋	唐	―	35-33	―	洛陽15-57	―
12320	陳君墓誌蓋	唐	―	35-34	―	北京3-85	―
12321	陳君墓誌蓋	唐	―	35-35	―	北京3-84	―
12322	陳氏墓誌蓋	唐	―	―	―	洛陽15-58	―

番號	F北大	G墓誌彙編	H 新編	I補遺補編	J 地方	K 博物館・その他	L 日本目録
12265	06838	―	―	―	―	―	―
12266	―	―	―	―	―	―	―
12267	06890	―	―	―	―	―	―
12268	―	―	―	―	房山30	―	―
12269	―	―	―	―	―	―	―
12270	―	―	―	―	―	―	―
12271	―	―	―	―	―	―	―
12272	07004	―	―	―	―	―	―
12273	―	―	―	―	―	―	―
12274	07012	―	―	―	―	―	―
12275	07013	―	―	―	―	―	―
12276	07015	―	―	―	―	―	―
12277	―	―	―	―	―	―	―
12278	07023	―	―	―	―	―	―
12279	―	―	―	―	―	―	―
12280	07009	―	―	―	―	―	―
12281	07010	―	―	―	―	―	―
12282	07011	―	―	―	―	―	―
12283	07014	―	―	―	―	―	―
12284	07016	―	―	―	―	―	―
12285	―	―	―	―	―	―	―
12286	―	―	―	―	―	故宮198	―
12287	07005	―	―	―	―	―	―
12288	07006	―	―	―	―	―	―
12289	07007	―	―	―	―	―	―
12290	07008	―	―	―	―	―	―
12291	07017	―	―	―	―	―	―
12292	07018	―	―	―	―	―	―
12293	07019	―	―	―	―	―	―
12294	07020	―	―	―	―	―	―
12295	07021	―	―	―	―	―	―
12296	07022	―	―	―	―	―	―
12297	07024	―	―	―	―	―	―
12298	―	―	―	―	―	―	淑473
12299	―	―	―	―	―	―	淑700
12300	07027	―	―	―	―	―	―
12301	―	―	―	―	―	―	―
12302	07025	―	―	―	―	―	―
12303	07026	―	―	―	―	―	―
12304	―	―	―	―	―	―	―
12305	06815	―	―	―	―	―	―
12306	―	―	―	―	―	―	―
12307	―	―	―	―	―	―	―
12308	―	―	―	―	―	―	―
12309	06830	―	―	―	―	―	―
12310	06911	―	―	―	―	―	―
12311	06947	―	―	―	―	―	―
12312	―	―	―	―	―	―	―
12313	06868	―	―	―	―	―	―
12314	06870	―	―	―	―	―	―
12315	06869	―	―	―	―	―	―
12316	06871	―	―	―	―	―	―
12317	―	―	―	―	長碑217	―	―
12318	―	―	―	―	―	―	―
12319	06833	―	―	―	―	―	―
12320	―	―	―	―	―	―	―
12321	06832	―	―	―	―	―	―
12322	―	―	―	―	―	―	―

唐

番號	墓誌名	年號	A 題跋	B北圖	C 附考 新中国	D隋唐五代	E千唐・河南
12323	傅君妻梁氏墓誌蓋	唐	－	35-70	－	北京3-115	－
12324	溫君妻吳氏墓誌蓋	唐					
12325	渾君墓誌蓋	唐	218右下	－			
12326	湯氏墓誌蓋	唐	－	－	－	洛陽15-76	－
12327	焦君墓誌蓋	唐				洛陽15-74	
12328	焦君墓誌蓋	唐	－	35-72	－	北京3-117	－
12329	焦君墓誌蓋	唐		35-73		北京3-118	
12330	焦訓墓誌蓋	唐					
12331	焦氏墓誌蓋	唐	－	35-71	－	北京3-116	－
12332	絁君墓誌蓋	唐		35-74		北京3-122	
12333	董君墓誌蓋	唐		35-93		北京3-113	
12334	董君墓誌蓋	唐		35-94		北京3-114	
12335	董氏墓誌蓋	唐		35-92		北京3-112	
12336	董氏墓誌蓋	唐		－			
12337	賀君墓誌蓋	唐		35-64		北京3-121	
12338	賀君墓誌蓋	唐		－		－	
12339	陽君墓誌蓋	唐		－		洛陽15-71	
12340	陽君妻□氏墓誌蓋	唐		35-65		北京3-110	
12341	陽君墓誌蓋	唐		35-66		北京3-111	
12342	陽君墓誌蓋	唐					
12343	馮君墓誌蓋	唐		35-50		北京3-119	
12344	馮君墓誌蓋	唐		35-51		北京3-120	
12345	馮君墓誌蓋	唐					
12346	馮思誨墓誌	唐					
12347	馮氏墓誌蓋	唐		35-49		洛陽15-75	
12348	馮晉墓誌	唐					
12349	嗣陳王墓誌蓋	唐					
12350	廉氏墓誌蓋	唐		35-75	－	北京3-134	
12351	楊秀墓誌蓋	唐		－			
12352	楊君墓誌蓋	唐	218右下	－			
12353	楊君墓誌蓋	唐				北京3-124	
12354	楊君墓誌蓋	唐				北京3-125	
12355	楊君墓誌蓋	唐				北京3-126	
12356	楊君墓誌蓋	唐				洛陽15-79	
12357	楊君墓誌蓋	唐		35-87		北京3-129	
12358	楊君墓誌蓋	唐		35-88		北京3-127	
12359	楊君墓誌蓋	唐		35-89		北京3-128	
12360	楊君墓誌蓋	唐		－	河南貳-265	－	－
12361	楊君墓誌蓋	唐		－	北京壹-44		
12362	楊君墓誌蓋	唐					
12363	楊公墓誌蓋	唐					
12364	楊公墓誌蓋	唐		－	北京壹-44	－	
12365	楊氏墓誌蓋	唐	219左上				
12366	楊氏墓誌蓋	唐				陝西4-197	
12367	楊氏墓誌蓋	唐				洛陽15-77	
12368	楊氏墓誌蓋	唐		35-82		洛陽15-78	
12369	楊氏墓誌蓋	唐		35-83		北京3-123	
12370	葛君墓誌蓋	唐		－		洛陽15-73	
12371	賈君墓誌蓋	唐	218左中	－			
12372	賈君墓誌蓋	唐		35-80		北京3-131	
12373	賈君墓誌蓋	唐		35-81		北京3-130	
12374	路君墓誌蓋	唐	218右中	35-69		北京3-133	
12375	路氏墓誌蓋	唐		35-68		北京3-132	
12376	雷君墓誌蓋	唐					
12377	僧實貽墓誌蓋	唐					
12378	暢君墓誌蓋	唐					
12379	翟君墓誌蓋	唐		－	河南壹-114	河南138	
12380	翟君墓誌蓋	唐		－			

番號	F北大	G墓誌彙編	H 新編	I補遺補編	J 地方	K 博物館・その他	L 日本目録
12323	06860	—	—	—	—	—	—
12324	06970	—	—	—	—	—	—
12325	—	—	—	—	—	—	—
12326	—	—	—	—	—	—	—
12327	—	—	—	—	—	—	—
12328	06887	—	—	—	—	—	—
12329	06888	—	—	—	—	—	—
12330	06889	—	—	—	—	—	—
12331	—	—	—	—	—	—	—
12332	06891	—	—	—	—	—	—
12333	06840	—	—	—	—	—	—
12334	06841	—	—	—	—	—	—
12335	06843	—	—	—	—	—	—
12336	06842	—	—	—	—	—	—
12337	—	—	—	—	—	—	—
12338	06878	—	—	—	—	—	—
12339	—	—	—	—	—	—	—
12340	06982	—	—	—	—	—	—
12341	06980	—	—	—	—	—	—
12342	06981	—	—	—	—	—	—
12343	06857	—	—	—	—	—	—
12344	06856	—	—	—	—	—	—
12345	—	—	—	—	大全・曲沃8	—	—
12346	06790	—	—	—	—	磚刻1251	—
12347	06859	—	—	—	—	—	—
12348	—	—	—	—	長新324 長碑222(575)	—	—
12349	—	—	—	—	—	—	—
12350	06910	—	—	—	—	—	—
12351	—	—	—	—	—	—	淑701
12352	—	—	—	—	—	—	—
12353	06988	—	—	—	—	—	—
12354	06989	—	—	—	—	—	—
12355	06990	—	—	—	—	—	—
12356	—	—	—	—	—	—	—
12357	06986	—	—	—	—	—	—
12358	06992	—	—	—	—	—	—
12359	06987	—	—	—	—	—	—
12360	—	—	—	—	—	—	—
12361	—	—	—	—	—	—	—
12362	06985	—	—	—	—	—	—
12363	06983	—	—	—	—	—	—
12364	06984	—	—	—	—	—	—
12365	—	—	—	—	—	—	—
12366	—	—	—	—	—	—	—
12367	—	—	—	—	—	—	—
12368	06994	—	—	—	—	—	—
12369	06993	—	—	—	—	—	—
12370	—	—	—	—	—	—	—
12371	—	—	—	—	—	—	—
12372	06885	—	—	—	—	—	—
12373	06886	—	—	—	—	—	—
12374	06924	—	—	—	—	—	—
12375	06925	—	—	—	—	—	—
12376	—	—	—	—	—	碑林93-4498	—
12377	—	—	—	—	—	碑林93-4494	—
12378	06831	—	—	—	—	—	—
12379	—	—	—	—	—	—	—
12380	07003	—	—	—	—	—	—

唐

番號	墓誌名	年號	A 題跋	B北圖	C 附考 新中国	D隋唐五代	E千唐・河南
12381	蔡氏墓誌蓋	唐	—	35-126	—	北京3-135	—
12382	蔣君墓誌蓋	唐	—	—	—	陝西4-202	—
12383	裴君墓誌蓋	唐	—	35-119	—	北京3-147	—
12384	裴君墓誌蓋	唐	—	—	河南貳-269	—	—
12385	裴氏墓誌蓋	唐	—	—	—	洛陽15-80	—
12386	趙君墓誌蓋	唐	—	—	—	北京3-140	—
12387	趙君墓誌蓋	唐	—	—	—	北京3-143	—
12388	趙君墓誌蓋	唐	—	—	—	陝西4-200	—
12389	趙君妻郭氏墓誌蓋	唐	—	35-105	—	北京3-141	—
12390	趙君墓誌蓋	唐	—	35-106	—	北京3-142	—
12391	趙君墓誌蓋	唐	—	35-107	—	北京3-144	—
12392	趙君墓誌蓋	唐	—	35-108	—	北京3-145	—
12393	趙君墓誌蓋	唐	—	35-109	—	北京3-138	—
12394	趙君墓誌蓋	唐	—	35-110	—	北京3-139	—
12395	趙君墓誌蓋	唐	—	—	—	—	—
12396	趙君墓誌蓋	唐	—	—	—	—	—
12397	趙君墓誌蓋	唐	—	—	—	—	—
12398	趙氏墓誌蓋	唐	—	—	—	陝西4-199	—
12399	趙氏墓誌蓋	唐	—	35-102	—	北京3-136	—
12400	趙氏墓誌蓋	唐	—	35-103	—	北京3-137	—
12401	趙氏墓誌蓋	唐	—	—	北京壹-45	—	—
12402	價君墓誌蓋	唐	—	—	—	洛陽15-87	—
12403	儀君墓誌蓋	唐	—	—	—	洛陽15-86	—
12404	劉君墓誌蓋	唐	218右上	—	—	—	—
12405	劉君墓誌蓋	唐	—	—	—	北京3-151	—
12406	劉君墓誌蓋	唐	—	—	—	北京3-152	—
12407	劉君墓誌蓋	唐	—	35-136	—	北京3-150	—
12408	劉君墓誌蓋	唐	—	35-138	—	北京3-154	—
12409	劉君墓誌蓋	唐	—	35-139	—	北京3-153	—
12410	劉君合葬墓誌蓋	唐	—	—	北京壹-40	—	—
12411	劉君墓誌蓋	唐	—	—	北京壹-41	—	—
12412	劉君墓誌蓋	唐	—	—	—	—	—
12413	劉君墓誌蓋	唐	—	—	—	—	—
12414	劉君妻墓誌蓋	唐	—	—	—	—	—
12415	劉君妻墓誌蓋	唐	—	—	—	—	—
12416	劉氏墓誌蓋	唐	—	35-134	—	北京3-149	—
12417	樂□□墓誌蓋	唐	—	35-132	—	北京3-158	—
12418	樂君墓誌蓋	唐	—	—	—	北京3-155	—
12419	樂君墓誌蓋	唐	—	—	—	北京3-156	—
12420	樂君墓誌蓋	唐	—	35-131	—	北京3-157	—
12421	樊君墓誌蓋	唐	—	35-125	—	北京3-148	—
12422	樊君墓誌蓋	唐	—	—	—	洛陽15-82	—
12423	樊君墓誌蓋	唐	—	—	—	洛陽15-83	—
12424	樊君墓誌蓋	唐	—	—	河南貳-286	—	—
12425	樊氏墓誌蓋	唐	—	—	—	洛陽15-81	—
12426	臧君墓誌蓋	唐	—	35-116	—	北京3-146	—
12427	鄭君墓誌蓋	唐	—	—	—	陝西4-201	—
12428	鄭公墓誌蓋	唐	—	—	—	—	—
12429	鄭氏墓誌蓋	唐	219左中	—	—	—	—
12430	鄭氏墓誌蓋	唐	—	—	—	—	—
12431	鄭氏墓誌蓋	唐	—	—	—	—	—
12432	魯意孫妻張氏之銘蓋	唐	—	—	河南貳-285	—	—
12433	魯氏墓誌蓋	唐	—	35-128	—	洛陽15-85	—
12434	獨孤氏墓誌蓋	唐	—	35-147	—	北京3-161	—
12435	盧君墓誌蓋	唐	—	—	—	陝西4-203	—
12436	盧君妻辛氏墓誌蓋	唐	—	—	—	洛陽15-90	—
12437	盧君墓誌蓋	唐	—	—	—	洛陽15-91	—
12438	盧氏墓誌蓋	唐	—	—	—	洛陽15-89	—

番號	F北大	G墓誌彙編	H 新編	I補遺補編	J 地方	K 博物館・その他	L 日本目録
12381	06829	—	—	—	—	—	—
12382	—	—	—	—	—	—	—
12383	06929	—	—	—	—	—	—
12384	—	—	—	—	—	—	—
12385	—	—	—	—	—	—	—
12386	07033	—	—	—	—	—	—
12387	07034	—	—	—	—	—	—
12388	—	—	—	—	—	—	—
12389	07036	—	—	—	—	—	—
12390	07029	—	—	—	—	—	—
12391	07030	—	—	—	—	—	—
12392	—	—	—	—	—	—	—
12393	07031	—	—	—	—	—	—
12394	07032	—	—	—	—	—	—
12395	—	—	—	—	—	碑林93-4504	—
12396	07028	—	—	—	—	—	—
12397	07035	—	—	—	—	—	—
12398	—	—	—	—	—	—	—
12399	07037	—	—	—	—	—	—
12400	—	—	—	—	—	—	—
12401	—	—	—	—	—	—	—
12402	—	—	—	—	—	—	—
12403	—	—	—	—	—	—	—
12404	—	—	—	—	—	—	—
12405	06913	—	—	—	—	—	—
12406	—	—	—	—	—	—	—
12407	06914	—	—	—	—	—	—
12408	06915	—	—	—	—	—	—
12409	06916	—	—	—	—	—	—
12410	—	—	—	—	—	—	—
12411	—	—	—	—	—	—	—
12412	06917	—	—	—	—	—	—
12413	06918	—	—	—	—	—	—
12414	06919	—	—	—	—	—	—
12415	06920	—	—	—	—	—	—
12416	—	—	—	—	—	—	—
12417	06999	—	—	—	—	—	—
12418	—	—	—	—	—	—	—
12419	07001	—	—	—	—	—	—
12420	07000	—	—	—	—	—	—
12421	06849	—	—	—	—	—	—
12422	—	—	—	—	—	—	—
12423	—	—	—	—	—	—	—
12424	—	—	—	—	—	—	—
12425	—	—	—	—	—	—	—
12426	07002	—	—	—	—	—	—
12427	—	—	—	—	—	—	—
12428	07038	—	—	—	—	—	—
12429	—	—	—	—	—	—	—
12430	—	—	—	—	—	故宮203	—
12431	—	—	—	—	—	—	淑699
12432	—	—	—	—	—	—	—
12433	06923	—	—	—	—	—	—
12434	06844	—	—	—	—	—	—
12435	—	—	—	—	—	—	—
12436	—	—	—	—	—	—	—
12437	—	—	—	—	—	—	—
12438	—	—	—	—	—	—	—

唐

番號	墓誌名	年號	A 題跋	B北圖	C 附考 新中国	D隋唐五代	E千唐・河南
12439	薛君墓誌蓋	唐	－	35-150	－	北京3-160	－
12440	薛君墓誌蓋	唐	－	－	－	－	－
12441	薛氏墓誌蓋	唐	－	－	－	北京3-159	－
12442	險氏墓誌蓋	唐	－	－	－	洛陽15-88	－
12443	余君及妻方氏墓誌蓋	唐	－	－	－	洛陽15-46	－
12444	濟南某公墓誌蓋	唐	218右上	－	－	－	－
12445	蕭君妻袁氏墓誌蓋	唐	－	35-152	－	北京3-162	－
12446	蕭氏墓誌蓋	唐	－	－	－	洛陽15-84	－
12447	韓君墓誌蓋	唐	－	35-149	－	北京3-164	－
12448	韓君墓誌蓋	唐	－	－	河南貳-262	－	－
12449	韓君墓誌蓋	唐	－	－	－	－	－
12450	顏君墓誌蓋	唐	－	－	－	北京3-165	－
12451	顏君墓誌蓋	唐	－	35-151	－	北京3-166	－
12452	魏君墓誌蓋	唐	－	－	－	洛陽15-92	－
12453	魏君墓誌蓋	唐	－	35-153	－	北京3-163	－
12454	魏君墓誌蓋	唐	－	－	－	－	－
12455	蘇君墓誌蓋	唐	－	－	－	陝西4-204	－
12456	蘇君墓誌蓋	唐	－	－	陝西壹-154	－	－
12457	蘇君墓誌蓋	唐	－	－	－	－	－
12458	蘭君墓誌蓋	唐	－	－	－	洛陽15-93	－
12459	邊君墓誌蓋	唐	－	－	－	－	－
12460	龐子墓誌蓋	唐	－	－	－	陝西4-205	－
12461	龐子墓誌之銘蓋	唐	－	－	－	－	－
12462	寶君墓誌蓋	唐	－	－	－	陝西4-206	－
12463	寶君墓誌蓋	唐	－	－	－	洛陽15-94	－
12464	酈君墓誌蓋	唐	－	－	河北壹-150	河北154	－
12465	爨氏墓誌蓋	唐	－	－	－	陝西4-207	－
12466	□君墓誌蓋	唐	－	－	－	－	－
12467	□君墓誌蓋	唐	－	－	－	－	－
12468	□君墓誌蓋	唐	－	－	－	－	－
12469	□君墓誌蓋	唐	－	－	－	－	－
12470	□君墓誌蓋	唐	－	－	－	－	－
12471	□君及妻墓誌蓋	唐	－	－	－	－	－
12472	七品亡尼墓誌蓋	高宗間(650～683)	－	－	陝西壹-106	陝西3-31	－
12473	亡宮五品墓誌蓋	高宗間(650～683)	－	－	陝西壹-105	陝西3-35	－
12474	亡尼七品墓誌蓋	高宗間(650～683)	－	－	陝西壹-101	－	－
12475	亡尼七品墓誌蓋	高宗間(650～683)	－	－	陝西壹-103	陝西3-34	－
12476	亡尼墓誌蓋	高宗間(650～683)	－	－	陝西壹-102	陝西3-33	－
12477	亡尼墓誌蓋	高宗間(650～683)	－	－	陝西壹-104	陝西3-32	－
12478	宻氏墓誌蓋	武周間(690～704)	－	19-131	－	－	－
12479	七品亡宮墓誌蓋	武周間(690～704)	－	19-124	－	北京1-109	－
12480	九品亡宮墓誌蓋	武周間(690～704)	－	19-125	－	北京1-110	－
12481	亡宮墓誌蓋	武周間(690～704)	－	19-126	－	北京1-111	－
12482	亡尼七品墓誌蓋	武周間(690～704)	－	－	陝西壹-107	陝西3-99	－
12483	支君墓誌蓋	武周間(690～704)	－	－	－	洛陽15-98	－
12484	王君墓誌蓋	武周間(690～704)	－	－	－	洛陽15-95	－
12485	王君墓誌蓋	武周間(690～704)	－	－	－	洛陽15-96	－
12486	王君墓誌蓋	武周間(690～704)	－	－	－	洛陽15-97	－
12487	王君墓誌蓋	武周間(690～704)	－	19-127	－	北京1-112	－
12488	安君妻史氏墓誌蓋	武周間(690～704)	－	－	－	洛陽15-101	－
12489	安氏墓誌蓋	武周間(690～704)	－	－	－	洛陽15-100	－
12490	朱氏墓誌蓋	武周間(690～704)	－	－	－	洛陽15-99	－
12491	吳君妻邰氏墓誌蓋	武周間(690～704)	－	－	－	洛陽15-102	－
12492	宋君墓誌蓋	武周間(690～704)	－	－	－	洛陽15-103	－

- 472 -

唐

番號	F 北大	G 墓誌彙編	H 新編	I 補遺補編	J 地方	K 博物館・その他	L 日本目錄
12439	—	—	—	—	精粹227	—	—
12440	06978	—	—	—	—	—	—
12441	07057	—	—	—	—	—	—
12442	—	—	—	—	—	—	—
12443	—	—	—	—	—	—	—
12444	—	—	—	—	—	—	—
12445	06972	—	—	—	—	—	—
12446	—	—	—	—	—	—	—
12447	—	—	—	—	—	—	—
12448	—	—	—	—	—	—	—
12449	06872	—	—	—	—	—	—
12450	—	—	—	—	—	—	—
12451	06979	—	—	—	—	—	—
12452	—	—	—	—	—	—	—
12453	06968	—	—	—	—	—	—
12454	06969	—	—	—	—	—	—
12455	—	—	—	—	—	—	—
12456	—	—	—	—	咸陽19	碑林93-4496	—
12457	06941	—	—	—	—	—	—
12458	—	—	—	—	—	—	—
12459	06828	—	—	—	—	—	—
12460	—	—	—	—	—	—	—
12461	—	—	—	—	咸刻64	—	—
12462	—	—	—	—	—	—	—
12463	—	—	—	—	—	—	—
12464	—	—	—	—	—	—	—
12465	—	—	—	—	—	—	—
12466	07052	—	—	—	—	—	—
12467	07053	—	—	—	—	—	—
12468	07054	—	—	—	—	—	—
12469	07055	—	—	—	—	—	—
12470	07056	—	—	—	—	—	—
12471	07058	—	—	—	—	—	—
12472	—	—	—	—	—	—	—
12473	—	—	—	—	—	—	—
12474	—	—	—	—	—	—	—
12475	—	—	—	—	—	—	—
12476	—	—	—	—	—	—	—
12477	—	—	—	—	—	—	—
12478	—	—	—	—	—	—	—
12479	02951	—	—	—	—	—	—
12480	02952	—	—	—	—	—	—
12481	—	—	—	—	—	—	—
12482	—	—	—	—	—	—	—
12483	—	—	—	—	—	—	—
12484	—	—	—	—	—	—	—
12485	—	—	—	—	—	—	—
12486	—	—	—	—	—	—	—
12487	—	—	—	—	—	—	—
12488	—	—	—	—	—	—	—
12489	—	—	—	—	—	—	—
12490	—	—	—	—	—	—	—
12491	—	—	—	—	—	—	—
12492	—	—	—	—	精粹227	—	—

唐・燕

番號	墓誌名	年號	A 題跋	B北圖	C 附考 新中国	D隋唐五代	E千唐・河南
12493	李君墓誌蓋	武周間(690～704)	—	—	—	—	—
12494	房君墓誌蓋	武周間(690～704)	—	19-130	—	北京1-113	—
12495	帝君墓誌蓋	武周間(690～704)	—	—	—	洛陽15-104	—
12496	崈氏墓誌蓋	武周間(690～704)	—	—	—	洛陽15-105	—
12497	孫君墓誌蓋	武周間(690～704)	—	—	—	洛陽15-107	—
12498	席氏墓誌蓋	武周間(690～704)	—	—	—	洛陽15-106	—
12499	桓君墓誌蓋	武周間(690～704)	—	19-133	—	北京1-115	—
12500	高君墓誌蓋	武周間(690～704)	—	19-132	—	北京1-114	—
12501	崔君墓誌蓋	武周間(690～704)	—	—	—	洛陽15-110	—
12502	崔君妻□氏墓誌蓋	武周間(690～704)	—	19-138	—	北京1-118	—
12503	張君墓誌蓋	武周間(690～704)	—	19-136	—	北京1-116	—
12504	張君墓誌蓋	武周間(690～704)	—	19-137	—	北京1-117	—
12505	曹君墓誌蓋	武周間(690～704)	—	—	—	洛陽15-109	—
12506	許君墓誌蓋	武周間(690～704)	—	—	—	洛陽15-111	—
12507	郭君墓誌蓋	武周間(690～704)	—	—	—	—	—
12508	陳君墓誌蓋	武周間(690～704)	—	—	—	洛陽15-108	—
12509	逸君墓誌蓋	武周間(690～704)	—	19-143	—	北京1-119	—
12510	馮君墓誌蓋	武周間(690～704)	—	—	—	洛陽15-112	—
12511	馮君墓誌蓋	武周間(690～704)	—	—	—	洛陽15-113	—
12512	楊君墓誌蓋	武后末(704)	180右上	—	—	—	—
12513	雷君墓誌蓋	武周間(690～704)	—	—	—	洛陽15-114	—
12514	趙君墓誌蓋	武周間(690～704)	—	19-145	—	北京1-121	—
12515	劉君墓誌蓋	武周間(690～704)	—	—	—	洛陽15-115	—
12516	盧君墓誌蓋	武周間(690～704)	—	—	—	洛陽15-117	—
12517	薛君墓誌蓋	武周間(690～704)	—	—	—	洛陽15-116	—
12518	□君墓誌蓋	武周間(690～704)	—	—	河南貳-272	—	—
12519	賈君墓誌蓋	武周間(690～704)	—	19-144	—	北京1-120	—
12520	王尊師墓誌蓋	燕(安祿山)	—	35-182	—	北京3-167	—
12521	尚君墓誌蓋	燕(安祿山)	—	—	河北壹-144	—	—
12522	楊君墓誌蓋	燕(安祿山)	218右下	—	—	—	—
12523	楊君墓誌蓋	聖武間(756～757)	191右下	—	—	—	—

番號	F北大	G墓誌彙編	H 新編	I補遺補編	J 地方	K 博物館・その他	L 日本目録
12493	02949	－	－	－	－	－	－
12494	02946	－	－	－	－	－	－
12495	－	－	－	－	－	－	－
12496	－	－	－	－	－	－	－
12497	－	－	－	－	－	－	－
12498	－	－	－	－	－	－	－
12499	02947	－	－	－	－	－	－
12500	02945	－	－	－	－	－	－
12501	－	－	－	－	－	－	－
12502	－	－	－	－	－	－	－
12503	02953	－	－	－	－	－	－
12504	02954	－	－	－	－	－	－
12505	－	－	－	－	－	－	－
12506	－	－	－	－	－	－	－
12507	02946	－	－	－	－	－	－
12508	－	－	－	－	－	－	－
12509	－	－	－	－	－	－	－
12510	－	－	－	－	－	－	－
12511	－	－	－	－	－	－	－
12512	－	－	－	－	－	－	－
12514	－	－	－	－	－	－	－
12515	02955	－	－	－	－	－	－
12516	－	－	－	－	－	－	－
12517	－	－	－	－	－	－	－
12518	－	－	－	－	－	－	－
12519	－	－	－	－	－	－	－
12513	02948	－	－	－	－	－	－
12520	07081	－	－	－	－	－	－
12521	－	－	－	－	－	－	－
12522	07096	－	－	－	－	－	－
12523	－	－	－	－	－	－	－

墓誌名索引

墓誌名索引

一　畫

乙

乙弗君墓誌蓋	2043
乙速孤行儼墓誌	3839
乙速孤行儼妻賀若氏墓誌	3840
乙速孤直墓誌	4292

二　畫

丁　七　九　了　二　八　刀　卜

丁佑及妻于氏墓誌	10752
丁孝範及王氏墓誌	2223
丁承義墓誌	9616
丁韶墓誌	6367
丁廣訓墓誌	9720
丁範墓誌	2528
丁璬休墓誌	4750
丁贇墓誌	1997
丁氏墓誌	9106
七品亡尼墓誌	2712
七品亡尼墓誌蓋	2472
七品亡宮墓誌	2938
七品亡宮墓誌	4865
七品亡宮墓誌	4898
七品亡宮墓誌蓋	12044
七品亡宮墓誌蓋	12479
七品典飧墓誌	1135
七品宮人墓誌	1103
七品宮人墓誌	1238
七品宮人墓誌	2512
九品亡宮人墓誌	1399
九品亡宮人墓誌	1403
九品亡宮墓誌	2706
九品亡宮墓誌	2736
九品亡宮墓誌	2785
九品亡宮墓誌	3057
九品亡宮墓誌	3158
九品亡宮墓誌	5706
九品亡宮墓誌蓋	12480
九華觀道士墳記	8343
了悟塔銘	6956
了緣和尚靈塔銘	5633
二品宮人墓誌	1071
八品亡宮墓誌	2942
八品亡宮墓誌	3093
八品亡宮墓誌	4858
八品亡宮墓誌	4893
刀柱柱墓誌	1766
刀君妻牛氏墓誌	5915
卜元簡墓誌	3668
卜素墓誌	4991
卜璀墓誌	9111
卜君墓誌蓋	12045

三　畫

万　三　上　之　乞　也　于　亡　士　大　干　弓

万師及妻陳氏墓誌	3144
万俟鳳節墓誌	2194
万俟君妻獨孤大惠墓誌	919
万俟氏墓誌蓋	12046
三景法師(韓自明)墓誌	9476
上官政墓誌	9393
上官義墓誌	1670
上官君墓誌蓋	12047
之君墓誌蓋	12048
乞伏士幹墓誌	920
也端及妻惣氏墓誌	1996
于士俊妻胡貞範墓誌	2705
于士恭墓誌	4934
于申墓誌	7895
于申妻韋懿仁墓誌	8425
于汝錫墓誌	10216
于汝錫妻顏憲墓誌	9870
于君盧舍衛墓誌	2323
于季文墓誌	8757
于尚範及妻韋氏李氏墓誌	4156
于尚範妻高氏墓誌	5085
于昌嶠墓誌	7945
于思□(讓?)墓誌	4086
于哲墓誌	520
于峻及妻房氏墓誌	6381
于庭秀墓誌	7947
于偃墓誌	6504
于梓墓誌	1272
于陽墓誌	10966
于漢濱妻李氏墓誌	10147
于貢墓誌	3876
于遂古及妻竇氏墓誌	3276
于嘉胤墓誌	5549
于榮德及妻王氏墓碣	4513
于德嚴墓誌	10949
于璡墓誌	4668
于盧呵及妻李氏墓誌	224
于賢墓誌	2584
于謙墓誌	1860
于隱墓誌	2778
于隱妻李氏(金鄉縣主)墓誌	4731
于□莊及妻胡氏墓誌	4939
于君墓誌蓋	12050
于君妻王媛墓誌	3328
于君妻李氏墓誌	10080
于君妻韋耶書墓誌	14
于君妻韋氏墓誌蓋	12049
于君妻裴氏墓誌	6747
亡七品大戒墓誌	2178
亡七品尼墓誌	1173
亡七品尼墓誌	1178
亡尼墓誌	1327
亡尼墓誌	1462
亡尼墓誌	1671
亡尼墓誌	2325
亡尼墓誌	3491
亡尼墓誌	3647
亡尼墓誌蓋	2476
亡尼墓誌蓋	12477
亡尼七品墓誌	1698
亡尼七品墓誌	1879
亡尼七品墓誌	2072
亡尼七品墓誌	3434
亡尼七品墓誌	3758
亡尼七品墓誌蓋	12474
亡尼七品墓誌蓋	12475
亡尼七品墓誌蓋	12482
亡尼七品大成墓誌	2138
亡尼七品法通墓誌	1329
亡尼八品墓誌	3109
亡尼三品墓誌	3572
亡尼明遠墓誌	928
亡尼法知矩墓誌	1141
亡尼宮七品墓誌	3798
亡某府君墓誌	10545
亡宮墓誌	2153
亡宮墓誌	2296
亡宮墓誌	2419
亡宮之銘	2425
亡宮墓誌	3022
亡宮墓誌	5389
亡宮墓誌	5483
亡宮墓誌	5497
亡宮墓誌	5582
亡宮墓誌	11878
亡宮墓誌	11904
亡宮墓誌蓋	12052
亡宮墓誌蓋	12053
亡宮墓誌蓋	12054
亡宮墓誌蓋	12481
亡宮七品墓誌	1661
亡宮七品墓誌	1973
亡宮七品墓誌	2128
亡宮七品墓誌	2134
亡宮七品墓誌	2142
亡宮七品墓誌	2287
亡宮七品墓誌	2292
亡宮七品墓誌	3055
亡宮七品墓誌	3067
亡宮七品墓誌	3068
亡宮七品墓誌	3663
亡宮七品墓誌	3674
亡宮七品墓誌	3675
亡宮七品墓誌	3729
亡宮七品墓誌	4033
亡宮七品墓誌	4323
亡宮九品墓誌	1408
亡宮九品墓誌	1422
亡宮九品墓誌	1692
亡宮九品墓誌	1874

三・四畫

亡宮九品墓誌	1928	亡宮五品墓誌	3082
亡宮九品墓誌	1972	亡宮五品墓誌	3648
亡宮九品墓誌	2053	亡宮五品墓誌	3649
亡宮九品墓誌	2058	亡宮五品墓誌蓋	12051
亡宮九品墓誌	2137	亡宮五品墓誌蓋	12473
亡宮九品墓誌	2272	亡宮六品墓誌	1959
亡宮九品墓誌	2433	亡宮六品墓誌	2211
亡宮九品墓誌	3124	亡宮六品墓誌	2459
亡宮九品墓誌	3186	亡宮六品墓誌	2847
亡宮九品墓誌	3371	亡宮六品墓誌	2906
亡宮九品墓誌	3698	亡宮六品墓誌	3683
亡宮九品墓誌	3708	亡宮六品墓誌	4220
亡宮九品墓誌	3723	亡宮四品墓誌	2224
亡宮九品墓誌	3742	士如珪及妻郭氏墓誌	6061
亡宮九品墓誌	3773	士崇俊及妻王氏墓誌	8064
亡宮九品墓誌	3801	大比丘尼塔銘	564
亡宮九品墓誌	3969	大比丘尼普氏墓誌	11907
亡宮九品墓誌	4160	大申優婆夷塔記	334
亡宮九品墓誌	11870	大信塔銘	719
亡宮九品墓誌	11901	大律德塔銘	8783
亡宮人墓誌	2210	大修行禪師塔記	11906
亡宮人墓誌	3283	大員照律師塔記	1452
亡宮人九品墓誌	1410	大善法師塔銘	739
亡宮八品墓誌	1693	大智律師塔記(智瓊造)	
亡宮八品墓誌	1987		320
亡宮八品墓誌	2439	大智律師塔記(智炬造)	
亡宮八品墓誌	2465		321
亡宮八品墓誌	2651	大智迴論師塔記	283
亡宮八品墓誌	3153	大智禪師(姜義福)塔記	
亡宮八品墓誌	3678		5499
亡宮八品墓誌	3710	大智□律師灰身塔	273
亡宮八品墓誌	3785	大達法師玄祕塔銘	9964
亡宮八品墓誌	3805	大雲法師塔銘	341
亡宮八品墓誌	4131	大照禪師塔銘	5917
亡宮八品墓誌	4324	大僧□法師灰身塔記	
亡宮八品墓誌	4626		11864
亡宮八品墓誌	5237	大德塔銘	8955
亡宮八品墓誌	5384	大德三乘(姜氏)墓誌	8403
亡宮八品墓誌	6355	大德尼法眞墓誌	8717
亡宮八品墓誌	11902	大德泛舟禪師塔銘	9091
亡宮八品墓誌	11903	大德珪禪師(李元珪)塔記	
亡宮三品墓誌	5385		4681
亡宮三品婕妤金氏墓誌		大德進法師塔銘	5506
	2710	大德演公塔銘	8188
亡宮五品墓誌	856	大德演公塔銘	10059

大德禪和尚(劉氏)墓誌		仇氏(號瀛洲)墓誌	11248
	11849	元大亮及妻尉氏墓誌	3855
大德禪師塔記	789	元子上妻鄭八娘墓誌	5608
大德禪師遷葬記	6944	元子長墓誌	7673
大德禪師(思道)墓誌	6936	元子長妻李眞墓誌	8615
大慧休法師灰身塔銘		元子美墓誌	11409
	11905	元工政墓誌	10009
干元氏墓誌	7064	元仁師墓誌	2233
弓恭懿墓誌	4773	元元度及妻崔氏墓誌	8975
弓君及妻郭氏墓誌	9020	元公瑾墓誌	9028
		元太液墓誌	8215
		元有鄰妻韓氏墓誌	5929
		元玄用墓誌	10767
四 畫		元玄慶墓誌	3426
		元名彥墓誌	3457
不 五 井 仁 仇 元		元守隰及妻霍氏墓誌	5462
公 六 勾 天 太 夫		元君則墓誌	11317
孔 尹 支 方 冊 比		元希古墓誌	4311
毛 牛 王		元秀及妻劉氏墓誌	1911
		元罕及妻張氏墓誌	2862
不空法師塔記	5578	元忠墓誌	6359
五品亡宮墓誌	2937	元昇進墓誌	10098
五品宮人墓誌	812	元武壽墓誌	1730
五品宮人墓誌	2726	元虎墓誌	5514
五精銘	11910	元則墓誌	857
井眞成墓誌	5366	元勇墓誌	728
仁昴墓誌	2704	元思忠及妻李氏墓誌	4336
仇大恩及妻王氏墓誌	4095	元思齊墓誌	3524
仇文義妻王氏墓誌	10293	元洞靈墓誌	9100
仇文遠墓誌	4094	元茞萊妻楊氏墓誌	8973
仇仙期及妻玄氏墓誌	9998	元貞墓誌	7191
仇立本墓誌	3364	元軌墓誌	114
仇克義及妻周氏墓誌	4674	元郇墓誌	11256
仇志誠墓誌	9853	元重華墓誌	7960
仇師墓誌	5110	元重華妻裴氏墓誌	9029
仇通墓誌	8049	元師獎及妻柏氏墓誌	2622
仇景及妻李氏墓誌	1757	元庭珍墓誌	5976
仇欽泰墓誌	3237	元庭堅墓誌	7715
仇欽泰及妻張氏墓誌	4130	元振墓誌	6106
仇道妻袁氏墓誌	540	元眞墓誌	7192
仇道朗墓誌	3115	元素及妻王氏墓誌	11661
仇愼墓誌	2472	元素及妻陳氏墓誌	4454
仇君墓誌蓋	12055	元察墓誌	8830
仇氏墓誌	1417	元莫之墓誌	9024
		元虔蓋墓誌	388

四畫

元郎及妻司馬氏墓誌 4299	元瓊及妻新平縣主墓誌 7185	孔元及妻公孫氏墓誌 3290	尹君妻李氏墓誌 5878
元基及妻張氏墓誌 2639	元釋及妻李氏墓誌 5615	孔元寶及妻路氏墓誌 4725	尹君妻韋知常墓誌 8012
元婉墓誌 6213	元鏞妻王氏墓誌 7644	孔弘及妻郝氏墓誌 634	尹君妻劉氏墓誌 7747
元彪墓誌 1340	元懿及妻侯氏墓誌 4686	孔玄慶妻王氏墓誌 3694	支子珪(令令)墓誌 10588
元從謹墓誌 11067	元君墓誌 960	孔行諶妻王氏墓誌 3693	支子璋墓誌 10589
元淳一墓誌 7509	元君墓誌 9004	孔克敵妻徐氏墓誌 6524	支令問妻曹氏墓誌 11915
元盛墓誌 7951	元君墓誌蓋 12056	孔長寧及妻翟氏墓誌 412	支光墓誌 10587
元衰墓誌 8546	元君墓誌蓋 12057	孔信墓誌 1185	支成墓誌 10591
元衰及妻張氏墓誌 9287	元君墓誌銘蓋 12058	孔桃栓及妻鄧氏墓誌 5030	支叔向墓誌 10590
元復業墓誌 7079	元君及妻庾氏墓誌 11445	孔珪墓誌 4680	支英及妻董氏墓誌 2437
元揚及妻宋氏墓誌 4069	元君妻墓誌蓋 12059	孔紓墓誌 11374	支彥墓誌 531
元景及妻趙氏墓誌 6119	元君妻于氏墓誌 4818	孔望回墓誌 9818	支茂墓誌 524
元智墓誌 1907	元君妻李娍墓誌 5870	孔巖墓誌 8559	支郎子墓誌 1467
元智威墓誌 2764	元君妻辛淑墓誌 4053	孔犨墓誌 9203	支訥墓誌 11549
元智惠墓誌 11911	元君妻來香兒墓誌 6277	孔業及妻郭氏墓誌 2828	支敬倫墓誌 1418
元溫及妻王氏墓誌 4274	元君妻范密跡墓誌 3860	孔齊參墓誌 6065	支竦女鍊師墓誌 10870
元琰墓誌 6382	元君妻髙氏墓誌 1560	孔□墓誌 11735	支萬徹及妻曹氏墓誌 4780
元琰妻韋金墓誌 2412	元君妻崔婉墓誌 8864	孔君及妻王氏墓誌 11736	支訴妻鄭氏墓誌 11440
元瑛及妻朱氏墓誌 3568	元君妻郭淑墓誌 3302	孔君妻王氏墓誌 3544	支隆及妻高氏墓誌 900
元舒溫墓誌 6740	元君妻陳恭和墓誌 10061	尹八仁及妻任氏墓誌 4070	支詢墓誌 10592
元道及妻張氏墓誌 1478	元君妻鄭氏墓誌 8406	尹士貴妻劉氏墓誌 1377	史諾匹延墓誌 4528
元意墓誌 7977	元君妻獨孤其墓誌 3857	尹大簡及妻薛氏墓誌 5501	支謨墓誌 11597
元楚運墓誌 5566	元氏墓誌 1767	尹中庸妻李琰墓誌 6709	支懷墓誌 894
元概墓誌 1627	元氏墓誌 5623	尹中庸及妻李氏墓誌 6769	支懷墓誌 999
元履清妻穆婉墓誌 7720	元氏墓誌蓋 12060	尹仁恕妻韋氏墓誌 4196	支君墓誌 11914
元德秀墓誌 6802	公孫孝遷及妻王氏墓誌 5442	尹元緒妻裴冬日墓誌 5115	支君墓誌蓋 12483
元毅墓誌 5318	公孫宏墓誌 8776	尹奴子墓誌 912	方元瑾墓誌 5816
元積墓誌 9524	公孫思觀墓誌 4486	尹伏生塔銘 4814	方律師像塔銘 4925
元積妻安仙嬪墓誌 9038	公孫道育及妻元氏墓 3692	尹守貞墓誌 3478	方禮墓誌 7576
元積妻韋叢墓誌 8516	公孫達墓誌 644	尹旺及妻高氏墓誌 11237	方藏墓誌 2585
元質墓誌 403	公孫君墓誌蓋 12061	尹客仁母張氏磚墓記 431	方君妻張氏墓誌 2307
元選墓誌 8279	公孫君妻劉相墓誌 1274	尹貞墓誌 366	丗丘令恭磚墓誌 5103
元魯縣墓表 6838	公都墓誌 11191	尹祥墓誌 1206	比丘尼元應墓誌 7799
元賢墓誌 6196	六品亡宮墓誌 2140	尹博及妻劉氏墓誌 8442	比丘尼志弘墓誌 7591
元輯墓誌 5558	六品亡宮墓誌 2939	尹善幹墓誌 5230	比丘尼法願墓誌 1285
元濬墓誌 8323	六品亡宮墓誌 3083	尹尊師墓誌 6284	比丘尼堅固勝神道呪石 6019
元禧及妻王氏墓誌 1903	勾龍墓誌 1836	尹彭殘墓誌 11913	
元膺及妻徐氏墓誌 234	天山縣南平鄉殘誌 11912	尹朝墓誌 8556	比丘尼智明玄堂記 7544
元襄墓誌 8181	太白禪師塔銘 8515	尹達及妻孫氏墓誌 1828	比丘尼道藏塔記 1290
元邈墓誌 10088	太安宮嬪楊氏墓誌 155	尹嘉賓墓誌 6478	比丘尼靜感塔記 11916
元懷景及妻韋氏墓誌 4670	夫元墓誌 6361	尹裴生及妻葨氏墓誌 6680	比丘尼□□法師塔銘 1131
元懷暉及妻張氏墓誌 7528	夫蒙鍠墓誌 8139	尹審則墓誌 10159	比丘法成墓誌 5832
元藏塔記 6275		尹澄妻朱氏墓誌 10075	毛文通墓誌 516
元鏡遠妻鄭氏墓誌 7222		尹君墓誌 2182	毛伯良妻楊氏墓誌 8507
		尹君墓誌 3650	毛釗妻呂氏墓誌 10375

四畫

毛爽墓誌	6589	牛感墓誌	2432
毛盛墓誌	442	牛暄及妻韓氏墓誌	9955
毛場妻李氏墓誌	4273	牛義備及妻賈氏墓誌	6898
毛景墓誌	1709	牛僧孺墓誌	10353
毛鳳敬墓誌	5007	牛榮墓誌	4719
毛祐及妻張氏墓誌	91	牛維直墓誌	10925
毛藻墓誌	1969	牛徵及妻令狐氏墓誌	4824
毛君妻呂氏墓誌	9823	牛興墓誌	3991
毛君妻李無等墓誌	1790	牛諧墓誌	6763
毛君妻賈三勝墓誌	4045	牛翼墓誌	5663
毛君妻鄒氏墓誌	8385	牛謙墓誌	9591
牛子珍及妻趙氏墓誌	7152	牛藝及妻衛氏墓誌	1034
牛仁墓誌	2568	牛寶墓誌	2380
牛文宗及妻李氏墓誌	659	牛鸞及妻李氏墓誌	9268
牛弘滿墓誌	1812	牛君墓誌	4442
牛玄墓誌	5064	牛君墓誌蓋	12062
牛光進及妻秦氏墓誌	10855	牛君妻申好墓誌	575
牛名俊墓誌	8570	牛君妻張氏墓誌	10364
牛君彥墓誌	1573	牛公浦妻陳氏墓誌	8399
牛延宗墓誌	11485	牛君妻趙氏墓誌	10627
牛志明墓誌	4281	牛君妻劉三娘墓誌	1320
牛秀(字進達)墓誌	541	王九功及妻裴氏墓誌	2805
牛英墓誌	4774	王人傑及妻柳氏墓誌	6495
牛阿師墓誌	3243	王力士墓誌	1066
牛洪墓誌	5440	王十八娘墓誌	4941
牛珍墓誌	3832	王三娘墳記	3716
牛玠墓誌	1433	王之咸及妻李氏墓誌	6741
牛緒及妻劉氏墓誌	3517	王之渙墓誌	6003
牛獎墓誌	4775	王之操及妻高氏墓誌	2040
牛浦墓誌	10076	王士才墓誌	614
牛特墓誌	5606	王士林墓誌	7581
牛訓墓誌蓋	12063	王士眞妻吳氏墓誌	9195
牛通墓誌	526	王士隆墓誌	143
牛高及馬氏墓誌	3131	王大方墓誌	1917
牛崇墓誌	2045	王大義及妻殷氏墓誌	4553
牛祥墓誌	5173	王大劍墓誌	8518
牛進墓誌	4077	王大禮墓誌	1732
牛進及妻王氏墓誌	9197	王大禮及妻韋氏墓誌	1690
牛陵及妻賈氏劉氏墓誌	2967	王子居墓誌	10890
牛敬福墓誌	7125	王子愼妻常氏墓誌	123
牛景及妻秦氏墓誌	6082	王子賢妻陸氏墓誌	11617
牛越墓誌	2553	王子麟及妻馮氏墓誌	4361
牛遇及妻王氏墓誌	3219	王小墓誌	1782
		王工及妻張氏墓誌	9765
		王已墓誌	5360

王才墓誌	675	王公淑及妻吳氏墓誌	10400
王才及妻張氏墓誌	2320	王公頵及妻張氏墓誌	11659
王才及妻毛氏墓誌	1322	王公操墓誌	11530
王才及妻張氏墓誌	396	王及德墓誌	3673
王才粲妻劉氏墓誌	268	王友玉及妻李氏墓誌	9698
王中孚墓誌	3246	王友鸞墓誌	5705
王仁墓誌	1245	王天及妻雍氏墓誌	4085
王仁墓誌	6964	王太貞墓誌	11871
王仁及妻李氏申氏蔣氏墓誌	5687	王少庭墓誌	11804
王仁安及妻炋氏墓誌	2521	王少義墓誌	9159
王仁行及妻郭氏墓誌	6163	王尹甫墓誌	9990
王仁求墓誌	12100	王文成及妻程氏墓誌	6121
王仁表墓誌	1424	王文殊墓誌	3069
王仁則墓誌	311	王文進及妻李氏張氏程氏李氏墓誌	11708
王仁悊墓誌	5150	王文超墓誌	9812
王仁皎墓誌	4461	王文幹墓誌	10065
王仁端及妻蔡氏墓誌	2042	王文義墓誌	2306
王仁□墓誌	5616	王文叡墓誌	3774
王允古妻崔氏墓誌	9210	王文曉墓誌	2183
王元墓誌	4456	王文隋妻趙氏墓誌	476
王元及妻元氏墓誌	6915	王方墓誌	5267
王元及妻楊氏墓誌	6114	王方大墓誌	1268
王元固墓誌	6142	王方及妻褚氏墓誌	6304
王元貞墓誌	10769	王方及妻樊氏墓誌	5688
王元泰墓誌	6362	王方徹墓誌	9944
王元琰墓誌	5686	王无悔蔣氏墓誌	9703
王元琰妻樊氏墓誌	5845	王仕倫及妻朱氏墓誌	9672
王元達墓誌	10538	王仙之墓誌	9269
王元達妻李氏(魯國長公主)墓誌蓋	12090	王仙鶴及妻鄧氏墓誌	7852
王元楷墓誌	5482	王令墓誌	1647
王元節及妻莫遮氏墓誌	6684	王令及妻李氏墓誌	5208
王元璋墓誌	3164	王令珣妻朱元幹墓誌	5879
王元謙墓誌	6084	王令賓墓誌	5867
王公(字孝寬)磚塔銘	944	王巨川妻□氏墓誌	7820
王公亮墓誌	9979	王平墓誌	8135
王公度墓誌	6025	王幼虞墓誌	11462
王公素墓誌	8778	王弘及妻郭氏墓誌	1978
王公素墓誌	10728	王弘敏墓誌	461
王公晟妻張氏墓誌	10914	王弘裕墓誌	11839
王公晟及妻張氏墓誌	11209	王弘達妻馬氏墓誌	11789
		王弘禮及妻魏氏墓誌	10753

四畫

王正因墓誌	1894	王同皎墓誌	4054	王君德及妻□氏墓誌	1731	王叔寧墓誌	10220
王正因及妻劉氏墓誌	2872	王同福及妻裴雍熙墓誌		王妣妻楊氏墓誌	8876	王叔寧妻弘氏墓誌	10124
王正言墓誌	9650		6399	王孝倫妻裴順昭墓誌	1014	王周墓誌	1615
王治墓誌	421	王名墓誌	3833	王孝廉妻楊氏墓誌	9801	王和及妻李氏墓誌	1540
王正惠及薛氏墓誌	2384	王守言墓誌	6041	王孝瑜及妻孫氏墓誌	734	王固己墓誌	5639
王永墓誌	8150	王守忠墓誌	6363	王孝義墓誌	1172	王奇墓誌	6686
王永妻張氏墓誌	9879	王守忠及妻隴西□氏墓誌		王宏墓誌	587	王季初墓誌	11554
王玄墓誌	876		5696	王岐墓誌	2466	王季隨妻鄭氏墓誌	6136
王玄墓誌	1344	王守信墓誌	5640	王希玩及妻陳氏墓誌	9878	王宗妻郭氏墓誌	779
王玄墓誌	1827	王守琦墓誌	10296	王希俊墓誌	5234	王定及妻徐氏墓誌	3099
王玄墓誌	2125	王守廉墓誌	8612	王希庭墓誌	9936	王尚品墓誌	8108
王玄度及妻梁氏墓誌	3904	王守廉及妻和氏墓誌	8972	王希晉墓誌	3717	王尚恭及妻支氏左氏墓誌	
王玄珪及妻張氏楊氏墓誌		王守廉妻仇氏墓誌	8102	王希晏墓誌	7412		3216
	5380	王守節墓誌	6718	王希儶墓誌	4396	王尚準妻劉氏墓誌	11573
王玄眞墓誌	9843	王守質及妻盧氏陽氏墓誌		王延墓誌	3995	王忠晏墓誌	10309
王玄起墓誌	3918		7265	王忌墓誌	5644	王忠親墓誌	8334
王玄起墓誌	4693	王安墓誌	178	王志用墓誌	9780	王怡墓誌	5241
王玄起妻李氏墓誌	4692	王式墓誌	2155	王志悌及妻李氏墓誌	6607	王怡政墓誌	10500
王玄策及妻樊氏墓誌	3189	王式妻曹氏墓誌	9214	王志清墓誌	9833	王怡政妻劉氏墓誌	10436
王玄裕及妻張氏墓誌	2854	王成墓誌	168	王求古及妻郭氏墓誌	8101	王承仙墓誌	7706
王玄德及妻邰氏墓誌	5418	王成及妻牛氏墓誌	10272	王求舄墓誌	8100	王承宗妻李元素墓誌	9519
王玄懿墓誌蓋	12091	王羊仁及妻陳氏墓誌	5434	王汶墓誌	9230	王承宗季女墓誌	381
王玉墓誌	10748	王行墓誌	1035	王汶妻蔣氏墓誌	9298	王承稀及妻郜氏墓誌	7729
王玉兒墓誌	183	王行墓誌	1556	王沖墓誌	4370	王承裕及妻高氏墓誌	6565
王玉虛墓誌	10882	王行及妻牛氏墓誌	3316	王沖妻蔡氏墓誌	7282	王承業墓誌	11162
王玉銳及妻姚氏墓誌	10774	王行立及妻楊氏墓誌	4317	王玘墓誌	6264	王承鼎墓誌	6076
王生及妻傅氏墓誌	4120	王行果及妻甄氏墓誌	3934	王甫墓誌	9487	王承憬妻姜溫墓誌	4482
王用墓誌	11586	王行威墓誌	2582	王秀墓誌	6627	王昂墓誌	4964
王用妻和氏墓誌	9532	王行恭墓誌	7693	王芳媚(睿宗妃)墓誌	6202	王昇及妻趙氏墓誌	8658
王立及妻成氏墓誌	867	王行淳墓誌	3936	王言墓誌	2179	王明墓誌	2326
王仲及妻淳于氏磚誌	24	王行淹墓誌	2573	王言及妻苗氏墓誌	1601	王明及妻賈氏墓誌	4078
王仲玄墓誌	3856	王行淹墓誌	3890	王郟墓誌	8251	王明(朋)顯墓表	445
王仲建及妻張氏墓誌	10996	王行儉墓誌	3935	王那羅墓誌	10656	王昔妻竇合墓誌	6407
王仲卿墓誌	454	王伯瑜墓表	75	王里奴及妻李氏墓誌	2763	王昕妻李清禪墓誌	3788
王仲堪墓誌	8010	王伯瑜妻唐氏墓表	43	王佺及妻李氏墓誌	9015	王朋及妻李氏墓誌	2830
王仲舒墓誌	9191	王伯禮妻丘法主墓誌	4500	王佺及妻陳氏墓誌	3912	王杲及妻劉氏墓誌	5736
王仵墓誌	5507	王仙及妻墓誌	7517	王侁墓誌	3546	王林及妻宋氏墓誌	2679
王伏生墓誌	3213	王何及妻郭氏墓誌	8976	王利墓誌	8824	王沼墓誌	8031
王伏興妻呂氏墓銘	322	王克清墓誌	9340	王協墓誌	626	王沼妻裴氏墓誌	9374
王休泰墓誌	7255	王冷然及妻裴溥墓誌	5914	王協妻蕭貞墓誌	2502	王法墓誌	925
王光墓誌	2413	王初墓誌	7858	王叔平及妻張氏墓誌	8468	王炅墓誌	10246
王光妻劉氏墓誌	7217	王利賓墓誌	6167	王叔原墓誌	8669	王直墓誌	2525
王光庭及妻劉氏墓誌	7227	王助墓誌	7506	王叔雅墓誌	8517	王直墓誌	4187
王同人墓誌	5038	王君愕墓誌	345	王叔雅妻薛瓌墓誌	9173	王知墓誌	5739
王同人妻裴氏墓誌	6165	王君愕妻張廉穆墓誌	720	王叔寧墓誌	8793	王知信墓誌	11241

四畫

條目	頁碼
王英墓誌	2617
王英墓誌	5685
王金及妻張氏墓誌	10178
王金婆墓誌	10871
王長卿墓誌	4150
王阿奴及妻張氏趙氏墓誌	5220
王亮及妻范氏墓誌	11663
王亮第六女墓誌	9483
王俊墓誌	7835
王俊墓誌	8626
王保德及妻李氏墓誌	3563
王保謙墓表	73
王信墓誌	977
王信威及妻鄭氏墓誌	3919
王則墓誌	595
王則墓誌	3553
王則及妻孫氏墓誌	11771
王則及妻梁氏墓誌	4476
王則及妻陳氏墓誌	1933
王客墓誌	3816
王客卿及妻裴氏墓誌	479
王宣墓誌	232
王宣墓誌	1425
王度墓誌	1815
王建墓誌	319
王建墓誌	3332
王彥墓誌	2117
王彥及妻樊氏墓誌	3653
王彥眞墓誌	10977
王待徵墓誌	4825
王思墓誌	3443
王思及妻邢氏墓誌	6329
王思悔墓誌	6551
王思莊墓誌	6463
王思訥及妻乙婁氏墓誌	3079
王思福墓誌	6859
王思齊及妻張氏墓誌	4955
王恆汎墓誌	8210
王恪墓誌	1282
王政及妻宋氏墓誌	11761
王昭及妻張氏墓誌	5167
王某(士寬)墓誌	356
王柱及妻李氏墓誌	1510
王段墓誌	898
王洛客及妻崔氏墓誌	4104
王洞明墓誌	11208
王海朝墓誌	8843
王珍及妻元氏墓誌	7274
王玶墓誌	981
王玶及妻河氏墓誌	8434
王皈墓誌	11773
王皈政墓誌	10267
王盈墓誌	3248
王相兒墓誌	1402
王約墓誌	1000
王約及妻房氏墓誌	2602
王約及妻韋氏墓誌	1276
王約及妻梁氏墓誌	335
王美墓誌	3863
王美及妻關氏墓誌	1616
王美暢墓誌	3249
王美暢妻長孫氏墓誌	3615
王緒妻郭五墓誌	3198
王胡及妻郭氏墓誌	4203
王胤寶墓誌	7885
王貞墓誌	1912
王貞及妻李氏墓誌	6270
王貞及妻秦氏墓誌	3522
王貞及妻梁氏墓誌	2949
王軌及妻李氏墓誌	2959
王郢墓誌	7764
王郢及妻崔氏墓誌	8764
王修本墓誌	9762
王修本妻韋氏墓誌	10699
王孫及妻侯氏墓誌	1140
王宰墓誌	10632
王宰妻程氏墓誌	5292
王容墓誌	10858
王師墓誌	1586
王師墓誌	1810
王師墓誌	7303
王師及妻李氏墓誌	2645
王師及妻楊氏墓誌	4257
王師正墓誌	9360
王師正妻房敬墓誌	9094
王師協及妻蕭氏墓誌	3195
王師忠及妻魏氏墓誌	264
王師順及妻袁氏墓誌	3196
王師感墓誌	831
王師潁墓誌	9768
王師儒墓誌	9610
王庭玉墓誌	8341
王庭玉妻崔金剛墓誌	4749
王庭芝墓誌	4462
王庭瓌妻馮氏墓誌	7850
王恩惠妻孟大乘墓誌	3051
王恭墓誌	8348
王恭墓誌	9516
王恭及妻李氏墓誌	11729
王恭及妻陳氏墓誌	671
王振墓誌	9617
王挺及妻高氏墓誌	2929
王時邕墓誌	10117
王晉墓誌	6296
王晉及妻劉氏墓誌	4957
王晉俗墓誌	7256
王晏墓誌	3938
王泰墓誌	3815
王泰墓誌	4654
王泰墓誌	5991
王流謙墓誌	10043
王涓墓誌	8922
王烈墓誌	2122
王烈及妻江氏墓誌	2146
王玼墓誌	7023
王留墓誌	2208
王眞及妻田氏墓誌	3444
王祕(遜之)墓誌	5019
王祖及妻衡氏墓誌	5330
王神授及妻公孫氏墓誌	3573
王神貴墓誌	11838
王秦客墓誌	6015
王素墓誌	672
王素墓誌	7653
王素臣及妻劉氏墓誌	3837
王察妻范如蓮花墓誌	6059
王能及妻牛氏靳氏墓誌	774
王虔暢墓誌	11055
王袞及妻墓誌	10722
王訓墓誌	7147
王訓及妻朱氏墓誌	6120
王託及妻劉氏墓誌	2226
王通墓誌	830
王通及妻常氏墓誌	2267
王通及妻張氏墓誌	3895
王通及妻張氏墓誌	9134
王通及妻趙氏墓誌	326
王郎墓誌	1957
王韋及妻狄氏墓誌	1899
王高妻蔣倩墓誌	9083
王悆墓誌	6672
王乾福及妻劉氏墓誌	3002
王偕墓誌	7847
王勗墓誌	4907
王卿及妻任氏墓誌	841
王卿兒墓誌	10562
王基墓誌	4227
王基及妻皇甫氏墓誌	2932
王婢墓誌	3982
王寂墓誌	11565
王寂及妻張氏墓誌	7092
王崇俊墓誌	7878
王崇禮墓誌	5213
王常散及妻張氏墓誌	10288
王庶駟墓記	2703
王康墓誌	1864
王康塔銘	3861
王康師墓誌	2148
王強墓誌	2175
王從政及妻薛氏墓誌	9708
王悊墓誌	4489
王悊及妻□氏墓誌	5349
王惟釗及妻崔氏墓誌	10876
王惟誠墓誌	8396
王敏墓誌	1112
王敏墓誌	3634
王晟墓誌	2187
王朗墓誌	6192
王朗及妻魏氏墓誌	1133
王望之及崔氏墓誌	3263
王液及妻衛氏墓誌	8792
王淑墓誌	1396
王深及妻張氏墓誌	2242
王清墓誌	7034
王清墓誌	9533

四畫

王爽墓誌	6164	王景曜及妻高氏李氏墓誌	5417	王感及妻呂氏墓誌	3932	王碩度(慶)及妻曹氏墓誌 2254

- 王爽墓誌　　　　　　6164
- 王盛及妻郝氏陳氏墓誌　　5684
- 王祥墓誌　　　　　　1983
- 王章墓誌　　　　　　5691
- 王紹文墓誌　　　　　3298
- 王紹業妻吳大品墓誌　2253
- 王翊元及妻李氏墓誌　10289
- 王脩義及妻李氏墓誌　5477
- 王脩福及妻侯氏墓誌　4582
- 王處直墓誌　　　　11843
- 王處俊墓誌　　　　　5740
- 王虛明墓誌　　　　10770
- 王袞墓誌　　　　　　9540
- 王逖墓誌　　　　　　9429
- 王逢墓誌　　　　　10494
- 王進墓誌　　　　　　1037
- 王進墓誌　　　　　　3274
- 王逸及妻和氏墓誌　　1821
- 王陵及妻韓氏墓誌　10420
- 王傑墓誌　　　　　　4107
- 王傑墓誌　　　　　　8668
- 王最墓誌　　　　　　4101
- 王善相妻祿氏墓誌　　2308
- 王堅妻宇文氏墓誌　　8514
- 王埇墓誌　　　　　10173
- 王尊師墓誌蓋　　　12520
- 王惠墓誌　　　　　　1411
- 王惠墓誌　　　　　　2066
- 王惠及妻鄭氏墓誌　　762
- 王惠忠墓誌　　　　　5692
- 王惲墓誌　　　　　10144
- 王敬墓誌　　　　　　1294
- 王敬及妻閻氏郭氏宋氏墓誌　2532
- 王敬仲墓誌　　　　　9284
- 王敬同妻章氏墓誌　　2451
- 王敬道墓誌　　　　　1774
- 王斌及妻李氏墓誌　　8728
- 王景之及妻崔氏墓誌　3933
- 王景先墓誌　　　　　5443
- 王景先妻崔氏墓誌　　5794
- 王景秀及妻魏氏墓誌　7399
- 王景詮及妻宋氏墓誌　7574

- 王景曜及妻高氏李氏墓誌　5417
- 王智本墓誌　　　　　3159
- 王智成墓誌　　　　　5985
- 王智言及妻張氏墓誌　5749
- 王智通及妻李氏墓誌　2798
- 王智寬及妻宋氏墓誌　8767
- 王朝及妻郭氏墓誌　　9126
- 王朝妻張氏墓誌　　　9599
- 王植墓誌　　　　　　1202
- 孫欽墓誌　　　　　　6721
- 王渙墓誌　　　　　11812
- 王渭墓誌　　　　　10212
- 王溫及妻李氏墓誌　　5531
- 王無競墓誌　　　　　4810
- 王琛妻盧瓔墓誌　　11127
- 王琦及妻李氏墓誌　　5271
- 王琮墓誌　　　　　11829
- 王睍墓誌　　　　　　5272
- 王規及妻董氏墓誌　　2107
- 王絜妻孟氏磚誌　　　7541
- 王萬通墓誌　　　　　1612
- 王裕墓誌　　　　　　2816
- 王貴及妻任氏墓誌　　1872
- 王貴通及妻崔氏墓誌　9834
- 王遇墓誌　　　　　　2529
- 王遊藝及妻劉氏墓誌　4956
- 王道仁墓誌　　　　　538
- 王道及妻張氏墓誌　　2068
- 王道智及妻劉氏墓誌　1511
- 王道濟墓誌　　　　　5397
- 王達墓誌　　　　　　1361
- 王達及妻周氏墓誌　　4025
- 王達及妻馮氏墓誌　　4592
- 王鈞及妻盧氏墓誌　　7389
- 王隆妻趙氏墓誌　　　1015
- 王雅墓誌　　　　　　1611
- 王順孫墓誌　　　　　529
- 王嗣本墓誌　　　　　9450
- 王嵩墓誌　　　　　　4848
- 王幹及妻魯氏墓誌　　9898
- 王廉及妻楊氏墓誌　　6644
- 王愛墓誌　　　　　　2112
- 王愛墓誌　　　　　　5575
- 王感墓誌　　　　　　2927

- 王感及妻呂氏墓誌　　3932
- 王感及妻秦氏墓誌　　3078
- 王感及妻閻氏墓誌　　4116
- 王慎墓誌　　　　　　2788
- 王慎疑及妻張氏墓誌　5376
- 王慈善墓誌　　　　　1778
- 王暉及妻李氏墓誌　　6608
- 王暕墓誌　　　　　　5768
- 王會墓誌　　　　　　9976
- 王楚墓誌　　　　　11169
- 王楚及妻范氏墓誌　　4333
- 王楚玉墓誌　　　　　6890
- 王楚賓妻李普明墓誌　4676
- 王楨墓誌　　　　　　1059
- 王楷及妻張氏墓誌　　1264
- 王殿墓誌　　　　　10172
- 王漢墓誌　　　　　　5918
- 王漢及妻閻氏墓誌　　2835
- 王照墓誌　　　　　11840
- 王瑗達及妻韓氏墓誌　748
- 王碕墓誌　　　　　　8050
- 王義墓誌　　　　　　1962
- 王義墓誌　　　　　　2946
- 王義墓誌　　　　　　3510
- 王義宣及妻郭氏墓誌　7164
- 王詢墓誌　　　　　　5015
- 王詢墓誌　　　　　11560
- 王詢及妻李氏墓誌　　3620
- 王詮及妻潘氏墓誌　　3122
- 王遂墓誌　　　　　　9102
- 王遐濟墓誌　　　　　3140
- 王遐濟及妻崔氏墓誌　3954
- 王遠墓誌蓋　　　　12064
- 王靖及妻袁氏墓誌　　5097
- 王頊墓誌　　　　　　9985
- 王鼎及妻裴氏墓誌　　3592
- 王僧墓誌　　　　　　1932
- 王嘉及妻李氏墓誌　　3525
- 王嘉鳳妻薛七娘墓誌　4177
- 王寧貞墓誌　　　　　6166
- 王慇墓誌　　　　　11150
- 王戩妻李氏墓誌　　11465
- 王暟墓誌　　　　　　4841
- 大燕王渧墓誌　　　　7011
- 王睿墓誌　　　　　11537

- 王碩度(慶)及妻曹氏墓誌　2254
- 王福墓誌　　　　　　1085
- 王福墓誌　　　　　　7096
- 王端墓誌　　　　　　3652
- 王端墓誌　　　　　　8794
- 王端墓誌　　　　　　9226
- 王端及妻張氏墓誌　　8700
- 王端及妻蘇氏墓誌　　1536
- 王綏墓誌　　　　　　8815
- 王綰墓誌　　　　　　7914
- 王綰墓誌　　　　　　9529
- 王綰妻鄭嬪墓誌　　　8745
- 王綽墓誌　　　　　　3086
- 王緒墓誌　　　　　　8940
- 王緒及妻杜氏墓誌　　731
- 王緒母郭氏墓誌　　　3651
- 王禕及妻李氏墓誌　　1050
- 王誕墓誌　　　　　10994
- 王誕妻李斑節墓誌　　5430
- 王誨墓誌　　　　　　3347
- 王賓墓誌　　　　　　307
- 王賓墓誌　　　　　　1865
- 王賓及妻阮氏墓誌　　7027
- 王賓及妻樊氏墓誌　　4728
- 王輔國墓誌　　　　　7809
- 王銑墓誌　　　　　　6642
- 王銑墓誌　　　　　　7238
- 王韶墓誌　　　　　　5224
- 王齊墓誌　　　　　　4479
- 王齊丘墓誌　　　　　3939
- 王儉墓誌　　　　　　1898
- 王勰墓誌　　　　　　5689
- 王寬及妻李氏墓誌　　1128
- 王寬及妻常氏墓誌　　721
- 王履貞墓誌　　　　　3896
- 王廣珎及妻郝氏墓誌　11042
- 王徵君臨終口授銘　　2574
- 王德墓誌　　　　　　1639
- 王德墓誌　　　　　　2195
- 王德墓誌　　　　　　4254
- 王(張?)德墓誌　　　11880
- 王德及妻張氏誌　　11135
- 王德及妻楊氏墓誌　　1822
- 王德文墓誌　　　　　6123

四畫

王德妻鮮于氏墓誌	1338	王鍊墓誌	9915
王德表墓誌	3275	王鍊妻李洞眞墓誌	9950
王德倫及妻吳氏墓誌	5419	王靜信妻周氏墓誌	6302
王德進及妻杜氏墓誌	9535	王龍墓誌	4439
王德備墓誌	313	王徽墓誌	6839
王慶墓誌	2225	王舉墓誌	4270
王慶墓誌	4499	王舉及妻張氏及王祿墓誌	
王慶及妻呂氏墓誌	4583		962
王慶及妻張氏墓表	4509	王濟墓誌	9717
王慶祚墓誌	3262	王環墓誌	7825
王慶詵及妻李氏墓誌	4256	王璲妻李明高墓誌	4940
王播墓誌	9433	王甑生墓誌	1840
王潛墓誌	6869	王翼及妻高氏墓誌	9592
王潤墓記銘	6477	王膺墓誌	5332
王澄及妻裴氏墓誌	8280	王蒙墓誌	8866
王澈墓誌	9687	王褒墓誌	761
王稷妾史氏墓誌文	9451	王謙及妻素和氏墓誌	821
王緣墓誌	2074	王闍桂墓表	174
王踐慶墓誌	6961	王鴻及妻薛氏墓誌	6606
王適墓誌	8768	王曜墓誌	6122
王遵妻史氏墓誌	1	王歸厚墓誌	11365
王震墓誌	3937	王禮墓誌	4019
王頵墓誌	4228	王禮及妻張氏墓誌	754
王養及妻成氏墓誌	3536	王簡墓誌	9839
王駕墓誌	8079	王簡及妻趙氏墓誌	11471
王勛墓誌	9321	王翶墓誌	10150
王叡墓誌	2170	王譓墓誌	1291
王叡妻劉氏墓誌	4711	王謹（瑾？）妻柳氏墓誌	
王憲及妻杜氏墓誌	11758		4696
王操及妻程氏墓誌	3869	王鎔及妻李氏墓誌	11842
王曇及妻盧氏墓誌	9205	王顗墓誌	10227
王曉妻崔淑墓誌	4891	王懷文及妻能氏墓誌	312
王積善墓誌	1189	王懷璬墓誌	2578
王穎則及妻顧氏墓誌	9978	王懷璧墓誌	8030
王縢妻第五悰墓誌	9707	王懷瓆墓誌	8036
王興及妻陳氏墓誌	2882	王羅及妻段氏墓誌	1208
王興及妻劉氏李氏墓誌		王藏子妻吳波奈羅墓銘磚	
	11572		2159
王興妻趙氏墓誌	7893	王譚(大受？)墓誌	10948
王興滿墓誌	7652	王贇墓誌	9709
王興滿及妻何氏墓誌	8346	王(田？)贊及妻姬氏墓誌	
王融墓誌	11324		1610
王豫及妻蕭氏墓誌	3197	王韜墓誌	2209
王賢及妻郝氏墓誌	2349	王願墓誌	3247
王鍊墓誌	8166	王寶墓誌	2130

王寶墓誌	2448	王君墓誌蓋	12077
王寶及妻胥氏墓誌	3619	王君殘墓誌蓋	12079
王寶長女墓誌	11251	王君墓誌蓋	12080
王寶授及妻鍾氏墓誌	4106	王君墓誌蓋	12082
王寶妻侯羅娘墓誌	10426	王君墓誌蓋	12083
王纂及妻吉氏墓誌	1539	王君墓誌蓋	12084
王耀及妻馬氏墓誌	1184	王君墓誌蓋	12085
王護墓誌	190	王君墓誌蓋	12086
王闥妻裴氏墓誌	6430	王君墓誌蓋	12087
王辯墓誌	3584	王君墓誌蓋	12088
王儼墓誌	2940	王君墓誌蓋	12484
王歡岳墓表	435	王君墓誌蓋	12485
王歡悅墓表	593	王君墓誌蓋	12486
王歡悅妻麹氏墓誌	1571	王君墓誌蓋	12487
王瓘墓誌	4201	王君十六娘墓誌	10276
王瓘及妻仵氏墓誌	3593	王君及妻史氏墓誌	7864
王籫金磚誌	5613	王君及妻何氏墓誌	7134
王讓墓誌	1450	王君及妻何氏墓誌	7620
王讓墓誌	11822	王君及妻李氏墓誌	11750
王靈仙墓誌	253	王君及妻楊摩耶墓誌	755
王□神柩磚	3654	王君及蔡氏墓誌	10398
王□墓誌	6470	王君及妻某氏墓誌	7907
王□通及妻劉氏墓誌	3639	王君（戶部郎中）墓誌蓋	
王君墓誌	1374		12065
王君墓誌	3311	王君妻墓誌蓋	12089
王君墓誌	4397	王君妻于令淑墓誌	10154
王君墓誌	4416	王君妻全氏墓誌	9183
王君墓誌	6938	王君妻成氏墓誌	11917
王君墓誌	8898	王君妻朱氏墓誌	6667
王君墓誌	9419	王君妻呂氏墓誌	2319
王君墓誌	10567	王君妻宋尼子墓誌	2928
王君墓誌	11639	王君妻宋氏墓誌蓋	12078
王君墓誌	11798	王君妻李總持墓誌	886
王君墓誌	11823	王君妻李氏墓誌	2420
王君墓誌蓋	12066	王君妻李正因墓誌	2899
王君墓誌蓋	12067	王君妻李氏墓誌	6391
王君墓誌蓋	12068	王君妻李二娘墓誌	6471
王君墓誌蓋	12069	王君妻李氏墓誌	7808
王君墓誌蓋	12070	王君妻李氏（安鄉縣主）墓誌	
王君墓誌蓋	12071		8479
王君墓誌蓋	12072	王君妻李氏玄堂記	9825
王君墓誌蓋	12073	王君妻侯僧娘墓誌	8035
王君墓誌蓋	12074	王君妻姚子墓誌	1337
王君墓誌蓋	12075	王君妻姚氏墓誌	6715
王君墓誌蓋	12076	王君妻姜氏墓誌	1931

四・五畫

王君妻柏氏墓誌	1955	王君妻蘇氏墓誌	10058	
王君妻段氏墓誌	8681	王君妻□氏朱書磚墓誌	1474	
王君妻姬氏墓誌	775	王君妻□億墓誌	5767	
王君妻孫氏墓誌	6456	王君妻□氏墓誌	6977	
王君妻孫氏墓誌	10866	王君妻橋氏墓誌	4435	
王君妻徐令輝墓誌	2252	王君妻張氏墓誌	11472	
王君妻馬氏墓誌	381	王氏墓誌	947	
王君妻崔氏墓誌	5072	王氏墓銘	1316	
王君妻崔曼殊墓誌	5484	王氏墓誌	1683	
王君妻崔氏墓誌	5919	王君墓誌	2322	
王君妻崔氏墓誌	8290	王氏墓誌	3231	
王君妻崔縕墓誌	10415	王氏墓誌	3976	
王君妻崔氏墓誌	10872	王氏墓誌	6650	
王君妻崔璠墓誌	10933	王氏墓誌	6925	
王君妻康氏墓誌	2131	王氏墓誌	7665	
王君妻張惠墓誌	853	王氏墓誌	9982	
王君妻張法貳墓誌	4065	王氏墓誌	10127	
王君妻張氏墓誌蓋	12081	王氏墓誌	10386	
王君妻梁阿耨墓誌	3885	王氏墓誌	10556	
王君妻梁阿六墓誌	3899	王氏墓誌	10873	
王君妻符氏墓誌	10035	王氏墓誌	11363	
王君妻陰客墓誌	799	王氏殘誌	11851	
王君妻陰好兒墓誌	1129	王氏墓誌	11919	
王君妻陳寧墓誌	4243	王氏墓誌蓋	12092	
王君妻陳氏墓誌	5008	王氏墓誌蓋	12093	
王君妻傅氏墓誌	9551	王氏墓誌蓋	12094	
王君妻費氏墓誌	8232	王氏墓誌蓋	12095	
王君妻馮氏墓誌	1195	王氏墓誌蓋	12096	
王君妻楊歡憘藏墓誌	6549	王氏墓誌蓋	12097	
王君妻裴澤墓誌	1889	王氏墓誌蓋	12098	
王君妻裴氏墓誌	9693	王氏墓誌蓋	12099	
王君妻趙上眞墓誌	5738	王氏(衛國夫人)墓誌	4539	
王君妻劉氏墓誌	2960	王氏(韓國夫人)墓誌	11239	
王君妻劉氏墓誌	5709			
王君妻劉氏誌文	8335			
王君妻鄭氏墓誌	5844			
王君妻獨孤氏墓誌	4563			
王君妻盧氏墓誌	3591			
王君妻盧姓墓誌	5433			
王君妻盧氏墓誌	11918			
王君妻薄氏墓誌	8629			
王君妻薛氏墓誌	3145			
王君妻蕭博墓誌	6659			
王君妻韓氏墓誌	8009			
王君妻羅氏墓誌	8572			

五 畫

且 丘 令 冉 包 古
召 史 司 四 尼 左
平 本 正 氾 玄 甘
田 申 疋 白 石

且詮墓誌	11040	包君妻張氏墓誌	10028	
且詮墓誌	11041	包氏墓誌	10107	
丘文恭及妻李氏墓誌	11650	古弘節墓誌	1287	
丘秀墓誌	8367	古英及妻高氏墓誌	10456	
丘昇及妻張氏墓誌	6996	古衍禪師墓誌	7159	
丘英起墓誌	299	古庵和尚塔銘	9701	
丘恊及妻任氏墓誌	2343	古君妻匹婁煥(淨)德墓誌	3037	
丘師及妻閻氏墓誌	251	召弘安墓誌	3926	
丘益墓誌	11753	史子進妻馬氏墓誌	6108	
丘常墓誌	11536	史多墓誌	4443	
丘晟墓誌	10002	史光及妻孫氏墓誌	8444	
丘景朝墓誌	8259	史然墓誌	8621	
丘運妻李氏墓誌	9349	史好直及妻崔氏墓誌	8189	
丘模墓誌	7452	史守珎墓誌	8563	
丘樹生墓誌	5700	史行簡墓誌	1126	
丘禮及妻武氏墓誌	11819	史伯悅墓誌	116	
丘蘊墓誌	436	史伯悅妻麴氏墓表	679	
丘君妻王氏墓誌	2166	史伯龍墓誌	1477	
丘君妻李五戒(號如來藏)墓誌	4318	史住墓誌	1861	
丘君妻柳氏墓誌	10303	史孝章及妻王氏墓誌	9835	
丘君妻劉氏墓誌	4383	史承式墓誌	8054	
丘君妻樊氏墓誌	1188	史旻妻董媛墓誌	9862	
令狐小改墓誌	4472	史明及妻王氏墓誌	2973	
令狐法奴妻趙氏墓記	243	史陁墓誌	1006	
令狐梅墓誌	10582	史信墓誌	1406	
令狐紞墓誌	11084	史建洛妻馬氏墓誌	11920	
令狐覽及妻薛氏墓誌	10022	史待賓及妻邵氏墓誌	5088	
令狐懷斌墓誌	10717	史思禮墓誌	6104	
令狐霸墓誌	1559	史珎及妻韓氏墓誌	9927	
令狐氏墓記	250	史庭及妻尹氏墓誌	6403	
冉仁才墓誌	616	史索巖墓誌	972	
冉祖求墓誌	3084	史索巖妻安娘墓誌	1355	
冉氏墓誌蓋	12101	史通墓誌	4280	
包陳墓誌	9331	史高如墓誌	9738	
包筠墓誌	11163	史參及妻梁氏墓誌	1032	
包寶壽及妻黃氏墓誌	4762	史崇禮墓誌	1684	
		史從及墓誌	9965	
		史從慶墓誌	10347	
		史惟清墓誌	8666	
		史惟清妻翟氏墓誌	8754	
		史清及妻雍氏墓誌	11184	
		史訶耽及妻康氏墓誌	1760	
		史善法及妻康氏墓誌	3555	
		史善應墓誌	292	

- 487 -

五畫

史堵穎墓誌	10158	司馬榮及妻劉氏墓誌	11498	正信塔記	921	田聿妻嚴氏墓誌	9604
史道洛及妻康氏墓誌	971	司馬銓墓誌	5189	正覺浮圖銘	4382	田行源墓誌	10762
史道德墓誌	2177	司馬齊卿及妻王氏墓誌	7681	氾文墓誌	360	田行源妻李氏墓誌	10507
史愛及妻田氏墓誌	3024	司馬璋墓誌	10788	氾延仕墓誌	2730	田君彥墓誌	1253
史瑤及妻閻氏墓誌	11176	司馬緘妻李氏(懷德縣主)墓誌	2075	氾延仕妻董氏(眞英)墓誌	1574	田宏敏墓誌	2445
史誼墓誌	10671	司馬論及妻郭氏墓誌	3453	氾延海妻張歡臺墓表	209	田志承墓誌	3322
史興及妻張氏梁氏墓誌	10667	司馬叡墓誌	455	氾延壽墓表	167	田侁墓誌	7697
史曜墓誌	6031	司馬興墓誌	1733	氾朋祐墓表	510	田侁及妻冀氏墓誌	7949
史懷訓及妻李氏墓誌	3471	司馬濟墓誌	9362	氾武歡墓誌	1224	田沼妻斑氏墓誌	8475
史繼先墓誌	7527	司馬□墓誌	9489	氾法濟墓表	15	田英墓誌	9788
史鐵棒墓誌	1763	司馬君妻董氏墓誌	7619	氾建墓誌	2583	田信及妻李氏墓誌	3320
史瓘及妻薛氏墓誌	6408	司馬君妻盧氏墓誌	4658	氾相達墓誌	1360	田厚墓誌	11295
史瓘妻薛氏墓誌	6251	司馬君妻盧氏墓誌	4746	氾傑墓誌	11925	田待及妻張氏墓誌	4066
史君墓誌	1794	四品亡宮墓誌	641	氾悟墓誌	7687	田思順妻李氏墓誌	6036
史君妻王氏墓誌	1878	尼正性墓誌	7780	氾德達墓誌	3369	田紀墓誌	1813
史君妻王氏墓誌蓋	12102	尼那羅延墓誌	10820	氾君妻張氏墓誌	8047	田述及妻趙氏墓誌	8760
史君妻田氏墓誌	647	尼法雲誌石蓋	12103	玄奘(三藏法師)塔銘	9840	田師墓誌	2335
史君妻李氏墓誌	8394	尼悟因墓誌	5707	玄起法師灰身塔記	11926	田泰墓誌	1009
史君妻契苾氏墓誌	4540	尼眞如塔銘	2037	甘元東墓誌	3811	田通及妻韓氏墓誌	1002
史君妻趙氏墓誌	2021	尼眞如墓誌	8286	甘基及妻唐氏墓誌	3730	田卿墓誌	11513
史氏墓誌	1936	尼眞空(申眞空)塔銘	11923	甘朗墓誌	639	田授墓誌	10265
史氏墓誌蓋	11921	尼韋提墓誌	11889	甘瑜墓誌	4608	田章墓誌	10682
司空行及妻李氏墓誌	3416	尼淸眞(馬氏)塔銘	11924	田十七娘子墓誌	10139	田紹宗墓誌	10206
司空儉墓誌	3291	尼善悟塔銘	11596	田仁墓誌	1076	田處瓊妻陽氏墓誌	7156
司徒倚墓誌	8682	尼惠墓誌	6848	田仁汪墓誌	1486	田進墓誌	8959
司徒寂及妻楊氏墓誌	2693	尼曇簡墓誌	8829	田元素墓誌	9385	田博及妻桑氏墓誌	1453
司徒寬及妻房氏墓誌	1834	尼釋然墓誌	7118	田少直墓誌	9631	田惠墓誌	1199
司徒冀墓誌	11922	左才及妻孫氏墓誌	1913	田文雅及妻元氏墓誌	10794	田萬昇墓誌	9632
司徒□臣墓誌	5475	左用墓誌	11492	田日倫妻祁氏墓誌	10324	田貴賢墓誌	7437
司徒君妻車氏墓誌	2750	左光胤墓誌	6026	田仕及妻張妃墓誌	567	田道墓誌	4043
司馬殘墓誌	7684	左果毅殘墓誌	3655	田仙墓誌	7424	田嵩及妻張氏墓誌	4648
司馬元恪墓誌	4224	左法墓誌	359	田仙童墓誌	5197	田意眞墓誌	8909
司馬元禮墓誌	6143	左祜墓誌	1976	田仙寮墓誌	5857	田遠墓誌	3440
司馬宗妻孫堅靜墓誌	9030	左敬節墓誌	3789	田占墓誌	8600	田僧墓誌	2758
司馬南孚墓誌	5635	左智爽及妻魏氏墓誌	5943	田弘正(興)墓誌	9117	田壽及妻程氏墓誌	1701
司馬崇敬墓誌	4335	左憧憙墓誌	1884	田弘敏墓誌	3025	田福仙墓誌	6479
司馬崇敬妻苟氏墓誌	5465	左適及妻崔氏墓誌	5701	田玄善妻張起墓誌	2588	田銔墓誌	9329
司馬望墓誌	7050	平君妻韋氏墓誌	6537	田玄達妻衡氏墓誌	2665	田廣進墓誌	8357
司馬寔墓誌	2613	本行塔銘	2017	田玉墓誌	814	田德墓誌	3094
司馬道墓誌	2162	本院律師塔銘	11873	田生墓誌	1632	田慶延墓表	1125
司馬儇墓誌	9704	正延及妻爨氏墓誌	1451	田用及妻張氏墓誌	11607	田潤墓誌	8311
司馬愼微及妻李氏墓誌	4606			田在卞墓誌	10103	田誠墓誌	5636
				田聿女墓誌	9548	田濤墓誌	1853
						田蘭墓誌	1136
						田靈芝及妻王氏墓誌	4729

- 488 -

			五·六畫
田鸞墓誌 8748	申屠秀墓誌 1900	白羨言及妻賀若氏墓誌 5435	任二郎及妻郭氏墓誌 10707
田君墓誌 2192	申屠茂忠及常氏墓誌 4743	白義寶及妻李氏墓誌 5399	任子及妻郭氏墓誌 1229
田君及妻石氏墓誌 7975	申屠貞墓誌 3408	白慶先墓誌 5464	任小暉墓誌 8304
田君妻李鵾墓誌 10736	申屠珣及妻賀氏墓誌 11574	白簡寂及妻陳氏墓誌 2548	任公素及妻張氏墓誌 11124
田君妻衞氏墓誌 3052	申屠崇墓誌 1914	白君妻陳氏墓誌 6364	任令璀及妻劉氏墓誌 8275
田君妻韓娘子墓誌 3625	申屠崇及妻劉氏墓誌 1881	白君妻鄭氏墓誌 3866	任正彬墓誌 9971
田仁汪妻寶琰墓誌 2974	申屠逸及妻王氏墓誌 8575	白氏之殤墓誌 8725	任玄墓誌 11122
田君妻□氏墓誌 11861	申屠超墓誌 2895	石仲文妻馮氏墓誌 8152	任玄播墓誌 2566
田君妻張氏墓誌 10813	申屠道及妻元氏墓誌 1567	石忠政墓誌 9241	任希墓誌 7782
田氏墓誌 10045	申屠暉光墓誌 8851	石洪墓誌 8646	任延暉墓誌 7334
田氏墓誌 11019	申屠義墓誌 2913	石師墓誌 2154	任佶及妻杜氏墓誌 8984
申令忠墓誌 7297	申屠解及妻梁氏墓誌 4516	石神福墓誌 8670	任季才墓誌 1362
申守及妻田氏墓誌 3028	申屠誠墓誌 2623	石素及妻賈氏墓誌 1568	任忠及妻路氏墓誌 4682
申行謹墓誌 11847	申屠徵墓誌 5698	石崇俊墓誌 8018	任承胤墓誌 5994
申岸撰家族遷葬墓誌 10331	申屠踐忠墓誌 4532	石愷墓誌 5894	任明墓誌 4387
申明及妻李氏墓誌 11646	申屠整墓誌 2896	石善達及妻安氏墓誌 11797	任法悅墓表 147
申亮及妻閻氏墓誌 5502	申屠興墓誌 4667	石暎(映)及妻孫氏墓誌 4753	任祈墓誌 4641
申信墓誌 2264	申屠賢墓誌 2293		任金墓誌 7019
申珍墓誌 3676	申屠甄墓誌 2855	石道及妻常氏墓誌 4671	任阿悅妻劉氏墓表 252
申胤及妻施氏墓誌 10819	申屠寶及妻李氏墓誌 2886	石解及妻鄭氏墓誌 8480	任阿慶墓表 136
申重興及妻王氏墓誌 10965	申屠獻墓誌 1232	石演墓誌 8761	任信墓誌 2030
申恭及妻楊氏墓誌 1710	申屠君墓誌 4632	石獎及妻李氏墓誌 5022	任威及妻公孫氏墓誌 6539
申留墓誌 2550	疋(匹)婁思墓誌 4793	石凝墓誌 7742	任客僧及妻周氏墓誌 5469
申素墓誌 4048	疋(匹)婁思妻靳氏墓誌 4988	石默啜墓誌 8835	任思敬墓誌 6012
申通及妻任氏墓誌 11381	疋(匹)婁德(得)臣墓誌 2716	石巖和尚墓誌 6347	任相住墓誌 802
申崇俊墓誌 7423	白公濟及妻姚氏墓誌 10559	石君墓誌蓋 12105	任相住墓表 803
申盛墓誌 6628	白幼敏妻鄧氏墓誌 10941	石君墓誌蓋 12106	任茂宏墓誌 11741
申黃及妻常氏墓誌 6637	白邦彥墓誌 10924		任珦仁墓誌 1806
申屠□墓誌 797	白季康及妻薛氏墓誌 9640		任恭及妻呂氏墓誌 1240
申惠進墓誌 10131	白居易(醉吟先生)自撰墓誌 10142	六 畫	任珪及妻喬氏墓誌 4384
申萃墓誌 2546	白知新妻鄭叔墓誌 4060		任素墓誌 1058
申萬及妻李氏墓誌 7365	白知新及妻鄭氏墓誌 5741	仲 仵 任 伍 先 吉	任素妻李氏墓誌 10877
申德墓誌 1752	白知禮墓誌 5850	同 向 如 宇 安 成	任莊及妻田氏墓誌 6508
申諷臣墓誌 5468	白知禮及妻劉氏墓誌 5426	戎 成 曲 朱 江 牟	任訓墓誌蓋 11927
申臨及妻王氏墓誌 11051	白坎奴墓誌 195	竹 米 羊 舟 西	任進及七代祖孫合葬墓誌 6374
申君墓誌蓋 12104	白敏中及前妻崔氏墓誌 10823		任進及堂兄弟墓誌 4545
申氏墓誌 11120	白敬立墓誌 11764	仲子陵墓誌 8206	任智才及妻史氏墓誌 2759
申屠元禮及妻王氏墓誌 4350	白敬宗及妻姚氏李氏墓誌 11577	仲君及妻何氏墓誌 3323	任紫宸墓誌 8466
申屠方墓誌 2836	白慎言墓誌 5730	仵欽墓誌 1745	任紫宸妻桑氏墓誌 8704
申屠奴墓誌 4067		仵澄墓誌 750	任萬妻乾氏墓誌 8264
申屠行及妻崔氏墓誌 3970		仵願德墓誌 1289	任苾及妻平氏墓誌 9496
申屠材及妻李氏墓誌 2314		任乂及妻元氏墓誌 3877	任道墓誌 451

六畫

任黃中墓誌	10571	向信墓誌	9332	安嵩墓誌	8179	成綝(儉)(字貞固)墓誌	
任儌墓誌	9462	向信妻宋氏墓誌	9014	安義墓誌	8844		2461
任愛及妻陳氏謝氏墓誌		向羣墓誌	10179	安範墓誌	2796	成徵墓誌	842
	4402	向羣及甘氏墓誌	10800	安靜墓誌	895	成德墓誌	2503
任暉墓誌	5921	向徹及妻韓氏墓誌	3537	安懷及妻史氏墓誌	2944	成養及妻萬氏墓誌	1541
任楚璘及妻馮氏墓誌	6797	如願律師墓誌	7362	安籠及妻趙氏墓誌	1600	成璘墓誌	9457
任瑗及妻崔氏墓誌	6800	宇文子貢墓誌	7267	安□祥墓誌	5268	成應墓誌	1156
任遂良墓誌	5182	宇文不爭妻柳氏墓誌	3458	安君妻史氏墓誌蓋	12488	成藏墓誌	7570
任鉉墓誌	11869	宇文立墓誌	9849	安君妻吳氏墓誌	9662	成願壽及妻李氏墓誌	984
任慇墓誌	2088	宇文昌墓誌	1947	安君妻康勝墓誌	1398	成鐸墓誌	11086
任榮墓誌	10663	宇文述墓誌	47	安君妻康敦墓誌	2605	成君墓誌	5532
任福及妻李氏墓誌	6540	宇文倩及妻薛氏墓誌	6629	安君妻康氏墓誌	3162	成君墓誌	6300
任福及妻賈氏墓誌	9073	宇文偉墓誌	11928	安氏墓誌蓋	12489	成君妻李氏墓誌	11562
任緒及妻元氏墓誌	1363	宇文琬墓誌	6096	成師墓誌	6149	成君妻耿慈愛墓誌	3526
任齊閔及妻胡氏墓誌	7126	宇文幹墓誌	1434	戎仁詡妻劉氏墓誌	11196	成君妻劉尚墓誌	1381
任廣謙墓誌	2089	宇文曜墓誌	5755	成士元墓誌	9119	成公士和墓誌	7617
任德墓誌	1072	宇文辯才墓誌	7106	成小師墓誌	2360	成公崇墓誌	5579
任操及妻張氏墓誌	3382	宇文君妻王氏墓誌	7181	成仁及妻呂氏墓誌	6168	成公幾及妻孫氏墓誌	2315
任鍊墓誌	11293	宇文君妻趙氏墓誌	6735	成元亮墓誌	9880	成公瑤墓誌	11575
任擧及妻王氏墓誌	1824	宇文君妻樂惠墓誌	2173	成立行墓誌	7545	曲元縝墓誌	9980
任瞽及妻謝氏墓誌	1729	宇文氏墓誌	3962	成光墓誌	10406	曲元縝妻李氏墓誌	10381
任驚及妻宋氏墓誌	2104	宇文氏墓誌蓋	12113	成伯熹墓銘	367	曲系妻蔡氏墓誌	9116
任□及妻穆氏墓誌	1553	安士和墓誌	11046	成君信墓誌	11534	曲氏墓誌蓋	12114
任君墓誌蓋	12107	安元暉墓誌	8904	成孝宗墓誌	10363	朱士幹墓誌	10472
任君墓誌蓋	12108	安元壽墓誌	2480	成廷宗妻張䍐墓誌	11647	朱仁表及妻梁氏墓誌	3199
任君及妻孫氏墓誌	1923	安元壽妻翟六娘墓誌	4908	成志辯墓誌	9309	朱元及妻翟氏墓誌	5202
任君及妻高氏墓誌	11837	安文光妻康氏墓誌	7579	成邑仁墓誌	3157	朱元及妻劉氏墓誌	11727
任君妻王師墓誌	1400	安令節墓誌	3669	成忠墓誌	2658	朱元昊墓誌	6664
任君妻趙氏墓誌	12109	安玄朗墓誌	11429	成昭妻陳氏墓誌	2035	朱方道墓誌	9025
任氏墓誌	7322	安玉及妻劉氏墓誌	8947	成洪墓誌	6633	朱正則墓誌	8584
伍松超磚地券	3009	安玉妻劉氏墓誌	8613	成迥坦及妻單氏墓誌	7453	朱正則及妻陸氏墓誌	9082
伍鈞墓誌	9970	安孝臣墓誌	5373	成師墓誌	934	朱玄哲妻荊氏墓誌	4164
先□墓誌	8226	安孝臣母米氏墓誌	5209	成庫墓誌	2036	朱玄儼墓誌	3662
吉光墓誌	7020	安延及妻劉氏墓誌	633	成殷墓誌	11433	朱光宙墓誌	6274
吉昭及妻馬氏墓誌	3348	安旻墓誌	3188	成虔威墓誌	11680	朱守臣妻高嬪墓誌	4709
吉哲妻董氏墓誌	3644	安度墓誌	1018	成朗墓誌	982	朱行墓誌	2910
吉惲墓誌蓋	12112	安思溫及妻史氏墓誌	6553	成善及妻馮氏墓誌	2085	朱行表及妻鄭氏墓誌	3886
吉渾墓誌	4979	安思節墓誌	4288	成循墓誌	3125	朱行斌及妻劉娘子墓誌	
吉琯墓誌	3480	安珍及妻費氏墓誌	10329	成惲墓誌	3515		4905
吉愨墓誌	1925	安師及妻康氏墓誌	1273	成景墓誌	1771	朱君信及妻蔡氏墓誌	4904
吉隱墓誌	6383	安神儼墓誌	2285	成萬通墓誌	11141	朱君滿及妻李氏墓誌	4189
吉懷惲墓誌	2597	安國相王李旦妻唐氏墓		成紬墓誌	7631	朱孝墓誌	879
同光塔銘	7258		3759	成達墓誌	4183	朱延度墓誌	945
同國政墓誌	10396	安菩及妻何氏墓誌	3940	成節墓誌	2947	朱延度妻柳氏墓誌	2829
向英墓誌	417	安萬通墓誌	707	成遠及妻吳氏墓誌	687	朱叔夜墓誌	9864

六・七畫

朱和妻南宮氏墓誌	9989	朱君墓誌蓋	12116
朱定眞妻雷氏墓誌	7263	朱君墓誌蓋	12117
朱泳墓誌	8653	朱君墓誌蓋	12118
朱保墓誌	6322	朱君及妻鄭氏墓誌	8431
朱信墓誌	1636	朱君妻王氏墓誌	5253
朱思仁及妻褚氏墓誌	2804	朱君妻王心自在墓誌	6239
朱昭達墓誌	1561	朱君妻冉氏墓誌	10125
朱貞墓誌	4325	朱君妻李氏墓誌	11426
朱師墓誌	642	朱君妻李表墓誌	11929
朱庭玘墓誌	8483	朱君妻周芬墓誌	5750
朱庭瑾及妻許氏墓誌	5098	朱君妻婁四德墓誌	6260
朱珪墓誌	2002	朱君妻梁無量墓誌	6842
朱益及妻張氏墓誌	13	朱君妻許英墓誌	4659
朱通及妻馮氏墓誌	1741	朱君妻趙氏墓誌	9626
朱連城墓誌	6776	朱君妻樊氏墓誌	10323
朱崇慶墓誌	4822	朱君妻臧子眞墓誌	10183
朱清及妻陶氏墓誌	10605	朱氏墓誌	6817
朱祥妻蘭氏龜銘	6357	朱氏墓誌	10552
朱敬之妻盧子玉墓誌		朱氏墓誌蓋	12119
	10442	朱氏墓誌蓋	12490
朱景弘墓誌	2787	朱氏娘墓誌	5204
朱琳墓誌	1111	江士汪妻張氏墓誌	7753
朱萱及妻楊氏墓誌	10747	江公儉墓誌	8648
朱陽墓誌	8352	江自求及妻王氏墓誌	5742
朱感及妻□氏墓誌	3852	江自球妻王氏墓誌	5743
朱摸及妻劉氏墓誌	325	江師武墓誌	10793
朱照墓誌	3714	江彪墓誌	696
朱遠墓誌	1866	江進德墓誌	3034
朱榮妻尹氏墓誌	10959	江瓘墓誌	5353
朱瑠及妻關氏墓誌	8674	牟知損妻李氏墓誌	6416
朱齊之墓誌	4342	竹女墓誌蓋	12120
朱德珪妻李嬪名妹墓誌		竹玄及妻謝氏墓誌	4063
	1783	竹妙墓誌	1146
朱澄墓誌	9753	竹思泰墓誌	5697
朱澄妻裴氏墓誌	9740	竹敬敬及妻張氏墓誌	5597
朱憲及妻傅氏墓誌	2240	米千鈞墓誌	10311
朱靜方墓誌	3736	米文辯墓誌	10241
朱愿墓誌	7605	米寧女九娘墓誌	10111
朱歸浦及妻劉氏墓誌	5756	米興及妻張氏墓誌	11466
朱簡及妻趙氏墓誌	3038	米繼芬墓誌	8349
朱懷智墓誌	3983	羊岳墓誌	7349
朱寶及妻吳氏墓誌	2481	羊荊璧墓誌	6145
朱贍墓誌	11105	舟知微墓誌	4994
朱□和及妻范氏墓誌	9188	舟濟律師(魏君)墓誌	
朱君墓誌蓋	12115		10302

西平公墓誌蓋	12121	何暉墓誌	9069
西州殘誌	11930	何楚章及妻侯氏墓誌	
西門珍墓誌	8923		11087
		何溢墓誌	10343
		何詵墓誌	1895
七畫		何載墓誌	8523
		何遂墓誌	11069
		何禕墓誌	1831
似 何 余 佛 初		何德墓誌	6804
別 含 吳 呂 妙 宋		何摩訶墓誌	2286
岐 岑 延 扶 折 李		何撫墓誌	9181
杜 束 汲 沈 沙 狄		何澄墓誌	8211
谷 豆 車 辛 邢 那		何澄妻□氏墓誌	8675
		何樫妻王桂華墓誌	11416
似先義逸墓誌	10336	何璨墓誌	8845
何允墓誌	9302	何簡墓誌	5941
何少直墓誌	10539	何□墓誌	3370
何少直母蘭氏墓誌	9761	何君墓誌	4080
何文哲及妻康氏後妻康氏		何君墓誌蓋	12122
墓誌	9444	何君妻沈氏墓誌	7606
何弘敬墓誌	10982	何君妻崔氏墓誌	6360
何弘敬妻安氏墓誌	10983	何君妻崔氏墓誌	9441
何光墓誌	1169	何君妻盧氏墓誌	7637
何伯述墓誌	7268	何君妻蕭道濟墓誌	3100
何伯遇妻盧勝娘墓誌	7294	何君妻邊氏墓誌	8654
何叔平妻劉氏墓誌	9044	何氏墓誌蓋	12123
何昌浩墓誌	7901	余元仙墓誌	7305
何昊妻韋氏(般若林)墓誌		余從周及妻方氏墓誌	
	7716		10388
何知猛及妻王氏墓誌	6339	余當墓誌	375
何彥則墓誌	3913	余憑妻洪氏墓誌	9930
何彥則妻劉五兒墓誌	4909	余獻墓誌	9546
何洪墓誌	9275	余君及妻方氏墓誌蓋	
何相墓誌	343		12443
何貞裕墓誌	10478	佛堂銘并序	4767
何俛墓誌	11048	克君墓誌蓋	12124
何剛墓誌	1318	初公之塔銘	11931
何恭及妻王氏墓誌	5319	別智福及溫氏墓誌	4216
何邕墓誌	7532	含元宮八品墓誌	2230
何邕妻李氏墓誌	8019	吳士平妻李氏墓誌	7899
何盛墓誌	649	吳士平及妻李氏墓誌	8524
何最墓誌	5618	吳士恆及解氏墓誌	10457
何智及妻范氏墓誌	4559	吳元墓誌	5116
何植墓誌	9763	吳元墓誌	11865
何琮墓誌	11694	吳文晃妻施氏墓誌	11383

七畫

吳令俊墓誌	7640	吳懷秀墓誌	8614	呂夤交墓誌	7608	宋文誼墓誌	10841
吳令祥墓誌	8739	吳籌墓誌	10940	呂翁歸及妻楊氏墓誌		宋方及妻□氏墓誌	5596
吳弘簡妻李氏墓誌	9062	吳籌妻盧有德墓誌	10932		10109	宋世文及妻車氏墓誌	1749
吳本立墓誌	3777	吳續及妻郜氏墓誌	3360	呂虔及妻傅氏墓誌	4894	宋世則及張氏墓誌	1748
吳仲甫妻毛氏墓誌	9912	吳辯墓誌	1148	呂崇一墓誌	8066	宋玄之墓誌	5874
吳充墓誌	2381	吳鸞墓誌	7904	呂媛墓誌	9685	宋再初及妻蔡氏墓誌	
吳全續墓誌	11463	吳君墓誌	10282	呂惡墓誌	1918		10720
吳守忠墓誌	6380	吳君墓誌蓋	12110	呂渭墓誌	8143	宋守一及妻史氏墓誌	5105
吳安首妻殷氏墓誌	10789	吳君妻郜氏墓誌蓋	12491	呂渭妻柳氏墓誌	8142	宋戎墓誌	11217
吳江及妻張氏墓誌	8472	吳君妻張妹子墓誌	1213	呂衆及妻曹氏墓誌	2655	宋自昌墓誌	10136
吳孝墓誌	578	吳君妻劉氏墓誌	7251	呂買墓誌	517	宋行墓誌	185
吳孝恭墓誌	10369	吳君妻劉氏墓誌	7633	呂道墓誌	1378	宋伯康墓誌	10795
吳志墓誌	1175	吳君妻獨孤氏墓誌	7395	呂道仁妻王凝華墓誌	356	宋佛進墓誌	11813
吳卓墓誌	8741	吳君妻盧氏墓誌	7230	呂道及妻王氏墓誌	1739	宋岑墓誌	7817
吳承泌墓誌	11762	吳氏墓誌蓋	12125	呂皐墓誌	8701	宋叔墓誌	165
吳邵墓誌	11419	吳氏女波奈羅磚墓記	2160	呂感墓誌	1966	宋叔政墓誌	11172
吳金墓誌	7734	呂小師塔記	922	呂寧妻韓統墓誌	10166	宋和仲墓誌	6150
吳俊及妻趙氏墓誌	3474	呂才及妻洪氏墓誌	3353	呂遙墓誌	7634	宋季墓誌	1851
吳降妻李紹仁墓誌	9739	呂仁及妻趙氏馮氏墓誌		呂德及妻李氏墓誌	1770	宋尚妻鄭氏墓誌	5045
吳師盛妻竇德弘墓誌	3499		4981	呂德妻陳氏墓誌	1313	宋知感及妻張氏墓誌	5545
吳師雅妻嚴氏墓誌	10886	呂文倩墓誌	4449	呂舉墓誌	1803	宋若昭墓誌	9364
吳眞妻席氏墓誌	5802	呂文達及妻邊氏墓誌	1718	呂懷俊墓誌	7069	宋虎墓誌	1142
吳素墓誌	863	呂玄和墓誌	9430	呂藏元及妻張氏墓誌	6959	宋長墓誌	2054
吳莫及妻趙氏墓誌	2572	呂玄爽及妻程氏墓誌	2482	呂獻臣墓誌	5930	宋度及妻庫氏墓誌	4275
吳朗墓誌	488	呂玄福墓誌	2347	呂讓墓誌	10579	宋思九及妻楊氏墓誌	3747
吳清墓誌	10840	呂伏光墓誌	4772	呂君及妻張氏墓誌	10086	宋思眞及妻崔氏墓誌	3026
吳紹墓誌	11028	呂行端墓誌	2672	呂君妻王氏墓誌	1186	宋思齊及妻武氏墓誌	6217
吳善及妻劉氏墓誌	4781	呂君晟及妻藺氏墓誌		呂君妻吳氏墓誌	10824	宋思毅禪師墓誌	4135
吳巽墓誌	6369		11610	呂君妻李氏墓誌	5153	宋昭暎墓誌	6340
吳揚吾及妻桓氏墓誌	4071	呂孚妻王氏墓誌	8291	呂君妻張須摩墓誌	733	宋朏墓誌	10260
吳景達妻劉氏墓誌	93	呂志本墓誌	2992	呂遇妻陸氏墓誌	11783	宋珍墓誌	8023
吳朝妻安氏墓誌	9562	呂汝及妻李氏墓誌	9802	呂氏墓誌蓋	12126	宋相及妻郭氏墓誌	3072
吳達及妻萬氏墓誌	9445	呂沇權殯記	8568	妙信塔記	908	宋美墓誌	2618
吳貢妻韓氏墓誌	7105	呂秀及妻霍氏墓誌	8071	妙德塔記	909	宋胤墓誌	5437
吳嘉賓墓誌	5624	呂言及妻薛氏墓誌	4148	宋上墓誌	2046	宋師及妻劉氏墓誌	2760
吳曄墓誌	6754	呂知什及妻張氏韓氏墓		宋子及妻張氏墓誌	5595	宋恕妻劉氏墓誌	6085
吳福將墓誌	6448		6568	宋山及妻梁氏墓誌	7575	宋晏妻趙氏墓誌	10482
吳綏妻衛氏墓誌	11704	呂金剛墓誌	1063	宋才墓誌	528	宋益容墓誌	2476
吳廣華墓誌	7170	呂俠墓誌	10066	宋仁墓記	244	宋祖堪墓誌	5671
吳德鄘墓誌	11088	呂建初墓誌	11216	宋元逸及妻王氏墓誌	4470	宋祜墓誌	3772
吳德鄘妻趙氏墓誌	10922	呂思禮墓誌	7908	宋文成墓誌	627	宋莊墓誌	4899
吳璘墓誌	9664	呂茂璡墓誌	7178	宋文武墓誌	8013	宋崇超及妻趙氏墓誌	9147
吳穎及妻成氏墓誌	11300	呂貞及妻郭氏墓誌	5965	宋文矩墓誌	1446	宋彬墓誌	11792
吳縉墓誌	4314	呂庭蘭墓誌	7167	宋文博及妻□氏墓誌	7043	宋晟及妻王氏墓誌	11587
吳翰及妻申屠氏墓誌	6305	呂恭墓誌	8686	宋文幹墓誌	10468	宋朗墓誌	2044

- 492 -

七畫

宋爽及陳氏墓誌	3182	宋濟及妻井氏墓誌	3497	李一(夏悼王)塔銘	4358	李允及前妻鄭氏後妻盧氏墓誌	4199
宋琇墓誌	6411	宋璨墓誌	8225	李丁老墓誌	9830	李允存墓誌	11793
宋傑妻左淑姬墓誌	521	宋禎及妻魏氏薛氏墓誌	3771	李二十五娘墓誌	10090	李元墓誌	5927
宋勝墓誌	2015	宋慧了法師銘	852	李二及妻張氏墓誌	4298	李元墓誌	10763
宋善福及妻李氏墓誌	3407	宋曜及妻元氏墓誌	8450	李十七娘墓誌	5374	李元仲墓誌	10719
宋敦墓誌	546	宋豐墓誌	1047	李又玄墓誌	11164	李元亨墓誌	130
宋智亮及妻徐氏墓誌	3116	宋懷仁墓誌	1301	李又玄妻邵氏墓誌	11388	李元昌墓誌	303
宋智寂墓誌	3691	宋懷金女墓誌	8446	李三墓誌	1019	李元玠墓誌	10214
宋期墓誌	6307	宋懷熹墓誌	724	李于及妻□氏墓誌	9122	李元則妻常氏墓誌	11014
宋萬光墓誌	11109	宋譔墓誌	7116	李千里墓誌	4005	李元則及妻劉氏墓誌	6063
宋裕墓誌	6027	宋瞻墓誌	3605	李千里妻慕容眞如海墓誌	4884	李元昭墓誌	1811
宋越墓誌	1051	宋儼墓誌	7607			李元軌墓誌	2368
宋遏墓誌	8067	宋懿墓誌	3011	李士式墓誌	7408	李元祥(江王)墓誌	2334
宋運妻王氏墓誌	4756	宋君墓誌	5517	李士芳妻崔媛墓誌	8113	李元祥(江王)母楊氏墓誌	966
宋道墓誌	2670	宋君墓誌	8337	李士宗墓誌	1174	李元琛墓誌	7406
宋道感及妻朱氏墓誌	1750	宋君墓誌蓋	12127	李士武墓誌	8974	李元雄妻元氏墓誌	4661
宋順墓誌	8148	宋君墓誌蓋	12492	李士悅墓誌	10626	李元雄及妻元氏墓誌	5112
宋微墓誌	7048	宋君妻王氏墓誌	918	李士素妻曲麗卿墓誌	10764	李元順墓誌	11621
宋感墓誌	2364	宋君妻王氏墓誌	2483	李士華墓誌	8827	李元福墓誌	6816
宋感及妻甘氏墓誌	5043	宋君妻杜妙墓誌	3339	李士溫及妻衞氏墓誌	9670	李元賓墓誌	7909
宋感及妻任氏墓誌	2874	宋君妻班氏墓誌	354	李大娘墓誌	6535	李元確及妻元氏墓誌	4490
宋感及妻康氏墓誌	3864	宋君妻高氏墓誌	7218	李(女道士)鎮墓文	11909	李元祐及妻王氏墓誌	8810
宋義及妻趙氏墓誌	958	宋君妻淳于氏墓誌	3345	李子如墓誌	1848	李元諒(安元光)墓誌	7926
宋詢墓誌	5190	宋君妻章令信墓誌	6863	李子和妻宇文氏墓誌	3872	李元璹墓誌	5851
宋僧墓誌	8784	宋君妻慕容氏墓誌	5775	李小安墓誌	8453	李元璹妻鄭氏墓誌	5836
宋嘉進墓誌	7849	宋君妻蔡氏墓誌	10140	李小体(休)墓誌	9606	李元禮(徐王)妃羅觀照墓誌	2291
宋榮墓誌	452	宋君妻鄭氏墓誌	8196	李山及妻張氏陳氏墓誌	2768	李元簡墓誌	9760
宋邅墓誌	6319	張君墓誌	1306	李山海墓誌	2975	李元繹墓誌	4932
宋邅妻鄭氏墓誌	5564	宋氏墓誌	8718	李山寶墓誌	8297	李公秀女墓誌	10033
宋劉師及妻張氏墓誌	1689	宋氏墓誌	11548	李干墓誌	9702	李君妻何氏	6064
宋履墓誌	3487	宋氏墓誌	11671	李才墓誌	2880	李公度墓誌	10437
宋徽樹生墓誌	1542	岐元冏墓誌	7009	李才墓誌	3460	李公度及妻鄭琯墓誌	10566
宋德方及妻元氏墓誌	4040	岐慈及妻高氏墓誌	2110	李才仁墓誌	2365	李公政墓誌	11154
宋德遇墓誌	8486	岑子興墓誌	2632	李五及妻常氏墓誌	4088	李公殷墓誌	11609
宋徹及妻李氏墓誌	371	岑昉墓誌	5185	李五師墓誌	5708	李公素妻王氏墓誌	11375
宋慶及妻李氏墓誌	5693	岑嗣宗及妻刁氏墓誌	3760	李仁及妻畢氏墓誌	4974	李公晛墓誌	11099
宋撝墓誌	3441	岑君墓誌	7249	李仁泰墓誌	2666	李公綽墓誌	11624
宋璋及妻楊氏墓誌	1339	岑君妻徐氏墓誌	1830	李仁晦墓誌	5071	李卅三娘墓誌	8454
宋緬之墓誌	3500	延陵鎮墓石	11932	李仁雅墓誌	643	李友墓誌	7075
宋熾墓誌	5538	延君及妻張氏墓誌	11821	李仁廓墓誌	2428	李太均墓誌	10050
宋靜儀妻韓勝墓誌	4403	扶餘隆墓誌	2407	李仁廓及妻王媛墓誌	2753	李太恭墓誌	10105
宋應墓誌	6856	扶餘君墓誌蓋	12128	李仁德墓誌	5293		
宋擢墓誌	6922	折婁惠墓誌	2302	李仁穎墓誌	3512		
宋擧及妻裴氏鐘氏墓誌	566	折君妻曹明照墓誌	4722				

― 493 ―

七畫

李孔明妻劉媛墓誌	8926	李令問及妻徐氏墓誌 5113	李立言妻長孫弄珪墓誌	李成墓誌 9547
李少文墓誌	11013	李令崇墓誌 11781	957	李成公妻元遙墓誌 8072
李少榮妻王氏田氏墓誌 10196		李令渾及妻張氏墓誌 4007	李仲甫及妻崔氏田氏墓誌 11379	李成鈞墓誌 8541
李少贊及妻康氏墓誌 9791		李令暉(襄城縣主)墓誌 4041	李仲昌墓誌 8673	李成質及妻鄭氏墓誌 7491
李廿三娘墓誌 9888		李古墓誌 10960	李仲昌妻鄭氏墓誌 9800	李收墓誌 860
李弌墓誌 4450		李史魚及妻裴氏墓誌 7761	李仲思及妻崔氏墓誌 4807	李收及妻鄭氏墓誌 7438
李文墓誌 1317		李司徒亡女墓誌 9841	李仲珪及妻王氏墓誌 7278	李收(羽)妻王氏墓誌 8282
李文墓誌 1606		李奴墓誌 1786	李仲絢墓誌 10714	李自昴及妻鄭氏墓誌 3472
李文墓誌 4867		李奴墓誌 2324	李仲舒墓誌 11182	李行墓誌 5140
李文及妻房氏墓誌 1961		李弘墓誌 8856	李仲璿墓誌 5982	李行才墓誌 5067
李文妻宋氏墓誌 1605		李弘及妻陳氏墓誌 2856	李伏墓誌 5643	李行及妻趙氏墓誌 4378
李文約妻崔琰墓誌 10857		李弘及妻閻氏墓誌 1575	李休及妻陽氏墓誌 7459	李行止墓誌 5086
李文政墓誌 9449		李弘本墓誌 10208	李休伯及妻鄭氏墓誌 6032	李行同墓誌 9683
李文益墓誌 10444		李弘易墓誌 10923	李先墓誌 6070	李行莘(嗣陳王)墓誌 11491
李文寂及妻張氏墓誌 3870		李弘亮墓誌 8948	李光及妻王氏墓誌 2029	李行淹墓誌 4747
李文幹妻張氏墓誌 4926		李弘裕墓誌 2222	李光曾墓誌 9973	李行簡妻宇文氏墓誌 8201
李文楷墓誌 3429		李弘禮及妻左氏墓誌 3665	李光遠墓誌 5187	李亞封墓誌 11039
李文義墓誌 2997		李旦(睿宗)貴妃豆盧氏墓誌 5805	李全慎妻蘇袞墓誌 5371	李伯及妻馮氏墓誌 5016
李文疑墓誌 2904			李全節及妻皇甫氏墓誌 4417	李伯成墓誌 8016
李文獎墓誌 4600		李有裕妻曹氏墓誌 9573		李伯冏墓誌 10314
李文憲及妻田氏墓誌 3701		李本墓誌 3862	李全禮墓誌 6518	李伯康墓誌 8400
李文舉墓誌 1857		李正墓誌 8632	李全禮妻鄭氏墓誌 6519	李伯魚妻張德墓誌 3955
李文舉妻湯氏墓誌 10006		李正本墓誌 4190	李再誠墓誌 11443	李伸妻張氏墓誌 9227
李文舉妻竇氏墓誌 4374		李正眞墓誌 8595	李再榮墓誌 9165	李伽墓誌 336
李方乂墓誌 8762		李正卿墓誌 10079	李匡扶墓誌 6981	李佐墓誌 7770
李方元(方玄)墓誌 10091		李泳墓誌 10180	李合及妻裴氏墓誌 6811	李克用墓誌 11816
李方元妻長樂縣君墓誌 287		李永定墓誌 6574	李吉墓誌 5569	李克遜墓誌 8803
		李玄墓誌 1447	李吉及妻劉氏墓誌 3080	李克諧妻紇干氏墓誌 11282
李日就妻竇氏墓誌 6653		李玄墓誌 1992	李同墓誌 11092	李君彥及妻魏氏墓誌 2062
李日榮墓誌 8525		李玄墓誌 4124	李同仁墓誌 211	李君政妻陽長先墓誌 712
李月墓誌 2659		李玄墓誌 5664	李多祚墓誌 4142	李君夏妻鄭氏墓誌 10449
李丕墓誌 7712		李玄就墓誌 8769	李多祚妃楊氏墓誌 5833	李君素及妻鶱氏墓記 10032
李丕墓誌 7800		李玄就妻盧氏墓誌 8272	李夷吾墓誌 6532	
李世墓誌 2968		李玄道及妻王氏墓誌 2986	李存墓誌 10089	李君絢墓誌 491
李世民(太宗)尚服宗道墓誌 242		李玄祿墓誌 10070	李守一及妻陳氏墓誌 2965	李君會及妻王氏南氏墓誌 5534
		李玄福墓誌 3609	李守弘妻王氏墓誌 11134	
李他仁及妻常氏墓誌 6520		李玄德墓誌 6861	李守禮(邠王)妻高淑嬿墓誌 5503	李君羨妻劉氏墓誌 2008
李仙墓誌 7897		李玄擬墓誌 3436		李君誼墓誌 10684
李仙及妻王氏墓誌 7283		李玄濟墓誌 710	李安墓誌 275	李晏墓誌 3628
李仙家墓誌 8485		李用及妻周氏墓誌 10955	李安墓誌 678	李孝斌妻王氏(彭國太妃)墓誌 1216
李仙惠(永泰公主)墓誌 3726		李白墓誌 7056	李安定及妻宋氏墓誌 4835	
		李石墓誌 3410	李巡墓誌 11686	李孝禕墓誌 6425
李令叔墓誌 8519		李立言墓誌 101	李戎墓誌 8104	李宏墓誌 7856
李令則墓誌 3607			李成墓誌 1880	李岐墓誌 7796

— 494 —

七畫

李希皷及妻元氏墓誌 6039	李芝墓誌 5987	李岸及妻董氏墓誌 10540	李欣(嗣漢王)墓誌 4757
李延及妻劉氏墓誌 8847	李芳簡及妻曹氏墓誌 11756	李岸妻王氏墓誌 8609	李法滿墓誌 2049
李延光及妻鄭氏墓誌 4477	李見墓誌 2095	李并墓誌 7089	李泳墓誌 8908
李延明墓誌 4931	李赤心(朱邪公)墓誌 11941	李忠墓誌 3445	李泳妻王氏墓誌 9809
李延明妻裴氏墓誌 5533	李辛生墓誌 6132	李忠墓誌 5281	李泳妻蘇氏墓誌 10207
李延祚妻王氏墓誌 5364	李汕及妻崔氏墓誌 4872	李忠墓誌 6406	李玠墓誌 6609
李延祐墓誌 3750	李佰墓誌 8369	李忠及妻陳氏墓誌 5539	李玢墓誌 7007
李延喜及妻元氏墓誌 5932	李佶及妻韋氏墓誌 8771	李忠義墓誌 6417	李直妻崔眉墓誌 8884
李延景妻樊氏墓誌 5065	李侑及妻夏侯氏墓誌 2385	李怡及妻元氏韋氏墓誌 8060	李知墓誌 5604
李延嗣及妻崔二氏墓誌 3927	李兒及妻鄒氏墓誌 988	李承先墓誌 5091	李知本墓誌 953
李延祐及妻崔曖墓誌 5875	李其及妻皇甫氏墓誌 5229	李承家墓誌 5205	李知本及妻盧氏墓誌 3031
李延禎墓誌 3972	李制及妻梁季華墓誌 4	李承家及妻裴氏墓誌 5938	李知玄及妻元氏墓誌 3110
李志及妻盧氏墓誌 3867	李叔及妻董氏墓誌 2786	李承乾(恒山王)墓誌 5625	李知敬及妻梁氏墓誌 6782
李志及妻薛氏墓誌 1856	李叔沙及妻安氏墓誌 11645	李承嗣墓誌 4143	李知新及妻劉氏墓誌 5470
李志安及寶氏墓誌 9856	李叔夏墓誌 9689	李承範墓誌 4906	李肭墓誌 1761
李志訓墓誌 8578	李叔敖墓誌 9790	李抱眞墓誌 7921	李肱妻陳太儀墓誌 10912
李志覽及元氏墓誌 3337	李叔徹墓誌 7226	李旻妻裴氏墓誌 6429	李芬墓誌 6215
李忱(宣宗)才人仇氏墓誌 10376	李周南妻崔氏墓誌 7941	李昂墓誌 7499	李花山(淮陽公主)墓誌 4055
李扶墓誌 10929	李周南及妻崔氏墓誌 8306	李昂妻韋氏墓誌 7755	李英墓誌 1303
李抗墓誌 6886	李咄墓誌 6887	李昇妻楊氏墓誌 2711	李英及妻周氏墓誌 266
李汪及妻梁氏墓誌 1171	李和墓誌 2123	李昇妻鄭氏墓誌 8555	李英華墓誌 9285
李汭(昭王)墓誌 11455	李和墓誌 4930	李昇榮墓誌 10116	李表墓誌 738
李汲墓誌 7996	李和及妻張氏墓誌 11272	李昉墓誌 5892	李表墓誌 1520
李汶(康王)墓誌 11479	李坦墓誌 8086	李昊墓誌 6928	李長墓誌 11555
李沂(慶王)墓誌 10785	李孟德及妻虞氏墓誌 5983	李明墓誌 2281	李長及妻崔氏墓誌 7304
李沖墓誌 2720	李季卿墓誌 7146	李明墓誌 2404	李長雄墓誌 3752
李沖墓誌 9414	李季節墓誌 10365	李明墓誌 3088	李阿葛羅墓誌 4868
李沖及妻崔氏墓誌 6526	李宗(字?)墓誌 5988	李明墓誌 5127	李亮(鄭孝王)墓誌 74
李沖玄墓誌 3064	李宗古及妻董氏墓誌 11371	李明允及妻崔氏墓誌 4736	李亮及妻王氏墓誌 4839
李沖寂墓誌 2422	李宗本墓誌 9909	李明妻梁氏磚銘 318	李侯墓誌 5183
李秀墓誌 5079	李宗本妻盧氏墓誌 9167	李明振墓誌 11732	李侯七墓銘 8027
李秀墓誌 6393	李宗師墓誌 10526	李明遠墓誌 4496	李俋(涼王)墓誌 11556
李秀炎墓誌 8644	李宗卿墓誌 8014	李昕及妻鄭氏墓誌 4873	李俋(涇王)妻韋氏墓誌 7571
李秀琮墓誌 7967	李宗閔妻韋氏墓誌 8807	李朋及妻楊氏墓誌 10997	李俅墓誌 11675
李系墓誌 6509	李宙墓誌 8786	李朋妻楊氏墓誌 10998	李俊妻劉氏墓誌 8362
李臣及妻薛氏墓誌 6320	李宙墓誌 8836	李杲及妻劉氏墓誌 6459	李俊素墓誌 10211
李良墓誌 471	李宙妻盧氏墓誌 9627	李杼墓誌 11657	李保壽墓誌 9751
李良墓誌 8151	李定品靈廟之文 2627	李杼妻盧氏墓誌 11623	李信墓誌 677
李良墓誌 9352	李尚旦及妻豆盧氏墓誌 6034	李杼妻盧氏合葬墓誌 11658	李信墓誌 883
李良墓誌 9378	李尚貞墓誌 4642	李松墓誌 5535	李信墓誌 4860
李良金及妻鄭氏墓誌 7177	李岸及妻徐氏墓誌 8852	李林及妻解氏墓誌 1859	李信墓誌 9417
李良遂妻任氏墓誌 8620		李果及妻任氏墓誌 709	李胄妻鄭氏墓誌 7985
李芙墓誌 10935		李果娘子墓誌 10087	李則墓誌 9305

— 495 —

七畫

李則政墓誌	3324	李洪墓誌	8833	李准墓誌	2988	李皋墓誌	11550
李咸仁墓誌	2580	李洪及妻張氏墓誌	3459	李勉及妻劉氏墓誌	9466	李益墓誌	9422
李奐墓誌	4508	李洪鈞墓誌	6868	李勍及妻馮氏墓誌	11811	李益妻盧媚墓誌	8281
李威墓誌	2513	李洽及妻王氏墓誌	8993	李員墓誌	1052	李眞及妻王氏墓誌	11181
李威及妻施氏墓誌	2663	李海及妻杜氏墓誌	2382	李容及妻鄭氏墓誌	4294	李祖墓誌	1825
李帝臣墓誌	3113	李炯墓誌	4090	李峴墓誌	7139	李祗妻許氏墓誌	5634
李度墓誌	3506	李盈墓誌	7074	李峴妻獨孤峻墓誌	6783	李神及妻唐氏墓誌	4163
李度墓誌	4000	李盈墓誌	7317	李師墓誌	2290	李神及妻郭氏墓誌	5458
李建墓誌	9050	李相及妻丁氏墓誌	2401	李師墓誌	3357	李神悟塔銘	6643
李建成墓誌	69	李相妻司馬和墓誌	7090	李師墓誌	3442	李神德及妻張氏墓誌	5647
李建成(隱太子)妃鄭觀音墓誌	2060	李相妻徐氏墓誌	1439	李師及妻常氏墓誌	4425	李素墓誌	8638
李彥墓誌	86	李眈墓誌	10647	李師及妻暴氏墓誌	4851	李素墓誌	8958
李彥妻朱氏墓誌	4429	李約及妻柴氏墓誌	4418	李師感及妻張氏墓誌	3401	李素及妻胡氏墓誌	5602
李彥崇墓誌	9718	李珝墓誌	7990	李庭玉墓誌	7775	李素及妻崔氏墓誌	4356
李彥藻墓誌	9959	李胡墓誌	7286	李庭秀墓誌	4624	李素妻卑失氏墓誌	9128
李待墓誌	6000	李胡墓誌	8511	李庭秀墓誌	9265	李察微墓誌	10865
李思貞墓誌	3681	李胡及妻王氏墓誌	1965	李庭芝及妻王氏墓誌	6138	李翁墓誌	6528
李思恩墓誌	11939	李胤墓誌	826	李庭訓墓誌	6510	李耽墓誌	11366
李思恝墓誌	4037	李苕墓誌	7561	李庭訓妻崔上眞墓誌	7047	李耽妻韓氏墓誌	10853
李思愛妻獨孤氏墓誌	3695	李苕及妻盧氏	7562	李庭進及妻夏氏張氏墓誌	8971	李能墓誌	1177
李思節墓誌	3641	李茂成妻鄭絢墓誌	8854	李庭劍及妻蘇氏墓誌	9966	李能墓誌	4487
李思摩墓誌	405	李茂妻王洪墓誌	216	李悌及妻来氏墓誌	6323	李訓妻王氏墓誌	6781
李思摩妻延陀氏墓誌	411	李茂昌墓誌	11612	李悟妻崔氏墓誌	10978	李起宗墓誌	3119
李思諒墓誌	1056	李貞(越王)墓誌	4367	李挺墓誌	7257	李通墓誌	1426
李恒湊及妻曹氏墓誌	8755	李貞及妻王氏墓誌	6978	李挺幼女繡衣墓誌	7802	李通及妻長孫氏墓誌	3960
李恪墓誌	632	李貞及妻郭氏墓誌	5354	李晃墓誌	166	李通及妻高氏墓誌	3761
李恪及妻盧氏墓誌	6888	李貞及妻臧氏墓誌	5967	李晅及妻崔鑑曾墓誌	7745	李通進及妻任氏墓誌	8044
李恬及妻劉氏墓誌	10285	李貞庶墓誌	3971	李晊墓誌	5955	李通靈墓誌及鎮墓石	11453
李持盈(玉眞公主)墓誌	6979	李軌妻長孫念兒墓誌	230	李晊及妻司馬氏鄭氏墓誌	7051	李邕墓誌	7175
李政墓誌	998	李迥墓誌	5068	李桀及妻楊氏墓誌	397	李邕妃夫余氏墓誌	5665
李政墓誌	1617	李迥及妻劉氏墓誌	7546	李桔妻裴氏墓誌	7666	李邕(嗣虢王)墓誌	5600
李政及妻劉氏墓誌	5006	李迪墓誌	6309	李泰墓誌	1621	李釗墓誌	11576
李映墓誌	10525	李述墓誌	10653	李泰(濮王)妻閻婉墓誌	4758	李釗及妻楊氏墓誌	11564
李昢墓誌	10203	李述及妻盧氏墓誌	5117	李浮丘墓誌	5883	李高及妻孫氏墓誌	1967
李昢妻王湜墓誌	11344	李郁墓誌	9991	李浮丘妻張氏墓誌	7128	李高及妻郭氏墓誌	5350
李昭墓誌	7503	李郁妻崔氏墓誌	10010	李浼(逸)道墓誌	7950	李高明及妻賈氏墓誌	2660
李某墓誌	7874	李郜及裴氏墓誌	10011	李況墓誌	8910	李倜及妻任氏趙氏王氏墓誌	11509
李毗墓誌	10847	李郇墓誌	10641	李珣墓誌	4483	李倜妻上官氏墓誌	6073
李毗妻盧子宜墓誌	10614	李邢墓誌	9052	李珣及崔氏墓誌	4432	李倜倜墓誌	5144
李泉及妻張氏墓誌	5781	李重俊(節愍太子)妃楊氏墓誌	5027	李珪墓誌	5846	李勖及妻鄧氏墓誌	11885
李洙及妻韓氏墓誌	11654	李修墓誌	11833	李珪墓誌	10450	李昪及妻鄧氏墓誌	7078
李津墓誌	5090	李修己及妻權氏墓誌	3809	李珪及妻楊氏墓誌	8476	李問政及妻王氏墓誌	4510
李津(字文仲)墓誌	7189	李倨墓誌	7861			李國珍墓誌	7635
		李兼金妻梁氏墓誌	7384				

七畫

李國娘墓誌	10239	李清漢及妻郭氏墓誌墓誌		李復妻王氏墓誌	6394	李琦墓誌	4733
李國清墓誌	7454		3449	李惠及妻盧氏墓誌	5547	李琬墓誌	2344
李國清墓誌	8919	李爽及妻鄭氏墓誌	1629	李惠眞墓誌	5432	李琬(許王第四子)墓誌	
李國清墓誌	9821	李皐墓銘	8090	李愉母元氏墓誌	11637		4420
李國藏墓誌	6866	李皐妻崔無生忍墓誌	8091	李愔(茂王)墓誌	10452	李琬墓誌	5734
李寂墓誌	4769	李章墓誌	11940	李揚及妻劉氏墓誌	783	李琬(榮王)第八女墓誌	
李密墓誌	8	李符妻摯氏墓誌	3621	李敢言墓誌	8607		6501
李崇墓誌	7846	李符彩墓誌	5939	李敬墓誌	543	李琮墓誌	2911
李崇望妻王氏墓誌	3066	李第娘墓誌	10666	李敬墓誌	4798	李琮墓誌	6676
李崇默墓誌	6205	李紳墓誌	9648	李敬回墓誌	11200	李琮墓誌	9597
李崗墓誌	8872	李紹墓誌	286	李敬固及妻朱氏墓誌	5678	李琮及妻王氏墓誌	4366
李巢母韓氏墓誌	4171	李紹仁墓誌	9741	李敬瑜墓誌	4602	李琯妻張留客墓誌	11304
李強墓誌	714	李聆及妻元氏墓誌	1804	李敬瑜及妻魏氏墓誌	4660	李琰墓誌	666
李強友墓誌	4447	李脩妻劉氏墓誌	10646	李敬實墓誌	10773	李琰墓誌	6543
李彬妻宇文氏墓誌	11085	李華墓誌	6530	李普及妻□氏墓誌	1809	李琰墓誌	6710
李從一妻裴氏墓誌	6210	李華及妻郭氏墓誌	7442	李景及妻河氏墓誌	1023	李琰墓誌	7231
李從易墓誌	9785	李華妻崔絢墓誌	6433	李景由及妻盧氏墓誌	5669	李程(玄宗子)墓誌	7345
李從易妻劉氏墓誌	10213	李華妻郭氏墓誌	7199	李景祥墓誌	4598	李絢墓誌	492
李從偓墓誌	7483	李華(宣城縣主)墓誌	4232	李景逸墓誌	8659	李萬墓誌	7021
李從偓妻鄭氏墓誌	6847	李處凝及妻韋氏墓誌	4385	李景舒墓誌	6204	李萬林墓誌	9750
李從規妻尹氏墓誌	8643	李虛已墓誌	5887	李景裕妻王循墓誌	9715	李萱墓誌	6590
李從質女墓誌	11299	李虛中墓誌	8699	李景陽墓誌	5156	李董娘墓記銘	8087
李從質妻張氏墓誌	10970	李術墓誌	8716	李景獻及妻盧氏墓誌	6316	李詒及妻裴氏墓誌	6829
李從證墓誌	10359	李裔墓誌	11570	李智墓誌	635	李詔及妻□(崔?)氏墓誌	
李悊及妻齊氏墓誌	2116	李訥墓誌	9255	李智墓誌	1387		2346
李惊墓誌	4362	李訥妃杜氏墓誌	6395	李智墓誌	3998	李評墓誌	9681
李惟一墓誌	10315	李訥(嗣韓王)墓誌	5083	李智員墓誌	692	李象古墓誌	9066
李惟及妻崔氏墓誌	7174	李進及妻胡氏墓誌	3733	李朝及妻馬氏墓誌	11049	李貴墓誌	9844
李惟詵及妻王氏戴氏墓誌		李進忠墓誌	10407	李朝興墓誌	8146	李貴及妻萬氏墓誌	1742
	9330	李進朝及妻常氏墓誌		李棠墓誌	11307	李買及妻賈氏墓誌	3403
李惟簡墓誌	8936		10852	李榮墓誌	1091	李貽休墓誌	10907
李推賢墓誌	11457	李進榮墓誌	8180	李欽墓誌	5139	李超及妻王氏墓誌	6020
李敏墓誌	2646	李進興墓誌	9192	李欽仁墓誌	1649	李超及妻路氏墓誌	8938
李敏墓誌	11820	李逸及妻楊氏墓誌	5309	李欽說妻趙氏墓誌	11284	李超及妻鄭氏墓誌	5528
李晝墓誌	10596	李頊及妻呂氏墓誌	3448	李渙墓誌	6770	李逵及妻王氏墓誌	9901
李晟墓誌	3817	李傀(蜀王)墓誌	7642	李渙妻裴(王叔)墓誌	10287	李遇□墓誌	1808
李條及妻鄭氏墓誌	8089	李善墓誌	4847	李湍墓誌	7229	李道墓誌	1793
李梲墓誌	11183	李善智及妻劉氏墓誌	2652	李湛墓誌	5963	李道古及妻韋修崔葯墓誌	
李液墓誌	6860	李喬年妻盧氏墓誌	6764	李無上道(金仙長公主)墓誌			8929
李液墓誌	7482	李喬卿及妻閻氏墓誌	5679		5498	李道周墓誌	10735
李淳墓誌	6009	李堅墓誌	9223	李無或及妻朱氏墓誌	2564	李道周妻蕭濛墓記	10453
李混妻仇氏墓誌	6231	李堅及妻衛氏王氏墓誌		李無慮墓誌	5032	李道恩妻那氏墓誌	2441
李清墓誌	585		8683	李無橘妻宇文氏墓誌	6679	李道素墓誌	263
李清墓誌	6311	李復元妻杜氏墓誌	9975	李無蕍墓誌	3096	李道瓘墓誌	2694
李清及賈氏墓誌	9458	李復及妻王氏墓誌	6592	李琚及妻薛氏墓誌	6353	李鈞女招兒墓誌	10805

- 497 -

七畫

李鉢妻程氏墓誌	8125	李溶(安王)墓誌	9889
李隆悌(汝南王)墓誌	3464	李滔墓誌	5411
李隆基第五孫女墓誌	6827	李漢墓誌	6062
李雲墓誌	10875	李煇墓誌	5540
李雲卿及妻蕭氏墓誌	6352	李琩(壽王)女清源縣主墓誌	6919
李順通妻張氏墓誌	10257	李瑋及妻馮氏墓誌	4405
李亶墓誌	3450	李瑜墓誌	3277
李亶妻盧氏墓誌	5570	李瑜及妻成氏墓誌	2691
李儆墓誌	7411	李瑝(信王)墓誌	7335
李僅(彭王)墓誌	7622	李當及妻盧鈥墓誌	11502
李勛墓誌	1687	李當妻盧鈥墓誌	11441
李勛及妻郭氏墓誌	6460	李睦墓誌	7169
李勛妻英國夫人墓誌蓋	1104	李節墓誌	3402
李嗣本及妻盧氏墓誌	3973	李節墓誌	5118
李嗣先墓誌	4368	李節墓誌	5966
李嗣莊墓誌	4585	李粲墓誌	7196
李寊墓誌	9479	李經及妻霍氏墓誌	6461
李寊墓誌	9810	李經(郯王)墓誌	9618
李嵩及妻崔氏墓誌	4529	李羣墓誌	9272
李幹墓誌	7333	李群及妻裴氏墓誌	10218
李廉之妻鄭氏墓誌	9327	李義及妻陳氏墓誌	11806
李廉及妻韓氏墓誌	1704	李義及妻樊氏司徒氏墓誌	10389
李廉妻鄭氏墓誌	9699	李義方墓誌	294
李彙墓誌	7916	李義方妻楊上慈墓誌	1685
李彙及妻鄭氏墓誌	8458	李義珪鎮墓石	11933
李微墓誌	5378	李義琳及妻魏氏墓誌	3466
李愼墓誌	2312	李義瑛及妻崔氏墓誌	3732
李愼墓誌	7645	李義璋及妻崔氏墓誌	3847
李愼交墓誌	5119	李肅墓誌	8372
李慈及前妻崔氏後妻崔氏墓誌	3032	李萼墓誌	9370
李慈同墓誌	2234	李萼妻楊氏墓誌	7778
李慈暉及妻陳氏王氏墓誌	6037	李著墓誌	5637
李㦮墓誌	9744	李虞仲及妻郭氏墓誌	9716
李戢(嗣曹王)妻鄭中墓誌	7674	李詢墓誌	2676
李戢(嗣曹王)墓誌	6312	李詢會墓誌	5163
李損女墓誌	10535	李詢會及妻盧氏墓誌	6341
李暄妻于氏墓誌	4617	李詵墓誌	9204
李會昌墓誌	9067	李誠墓誌	9797
李楚墓誌	893	李誠及妻宋氏墓誌	7121
李楚瓊墓誌	3349	李賁妻劉氏墓誌	9427
李楷墓誌	746	李遂晏墓誌	10003
		李過折墓誌	7111
		李遠墓誌	10151

李遠及妻葉氏墓誌	1383	李福謙墓誌	563
李鄖妻杜氏墓誌	10344	李端墓誌	7879
李鄖妻路氏墓誌	9051	李端及妻任氏墓誌	7834
李鉉墓誌	10846	李端友墓誌	10486
李鉊及妻盧氏墓誌	8073	李粹及妻楊氏墓誌	7145
李雍(雍尹?)墓誌	8487	李綜及妻盧氏墓誌	9060
李頊墓誌	4277	李綱墓誌	6991
李頊墓誌	10242	李網及妻孟氏墓誌	1479
李頊妻盧氏墓誌	9554	李網及妻魏氏墓誌	6066
李鼎墓誌	9313	李緄及妻崔氏墓誌	7685
李像恩墓誌	8056	李緒墓誌	2498
李嘉墓誌	2440	李緒之妻崔自蕙墓誌	5819
李嘉墓誌	2987	李緒(江都王)妻裴氏墓誌	4808
李嘉及妻楊氏墓誌	4185	李褘及妻馮氏墓誌	2647
李嘉珍及妻彭氏墓誌	7470	李褘妻呂氏墓誌	6045
李嘉運及妻杜氏墓誌	8491	李誕及妻王氏墓誌	4787
李壽(神通)墓誌	115	李誠初墓誌	5999
李壽諦墓誌	3419	李説妻盧氏墓誌	5357
李實墓誌	1310	李賓墓誌	5946
李寧墓誌	10585	李輔光墓誌	8787
李寧妻鄭氏墓誌	6948	李遙墓誌	7391
李慇及妻源氏墓誌	9383	李韶及妻徐氏王氏墓誌	6086
李慇及妻盧氏墓誌	3711	李韶及妻崔氏墓誌	11179
李戩及妻馬氏墓誌	9924	李韶敬妻崔氏墓誌	6112
李敱墓誌	72	李鳳墓冊文刻石五種	45
李暠墓誌	5621	李鳳墓誌	4359
李暠墓誌	5829	李鳳(虢王)墓誌	2010
李暢墓誌	5089	李鳳(虢王)妃劉氏墓誌	2012
李曄及妻路氏墓誌	10330	李儉及妻元氏墓誌	2494
李榮墓誌	10637	李器及妻燕氏墓誌	4169
李榮益及妻史氏墓誌	11460	李審妻殷氏墓誌	11456
李榮及妻常氏墓誌	9867	李審規墓誌	11389
李榮及妻喬氏墓誌	10299	李德墓誌	3868
李榮初及妻王氏墓誌	7925	李德及妻王氏墓誌	5890
李榮妻申屠氏墓誌	10903	李德方墓誌	8467
李滿藏墓誌	2667	李德孫墓誌	8924
李瑤妻韋氏墓誌	6796	李德裕妻徐盼墓誌	9423
李瑱墓誌	4613	李德裕妻劉致柔墓誌	10428
李睿墓誌	2363	李德義墓誌	9860
李睿妻于氏墓誌	4512	李徹墓誌	92
李福墓誌	8197	李徹墓誌	1637
李福(趙王)妃宇文修多羅墓誌	1065		
李福(趙王)墓誌	1799		

七畫

李徹墓誌	1968	李儔(信王第七子)墓誌 7101	李璩墓誌 11262	李懷肅墓誌 3768
李慶及妻高氏粟氏墓誌 11690	李凝墓誌 11030	李璲及妻劉氏墓誌 6350	李懷讓墓誌 4764
李撝墓誌 2047	李操墓誌 5449	李縱墓誌 9294	李懷讓墓誌 7082
李捺墓誌 3	李整墓誌 1022	李翼墓誌 9643	李藤墓誌 8657
李樞墓誌 9162	李澣墓誌 8989	李謇墓誌 561	李瀋女李孫孫墓誌 8182
李樞妻唐煥墓誌 8965	李澤墓誌 9900	李謙及妻劉氏墓誌 5075	李蟾墓誌 9575
李潘墓誌 9910	李澥及妻盧氏墓誌 7713	李謙順及妻王氏墓誌 6279	李辭墓誌 11458
李潘妻崔氏墓誌 11236	李濰(廣王)墓誌 11480	李謹行墓誌 2518	李韜及妻崔氏墓誌 6455
李潛墓誌 3507	李濛墓誌 6057	李穀墓誌 11029	李嚴及妻崔二氏墓誌 8449
李潛墓誌 4125	李濛墓誌 7472	李隱墓誌 7219	李寶墓誌 8332
李潛墓誌 10531	李璞墓誌 10625	李隱超墓誌 7415	李寶及妻張氏墓誌 9531
李潮墓誌 8713	李璟(許王第三子)墓誌 4419	李霞墓誌 5614	李寶光及妻劉氏墓誌 8495
李潯墓誌 10781	李瑤墓誌 6943	李霞光墓誌 6247	李寶臣妻王氏墓誌 7314
李澄墓誌 8077	李璡(許王第九子)墓誌 4421	李歸厚墓誌 9601	李寶隆墓誌 2924
李潁墓誌 11063	李璡墓誌 7017	李歸厚妻盧氏墓誌 10710	李寶會及妻無量壽墓誌 5467
李瑾行墓誌 3682	李璡(汝陽王)長女墓誌 5172	李璹墓誌 8109	李寶藏及妻馬氏墓誌 5294
李瓘及妻崔氏墓誌 7110	李積墓誌 7228	李璹及妻崔氏墓誌 5536	李懸黎墓誌 11294
李璆墓誌 9956	李縞墓誌 10575	李璹妻鄭氏墓誌 8445	李爔墓誌 10848
李璆妻金氏墓誌 10953	李興墓誌 6836	李璿墓誌 2479	李爔妻鄭珍墓誌 10765
李璋墓誌 9794	李興及妻劉氏墓誌 7097	李璿(涼王)妃張氏墓誌 7091	李獻墓誌 6554
李璋及妻薛氏墓誌 3350	李衡墓誌 7343	李璿及妻劉氏墓誌 6203	李獻忠墓誌 6492
李璋妻盧氏墓誌 10843	李諧墓誌 1209	李瞻及妻蕭氏墓誌 9118	李繼墓誌 8853
李畠墓誌 4376	李誠及妻張氏墓誌 6758	李瞻妻蕭氏墓誌 8652	李繼叔墓誌 156
李祐墓誌 9420	李諶妻崔氏墓誌 6634	李禮墓誌 2783	李繼妻崔氏墓誌 9796
李祐及妻盧氏墓誌 7818	李賢墓誌 3731	李禮墓誌 3986	李繥(會王)墓誌 8579
李稷墓誌 9567	李賢及妃房氏墓誌 4061	李簡及妻暴氏墓誌 10510	李藻文墓誌 10250
李範及妻盧氏墓誌 10569	李辨墓誌 1309	李簡母毛氏墓誌 4162	李護墓誌 368
李緗墓誌 7995	李錪妻蕭氏墓誌 7564	李翹墓誌 8740	李護及妻吳氏墓誌 1170
李談經墓誌 7351	李餘墓誌 7490	李翶墓誌 8163	李譽及妻劉氏墓誌 150
李諒及妻張氏墓誌 1099	李徽墓誌 2450	李藥王墓誌 71	李釋子墓誌 5145
李諒及妻閻氏墓誌 930	李愿墓誌 4511	李謨墓誌 11102	李釋及妻崔氏墓誌 1756
李論墓誌 5834	李舉墓誌 1483	李謨妻裴箱墓誌 11045	李辯墓誌 2362
李適之墓誌 6765	李舉墓誌 7487	李鎬墓誌 6923	李辯及妻張氏墓誌 1944
李遵墓誌 7160	李舉墓誌 8756	李難墓誌 3054	李霸及張氏墓誌 9184
李遵妻沈氏墓誌 7292	李舉妻張氏墓誌 9377	李顒妻張氏墓誌 11481	李儼墓誌 7100
李銳妻劉氏墓誌 10725	李曙墓誌 6723	李顥墓誌 11489	李欟墓誌 7759
李鋒墓誌 7501	李濟墓誌 6451	李魏相墓誌 4181	李懿及妻君侯氏墓誌 2560
李震墓誌 1437	李濟墓誌 9237	李魏相妻張氏墓誌 4836	李襲譽墓誌 465
李震墓誌 6867	李濤墓誌 7318	李寶墓誌 9074	李龕墓誌 1262
李震墓誌 7298	李濤及妻獨孤氏墓誌 7460	李懷及妻王氏墓誌 6129	李巖墓誌 8398
李震(定國公)妻王氏墓誌 1299	李濤妻獨孤氏墓誌 7432	李懷及妻何佟墓誌 4859	李欒妻何氏墓誌 8689
李震妻王氏墓誌 7312		李懷及妻張氏墓誌 5073	李瓚妻傅氏墓誌 11223
李頡及妻張氏墓誌 8262		李懷及妻郭氏墓誌 8223	李纓妻楊蕙墓誌 1134
		李懷慎墓誌 8992	李讜及妻牛氏墓誌 10508

七畫

李鑒及妻江氏墓誌	3703	李君墓誌蓋	12135	李君妻呂華墓誌	818	李君妻張氏墓誌蓋	12137
李體微墓誌	7866	李君墓誌蓋	12136	李君妻呂氏墓誌	9248	李君妻梁淑墓誌	5733
李瓛及妻鄭氏墓誌	3060	李君墓誌蓋	12139	李君妻呂氏墓誌	9307	李君妻許懿墓誌	4404
李讓墓誌	4799	李君墓誌蓋	12140	李君妻宋氏墓誌	9001	李君妻郭氏墓誌	7520
李讓及妻張氏墓誌	10839	李君墓誌蓋	12141	李君妻宋氏墓誌	10730	李君妻郭氏墓誌	7543
李讓及錢氏墓誌	11703	李君墓誌蓋	12142	李君妻杜瓊墓誌	9536	李君妻庾氏墓誌	9508
李鸐墓誌	9607	李君墓誌蓋	12143	李君妻周氏墓誌	9868	李君妻彭氏墓誌	8565
李鸐妻元氏墓誌	8512	李君墓誌蓋	12144	李君妻周氏墓誌	10629	李君妻溫氏墓誌	4138
李廳秀及妻馮氏墓誌	7330	李君墓誌蓋	12145	李君妻孟秤墓誌	810	李君妻焦氏墓誌	5898
李觀墓銘	7928	李君墓誌蓋	12146	李君妻孟相墓誌	815	李君妻賀蘭調墓誌	3409
李觀墓銘	9039	李君墓誌蓋	12147	李君妻姚香墓誌	1029	李君妻雲氏墓誌	7484
李□墓誌	5429	李君墓誌蓋	12148	李君妻姚品墓誌	10584	李君妻楊十戒墓誌	333
李□墓誌	8359	李君墓誌蓋	12149	李君妻姜氏墓誌	10095	李君妻楊氏墓誌	9387
李□墓誌	9104	李君墓誌蓋	12150	李君妻段氏墓誌	5020	李君妻解氏墓誌	9264
李□墓誌	10048	李君墓誌蓋	12493	李君妻段慈順墓誌	5880	李君妻賈嬪墓誌	7550
李□墓誌	10658	李君(僖王)墓誌	8439	李君妻孫氏墓誌	10067	李君妻榮脩墓誌	8305
李□及妻馮氏墓誌	4892	李君(永王次男)妻宇文氏墓誌	6994	李君妻郝閏墓誌	7614	李君妻蔣氏墓誌	7244
李□倩墓誌	8111			李君妻韋小孩墓誌	6505	李君妻裴太一墓誌	2357
李□基墓誌	1699	李君及妻劉氏墓誌	682	李君妻韋氏墓誌	8529	李君妻裴氏墓誌	4079
李君墓誌	2022	李君及妻許懿墓誌	21	李君妻韋氏墓誌	10683	李君妻裴氏墓誌	6724
李君墓誌	2593	李君及妻程氏墓誌	7504	李君妻韋氏墓誌	11488	李君妻趙氏墓誌	3618
李君墓誌	2709	李君及妻劉氏墓誌	1743	李君妻馬氏墓誌	8941	李君妻趙秀墓誌	4002
李君墓誌	3257	李君及妻鄭氏墓誌	9088	李君妻馬氏墓誌	11937	李君妻趙氏墓誌	11044
李君墓誌	4584	李君及妻韓氏殘墓誌	9504	李君妻高氏墓誌	7141	李君妻劉琰墓誌	1681
李君墓誌	4802	李君外婦馬淑墓誌	8553	李君妻高氏墓誌	9157	李君妻劉氏墓誌	4170
李君墓誌	5561	李君合葬墓誌蓋	12129	李君妻崔小夔墓誌	11255	李君妻劉氏墓誌	4217
李君墓誌	5893	李君妻丁氏墓誌	2590	李君妻崔華墓誌	5757	李君妻劉氏墓誌	4741
李君墓誌	6030	李君妻王婉氏墓誌	1764	李君妻崔嬌嬌墓誌	5238	李君妻劉氏墓誌	7968
李君墓誌	7162	李君妻王姜嫄墓誌	3624	李君妻崔氏墓誌	5776	李君妻劉氏墓誌	8222
李君墓誌	7505	李君妻王憍梵墓誌	3884	李君妻崔氏墓誌	5905	李君妻劉氏墓誌	9887
李君墓誌	7567	李君妻王氏墓誌	4174	李君妻崔氏墓誌	6413	李君妻劉氏墓誌	10205
李君墓誌	7984	李君妻王氏墓誌	5825	李君妻崔氏墓誌	7981	李君妻樊氏墓誌	5066
李君墓誌	8616	李君妻王高行墓誌	6851	李君妻崔氏墓誌	10842	李君妻鄭氏墓誌	4440
李君墓誌	8985	李公渝妻王氏墓誌	8230	李君妻崔氏墓誌蓋	12138	李君妻鄭氏墓誌	6846
李君墓誌	10608	李君妻王氏墓誌	8387	李君妻張氏墓誌	35	李君妻鄭遷墓誌	7604
李君墓誌	11334	李君妻王氏墓誌	8906	李君妻張氏墓誌	1308	李君妻鄭氏墓誌	8260
李君墓誌	11608	李君妻王照乘墓誌	10593	李君妻張氏墓誌	2318	李君妻鄭氏墓誌	10047
李君墓誌	11934	李君妻王氏墓誌	11705	李君妻張氏墓誌	2812	李君妻鄭秀實墓誌	10619
李君墓誌	11936	李君妻田氏墓誌	8813	李君妻張氏墓誌	5186	李君妻鄭氏墓誌	11356
李君殘墓誌	11938	李君妻田氏墓誌	9233	李君妻張氏墓誌	6885	李君妻盧氏墓誌	5348
李君墓誌蓋	12130	李君妻石氏墓誌	8894	李君妻張氏墓誌	7127	李君妻盧氏墓誌	7407
李君墓誌蓋	12131	李君妻吉氏墓誌	3664	李君妻張氏墓誌	7352	李君妻盧氏墓誌	8873
李君墓誌蓋	12132	李君妻安氏墓誌	8914	李君妻張氏墓誌	7358	李君妻盧氏墓誌	8912
李君墓誌蓋	12133	李君妻安氏墓誌	10368	李君妻張玉墓誌	9850	李君妻薛氏墓誌	7213
李君墓誌蓋	12134	李君妻吳氏墓誌	10377	李君妻張氏墓誌	11935	李君妻薛氏墓誌	10553

七畫

李君妻衛氏墓誌 3996	李氏(南川縣主)墓誌 6689	杜佚妻李氏墓誌 7342	杜欽墓誌 7003
李君妻戴氏墓誌 9721	李氏(新城長公主)墓誌	杜壯木育及妻墓誌 6610	杜道愿銘記 1046
李君妻謝令婉墓誌 3280	1247	杜孚墓誌 5254	杜釛墓誌 7214
李君妻韓氏墓誌 1075	李氏(文安公主)墓誌 9344	杜孝友及妻朱氏墓誌 3173	杜雄墓誌 11775
李君妻龐氏墓誌 3612	李氏(平原長公主)墓誌	杜延基妻薛瑤華墓誌 964	杜嗣先及鄭氏墓誌 4127
李君妻嚴氏(字眞如海)墓誌	10904	杜沖墓誌 942	杜嗣儉及妻閻夫人墓誌
5858	李氏(玄宗第五孫女)墓誌	杜甫墓係銘 8711	4100
李君妻寶氏墓誌 6392	6828	杜秀墓誌 2265	杜幹墓誌 9303
李君妻□尚卿殘墓誌 7597	李氏(汝南公主)墓誌 186	杜侍行墓誌 6555	杜暄墓誌 6396
李君妻弓鳳兒墓誌 5087	李氏(東光縣主)墓誌 3688	杜侚妻皇甫氏墓誌 8131	杜暄及妻劉氏墓誌 6560
李君長女墓誌 9478	李氏(長廣長公主)墓誌	杜奇墓誌 2533	杜楚客墓誌 791
李君妻張氏(法號常精進)墓	448	杜季方墓誌 2799	杜節及妻李氏墓誌 695
誌 6694	李氏(信安縣主)墓誌 1694	杜并墓誌 3461	杜義及妻李氏墓誌 9379
李君妻張氏墓誌 8195	李氏(唐安公主)墓誌 7630	杜忠良及妻鄭氏墓誌 4249	杜詢妻崔素墓誌 872
李君妻張氏墓誌 10489	李氏(郎寧公主)墓誌	杜旻及妻李氏墓誌 9722	杜該墓誌 5968
李君妻張氏墓誌 10621	11072	杜昇墓誌 7783	杜愁墓誌 296
李君妻張氏墓誌 11178	李氏(博平郡主)墓誌	杜昌及妻閻氏墓誌 6517	杜榮墓誌 265
李君妻張氏墓誌 11745	7526	杜牧自撰墓誌 10429	杜榮觀墓誌 3569
李氏墓誌 1646	李氏(普康公主)墓誌	杜知墓誌 5317	杜偁墓誌 9336
李氏墓誌 1668	11037	杜知謙墓誌 3338	杜偁妻崔夫人墓誌 9046
李氏墓誌 5931	杜大督妻劉氏墓誌 262	杜知謹墓誌 3635	杜綰墓誌 9299
李氏墓誌 7896	杜才墓誌 2336	杜英琦墓誌 9446	杜銓墓誌 11943
李氏墓誌 8433	杜元恭墓誌 6257	杜威戎及妻李氏墓誌 9172	杜德及妻趙氏墓誌 1269
李氏墓誌 8944	杜元穎妻崔氏墓誌 5744	杜拯墓誌 4875	杜慶墓誌 1579
李氏墓誌 8950	杜元穎妻裴氏墓誌 9827	杜昭烈墓誌 3980	杜輦墓誌 9769
李氏墓誌 10044	杜公濟妻韋玄存墓誌 7918	杜相墓表 532	杜應墓誌 9743
李氏墓誌 10812	杜文貢墓誌 854	杜約墓誌 11726	杜舉墓誌 2800
李氏墓誌 10834	杜方及妻劉白郭等三氏墓	杜美及妻庫狄氏墓誌 2199	杜濟墓誌 4817
李氏墓誌 11203	誌 4911	杜兼墓誌 8544	杜濟墓誌 7427
李氏墓誌 11286	杜日榮墓誌 9231	杜浪墓誌 10746	杜謐及妻沈氏墓誌 3200
李氏墓誌 11640	杜令莊墓誌 8521	杜陟墓誌 10916	杜醜墓誌 1409
李氏墓誌蓋 12151	杜玄禮及妻黃氏墓誌 4910	杜乾祚及妻薛氏墓誌 4038	杜鴻墓誌 11314
李氏墓誌蓋 12152	杜生墓誌 1633	杜婉墓誌 9748	杜鴻漸墓誌 7248
李氏墓誌蓋 12153	杜光乂墓誌 11721	杜悊墓誌 5848	杜懷讓墓誌 703
李氏墓誌蓋 12154	杜全及妻申氏墓誌 4329	杜悰長女墓誌 9890	杜識則墓誌 3359
李氏墓誌蓋 12155	杜宇亮墓誌 4159	杜悰妻李氏(岐陽公主)墓誌	杜顗墓誌 10395
李氏墓誌蓋 12156	杜守及妻魚氏墓誌 4629	9828	杜鵬舉墓誌 11942
李氏墓誌蓋 12157	杜守立墓誌 6139	杜敏墓誌 2379	杜麗墓誌 1659
李氏墓誌蓋 12158	杜安墓誌 3843	杜爽墓誌 6903	杜寶妻王氏墓誌 4284
李氏墓誌蓋 12159	杜式方墓誌 9107	杜博義及妻皇甫氏墓誌	杜辯及妻潘氏墓誌 2200
李氏墓誌蓋 12160	杜式方妻李氏墓誌 9574	1283	杜儼及妻呂氏墓誌 2524
李氏墓誌蓋 12161	杜式方長女墓誌 9304	杜善榮及妻張文母墓誌	杜讓墓誌 1515
李氏墓誌蓋 12162	杜行方及妻鄭氏墓誌 9584	1691	杜□及妻郭氏墓誌 4997
李氏(房陵大長公主)墓誌	杜佑墓誌 8680	杜景達墓誌 11882	杜君墓誌 2121
1901	杜佑妻李氏墓誌 8414	杜智及妻王氏墓誌 4293	杜君墓誌 8831

七・八畫

杜君墓誌蓋	12163	沈君妻馮氏墓誌	11110
杜君及妻王氏墓誌	2902	沈君妻黃氏墓誌	9263
杜君妻朱氏墓誌	2434	沈君妻楊氏墓誌	8662
杜君妻宋氏墓誌	10240	沈君妻虞氏墓誌	9846
杜君妻李氏墓誌	8471	沈君妻蕭寵墓誌	6128
杜君妻李氏墓誌	9653	沈氏墓誌	4031
杜君妻孫氏墓誌	3622	沈氏二□墓誌	8913
杜君妻韋氏墓誌	7594	沙汕墓誌	7488
杜君妻趙慧墓誌	3270	沙陀君妻阿史那氏墓誌	
杜君妻趙氏墓誌蓋	12164		4488
杜君妻閻氏墓誌	3146	狄玄愬墓誌	10862
杜君妻張氏墓誌	5305	狄玄愬妻駱氏墓誌	11250
杜氏墓誌	4947	狄林墓誌	7629
杜君墓誌	6169	狄兼謨墓誌	10262
杜氏墓誌蓋	12165	狄君妻謝氏墓誌	3485
束良及妻王氏墓誌	3887	狄氏墓誌蓋	12167
束君墓誌蓋	12166	谷知誨墓誌	7683
束君妻王承法墓誌	5758	谷運墓誌	4655
汲奉一墓誌	5820	谷君墓誌蓋	12168
沈士公墓誌	722	豆善富墓誌	5864
沈子昌墓誌	6806	豆盧光祚妻薛氏(萬泉縣主)	
沈子柔墓誌	11198	墓誌	4006
沈中黃墓誌	10685	豆盧建墓誌	6087
沈仁儒墓誌	9766	豆盧軌墓誌	3594
沈元期墓誌	6965	豆盧珦及妻司馬氏墓誌	
沈全交墓誌	5980		6370
沈伯儀及妻姚氏墓誌	3412	豆盧望墓誌	3977
沈亞之妻盧金蘭墓誌	9829	豆盧液妻韋氏墓誌	5782
沈叔安妻陳淨玲墓誌	513	豆盧項墓誌	7172
沈知敏墓誌	6002	豆盧遜墓誌	1007
沈庠墓誌	11894	豆盧愿墓誌	7212
沈待瑗墓誌	5552	豆盧君妻魏氏墓誌	8173
沈師黃墓誌	10493	車良墓誌	8298
沈浩禕及妻姚氏墓誌	3411	車益墓誌	9580
沈浩豐墓誌	5882	車詵墓誌	820
沈珣妻柳氏墓誌	3012	車諤妻侯氏墓誌	6717
沈智果墓誌	3003	車君墓誌	11699
沈朝墓誌	9242	辛元譽及妻韋氏墓誌	4491
沈楚珪墓誌	5593	辛幼昌墓誌	9565
沈齊文墓誌	2685	辛仲方及妻王氏墓誌	
沈緗墓誌	6966		11158
沈嶷及妻賈氏墓誌	4406	辛仲平墓誌	4895
沈君妻來三桑墓誌	6449	辛仲連妻盧八娘墓誌	3511
沈君妻朱武姜墓誌	3722	辛孚墓誌	4549
沈君妻陸寂證墓誌	4161	辛到年墓誌	6280

辛玫墓誌	10078	邢弼墓誌	2309
辛姝(妹)墓誌	1527	邢超及妻辛氏墓誌	5868
辛庭墓誌	7136	邢超俗及妻高氏墓誌	7555
辛恭墓誌	3240	邢運及妻浩氏墓誌	1706
辛恭及妻翟氏墓誌	3333	邢群墓誌	9382
辛浩墓誌	7135	邢義玄墓誌	11053
辛浩墓誌	7485	邢德敩及妻李氏墓誌	3911
辛紊墓誌	973	邢辯墓誌	152
辛陟墓誌	1635	邢辯墓誌	1382
辛景祚及妻李氏韓氏墓誌		邢君墓誌蓋	12172
	6375	邢君妻李氏(隴西縣太君)墓	
辛遇墓誌	10301	誌	9373
辛雲京妻李氏墓誌	7461	邢君妻劉達墓誌	3802
辛節及妻任氏墓誌	3848	邢君第三女墓誌	8925
辛晦墓誌	5487	邢氏墓誌蓋	12173
辛儉墓誌	385	邢氏墓誌蓋	12174
辛廣墓誌	7906	那延塔銘	425
辛澄及妻裴氏墓誌	2114	那盧君妻元買得墓誌	9
辛諒墓誌	9513		
辛衡卿及妻盧氏墓誌	449		
辛徽之墓誌	3427	**八　畫**	
辛璩墓誌	5577		
辛謙及妻元氏墓誌	901	京　來　卓　叔　周　呼	
辛體賢墓誌	8945	和　昝　固　奇　孟　季	
辛驥墓誌	1219	宗　尚　屈　岳　房　拓	
辛君墓誌	8383	昌　明　易　杭　東　杳	
辛君墓誌蓋	12169	林　武　法　波　沺　祁	
辛君墓誌蓋	12170	空　竺　舍　花　苟　若	
辛君墓誌蓋	12171	苻　范　邵　邸　金　長	
辛君妻韋憲英墓誌	5014	門　阿　青	
辛君妻郭氏墓誌	8216		
辛君妻楊氏墓誌	6285		
辛君妻劉氏墓誌	3849	京君墓誌蓋	12175
邢仙妃墓誌	636	來佐本及妻常氏郭氏墓誌	
邢巨墓誌	5668		11353
邢均及妻張氏墓誌	4954	來治安妻田氏墓誌	8022
邢汴及妻周氏墓誌	11824	來景暉墓誌	4360
邢宗本妻韓氏墓誌	10488	來景暉妻蕭大通墓誌	4794
邢彥襃墓誌	3630	來慈墓誌	5264
邢思賢墓誌	4218	來義暉墓誌	6452
邢政及妻張氏墓誌	2916	來僧墓誌	1466
邢倨妻景氏墓誌	7694	卓君妻王氏墓誌	7932
邢眞賢墓誌	9108	卓氏墓誌蓋	12176
邢通及妻龐氏墓誌	11666	叔孫萬頃墓誌	6489
邢郭及妻呂氏墓誌	2775	周三及晉氏墓誌	4226

八畫

周大立及妻李氏墓誌	5555	周著墓誌	9625	孟元簡阿娘磚墓記	11397	孟璲墓誌	10776
周子南墓誌	5527	周誠墓誌	5681	孟公行墓誌	138	孟璲妻蕭威墓誌	11422
周仁墓誌	2311	周貴及妻張氏墓誌	10106	孟弘敏及妻李氏墓誌		孟君墓誌蓋	12178
周元長墓誌	9787	周履潔墓誌	3538		11834	孟君妻李娘墓誌	2496
周少誠墓誌	10115	周廣墓誌	2143	孟玄一及妻顧氏墓誌	4229	孟君妻麻氏墓誌	2431
周文遂墓誌	10231	周廣及妻戒氏墓誌	10074	孟君集墓誌	10401	孟君妻趙氏墓誌	1292
周以悌妻高氏墓誌	6949	周曉墓誌	6950	孟孝立墓誌	4943	孟君妻劉氏墓誌	4112
周玄珞及妻程氏墓誌	6749	周璵及妻劉氏墓誌	10602	孟孝敏妻陸氏墓誌	3734	孟氏墓誌	5629
周仲隱墓誌	483	周璵妻劉氏墓誌	9581	孟延古墓誌	10541	孟氏墓誌	10357
周行敏及妻李氏墓誌	5910	周翼墓誌	765	孟沖墓誌	6198	季愛子墓誌	7626
周克諧墓誌	5523	周懷珺墓誌	4003	孟秀榮墓誌	10423	季君妻王摩墓誌	997
周利貞墓誌	4502	周寶墓誌	2542	孟亞孫墓誌	11364	季君妻都氏墓誌	9072
周君德墓誌	1525	周獻墓誌	6649	孟琳墓誌	8443	宗士儒墓誌	1726
周孝敏墓誌	161	周藻墓誌	645	孟俊及妻趙氏墓誌	4933	宗庠及妻郭氏墓誌	11112
周希沖墓誌	5872	周顯墓誌	1234	孟保同墓誌	235	宗素及妻韓氏墓誌	5541
周孟瑤墓誌	11494	周鸞墓誌	5061	孟昭妻尹徵墓誌	3120	宗惟政墓誌	8678
周承嗣墓誌	1672	周君墓誌	10399	孟珏墓誌	11050	宗惟政妻楊氏墓誌	9266
周況妻韓好墓誌	8859	周君妻公孫平墓誌	2596	孟貞墓誌	2097	宗進興妻楊氏墓誌	10432
周法明墓誌	6916	周君妻成氏墓誌	1886	孟貞墓誌	4165	宗達墓誌	4044
周俊女墓誌	8456	周君妻李氏墓誌	3975	孟郊墓誌	8752	宗瑾墓誌	4353
周思忠墓誌	6109	周君妻到光淑墓誌	4398	孟師墓誌	1347	宗君及妻馮氏墓誌	3812
周急墓誌	6904	周君妻郭氏墓誌	1404	孟恭墓誌	489	宗君妻王氏墓誌	7924
周胡仁及妻楊氏墓誌	5341	周君妻劉氏墓誌	1432	孟泰妻李普慈墓誌	6207	宗君妻崔報恩墓誌	6826
周胡兒墓誌	5981	周氏墓誌	8170	孟荀墓誌	8543	尚才墓誌	2185
周貞墓誌	5788	呼延章及妻馬氏墓誌	3201	孟啟妻李氏墓誌	11254	尚弘簡及妻二楊氏墓誌	
周師墓誌	1233	呼延君墓誌蓋	12177	孟常謙墓誌	9040		11059
周師墓誌	2806	呼延君妻張即墓誌	7014	孟晟墓誌	4517	尚明墓誌	2943
周徒墓誌	11213	和元烈墓誌	8823	孟善玉(王)墓誌	1814	尚武及妻張氏墓誌	2076
周泰墓誌	11772	和文墓誌	10371	孟普墓誌	1028	尚眞墓誌	3567
周望墓誌	9131	和伔墓誌	4982	孟景仁墓誌	5130	尚袁墓誌	5489
周涯墓誌	10340	和守陽墓誌	6151	孟裕及妻張氏墓誌	4230	尚袁及妻赫連氏墓誌	5504
周球(珍)妻張氏墓誌	8969	和克忠墓誌	3415	孟買及妻張氏墓誌	331	尚登寶磚誌	486
周紹業墓誌	923	和秀墓誌	9140	孟運墓誌	2115	尚登寶及妻李氏墓誌	889
周紹業妻趙璧墓誌	4922	和姬墓誌	555	孟隆武墓表	496	尚義妻吳氏墓誌	9891
周善持墓誌	3258	和善及妻呼延氏墓誌	5121	孟暉墓誌	5363	尚君墓誌蓋	12521
周惠墓誌	7414	和智全及妻傅氏墓誌	3914	孟蒲及妻王氏墓誌	1734	屈元壽墓誌	6472
周敬本墓誌	6645	和運及妻趙氏墓誌	5260	孟模妻夏侯氏墓誌	3244	屈突詮墓誌	2850
周曾墓誌	7610	和滿墓誌	2961	孟維及妻宋氏張氏墓誌		屈貫妻任氏墓誌	8055
周渭墓誌	8382	和錢墓誌	2936		8899	屈澄墓誌	6675
周道沖及妻雲氏墓誌	4697	咎(昝)斌墓誌	2952	孟賓墓誌	6795	屈君妻楊氏墓誌	9467
周道務妻李孟姜(臨川長公主)墓誌	2408	固氏墓誌	11944	孟樞妻崔氏墓誌	1602	屈突仲翔妻朱氏墓誌	2851
		奇玄表墓誌	1779	孟璋及妻朱氏墓誌	3613	屈突伯起墓誌	2849
周道榮墓誌	10603	奇長墓誌	1132	孟曉墓誌	5949	屈突季札墓誌	2848
周道諶墓誌	3001	孟仁及妻張氏墓誌	2501	孟瑶墓誌	11826	屈突通墓誌	78
周義及妻房氏墓誌	5120	孟元諒墓誌	9494	孟頭墓誌	5114	屈突通妻□氏墓誌	84

- 503 -

八畫

屈突琁墓誌	5849	明君妻唐阿深墓誌	562	武恭妻李凝墓誌	10290	花獻妻安氏墓誌	9063
岳林寺塔銘	10570	明氏墓誌	1260	武剴及妻郝氏墓誌	7758	苟暄墓誌	705
房仁愻墓誌	1389	明行法師塔銘	686	武欽載墓誌	2707	苟寰墓誌	9587
房有非墓誌	6578	明空墓誌	9641	武萬秋墓誌	9510	若干元墓誌	7065
房有非及妻尚氏墓誌	7556	明悟禪師塔銘	8368	武道景墓誌	7739	若干志定墓誌	255
房先忠及妻王氏墓誌	3838	明歆律師塔記	373	武嗣宗墓誌	3793	苻進昌墓誌	11790
房光庭墓誌	6548	易節墓誌	11415	武徵墓誌	3114	苻肅墓誌	685
房夷吾墓誌	105	杭季稜及妻陳氏墓誌	9541	武儒衡墓誌	9199	苻載妻李氏墓誌	8649
房守仁墓誌	106	杭氏墓誌蓋	12182	武興墓誌	8777	苻君妻張氏墓誌	11844
房孚墓誌	5178	東鄉君妻夏氏墓誌	10519	武龍賓及妻杜氏墓誌	7997	苻氏母張曜墓誌	1594
房承先及妻吳氏墓誌	6593	杳冥君銘	3210	武懷亮墓誌	2052	范元墓誌	5835
房武及妻鄭氏墓誌	8586	林祕及妻李氏墓誌	10163	武懿宗墓誌	3820	范公倫妻趙氏墓誌	8734
房宣墓誌	5773	林暢墓誌	10583	武君墓誌蓋	12184	范日斌墓誌	9576
房彥詡及妻盧氏墓誌	107	林君墓誌蓋	12183	武君妻傅氏墓誌	11945	范仙嶠墓誌	6493
房高墓誌	849	林君妻長孫氏墓誌	8690	武君妻張十八娘子墓誌		范弘亮墓誌	800
房基墓誌	725	武三思(梁王)鎮墓石	3825		8916	范永隆妻賈阿女墓誌	1557
房從會及妻李氏墓誌	7991	武士穆墓誌	8639	武氏墓誌	2745	范守眞塔銘	7239
房逸及妻李氏墓誌	3264	武子瑛墓誌	4635	武氏墓誌	5677	范安及墓誌	5821
房惠琳及周氏墓誌	5288	武元妻樂氏墓誌	6690	武氏(譙國夫人)墓誌	4221	范行恭墓誌	5141
房衆墓誌	7473	武元益妻李氏墓誌	10648	法玩塔銘	7828	范延光墓誌	4927
房瑒墓誌	2954	武公素墓誌	9146	法律禪師(姚常一)塔銘		范志玄及妻庫狄氏墓誌	
房僧墓誌	1986	武文林及妻鄭氏墓誌	5448		8410		6100
房誕墓誌	3813	武文瑛墓誌	5548	法思(忍)塔銘	1599	范孟容及妻盧氏墓誌	9512
房凛墓誌	7632	武令珪墓誌	5589	法師崔氏塔記	332	范宗逑墓表	56
房德墓誌	1391	武幼範墓誌	5568	法振律師(蕭智宏)墓誌		范忠辯及妻張氏馬氏墓誌	
房懷亮墓誌	3018	武本墓誌	4222		6934		10891
房寶子及妻王氏墓誌	1152	武充墓誌	8241	法眞(安國寺尼)墓誌	8719	范沼及妻王氏墓誌	6007
房君墓誌	11257	武自和及妻姚氏墓誌	9945	法琬墓誌	2677	范法子墓誌	32
房君墓誌蓋	12179	武君晟墓誌	11043	法雲墓誌	4208	范阿九墓誌	9129
房君墓誌蓋	12494	武希玄墓誌	501	法樂墓誌	2317	范阿伯墓表	866
房君妻李靜容墓誌	4056	武言及妻高氏墓誌	9320	法澄塔銘	5056	范信墓誌	1012
房君妻耿氏墓誌	6701	武周禮妻樊氏墓誌	10999	法燈墓誌	2316	范客墓誌	8522
房君妻崔順墓誌	5295	武宜及妻郭氏張氏劉氏墓誌	4846	法藏塔銘	4289	范弈及妻李氏墓誌	8361
房氏墓誌蓋	12180			波斯阿羅憾墓誌	4008	范彥墓誌	1644
房氏墓誌蓋	12181	武承訓乳母張氏墓誌	3780	活如禪師行狀	2725	范政墓誌	9270
拓拔寂墓誌	5576	武承規墓誌	3917	祁文隆及妻嚴氏墓誌	2409	范政墓誌	9813
昌無隱妻袁小□墓誌	5028	武承嗣墓誌	3325	祁日進墓誌	7531	范昭兒墓誌	3297
明丞妻李氏墓誌	2762	武承嗣妻弓昭墓誌	3883	祁振墓誌	11668	范相墓誌	384
明希晉墓誌	6913	武青墓誌	7905	祁憲直及妻王氏墓誌	9497	范眉孫墓誌	10046
明承先妻李氏墓誌	7508	武則墓誌	4193	祁讓墓誌	506	范重明墓誌	806
明恪及妻袁氏墓誌	2256	武客及妻郭氏墓誌	3712	空寂(龐六兒)墓誌	5721	范素妻蔣安兒墓誌	3414
明崇覽墓誌	2255	武思元及妻韋氏墓誌	2640	竺讓妻段氏墓誌	509	范羗墓誌	3220
明琰及妻劉氏墓誌	5716	武珍及妻裴氏墓誌	8277	竺君妻蓋氏墓誌	592	范崇禮墓誌	4999
明雅墓誌	339	武恭墓誌	9896	舍利石鐵墓誌	7767	范鄉願墓誌	1517
明君妻李氏墓誌	2263	武恭之墓誌	3141	花獻神道誌	9333	范寓(窝)墓誌	1655

范惠昂墓誌	10238	長行銀娘墓誌	11368
范詞墓誌	3413	長沙高士墓誌	9219
范隆仁墓誌	1239	長孫仁及妻陸氏墓誌	198
范雅及妻宋氏墓誌	437	長孫永妻鄭上行墓誌	3238
范傅楚墓誌	9089	長孫全義墓誌	9620
范義墓誌	10341	長孫守素妻田琰墓誌	5581
范義欣墓誌	419	長孫安及妻獨孤氏墓誌	4597
范誠及妻王氏墓誌	11728	長孫沖妻李麗質(長樂公主)墓誌	295
范履忠妻劉蘇兒墓誌	3753	長孫佺墓誌	7353
范澄及妻韓氏墓誌	1095	長孫昀墓誌	5188
范優婆姨塔銘	432	長孫迥墓誌	297
范襃妻柳氏墓誌	2061	長孫倪(仿?)及妻田氏墓誌	10849
范顏及井氏墓誌	8376	長孫家慶墓誌	173
范懷立及妻史氏墓誌	1829	長孫峻妻盧氏墓誌	5903
范君及妻王氏墓誌	4995	長孫祥墓誌	1974
范君妻呂氏墓誌	7273	長孫斌墓誌	3265
范君妻夏氏墓誌	11615	長孫嘉慶墓誌	3292
范君妻張大家墓誌	3388	長孫緘墓誌	3293
范君妻蔡氏墓誌	10236	長孫澤墓誌	795
范君妻張氏墓誌	7965	長孫君妻李氏墓誌	3993
邵子眞墓誌	5774	長孫君妻李氏墓誌	5715
邵才志墓誌	8977	長孫君妻杜氏陰堂文	7033
邵承墓誌	5605	長孫君妻柳雲墓誌	1438
邵承鼎妻王婉墓誌	6244	長孫君妻段簡璧墓誌	548
邵炅墓誌	4897	長孫氏墓誌	95
邵咸墓誌	9730	長孫氏墓誌	4105
邵封墓誌	7094	門和墓誌	2723
邵迴岑墓誌	8692	門道墓誌	3492
邵唐儼及妻白氏墓誌	8961	阿史那伽那墓誌	1795
邵峯妻朱氏墓誌	10817	阿史那忠墓誌	1990
邵眞及妻馬氏墓誌	5518	阿史那忠墓鎮墓石	1991
邵神瞻塔銘	2817	阿史那忠妻李氏墓誌蓋	663
邵陜妻高氏墓誌	7275	阿史那施及妻趙氏墓誌	4698
邵處珣妻魏氏墓誌	4896	阿史那毘伽特勒墓誌	4765
邵壽及妻王氏墓誌	4459	阿史那哲墓誌	4699
邵君妻李虔墓誌	10701	阿史那婆羅門墓誌	544
邵君妻盧氏墓誌	10332	阿史那從政妻薛突利施匐墓誌	
邸君妻嚴氏墓誌	40	阿施墓誌	6993
金大娘壙誌	7058	阿史那感德及妻阿史德氏墓誌	2897
金日晟及妻張氏墓誌	7324		
金行擧墓誌	505		
金義墓誌	2464		
金霞遷神誌	8156		
金霞上人誌銘	7812		
金魏及妻王氏墓誌	706		

阿史那摸末及妻李氏墓誌	462	侯逸諜及妻苗氏墓誌	4204
阿史那懷道墓誌	5003	侯巽妻楊氏墓誌	8585
阿史那懷道妻安氏墓誌	5306	侯敬忠墓誌	4392
阿史那氏墓誌	7093	侯智元妻魯氏墓誌	6682
阿珠殘墓誌	11896	侯雲及妻呂氏墓誌	484
阿彌陁石像塔銘	3901	侯感及妻董氏墓誌	4209
青住及妻程氏墓誌	3583	侯僧達墓誌	1397
青陟霞及妻萬氏墓誌	11357	侯端及妻逯氏墓誌	10957
青敬乾及妻魏氏墓誌	5876	侯慶伯墓表	153
青源及妻趙氏墓誌	4250	侯績墓誌	9694
		侯顏則及妻裴氏墓誌	8605
		侯懷垣妻許氏墓誌	6346
		侯懷愼妻許氏墓誌	6283
		侯隴及妻□氏墓誌	3372
		侯瞻墓誌	11121

九 畫

侯 俊 俎 俟 俞 勃
南 契 姚 姜 封 帝
廻 律 思 恆 施 柏
柳 段 毘 泉 洪 海
珍 皇 相 禹 紀 紇
峉 胡 苑 苗 茅 茹
荊 要 貞 郁 郗 首

侯子及妻郭氏皇甫氏楊氏墓誌	3103	侯□弘墓誌	9338
侯子妻郭氏墓誌	1250	侯君墓誌蓋	12185
侯仁愷及妻張氏墓誌	427	侯君墓誌蓋	12186
侯元弘墓誌	11653	侯君墓誌蓋	12187
侯元環墓誌	7243	侯君墓誌蓋	12188
侯方墓誌	6223	侯君妻王氏墓誌	5436
侯令表第八女墓誌	6488	侯君妻王氏墓誌	10063
侯令璋墓誌	3617	侯君妻吳氏墓誌	1543
侯忠墓誌	1113	侯君妻張氏墓誌	2215
侯忠墓誌	2624	侯君妻劉氏墓誌	260
侯知一及妻韋氏竇氏墓誌	4103	侯君妻譚二娘墓誌	1143
侯知什及妻郭氏墓誌	6338	侯君妻寶娘子墓誌	191
侯俊墓誌	6014	侯君妻寶氏墓誌	1196
侯思墓誌	3667	侯氏墓誌	10974
侯珍墓誌	5222	侯莫陳大師壽塔銘	4175
侯莫懲墓誌	6310	侯莫陳思義墓誌	4139
侯高墓誌	8860	侯莫陳恕墓誌	11887
侯彪墓誌	1930	侯莫陳涉墓誌	5452
		侯莫陳毅及妻蕭氏墓誌	601
		侯莫陳穎墓誌	48
		俊禪和上墓銘	9925
		俎威墓誌	2135
		俟無紀妻薛仲子墓誌	2664
		俞仁玩及妻朱氏墓誌	6152
		俞肅妻張貞媛墓誌	11449
		俞君妻胡氏墓誌	11376
		勃逆宮人李裏兒墓誌	4001
		南玄睬墓誌	3303
		南昇(昪?)墓誌	9318
		南皓及妻楊氏墓誌	6924

九畫

南郭生墓誌	3033	姚眞墓誌	10351	姚君妻王氏(法號淸淨觀)墓誌	6696	封載妻殷氏墓誌	10202
南單德墓誌	7397	姚勖墓誌	10461			封德墓誌	2087
南斌妻高五子墓誌	1603	姚崇妻劉氏墓誌	4319	姚君妻李媛墓誌	6434	封魯卿墓誌	10471
南道逸及妻單氏墓誌	9371	姚常一墓誌	7246	姚君妻李氏墓誌	9470	封隨及妻盧氏墓誌	10796
南宮昌墓誌	3127	姚從著妻劉氏墓誌	11580	姚君妻李正姬墓誌	9749	封禎墓誌	4586
南宮爽妻田先明墓誌	3366	姚賊墓誌	5217	姚君妻明婉墓誌	5005	封□墓誌	10889
契苾李中郎墓誌	6098	姚賊妻楊萬五千墓誌	5282	姚君妻曹汕墓誌	9388	封君墓誌蓋	12195
契苾尚賓墓誌	5308	姚華妻蔣氏墓誌	10783	姚君妻郭氏墓誌	5673	封君墓誌蓋	12196
契苾通墓誌	10492	姚處璀墓誌	5583	姚君妻□氏墓誌	11947	封君墓誌蓋	12197
契苾嵩墓誌	5131	姚處賢墓誌	3643	姚氏殘墓誌	11866	封君墓誌蓋	12198
契苾君妻何氏墓誌	10181	姚袞妻李氏墓誌	9549	姚氏(號功德藏)墓誌	5947	封君妻李氏墓誌	3266
姚子昂及妻康氏墓誌	7542	姚景之墓誌	4211	姜元頃墓誌	5342	封君妻李常精進墓誌	4546
姚子彥墓誌	7150	姚棲雲墓誌	8869	姜自勸墓誌	10455	封君妻崔柔儀墓誌	2648
姚才及妻孔妹墓誌	943	姚無陂墓誌	3214	姜承先妻程小奴墓誌	3984	封君妻劉氏墓誌	8735
姚中璠墓誌	10514	姚軫墓誌	8105	姜崇業墓誌	549	帝君墓誌蓋	12495
姚元慶墓誌	2791	姚軫妻元氏墓誌	8118	姜嶧墓誌	8986	廻紇瓊墓誌	6975
姚公衡墓誌	2217	姚意妻□氏墓誌	11946	姜綱墓誌	832	律師一公塔銘	7060
姚文墓誌	355	姚愛同及妻黃氏墓誌	4605	姜開墓誌	1820	思村塔銘	7430
姚仲然墓誌	9799	姚源墓誌	11011	姜義貞墓誌	5154	思言禪師塔銘	4158
姚合墓誌	10012	姚義墓誌	747	姜邈墓誌	2834	思恆律師墓誌	4890
姚合妻盧綺墓誌	10342	姚暢及妻陳氏墓誌	324	姜遑墓誌	4407	思遠禪師殘碑誌	3645
姚如衡墓誌	5699	姚潛墓誌	10968	姜舊及妻趙氏墓誌	126	恆州司馬殘墓誌	3909
姚存古墓誌	9651	姚潭墓誌	10673	姜君妻李氏(歸仁縣主)墓誌	1628	施士丐墓誌	8212
姚异及妻鄭氏墓誌	5313	姚翯墓誌	8318			施昭及妻汪氏墓誌	8531
姚任墓誌	7037	姚澣墓誌	10499	姜氏墓誌蓋	12193	施遂墓誌	10378
姚孝寬墓誌	305	姚縉墓誌	11244	姜氏墓誌蓋	12194	施寶墓誌	6249
姚希直墓誌	6744	姚遷墓誌	5246	姜氏(新平公主女)墓誌	7099	施君妻唐氏墓誌	2920
姚秀(字善才)墓誌	477	姚靜通墓誌	1648			施君妻張普行墓誌	6935
姚侑墓誌	8208	姚潛妻馬琬墓誌	10690	封生墓誌蓋	12199	柏元封及妻郭氏墓誌	9552
姚孟宗墓誌	4212	姚璩墓誌	11031	封如璋及妻王氏墓誌	6462	柏玄墓誌	2918
姚季仙墓誌	10963	姚闍墓誌	6719	封安立墓誌	7042	柏宗回墓誌	11782
姚忠節及妻劉氏墓誌	890	姚彝墓誌	4304	封言道墓誌	3312	柏虔玉及妻李氏墓誌	5106
姚承珇墓誌	7022	姚懰墓誌	3336	封言道妻李澄霞(淮南大長公主)墓誌	2781	柏善德妻仵氏墓誌	3428
姚昌演妻任氏墓誌	4795	姚韞墓誌	9571			柏道及妻孫氏墓誌	6233
姚珏墓誌	10004	姚嚴母王氏墓誌	11643	封季□墓誌	2418	柏氏墓誌	4946
姚知及妻任氏墓誌	6376	姚闢及妻鄭氏墓誌	7018	封抱墓誌	3073	柳子尚妻賀蘭英墓誌	11360
姚思玄墓誌	3163	姚辯義墓誌	4399	封泰及妻李氏後妻李氏墓誌	1832		
姚思忠墓誌	637	姚懿墓誌	4247			柳子貢墓誌	6342
姚政□墓碣	5704	姚懿及妻劉氏墓誌	3858	封深及妻某氏墓誌	929	柳子陽妻皇甫氏墓誌	2164
姚貞諒及妻陳氏墓誌	7120	姚君墓誌蓋	12190	封皎及妻孟氏墓誌	5077	柳子陽及妻皇甫氏墓誌	2345
姚重曒墓誌	5290	姚君墓誌蓋	12191	封撲墓誌	7675		
姚恭墓誌	3331	姚君墓誌蓋	12192	封溫墓誌	1288	柳山濤墓誌	1461
姚恭及妻陳氏墓誌	3250	姚君及妻程氏墓誌	11503	封無遺墓誌	4223	柳才墓誌	1977
姚晅墓誌	6016	姚君及妻趙氏墓誌	10757	封嗣墓誌	11747	柳元方墓誌	7979
姚珝及妻張氏墓誌	5441			封嗣道及妻李氏墓誌	59	柳廿五墓誌	8095

— 506 —

九畫

柳文素墓誌	10128	柳寔墓誌	8911	段公慶妻王僎先墓誌	9572	段瑗墓誌	11950
柳正封墓誌	9857	柳憎憎墓誌	9695	段文昌妻武氏墓誌	8987	段遍照禪師墓誌	11949
柳正確(確)墓誌	5368	柳敬則及妻元氏墓誌	2216	段文政及妻邊氏墓誌	954	段銛墓誌	7667
柳永錫墓誌	2519	柳棠墓誌	11026	段文絢墓誌	10266	段儉妻李弟墓誌	1558
柳光倩妻解氏墓誌	9465	柳雄亮及妻費氏墓誌	959	段文會墓誌	1248	段履謙妻劉氏墓誌	7650
柳存及妻祝氏墓誌	7573	柳順墓誌	3987	段文楚墓誌	11593	段璲妻嚴氏墓誌	10969
柳老師墓誌	10096	柳鼓及妻裴氏墓誌	1364	段世弘墓誌	110	段䂓及妻藺氏墓誌	1349
柳行滿妻乙弗玉墓誌	3390	柳寬墓誌	8606	段玄及妻郭氏王氏墓誌		段瓊墓誌	11540
柳行滿及妻劉媚乙弗玉墓誌	3389	柳鋋墓誌	8253		2557	段麗質墓誌	5096
柳行滿妻劉媚墓誌	3391	柳震及妻楊氏墓誌	7939	段玄宗墓誌	711	段儼妻李氏(文安縣主)墓誌	
柳均及妻李氏靈表	8204	柳儒皇甫氏墓誌	5255	段仲垣墓誌	6317		430
柳均妻李氏墓誌	7677	柳澤墓誌	5472	段充及妻高氏墓誌	11619	段懿全墓誌	10366
柳均妻李氏墓誌	7784	柳積及妻楊氏墓誌	1183	段伯陽墓誌	1165	段巖墓誌	8250
柳延宗墓誌	11605	柳頻母王氏墓誌	11271	段伯陽妻高氏墓誌	1563	段君墓誌蓋	12209
柳沖墓誌	2163	柳聳及妻薛氏墓誌	10195	段孝爽(段儼)妻獨孤氏墓誌		段君墓誌蓋	12210
柳沖妻長孫氏墓誌	2397	柳璧及妻梁氏墓誌	2994		203	段君墓誌蓋	12211
柳秀誠墓誌	4013	柳鎮妻盧氏墓誌	8440	段宏墓誌	10542	段君墓誌蓋	12212
柳季華及妻孟氏墓誌		柳懷素墓誌	3007	段宏古墓誌	8746	段君妻孔氏墓誌	7577
	10094	柳警微妻韋氏墓誌	3806	段秀墓誌	859	段君妻房氏墓誌	6140
柳宗元墓誌	9009	柳豐墓誌	7788	段庚墓誌	11267	段君妻常阿墓誌	1057
柳宗直墓誌	8791	柳君墓版文	7971	段庚墓誌	11285	段君妻常氏墓誌	7036
柳尚遠妻宇文氏墓誌	1416	柳君墓誌	7972	段承宗墓誌	6818	段君妻張女羨墓誌	77
柳岳妻李氏墓誌	6727	柳君墓誌	8338	段承宗及妻契必氏墓誌		段氏墓誌	1049
柳明逸墓誌	3138	柳君墓誌蓋	12207		7456	毘沙妻楊玉姿墓誌	279
柳知微妻陳蘭英墓記		柳君墓誌蓋	12208	段亮及妻石氏墓誌	5641	泉男生墓誌	2278
	10346	柳君妻王氏墓誌	11270	段俊之墓誌	6700	泉男產墓誌	3463
柳若糸及妻梅氏墓誌	7853	柳君妻田氏墓誌	157	段洽墓誌	1166	泉毖墓誌	5320
柳保隆及妻韋氏墓誌	2993	柳君妻李氏墓誌	8132	段貞墓誌	5391	泉獻誠墓誌	3421
柳信墓誌	8617	柳君妻和氏墓誌	7311	段師及妻和氏墓誌	386	泉君妻高提昔墓誌	1954
柳則墓誌	187	柳君妻長孫氏墓誌	5390	段師本墓誌	10085	洪君及妻張氏墓誌	10501
柳彥初墓誌	4180	柳君妻封氏墓誌	1082	段晏墓誌	7284	海雲塔記	361
柳昱墓誌	8288	柳君妻韋氏墓誌	4850	段卿及妻魏氏墓誌	2717	海德禪師塔銘	684
柳昱妻李氏(宜都公主)墓誌		柳君妻高氏墓誌	6572	段常省塔銘	6759	海禪師方墳記	913
	8242	柳君妻張氏墓誌	6638	段琮墓誌	10976	珍法師塔銘	522
柳庭誥及妻薛氏墓誌	5964	柳君妻陸則墓誌	8000	段萬頃及妻王氏墓誌	4902	皇甫文房墓誌	2468
柳眞召墓誌	6968	柳君妻楊氏墓誌	8097	段道超及妻賈氏墓誌	7603	皇甫文房妻裴氏墓誌	2688
柳偘墓誌	2520	柳君妻鄭馬兒墓誌	4151	段雅墓誌	2562	皇甫文亮墓誌	2687
柳偘妻杜氏墓誌	2784	柳君妻薛氏墓誌	7236	段嗣基及妻鄭氏盧氏墓		皇甫文備墓誌	3632
柳婉墓誌	5283	柳君妻蕭嬹媄墓誌	796		5184	皇甫弘及妻崔氏墓誌	9518
柳崇墓誌	10697	柳君妻權氏墓誌	7676	段廉墓誌	5580	皇甫弘妻崔氏墓誌	9310
柳崇敬墓誌	5626	柳氏墓誌	7070	段感墓誌	2563	皇甫弘敬墓誌	1013
柳惇墓誌	3470	柳氏墓誌	8094	段會墓誌	608	皇甫札墓誌	6074
柳清及妻張氏墓誌	10563	段子墓誌	11948	段會及妻呂氏墓誌	661	皇甫玄志墓誌	2801
柳處幽墓誌	9775	段允探墓誌	1562	段會及妻胡氏墓誌	2411	皇甫奉瀆墓誌	7425
		段元哲墓誌	220	段瑋墓誌	1753	皇甫松齡墓誌	756

— 507 —

九畫

皇甫法藏墓誌	6444	相里弘墓誌	8939
皇甫思恭墓誌	6883	相里弘妻崔氏墓誌	9570
皇甫恂墓誌	4863	禹藝墓誌	467
皇甫政及妻淳于氏墓誌	6047	紀平及妻陳氏墓誌	11016
皇甫映墓誌	10961	紀茂重及妻元氏墓誌	4788
皇甫相貴墓誌	1212	紀陝兒墓誌	4154
皇甫悟及妻張氏墓誌	7524	紀溫麞墓誌	4157
皇再從姪李興宗墓誌	5817	紀會及妻張氏任氏墓誌	5226
皇甫敖墓誌	7912	紀曄及妻劉氏墓誌	4283
皇甫惠墓誌	3142	紀審直及妻竇氏墓誌	5542
皇甫無言及妻鄭氏墓誌	5406	紀寬墓誌	6702
皇甫慎墓誌	5161	紀君墓誌蓋	12213
皇甫滔墓誌	757	紀君妻張氏墓誌	10186
皇甫煒墓誌	11000	紇單端及妻牛氏墓誌	2514
皇甫煒妻白氏墓誌	10692	紇干承基墓誌	1041
皇甫鈹墓誌	10869	峀氏墓誌蓋	12496
皇甫瑤墓誌	6573	胡仁友墓誌	4433
皇甫福善及妻范氏墓誌	2374	胡元絢墓誌	3781
皇甫端墓誌	11611	胡公願墓誌	4842
皇甫維摩墓誌	3831	胡永及妻張氏墓誌	80
皇甫緒及妻王氏墓誌	1092	胡光復墓誌	2372
皇甫賓妻楊麗墓誌	5505	胡光朝墓誌	8099
皇甫齊參墓誌	5463	胡佺墓誌	4259
皇甫廙妻崔氏墓誌	10694	胡明允墓誌	8943
皇甫德相墓誌	586	胡明期母曹氏墓誌	5162
皇甫澈(徹)墓誌	8243	胡者及妻趙氏墓誌	8900
皇甫燠墓誌	10899	胡芮妻劉氏墓誌	10261
皇甫燠妻劉舒光墓誌	11287	胡信墓誌	931
皇甫璟及妻張氏墓誌	2837	胡思言及妻白氏	3242
皇甫璧墓誌	1341	胡恪及妻張氏墓誌	4888
皇甫簡墓誌	10130	胡洙妻曹氏墓誌	10630
皇甫懷靜妻劉氏墓誌	11900	胡珍妻朱氏四娘墓誌	10313
皇甫翼墓誌	5950	胡倚墓誌	6008
皇甫鏞墓誌	9719	胡泰墓誌	10055
皇甫鏡幾墓誌	2467	胡泰妻楊氏墓誌	10057
皇甫君墓誌	7623	胡浚墓誌	4258
皇甫君及妻竇氏墓誌	1267	胡益墓誌	7190
皇甫君妻張氏墓誌	2831	胡勖及妻王氏墓誌	4471
相法師灰身塔記	11952	胡恕及妻翟氏墓誌	3329
相里友諒墓誌	9216	胡超妻李氏墓誌	7557
		胡義本墓誌	4408
		胡肅墓誌	6232
		胡演墓誌	389

胡質墓誌	85	苗渭陽墓誌	8415
胡應妻張氏墓誌	11808	苗裕墓誌	2473
胡寶墓誌	450	苗順及妻李氏墓誌	11136
胡辯及妻李氏墓誌	11638	苗嗣宗墓誌	6343
胡儼墓誌	125	苗緄墓誌	8738
胡君殘誌	11953	苗緄妻李楊墓誌	10716
胡君墓誌蓋	12214	苗鼎墓誌	9832
胡君墓誌蓋	12215	苗寧及妻成氏墓誌	5191
胡君妻王氏墓誌	7000	苗儉妻李氏墓誌	8535
胡君妻成氏墓誌	6974	苗德墓誌	2176
胡君妻朱氏墓誌	9564	苗質墓誌	1167
胡君妻韋氏墓誌	2108	苗質墓誌	3352
胡君妻高氏墓誌	9906	苗縝墓誌	10053
胡君妻楊無量壽墓誌	5168	苗蕃墓誌	8437
胡君妻雍氏墓誌	8861	苗蕃妻張氏墓誌	9928
胡君妻趙韋提墓誌	3495	苗簡及妻常氏墓誌	5196
胡氏妻紀氏墓誌	10534	苗君及妻竇氏墓誌	6197
苑玄亮墓誌	5969	苗君妻王氏墓誌	8234
苑咸墓誌及妻崔氏墓誌	8587	苗君妻陳氏	7851
苑涽墓誌	7071	苗君妻楊氏墓誌	8513
苑策及妻張氏墓誌	5666	苗君妻劉氏墓誌	11495
苑嘉賓墓誌	3547	茅君及妻嚴氏墓誌蓋	12216
苑鍠墓誌	8490	茹弘慶墓誌	11583
苗仁亮墓誌	7061	茹守福及妻薛氏墓誌	4683
苗友及妻傅氏墓誌	4525	茹希曾墓誌	8129
苗文墓誌	4410	茹希曾妻范氏墓誌	7957
苗弘本墓誌	10530	茹義恩墓誌	5033
苗早墓誌	1650	荊千載及妻秦氏墓誌	9845
苗利墓誌	3040	荊倫及妻馮氏墓誌	3787
苗含液墓誌	6902	荊從皋墓誌	11229
苗良瓊及妻孫氏墓誌	6397	要志及妻樊氏墓誌	5620
苗明墓誌	1061	要敬客及妻閻氏墓誌	7929
苗晉卿墓誌	7103	貞和上(張貞)塔銘	5631
苗紓及妻鄭溶墓誌	9368	貞惠公主(渤海國公主)墓誌	7533
苗素墓誌	11064	貞隱子(□弘則)墓誌	3267
苗悉達及蘇氏墓誌	7982	郁楚榮墓誌	7113
苗紳及妻庾氏墓誌	11384	郁久閭浩墓誌	4998
苗紳妻庾氏墓誌	10939	郄英及妻張氏鮑氏墓誌	9729
苗郭(部?)及妻程氏墓誌	4426	首□墓記	245
苗善物及妻徐(黃)氏墓誌	5251		
苗惲墓誌	6779		
苗景符墓誌	11298		

十畫

乘 修 俱 俾 倪 原
員 哥 唐 夏 奚 姬
娥 孫 師 席 庫 徐
晁 時 晉 晏 柴 栗
格 桂 桑 桓 梅 殷
浩 烏 班 眠 祕 祖
祝 秦 紐 索 翁 耿
能 荀 莊 莫 袁 通
連 郗 郤 郝 郎 韋
馬 高 甯

乘著墓誌	9006
修行塔銘	1040
修行禪師塔記	409
修法禪師和尚塔銘	6976
俱海及妻王氏墓誌	9047
俱慈順墓誌	7807
俾失十囊墓誌	5759
倪評及妻馬氏墓誌	11114
倪泉墓誌	4463
倪珂墓誌	11662
倪彬墓誌	6632
原寬墓誌	1498
員半千墓誌	12217
員君妻王氏墓誌	10807
員君妻李氏墓誌	9897
員君妻房氏墓誌	8857
哥舒季通葬馬銘	58
唐小姑墓誌	2822
唐不占及妻杜氏墓誌	6170
唐仁軌墓誌	1640
唐元晧墓誌	9359
唐充妻盧氏墓誌	8496
唐沙墓誌	1258
唐武悅墓表	414
唐河上(字嘉會)墓誌	2150
唐河上妻元萬子墓誌	902
唐河上及妻元氏墓誌	2151
唐阿朋墓表	158
唐彥隨墓誌	11769
唐思文妻張氏墓誌	2361
唐思慎及妻元氏墓誌	5745
唐思禮墓誌	11258
唐思禮妻王太真墓誌	10900
唐思禮妻俞氏墓誌	11214
唐洪墓誌	11266
唐恕墓誌	7015
唐晏墓誌	493
唐神護墓表	329
唐神護墓記	330
唐國朝墓誌	10102
唐國朝妻裴氏墓誌	11187
唐張五墓誌	10037
唐智宗墓誌	3623
唐款墓誌	8301
唐珹及妻李氏(賢月公主)墓誌	4126
唐聘及妻董氏墓誌	5311
唐端墓誌	4759
唐遜及妻侯氏墓誌	3154
唐遜妻柳婆歸墓誌	204
唐儉墓誌	835
唐履信及妻席氏寇氏墓誌	3527
唐憧海妻王氏墓表	193
唐踐正墓誌	4179
唐衡墓誌	1592
唐隱墓誌	3373
唐瓊及妻諸葛氏墓誌	11089
唐寶光墓誌	5273
唐耀謙墓表	111
唐護墓誌	2014
唐君墓誌蓋	12218
唐君及妻□氏墓誌	11841
唐君妻辛英疆墓表	399
唐君妻曹令姝墓誌	139
唐君妻獨孤氏墓誌	5137
唐君妻薛氏墓誌	6840
唐君妻閻氏墓誌	2740
唐氏墓誌蓋	12219
夏相兒墓表	208
夏尊師墓誌(?)	9922
夏□兒墓表	267
夏侯元善墓誌	1225
夏侯昇墓誌	9215
夏侯法寶及妻張氏墓誌	4595
夏侯思泰墓誌	5653
夏侯昤及妻劉氏墓誌	5425
夏侯淑妻裴瑾墓誌	11598
夏侯陳胡墓誌	9033
夏侯絢墓誌	766
夏侯絢妻李叔姿墓誌	1867
夏侯審封妻李氏墓誌	10462
夏侯濟墓誌	9185
夏侯璿妻樊氏董氏墓誌	4737
夏侯顏墓誌	9644
夏侯夔墓誌	9819
夏侯君墓誌	11672
夏侯君妻鄧氏墓誌	11151
奚弘敬及妻李氏墓誌	3174
奚賓墓誌	6635
奚君妻堵氏墓誌	10892
姬玄範及王氏墓誌	3585
姬恭仁墓誌	2201
姬晏妻閻氏墓誌	4023
姬素墓誌	3271
姬推墓誌	693
姬處真墓誌	2744
姬溫及妻寶氏墓誌	2023
姬總持(周國夫人)墓誌	1436
姬鶴墓誌	4123
姬君妻李氏墓誌	3699
娥沖虛墓誌	9396
孫士彥妻張元一墓誌	7598
孫子成墓誌	8302
孫仁貴及妻斛律氏墓誌	3361
孫公義墓誌	10374
孫公慶妻安氏墓誌	10908
孫少矩墓誌	10942
孫廿九女墓誌	10408
孫文任(汪)及妻張氏墓誌	3222
孫方紹墓誌	11130
孫无礙妻梁氏墓誌	7053
孫令名墓誌	2475
孫幼實墓誌	11606
孫玄則墓誌	1758
孫休及妻陳氏墓誌	2011
孫休妻楊氏墓誌	8247
孫光墓誌	7288
孫如墓誌	916
孫如玉墓誌	8051
孫守謙墓誌	5459
孫成墓誌	7772
孫行墓誌	3417
孫伯悅塔記	382
孫伯達妻劉氏墓誌	10060
孫何師墓誌	4076
孫希嚴妻劉氏墓誌	7280
孫志廉墓誌	6789
孫虯女小迎墓誌	11131
孫虯妻杜姬人墓誌	11071
孫虯妻裴氏墓誌	11325
孫俐墓誌	10529
孫尚客墓誌	3503
孫岩墓誌	8665
孫忠晟墓誌	11722
孫承嗣妻高氏墓誌	4315
孫承嗣及妻高氏墓誌	5495
孫昊及妻關氏墓誌	11220
孫昗墓誌	8494
孫泳墓誌	11296
孫玢及妻張氏墓誌	4852
孫知節及妻劉氏墓誌	3494
孫英及妻王氏墓誌	11221
孫阿貴妻竹須摩提墓誌	3423
孫信及妻馬氏墓誌	1926
孫則墓誌	760
孫宥顏墓誌	8115
孫封墓誌	7441
孫建墓誌	1762
孫彥思墓誌	11831
孫恪妻程氏墓誌	9726
孫持一墓誌	11569
孫政墓誌	1626
孫師均磚地券	2747
孫師直墓誌	11895
孫師政墓誌	2984
孫師從墓誌	11230

十畫

孫恭墓誌	1578	孫質墓誌	3671	孫氏墓誌	7052	徐惲墓誌	6212
孫晏墓誌	8618	孫遐墓誌	7654	孫氏(慶國細人)墓誌	6250	徐惲妻姚氏墓誌	7462
孫珣妻張氏墓誌	11746	孫澥女墓誌	11385	師大娘塔銘	4531	徐景威墓誌	8814
孫素朱壙誌	8526	孫遷及妻王氏墓誌	553	師弘禮墓誌	11595	徐景暉墓誌	5529
孫虔禮墓誌	3513	孫隨墓誌	7287	師全介墓誌	10926	徐景暉妻蕭氏墓誌	7913
孫起墓誌	8663	孫默墓誌	2767	席玄舉墓誌	1904	徐朝墓誌	9771
孫起繼妻裴氏墓誌	9963	孫嬰墓誌	8192	席伎墓誌	836	徐買墓誌	1638
孫通墓誌	2462	孫嬰殤女墓誌	8193	席延賓及妻楊氏墓誌	7732	徐買墓誌	3111
孫惟政墓誌	11461	孫徽妻韋氏墓誌	10742	席洧墓誌	9579	徐超墓誌	8849
孫處約墓誌	1846	孫曜及妻劉氏墓誌	9911	席庭誡墓誌	5761	徐超妻裴氏墓誌	9220
孫處信墓誌	1604	孫簡墓誌	11352	席庭誨及妻韓氏墓誌	5760	徐道其墓誌	6541
孫進墓誌	7151	孫繼和墓誌	9816	席泰墓誌	689	徐達墓誌	3481
孫備墓誌	11218	孫繼卿妻崔氏墓誌	11951	席綸及妻趙氏墓誌	691	徐慈政及妻司馬氏墓誌	
孫備妻于氏墓誌	10973	孫瓊墓誌	11413	席穆之墓誌	5537		3468
孫惠及妻李氏墓誌	3725	孫讓墓誌	11588	席君妻楊雲墓誌	7328	徐漢墓誌	780
孫景商墓誌	10610	孫君墓誌	8645	席氏墓誌蓋	12498	徐頊墓誌	8436
孫景裕墓誌	11215	孫君墓誌	11742	庫狄通墓誌	1725	徐頊妻樊氏墓誌	8949
孫絢墓誌	11412	孫君墓誌蓋	12220	庫狄密墓誌	2303	徐滴墓誌	7966
孫貴禮及妻田氏墓誌		孫君墓誌蓋	12221	徐不器墓記	11142	徐滴妻鄧氏墓誌	7889
	11800	孫君墓誌蓋	12222	徐元隱墓誌	6001	徐綜墓誌	1157
孫買及妻賈氏墓誌	5973	孫君墓誌蓋	12223	徐公鼎妻范氏墓誌	11420	徐齊聃墓誌	2039
孫達墓誌	2077	孫君墓誌蓋	12497	徐及及妻劉氏墓誌	9684	徐履冰墓誌	8325
孫隆墓誌	164	孫君及妻楊氏墓誌	3670	徐令名墓誌	5525	徐履道墓誌	6586
孫傅碩墓誌	5256	孫君及妻盧氏墓誌	8363	徐申墓誌	8401	徐嶠墓誌	5960
孫嗣初墓誌	11038	孫君妻王清淨墓誌	9175	徐守貞及妻房氏墓誌	7137	徐嶠妻王琳墓誌	5877
孫嗣初妻韋氏墓誌	10772	孫君妻宋氏墓誌	1241	徐伽仁及妻劉氏墓誌	584	徐德墓誌	924
孫感及妻張氏墓誌	3818	孫君妻李氏墓誌	7743	徐君通墓誌	782	徐德墓誌	948
孫楚珪墓誌	8545	孫君妻李氏墓誌	8187	徐承先妻孔氏墓誌	3728	徐澄墓誌	2752
孫瑝及妻李氏墓誌	10622	孫君妻李氏墓誌	8233	徐承嗣墓誌	6088	徐遐墓誌	9848
孫瑝及妻李氏墓誌	11297	孫君妻李氏墓誌	8832	徐放墓誌	8901	徐機墓誌	3061
孫筥墓誌	10778	孫君妻李氏墓誌	9902	徐放妻元氏墓誌	9666	徐澹季女墓誌	10081
孫節墓誌	5207	孫君妻李氏墓誌	10536	徐思倩墓誌	8235	徐薈墓誌	199
孫綍妻王氏墓誌	10476	孫君妻林氏墓誌	10533	徐政及妻申氏墓誌	11378	徐懷隱墓誌	7031
孫綏墓誌	11527	孫君妻徐氏墓誌	10705	徐肥墓誌	9461	徐羅母薛氏墓誌	1678
孫義普墓誌	2457	孫君妻祖氏磚誌	1106	徐迪及妻楊氏墓誌	2090	徐辯明及妻李氏墓誌	
孫詵塔銘	7486	孫君妻常氏墓誌	8576	徐師墓誌	1180		11355
孫嘉之及妻宋氏墓誌	5717	孫君妻梁氏墓誌	11194	徐恭墓誌	2754	徐巖墓誌	3437
孫慇妻閻氏墓誌	10878	孫君妻許寵墓誌	9590	徐浚墓誌	6575	徐觀墓誌	11450
孫審象墓誌	9961	孫君妻郭氏墓誌	6216	徐神皓塔銘	7787	徐君墓誌	975
孫廣墓誌	1388	孫君妻陳氏墓誌	7859	徐純及妻王氏墓誌	497	徐君墓誌	6054
孫德及妻連氏墓誌	2478	孫君妻陸氏墓誌	3004	徐通妻宣氏墓誌	9836	徐君墓誌	7647
孫德琳墓誌	4644	孫公贍妻董氏墓誌	11754	徐彪及妻爨氏墓誌	162	徐君墓誌	9995
孫德潤墓誌	917	孫君妻鄭氏墓誌	10354	徐清墓誌	8702	徐君墓誌蓋	12224
孫澄墓誌	2772	孫君妻衛華墓誌	3552	徐勝墓誌	9968	徐君妻王慕光墓誌	10502
孫璆墓誌	4652	孫君妻張氏墓誌	10325	徐巽墓誌	7948	徐君妻朱氏墓誌	9892

十畫

徐君妻宗如墓誌	7148	桑萼墓誌	7749	浩羡墓誌	5051	秦朗墓誌	2558
徐君妻侯莫陳氏墓誌	7821	桓弘仁墓誌	3775	浩齊墓誌	4672	秦朗墓誌	3229
徐君妻高氏墓誌	8074	桓臣範墓誌	5746	浩寬墓誌	776	秦進墓誌	2020
徐君妻高氏墓誌	10490	桓表墓誌	1524	浩覽及妻郭氏墓誌	5690	秦進墓誌	4279
徐君妻崔蘊才墓誌	10409	桓彥墓誌	737	浩君墓誌蓋	12230	秦進儀墓誌	588
徐君妻符氏葬記	9174	桓思貞墓誌	3997	烏元守墓誌	11696	秦惠墓誌	5018
徐君妻楊慈力墓誌	6527	桓師魯墓誌	3166	烏善智墓誌	6611	秦惠墓誌	5559
徐君妻路氏墓誌	1016	桓琮妻張氏墓誌	1305	班叔妻仇氏墓誌	3784	秦朝儉墓誌	8875
徐君妻榮氏墓誌	4610	桓萬基墓誌	1214	班朗墓誌	9555	秦朝讓妻王氏	8106
徐君妻劉氏墓誌	416	桓義成墓誌	6326	班君妻鄭珪墓誌	10595	秦琛墓誌	6457
徐君妻劉氏墓誌	10598	桓銳墓誌	1067	班(斑)氏墓誌蓋	12231	秦琮及妻牛氏墓誌	2991
徐氏墓誌蓋	12225	桓歸秦墓誌	4551	眠良墓誌	1323	秦象墓誌	7880
徐氏墓誌蓋	12226	桓君墓誌蓋	12228	祕伏生墓誌	933	秦愛墓誌	70
晁大明墓誌	306	桓君墓誌蓋	12229	祕思及妻張氏墓誌	5343	秦愛及妻王氏墓誌	8892
晁多知墓記	3616	桓君墓誌蓋	12499	祖好謙墓誌	4965	秦暉墓誌	11836
晁良貞墓誌	4720	桓君妻許氏墓誌	6171	祖忠及妻鄒氏墓誌	1097	秦睞墓誌	6766
晁君妻崔氏墓誌	1634	梅蘊生藏墓誌	11954	祖義臣及妻□□氏墓誌		秦義墓誌	1231
時忠誼墓誌	10713	梅君墓誌	11402		4260	秦貢及妻牛氏墓誌	11684
時清及妻王氏墓誌	10687	梅氏祖墳改葬記	7010	祖君妻張隴墓誌	681	秦貢及妻范氏墓誌	5648
時侯墓誌	8329	殷子愼墓誌	3133	祖君妻楊氏墓誌	11629	秦鼎墓誌	3704
晉休景及妻孫氏墓誌	4853	殷中臺及妻鄭氏墓誌	6743	祝巽墓誌	10197	秦德墓誌	3042
晉岳及妻張氏墓誌	8185	殷元嗣墓誌	408	秦士墓誌	3041	秦徹墓誌	2330
晉明及妻索氏墓誌	4537	殷文穆及前妻韋氏墓誌		秦士寧妻王氏墓誌	8676	秦慶墓誌	3846
晉靜及妻王氏墓誌	4191		9271	秦元墓誌	4712	秦養祖妻陶氏墓誌	293
晉君妻張氏墓誌	8191	殷平及妻荀氏墓誌	3326	秦令墓誌	4194	秦擇(樺)信妻張氏墓誌	
晉氏墓誌蓋	12227	殷秀誠（及妻李氏）墓誌		秦仲遷墓誌	9782		8671
晏仲穎妻王氏墓誌	10780		10229	秦如墓誌	3044	秦舉及妻王氏程氏墓誌	
晏曜及妻楊氏田氏墓誌		殷亮墓誌	7865	秦利見墓誌	3814		2742
	10628	殷咸宜及妻張氏墓誌	6427	秦秀及妻宋氏墓誌	11731	秦懷道墓誌	4430
柴少儀妻盧氏墓誌	4831	殷恪妻熊休墓誌	9919	秦佾墓誌	3334	秦懷隱及妻楊氏墓誌	9286
柴晦及妻王氏墓誌	4880	殷胐墓誌	6786	秦季元妻閻氏墓誌	9735	秦寶墓誌	1326
柴朗及妻楊氏墓誌	3724	殷珪墓誌	11268	秦忠墓誌	10316	秦靈墓誌	2353
柴溫恭墓誌	6636	殷秦州及妻蕭氏墓誌	387	秦承恩及妻王氏墓誌	8407	秦君墓誌蓋	12232
柴寧及妻賈氏墓誌	10990	殷善徵及妻張氏墓誌	5122	秦旻墓誌	9777	秦君墓誌蓋	12233
柴閱墓誌	6833	殷踐猷及妻蕭氏墓碣銘		秦育及妻郭氏墓誌	5070	秦君墓誌蓋	12234
栗文建及妻牛氏墓誌	9946		7242	秦育及妻程氏墓誌	3489	秦君（勝緣寺僧浄空）及妻	
栗豫及妻常氏墓誌	2147	殷濤妻朱氏墓誌	10219	秦客及妻宋氏墓誌	6521	墓誌	8714
栗簡及妻張氏墓誌	5142	殷緤墓誌	10768	秦彥及妻趙氏墓誌	3828	秦君妻李氏墓誌	8499
格美及妻張氏墓誌	3340	殷君妻張氏墓誌	7289	秦洽及妻劉氏墓誌	6830	秦君妻孟氏墓誌	7797
格善義妻斛斯墓誌	2802	浩玄及妻張氏墓誌	1544	秦貞墓誌	3175	秦君妻張氏墓誌	3452
格廩仁及妻李氏墓誌	2504	浩約墓誌	3715	秦珪墓誌	2692	秦君妻楊氏墓誌	8474
桂林源妻崔霞墓誌	9786	浩胡子墓誌	4724	秦能及妻王氏墓誌	884	秦君妻劉大十墓誌	4726
桑金及妻高氏墓誌	7529	浩頃（項）及妻李氏墓誌		秦挙及妻程氏墓誌	1493	秦氏墓誌	5301
桑貞墓誌	3727		3374	秦婆愛墓誌	3577	秦氏墓誌蓋	12235
桑道墓誌	2158	浩廉墓誌	667	秦得及妻李氏墓誌	897	紐重建妻睢氏墓誌	10441

— 511 —

十畫

名稱	編號
索仁墓誌	784
索玄墓誌	1203
索玄愛墓誌	8319
索行墓誌	1721
索思禮墓誌	6089
索海墓誌	1468
索崇墓誌	4829
索森墓誌	7547
索超及妻王氏	7548
索道莊及妻劉氏墓誌	7549
索達墓誌	1412
索義弘墓誌	2300
索謙墓誌	743
索禮墓誌	2853
索君及妻馬氏墓誌	2227
索氏墓誌	2161
翁君妻余氏墓誌	10756
耿文訓墓誌	1088
耿光(元?)晟墓誌	10443
耿宗倚及妻王氏墓誌	11681
耿重琇墓誌	6415
耿卿及妻郭氏墓誌	2196
耿卿妻惠氏墓誌	1669
耿庸及妻王氏墓誌	11541
耿□墓誌	171
耿君墓誌蓋	12236
耿君墓誌蓋	12237
能去塵墓誌	9447
能延襃墓誌	2280
能政墓誌	9163
能禪師石室銘	10031
荀仁會及妻蘭氏墓誌	7117
荀智辯墓誌	3475
荀寶及妻房氏墓誌	10927
荀懷節墓誌	4601
荀君妻楊氏墓誌	1256
莊元表妻龐氏墓誌	1981
莫休墓誌	3342
莫義墓誌	2921
莫藏珍墓誌	6467
莫麗芳墓誌	6
袁子游及妻朱氏墓誌	3091
袁仁墓誌	4290
袁仁爽墓誌	5978
袁仁敬及妻陳氏墓誌	5333
袁公和墓誌	8715
袁公瑜及妻孟氏墓誌	3392
袁公瑤及妻陳氏墓誌	3393
袁弘毅墓誌	1356
袁玄則墓誌	1365
袁業及妻常氏墓誌	862
袁希範墓誌	2673
袁延祚墓誌	4885
袁志合墓誌	1458
袁秀巖及妻李氏楊氏墓誌	8542
袁宗簡墓誌	11730
袁承嘉墓誌	3394
袁亮墓誌	8313
袁恆墓誌	6900
袁恆妻宋氏墓誌	7279
袁殆仁及妻楊氏墓誌	2024
袁相墓誌	1223
袁倕墓誌	7319
袁恕己妻張氏墓誌	5263
袁祚墓誌	3762
袁神墓誌	665
袁邕及妻王氏墓誌	10224
袁寅及妻田氏墓誌	11622
袁崇義墓誌	6545
袁惟承墓誌	8742
袁惟承妻李氏墓誌	9137
袁梵仙墓誌	6245
袁清墓誌	4763
袁傑墓誌	8052
袁傑妻劉氏墓誌	8312
袁勝墓誌	4354
袁愔墓誌	4771
袁斌墓誌	1149
袁景立墓誌	11330
袁景恆墓誌	2674
袁景昭墓誌	7744
袁景慎墓誌	3844
袁雄及妻柳氏	2275
袁義全及妻郭氏墓誌	4113
袁齊墓誌	8122
袁德及妻申氏墓誌	1667
袁德昌墓誌	8781
袁擇交妻李氏墓銘	8780
袁朧?及妻元氏墓誌	4422
袁君墓誌	6043
袁君墓誌蓋	12238
袁君妻王氏墓誌	10775
袁君妻柳氏墓誌	2091
袁氏墓誌	3313
袁氏墓誌蓋	12239
通明塔銘	11872
通君妻閻玄墓誌	1596
連軌墓誌	5649
連忞及妻崔氏墓誌	5670
連簡及妻張氏墓誌	3087
連寶積及妻楊氏墓誌	9153
連□墓誌	3134
郗瑞達墓誌	2096
郘崇烈墓誌	5804
郝三端及妻燕氏墓誌	9539
郝世義墓誌	881
郝四及妻索氏墓誌	6220
郝秀誠及妻孫氏墓誌	10986
郝季山墓誌	10199
郝幽妻李氏墓誌	9228
郝茂光及妻孫氏墓誌	8868
郝高及妻陳氏墓誌	4117
郝章墓誌	11818
郝智墓誌	5667
郝榮及妻張氏墓誌	542
郝璋及妻崔氏墓誌	3836
郝君墓誌蓋	12240
郝君墓誌蓋	12241
郎清墓誌	9969
郎餘令妻李道眞墓誌	2614
郎君及妻張氏墓誌	9705
韋士逸墓誌	11683
韋子諒墓誌	9714
韋丹墓誌	8602
韋仁約墓誌	2743
韋介墓誌	7138
韋元倩墓誌	5992
韋元逸妻李氏墓誌	6733
韋元誠墓誌	7112
韋元魯墓誌	7154
韋元整妻王婉墓誌	2366
韋及墓誌	8995
韋友直墓誌	9566
韋少華墓誌	8001
韋文度墓誌	10113
韋方墓誌	9434
韋令式墓誌	1055
韋尼子墓誌	827
韋弘妻盧氏墓誌	6605
韋弘表及妻及妻尹氏墓誌	2169
韋必復墓記	5710
韋本立墓誌	8370
韋正己墓誌	6095
韋正貫墓誌	10403
韋永光墓誌	6529
韋玄祐及妻崔氏王氏	3006
韋光閏及妻宋氏墓誌	6945
韋冰墓誌	9301
韋匡伯墓誌	22
韋羽墓誌	8418
韋羽妻崔成簡墓誌	8957
韋聿墓誌	8465
韋聿妻鄭氏墓誌	8455
韋行立墓誌	9459
韋行全墓誌	8874
韋行素墓誌	9317
韋行規墓誌	9872
韋行懿墓誌	2284
韋行懿及妻賀婁氏墓誌	5132
韋伯瑜墓誌	9793
韋君室女墓誌	10731
韋告成妻裴氏墓誌	8469
韋孝忠墓誌	1682
韋孝忠妻杜大德墓誌	2109
韋孝思墓誌	9837
韋孝謇墓誌	94
韋希舟墓誌	4878
韋希損墓誌	4469
韋甫墓誌	8224
韋矛女墓誌	11207
韋和上墓誌	7639
韋和尚(契義)墓誌	8920
韋孟明妻元氏墓誌	8321
韋孟明及妻元氏墓誌	8481
韋定言墓誌	10522

十畫

韋定郎墓誌	11362	韋執中娘韋三娘墓誌	8820	韋項妻裴覺墓誌	3905	韋䪲妻源端墓誌	6071
韋承光墓誌	6531	韋基及妻韓氏墓誌	1357	韋項妻張氏墓誌	10234	韋懷道及妻郭氏墓誌	6101
韋承素墓誌	10182	韋崇禮墓誌	1587	韋嘉善及妻崔氏墓誌	4738	韋懷德墓誌	390
韋承素妻薛氏墓誌	10221	韋庶墓誌	1641	韋嘉賓墓誌	4423	韋瓊墓誌	6864
韋承素墓誌	11589	韋庸妻王媛墓誌	8641	韋嘉賓墓誌	6512	韋瓊之墓誌	3807
韋承誨妻邢芳墓誌	10068	韋彬墓誌	6351	韋瑱墓誌	2695	韋識及妻薛氏墓誌	10528
韋承慶墓誌	3778	韋敏妻李氏墓誌	10082	韋瑱妻杜氏墓誌	3467	韋獻墓誌	6384
韋武仲及妻□氏墓誌		韋最墓誌	5598	韋端墓誌	9005	韋豐妻李氏墓誌	9397
	10119	韋最妻裴氏墓誌	5655	韋端妻王氏墓誌	7766	韋瓘墓誌	10438
韋河及妻陸氏墓誌	9380	韋巽墓誌	6483	韋端妻裴氏墓誌	7609	韋瓚墓誌	10777
韋洄墓誌	3826	韋巽墓誌	8276	韋端符妻鄭霞士墓誌		韋麟及妻趙氏墓誌	5133
韋直妻李氏墓誌	8705	韋幾原墓誌	406		11390	韋衢墓誌	6418
韋知藝及妻楊氏墓誌	3713	韋彭孫及妻王氏墓誌	6986	韋綝墓誌	2721	韋蠻墓誌	6055
韋英墓誌	6511	韋惠墓誌	33	韋銑及妻張氏墓誌	4522	韋君墓誌	4428
韋長卿墓誌	6077	韋愔墓誌	3228	韋儆及妻王氏墓誌	9291	韋君墓誌	6760
韋長詮及妻張氏吳氏墓誌		韋楷墓誌	9923	韋儆妻王氏墓誌	9290	韋君墓誌	8978
	225	韋渠牟墓誌	8168	韋審己妻盧虔懿墓誌	11346	韋君墓誌蓋	12242
韋俊墓誌	1314	韋渢墓誌	8554	韋嶙及妻靳氏墓誌	8114	韋君墓誌蓋	12243
韋俊墓誌	5300	韋渭鎮墓文	12246	韋廣及妻胡氏墓誌	10319	韋君墓誌蓋	12244
韋信卿妻裴氏誌	8062	韋湛墓誌	7765	韋徵墓誌	7910	韋君妻元淑姿墓誌	4603
韋昱墓誌	2581	韋溫墓誌	10092	韋慶本墓誌	2098	韋君妻王婉墓誌	3135
韋柏尼及妻盧氏墓誌	8905	韋溫妻崔氏鎮墓石記		韋慶復墓誌	8527	韋君妻王氏墓誌	8452
韋泚及妻鄭氏墓誌	3874		11794	韋慶復妻裴棣墓誌	10133	韋君妻李瑤(成德縣主)墓誌	
韋洞墓誌	10487	韋道沖墓誌	9127	韋慶嗣墓誌	310		1017
韋津墓誌	7202	韋道昇墓誌	9831	韋曒妻薛琰墓誌	8889	韋君妻李淑(成紀縣主)墓誌	
韋洵及妻蕭氏墓誌	3873	韋都師墓誌	10623	韋練妻居氏墓誌	11017		5299
韋紀及妻長孫氏墓誌	4206	韋勳墓誌	8088	韋澳妻李越客墓誌	11020	韋君妻李氏墓誌	8789
韋紀妻長孫氏墓誌	4010	韋嗣立墓誌	4526	韋濛墓誌	10524	韋君妻李一娘子墓誌	
韋美美墓誌	5265	韋圓照墓誌	159	韋翰墓誌	5654		10894
韋衍墓誌	10888	韋塤墓誌	9947	韋衡墓誌	5951	韋君妻李氏墓誌	11358
韋貞範墓誌	5933	韋塤妻溫瑗墓誌	10123	韋衡及妻夏侯氏墓誌	6762	韋君妻李挂墓誌	11532
韋倬妻楊氏墓誌	5852	韋愛道墓誌	3959	韋諷墓誌	1960	韋君妻周氏墓誌	11533
韋勉墓誌	4796	韋慎名墓誌	4972	韋豫墓誌	6819	韋及妻柳氏墓誌	9093
韋夏卿妻段氏墓誌	8534	韋慎名妻劉約墓誌	5466	韋錬墓誌	10680	韋君妻胡氏墓誌	5970
韋師及妻蔣氏墓誌	2649	韋楚客墓誌	8753	韋應墓誌	8309	韋君妻孫婉墓誌	8560
韋師哲墓誌	8484	韋楚相妻崔氏墓誌	8937	韋應墓誌	9767	韋君妻徐氏墓誌	8292
韋挺墓誌	9262	韋楚相及妻崔氏墓誌	9135	韋應妻裴氏墓誌	9525	韋君妻秦氏墓誌	9138
韋挺妻栢苕墓誌	10574	韋署墓誌	9061	韋應物墓誌	7998	韋君妻袁瓊芬墓誌	5004
韋晃墓誌	4627	韋詢墓誌	11521	韋應物妻元蘋墓誌	7402	韋君妻崔氏墓誌	4437
韋晊墓誌	7935	韋詳及妻景氏墓誌	9322	韋曙墓誌	10664	韋君妻馮氏墓誌	6926
韋泰眞墓誌	2650	韋詵母鄭氏墓誌	7857	韋濟墓誌	6820	韋君妻賈氏玄堂誌	3978
韋珣墓誌	4238	韋輅墓誌	10766	韋濟妻劉茂墓誌	5486	韋君妻裴首兒墓誌	3790
韋珪(紀國太妃)墓誌	1495	韋輅妻薛氏墓誌	10523	韋璬墓誌	6377	韋君妻趙眞源墓誌	10771
韋珮母段氏墓誌	8532	韋鉉妻張氏墓誌	4468	韋藉墓誌	7803	韋君妻齊孝明墓誌	10786
韋翊墓誌	9515	韋項及妻裴覺墓誌	4386	韋鍫墓誌	5203	韋君妻劉氏墓誌	4854

十畫

韋君妻鄭氏墓誌	9633	馬挺墓誌	6146	馬謙及妻高氏墓誌	6513	高毛及妻馬氏蹇氏墓誌	5298
韋君妻鄭氏墓誌	11372	馬浩及妻裴氏墓誌	8063	馬駿墓誌	1472	高世達女高惠通墓誌	55
韋君妻盧公宷墓誌	9746	馬烈墓誌	2715	馬懷墓誌	2032	高可方墓誌	10294
韋君妻盧氏墓誌	10896	馬神威墓誌	3395	馬懷乂墓誌	4448	高弘諒墓誌	7247
韋君妻薛氏墓誌	11467	馬紓墓誌	10051	馬懷素墓誌	4389	高玄墓誌	2852
韋君妻閻氏墓誌	8270	馬耻及妻楊氏墓誌	2971	馬瓊及妻竇氏墓誌	6946	高亘妻李娟墓誌	6246
韋君妻爾朱氏墓誌	2111	馬連及妻王氏墓誌	11601	馬寶義墓誌	1807	高匡墓誌	1584
韋氏墓誌	7341	馬郡墓誌	2769	馬繼祖墓誌	9218	高如詮墓誌	7390
韋氏墓誌	8498	馬國誠墓誌	11447	馬君墓誌	4845	高守墓誌	4809
韋氏墓誌蓋	12245	馬密及妻左氏墓誌	2970	馬君墓誌	8004	高守忠龕塋記	6147
馬仁軌墓誌	6097	馬專及妻揚氏墓誌	5367	馬君墓誌	8811	高安期墓誌	2495
馬元客墓誌	4646	馬崇墓誌	11725	馬君墓誌	9045	高安期妻元妃娘墓誌	2567
馬元瑒墓誌	6023	馬崇及妻黃氏墓誌	5206	馬君糧罌	9589	高牟墓誌	3284
馬公亮及妻李氏墓誌	11652	馬惟良及妻王氏墓誌	10838	馬君墓誌	11955	高行暉及妻袁氏墓誌	8432
馬公度妻王氏墓誌	11417	馬敏及妻高氏墓誌	715	馬君墓誌蓋	12247	高佛來及妻梁氏墓誌	2607
馬太師墓誌	3906	馬紹墓誌	7498	馬君墓誌蓋	12248	高克從墓誌	10184
馬文同妻韋楚和墓誌	9222	馬翌墓誌	7076	馬君墓誌蓋	12249	高岡墓誌	726
馬文諫墓誌	10424	馬進朝墓誌	9151	馬君及妻李氏墓誌	9281	高岑及妻尚氏墓誌	8419
馬文靜及妻賈氏墓誌	5249	馬寔墓誌	8075	馬君妻令狐氏墓誌	6992	高志遠墓誌	3574
馬弘基墓誌	1420	馬惠心墓誌	6656	馬君妻石二娘墓誌	3095	高沖墓誌	4213
馬玄義墓誌	5928	馬惲墓誌	2092	馬君妻朱智妙墓誌	10874	高沛墓誌	8594
馬全慶墓誌	10187	馬朝陽墓誌	7535	馬君妻張氏墓誌	2561	高秀峰及桑氏墓誌	9403
馬考顏及妻李氏墓誌	8691	馬湛墓誌	2424	馬君妻張氏墓誌	4239	高良墓誌	10073
馬延徽墓誌	6111	馬琳墓誌	1847	馬君妻董氏墓誌	5427	高足酉墓誌	3130
馬志道墓誌	308	馬道德墓誌	2657	馬君妻竇氏墓誌	4992	高奇妻張氏墓誌	8043
馬攸墓誌	10633	馬達及妻董氏墓誌	2202	馬君妻竇氏墓誌	11482	高宗彝及妻韋氏墓誌	11192
馬良及妻梁氏墓誌	11677	馬幹墓誌	8126	馬君妻張慶墓誌	10910	高定方墓誌	5393
馬岳及妻李氏墓誌	9079	馬幹及妻史氏墓誌	11511	馬氏墓誌	8688	高承金及妻蘇氏墓誌	8709
馬忠墓誌	569	馬楚墓誌	8821	馬氏墓誌	11751	高知行及妻焦氏墓誌	3888
馬承宗及妻韓氏墓誌	8664	馬滔妻韋氏墓誌	6748	馬氏墓誌蓋	12250	高英及妻張氏墓誌	10320
馬直及妻傅氏墓誌	11634	馬虞墓誌	10826	馬氏女永娘墓記	8661	高英淑墓誌	3013
馬亮墓誌	9436	馬詮墓誌	1114	高力士墓誌	7072	高表及妻賈氏墓誌	3626
馬待賓墓誌	5590	馬雷五葬誌	9041	高力牧墓誌	5157	高俊及妻蘇氏墓誌	10137
馬恆妻郝氏二妻墓誌	9913	馬壽墓誌	940	高力牧妻魏氏墓誌	5062	高俌及妻盧氏劉氏墓誌	6154
馬炫墓誌	7836	馬實墓誌	8048	高士明妻王淨墓誌	713	高彥墓誌	8310
馬珍及妻吳氏墓誌	2271	馬慇及妻王氏墓誌	4446	高小慶墓誌	4481	高思溫墓誌	11438
馬貞及妻王氏墓誌	3405	馬暢妻盧氏墓誌	8720	高元及妻張氏墓誌	2950	高昱墓誌	535
馬貞及妻李氏墓誌	7187	馬榮及妻高氏墓誌	9295	高元表墓誌	6844	高珍及妻王氏墓誌	2738
馬倩墓誌	8696	馬徹墓誌	9511	高元思墓誌	4662	高約弟墓誌	11222
馬凌虛墓誌	6995	馬談墓誌	8384	高元珪墓誌	6896	高胤墓誌	8488
馬師墓誌	4096	馬璘墓誌	7413	高屯墓誌	11755	高荊玉墓誌	6475
馬師及妻史氏墓誌	5257	馬盧符墓誌	8953	高文墓誌	1121	高胐墓誌	11956
馬庭墓誌	8252	馬興墓誌	11807	高文貞墓誌	5012		
馬庭瓌墓誌	8034	馬舉及妻項氏墓誌	3493	高木盧墓誌	5094		

高峻墓誌	2606	高璠墓誌	10984			
高眞行墓誌	2547	高錫妻裴氏墓誌	8127			
高察妻裴氏墓誌	11446	高嶸墓誌	5047	**十一畫**		
高崇文墓誌	4494	高應及妻孟氏墓誌	4305			
高彬墓誌	11497	高濟物及妻李氏墓誌	6821			

高峻墓誌　2606　　高璠墓誌　10984
高眞行墓誌　2547　　高錫妻裴氏墓誌　8127
高察妻裴氏墓誌　11446　　高嶸墓誌　5047
高崇文墓誌　4494　　高應及妻孟氏墓誌　4305
高彬墓誌　11497　　高濟物及妻李氏墓誌　6821
高捧墓誌　1222　　高霞寓墓誌　9593
高望琮及妻王氏墓誌　7355　　高謹墓誌　7702
高珽墓誌　5778　　高邈墓誌　3235
高琔及妻韋氏墓誌　2765　　高難及妻杜氏墓誌　11891
高逸墓誌　5984　　高懲墓誌　5146
高善安墓誌　804　　高懷義墓誌　2628
高欽德及妻王氏程氏墓誌　　　高瀚墓誌　10594
　　5310　　高耀墓誌　7595
高湜妻鄭氏墓誌　10930　　高鏡苗墓誌　1921
高琛墓誌　6440　　高繢及妻李氏墓誌　3578
高琛之妻杜蘭墓誌　6587　　高續墓誌　2746
高達及妻安氏墓誌　903　　高儼仁墓誌　785
高隆基墓誌　3579　　高夔及妻馬氏墓誌　2619
高感及妻卜氏墓誌　2298　　高□墓誌　2875
高慈墓誌　3318　　高君墓誌　5899
高慈墓誌　5382　　高君墓誌　6544
高慈及妻盧氏墓誌　6612　　高君墓誌　9288
高慈妻盧氏墓誌　6622　　高君墓誌蓋　12251
高暕及妻郝氏墓誌　4656　　高君墓誌蓋　12252
高義忠墓誌　7416　　高君墓誌蓋　12253
高義隆及妻韓氏墓誌　3172　　高君墓誌蓋　12254
高誠墓誌　9443　　高君墓誌蓋　12255
高遠望墓誌　6153　　高君墓誌蓋　12500
高像護墓誌　2857　　高君妻王氏墓誌　5777
高福墓誌　4734　　高君妻宇文氏墓誌　2813
高蓋妻劉寶墓誌　6845　　高君妻李端淑墓誌　5010
高儉塋兆記　729　　高君妻李氏墓誌　7554
高奭及妻湯氏墓誌　4032　　高君妻徐婉墓誌　7293
高審行墓誌　4149　　高君妻崔縝墓誌　11434
高徵墓誌　10512　　高君妻陳氏墓誌　11557
高德墓誌　1081　　高君妻劉氏墓誌　11581
高德墓誌　5922　　高君妻張氏墓誌　6787
高德及妻王氏墓誌　1971　　高氏墓誌　5713
高瑾及妻張氏墓誌　7701　　高氏墓誌　11957
高諒墓誌　9491　　高氏墓誌蓋　12256
高質墓誌　3319　　高氏殤子墓誌　2807
高震及妻侯氏墓誌　7478　　𡨚氏墓誌蓋　12478
高憲墓誌　4952
高邐墓誌　3900
高潞墓誌　10711

十一畫

假　商　啖　啜　國　執
妻　婕　宮　寇　尉　崇
崔　巢　常　康　張　強
從　惟　戚　扈　斛　暴
曹　梁　淑　淨　淩　深
淳　清　畢　盛　眭　章
符　第　華　菀　萇　處
許　進　郭　陰　陳　陵
陶　陸　魚　麻

假延信妻駱氏墓誌　8408
商州別駕妻刁氏墓誌　5143
啖憲玉及妻劉氏墓誌　7615
啜祿君妻鄭實活墓誌　5837
國希仙墓誌　7572
國師大德身塔銘　7109
執失奉節墓誌　914
執失善光墓誌　4663
婁文纂墓誌　3679
婁敬墓誌　1580
婁筠妻劉氏墓誌　11785
婁君妻周氏墓誌　3479
婕妤三品亡尼墓誌　1441
宮如玉墓誌　8416
宮自勸墓誌　8420
宮惠墓誌　188
宮誠墓誌　7814
宮君妻秦沖墓誌　1210
宮人墓誌　2156
宮人墓誌　2220
宮人墓誌　2295
宮人墓誌　3043
宮人墓誌　3367
宮人墓誌　3431
宮人墓誌　3490
宮人墓誌　3705
宮人墓誌蓋　12257
宮人丁氏墓誌　100
宮人七品墓誌　2470
宮人七品墓誌　3637
宮人七品墓誌　3672
宮人七品墓誌　3685
宮人九品墓誌　2427
宮人九品墓誌　2756
宮人二品墓誌　2373
宮人五品墓誌　3709
宮人六品墓誌　2212
宮人六品墓誌　3554
宮人何氏墓誌　98
宮人麻氏墓誌　104
宮宦(官)司設墓誌　602
寇太珪及妻陶氏墓誌　5314
寇幼覺墓誌　8205
寇因墓誌　6837
寇南容及妻韋氏墓誌　6155
寇洋及妻邢氏墓誌　6400
寇恭及妻王氏墓誌　6238
寇釗墓誌　4710
寇晦及妻馬氏墓誌　5543
寇章墓誌　10291
寇章妻鄭氏墓誌　9611
寇埩墓誌　4833
寇鈞墓誌　4913
寇溶墓誌　4912
寇錫墓誌　7455
寇隨墓誌　5683
寇鎬(鎬)及妻盧氏墓誌
　　5997
寇氏次女墓誌　4640
寇觀主墓誌蓋　12189
尉元賓墓誌　4864
尉門道墓誌　3473
尉亮墓誌　3586
尉亮妻慕容燕國墓誌　4251
尉君墓誌　3137
尉遲阿道墓誌　6473
尉遲基(窺基法師)塔銘
　　9842
尉遲敬德(融)墓誌　989
尉遲敬德妻蘇斌墓誌　990
崇政鄉君妻齊氏墓誌　364
崇福法師塔銘　4538
崔千里及妻李氏墓誌　8248
崔士政墓誌　10083
崔子墓誌　2587
崔子侃墓誌　2792

十一畫

崔元夫墓誌 9916	崔安儼妻李氏墓誌 5747	崔宜之墓誌 4332	崔思古墓誌 2810
崔元夫妻敬損之墓誌 9992	崔成務及妻李氏墓誌 8763	崔尚墓誌 6156	崔思行及妻李氏長孫氏墓誌 6386
崔元立墓誌 9274	崔收（枚?）及妻盧氏墓誌 7025	崔居志及妻樊氏墓誌 9016	
崔元亮及妻盧氏墓誌 9662		崔忠墓誌 258	崔思忠及妻韓氏墓誌 4966
崔元彥妻裴氏墓誌 5160	崔行首及妻彭氏墓誌 5021	崔忠妻李氏墓誌 410	崔拏及妻申氏墓誌 2728
崔元膺墓誌 11430	崔行眞及妻鄭氏墓誌 2863	崔承顏妻田氏墓誌 7521	崔昭及妻常氏墓誌 7378
崔元膺妻李順之墓誌 10225	崔行規妻鄭娟墓誌 10989	崔抱貞墓誌 2541	崔相(湘)及妻丁氏墓誌 4612
崔公遠墓誌 6613	崔行規及妻鄭娟墓誌 11137	崔旻妻□□娘墓誌 5407	崔約墓誌 9481
崔文修墓誌 7262	崔行模及妻盧氏墓誌 4962	崔昇妻楊氏墓誌 7831	崔茂宗妻賈氏墓誌 5610
崔文龜墓誌 10726	崔佚妻王嫮墓誌 7359	崔昇妻鄭氏墓誌 4346	崔茂宗及妻賈氏墓誌 5861
崔方棟及妻劉氏墓誌 10851	崔克讓墓誌 6852	崔杲之墓誌 7711	崔茂藻墓誌 11424
崔日進墓誌 9674	崔克讓妻張氏墓誌 7059	崔林妻李氏墓誌 10007	崔貞道墓誌 9022
崔日新及妻劉氏墓誌 5764	崔君恂妻李婦墓誌 1054	崔武妻溫氏墓誌 9456	崔貞道妻夏候玫墓誌 11023
崔日新及妻鄭氏墓誌 3851	崔孝昌墓誌 4082	崔泌及妻王氏墓誌 6092	
崔可準墓誌 8159	崔岌墓誌 7600	崔法通墓誌 7374	崔迢及妻李氏墓誌 9278
崔可憑墓誌 8805	崔岐妻鄭氏墓誌 9756	崔泳墓誌 7735	崔述及妻韋氏墓誌 8169
崔可憑妻鄭氏墓誌 9435	崔岑及妻張氏墓誌 9282	崔洧墓誌 9706	崔降墓誌 7822
崔弘載墓誌 9021	崔延武墓記 2294	崔洧妻張紫虛墓誌 11343	崔倚墓誌 8438
崔弘禮墓誌 9480	崔廷墓誌 9186	崔知之墓誌 5215	崔倚墓誌 9017
崔永墓誌 6349	崔䢵及妻鄭氏墓誌 8902	崔知溫妻杜德墓誌 4649	崔倫墓誌 2016
崔玄亮及妻李氏墓誌 2858	崔廷妻鄭氏墓誌 10416	崔若水墓誌 4727	崔俊墓誌 9160
崔玄隱及妻陳氏墓誌 5762	崔志及妻司徒氏墓誌 3535	崔長先墓誌 53	崔哲墓誌 3396
崔玄藉(籍)妻李氏墓誌 3251	崔志及妻趙氏墓誌 63	崔亮及妻李氏盧氏墓誌 10645	崔哲妻源氏墓誌 4252
崔玄藉(籍)及妻屈突氏墓誌 3252	崔志約及妻武氏墓誌 4664	崔侔墓誌 11273	崔師墓誌 3796
	崔志道及妻李氏墓誌 2400	崔侔墓誌 11278	崔師蒙及妻鄭氏墓誌 10943
崔石墓誌 6354	崔志德妻李氏墓誌 2351	崔侲墓誌 9335	
崔立方墓誌 10612	崔扶墓誌 9686	崔俌墓誌 8421	崔恕墓誌 5830
崔立方妻李氏墓誌 9679	崔汪墓誌 7233	崔俠墓誌 8631	崔恕墓誌 9202
崔仲方及妻李氏盧氏墓誌 184	崔汲及妻李氏墓誌 3520	崔俠妻盧氏墓誌 8128	崔時用墓誌 7741
	崔沆妻李瑗墓誌 10473	崔咸墓誌 9622	崔時用妻蘇氏墓誌 7937
崔仲謨妻盧氏墓誌 8660	崔沈及妻盧氏墓誌 10271	崔咸妻裴處雍墓誌 9064	崔泰之墓誌 4689
崔仲喜墓誌 9999	崔沉墓誌 3746	崔垍墓誌 10049	崔泰之妻李氏墓誌 8837
崔光墓誌 6081	崔沔墓誌 7447	崔契臣墓誌 8084	崔泰及妻李氏墓誌 751
崔光嗣及妻盧氏墓誌 5258	崔沔妻王方大墓誌 7446	崔宣墓誌 3941	崔浩墓誌 11542
崔同及妻王氏墓誌 5763	崔沖墓誌 1473	崔峙墓磚 4673	崔浩妻盧懿範墓誌 11093
崔同妻盧談墓誌 6365	崔秀妻李氏墓誌 7386	崔廻墓誌 11326	崔涓墓誌 11103
崔回墓誌 4451	崔系孩墓誌 6442	崔彥成妾張明哲墓誌 9713	崔特妻于氏墓誌 11305
崔夷甫墓誌 7471	崔芑及妻鄭氏墓誌 10402	崔彥佐妻鄭氏墓誌 9482	崔珣墓誌 6624
崔守約墓誌 4970	崔言墓誌 2982	崔彥冲及妻柳氏墓誌 11543	崔珣及妻鄭氏墓誌 7726
崔安敬及妻陽氏墓誌 2933	崔防墓誌 9882		崔祖墓誌 4452
崔安潛墓誌 11776	崔防妻鄭氏墓誌 9984	崔彥崇墓誌 9538	崔納妻褚氏墓誌 9602
崔安儼墓誌 5612	崔協墓誌 9858	崔彥崇妻鄭氏墓誌 9142	崔紓墓誌 11322
	崔周輔妻何氏墓誌 9424	崔彥溫墓誌 10703	崔紘墓誌 8608
	崔和及妻李氏墓誌 5645	崔思乂墓誌 3304	崔素臣及妻劉氏墓誌 4034
	崔孟墓誌 10898		

- 516 -

十一畫

崔豈妻鄭氏(號太素)墓誌	11474	崔崿及妻張氏墓誌	8528	崔慎由及妻盧氏墓誌	11132	崔徵墓誌	11777
崔洒墓誌	11327	崔復及妻呂氏墓誌	11024	崔慎思墓誌	8561	崔徵妻盧氏墓誌	7672
崔洒妻鄭氏墓誌	10928	崔惠及妻李氏墓誌	2586	崔慎經妻李平墓誌	9804	崔德墓誌	2922
崔通及妻申屠氏墓誌	2386	崔惲墓誌	3602	崔會墓誌	2601	崔德政墓誌	3226
崔乾夫墓誌	9542	崔揆母林氏墓誌	9899	崔歆墓誌	3255	崔德珪墓誌	2452
崔偃墓誌	4805	崔揆妻樊氏墓誌	11167	崔滂妻李憨墓誌	11493	崔徹墓誌	7746
崔偃墓誌	9018	崔敬嗣墓誌	3603	崔漢衡墓誌	7959	崔敵墓誌	2748
崔昴及妻梁氏墓誌	9628	崔敬嗣墓誌	11665	崔瑒墓誌	6414	崔樅墓誌	9339
崔基墓誌	4014	崔景晊墓誌	7232	崔羨墓誌	5063	崔樅及妻盧氏墓誌	10454
崔寂及妻郭氏墓誌	4351	崔景訓及妻元氏墓誌	4261	崔義邕墓誌	6625	崔潔及妻李氏盧氏墓誌	1768
崔從妻李春墓誌	9490	崔智墓誌	4062	崔肅洌妻李氏墓誌	11962	崔潘墓誌	10946
崔從妻李春改祔墓誌	9803	崔智墓誌	6853	崔蕚及妻張氏墓誌	8980	崔澄墓誌	6668
崔惟忤墓誌	5751	崔智滿墓誌	4393	崔葛墓誌	8080	崔瑾墓誌	11698
崔惟悌及妻爾朱氏墓誌	7754	崔植墓誌	11517	崔虞延及妻李氏墓誌	6552	崔璆墓誌	9187
崔敏墓誌	8566	崔渙墓誌	7234	崔詹墓誌	11814	崔祐及妻王氏墓誌	1235
崔敏妻盧氏墓誌	8834	崔渙及妻盧氏墓誌	9807	崔誠墓誌	1042	崔祐甫墓誌	7534
崔晙娘崔十七娘墓誌	6094	崔渾妻盧梵兒墓誌	7448	崔誠甫妻鄭氏墓誌	5069	崔緯墓誌	9495
崔晞墓誌	6199	崔湛墓誌	749	崔貢及妻蕭氏墓誌	6480	崔翬墓誌	10516
崔望之及妻王氏墓誌	7451	崔湛墓誌	6576	崔載墓誌	8979	崔蓺墓誌	8967
崔混之及妻盧氏墓誌	7373	崔溫妻鄭意意墓誌	5428	崔遂墓誌	8596	崔蓺妻李氏墓誌	9594
崔爽墓誌	3878	崔無固墓誌	3341	崔遂妻趙氏墓誌	9861	崔適墓誌	8076
崔異墓誌	7290	崔無競墓誌	2859	崔鄯妻鄭氏墓誌	8548	崔鄲及妻盧氏墓誌	10337
崔異妻鄭恒墓誌	8057	崔瑛墓誌	5026	崔銑墓誌	9475	崔鍇墓誌	6750
崔眷妻王氏墓誌	8956	崔登及妻胡氏墓誌	444	崔兢墓誌	3799	崔銳妻高漆娘墓誌	3118
崔紹墓誌	5274	崔稃及妻鄭氏墓誌	8882	崔嘉墓誌	2972	崔震墓誌	456
崔紹墓誌	11512	崔稅十六女墓誌	8377	崔嘉祉墓誌	5372	崔震墓誌	5405
崔紹妻盧氏墓誌	4715	崔程及妻鄭氏墓誌	8093	崔夐墓誌	6951	崔儒墓誌	5735
崔華及妻高氏墓誌	4097	崔答墓誌	9099	崔暟改葬墓誌	7450	崔儒墓誌	7698
崔訥墓誌	3891	崔絢墓誌	6881	崔暟妻王媛墓誌	4572	崔儒妻李泛墓誌	8058
崔訥妻劉氏墓誌	3432	崔絢妻李氏墓誌	6385	崔暟妻王媛改葬墓誌	7449	崔凝墓誌	11765
崔逢墓誌	9141	崔絢妻韋氏墓誌	10019	崔曄及妻盧氏墓誌	4269	崔凝妻李氏墓誌	11079
崔逢妻李氏墓誌	8962	崔絳及妻盧氏鄭氏墓誌	6271	崔曄李道因墓誌	11515	崔勵墓誌	9225
崔逸甫墓誌	4309	崔羨妻鄭氏墓誌	5347	崔榮期墓誌	4225	崔澤妻張端墓誌	5365
崔黃左墓誌	8839	崔萬石及妻鄭氏墓誌	2925	崔榮墓誌	9405	崔澹及妻薛氏墓誌	8489
崔傑墓誌	6474	崔衆甫及妻盧氏墓誌	7445	崔瑤墓誌	6445	崔璘及妻李氏墓誌	11432
崔傑墓誌	6566	崔貴仁及妻閻氏墓誌	2600	崔綺及妻盧氏墓誌	4716	崔璘及妻李氏改葬墓誌	11475
崔傑及妻盧氏墓誌	7467	崔貽孫墓誌	11614	崔遜墓誌	6562		
崔備墓誌	8838	崔都都墓誌	10808	崔韶墓誌	3254	崔璣墓誌	3827
崔善信墓誌	1676	崔隋妻趙氏墓誌	10134	崔齊榮墓誌	5001	崔穆及申屠氏墓誌	1595
崔善福墓誌	3253	崔嗣墓誌	2243	崔奭妻尹氏墓誌	10620	崔翰墓誌	8082
崔媒兒墓誌	11022	崔幹墓誌	504	崔嶠及妻王氏墓誌	8504	崔翰墓誌	8364
崔寔及妻李氏墓誌	6266	崔感墓誌	5771	崔廞墓誌	8598	崔蕃墓誌	9588
崔尊及妻常氏墓誌	3021	崔慎墓誌	5414	崔廞妻王淑墓誌	8119	崔諤之墓誌	4460
				崔廣兒墓誌	10362	崔諧墓誌	4813

十一畫

崔諲及妻鄭氏墓誌	7748	崔君墓誌蓋	12258	崔君妻鄭氏墓誌	6874	常無名及妻崔氏楊氏墓誌	7370
崔諶墓誌	5565	崔君墓誌蓋	12259	崔君妻鄭氏墓誌	6999	常無求墓誌	6773
崔遜墓誌	7958	崔君墓誌蓋	12260	崔君妻鄭正墓誌	8684	常開墓誌	1265
崔遷墓誌	10175	崔君墓誌蓋	12261	崔君妻鄭氏墓誌	9669	常睿及妻周氏墓誌	1919
崔錡妻鄭徽墓誌	11635	崔君墓誌蓋	12262	崔君妻鄭氏墓誌	10283	常德妻柳氏墓誌	874
崔璬及王上意墓誌	6243	崔君墓誌蓋	12263	崔君妻鄭歸墓誌	10310	常談墓誌	6563
崔環墓誌	11691	崔君墓誌蓋	12264	崔君妻鄭氏墓誌	11473	常臻墓誌	10243
崔蒙及妻趙氏墓誌	7469	崔君墓誌蓋	12265	崔君妻獨孤氏墓誌	6021	常興墓誌	1145
崔邁墓誌	8497	崔君墓誌蓋	12501	崔君妻盧八墓誌	6265	常舉墓誌	3129
崔鍔墓誌	9474	崔君及妻李氏墓誌	4268	崔君妻盧氏墓誌	6356	常襃及妻達奚氏墓誌	1570
崔鍛墓誌	10258	崔君及妻李金墓誌	7930	崔君妻盧氏墓誌	6822	常鴻及妻宗氏墓誌	758
崔鍠及妻王氏墓誌	8273	崔君及妻某氏墓誌	8083	崔君妻盧氏墓誌	9404	常懷靚及妻陳氏墓誌	3595
崔鍠及妻張氏墓誌	10761	崔君妻王氏墓誌	3580	崔君妻盧氏墓誌	10496	常讓及妻李氏墓誌	2534
崔禮弟進葬誌銘	7558	崔君妻王琦墓誌	5050	崔君妻盧氏墓誌	10844	康子相墓誌	858
崔簡墓誌	8655	崔君妻王京墓誌	6704	崔君妻魏氏墓誌	9952	康元敬墓誌	1885
崔翹墓誌	6591	崔君妻朱氏墓誌	5923	崔君妻寶氏墓誌	8871	康文通墓誌	3202
崔翹妻盧西華墓誌	7682	崔君妻李氏墓誌	4245	崔君妻□氏墓誌	10326	康日知墓誌	7760
崔觀墓誌	4688	崔君妻李氏墓誌	5718	崔君妻□氏墓誌蓋	12502	康仙昂墓誌	6464
崔贄墓誌	9031	崔君妻李氏墓誌	6091	崔氏墓誌	10361	康玄辯墓誌	4803
崔鎮墓誌	11435	崔君妻李氏墓誌	7392	崔氏墓誌蓋	12266	康老師及妻史氏墓誌	2604
崔鎮妻鄭氏墓誌	10700	崔君妻李貞墓誌	9334	巢弘念墓誌	11439	康志達墓誌	9053
崔璨妻李氏墓誌	10611	崔君妻李氏墓誌	10155	巢思玄磚誌	3356	康叔卿妻傅氏墓誌	10618
崔寵妻王氏墓誌	6335	崔君妻李氏墓誌	10190	常上人(崔漣)墓誌	6387	康固及妻趙氏墓誌	4565
崔懷義及妻王氏墓誌	11431	崔君妻李萱墓誌	11478	常子及妻崔氏墓誌	2499	康怡墓誌	6447
崔巖及妻鄭氏墓誌	11778	崔君妻李氏墓誌	11960	常月上墓誌	904	康枕及妻曹氏墓誌	2327
崔藏之墓誌	6614	崔君妻豆盧娍墓誌	6134	常毛如(字玄眞)誌	4102	康武通及妻唐氏墓誌	1816
崔藏之妻王氏墓誌	8005	崔君妻房氏墓誌	4480	常玄及妻王氏墓誌	5557	康阿達墓誌	498
崔藝墓誌	1915	崔君妻房氏墓誌	4492	常玉墓誌	1073	康威及妻韓氏墓誌	4665
崔藝卿墓誌	11391	崔君妻武氏墓誌	5587	常存法師墓誌	4914	康宣德墓誌	2905
崔蘇五墓誌	9473	崔君妻柳瑗墓誌	6189	常克謀及妻樂氏墓誌	10993	康思敬墓誌	4554
崔霸墓誌	7961	崔君妻柳氏墓誌	7952	常習墓誌	8098	康昭墓誌	8846
崔謠墓誌	7568	崔君妻柳氏墓誌蓋石文	11961	常來及妻龐氏墓誌	5752	康庭蘭墓誌	5811
崔鏞墓誌	10297	崔君妻庫狄眞相墓誌	38	常協及妻裴氏墓誌	3179	康留買墓誌	2376
崔嚴墓誌	4971	崔君妻徐玉京墓誌	11206	常宗元墓誌	9559	康郎墓誌	3557
崔寶慶妻王氏墓誌	6954	崔君妻郭佩墓誌	8199	常承妻史氏墓誌	7931	康婆墓誌	413
崔釋墓誌	3224	崔君妻陳有則墓誌	5431	常昌及妻劉氏墓誌	2268	康張兒墓誌	11354
崔鐵及妻鄭氏墓誌	10854	崔君妻源氏墓誌	7510	常俊墓誌	7497	康愻墓誌	3700
崔權墓誌	11160	崔君妻賈氏墓誌	5609	常恪墓誌	4789	康淑良及妻劉氏墓誌	10760
崔權妻鄭氏墓誌	11138	崔君妻裴氏墓誌	5911	常洪慶墓誌	5478	康琡妻許氏墓誌	11963
崔□伯墓誌	9903	崔君妻裴氏墓誌	7123	常師及妻李氏墓誌	3528	康富多妻康氏墓表	3690
崔君墓誌	6714	崔君妻劉琬墓誌	10194	常寂墓誌	2876	康敬本墓誌	1765
崔君墓誌	8775	崔君妻鄭氏墓誌	3719	常崇俊墓誌	7781	康智及妻支氏墓誌	2981
崔君墓誌	11958	崔君妻鄭敏墓誌	5806	常惲及妻魏氏墓誌	6685	康達墓誌	1656
崔君墓誌	11959	崔君妻鄭氏墓誌	6654	常智墓誌	2734		

- 518 -

十一畫

康暉墓誌	7102	張才及妻何氏墓誌	1949	張世師及妻慕容氏墓誌		張任墓誌	8120
康業相墓誌	239	張才信妻劉氏墓誌	300		3892	張任妻李氏墓誌	8158
康遂誠墓誌	2964	張中立墓誌	11546	張仕濟墓誌	8552	張伏果及妻鄭德墓誌	3139
康遠及妻曹氏墓誌	4564	張仁墓誌	1333	張令問妻臧氏墓誌	5720	張休光墓誌	5400
康韶及妻趙氏墓誌	6652	張仁墓誌	1445	張令琛墓誌	8285	張休妻盧氏墓誌	4176
康磨伽墓誌	2375	張仁墓誌	2257	張令暉妻王仁叔墓誌	5712	張先及妻扶風郡君墓誌	
康續墓誌	2239	張仁墓誌	4300	張兄仁妻成公義墓誌	1528		5218
康君墓誌	11310	張仁及妻宋氏墓誌	1546	張冬至妻趙氏墓誌	4039	張先集墓誌	11969
康君墓誌蓋	12267	張仁方及妻姚氏墓誌	5485	張去逸墓誌	6358	張光祚墓誌	7409
康君妻王氏墓誌	3070	張仁師及妻關氏墓誌	3180	張去奢墓誌	6292	張光祐墓誌	5813
康君妻史氏墓誌	1122	張仁素及妻韓氏墓誌	2860	張四胡墓誌	6857	張再清墓誌	10422
康君妻康氏墓誌	6973	張仁楚及妻趙氏墓誌	3587	張弘墓誌	996	張再清及妻史氏墓誌	
康君妻曹氏墓誌	2136	張仁禕墓誌	2188	張弘墓誌	1837		11005
康君妻許氏墓誌	6229	張仁變墓誌	2018	張弘及妻樂氏墓誌	3963	張因墓誌	8378
康君妻翟氏墓誌	6435	張元一墓誌	7599	張弘秀墓誌	805	馬少敏妻張妃墓誌	163
康君妻劉氏墓誌	9612	張元及妻王氏墓誌	2953	張弘宗及妻李氏墓誌		張守珍墓誌	5838
張七娘墓誌	4760	張元夫及妻□氏墓誌			10859	張守珪墓誌	5814
張九齡墓誌	5842		10254	張弘度墓誌	5783	張守珪墓誌	6124
張三英墓誌	11345	張元方墓誌	4638	張弘慶墓誌	11862	張守素墓誌	3375
張之紀墓誌	6933	張元忠妻令狐氏墓誌	6756	張弘震墓表	27	張守進墓誌	11968
張之緒妻李氏墓誌	6646	張元峻墓誌	620	張有德及妻許氏墓誌	4587	張守道墓誌	668
張之輔墓誌	5285	張元涮墓誌	11339	張本及妻鄭氏王氏墓誌		張守質墓誌	5723
張士相墓誌	1875	張公佐墓誌	10191		5912	張守讓妻竇淑墓誌	4556
張士高墓誌	1159	張公直妻楊大娘墓誌	1001	張正則及妻李氏墓誌	9937	張安及妻梁氏墓誌	3640
張士陵墓誌	8885	張友及妻高氏墓誌	5515	張永妻崔氏墓誌	6876	張安生墓誌	6849
張士貴墓誌	887	張太素妻孫氏墓誌	5724	張玄封墓誌	2985	張安吉墓誌	1666
張士貴妻岐氏墓誌蓋	888	張少立妻郭氏墓誌	10355	張玄弼及妻丘氏墓誌	2881	張安安墓誌	2684
張士幹及妻王氏墓誌	1251	張少梯妻劉鴻墓誌	7560	張玄景墓誌	1946	張安都墓誌	986
張士請墓誌	10099	張少華墓誌	9623	張玄禕墓誌	6115	張屺墓誌	9132
張士龍及妻程氏墓誌	3540	張文墓誌	792	張玉墓誌	8154	張式及妻王氏墓誌	2789
張大炭妻焦氏墓誌	4267	張文及妻史氏墓誌	2634	張玉山墓誌	1653	張成墓誌	2615
張大良墓誌	4751	張文秀墓誌	10268	張玉及關氏墓誌	8630	張池墓誌	7953
張大振及妻王氏墓誌	6538	張文約墓誌	9873	張用墓誌	11508	張羊墓誌	790
張大賓墓誌	4944	張文度墓誌	6253	張石墓誌	7837	張自然墓誌	4129
張大醋及妻段氏墓誌	3386	張文緒及妻王氏墓誌	7208	張立德及妻竇氏長孫氏墓誌		張舟墓誌	8634
張大懿墓誌	3808	張文珪及妻揚氏墓誌	5444		533	張行仁墓誌	811
張子文及妻沈氏墓誌	6011	張文敬妻郭氏墓誌	10390	張仲方墓誌	9747	張行本墓誌	11779
張子康墓誌	9893	張文緒墓誌	218	張仲平墓誌	11715	張行果及妻侯氏王氏墓誌	
張子慶墓表	240	張方墓誌	3019	張仲臣墓誌	5793		2864
張子慶妻□氏墓表	438	張方仁墓誌	3631	張仲暉墓誌	6730	張行倫墓誌	4457
張山岸及妻李氏墓誌	9211	張方及妻王氏墓誌	3943	張(李?)仲賓及妻劉氏墓誌		張行倫墓誌	4458
張山象及妻母氏墓誌	4701	張方及妻薛氏墓誌	4313		302	張行恭墓誌	1484
張弋墓誌	3930	張日昇墓誌	9938	張仲慶墓誌	20	張行密墓誌	281
張才墓誌	735	張父成墓誌	2488	張忤朗及妻楊氏李氏墓誌		張行滿墓誌	434
張才墓誌	848				4973	張伯及妻王氏墓誌	134

十一畫

條目	編號
張伯通墓誌	1191
張伯隴墓誌	1535
張伸及妻王氏墓誌	10721
張伽墓誌	847
張伽及妻王氏墓誌	880
張佋墓誌	5276
張佐元墓誌	8505
張佐元及妻盧氏墓誌	11001
張佑明墓誌	10017
張冏墓誌	10554
張利肩(賓?)墓誌	3850
張利賓墓誌	4548
張君平及妻胡氏墓誌	10458
張君行母墓誌	1938
張君表及妻索氏墓誌	3566
張君政及妻袁氏墓誌	2338
張君借及妻王氏墓誌	2449
張君實墓誌	10263
張君寬墓誌	337
張孚墓誌	5801
張孚墓誌	11342
張孝才及妻慕容氏墓誌	2038
張孝忠妻谷氏墓誌	7989
張孝緒墓誌	282
張孝節及妻孫氏墓誌	6420
張希古墓誌	6899
張希見墓誌	7641
張希進及妻申屠氏墓誌	9234
張希超墓誌	7655
張希會及妻鄭氏墓誌	3942
張延祥墓誌	5331
張延暉及妻令狐氏墓誌	7380
張延賞墓誌	7705
張延衡墓表	383
張延衡妻麴氏墓表	370
張忱墓誌	3074
張李伯妻魏淑墓誌	5854
張汶墓誌	8917
張汶墓誌	10321
張沖兒墓誌	1998
張沘墓誌	7552
張玘墓誌	9822
張秀墓誌	172
張秀墓誌	424
張秀喦墓誌	10967
張秀誠墓誌	9358
張臣合墓誌	1622
張良輔墓誌	8736
張迅墓誌	6669
張阮墓誌	11083
張忌及妻劉氏董氏墓誌	9143
張京及妻蔡氏申氏墓誌	10235
張佶墓誌	7182
張侔墓誌	9400
張免及妻唐氏墓誌	11664
張其及妻樊氏墓誌	5275
張具瞻墓誌	6336
張具瞻妻韋氏墓誌	7171
張典墓誌	5321
張卓墓誌	8935
張叔子墓誌	3740
張叔遵墓誌	11291
張周抗妻何氏墓誌	11603
張和墓誌	2355
張和墓誌	11805
張奉璋墓誌	7206
張季及妻元氏墓誌	9026
張季友墓誌	9042
張季戎墓誌	10380
張季良墓誌	6871
張季宗墓表	11973
張季陽墓誌	8597
張宗墓誌	2719
張宗慶及妻敬氏墓誌	10952
張宗諫墓誌	11830
張宙及妻盧氏墓誌	7366
張居直墓誌	11524
張岳墓誌	151
張岳妻鄭氏墓誌	3570
張(韓)忠墓誌	377
張忠及妻申氏墓誌	3190
張忠義墓誌	8266
張怙墓誌	8932
張承休及妻秦氏墓誌	4580
張承祚墓誌	5828
張承基及妻宗氏墓誌	5334
張招墓誌	6491
張昇及妻鄧氏墓誌	2887
張昌墓誌	1776
張明墓誌	142
張明進墓誌	8239
張易及妻劉氏墓誌	5772
張昔墓誌	9569
張昕墓誌	5509
張林及前妻楊氏後妻崔氏墓誌	8610
張武墓誌	1109
張武及妻韓氏墓誌	11685
張武哲墓誌	868
張武嵩墓表	16
張法墓誌	2421
張法眞墓誌	4234
張法曹妻蕭字墓誌	1598
張法盛墓誌	6116
張炅及妻孟氏墓誌	7259
張炎墓誌	3956
張狀(伏)墓誌	5935
張直及妻周氏墓誌	1115
張知仁及妻李氏墓誌	6594
張知運墓誌	3656
張知實及妻薛氏墓誌	10264
張育及妻趙氏墓誌	426
張若訥墓誌	5711
張英及妻史氏墓誌	2690
張邵墓誌	11423
張采及妻梁氏墓誌	5859
張金才墓誌	3143
張金剛墓誌	838
張阿師子墓誌	11032
張阿質兒墓表	17
張陀及妻李氏墓誌	3558
張亮墓誌	6174
張亮墓誌	10168
張亮及妻李氏墓誌	1087
張亮及妻劉氏康氏墓誌	9783
張侯及妻權氏墓誌	3677
張俊墓誌	6172
張俊墓誌	7618
張保守墓表	30
張信墓誌	3147
張信墓誌	5656
張信墓誌	10339
張信妻王氏墓誌	4020
張則及妻王氏墓誌	3588
張厚儒墓誌	10954
張威墓誌	1662
張威及妻賈氏墓誌	1922
張威德山墓誌	8603
張客子灰身塔	11964
張客及妻李氏墓誌	2071
張客及嚴氏墓誌	2790
張建章墓誌	11669
張弈女墓誌	8190
張彥墓誌	5900
張彥及妻郭氏墓誌	1588
張彥琳及妻王氏墓誌	10831
張思墓誌	3076
張思忠及妻趙氏墓誌	3530
張思道墓誌	4560
張思暕墓誌	6261
張思鼎墓誌	6048
張思賓墓誌	3062
張恆貴墓誌	939
張恪墓誌	3944
張政及妻李氏墓誌	11185
張昱墓誌	10745
張胐及妻李氏墓誌	6734
張柔賓墓誌	11096
張柱墓誌	3571
張垝墓誌	6780
張毘羅墓誌	6891
張泉墓誌	1068
張洍墓誌	6193
張洛墓誌	619
張洪墓誌	6688
張洪及妻王氏墓誌	6028
張海墓誌	1532
張海伯墓表	348
張玭及妻王氏墓	6873

十一畫

張皇妻陳氏墓誌	9437	張玭墓誌	6875	張梵信及妻蕭氏墓誌	1161	張景墓誌	3689
張相墓誌	864	張珪及妻李氏墓誌	1564	張液及妻段氏墓誌	10064	張景之墓誌	2885
張相歡墓表	2305	張益墓誌	6017	張淑子及妻田氏墓誌	4167	張景旦及妻王氏皇甫氏墓誌	4566
張胡及妻朱氏墓誌	3192	張矩及妻嚴氏墓誌	3539	張清妻李氏(郯國大長公主)墓誌	7699	張景休墓誌	6969
張胤墓誌	1494	張祖及妻李氏墓誌	1817	張清源妻何氏墓誌	8567	張景尚及妻裴氏墓誌	5862
張胤及妻馮氏墓誌	11149	張素墓誌	3203	張爽墓誌	1514	張景祥墓誌	3560
張茂及妻王氏墓誌	3596	張素及妻李氏墓誌	392	張皎墓誌	654	張景陽墓誌	5884
張茂弘墓誌	10607	張翃及妻鄭氏墓誌	7516	張盛墓誌	833	張智積妻麴慈音墓誌	3321
張茂昭墓誌	8624	張虔福墓誌	2266	張祥師墓誌	5199	張智慧墓誌	1623
張貞墓誌	1950	張起及妻郭氏墓誌	5662	張章建及妻韋氏墓誌	11056	張曾墓誌	8293
張貞墓誌(女)	2507	張通墓誌	1137	張紳及妻王氏墓誌	10417	張朝清墓誌	8116
張貞墓誌(男)	2565	張通墓誌	1427	張翌墓誌	1883	張朝清及妻任氏墓誌	8549
張貞墓誌	2923	張通及妻薄氏墓誌	440	張脛及妻趙氏墓誌	2041	張朝翼妻常氏墓誌	8656
張貞慎及妻獨孤氏墓誌	6514	張通遠墓誌	11970	張進及妻成氏墓誌	8482	張椅墓誌	6466
張軌墓誌	1722	張鬼及妻薛氏墓誌	1537	張進及妻魏氏墓誌	10693	張欽墓誌	613
張乘運墓誌	5948	張乾曜墓誌	8679	張逸墓誌	629	張款墓誌	9243
張修義墓誌	4348	張偉墓誌	4295	張傑墓誌	1905	張渙墓誌	8557
張偶墓誌	8020	張偭及妻賈氏墓誌	7688	張備及妻李三娘墓誌	1963	張測墓誌	11767
張偶及妻裴氏墓誌	7260	張國清及妻杜氏墓誌	11252	張善墓誌	1134	張渾墓誌	10152
張倫墓誌	2543	張埱墓誌	6801	張善及妻上官氏墓誌	1547	張渾及妻李氏墓誌	5871
張剛墓誌	3614	張婉墓誌	9139	張善和	967	張渾妻李氏（永昌郡主）墓誌	5888
張勖墓誌	10816	張婧墓誌	11065	張善哲墓誌	170	張湊墓誌	4581
張哲墓誌	1367	張密墓誌	7253	張善哲妻麴氏墓表	288	張溫及妻劉氏墓誌	1342
張娥子墓誌	88	張崇墓誌	11006	張喆墓誌	3171	張無量墓誌	1777
張宰及妻路氏墓誌	11759	張崇簡墓誌	5377	張堪貢墓誌	7525	張琛墓誌	694
張峻墓誌	1545	張常求塔銘	4609	張媛墓誌	7660	張琛及妻劉氏墓誌	7055
張師墓誌	3564	張康墓誌	11827	張富琳墓誌	2926	張琮墓誌	2119
張師子墓誌	2354	張康及妻雍氏墓誌	10985	張尊師(昇虛)陰銘	7153	張登山墓誌	6884
張師及妻王氏墓誌	4524	張從古墓誌	9996	張岳妻魏氏墓誌	5304	張翔墓誌	7515
張師及妻曾氏墓誌	1582	張從師墓誌	6988	張巽墓誌	5725	張舒墓誌	474
張師兒及妻王氏墓表	192	張從師妻沈氏墓誌	6133	張巽墓誌	9249	張萬回墓誌	4092
張師慶墓誌	10367	張從鐵母趙氏墓誌	10651	張弼墓誌	11288	張萬頃墓誌	7063
張師儒墓誌	11602	張惟及王氏墓誌	8322	張弼及妻李氏墓誌	2245	張萬善墓誌	589
張庭芝及妻成氏墓誌	8623	張惟則墓誌	9712	張惠則及妻□氏墓誌	5511	張衆及妻劉氏墓誌	2637
張庭珪及妻周氏墓誌	6595	張惟恭墓誌	7028	張愃墓誌	3204	張衆甫墓誌	7596
張庭琇墓誌	11971	張惟誼及妻樂氏墓誌	10724	張敞及妻王氏墓誌	4703	張貴墓誌	878
張恭墓誌	7327	張惟豐墓誌	7463	張敦墓誌	175	張貴寬墓誌	2387
張恭及妻李氏墓誌	11539	張紋墓誌	753	張敬之墓誌	2884	張貽紀及妻柳氏墓誌	7209
張振墓誌	1030	張救子墓記	246	張敬己妻王氏墓誌	6010	張軫墓誌	5322
張時譽墓誌	5284	張朗及妻樊氏墓誌	1583	張敬玄墓誌	2342	張軫及妻邵氏墓誌	6295
張涓墓誌	9092	張望及妻郝氏墓誌	6173	張敬祖石塔銘	11966	張遊恪墓誌	4021
張涓妻李氏墓誌	10393	張望及妻董氏墓誌	9258	張敬詵墓誌	7920	張遊藝及妻傅氏墓誌	8221
張況墓誌	5822	張棣妻吳氏墓誌	11080	張敬興及妻陳氏墓誌	6105	張運才及妻范氏墓誌	1407
張狼墓誌	2065						

十一畫

條目	編號
張運感及妻□氏墓誌	5601
張運感妻墓銘	2779
張道墓誌	2356
張道墓誌	2941
張道及妻呂氏墓誌	1435
張道昇墓誌	8366
張達墓誌	2388
張達墓誌	11243
張達墓誌	11667
張達及妻鄒氏墓誌	3305
張達妻李氏墓誌	979
張隆悅妻麴文姿墓表	272
張雄及妻燕氏墓誌	1565
張雄及妻麴氏墓誌	2735
張雅墓誌	3931
張雲墓誌	466
張須陀及妻薛氏庫狄氏墓誌	4026
張㘄(㗂)及妻孫氏墓誌	3523
張圓契墓誌	8492
張廉妻樊氏墓誌	3504
張愁墓誌	2782
張感及妻李氏墓誌	4357
張慎及段氏徐氏楊氏墓誌	6673
張暈妻姚氏墓誌	7730
張暉及妻牛氏墓誌	9124
張暐妻許日光墓誌	5447
張楚墓誌	1108
張楚璋墓誌	5023
張楚賢墓誌	1187
張楚賢妻王氏墓誌	1366
張源墓誌	9700
張滂墓誌	8164
張滂妻郭儀墓誌	8065
張漢及妻馬氏墓誌	5210
張瑗墓誌	9353
張瑗妻楊氏墓誌	10269
張瑜墓誌	8650
張節墓誌	1768
張署墓誌	8915
張群墓誌	9614
張義墓誌	770
張義墓誌	1004
張義墓誌	1852
張義及妻車氏墓誌	552
張義及妻郭氏墓誌	10863
張義方墓誌	11868
張義琛及妻孫氏墓誌	7032
張義琬墓誌	7155
張肅墓誌	813
張肅珪及妻文氏墓誌	6130
張詮墓誌	3551
張詮墓誌	4876
張詵及妻樊氏墓誌	8353
張誠墓誌	7841
張誠及妻楊氏荊氏李氏墓誌	11323
張賁墓誌	10829
張賈妻令狐氏墓誌	4986
張遠墓誌	3518
張遠助及妻吳氏墓誌	3191
張僧及妻沈氏墓誌	2888
張僑及妻李氏墓誌	9814
張嘉及妻閻氏墓誌	3529
張嘉福墓誌	4755
張嘉賓墓誌	7668
張嘉慶及妻高氏墓誌	7494
張嘉祐墓誌	5916
張團兒墓誌	660
張壽及妻蕭氏墓誌	3430
張夐及妻紀氏墓誌	2675
張寧墓誌	8402
張寧墓誌	9392
張寧墓誌	11106
張對墓誌	1589
張曄墓誌	2235
張曄及妻趙小君墓誌	11224
張榮秀妻郎氏墓誌	10210
張榮恩墓誌	9646
張滿墓誌	1413
張漪墓誌	5338
張漪墓誌蓋	5339
張漱墓誌	10120
張漸墓誌	10100
張福墓誌	2019
張維深墓誌	11734
張綱及妻梁氏墓誌	346
張緒及妻趙氏墓誌	5262
張禕及妻韓氏墓誌	2826
張說及妻元氏墓誌	5235
張賓墓誌	6080
張輔墓誌	2332
張銀子及妻高壹量墓表	210
張䪻墓誌	7886
張䪻及妻崔氏墓誌	8558
張鳳墓誌	485
張鳳憐墓誌	512
張鼻兒墓表	18
張齊丘墓誌	4330
張儀墓誌	1590
張劍墓誌	6018
張嬋墓誌	9886
張審文墓誌	10758
張寬墓誌	1443
張寬及妻江氏墓誌	3454
張履冰墓誌	6728
張嶙墓誌	8069
張德墓誌	1597
張德墓誌	6647
張德墓誌	11972
張德之墓誌	9972
張德及妻呂氏墓誌	3193
張德及妻趙氏墓誌	1504
張德行墓誌	2999
張德操墓誌	1048
張徹墓誌	9194
張慶墓誌	4523
張慶之及妻杜氏墓誌	2883
張憎憎墓誌	10856
張憕墓誌	7083
張毅墓誌	344
張毅墓誌	391
張潛及妻尉氏尚氏墓誌	2426
張潤墓誌	6557
張獎墓誌	1150
張璋妻成氏墓誌	10170
張誼墓誌	8345
張談英及妻劉氏墓誌	10504
張諒墓誌	10950
張質墓誌	3128
張質墓誌	10879
張質妻王氏墓誌	10483
張遨墓誌	6498
張遵墓誌	9367
張遵及妻豆盧氏墓誌	9469
張銳墓誌	7315
張鋒及妻史氏墓誌	10247
張鋒妻史氏墓誌	10160
張鋒妻史氏地券	10162
張勳墓誌	9654
張勳妻張氏墓誌	10439
張叡及妻楊氏墓誌	133
張據墓誌	9645
張整妻魏氏墓誌	6496
張曉墓誌	1723
張樹生及妻甘氏墓誌	2917
張澤及妻韓氏衛氏墓誌	9939
張澹墓誌	10518
張澹妻盧氏墓誌	10000
張積墓誌	4702
張積善墓誌	5392
張興墓誌	2552
張興及妻趙氏墓誌	1158
張衡墓誌	3920
張賢墓誌	598
張賢壽墓記	247
張錫及妻盧氏墓誌	4967
張靜藏墓誌	60
張餘及妻馬氏墓誌	5657
張龍相墓記	787
張優婆夷塔記	899
張優婆姨塔銘	429
張嬰墓誌	10557
張擧墓誌	201
張擧墓誌	3447
張擧及妻楊氏墓誌	1444
張擧及妻劉氏墓誌	2490
張曙子墓表	248
張濟墓誌	2530
張濟女雅兒墓誌	518
張濬墓誌	128
張璥及妻王氏墓誌	6705
張禪師(義琬)墓誌	7166
張翼墓誌	5302
張薦墓誌	8333

十一畫

張褒及妻馬氏墓誌	5269	張歡妻麴連墓誌	2417	張君墓誌蓋	12295	張君妻崔柔則墓誌	6777
張覽墓誌	2571	張歡□妻唐氏墓表	1943	張君墓誌蓋	12296	張君妻梁氏墓誌	1480
張謙墓誌	6677	張瓘及妻李氏墓誌	135	張君墓誌蓋	12297	張君妻莨氏墓誌	1003
張謙墓誌	10797	張瓘及妻古氏墓誌	5002	張君墓誌蓋	12298	張君妻郭華嚴墓誌	4464
張謙墓表	90	張鑑墓誌	4381	張君墓誌蓋	12299	張君妻郭班墓誌	6579
張謙祐妻嚴氏墓表	289	張顯墓誌	1724	張君墓誌蓋	12503	張君妻陳尚仙墓誌	5479
張謠墓誌	5737	張顯祐妻墓表	176	張君墓誌蓋	12504	張君妻陳氏墓誌	7272
張鍠墓誌	9109	張觀墓誌	10906	張君及妻姚氏墓誌	2903	張君妻程令秀墓誌	1270
張鍾葵及妻鄭氏墓誌	327	張□(伯?)玉墓表	121	張君及妻郭氏墓誌	6144	張君妻程大燕墓誌	1999
張隰墓誌	3853	張□周墓誌	9696	張君及妻郭氏墓誌	10537	張君妻楊氏墓誌	338
張霞墓誌	8112	張□高墓誌	7393	張君及妻源氏墓誌	8008	張君妻楊芷墓誌	2244
張點墓誌	5323	張君墓誌	122	張君及妻解氏墓誌	10681	張君妻楊氏墓誌	4700
張曛墓誌	8706	宋氏墓誌	1307	張君(曲阿令)墓銘	11965	張君妻虞氏墓誌	5386
張禮墓誌	1201	張君墓誌	1888	張君妻毛姿臺墓誌	1217	張君妻翟慶墓誌	4128
張禮臣墓誌	3516	張君墓誌	2124	張君妻王媛墓誌	932	張君妻裴氏墓誌蓋	12277
張藥及妻李氏墓誌	519	張君墓誌	2678	張君妻王智墓誌	1788	張君妻趙氏墓誌	10695
張藥尚及妻段氏墓誌	2865	張君墓誌	3212	張君妻王氏墓誌	2141	張君妻齊氏墓誌	365
張難墓誌	1298	張君墓誌	3223	張君妻王氏墓誌	7843	張君妻劉氏墓誌	7479
張難陁墓表	271	張君墓誌	5722	張君妻王氏墓誌	7868	張君妻劉氷墓誌	11370
張顏墓誌	7310	張君墓誌	10738	張君妻王氏墓誌	8508	張君妻樊氏墓誌	6303
張懷文墓誌	1074	張君墓誌蓋	12268	張君妻王氏墓誌	10729	張君妻鄭柔則墓誌	5934
張懷玉墓誌	8983	張君墓誌蓋	12269	張君妻王氏墓誌	11090	張君妻鞏内範墓誌	10825
張懷寂墓誌	2979	張君墓誌蓋	12270	張君妻可那氏墓誌	828	張君妻蕭氏墓誌	4621
張懷清妻石氏墓誌	10517	張君墓誌蓋	12271	張君妻田氏墓誌	2823	張君妻蘇禮文墓誌	9680
張懷實及妻趙氏墓誌	7578	張君墓誌蓋	12272	張君妻吉檀波羅墓誌	4819	張君妻麴姜墓誌	1375
張懷瓌墓誌	6870	張君墓誌蓋	12273	張君妻成公氏墓誌	574	張君妻麴勝墓誌	1431
張藏及妻牛氏墓誌	4241	張君墓誌蓋	12274	張君妻朱氏墓誌	1200	張君妻□差墓誌	822
張藝墓誌	5461	張君墓誌蓋	12275	張君妻朱氏墓誌	1655	張君妻□氏墓誌蓋	12278
張顗妻崔氏墓誌	7410	張君墓誌蓋	12276	張君妻吳氏墓誌	9453	張君妻喬娥墓誌	1168
張願墓誌	1607	張君墓誌蓋	12279	張君妻呂氏墓誌	839	張君妻荊肆墓誌	8162
張願墓誌	7309	張君墓誌蓋	12280	張君妻呂氏墓誌	8891	張氏墓表	64
張寶墓誌	515	張君墓誌蓋	12281	張君妻宋氏墓誌	3232	張氏墓誌	873
張寶及妻魏氏墓誌	1160	張君墓誌蓋	12282	張君妻李氏墓誌	1069	張氏墓誌	1226
張獻誠墓誌	7183	張君墓誌蓋	12283	張君妻李氏墓誌	5508	張氏墓誌	4790
張(戚)纂妻趙氏墓表	124	張君墓誌蓋	12284	張君妻邢氏墓誌	2729	張氏墓誌	6426
張覺及妻趙氏墓誌	6325	張君墓誌蓋	12285	張君妻來氏墓誌	3556	張氏墓誌	6481
張讖及妻徐氏墓誌	949	張君墓誌蓋	12286	張君妻宗氏墓誌	8622	張氏墓誌	7132
張護墓誌	2511	張君墓誌蓋	12287	張君妻侯莫墓誌	9934	張氏墓誌	9019
張闡墓誌	4832	張君墓誌蓋	12288	張君妻封氏墓誌	10737	張氏墓誌	11070
張騷墓銘	222	張君墓誌蓋	12289	張君妻徐明墓誌	3117	張氏墓誌	11483
張騷及妻賈氏墓誌	550	張君墓誌蓋	12290	張君妻效姬墓誌	718	張氏墓誌	11850
張懿墓誌	2416	張君墓誌蓋	12291	張君妻秦詳兒墓誌	223	張氏墓誌蓋	12300
張懿及妻王氏墓誌	2793	張君墓誌蓋	12292	張君妻韋氏墓誌	6556	張氏墓誌蓋	12301
張權墓誌	28	張君墓誌蓋	12293	張君妻崔媛墓誌	5826	張氏墓誌蓋	12302
張歡妻盧氏墓誌	6286	張君墓誌蓋	12294	張君妻崔氏墓誌	6490	張氏墓誌蓋	12303

十一畫

張氏墓誌蓋	12304	曹汾妻趙善心墓誌	11155	曹君妻慕容麗墓誌	905	梁皎及妻鄭氏墓誌	4588
張氏亡女墓誌	11967	曹怡墓誌	752	曹君妻蘇氏墓表	97	梁處貞墓誌	7012
張氏女墓誌	12305	曹武宣墓表	129	曹君妻張氏墓誌	10419	梁善及妻姜氏墓誌	2000
強偉墓誌	1368	曹備及妻段氏墓誌	8365	曹氏墓表	276	梁朝墓誌	8695
強瓊妻王氏墓誌	11436	曹建達墓誌	11974	曹氏墓誌	648	梁慎初墓誌	7344
強君妻杜氏墓誌	9442	曹洛及妻張氏墓誌	3541	曹氏墓誌	5490	梁煥墓誌	4178
從感解墓誌	7062	曹洽墓誌	9514	曹氏墓誌蓋	12309	梁義及妻王氏墓誌	4866
惟忍墓誌	9208	曹師及妻申氏墓誌	11648	梁才及妻陳氏墓誌	3397	梁義方及妻陳氏墓誌	5454
戚高墓誌	11670	曹宮墓誌	2241	梁元珍墓誌	3306	梁肅墓誌	7911
戚魯墓誌	11803	曹惟政及妻張氏墓誌		梁元翰墓誌	10069	梁嘉運墓誌	3921
戚君妻羅氏墓誌	10463		11007	梁天眞墓誌	9402	梁澄清及妻元氏韓氏墓誌	
扈小沖墓誌	2827	曹曄及妻石氏墓誌	6937	梁方墓誌	1624		9649
斛律湛妻楊十兒墓誌	3227	曹惠琳墓誌	7493	梁方及妻張氏墓誌	4504	梁凝達墓誌	259
斛律君妻盧廉貞墓誌	3945	曹惲及妻賈氏墓誌	5000	梁令直墓誌	6854	梁璡墓誌	197
斛斯政則墓誌	1754	曹敬業妻呂氏墓誌	844	梁令珣墓誌	6558	梁興都及妻王氏墓誌	1036
斛斯師德及妻韓氏墓誌		曹景林墓誌	7587	梁有意墓誌	624	梁錡墓誌	2152
	1144	曹朝憲妻陶氏墓誌	9316	梁玄敏及妻朱氏墓誌	2930	梁暾墓誌	3112
斛斯祥墓誌	1204	曹欽墓誌	1566	梁玉及妻牛氏墓誌	3045	梁璵墓誌	5277
斛斯達墓誌	490	曹琳墓誌	6314	梁守志墓誌	9806	梁鋆墓誌	3376
斛斯翹墓誌	6372	曹琳墓誌	9007	梁守謙墓誌	9337	梁藏墓誌	5731
斛斯君妻索相兒墓誌	612	曹萬頲妻張氏墓誌	9105	梁守讓及妻劉氏李氏墓誌		梁覺及妻陳氏墓誌	6626
斛斯君妻張氏墓誌	1275	曹閏國墓誌	7364		8085	梁君墓誌	11825
斛斯君妻董氏墓誌	1315	曹義妻鄭氏墓誌	10706	梁寺及妻唐惠兒墓誌	2696	梁君墓誌	11975
暴仁及妻馬氏墓誌	5078	曹網及妻張氏墓誌	2598	梁式墓誌	4717	梁君及妻劉氏墓誌	5702
暴仵朗墓誌	5396	曹德及妻淳于氏墓誌	1657	梁行滿及妻楊氏墓誌	2838	梁君妻孔玉墓誌	877
暴果墓誌	3791	曹慶及妻樊氏墓誌	10169	梁延懷墓誌	1345	梁君妻王縱墓誌	7381
暴莊及妻武氏墓誌	6745	曹慶珍墓誌	102	梁志遷墓誌	9855	梁君妻王氏墓誌	10485
暴敏墓誌	4018	曹潤興及妻程氏墓誌	11592	梁秀墓誌	6331	梁君妻成淑墓誌	1376
暴廉墓誌	1868	曹澄墓誌	1892	梁秀及妻曹氏墓誌	1350	梁君妻李淑墓誌	3633
暴徹墓誌	788	曹諒及妻安氏墓誌	514	梁奉先及妻薛氏墓誌	6188	梁君妻李氏墓誌	10084
暴賢墓誌	950	曹曇墓誌	8294	梁承政墓誌	11246	梁君妻邢氏墓誌	7382
曹乂墓誌	8429	曹謙墓誌	11247	梁昇卿墓誌	7661	梁君妻姚弟墓誌	1096
曹仁墓誌	6767	曹懷明妻索氏墓誌	1937	梁明達墓誌	5	梁君妻崔氏墓誌	4695
曹元則墓誌	4938	曹懷直墓誌	6963	梁英及妻王氏墓誌	5057	梁君妻崔氏墓誌	7346
曹王妃鄭氏墓誌	7588	曹顯及妻張氏墓誌	1110	梁表墓誌	2174	梁君妻翟氏墓誌	7354
曹弘立及妻石氏墓誌	11253	曹君墓誌	4630	梁思墓誌	7894	梁君妻樊氏墓誌	5481
曹玄機及妻陳氏墓誌	3205	曹君墓誌	11331	梁思及妻張氏墓誌	7657	梁君妻□氏墓誌	1336
曹生遷及妻田氏墓誌	11337	曹君墓誌蓋	12306	梁春墓誌	9585	梁氏墓誌蓋	12310
曹用之墓誌	11309	曹君墓誌蓋	12307	梁洽墓誌	1153	淑澈亡女墓誌	9035
曹冲進墓誌	6160	曹君墓誌蓋	12308	梁胤及張氏墓誌	4687	淨善塔銘	6929
曹因墓誌	499	曹君墓誌蓋	12505	梁師亮墓誌	3155	淨業塔銘	4770
曹因墓誌	2435	曹君及妻康氏墓誌	7024	梁庭光墓誌	7396	淨藏禪師身塔銘	6241
曹孝佶及妻李氏墓誌		曹君及妻張氏墓誌	10188	梁烜墓誌	6706	淨覺墓誌	6388
	10917	曹君妻何氏墓誌	1939	梁基墓誌	443	凌準權厝志	8540
曹汾墓誌	11400	曹君妻陳氏墓誌	9351	梁淑墓誌	7350	凌準墓誌	8991

十一畫

深州刺史墓誌蓋	12311	許太清及妻王氏墓誌	10672	許君妻李肅邕墓誌	5337	郭行及妻鮑氏墓誌	11863
淳于子珣墓誌	7165	許弘感及妻鄭氏墓誌	3081	許君妻周氏墓誌	3751	郭行節墓誌	2962
淳于武斌及妻左氏墓誌		許仲昇墓誌	6569	許君妻祈芳墓誌	8316	郭行脩墓誌	11233
	3015	許守珪墓誌	8536	許君妻郝默墓誌	2219	郭佐思墓誌	11373
淳于簡及妻張氏墓誌	6318	許行本墓誌	1975	許君妻韋氏墓誌	8428	郭克全墓誌	11320
淳于君妻陳恭墓誌	1841	許行本及妻崔氏墓誌	3029	許君妻張氏墓誌	4473	郭克勤墓誌	11319
清信佛子王塔銘	716	許行師墓誌	1093	許君妻樊氏墓誌	2825	郭君副及妻鄭氏墓誌	1577
清眞塔銘	6905	許行眞妻李氏墓誌	3446	許君妻戴氏墓誌	10971	郭希倩墓誌	8155
清源縣君王氏墓誌	9671	許利德墓誌	7750	進法師塔銘	5571	郭志墓誌	4401
畢父墓誌	4182	許叔靜墓誌	935	郭士弘墓誌	9350	郭秀墓誌	8588
畢正義墓誌	769	許和墓誌	11740	郭子喬墓誌	5136	郭秀及妻王氏墓誌	7969
畢坰墓誌	8593	許昊墓誌	5129	郭子禮墓誌	10568	郭良及妻張氏墓誌	9948
畢度墓誌	1906	許洛仁妻宋善主墓誌	2056	郭小師墓誌	3974	郭豆墓誌	5149
畢剛妻趙氏墓誌	11817	許緒墓誌	1098	郭山松及妻張氏墓誌	6254	郭宗及妻傅氏秦氏墓誌	
畢恭墓誌	4883	許庭之女許氏墓誌	10062	郭仁及妻梁氏墓誌	4075		11692
畢遊江墓誌	8237	許國墓誌	1576	郭元武墓誌	10958	郭忠墓誌	6502
畢粹墓誌	1858	許崇藝妻弓美墓誌	2184	郭元証父墓誌	6135	郭承亨墓誌	4628
畢纇墓誌	11359	許惟岳墓誌	5242	郭元貴墓誌	11600	郭承遇墓誌	11676
畢君墓誌	5901	許惟明墓誌	5907	郭元誠及妻王氏墓誌	5387	郭明及妻儀氏墓誌	2776
畢君妻宋五娘墓誌	1792	許惟新及妻鄭氏墓誌	6067	郭元德墓誌	11165	郭明遠墓誌	6997
畢君妻趙氏墓誌	8564	許堅及妻李氏墓誌	2608	郭元慶妻慕容氏墓誌	10919	郭武墓誌	3355
盛榮墓誌	9731	許朝及妻白氏墓誌	8877	郭友墓誌	3657	郭芬及妻常氏墓誌	8970
盛璿墓誌	9501	許溫墓誌	5972	郭太墓誌	10466	郭英奇墓誌	6794
盛璿妻孫氏墓誌	9505	許琮妻李氏墓誌	2919	郭文墓誌	5423	郭英俊墓誌	8758
睦厚墓誌	309	許給墓誌	9560	郭文喜墓誌	6484	郭長生及妻許氏墓誌	573
睦君墓誌	10979	許損墓誌	7332	郭文感墓誌	2749	郭阿獵墓誌	7336
章仇君妻魏氏墓誌	7400	許義誠墓誌	4237	郭文慶及妻王氏成氏墓誌		郭亭墓誌	4137
章令信墓誌	6931	許肅之墓誌	6330		11590	郭信及妻蘇氏李氏墓誌	
章柔和墓誌	9578	許遂忠墓誌	9415	郭文應墓誌	9297		3406
符澈墓誌	10101	許輔乾墓誌	4782	郭文應妻盧氏墓誌	8951	郭品及妻鄭氏墓誌	4108
第五玄昱墓誌	7421	許輔乾妻李少君墓誌	5971	郭功及妻張氏墓誌	4121	郭奕冲及妻張氏墓誌	11425
第五琦及妻張氏墓誌	7586	許樞及妻王氏墓誌	3365	郭幼冲及妻王氏墓誌	7721	郭威墓誌	6371
第五儳及妻衛氏墓誌	9276	許樞妻王氏墓誌	3239	郭幼明墓誌	7300	郭威制妻高氏墓誌	10026
華中允墓誌	11111	許澄墓誌	6038	郭幼明妻蘇氏墓誌	7815	郭宣墓誌	11427
華封興墓誌	10161	許瑩墓誌	6454	郭幼儒墓誌	7299	郭宣及妻賈氏墓誌	6812
華歆墓誌	676	許臨墓誌	4240	郭幼賢墓誌	7115	郭峴墓誌	6225
華君妻張氏墓誌	10459	許贄墓誌	10412	郭弘裕墓誌	11405	郭彥道墓誌	5989
菀君妻梁氏墓誌	2832	許懷敬及妻邰氏墓誌	4650	郭本墓誌	2697	郭思墓誌	5312
萇文墓誌	3776	許觀墓誌	4453	郭丞及妻鄭氏墓誌	2866	郭思訓及妻張氏柴氏墓誌	
萇思約墓誌	2611	許君墓誌	11107	郭仲則及妻田氏墓誌	9957		4073
萇高及妻劉氏墓誌	4282	許君墓誌	11976	郭仵墓誌	5048	郭思謨墓誌	4593
處子瑗墓誌	6693	許君墓誌蓋	12506	郭全豐及妻宋氏墓誌		郭恒貴墓誌	1663
許士端墓誌	530	許君及妻楊氏墓誌	3907		11568	郭恆及妻韋氏墓誌	3875
許士端及妻杜氏墓誌	1469	許君妻王洛浦墓誌	2231	郭再興墓誌	8732	郭柳及妻周氏趙氏墓誌	
許元簡妻陳氏墓誌	10657	許君妻王氏墓誌	9931	郭在生墓誌	10779		9257

十一畫

郭海及妻王氏墓誌	2544	郭敬及妻公孫氏墓誌	978	郭傅則墓誌	10921	郭君及妻梁氏墓誌	7129
郭珉及妻辛氏墓誌	5769	郭敬及妻王氏墓誌	1083	郭德及妻梁氏墓誌	1740	郭君及妻韓氏墓誌	10883
郭盈妻盧氏墓誌	9929	郭敬宗墓誌	2469	郭蕩墓誌	2794	郭君妻丁貴娘墓誌	906
郭胤及妻李氏墓誌	7898	郭敬善墓誌	1124	郭冀及妻馬氏墓誌	11977	郭君妻元婉墓誌	6214
郭倫妻楊寶墓誌	118	郭智及妻張氏墓誌	4732	郭憲誠及妻苗氏墓誌		郭君妻王氏墓誌	10881
郭哲墓誌	6507	郭欽及妻丁氏墓誌	3482		11289	郭君妻宋氏墓誌	1261
郭師墓誌	4192	郭湊及妻睦氏墓誌	9757	郭懌墓誌	5227	郭君妻李氏墓誌	5891
郭師及妻程氏墓誌	6200	郭湜及妻李氏墓誌	7719	郭機及妻胡氏墓誌	4042	郭君妻李氏墓誌	5959
郭晏妻蔡氏墓誌	11139	郭湜妻李氏墓誌	7197	郭衡墓誌	8473	郭君妻李氏墓誌	11642
郭栒墓誌	7839	郭溫墓誌	5732	郭遷墓誌	1849	郭君妻李氏墓誌	11832
郭留慶及妻王氏墓誌	5770	郭睇墓誌	9372	郭謹墓誌	3562	郭延壽妻房氏墓誌	7738
郭益墓誌	1746	郭萬及妻張氏墓誌	3702	郭彝墓誌	1311	郭君妻長孫氏墓誌	9642
郭眞及妻董氏墓誌	2453	郭裕墓誌	3718	郭藥師及妻孫氏墓誌	6078	郭君妻師暉墓誌	611
郭祖墓誌	4009	郭超岸墓誌	8574	郭懷則墓誌	5944	郭君妻烏氏墓誌	11553
郭神符墓誌	3230	郭雄墓誌	7636	郭瓊妻李氏墓誌	11706	郭君妻高莊嚴墓誌	1988
郭神鼎墓誌	5250	郭雄妻李氏墓誌	7590	郭羅善妻陳雪墓誌	1677	郭君妻高進玉墓誌	11318
郭素墓誌	2900	郭雅及妻垣氏墓誌	1487	郭藥樹墓誌	1625	郭君妻張氏墓誌	579
郭通墓誌	2246	郭雲墓誌	109	郭鏐墓誌	11468	郭君妻張氏墓誌	823
郭通及妻王氏墓誌	81	郭雲墓誌	7480	郭鏐妻韋珏墓誌	11476	郭君妻張氏墓誌	2358
郭邕及妻辛氏墓誌	7235	郭順墓誌	11718	郭韜及妻申氏墓誌	8729	郭君妻張氏墓誌	10284
郭偉妻蘇氏墓誌	10146	郭順祐妻劉氏墓誌	11796	郭麗墓誌	1717	郭君妻張氏墓誌	10708
郭卿墓誌	1300	郭馮德墓誌	4776	郭嚴墓誌	7337	郭君妻陳昭墓誌	1033
郭密墓誌	10280	郭儳墓誌	10348	郭寶墓誌	4562	郭君妻陳氏墓誌	8510
郭密之妻韋氏墓誌	6248	郭幹墓誌	1842	郭獻忠墓誌	9179	郭君妻楊媛墓誌	1008
郭崇先墓誌	4195	郭暄墓誌	10298	郭騫及妻苗氏墓誌	10835	郭君妻楊氏墓誌	1481
郭惟良及妻王氏墓誌	8693	郭暕及妻馮氏墓誌	7536	郭辯言及妻王氏張氏墓誌		郭君妻趙氏墓誌	8263
郭授及妻張氏墓誌	4561	郭楚及妻魏氏苗氏墓誌			2398	郭君妻劉賢□墓誌	1702
郭晞及妻長孫璀墓誌	7942		11551	郭顧墓誌	3646	郭君妻薛氏墓誌	2934
郭晞妻長孫璀墓誌	7877	郭滋墓誌	8562	郭儼墓誌	3398	郭君妻衛氏墓誌	10041
郭晧妻宇文倚墓誌	9629	郭瑜及妻沈氏墓誌	5658	郭懿及妻李氏墓誌	2893	郭君妻龐氏墓誌	11544
郭清及前妻趙氏墓誌	10867	郭瑜及妻鄭氏墓誌	7338	郭懿及妻馮氏墓誌	1908	郭氏墓誌蓋	12316
郭珽之墓誌	5554	郭羨及妻常氏墓誌	3451	郭襲古墓誌	5496	陰叔玉墓誌	5398
郭皓墓誌	6731	郭義本墓誌	1982	郭鸞及妻張氏墓誌	9176	陰彥墓誌	2777
郭盛墓誌	3696	郭肅宗墓誌	2595	郭□墓誌	4870	陰節及妻粟氏墓誌	4634
郭盛及馮氏墓誌	6522	郭肆才墓誌	991	郭君墓誌	5192	陳九墓誌	7443
郭祥及妻柴氏焦氏墓誌		郭解及妻賈氏墓誌	1369	郭君墓誌	5303	陳士楝墓誌	9869
	2682	郭遠墓誌	8107	郭君墓誌	5513	陳士寧及妻李氏合葬墓誌	
郭翊及妻馮氏墓誌	2429	郭鈺墓誌	9951	郭君墓誌	8897		11398
郭虛己墓誌	6485	郭鈺妻楊氏墓誌	8855	郭君墓誌	9994	陳子宜妻盧氏墓誌	5998
郭逸及妻杜氏墓誌	4207	郭壽墓誌	1154	郭君墓誌	11886	陳子珍妻龔氏墓誌	8271
郭善及妻陳氏墓誌	1713	郭寧墓誌	10791	郭君墓誌蓋	12312	陳子綽及妻王氏任氏墓誌	
郭善積及妻袁氏墓誌	1456	郭昌及妻王氏墓誌	3027	郭君墓誌蓋	12313		1358
郭喜墓誌	5974	郭瑤墓誌	7464	郭君墓誌蓋	12314	陳才及妻王氏墓誌	1500
郭提墓誌	148	郭福該墓誌	6373	郭君墓誌蓋	12315	陳仁允墓誌	11399
郭敬墓誌	41	郭銛墓誌	9166	郭君墓誌蓋	12507		

十一畫

陳仁弘及妻妻裴氏墓誌 2491	陳劫墓誌 2171	陳弼及妻曹氏樂氏墓誌 8770	陳蕃妻李氏墓誌 3561
陳仁順及妻梁氏墓誌 4205	陳叔度及妻斛律氏墓誌 3610	陳惠墓誌 3880	陳融墓表 11978
陳仁監玄堂誌 7963	陳叔達妻王女節墓誌 180	陳惠明塔銘 7514	陳諭墓誌 10652
陳允衆妻周氏墓誌 9096	陳周墓誌 6024	陳惠慶墓誌 7722	陳諷及妻任氏墓誌 11591
陳元及妻裴氏墓誌 11724	陳宗武墓誌 9537	陳敬玄及妻任氏墓誌 6409	陳燭墓誌 10414
陳元師妻閭丘氏墓誌 10138	陳居墓誌 6208	陳敬忠墓誌 5556	陳環墓誌 9977
陳元通墓誌 10599	陳忠墓誌 5147	陳景仙及妻賈氏墓誌 7001	陳縱墓誌 7829
陳元通妻汪氏墓誌 10864	陳明及妻王清範墓誌 2700	陳智成及妻方氏墓誌 4987	陳曜墓誌 4714
陳元造墓誌 8200	陳法子墓誌 2815	陳智妻張氏墓誌 4074	陳懷及妻馬氏墓誌 5714
陳元敬墓誌 3307	陳直墓誌 10944	陳琮墓誌 2191	陳懷儼及妻皇甫氏墓誌 2025
陳公宜妻李氏墓誌 11697	陳阿胡墓誌 5123	陳琰墓誌 6971	陳韞墓誌 9784
陳公贊墓誌 9556	陳亮及妻和氏墓誌 5594	陳琳墓誌 9455	陳曦墓誌 6972
陳太丘妻李氏墓誌 7180	陳則及妻韓氏墓誌 2099	陳琳妻施氏墓誌 9454	陳護及妻蔡氏墓誌 2653
陳文才墓誌 4573	陳宣魯墓誌 9884	陳雅妻諸葛氏墓誌 9236	陳辯墓誌 117
陳文傑墓誌 3508	陳彥及妻輔氏墓誌 9521	陳雅操墓誌 2727	陳懿妻甯氏墓誌 5956
陳令同墓誌 5560	陳思及妻傅氏墓誌 4983	陳雲墓誌 9279	陳巖墓誌 11749
陳平及妻樂氏墓誌 2737	陳思廉墓誌 3383	陳嗣通妻王氏墓誌 9273	陳瓚及妻崔氏申屠氏墓誌 3782
陳玄墓誌 3151	陳思禮及妻路氏桓氏墓誌 6506	陳感及妻王氏墓誌 3047	
陳玄志妻張淑墓誌 8537	陳添墓誌 6832	陳感意之柩 241	陳驚及楊氏墓誌 2489
陳玄度及妻蔣氏墓誌 4438	陳皆及妻丘氏墓誌 8267	陳暉墓誌 727	陳讖墓誌 11795
陳玄運及妻趙氏墓誌 5124	陳重曜墓誌 11884	陳署墓誌 9997	陳審墓誌 8865
陳玄德墓誌 2406	陳師上及妻郝氏墓誌 9874	陳義墓版文 8371	陳君墓誌蓋 12318
陳玄潔妻張氏墓誌 3327	陳師及妻張氏墓誌 3706	陳詮及妻許氏墓誌 8804	陳君墓誌蓋 12320
陳立行墓誌 10643	陳師妻周氏墓誌 9935	陳遠墓誌 4011	陳君墓誌蓋 12321
陳光濟墓誌 6423	陳泰及妻房氏墓誌 3779	陳鼎墓誌 6421	陳君墓誌蓋 12508
陳冲墓誌 1759	陳眞墓誌 2570	陳壽墓誌 1529	陳君及妻徐氏墓誌 1980
陳如墓誌 7625	陳祚墓誌 5198	陳瑨及妻范氏墓誌 8404	陳君及妻張氏墓誌 8393
陳守素妻李氏墓誌 3985	陳素墓誌 5201	陳綏妻尚氏墓誌 10686	陳君妻王氏墓誌 736
陳守禮及妻李氏墓誌 7680	陳素及妻管氏墓誌 4784	陳維勳墓誌 7664	陳君妻王氏墓誌 7624
陳牟少墓誌 7002	陳察及妻柳氏墓誌 2945	陳禪及妻李氏段氏墓誌 6458	陳君妻王氏墓誌 11351
陳聿墓誌 4777	陳通墓誌 4064		陳君妻王氏墓誌 11407
陳克敬妻楊氏墓誌 11201	陳通妻宗氏墓誌 1401	陳誠墓誌 7727	陳君妻白氏墓誌 8677
陳利見妻賈氏墓誌 5166	陳剬妻李氏墓誌 8963	陳賓墓誌 1787	陳君妻任氏墓誌蓋 12317
陳利貞墓誌 7751	陳商妻南氏墓誌 8628	陳領墓誌 911	陳君妻李氏墓誌 6958
陳君賞及妻辛氏墓誌 9986	陳密公妻達奚淑墓誌 581	陳齊金墓誌 10118	陳君妻李氏墓誌 7173
陳孜墓誌 2978	陳專墓誌 9854	陳審及妻□氏墓誌 11193	陳君妻李氏墓誌 7356
陳希烈及妻王氏墓誌 7119	陳專妻烏氏墓誌 9613	陳嶠墓誌 1178	陳君妻李氏墓誌 8797
陳希望墓誌 6443	陳崇本墓誌 2824	陳範墓誌 2983	陳君妻杜氏墓誌 7662
陳希喬墓誌 7006	陳張慧湛墓誌 494	陳諸墓誌 7938	陳君妻柳氏權厝誌 8183
陳延喜妻穆氏墓誌 4371	陳朗及妻王氏墓誌 4186	陳諸及妻獨孤氏墓誌 8520	陳君妻荀氏墓誌 10484
陳志清墓誌 8749	陳造墓誌 7962	陳頤及妻蘭氏墓誌 4942	陳君妻韋寶寶墓誌 1021
陳汭墓誌 9789	陳進及妻李氏墓誌 11695	陳魴墓誌 11232	陳君妻楊氏墓誌 580
陳沖墓誌 2591	陳善及妻劉氏墓誌 2405	陳叡墓誌 5675	陳君妻楊氏墓誌 10467
陳秀及妻劉氏墓誌 4783		陳憲墓誌 4881	陳君妻蔣氏墓誌 9921

- 527 -

十一·十二畫

陳君妻趙氏墓誌蓋 12319	陸邑墓誌 7512	魚政墓誌 2167	傅君及妻史氏墓誌 4678
陳君妻劉孃孃墓誌 194	陸長眞墓誌 8723	魚涉墓誌 5099	傅君妻李氏墓誌 5383
陳君妻韓氏墓誌 6778	陸彥恭妻裴淑墓誌 4291	魚智誠墓誌 7805	傅君妻梁氏墓誌蓋 12323
陳君妻韓氏墓誌 6942	陸思本妻元氏墓誌 6090	魚榮墓誌 2299	善行塔銘 422
陳君妻蘭尼墓誌 3871	陸貞慧墓誌 1941	魚辯江墓誌 7394	善意塔銘 1449
陳君妻寶氏墓誌 7691	陸振墓誌 6584	魚君妻鄧大娘墓誌 688	善滕塔銘 1508
陳君妻某氏墓誌 6858	陸振威妻王氏墓誌 6930	魚君妻鄭德柔墓誌 10233	喬元昌及妻郜氏墓誌 7379
陳君妻□氏墓誌 11098	陸乾迴妻崔氏墓誌 3241	麻元泰妻梁氏墓誌 7589	喬師錫墓誌 10222
陳氏墓誌 9815	陸捷墓誌 6547	麻令昇墓誌 8772	喬崇敬墓誌 4916
陳氏墓誌 10617	陸紹墓誌 2669	麻素墓誌 2484	喬崇隱及妻司馬氏墓誌 4915
陳氏墓誌 11311	陸軌及妻裴氏墓誌 10674		喬夢松妻馮誠墓誌 4917
陳氏墓誌蓋 12322	陸善墓誌 2205		喬夢松及妻鄭氏墓誌 5216
陳氏(陳榮女)墓誌 8765	陸巽及妻任氏墓誌 9558	**十二畫**	喬難墓誌 2003
陵(凌)倜墓誌 11710	陸敬道及妻王氏墓誌 1244		單信墓誌 545
陶元欽及妻王氏墓誌 6401	陸敬義墓誌 1696	傅 善 喬 單 堅 堯	單恪及妻許氏墓誌 3763
陶公義妻史氏墓誌 10754	陸景倩妻徐氏墓誌 3994	庾 彭 惠 掌 敬 普	單重忻及妻馬氏墓誌 5779
陶英妻張氏墓誌 8254	陸景澄墓誌 2575	景 智 曾 欽 游 渾	單義妻秦佛墓誌 2276
陶待虔及顧氏墓誌 10391	陸景曜墓誌 3737	湖 湯 無 焦 甯 程	單于吉華墓誌 5225
陶禹墓誌 5155	陸景獻墓誌 4815	粟 絁 舒 萬 葉 董	堅行塔銘 5289
陶貢墓誌 5315	陸瑛妻孫氏墓誌 10317	覃 費 賀 逯 道 達	堯蒨及妻楊氏墓誌 2535
陶貢妻裴氏墓誌 7371	陸萬昭墓記 6315	鄂 開 陽 隆 隋 雲	庾二十九女墓誌 10577
陶梭興墓誌 1005	陸衆妻楊氏墓誌 7329	項 順 馮 黃 黑 聚	庾仲眰妻李氏墓誌 8708
陶普慈墓誌 870	陸達蒼墓誌 9690		庾承憲墓誌 10431
陶德及妻司徒氏墓誌 4503	陸僸墓誌 8203		庾若訥墓誌 6219
陶君妻王妃墓誌 9557	陸齊望妻鄭氏墓誌 7832	傅元妻樂氏墓誌 11386	庾敬休墓誌 9667
陶君妻朱氏墓誌 5170	陸憑墓誌 8342	傅仙望及妻崔氏墓誌 11010	庾游方墓誌 10740
陶君妻羊氏墓誌 10909	陸據墓誌 6865	傅交益墓誌 1296	庾游方妻蕭氏墓誌 10425
陶君妻楊氏墓誌 8886	陸曇墓誌 9745	傅伏墓誌 5651	庾愼思母張氏墓誌 11174
陸士季墓誌 229	陸磐(廣?)秀及妻孫氏墓誌 3017	傅休仙墓誌 7040	彭元曜墓誌 6967
陸士倫及妻韋氏墓誌 7718	陸翰妻元氏墓誌 8347	傅存及妻李氏墓誌 11626	彭珍及妻郭氏墓誌 5351
垄大亨墓誌 4372	陸翹墓誌 8149	傅伯和妻李氏墓誌 10634	彭師德墓誌 177
陸大演墓誌 4861	陸豐妻胡氏墓誌 6438	傅叔及妻梁氏墓誌 380	彭浼墓誌 7592
陸仁儉墓誌 3014	陸騈墓誌 11649	傅阿歡墓記 11980	彭皎墓誌 1769
陸元方墓誌 3424	陸贍墓誌 2206	傅俠墓誌 5445	彭紹及妻徐氏墓誌 5953
陸元感墓誌 4029	陸黯及妻陳氏墓誌 9037	傅思諫墓誌 3234	彭善行墓誌 980
陸文正墓誌 10636	陸君墓誌 9177	傅珍寶墓誌 7537	彭尊師(號太和)墓誌 6657
陸文通墓表 8374	陸君妻何氏墓誌 10104	傅釜及妻路氏蔡氏墓誌 8724	彭尊師?鎮墓石(四方) 6658
陸日峴妻王氏墓誌 10688	陸君妻宋氏墓誌 8462	傅朝及妻邊氏墓誌 9734	彭義墓誌 1608
陸亘及妻侯氏墓誌 9638	陸君妻宋氏墓誌 10659	傅遊藝及妻拓王氏墓誌 4118	彭君墓誌 9493
陸亘妻侯絪墓誌 9098	陸君妻周氏墓誌 11979	傅僧䎖墓表 39	彭君妻侯氏墓誌 1876
陸光庭妻朱淑墓誌 5358	陸君妻趙氏墓誌 6209	傅簡文及妻董氏墓誌 11528	彭君妻楊氏墓誌 469
陸存墓誌 8722	陸君妻趙玉子墓誌 6855		惠因墓誌 8198
陸守謙及妻李氏墓誌 7651	陸君妻劉氏墓誌 10564		惠妃趙氏墓誌 8289
陸伯玉墓誌 4889	魚本墓誌 2050		
陸炭妻張氏墓誌 9615			

- 528 -

十二畫

惠空和尚墓誌	7149	湯珂墓誌	11133
惠源和上誌銘	5588	湯師儒墓誌	9472
惠隱塔銘	5607	湯珣妻馬氏墓誌	8096
掌思明墓誌	2818	湯華墓誌	10712
掌徹及妻左氏墓誌	2603	湯貴墓誌	7876
掌君妻賈玉耶墓誌	1703	湯貴妻侯莫陳約歸祔誌	9354
敬太芝墓誌	8339	湯君墓誌	11027
敬守德墓誌	5785	湯君妻傷大妃墓誌	525
敬延祚墓誌	11660	湯氏墓誌蓋	12326
敬奉墓誌	6194	無尋妻梁氏墓誌	7054
敬昭道墓誌	4828	無垢淨光塔銘	6917
敬憘墓誌	2976	焦仙芝墓誌	10071
敬節塔銘	5036	焦松及妻種氏墓誌	2867
敬廣清及妻秦氏墓誌	8283	焦阿毛墓誌	5611
敬覺及妻趙氏墓誌	4958	焦庭誨墓誌	11484
敬君妻封延墓誌	3469	焦海智墓誌	2371
敬氏墓誌	3658	焦訓墓誌蓋	12330
普見墓誌	10177	焦逸墓誌	4623
景公直及妻姚氏墓誌	11265	焦㷸墓誌	8231
景俊墓誌	5599	焦復墓誌	11395
景他墓誌	2554	焦朝及妻李氏墓誌	7728
景羨墓誌	5446	焦達墓誌	1548
景賢大師塔記	5573	焦壽及妻趙三娘墓誌	1569
景謙墓誌	793	焦璀墓誌	7067
智滿律師塔銘	11981	焦禮及妻曹氏墓誌	6546
智□律法師塔銘	353	焦寶墓誌	1312
智君妻孟氏墓誌	6083	焦君墓誌蓋	12327
智玄墓誌	5259	焦君墓誌蓋	12328
智守塔記	992	焦君墓誌蓋	12329
智海塔銘	439	焦君妻王氏墓誌	10558
智悟律上人(劉仲丘)墓誌	270	焦君妻楊媛墓誌	1405
智通塔銘	6788	焦君妻鄭氏墓誌	7678
智惠墓誌	3433	焦氏墓誌蓋	12331
曾君妻陳氏墓誌	10174	甯思眞墓誌	3686
欽恕墓誌	6651	甯道務墓誌	5261
游柱及妻王氏墓誌	2377	程九墓誌	4083
游通及李夫人墓誌	2713	程士庸墓誌	11630
游德墓誌	2350	程子墓誌	2569
游君妻甄氏神柩銘	2297	程仁墓誌	2839
渾君墓誌蓋	12325	程仁墓誌	4739
渾君妻契苾氏墓誌	4035	程文琬及豆盧氏墓誌	5584
湖東枝墓誌	11982	程冬笋墓誌	5563
		程平遼祖母李氏墓誌	1025
		程玄封及妻王氏墓誌	6287

程玄景墓誌	2963	程逸及妻嚴氏墓誌	1956
程丞墓誌	2702	程最及妻薛氏墓誌	4326
程仵郎及妻韓氏墓誌	2956	程善通墓誌	801
程安及妻陳氏墓誌	9375	程琛墓誌	8081
程旭墓誌	4505	程舜墓誌	845
程旭墓誌	10572	程買墓誌	1163
程伯獻及妻樊周墓誌	5680	程買墓誌	2641
程孝成及妻尹氏墓誌	4140	程道初墓誌	6585
程希詮墓誌	7367	程雄及妻皇甫氏墓誌	829
程延及妻李氏墓誌	9530	程雲及妻陳氏墓誌	10798
程芝墓誌	4114	程義墓誌	1695
程叔悊墓誌	2556	程貢妻郭氏墓誌	6255
程叔絢墓誌	9311	程綱墓誌	8796
程定墓誌	7420	程綱妻蕭氏墓誌	7756
程承寂墓誌	6237	程儉墓誌	4411
程旻墓誌	10192	程德及妻王氏墓誌	4791
程昉及妻梁氏墓誌	3743	程德譽墓誌	4929
程昌胤墓誌	7628	程誼及妻王氏墓誌	10479
程玢及妻竹氏墓誌	10551	程誼及妻成氏墓誌	11563
程知節及妻孫氏崔氏墓誌	1430	程操墓誌	2454
程陁墓誌	418	程穎及妻苗氏墓誌	2701
程亮墓誌	704	程翰林墓誌	8320
程俊墓誌	7785	程璥墓誌	5796
程咸墓誌	3990	程鍾墓誌	67
程思泰墓誌	7038	程隋墓誌	840
程思義墓誌	3542	程歸及妻秦氏墓誌	4827
程思慶墓誌	6328	程歸及妻秦氏賈氏墓誌	4975
程洪墓誌	5873		
程酋及妻侯氏墓誌	3484	程璧墓誌	4530
程修己墓誌	10905	程瞻墓誌	3282
程倫墓誌	2031	程禮及妻梁氏墓誌	4666
程峻及妻袁氏墓誌	301	程懷信墓誌	8358
程晏及宋氏墓誌	10991	程懷憲妻崔氏墓誌	7658
程莊及妻孟氏墓誌	7041	程懷憲及妻崔氏墓誌	7768
程務忠妻鄭氏墓誌	1780	程寶安墓誌	618
程執收妻劇氏墓誌	9428	程護墓誌	4527
程惟誠墓誌	8426	程瓘墓誌	7740
程晦及妻康氏墓誌	5100	程君墓誌	7066
程晧墓誌	9217	程君墓誌	9811
程清墓誌	10543	程君及妻李氏墓誌	9144
程處立妻和幹墓誌	5039	程君妻李守柔墓誌	9059
程進瓌及妻梁氏墓誌	11277	程君妻周氏墓誌	1428
程逸墓誌	5159	程君妻張氏墓誌	2879
		程君妻曾參墓誌	5809
		程氏塔銘	2471

- 529 -

十二畫

程氏墓誌	8124	董交墓誌	9345	董液及妻郭氏墓誌	10251	董氏墓誌	9758
程氏墓誌	8592	董冲及妻馮氏墓誌	5352	董淑妻岑氏墓誌	7095	董氏墓誌蓋	12335
程氏墓誌	9826	董如意墓誌	6412	董翊墓誌	11514	董氏墓誌蓋	12336
粟況墓誌	7717	董守貞及妻蕭氏墓誌	4651	董菩提心墓誌	5519	覃季子墓銘	11983
粟德及妻田氏墓誌	1194	董忏墓誌	9168	董逢墓誌	5646	費胤斌墓誌	1850
絁君墓誌蓋	12332	董收墓誌	378	董堪墓誌	4278	費俛(俯?)墓誌	11499
舒行言妻要氏墓誌	11719	董行墓誌	4301	董智奭墓誌	915	費智海墓誌	2057
舒論墓誌	8759	董行及妻王氏及嗣子修禮及妻劉氏墓誌	5863	董琮妻高氏韓氏墓誌	3075	費獎及妻王氏墓誌	4792
萬仁泰墓誌	8409	董岌墓誌	9224	董軸及妻劉氏墓誌	1958	費君妻王令德墓誌	1989
萬民及妻陳氏墓誌	3085	董岌妻楊氏墓誌	8637	董達墓誌	2078	費君妻薛氏墓誌	3707
萬行及妻祕氏墓誌	6378	董希令及妻趙氏墓誌	3184	董楒墓誌	8411	賀玄道墓誌	4084
萬利器及妻霍氏墓誌	6732	董希逸及妻李氏墓誌	8619	董溪墓誌	8703	賀若璿妻元氏墓誌	7140
萬季衡墓誌	10470	董忱及妻申氏墓誌	4840	董義及妻王氏墓誌	3608	賀幽淨墓誌	10938
萬師貞墓誌	9954	董秀及妻宋氏王氏墓誌	4214	董義及妻李氏墓誌	4713	賀君墓誌蓋	12337
萬晟及妻令孤氏墓誌	11073	董定墓誌	3035	董葵及妻田氏墓誌	1513	賀君墓誌蓋	12338
萬進墓誌	42	董拔墓誌	2894	董遠及妻常氏墓誌	3126	賀君妻賈待墓誌	4444
萬景墓誌	8340	董明墓誌	2033	董鉉及妻孔氏墓誌	4968	賀拔希周及妻韋氏墓誌	7184
萬朝墓誌	7870	董明及妻郝氏墓誌	1011	董僧利及妻王氏墓誌	596	賀拔亮墓誌	480
萬齊岳及妻王氏墓誌	7708	董知劍及妻孫氏墓誌	4823	董嘉斤及妻高氏墓誌	4343	賀拔亮妻張氏墓誌	551
萬樑墓誌	1554	董亮及妻趙氏墓誌	5412	董嘉猷妻郭氏墓誌	8287	賀拔裕及妻崔氏墓誌	4959
萬德墓誌	407	董侹墓誌	8642	董榮及妻李氏牛氏墓誌	1826	賀若貞亮墓誌	1642
萬蘭墓誌	1084	董信及妻郎氏墓誌	2132	董榮及妻衛氏墓誌	1533	賀若景忱墓誌	1197
萬願及妻馬氏張氏墓誌	4636	董彥及妻張氏墓誌	3148	董滿墓誌	1823	賀若震及妻蕭氏墓誌	4684
萬鑒及妻韓氏墓誌	4153	董政及妻郭氏墓誌	11757	董誗及妻李氏墓誌	2909	賀從章墓誌	9725
萬君妻王氏墓誌	9792	董春及妻粟氏墓誌	11678	董徹及妻張氏墓誌	2051	賀蘭抗及妻趙氏合葬墓誌	9871
葉再榮墓誌	10495	董昭墓誌	6267	董嶷及妻郭氏墓誌	4012	賀蘭務溫墓誌	4574
董力墓誌	2149	董柱及妻任氏墓誌	487	董謙墓誌	6641	賀蘭敏之墓誌	3915
董士及妻劉氏墓誌	1619	董唐元墓誌	10723	董鍾墓誌	5375	賀蘭淹及妻傅氏墓誌	1230
董士及妻劉氏墓誌	1618	董唐元妻王氏墓誌	11204	董璧墓誌	4235	賀蘭遂及妻程氏墓誌	9293
董才及妻向氏墓誌	2393	董師墓誌	3399	董禮墓誌	5158	賀蘭譽墓誌	5101
董仁墓誌	1924	董師及妻元氏墓誌	4272	董懷義及妻侯氏墓誌	4877	賀蘭君妻李氏墓誌	6175
董仁墓誌	4977	董師及妻王氏墓誌	1448	董辯及樂氏墓誌	6419	賀蘭君妻楊氏墓誌	2901
董元貞妻秦寶墓誌	4141	董師及妻郭氏墓誌	2683	董君墓記	11411	賀蘭君妻豆盧氏墓誌	7013
董文墓誌	2113	董師及妻郭氏墓誌	2780	董君墓誌蓋	12333	賀蘭氏墓誌	7833
萱文及妻韓氏墓誌	3101	董師及妻裴氏墓誌	5410	董君墓誌蓋	12334	逯貞及妻李氏墓誌	3206
董文萼墓誌	8825	董師及妻趙氏墓誌	4837	董君妻王陸墓誌	3922	逯敬存及妻韓氏墓誌	10962
董冬墓誌	2389	董神寶及妻秦氏墓誌	4745	董君妻令狐氏墓表	701	逯福墓誌	5800
董弘及妻樊氏墓誌	3268	董虔運墓誌	4633	董君妻任氏墓誌	342	逯□墓誌	3946
董弘及妻薛氏張氏墓誌	11854	董務忠墓誌	2840	董君妻任氏墓誌	1127	逯君墓誌蓋	12509
董弘及妻關氏墓誌	3684	董務忠妻趙明墓誌	3259	董君妻杜令姿墓誌	1390	道安塔記	1688
董弘義及妻徐氏墓誌	1509	董婁及妻苗氏墓誌	5476	董君妻戴滿墓誌	993	道政法師支提塔	11984
董本墓誌	2891	董惟靖墓誌	10410	董氏墓誌	1120	道雲墓誌	539
		董惟誼墓誌	11693	董氏墓誌	6910	道廣和尚荼毘遺記	8581
				董氏墓誌	7087		

十二・十三畫

達奚士讓墓誌 1386	馮仙師(得一)墓誌 8533	馮湍妻金氏墓誌 10715	黃直墓誌 11421
達奚承宗墓誌 4184	馮名及妻李氏陳氏墓誌 3400	馮遇及妻王氏墓誌 7804	黃師墓誌 2559
達奚革及妻崔氏墓誌 11091	馮守寂墓誌 5359	馮道墓誌 2621	黃素墓誌 1942
達奚撫及妻竇氏盧氏墓誌 8373	馮安墓誌 1379	馮道墓誌 2914	黃曹生及妻王氏墓誌 2133
達奚瑤善墓誌 557	馮自琀妻李氏墓誌 10122	馮達墓誌 1257	黃葉和尚墓誌 23
達奚君妻王娑墓誌 3058	馮君衡及妻麥氏墓誌 5040	馮雅及妻王氏墓誌 3845	黃撝妻劉氏龕銘 6799
達奚君及妻柳氏墓誌 2442	馮宏之及妻張氏墓誌 5627	馮義墓誌 6040	黃靚墓誌 3841
鄂□墓銘 10141	馮忻墓誌 6282	馮義弘及妻王氏墓誌 11108	黃羅漢墓誌 742
開休元墓誌 5344	馮李南墓誌 10915	馮鼎墓誌 5807	黃懿墓誌 3063
開承簡墓誌 5345	馮承宗墓誌 7771	馮廓及妻朱氏墓誌 2821	黃君墓誌 2456
陽士通墓表 786	馮承素及妻朱氏墓誌 1843	馮綸(倫?)墓銘 9582	黃君多角瓶 10232
陽玄基及妻梁氏墓誌 3600	馮明及妻牛氏墓誌 5221	馮審中墓誌 10418	黃君妻孫智墓誌 1555
陽合及妻劉氏墓誌 2086	馮俊妻王氏墓誌 10039	馮履仁妻秦瓊墓誌 10025	黑元武墓誌 11713
陽昕及妻元氏墓誌 1116	馮信墓誌 316	馮履均墓誌 11161	黑齒俊墓誌 3739
陽修己及妻李氏墓誌 6176	馮建墓誌 4557	馮廣清墓誌 10204	黑齒常之墓誌 3269
陽堡墓誌 10802	馮思順墓誌 6792	馮慶墓誌 3381	聚慶墓誌 9543
陽翟侯妻陸氏墓誌 2348	馮思誨墓誌 12346	馮操墓誌 3077	
陽鉥及妻于氏墓誌 7871	馮政墓誌 926	馮樹及妻郭氏墓誌 2430	
陽儉及妻元氏後妻弓氏墓誌 3380	馮昭遷墓誌 7307	馮賢及妻陳氏墓誌 7313	十三畫
陽瑾及妻張氏墓誌 7084	馮胡師墓誌 2766	馮環墓誌 7465	
陽濟及妻劉氏墓誌 7980	馮貞墓誌 1440	馮邁及妻郭氏墓誌 1330	嗣 圓 廉 楊 源 溫
陽濟妻劉氏墓誌 7563	馮貞佑妻孟十一娘墓誌 4231	馮鏄墓誌 11168	熙 睦 竂 義 葛 虞
陽簡及妻王氏墓誌 5415	馮貞懿及妻裴氏墓誌 5975	馮瓊及妻元氏墓誌 2378	解 賈 路 載 逿 過
陽君墓誌蓋 12339	馮庭墓誌 708	馮藏墓誌 4589	鄒 鄔 鉗 雍 雷 靖
陽君墓誌蓋 12341	馮庭貢墓誌 7495	馮藝墓誌 4871	靳
陽君墓誌蓋 12342	馮恕及妻元氏墓誌 393	馮寶墓誌 4993	
陽君妻崔上元眞墓誌 8933	馮晉墓誌 12348	馮黨及妻王氏墓誌 1945	嗣陳王墓誌蓋 12349
陽君妻盧氏墓誌 5961	馮泰墓誌 4390	馮懿墓誌 5233	圓寂墓誌 8430
陽君妻□氏墓誌蓋 12340	馮通及妻劉氏墓誌 2145	馮□思及妻□氏墓誌 3211	圓濟塔銘 6033
隆國寺亡尼七品墓誌 6906	馮基及妻宋氏張氏墓誌 2333	馮君墓誌蓋 12343	圓藏塔銘 433
隋王夫人墓誌 3545	馮晟墓誌 9221	馮君墓誌蓋 12344	圓覺塔誌 10440
雲長及妻張氏墓誌 2392	馮猛及妻韓氏宋氏墓誌 4985	馮君墓誌蓋 12345	廉元泰墓誌 6699
雲感妻武氏墓誌 5562	馮術墓誌 7422	馮君墓誌蓋 12510	廉文液墓誌 10433
雲遂及妻李氏墓誌 6729	馮勝及妻郭氏墓誌 1714	馮君墓誌蓋 12511	廉汶及妻孫氏墓誌 9752
項丞光墓誌 8255	馮復及妻王氏墓誌 6281	馮君妻何氏墓誌 11074	廉師及妻徐氏墓誌 4347
項承暉墓誌 6615	馮朝墓誌 10503	馮君妻李詠墓誌 9032	廉察及妻杜氏墓誌 6068
項法墓誌 6683	馮朝光墓誌 7648	馮君妻李雅墓誌 9114	廉氏墓誌蓋 12350
順禪師塔銘 215	馮殖(塤?)及妻吳恭墓誌 9875	馮君妻許氏墓誌 974	慈和禪師墓誌 5211
馮士良墓誌 2485	馮殖(塤?)妻吳恭墓誌 9723	馮君妻許氏墓誌 1176	楊秀墓誌蓋 12351
馮中庸及妻崔氏墓誌 5638		馮氏墓誌蓋 12347	楊上及妻宗氏墓誌 2523
馮仁剛塔記 855		馮氏(號行周)墓誌 10698	楊于及妻金氏墓誌 6125
馮元墓誌 11985		黃公俊墓誌 11566	楊士墓誌 985
馮元及妻李氏墓誌 5962		黃季常(長?)墓誌 10156	楊士眞墓誌 9355
		黃承緒墓誌 4501	楊士達墓誌 372

十三畫

楊士漢墓誌	231	楊宇妻杜絪墓誌 10016	楊旻墓誌 570	楊迥及妻李氏(秀谷縣主)墓誌 9619
楊大娘磚墓記	5803	楊守澹妻獨孤法王墓誌 604	楊旻墓誌 9406	楊容及妻崔氏墓誌 10295
楊大隱墓誌	1838	楊守澹及妻獨孤法王墓誌 1293	楊昇墓誌 3098	楊師善及妻丁氏墓誌 2803
楊山隱墓記	3330	楊收及妻韋東眞墓誌 11328	楊東魯及妻屈突氏墓誌 7210	楊庭芝墓誌 7700
楊才及妻宗氏墓誌	2236	楊收妻韋東眞墓誌 11329	楊松年墓誌 10675	楊昚墓誌 7627
楊仁方墓誌	560	楊行立墓誌 9795	楊法行墓誌 6983	楊神威墓誌 2180
楊元墓誌	1518	楊行敏墓誌 6665	楊玠墓誌 6617	楊純及妻清河張氏南陽張氏墓誌 4567
楊元亨及裴氏墓誌	3589	楊行滿及妻馬氏墓誌 4536	楊知退妻盧氏墓誌 11448	楊素及妻徐氏墓誌 3477
楊元卿妻陳氏墓誌	9133	楊行褘墓誌 1658	楊若及妻鄭氏墓誌 8110	楊訓及妻鄭墓誌 2912
楊元卿及妻陳氏墓誌	9595	楊吳生及妻張氏墓誌 655	楊若先墓誌 6708	楊高仁及妻王氏墓誌 4969
楊元朝及妻關氏墓誌	9624	楊孝直墓誌 9661	楊亮墓誌 3636	楊高妻李滿墓誌 3455
楊公甫墓誌	10480	楊孝恭碑 4948	楊亮及妻賈氏墓誌 3378	楊乾光墓誌 10548
楊公政妻郭氏墓誌	11616	楊孝弼妻宋氏墓誌 4109	楊俄及妻魚氏墓誌 3488	楊偘墓誌 5572
楊公弼墓誌	9974	楊岌墓誌 6259	楊俊及妻張氏墓誌 3498	楊偘及妻李氏墓誌 1970
楊公謨墓誌	221	楊希墓誌 3947	楊保救墓誌 1631	楊務本及妻裴氏墓誌 3903
楊卞玉墓誌	6927	楊希玉及妻吳氏墓誌 7790	楊保救妻張氏墓表 213	楊執一妻獨孤開墓誌 4296
楊少恒及妻苑氏墓誌	11197	楊芸(字子書)墓誌 11531	楊信墓誌 2486	楊執一及妻獨孤開墓誌 4949
楊文挺墓誌	2527	楊志忠墓誌 5362	楊信墓誌 6737	楊執瓊及妻李氏墓誌 7385
楊令暉墓誌	6102	楊志眺墓誌 1280	楊威墓誌 571	楊基墓誌 559
楊去盈墓誌	2214	楊志廉妻劉氏墓誌 8303	楊客僧墓誌 1419	楊基及妻能氏墓誌 3208
楊去溢墓誌	2213	楊志廉及妻劉氏墓誌 8422	楊彥及妻王氏墓誌 2545	楊崇及妻騫氏墓誌 7387
楊幼及妻田氏墓誌	2258	楊秀墓誌 1236	楊彥璿墓誌 6581	楊崇倩墓誌 8244
楊弘悊墓誌	3627	楊秀墓誌 1929	楊律及妻孫氏墓誌 2536	楊康及妻劉氏墓誌 1393
楊弘嗣墓誌	3343	楊秀墓誌 7331	楊思墓誌 3803	楊康妻劉妙姜墓誌 781
楊弘慶墓誌	9635	楊秀奇墓誌 11242	楊思墓誌 5193	楊從彥墓誌 8354
楊正本妻韓令德墓誌	3279	楊佰隴墓誌 576	楊思玄墓誌 3680	楊悊墓誌 11846
楊玄略及妻竇氏韓氏墓誌	10931	楊和墓誌 583	楊思立墓誌 11451	楊敏墓誌 76
楊玄肅墓誌	2592	楊奉墓誌 656	楊思言墓誌 5630	楊敏墓誌 457
楊玄福墓誌	5913	楊奉榮妻裴婉容墓誌 5925	楊思朂墓誌 5808	楊敏墓誌 495
楊玄獎墓誌	112	楊宗本墓誌 9254	楊思訥墓誌 1286	楊晟墓誌 1897
楊玉墓誌	771	楊居士塔銘 315	楊思齊墓誌 3893	楊晧墓誌 10828
楊仲昌墓誌	5812	楊居實墓誌 4321	楊栖愈墓誌 11057	楊晧澄墓誌 9008
楊仲雅墓誌	8921	楊居實墓誌 10803	楊政及妻蔡氏墓誌 3183	楊清墓誌 605
楊仲嗣及妻李氏墓誌	6588	楊岳墓誌 3046	楊政本妻韋檀特墓誌 2328	楊紹基墓誌 2841
楊仲膺及妻裴氏墓誌	5041	楊岳及妻韋氏墓誌 798	楊昭墓誌 463	楊華墓誌 351
楊休烈及妻柳氏墓誌	7824	楊忠及妻馮氏墓誌 6580	楊柔墓誌 2714	楊處濟及妻周氏墓誌 3948
楊光及妻德允彰墓誌	7046	楊忠梗墓誌 6049	楊柔妻李氏墓誌 6616	楊逸墓誌 640
楊光先墓誌	6131	楊承胤墓誌 3800	楊洪素墓誌 6177	楊釩墓誌 11547
楊全墓誌	472	楊承恩墓誌 5831	楊約及妻喬氏墓誌 3149	楊陶墓誌 2811
楊再思墓誌	3902	楊承福及妻田氏墓誌 3979	楊茂林墓誌 6235	楊雩墓誌 7325
楊同悲墓誌	9084	楊承獎墓誌 7348	楊貞墓誌 2444	楊凱之墓誌 1593
楊同遜妻鄭氏墓誌	8299	楊於陵及妻韓氏墓誌 9471	楊貞墓誌 4785	楊善及妻陶氏墓誌 4928
楊宇墓誌	10387		楊貞及妻檀氏墓誌 4555	
			楊軌墓誌 2005	

十三畫

楊惠墓誌	6224	楊俛墓誌	7616	楊籌妻王卿雲墓誌	10936	楊君妻李氏墓誌	2391
楊景球墓誌	11387	楊管管墓誌	11249	楊瞻墓誌	9277	楊君妻李厶墓誌	4338
楊景嵩墓誌	5214	楊綰墓誌	7417	楊鏻妻達奚氏墓誌	9154	楊君妻李氏墓誌	4653
楊智積墓誌	1534	楊臺墓誌	1123	楊續墓誌	609	楊君妻李氏墓誌	11279
楊植及妻李氏墓誌	4328	楊儀及妻武氏墓誌	11815	楊鷗墓誌	8121	楊君妻李雅墓誌	11500
楊湯墓誌	1715	楊儀及妻顏氏墓誌	3346	楊顥墓誌	6487	楊君妻李氏墓誌	11738
楊溫(字恭仁)墓誌	228	楊履庭墓誌	4057	楊讓墓誌	2751	楊君妻杜芬墓誌	2414
楊琮墓誌	3810	楊德墓誌	363	楊靈崩墓誌	7080	楊君妻杜氏墓誌	3597
楊絳墓誌	5455	楊德及妻江氏墓誌	2842	楊□哲(字茂道)墓誌	1995	楊君妻垣氏墓誌	3989
楊萬榮墓誌	7795	楊德深及妻夏侯氏墓誌		楊君墓誌	3106	楊君妻孫氏墓誌	603
楊貴及妻武氏墓誌	697		2446	楊君墓誌	3422	楊君妻烏氏墓誌	11238
楊越及妻陳氏墓誌	4244	楊德裔及妻李氏墓誌	2506	楊君墓誌	7970	楊君妻韋氏墓誌	4046
楊道及妻崔氏墓誌	3377	楊徹及妻巳氏墓誌	1549	楊君墓銘	10784	楊君妻馬壽墓誌	568
楊道綱墓誌	946	楊澄及妻程氏墓誌	9865	楊君墓誌	10964	楊君妻張伯墓誌	657
楊達墓誌	420	楊緘墓誌	1459	楊君墓誌	11987	楊君妻張五娘墓誌	5394
楊達及妻張氏墓誌	1454	楊輦墓誌	10809	楊君墓誌蓋	12352	楊君妻曹氏墓誌	10532
楊順墓誌	2951	楊魯士妻吳氏墓誌	9876	楊君墓誌蓋	12353	楊君妻梁氏墓誌	8817
楊意德墓誌	6334	楊嶧及妻梁氏墓誌	9077	楊君墓誌蓋	12354	楊君妻陳氏墓誌	8808
楊感墓誌	891	楊擇文及妻陳氏墓誌	8388	楊君墓誌蓋	12355	楊君妻程令淑墓誌	1630
楊慎交墓誌	4766	楊操墓誌	865	楊君墓誌蓋	12356	楊君妻達奚鏻墓誌	9103
楊慎微墓誌	4497	楊操及妻劉氏墓誌	3575	楊君墓誌蓋	12357	楊君妻賈通墓誌	3050
楊暉墓誌	5889	楊璡墓誌	4506	楊君墓誌蓋	12358	楊君妻爾朱氏墓誌	2081
楊暕及妻李氏墓誌	2537	楊璡妻源內則墓誌	5856	楊君墓誌蓋	12359	楊君妻裴氏墓誌	7663
楊會墓誌	5500	楊衡及妻趙氏墓誌	1351	楊君墓誌蓋	12360	楊君妻趙氏墓誌	8997
楊楚玉妻張氏墓誌	5324	楊隨墓誌	9121	楊君墓誌蓋	12361	楊君妻劉珪墓誌	3207
楊業洛墓誌	145	楊舉墓誌	4215	楊君墓誌蓋	12362	楊君妻鄭氏墓誌	236
楊準墓誌	9526	楊檀墓誌	5296	楊公墓誌蓋	12363	楊君妻張氏墓誌	5753
楊漢公妻韋媛墓誌	11673	楊濤墓誌	7049	楊公墓誌蓋	12364	楊君植墓誌	1207
楊漢公妻鄭本柔墓誌	9125	楊翼墓誌	9101	楊君墓誌蓋	12512	楊氏墓誌	651
楊漢公及妻鄭氏墓誌		楊隱及妻麴氏褚氏墓誌		楊君墓誌蓋	12522	楊氏墓誌蓋	12365
	10830		5726	楊君墓誌蓋	12523	楊氏墓誌蓋	12366
楊珹墓誌	5052	楊點墓誌	5042	楊君及妻秦氏墓誌	6920	楊氏墓誌蓋	12367
楊義墓誌	3797	楊慧墓誌	11306	楊君及妻高氏墓誌	7933	楊氏墓誌蓋	12368
楊義及妻鮑氏墓誌	3509	楊曜墓誌	4619	楊君妻乙弗氏墓誌	304	楊氏墓誌蓋	12369
楊(揚)義妻王氏墓誌	1645	楊璿及妻常氏墓誌	4705	楊君妻王氏墓誌	1505	楊氏(懿宗貴妃)墓誌	
楊萼墓誌	8470	楊簡端墓誌	10600	楊君妻王俱夷墓誌	2477		10980
楊賈墓誌	2273	楊魏成及妻李氏墓誌	4918	楊君妻王容墓誌	4262	源光俗妻鄭氏墓誌	5243
楊靖及妻田氏墓誌	5179	楊瓊墓誌	4704	楊君妻王氏墓誌	10604	源光乘姜氏墓誌	6273
楊頌墓誌	7810	楊瓊墓誌	8246	楊君妻王氏墓誌	11117	源杲墓誌	4611
楊壽及妻劉氏墓誌	4568	楊藝及張氏墓誌	554	楊君妻王氏墓誌	11986	源衍墓誌	5798
楊寧及妻長孫氏墓誌	8887	楊氏(勸憘藏)墓誌	6550	楊君妻左太君墓誌	11442	源脩禮及妻張氏墓誌	5053
楊寧妻長孫氏墓誌	8315	楊寶及妻張氏墓誌	2689	楊君妻田令德墓誌	5617	源溥墓誌	7601
楊滌妻張氏墓誌	10732	楊獻墓誌	4518	楊君妻宋氏墓誌	6805	源端墓誌	6072
楊瑤墓誌	5335	楊瓊妻孟氏墓誌	10358	楊君妻曹延美墓誌	11437	源君墓誌	8218
楊福延墓誌	1902			楊君妻李氏墓誌	1117	源君妻崔氏墓誌	4327

十三畫

墓誌名	編號
源君妻蔣婉墓誌	7919
源君妻趙懿墓誌	1516
源君妻盧氏墓誌	6431
源君妻薛淑墓誌	5369
溫令綏及妻門氏墓誌	11369
溫任墓誌	5181
溫任及妻李氏墓誌	7724
溫江石及張氏墓誌	6053
溫彥博墓誌	181
溫思喇墓誌	3092
溫庭筠墓誌	11052
溫翁念墓誌	500
溫惟幹及妻李氏墓誌	9252
溫敬墓誌	4072
溫溫紀墓誌	5404
溫煒妻李跡上座墓誌	4320
溫綽及妻趙氏墓誌	1747
溫遜及妻杜氏墓誌	9123
溫濬墓誌	1442
溫邈墓誌	9737
溫曦墓誌	4900
溫君妻吳氏墓誌蓋	12324
溫君妻李氏墓誌	7769
溫君妻李氏墓誌	11313
溫君妻賈氏墓誌	4400
熙怡石壙哀誌	9180
睦述墓誌	7842
窣堵波塔銘	11403
義葬墓誌	7086
葛威德及妻郭氏墓誌	4533
葛巽墓誌	11260
葛路墓誌	3642
葛福順墓誌	5632
葛君墓誌蓋	12370
虞玄朗妻唐氏墓誌	2028
虞希喬墓誌	3059
虞從道及妻鄭氏墓誌	7204
虞景莘墓誌	7431
虞照乘及劉氏墓誌	4004
虞愻及妻沈氏墓誌	2390
解才及妻焦寶墓誌	1370
解少卿墓誌	9688
解少卿妻蔡氏墓誌	10304
解正念墓誌	9341
解休昶墓誌	7428
解成墓誌	1335
解成妃墓誌	5286
□(解?)忠及妻王氏墓誌	951
解晉卿妻張氏墓誌	9244
解深墓誌	149
解進墓誌	8571
解舜墓誌	6662
解君妻趙氏墓誌	1751
賈七及妻董氏墓誌	5791
賈元恭墓誌	5244
賈元敬墓誌	4706
賈元叡墓誌	1038
賈文行墓誌	2369
賈文賢墓誌	4919
賈文變及妻倪氏墓誌	3308
賈仕通墓誌	256
賈令琬墓誌	5920
賈令琬及妻馬氏墓誌	6178
賈永究墓記	217
賈玄贊殯記	2515
賈生墓誌	6751
賈光及妻陳氏墓誌	9280
賈守義墓誌	2609
賈安墓誌	2282
賈伯卿及妻韋氏墓誌	4478
賈君才墓誌	2064
賈秀妻張氏墓誌	8145
賈季卿及妻開氏墓誌	5151
賈旻及妻董氏墓誌	1953
賈昂墓誌	453
賈明及妻劉氏墓誌	4542
賈武墓誌	3039
賈阿墓誌	2654
賈信墓誌	1414
賈政墓誌	10013
賈洮墓誌	11340
賈洪禮墓誌	6894
賈貞墓誌	558
賈容兒墓表	140
賈島墓誌	10040
賈師及妻楊氏墓誌	2957
賈栖汭墓誌	5034
賈耽墓誌	8538
賈通墓誌	141
賈國清及妻范氏墓誌	10077
賈崇璋妻陸英墓誌	6648
賈從贄墓誌	10597
賈琁墓誌	7863
賈紹及妻王氏墓誌	2612
賈進和墓誌	10624
賈黃中墓誌	4394
賈善墓誌	7223
賈善法及妻郭氏墓誌	10934
賈崿墓誌	8028
賈智先墓誌	5824
賈欽墓誌	1100
賈欽惠墓誌	6742
賈溫墓誌	9647
賈琛及妻蘇氏成氏墓誌	8707
賈統墓誌	809
賈達墓誌	502
賈雄墓誌	9724
賈感及妻鮮于氏墓誌	4543
賈楚及妻金氏墓誌	3531
賈瑜墓誌	7816
賈節及妻元氏墓誌	2505
賈榮妻珣氏墓誌	10560
賈福謙墓誌	6366
賈儀及妻璩氏墓誌	4352
賈德墓誌	404
賈德茂墓誌	1101
賈徹妻李氏墓誌	11506
賈樂卿墓誌	7611
賈樂卿墓碣	7612
賈勵言墓誌	6596
賈整及妻陳氏墓誌	2127
賈濟及妻皇甫氏墓誌	2492
賈隱及妻王氏墓誌	2931
賈隱及妻杜氏墓誌	6711
賈檖及妻□氏墓誌	3859
賈薯妻王氏墓誌	8737
賈寶藏及妻崔氏墓誌	10397
賈護墓誌	11989
賈鸞墓誌	6666
賈君墓誌	8890
賈君墓誌蓋	12371
賈君墓誌蓋	12372
賈君墓誌蓋	12373
賈君墓誌蓋	12519
賈君及妻胡氏墓誌	4976
賈君妻李氏墓誌	10744
賈君妻郭氏墓誌	5603
賈君妻陳氏墓誌	11988
賈君妻裴氏墓誌	7569
賈氏墓誌	7261
賈氏祖母翟氏墓表	2001
路元亮妻孟氏墓誌	4133
路心兒墓誌	11081
路玄墓誌	4519
路玄武(貳?)墓誌	3738
路全交墓誌	10509
路江墓誌	7955
路江妻于光明墓誌	8747
路君德妻浩弟墓誌	1523
路季琳墓誌	2522
路昭墓誌	1819
路庭禮墓誌	3418
路基妻解氏墓誌	745
路復源墓誌	10709
路循範墓誌	5174
路惲墓誌	5247
路敬仁墓誌	2996
路景秀及妻史氏墓誌	8493
路景祥及妻劉氏墓誌	8395
路欽恕墓誌	3295
路欽質墓誌	3296
路欽默墓誌	3294
路榮及妻田氏墓誌	10845
路綜及妻羅氏墓誌	3194
路徹墓誌	1249
路勵節及妻崔氏墓誌	4049
路隱及妻陳氏墓誌	4219
路巖墓誌	3167
路讜墓誌	11035
路君墓誌蓋	12374
路君妻王氏墓誌	10305
路君妻司徒氏墓誌	4768
路君妻霍氏墓誌	875
路氏墓誌蓋	12375

載偃及妻豐氏墓誌	10833	靳廓墓誌	11280	慕容思觀及妻馬氏墓誌	3550	爾朱君妻董氏墓誌 1198
遞超及妻李氏墓誌	8848	靳審及妻張氏墓誌	10868	慕容政及妻崔氏高氏墓誌	11604	甄叔禪師塔銘 9517
過訥墓誌	11008	靳稽及妻劉氏墓誌	1027	慕容相及妻唐氏墓誌	5952	甄宙墓誌 9057
鄒大方墓誌	2599	靳濯華墓誌	8236	慕容珣及妻崔氏墓誌	5520	甄宙妻李孃墓誌 9048
鄒明及妻皇氏墓誌	11739	靳隱兒墓誌	4316	慕容神護師墓誌	6559	甄庭言墓誌 1916
鄔君墓誌	11990	靳君墓誌	4312	慕容華及妻張氏墓誌	9981	甄君妻陳溫和墓誌 8256
鉗耳君墓誌	6005			慕容煞鬼墓誌	3741	福林寺戒塔銘 10110
鉗耳君妻薛氏墓誌	6398			慕容琛墓誌	4287	種曜及妻王氏墓誌 2193
雍元墓誌	6313	**十四畫**		慕容稚英墓誌	2757	管均墓誌 2247
雍文墓誌	4869			慕容義及妻李氏墓誌	7285	管俊墓誌 2248
雍海墓誌	7709	僧 僖 實 寧 廖 慕		慕容嘉勗墓誌	5789	管思禮墓誌 2589
雍城墓誌	7703	暢 榮 爾 甄 福 種		慕容嘉賓妻餘姚縣主墓誌		管眞墓誌 2249
雍晏墓誌	11707	管 翟 蓋 蔡 蔣 裴			5416	管基墓誌 2576
雍智雲墓誌	5787	褚 赫 趙 輔 齊		慕容瑾墓誌	5236	管惟墓誌 995
雍福墓誌	2043			慕容諾賀鉢妻李氏(西平大		管君妻袁貞墓誌 577
雍□墓誌	9080	僧本智塔銘	6960	長公主)墓誌	3272	翟奴子墓誌 3697
雍□張及妻張氏墓誌	4677	僧伽墓誌	11082	慕容曉墓誌	6921	翟守懿墓誌 6226
雍君妻董氏墓誌	8229	僧突墓誌	6013	慕容環墓誌	8966	翟那寧昬母康波密提墓誌
雷況及妻元氏墓誌	11766	僧純□墓誌	7436	慕容懷固墓誌	3549	1331
雷彥芬妻馮氏墓誌	7704	僧朗塔銘	3599	慕容曦光墓誌	5674	翟怡妻嚴氏墓誌 11349
雷海及妻□氏墓誌	8726	僧堪塔記	206	慕容曦皓墓誌	7186	翟舍集墓誌 4879
雷貞墓誌	9283	僧憨塔記	910	慕容君妻李氏墓誌	3150	翟思隱及妻王氏墓誌 7085
雷渾墓誌	8694	僧義空塔銘	6775	慕容君妻沈氏墓誌	5291	翟洪景墓誌 6984
雷詢及妻趙氏墓誌	6230	僧實貽墓誌蓋	12377	慕容君妻武氏墓誌	5510	翟惠隱墓誌 1039
雷廓墓誌	2079	僖恭墓誌	61	慕容君妻張順墓誌	3285	翟雅及妻鍾氏墓誌 1712
雷諷墓誌	10072	實照墓誌	8038	慕容君妻源氏墓誌	6499	翟銑及妻李氏墓誌 5388
雷君墓誌蓋	12376	寧君妻王四娘墓誌	2277	慕容氏墓誌	169	翟德墓誌 5011
雷君墓誌蓋	12513	廖游卿墓誌	9534	暢文誕及妻朱氏墓誌	4591	翟慶全墓誌 10972
雷君妻宋氏墓誌	6179	慕容三藏墓誌	1869	暢昉墓誌	2436	翟稷及妻張氏墓誌 1675
雷氏墓誌	2733	慕容忠墓誌	3273	暢庭詵及妻李氏墓誌	7774	翟勳妻斛律氏墓誌 11743
靖千季(年)妻李氏墓誌		慕容忠妻李季英(金城縣主)		暢善威及妻王氏墓誌	4590	翟瓚墓誌 2082
	1550	墓誌	4455	暢懷禎墓誌	3225	翟□晉妻蕭氏墓誌 8350
靖寔及妻田氏墓誌	10691	慕容昇墓誌	3286	暢君墓誌蓋	12378	翟君墓誌蓋 12379
靖策墓誌	5049	慕容昇及妻魚氏墓誌	4344	榮行富墓記	11893	翟君墓誌蓋 12380
靖徹及妻丁氏墓誌	1147	慕容明墓誌	5672	榮胡子墓誌	5869	翟君妻周叔墓誌 5082
靖徹及妻王氏墓誌	1591	慕容知晦妻費婉墓誌	3288	榮德墓誌	1475	翟君妻高婉墓誌 10322
靳屺及妻李氏墓誌	11312	慕容知敬墓誌	1870	爾朱旻墓誌	2538	翟君妻康氏墓誌 3048
靳和及妻常氏墓誌	11522	慕容知廉墓誌	3287	爾朱昺及妻崔氏誌石文		翟君妻陳氏墓誌 11348
靳英希墓誌	8153	慕容知禮墓誌	1871		3581	蓋巨源墓誌 11333
靳師墓誌	778	慕容若妻李深墓誌	4434	爾朱逵墓碣	11892	蓋紹墓誌 10751
靳起墓誌	723	慕容威及妻封氏墓誌	6932	爾朱義琛墓誌	2080	蓋景昌墓誌 5231
靳昴墓誌	2144	慕容宣徹墓誌	3898	爾朱君妻李氏墓誌	2539	蓋義寬墓誌 5512
靳進及妻牛氏墓誌	9863	慕容思廉及妻李氏墓誌		爾朱君妻韋氏墓誌	3582	蓋暢墓誌 3218
靳朝俊及妻王氏墓誌	8258		4091			蓋凝及妻關氏墓誌 11100
靳寧墓誌	3764					蓋蕃及妻孫氏墓誌 1735

- 535 -

十四畫

蓋璿及妻靳氏墓誌	9130	蔣達妻黃氏墓誌	11177	裴宏墓誌	11321	裴适墓誌	7492
蓋贊妻孫光墓誌	683	蔣楚賓妻于氏墓誌	4380	裴希顏墓誌	10237	裴迥及雲氏墓誌	6674
蓋君妻崔安樂墓誌	5550	蔣稚子墓誌蓋	8895	裴志墓誌	6422	裴郜墓誌	8227
蔡山福墓誌	4412	蔣義忠及妻任氏墓誌	4027	裴忱墓誌	5860	裴崇禮墓誌	5659
蔡元雪妻楊氏墓誌	8029	蔣銳及妻崔氏墓誌	7403	裴沙墓誌	4811	裴教墓誌	5451
蔡立忠及妻張氏墓誌	5325	蔣璲及妻□氏墓誌	7974	裴虬及前妻崔氏後妻薛氏		裴晧墓誌	1277
蔡宇濟墓誌	10292	蔣鑱墓誌	6294	墓誌	7695	裴晧妻鄭華兒墓誌	3309
蔡行基墓誌	3830	蔣君墓誌蓋	12382	裴虬妻崔氏墓誌	7077	裴曼墓誌	8026
蔡君長墓誌	2118	蔣君及妻竇氏墓誌	11991	裴虬妻崔氏改葬墓誌	7696	裴深及妻閻氏墓誌	8999
蔡希周墓誌	6297	蔣君妻房氏墓誌	6877	裴里墓誌	5460	裴眺墓誌	50
蔡馴墓誌	11486	蔣君妻劉令淑墓誌	3629	裴周南妻盧氏墓誌	5381	裴紹業墓誌	2635
蔡直方墓誌	7225	裴乂墓誌	9261	裴坦墓誌	5839	裴華墓誌	8802
蔡亮及妻李氏墓誌	3438	裴子餘及妻韋氏墓誌	6181	裴定墓誌	9770	裴處弼妻韋韞中墓誌	9608
蔡政及妻劉氏墓誌	11689	裴元蘭及妻韋氏墓誌	4541	裴宜墓誌	7357	裴處珚(瑢)墓誌	6738
蔡洪墓誌	4980	裴友讓及妻張氏墓誌	7301	裴承章墓誌	8397	裴冕墓誌	7237
蔡浩妻段氏墓誌	8245	裴少烈墓誌	6272	裴昌墓誌	9010	裴埤墓誌	11301
蔡啓迪墓誌	9630	裴文明及妻万俟氏墓誌		裴炎妻劉氏墓誌	1090	裴單及妻李氏墓誌	7710
蔡崇敏及妻孟氏墓誌	7869		5866	裴玩墓誌	11116	裴埤妻蕭煥墓誌	11302
蔡逸大象墓誌	3792	裴令範妻李氏磚誌	2310	裴阿八墓誌	9754	裴巽墓誌	4920
蔡雄墓誌	8249	裴可久墓誌	1873	裴亮妻崔氏墓誌	4377	裴復墓誌	8451
蔡須達墓誌	298	裴可及妻樂氏墓誌	2889	裴咸墓誌	3236	裴智墓誌	6262
蔡新殘墓誌	11899	裴札墓誌	7890	裴咸墓誌	9710	裴琨墓誌	6182
蔡遠墓誌	4465	裴札妻路氏墓誌	8295	裴宥墓誌	5784	裴琪墓誌	8982
蔡質墓誌	10143	裴正墓誌	8175	裴度自撰墓誌	11992	裴絢墓誌	3949
蔡鄭客墓誌	5908	裴仲將墓誌	4544	裴思乂及妻閻氏墓誌	4058	裴裕墓誌	6892
蔡鄭客妻韋氏墓誌	7476	裴光庭墓誌	5307	裴括墓誌	7144	裴裕及妻楊氏墓誌	7266
蔡儒及妻王氏墓誌	11245	裴光庭妻武氏墓誌	6113	裴昭墓誌	4050	裴道生墓誌	8296
蔡勛墓誌	11219	裴光朝妻高氏墓誌	5865	裴炬墓誌	5013	裴鄩及妻顏氏墓誌	8268
蔡澤及妻張氏墓誌	12	裴匠墓誌	8174	裴炯墓誌	5420	裴嗣宗墓誌	1503
蔡默墓誌	5401	裴同墓誌	5336	裴胤墓誌	2642	裴會墓誌	7902
蔡君妻武氏墓誌	6293	裴向墓誌	9460	裴降墓誌	7976	裴會真墓誌	536
蔡君妻張氏墓誌	4263	裴向妻盧氏墓誌	9544	裴兼墓誌	8633	裴義暹墓誌	2526
蔡君妻趙氏墓誌	3882	裴回墓誌	6035	裴昪墓誌	7264	裴肅墓誌	5370
蔡君妻張氏墓誌	11526	裴夷直墓誌	10749	裴師墓誌	1985	裴肅及妻陽氏墓誌	6598
蔡氏墓誌	10255	裴夷直妻李弘墓誌	11129	裴恭孫墓誌	11584	裴趯玄妻陽氏墓誌	7559
蔡氏墓誌蓋	12381	裴好古及妻張氏墓誌	7883	裴悌及尹氏墓誌	4345	裴遂墓誌	7539
蔣九墓誌	6180	裴自強及妻杜氏墓誌	4569	裴晃妻盧氏墓誌	6044	裴鼎墓誌	10054
蔣合(喜?)墓誌	182	裴行著墓誌	10306	裴浩墓誌	7723	裴墐墓誌	8184
蔣英墓誌	3465	裴仙先墓誌	6050	裴涓墓誌	4242	裴嵩墓誌	7882
蔣邵(法名智遠)墓誌	6404	裴位及妻苗媛墓誌	8463	裴況墓誌	7757	裴漱墓誌	8040
蔣建及妻李氏墓誌	10544	裴克諒妻李娥墓誌	9323	裴珣妻祖氏墓誌	6368	裴縚墓誌	3548
蔣洞幽墓誌	10209	裴利物墓誌	6663	裴索墓誌	5904	裴聞一及妻崔氏墓誌	5748
蔣倫及妻房氏墓誌	7215	裴利物妻竇氏墓誌	6957	裴翁慶墓誌	5403	裴誥墓誌	10318
蔣敏妻張氏墓誌	5885	裴孝仙及妻諸葛氏墓誌		裴起墓誌	9655	裴誥妻楊氏墓誌	10987
蔣渤墓誌	7368		8389	裴迴(廻)妻李氏墓誌	4445	裴邁妻李氏墓誌	6774

十四畫

裴鉎墓誌	6823	裴君妻李氏墓誌	6298	趙元智墓志	3177	趙何一墓誌	6640
裴廣迪墓誌	8672	裴君妻李氏墓誌	9485	趙元粲墓誌	1421	趙克弼墓誌	2898
裴慾墓誌	6707	裴君妻侯氏墓誌	3923	趙元瓊墓誌	5329	趙克廉及妻劉氏墓誌	4119
裴搗墓誌	4578	裴君妻柳上□墓誌	6752	趙公亮墓誌	11687	趙君旨(字正卿)墓誌	
裴瑾墓誌	5516	裴君妻柳氏墓誌	8130	趙文墓誌	3170		9656
裴積墓誌	5840	裴君妻柳內則墓誌	9076	趙文信墓誌	10112	趙孝顯墓誌	1993
裴誼墓誌	9369	裴君妻皇甫氏墓誌	1984	趙文皎及妻陳氏墓誌	3835	趙沃心及妻裴婉墓誌	7474
裴實妻李環墓誌	10056	裴君妻時氏墓誌	10477	趙文雅妻邊氏墓誌	2120	趙臣墓誌	2129
裴遵裕及妻鄭氏墓誌	6597	裴君妻韋氏墓誌	6500	趙方仁及妻張氏墓誌	6439	趙臣禮墓誌	6306
裴擇妻靳氏墓誌	6570	裴君妻崔氏墓誌	3379	趙牙墓誌	4614	趙佺墓誌	6533
裴澣妻杜氏墓誌	9692	裴君妻崔氏墓誌	6162	趙王內人張氏墓誌	398	趙周及張氏墓誌	825
裴濛及妻李氏韋氏墓誌		裴君妻彭氏墓誌	10806	趙仕良墓誌	10405	趙和瑤墓誌	7553
	10217	裴君妻賀蘭氏墓誌	4308	趙仙舟妻李婉墓誌	5169	趙坯墓誌	9881
裴衡墓誌	8046	裴君妻翟氏墓誌	11516	趙仙童墓誌	6236	趙季康及妻李氏墓誌	8220
裴衡妻元氏墓誌	8078	裴君妻鄭氏墓誌	6878	趙令則墓誌	896	趙宗墓誌	1465
裴誼墓誌	9421	裴君妻盧婉墓誌	5780	趙令則及妻獨孤氏墓誌		趙宗祐(祜)墓誌	11225
裴霓卿墓誌	11180	裴君妻閻氏墓誌	7360		7369	趙宗儒墓誌	9563
裴嬰墓誌	7992	裴君妻戴氏墓誌	10884	趙令問墓誌	6117	趙宗儒妻韋信初墓誌	9206
裴嬰妻崔氏墓誌	7613	裴君妻□氏墓誌	7088	趙冬曦及妻牛氏崔氏墓誌		趙或及妻劉氏墓誌	3754
裴濟墓誌	7872	裴氏墓誌	11097		6564	趙承慶墓誌	2500
裴謙墓誌	10676	裴氏墓誌蓋	12385	趙外及妻李氏墓誌	5652	趙昇朝及妻楊氏墓誌	8583
裴謠墓誌	10549	裴氏小娘子墓誌	10338	趙巨源及妻楊氏墓誌	5924	趙昉及妻翟氏墓誌	446
裴謠墓誌	11809	褚中庸墓誌	9463	趙弘愼及妻張氏墓誌	5270	趙明墓誌	6276
裴謠妻李氏墓誌	11377	褚承恩墓誌	3384	趙弘慶墓誌	6242	趙松柏墓誌	658
裴鍠墓誌	10655	褚峰墓誌	8380	趙本質妻溫氏墓誌	3865	趙欣墓誌	347
裴簡妻崔氏墓誌	8743	褚庭詢墓誌	6389	趙本質及妻楊氏墓誌	2869	趙欣墓誌	2250
裴鎬墓誌	6107	褚朗墓誌	1488	趙玄敏及妻史氏墓誌	4657	趙知愼墓誌	5790
裴寰及妻崔氏墓誌	9895	褚朗妻王氏墓誌	3385	趙玄應及妻裴氏墓誌	2797	趙知儉及妻元氏墓誌	4953
裴懷古墓誌	4134	褚道宣塔銘	6980	趙石墓誌	10547	趙若丘及妻史氏妻元氏墓誌	
裴蘭妻韋氏墓誌	5046	褚羢墓誌	11567	趙礼墓誌	11799		5055
裴識墓誌	10945	褚遂賢墓誌	2105	趙仲子墓誌	732	趙門墓誌	3020
裴鐵墓誌	11876	赫連仁及妻杜氏墓誌	3532	趙充賢墓表	131	趙阿師墓誌	2073
裴嚴墓誌	10696	赫連欽若墓誌	5171	趙全泰墓誌	9468	趙保隆及妻李氏墓誌	4265
裴讓及妻崔氏墓誌	11571	趙士眞墓誌	11281	趙全泰妻武氏墓記	9246	趙信福及妻樂氏墓誌	3748
裴纘墓誌	10029	趙士節墓誌	10739	趙全璧墓誌	5827	趙則承及妻張氏墓誌	
裴君墓誌	7811	趙大行及妻王氏墓誌	2877	趙全璧墓誌	5957		11119
裴君墓誌	8988	趙大辨妻崔氏墓誌	1643	趙全璧柳姬墓誌	6952	趙南山及妻郭氏墓誌	5245
裴君墓誌	8990	趙子節墓誌	3834	趙安塔銘	2549	趙威及妻潘氏墓誌	2069
裴君墓誌蓋	12383	趙才墓誌	572	趙安及妻王氏墓誌	599	趙客及妻何氏墓誌	3749
裴君墓誌蓋	12384	趙才林及妻王氏墓誌	6803	趙庄墓誌	6424	趙建遂及妻董氏王氏墓誌	
裴君及妻杜氏墓誌	3910	趙仁及妻雍氏墓誌	2868	趙自愼及妻閻氏墓誌	2352		10515
裴君妻元氏墓誌	5642	趙仁本墓誌	2084	趙行墓誌	11994	趙思及妻宋氏墓誌	4264
裴君妻王氏墓誌	2770	趙仁表墓誌	1423	趙行本及妻周氏墓誌	3260	趙思忠墓誌	4806
裴君妻李令墓誌	1220	趙元祚及妻平氏墓誌	4024	趙行安墓誌	4144	趙思廉墓誌	6157
裴君妻李芳墓誌	4577	趙元素墓誌	10226	趙行隴及妻劉氏墓誌	5694	趙昭墓誌	428

十四畫

趙昭及妻李氏墓誌	2237	趙朗墓誌	11879	趙義墓誌	2403	趙瓚墓誌	885
趙洺及妻張氏李氏墓誌		趙爽墓誌	631	趙義綱墓誌	1531	趙□昇(字士先)墓誌	8819
	1130	趙皓墓誌	7689	趙肅墓誌	824	趙□恭墓誌	3889
趙海玖(玫?)墓誌	1252	趙貨墓誌	9432	趙誠妻宗氏墓誌	8896	趙君銘記	46
趙盈墓誌	9363	趙貫及妻盧氏吳氏墓誌		趙路墓誌	113	趙君墓誌	4507
趙矜及妻源氏墓誌	8942		10741	趙陳妻墓記	249	趙君墓誌	6571
趙約及妻孫氏墓誌	1284	趙途墓誌	11274	趙僧胤墓表	2103	趙君墓誌蓋	12386
趙緒豐墓表	1205	趙進墓誌	3425	趙嘉及妻郭氏墓誌	670	趙君墓誌蓋	12387
趙貞墓誌	1719	趙進誠墓誌	10546	趙壽墓誌	5456	趙君墓誌蓋	12388
趙貞仁墓誌	2165	趙逸及妻孟昌墓誌	9361	趙昷墓誌	7690	趙君墓誌蓋	12390
趙軌墓誌	1062	趙陵陽墓誌	5592	趙榮墓誌	458	趙君墓誌蓋	12391
趙香兒墓誌	662	趙善及妻仇氏墓誌	4615	趙漼墓誌	11875	趙君墓誌蓋	12392
趙夏日墓誌	5232	趙善德妻墓記	1182	趙睿及妻宗氏墓誌	3160	趙君墓誌蓋	12393
趙師墓誌	1620	趙喬卿及妻李氏墓誌	4960	趙端墓誌	1385	趙君墓誌蓋	12394
趙師文及妻沈氏墓誌	3744	趙惠滿墓誌	5993	趙聞及妻王幽眞墓誌	1138	趙君墓誌蓋	12395
趙庭墓誌	5727	趙惡仁墓誌	1854	趙廣興及妻赫氏郭氏墓誌		趙君墓誌蓋	12396
趙庭秀墓誌	5765	趙敬玄墓誌	4349		9356	趙君墓誌蓋	12397
趙恭墓誌	11392	趙敬南及妻張氏墓誌	9689	趙德令(合)及妻杜氏墓誌		趙君墓誌蓋	12514
趙悅墓誌	7418	趙智偘及妻宗氏墓誌	3543		1738	趙君妻元惲墓誌	6810
趙悅子墓表	120	趙溫及妻王氏墓誌	10464	趙慶逸墓誌	4484	趙君妻王金剛墓誌	7005
趙悅子妻馬氏墓表	87	趙無瑕墓誌	6234	趙慶富墓誌	11993	趙君妻程氏墓誌	8782
趙晉妻杜氏墓誌	9408	趙琚墓誌	7245	趙憬及妻梁氏墓誌	6619	趙君妻成果墓誌	4820
趙晏墓誌	8611	趙琛墓誌	6962	趙潔墓誌	4742	趙君妻李氏墓誌	3053
趙珠什墓誌	8137	趙琮墓誌	11444	趙澄及妻郭氏墓誌	3107	趙君妻李節墓誌	3176
趙珠什妻周氏墓誌	8217	趙越寶墓誌	3476	趙確墓誌	2189	趙君妻李氏王氏墓誌	7057
趙珪墓誌	10176	趙越寶妻張柔範墓誌	4989	趙踐冰墓誌	4015	趙君妻李氏墓誌	7163
趙留四墓誌	6897	趙遊禮及妻張氏及夏侯氏		趙適妻李氏墓誌	9247	趙君妻李氏墓誌	7737
趙益及妻楊氏墓誌	7502	墓誌	6333	趙璜墓誌	10880	趙君妻范氏墓誌	3765
趙眞齡妻盧齡儀墓誌	9805	趙運墓誌	9736	趙璜妻蘇嗣君墓誌	11396	趙君妻姚潔墓誌	565
趙純趙儼趙基趙感墓誌		趙隆墓誌	202	趙興墓誌	2755	趙君妻柳氏墓誌	6542
	5107	趙雄墓誌	1502	趙靜安及妻楊氏墓誌	3215	趙君妻柳默然墓誌	9907
趙莊及妻雍氏墓誌	6201	趙順墓誌	850	趙餘墓誌	11101	趙君妻段氏墓誌	4903
趙虔果墓誌	1394	趙順墓誌	1190	趙龍墓誌	7419	趙君妻夏侯氏墓誌	9904
趙虔章墓誌	11452	趙勛墓誌	741	趙應墓誌	6790	趙君妻韋氏墓誌	8300
趙通墓誌	807	趙勤墓誌	2423	趙禮仁及妻李氏墓誌	6889	趙君妻張英墓誌	1024
趙通達墓誌	2761	趙意墓誌	54	趙簡及妻魏氏墓誌	763	趙君妻張氏墓誌	5480
趙連城墓誌	6618	趙愛及妻樂氏墓誌	9407	趙寵墓誌	617	趙君妻張氏墓誌	9484
趙高墓誌	819	趙慈劼及妻宇文氏墓誌		趙懷悊墓誌	4607	趙君妻梁氏墓誌	1512
趙勒叉墓誌	2509		4266	趙懷璡墓誌	6911	趙君妻郭氏墓誌蓋	12389
趙勔及妻楊氏墓誌	4202	趙戩墓誌	2383	趙瓊墓誌	764	趙君妻楊麗墓誌	5266
趙昴本墓誌	5457	趙暕及張氏墓誌	6713	趙瓊琰墓誌	5847	趙君妻劉寶墓誌	1384
趙啓妻任氏墓誌	10228	趙羣墓誌	10277	趙藤及妻崔氏墓誌	8625	趙君妻潘氏墓誌	10601
趙寀及妻馬氏墓誌	11620	趙群墓誌	8582	趙勸墓誌	8261	趙君妻鄭氏墓誌	6482
趙從一墓誌	11143	趙義墓誌	1660	趙纂墓誌	9507	趙君妻麹氏墓誌	459
趙敏及妻許氏墓誌	2833	趙義墓誌	2197	趙懿及妻王氏墓誌	2340	趙君妻張氏墓誌	9914

- 538 -

趙君妻張氏墓誌 10005	劉子墓誌 3169	劉伏墓誌 10042	劉和墓誌 2
趙氏墓誌 1651	劉干及妻王氏墓誌 10887	劉伏寶妻張氏墓誌 983	劉和墓誌 9054
趙氏墓誌 1728	劉干妻王氏墓誌 10660	劉先及妻郭氏墓誌 3132	劉奇秀墓誌 8059
趙氏墓誌 10252	劉才及妻司徒氏 3486	劉光墓誌 4647	劉奇秀妻駱氏墓誌 8464
趙氏墓誌 10427	劉中禮墓誌 11332	劉光珍墓誌 9075	劉奉芝墓誌 6982
趙氏朱書墓表 11859	劉仁墓誌 2203	劉再興及妻王氏睦氏墓誌	劉季仙墓誌 3822
趙氏墓誌 11995	劉仁墓誌 4198	11496	劉宗墓誌 10832
趙氏墓誌蓋 12398	劉仁及妻張氏墓誌 3757	劉同及妻許氏墓誌 6227	劉宗意及妻孫氏墓誌 8599
趙氏墓誌蓋 12399	劉仁會墓誌 976	劉如泉墓誌 7602	劉定師墓誌 11418
趙氏墓誌蓋 12400	劉仁叡墓誌 3756	劉如璋及妻姜氏墓誌 5125	劉尚賓妻盧氏墓誌 9488
趙氏墓誌蓋 12401	劉元墓誌 10578	劉守忠墓誌 1951	劉忠及妻李氏墓誌 10615
趙氏墓誌 6736	劉元亨及妻田氏墓誌 6099	劉成墓誌 2656	劉忠孝墓誌 9817
趙氏亡子汝南塔記 5176	劉元尚墓誌 6813	劉自政墓誌 10382	劉忠讓墓誌 9112
輔思讓墓誌 4146	劉元政及妻張氏齊氏墓誌	劉至柔墓誌 6880	劉性忠墓誌 8790
輔恒墓誌 3908	11153	劉行師及妻郭氏墓誌 4493	劉昇朝墓誌 8011
輔簡墓誌 3794	劉元貞墓誌 6069	劉行餘墓誌 10327	劉昌墓誌 7435
齊子墓誌 6660	劉元益墓誌 10008	劉伯芻墓誌 8878	劉昌裔墓誌 8773
齊朗墓誌 3036	劉元爽墓誌 5896	劉住隆妻王延臺墓表 1064	劉明達墓誌 3687
齊章法師墓誌 11788	劉元超及妻李氏墓誌 4414	劉克恭妻武氏墓誌 10837	劉明德及妻高氏墓誌 9090
齊鄴墓誌 10114	劉元質妻姜氏墓誌 9824	劉初墓誌 2516	劉易從墓誌 4068
齊君墓誌 9781	劉元適墓誌 6060	劉初及妻寇氏墓誌 523	劉武及妻樊氏墓誌 2497
齊氏墓誌 5799	劉公制及妻王氏墓誌 9774	劉君和及妻王氏墓誌	劉泳之妻吳氏墓誌 9238
	劉公素及妻趙氏墓誌	10836	劉肱妻裴氏墓誌 5544
	10913	劉君政及妻牛氏墓誌	劉芬提墓誌 3187
十五畫	劉公綽墓誌 3404	10951	劉英墓誌 6798
	劉升墓誌 6158	劉君德及妻邊氏墓誌 1720	劉阿延墓誌 11414
價 儀 劇 劉 廣 德	劉廿四娘墓誌 8502	劉含章妻李五娘墓誌 3168	劉亮墓誌 52
摯 樂 樊 歐 滕 穎	劉文墓誌 473	劉吳客墓誌 1797	劉亮墓誌 1909
潘 澄 緱 臧 談 論	劉文墓誌 1927	劉苕墓誌 8002	劉保及妻席氏墓誌 3992
諸 諾 輪 鄧 鄭 閭	劉文政妻崔氏墓誌 11464	劉孝幹墓誌 1482	劉保歡墓表 26
鞏 魯 黎	劉文遂墓誌 9926	劉孝節墓誌 1476	劉宣墓誌 10312
	劉文銳墓誌 11076	劉希墓誌 5076	劉建墓誌 8070
	劉日進及妻武氏墓誌 8007	劉希陽及妻韓氏墓誌 8785	劉建及妻馮氏墓誌 610
價君墓誌蓋 12402	劉世通妻王氏磚墓誌 507	劉延壽墓誌 1053	劉彥之墓誌 4337
儀君墓誌蓋 12403	劉仕俌墓誌 11054	劉彤墓誌 11226	劉彥沖墓誌 9002
劇僧光墓誌 4778	劉令問墓誌 4834	劉志清及妻王氏墓誌	劉彥參墓誌 4441
劉二娘墓誌 6503	劉巨川墓誌 10020	11018	劉思友墓誌 11190
劉士平妻崔氏墓誌 11712	劉弘墓誌 2438	劉秀墓誌 794	劉思友妻王氏墓誌 11545
劉士弘墓誌 10193	劉弘晟及妻趙氏墓誌 11061	劉秀及妻許氏張氏墓誌	劉思貞墓誌 4637
劉士昂及妻寶氏墓誌 1521	劉弘規墓誌 9324	2402	劉思賢墓誌 6211
劉士恭墓表 1464	劉永及妻李氏墓誌 7388	劉秀珍墓誌 9207	劉政及妻董氏墓誌 284
劉士準墓誌 10307	劉玄豹妻高氏墓誌 6793	劉良及妻景氏墓誌 9161	劉昭墓誌 11579
劉士環墓誌 9962	劉生及妻常氏墓誌 1332	劉良信墓誌 11012	劉洞墓誌 9169
劉大時及妻陽貞婉墓誌	劉仲及妻范氏墓誌 11702	劉言妻鄧明墓誌 6497	劉洤墓誌 8779
4849	劉仲珪墓誌 3501	劉其雲及妻王氏墓誌 8826	劉洪及妻王氏墓誌 1994

十五畫

墓誌名	編號
劉洪預墓誌	3165
劉洽妻姚氏權葬石表	10649
劉海達墓誌	4363
劉海賓墓誌	7827
劉珍及妻蘇氏墓誌	2636
劉皆墓誌	673
劉盈墓誌	2034
劉相墓誌	362
劉約墓誌	5093
劉胡及妻馬氏墓誌	3314
劉茂貞墓誌	9448
劉貞及妻傅氏李氏墓誌	5081
劉洞墓誌	7540
劉郁墓誌	6908
劉倫及妻李氏墓誌	9023
劉娘子墓誌	314
劉師墓誌	2989
劉師及妻房氏墓誌	3233
劉庭玉墓誌	7321
劉庭芝墓誌	5940
劉庭訓墓誌	5108
劉挺及妻王氏墓誌	2186
劉栖梧墓誌	9347
劉栖楚及妻裴氏墓誌	9346
劉浩墓誌	3462
劉涗墓誌	8477
劉珪墓誌	937
劉益錢墓誌	11860
劉眞儀墓誌	11034
劉神及妻申氏馬氏墓誌	2722
劉神留墓誌	10995
劉秦客及妻楊氏墓誌	5491
劉素墓誌	5346
劉素及妻王氏墓誌	7714
劉素及妻楊氏墓誌	5402
劉素及妻賈氏墓誌	6159
劉通墓誌	2990
劉通墓誌	8697
劉通妻張氏墓誌	8390
劉乾洛及妻張氏墓誌	4558
劉國及妻韓氏墓誌	6692
劉基及妻泰氏墓誌	3071
劉婉妻高氏墓誌	6428
劉寂及妻裴氏墓誌	3769
劉寄及妻高氏墓誌	3755
劉密(積)妻崔氏墓誌	8750
劉密及妻崔氏墓誌	9527
劉崇及妻齊氏墓誌	4643
劉崇嗣及妻杜氏墓誌	4087
劉崟墓誌	9636
劉常名墓誌	4306
劉從一及妻崔氏墓誌	8412
劉從義墓誌	8331
劉從素妻李氏墓誌	9586
劉惟正墓誌	4744
劉晧墓誌	9056
劉朗(明)墓誌	1707
劉清及妻常氏墓誌	9960
劉珵墓誌	10606
劉略墓誌	11159
劉略妻鄭姁墓誌	10165
劉盛及妻逯氏墓誌	1805
劉祥及妻魏氏墓誌	5937
劉華墓誌	1755
劉處靜自撰墓誌	11335
劉進及妻朱氏墓誌	7513
劉進及妻楊氏墓誌	9296
劉逸墓誌	9603
劉勝京墓誌	8068
劉勝孫墓誌	8927
劉善及妻宋氏墓誌	2579
劉善寂墓誌	2915
劉寔及妻崔氏墓誌	4415
劉復墓誌	7875
劉敦行墓誌	4521
劉敬文墓誌	11410
劉敬直及妻蔡氏墓誌	2795
劉斌墓誌	8141
劉普曜及妻乙弗氏墓誌	621
劉景墓誌	7773
劉景嗣墓誌	5035
劉暘妻吳氏墓誌	9384
劉智才墓誌	6791
劉智及妻孫氏墓誌	6901
劉測墓誌	9885
劉漢洌墓誌	9949
劉溫墓誌	10704
劉然及妻路氏墓誌	10145
劉琮及妻張氏墓誌	11709
劉瑛墓誌	2739
劉裕墓誌	622
劉貴及妻張氏墓誌	1077
劉買及妻周氏墓誌	3505
劉買及妻張氏墓誌	4882
劉超俗墓誌	10018
劉超俗及妻李氏墓誌	11068
劉運及妻趙氏墓誌	11578
劉道進墓誌	8964
劉鈐及妻李氏墓誌	11716
劉鈞妻丁氏墓誌	10818
劉開妻孟淑容墓誌	10
劉勤墓誌	11763
劉嗣元及妻張氏□氏墓誌	1711
劉嗣仙墓誌	7098
劉嵩及妻張氏墓誌	11393
劉廉及妻張氏墓誌	5450
劉意墓誌	591
劉感墓誌	6746
劉感義墓誌	6989
劉慎墓誌	4812
劉損之及妻裴氏墓誌	2394
劉搏妻孔氏墓誌	10244
劉揥妻源氏墓誌	7725
劉暉墓誌	8506
劉會墓誌	11784
劉楚墓誌	11585
劉源墓誌	8435
劉源墓誌	9732
劉源武及妻程氏墓誌	11701
劉溢墓誌	8580
劉漢(漠)潤妻楊琎墓誌	9452
劉煟墓誌	9464
劉照璧及妻呂氏墓誌	280
劉猷墓誌	2232
劉祿墓誌	5164
劉筠墓誌	9034
劉節墓誌	108
劉節及妻李氏墓誌	4575
劉粲墓誌	65
劉粲墓誌	278
劉義弘墓誌	2101
劉義本妻賀蘭氏墓誌	5995
劉義□及妻張氏墓誌	2698
劉詧墓誌	9148
劉辟惡及妻達奚氏墓誌	936
劉遠墓誌	261
劉僧及妻趙氏墓誌	2935
劉嘉運塔銘	4331
劉嘉運(大德法師)影塔銘	11908
劉嘉慶墓誌	5111
劉壽墓誌	2741
劉實及妻周氏墓誌	3611
劉寧及妻范氏墓誌	10286
劉榮墓誌	10281
劉榮及妻李氏墓誌	2102
劉滿墓誌	2732
劉福墓誌	6103
劉端墓誌	3362
劉端及妻公孫氏墓誌	1979
劉綱墓誌	1352
劉禪之及妻裴氏墓誌	4052
劉賓及妻張氏墓誌	2699
劉頗墓誌	9170
劉齊賢墓誌	3514
劉儉及妻李氏墓誌	3008
劉寬墓誌	987
劉寬墓誌	11996
劉廣墓誌	7519
劉廣宗妻岑平等墓誌	3439
劉廣威墓誌	7566
劉德墓誌	352
劉德墓誌	2686
劉德及妻李氏墓誌	1359
劉德及妻萬于氏墓誌	4409
劉德(行)?及妻杜氏墓誌	7954
劉德信妻宋氏墓誌	8721
劉德師墓誌	1705
劉德閏及妻鄭氏墓誌	1697
劉德筠及妻董氏及妻嗣子處穀?及妻婁氏及嗣子沖及妻李氏墓誌	5521

十五畫

劉慶及妻郭氏墓誌	11428	劉□墓誌	952	劉君妻侯氏墓誌	11848	樂永瞻墓誌	4310
劉璋糧罌	9675	劉君墓誌	767	劉君妻苑氏墓誌	3185	樂玄墓誌	1744
劉緬妻嚴六娘墓誌	2661	劉君墓誌	2093	劉君妻徐氏墓誌	7649	樂玄德墓誌	1328
劉誼墓誌	10860	劉君墓誌	3957	劉君妻索蘭墓誌	2359	樂玉及妻樊氏墓誌	2228
劉談墓誌	8327	劉君墓誌	7250	劉君妻袁相墓誌	1538	樂邦穗墓誌	11636
劉談經墓誌	8278	劉君塔銘	7523	劉君妻郝氏墓誌	594	樂昇進墓誌	9300
劉談經妻崔氏墓誌	9727	劉君墓誌	9605	劉君妻韋氏墓誌	6256	樂師君及妻張氏墓誌	2629
劉踐言墓誌	6761	劉符墓誌	11118	劉君妻馬氏墓誌	10153	樂庭芬及妻岐珪墓誌	8727
劉遵誼墓誌	2474	劉君墓誌	11186	劉君妻崔尚德墓誌	5936	樂恭墓誌	2289
劉遵禮墓誌	11144	劉君墓誌	11408	劉君妻張十一娘墓誌	4622	樂陟墓誌	137
劉遼(字海達)墓誌	4364	劉君墓誌	11997	劉超妻張氏墓誌	8640	樂庿及妻袁氏墓誌	11290
劉憲墓誌	4059	劉君墓誌	11998	劉君妻斛律氏墓誌	1652	樂善文墓誌	415
劉憲妻盧氏墓誌	5661	劉墓誌蓋	12404	劉君妻梁氏墓誌	10278	樂超及妻李氏墓誌	9155
劉遑墓誌	7131	劉君墓誌蓋	12405	劉君妻華六娘墓誌	1893	樂道仁墓誌	2458
劉穆墓誌	4145	劉君墓誌蓋	12406	劉君妻郭寶墓誌	3102	樂達墓誌	508
劉穎墓誌	6187	劉君墓誌蓋	12407	劉君妻郭氏墓誌	10413	樂達及妻吳氏墓誌	1716
劉臻及妻徐氏墓誌	8017	劉君墓誌蓋	12408	劉君妻楊成其墓誌	468	樂輔政墓誌	9182
劉融及妻陳氏墓誌	2998	劉君墓誌蓋	12409	劉君妻楊氏墓誌	650	樂談墓誌	5815
劉默墓誌	3317	劉君墓誌蓋	12411	劉君妻賈令珪墓誌	1192	樂寶仁墓誌	2269
劉龍茲墓誌	7377	劉君墓誌蓋	12412	劉君妻賈氏墓誌	8447	樂巋及妻胡氏墓誌	2055
劉龍樹及妻姚氏墓誌	5054	劉君墓誌蓋	12413	劉君妻諸葛氏墓誌	9212	樂鑒虛及妻燕氏墓誌	3928
劉嶷墓誌	1952	劉君墓誌蓋	12515	劉君妻鄧氏墓誌	7039	樂□□墓誌蓋	12417
劉應道墓誌	2337	劉君及妻張氏墓誌	4413	劉君妻獨孤氏墓誌	6712	樂君墓誌蓋	12418
劉應道妻李婉順(聞喜縣主)		劉君及妻董氏墓誌	10613	劉君妻盧氏墓誌	5660	樂君墓誌蓋	12419
墓誌	1164	劉君及妻閻氏墓誌	4495	劉君妻霍氏墓誌	10573	樂君墓誌蓋	12420
劉舉墓誌	10171	劉君合葬墓誌蓋	12410	劉君妻韓淨識墓誌	1686	樂君妻成氏墓誌	10198
劉濟墓誌	8569	劉君妻墓誌蓋	12414	劉君妻韓氏墓誌	6725	樊士安及妻王氏墓誌	10520
劉濬及妻李氏墓誌	5080	劉君妻墓誌蓋	12415	劉君妻羅四無量墓誌	3108	樊六姑生蔵銘	6695
劉璿墓誌	3502	劉君妻元令淑墓誌	2251	劉君妻蘇三墓誌	5031	樊文及前妻高氏墓誌	3456
劉睢及妻元氏墓誌	4520	劉君妻卜氏墓誌	8092	劉君妻屈氏墓誌	7840	樊方墓誌	478
劉顒及妻董氏墓誌	1773	劉君妻王氏墓誌	5252	劉君妻張氏墓誌	10661	樊幼及妻侯氏墓誌	8140
劉寶文灰身塔	1353	劉君妻王氏墓誌	6410	劉氏墓誌	1297	樊玄紀及妻范氏墓誌	1736
劉獻墓誌	7671	劉君妻王氏(法號光贊)墓誌		劉氏墓誌	6835	樊仲文墓誌	11152
劉瓌墓誌	11477		6691	劉氏墓誌	9426	樊行淹妻孫四娘墓誌	6599
劉繼墓誌	10352	劉君妻王氏墓誌	11002	劉氏墓誌	11744	樊秀及妻楊氏墓誌	1271
劉顥墓誌	8015	劉君妻王氏墓誌	11263	劉氏墓誌蓋	12416	樊赤松墓誌	2633
劉騶及妻張氏墓誌	9389	劉君妻吳遍淨墓誌	3005	廣素(安國寺尼)墓誌		樊宗師(字紹述)墓誌	9043
劉騶妻張氏墓誌	9251	劉君妻李波若墓誌	1613		10670	樊泳及妻齊氏墓誌	7891
劉讚墓誌	11075	劉君妻李娘墓誌	3030	廣惠塔銘	10734	樊昭及妻魏氏墓誌	2680
劉虁墓誌	11205	劉君妻李氏墓誌	7826	德業寺亡尼七品墓誌	2221	樊庭觀墓誌	4754
劉巖墓誌	9988	劉君妻李智玄寂墓誌	8667	摯行基墓誌	1526	樊晉客墓誌	4679
劉讓墓誌	10861	劉君妻李氏墓誌	10279	樂文義墓誌	837	樊浮丘妻李氏墓誌	2631
劉觀及妻平原樂安郡夫人		劉君妻沐道生墓誌	1882	樂方及妻程氏墓誌	2198	樊浣墓誌	7888
墓誌	2980	劉君妻辛氏墓誌	9677	樂王端及妻支氏墓誌	2773	樊惠姬墓誌	1193
劉攬及妻□氏墓誌	646	劉君妻周庭墓誌	8269	樂弘懿墓誌	2190	樊湊及妻楊氏墓誌	7887

十五畫

樊廉墓誌	3104	潘君妻張氏墓誌	963
樊鼎墓誌	3519	澄空塔銘	7884
樊端墓誌	1278	緱綱墓誌	871
樊寬及妻韓氏墓誌	1043	臧一墓誌	6291
樊德師墓誌	1708	臧允恭墓誌	11140
樊駉墓誌	11292	臧協妻向氏墓誌	8800
樊覽及妻李氏墓誌	4576	臧昌裔墓誌	8798
樊驤墓誌	11231	臧南金妻白光倩墓誌	3966
樊□言墓誌	8461	臧南金妻陳氏墓誌	3965
樊君墓誌蓋	12421	臧崇亮墓誌	3964
樊君墓誌蓋	12422	臧敬廉墓誌	7081
樊君墓誌蓋	12423	臧曄及妻翟氏墓誌	8032
樊君墓誌蓋	12424	臧遟墓誌	9201
樊君妻田氏墓誌	5954	臧遟妻魏氏墓誌	9932
樊君妻杜氏墓誌	5795	臧懷亮墓誌	5092
樊君妻崔脩墓誌	4579	臧懷亮墓誌	5109
樊君妻郭氏墓誌	5223	臧懷亮及妻任氏墓誌	6561
樊氏墓誌蓋	12425	臧君墓誌蓋	12426
樊氏六娘七娘九娘墓誌	2630	臧君妻叱李氏墓誌	4373
歐陽琳妻謝迢墓誌	11123	臧君妻周氏墓誌	8918
歐陽瑛妻裴氏殘墓誌	7621	談昕墓誌	5029
歐陽詢妻徐氏墓誌	2455	論法師殘誌	12000
歐陽□墓誌	10498	論惟貞妻李氏墓誌	7201
滕氏墓誌	11618	論博言及妻劉氏墓誌	11021
穎忠謹墓誌	11999	諸葛明愻妻韓氏墓誌	6183
潘子興妻張氏墓誌	9198	諸葛儼墓記	7779
潘而墓誌	4594	諸葛澄墓誌	9245
潘伽及妻楊氏墓誌	79	諸葛君墓誌	10385
潘克儉墓誌	9993	諾思計墓誌	6345
潘孝長及妻李氏墓誌	237	輪自在墓誌	5212
潘孝基及妻范氏墓誌	238	鄧弘業墓誌	291
潘承嗣墓誌	4935	鄧玄挺墓誌	6814
潘卿墓誌	527	鄧成及妻劉氏墓誌	4369
潘基墓誌	207	鄧周南墓誌	11599
潘智及妻侯氏墓誌	5488	鄧明及妻李氏墓誌	2026
潘智昭墓誌	6348	鄧俊墓誌	7073
潘翔及妻郭氏薩孤氏墓誌	3735	鄧威墓誌	1304
潘德行及妻張氏墓誌	1334	鄧恢墓誌	1798
潘諝墓誌	3420	鄧相及妻□澄墓誌	423
潘孺人墓誌	7733	鄧師及妻陳氏墓誌	1940
潘寶墓誌	861	鄧通及妻任氏墓誌	226
潘君墓誌	10248	鄧國夫人墓銘	12001
潘君妻牛氏墓誌	1614	鄧朗及妻楊氏墓誌	3721
		鄧淦墓誌	4804

鄧森墓誌	4017	鄭叔則墓誌	7873
鄧溫墓誌	4098	鄭叔度及妻韓氏墓誌	8589
鄧琛墓誌	7707	鄭受妻胡氏墓誌	12002
鄧瑫及妻李氏墓誌	10981	鄭季和墓誌	10164
鄧賓墓誌	4752	鄭季遠及妻李氏墓誌	6402
鄧君墓誌	8635	鄭居中墓誌	9759
鄧君妻王氏墓誌	4816	鄭居中及妻崔氏墓誌	10937
鄧君妻王氏墓誌	9260	鄭忠及妻劉氏墓誌	7107
鄧君妻衡喜墓誌	4797	鄭忠佐及妻盧氏墓誌	7987
鄧氏墓誌	5316	鄭承光墓誌	4748
鄧氏墓誌	10992	鄭抱素墓誌	10446
鄭三清墓誌	10411	鄭抱素妻裴露墓誌	10527
鄭子容墓誌	10586	鄭抵妻崔同墓誌	5355
鄭仁穎墓誌	4936	鄭昕及妻博陵崔氏清河崔氏墓誌	8441
鄭元爭墓誌	4963	鄭君墓誌	8840
鄭元璪墓誌	4821	鄭易墓誌	8841
鄭少雅及妻孫氏墓誌	11145	鄭易及妻盧氏墓誌	9711
鄭方閱墓誌	8903	鄭易妻盧氏墓誌	7934
鄭日華墓誌	7659	鄭杳及妻盧氏墓誌	5619
鄭弘劼及妻韋氏墓誌	4172	鄭沼妻李鴨墓誌	6252
鄭弘易妻士墓誌	9498	鄭泌墓誌	7643
鄭永墓誌	10349	鄭法明妻李氏墓誌	2681
鄭玄及妻吳氏墓誌	4984	鄭炅及妻崔氏墓誌	6815
鄭玄果及妻元氏墓誌	4200	鄭知遠墓誌	12003
鄭玉墓誌	8257	鄭知賢墓誌	3278
鄭玉俊墓誌	9193	鄭芬妻胡氏墓誌	8573
鄭仲連及妻馮氏墓誌	9289	鄭若芳墓誌	4431
鄭宇墓誌	6757	鄭若勵墓誌	4761
鄭守訥墓誌	7122	鄭長誨墓誌	10654
鄭戎墓誌	4855	鄭俌妻崔氏墓誌	4236
鄭行者墓誌	9365	鄭保玄墓誌	11036
鄭何墓誌	9232	鄭宣遠妻梁氏墓誌	9058
鄭何妻李自虛(梁國大長公主)墓誌	10372	鄭彥及妻任氏墓誌	1700
鄭孝本及妻王氏墓誌	5152	鄭思九妻陳氏墓誌	6004
鄭孝昂墓誌	277	鄭恆及妻崔氏墓誌	10678
鄭宏墓誌	3056	鄭洵墓誌	7240
鄭宏禮妻李氏墓誌	9838	鄭洵及妻王氏墓誌	7440
鄭沛墓誌	7994	鄭紀墓誌	9987
鄭沛妻李淑(大長公主)墓誌	8460	鄭紀妻盧氏墓誌	10811
鄭甫墓誌	7801	鄭約墓誌	7927
鄭佶妻張二十二娘墓誌	5297	鄭貞墓誌	2067
		鄭師及妻王氏墓誌	2007

十五畫

鄭恕己及妻邵氏墓誌 10616	鄭絢及妻崔氏墓誌 9940	鄭擇言及妻裴氏墓誌 5058	鄭君妻崔琪墓誌 10810
鄭恭楚墓誌 10469	鄭訴墓誌 5526	鄭翰墓誌 4838	鄭君妻郭瓊墓誌 10379
鄭晃墓誌 7731	鄭賀妻穆楚墓誌 10474	鄭融及妻韋氏墓誌 5084	鄭君妻陳氏墓誌 9486
鄭珆墓誌 10662	鄭超誠靈表 7593	鄭諶墓誌 5421	鄭君妻董氏墓誌 5340
鄭虔及妻王氏墓誌 7203	鄭遇(過)眞墓誌 9967	鄭鍊妻孫氏墓誌 8417	鄭君妻賀季墓誌 4136
鄭高墓誌 8317	鄭道墓誌 1784	鄭濟妻崔悅墓誌 6127	鄭君妻裴氏墓誌 9697
鄭高墓誌 8863	鄭道妻李氏墓誌 3823	鄭績及妻錢氏墓誌 4978	鄭君妻趙氏墓誌 8733
鄭高及妻崔氏墓誌 9149	鄭愼言妻于氏墓誌 5797	鄭鍇墓誌 9499	鄭君妻黎氏墓誌 9639
鄭高妻崔氏墓誌 8413	鄭準墓誌 9439	鄭闓及妻李氏墓誌 8213	鄭君妻獨孤氏墓版文 7176
鄭偓佺妻侯莫陳氏墓誌 6843	鄭溥墓誌 9326	鄭曜墓誌 6190	鄭君妻盧法自然墓誌 7538
鄭侃妻崔上尊墓誌 4669	鄭滔及妻李氏盧氏墓誌 7789	鄭曜妻李氏墓誌 7458	鄭君妻盧氏墓誌 7973
鄭參及妻張氏墓誌 6029	鄭當及妻王氏墓誌 9883	鄭薰墓誌 9776	鄭君妻盧氏墓誌 8045
鄭密墓誌 7339	鄭當妻王綬墓誌 9598	鄭鎬墓誌 6914	鄭君妻盧氏墓誌 10300
鄭崇道及妻魏氏墓誌 4173	鄭群墓誌 9068	鄭鎰妻董容墓誌 8812	鄭氏墓誌 5200
鄭張八墓誌 11470	鄭肅墓誌 2447	鄭寵墓誌 7104	鄭氏墓誌 7271
鄭惟弘及妻尹氏墓誌 11631	鄭遂誠及妻崔氏墓誌 8459	鄭瀚第十三女墓誌 7813	鄭氏墓記 8994
鄭液墓誌 7496	鄭隗郎墓誌 10308	鄭瓊墓誌 9941	鄭氏墓誌 9440
鄭淮墓誌 8157	鄭頎妻盧氏墓誌 11146	鄭韞辭妻薛氏墓誌 11188	鄭氏墓誌蓋 12429
鄭琇墓誌 5471	鄭鼎墓誌 6344	鄭寶念墓誌 2668	鄭氏墓誌蓋 12430
鄭琇及妻盧氏墓誌 6516	鄭兢及妻盧氏墓誌 6768	鄭寶貴墓誌 11733	鄭氏墓誌蓋 12431
鄭琇妻盧氏墓誌 5044	鄭滿墓誌 597	鄭贍墓誌 2718	閭元墓誌 4856
鄭紹方及妹鄭氏墓誌 8730	鄭瑁墓誌 5926	鄭闡墓誌 5881	閭守元墓誌 7179
鄭逍墓誌 10259	鄭偹墓誌 11212	鄭黨五墓誌 9657	閭克縝墓誌 11394
鄭逞墓誌 6771	鄭緄墓誌 8996	鄭鏽墓誌 10249	閭知誠墓誌 10677
鄭造妻崔珏墓誌 8960	鄭賓妻崔攀墓誌 5729	鄭巖墓誌 6661	閭君妻張威德墓誌 7844
鄭逢墓誌 11507	鄭遘墓誌 3351	鄭君墓誌 4307	鞏氏墓誌 11810
鄭逢及妻郭氏墓誌 10792	鄭鈝墓誌 8041	鄭君墓誌 7686	魯仲瑜墓誌 6955
鄭進思及妻權氏墓誌 5897	鄭齊丘墓誌 6324	鄭君墓誌 8003	魯宗源墓誌 10668
鄭博雅墓誌 5165	鄭齊望妻李氏墓誌 7108	鄭君墓誌 8186	魯炅妻裴氏墓誌 6953
鄭善及妻楊氏墓誌 1395	鄭齊望及妻崔氏墓誌 6523	鄭君墓誌 9778	魯美及妻劉氏墓誌 10639
鄭善德墓誌 2460	鄭齊閟及妻李氏墓誌 5754	鄭君墓誌蓋 12427	魯軌墓誌 2395
鄭堡墓誌 10787	鄭齊嬰妻秦無相墓誌 7302	鄭公墓誌蓋 12428	魯善都墓誌 2329
鄭敬墓誌 8818	鄭儉及妻李氏墓誌 4155	鄭君妻万俟氏墓誌 6137	魯敬復墓誌 9733
鄭敬同及妻韋氏墓誌 2819	鄭廣(字仁泰)墓誌 1346	鄭君妻王妃子墓誌 1020	魯順及妻張氏墓誌 10167
鄭晚墓誌 8006	鄭憬墓誌 9003	鄭君妻吉氏墓誌 6862	魯意孫妻張氏之銘蓋 12432
鄭景仁墓誌 10275	鄭撝及妻皇甫墓誌 5682	鄭君妻何氏墓誌 10975	
鄭景良妻薛氏墓誌 4286	鄭樞妻李氏墓誌 10893	鄭君妻宋練墓誌 5180	魯慈墓誌 1321
鄭智及妻薛氏墓誌 3065	鄭潒及妻崔氏墓誌 9523	鄭君妻李尚墓誌 3745	魯謙墓誌 10650
鄭朝尚及妻粟氏墓誌 8448	鄭濱墓誌 11380	鄭君妻李氏墓誌 8946	魯簡墓誌 768
鄭欽言墓誌 4379	鄭稷墓誌 7457	鄭君妻李氏墓誌 9399	魯氏墓誌 10356
鄭溫球墓誌 4937	鄭魯墓誌 11883	鄭君妻李氏墓誌 11227	魯氏墓誌蓋 12433
鄭無倦墓誌 11406	鄭魟墓誌 9660	鄭君妻杜氏墓誌 9418	黎幹墓誌 7798
	鄭魟及妻盧氏墓誌 11156	鄭君妻長孫氏墓誌 5409	黎燧及妻盧氏墓誌 9742
	鄭勛墓誌 6206	鄭君妻崔氏墓誌 6755	黎燭墓誌 9390
		鄭君妻崔氏墓誌 6895	

- 543 -

十六畫

十六畫

冀 憲 曇 曉 橋 矯
熾 燕 獨 盧 穆 薄
薛 衞 衡 錢 閻 隨
險 霍 靜 駱 鮑 默
龍

冀崇暉墓誌	8744
冀榮進及妻武氏墓誌	8862
憲超塔銘	8931
曇海墓誌	1302
曉方禪師靈塔記	11264
橋岳珍墓誌	205
橋君墓誌	11787
矯君妻范氏墓誌	8934
熾俟弘福及妻沙陀氏墓誌	5492
熾俟汕及妻康氏墓誌	6784
燕秀墓誌	2399
燕明及妻元氏墓誌	475
燕紹及妻劉氏墓誌	4375
燕嘉及妻孟氏墓誌	4276
燕君妻姜氏墓誌	652
燕氏(越國太妃)墓誌	1800
獨孤仁同墓誌	1964
獨孤士衡墓誌	8893
獨孤仁政墓誌	4028
獨孤及妻韋氏墓誌	7224
獨孤丕墓誌	7194
獨孤正墓誌	7433
獨孤申叔墓誌	8202
獨孤守義墓誌	2540
獨孤季膺墓誌	7692
獨孤季膺及妻高氏墓誌	9343
獨孤保生墓誌	8160
獨孤思行墓誌	4862
獨孤思貞墓誌	3217
獨孤思泰墓誌	2415
獨孤思敬妻元氏墓誌	3533
獨孤思敬及妻元氏墓誌	3950
獨孤思敬妻楊氏墓誌	3534
獨孤胐及妻鄭氏墓誌	5219
獨孤炫墓誌	5546
獨孤郁墓誌	8788
獨孤郁妻權氏墓誌	8828
獨孤娥娘墓誌	9328
獨孤峻墓誌	6785
獨孤挺墓誌	6824
獨孤通理及妻長孫氏靈	7195
獨孤韋八墓誌	7296
獨孤婉墓誌	2724
獨孤朗墓誌	9319
獨孤景墓誌	10148
獨孤萬墓誌	7200
獨孤開遠墓誌	270
獨孤楨妻宇文氏墓誌	7585
獨孤褘(褘)妻張氏墓誌	6453
獨孤憕墓誌	7193
獨孤澄墓誌	1263
獨孤賢道墓誌	4340
獨孤璵墓誌	7316
獨孤驥墓誌	10801
獨孤君妻李氏墓誌	3766
獨孤君妻李氏墓誌	7845
獨孤君妻崔氏墓誌	7340
獨孤君妻康淑墓誌	4874
獨孤君妻薛嫄墓誌	5818
獨孤氏墓誌	3767
獨孤氏墓誌蓋	12434
盧之翰妻韋氏墓誌	6141
盧之翰及妻韋氏墓誌	7988
盧千及妻張氏墓誌	3958
盧士玫墓誌	9253
盧士玫妻崔氏墓誌	8842
盧士珩墓誌	9110
盧士瑀妻崔氏墓誌	7983
盧士鞏墓誌	9081
盧士鞏及妻鄭氏墓誌	9410
盧士舉妻李氏誌文	7943
盧士瓊墓誌	9314
盧士瓊墓誌	9315
盧士瓊妻鄭氏墓誌	8647
盧大道及妻李氏墓誌	2814
盧子及妻馮氏墓誌	6195
盧子謇妻鄭氏墓誌	10561
盧子獻墓誌	11199
盧子鷟墓誌	9239
盧小娘子墓誌	11195
盧才墓誌	1455
盧允奇妻劉氏墓誌	11748
盧元裕及妻鄭氏墓誌	7254
盧元福及妻李氏墓誌	6268
盧元裳妻李氏墓誌	9087
盧元衡及妻崔氏墓誌	3951
盧公則及妻王氏墓誌	10750
盧公弼墓誌	11062
盧公贇墓誌	11852
盧友度墓誌	6056
盧友□墓誌	7468
盧文構妻李月相墓誌	51
盧文舉墓誌	10036
盧方及妻崔氏墓誌	9431
盧方回妻李尚辭墓誌	10491
盧日進妻司馬氏墓誌	5240
盧日超墓誌	7277
盧占墓誌	11033
盧占妻鄭氏墓誌	10640
盧弘本墓誌	10644
盧有鄰及妻李氏墓誌	5195
盧正言及妻李氏墓誌	5104
盧正容及妻李氏墓誌	5194
盧正道及妻鄭氏墓誌	5278
盧正勤墓誌	3829
盧正勤妻李氏墓誌	3897
盧正權墓誌	4424
盧正權妻李氏墓誌	4690
盧玄明墓誌	5356
盧仲文墓誌	9376
盧仲容墓誌	6939
盧仲璠及妻鄭氏墓誌	6582
盧仲權妻王普功德墓誌	8147
盧仲權妻王氏墓誌	8328
盧先之墓誌	7583
盧全貞及妻李氏墓誌	6601
盧全善妻陳照墓誌	6184
盧全操墓誌	5439
盧合(含)墓誌	6739
盧同墓誌	7291
盧守默及妻高氏墓誌	5017
盧式方墓碣銘	9983
盧式虛妻崔氏墓誌	7026
盧自省墓誌	6825
盧行毅墓誌	3435
盧行質妻趙氏墓誌	10505
盧伯明墓誌	5841
盧伯珣墓誌	4334
盧伯卿墓誌	9908
盧伯卿妻崔氏墓誌	9292
盧克乂妻裴範墓誌	7777
盧克乂及妻裴氏墓誌	8037
盧冏墓誌	11275
盧初墓誌	9411
盧均芳墓誌	6288
盧宏及妻崔氏墓誌	10679
盧宏及妻崔氏改葬墓誌	10804
盧岑墓誌	9755
盧延慶及妻李氏墓誌	3289
盧志安及妻李氏墓誌	3952
盧沇及妻李氏墓誌	8355
盧沐墓誌	7584
盧沐及妻鄭氏墓誌	9156
盧沐妻鄭氏墓誌	9145
盧甫及妻李氏墓誌	8167
盧習善墓誌	1118
盧見墓誌	6263
盧赤松及妻蕭氏墓誌	481
盧季方墓誌	10253
盧季方妻鄭氏墓誌	11104
盧宗和墓誌	9550
盧宗和妻李氏墓誌	11189
盧岫妻李氏墓誌	6052
盧承基墓誌	1155
盧承基妻李氏墓誌	2808
盧承業墓誌	1833
盧承業妻李灌頂墓誌	2493
盧承福及妻劉氏墓誌	1551
盧承禮及妻李氏墓誌	2620
盧招墓誌	6808
盧招妻崔嚴愛墓誌	7220

十六畫

盧於陵墓誌	8427	盧況及妻崔氏墓誌	7205	盧溥墓誌	10434	盧濤及妻鄭氏墓誌	7405
盧昂及妻房氏墓誌	9409	盧起信墓誌	6807	盧滔墓誌	6872	盧璥妻李晉墓誌	4826
盧明遠及楊氏墓誌	6299	盧陟女樂娘墓誌	11518	盧瑀墓誌	10270	盧璲及妻寶氏墓誌	7045
盧東美及妻李氏墓誌	8405	盧寂墓誌	7900	盧瑗妻崔氏墓誌	7855	盧膺墓誌	11487
盧法師墓誌	1506	盧崇嗣妻段氏墓誌	3967	盧當墓誌	10513	盧鍇墓誌	0580
盧泙妻鄭氏墓誌	10334	盧從度墓誌	11173	盧粲妻鄭德曜墓誌	5823	盧翹妻李慎墓誌	7646
盧炅妻李松墓誌	5327	盧從度妻鄭緄墓誌	11210	盧義墓誌	8601	盧醫王墓誌	3924
盧玢(玠?)墓誌	4036	盧從雅墓誌	9621	盧載及妻鄭氏墓誌	10230	盧懷俊及妻薛氏墓誌	5037
盧直墓誌	9152	盧從雅妻李眞墓誌	9877	盧載妻鄭氏墓誌	8509	盧繪及妻李氏墓誌	10126
盧直及妻崔氏墓誌	9509	盧清及妻鄭氏墓誌	7269	盧項妻李初墓誌	7792	盧繪妻李氏墓誌及墓表	
盧直娘盧氏墓誌	9312	盧猛及妻王氏墓誌	3089	盧嘉猷墓誌	9528		9933
盧知宗妻鄭子章墓誌		盧翊墓誌	5326	盧椵妻鄭彬氏墓誌	10223	盧藏用及妻鄭冲墓誌	6536
	10481	盧翊墓誌	8284	盧彰母戴氏墓誌	11682	盧願及妻王氏墓誌	3209
盧知宗及前妻鄭子章墓誌		盧耜墓誌	10897	盧後閔妻鄭嫣墓誌	9664	盧蘋墓誌	10521
	11367	盧處約墓誌	9658	盧悉墓誌	10755	盧贍妻崔氏墓誌	8117
盧英哲墓誌	6379	盧處約妻李氏墓誌	10023	盧喦墓誌	7867	盧顥墓誌	10814
盧阿彭墓誌	7551	盧逢時妻李氏墓誌	10911	盧喦妻裴氏墓誌	8386	盧瓘墓誌	8392
盧侶及妻獨孤氏墓誌	8731	盧進墓誌	6630	盧榮及妻劉氏墓誌	10902	盧衢墓誌	10638
盧俠墓誌	9412	盧野客葬誌	146	盧榮妻劉氏墓誌	11157	盧君墓誌	8324
盧厚墓誌	10328	盧就墓誌	10404	盧槃及妻薛氏墓誌	11552	盧君墓誌蓋	12435
盧厚德墓誌	10038	盧喦墓誌	7375	盧槇妻澹氏墓誌	11166	盧君墓誌蓋	12437
盧咸妻鄭進墓誌	6722	盧喦及妻崔氏墓誌	7923	盧構妻王氏墓誌	7376	盧君墓誌蓋	12516
盧彥方及妻鄭氏李氏墓誌		盧巽及妻王氏墓誌	7862	盧滿墓誌	5792	盧君及妻張氏墓誌	8627
	11283	盧彌及妻李氏崔氏墓誌		盧侔妻章氏墓誌	9189	盧君及妻薛氏墓誌	6093
盧思莊及妻崔氏墓誌	4950		7999	盧綏墓誌	8547	盧君妻王氏墓誌	7582
盧珉及前妻韋氏後妻邢氏墓誌	4246	盧復墓誌	6465	盧綏妻張氏墓誌	9820	盧君妻李氏墓誌	5906
盧約妻崔氏墓誌	11058	盧敬彝墓誌	9477	盧溉妻李氏墓誌	6602	盧君妻李氏墓誌	6726
盧重墓誌	10273	盧普德及妻崔氏墓誌	2301	盧嶠墓誌	7838	盧君妻李氏墓誌	7922
盧重墓誌	10782	盧景初及妻李氏墓誌	6600	盧嶠妻崔氏墓誌	7892	盧君妻李氏墓表	10759
盧首賓及妻李氏墓誌	6289	盧景修墓誌	9502	盧廣及妻李氏墓誌	8998	盧君妻李氏墓誌	11558
盧俚女十七娘墓誌	7860	盧期墓誌	4740	盧廣敬墓誌	4618	盧君妻辛氏墓誌	5009
盧偁墓誌	9013	盧渾墓誌	12005	盧憕墓誌	6623	盧君妻辛氏墓誌蓋	12436
盧峴墓誌	7323	盧湘及妻鄭氏墓誌	8423	盧緘及妻崔氏墓誌	10827	盧君妻房麗(鹿)娘墓誌	
盧峻墓誌	11752	盧竦墓誌	6987	盧緘妻崔氏墓誌	10642		5719
盧悅及妻鄭氏墓誌	5551	盧竦墓誌	7823	盧調及妻王氏墓誌	4248	盧君妻韋嘉娘墓誌	4923
盧朓及妻崔氏墓誌	6603	盧竦及妻李氏墓誌	6390	盧踐言墓誌	10157	盧君妻崔氏墓誌	6879
盧殷士墓誌	10665	盧萬春墓誌	730	盧鄁女姚婆墓誌	10447	盧君妻崔績墓誌	8751
盧殷及妻鄭氏墓誌	8577	盧貽妻苗氏墓誌	8240	盧霈墓誌	9866	盧君妻馮氏墓誌	285
盧殷及妻鄭氏墓誌	10333	盧貽殷墓誌	11627	盧樽妻裴氏墓誌	9113	盧君妻楊氏墓誌	6681
盧洞墓誌	6321	盧韶及妻鄭氏墓誌	11276	盧瑤墓誌	8968	盧君妻楊氏墓誌	6687
盧況及妻蔣無盡燈墓誌		盧韶妻鄭氏墓誌	10689	盧瑤妻崔元二墓誌	8651	盧君妻裴範氏墓誌	7776
	8165	盧道助墓誌	37	盧輻墓誌	10256	盧君妻趙氏墓誌	11720
盧況妻蔣無盡燈墓誌	7791	盧雄妻崔煜墓誌	8883	盧嶽墓誌	7736	盧君妻鄭氏墓誌	7216
盧況墓誌	7016	盧嗣冶墓誌	7035	盧嶽墓誌	11679	盧君妻鄭氏墓誌	7466
		盧暕及妻李氏墓誌	5766	盧暾墓誌	5585	盧君妻鄭緄墓誌	11261

- 545 -

十六畫

盧君妻鄭誼墓誌	11510	薛良佐塔銘	6051	薛襄妻王晉墓誌	6058	衛通墓誌	1105
盧君妻蘇氏墓誌	6697	薛迅墓誌	8171	薛贖墓誌	395	衛通墓誌	2644
盧氏墓誌	4089	薛迅妻元氏墓誌	8795	薛鴻墓誌	5810	衛國夫人李氏墓誌	8822
盧氏墓誌	4616	薛取及妻郭氏墓誌	6148	薛璿墓誌	5239	衛國華墓誌	9438
盧氏墓誌	6671	薛担及妻辛氏墓誌	7439	薛璿妻楊祁麗墓誌	5493	衛規及妻冠氏墓誌	3016
盧氏墓誌	12004	薛岳墓誌	1218	薛顗妻韋氏墓誌	8816	衛景弘墓誌	10576
盧氏墓誌蓋	12438	薛忠墓誌	968	薛贊墓誌	9905	衛景初墓誌	10129
盧氏女子殁後記	6998	薛貞墓誌	1295	薛□墓誌	5553	衛馮(憑)墓誌	6772
盧氏小女墓誌	11077	薛重明墓誌	4945	薛君墓誌蓋	12439	衛節及妻李氏墓誌	4466
盧氏(玄宗妃)墓誌	7511	薛重晟及妻王氏墓誌		薛君墓誌蓋	12440	衛義妻高氏墓誌	9808
盧氏室女墓銘	10901		10135	薛君墓誌蓋	12517	衛嘉進及妻李氏墓誌	9357
穆玉名及妻曹氏墓誌	4132	薛兼訓墓誌	7398	薛君妻吳氏墓誌	7881	衛璟及妻宋氏墓誌	4639
穆念墓誌	2463	薛剛及妻載氏墓誌	3358	薛君妻李大都墓誌	4857	衛君墓誌	8809
穆若愚墓誌	7944	薛桑墓誌	10384	薛君妻柳氏墓誌	3659	衛君妻宋氏墓誌	10121
穆宣長磚誌	2157	薛矩墓誌	2279	薛君妻柳氏墓誌	4388	衛君妻董氏墓誌	4233
穆悰墓誌	10149	薛芻墓誌	10581	薛君妻唐氏墓誌	3824	衛君妻賀拔氏墓誌	2443
穆循及妻白氏·徐氏墓誌		薛莫及妻史氏墓誌	4996	薛君妻崔氏墓誌	3666	衛君妻輔德一墓誌	9852
	4303	薛釗墓誌	4550	薛君妻張氏墓誌	3097	衛君妻劉四娘墓誌	6290
穆詡墓誌	9659	薛偉及妻李氏墓誌	10895	薛君妻董氏墓誌	9943	衡守直及妻元氏墓誌	4534
穆詡妻薛氏墓誌	10014	薛崇簡墓誌	4886	薛君妻裴氏墓誌	4843	衡琳墓誌	328
穆路及妻王氏墓誌	1609	薛掄墓誌	9764	薛君妻趙素眞墓誌	11520	衡義整及妻元氏墓誌	2809
穆寧墓誌	7940	薛晤墓誌	11874	薛君妻樊氏墓誌	5945	衡君前妻盧氏墓誌	6468
穆(程)碩及妻車氏墓誌		薛朗及妻王玉墓誌	464	薛君妻優盧未曾有塔銘		錢又玄墓誌	11613
	1737	薛華墓誌	10383		5622	錢元志妻舒氏墓誌	5473
穆君妻裴氏墓誌	8024	薛巽及妻崔氏墓誌	9000	薛君妻周嚴順墓誌	4990	錢昂及妻蕭氏墓誌	1948
薄仁及妻樊氏墓誌	4152	薛巽妻崔媛墓誌	8870	薛氏墓誌	3660	錢昌妻姚氏墓誌	9136
薄氏墓誌	257	薛巽妻崔蹈規墓誌	8952	薛氏墨書磚誌	8375	錢烏娘墓誌	11535
薛丹墓誌	6831	薛渙妻鄭琮墓誌	9568	薛氏墓誌	9306	錢強墓誌	34
薛丹墓誌	9065	薛琛及妻采氏墓誌	7522	薛氏墓誌	9953	錢寬墓誌	11791
薛丹妻李饒墓誌	9150	薛琯墓誌	8858	薛氏墓誌	12006	錢寬妻水邱氏墓誌	11801
薛元貞墓誌	1654	薛琯妻李氏墓誌	9561	薛氏墓誌蓋	12441	錢羅侯墓至	8207
薛元常妻楊氏墓誌	9851	薛義墓誌	6432	衛子奇及妻韋氏墓誌	5126	錢君妻万俟氏墓誌	7830
薛元叚及妻若干氏墓誌		薛義及妻桑氏墓誌	4427	衛元宗妻郝氏墓誌	10497	錢君妻柳氏墓誌	4786
	1501	薛鉉墓誌	4341	衛元靖及妻張氏墓誌		閻力妻王紫虛墓誌	6834
薛公達及妻王氏墓誌	8500	薛維翰墓誌	6446		11711	閻士熊墓誌	7793
薛太儀墓誌	11078	薛儆墓誌	4552	衛元儉墓誌	1791	閻子光及妻崔氏墓誌	9348
薛文休墓誌	4285	薛德師及妻康氏墓誌	1496	衛元慶墓誌	1371	閻元素及妻李氏劉氏墓	
薛文昭墓誌	5996	薛緯及妻馬氏墓誌	9049	衛文□及妻丘氏墓誌			11802
薛世感及妻秦氏墓誌	4339	薛鄭賓及妻鄭氏墓誌	6947		10799	閻少珎墓誌	11737
薛弘實墓誌	9553	薛銳及妻柳氏墓誌	5676	衛巨論墓誌	11594	閻巨源妻韓氏墓誌	8928
薛弘慶女墓誌	9097	薛震(褱、字元超)墓誌		衛叔良改葬記	8879	閻用之墓誌	7130
薛玄則墓誌	1254		2510	衛思九墓誌	6985	閻仲連及妻蕭氏墓誌	3879
薛戎墓誌	9070	薛魯魯墓誌	9055	衛恪及妻席氏墓誌	160	閻休墓誌	394
薛君繡墓誌	2977	薛融墓誌	9164	衛胡王及妻王氏墓誌	1010	閻好問墓誌	11341
薛居方墓誌	9200	薛懋墓誌	7786	衛素墓誌	9398	閻志雄墓誌	615

十六・十七畫

閻汝墓誌	9325	霍璨及妻李氏合葬墓誌	
閻叔汝及妻米氏墓誌			11382
	10392	霍辯墓誌	817
閻炅墓誌	3310	霍君妻李氏墓誌	11582
閻師壽墓誌	2966	靜行塔銘	2610
閻庭墓誌	7241	靜感塔記	358
閻泰墓誌	2995	駱玄運墓誌	3156
閻神墓誌	6909	駱明珣墓誌	9366
閻莊及妻劉氏墓誌	2094	駱英墓誌	2948
閻虔福墓誌	3819	駱長素墓誌	1818
閻基及妻張氏墓誌	3315	駱峻墓誌	9958
閻彪墓誌	9391	駱湜墓誌	5395
閻敏墓誌	3559	駱潛墓誌	11688
閻逵墓誌	11202	駱遥及妻孫氏墓誌	8501
閻逵妻趙氏墓誌	11338	駱璨妻張氏墓誌	9308
閻幹墓誌	955	鮑冲墓誌	6079
閻慎墓誌	969	鮑防妻蕭氏墓誌	8033
閻肇及妻孟氏墓誌	11269	鮑思福及妻魚氏墓誌	6841
閻説墓誌	7964	鮑脩及妻陳氏墓誌	6809
閻德祚墓誌	5522	鮑□墓誌	1086
閻譽及妻郭氏墓誌	1492	鮑君妻王氏墓誌	10360
閻懿墓誌	625	默啜可汗女阿那氏(毘伽公主)墓誌	4694
閻君妻武倩墓誌	4436	龍庭瑋墓誌	5909
閻君妻段氏墓誌	8604	龍敏墓誌	2341
閻(?)君妻萬氏墓誌	10430	龍義及妻游氏墓誌	1242
隨清娛墓誌	556	龍壽及妻粟氏墓誌	3010
險氏墓誌蓋	12442	龍潤及妻何氏墓誌	727
霍子及妻李氏墓誌	4475	龍澄墓誌	1139
霍方及妻王氏墓誌	3598	龍叡墓誌	5855
霍玄及妻李氏墓誌	1679	龍君妻吳淑墓誌	5567
霍休墓誌	1094		
霍行感及妻趙氏墓誌	5361		
霍良墓誌	3821		
霍松齡墓誌	2870	**十七畫**	
霍松齡及妻陸氏墓誌	3576		
霍恭墓誌	323		
霍基及妻劉氏墓誌	4514	**優 彌 應 戴 檀 濟**	
霍處訥及妻張氏墓誌	4779	**燦 璩 環 繆 蕭 謝**	
霍萬墓誌	970	**蹇 鍾 鞠 韓 鮮**	
霍遊盛及妻李氏墓誌	7143		
霍達及妻徐氏墓誌	1372	優婆寒孫客子灰身塔	511
霍漢墓誌	340	優曇禪師塔銘	2168
霍僧墓誌	2009	彌姐亮墓誌	6912
霍寬及妻魏氏墓誌	447	應宗本墓誌	11004
		戴元眞墓誌	10718

戴令言及妻張氏墓誌	4197	蕭林及妻唐氏墓誌	6631
戴希晉墓誌	3335	蕭知義及妻杜氏墓誌	5287
戴芳墓誌	11674	蕭思一及前妻宗氏後妻崔氏墓誌	3300
戴叔倫墓誌	7763		
戴昭墓誌	11656	蕭思亮墓誌	4022
戴師侁妻顏氏墓誌	5843	蕭思訥及妻韋氏墓誌	6308
戴頊墓誌	7361	蕭恕墓誌	7158
戴滿墓誌	994	蕭恕及妻張氏墓誌	8478
戴顗墓誌	7372	蕭恪墓誌	8314
戴□墓誌	11780	蕭洛賓墓誌	2671
戴君墓誌	11404	蕭茂本墓誌	4110
檀法師塔銘	5530	蕭茂本妻王氏墓誌	5024
檀肱墓誌	11717	蕭貞亮墓誌	4099
濟南某公墓誌蓋	12444	蕭重夢墓誌	5175
燦大師塔銘	7276	蕭乘如墓誌	7444
璩將及妻李氏墓誌	7157	蕭俛墓誌	10669
璩崇胤墓誌	7429	蕭俱興及妻李氏墓誌	7507
環平墓誌	10421	蕭倚墓誌	7475
環君妻程氏墓誌	9609	蕭傚墓誌	11538
繆逸妻姜氏墓誌	11025	蕭師墓誌	2861
蕭子昂及妻高氏墓誌	8954	蕭庭芝及妻李氏墓誌	7198
蕭仁表墓誌	2616	蕭晉妻陸氏墓誌	7638
蕭元明墓誌	8457	蕭浮丘墓誌	5279
蕭元祚及妻唐氏墓誌	5453	蕭執珪及妻唐氏墓誌	4844
蕭元善妻公孫氏墓誌	2204	蕭惟明墓誌	7565
蕭元禮及妻張氏墓誌	4391	蕭晟墓誌	777
蕭文政墓誌	11240	蕭淑墓誌	7434
蕭令臣及妻張氏墓誌	5413	蕭紹遠墓誌	5786
蕭令懲墓誌	956	蕭華墓誌	7068
蕭去塵墓誌	9779	蕭勝墓誌	547
蕭弘愈墓誌	11066	蕭琮妻蔡氏墓誌	219
蕭弘義及妻張氏墓誌	1348	蕭遇墓誌	3023
蕭玄徹墓誌	200	蕭遇墓誌	8021
蕭存墓誌	8138	蕭遇及妻郭氏墓誌	7308
蕭守規及妻柳氏墓誌	4051	蕭遇妻盧氏墓誌	7306
蕭安親及妻王氏墓誌	7295	蕭遇妻盧夫人墓誌	9682
蕭行犖及妻徐氏曹氏墓誌	11147	蕭隆墓誌	3152
		蕭嵩妻賀睿墓誌	5591
蕭均名墓誌	6753	蕭愼墓誌	1078
蕭希顏墓誌	4730	蕭業墓誌	1680
蕭汾及妻袁氏墓誌	379	蕭寡尤妻盧婉墓誌	3105
蕭言思墓誌	3299	蕭寡尤及妻盧婉墓誌	4921
蕭佩墓誌	9256	蕭慈墓誌	3929
蕭季江墓誌	7946	蕭瑶墓誌	214
蕭放墓誌	9394	蕭瑶及妻杜氏墓誌	2313

- 547 -

十七畫

蕭禕墓誌	4322	謝通墓誌	1581	韓灰墓誌	8391	韓復墓誌	10373
蕭韶章及妻李氏墓誌	7207	謝逸墓誌	7383	韓汯墓誌	8326	韓景仁墓誌	10550
蕭儉塔記	503	謝統師及妻姬氏墓誌	350	韓言墓誌	6126	韓智門墓誌	808
蕭徹墓誌	9213	謝詹墓誌	8161	韓卓墓誌	8330	韓朝宗及妻柳氏墓誌	6604
蕭諒及妻韋氏墓誌	6332	謝壽墓誌	10024	韓宗穗墓誌	11559	韓超寂墓誌	8042
蕭廩墓誌	11723	謝慶夫墓誌	1785	韓定德墓誌	2083	韓愈墓誌	9229
蕭澤墓誌	11632	謝觀墓誌	11094	韓忠及妻弥姐氏墓誌	1162	韓慎墓誌	8144
蕭諗墓誌	6022	謝觀妻李紘墓誌	11009	韓忠節及妻關氏墓誌	6525	韓慈及妻乞伏氏墓誌	2100
蕭鍊墓誌	8379	謝君及妻李氏墓誌	9425	韓承墓誌	938	韓滂墓誌	12008
蕭擢墓誌	5524	謇脩行妻藺氏墓誌	10702	韓昂墓誌	2004	韓漢墓誌	4147
蕭舉及妻張氏墓誌	4547	鍾明墓誌	11234	韓玫墓誌	11561	韓節及妻樂氏墓誌	1891
蕭謙及妻劉氏墓誌	5438	鍾恭容墓誌	6567	韓弇妻韋氏墓誌	8228	韓義墓誌	5695
蕭璲墓誌	4355	鍾紹京妻許氏墓誌	5095	韓思及妻劉氏墓誌	5328	韓義方墓誌	8766
蕭繕及前妻劉氏後妻裴氏墓誌	3301	鍾离贊墓誌	11308	韓恆墓誌	9012	韓肅妻崔嬡墓誌	9596
蕭懷舉墓誌	2283	鍾離英倩墓誌	5228	韓政及妻張氏墓誌	882	韓遠墓誌	144
蕭讖墓誌	5424	鍾離賓墓誌	12007	韓昭墓誌	1844	韓曄妻盧媛墓誌	8103
蕭償墓誌	10609	鍾離君墓誌	10030	韓昱墓誌	1775	韓福墓誌	1485
蕭償妻鄭瑤墓誌	10335	鞠仵及妻焦氏墓誌	4122	韓昶墓誌	10565	韓綏墓誌	11529
蕭鄧墓誌	8551	鞠志直及妻王氏墓誌	10475	韓泉墓誌	10631	韓儉墓誌	2331
蕭鑑墓誌	623			韓洪貴墓誌	2259	韓審墓誌	10743
蕭君墓誌	4924	鞠密及妻郭氏墓誌	4255	韓甚及妻任氏墓誌	1415	韓履霜墓誌	6161
蕭君墓誌	7848	鞠靜墓誌	2771	韓相及妻趙氏墓誌	2238	韓德及妻暴氏墓誌	4596
蕭君墓誌	8360	鞠君妻元氏墓誌	10988	韓相國墓誌	717	韓德及妻翟氏墓誌	3354
蕭君妻于氏墓誌	4168	韓子墓誌	630	韓貞及妻雙氏墓誌	6046	韓德信妻程氏墓誌	2367
蕭君妻王氏墓誌	8351	韓子儀及妻袁氏墓誌	6191	韓皋妻李溫墓誌	9413	韓憬妻李氏墓誌	8344
蕭君妻田氏墓誌	8888	韓才及妻□氏墓誌	534	韓重華妻李氏墓誌	9011	韓積墓誌	11770
蕭君妻李氏墓誌	4081	韓仁師墓記	154	韓俊墓誌	11170	韓鄭及妻王氏墓誌	1460
蕭君妻侯氏墓誌	10555	韓仁師墓誌	1896	韓師墓誌	607	韓操墓誌	5586
蕭君妻柳氏墓誌	1044	韓仁惠及妻皇甫氏墓誌	3178	韓挈墓誌	9158	韓曉墓誌	3521
蕭君妻袁客仁墓誌	1045	韓仁楷及妻陳氏墓誌	2260	韓晏墓誌	7221	韓遷及妻吳氏墓誌	759
蕭君妻袁氏墓誌蓋	12445	韓文及妻潘氏墓誌	1211	韓涓墓誌	7752	韓濬墓誌	1572
蕭君妻韋氏墓誌	10727	韓止及妻趙氏墓誌	2625	韓祖墓誌	6990	韓懷墓誌	699
蕭君妻楊氏墓誌	2027	韓令英墓誌	3483	韓神墓誌	3961	韓贇墓誌	1119
蕭君妻盧順墓誌	6221	韓平及妻劉氏墓誌	3221	韓神墓誌	4707	韓隴及妻董氏墓誌	6670
蕭君妻張氏墓誌	8636	韓弘妻翟氏墓誌	9086	韓素墓誌	653	韓寶才墓誌	1920
蕭氏墓誌	7915	韓本墓誌	3881	韓素及妻王氏墓誌	4599	韓護及妻雍氏墓誌	2531
蕭氏墓誌蓋	12446	韓玄墓誌	816	韓索郎墓誌	9085	韓邐墓誌	669
蕭氏及男武慶謙墓誌	10920	韓玉及妻丁氏墓誌	4302	韓通墓誌	702	韓邐妻靳耶(祀)墓誌	1530
蕭氏(鑑)妻虞秀姚墓誌	2070	韓光道及妻馮氏墓誌	7188	韓郎墓誌	2555	韓君墓誌	10460
		韓行及妻夒氏墓誌	4570	韓勒潭墓誌	10822	韓君墓誌	11828
謝文墓誌	376	韓行妻解摩墓誌	1070	韓國信墓誌	9240	韓君墓誌蓋	12447
謝文智及妻張氏墓誌	3601	韓孝成墓誌	1585	韓處章墓誌	11454	韓君墓誌蓋	12448
謝玄侗墓誌	8134	韓孝恭墓誌	10733	韓逢及妻宋氏墓誌	2843	韓君墓誌蓋	12449
		韓孝純及妻袁氏墓誌	4253	韓傑墓誌	2844	韓君妻尹氏墓誌	10821
				韓堅及妻傅氏墓誌	10394	韓君妻王氏墓誌	8591

韓君妻李氏墓誌	7363	藥言及妻王氏墓誌	4166
韓君妻段金墓誌	1026	贄抱墓誌	5986
韓君妻馬氏墓誌	6716	醫人墓表	227
韓君妻常氏墓誌	3968	關仁惠墓誌	3344
韓君妻楊氏墓誌	9676	關行表墓誌	3720
韓君妻綦母氏墓誌	290	關英墓誌	460
韓君妻趙摩墓誌	674	關洛昌墓誌	7481
韓君妻劉會如墓誌	6703	關迪及妻張氏墓誌	5102
韓君妻魏琰墓誌	9673	關師墓誌	3000
韓君妻張氏墓誌	5177	關智及妻粟氏墓誌	3281
鮮于廉墓誌	4685	關道愛墓誌	62
鮮于氏遷葬墓誌	8176	關楚徵墓誌	5853
鮮于氏墓誌	4467	關準墓誌	8177
		關預仁妻茹氏墓誌	1079
		關儉墓誌	3590

十八畫

慧　歸　瞿　聶　臨　薩
藥　贄　醫　關　難　顏
魏

慧峰和尚墓誌	11760	關衡及妻鮑氏墓誌	4115
慧登塔記	664	關雙及妻田氏墓誌	1343
慧雲塔記	965	關君妻王氏墓誌	1862
慧雲法師塔銘	12009	難元慶及妻甘氏墓誌	5408
慧照塔銘	7806	顏人墓誌	628
慧澄塔記	869	顏仁楚墓誌	1457
慧靜塔銘	254	顏元貞墓誌	9798
慧䂳塔銘	2662	顏幼明墓誌	11047
慧□法師塔銘	357	顏永墓誌	9190
歸仁晦母支氏墓誌	10445	顏宏墓誌	7
歸仁晦及妻鄭氏墓誌		顏防墓誌	8539
	11459	顏季康墓誌	9078
瞿令珪墓誌	7986	顏昭俊殘誌	12010
瞿曇譔墓誌	7401	顏相墓誌	680
聶五經妻熊氏墓誌	11015	顏眞卿墓誌	7679
聶令賓妻桑氏墓誌	4631	顏淙墓誌	9918
聶進及妻閻氏墓誌	9267	顏萬石墓誌	2274
臨壇大德塔銘	8799	顏瑤墓誌	3981
臨壇大德（蕭行嚴）玄堂銘		顏標妻路氏墓誌	11175
	8039	顏蕘墓誌	11845
薩璠墓誌	11490	顏謀道及妻虞氏墓誌	4571
藥元墓誌	6620	顏襄子墓誌	1060
藥元及妻蔡氏墓誌	6301	顏瓔墓誌	600
		顏君墓誌蓋	12450
		顏君墓誌蓋	12451
		顏君妻孫氏墓誌	2106
		魏十二娘墓誌	6436
		魏子騫墓誌	8981
		魏元墓誌	6469
		魏友恭墓誌	8307

魏文紹墓誌	11113	魏儔墓誌	11003
魏文德墓誌	369	魏謙墓誌	6907
魏日用墓誌	8219	魏邈墓誌	8550
魏仙墓誌	2594	魏邈妻趙氏墓誌	10108
魏弘章墓誌	10451	魏寵墓誌	9027
魏仲俊及妻賈氏墓誌	9235	魏巖墓誌	179
魏仲連墓誌	10245	魏體元及妻李氏墓誌	3925
魏成仁銘	700	魏齕墓誌	3049
魏孝本墓誌	11171	魏□妻鄭連墓誌	11700
魏宏簡墓誌	8308	魏君墓誌	1080
魏系墓誌	7477	魏君墓誌	11633
魏防及妻裴氏墓誌	8061	魏君墓誌蓋	12452
魏叔元墓誌	9668	魏君墓誌蓋	12453
魏叔瑜妻王氏墓誌	3770	魏君墓誌蓋	12454
魏和墓誌	8381	魏君妻田信墓誌	1429
魏承休妻蕭貝娘墓誌	3842	魏君妻韋氏墓誌	11128
魏珏墓誌	7044	魏君妻雷氏墓誌	233
魏降墓誌	2059	魏君妻盧勝墓誌	7008
魏倫墓誌	961	魏君妻張氏墓誌	11125
魏兼愛墓誌	6228	魏氏墓誌	6678
魏庭暉及妻史氏墓誌	8172		
魏悌墓誌	5628		
魏虔威墓誌	11148	## 十九畫	
魏郎仁墓誌	1255		
魏望先墓誌	11228	懷　禰　羅　藤　蘭　蘇	
魏涿墓誌	11126	蘭　證　譚　邊　麴　龐	
魏華墓誌	4625		
魏處厚墓誌	9634		
魏進妻李氏墓誌	9492	懷海禪師塔銘	8930
魏惠奴墓誌	6437	懷濬墓誌	374
魏揩墓誌	7936	禰軍墓誌	2172
魏朝及妻曹氏墓誌	10345	禰寔墓誌	1839
魏湘及妻李氏墓誌	10511	羅士則墓誌	10215
魏絪君墓誌	11235	羅士則妻敬氏墓誌	10052
魏買墓誌	5248	羅什塔銘	12012
魏暉墓誌	7530	羅巨集三叔父墓誌	9847
魏載墓誌	2708	羅阡妻范氏墓誌	10015
魏遠望及妻李氏程氏墓誌		羅伯墓誌	1246
	7320	羅君副墓誌	196
魏靖墓誌	4901	羅君預墓誌	2321
魏愍墓誌	4395	羅希携妻沈氏墓誌	9520
魏稱妻盧氏墓誌	9071	羅叔玠墓誌	10850
魏銑墓誌	2181	羅承先妻李柔墓誌	3988
魏德墓誌	606	羅炅墓誌	6006
魏慶及妻趙氏墓誌	6278	羅亮墓誌	11774

- 549 -

十九・二十畫

羅倩妻王氏墓誌	9859	蘇崇俠妻張氏墓誌	6882	邊眞墓誌	1887	嚴希莊及妻王氏墓誌 7029
羅珦墓誌	8530	蘇涉及妻吳氏墓誌	5728	邊敏及妻高氏墓誌	1470	嚴依仁墓誌 3606
羅章伍及妻沈氏墓誌	9522	蘇萬金墓誌	1855	邊惠墓誌	3245	嚴恪墓誌 11401
羅寄墓誌	11867	蘇節墓誌	5494	邊楨及妻孫氏墓誌	2908	嚴海隆墓誌 1772
羅清墓誌	9115	蘇德宏及妻張氏墓誌	6441	邊聘及妻韋氏墓誌	5958	嚴紀明墓誌 8274
羅清湛墓誌	9385	蘇慶寶墓誌	10815	邊誠妻楊氏墓誌	11211	嚴約及妻郭氏墓誌 2969
羅皎墓誌	6494	蘇頲磚誌	1781	邊君墓誌蓋	12459	嚴貞及妻傅氏墓誌 4735
羅靖墓誌	1227	蘇諒妻馬氏墓誌	11361	邊氏墓誌	4645	嚴師及妻王氏墓誌 1934
羅端及妻楊氏墓誌	1354	蘇興墓誌	638	麴安及妻董氏墓誌	2270	嚴庭金及妻孫氏墓誌 7794
羅甑生及妻康氏墓誌	2261	蘇諤墓誌	9652	麴延紹墓表	119	嚴浚墓誌 5977
羅君墓誌	12011	蘇環墓誌	4030	麴信及妻孟氏墓誌	3363	嚴高墓誌 1845
羅君妻沈氏墓誌	9772	蘇甑仁墓誌	3565	麴建泰墓誌	1935	嚴密墓誌 10947
羅君妻沈氏墓誌	9773	蘇藏玉墓誌	10448	麴悅子墓表	127	嚴朗及妻燕氏墓誌 1835
藤國興墓誌	10350	蘇□相墓誌	212	麴善岳墓磚	1215	嚴淙墓誌 9250
蘭元亮墓誌	6258	蘇君殘塔誌	7670	麴達女麴娘墓誌	4271	嚴清悟墓誌 8336
蘭武敵墓誌	2288	蘇君墓誌蓋	12455	麴慶瑜墓誌	36	嚴清源墓誌 7404
蘭從則墓誌	11095	蘇君墓誌蓋	12456	麴擧墓誌	21	嚴脩睦妻崔氏墓誌 10097
蘭楚珍墓誌	5074	蘇君墓誌蓋	12457	龐十二娘銘	5574	嚴復及妻王氏墓誌 7030
蘭君妻夏侯氏墓誌	9728	蘇君妻任氏墓誌	1863	龐子墓誌蓋	12460	嚴遠妻劉氏墓誌 9506
蘇大亮墓誌	1325	蘇君妻呂氏墓誌	6222	龐子墓誌之銘蓋	12461	嚴道及妻張氏墓誌 2048
蘇文釗墓誌	10506	蘇君妻郭希有墓誌	927	龐同本及妻長孫氏墓誌		嚴道亮墓記 19
蘇文釗及妻李氏王氏墓		蘇君妻陶氏墓誌	6327		3181	嚴愈及妻李氏墓誌 10001
	11504	蘇君妻裴氏墓誌	6940	龐夷遠妻李氏墓誌	4691	嚴愈妻李氏墓誌 9637
蘇日榮妻武氏墓誌	7347	蘇氏墓誌	5128	龐克廉墓誌	6621	嚴損之墓誌 7161
蘇日榮及妻智氏墓誌	8053	蘇氏墓誌	6698	龐志信及妻楊氏墓誌	2955	嚴德墓誌 2731
蘇永墓誌	2958	蘇氏墓誌	11523	龐敬及妻程氏墓誌	5025	嚴澄墓誌 5060
蘇永安墓誌	44	蘭英墓誌	11060	龐履冰墓誌	7580	嚴震墓誌 8136
蘇玉華墓誌	11	蘭師墓誌	2370	龐德威及妻王氏墓誌	2638	嚴穎再墓誌 8178
蘇全紹墓誌	11501	蘭達及妻陰氏墓誌	1266	龐賢墓誌	5379	嚴懷保妻左氏墓表 274
蘇再誠及妻柴氏墓誌		蘭輔墓誌	690	龐君妻任氏墓誌	2820	嚴識玄墓誌 4365
	11505	蘭德墓誌	1674	龐君妻趙氏墓誌	11525	嚴籌墓誌 10885
蘇孝英墓誌	2878	蘭興及妻王氏墓誌	9678			嚴觀墓誌 7124
蘇志眞墓誌	6893	蘭君墓誌蓋	12458			嚴君墓誌 10918
蘇汪墓誌	1673	證果禪師塔銘磚	11336	二十畫		嚴君及妻劉氏墓誌 7854
蘇良琪墓誌	7252	證眞禪師墓誌	8133			嚴君妻任氏墓誌 3795
蘇叔節墓誌	4111	證禪師玄堂銘	8025	嚴 寶 覺 釋 鐘 鐸		嚴君妻武氏墓誌 7168
蘇表墓誌	4016	譚亘及妻張氏墓誌	8801	騫		嚴君妻劉氏墓誌 8503
蘇咸墓誌	5886	譚伍墓誌	83			嚴君妻鄭金墓誌 582
蘇咸妻韋順儀墓誌	6655	譚從周墓誌	9920			寶全交墓誌 7114
蘇建初墓誌	11890	譚損妻毛氏誌文	12013	嚴士則墓誌	9342	寶守吾妻焦氏墓誌 8687
蘇思勖墓誌	6185	譚德及妻張氏墓誌	2508	嚴亢・嚴房墓誌	6970	寶牟及妻裴氏墓誌 9095
蘇師墓誌	537	譚氏墓誌	402	嚴仁墓誌	5979	寶伯陽妻郭氏墓誌 7917
蘇恩妻盧氏墓誌	9942	譚氏墓誌	1179	嚴令元墓誌	6337	寶孝忠及妻及妻杜氏墓誌
蘇通墓誌	3894	邊胡及妻魏氏墓誌	5059	嚴令望墓誌	10034	2907
蘇卿墓誌	2890	邊師墓誌	1319	嚴立德及妻李氏墓誌	5942	寶孝禮墓誌 2892

二十・二十一・二十二・二十四・二十九畫・姓不詳

寶希寂及妻韓氏墓誌 2304	寶君妻楊瑩墓誌 7426	權順墓誌 7656	
寶希琙妻王內則墓誌 4951	寶氏墓誌 7281	權順孫墓誌 8806	二十九畫
寶抗墓誌 31	寶氏墓誌 11628	權毅及妻李下玉(義陽公主)	
寶叔華妻崔縕墓誌 7211	覺禪師塔銘 12014	墓誌 3916	爨
寶季餘墓誌 9600	釋敬章墓誌 11469	權君妻張氏墓誌 8209	
寶承家墓誌 6918	釋任殘誌 12015	辯空塔銘 9577	爨子華墓誌 7669
寶知節及妻元氏墓誌 4718	鐘建文墓誌 10093	辯惠禪師神道誌 6850	爨古(右?)及妻周氏墓誌
寶宣禮墓誌 12016	鐸地直侍墓誌 4723	顧文成妻周氏墓誌 10027	2845
寶思仁墓誌 4708	鶱如珪墓誌 5135	顧良輝墓誌 9416	爨進及妻何氏墓誌 8424
寶思仁妻李拏墓誌 4887	鶱思玄墓誌 5134	顧象墓表 8712	爨君墓誌 482
寶思明鎮墓石 12018	鶱思哲及妻盧氏墓誌 3999	顧師閔墓誌 8685	爨君及妻張氏墓誌 1151
寶展墓誌 7489	鶱思泰及妻司空氏墓誌	顧崇儔(僖)墓誌 10200	爨君妻張端墓誌 941
寶師亮妻李氏墓誌 10132	4535	顧謙墓誌 11350	爨氏墓誌蓋 12465
寶師綸及妻尉氏墓誌 1890	鶱晏及妻韋氏墓誌 6118	顧君墓誌 1519	
寶時英妻韋氏墓誌 5990	鶱紹業墓誌 3604	顧君妻姚姿墓誌 9894	
寶眞及妻李氏墓誌 11835	鶱徹墓誌 1471	顧君妻高氏墓誌 10790	姓不詳
寶將軍墓誌 3783	鶱養墓誌 2871	顧君妻陶氏墓誌 9209	
寶晙墓誌 12017	鶱君妻鄭氏墓誌 6218		□又先及妻黨氏墓誌 3136
寶華墓誌 6941			□大墓誌 1089
寶訥言墓誌 5280		二十二畫	□大高及妻姚氏墓誌 4620
寶寓墓誌 7500	二十一畫		□子容殘墓誌 12020
寶幹墓誌 29		酈 龔	□仁墓誌 3090
寶靖墓誌 9401	權 辯 顧		□仁及妻孔氏殘墓誌 4485
寶誕墓誌 441		酈君墓誌蓋 12464	□仁勇墓誌 12021
寶誠盈墓誌 6269	權萬春墓誌 400	酈君妻王氏墓誌 4961	□(侯)元墓誌 2139
寶誠盈妻蘇氏墓誌 6583	權少成墓誌 8867	龔玄受墓誌 7956	□文墓誌 11853
寶説墓誌 6486	權文异墓誌 1279	龔韶墓誌 10370	□文雅墓誌 1499
寶遜墓誌 1228	權有方墓誌 8123	龔雅妻徐氏墓誌 11641	□世通及母鄧氏墓銘 1243
寶銓及妻高氏墓誌 6405	權自挹及妻王氏墓誌 7993	龔嶠墓誌 10185	□仕六及妻馬氏墓誌 2262
寶德藏墓誌 1507	權均墓誌 6577	龔潤古及妻相里氏墓誌	□令賓墓誌 1102
寶慶墓誌 96	權秀墓誌 7819	9583	□巨源墓誌 8590
寶韓墓誌 25	權秀昷及妻李氏墓誌 9171		□旦(且)墓誌 2229
寶璹妻王氏墓誌 3261	權奉常墓誌 8880		□(王)永墓誌 6186
寶懷及妻張氏墓誌 5474	權易容妻丁緒墓誌 9395	二十四畫	□玉墓誌 8214
寶懷讓墓誌 3786	權時若墓誌 7326		□存夫之祖墓誌 9545
寶藝墓誌 4188	權皋墓表 7142	靈	□伯饒墓誌 11888
寶勸墓誌 8698	權皋及妻李氏靈表 8881		□汎得墓誌 8850
寶繡墓誌 10189	權皋妻李氏墓誌 7762	靈覺塔銘 5650	□和上塔銘 8710
寶君墓誌蓋 12462	權豹墓誌 1392	靈泉寺僧塔銘 4830	□季昌及妻崔氏墓誌 6450
寶君墓誌蓋 12463	權通墓誌 3953	靈晏墓誌 10635	□忠墓誌 851
寶君妻李氏墓誌 2517	權隼墓誌 7903	靈琛塔銘 82	□明墓誌 12022
寶君妻袁氏墓誌 6720	權善達及妻李氏墓誌 1552	靈裕灰身塔記 12019	□明德墓誌 7004
寶君妻高態墓誌 5422	權達墓誌 8265	靈運禪師塔銘 6476	□育墓誌 590
寶君妻崔氏墓誌 11303	權開善墓誌 740		
寶君妻許氏墓誌 11115			

姓不詳・殘墓誌

□表及妻吳氏墓誌	2846	□項墓誌	11625	□君墓誌	3387	□君妻殘墓誌	11897
□亮墓誌	11651	□僧及妻董氏墓誌	470	□君墓誌	3496	□君妻丘教墓誌	6042
□保定墓誌	12023	□儶及妻楊氏墓誌	4800	□君墓誌	3638	□君妻辛氏墓誌	1031
虞信墓誌	317	□壽墓誌	2006	□君墓誌	4047	□君妻董氏墓誌	1463
□信墓誌	3256	□榮墓誌	1373	□君墓誌	4515	□君妻楊氏墓誌	6534
□建達墓誌	3368	□滿墓誌	1789	□君墓誌	4604	□君妻□氏墓誌	6110
□伯仁及妻宋氏墓誌	89	□禕墓誌	103	□君殘墓誌	4675	□君亮殘墓誌	10465
□海生墓誌	1877	□審貳墓誌	9259	□君墓誌	6240	□氏殘誌	2126
□海悦墓誌	1497	□德墓誌	2013	□君墓誌	6515		
□約言墓誌	11714	□德敏殘墓誌	12026	□君墓誌	8238	唐□□二年□□墓誌	11857
[郭]？剛墓誌	698	□德瑋墓誌	1664	□君墓誌	8907		
□峻墓誌殘石	12024	□德□墓誌	4093	□君墓誌	9036	某君墓誌蓋	12200
□師墓誌	1910	□播妻吳氏墓誌	11644	□君殘墓誌	9178	某君墓誌蓋	12201
□師言墓誌	1665	□祐及妻王氏墓誌	1237	□君殘墓誌	9500	某君墓誌蓋	12202
□恐及妻張氏墓誌	2626	□諒墓誌	99	□君墓誌	9503	某君墓誌蓋	12203
□恭墓誌	1796	□諒及妻解氏墓誌	11315	□君墓誌	9917	某君墓誌蓋	12204
□珩墓誌	1281	□賞墓誌	2207	□君墓誌	10956	某君及妻墓誌蓋	12205
□留墓誌	773	□興殘墓誌	12027	□君殘墓誌	11855	某氏墓誌蓋	12206
□留寶墓誌	772	□諫墓誌	11316	□君墓誌	11881		
□祖眞墓誌	10201	□賢墓誌	1489	□君殘墓誌	12028	合葬墓誌蓋	12111
□追墓誌	1324	□遷墓誌	907	□君殘墓誌	12029		
□通墓誌	2063	□擧墓誌	401	□君殘墓誌	12030	殘墓表	132
□郎墓誌	843	□擧墓誌	892	□君墓誌	12032	殘墓誌	1801
□雋及妻楊氏墓誌	4801	□璵墓誌	10435	□君墓誌蓋	12466	殘磚誌	1802
□高墓誌	2551	□禮元及妻李氏墓誌	2577	□君墓誌蓋	12467	殘墓誌	2410
□寂及妻賈氏墓誌	1491	□繪光墓誌	11519	□君墓誌蓋	12468	殘墓誌	3121
□曼(漫?)低(柢)墓誌		□寶墓誌	2218	□君墓誌蓋	12469	殘墓誌	3123
	1259	□寶墓誌	5148	□君墓誌蓋	12470	殘墓誌	3854
□盛墓誌	834	□儼墓誌	3804	□君墓誌蓋	12518	殘墓誌	4210
□銑墓誌	8194	□□墓表	66	□君及妻王氏墓誌	4498	殘墓誌	4297
□堯及妻申屠氏墓誌	2873	□□墓誌	1181	□君及妻田氏墓誌	9120	殘墓誌	7518
□弼墓誌	1490	□□墓誌	3661	□君及妻任氏墓誌	5902	殘墓誌	11898
□惲墓誌	2643	□□塔銘	8774	□君及妻宇文氏殘墓誌		殘墓誌	12034
□敬客墓誌	49	□□墓誌	11259		5895	殘墓誌	12035
□景墓誌	5138	□□和尚墓誌	9196	□君及妻朱氏墓誌	11856	殘墓誌	12036
□湜及妻張氏墓誌	10274	□□妻麴氏墓表	269	□君及妻何氏墓誌	7133	殘墓誌	12037
□隆惡墓誌	846	□□法師塔銘	744	□君及妻何氏殘墓誌	12031	殘墓誌	12038
□黃中墓誌	6075	□□校尉墓誌	1380	□君及妻孫氏殘墓誌	4474	殘墓誌	12039
□幹墓誌	2339	□□羅妻太景墓表	189	□君及妻張氏墓誌	2487	殘墓誌	12040
□幹墓誌	10021	□□□墓誌	12033	□君及妻張氏墓誌	11858	殘墓誌	12041
□意墓誌	7978	□□君吳嘉墓誌	6639	□君及妻董氏墓誌	1522	殘墓誌	12042
□楚及尹氏墓誌	12025	□君墓表	57	□君及妻劉十娘墓誌	5703		
□業墓誌	349	□君墓銘	68	□君及妻□氏墓誌	2396		
□祿贊墓誌	2774	□君墓誌	1107	□君及妻□氏墓誌	11877		
□義墓誌	3161	□君墓誌	1221	□君及妻墓誌蓋	12471		

編者紹介（2017年3月現在）

氣賀澤保規　明治大学東アジア石刻文物研究所所長　元明治大学文学部教授
　　　　　　東洋文庫研究員　東アジア歴史文化研究所代表
　　　　　　博士（文学、京都大学）

速水　大　　國學院大學文学部兼任講師　博士（歴史学、國學院大學）
兼平　雅子　立正大学大学院文学研究科博士後期課程
竹内　洋介　東洋大学文学部非常勤講師　東洋大学アジア文化研究所客員研究員

明治大学東洋史資料叢刊 13

新編 唐代墓誌所在総合目録

氣賀澤 保規　編

Catalog of Bibliographic Sources of Stone Tomb Inscriptions from the Tang Period
(Newly Revised Edition)　　edited by KEGASAWA Yasunori

編集協力
速水大　兼平雅子　竹内洋介

発行日　平成29年（2017年）3月30日
発行所　明治大学東アジア石刻文物研究所
　　　　〒101-8301　東京都千代田区神田駿河台1-1　明治大学内
　　　　Email: ishiken@meiji.ac.jp
発売所　汲古書院
　　　　〒102-0072　東京都千代田区飯田橋2-5-4
印刷所　富士リプロ（株）
　　　　〒101-0048　東京都千代田区神田司町2-14

ⓒ2017　KEGASAWA Yasunori　ISBN978-4-7629-9513-2　C3322